Erika Därr (Hrsg.)
Thomas Baur
Gerhard Göttler
<u>**Westafrika Band 1: Sahelländer**</u>

**Mauretanien, Mali, Niger,
Burkina Faso, Senegal, Gambia**

Impressum

Erika Därr (Hrsg.), Thomas Baur, Gerhard Göttler
Westafrika Band 1: Sahelländer

erschienen im
REISE KNOW-HOW Verlag Peter Rump GmbH
Osnabrücker Str. 79, 33649 Bielefeld

© REISE KNOW-HOW Verlag Därr GmbH, Hohenthann
1987 (1. bis 5. Auflage)
© 6. Auflage 2003: Peter Rump
6., komplett aktualisierte und neu gestaltete Auflage 2003

Alle Rechte vorbehalten.

Gestaltung
Umschlag: M. Schömann, P. Rump (Layout); M. Luck (Realisierung)
Inhalt: G. Pawlak (Layout); M. Luck (Realisierung)
Karten: B. Spachmüller; M. Luck; der Verlag
Fotos: siehe Fotonachweis S. 791
Titelfoto: G. Göttler

Lektorat: M. Luck

Druck und Bindung
Fuldaer Verlagsagentur

ISBN 3-8317-1119-4
PRINTED IN GERMANY

Dieses Buch ist erhältlich in jeder Buchhandlung der BRD,
Österreichs, der Niederlande, Belgiens und der Schweiz.
Bitte informieren Sie Ihren Buchhändler
über folgende Bezugsadressen:
BRD
Prolit Verlagsauslieferung GmbH, Siemensstr. 16,
35461 Fernwald (Annerod)
sowie alle Barsortimente
Schweiz
AVA/Buch 2000
Postfach, CH-8910 Affoltern a.A.
Österreich
Mohr-Morawa Buchvertrieb GmbH
Sulzengasse 2, A-1230 Wien
Niederlande, Belgien
Willems Adventure
Postbus 403, NL-3140 AK Maassluis

Wer im Buchhandel trotzdem kein Glück hat,
bekommt unsere Bücher auch direkt bei:
Rump Direktversand, Heidekampstraße 18,
49809 Lingen (Ems), oder über unseren
Büchershop im Internet: www.reise-know-how.de

*Wir freuen uns über Kritik, Kommentare
und Verbesserungsvorschläge.*

*Alle Informationen in diesem Buch sind von
den Autoren mit größter Sorgfalt gesammelt
und vom Lektorat des Verlages gewissenhaft
bearbeitet und überprüft worden.*

*Da inhaltliche und sachliche Fehler nicht ausgeschlossen werden können, erklärt der Verlag,
dass alle Angaben im Sinne der Produkthaftung
ohne Garantie erfolgen und dass Verlag
wie Autoren keinerlei Verantwortung und
Haftung für inhaltliche und sachliche Fehler
übernehmen.*

*Die Nennung von Firmen und ihren Produkten
und ihre Reihenfolge sind als Beispiel ohne Wertung gegenüber anderen anzusehen. Qualitäts-
und Quantitätsangaben sind rein subjektive Einschätzungen der Autoren und dienen keinesfalls
der Bewerbung von Firmen oder Produkten.*

Praktische Reisetipps A–Z
Anhang

Land und Leute Westafrikas

Mauretanien

Mali

Niger

Burkina Faso

Senegal

Gambia

Erika Därr (Hrsg.)
Thomas Baur
Gerhard Göttler

Westafrika
Band 1: Sahelländer

Mauretanien, Mali, Niger,
Burkina Faso, Senegal, Gambia

Reise Know-How im Internet

Aktuelle Reisetipps und Neuigkeiten
Ergänzungen nach Redaktionsschluss
Büchershop und Sonderangebote
Weiterführende Links zu über 100 Ländern

www.reise-know-how.de
info@reise-know-how.de

Wir freuen uns über Anregung und Kritik.

Vorwort

Selbst Anfang des 21. Jahrhunderts erscheint Afrika noch als Terra incognita. Behaftet mit Vorurteilen und Klischees, gespeist von einer offenbar nie versiegenden Flut desaströser Meldungen – AIDS, Hungersnöte, Tribalismus, bitterste Armut, politische Wirren, korrupte Politiker allerorten. Für nicht wenige ein hoffnungsloser Fall. Gleichzeitig erscheint die „Wiege der Menschheit" als die Projektionsfläche für das Fremde, das Rätselhafte und Faszinierende schlechthin. Psychologisch betrachtet ist der schwarze Kontinent eine Metapher für das Weibliche und Unbewusste. *Sigmund Freud* hatte in diesem Zusammenhang vom „inneren Afrika" gesprochen.

„Afrika – kann man denn da überhaupt hinfahren?", wird man oft kopfschüttelnd gefragt. Kurz und bündig: Mann oder frau kann, selbst alleine, ohne den vermeintlichen Schutz einer geführten Gruppe. Wer sich traut, kann für sich neue Horizonte entdecken, für den bleibt Afrika vielleicht nicht länger eine Fata Morgana.

„Reisen heißt leben lernen", lautet ein geflügeltes Wort der Tuareg. Leben ist in Afrika mehr als nur das schlichte Überleben. Kommunikation beginnt mit kleinsten Gesten. Wie man hineinlächelt, so lacht es heraus. Vor allem auf dem Land, wo Freundlichkeit, Höflichkeit und Offenheit im Umgang miteinander noch hoch geschätzte Werte darstellen. Wer den Menschen seinen Respekt erweist, ihre Traditionen achtet und dazu noch das nötige Quentchen Geduld aufbringt, wird es nicht schwer haben in den sechs Ländern des vorliegenden Buches. Alle beschriebenen Staaten gelten als politisch vergleichsweise stabil, ihre Regierungen sind mehr oder minder demokratisch legitimiert. Allen gemeinsam ist ihr Mangel an „strategischen" Rohstoffen. Dies dämpft soziale Spannungen und Begehrlichkeiten. Wo nichts ist, ist eben nichts zu holen.

Seit der Erstauflage des Westafrika-Führers im Jahr 1987 hat sich südlich der Sahara vieles verändert. Damals waren Begriffe wie Internet, GPS oder „good governance" noch Fremdworte. Und afrikanische Staaten profitierten in jener Zeit nicht schlecht vom Kalten Krieg und der Ost-West-Konfrontation. Seit deren Ende erscheint Afrika mehr denn je als kontinentaler Pflegefall. Trotz allem: Reisen ist insgesamt komfortabler geworden, die **touristische Infrastruktur** hat sich **spürbar verbessert,** auch wenn die regionalen Unterschiede teilweise noch enorm sind. Es ist eben alles eine Frage der Betrachtungsweise. Fortschritt kommt in Afrika langsam und meist auf leisen Sohlen.

Während Süd- und Ostafrika auf eine reiche Tierwelt und beeindruckende Naturwunder verweisen können, baut der Tourismus in Westafrika auf (noch) weitgehend **intakte Traditionen.** Das eigentliche Faszinosum dieser Region sind die Menschen mit ihrer **lebendigen Kultur.** Gerade das Spannungsfeld zwischen den modernen, hybriden Metropolen und ihrem archaisch anmutenden Hinterland macht Reisen in West-

VORWORT

afrika so spannend und erlebnisreich. **Authentizität,** dieser moderne Fetisch der Tourismusindustrie, lässt sich abseits der ausgetretenen Routen an x-beliebigen Orden leicht finden, dort, wo gegenseitige Fürsorge und Gastfreundschaft noch tief verwurzelte Bestandteile des Lebens bedeuten, und nicht zur Folklore verkommen sind, dort, wo sich spontane Begegnungen mit fremden Weißen nicht auf den monetären Austausch reduzieren.

So oder so: Massentourismus mit all seinen Begleiterscheinungen wird in Westafrika – mit Ausnahme einiger weniger Küstenabschnitte in Gambia und Senegal – in absehbarer Zukunft keine Rolle spielen. Westafrika „funktioniert" eben nicht nach den im Westen üblichen **Normen und Verhaltensregeln:** Der Händler beispielsweise, der sich unerbittlich weigert, auch nur einen geringen Preisnachlass zu gewähren, obwohl ihm damit vielleicht ein immer noch gutes Geschäft entgeht, kann einen im selben Moment zum Essen einladen und für ein Vielfaches des diskutierten Preisnachlasses bewirten. Und dennoch wird er nach dem Essen, falls man weiter handelt, keinen Franc CFA heruntergehen, wenn der Handelsspielraum, den er sich vorstellte, erschöpft ist. Wenn man die Ware dann doch zu seinem Preis gekauft hat, kann es sein, dass er sich noch mit einem kleinen Geschenk bedankt. Man staunt und wundert sich.

Ähnliches geschieht in vielen Bereichen, und darum „gehen" in Afrika viele Dinge einen oft völlig unerwarteten Gang, gibt es so überraschende Hindernisse, aber auch unerwartete Möglichkeiten, wenn man bestimmte Pläne verfolgt. Es ist kein Widerspruch, dass zum Beispiel ein Zöllner, der einen soeben stundenlang durchsucht und kontrolliert hat, anschließend, da die Grenze geschlossen wird, bittet, im Auto mitgenommen zu werden, und einen dann bei seiner Familie großzügig bewirtet, vielleicht gerade nach dem fragt, wonach er an der Grenze noch gesucht hat, nach Devisen, Alkohol oder Drogen. „La vie en afrique est très different de la votre!" – auch in Zeiten der Globalisierung: Das afrikanische Leben hat sich seine grundsätzliche Verschiedenheit bewahrt, so einfach ist das.

Vieles läuft in bestimmten Phasen mit wechselnden Rollen ab, und der (Individual-)Reisende muss dies akzeptieren und mitspielen, um an sein Ziel zu gelangen. Wer versucht, diesen Weg mit Hilfe „vernünftiger" Argumente abzukürzen, den anderen in seinem **Rollenspiel** plump zu entlarven, verstrickt sich schnell in einem undurchschaubaren Labyrinth von Hindernissen. Der konsequenten Beachtung von Normen steht ein oft sprunghaftes Umentscheiden, eine nur scheinbar widersprüchliche, plötzlich veränderte Betrachtungsweise gegenüber. Viele Antagonismen lösen sich in einem wundersamen „dritten Weg". Türen öffnen sich, wo man eben noch eine unüberwindbare Mauer vermutete. Wo nach unserem Dafürhalten wenig bis nichts funktioniert, wo das Chaos regiert, ist das viel zitierte „no Problem" alles andere als eine leere Floskel. So sind es die vielen kleinen Wunder des Alltags, die Reisen in Westafrika so faszinierend wie unvergesslich machen.

Kurz noch ein Wort zur **Systematik des Buches:** Die ersten beiden Kapitel „Praktische Reisetipps A–Z" und „Land und Leute Westafrikas" beziehen sich auf alle im Buch behandelten Länder, die dann folgenden Länderkapitel gehen detailliert auf das jeweilige Reiseziel ein. Im Anhang finden sich Glossar und Register sowie einige Bemerkungen zu Sprache, Gesundheit, Orientierung und Navigation, Literatur und Landkarten.

Im Reisehandbuch **Westafrika Band 2: Küstenländer** werden die Länder Guinea-Bissau, Guinea, Côte d'Ivoire (Elfenbeinküste), Ghana, Togo und Benin behandelt.

Die Länder im kurzen Überblick

Im Folgenden ein Überblick über die in diesem Westafrika-Reisehandbuch behandelten Länder, die sich auf sehr unterschiedliche Weise dem Tourismus geöffnet haben. Die jeweiligen Länderkapitel Mauretanien, Mali und Niger wurden von *Gerhard Göttler* verfasst, der vielen Lesern durch seine Bücher über die Sahara (bei REISE KNOW-HOW „Libyen" und „Algerische Sahara") und die Tuareg bekannt ist. Die Überarbeitung der Kapitel Burkina Faso, Senegal und Gambia wurde von *Thomas Baur* übernommen (bei REISE KNOW-HOW liegt von ihm auch ein Urlaubshandbuch zu „Senegal/Gambia" vor).

Mauretanien

Die Islamische Republik Mauretanien, klassisches Übergangsland zwischen „weißem", arabischem Nordafrika und schwarzem, sudanischem Westafrika, erfüllt diese Funktion für heutige Reisende in ganz besonderer Form: Es ist das einzige saharische Durchgangsland, das eine von Banditen und politisch oder religiös motivierten „Rebellen" unbehelligte Anreise auf dem Landweg zu den westafrikanischen Ländern ermöglicht. Der Gegensatz zwischen dem wüstenhaften Inneren und einer weitgehend naturnahen Küste begründet die besondere Attraktivität, die wegen Mauretaniens Randlage auf dem afrikanischen Kontinent noch kaum bekannt ist – ein Land, das es nicht nur für Transitreisende noch zu entdecken gilt!

Mali

Die Republik Mali, eines der ärmsten Länder der Welt, hat einige wirkliche Sehenswürdigkeiten aufzuweisen: so etwa das Dogon-Land, das sagenhafte Timbuktu oder die sudanesische Lehmarchitektur, bestes Beispiel dafür ist die Moschee von Djenné. Daneben übt die Kargheit der sahelischen Landschaft einen ganz besonderen Reiz auf Europäer aus. Nicht zu vergessen der Niger, Wasserspender und Lebensader des Landes. Aufgrund der innenpolitischen Auseinandersetzungen zwischen Tuareg und Militär war der Norden des Landes lange Zeit nur im Militär-Konvoi zu durchqueren. Im Zuge der Demokratisierung des Landes haben sich die Verhältnisse inzwischen normalisiert.

Niger

Den besonderen Reiz der Republik Niger macht sicher die von Tuareg-Nomaden bewohnte karge, vegetationsarme Wüstenlandschaft aus. Nicht weniger beeindruckend sind aber auch das Leben der Tuareg selbst sowie die alte Lehmarchitektur der Haussa mit ihren traditionellen geometrischen Ornamenten, am besten in so geschichtsträchtigen Städten wie Agadez, Maradi und Zinder zu sehen. Weitere Attraktionen stellen die riesige Sandwüste des Ténéré und das Aïr-Gebirge dar. Der gewaltsame Tuareg-Konflikt hat den Tourismus im Land zuletzt stark beeinträchtigt. Durch die Beilegung des Konflikts 1995 hat sich die Lage im Norden des Landes jedoch inzwischen wieder entspannt. Wegen des Banditenunwesens im Norden und Osten des Landes ist aber immer noch Vorsicht geboten.

Burkina Faso

Obwohl Burkina Faso zu den am meisten benachteiligten und ärmsten Ländern der Welt zählt, hat es sich bis heute seinen spröden Charme bewahrt. Vorteil: Das Land bietet die ganze Palette von Wüste bis Regenwald, und es ist vergleichsweise preiswert und einfach zu bereisen. Das ehemalige Ober-Volta wird von der Ethnie der Mossi dominiert, die als „Preußen Westafrikas" gelten. Das ist mit der Grund, warum das Land so sicher ist. Charakteristisch ist die Toleranz der Bevölkerung, die relativ große Vielfalt der Landschaft, wobei jede Region ihre Besonderheiten aufzuweisen hat, was Lebensform, Konstruktion der Häuser, traditionelle Sitten und Gebräuche betrifft.

Senegal

Mit jährlich gut einer halben Million Gästen verzeichnet Senegal die höchsten Besucherzahlen in der Region. Der hohe Zuspruch, vor allem von Franzosen, basiert auf einer für westafrikanische Verhältnisse hoch entwickelten touristischen Infrastruktur. Das gilt besonders für die Petite Côte mit ihrem angenehmen Klima und den fantastischen Stränden. Aber auch das alte St. Louis erlebt gerade eine neue Blüte. Nur wenige Kilometer weiter findet man afrikanisches Dorfleben pur. Nur die schönste und interessanteste Region, die Casamance, tut sich mit dem Frieden schwer. Die seit Jahren andauernden Scharmützel haben die Besucherzahlen markant schrumpfen lassen. Dafür aber stellt das Land mit dem kulturellen Schmelztiegel Dakar die einzige wirkliche Metropole in der Region.

Gambia

Als einziges englischsprachiges Land nimmt Gambia eine Sonderstellung in diesem Führer ein. Mehr noch als Senegal ist Gambia vom so genannten Massentourismus geprägt. Doch wer sich nicht nur für Sonne und Strandleben interessiert, dem bietet der Gambia River die besten Voraussetzungen für eine beeindruckende Entdeckungstour, vorbei an Galerie-Wäldern, weidenden Rinderherden, alten Forts und Faktoreien sowie Zeugnissen der prähistorischen Megalith-Kultur. Darüber hinaus eignet sich das kleinste Land Afrikas als Sprungbrett für Reisen in die Savanne, die Wälder der Casamance oder auf das Inselparadies des Bijagos-Archipel, das im Westafrika-Band 2 (Küstenländer) besprochen wird.

Inhalt

Praktische Reisetipps A–Z

Als Gast in Westafrika	20
Anreise	28
Ausrüstung	37
Diplomatische Vertretungen und Informationsstellen	44
Einreisebestimmungen	47
Essen und Trinken	47
Fotografieren	57
Geld	58
Kriminalität, Sicherheit und Verhalten im Notfall	61
Medien	64
Post, Telefon, Internet	65
Reisen in Westafrika	66
Reisepartner	78
Reisezeit	78
Unterkunft	79
Versicherungen	80

Land und Leute Westafrikas

Geografie und Geologie	84
Klima	95
Geschichte Westafrikas	98
Bevölkerung	114
Religion	148
Kunst und Kultur	167

Mauretanien

Landeskundliche Informationen

Geografie	220
Klima	223
Tier- und Pflanzenwelt	225
Bevölkerung	226
Sprache	229
Geschichte und Politik	229
Wirtschaft	235
Gesundheitswesen	236
Bildungswesen	237
Medien	238

Praktische Reisetipps A–Z

An- und Weiterreise	239
Botschaften/Auskünfte	243
Einreise/Visum/Zoll	244
Reise-Gesundheits-Information	246
Essen und Trinken	248
Feiertage und Feste	249
Geld/Währung/Banken	250
Öffnungszeiten	251
Post und Telefon	251
Reisen in Mauretanien	251
Reisezeit	255
Strom	255
Uhrzeit	255

Unterwegs in Mauretanien

Nouâkchott	256
Die Meeresküste zwischen Nouâkchott und Nouâdhibou – Parc National du Banc d'Arguin	261
Nouâdhibou	267
Von Nouâdhibou nach Choum auf Piste und weiter bis nach Atâr	269
Städte im Adrar-Bergland: Atâr, Chinguetti, Ouadane	272
Atâr	272
Chinguetti	274
Ouadane	275
Von Atâr über Rachid nach Tidjikja: Durchs innerste Mauretanien	277
Von Nouâkchott nach Süden zum Senegal	282

INHALT

"Route de l'Espoir" –
Die „Straße der Hoffnung"
von Nouâkchott nach Nema   283
Alte Städte und Oasen
im Südosten: Tidjikja,
Tichit und Oualata   288

Mali

Landeskundliche Informationen
Geografie   292
Klima   296
Tier- und Pflanzenwelt   296
Bevölkerung   307
Sprachen   308
Religionen   309
Geschichte und Politik   309
Wirtschaft   312
Gesundheitswesen   314
Bildungswesen   314
Medien   315
Musik   315

Praktische Reisetipps A–Z
An- und Weiterreise   316
Botschaften/Konsulate   320
Einreise/Visum   321
Feiertage und Feste   321
Fotografieren   321
Reise-Gesundheits-Information   322
Geld/Währung/Banken   324
Informationen   324
Öffnungszeiten   324
Post und Telefon   325
Reisen in Mali   325
Strom   331
Übernachtung   331
Uhrzeit   332
Versorgung   332

Unterwegs in Mali
Bamako   333
Der Westen und Nordwesten   347
National-Park Boucle de Baoulé   347
Bamako – Kati –
Kita – Manantali – Kayes   348
Kayes   351
Von Kayes in den Senegal
bzw. nach Mauretanien   352
Von Kayes nach Nioro du Sahel   353
Bamako – Nara – Mauretanien   353
Der Süden und
das Niger-Binnendelta   355
Bamako – Bougouni – Sikasso   355
Bamako – Segou –
San – Djenné – Mopti   356
Djenné   361
Mopti   364
Das Niger-Binnendelta   369
Das Land der Dogon   371
Bandiagara   371
Zu Fuß durch das Dogon-Land   376
Bankass   381
Der Osten und Nordosten   382
Timbuktu   382
Von Mopti
über Timbuktu nach Gao   388
Timbuktu – Douentza   390
Von Mopti
über Douentza nach Gao   391
Gao   394
Von Gao in
Richtung Süden (Niger)   399
Von Gao in
Richtung Norden (Algerien)   400

Niger

Landeskundliche Informationen
Geografie   404
Klima   406

Pflanzenwelt	407	Birni-Nkonni – Tahoua – Agadez	452
Bevölkerung	408	Agadez	454
Sprachen	409	Von Agadez nach Arlit	
Religionen	409	und weiter bis Assamaka	
Geschichte	409	(Grenze Algerien)	461
Politik	410	Arlit – Assamaka –	
Wirtschaft	413	In Guezzam (Algerien)	463
Gesundheitswesen	414	Die nordöstlichen	
Bildungswesen	415	Wüstenregionen	465
Medien	416	Aïr-Gebirge	465
		Von Agadez nach Iférouane	467

Praktische Reisetipps A–Z

An- und Weiterreise	417	Von Agadez durch die Ténéré nach Bilma	470
Botschaften/		Agadez – Bilma via Fachi:	
Konsulate/Informationen	420	Die Strecke der Karawanen	471
Reise-Gesundheits-Information	422	Variante Agadez – Bilma	
Einreise/Visum/Zoll	424	über Achegour – Dirkou	473
Feiertage und Feste	424	Bilma – Nguigmi	474
Geld/Währung/Banken	424	Dirkou – Djado	474
Öffnungszeiten	425	Von Chirfa nach Iférouane	
Post/Telefon/Fax	425	über den Arbre Thierry Sabine	476
Reisen im Niger	425		
Sicherheit	428		

Burkina Faso

Strom	429		
Übernachtung und Versorgung	429	**Landeskundliche Informationen**	
Uhrzeit	429	Geografie	480
		Klima	482

Unterwegs im Niger

		Bevölkerung	482
Niamey	430	Sprachen	483
Der Nordwesten und		Religionen	483
die Umgebung von Niamey	439	Geschichte	485
Nördlich von Niamey	439	Politik	487
Südlich von Niamey	441	Wirtschaft	492
Der Süden	444	Gesundheitswesen	494
Von Niamey über Zinder	444	Bildungswesen	495
Zinder	447	Medien	495
Von Zinder nach Nguigmi	451		
Nguigmi – Koufey – Bilma	452	**Praktische Reisetipps A–Z**	
Nguigmi – Nokou (Tschad)	452	Allgemeines	497
Die „Route de l'Uranium"		An- und Weiterreise	497
bis zur Grenze Algeriens	452	Botschaften	502

INHALT

Einreise/Visa	502
Reise-Gesundheits-Information	504
Feiertage und Feste	506
Geld/Währung/Banken	506
Informationen	507
Nationalparks/Tierreservate	508
Öffnungszeiten	508
Post und Telefon	508
Reisen in Burkina Faso	509
Strom	512
Übernachtung und Versorgung	512
Uhrzeit	514

Unterwegs in Burkina Faso

Ouagadougou	515
Von Ouagadougou nach Fada-N'Gourma (Nationalpark Arly)	537
Fada-N'Gourma	537
Nationalpark Arly	540
Nationalpark „W"	541
Von Ouagadougou nach Bobo-Dioulasso	541
Koudougou	542
Sabou	542
Boromo	544
Houndé	544
Bobo-Dioulasso	545
Abstecher nach Dédougou	557
Bobo-Dioulasso – Banfora	558
Banfora	558
Banfora – Gaoua (Lobi-Land)	562
Gaoua	563
Bobo – Diébougou – Ouessa	566
Diébougou	567
Ouessa	567
Der burkinische Sahel	568
Ouagadougou – Dori	569
Ouagadougou – Ouahigouya – Dori	571
Ouagadougou – Djibo	574

Senegal

Landeskundliche Informationen

Geografie	578
Klima	579
Tier- und Pflanzenwelt	579
Bevölkerung	582
Sprache	583
Religion	583
Geschichte und Politik	583
Wirtschaft	589
Gesundheitswesen	590
Bildungswesen	591
Medien	592

Praktische Reisetipps A–Z

An- und Weiterreise	593
Botschaften/Informationsstellen	599
Einreise/Visum	600
Feiertage und Feste	600
Geld/Währung/Banken	601
Öffnungszeiten	601
Post/Telefon/Internet	601
Reise-Gesundheits-Information	602
Reisen im Senegal	604
Strom	609
Übernachtung und Versorgung	609
Uhrzeit	610

Unterwegs im Senegal

Dakar	611
Das Zentrum	638
Anreise	638
Thiès	639
Tivaouane	640
Diourbel	640
Touba	641
St. Louis	641
Der Senegal-Fluss	652
Anreise	652
Ausreise nach Mauretanien	653

Rosso	653
Richard Toll	654
Podor	654
Matam	655
Bakel	655
Kidira	655
Die Petite Côte	656
Anreise	657
Toubab Dialaw	657
Popenguine	658
La Somone	658
Reserve de Bandia	658
Saly Portugal	660
Mbour	660
Nianing	663
Mbodiene	663
Joal-Fadiouth	663
Das Sine Saloum-Delta	647
Anreise	665
Ndangane/Mar Lodj	665
Palmarin/Djifèr (Differ)	666
Foundiougne	666
Kaolack	666
Toubakouta	667
Missirah	667
Rundfahrt zu den Megalithen des Sine-Saloum	668
Die Casamance	670
Geschichte	671
Sicherheitshinweise	673
Anreise	673
Ziguinchor	674
Basse Casamance	679
Nord-Casamance	683
Haute Casamance	684
Der Südosten	685
Anreise	686
Tambacounda	686
Nationalpark Niokolo Koba	688
Kédougou	690
Das Bassari-Land	690

Karten und Stadtpläne

Vegetationszonen ... 90
Klimazonen ... 95
Niederschlagsmengen ... 96
Mauretanien – Übersichtskarte ... 221
Nouâkchott ... 258
Nouâdhibou ... 267
Nouâdhibou/Cap Blanc ... 268
Mali – Übersichtskarte ... 294
Wanderungsbewegung der Elefanten ... 302
Bamako ... 334
Bamako – Innenstadt ... 339
Niger-Binnendelta ... 357
Mopti ... 365
Dogon-Land ... 377
Timbuktu ... 387
Gao ... 397
Niger – Übersichtskarte ... 405
Niamey ... 434
Parc National du „W" ... 442
Maradi ... 446
Zinder ... 449
Agadez ... 457
Burkina Faso – Übersichtskarte ... 481
Ouagadougou ... 518
Nationalpark Arly ... 538
Bobo-Dioulasso ... 546
Banfora und Umgebung ... 559
Senegal – Übersichtskarte ... 580
Halbinsel Cap Vert ... 612
Dakar City ... 616
Dakar Zentrum ... 622
St. Louis ...646
Petite Côte ... 659
Megalithen-Rundfahrt 1 ... 668
Megalithen-Rundfahrt 2 ... 669
Basse Casamance ... 672
Ziguinchor ... 677
Nationalpark Niokolo Koba ... 689
Gambia – Übersichtskarte ... 696
Banjul ... 717
Kombo-St. Mary Area ... 724

In den Kopfzeilen ist zuerst die Landes-Übersichtskarte genannt, dann die jeweilige Regionalkarte bzw. Stadtplan.

INHALT

Gambia

Landeskundliche Informationen

Geografie	694
Klima	695
Tier- und Pflanzenwelt	696
Bevölkerung	698
Sprache	699
Religion	700
Geschichte und Politik	700
Wirtschaft	704
Gesundheitswesen	705
Bildungswesen	705
Medien	706

Praktische Reisetipps A–Z

An- und Weiterreise	707
Botschaften	708
Einreise/Visa	709
Feiertage und Feste	709
Reise-Gesundheits-Information	710
Geld/Währung/Banken	712
Informationen	712
Maße und Gewichte	712
Reisen in Gambia	713
Strom	713
Telefon und Fax	713
Trinken	713

Unterwegs in Gambia

Banjul	714
Die Küstenorte von Bakau bis Kartung	723
Kombo-St. Mary Area	723
Serekunda	730
Brikama	732
Ghanatown/Brufut Beach	732
Tanji/Tanji Bird Reserve	733
Gunjur Beach	733
Kartung	733
Gambia River	734
Das Südufer	734
Das Nordufer	741

Anhang

Sprache	746
Gesundheit	750
Orientierung und Navigation	753
Glossar	756
Literatur	762
Landkarten	764
Register	777
Danksagung	791
Fotonachweis	791
Die Autoren	792

Exkurse

Weiße Frau – Ticket zum Paradies / von *Dorcas Spitzhorn* ... 24
Ausrüstungs-Checkliste ... 38
Rezepte bekannter westafrikanischer Gerichte ... 53
Das Problem der Desertifikation (Verwüstung) ... 88
„Wenn du das bestehst, erträgst du den ganzen Rest" / von *Heide Oestereich* ... 137
Prostitution in Westafrika ... 146
Grund- und Aufriss eines Haussa-Gehöfts ... 177
Märkte und Handel ... 184
Gebet an die Masken / von *L.S. Senghor* ... 191
„Fahr ich ... oder fahr ich lieber nicht?" ... 264
Auf der Suche nach Hannibals Elefanten / von *Gerhard Göttler* ... 298
Die Dogon / von *Anne Wodtcke* ... 372
Die Dogon und das Sirius-Rätsel ... 378
Ibrahim Baré Maïnassara † ... 412
Das Begräbnis-Ritual der Mossi ... 484
Thomas Sankara und seine Politik ... 488
Blaise Compaoré ... 489
Krise oder Der Tanz auf dem Vulkan ... 491
Der Dodo-Carneval ... 507
Audienz beim Mogho Naaba, dem Kaiser der Mossi / erlebt von *Walter Egeter* ... 522
Impressionen vom Filmfestival FES.PA.C.O. / von *Dirke Köpp* ... 534
Im Land der Lobi ... 564
Sufis im Senegal ... 584
Abdoulaye Wade – im fünften Anlauf zum Präsidenten gewählt ... 587
Eine Fahrt im „Express" von Dakar in die Hauptstadt Malis / von *Peter Cissek* ... 595
Die Joola ... „Senegals Titanic" ... 606
„Le Dakar" – die Rallye Paris – Dakar ... 625
Île de Gorée – Mahnmal gegen die Sklaverei ... 633
Touba – „Senegals Mekka" ... 642
Ein tragischer Held aus St. Louis ... 649
Der Baobab – Afrikas „Wunderbaum" ... 661
Das Beschneidungsfest von Mbour / erlebt von *Christine Mutter-Sène* ... 662
Der M.F.D.C., die Diola und ihr Freiheitswille ... 675
Sanfter Tourismus – das Projekt „Campements villageois" ... 681
Sprachverwirrung in Gambia ... 699
Im Reich des „Ninki Nanka" – 400 km mit einer Piroge auf dem Gambia River ... 736

Praktische Reisetipps A–Z

Praktische Reisetipps A–Z

Burkina Faso – Verladung von Mobylettes

Mauretanien – Piste in Richtung Ouadane

Mali – Fähre über den Zusammenfluss von Bafing und Baquoye

Als Gast in Westafrika

Afrika, der schwarze, unheimliche Kontinent, wo die Wilden wohnen: Das Bild vom unzivilisierten und geschichtslosen „Eingeborenen" spukt noch heute vielfach in den Köpfen der Europäer herum. Wenn man sich jedoch etwas mit dem kulturellen Hintergrund und der Geschichte des afrikanischen Kontinents beschäftigt, wird man feststellen, dass sich in Afrika bereits in früheren Jahrhunderten zahlreiche, relativ hochstehende, Kulturen und Reiche entwickelt hatten. Dennoch haben Afrikaner einen völlig anderen kulturellen Hintergrund. So hat für sie z.B. die Zeit eine ganz andere Bedeutung, was man in den unterschiedlichsten Situationen sehr schnell merkt und – sobald man die Zeit-ist-Geld-Hektik abgelegt hat – auch meist als sehr angenehm empfunden wird. „Von nichts gibt es so viel wie von der Zeit, denn es kommt ja immer mehr Zeit", lautet ein afrikanisches Sprichwort.

Begegnet man den Afrikanern nicht mit Überheblichkeit und Arroganz, sondern mit **respektvoller Höflichkeit und Freundlichkeit,** so wird man feststellen, dass die meisten sehr aufgeschlossen, tolerant und relativ unkompliziert im Umgang sind, vorausgesetzt, man beachtet gewisse Regeln.

So ist die **Begrüßung** nicht nur der Austausch einer kurzen Grußformel, sondern eine regelrechte Zeremonie, bei der man sich nicht nur danach erkundigt, wie es dem Gegenüber geht (ob er gut geschlafen bzw. geträumt hat), sondern auch noch nach dem Ehepartner, den Kindern, der Familie, der Arbeit etc. Man hat Zeit für den Anderen und Muße zu plaudern. Nicht selten – wenn Sie in einer Gegend länger verweilen und bereits viele Leute kennen – brauchen Sie deshalb für den Gang zum Markt nicht mehr zehn Minuten, sondern eine Stunde. Fragen Sie einen Einheimischen auf der Straße nach dem Weg, so sollten Sie zunächst mit einem „Guten Tag, wie geht es Ihnen?" beginnen und dann erst die eigentliche Frage stellen – ohne vorherige Begrüßung zu fragen, wäre grob unhöflich. Es wird die Anekdote erzählt, dass ein Europäer einen älteren Herrn ohne Begrüßung nach dem Weg gefragt hatte. Daraufhin schaute dieser den Fragenden lange eindringlich an und meinte: „Der Weg ist weggegangen, um zu lernen, wie man grüßt!" In manchen Gegenden, besonders bei orthodoxen Moslems, gibt ein Mann niemals einer Frau zur Begrüßung die Hand, sondern nur Männer bzw. Frauen unter sich. Beim Kontakt mit Einheimischen sollten Sie u.a. folgendes berücksichtigen: Während es bei uns üblich ist, dem Gegenüber offen in die Augen zu schauen, gilt in manchen Regionen Afrikas der direkte Blickkontakt als aufdringlich! Und es wird als ein Zeichen des Respekts, vor allem gegenüber Älteren, angesehen, wenn man bei der Begrüßung betont zur Seite schaut. In Ghana dagegen begrüßt man, unabhängig von Rang, Alter oder Geschlecht, denjenigen, der rechts von einem steht und führt dies reihum fort, bis man an der linken Seite des Raumes oder Kreises angekommen

ALS GAST IN WESTAFRIKA

ist. Grundsätzlich gilt in Afrika ein hoher Respekt vor dem Alter.

Das **Austauschen von Zärtlichkeiten** zwischen Mann und Frau in der Öffentlichkeit oder z.B. Arm in Arm spazieren zu gehen ist bei Moslems tabu und wird auch von Westafrikanern meist als unpassend angesehen, es existieren aber regionale Unterschiede. Achten Sie am besten darauf, wie die Einheimischen miteinander umgehen, und verhalten Sie sich entsprechend.

Eine äußerst wichtige Verhaltensregel ist der Gebrauch der richtigen Hand, d.h. **nur mit der rechten Hand essen** und auch Geschenke lediglich mit der rechten Hand reichen. Ebenso sollten Sie darauf achten, beim Einkaufen die Ware generell mit der rechten Hand anzufassen. Die linke Hand gilt als unrein, da man sich damit den Po reinigt.

Ein **Geschenk** annehmen sollten Sie dagegen mit beiden Händen, auch wenn dies von der Größe her problemlos mit einer Hand möglich wäre. Dies gilt als eindeutiger Ausdruck Ihrer Dankbarkeit. Mit einer Entgegennahme lediglich durch die rechte Hand würde man zu verstehen geben, dass das Geschenk zu klein oder zu wertlos sei.

Generell als unhöflich gilt auch, wenn man ein **Essen** ablehnt. Wenn Sie aber keinen Appetit auf das Ihnen angebotene Mahl haben, so sollten Sie sich mit einem vernünftigen Argument („Ich habe gerade gegessen, bin krank, habe Magenschmerzen") entschuldigen.

Achten Sie unterwegs in Westafrika auch stets auf **angemessene Kleidung.** Sie werden feststellen, dass auch wenig begüterte Afrikaner verhältnismäßig viel Geld für ordentliche Kleidung ausgeben. Unter welchen ärmlichen Umständen jemand auch leben mag, er wird fast immer bemüht sein, so sauber wie möglich angezogen zu sein. So ist es oft überraschend, wenn Leute ihre Lehmhütte in weißem Hemd und gebügelter Hose verlassen. Generell sollten Sie sich darüber im Klaren sein, dass in Mitteleuropa gängige Verhaltensmuster in einem anderen Kulturkreis verschieden interpretiert werden. So gelten Männer in Shorts bei Afrikanern als lächerliche Erscheinung.

Vor allem in Touristenzentren sieht man immer wieder Urlauber, die wahllos Geld oder Geschenke an bettelnde Kinder verteilen. In den Köpfen der Bevölkerung entwickelt sich auf diese Weise das Bild vom reichen Touristen, was wiederum zur Folge hat, dass damit **Kinder zu Bettlern herangezogen** werden und nicht in die Schule gehen, da dieser Job einträglicher ist. Dem sollte man keinen Vorschub leisten.

Ein weiteres Phänomen sind so genannte **Schlepper,** die Sie zu Souvenirläden führen, von denen sie eine Provision bekommen, oder die versuchen, ihr Geschäft mit Touristen zu machen, meist zu unangemessen hohen Preisen.

Insgesamt ist das **Thema Reichtum der Europäer** bzw. Armut der Menschen in afrikanischen Ländern sehr relativ. Entscheidend ist dabei auch, welches Bild die Anderen von Ihnen haben. Wenn man sich beispielsweise als Student ausgibt, assoziiert man in Europa damit oft jemanden mit geringem Einkommen; in Entwicklungsländern ist ein Studium dagegen einer privilegierten Minderheit vorbehalten. Sollten Sie versuchen, Ihr Studentenimage zu korrigieren, wird man Ihnen nicht glauben und Ihr Verhalten als falsche Bescheidenheit auslegen, es sei denn, Ihr Diskussionspartner kennt die europäischen Verhältnisse.

Als vermeintlich Reicher wird man automatisch der Oberschicht zugeordnet – und es wird ein entsprechendes Verhalten erwartet. Dies bezieht sich sowohl auf Umgangsformen als auch auf **Kleidung,** die in Westafrika als wichtigstes Statussymbol fungiert. Ungepflegt und in abgerissenem Outfit herumzulaufen („Markenzeichen" vieler so genannter Globetrotter) wird in den Gastländern generell als unschicklich, oft sogar als Provokation betrachtet. Insgesamt stehen die Afrikaner, wenn man die miserablen hygienischen Verhältnisse und die Probleme der Wasserversorgung berücksichtigt, den Europäern in Sachen Reinlichkeit kaum nach. Bei Moslems ist das Reinheitsgebot zudem religiös begründet.

Ein weiterer wichtiger Punkt im Umgang mit Einheimischen sind **Versprechungen,** wie z.B. Fotos zu schicken, zu schreiben oder bald wiederzukommen, die man oft viel zu leichtfertig macht. Wenn, dann sollten sie auch eingehalten werden! Und seien Sie besonders vorsichtig mit Versprechungen, die weitreichende Konsequenzen nach sich ziehen, wie finanzielle Hilfe oder Heirat. Es kann nämlich sein, dass sich die andere Person darauf einstellt und z.B. die Arbeit aufgibt, da ja demnächst Hilfe von einem reichen Freund bzw. Freundin aus Europa kommt. Benützen sie im Zweifelsfall vage Formulierungen wie „Es liegt in Gottes Händen" o.Ä.

Achtung gegenüber dem anderen heißt auch, seine **Privatsphäre** zu respektieren, d.h. nicht einfach in Haus und Hof einzudringen, sondern nur auf Einladung. Dies gilt besonders beim Fotografieren.

Bei vielen so genannten Alternativtouristen ist neben hoher Anspruchshaltung und einer gewissen Überheblichkeit („Tourist ist immer der Andere") leider auch ein Hang zum **Schmarotzertum** zu beobachten. Mit absoluter Selbstverständlichkeit nehmen sie oft die Gastfreundschaft der Bevölkerung in Anspruch, leben mehr oder weniger auf Kosten der Gastgeber, die mit Mühe und Not ihre Familie über die Runden bringen. Das soll nicht heißen, dass Sie eine Einladung nicht annehmen dürfen, denken Sie nur stets darüber nach, wie Sie vorgehen, um der Familie nicht auf der Tasche zu liegen. Geld wird nicht immer gerne angenommen; gehen Sie also mit auf den Markt und bezahlen Sie, was benötigt wird, oder bringen Sie selbst etwas mit, was in der Küche gebraucht wird. Wenn Sie merken, dass Kohle oder Brennholz fehlt, können Sie sich auch darum kümmern.

Am Strand zu campieren, anstatt sich bei den „Locals" für ein paar Euro ein Zimmer zu mieten, und sich von Kokosnüssen und Bananen zu ernähren, anstatt in einheimischen Restaurants zu essen, zeugt ebenfalls von westlicher Ignoranz. Selbst wenn mancherorts die negativen Auswirkungen des Tourismus – Prostitution, Kriminalität, Kinderbettelei, kulturelle Entfremdung, Investitionen in Infrastruktur für Touristen anstatt für Einheimische, ökologische Belastungen etc. – nicht mehr zu übersehen sind, berechtigt dies den einzelnen Reisenden nicht, diesen Trend noch weiter zu unterstützen. Und zum Wohle der eigenen Sicherheit sollte man auch auf die allzu provokante Zurschaustellung seiner Prätiosen verzichten. Vielleicht sollten Sie sich als Afrika-Tourist einmal durch den Kopf gehen lassen, dass ein Teil unseres Wohlstandes nicht zuletzt auf der Ausbeutung der Länder der so genannten Dritten Welt basiert.

Einheimische Führer

Nicht nur in manch abgelegenen Gegenden ist es unter Umständen ratsam, vor Ort einen einheimischen Führer (**Guide**) anzuheuern, der Ihnen die Umgebung zeigt. Meist weiß er einiges Interessantes zu erzählen und hat gute Kontakte zu Dorfbewohnern. Sie sollten sich jedoch vorher über den Preis einigen. Warten die Guides vor einem noblen Hotel auf Kundschaft, so verlangen sie meist das Vielfache. Generell ist es üblich, dass der Reisende gleichzeitig auch Patron ist, d.h. für Essen und Trinken, Fahrtkosten und Übernachtung des Führers aufkommt, solange dieser für ihn arbeitet. Oft ist es besser, einen Guide in einem kleinen Ort anzuheuern, als in einer größeren Stadt oder einem Touristenzentrum, wo sich inzwischen zu viele Guides auf das Geschäft mit den Touristen spezialisiert haben.

Reisetipps für Frauen

Allein reisende schwarze Frauen jeden Alters sind in Westafrika – mit Ausnahme von Mauretanien – etwas völlig Normales. Das ist mit ein Grund, dass weiße Frauen weit weniger belästigt oder angegrabscht werden als etwa im arabischen Kuturraum. Was nicht bedeuten soll, dass schwarze Männer nicht auch ihr Glück bei einer weißen Frau suchen. Im Gegenteil: Frau sollte sich nicht wundern, wenn wildfremde Männer ebenso charmant wie ungeniert nach dem Familienstand fragen. Oder gleich mit eindeutigen Avancen

Fotografieren nur mit Einverständnis!

Weiße Frau – Ticket zum Paradies
von Dorcas Spitzhorn

Dorcas Spitzhorn ist in Westafrika aufgewachsen, genauer gesagt in Sierra Leone, und schildert hier ihre ganz persönlichen Eindrücke.

Als Frau ohne männliche Begleitung in Afrika unterwegs zu sein, ist völlig unproblematisch. Die Afrikaner sind in der Regel freundlich, kommunikativ, kontaktfreudig und besonders neugierig gegenüber anderen Kulturen. So natürlich auch die Männer. Da mag man sich oft fragen, ob diese Männer, die einem in großer Zahl und allzu bereitwillig Gesellschaft leisten, nun Hintergedanken hegen. Ganz sicher – die Anzahl der täglichen Heiratsanträge übersteigt häufig die der eingenommenen Mahlzeiten. Das liegt wahrscheinlich weniger daran, dass wir so umfallend anziehend wirken, allen himmelhoch jauchzenden Komplimenten zum Trotz. Es gibt immer wieder Afrikaner, die von einer Europäerin geheiratet und in deren Heimat geholt werden. In der Imagination ihrer zuhause gebliebenen Freunde haben sie somit den Schritt ins Schlaraffenland geschafft, in ein sorgloses Leben. Was aus diesen Beziehungen letztendlich wird, steht auf einem anderen Blatt. Die meisten männlichen Afrikaner sehen in uns weißen Frauen wahrscheinlich ein potenzielles Ticket zum vermeintlichen Paradies. Vielleicht finden sie uns aber wirklich so toll und/oder sie haben mit Sicherheit eine wesentlich freiere und spontanere Art, auf Frauen zuzugehen. Wie auch immer. Lehnt man das Angebot dankend ab – ohne dass der Mann sein Gesicht verliert – wird dies zwar bedauernd, aber letzlich doch akzeptiert.

Mögen einen die in Scharen auf einen zuströmenden Männer auch erschrecken und zuweilen auch lästig sein, die so genannte Anmache war immer von ausgesuchter Höflichkeit. Ich habe nie eine aggressive oder degradierende Anmache erlebt, wie etwa plumpe Zurufe oder dämlich stierende Blicke auf das Dekolleté oder sonst wohin. Auch wenn sich der Kellner beim Servieren zu einem Plausch voller romantischer Andeutungen gleich mit an den Tisch, zwischen Fufu und Huhn, setzt, nie vergisst er seine Kinderstube. Man mag dazu verleitet werden, unfreundlich zu reagieren, wenn man erschöpft ist von einer mehrstündigen holprigen Fahrt in einem vakuumartigen Bus, in dem sich einem die Federn der Sitze in den Hintern gebohrt haben, oder nach einem Gang durch Hitze, Lärm und Staub, mit nichts im Sinn als einem schattigen Platz, einem kalten Getränk und einem bisschen Ruhe. Aber mal ehrlich – die Männer haben es nicht verdient, wissen sie doch nicht, dass wir am selben Tag schon Dutzende ihrer Geschlechtsgenossen verschmäht haben. Es mag natürlich auch daran liegen, wie man sich als Frau oder generell als Mensch verhält, aber ich bewege mich in Westafrika, auch ohne männliche Begleitung, wesentlich angstfreier als in jedem europäischen Ballungszentrum. Dazu trägt natürlich auch das Wissen bei, dass – sollte frau wirklich in Bedrängnis geraten oder ein Beziehungsaspirant mal zu hartnäckig sein – einem jederzeit jemand aus der Bevölkerung zu Hilfe eilt und den „Delinquenten" in seine Schranken weist.

Als Gast in Westafrika

kommen. Denn die mögliche Bekanntschaft mit einer weißen Frau bedeutet weit mehr, als nur die Aussicht auf ein sexuelles Abenteuer und den damit verbundenen Prestigegewinn. Es ist auch die Hoffnung auf eine Einladung nach Europa, das heiß ersehnte Visum, kurzum: das vermeintliche Ende aller irdischen Sorgen.

Will man als allein reisende Frau unnötigen Ärger vermeiden, sollte man deshalb einige ungeschriebene Gesetze beachten, auch wenn es der emanzipierten mitteleuropäischen Frau schwer fällt, einige der Privilegien und Freiräume, die sie von zu Hause gewohnt ist, aufzugeben. Aber entweder frau akzeptiert kulturelle und religiöse Traditionen und versucht, sich diesen anzupassen, oder sie wählt sich andere Reiseziele aus.

Ganz besonders wichtig ist **dezente Bekleidung**: Niemand braucht in „Sack und Asche" zu gehen, aber bitte keine Miniröcke und aufreizende Tops. Dies gilt besonders für Mauretanien, Mali und Niger. Eine Frau, die in knapper Strandbekleidung über den Markt schlendert, braucht sich nicht zu wundern, wenn ihr die Männer hinterherpfeifen und sie als Freiwild oder Prostituierte betrachten. Auch wenn der **direkte Blickkontakt** inzwischen mehr oder weniger üblich ist, wird es von Männern in Afrika fast immer als Aufforderung angesehen, wenn eine Frau ihnen offen ins Gesicht schaut (eine Sonnenbrille mit dunklen Gläsern verhindert z.B. Blickkontakt). Auch allzu freundliche Gesten werden oft falsch interpretiert.

Gegen allzu aufdringliche **Annäherungsversuche** wirkt ein Ehering oft Wunder. Wenn Sie mit einem Partner reisen, sind Sie selbstverständlich liiert oder besser noch verheiratet, und haben Kinder (Foto von Mann und evtl. Kindern bei jeder Gelegenheit zeigen). Um so einen lästigen Patron abzuwimmeln, hilft es – auch wenn Sie alleine unterwegs sind – zu erzählen, dass Ihr Ehemann Sie im Hotel XY erwartet und/oder für eine im Land bekannte große europäische Firma arbeitet.

Jegliche Bemühungen sind natürlich umsonst, wenn Sie erzählen, wie toll das Alleinreisen ist, wie schön es ist, offen zu sein für Kontakte und wie viel mehr Sie dadurch erleben. Dies wird von fast allen afrikanischen Männern, sofern sie diese nicht bereits näher kennen gelernt haben, als Aufforderung angesehen. Wenn Sie sich schon als Alleinreisende geoutet haben, sollten Sie auf die Frage, aus welchem Grund Sie dies machen, ein schlüssiges Motiv angeben (z.B. Besuch bei Freunden bzw. Verwandten). Wie jemand allerdings eine mehrmonatige Reise nur zum Spaß und ohne jemand im besuchten Land zu kennen unternehmen kann, bleibt den meisten Afrikanern unverständlich. Das gilt umso mehr bei einer Frau, die solo in der Welt herumreist.

Binden Sie deshalb, falls Sie als Frau längere Zeit alleine reisen sollten, nicht jedem auf die Nase, wie lange Sie noch unterwegs sind. Dies führt nur zu vorschnellen Annahmen hinsichtlich Ihrer Zahlungsfähigkeit. Folglich lohnt es sich, mit so einer Frau Freundschaft zu schließen, sie in seine Familie aufzunehmen, um so am Geld teilhaben zu können. Dies ist keineswegs böswillig gemeint, sondern in Westafrika üblich. Auch ein reicher Onkel wird sein Vermögen der ganzen Verwandtschaft zugute kommen lassen. Also überlegen Sie sich gut, worauf Sie sich einlassen!

Viele Frauen mögen sich fragen, ob es denn gefährlich sei, alleine in Westafrika zu reisen. Grundsätzlich kann dies verneint werden. Vergewaltigung oder andere kriminelle Übergriffe kommen nur höchst selten vor. Westafrikaner sind zwar **oft aufdringlich, aber** in der Regel **wenig aggressiv.** Und durch entsprechendes Verhalten können Sie sich die Männer auf respektvolle Distanz halten. Natürlich dürfen Sie problematische Situationen nicht herausfordern, indem Sie bei Dunkelheit alleine am Strand spazieren gehen oder nachts durch unbeleuchtete Gassen schlendern. Bedenken sollten Sie auch immer, dass die europäische Frau im Bewusstsein vieler Afrikaner ein mehr oder minder freizügiges Lustobjekt darstellt. Nicht erst seit der Veröffentlichung des Buchs „Die weiße Massai" ist es ein offenes Geheimnis, dass Europäerinnen gerade wegen der **Möglichkeit sexueller Abenteuer** nach Westafrika reisen. Besonders beliebte Ziele sind Senegal, Gambia, Ghana oder Burkina Faso. Die Botschaften in diesen Ländern können ein Lied davon singen, wenn schwarzweiße Paare „ganz schnell" Papiere für die Trauung brauchen. Im Falle sexueller Kontakte ist die Benutzung von Präservativen *(French cap* bzw. *Capot anglais)* vor allem zum Schutz vor Geschlechtskrankheiten und einer HIV-Infektion unbedingt angeraten.

Einkaufen, Handeln, Tauschen

Fast alles, was man zum Leben braucht, bekommt man in der Regel auf den einheimischen **Märkten.** Und wenn Sie nicht in einem der Hotels von internationalem Standard ihr Frühstück einnehmen, aber doch mal Appetit auf europäische Produkte wie Käse oder Wurst haben sollten, so finden Sie diese Artikel in den **Supermärkten der Städte,** natürlich zu entsprechenden Preisen. Käse, Wurst, Butter und Marmelade werden im Senegal, Côte d'Ivoire, Togo und Burkina Faso auch lokal produziert und sind deshalb nicht so teuer.

Beim Einkaufen von **Souvenirs** sollten Sie daran denken, dass jegliche Ein- und Ausfuhr lebender und toter Exemplare

---

Buchtipps:
- Christine Pollok
KulturSchock Islam
- Muriel Brunswig
KulturSchock Marokko
- Harald A. Friedl
Respektvoll reisen
- Birgit Adam
Als Frau allein unterwegs
- Kirstin Kabasci
Islam erleben
(alle Bände REISE KNOW-HOW)

ALS GAST IN WESTAFRIKA

von bedrohten Tier- und Pflanzenarten, die unter das internationale Artenschutzabkommen fallen, verboten ist. Gegenstände aus Elfenbein, Krokodilleder oder Schlangenhaut werden in der Regel vom Zoll beschlagnahmt, und Sie müssen mit hohen Strafen rechnen.

Viele Länder sind verständlicherweise auch darauf bedacht, dass wichtige und alte **Kultobjekte** oder Kunstgegenstände nicht das Land verlassen, weshalb ihre Ausfuhr meist nur mit Genehmigung des zuständigen Ministeriums erlaubt ist. Andere Souvenirs kann man dagegen problemlos ausführen.

Nicht ganz alltägliche, witzige Souvenirs sind die afrikanischen Zahnbürsten, nämlich dünne Stäbchen aus weichem Holz, z.B. Aloe, mit denen im Mund die Afrikaner oft herumlaufen; außerdem schwarze, selbst gemachte Seife aus Asche, die bunten Tücher (pagnes), die selbstgebastelten Spielzeuge der Kinder, Öllämpchen oder andere kleine, aus Dosen gefertigte Gebrauchsgegenstände, Kalebassen, die zu allerlei Zwecken verwandt werden, Tongefäße, aus denen Fufu gegessen wird etc. Schön sind auch die traditionellen afrikanischen Anzüge oder die Kostüme der Frauen, die aus den afrikanischen Stoffen angefertigt sind. Gehen Sie zum Schneider, wo Sie sich ein Modell aussuchen können. Meist liegen Kataloge aus, der Schneider wird die Kleidung dann nach Ihren Wünschen anfertigen.

Beim Kauf solcher Gegenstände sollten Sie berücksichtigen, dass es in Afrika durchaus üblich ist zu **handeln.** Sie sollten sich jedoch nur auf einen Handel einlassen, wenn Sie auch wirklich die Absicht haben zu kaufen. Andernfalls können Sie dem Verkäufer die Lust am Feilschen verleiden, indem Sie einen extrem niedrigen Preis nennen. Fast immer kann man jeden vom Verkäufer genannten Preis auf ein Drittel bzw. auf die Hälfte herunterhandeln. Das geht folgendermaßen: Der Verkäufer nennt einen Preis, Sie bieten etwa ein Viertel bzw. ein Drittel davon und können dann noch ein wenig nach oben gehen (augmenter), während der Händler Ihnen durch Senken (diminuer) seines Preises entgegenkommt. Auf einem Preis zu verharren, ist nicht üblich! Haben Sie Ihren letzten Preis (le dernier prix) genannt, sollten Sie gehen und damit Ihre Entschlossenheit kundtun. Meist kommen Sie nicht weit, bis der Händler oder ein von ihm geschickter Bote Sie erreicht, um auf Ihr letztes Angebot mit „Donnez l'argent!" einzugehen. Jetzt noch einen Rückzieher zu machen, wäre grob unhöflich und würde den Händler vor den Kopf stoßen.

Meist kann man auf ländlichen Märkten einheimische Handwerksprodukte um einiges billiger einkaufen als bei den Shops der Touristenzentren und Großstädte. Wenn Sie jedoch überhaupt keine Lust haben zu feilschen, suchen Sie einen der staatlichen Läden (**cooperatives**) auf, wo die Preise festgesetzt sind, das Angebot aber längst nicht so vielfältig ist. Der Besuch solcher Läden ist immer empfehlenswert, um sich einen Überblick über das örtliche Preisniveau zu verschaffen. In ländlichen Gegenden sind die Leute oft bereit, Souvenirs gegen Kleidungsstücke oder andere Gegenstände zu tauschen.

Anreise

Mit dem Flugzeug

Mitteleuropa und Westafrika sind durch ein ausreichend dichtes Flugnetz verbunden. Die meisten Verbindungen führen via Paris. Aus diesem Grund lohnt sich ein Blick über die Grenzen, z.B. nach Frankreich, von wo aus Flüge in manche ehemalige Kolonien um einiges günstiger sein können.

Westafrika ist keine Billigdestination, Flüge zu Dumpingpreisen, wie es sie in die USA oder nach Südostasien gibt, wird man kaum finden. Wem reguläre Linienflüge zu teuer sind (Hin- und Rückflug ca. 2000 Euro), der hat bei den IATA-Gesellschaften meist nur noch die Möglichkeit, Flüge zum „Exkursionstarif" zu buchen, bei denen die maximale Aufenthaltsdauer allerdings auf 90 Tage begrenzt ist. Hier beginnen die Preise ab 650 Euro. Günstiger sind nur noch Pauschalangebote oder Chartergesellschaften, die nach Gambia oder Senegal fliegen.

Air France, Iberia, Alitalia, SN Brusseles (ex Sabena), TAP-Air Portugal und Royal Air Maroc bieten regelmäßig Flüge nach Westafrika an. Für Reisende, die ihr Auto nach einer Saharadurchquerung in Westafrika verkaufen wollen, ist es günstiger, den Rückflug nach Europa direkt im Zielland zu buchen.

Wenn Sie zeitlich flexibel bleiben wollen, versuchen Sie, einen „open-date"-Flugschein zu bekommen, oder vergewissern Sie sich, dass der bereits reservierte Flugtermin nachträglich abgeändert werden kann. Meist wird für die Umbuchung eine Gebühr von 100 Euro verlangt.

Wenn Sie einen festen Rückflugzeitpunkt gebucht haben, denken Sie unbedingt daran, den Flug mindestens 72 Stunden vor dem Start rückzubestätigen, damit Sie auch sicher einen Platz in der Maschine bekommen. Die **„reconfirmation"** ist bei Rückflügen aus Afrika eigentlich die Regel, da Flüge von und nach Westafrika praktisch immer überbucht sind.

Nach dem Zusammenbruch von Air Afrique, einer von mehreren Staaten gemeinsam betriebenen Fluggesellschaft, im Jahr 2001 ist der innerafrikanische Flugverkehr stark ausgedünnt. Lediglich Air Senegal International bietet via Dakar ein halbwegs dichtes Netz. Einige afrikanische Fluggesellschaften geben auf ihre Flüge Studentenermäßigungen. Deshalb ist es – wenn Sie an einer Universität immatrikuliert sind – von Vorteil, vor der Abreise einen Internationalen Studentenausweis zu beantragen.

Billigfluganbieter

Ein vollständiges Verzeichnis von Billigfluganbietern finden Sie im Info-Heft der DZG (Deutsche Zentrale für Glo-

---

Buchtipps:
- Erich Witschi
Clever buchen, besser fliegen
- Frank Littek
Fliegen ohne Angst
(beide Bände REISE KNOW-HOW Praxis)

betrotter) oder in der zweimonatlich erscheinenden Zeitschrift Reise & Preise. Zudem gibt es in jeder größeren Stadt Billigflugbüros, die sich auf die Vermittlung von Flugtickets zu Sondertarifen, so genannten „Graumarkt-Tickets", spezialisiert haben.

Buchen lassen sich die Flüge zunehmend auch im Internet. Ein zuverlässiges Reisebüro mit meistens günstigeren Preisen als viele andere ist Jet-Travel in Bonn (Buchholzstr. 35, 53127 Bonn, Tel. 0228/284315, Fax 284086, E-Mail: info@jet-travel.de). Über die Flüge, die Jet-Travel anbietet, kann man sich auch im Internet unter www.jet-travel.de informieren.

Wer sich erst im letzten Augenblick für eine Reise nach Westafrika entscheidet oder gern pokert, kann Ausschau nach **Last-Minute-Flügen** halten, die von LTU und Aero Lloyd mit deutlicher Ermäßigung ab etwa 14 Tage vor Abflug angeboten werden, wenn noch Plätze zu füllen sind. Ob gerade solche Flüge angeboten werden, lässt sich den Webseiten von LTU (www.ltu.de) und von Aero Lloyd (www.aerolloyd.de) entnehmen, wo man die Flüge auch online buchen kann.

Reiseveranstalter

Auch wenn man Westafrika am kostengünstigsten und besten auf eigene Faust entdecken kann, so gibt es Gebiete, die nur schwer oder gar nicht mit öffentlichen Verkehrsmitteln zu erreichen sind und wo sich (vor allem für diejenigen, die nicht unendlich viel Zeit haben, aber dennoch etwas sehen wollen) eine Exkursion in der Gruppe anbietet.

Es gibt inzwischen etliche Reiseveranstalter, die nicht nur gängige „Abhak-Reisen" von Höhepunkt zu Höhepunkt veranstalten, sondern interessante Alternativen bieten. Neben der unten genannten Aufstellung findet man noch weitere Veranstalter unter: www.klaus.daerr.info/veransta1.htm.

● **Hauser Exkursionen International**
Marienstr. 17, 80331 München
Tel. (089) 2350060
www.hauser-exkursionen.de
Trekkingtouren u.a. an der Côte d'Ivore und in Kamerun.

● **IVORY TOURS GmbH**
Schnieglinger Str. 4, 90419 Nürnberg
Tel. (0911) 39385-20, Fax -21
www.ivory-tours.de
Spezialisiert auf Studien- und Erlebnisreisen an die Côte d'Ivoire, nach Mali, Burkina Faso, Ghana etc.

● **Krigar Afrika Expeditionen**
Buchungen über Madelein Warfsmann
Norderstr. 52, 24558 Henstedt-Ulzburg
Tel./Fax (04193) 6596
oder direkt bei *Sigmund Krigar*
01 B.P. 2170, Ouagadougou 01
Burkina Faso
Tel. (00226) 380893, Fax 384915
Expeditionen und Erlebnisreisen in Burkina Faso, aber auch Sahara-Durchquerungen sowie Mali und Mauretanien.

● **MINITREK Expeditionen GmbH**
Mühltalstr. 136, 69121 Heidelberg
Tel. (06221) 401443
www.minitrek-expeditionen.de
Burkhard Schild organisiert u.a. Sahara-Expeditionen sowie Niger, Mali, Mauretanien und Sudan.

● **Oase-Reisen,** *Werner Gartung*
Marterburg 55, 28195 Bremen
Tel. (0421) 3648250
www.oasereisen.de
Bietet u.a. Kameltouren im Sahel, Flussreise Niger, Mali und Mauretanien.

● **Sliva-Expeditionen**
Ledererstr. 2, 80331 München
Tel. (089) 294336

ANREISE

Georg Sliva führt u.a. Extrem-Reisen mit Geländefahrzeugen von Algerien nach Mauretanien durch – nichts für zart besaitete Gemüter!

- **SUN TOURS**
Dorfstr. 14, 35428 Langgöns
Tel. (06447) 92103
www.suntours.de
Rainer und *Sylvia Jarosch* sind Spezialisten für Trekking-Touren durch Marokko, Algerien und Westafrika, z.B. Mauretanien, Mali, die Ténéré-Wüste und ins Tibesti-Gebiet.
- **Windrose-Fernreisen**
Neue Grünstr. 28, 10179 Berlin
Tel. (030) 2017210
www.windrose.de
Exklusive Reisen u.a. nach Benin (Voodoo-Feste), Mali, Burkina-Faso und Kamerun.
- Die wohl preisgünstigste Art, eine organisierte Tour durch die Sahara und Westafrika zu unternehmen, bietet der britische Veranstalter **Encounter-Overland** mit LKW-Reisen. Infos unter: www.encounter.co.uk

Auf dem Landweg mit eigenem Fahrzeug

Die am **häufigsten frequentierte Route** nach Schwarzafrika führt **über Marokko und die Westsahara.** Von der deutsch-französischen Grenze bis zu Senegals Hauptstadt Dakar sind es rund 6500 km, die sich bequem in zwei Wochen bewältigen lassen. Seit Frühjahr 2002 haben sich die Formalitäten für den Grenzübertritt nach Mauretanien markant vereinfacht. Aufgehoben wurde u.a. die Konvoipflicht von Dakhla zur Grenze. Lediglich die Passage von der mauretanischen Grenze bis zur Hauptstadt Nouakchott erfordert Wüstenausrüstung und/oder einen guten Führer.

Aufgrund der unsicheren politischen Lage ist die **Anreise über Algerien** in Richtung Niger und Mali weniger empfehlenswert.

Mit Ausnahme von Marokko muss für alle Länder eine **eigene Kfz-Haftpflichtversicherung** abgeschlossen werden. Diese Versicherung gilt dann für fast alle westafrikanischen Staaten (s.a. Reisen in Westafrika).

Fährverbindung Algeciras – Ceuta

Die schnellste und damit auch billigste Überfahrt von Europa nach Afrika führt über **Algeciras** zur spanischen Enklave **Ceuta**. Ticketschalter findet man in großer Zahl bereits auf dem Weg von Málaga Richtung Algeciras. Aufgrund der hohen Frequenz ist auf dieser Route keine Reservierung nötig.

Fährverbindungen via Marokko

- **Almeria – Nador**
FERRIMAROC, 6–8 Std.
- **Almeria oder Málaga – Melilla**
Trasmediterranea, 6–8 Std.
- **Sète – Nador oder Tanger**
COMANAV, ca. 36 Std.

Buchen kann man oben genannte Verbindungen u.a. bei nachfolgenden **Agenturen und Reisebüros**. Weitere Infos bietet die umfangreiche Website: www.faehre-online.de.

Deutschland
- **ITA-Reisen (FERRIMAROC)**
Bahnhofsvorplatz 5, 50667 Köln
Tel. (0221) 133051
- **SARO-Expedition**
Innstraße 38, 83022 Rosenheim
Tel. (08031) 32758
www.www.saro-expedition.de
Fähren nach Tanger (via Sete) und Tunis (via Genua oder Marseille)

Ankunft mit der Fähre in Tanger

ANREISE

Schweiz
Buchung sämtlicher Marokko-Fähren über die TCS-Geschäftsstellen möglich:
- **TCS-Zentrale**
Ch. de Blandonnet 4, CH-1214 Vernier
Tel. (022) 417-2727, Fax -2020
www.tcs.ch

Frankreich
- **Compagnie Charles le Borgne (COMANAV)**
3, Quai de la République, 34201 Sète
Tel. (67) 466190, Fax 743304

Spanien
- **FERRIMAROC Agencias**
Muelle de Riba s/n, 04002 Almeria
Tel. (050) 274800, Fax 276366
- **Compania Trasmediterranea**
Málaga, Estación Maritima, Local E 1
Ceuta, Muelle Cañonero Dato 6
Melilla, General Marina 1
Almeria, Esplanada de España 2
Algeciras, Recinto del Puerto

Marokko
- **COMANAV**
43, Ave. Abou Alâa al Mâari, Tanger
Tel. (09) 942350 oder 944808
Tel. im Hafen (09) 932680
- **COMANAV**
7, Bd de la Résistance, Casablanca
Tel. (02) 302412, Fax 308455
- **FERRIMAROC S.A.**
Boite Postale 12, 62050 Beni Enzar
Tel. (06) 348100, Fax 3481

Fähren nach Tunesien

- **Genua – Tunis**
CTN/SNCM, ca. 24 Std.
- **Trapani – Tunis**
Tirrenia, 7–8 Std.
- **Marseille – Tunis**
CTN/SNCM, ca. 24 Std.

Die beiden Reedereien CTN (Compagnie Tunisienne de Navigation) und SNCM (Société Nationale Maritime Corse-Méditerranée) kooperieren und haben einen gemeinsamem Fahrplan (Kombinationsmöglichkeit

ANREISE

für Hin- und Rückfahrt; Tirrenia unterhält eine ganzjährige Verbindung von Trapani (Sizilien) nach Tunis). Die Buchung der Fähren läuft über größere Reisebüros und gemeinsame Generalagenturen:

Deutschland
● **SNCM Germany GmbH**
Berliner Str. 31–35, 65760 Eschborn
Tel. (06196) 42911, Fax 483015
● **Armando Farina GmbH (Tirrenia)**
Lyonerstr. 15, 60528 Frankfurt
Tel. (069) 66684-91

Österreich
● **Universal Reisen GmbH (CTN & SNCM)**
Schubertring 11, 1010 Wien
Tel. (01) 71363480, Fax 7133407
● **Armando Farina GmbH (Tirrenia)**
Kärntner Str. 23, 1070 Wien
Tel. (01) 5121936

Schweiz
● **Avimare (CTN & Tirrenia)**
Oerlikoner Str. 47, 8057 Zürich,
Tel. (01) 3117650, Fax 3112078

Italien
● **SNCM**
16121 Genua, GSA-CEMAR
Via XX Settembre 2/10
Tel. (010) 589594, Fax 589593
● **Tirrenia Navigazione (CTN)**
16100 Genua
Ponte Colombo, Stazione Maritime
Tel. (010) 269801, Fax 2698255

Frankreich
● **SNCM**
61, Bd. des Dames, 13 002 Marseille
Tel. (00334) 91563010, Fax 94166668
www.sncm.fr

Tunesien
● **SNCM**
1000 Tunis, 47 Av. F. Hached
Tel. (01) 338222, Fax 330636
● **CTN**
1000 Tunis, 122 Rue de Yougoslavie
Tel. (01) 242801, Fax 354855

Oft bucht man **direkt am Hafen** wesentlich **preisgünstiger** als in Deutschland. Dies liegt jedoch nicht an den Reisebüros, sondern an den Preisen, die die deutschen Generalagenturen mit den Reedereien vereinbart haben. Das Risiko, keinen Platz mehr zu bekommen, muss jedoch einkalkuliert werden.

Wenn Sie Ihre Reise nach Westafrika nur in einer Richtung durch die Sahara unternehmen möchten, haben Sie die Möglichkeit, Ihr Fahrzeug in einem der Häfen Westafrikas zu verladen oder über eine **Roll-on/Roll-off-Fähre** nach Dakar oder Abidjan anzureisen und dann zurückzufliegen. Für ein Campingmobil nach Dakar waren Ende 2002 rund 250 Euo pro Meter zu bezahlen, PKW sind preiswerter. Für eine Containerverschiffung sollten Sie sich bei den international tätigen Speditionen ein Angebot für den kompletten Preis einholen. Meist sind die Preise jedoch ohne Zollgebühren berechnet (mehr dazu siehe Abschnitt Anreise mit dem Schiff).

Anreise über Marokko

Da die Grenzen Marokkos zu Algerien z.Z. geschlossen sind, ist die Route über die Westsahara die **schnellste und billigste Variante.** Zudem wurden für dieser Route die Formalitäten seit 2002 stark vereinfacht. Aufgehoben wurde die Konvoipflicht zwischen

Staubige Piste in Westafrika

Dakhla und der mauetanischen Grenze. Die bisher nötigen Behördengänge in Dakhla gehören ebenso der Vergangenheit an wie die unzähligen Polizeikontrollen in der Westsahara. Sämtliche Fomalitäten für die Einreise nach Mauretanien können, mit Ausnahme der Kfz-Versicherung, nunmehr direkt am Zoll erledigt werden. Wer will, kann ohne Umweg über Nouadhibou direkt nach Nouakchott fahren und dort die Kfz-Versicherung abschließen. Voraussetzung ist ein Minimum an Wüstenausrüstung und/oder ein Führer (nähere Infos im Länderkapitel Mauretanien). Außerdem benötigt man für Mauretanien ein Visum, das schnell und problemlos bei den Botschaften in Bonn oder Rabat (Marokko) ausgestellt wird. Ein Carnet de Passage war 2002 für Mauretanien nicht notwendig.

Die Teerstraße bis zur Grenze wurde während des Krieges als Nachschublinie konzipiert und ist in gutem Zustand. Kraftstoff ist in der Westsahara subventioniert, Tankstellen gibt es inzwischen sogar südlich von Dakhla. Auch die Rückreise von Mauretanien nach Marokko ist jetzt offiziell gestattet.

Anreise über
Algerien, Niger und Mali

Die bürgerkriegsähnlichen Zustände in Algerien, hervorgerufen durch die Anschläge islamischer Fundamentalisten, die Tuareg-Aufstände in Mali und Niger zwischen 1992 und 1997, die nach wie vor anhaltenden Unruhen im Nordniger sowie die Ermordung des nigrischen Präsidenten *Mainassara* im April 1999 haben den Transsahara-Tourismus größtenteils zum Erliegen ge-

ANREISE

bracht. Die Situation in Algerien hat sich seit der Amtsübernahme von Präsident *Bouteflika* 1999 zwar etwas beruhigt, aber der Nordwesten Algeriens gilt wegen der Morde durch GIA-Fundamentalisten als relativ gefährlich, der Süden, v.a. die Region Djanet, ist jedoch unproblematisch bereisbar, v.a. seit auch ein Anreiseweg über Libyen (Ghat) nach Djanet möglich ist (nicht in umgekehrter Richtung). Die Tanezrouft- und Hoggar-Pisten sind zwar z.Z. wieder offen, jedoch gilt erstere nach wie vor als gefährlich; letztere ist zwischen In Salah und Tamanrasset oft nur im Konvoi passierbar und im Niger wegen der hier üblichen „Geldforderungen" von Beamten und Privatpersonen sowie marodierender Militärs und Banditen (v.a. im Air-Gebirge und in der Ténéré-Wüste) nur beschränkt zu empfehlen. Individualreisen in diese Region sollten nur mit Tuareg-Begleitschutz (über Agenturen in Agadez buchbar) unternommen werden.

Tipps

- Da sich die oben genannte Zustände kurzfristig ändern können, sollten vor Reiseantritt bei der betreffenden Botschaft in Bonn, im Auswärtigen Amt oder bei Därr Expeditionsservice GmbH (München) Erkundigungen eingeholt werden. Unter der Webseite **www.auswaertiges-amt.de** bekommen Sie alles Wissenswerte über die Länder, in die Sie reisen wollen, samt Adressen von Botschaften oder anderen Institutionen und Einreisebestimmungen. Aktuelle Infos erhält man auch unter: **www.sahara.ch.**
- Umfassende Informationen über die Vorbereitung und Durchführung einer Saharadurchquerung findet man auch auf der Website von *Klaus Därr*: **www.klaus.daerr.de.**
- Detaillierte Streckenbeschreibungen durch die Sahara enthält das Buch **„Durch Afrika, Band 1: Marokko bis Benin"**, das in 11. Auflage 2003 im REISE KNOW-HOW Verlag erschienen ist.

Fahrzeugverkauf in Westafrika

Wer vorhat, sein Fahrzeug in einem westafrikanischen Land zu verkaufen, sollte bedenken, dass damit längst kein nennenswerter Gewinn mehr zu machen ist. Seit langem dominieren Großexporteure, die ganze Schiffsladungen verschicken, den Markt zwischen Dakar und Lomé. Inzwischen ist das Angebot größer als die Nachfrage, man kann froh sein – egal in welchem Land Westafrikas man das Fahrzeug verkauft –, wenn der Wagenwert und die Kosten der Reise gedeckt ist, und darüber hinaus noch ein kleiner Betrag für den Aufenthalt übrig bleibt. Außerdem spielt sich der Fahrzeugverkauf in den meisten Länder Westafrikas in einer **gesetzlichen Grauzone** ab, was das Prozedere zusätzlich erschwert. Oder es ist für Privatpersonen gänzlich verboten, wie etwa im Senegal. Auch Mauretanien gilt wegen rigider Devisenbestimmungen als heißes Pflaster. Besonders hier wird leichtgläubigen Reisenden das Blaue vom Himmel versprochen. Recht liberal ist die Praxis in Gambia, dafür sind die zu erzielenden Preise allerdings bescheiden. Als neuer **großer Umschlagplatz** für Gebrauchtwagen hat sich in den letzten Jahren die Hauptstadt Burkina Fasos entwickelt.

Auf dem Landweg per Bus und Autostopp

Ist das Erreichen der Fährhäfen in Italien, Frankreich oder Spanien per Europabus oder Mitfahrgelegenheit noch relativ unkompliziert, so bieten sich solche Möglichkeiten in Afrika kaum mehr; und wenn, ist das Vorankommen sehr anstrengend. Trampen ist in Nord- und Westafrika schlicht unüblich. Man wird zwar mitgenommen, es wird aber generell erwartet, dass man auch bezahlt. Bis nach **Dakhla,** der südlichsten Stadt der Westsahara, fahren Busse der staatlichen marokkanischen Busgesellschaft CTM-LN. Ab Dakhla besteht die Möglichkeit, von Touristen mitgenommen zu werden. Decken Sie sich mit genügend Verpflegung und Wasser ein, denn Tramper, die sich als „Schmarotzer" entpuppen, nimmt kein Wüstenfahrer gerne mit. Ab Nouâdhibou/Mauretanien fahren dann wieder Busch-Taxis Richtung Süden.

Früher war Trampen auf der **algerischen Hoggar-Piste** gut möglich, derzeit ist diese Route für Rucksackreisende noch weniger zu empfehlen als für Autofahrer. Auch Busreisenden ist von einer Anreise über Algerien wegen der instabilen innenpolitischen Lage abzuraten. Wer es trotzdem auf diesem Weg versuchen möchte, kann folgende Anfahrt wählen:

Kommt man mit der Fähre in Tunis an, so hat man von dort gute Busverbindungen über Gafsa und Tozeur nach Nefta. Ab Nefta verkehren häufig Taxis zur algerischen Grenzstation Haouza und von dort wiederum Taxis nach El Oued (Algerien). Ab El Oued gehen mehrmals wöchentlich Busse nach Ghardaia. Kaufen Sie die Bustickets unbedingt vor der Abfahrt, denn im Bus kriegt man meist keine mehr. Dabei ist in Algerien das Hauptproblem, herauszufinden, wo und wann (nämlich nur zu ganz bestimmten Zeiten) die Tickets verkauft werden. Dieses Spielchen ist vor allem in In Salah nicht ganz leicht!

Fährt man von Marseille aus mit der Fähre nach Algier, so kommt man mit dem Bus zunächst bis Bou-Saada und von dort nach Ghardaia. Von Ghardaia verkehren mehrmals wöchentlich Busse nach In Salah und von dort mehrmals wöchentlich nach Tamanrasset (jeweils 18–20 Std. Fahrt über Nacht).

Ab Tamanrasset bis Arlit gibt es keine öffentliche Verkehrsmittel, man ist auf LKW (bei Tankstellen nachfragen, haben relativ feste Tarife, meist inkl. Verpflegung) oder Touristen angewiesen (Kontakt: Camping in „Tam"). Auf dieser Strecke müssen Sie immer mit mehreren Tagen Wartezeit rechnen. Sie sollten sich auch mit genügend Verpflegung und Wasser eindecken, da bis Arlit kaum Versorgungsmöglichkeiten bestehen. Ab Arlit gibt es viele Taxi Brousse nach Agadez, von dort aus bestehen keine Transportprobleme mehr.

Von Adrar bzw. Reggane verkehren zweimal wöchentlich Wüstenbusse bis Bordj Mokhtar an der Grenze zu Mali (Tanezrouft-Piste). Ab dort kommt man mit viel Glück per LKW weiter nach Gao. In dieser Gegend herrscht allerdings Überfallgefahr.

Mit dem Schiff

(Zu Fährverbindungen nach Afrika siehe Anreise auf dem Landweg mit eigenem Auto.) Zwischen Hamburg bzw. Rotterdam oder Antwerpen und verschiedenen Häfen der westafrikanischen Küste verkehren regelmäßig **Frachtschiffe**. Beim Fahrzeugtransport von Europa nach Westafrika gibt es zwei verschiedene Möglichkeiten: zum einen **Containerverschiffung** und zum anderen die **Roll-on-/Roll-off-Verladung**. Bei der Roll-on-/Roll-off- (RoRo)-Verschiffung werden die Fahrzeuge durch die Heck- oder Bugklappe auf das Schiff gefahren. Der Transport ist wesentlich preisgünstiger als eine Containerverladung, da Auf- und Abladegebühren entfallen. Nachteil: Sie können das Fahrzeug nicht selbst verladen und die sichere Containerverwahrung entfällt, eine Mitfahrgelegenheit für Passagiere besteht auf diesen Frachtern selten. Eine Roll-on-/Roll-off-Verschiffung für einen PKW z.B. von Antwerpen nach Dakar kostet etwa 1000 Euro.

Die Container oder Plattform-Verschiffung ist auf manchen Strecken die einzige Möglichkeit. Containerschiffe verkehren regelmäßig und laufen in der Regel relativ pünktlich im Zielhafen ein. Der Preis für eine Verschiffung nach Dakar beträgt inklusive aller im deutschen Abgangshafen anfallenden Kosten etwa 1500 Euro.

Wenn Sie selbst mitfahren wollen, bieten die **Grimaldi-Lines** (Internet-Adresse: www.grimaldi.napoli.it, Abwicklung über lokale Speditionen) eine von Passagieren begleitete Fahrzeugverschiffung an. Die Frachter starten von großen europäischen Häfen alle zwei Wochen. Die Überfahrt von Le Havre nach Dakar dauert ca. sieben Tage. Weitere mögliche Zielhäfen in Westafrika sind Conakry, Freetown, Tema, Lomé, Cotonou, Lagos, Douala. Auch Rückverschiffungen nach Europa sind möglich.

Agenturen

● **Carl Hartmann Überseespedition**
Postfach 10 50 65, 28050 Bremen
Tel. (0421) 302930
www.carl-hartmann.com
● **Deugro Van & Car**
Postfach 28 02 64, 20515 Hamburg
Tel. (040) 3760070
www.deugro.com
Alteingesessenes Speditionsunternehmen, das sich auf die Verladung von Fahrzeugen spezialisiert hat und die komplette Abwicklung übernimmt.
● **NAVIS Seefracht- und Speditionsgesellschaft**
Billhorner Kanalstr. 69, 20539 Hamburg
Tel. (040) 78948244
www.navis-ag.com

Schiffsreisen

Personenschiffsverkehr gibt es schon lange nicht mehr, sieht man von den Kreuzfahrtschiffen ab, die hin und wieder Dakar anlaufen. Es verkehren aber in unregelmäßigen Abständen kombinierte Fracht-Passagier-Schiffe zwischen Europa und den großen westafrikanischen Häfen wie Dakar, Abidjan oder Lomé. Güterverkehr mit Tramp-Schiffen betreibt u.a. die Deutsche-Afrika-Linien (DAL, Sitz Bremen).

Schiffsreisen von Europa nach Dakar zu einem Preis ab 800 Euro für die einfache Passage vermittelt u.a.:
● **Pfeiffer Intern. Frachtschiffreisen**
42017 Wuppertal
www.frachtschiffreisen-pfeiffer.de

Ausrüstung

Grundsätzlich empfiehlt es sich, möglichst wenig Gepäck mitzunehmen. Jedes überflüssige Kilo kann unterwegs zur Qual werden. Mit der relativ ausführlichen Ausrüstungscheckliste möchte ich Ihnen eine Idee geben, was unterwegs alles nützlich sein kann, über jeden einzelnen Gegenstand ließe sich natürlich diskutieren, inwieweit er wirklich notwendig ist. Entscheiden Sie also selbst, was Sie für wichtig halten. Ausschlaggebend ist natürlich immer die Art und Weise, wie Sie reisen, ob Sie sich zu Fuß in sehr abgelegenen Gebieten bewegen oder mehr oder weniger von Hotel zu Hotel fahren.

Rucksackausrüstung

Wenn Sie überwiegend mit öffentlichen Verkehrsmitteln reisen wollen, sollte Ihr Reisegepäck möglichst **kompakt und strapazierfähig** sein. Außer dem Rucksack bzw. der Reisetasche, die auch die grobe Behandlung in überfüllten Bussen aushalten sollten, ist es ratsam, noch eine kleine Umhängetasche oder einen Tagesrucksack mitzunehmen, wo all die Dinge, die Sie während der Fahrt brauchen, Platz haben; denn wegen der Gepäckberge, die in oder auf den Bussen verstaut werden, ist es während der Fahrt meist unmöglich, an sein Gepäck zu kommen. Wertsachen sollten Sie immer am Körper bei sich tragen!

Ein **Zelt** ist nur dann zu empfehlen, wenn man öfter „en brousse" campieren will, abseits von Siedlungen. Man kann aber meist auch gut unter freiem Himmel schlafen, irgendeine Übernachtungsmöglichkeit werden Sie immer finden. Die **Hängematte** gehört ohne Zweifel zu den Luxusartikeln, aber was gibt es Schöneres, als eine warme Tropennacht in der Hängematte zwischen zwei Kokospalmen zu verbringen. Vorsicht allerdings vor herunterfallenden Nüssen, die durchaus ernsthaftere Verletzungen verursachen können!

Ein richtiger **Schlafsack** ist lediglich für die Übernachtung in der Sahara, im Sahel oder im Gebirge notwendig, wo in den Monaten November bis Februar die Nächte sehr kühl werden (bis unter 0°C in der Sahara, 10–15°C im Sahel). Mit zwei Decken kommt man im Sahel jedoch auch aus. Ein **Leinenschlafsack** ist wegen der oft unsauberen Bettwäsche in den billigeren Hotels nützlich.

Schuhe sollten strapazierfähig, leicht, bequem und luftdurchlässig sein und eine griffige Profilsohle haben. Sandalen sind sehr bequem und praktisch für den normalen Gebrauch. Noch komfortabler sind spezielle Trekkingsandalen, die mit festen verstellbaren Riemen versehen sind und auch einer Flussdurchquerung standhalten. Für Wanderungen im tropischen Regenwald sollten die Schuhe natürlich geschlossen sein. GoreTex ist nicht erforderlich oder sogar nicht zu empfehlen, da die Schuhe durch im Fußschweiß enthaltene Salzkristalle ihre Atmungsfähigkeit verlieren. Als Badeschuhe haben sich Plastiksandalen bewährt, die auch von Einheimischen getragen werden.

Für die Tropen empfiehlt sich leichte, strapazierfähige **Baumwoll- oder Vis-**

Ausrüstungs-Checkliste

- Rucksack oder Reisetasche
- Zelt/Hängematte
- Kocher, Kochgeschirr
- Isoliermatte/Schlafsack
- Schuhe (Sandalen, Wanderschuhe)
- Lange Hose bzw. Rock, Shorts
- T-Shirts, Baumwollhemd
- Unterwäsche
- Sweatshirt oder Wollpullover
- Badeanzug, Badehose
- Badeschlappen (evtl. in Afrika besorgen)
- Geldgürtel, Brustbeutel, Hüfttasche
- Handtuch
- Sonnenhut, Sonnenbrille
- Hals- bzw. Kopftuch
- Wasserflasche
- Micropur o.Ä., Wasserfilter
- Feuerzeuge/Taschenlampe
- Taschenmesser/Kompass
- Vorhängeschloss
- Draht, Nägel, Haken, Klebeband
- Reisewecker
- Regenschirm, Regenjacke
- Sonnenschutzmittel (mit hohem Lichtschutzfaktor!)
- Moskitonetz, Moskitospiralen
- Nähzeug, Sicherheitsnadeln
- Seife, Shampoo
- Tampons, Pille, Kondome
- Fieberthermometer
- Medikamente (siehe Reiseapotheke im Anhang)
- Reisepass (plus Kopie)
- Impfausweis (plus Kopie)
- Internationaler Studentenausweis (plus Kopie)
- Führerschein (international, plus Kopie)
- Passbilder (ca. zehn Stück, je nach Reiseverlauf auch für Visabeschaffung)
- Reisechecks, Bargeld, Flugtickets
- Fotoausrüstung
- Reiselektüre, Landkarten
- Sprachführer (z.B. Französisch für den Senegal, Marokkanisch-Arabisch, Hausa, Mandinka oder Wolof, Reihe Kauderwelsch, REISE KNOW-HOW Verlag, Bielefeld)
- Auch Fotos von zuhause, Ihrer Familie, den Freunden und Ihrer Stadt kommen gut an. So sind Sie keine Person ohne Geschichte oder Vergangenheit; außerdem lassen sich so oft leicht interessante Gespräche anfangen.

AUSRÜSTUNG

kosekleidung, die nicht zu eng anliegen sollte. Lange Hosen sollten sehr leicht, aber dicht gewebt sein, damit Moskitos nicht durchstechen können. Für Behördengänge, Moscheen oder Einladungen sollten sie auch ein feineres Kleidungsstück mitnehmen.

Ein **Hals- bzw. Kopftuch,** um den Kopf gewickelt, schützt vor zu starker Sonneneinstrahlung und bei Bus-, Auto- und Motorradfahrten vor Erkältung. Es kann ebenso als Verbandszeug dienen oder als Dreieckstuch bei Verletzungen; zugeknotet ist es ein Allzweckbeutel. Die Verwendungsmöglichkeiten sind nahezu unbegrenzt.

Eine bruchfeste **Trinkwasserflasche** ist im Sahel, auf langen Fahrten und Wanderungen absolut unentbehrlich.

Weite Gebiete Westafrikas sind nicht elektrifiziert, außerdem kommt es in den größeren Städten häufig zu Stromausfällen, weshalb auch die Mitnahme einer **Taschenlampe** sinnvoll ist. Praktisch sind Teelichter: Sie können nicht umfallen, tropfen nicht, verformen sich unterwegs nicht bei größerer Hitze und dienen als Zimmerbeleuchtung.

Vorhängeschlösser sind nützlich zum Verschließen von Hotelzimmern, Rucksäcken, Reisetaschen etc.

In einfacheren Hotels ist der **Reisewecker** unentbehrlich, z.B. um frühe Busabfahrtszeiten nicht zu verpassen. Denken Sie daran, das Busse und Busch-Taxis in Afrika wegen der Hitze früh losfahren!

Sie sollten sich mit ausreichend **Reiselektüre** eindecken, da deutschsprachige Literatur in Westafrika nur selten zu finden ist. Ebenso selten sind gute **Landkarten** vor Ort erhältlich. Als Gesamtübersichtskarte ist die Michelin 953 zu empfehlen, es gibt aber auch gute Landkarten zu einzelnen Staaten Westafrikas bei Reiseausrüstern oder auch in Buchhandlungen zu kaufen. Därr Expeditionsservice GmbH bietet alternativ auch russische topografische Generalstabskarten zu Westafrika in den Maßstäben 1:200.000, 1:500.000 und 1:1 Mio. an (Adresse siehe Ausrüstungsläden).

Als **Geschenke** und **Tauschobjekte** eignen sich z.B. Kugelschreiber, Bleistifte, Ansichtskarten (von zu Hause), Hefte, Schreibblocks, Feuerzeuge, Schlüsselanhänger, Armbanduhren, Zigaretten, Seifen, Sonnenbrillen, Baseball-Kappen, Taschenmesser, gebrauchte Kleidung, wie bedruckte T-Shirts, Wollmützen, Jeans, Jeansjacken etc. sowie Cassettenrecorder und Walkman. Bedenken Sie jedoch, wem Sie was schenken: Ein zu großes Geschenk an eine Person, die Sie kaum oder gar nicht kennen, weckt falsche Vorstellungen bzgl. Ihrer finanziellen Situation und Ihres Verhältnisses, das Sie zu der Person haben oder aufbauen wollen.

Buchtipps:
- Rainer Höh
Wildnis-Ausrüstung
- Rainer Höh
Wildnis-Backpacking
- Rainer Höh
Outdoor-Praxis
- Wolfram Schwieder
Richtig Kartenlesen
(alle Bände REISE KNOW-HOW)

Autoausrüstung

Wenn Sie mit dem eigenen Fahrzeug nach Westafrika fahren wollen, sollten Sie berücksichtigen, dass alle **französischen Modelle** wie Peugeot und Renault aber auch japanische Geländewagen wie z.B. Toyota dort relativ häufig anzutreffen sind. Entsprechend unproblematischer ist im Falle eines Defekts auch die Besorgung von Ersatzteilen. Ob Sie einen Off-Roader benötigen, hängt sehr von Ihrer geplanten Route ab, er macht Sie mit größerer Bodenfreiheit und Allradantrieb aber in jedem Fall flexibler. Bei einer Marke wie Landrover können in den frankophonen Staaten jedoch Probleme bei der Ersatzteilversorgung auftreten.

Besorgen Sie sich vor Abfahrt von der Hauptvertretung Ihrer Automarke in Deutschland ein Verzeichnis der **Niederlassungen** in Afrika. Die Werkstättenausstattung in Afrika ist zwar nicht mit europäischen Maßstäben zu messen, das Improvisationstalent der Afrikaner ist umso größer.

Da der Straßenzustand in Afrika oft sehr schlecht ist (auch bei Asphaltstraßen viele Löcher), sollten Sie besser zwei Ersatzreifen, eventuell Montiereisen, Flickzeug und eine Luftpumpe mitnehmen. Und üben Sie am besten vorher zu Hause das Reifenflicken! Auf der anderen Seite können Sie den Reifen auch in einer Werkstatt abgeben, wo er meist innerhalb kurzer Zeit für nicht allzuviel Geld repariert wird.

Die Fahrzeugausrüstung hängt natürlich vom Grad Ihrer Unternehmungslust ab. Beschränken Sie sich weitgehend auf die Hauptstrecken, so genügen in der Regel außer den Ersatzreifen ein Keilriemen, Zündkerzen, Ersatzkanister, Kleinteile für die Elektrik wie Anlasserkohlen, Unterbrecherkontakte, Verteilerkappe, Zündkabel, Treibstoffpumpenmembran. Ein wichtiges Utensil ist **Bindedraht,** mit dem Sie gerissene Aufhängungen wieder in Ordnung bringen bzw. den Auspuff wieder befestigen können.

Wenn Sie auch auf **abgelegenen Strecken** fahren wollen, sollten Sie außerdem Sandbleche, mehrere Ersatzkanister für Benzin, mehrere große Wasserkanister (ausreichend für einige hundert Kilometer!) mitnehmen.

In dem 2003 bei REISE KNOW-HOW neu aufgelegten Routenbuch **„Durch Afrika, Band 1: Marokko bis Benin"** finden speziell Pisten- und Wüstenfahrer nützliche Informationen zum Thema

---

Buchtipps:
- Rainer Höh
Handbuch Wohnmobil-Ausrüstung
- Rainer Höh
Clever reisen mit dem Wohnmobil
- Rainer Höh
GPS-Navigation für Auto, Motorrad, Wohnmobil
- Bernd Büttner
Fernreisen mit dem eigenen Fahrzeug
(alle Bände REISE KNOW-HOW Praxis)

Immer eine Attraktion – campende Weiße

Straßen, Formalitäten etc. sowie detaillierte Routenbeschreibungen auch für die im vorliegenden Reisehandbuch behandelten Länder.

Motorradausrüstung

Motorradreisende nach und in Westafrika sollten aufgrund der Geländetauglichkeit auf eine **Enduro** zurückgreifen.

Wegen der regional unterschiedlichen Treibstoffversorgung ist ein **Großtank** zu empfehlen. Für abgelegene Gebiete sollte man über einen Ersatzkanister oder einen Zusatztank verfügen, was den Schwerpunkt und damit die Handlichkeit allerdings stark beeinträchtigt. Ein gute Möglichkeit der **Gepäckaufbewahrung** ist und bleibt ein robuster Tankrucksack. Dazu kommt ein Gepäckträger mit Kofferhaltern, die aber in der käuflichen Form meist nicht so belastbar sind. Als sehr praktisch haben sich die **Bike-Boxen** erwiesen, speziell angefertigte Alukisten, die man seitlich an den Kofferhalter bzw. an eigene Aufhängungen montiert. Aufgrund ihrer Robustheit minimieren sie, mit Vorhängeschlössern versehen, ein bei Motorradreisenden allgegenwärtiges Problem erheblich, nämlich die freie Zugänglichkeit des Gepäcks für jeden. Erhältlich sind sie bei Därr Expeditionsservice GmbH oder anderen Ausrüstungs- und Zubehörläden.

Ausrüstung

Autopanne in Nordmauretanien

Verschleißteile (z.B. Brems-, Kupplungs- und Schalthebel, Zündkerzen und -stecker, Sicherungen, Luftfilter) dürfen keinesfalls fehlen, dazu ein Werkzeugsatz, mit dem man evtl. auch Reparaturen im Innenleben des Motors ausführen kann (der serienmäßige reicht i.d.R. nicht aus). Ein **Ersatzvisier** oder -brillenglas für den Helm sollte bruchsicher verstaut werden.

Utensilien für Kleinreparaturen zahlen sich sicher auch aus, wie z.B. Dichtungsmasse, Kaltmetall, Draht, Kabel, Schrauben, Reepschnur, Isolierband. Ratsam sind Montiereisen, Ersatzschlauch (notfalls auch für schlauchlose Reifen), Flickzeug bzw. Reifen-Pilot und eine Luftpumpe. Passende Ersatzreifen sind in Westafrika nur in den dort gängigen Größen erhältlich.

Weil sich die Lebensdauer von **Kette** (O-Ring), Kettenritzel und Kettenrad unter Staubeinwirkung und im Geländeeinsatz verkürzt, sollte man vor der Reise sein Fahrzeug mit neuen Teilen ausrüsten. Da Sie als Fahrer Ihre Maschine kennen, wissen Sie selbst, ob es angebracht ist, noch eine Kette und ein Kettenrad mitzunehmen. Das Ritzel hält meist etwas länger. Vergessen Sie Kettenspray, -trenner und -schloss nicht. Wie für Autofahrer gilt also auch hier, dass man etwas technisches Verständnis mitbringen sollte. Eine typenspezifische Reparaturanleitung oder ein Werk-

Ausrüstung

statthandbuch im Tankrucksack hilft notfalls weiter.

Ausrüstungsläden

Es gibt mittlerweile in allen größeren Städten Ausrüstungsläden. Viele der Firmen werden von erfahrenen Globetrottern geführt, die erprobtes und bewährtes Material verkaufen und Reiseberatung bieten. Ein fast vollständiges Adressverzeichnis finden Sie im Infoheft der Deutschen Zentrale für Globetrotter (s.a. Informationsstellen); hier eine kleine Auswahl, die keine Wertung darstellen soll:

In Deutschland

- **Därr Expeditionsservice GmbH**
Theresienstraße 66, 80333 München
Tel. (089) 282032, www.daerr.de
Umfangreicher Katalog für Ausrüstung und Bücher.
- **Der neue Alpinist und Globetrotter**
Innere Brucker Str. 22, 91054 Erlangen
Tel. (09131) 28591
www.alpinist-globetrotter.de
- **Globetrotter Ausrüstung**
Denart & Lechard
Wiesendamm 1, 22305 Hamburg
Tel. (040) 679661-79, Fax -86
Filialen in Berlin, Frankfurt, Bonn und Dresden; Katalog erhältlich.
www.globetrotter.de
- **Lauche & Maas**
Alte Allee 28, 81245 München
Tel. (089) 880705, Fax 831288
Filalen in Jena und Ulm, Katalog erhältlich; Versand nur aus München.
www.lauche-maas.de
- **Pritz Globetrotter**
Schmiedgasse 17, 94032 Passau
Tel. (0851) 36220, www.pritz-sthop.de
- **Travel Center Woick**
Plieningerstr. 21
70774 Filderstadt-Bernhausen
Tel. (0711) 70967-00, www.woick.de

In Österreich

- **Hof & Turecek Expeditionsservice**
Markgraf-Rüdiger-Str. 1 (15. Bezirk)
A-1150 Wien
Tel. (01) 9822361
- **Holler & Radl**
Landgutstr. 33, A-1100 Wien
Tel. (01) 6044061
Geländewagenausrüstung

In der Schweiz

- **Atlas Travel Shop**
Expeditions-Service und Reiseladen
Bahnhofstr. 76, CH-3232 Ins
Tel. (032) 3134407
Bahnhofstr. 21, CH-3011 Bern
Tel. (031) 3119044
www.sahara.ch

reserve Foto: ms

Diplomatische Vertretungen und Informationsstellen

Botschaften und Konsulate westafrikanischer Länder

Republik Burkina Faso
- **Botschaft in Deutschland**
Karolingerplatz 10–11
14052 **Berlin-Charlottenburg**
Tel. (030) 30105990
Fax (030) 301059920
E-Mail: Embassy_Burkina_Faso@t-online.de
Geöffnet: 9–12.30 Uhr
Visagebühr 16 Euro, 2 Passbilder
- **Generalkonsulat in Österreich**
Mittelgasse 16, A-1060 **Wien**
Tel. (01) 5979735-38, Fax -89
Geöffnet: Mo bis Do 8–17 Uhr, Fr 8–13 Uhr
- **Honorarkonsulat in der Schweiz**
Av. Eugéne Pittard, CH-1206 **Genf**
Tel. (022) 7890919, Fax (022) 3478269
Geöffnet: Mo bis Do 8–17 Uhr, Fr 8–13 Uhr

Republik Gambia
- **Botschaft in Belgien**
Ambassade de la Rep. de Gambia
126, Av. Franklin Roosevelt, B-1050 **Brüssel**
Tel. (0032/2) 6401049
Fax (0032/2) 6463277
Auch für die Bundesrepublik Deutschland und Österreich zuständig.
- **Honorarkonsulate in Deutschland**
Kurfüstendamm 103, 10711 **Berlin**
Tel. (030) 8923121/22
Fax (030) 8911401
Schönfeldstr. 14, 80502 **München**
Tel. (089) 989022, Fax (089) 9810262
- **Honorarkonsulate in der Schweiz**
Via al Poggio 6
CH-6932 **Lugano-Breganzano**
Tel. (091) 9663292
Rütistr. 13, CH-8952 **Zürich-Schlieren**
Tel. (01) 73110-10, Fax -51
Geöffnet: Mo bis Fr 9–11 Uhr und 14–16 Uhr; auch für Österreich zuständig

Republik Mali
- **Botschaft in Deutschland**
Kurfürstendamm 72, 10709 **Berlin**
Tel. (030) 3199883
Fax (030) 31998848
Visagebühr 34 Euro, 2 Passbilder
- **Honorarkonsulat in Österreich**
Mariahilfferstr. 5, A-1060 **Wien**
Tel. (01) 5877223
Fax (01) 5873720
- **Honorarkonsulat in der Schweiz**
Spalenberg 25, CH-4001 **Basel**
Tel. (061) 26113-73, Fax -14
Geöffnet: Mo bis Do 9–12 Uhr

Islamische Republik Mauretanien
- **Botschaft in Deutschland**
Kommandantenstr. 8, 10117 **Berlin**
Tel. (030) 2065883, Fax (030) 20674750
Geöffnet: Mo bis Fr 10–13 Uhr
Visagebühr 21 Euro, 1 Passbild
- **Honorarkonsulate in der Schweiz**
94, Rue des Eaux Vives, CH-1211 **Genf**
Tel. (022) 7364200, Fax (022) 7364580
Zuständig für alle Kantone außer Zürich.
Zimmergasse 16, CH-8032 **Zürich**
Tel. (01) 2618881, Fax (01) 2517841
Nur für den Kanton Zürich zuständig.

Republik Niger
- **Botschaft in Deutschland**
Dürenstr. 9, 53173 **Bonn**
Tel. (0228) 3502782, Fax (0228) 3502768
Geöffnet: Mo bis Fr 9.30–11.30 Uhr
Visagebühr 50 Euro, 2 Passbilder; Visa auch für Schweizer Staatsbürger
- **Honorarkonsulat in Deutschland**
Ludwig Thoma Str. 13
82031 **Grünwald bei München**
Tel. (089) 6492082
Fax (089) 6492346
Weitere Konsulate in Berlin, Kiel, Mannheim.
- **Botschaft in Österreich**
Consulat de la Rèpublique du Niger
Esslinggasse 16–19, A-1010 **Wien**
Tel. (01) 5321069, Fax (01) 5333977
- **Botschaft in Frankreich**
Rue de Longchamp 154, F-75116 **Paris**
Tel. (01) 45048060
Geöffnet: Mo bis Fr 9–12.30 und 14.30–17 Uhr; auch für die Schweiz zuständig.

Diplomatische Vertretungen und Infostellen

Senegal

- **Botschaft in Deutschland**
Argelanderstr. 3, 53115 **Bonn**
Tel. (0228) 2180-08/-09, Fax (0228) 217815
Geöffnet: Mo bis Fr 9–16 Uhr; stellt auch Visa für Schweizer Staatsbürger aus.
- **Generalkonsulate in Österreich**
Kärntner Ring 9–13, A-1010 **Wien**
Tel. (01) 5128576
Geöffnet: Do 13–16 Uhr, zuständig für alle Bundesländer außer Tirol, Vorarlberg, Salzburg und Kärnten.
Kohlstattgasse 33, A-6020 **Innsbruck**
Tel./Fax (0512) 588957
Geöffnet: Mo bis Fr 10–12 Uhr; zuständig für Tirol und Vorarlberg.
Getreidegasse 22/3. Stock, A-5020 **Salzburg**
Tel. (0662) 84374610, Fax (0662) 648484
Geöffnet: Mo bis Fr 16–18 Uhr; zuständig für Salzburg und Kärnten.
- **Vertretung in der Schweiz**
Mission Permanente du Sénégal
Rue de la Servette 93, CH-1202 **Genf**
Tel. (022) 9180230

Eine Liste aller diplomatischen Vertretungen in Deutschland sowie aktuelle Länderinformationen findet man unter: **www.auswaertiges-amt.de**

Für Österreicher werden im Internet unter **www.bmaa.gv.at** spezifische Informationen bereitgestellt. Auch das Schweizerische Departement für Auswärtige Angelegenheiten hat eine entsprechende Website.

Die Adressen der Bundesdeutschen, Österreichischen und Schweizer Botschaften und Konsulate in Westafrika sind bei den praktischen Informationen der jeweiligen Länderkapitel aufgeführt.

Informationsstellen

- **Därr Expeditionsservice GmbH**
Theresienstr. 66, 80333 München
Tel. (089) 282032
Do ab 16 Uhr tel. Globetrottersprechstunde, s.a. im Internet unter www.daerr.de
- **Atlas Travel Shop**
Bahnhofstr. 76, CH-3232 Ins
Schauplatzgasse 31, CH-3011 Bern
Organisiert jährlich im August ein Afrikafahrertreffen. Eine der besten Websites für Afrikafahrer ist www.sahara.ch.

Sonstige Adressen

- **Goethe-Institut,** Zentralverwaltung
Helene-Weber-Allee 1, 80637 München
Tel. (089) 15921-494, www.goethe.de
Hier kann man ein Adressenverzeichnis aller deutschen Kulturinstitute im Ausland erhalten. Im jeweiligen Gastland ist es möglich, über das Goethe-Institut Kontakt mit interessierten Einheimischen zu knüpfen. Außerdem liegen deutsche Zeitungen aus.
- **World Wildlife Fund,** WWF-Deutschland
Hedderichstr. 110, 60591 Frankfurt
Tel. (069) 6050030, Fax (069) 617221
www.wwf.de
- **Gesellschaft für bedrohte Völker**
Postfach 2024, 37010 Göttingen
Tel. (0551) 499060, www.gfbv.de
Informationen und Hilfsmaßnahmen zu/für schutzbedürftige Minderheiten.
- **Deutsche Gesellschaft für Technische Zusammenarbeit (GTZ)**
Dag-Hammarskjöld-Weg 1–5
65760 Eschborn
Tel. (06196) 790, Fax (06196) 791115
www.gtz.de
Die GTZ entsendet Fachkräfte in Länder der Dritten Welt (der DED in Berlin Entwicklungshelfer).
- **Amnesty International**
53108 Bonn, Tel. (0228) 983730
www.amnesty.de
Amnesty International setzt sich weltweit für politische Gefangene und gegen Menschenrechtsverletzungen ein.
- **Plan international Deutschland**
Pestalozzistraße 14, 22305 Hamburg
Tel. (040) 611400, Fax (040) 61140140
www.planinternational.de
Plan international Deutschland ist eine Organisation, die in der Dritten Welt vor allem Kinder und ihre Familien unterstützt und Patenschaften vermittelt.

DIPLOMATISCHE VERTRETUNGEN UND INFOSTELLEN

- **World Vision Deutschland e.V.**
Am Houiller Platz 4, 61381 Friedrichsdorf
Fax (06172) 763270
Seit 1979 werden von Deutschland aus 300 Patenschaftsprojekte mit mehr als 32.000 Patenkindern in 34 Ländern der Dritten Welt betreut. World Vision hat Beraterstatus bei UNICEF und WHO.
- **Deutsche Zentrale für Globetrotter e.V. (dzg)**
Postfach 30 10 33, 40410 Düsseldorf
Tel. (0700) 45623876, www.dzg.com
Regionaltreffen und Jahrestreffen für Interessierte und Mitglieder sowie das Infomagazin helfen Globetrottern und solchen, die es werden wollen, weiter.
- **Sahara-Club e.V.**
Schmaler Weg 17, 1352 Bad Homburg
Jahres- und Mitgliedertreffen und Info-Heft zur Sahara.
- **Euro-Arabischer Freundeskreis e.V.**
Trautmannstr. 5, 81373 München
Tel. (089) 7604498, www.eaf-ev.de
Monatliche Treffen mit Diavorträgen in München. Im Infoheft des Clubs erhält man Reiseinfos über arabische und islamische Länder, Reiseberichte etc.
- **Kolping-Jugendgemeinschaftsdienste**
Kolpingplatz 5–11, 50667 Köln
Tel. (0221) 20701111/15
Fax (0221) 2070140
www.kolping.de/jgd
Workcamps für junge Leute zwischen 18 und 26 Jahren in einigen Ländern Afrikas.
- **Globetrotter-Club**
Rennweg 35, CH-8023 Zürich
Club-Tel. (01) 2138080
Der Club bringt ein informatives Globetrotter-Magazin heraus, gibt Reiseberatung und Tipps und verkauft über den angeschlossenen Globetrotter Travel Service Flugtickets und Reisehandbücher, Tel. (01) 2117780.
- **Traveller Club Austria**
Schreyvogelgasse 3, A-1010 Wien
Tel. (01) 5333589-0, www.bgst.org

Internetadressen

- **www.allafrica.com**
Täglich aktualisierte Presseschau zu allen Ländern Afrikas
- **www.panapress.com**
Presseagentur aus Dakar mit freiem Nachrichtenteil
- **www.afrol.com**
Viele Links und Infos zu afrikanischen Ländern
- **www.africaonline.com**
Internet-Nachrichten vom größten Provider Afrikas
- **www.irinnews.org/**
UN-Organisation mit Analysen und Hintergrundberichten
- **www.panos.sn/**
Institut aus Dakar, das die Presselandschaft Afrikas beleuchtet
- **www.oneworld.net/africa/**
Hintergrundberichte zu Afrika
- **www.epo.de**
Viele Infos und Links zur deutschen Entwicklungszusammenarbeit
- **www.invent.org**
Weiterbildung und Entwicklung mit Jobangeboten u.a. in Afrika
- **www.onewoldweb.de/ageh**
Webseite der Arbeitsgemeinschaft für Entwicklunghilfe
- **www.hrw.org**
Webseite von Human Rights Watch mit Sitz in New York
- **www.unseco.org**
Hinweise zur Bildungssituation in afrikanischen Ländern
- **www.revuenoir.com**
Webseite des besten Kulturmagazins
- **www.reise-know-how.de**
Aktuelle Reisetipps und Neuigkeiten, Ergänzungen nach Redaktionsschluss, Büchershop und Sonderangebote, weiterführende Links zu über 100 Ländern

Einreisebestimmungen

Erforderlich ist ein **Reisepass,** der noch für mindestens sechs Monate über den Einreisetag hinaus gültig ist; bei Reisen durch mehrere Länder sollte er noch genügend freie Seiten für die überaus zahlreichen Stempel enthalten. Schweizerische und österreichische Staatsbürger benötigen für alle im Buch behandelten Staaten ein Visum. Bürger der Bundesrepublik Deutschland brauchen für die meisten Länder ein Visum, außer für Senegal und Gambia.

Visa sollten Sie rechtzeitig, mindestens aber 6 bis 8 Wochen vor Reiseantritt bei den zuständigen Botschaften beantragen. Diese schicken auf Anfrage die erforderlichen Antragsformulare zu. Wichtig für eine reibungslose Bearbeitung ist ein frankierter Rückumschlag. Die Visagebühren sind in Europa relativ hoch, zwischen 20 und 50 Euro, je nach Land und Aufenthaltsdauer. Unterwegs lassen sich Visa zwar auch besorgen, jedoch nicht immer problemlos, da längst nicht alle Staaten diplomatische Vertretungen in jeweiligen den Nachbarländern unterhalten. Detaillierte Infos finden Sie in den jeweiligen Länderkapiteln. Sofern Ihre Reiseroute einigermaßen feststeht, ist zu empfehlen, sich die Visa „zu Hause" zu besorgen. Das spart unterwegs nicht nur Zeit, sondern auch Nerven.

Impfungen gegen Gelbfieber (im Internationalen Impfpass eingetragen) sind in den meisten Ländern südlich der Sahara zwingend vorgeschrieben. Der Impfpass wird zwar nicht an jeder Grenze kontrolliert, können Sie diesen jedoch auf Anfrage nicht vorweisen, wird man Ihnen möglicherweise die Einreise verweigern. Er ist daher ein ebenso wichtiges Reisedokument wie der Reisepass.

Kopieren Sie also nicht nur Ihre Reisedokumente wie Reisepass mit Visum, Versicherungsbescheinigung o.Ä., sondern auch den Impfpass!

Essen und Trinken

Restaurants/Verpflegung

Restaurants, die internationale Küche zu gehobenen Preisen servieren, finden sich im Allgemeinen nur in den Hauptstädten oder in Ortschaften, die über entsprechende Hotels verfügen. Sie haben jedoch überall Gelegenheit, sich mit der afrikanischen Küche vertraut zu machen.

Es gibt in Westafrika kaum ein Dorf, wo Sie nicht mindestens ein **einfaches afrikanisches Lokal** finden, das Reis oder Fufu mit einer Fleisch- oder Fischsoße zubereitet, und keine Busstation, an der nicht jede Menge **Straßenhändler** Fleischspießchen *(Brochettes)*, gebratene Bananen, Maiskolben, Yams, Gebäck oder andere kleine Imbisse anbieten. Morgens und abends werden auch an vielen Plätzen **Straßenstände** aufgebaut, die Milchkaffee mit Baguette evtl. auch mit Omelette servieren. In den frankophonen Ländern Westafrikas wird ein passables Weißbrot gebacken.

Die besten einheimischen Gerichte kochen die *Bonnes Femmes* z.B. in Togo, Benin oder der Côte d'Ivoire zu Hause und bieten sie dann an der Straße oder auf dem Markt an – ist nicht teuer, sehr lecker und eine tolle Erfahrung. Hierbei kommen Sie auch leicht mit Ihrem Tischnachbarn ins Gespräch. Einfache afrikanische Gerichte bzw. Imbisse kosten nur sehr wenig (selten über 1 Euro, oft nur wenige Cents). Das Essen in den einheimischen Restaurants ist oft besser als in solchen, die krampfhaft versuchen, europäisch zu kochen.

Bars in Städten und größeren Provinzorten verkaufen das in einheimischen Brauereien hergestelltes Bier sowie internationale und lokale in Flaschen abgefüllte Soft-Drinks. Bei den zahlreichen Straßenhändlern, die mit einer Kühlbox durch die Straßen fahren, kann man jedoch die Erfrischungsgetränke meist billiger bekommen.

Auf dem flachen Land sieht es diesbezüglich ungünstiger aus, nicht zuletzt wegen oft fehlender Kühlmöglichkeiten. Die Menschen trinken hier schlicht und einfach Wasser oder auch, je nach Region, Hirsebier oder Palmwein.

Wegen der schlechten Getränkeversorgung sollten Sie immer eine Wasserflasche und Desinfektionstabletten/-filter bei sich haben, damit Sie gegebenenfalls auf **Wasser** zurückgreifen können. Achten Sie beim Kauf von Mineralwasser auf jeden Fall darauf, ob die Originalverschlüsse noch erhalten sind, da sich sonst gewöhnliches Leitungswasser in den Flaschen befindet.

Den Durst stillen auch die fast überall (saisonabhängig) angebotenen **Orangen**. Meist wird deren oberste Hautschicht mit einem Messer oder einer Rasierklinge kreisförmig in kleinen Streifen heruntergeschält und trichterförmig die Blüte entfernt. So vorbereitet lassen sich die Orangen gut auslutschen, wenn man zwischendurch immer mal wieder den Saft herausdrückt.

Afrikanische Küche

Der Speiseplan von 90 Prozent der Bevölkerung Westafrikas ist sehr einfach. Regional verschieden gibt es dreimal am Tag eine Schüssel Hirsebrei, Yams, Maisbrei, Reis o.Ä., mittags und abends meist mit einer scharfen Gemüse-, Fleisch- oder Fischsoße, morgens oft auch eine relativ geschmacklose, nur leicht mit Zucker gesüßte Suppe aus Hirsemehl *(bouillie)*. Die Bürgerschicht hat dagegen mehr oder weniger die französische Küche übernommen.

Je nach Region sind **Hirse, Reis, Mais, Maniok** und **Yams** die wichtigsten Grundnahrungsmittel, aus denen die verschiedensten Gerichte zubereitet werden.

Als **Gemüse** werden neben Tomaten, Okra und Zwiebeln auch gerne Maniok- und Baobabblätter verwendet.

Während für die Hirtenvölker im Sahel Kuhmilch, meist als Sauermilch, zusammen mit Hirse und Weizen für die tägliche Nahrung von großer Bedeutung ist – Fleisch wird nur bei Festen oder besonderen Anlässen gegessen –, ernährt sich die Bevölkerung der Küstenregion überwiegend von Maniok, Yams und Bananen. Die Soßen werden hier mit den im Atlantischen Ozean üblichen Fischsorten angereichert. In der Savanne ernähren sich die Menschen

ESSEN UND TRINKEN

hauptsächlich von Hirse und Reis sowie von den verschiedenen Sorghum-Arten; der Fisch wird durch Fleisch, Rind, Ziege, Schaf ersetzt bzw. durch Geflügel, kleinere Wildtiere, Buschratten oder Schlangen. Beliebt ist hierbei, speziell in Ghana, auch der *grasscutter*, eine Art Nutria mit sehr zartem Fleisch. Die Hirse wird meist zu einem steifen Brei *(tô)* gekocht und mit einer scharfen Soße gegessen.

Mais, der am besten in der Küstenregion wächst, spielt ebenso eine große Rolle für die Ernährung der Bevölkerung wie die Erderbse und die Erdnuss. Als Öl- und Pflanzenfettlieferanten dienen der Kariténussbaum (Schibutterbaum), Sesam und Ölpalme (überwiegend an der Küste). Mit Palmkernöl lassen sich sehr schmackhafte Soßen zubereiten. Erdnuss wird im Sahel-Sudan gerne zur Anreicherung von Soßen (Proteine und Fett) verwendet; in der Savanne wird man Riz Sauce fast immer mit Erdnusssoße zubereitet finden.

Ist man **Gast bei einer afrikanischen Familie,** so setzt man sich in der Regel auf kleinen Holzschemeln im Kreis am Boden. Eine Schüssel mit Wasser wird gebracht und reihum zum Händewaschen gereicht. Das Essen selbst wird in einer großen, runden Schüssel serviert, die in die Mitte auf den Boden gestellt wird. Gegessen wird mit der rechten Hand, die linke dagegen gilt als unrein. Jeder isst stets von seiner Seite zur Mitte hin, dem Gast werden in der Regel die besten Stücke zugeschoben.

Frauen bei der Zubereitung von Yams

Essen und Trinken

Zu einem einfachen afrikanischen Gericht wird meistens Wasser gereicht. Überlegen Sie sich jedoch gut, ob Sie davon trinken! Manchmal, wenn der Gastgeber weiß, dass Sie das Wasser vielleicht nicht vertragen, wird man Ihnen auch einen Soft-Drink anbieten. Nach dem Essen wird zum Händewaschen wieder die Wasserschüssel herumgereicht. Wenn Sie bei einer Moslem-Familie eingeladen sind, werden Sie bemerken, dass die Männer häufig getrennt von den Frauen jeweils aus einer eigenen Schüssel essen.

Eine Packung chinesischer grüner Tee sowie eine Packung Zucker oder Zigaretten sind zum Beispiel ein gerngesehenes **Gastgeschenk,** das Sie, auch wenn Sie spontan zum Essen eingeladen worden sind, in den Sahelländern in fast jedem Laden kaufen können. In den islamischen Regionen ist die Teezeremonie im arabischem Stil sehr verbreitet, nicht nur nach dem Essen, sondern auch zwischendurch. Wundern Sie sich also nicht, wenn Sie abends zu einem Tee eingeladen werden, sondern nehmen Sie die Einladung ruhig an, eine gute Gelegenheit, mit Einheimischen ins Gespräch zu kommen.

Getränke und Speisen

Genussmittel
Kolanuss

Die Kolanuss kann als die **traditionelle Droge Westafrikas** bezeichnet werden. Die kastanienförmige Nuss gibt es in Weiß, Rosa oder Purpurrot. Sie ist wegen der anregenden Wirkung allgemein sehr beliebt und ein ideales Gastgeschenk; in manchen Gegenden wird sie sogar als Zahlungsmittel verwendet sowie zur Wahrsagerei. Die ineinander übergehenden Kerne der Kolanuss werden als Symbol der Freundschaft gesehen, weshalb sie früher bei keinem Gastgeschenk fehlen durften. **Hauptanbaugebiet ist Nigeria,** wo der bis 20 m hohe Kolabaum auf riesigen Plantagen angebaut und die Nuss in ganz Westafrika verkauft wird. Man findet sie daher fast überall auf den Märkten. Die Kolanuss ist jedoch nicht nur wegen ihrer stimulierenden Wirkung z.B. bei den Moslems, die keinen Alkohol trinken dürfen, sehr beliebt, sondern auch weil sie Hunger und Durst vorübergehend unterdrückt und auch die Mattigkeit bei großer Hitze vertreibt. Der extrem bittere Geschmack ist jedoch nicht jedermanns Sache.

Hirsebier

Das traditionelle Hirsebier, je nach Region *Dolo*, *Tchoucoutou*, *Tchapalo*, *Pito* oder *Diapalo* genannt, das einen Alkoholgehalt von 2–4% hat, wird in keinen anderen Bars ausgeschenkt als in den **„Cabarets"** – so heißen die einheimischen Hirsebierkneipen. Erkennbar sind Stände, in denen Bier ausgeschenkt wird, an den auf einen Stock gespießten Kalebassen. Zur Begrüßung bekommt man meist eine Probe serviert. Am besten schmeckt Hirsebier frisch (es hält sich höchstens 24 Stunden); manchmal, wenn es nicht gut gebraut oder alt ist, schmeckt es säuerlich und hat eine stark blähende Wirkung. Hirsebier spielt im gesellschaftlichen Leben der Afrikaner eine große Rolle und darf auch bei festlichen Anlässen nicht fehlen. Es wird fast ausschließlich von Frauen in einer dreitägigen Prozedur (Mälzen, Darren, Brauen und Gären) hergestellt, die sich dadurch eine gewisse wirtschaftliche Eigenständigkeit erwerben. Mit Früchten und Rinden versuchen sie den Geschmack des Biers zu verfeinern. Oft helfen Freundinnen beim Brauen und übernehmen auch die Auslieferung in großen gebrannten Tonkrügen (canaris).

Bier/Wein

Die **führenden Biermarken** Westafrikas sind **Flag** und **Castle**. Daneben gibt es noch etliche nationale Brauereien.

Mit Ausnahme von Mauretanien, wo Alkohol offiziell verboten ist, bekommt man Bier in allen besseren Lokalen und Supermärkten. Das gilt auch für Wein und Spirituosen (beliebt ist Pastis).

Kaffee/Tee

Kaffee (**Nescafé**) und Tee (**Teebeutel**) sind zwar fast überall zu haben, werden jedoch nur von einem kleinen Teil der Bevölkerung konsumiert, da es sich die meisten nicht leisten können. Nescafé mit gezuckerter Kondensmilch wird an Straßenständen und Busstationen angeboten und meist mit einem Stück Baguette auf französische Art genossen. Einheimischer Tee und Kaffee werden eher selten angeboten; probieren sollten Sie den Zitronengras-Tee.

Im Sahel-Sudan hat das Teetrinken, wie auch im arabischen Kulturraum, einen **zeremoniellen Charakter.** Während man gemütlich im Kreis zusammensitzt und sich unterhält, wird in Abständen ein Glas Tee gereicht (meist ein Aufguss aus chinesischem grünen Tee, mit frischer Pfefferminze und viel Zucker). Erst nach dem dritten Glas Tee ist die Zeremonie beendet, und es wird im allgemeinen als unhöflich angesehen, wenn man davor die Runde verlässt.

Palmwein

Der Wein wird hauptsächlich in der **Küstenregion** getrunken. Man gewinnt ihn, indem man die Blütenstauden der Kokospalme zusammenbindet, deren Spitzen abschneidet und ein Gefäß darunterbindet. Die Flüssigkeit, welche eigentlich die Frucht bilden soll, fließt nun in dieses Gefäß und fermentiert bei den hohen Temperaturen sofort. Frisch vom Baum geholt schmeckt der Palmwein am besten und erinnert an Apfelmost; lässt man ihn jedoch einen Tag lang stehen, bekommt er einen scharfen Geschmack und wird alkoholhaltig.

Palmschnaps

Es handelt sich um selbst gebrauten hochprozentigen Schnaps (mittels Hefe), der in den verschiedenen Ländern natürlich diverse Namen hat. Er ist bei längerem Genuss äußerst schädlich, denn meist wird er nicht sauber destilliert; es bildet sich dann Methylalkohol, was zur Erblindung führen kann. In den Küstenregionen werden die Kinder sehr früh daran gewöhnt und dürfen schon als Kleinkind davon probieren.

Der **Alkoholismus** stellt in den westafrikanischen Städten ein Problem dar, und wer sich das teure, in Flaschen abgefüllte Bier nicht leisten kann, hält sich eben an die selbst gebrauten Alkoholi-

Essen und Trinken

ka. Es gibt Berichte, denen zufolge ganze Hochzeitsgesellschaften nach dem Genuss von selbst gebranntem Schnaps gestorben sind!

Früchte, Gemüse, Lebensmittel

Banane

Die Banane ist eine der ältesten Nahrungspflanzen der Küstenregion (wahrscheinlich gelangte sie aus Indien nach Afrika) und wird sehr unterschiedlich zubereitet: Es gibt die so genannte Kochbanane, die geschält und wie Kartoffeln gekocht oder in Öl ausgebacken bzw. gegrillt wird; man stampft sie auch, um *Foutou* oder *Foufou* daraus zuzubereiten. Andere Arten werden in Scheiben geschnitten an der Sonne getrocknet, und relativ selten werden sie in reifem Zustand wie eine Süßbanane gegessen. Selbst Bananenwein stellen die Bewohner des Regenwaldes her: Die zerschnittenen Bananen werden in Holzkrüge gelegt und zum Gären gebracht.

Erdnuss

In Westafrika wird Erdnussmus/-butter vor allem zur Anreicherung von Soßen oder zur Herstellung von Nussplätzchen und Nougat verwendet.

Kinkeliba-Tee

Traditioneller Tee, der aus den Blättern des gleichnamigen Baumes gebrüht wird. Kinkeliba-Tee wird auch häufig an den Tanganas oder Café-au-Lait-Ständen angeboten.

Thiebou-dienne – senegalesisches Nationalgericht

Rezepte bekannter westafrikanischer Gerichte

Riz Sauce (4 Pers.)

Zutaten: 500 g Fleisch (in kleine Stücke schneiden)
1 große Zwiebel
4 Tomaten
2 Essl. Öl
1 Essl. Tomatenmark
Gemüse (Kohl, Spinat, Auberginen, Zucchini)
1 Brühwürfel
Salz, Piment (nach Belieben)
1–2 Essl. Erdnussbutter/-creme

Zubereitung: Öl erhitzen, die in kleine Stücke geschnittene Zwiebel darin dünsten, Fleisch hinzugeben, 5 Min. anbraten; Tomaten hinzugeben, weiter anbraten, bis das Wasser aus dem Fleisch ist, Tomatenmark und kurz darauf das Gemüse hinzugeben und weich dünsten; erst anschließend Wasser hinzufügen und 10 Min. kochen lassen, mit Brühwürfel, Piment und Salz würzen. Erdnusscreme zugeben, bis die Soße etwas dickflüssig ist, dann ca. 30 Min. kochen lassen, bis das Öl als Fettaugen oben schwimmt.

In einem anderen Topf währenddessen den Reis garen lassen (auf 1 Tasse Reis 3½ Tassen Wasser). In zwei getrennten Schüsseln servieren.

Thiebou-dienne (Reis, Fisch und Gemüsesoße für 4 Pers.)

Zutaten: 750 g Weißfisch
125 g Tomatenmark
125 g Stockfisch
300 g Süßkartoffeln (oder auch normale Kartoffeln)
300 g Auberginen
300 g Karotten
3 Zwiebeln von mittlerer Größe
1–2 Piment (wenn möglich ein rotes und ein grünes)
Petersilie, Öl, Salz, Pfeffer
750 g Reis

Zubereitung: Zwiebel, ein Piment und Petersilie kleinhacken und vermengen. Fische in mittelgroße Stücke schneiden. In jedes Stück ein kleines Loch schneiden und dieses mit einem Teil der Kräutermasse füllen. In einem Topf Öl erhitzen und die Fischstücke andünsten; anschließend die Stücke herausnehmen und die restliche Kräutermasse sowie das Tomatenmark in dem Öl dünsten.

Das Gemüse und den Stockfisch in kleine Stücke schneiden, zur Soße geben und alles mit Wasser bedecken. Salz und Pfeffer hinzufügen und nach kurzem Aufkochen noch etwa 30 Min. auf kleiner Flamme köcheln lassen. Die Fischstücke dazugeben, nochmals erhitzen und zusammen mit dem in einem extra Topf gekochten Reis servieren.

Riz (au) Gras (4 Pers.)

Zutaten: 500 g Fleisch (evtl. Huhn)
½ Kaffeetasse Öl
1 große Zwiebel
6 Tomaten
2 Essl. Tomatenmark
1 Brühwürfel, Salz, Piment
2 Gläser Reis

Zubereitung: Öl erhitzen, Zwiebeln, Fleisch, frische Tomaten zusammen mit Tomatenmark gut dünsten, dann 4–5 Gläser Wasser hinzugeben und zum Kochen bringen. Wenn es kocht, Piment, Salz und Brühwürfel zufügen und 20 Min. kochen lassen. Dann den Reis hinzufügen und ca. 15 Min. auf kleiner Flamme kochen lassen, bis er gar ist (evtl. Wasser zugeben). Man kann dieses Gericht auch noch mit Kohl (extra in Salzwasser gekocht) geschmacklich verfeinern.

Riz (Au) Gras mit gefülltem Capitaine

Zutaten: 1 großer Fisch (Capitaine)

Zubereitung: Für die Füllung verschiedene Kräuter (Dill, Petersilie, Basilikum etc.), Salz, Pfeffer, Tomaten, Zwiebeln, evtl. Gemüse klein hacken, Fisch ausnehmen und waschen; Blech mit Öl bestreichen, Fisch salzen, pfeffern und mit Knoblauch spicken und mit den gehackten Kräutern füllen, während des Bratens (im Ofen) den Fisch alle 5 Min. mit Bouillon beträufeln, bis er gar ist.

Tô de Mil (bzw. de Mais)

Zutaten: 500 g Hirsemehl (250 g Maismehl)
3 Zitronen (1 Zitrone)

Zubereitung: 2 Gläser Wasser mit Zitronensaft in einem Topf zum Kochen bringen. 1 Glas kaltes Wasser in eine Schüssel geben und 2 Essl. Mehl darin glattrühren (evtl. mit Schneebesen); dann das angerührte Mehl unter ständigem Rühren in das heiße Wasser geben, aufkochen lassen, dann löffelweise das restliche Mehl unter ständigem Rühren hinzufügen und weiterhin ständig umrühren, bis der Brei dick und klebrig wird; auf kleiner Flamme noch 15 Min. kochen lassen, dabei weiterhin ständig umrühren, damit er nicht anbrennt. Während des Umrührens eventuell noch Salz und Fett hinzufügen, um ihn geschmeidig zu machen.

Zutaten für die Soße: ein paar Okra, Fleisch (von Kalb, Rind, Schaf oder Ziege), Zwiebeln, Tomaten, Brühwürfel, Salz, Piment, evtl. auch getrockneten Fisch

Zubereitung: Zunächst Zwiebeln in Öl dünsten, dann Fleisch hinzufügen und ebenfalls dünsten, Tomaten und 2½ Gläser Wasser zugeben und kochen lassen, dann Brühwürfel, Salz, Piment (zerriebenen Trockenfisch) zufügen. 20 Min. kochen lassen; die in kleine Stücke geschnittenen oder zerstampften Okra zufügen und zugedeckt 20–30 Min. kochen lassen. Wenn sich die Samen der Okra rot färben, ist es fertig!

Soße mit Maniokblättern und Fisch

Zutaten: 1 kg frischen Fisch, Palmöl, Tomaten, Zwiebeln, Knoblauch, junge Maniokblätter, Petersilie, 1 Lorbeerblatt, Brühwürfel, Salz und Piment

Zubereitung: Fisch braten und zugedeckt beiseite stellen. Klein geschnittene Zwiebeln und Knoblauch in Palmöl andünsten, ebenso wie die zerdrückten Tomaten und die sorgfältig klein gestampften Maniokblätter. Von Zeit zu Zeit umrühren und zwischendurch etwas Wasser beigeben. Den gebratenen Fisch hinzufügen und für einige Minuten bei schwacher Hitze kochen lassen.

Ragout de pomme de terre (oder d'igname)

Zutaten: 500 g Fleisch (in Stücke geschnitten)
2 Essl. Öl
Tomaten, Tomatenmark, Zwiebeln,
Brühwürfel, Salz, Piment
300 g Kartoffeln oder eine Yams-Knolle (in kleine Stücke geschnitten)

Zubereitung: Öl erhitzen, Zwiebeln dünsten, dann Fleisch hinzufügen und ebenfalls dünsten, damit das Wasser rauszieht, die frischen Tomaten und das Tomatenmark hinzufügen, bis alles Wasser entwichen ist und nur Öl übrigbleibt.

2½ Gläser Wasser hinzufügen und 20 Min. kochen lassen, dann die Kartoffeln beigeben und weitere 15 Min. garen lassen, so dass noch ein wenig Soße da ist. Yams gleich nach dem Fleisch zufügen, da es länger braucht, bis es weich ist.

Kokosnuss

Geraspelte bzw. gestampfte Kokosnuss wird überwiegend zur Herstellung von Soßen, Gemüse, Plätzchen oder für Kuchen verwendet. Der Saft einer jungen Kokosnuss ist ein sehr erfrischendes und nahrhaftes Getränk. Kokosnüsse werden vor allem an der Küste für nur wenige Franc CFA angeboten.

Lait Caillé

Sauermilch, die von den Fulbe-Frauen (Peul) auf den Märkten zum Verkauf angeboten wird. Ein typisches Peul-Gericht sind Hirseböllchen in lait caillé mit Zucker; da die Hirse jedoch roh gegessen wird, liegt sie schwer im Magen!

Maniok (Cassava)

Bei Maniok unterscheidet man zwei Sorten: die süße, deren Wurzeln man entweder roh oder in Asche geröstet verzehrt, und die blausäurehaltige, die gewässert und gekocht werden muss, damit die Blausäure entweicht. Die Maniokblätter werden gerne zur Herstellung von Gemüsesoßen verwendet.

Okra

In Westafrika *gombo* oder auch *ladyfingers* genannt, werden diese grünen Schoten als Gemüse und vor allem bei der Herstellung von Tô-Soßen zum Eindicken verwendet, wodurch die Soße Fäden zieht. Eine gute Hausfrau kennt jedoch auch Kochrezepte für eine Sauce Gombo, die keine Fäden zieht.

Palmkernöl

Das duch Auskochen aus den Kernen der Ölpalme gewonnene rötliche Öl wird häufig als Grundlage für Soßen verwendet und gibt diesen einen sehr runden Geschmack.

Patate Douce (Süßkartoffel)

Diese Knollenfrucht kam mit den Portugiesen aus Südamerika nach Afrika. Sie ist viel kleiner als Yams, aber viel größer als unsere Kartoffel, eher rundlich und hat innen eine leicht rötliche Farbe. Vom Geschmack her ist sie leicht süßlich. Als *patate frite* oder *chips de patate douce* werden sie an kleinen Straßenständen mit Salz oder scharfer Tomatensoße angeboten.

Piment (franz.: Chillies)

Besonders scharfe Chillisorte, deren Schoten nicht größer als 2 cm werden. Wer sich einen Vorgeschmack verschaffen will, findet sie in Kräuter- oder Gewürzläden getrocknet auch bei uns. In Afrika wird man die unterschiedlichsten einheimischen Bezeichnungen dafür antreffen, z.B. *pilli-pilli*.

Yams (Igname)

ist eine afrikanische Knollenfrucht, die von den Nährstoffen her der Kartoffel sehr ähnlich ist. Die Früchte werden sehr groß (bis ca. 1 m), sind länglich und haben keinen starken Eigengeschmack. Vor allem in Ghana, Togo und Benin werden die gekochten Yamsknollen unter Hinzufügen von etwas Wasser in einem Mörser zu einem klebrigen Brei gestampft, aus dem man Kugeln *(Fufu* oder *Fou-tou)* formt; dazu werden eine extrem scharf gewürzte Gemüsesoße sowie Fleisch und Fisch gegessen. Diese Soßen sind zum Teil für den europäischen Geschmack fast zu scharf. Allerdings nehmen Ihre Gastgeber meist Rücksicht auf die Tatsache, dass Sie Europäer sind, und kochen weniger scharf. Probieren Sie es!

Weitere Spezialitäten

Weitere Spezialitäten sind *Kedjenou*, ein in einem traditionellen Tontopf, der mit Bananenblättern zugedeckt wird (meist zusammen mit Gemüse), gedünstetes Huhn; und *Attiéké*, eine aus Maniok hergestellte Getreidebeilage, die von der Konsistenz her an das aus dem arabischen Kulturraum bekannte *Cous-Cous* erinnert.

In ganz Westafrika wird neben Fisch auch häufig **Affenfleisch** gegessen, was ebenfalls sehr schmackhaft sein soll. Für Europäer ist der Anblick gebratener Affen jedoch schwer zu ertragen.

Kenkey ist in Ghana vor allem an der Küste häufig anzutreffen. Man zerstampft Mais, lässt ihn fermentieren und kocht ihn dann, zu kleinen Bällchen geformt – je nach Region – in Bananen- oder Maisblätter gewickelt, mehrere Stunden lang. Mit etwas Soße, Fleisch oder Fisch ist so eine Kugel eine komplette Mahlzeit. Zu festlichen Gelegenheiten wird das Maismehl mittels Zugabe von Palmkernöl rötlich gefärbt.

Beignets sind z.B. in Benin, Côte d'Ivoire und Togo (hier *Botokoin* oder *Achomo*) eine Spezialität – kleine süße Teigbällchen, die an Berliner ohne Zuckerschicht oder Krapfen erinnern.

Fotografieren

Ob Sie lieber nur eine Pocketkamera, die klein, handlich und in jeder Tasche noch Platz hat, oder eine umfangreiche Ausrüstung mit mehreren Objektiven und Filtern mitschleppen wollen, müssen Sie selbst entscheiden.

Am besten vor Staub und Feuchtigkeit geschützt ist Ihre Foto- oder Filmausrüstung zwar in einem **Fotokoffer** aus Aluminium, allerdings erregt so ein glänzendes Tropen-Fotobehältnis unnötiges Aufsehen (erhöhte Diebstahlgefahr). Sinnvoller ist eine **gepolsterte Fototasche** zum Umhängen, die auch noch Staufächer für Ersatzfilme und wichtigsten Papiere hat. Grundsätzlich sollten Sie Ihre Foto- und Filmausrüstung immer im Handgepäck haben, sei es im Flugzeug als auch im Busch-Taxi.

In Westafrika sind Filme teuer und aufgrund langer Lagerzeiten sowie großer Hitzeeinwirkung oft von schlechterer Qualität. Das gilt auch beim Entwicklungsservice vor Ort.

Für Menschen- und Tieraufnahmen ist ein Teleobjektiv zu empfehlen, für Landschafts- und Gebäudeaufnahmen ist ein Weitwinkelobjektiv günstig. Ein UV-Filter ist in jedem Fall ratsam.

Besorgen Sie vor der Reise auf jeden Fall **neue Batterien** für Fotoapparat und Blitz, denn Spezialbatterien sind nicht immer leicht zu bekommen. Ein Blitzgerät ist in manchen Situationen sehr nützlich, in anderen (wie z.B. bei Zeremonien, religiösen Festen und Maskentänzen) absolut unangebracht, da das Blitzlicht einfach stört.

Bemühen Sie sich also immer um etwas Gefühl für die Situation, und fragen Sie vorher, ob Fotografieren erwünscht ist. Generell sollten Sie sich angewöhnen, vor dem Fotografieren die jeweiligen Personen um Erlaubnis zu bitten. Manche lassen sich etwa aus religiösen Gründen überhaupt nicht fotografieren, andere gestatten es nur gegen Bezahlung. Manche Menschen bestehen auf einem Abzug, und wenn man diesen versprochen hat, sollte man das Versprechen auch halten und das Foto schicken.

Das Fotografieren von **militärischen Anlagen** sowie von Flugplätzen, Bahnhöfen und Regierungsgebäuden ist **generell verboten.** Polizei und Militär reagieren ausgesprochen unwirsch, wenn sie jemand auf frischer Tat erwischen: der Film, den Sie wahrscheinlich aus der Kamera nehmen müssen, ist in der Regel weg, manchmal wird auch die Kamera einbehalten. Leistet man dann auch noch Widerstand, findet man sich schnell auf dem Kommissariat wieder.

Buchtipps:
- Helmut Hermann
Reisefotografie
- Volker Heinrich
Reisefotografie digital
(beide Bände REISE KNOW-HOW Praxis)

Geld

Die Länder Senegal, Mali, Niger, Burkina Faso, Benin, Togo, Côte d'Ivoire und Guinea-Bissau gehören zur **Communité Financière de l'Afrique de l'Ouest.** Die Währungseinheit ist der **Franc CFA** (unterteilt in 100 Centimes), der in einem festen Wechselkursverhältnis zum Euro steht (amtlicher Mittelkurs **1 Euro = 665 CFA;** für 1 Schweizer Franken, SFr, erhielt man im April 2003 ca. 445 CFA). Da der Franc CFA (internationale Abkürzung XOF) bis zum 1. Januar 2001 an den französischen Franc gekoppelt war, wurde auf Betreiben von Paris die westafrikanische Währung an den Euro gekoppelt – de facto gehören die CFA-Länder also zur Euro-Zone. Der CFA ist theoretisch frei konvertierbar, in Europa allerdings zu extrem schlechten Konditionen. So zahlt die Deutsche Reisebank nur 50 Eurocent für 1000 CFA. Etwas besser ist der Kurs in Frankreich.

CFA-Münzen gibt es im Wert zu 5, 10, 25, 50, 100 und (sehr selten) 250 CFA; **Scheine** sind 500, 1000, 2500 (selten), 5000 und 10.000 CFA wert.

In **Mauretanien** ist die Landeswährung der Ouguiya (UM), in **Ghana** der Cedi, in **Gambia** der Dalasi und in **Guinea** (Conakry) der Franc-Guinee (vgl. die jeweiligen Länderkapitel).

Die **Ein- und Ausfuhr von CFA und anderen Devisen** ist in der Regel **unbegrenzt möglich,** CFA-Länder verlangen meist keine Devisendeklaration. In den Staaten, die nicht zur CFA-Zone gehören, ist der CFA problemlos in die jewei-

GELD

lige Landeswährung konvertierbar. Das sind u.a. Mauretanien, Guinea, Gambia und Ghana. In frankophonen Ländern wird der Euro bevorzugt, das gilt aber auch für anglophone Länder.

Inzwischen besteht auch in vielen westafrikanischen Ländern die Möglichkeit, per **Kreditkarte,** z.B. mit Visa Card, zu bezahlen. Zwar können Sie damit meist kein Geld am Bankautomaten erhalten, wie Sie es aus Ihrem Heimatland gewöhnt sind, wenn Sie aber an den Schalter gehen, wird Ihnen problemlos Bargeld ausbezahlt. Dagegen ist die **EC-Karte** nur in Marokko zu gebrauchen.

Das Wechseln von Devisen auf dem **Schwarzmarkt** ist in den Ländern mit nicht konvertierbarer Währung offiziell verboten und wird als illegale Handlung und Vergehen gegen die Devisenvorschriften in der Regel streng geahndet, von der es bekanntermaßen Ausnahmen gibt. So werden an der Grenze Côte d'Ivoire/Guinea mangels Bank öffentlich und in Sichtweite der Zöllner CFA gegen Guinea-Francs getauscht, in Ghana von Burkina Faso kommend wurde uns über die Polizei ein Geldwechsler vermittelt, da die Bank am Wochenende geschlossen hatte.

Ihre Reisekasse bzw. Geldvorräte sollten Sie – ebenso wie Reisepass, Impfpass und Flugtickets – **stets an einem sicheren Ort deponieren,** d.h. am besten immer am Körper bei sich tragen. Bargeld sollten Sie in einem Geldgürtel aufbewahren (ebenso die Versicherungspolice bzw. Kaufquittungen der Travellerschecks), Pass und sonstige Dokumente in einem Brustbeutel bzw. einer Gürteltasche. Wertsachen gehören nicht in eine Umhängetasche, die man Ihnen mit Leichtigkeit entreißen kann! Deponieren Sie Wertsachen bei der Hotelrezeption (natürlich nicht, wenn diese alles andere als Vertrauen erweckend ist ...). Mit Bargeld sollten Sie jedoch vorsichtig sein, da dies u.U. eine zu große Versuchung für den Rezeptionisten ist. Sollte Ihnen Ihr Reisepass abhanden kommen, erleichtern Fotokopien die Ausstellung von Ersatzpapieren.

Bei **Verlust Ihrer EC-Karte** oder Ihrer **Schecks** benachrichtigen Sie unverzüglich Ihre Sparkasse oder Bank. Nach Schalterschluss oder am Wochenende können Sie Ihre EC-Karte über den Zentralen Sperrannahmedienst, Frankfurt a.M., Tel. (0049/69) 740987, sperren lassen. Auf jeden Fall sollten Sie die Polizei über den Verlust informieren.

Travellerscheck-Kunden sollten die bei der Ausstellung den Schecks beigelegten Bestimmungen gut durchlesen, hier stehen auch die Notrufnummern.

Sollte Ihre **Kreditkarte unterwegs gestohlen** werden oder anderweitig verloren gehen, so rufen Sie bei Verlust einer Master/Euro Card Tel. (0049/69) 793319, bei Verlust einer Karte von American Express Tel. (0049/69) 75761000, bei Verlust einer Visa-Karte (0049/89) 21723707 an.

Schweizer teilen den Verlust von Euroschecks oder der Scheckkarte ebenfalls Ihrer Bank mit bzw. rufen bei der zentralen Notrufnummer der SKA-Bank an, Tel. (0041/1) 2116611. Wenn Travellerschecks verloren gehen, kann man das bei einem Thomas-Cook-Reisebüro oder beim SBTC-Center in Bern, Tel.

(0041/31) 441111, melden. Kreditkarten können bei Telekurs, Tel. (0041/1) 2756464, gesperrt werden.

Falls Sie sich über Ihre Bank in Deutschland, Schweiz oder Österreich Geld schicken lassen wollen, so geht dies per **telegrafischer Geldanweisung.** Dazu müssen Sie ein Fax an Ihre Bank schicken. Die Geldanweisung erfolgt dann von Ihrer Bank über die Dresdner Bank oder Deutsche Bank in Frankfurt am Main z.B. an die BICIS-Bank in Dakar (Senegal).

Schnell, aber teuer wird die Sache mit **Western Union.** Auf diesem Weg können Sie sich normalerweise innerhalb von Stunden Geld aus Europa überweisen lassen. Diese Art der Überweisung funktioniert über Postfilialen, Volksbanken oder die Deutsche Verkehrsbank (DVB), die sich auf Flughäfen und großen Bahnhöfen befindet. Weitere Hinweise im Internet unter:
www.westernunion.com

Auch von Österreich, Tel. (0660) 8066 (gebührenfrei), oder bei einer der Raiffeisen-Banken sowie in der Schweiz bei den Schweizerischen Bundesbanken oder unter Tel. (0512) 223358 ist mit Western Union eine schnelle Geldüberweisung möglich.

Reisekasse und -budget

Generell gilt, dass es sich in Westafrika mit **Bargeld** leichter reisen lässt als mit Travellerschecks, vor allem seit der Einführung des Euro, der in vielen Ländern quasi als Ersatzwährung fungiert und den Franc Français ablöste. Andererseits bieten **Reiseschecks** Sicherheit im Falle eines Diebstahls. In den Städten werden Sie selten größere Schwierigkeiten beim Wechseln von Travellerschecks haben. Dafür muss man aber hohe Komissionsgebühren einkalkulieren. Um jedoch – unabhängig von Banken – stets „flüssig" zu sein, sollten Sie

Kriminalität und Sicherheit

einen gewissen Vorrat an Bargeld in kleinen und mittleren Scheinen mitführen. Mit **Kreditkarten** werden Sie nur in Luxushotels, bei Fluggesellschaften oder internationalen Autovermietungen zum Zuge kommen. Man sollte immer bedenken, dass das Bankensystem in Westafrika völlig unterentwickelt ist und außerhalb der Hauptstädte und der Touristenzentren Umtausch oft nur auf dem grauen Markt möglich ist.

Die westafrikanischen Staaten sind **keine Billigreiseländer,** da Hotel- und Mietwagenpreise relativ hoch sind. Selbst bei bescheidensten Ansprüchen müssen Sie mit mindestens 10–20 Euro pro Doppelzimmer rechnen, und wenn ein Mindestmaß an Komfort verlangt wird, gelangen Sie sehr schnell in Preisregionen von 40 Euro und mehr.

Sonstige Ausgaben belasten das Budget nicht allzu sehr, insbesondere nicht, wenn Sie afrikanisch essen. Mahlzeiten und Getränke in einfachen einheimischen Restaurants bzw. Bars sind billig, und an Straßenständen bei den „bonnes femmes" oder „chop bars" in Ghana zahlt man meist nur Cent-Beträge. Das Essen ist nicht immer nach unseren Hygienevorschriften zubereitet, aber europäische Maßstäbe sollten Sie in Westafrika – zumindest in ländlichen Regionen – ohnehin vergessen.

Relativ niedrig liegen die Kosten für öffentliche Verkehrsmittel. Für Busse und Busch-Taxis werden Sie normalerweise pro 100 km selten mehr als 5 Euro bezahlen müssen, in der Regel sogar weniger. Wenn Sie also vorwiegend in einfachen bzw. mittleren Hotels übernachten und überwiegend afrikanisch essen, sollten Sie mit einem **Budget von 25–50 Euro pro Tag und Person** rechnen.

Westliche Konsumgüter sind in Supermärkten der größeren Städte erhältlich. Doch die von vorwiegend libanesischen Händlern verlangten Preise sind entsprechend hoch. Am besten sortiert sind die Supermärkte in Senegal, Gambia und der Côte d'Ivoire.

Kriminalität, Sicherheit und Verhalten im Notfall

Diebstahl und Überfälle

Die Kriminalität beschränkt sich meist auf die **großen Städte und Touristenzentren entlang der Küste.** Ein ungeschriebenes Gesetz bei Entwicklungshelfern lautet: In den Städten nachts nicht alleine in dunkle Straßen gehen und tagsüber an einsamen Strandabschnitten in Stadtnähe sehr vorsichtig sein. Besonders Accra hat diesbezüglich einen üblen Ruf, aber auch Abidjan und Lomé schneiden nicht besser ab.

Selten kommt es zu physischer Gewaltanwendung, meist wird bei Überfällen nur mit einem Messer gedroht. Bei einem Überfall sollten Sie **auf Gegenwehr verzichten.** Erfahrene Reisende haben für diesen Fall immer ein paar kleine Scheine in der Brusttasche parat.

Der **„schnelle Diebstahl"** passiert, indem Ihnen z.B. im Vorbeilaufen die Handtasche, Kamera etc. entrissen

KRIMINALITÄT UND SICHERHEIT

oder Wertgegenstände in einem unbeaufsichtigten Moment aus dem Auto geholt werden. Sie sollten daher vermeiden, durch demonstratives Mitführen von Wertgegenständen wie Fotoapparat, goldene Uhr, Schmuck etc. Diebstähle zu provozieren. Bei Diebstählen – vorausgesetzt, man stellt sie gleich fest – sollten Sie sofort die Umgebung lautstark darauf aufmerksam machen; einige werden sich bemühen, den Dieb zu stellen. Merkt man den Diebstahl erst später, nützt die Polizei herzlich wenig – es sei denn, Sie brauchen ein Protokoll für die Versicherung. Gestohlene Papiere kann man übrigens oft über dubiose Quellen wieder „zurückkaufen". So gibt es etwa in Dakar eine regelrechte „Adresse" für derartige Transaktionen.

Ideale „Arbeitsplätze" für **Taschendiebe** sind Märkte und überfüllte Busse, wo man in dem dichten Gedränge schwer feststellen kann, ob das Anrempeln nur aus Versehen geschah oder mit der Absicht, einem gleichzeitig in die Tasche zu greifen bzw. diese aufzuschlitzen. Sehr häufig wird an Stränden geklaut. Es passiert gelegentlich, dass Touristen vom Baden nur noch mit der Badehose zum Hotel zurückkommen. Gehen Sie daher am besten immer abwechselnd ins Wasser.

Buchtipp:
- Matthias Faermann
**Schutz vor Gewalt
und Kriminalität unterwegs**
(REISE KNOW-HOW Praxis)

Ein beliebter **Trick** der zum Teil organisierten Diebesbanden ist es, Ihnen die Reifen aufzuschlitzen, während Sie Ihr Auto parken. In dem Moment, in dem Sie aussteigen, um nach der Ursache des Defekts zu schauen, bemächtigen sich die Diebe der im Wagen gelassenen Handtasche, Fotoausrüstung etc. Eine Variante davon ist, dass ein Junge im Vorbeilaufen Kratzer ins Auto macht oder so gegen den Wagen läuft, als sei er angefahren worden. Weitere auf der Straße übliche Tricks: anrempeln zu mehreren, „versehentlich" stoßen zwei, drei Leute mit einem zusammen – nach allgemeinem „Sorry" oder „Pardon" ist die Brieftasche weg. In Bamako oder Dakar sehr verbreitet ist folgender Trick: Ein vermeintlicher Verkäufer hält Ihnen ein Zeitung, ein Tablett mit Souvenirs o.Ä. unter die Nase, eine Hand versucht unterdessen, an Ihre Brusttasche bzw. Ihren Geldbeutel zu gelangen.

Sicher werden Sie immer wieder mal von „netten Jungs" eingeladen, doch seien Sie **misstrauisch,** wenn Ihre Gastgeber gar zu „freundlich", um nicht zu sagen, aufdringlich sind: Nicht selten wollen Sie Ihnen lediglich etwas verkaufen bzw. sind einfach nur auf Ihr Geld aus. Gelegentlich holen „freundliche Studenten" den frisch angekommenen Touristen vom Flughafen ab, laden ihn zum Essen ein und später auch zu sich nach Hause, wo sie – unterstützt von einigen Kumpels – die Ahnungslosen ungehindert um ihr Reisebudget erleichtern können. Besonders Afrika-Unerfahrene sollten in den ersten Tagen ruhig übertrieben misstrauisch sein. Nach einer Weile entwickelt man ein Gespür

Kriminalität und Sicherheit

für die „Hotspots" und sieht den Leuten ihr Vorhaben an der Nasenspitze an.

Als **Grundregel** können Sie sich folgendes merken: Alle Leute, die aufdringlich sind und unbedingt etwas von Ihnen wollen bzw. Sie zu irgendetwas drängen wollen, sind entweder Schlepper oder auf irgendeine Art Geschäftemacher, während der „normale" Bürger meist wesentlich zurückhaltender und wirklich hilfsbereit ist. Sollten Sie eine gewisse Standhaftigkeit zeigen, so werden es die Jungs eventuell auch mit dem Thema Rassismus probieren: „You don't want to talk to African people? You're a racist!" Spätestens dann wird mancher unerfahrene Europäer weich.

Rauschgift und Drogen

In Westafrika ist zwar das Rauchen von „Gras" (getrocknete Blüten der Hanfpflanze) weit verbreitet und allgemein üblich, jedoch sind sowohl der Erwerb, Besitz, als auch die Ausfuhr von Drogen in allen westafrikanischen Ländern strengstens verboten.

Verhalten im Notfall

Sollten Sie trotz aller Vorsichtsmaßnahmen durch Diebstahl, Krankheit oder Unfall in eine Notsituation geraten, überlegen Sie zunächst in aller Ruhe, ob Ihnen ein Anruf oder ein E-Mail an Ihre Angehörigen eventuell weiterhelfen könnte. Sollten Sie sich auf diese Weise nicht weiterkommen, wenden Sie sich an die nächste **diplomatische Vertretung** Ihres Heimatlandes. So sind die Deutschen Botschaften und Konsulate nach dem Konsulargesetz von 1974 dazu verpflichtet, jedem deutschen Staatsbürger zu helfen, wenn er im Ausland in Not geraten ist und die Notlage nicht anders behoben werden kann; ähnlich verhält es sich mit den österreichischen und schweizerischen Vertretungen. Die Hilfe beschränkt sich nicht nur auf die Vermittlung eines Anwalts (z.B. im Falle eines Unfalls oder einer Verhaftung) oder das Ausstellen eines neuen Reisepasses. Darüber hinaus ist das Konsulat dazu verpflichtet, dem Reisenden in finanziellen Notlagen, bis die Eigenmittel eingetroffen sind, einen Geldbetrag vorzustrecken, der innerhalb einer festgesetzten Frist zurückgezahlt werden muss. Wenn Ihnen jedoch in den ersten Tagen bereits Ihr ganzes Geld abhanden kommt, kann das Konsulat Ihnen lediglich soviel Geld vorstrecken, damit Sie auf dem schnellsten Weg wieder nach Hause fliegen können; zusätzlich bekommen Sie auch noch ein „Handgeld", welches so bemessen ist, dass Sie auf dem Weg nach Hause nicht wieder in Geldschwierigkeiten kommen. Ihren Urlaub in Westafrika wird Ihnen die Botschaft jedoch nicht finanzieren.

Auch im **Krankheitsfall** kann die Auslandsvertretung Ihnen ein Darlehen für die Bezahlung von Arzt-, Medikamenten- und Krankenhauskosten zukommen lassen. Sollte die Erkrankung so schwer sein, dass eine Rückführung veranlasst werden muss, kontaktieren Sie Ihren Flugrettungsdienst.

Im Falle eines **Diebstahls** rufen Sie die Polizei und erstatten Anzeige. Sollte Ihnen etwas aus Ihrem Hotelzimmer abhanden gekommen sein, verändern

MEDIEN

Sie bis zum Eintreffen der Polizei nichts und fassen Sie nichts an (Spurensicherung!). Erstellen Sie zusammen mit der Polizei eine Liste der abhandengekommenen Gegenstände und lassen Sie sich eine polizeiliche Bestätigung der Anzeige geben. Diese brauchen Sie unbedingt bei der Botschaft für die Ausstellung eines neuen Reisepasses, bei der Bank für die Rückerstattung der Reiseschecks und für die Schadensersatzforderung bei der Reisegepäckversicherung.

Im Falle einer **Festnahme** durch afrikanische Polizeibehörden hat man laut Wiener Konvention das Recht, spätestens 72 Stunden nach der Verhaftung mit seiner Auslandsvertretung Kontakt aufzunehmen. Sie sollten bis zu diesem Zeitpunkt kein Protokoll oder Schriftstück unterschreiben, dessen Inhalt Sie nicht kennen.

Im Falle einer Naturkatastrophe oder kriegerischer Auseinandersetzungen sollten Sie sich an Ihre Auslandsvertretung wenden, falls Sie das Land nicht sofort verlassen können, ebenso, wenn ein Angehöriger vermisst wird.

Wenn Sie einen längeren Aufenthalt planen, macht es z.T. Sinn, sich nach Ankunft bei der Botschaft zu melden und Ihre ungefähre Reiseroute anzugeben bzw. eine Adresse zu hinterlassen, unter der Sie erreichbar sind. So ist die Auslandsvertretung informiert, dass Sie im Land sind und kann im Notfall Maßnahmen zu Ihrem Schutz ergreifen. Die Adressen der Auslandsvertretungen finden Sie im im Internet unter:
www.auswaertiges-amt.de.

Medien

Zeitungen

Westafrikas Presse ist besser als ihr Ruf. Nach einer 2002 veröffentlichten Studie von Reporter ohne Grenzen liegt etwa Benin in Sachen **Pressefreiheit** gleichauf mit Großbritannien auf Platz 21, Mali rangiert auf Position 47 vor Senegal (47). Es folgen Niger (53), Gambia (64), Ghana (67), Guinea (79), Burkina Faso (85), Togo (97) und Mauretanien (115). Wie fragil die Pressefreiheit ist, zeigt jedoch das Beispiel Elfenbeinküste. Dort wurde nach dem Putsch vom Herbst 2002 nicht nur die gesamte Presse gleichgeschaltet, erschreckend war auch die massiv rassistische Berichterstattung mit Aufrufen zur Hetzjagd auf Ausländer. Und in Guinea-Bissau verbot die Regierung 2002 einfach missliebige Blätter – das waren alle.

Lokale französischsprachige sowie die gängigen **französischen Tageszeitungen** bekommen Sie i.d.R. in jeder größeren Stadt in Buchhandlungen, **deutsche Magazine** dagegen nur in den Hauptstädten oder Touristenzentren und dort am ehesten in großen Hotels. Auf Afrika spezialisierte englische bzw. französische Magazine wie L'Intelligent (Jeune Afrique), L'Autre Afrique, Afrique Magazine und Afrique-Asie gibt es fast überall in größeren Städten. Englischsprachige Zeitungen sind New African und West Africa. Als seriöse Quelle gilt das in Paris erscheinende Wochenmagazin L'Intelligent (**www.lintelligent.com/**).

Rundfunk

Da die Analphabetenquote in den meisten westafrikanischen Ländern sehr hoch ist, stellt das Radio vor allem auf dem Land das **wichtigste Informationsmedium** dar. Zahlreiche kontinentale, nationale und lokale Rundfunksender sorgen für Meinungsvielfalt.

Nachrichten aus Deutschland sendet die Deutsche Welle täglich weltweit. Da sich die Frequenzen aber halbjährlich ändern, sollten Sie sich direkt an den Sender wenden, um das aktuelle Frequenz-Verzeichnis anzufordern. Das kostenlose Programmheft der Deutschen Welle für jeweils einen Monat können Sie ebenfalls unter folgender Adresse bestellen:

- **Deutsche Welle**
50588 Köln
Tel. (0221) 3892500 (24 Std.)
Fax (0221) 3892510, www.dwelle.de

Fernsehen

Fernsehen gibt es in Westafrika nur **in begrenztem Umfang.** An den Orten, wo TV-Empfang möglich ist, wird es jedoch zu einem immer wichtigeren Medium. Es dominieren amerikanische, britische und französische Produktionen, Eigenproduktionen sind eher selten. Frankreich und Portugal übertragen mit eigens geschaffenen Afrika-Kanälen, die über Satellit auch in Europa zu empfangen sind, ihre Sicht der Dinge.

Oft sind Menschenansammlungen auf der Straße zu sehen, eine Traube von Menschen steht vor einer Kneipe. Dies bedeutet dann meist, dass gerade eine besonders beliebte Fernsehserie oder ein Fußballspiel läuft, das keiner verpassen möchte. Einmal einen Abend lang lokales Fernsehen anzuschauen, verrät auch einiges über internationale Abhängigkeiten und Ideale, die der Bevölkerung vorgesetzt werden. Und wenn man in einer ärmlichen Kneipe sitzt, wo die Leute gebannt einen Werbespot für die neueste Luxuslimousine oder die neueste Sitcom aus den USA verfolgen, so ist auch dies in all seiner Absurdität ein Stück westafrikanische Realität.

Post, Telefon, Internet

Post

In der Regel funktioniert die Post in Westafrika halbwegs zuverlässig, aber nicht sonderlich schnell. Luftpostbriefe kommen meist innerhalb einer Woche in Europa an, Postkarten dagegen brauchen 10–14 Tage. Wichtige Briefe am besten per Einschreiben schicken oder z.B. Briefe und belichtete Filme einem anderen (vertrauenswürdigen) Touristen aus der Heimat mitgeben, der gerade nach Hause fliegt. Vorsicht ist beim Versand von Paketen mit Wertgegenständen geboten.

Um unterwegs Post zu erhalten, können Sie sich die Briefe entweder an die Botschaft Ihres Landes senden lassen, wo sie normalerweise 4–12 Wochen aufbewahrt wird, oder **postlagernd** *(poste restante)* an die Hauptpostämter *(G.P.O.* bzw. *Poste centrale)* schicken lassen. Gegen Vorlage des Reisepasses können die Briefe am Poste-Restante-Schalter abgeholt werden. Sie sollten jedoch immer unter den Anfangsbuchstaben des Vor- und des Nachnamens nachsehen lassen. Um nicht zusätzliche Verwirrung zu stiften, sollte der Nachname deutlich und in großen Druckbuchstaben geschrieben werden.

In der Regel wird von den Postämtern pro Brief eine Gebühr von ca. 300 CFA verlangt. Postlagernde Briefe werden in Westafrika normalerweise nicht länger als 2–3 Wochen aufbewahrt und dann an den Absender zurückgeschickt.

Ländervorwahlen
- Deutschland: 0049
- Österreich: 0043
- Schweiz: 0041

- Benin: 00229
- Burkina Faso: 00226
- Côte d'Ivoire: 00225
- Gambia: 00220
- Ghana: 00223
- Guinea: 00224
- Guinea-Bissau: 00245
- Mali: 00223
- Mauretanien: 00222
- Niger: 00227
- Senegal: 00221
- Togo: 00228

Buchtipps:
- Volker Heinrich
Kommunikation von unterwegs
- Günter Schramm
Internet für die Reise
(beide Bände REISE KNOW-HOW Praxis)

Telefon

Eine direkte Durchwahl von Westafrika nach Europa ist von überall möglich, wo internationale Gespräche geführt werden können. Wenn Sie schnell und sicher eine Nachricht nach Europa bringen wollen, schicken Sie am besten ein Fax. Telefon-Fax-Läden findet man inzwischen selbst in kleinen Orten. Zum Teil kann man auch mit Telefonkarten ins Ausland telefonieren.

Internet

Internet-Cafés sind auf die größeren Städte beschränkt (siehe dazu in den einzelnen Länderkapiteln).

Reisen in Westafrika

Ob Sie lieber mit dem Flugzeug, der Bahn, dem Auto oder öffentlichen Verkehrsmitteln, dem Motorrad, dem Fahrrad oder zu Fuß unterwegs sein wollen, müssen Sie selbst entscheiden. In Westafrika ist grundsätzlich alles möglich, es stellt sich lediglich die Frage der Zeit und des Geldes.

Das **Fahrrad** ist zwar ein relativ langsames Fortbewegungsmittel, doch kostet es auch einige Nerven, wenn man ständig platte Reifen hat, was z.B. im Dornengestrüpp des Sahel oft vorkommen kann. Sollten Sie sich für das Fahrrad als Verkehrsmittel entscheiden, so ist zu empfehlen, es sich aus Europa mitzunehmen (einschließlich genügend Flickzeug und Ersatzteile!), denn in

Westafrika sind nur sehr einfache Modelle erhältlich. Tipps zu Routen in Afrika im Internet unter: **www.ibike.org.**

Das **Motorrad** wird von vielen als das ideale Fahrzeug in Afrika dargestellt. Manche finden es jedoch ziemlich lästig, bei größter Hitze auch noch einen Sturzhelm aufsetzen zu müssen (ist bei den dortigen Verkehrsverhältnissen unbedingt ratsam) oder sich in dicke Motorradkleidung zu verpacken. Informationen zum Reisen in Afrika, u.a. mit den kompletten Vorbereitungsmaßnahmen, Fahrtechnik etc., sind in dem Buch **„Motorradreisen zwischen Urlaub und Expedition"** von *Thomas Troßmann* nachzulesen (REISE KNOW-HOW Verlag, Bielefeld).

Unter den zweispurigen Kraftfahrzeugen stehen entweder das **eigene (oder geliehene) Auto** oder die öffentlichen Verkehrsmittel wie **Busch-Taxi** und **Bus** zur Auswahl. Im eigenen Auto kann man zwar weitgehend selbst entscheiden, wann man anhält und wie viel Gepäck man mitnimmt, aber während dieser Reise ist man auch am meisten von Land und Leuten isoliert. In einem Busch-Taxi von einem größeren Ort zum nächsten zu reisen, auf einem viel zu kleinen Sitzplatz und eingezwängt zwischen jede Menge Gepäck, hat zumindest den Vorteil, viel Kontakt zu den Menschen zu haben.

In Westafrika mit der **Eisenbahn** zu fahren, ist ein Erlebnis für sich, aber nicht unbedingt eines der komfortablen Art. Auf die Dauer ist es nämlich nicht nur sehr anstrengend, da die Abteile immer sehr voll sind, sondern das Sitzfleisch wird oft außergewöhnlich strapaziert, da die Fahrt meist sehr lang ist. Eine Alternative sind die teuren Schlafwagen, die es bei längeren Strecken fast immer gibt.

Gute Teerstraße im Südsenegal

Buchtipps:
- C. Carle, H. Hermann
Fahrrad-Weltführer
(REISE KNOW-HOW Sachbuch)
- Hans Strobach
Fernreisen auf eigene Faust
(REISE KNOW-HOW Praxis)

Mit dem eigenen Fahrzeug

Wer Westafrika mit dem eigenen Fahrzeug bereisen möchte, braucht eine gute Planung mit aktuellem Informationen, einen zuverlässigen Wagen, vorzugsweise mit Dieselmotor, viel Zeit und eine gute Portion Abenteuerlust.

Fahrzeugpapiere

Wenn Sie mit dem eigenen Auto oder Motorrad fahren, müssen Sie vorab jede Menge Papiere besorgen: Grüne Versicherungskarte, internationale Zulassung, Internationaler Führerschein (fast überall erforderlich), und in einigen Ländern ein **Carnet de Passage** (internationales Zollbürgschaftsdokument). Mit dem Carnet de Passage verbürgt sich der Aussteller (ADAC, DTC, AvD), beim Verbleib des Fahrzeugs im Land die Zollkosten zu übernehmen, fordert aber diese dann von Ihnen zurück. Am detailliertesten weiß der ADAC darüber Bescheid. Fordern Sie am besten eine Broschüre zum Thema an. Sie können das Carnet de Passage bei folgenden Automobilclubs erhalten:

- **ADAC**
Am Westpark 8, 81373 München
Tel. (089) 767663-31/-38/-42
Fax (089) 7607572, www.adac.de
- **Deutscher Touring Club e.V. (DTC)**
Amalienburgstr. 23, 81215 München
Tel. (089) 891133-0
- **AvD**
Lyonerstr. 16, 60528 Frankfurt
Tel. (069) 6606224/6606287
Fax (069) 6606789, www.avd.de

Um ein Carnet de Passage zu erhalten, muss man eine Bürgschaftssumme, je nach Zeitwert des Autos, beim Aussteller hinterlegen. Außerdem sind noch die Ausstellungsgebühren zu zahlen. Erkundigen Sie sich vorher genau über die Bedingungen im Falle eines Verlustes.

In vielen afrikanischen Staaten ist es jetzt schon möglich, ohne Carnet einzureisen, wenn man an der Grenze um ein **Laissez Passer** bzw. **Passavant** (Passierschein) bittet und dieses von der Polizei oder Zoll abstempeln lässt. Dies ist in der Regel in folgenden Staaten möglich: Algerien, Tunesien, Niger, Mali, Burkina Faso, Togo, Senegal, Gambia, Mauretanien, Guinea, Guinea-Bissau und Benin. Für Guinea muss das Laissez Passer bereits mit dem Visum beantragt werden. An der Grenze zu Mauretanien, von der Westsahara kommend, wird das Carnet ebenfalls nicht verlangt, jedoch an anderen Grenzübergangsstellen. Das Laissez Passer fürs Auto wird an der Grenze in den einzelnen Ländern zu sehr unterschiedlichen Preisen (ab 2500 CFA) und für sehr unterschiedliche Zeit (4 Tage bis 4 Wochen, Verlängerung jedoch möglich) ausgestellt, z.T. auch mit dem Vermerk, dass man das Auto nicht verkaufen darf. Erkundigen Sie sich am besten bei der jeweiligen Botschaft, wie die aktuellen Bestimmungen aussehen.

Den **Internationalen Führerschein** stellt Ihnen das Landratsamt (Führerscheinstelle) gegen Vorlage des nationalen und eine Gebühr aus.

Außerdem kann eine Adressenliste mit den Niederlassungen des Fahrzeugherstellers (in den jeweiligen Ländern) sehr nützlich sein, wenn Sie unterwegs Ersatzteile brauchen sollten. Mit einer offiziellen Niederlassung, die auch noch über ein halbwegs vernünftiges Ersatzteilangebot verfügt, ist aber nur in den Hauptstädten der jeweiligen Länder zu rechnen.

Eine **Kfz-Haftpflicht-Versicherung** wird in der Regel an der Grenze des jeweiligen Landes abgeschlossen. Vor Ort kann man in den Grenzorten u.a. für folgende Staaten eine gemeinsame Versicherung *(C.D.A.O.)* abschließen: Senegal, Guinea-Bissau, Niger, Nigeria, Mali, Togo, Benin, Ghana, Côte d'Ivoire und Burkina Faso. Dies ist viel günstiger, als in jedem dieser Staaten eine separate Versicherung abzuschließen.

Straßenverhältnisse

In Westafrika werden Sie unterschiedlichsten Straßenverhältnissen begegnen: Überraschend großzügig ausgebaute Hauptverkehrsstraßen sind hier ebenso anzutreffen wie – weitaus häufiger – schlechte Pisten, die nur in der Trockenzeit, und auch dann nur mit LKW oder Geländewagen, befahrbar sind. Allgemein kann man sagen, dass die großen **Hauptverkehrsadern,** d.h. die wichtigsten Nord-Süd-Verbindungen sowie die **Küstenstraßen,** asphaltiert und damit ganzjährig passierbar sind. Asphaltiert bedeutet aber nicht immer „in gutem Zustand" – mangelhafte Instandhaltung hat aus vielen ehemaligen Schnellstraßen Schlaglochstrecken gemacht, auf denen man zum Teil wesentlich langsamer vorankommt als auf mancher unbefestigten Piste.

Nebenstrecken sind fast immer unbefestigt, wobei auch hier die Qualität von einer planen, ganzjährig befahrbaren Straße über eine gut geschobene Piste bis zu Wegen reichen kann, auf denen man dann streckenweise nur im Schritttempo vorankommt und die sich bereits nach kurzen Regenschauern in knietiefe Schlammpisten verwandeln.

Auf Nebenstrecken müssen Sie immer ein Steckenbleiben des Kfz einkalkulieren, wenn Flussläufe den Weg queren, denn nicht überall gibt es intakte Brücken, oft nur Furten oder Fähren. Während der Regenzeit sind die Pisten auch häufig gesperrt (Regensperren), bis das Wasser weitgehend abgelaufen ist. Kurzum: Die Mehrzahl der westafrikanischen Nebenstraßen bedeutet ohne Geländefahrzeug eine Strapaze für Nerven und Material!

Verkehrsregeln und Vorsichtsmaßnahmen

In allen hier behandelten Ländern gelten die üblichen internationalen Verkehrsregeln und Vorschriften; generell – auch in den ehemaligen britischen Kolonien Ghana und Nigeria – herrscht **Rechtsverkehr.**

In allen Staaten gibt es oft **Straßensperren** von Polizei und Militär. An allen Sperren muss grundsätzlich angehalten werden; winkt der Beamte Sie nicht zur Seite, sollten Sie zumindest die Geschwindigkeit auf Schritttempo reduzieren und eine Geste abwarten, die Ihnen freie Fahrt gewährt. Bei Europäern begnügen sich die Beamten meist mit einem kurzen Inspizieren der Papiere und eventuell einer flüchtigen Kontrolle des Gepäcks, während von Einheimischen – insbesondere von Bus- und LKW-Fahrern – in aller Regel ein

REISEN IN WESTAFRIKA

Markttag im Busch

kleines **„Schmiergeld"** erwartet wird. Beginnt ein Beamter an Ihrem Fahrzeug oder Ihren Papieren etwas zu beanstanden, so möchte er auch Sie zu einer kleinen Zahlung veranlassen. Versuchen sie die Situation mit Respekt, Fingerspitzengefühl und Humor zu lösen. Wenn nicht: Der Standardstrafzettel liegt – mit oder ohne Quittung – bei 3000 CFA.

Im Vergleich zu anderen Ländern herrschen in den westafrikanischen Staaten keine besonders rüden **Verkehrssitten.** Die Mehrzahl der Autofahrer verhält sich eher defensiv, abgesehen von der Côte d'Ivoire und Nigeria, obwohl die gut ausgebauten Asphaltstraßen zum Rasen verleiten. Allgemein ist die Verkehrsdichte außerhalb der wenigen Ballungszentren sehr gering. Von allen Kontinenten ist Afrika mit Abstand am geringsten motorisiert.

Dennoch gibt es einige **spezifische Gefahren,** auf die Sie vorbereitet sein sollten: Ochs und Esel kennen keine Verkehrsregeln und haben immer Vorfahrt. Im Busch müssen Sie außerdem immer mit Wildwechsel rechnen.In den Großstädten wie z.B. in Ouagadougou (Burkina Faso) sind es vor allem die zahlreichen Mofafahrer, die einem das Autofahren zur Qual werden lassen. Sie überholen oder weichen einem Loch grundsätzlich aus, ohne nach hinten zu schauen, und Rückspiegel gibt es nicht. Sie sollten also in einer afrikanischen Stadt versuchen, sich mit sehr viel Gefühl für die jeweilige Situation und mit entsprechender Voraussicht durch die Masse der Verkehrsteilnehmer zu bewegen. In ländlichen Gebieten dagegen sollten Sie daran denken, dass die hier lebenden Menschen meist nicht an Kraftfahrzeugverkehr gewohnt sind und sich daher sorglos auf Straßen und Wegen bewegen. Rechnen Sie also jederzeit damit, dass jemand unerwartet die Straße überquert, und erwarten Sie nicht unbedingt, dass Passanten die Straße räumen, ohne dass Sie mit lautstarkem Hupen auf sich aufmerksam gemacht haben.

Nebenstraßen sind oft sehr schmal; begegnen sich zwei Fahrzeuge, so wird stets von dem schwächeren erwartet, dass es auf den unbefestigten Seitenstreifen ausweicht. Vorsicht auch vor unübersichtlichen Kurven: gerade wegen der geringen Verkehrsdichte neigen viele Fahrer zu recht sorglosem Überholen. Außerdem ist stets damit zu rechnen, dass umgestürzte Bäume, Erdrutsche, liegen gebliebene Fahrzeuge o.Ä. die Straße blockieren, denn Pannen werden mit Vorliebe mitten auf der Straße behoben. Indiz für ein liegen gebliebenes Auto oder einen Unfall sind Zweige und Grasbüschel auf der Fahrbahn, die als „Warndreieck" dienen.

Bedenken Sie, dass sich in Afrika viele Fahrzeuge in einem mangelhaften technischen Zustand befinden, insbesondere viele Busse und Taxis, und seien Sie deshalb vor allem auf schlecht oder gar nicht funktionierende Bremsen gefasst. Rechnen Sie auf Schotter- bzw. Erdstraßen damit, dass von anderen Fahrzeugen emporgeschleuderte Steine die Windschutzscheibe zertrümmern können; halten Sie daher entsprechenden Abstand bzw. bremsen Sie bei Gegenverkehr stark ab, die Aufprallwirkung wird damit verringert. Auf schlechten Straßen besteht auch eine erhöhte Gefahr von Reifenpannen.

Da in Westafrika nicht immer alle Grenzen passierbar sind, d.h. aus politischen Gründen kurzfristig geschlossen werden, ist es ratsam, sich kurz vor der Reise beim Auswärtigen Amt über den aktuelle Stand zu informieren.

Mit öffentlichen Verkehrsmitteln

Das Reisen mit öffentlichen Verkehrsmitteln ist zwar in ganz Westafrika **unproblematisch,** manchmal jedoch alles andere als erholsam. Besonders schlimme Zustände herrschen in Mauretanien, während etwa in Burkina Faso in Sachen Komfort, Sicherheit und Pünktlichkeit fast schon europäischer Standard herrscht, jedenfalls zwischen großen Städten. Genaue Informationen stehen im jeweiligen Länderkapitel.

In der Regel befinden sich die Fahrzeuge in mäßigem bis schlechtem Zustand und sind fast immer **überfüllt.** Da das Angebot an Verkehrsmitteln gering ist, wird jedes Eckchen und manchmal auch ein bisschen mehr zum Verstauen von weiteren Fahrgästen und jeder Menge Gepäck verwendet. Ein volles Fahrzeug gibt es jedoch für die Afrikaner eigentlich nicht, denn ein Passagier passt immer noch hinein, auch wenn die Tür nicht mehr zugeht oder die Fahrgäste halb wieder zum Fenster hinausquellen; und ein Sack Hirse oder ein Fahrrad passen auch immer noch aufs Dach, selbst wenn das Gepäck auf dem Dach bereits ein größeres Volumen hat als das Fahrzeug selbst. Dass man mit so einem total überladenen Fahrzeug wegen Reifen- bzw. mechanischer Pannen häufig auf der Strecke bleibt oder zumindest einige Zeit unbeabsichtigten Aufenthalt hat, ist kaum verwunderlich. Auch aufgrund des oft schlechten Zustands der Straßen und der zahlreichen Polizei- und Militärkontrollen – in manchen Ländern alle paar Kilometer – ist die Reisegeschwindigkeit gering. Oft werden auch auf den Straßen Passagiere eingesammelt. Das nimmt immer viel Zeit in Anspruch.

Dafür sind die **Fahrpreise niedrig** (je niedriger der Preis, desto weniger Sitzplatz), und zumindest auf den Hauptrouten gibt es recht häufige und z.T. auch **relativ regelmäßige Verbindungen**. Feste Fahrpläne existieren jedoch nur für Überlandbusse, die Eisenbahn und Flugzeuge. Normalerweise fährt man dann los, wenn das Fahrzeug voll besetzt ist, wobei es häufig scheint, dass ein Fahrzeug nie wirklich voll ist – zumindest nach Meinung des Fahrers –, und manchmal muss man dann eben noch ein paar Stunden warten. Für Nebenstrecken sind meist längere Wartezeiten einzukalkulieren, dennoch ist praktisch jeder größere Ort wenigstens einmal pro Woche – an Markttagen – mit öffentlichen Verkehrsmitteln zu erreichen, schließlich müssen Händler und Käufer ja zu den Märkten kommen.

In der Regel wird für jedes **Gepäckstück** eine extra Gebühr berechnet. Bei Touristen versucht man oft, einen überhöhten Preis zu verlangen, und nur selten lässt der Fahrer mit sich handeln.

Busch-Taxis

Die **wichtigsten öffentlichen Verkehrsmittel** in Westafrika, mit denen fast jeder Ort zu erreichen ist, stellen die verschiedenen Arten der Sammeltaxis dar: in den frankophonen Ländern **Taxi brousse** oder **Sept place** genannt und in Ghana als **Tro-Tro** bezeichnet; ferner gibt es zahlreiche andere lokale Bezeichnungen. Sie befahren zwar festgelegte Routen, einen festen Fahrplan gibt es jedoch nicht; ebensowenig wie Haltestellen, abgesehen von Start- und Zielbahnhof, daher müssen Sie sich auf der Strecke einfach an die Straße stellen und das Fahrzeug anhalten.

Wer mit dem Busch-Taxi fahren will, sollte es nicht eilig haben. Und oft braucht es neben viel Geduld auch gute Nerven, denn mit der Platzreservierung bzw. dem Ticketkauf ist es noch lange nicht getan. Ein Transportunternehmen versucht normalerweise so viel Geld wie möglich zu machen, so dass eine Beladung mit 19 Personen in einem Peugeot 404 Pick-up plus Gepäck auf dem Dach oftmals keine Seltenheit darstellt. Abgefahren wird erst, wenn die Kasse stimmt.

Als **grobe Richtwerte für die Abfahrtszeiten** gilt folgendes: Die meisten Fahrzeuge verlassen den Taxi-brousse-Platz am frühen Morgen zwischen 6 und 9 Uhr, bei Langstrecken auch häufig am frühen Abend zwischen 17 und 19 Uhr, um nicht in der größten Hitze fahren zu müssen. Sollten mehrere Fahrzeuge pro Tag dieselbe Strecke fahren, so ist es immer am günstigsten, frühmorgens im ersten Wagen noch Platz zu bekommen, dann nämlich sind die Wartezeiten relativ gering. Und wenn man dann losfährt, sind zu der eigentlichen Fahrtdauer Pannen und Straßenkontrollen hinzuzurechnen. Bringen Sie also Geduld mit!

Als so genannte Busch-Taxis werden die **unterschiedlichsten Fahrzeugtypen** eingesetzt: relativ komfortable und schnelle Peugeots 504 (Kombi), Peugeots 404 bachée (Pick-ups mit seitlichen Holzbänken), Minibusse französischer oder japanischer Hersteller, aber auch LKW mit improvisierten Holzbänken auf der Ladefläche, Landrover mit selbst gezimmertem Aufbau – es gibt kaum eine Fahrzeugvariante, die nicht denkbar wäre.

Auf den **Hauptstrecken** stehen meist **mehrere Fahrzeugtypen zur Auswahl**. Sie sollten grundsätzlich die kleinste Variante bevorzugen, also allen voran die Peugeot-Kombis, danach die Minibusse usw. Steigen Sie nur dann in ein größeres Fahrzeug, wenn Sie sicher sind, dass es keine andere Transportmöglichkeit gibt, denn je größer das Fahrzeug, desto geringer zwar der Fahrpreis, desto geringer aber auch der ohnehin bescheidene Komfort und desto länger vor allem die Fahrzeit!

Die **Plätze vorne neben dem Fahrer** *(la cabine)* sind manchmal etwas teurer, aber normalerweise um einiges bequemer, außer wenn eine dicke „Mama" ebenfalls in der Kabine sitzt. Oft ist ein Sitzplatz vorne für Funktionäre oder Angehörige von Polizei oder Militär freigehalten, d.h. sie haben ein gewisses Vorrecht auf diesen Platz. Auf den **Sitzbänken** der offenen Ladefläche werden dann Passagiere und Gepäck mehr oder weniger übereinander geschichtet. Windig und zugig ist es meist trotzdem noch, so dass es ratsam ist, sich während der Fahrt ein Tuch um den Kopf zu wickeln und die Augen mit einer Sonnenbrille zu schützen.

Auf den drei Sitzbänken eines Peugeot 504 familial werden normalerweise sieben Fahrgäste untergebracht – von Komfort kann da kaum mehr die Rede sein, auch wenn dieses Fahrzeug eindeutig zu den besseren zählt. Wem es zu eng wird, kauft einfach einen zusätzlichen Platz.

Befindet man sich zusammen mit 70 bis 80 Personen auf einem LKW, so dehnen sich die Fahrten bis ins Endlose aus. Ein Trost: Genießen Sie die gute Aussicht. Überquert man mit einem solchen Fahrzeug eine Grenze, gehören Wartezeiten von einem halben oder sogar ganzen Tag durchaus zur Regel, schließlich muss jeder einzelne Reisende sorgfältigst kontrolliert werden.

Wenn andere Passagiere oben auf dem **Gepäckträger** Platz genommen haben bzw. auf der **Ladefläche** mitfahren, während Sie im Innenraum sitzen, sollten Sie Ihr Gepäck auf dem Dach nicht unbeaufsichtigt lassen – dies sind ideale Gelegenheiten, um Taschen aufzuschlitzen bzw. auszuräumen.

Busse

Überlandbusse spielen bislang in den meisten westafrikanischen Ländern nur eine **untergeordnete Rolle.** Ausnahmen sind Ghana, die Côte d'Ivoire, Burkina Faso und Gambia.

Die angegebenen **Abfahrtszeiten** werden in der Regel einigermaßen pünktlich eingehalten. Sie sollten versuchen, das **Buchticket** bereits am Vortag zu besorgen, und auch zwei Stunden vor Abfahrt bereits an der Busstation sein. Die Busch-Taxi- bzw. **Busbahnhöfe** (franz. *Gare routière, Gare des voitures*, engl. *Bus station* oder einfach nur *Garage*) liegen normalerweise im Innenstadtbereich; gibt es in einer größeren Stadt jedoch mehrere, so befinden sie sich meist in der Peripherie, an den jeweiligen Ausfallstraßen.

Langstrecken mit öffentlichen Verkehrsmitteln sind in Westafrika fast immer strapaziös. Reiseproviant müssen Sie jedoch nicht unbedingt mitnehmen, da sowohl Busse als auch Busch-Taxis in gewissen Abständen Essenspausen einlegen; meist halten sie dazu am Marktflecken mit Ständen oder kleinen Restaurants. Hier kann man sich mit Getränken versorgen, mittlerweile oft sogar aus Eisschränken. Aber auch zahlreiche fliegende Händler bieten an fast jeder Straßensperre die unterschiedlichsten lokalen Leckerbissen an.

Ein Problem auf Überlandstrecken sind die **meist nicht vorhandenen Toiletten.** Busse und Busch-Taxis halten grundsätzlich nur in Orten. Wer ein dringendes Problem hat, setzt sich einfach in den Straßengraben, auch mitten im Ort. Wer dies als Europäer nicht gewohnt ist, steht häufig vor einem unlösbaren Problem, den nicht alle Kneipen verfügen über ein WC. Als Mann hat man es hier etwas leichter, Frauen sollten besser mit einem weiten Rock oder langen T-Shirt reisen, dann kann man sich notfalls auch im Straßengraben von seiner Last befreien.

Eisenbahn

Das westafrikanische Eisenbahnnetz ist **nur gering entwickelt** und entspricht ausschließlich den wirtschaftlichen Bedürfnissen der einstigen Kolonialmächte. Es bestehen lediglich Verbindungslinien von den Wirtschaftszentren im Landesinneren zu den Küstenhäfen, aber kaum Querverbindungen, geschweige denn ein richtiges Schienennetz.

Ein Teil der wenigen bestehenden Bahnlinien ist ohnehin stillgelegt, wird ausschließlich für Frachtverkehr genutzt oder stellt wegen endloser Fahrtzeiten keine Alternative zum Straßenverkehr dar. Ausnahmen sind die Linien **Nouadhibou – Zouérat** in Mauretanien, **Dakar – Bamako** zwischen Senegal und Mali sowie **Ouagadougou – Abidjan** zwischen Burkina Faso und Côte d'Ivoire. Letztere wird täglich von relativ modernen, komfortablen und zuverlässigen Zügen in 30 bis 40 Stunden bewältigt und stellte bis zum Putsch 2002 eine der günstigsten internationalen Verbindungen in ganz Westafrika dar. Regional von Bedeutung sind die Bahnstrecken in Benin und Ghana (die Straßenverbindungen sind jedoch in der Regel schneller), in Togo gibt es keinen Personenverkehr mehr.

Bahnfahrten sind ein **Erlebnis** für sich, das man sich nicht entgehen lassen sollte. Es gibt Schnell-, Express- und Bummelzüge, und meist werden bis zu fünf Klassen unterschieden, wobei die 1. Klasse die teuerste und deshalb meist auch die leerste, die billigste auch gleichzeitig die vollste ist. Sucht man Kontakt mit der einheimischen Bevölkerung, sollte man in der 2. oder 3. Klasse fahren, vorausgesetzt man kann auf Komfort verzichten. Für die **1. Klasse** ist meist **Reservierung notwendig.** Außerdem sollten Sie bereits einige Zeit vor der angegebenen Abfahrtszeit am Bahnhof sein, um sich in dem großen Gedränge unter Umständen auch noch einen Sitzplatz zu erkämpfen. Die Essensversorgung ist in den Zügen kein Problem. An jeder Haltestelle warten ganze Scharen von fliegenden Händlern, die, sobald der Zug hält, die verschiedensten Imbisse zum Fenster hineinreichen (gebratene Fische, Hähnchen, belegte Brote, Gebäck und Obst). Wer jedoch auf Nummer Sicher gehen will, sollte sich selbst vorher Proviant besorgen; eine ausreichende Trinkwasserversorgung sollten Sie auf alle Fälle sicherstellen.

Flugzeug

Die meisten westafrikanischen Staaten verfügen über ein **relativ dichtes Inlandsflugnetz,** was bei den schlechten Straßen, von denen viele nur in der Trockenzeit befahrbar sind, auch unbedingt notwendig ist. Die wichtigsten regionalen Zentren werden in der Regel angeflogen, der Zustand der Maschinen ist relativ gut, die Flugpreise sind aber meist nicht billig.

Die Nachteile der Binnenflüge sind zum einen, dass es nur wenige Querverbindungen gibt, d.h. meist muss

Bus im Senegal

über die Hauptstadt geflogen werden. Zum anderen sind die Hauptstrecken oft lange im Voraus ausgebucht, d.h. rechtzeitige Planung und Reservierung sind notwendig. Überbuchungen sind in Westafrika leider die Regel.

Schiff

Schiffsverkehr ist, abgesehen von **Pirogen und Fähren,** nur auf Teilstücken der großen Flüsse wie dem Niger möglich. Während man in der 1. Klasse eine Kabine hat (oft stickig und heiß), befinden sich die anderen Klassen entweder an Deck oder sogar unter Deck, häufig direkt neben dem Maschinenraum (viel Lärm und schlechte Luft). Außerdem unterscheiden sich die einzelnen Klassen meist auch noch bezüglich der Essensqualität. Bei längeren Fahrten bzw. Nachtfahrten an Deck empfiehlt es sich, mit einer Matte o.Ä. rechtzeitig einen Liegeplatz zu reservieren, da die Deckklassen meist hoffnungslos überfüllt sind. Bei mehrtägigen Pirogenfahrten, etwa auf dem Niger, sollten Sie sich unbedingt mit ausreichend Trinkwasser sowie genügend Proviant (Konserven) versorgen.

Recht komfortabel sind die Boote, die Touristen auf dem **Gambia River** transportieren.

Trampen

Das Reisen per Anhalter ist in Westafrika **schwierig bis unmöglich,** da die Touristenfahrzeuge meist voll besetzt sind und einheimischen Fahrer Reisende entweder nur gegen Bezahlung mitnehmen wollen oder ohnehin voll sind.

Verkehrsmittel in großen Städten

Linienbusse sind in den Hauptstädten fast immer anzutreffen und stellen wohl auch das billigste Transportmittel mit festen Preisen dar. Mit großen Gepäckstücken (Rucksack etc.) erweist sich das Ein- und Aussteigen jedoch als relativ schwierig. Vorsicht: Die überfüllten Busse sind oftmals ein beliebter Arbeitsplatz von Taschendieben. Es ist daher eher zu empfehlen, ein **Taxi** zu nehmen, das meist ebenfalls zu festen Tarifen (am besten Sie erkundigen sich vor Ort nach den genauen Taxitarifen) im Stadtgebiet verkehrt. Den Preis müssen Sie jedoch unbedingt vor der jeweiligen Taxifahrt ausmachen und erst bei Fahrtende bezahlen. In vielen größeren Städten ist auch eine Art von **Pferdewagen,** genannt *calèche,* als Transportmittel für Personen und Lasten im Einsatz.

Reisen von Staat zu Staat

Der Grenzverkehr zwischen den meisten Staaten Westafrikas ist ausgesprochen rege. Zumindest auf den Hauptstrecken besteht dichter Verkehr. Wenn möglich sollte man bei öffentlichen Verkehrsmitteln durchgehende Verbindungen wählen, da sonst nicht gewährleistet ist, dass man am gleichen Tag das Ziel errreicht.

Grenzformalitäten in Westafrika sind in aller Regel eine zeitraubende Angelegenheit. In manchen Fällen mögen die Formalitäten in weniger als einer halben Stunde erledigt sein, in anderen ist mit stundenlangen Wartezei-

Reisen in Westafrika

ten zu rechnen. Europäer werden meist (aber nicht immer) zuvorkommend und zügig abgefertigt, was aber nur dann ein Vorteil ist, wenn man alleine oder mit nur wenigen Afrikanern reist. Fährt man aber in einem Bus oder LKW mit 30, 50 oder mehr Einheimischen, wird man warten müssen, bis auch deren Grenzformalitäten abgewickelt sind. Notwendige Übernachtungen an der Grenze sind deshalb keine Seltenheit.

Bitte beachten: Die afrikanischen Grenzen sind i.d.R. **nach Sonnenuntergang geschlossen!**

In allen westafrikanischen Staaten sind die **Grenzkontrollen ausgesprochen gründlich,** auch wenn bei Europäern gelegentlich ein Auge zugedrückt wird. In der Regel wird das gesamte Gepäck durchsucht, gelegentlich nicht nur einmal, sondern mehrfach, da Polizei, Zoll und Militär getrennte Kontrollen vornehmen. Beachten Sie deshalb genau die Zoll- und Devisenvorschriften der Länderkapitel. Strengstens verboten sind nicht nur die Einfuhr von Rauschgift und Waffen, sondern auch die von „pornografischen" (der Begriff wird sehr eng ausgelegt) und „staatsfeindlichen" Schriften.

Gepäckdurchsuchungen finden nicht nur an den Grenzen statt, sondern häufig auch im Rahmen von **Straßenkontrollen** der Polizei und des Militärs, die es an manchen Strecken insbesondere in grenznahen Gebieten im Abstand von wenigen Kilometern gibt. Es ist daher durchaus nicht ungewöhnlich, dass das Reisegepäck im Laufe eines Tages ein Dutzend Mal „gefilzt" wird. Auch hier heißt es: Ruhe bewahren, denn aufregen hilft überhaupt nichts, im Gegenteil, es fordert die Beamten nur zu Sanktionen heraus, was eine weitere Verzögerung der Fahrt bedeutet. **Vorsicht bei den Kontrollen:** Es soll vorkommen, dass Grenzbeamte mitunter das eine oder andere Stück beim Gepäckdurchsuchen verschwinden lassen.

An kleinen, von Europäern nur wenig frequentierten Grenzübergängen kann es vorkommen, dass die zollamtliche Registrierung erst in der nächsten Stadt erfolgt. Nicht vergessen, sonst kann es bei der Ausreise Ärger geben und ein Bestechungsgeld nötig werden!

Meldepflicht und Polizeikontrollen

Eine Meldepflicht während der Reise besteht in den Küstenländern Westafrikas nicht, bei den Straßenposten werden jedoch häufig die Papiere kontrolliert, oft wird auch ein **„cadeau"** erwartet. Mit etwas Geduld und nettem Geplauder kann man dieses Ansinnen auch abwehren.

Einheimische wie Touristen werden außerdem immer wieder Opfer von **Erpressungsversuchen** wegen angeblich falscher Papiere. Fast jeder afrikanische Polizist oder Zöllner will sich ein „Zubrot" verdienen, wofür Touristen willkommene „Melkkühe" sind.

Da fast jedesmal ein **Sichtvermerk** in den Ausweis eingetragen wird, sollten Sie bei längerer Reise in diesen Ländern noch genügend freie Seiten in Ihrem Reisepass haben. In Mali besteht zwar diese Regelung nicht mehr offiziell, man wird aber trotzdem oft genug von der Polizei gebeten, eine Registrierung vornehmen zu lassen.

In kleinen Dörfern sollten Sie sich generell angewöhnen, sich beim Dorfchef oder Dorfältesten zu melden bzw. vorzustellen und diesem Ihr Anliegen (z.B. Durchreise oder Besuch etwa für 1–2 Tage o.Ä.) vortragen. In der Regel wird Sie der Dorfchef im Namen aller Dorfbewohner willkommen heißen und Ihnen gegebenfalls auch bei der Suche nach einer Unterkunft behilflich sein. Bitte missachten Sie dieses Ritual nicht, sonst kann es sehr leicht passieren, dass Ihnen die Bewohner des Dorfes mit sehr argwöhnischen und ängstlichen Blicken begegnen und Sie als „Eindringling" empfinden – zu tief sitzen die schlechten Erfahrungen aus Zeiten der Missionierung und Kolonisation. Haben Sie sich jedoch vorgestellt und sind „offiziell" willkommen geheißen worden, dann wird man Ihnen mit der üblichen Gastfreundschaft begegnen, und nicht selten wird der Gast eingeladen oder zumindest in ausführliche Gespräche über seine Herkunft und seine Reiseziele verknüpft.

Reisepartner

Die Frage nach dem geeigneten Partner taucht bei fast jedem auf, der eine Reise unternehmen will – es sei denn, Sie sind immer mit Ihrem Freund oder Ihrer Freundin, Ihrer Frau oder Ihrem Ehemann unterwegs. Völlig auf der sicheren Seite ist, wer sich einer geführten Reisegruppe anschließt. Das Angebot der Firmen reicht von Vogelbeobachtung über kulturelle Begegnungen bis zu Extremtouren mit Zelt und Geländewagen. Aber auch wenn Sie sich auf eigenen Faust auf den Weg machen, in Afrika bleibt man/frau garantiert selten lange allein. Sei es um gemeinsam eine strapaziöse Tour von A nach B zu unternehmen, oder nur um eine feuchtfröhliche Disconacht zu organisieren, immer trifft man auf Menschen mit den gleichen Interessen. In Westafrika kommt auf jeden Topf ein Deckel.

Wenn Sie zu denjenigen gehören, die lieber mit einem Partner verreisen, um ihre Erlebnisse unterwegs mit jemandem teilen zu können, so haben Sie verschiedene Möglichkeiten, um einen Reisepartner zu suchen. In fast allen Reisezeitschriften wie Tours oder Abenteuer und Reisen etc. findet man Reisepartneranzeigen, ebenso in den entsprechenden Rubriken der Tageszeitungen und Stadtmagazine.

Reisezeit

Im gesamten **Sahel** ist die günstigste Reisezeit die relativ kühle Trockenzeit von November bis April. Die Regenzeit von Juni bis September ist aufgrund der hohen Luftfeuchtigkeit für die meisten

---

Buchtipps:
- Friederike Vogel
Sonne, Wind und Reisewetter
- Hans Hörauf
Wann wohin reisen?
(beide Bände REISE KNOW-HOW Praxis)

Europäer nur schwer erträglich. Nur direkt an der Küste herrscht ganzjährig ein relativ angenehmes Klima.

Weiter im **Landesinneren** ist das Klima trocken-heiß, wobei als beste Reisezeit wieder die Monate Dezember bis April gelten. Während und nach der Regenzeit sind viele Straßen und Pisten unpassierbar (s.a. Kapitel Klima). Dann ist auch die hohe Zeit der Moskitos.

Als günstigste Reisezeit für **Saharadurchquerungen** gilt der Oktober, da dann die Nachttemperaturen in der Wüste nicht ganz so tief sind.

Unterkunft

Westafrika kann zwar kein lückenloses Netz von internationalen Luxushotels aufweisen, aber an einfachen bis mittleren Unterkünften mangelt es in der Regel nicht. **Luxushotels** internationalen Standards findet man praktisch nur in den Hauptstädten oder den Touristenzentren entlang der Küste, vereinzelt auch im Landesinneren. So genannte **Mittelklassehotels,** mit eigenem Bad und Toilette sowie einigermaßen komfortabel ausgestatteten Zimmer, gibt es in allen Städten und darüber hinaus auch in allen Provinzhauptstädten bzw. größeren Marktorten. Sie entsprechen aber selten europäischen Maßstäben.

Auf dem Lande muss in der Regel auf **europäischen Komfort verzichtet** werden. Die hygienischen Verhältnisse der sanitären Anlagen entsprechen oft nicht unserem Standard. Sofern es überhaupt Hotels gibt, handelt es sich überwiegend um Campements für Jäger und Fischer oder karge Etablissements für durchreisende Beamte. Oder man muss mit einem Platz in einer Hütte vorlieb nehmen, der einem vom Dorfchef oder der Polizei vermittelt wird.

Die Übernachtung in westafrikanischen Hotels ist jedoch auch bei Verzicht auf Komfort allgemein **nicht billig.** Die internationalen Luxushotels haben auch das internationale Preisniveau (ab 100 Euro), für ein Doppelzimmer in einem Hotel mittleren Standards müssen Sie zwischen 20 und 50 Euro hinblättern, und selbst spartanische Zimmer kosten zwischen 5 und 10 Euro. Die in diesem Buch in den einzelnen Länderkapiteln angegebenen Preise sind lediglich Richtpreise (Stand 2002). Bei längerem Aufenthalt lassen viele Besitzer mit sich reden.

Campingplätze gibt es in Westafrika nur selten, und das Zelten an Touristenstränden ist nicht zu empfehlen, da Diebstähle und Überfälle an solchen Plätzen sehr häufig sind. Fragen Sie lieber bei der Polizei- oder Missionsstation, ob Sie dort zelten können. Hat man vor, im Busch zu kampieren, so sollte man auch da wissen, wo man zeltet, und – um keine bösen Überraschungen zu erleben – vorher die Bevölkerung des nächsten Dorfes um ihr Einverständnis fragen bzw. sich bei ihr informieren. Die Einheimischen kennen die Gefahren der Gegend am besten (z.B. wilde Tiere, Überfälle etc.). Sie sollten immer bedenken, dass Sie Gast in einem fremden Land sind!

Für Einheimische ist der Wunsch vieler Touristen, an einem ruhigen Ort außerhalb des Dorfes zu übernachten, meist unverständlich. Sie selbst versuchen, bei Dunkelheit wieder zu Hause zu sein oder zumindest einen Ort erreicht zu haben, in dem sie übernachten können. Die meisten Touristen, die mit eigenem Auto unterwegs sind, sind jedoch froh, wenn sie dem Menschengewimmel entfliehen und in Ruhe für sich sein können.

„Besuch" bekommt man aber auch fast immer an einem vermeintlich abgeschiedenen Ort. Kaum ist man angekommen, erscheinen meist kurze Zeit später die ersten Einheimischen. Meist bleiben sie eine Zeit lang in respektvoller Entfernung stehen, um die Fremden voller Neugierde und mit großem Interesse zu begutachten. Manchmal suchen sie aber auch den direkten Kontakt und versuchen, mehr von den Fremden zu erfahren. Dies ist auch für Sie eine Möglichkeit, etwas mehr über Land und Leute zu erfahren. Sollten Sie jedoch das Interesse einer ganzen Kinderschar auf sich gezogen haben, zeigen Sie Geduld. Sobald es dunkel wird, macht sich die neugierige Bande sowieso wieder auf den Heimweg. Sollten Sie nach einer anstrengenden Fahrt einmal absolute Ruhe brauchen, so verstehen die Kinder dies durchaus, sofern Sie ihnen die Gelegenheit in Aussicht stellen, sich am nächsten Tag mit ihnen zu unterhalten – und das sollten Sie dann natürlich auch einhalten!

Versicherungen

Reiseversicherungen

Wichtig ist eine **Auslandskrankenversicherung,** da die deutschen gesetzlichen Krankenkassen eine Behandlung im Ausland nicht zahlen. Ein solcher Versicherungsschutz kostet relativ wenig. Im Krankheitsfall muss der behandelnde Arzt oder Klinik eine detaillierte und rechtsgültige Rechnung ausstellen. Diese Rechnung wird dann bei der Rückkehr zur Erstattung eingereicht.

Achten Sie darauf, dass die Versicherung den **Rücktransport im Krankheitsfall** beinhaltet oder schließen sie eine zusätzliche Versicherung ab. Eine preiswerte Rückholversicherung bietet der Arbeiter-Samariter-Bund (ASB) für rund 15 Euro an. Die Deutsche Botschaft Dakar verweist auf Fälle, wo die Rückführung mit Kosten von rund 25.000 Euro zu Buche schlug.

Wenn Sie sich Ärger vor der Reise ersparen wollen, können Sie eine **Reiserücktrittskostenversicherung** abschließen – die Unterlagen erhalten Sie bei allen Flug-Reisebüros. Lesen Sie sich vor Abschluss der Versicherung die jeweiligen Bedingungen genau durch und achten Sie darauf, ob die möglicherweise entstehenden Rücktrittskosten auch voll abgedeckt sind. Erkundigen Sie sich, ob die Versicherung auch die Kosten bei Rücktritt von der Rückreise trägt, wo unter Umständen zusätzliche Hotelkosten etc. entstehen können!

Eine **Reisegepäckversicherung** kann man in Erwägung ziehen, da gelegentlich das Gepäck schon bei der Anreise verloren geht und die Fluggesellschaften in der Regel nur für eine bestimmte Summe pro kg Gewicht aufkommen. Lesen Sie sich vorher das Kleingedruckte durch, damit Sie wissen, welche Wertsachen vom Versicherungsschutz ausgeschlossen sind. Wichtig ist, die Kaufquittungen der mitgeführten wertvolleren Ausrüstungsgegenstände aufzuheben, denn ohne diese ist es sehr schwer, im Versicherungsfall die tatsächliche Schadenssumme nachzuweisen. Die meisten Versicherungen übernehmen keine Haftung für Fotoapparate und Filmkameras, da diese offensichtlich zu häufig Gegenstände eines Versicherungsbetrugs darstellten.

Und falls Sie ganz auf Nummer Sicher gehen wollen, gibt es noch: Flugunfallversicherungen, Rechtsschutzversicherung und den Auslandsschutzbrief der Automobilclubs (nur für Mittelmeer-Anrainerstaaten).

Rückholflüge im Krankheitsfall

Da Krankenkassen Heimflüge im Krankheitsfalle nicht mehr zahlen, sollten Sie diesbezüglich Vorsorge treffen. Wie vorab erwähnt, sollte man die geringen Kosten für ein Rückholdienst nicht scheuen. Für die Rückführung per Flugzeug wird in der Regel eine ärztliche Bestätigung für die dringliche Notwendigkeit verlangt.

Rettungsflugdienste in Deutschland

- **AERO-DIENST des ADAC**
Am Westpark 8, 81373 München
Tel. (089) 767676
- **Arbeiter-Samariter-Bund (ASB)**
Sülzburgstr. 140, 50937 Köln
Tel. (0221) 47605-0
www.asb-online.de
- **Deutsche Flugambulanz**
Flughafen Halle 3, 40474 Düsseldorf
Tel. (0211) 431717
- **Deutsche Rettungsflugwacht**
70624 Stuttgart/Flughafen
Tel. (0711) 701070
- **Deutsches Rotes Kreuzes (DRK)**
Friedrich-Ebert-Allee 71, 53113 Bonn
Tel. (0228) 230023
- **Malteser Hilfsdienst (MHD)**
Leonhard-Tietz-Str. 8, 50676 Köln
Tel. (0221) 200308-0
- **SOS-Flugrettung e.V.**
70623 Stuttgart/Flughafen
Tel. (0711) 705555

Die Landesvorwahl für Deutschland ist 0049. Bei der Durchwahl dann die 0 der Stadtvorwahl weglassen.

Rettungsflugdienst in der Schweiz

- **Rettungsflugwacht REGA**
CH-Zürich/Flughafen
Tel. (01) 3831111

Die Landesvorwahl für die Schweiz ist 0041. Bei der Durchwahl dann die 0 der Stadtvorwahl weglassen.

Land und Leute Westafrikas

Land und Leute Westafrikas

Niger – Wodaabe beim Gerewol-Fest

Burkina Faso – Stelzenläufer in Koudougou

Burkina Faso – Straßenszene in Ouagadougou

Geografie und Geologie

Lage und Landschaft

Das als Westafrika bezeichnete Gebiet erstreckt sich von der Atlantikküste im Westen bis zum Tschad-See im Osten und wird im Norden von der Sahara begrenzt, während es im Süden bis zum Golf von Guinea (Guineaküste) reicht. Wichtigster Fluss ist der **Niger**, der Westafrika in einem riesigen Bogen durchfließt und im so genannten Nigerbecken ein Binnendelta bildet. Senegal-Fluss und Volta haben für die Bewässerung Westafrikas ebenfalls große Bedeutung.

Charakteristisch für die Landschaft der **Sahel-Sudan-Zone** sind weit gespannte Becken und endlose Ebenen innerhalb diverser **Plateaulandschaften** mit Höhenlagen zwischen 500 und 800 m ü. NN, aus denen sich nur gelegentlich höhere Gebirgsmassive, wie z.B. das **Air-Gebirge** im Norden der Republik Niger, mit Gipfeln bis knapp 2000 m erheben. Südlich des Nigerknies stellen die nach Süden hin steil abfallende Schichtstufe (**Falaise von Bandiagara**) sowie die bis zu 1000 m hohen Zeugenberge in der Gegend von Hombori eine Unterbrechung dar, während sich die nördlichen Ausläufer des **Futa Djalon** (Guinea) im südöstlichen Senegal und westlichen Mali abzeichnen. Die **Atakora-Gebirgskette** in Nord-Benin reicht bis in den Süden Togos und nach Norden bis in die Republik Niger hinein. Im äußersten Westen der Côte d'Ivoir machen sich noch Ausläufer des Futa Djalon bemerkbar.

Entlang der gesamten **Atlantikküste**, von Senegal bis Nigeria, dominieren Mündungsdeltas von Flüssen sowie Lagunen das Landschaftsbild. Es gibt hier nur wenige natürliche Häfen, die meisten wurden in der Kolonialzeit angelegt, z.B. Cotonou/Benin, Lomé/Togo, Takoradi und Tema/Ghana, Abidjan/Côte d'Ivoir. In der nördlichen Sahel-Sudan-Zone und in der Sahara herrschen **weite Sanddünenmeere** vor. Die Wüste **El Djouf** (Mauretanien), die weit nach Mali hineinragt, sowie die **Ténéré-Wüste** und der **Erg von Bilma** (beide Republik Niger) zählen zu den bekanntesten Sandmeeren.

Wichtigste Flüsse und Seen

Mit einer Länge von 4200 km ist der Niger (nach dem Nil und dem Kongo) der drittlängste Strom Afrikas. Er entspringt in den Ausläufern des Futa Djalon-Bergmassives. In den Oberlauf des Niger (Djoliba bzw. Djoli-Ba) münden mehrere kleine, wasserreiche Flüsse, die ihn nach ca. 200 km zu einem breiten Fluss anschwellen lassen. Östlich von Bamako ergießt er sich dann in das von ihm selbst aufgeschüttete Niger-Becken, wo er sich in mehrere Nebenarme verzweigt und zusammen mit dem Bani, der bei Mopti in den Niger mündet, ein Binnendelta bildet, das eine Fläche von 40.000 km² bedeckt. Während der Regenzeit sind weite Gebiete überflutet, was den Bauern nach Sinken des Wasserstandes den Anbau von Reis und von Hirse ermöglicht, da der zurückbleibende Schlamm sehr fruchtbar ist (Überschwemmungsfeldbau). Zahlreiche Seen (Debo, Kararou, Tanda, Niangay, Garou und Faguibine) im Binnendelta dienen als natürliche Wasserstandsregler. Ursprünglich, d.h. vor seiner Anzapfung, endete der Djoliba-Niger in der Nähe Timbuktus in einem großen Binnensee, der bis in die Gegend von Araouane (Sahara) reichte. Das Wadi des Tilemsi, welches – aus dem Bergland des Adrar des Iforas kommend – bei Gao in den Niger mündet, ist somit als ursprünglicher Quellfluss des Niger anzusehen, denn erst seit Beginn des Tertiärs ist dem (Djoliba-)Niger der Abfluss bei Tosaye in südöstlicher Richtung möglich. Auf dem Weg durch die Republik Niger ist das Flussbett des Niger dann relativ breit. Bei Kainji (Nigeria) wird er dann zwecks Energiegewinnung aufgestaut, um anschließend als breiter Strom ruhig zur Küste zu fließen. Bei Lokoja wird der Niger noch vom wasserreichen *Bebue* gespeist, bevor er sich im 2500 km² großen Mündungsdelta, das sich immer weiter ins Meer hinausschiebt, in mehrere Mündungsarme verzweigt. Mit 30.000 m³/sec (an der Mündung) führt er mehr Wasser als der Nil.

Die zahlreichen, von Mangrovensümpfen umgebenen Deltainseln sind mit Ölpalmen bewachsen, weshalb die Mündungsarme auch *oil rivers* genannt werden. Auf seinem Weg durchfließt der Niger verschiedene Klimazonen Westafrikas, so dass der Wasserstand aufgrund differierender Niederschlagsmengen und Verdunstungsraten in den einzelnen Teilabschnitten des Flusses sehr stark schwankt, was sich natürlich auf die Schiffbarkeit auswirkt. Während auf dem Oberlauf des Niger Flussschifffahrt in der Regenzeit nur bis Bamako möglich ist, verkehren auf der Teilstrecke Bamako (Kulikoro) – Mopti größere Schiffe normalerweise in den Monaten August bis November, auf dem Abschnitt Mopti – Gao in der Regel bis Januar. In den letzten Jahren war jedoch aufgrund der allgemein geringen Niederschläge im Sahel die Zeit des Hochwassers und somit auch die Zeit der Flussschifffahrt um einiges verkürzt.

Zweitwichtigster Fluss Westafrikas ist der **Senegal.** Er entspringt – wie der Niger – im Futa Djalon-Massiv, seine beiden Quellflüsse Bafing (= Schwarzwasser) und Bakoy (= Weißwasser) fließen bei Bafoulab (Mali) zusammen. Sie bilden den eigentlichen Senegalfluss, der von Kayes bis zur Mündung bei St. Louis in den Atlantik auf einer Strecke von 925 km als breiter Strom dahinfließt und nur zur Zeit des Hochwassers von August bis Oktober schiffbar ist. Auf dem Unterlauf ab Podor ist dagegen ganzjährig Schifffahrt möglich, da aufgrund des geringen Gefälles das Meerwasser auch in der Trockenzeit weit in das Landesinnere eindringt.

Ähnlich wie beim Niger sind auch hier während der Regenzeit die Nebenarme mit Wasser gefüllt und weite Teile des umliegenden Tieflandes überschwemmt. Dieser Umstand ermöglicht auch dort den ansässigen Bauern den Anbau von Reis, Hirse und Baumwolle. Wie unterschiedlich der Wasserstand des Senegal in den einzelnen Jahreszeiten ist, verdeutlichen folgende Mess-

GEOGRAFIE UND GEOLOGIE

werte zur Wasserführung in Kayes: in den Monaten März/April (Trockenzeit) 5 m³/sec, im September/Oktober (Regenzeit) 5000 m³/sec.

Drittlängster Fluss Westafrikas ist der 1600 km lange **Volta.** Seine Quellflüsse (Schwarzer, Roter und Weißer Volta) entspringen alle in Burkina Faso und bewässern nicht nur den südlichen Teil Burkinas, sondern haben auch für Ghana große Bedeutung. Der Volta-Stausee zählt mit einer Fläche von 8730 km² zu den größten von Menschenhand geschaffenen Gewässern und dient der Stromerzeugung.

Weitere wichtige Flüsse Westafrikas sind der **Sine-Saloum**, der mit seinen weitverzweigten Seitenarmen ein großes Mündungsdelta bildet, sowie der **Casamance-Fluss** im Süden Senegals. Im Futa Djalon-Massiv entspringt der **Gambia-River** und schlängelt sich durch den kleinen gleichnamigen Staat. Er stellt quasi eine natürliche Begrenzung der Sahelzone im Süden dar.

Vegetationszonen und Fauna

In Westafrika lassen sich folgende Vegetationsformen unterscheiden: **tropischer Regenwald (Urwald), Feuchtsavanne, Trockensavanne, Dornbuschsavanne oder Halbwüste.**

Feuchtsavanne und Regenwald

Im Tiefland entlang der Guineaküste sind immergrüne Regenwälder charakteristisch, lediglich zwischen Accra und Lagos wird der Guinea-Wald von der bis zur Küste reichenden Savanne unterbrochen. Allerdings wurde ein Teil des Primärwaldes bereits durch Abholzung und Brandrodung zerstört und allmählich durch den Sekundärwald mit weniger wertvollen Harthölzern ersetzt.

Die vielfältige Vegetation dieses Primärwaldes bildet mehrere „Stockwerke", überragt von den Kronen der über 60 m hohen Baumriesen. In den unteren Etagen wachsen u.a. zahlreiche Moos- und Pilzarten, Farne, verschiedenste Schlinggewächse wie Lianen und Orchideen. Reste dieses ursprünglich geschlossenen Regenwaldes sind in Westafrika fast nur noch in Naturreservaten zu finden. Charakteristisch für diesen Regenwald sind der **Fromager** (Kapokbaum), ein laubabwerfender Baum mit riesigen Dornen und glockenförmigen Blüten, die an Magnolien erinnern, sowie der Parasolier, ein großer schnellwüchsiger Baum, der an seinen schirmförmigen Blattrosetten zu erkennen ist. Hier befinden sich die Lebensräume von Elefanten, Flusspferden, Affen, Schlangen sowie zahlreichen Echsen- und Vogelarten.

In der **Küstensumpfzone** wachsen Mangroven, Raphia- und Ölpalmen sowie Bambusdickichte, Kokos- und Phoenixpalmen. Seit der Kolonisierung durch die Franzosen sind weite Teile der ursprünglichen Waldzone durch riesige Monokulturen von **Kakao- und Kaffeeplantagen** verdrängt worden.

Typische Dornbuschsavanne

GEOGRAFIE UND GEOLOGIE

Bei 10–12° nördl. Breite geht die Regenwaldzone der Guineaküste in die **Feuchtsavanne** (mit einer Trockenperiode von fünf Monaten) über. Sie ist durch Galeriewälder entlang der Flüsse und vereinzelte Baumgruppen sowie durch hohes Elefantengras, Sträucher und Büsche gekennzeichnet. Typisch für diese Vegetationszone sind die aus weiten Grasfluren ragenden Fromagerbäume, die in der Trockenzeit ihre Blätter abwerfen.

Wichtigste Nutzpflanzen sind die Knollenfrüchte *Yams, Maniok* und *Batate* (Süßkartoffel). Weitere wichtige Nutzpflanzen sind Mais und Sorghumhirse (auch „Mohrenhirse" genannt), außerdem Ölpalmen und Staudenbananen, Mango-, Papaya und Guavenbäume. Eines der Haupt-Grundnahrungsmittel, Reis, wird überwiegend in feuchten (Fluss-) Niederungen angebaut (Niger-Binnendelta, Senegal, Casamance). Nach der Regenzeit sind im gesamten **Savannengebiet** immer wieder **Buschfeuer** zu sehen, mit denen riesige Flächen abgebrannt werden, um kurzfristig den Graswuchs zu fördern. Damit wird jedoch auch das Nachwachsen junger Bäume verhindert, was verheerende Folgen für die Umwelt hat. Früher waren weite Flächen viel stärker von Bäumen durchsetzt, während jetzt mehr und mehr Grasland vorherrscht.

Typisch für die Savanne sind der Karité- oder Schibutterbaum sowie Néré-Tamarinden- und der bereits erwähnte Frommager. Tabak und Kolanuss zählen zu den wichtigsten pflanzlichen Genussmitteln, Baumwolle wird überwie-

Das Problem der Desertifikation (Verwüstung)

Die Sahara war nicht immer die extreme Wüste, die sie heute ist: Einst war sie grün! Davon zeugen unter anderem zahlreiche Felszeichnungen, auf denen weidende Tiere sowie Menschen dargestellt sind. Der Klimawechsel, der dieses Gebiet zur Wüste werden ließ, geschah wahrscheinlich vor etwa 1500 Jahren in Zusammenhang mit unseren Eiszeiten. Flüsse und Wälder verschwanden allmählich und mit ihnen mehr und mehr auch die Tiere und Menschen.

Seit den letzten Jahrhunderten bewegen sich die Sahara und die angrenzende Sahelzone scheinbar unaufhaltsam immer weiter nach Süden. Dürreperioden gab es auch schon in früheren Zeiten immer wieder, sie hatten jedoch nie so verheerende Folgen wie in den 70er und 80er Jahren des vorigen Jahrhunderts.

Die starke Ausdehnung der Anbaugebiete in die Wüstenregionen hat zusammen mit der starken Überweidung das ökologische Gleichgewicht der Natur erheblich ins Wanken gebracht. Riesige Hirseanbaugebiete sind „versandet", d.h. von der Wüste vereinnahmt worden. Die immensen Mengen an Holz (Feuerholz und Bauholz für Hütten und Zäune), die verbraucht werden, sind auch durch die verschiedenen Aufforstungsversuche (zum Teil mit dem schnell wachsenden Eukalyptus-Baum) nicht zu decken und bedeuten eine zunehmende Ausweitung von Grassteppen in Gebiete mit ehemals relativ dichtem Baumbestand.

Die möglichen Ursachen für die fortschreitende Wüstenbildung sind sehr komplex und sollen daher im Folgenden nur kurz umrissen werden. Da sowohl Menschen als auch Tiere in der Sahelzone während der Trockenzeit tagelang unterwegs waren auf der Suche nach Wasser, versuchte man (im Rahmen von Entwicklungshilfeprojekten) mit dem Bau von Brunnen diesem Missstand Abhilfe zu schaffen. Abgesehen davon, dass man bei so manchem Brunnen nicht von „angepasster Technologie" sprechen konnte, d.h. die Wartung und damit Funktion gar nicht gewährleistet werden konnten, führte dieser „Eingriff" letztendlich zu einem Absinken des Grundwasserspiegels und damit zu einer verstärkten Verwüstung der Sahara-Randgebiete. Man hatte auch nicht das Ausmaß der Vegetationsschäden und der Bodenversiegelung durch Viehtritt bedacht, welche die riesigen Herden auf dem Weg zur Tränke in der Umgebung verursachten. Außerdem wurden zahlreiche Nomaden in der Nähe der jetzt zahlreichen Wasserstellen bzw. Brunnen sesshaft oder durchstreiften mit ihrem Vieh lediglich die in unmittelbarer Nähe liegenden Gebiete, was zu einer Überweidung der Flächen führte und eine Austrocknung der Böden und damit Erosionsprozesse zur Folge hatte.

Doch nicht nur die Tiere, auch die Menschen trugen ständig zur Zerstörung der unmittelbaren Umgebung der Wasserstellen bei, indem sie jetzt nur noch im Umkreis von Tagesmärschen Feuerholz sammelten und damit das Gebiet in kürzester Zeit baum- und buschlos machten. Durch den Zuzug und den damit erhöhten Brennholzbedarf wurde auch der Baumbestand in unmittelbarer Umgebung von größeren Siedlungen dezimiert; z.B. ist um Ouagadougou (Burkina Faso) im Umkreis von 100 km so gut wie kein Brennholz mehr zu finden.

Die konkurrierende Landnutzung von nomadisierenden und sesshaften Bevölkerungsgruppen in diesen Gebieten stellt ein anderes Problem dar. Während der Viehbestand u.a. durch bessere tiermedizinische Versorgung ständig zunimmt, was für die Besitzer eine eher erfreuliche Erscheinung ist, da es größeres Ansehen und Prestige bedeutet,

Das Problem der Desertifikation (Verwüstung)

schränkt der weiter in die Wandergebiete der Viehzüchter vordringende Ackerbau deren Nutzfläche mehr und mehr ein, was zu Auseinandersetzungen zwischen den sesshaften Bauern und den Viehzucht treibenden Nomaden führt. Früher waren die Nutzungsrechte zwischen Bauern und Nomaden durch Absprachen ganz klar geregelt. Der Kampf ums Überleben ließ diese „vertraglichen" Regelungen oftmals unbeachtet.

Auch der im Rahmen von Entwicklungshilfeprojekten gestartete Versuch, die Sahelregion mit Hilfe künstlicher Bewässerung (Ableitung von Wasser aus Flüssen) fruchtbar zu machen, hatte schwerwiegende Auswirkungen. Entnimmt man nämlich zu viel Wasser im Oberlauf des Niger (Mali), so fehlt es dann am Unterlauf (Nigeria), wo das Nigerwasser zur Elektrizitätsgewinnung benützt wird (Kainji-Staudamm). Im Jahre 1977 hatten z.B. die geringen Niederschläge in der Sahelregion und die verstärkte Abzweigung von Wasser für Bewässerungszwecke (in den anliegenden Staaten Niger und Mali) zur Folge, dass die Elektrizitätsversorgung von Lagos und Südnigeria völlig zusammenbrach. Eine andere Folge der Bewässerungsprojekte war eine zunehmende Bodenversalzung der bewässerten Flächen, da durch die extrem hohe Verdunstung Mineralien zunehmend an die Oberfläche befördert wurden, so etwa im Unterlauf des Senegal, wo die Staustufe Diama die ökologische Balance nachhaltig verändert.

Aufgrund der verstärkten künstlichen Bewässerung in den trockenen Gebieten hat sich auch das Grundwasserreservoir, das sich unter der Wüste befindet, erheblich verringert. Dies wiederum führte dazu, dass die Brunnen in den Randgebieten versiegten und die Nomaden mit ihren Viehherden nun zu den wenigen in dieser Region übrig gebliebenen Wasserstellen bzw. Brunnen zogen, die überwiegend gar nicht für eine so große Kapazität ausgelegt waren.

Der in Zusammenhang mit Bewässerungsprojekten erfolgte Bau von Staudämmen zog ebenfalls bis dahin unvorhersehbare Folgeerscheinungen nach sich. Durch den in Akosombo errichteten Volta-Staudamm wird z. B. verhindert, dass sich der vom Volta mitgeführte „Sickersand" vor der Küste ablagern kann, weshalb das Meer in Togo und Benin Jahr um Jahr mehr Küstenfläche wegspült.

In jüngster Zeit gibt es aber auch Grund zur Hoffnung: Auswertungen von Satellitenaufnahmen haben 2002 ergeben, dass der Bewuchs südlich der Sahara wieder zunimmt. Als mögliche Ursache vermuten Wissenschaftler den weltweiten Klimawandel, der in einigen Regionen zu verstärkten Niederschlägen führt.

GEOGRAFIE UND GEOLOGIE

gend für den Export, aber auch zur Eigenherstellung von gewebten Stoffen angebaut. Eine wichtige Nutzpflanze ist auch der Flaschenkürbis als Lieferant für die vielfältig verwendeten Kalebassen.

Entsprechend der Flora ändert sich auch die **Fauna** In der Savanne sind Gazellen, Antilopen, Büffel und Giraffen zu Hause sowie Löwen, Panther, Geparden und andere Wildkatzen, die durch das hohe Steppengras streifen; in den waldreicheren Gebieten entlang der Flüsse auch Elefanten und Flusspferde, soweit sie nicht vom Menschen verdrängt oder (durch die Jagdsafaris der Europäer und die Einführung von Gewehren bei den einheimischen Jägern) ausgerottet wurden. Die Bevölkerungsexplosion und mangelnde Schutzmaßnahmen der Regierungen tragen das Übrige dazu bei, dass das Großwild in Westafrika immer weniger anzutreffen ist. Lediglich in den Nationalparks sind noch vereinzelt Elefanten, Giraffen und

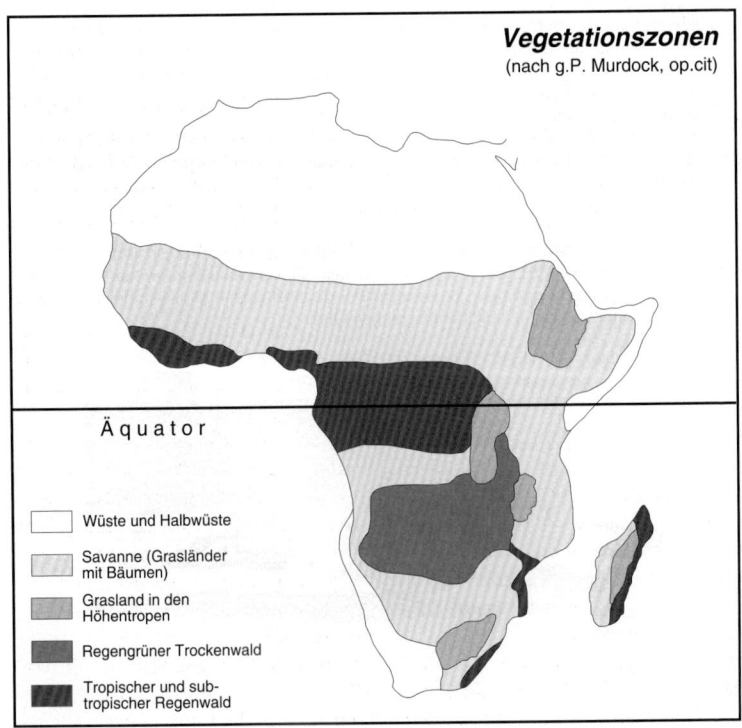

Vegetationszonen
(nach g.P. Murdock, op.cit)

- Wüste und Halbwüste
- Savanne (Grasländer mit Bäumen)
- Grasland in den Höhentropen
- Regengrüner Trockenwald
- Tropischer und subtropischer Regenwald

Flusspferde zu beobachten, Großkatzen sind fast verschwunden.

Unter den zahlreichen Insekten stellen schließlich Heuschrecken eine ganz besondere Bedrohung für die Bevölkerung dar, deren Schwärme durchschnittlich 20% der Ernte vernichten.

Trockensavanne und Dornbuschsavanne

Bei etwa 14 Grad nördl. Breite geht die Feuchtsavanne dann allmählich in die Trockensavanne über, was sich durch das zunehmende Auftreten von Akazienbäumen bemerkbar macht.

Typisch für diese Vegetationszone ist auch der **Baobab** (Affenbrotbaum), der als ein Wahrzeichen Afrikas gilt. Der massige, merkwürdig geformte Stamm mit seiner silbergrau-glatten Rinde verleiht diesem Baum ein archaisches Aussehen. Im Stamm kann er während der Regenzeit gewaltige Mengen Wasser speichern und so längere Trockenzeiten überdauern. Bei manchen dieser gigantischen Bäume hat man ein Alter von bis zu 1000 Jahren nachgewiesen, und so ist es nicht verwunderlich, dass er in manchen Gegenden Afrikas als heilig gilt. Das seltsame Aussehen des Baumes wird der Sage nach folgendermaßen erklärt: Gott ist bei der Welterschaffung der Baum mit der Krone nach unten auf die Erde gefallen und die eigentlichen Wurzeln des Baumes ragen nun als Äste in die Luft. Normalerweise werden die Blattspitzen des Baobab als Gemüse oder als Soße zum Hirsebrei gegessen, und das Vitamin-C-haltige Fruchtfleisch, das von seiner Konsistenz an Brausepulver erinnert, entweder gelutscht oder zu einem Getränk verarbeitet. In der Trockenzeit werfen fast alle Bäume ihre Blätter ab, was ein recht trostloses Bild ergibt.

Eine Savannen-Nutzpflanze, hauptsächlich bestimmt für den Export, ist die **Erdnuss**. Sie wurde ursprünglich von portugiesischen Seeleuten aus Südamerika nach Afrika gebracht und hat sich von dort ins Landesinnere verbreitet. Zusammen mit der Sesampflanze ist sie auch ein wichtiger Fettlieferant.

Weiterhin gedeiht in der Savanne neben Sorghum- und Kolbenhirse auch Fonio, ein sehr anspruchsloses hirseähnliches Gras – auch Hungerreis genannt. Außerdem sind Okra (Gombo), Pfefferschoten, Zwiebeln und Knoblauch als Nahrungsmittel von Bedeutung für die Bevölkerung der Savanne. Weiter im Norden geht die **Trockensavanne** in die **Dornbuschsavanne** über. Sie gilt als typische Vegetationszone des Sahel und ist klimatisch durch weiter abnehmende Niederschläge sowie eine längere Trockenzeit (8–10 Monate, die sich in der Halbwüste auf 11 Monate erstrecken kann) geprägt. Durch reduzierte Blattoberflächen, Dornen und Wasserspeicherung haben sich die Pflanzen den extremen klimatischen Bedingungen angepasst. Dornbüsche sowie Sukkulentengewächse (wie z.B. die *Aloe*) und zahlreiche Trockengräser sind charakteristisch für diese Region.

Die spärlichen Grasflächen dienen als Weideland, und überall ist das bekannte Cram-Cram-Gras anzutreffen. Seine stacheligen Samenkapsel bleiben wie Kletten überall hängen, an Kleidung und auch an der Haut. Wähend **Dürre-**

GEOGRAFIE UND GEOLOGIE

Savannenlandschaft in Gambia

katastrophen wurden die Samen von den Nomaden gesammelt und stellten eine der letzten Notrationen dar.

Die dichten Wedel der Dumpalmen und zahlreichen Akazienarten bestimmen das Landschaftsbild, wobei besonders der Gao-Baum zu erwähnen ist, der als einziger Baum in der Trockenzeit seine Blätter bekommt und somit als Schattenspender sehr wichtig ist.

In der **Sahara** (Vollwüste) schließlich kann es nur dort, wo Grundwasser zugänglich ist, zur Anlage von **Oasen** kommen. Dort ist die Dattelpalme die wichtigste Nutzpflanze; außerdem werden Oliven, Feigen, Aprikosen, Mandeln und Getreide angebaut.

Wirtschafts- und Lebensformen

In Westafrika lassen sich, in **Abhängigkeit von den geografischen Bedingungen,** drei verschiedene Wirtschafts- und Lebensformen unterscheiden: der Nomadismus, das Savannenbauerntum und das Waldlandbauerntum.

Nomadismus

Charakteristische Wirtschafts- und Lebensform in der Sahelregion (Dornbuschsavanne und Halbwüste) ist der Hirtennomadismus. Die Niederschläge sind zu gering, um einen einigermaßen rentablen Ackerbau zu betreiben. Die Lebensgrundlage der Hirtennomaden ist daher die Viehzucht. Sie haben ihre Lebensweise völlig auf die Bedürfnisse der Nutztiere (Dromedare, Rinder,

Schafe und Ziegen) abgestimmt und ziehen mit ihren Herden von Wasserstelle zu Wasserstelle, d.h. sind gezwungen, ständig ihren Wohnort zu wechseln. Entsprechend „leicht" müssen ihre Behausungen sein; meist sind es nur Zelte oder Strohhütten. Die Fulbe und Tuareg sind neben den überwiegend in Mauretanien lebenden Mauren als typische Nomaden der Sahel-Sudanzone anzusehen. Je nach Jahreszeit ziehen sie mit ihren anspruchslosen Tieren zwischen Sahara und Sahel hin und her. Dromedare dienen den Tuareg an erster Stelle als Transportmittel durch die Wüste, und erst an zweiter Stelle haben sie wirtschaftliche und soziale Bedeutung: Je größer die Herde, desto größer das Ansehen. Für das Überleben sind jedoch Ziegen und Schafe als Fleisch- und Milchlieferant von größerer Bedeutung, obwohl Tuaregs auch Kamelmilch trinken. Die Tuareg sind Vollnomaden und lassen Getreide entweder in den Oasen von Horigen produzieren oder betreiben Tauschhandel. Generell wandern die Nomaden in der Trockenzeit auf der Suche nach Weiden für ihre Herden nach Süden, an den Rand der Sahelzone und auch weit in die Sudanzone hinein. In der Regenzeit ziehen sie wieder nach Norden, wo bald nach dem ersten Regen das Gras sprießt.

Für Rinder haltende Hirtennomaden Westafrikas ist die **„zyklische Weidewanderung"** typisch, d.h. sie durchstreifen in der Regel nur ein relativ begrenztes Gebiet in unmittelbarer Nähe von Wasserstellen und Brunnen. Statt des Vollnomadismus, wie in der Sahara üblich, bei dem die Familien das ganze Jahr unterwegs sind, ist vor allem für die Bevölkerung der Sahel-Sudanzone der so genannte Halbnomadismus typisch, d.h. ein Teil der Familie (meist die Frauen oder die Älteren) ist während der Regenzeit sesshaft und betreibt Ackerbau während die Männer mit den Herden durch die Gegend ziehen. Dies hat den Vorteil, dass die Halbnomaden-Familien nicht nur bei der Versorgung mit Milch, Butter und Käse weitgehend autark sind, sondern auch bei dem wichtigen Nahrungsmittel Hirse. Man nimmt an, dass die Milchverarbeitung erst relativ spät aufgekommen ist und zuerst von den Vollnomaden betrieben wurde, während bei den früheren Hirtenvölkern die Jagd- und Sammelwirtschaft dominierte. Viele Fulbe-Hirten, die ihre Herden während der letzten Dürrekatastrophe verloren hatten, sind sesshaft geworden.

Savannenbauern

Im Gegensatz zum Sahel sind die typischen Wirtschaftsformen in der Sudanzone (Trocken- und Feuchtsavanne) der Regenzeit- und Überschwemmungsfeldbau, ergänzt von Großviehzucht. Hier werden die Tiere jedoch weniger als Fleisch- und Milchlieferanten gehalten, sondern werden verkauft.

Entlang der Flüsse ist auch die Fischereiwirtschaft von Bedeutung. Im Niger, Senegal und Volta werden neben dem bekannten Kapitänsfisch auch Karpfen, Hechte, Schollen, Welse und Aale als Speisefische gefangen.

Das Obernigergebiet gilt als Kerngebiet des ältesten Bauernvolkes, der **Mande** (s.a. Kapitel Bevölkerung). Als wichtigste Vertreter des traditionellen Bauerntums Westafrikas, das sich angeblich bereits vor 500 Jahren aus dem Sammler- und Jägertum in der Sudanzone entwickelt haben soll, gelten heute die **Senufo** und **Dogon** sowie die **Wolof, Bambara** und **Songhay**. Nach G.P. Murdock sollen zur gleichen Zeit, als sich in Ägypten ein „Frühbauerntum" zu entwickeln begann, auch am Oberlauf des Niger erste Kultivierungsbemühungen stattgefunden haben.

Hauptanbauprodukte sind heute die traditionellen Hirsearten sowie Reis, Mais, Bohnen, Erdnüsse, Yams, Sesam und Baumwolle. Als alkoholisches Getränk wird Hirsebier gebraut. Regen- und Trockenzeiten bestimmen den Rhythmus von Anbau und Ernte. Die Vorratshaltung in Getreidespeichern sorgt das ganze Jahr über für eine mehr oder weniger ausreichende Ernährung.

Wichtigstes Werkzeug für die Bestellung der Felder ist die **Hacke**. **Brandrodungsbau** ist weit verbreitet. In der Trockenzeit werden Bäume gefällt und als Feuerholz getrocknet. Während das Urbarmachen des Savannenbodens Aufgabe der Männer ist, sind meist die Frauen für die Aussaat zuständig.

Die Bodendüngung erfolgt auch heute noch überwiegend „organisch" mit Abfällen, Mist und menschlichen Exkrementen. Feldbewässerung war südlich der Sahara lange Zeit unbekannt und wurde bzw. wird in verstärktem Maße erst durch Entwicklungshilfeorganisationen eingeführt. Die fruchtbarsten Gebiete befinden sich demnach an den Fluss- und Seeufern und in den Schwemmlandgebieten. Normalerweise sind mehrjährige Brachezeiten zur Regenerierung notwendig (v.a. in den Brandrodungsgebieten), was aufgrund des erhöhten Nahrungsmittelbedarfs durch das starke Bevölkerungswachstum längst nicht mehr umsetzbar ist. Die Folge sind eine sinkende Bodenfruchtbarkeit bis hin zur Bodenauslaugung, was in weiten Teilen Westafrikas zu gravierenden Problemen bei der Nahrungsmittelversorgung geführt hat.

Waldlandbauern

Im besiedelten immergrünen Regenwald ist schließlich der Dauerfeldbau die typische Wirtschaftsform, ergänzt durch Jagd, Kleintierzucht und Sammelwirtschaft. Die Haltung von Großvieh ist wegen des Klimas und der regionalen Verbreitung der Tsetsefliege so gut wie unmöglich, lediglich eine gegen Trypanosomiasis (Schlafkrankheit) relativ resistente Rinderart wird hier gelegentlich gehalten. Dem Fischfang kommt in dieser Zone eine besondere Bedeutung als Eiweißlieferant zu.

Die Bestellung der Felder, die Kleintierzucht und das Sammeln von Früchten obliegt hauptsächlich den Frauen.

Während früher nur kleine Flächen des Regenwaldes für die Gewinnung von landwirtschaftlichen Nutzflächen gerodet wurden, um die Hauptnahrungsmittel wie Yams, Taro und Maniok anzubauen, werden jetzt immer größere Gebiete kahlgeschlagen bzw. brandgerodet, wo dann neben verkohlten Urwaldriesen in zartem Grün Maniokpflänzchen sprießen. Die dünne Humusschicht wird ohne die schützenden Baumkronen jedoch leicht von den heftigen Regengüssen weggeschwemmt, da Wurzelwerk als Erosionsschutz fehlt. Der Boden der tropischen Regenwälder selbst enthält nur wenig Nährstoffe und ist darauf angewiesen, dass er von den ständig herunterfallenden Blättern und Pflanzenteilen immer wieder mit frischen Nährstoffen versorgt wird. Fehlt diese Biomasse, so ist der Boden nach kurzer Zeit ausgelaugt und bringt keine Erträge mehr, was die meisten dort ansässigen Waldlandbauern nicht weiter stört, solange sie immer noch ein Stück Wald zum Roden finden. Sie sind es gewohnt, dass der Regenwald mit seinem üppigen Wachstum uneingeschränkt Nahrung liefert und ziehen dann einfach weiter. Mit ein Grund, dass das komplexe Ökosystem des Regenwaldes verstärkt durch einen verkümmerten Sekundärwald ersetzt wird.

Klima

In Westafrika lassen sich grob **drei Klimazonen** unterscheiden: **Sahel, Sudan und Guineaküste,** welche mehr oder weniger parallel zu den Breitengraden verlaufen. Niederschlagsmenge und Regenzeitdauer nehmen dabei von Norden nach Süden kontinuierlich zu.

KLIMA

Der Begriff Sahel (arab. Ufer/Küste) bezeichnet den Rand der Wüste, d.h. die südlich an die Sahara grenzenden Gebiete von der Atlantikküste im Westen bis zum Roten Meer im Osten. Der Sahel ist eine Übergangszone zwischen Wüste und Savanne bzw. zwischen Weiß- und Schwarzafrika. Der Begriff Sudan (arab. *Bled es Sudan* = Land der Schwarzen) bezeichnete dagegen ursprünglich die von dunkelhäutigen Menschen bewohnten Gebiete südlich der Sahara. Diese Bezeichnung soll jedoch im Folgenden für die Region verwendet werden, die sich zwischen dem Rand der Wüste im Norden und dem äquatorialen Regenwald im Süden und vom Atlantischen Ozean im Westen bis zum Roten Meer im Osten erstreckt – nicht zu verwechseln mit der Republik Sudan, die diesen geografischen Begriff als Staatsname übernommen hat.

Als Klimazone ist der Sahel durch eine **maximale Regenzeit** von vier Monaten gekennzeichnet, wobei mit jährlichen Niederschlägen zwischen 50 und 400 mm zu rechnen ist. In der Sudanzone dagegen fallen bereits jährliche Niederschläge von 400–1000 mm in einem Zeitraum von vier bis sechs Monaten. Die im Süden angrenzende Küstenzone ist durch Niederschlags-

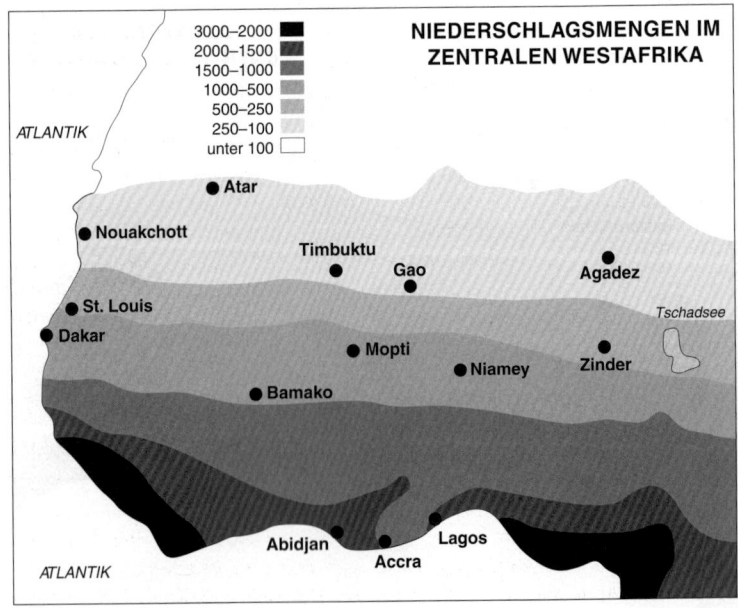

KLIMA

mengen von mehr als 2000 mm/Jahr bis zu 4000 mm/Jahr gekennzeichnet.

Typisch für die Sahelzone ist die ungleiche regionale Niederschlagsverteilung: Der Regen fällt meist in Form von heftigen, lokal begrenzten Gewittern, was bei extrem ungünstiger Verteilung zu Dürrekatastrophen – wie zwischen 1968 und 1973 – führen kann.

In den nachfolgend aufgeführten Klimazonen sind die Jahreszeiten (Regenzeit und Trockenzeit) jeweils ganz unterschiedlich verteilt.

Sahel

In der Sahelzone ist die Regenzeit am kürzesten: Sie dauert nur drei Monate, von Juli bis September. In der restlichen Zeit des Jahres (Trockenzeit) sind durchschnittliche Tagestemperaturen bis etwa 40°C zu erwarten. In den heißesten Monaten von März bis Mai können die Tagestemperaturen sogar bis auf maximal 47°C klettern. Mit starken Tagestemperaturschwankungen ist in den Monaten von November bis Februar zu rechnen, in denen die nächtlichen Temperaturen im Sahel schon mal bis unter 10°C sinken können.

Sudan

In der Sudanzone dauert die Regenzeit bereits länger, in der Regel von Mai bis Oktober. Die durchschnittlichen Tagestemperaturen belaufen sich während dieser Zeit auf etwa 30°C, die Luftfeuchtigkeit ist relativ hoch.

Während der **Trockenzeit** von November bis April sind die Tagestemperaturen aufgrund der geringen Luftfeuchtigkeit erträglich, die Nächte sind jedoch auch hier während der Trockenzeit empfindlich kühl: In den Monaten November bis Februar bewegen sich die nächtlichen Temperaturen zwischen 15 und 18°C. Die Monate **März und April** sind mit maximalen Tagestemperaturen bis etwa 35°C die **heißesten Monate des Jahres** im Sudan.

Charakteristisch für die Trockenzeit im Sahel-Sudan ist der fast ständig aus der Sahara wehende **Harmattan,** ein Wind, der in den Wintermonaten große Mengen feinen Wüstensandes weit nach Süden trägt. Zu dieser Zeit ist an manchen Tagen der ganze Himmel überzogen von einem rötlichen Schleier. Drückende Schwüle, gefolgt von Wirbelstürmen und schweren, wolkenbruchartigen Regenfällen kündigen dann im Frühjahr den Beginn der Regenzeit an. Meist rückt aus Westen eine riesige schwarze Wolkenwand heran, begleitet von starken Gewittern und Sturmböen. Innerhalb kürzester Zeit fallen riesige Wassermassen, die manchmal Hütten und Straßen mitreißen. Nach einem solchen Gewitter ist die Luft jedoch angenehm kühl, und bald nach den ersten Regenfällen ist die Landschaft von einem feinen, grünen „Grasteppich" überzogen.

Küstenregion

In der Küstenregion südlich von Sierra Leone unterscheidet man im Vergleich zum Sahel-Sudan in der Regel zwei Regenzeiten: die „große", von Mitte Mai bis Mitte Juli, und die „kleine", von Anfang Oktober bis Anfang Dezember, manchmal aber auch nur eine von Mitte Mai bis Anfang Oktober. Die jeweils dazwischen liegenden Trockenzeiten sind gekennzeichnet durch eine etwas geringere Luftfeuchtigkeit. Die Tagestemperaturen sind mit mindestens 25 bis maximal 35°C das ganze Jahr über relativ hoch, mit geringen Schwankungen zwischen Tag und Nacht, die Luftfeuchtigkeit ist relativ hoch (77–88%). Während der trockenen Wintermonate bläst der Harmattan aus der Sahara oft bis an die Küste, verschleiert den Himmel und verringert die Sicht erheblich.

Geschichte Westafrikas

Vor- und Frühgeschichte

Der afrikanische Kontinent spielt in der Menschheitsentwicklung die entscheidende Rolle. Man nimmt an, dass es in Afrika, während in Nordeurasien Eiszeit vorherrschte, mehrere Regenperioden gegeben hat, die im Gebiet der heutigen Sahara eine Savannenlandschaft mit darauf basierender Jäger- und Sammlerkultur hervorbrachten.

Zu **Beginn der Jungsteinzeit** wurde wahrscheinlich ganz Westafrika von einer negriden Bevölkerung bewohnt. Bereits vorher (ca. 10.000 vor unserer Zeitrechnung) hatte sich in bestimmten Gebieten Ostafrikas eine **prähistorische Kultur auf hohem Niveau** entwickelt, wovon z.B. Faustkeile, steinerne Lanzenspitzen, Knochenharpunen und polierte Mahlsteine zeugen. Auf das Jahr 5000 vor unserer Zeit werden diverse Töpferwaren und Gefäße aus bearbeitetem Stein datiert. Die ältesten menschlichen Überreste mit negroiden Zügen (Mensch von Asselar) wurden im Wadi von Tilemsi, 200 km nördlich von Gao (Mali) gefunden. Die von *Henri Lhote* bei Arlit gefundenen Skelette wurden ebenfalls auf etwa 4000 Jahre vor unserer Zeit datiert. Zu *Homers* Zeiten (etwa 800 v.Chr.) erschien „Africa" das erste Mal auf einer griechischen Weltkarte.

Haussa-Reiter

Geschichte Westafrikas

Die **Phönizier** sollen bereits um 500 v.Chr. an der Küste Marokkos und Mauretaniens mit den dort ansässigen Afrikanern Handel getrieben haben; erste karthagische Stützpunkte sind aus dieser Zeit nachgewiesen. Die Gründung Karthagos erfolgte um 800 v.Chr., daran anschließend wurde die nordafrikanische Küste kolonisiert.

Die **Römer** fassten etwa 150 v.Chr. das erste Mal in Afrika Fuß. Anfangs bezeichneten sie die Einwohner Karthagos als „Africani", später dann das gesamte Land westlich Ägyptens als „Africa". Nach dem Sieg über Karthago (146 v.Chr.) unternahmen sie auch ersten Exkursionen in die Sahara. Eine Durchquerung der Sahara war jedoch erst möglich, als das Kamel um die Zeitenwende aus Asien eingeführt wurde. Die **Araber** hatten bereits im 7. Jh. v.Chr. intensive Beziehungen zu den Bewohnern Ostafrikas. Da die Nachfrage nach afrikanischen Produkten, vor allem Gold, sehr groß war, wurde das Netz der Karawanenstraßen zwischen dem Maghreb und Westafrika immer dichter. Die Bewohner Westafrikas waren im Gegenzug an dem Salz aus den Minen der nördlichen Sahara interessiert sowie an wertvollen Stoffen und Luxusgegenständen.

Bevor die **Portugiesen** im 15. Jh. die Guineaküste entdeckt hatten, stellte die Sahara den einzigen Zugang nach Westafrika dar. Im europäischen Mittelalter führten zahlreiche arabische Händler und Geografen große Reisen nach Afrika durch. Timbuktu und Gao waren damals wichtige Handelszentren. Teilweise wagten sich die arabischen Händler bis an die Grenze des Regenwaldes vor.

Als *Vasco da Gama* Ende des 15. Jh. auf seinem Weg nach Indien den afrikanischen Kontinent umsegelte, erhielten die Europäer erstmals Kenntnis über die Umrisse und Dimensionen Afrikas. In das Landesinnere drangen Forschungsreisende aber erst im 18./19. Jh. vor.

Frühe Handels- und Königreiche

Die ältesten westafrikanischen Reiche entwickelten sich in der westlichen Sudanzone. Man nimmt an, dass ein Teil der Bevölkerung die Sahara wegen der voranschreitenden Desertifikation verlassen und sich weiter im Süden in die grünen Savannen zurückgezogen hat, während einzelne Gruppen von berberischen Nomaden sich an die Lebensbedingungen in der Wüste angepasst haben.

Königreiche im westlichen Sudan
Das Reich Ghana

Das älteste westafrikanische Großreich Ghana – die ehemalige Kolonie Goldküste hat diesen Namen ohne irgendwelche geschichtlichen Zusammenhänge übernommen – entstand etwa 600 n.Chr. im Gebiet der **Soninke**, zwischen den Flüssen Senegal und Niger. Den Überlieferungen nach sollen die ersten Herrscher dieses Reiches „Weiße" (möglicherweise Berber) gewesen sein.

Die Gegend war wichtiger **Umschlagplatz für den Handel** zwischen Nordafrika und den Gebieten südlich der Sahara. Die Nachfrage nach Gold war bei der Bevölkerung des Nordens ebenso groß wie der Bedarf an lebensnotwendigem Salz bei den Bewohnern des westlichen Sudan. Daneben florierte derHandel mit anderen Waren wie Elfenbein, Ebenholz, Halbedelsteine, Stoffe, Lederwaren und Straußenfedern gegen Glasperlen, Messing, Kupfer, Seide und Pferde aus dem Maghreb. Das Salz kam aus den Minen von Idjil und Teghaza, während das Gold Ghanas vor allem in Bambuk oder in Galam geschürft wurde.

Das **Monopol im Goldhandel** machte Ghana zu einem reichen Land, so reich, dass der arabische Reisende *Ibn Hawkal* schrieb: „Der König von Ghana ist der reichste König der Erde."

Aufgrund neuer archäologischer Forschungen nimmt man an, dass es sich bei den in **Koumbi Saleh** freigelegten Ruinen um die Überreste der einstigen Hauptstadt des Königreiches Ghana handelt (etwa 100 km südwestlich der mauretanischen Stadt Néma gelegen). Im 11. Jh. beschrieb der Araber *El Bekri* die Hauptstadt Ghanas folgendermaßen: sie bestand aus zwei Stadtteilen, in dem einen wohnten die islamischen Gelehrten und Kaufleute und im anderen der König. Im muslimischen Stadtviertel gab es zwölf Moscheen und viele Gärten, der König wohnte in einem prunkvollen Schloss. Die Bauern bewässerten ihre Felder und schöpften Wasser aus befestigten Brunnen. Gold war im Überfluss vorhanden, der König erhob Steuern und Zölle.

Der Ghana-König *Kaya Maghan Ciss*, auch *Ciss Tunka* genannt, der 790 als erster schwarzer König den Thron bestieg, vergrößerte das Reich. Unter seiner Dynastie, die vom 9.–11. Jh. dauerte, erlebte Ghana den Höhepunkt seines Reichtums und seiner Macht. Mitte des 11. Jh. setzte allmählich der Zerfall ein, als *Abdullah Ybn Yassin* versuchte, die Bewohner zu einem strengen islamischen Glauben zu bekehren. Der Überlieferung zufolge zog er sich auf eine Insel im Senegal zurück, wo er ein Kloster gründete, Almorabétin (= „die vom Kloster"), woraus später der Name Almoraviden abgeleitet wurde. Die **Almoraviden** werden Mitte des 11. Jhs. zur Herrscherdynastie Marokkos. Im Jahr 1052 kämpften sie gegen Ghana, etwas später eroberten sie Aoudaghost, die Hauptstadt Koumbi Saleh konnten sie erst 1076 einnehmen. Königspalast und große Teile der Stadt wurden zerstört, die Bewohner zum Islam gezwungen. Diese Jahre waren eine Zeit der Plünderungen und Verwüstungen. Lange konnten die Almoraviden jedoch ihre Macht nicht aufrechterhalten und zogen sich wieder zurück.

Die Herrschaftsstrukturen des alten Ghana-Reiches waren jedoch entscheidend geschwächt, zahlreiche Teilkönigtümer und Stadtstaaten lösten sich vom Reich. Mit dem Zerfall Ghanas flohen die Stämme, die den Islam nicht annehmen wollten, wie Wolof, Bambara, Songhay und Akan, Richtung Süden. Die Fulbe zogen sich ins Niger-Binnendelta und in die Bergländer Guineas zurück.

Weiter im Osten war mit **Kanem-Bornu** ein weiteres Handelsreich entstanden, das vom 9. Jh. bis ins 19. Jh. existierte (1846 verließ der letzte König seinen Thron). Anstelle von Gold wurden hier Baumwolle und Edelhölzer gegen Salz und Kupfer eingetauscht.

Das Reich Mali

Nach dem Königreich Ghana entstand im Land der Malinke (Mande) das Großreich Mali, das zu einem der wichtigsten mittelalterlichen Staatswesen im westlichen Sudan wurde.

Nach dem Zusammenbruch Ghanas gelang es dem sagenumwobenen Mande-König *Sundiata* (*Mari Djata* = „Löwe von Mali") in der **Schlacht bei Kirina** im Jahre 1235 die Oberhand zu gewinnen und das Reich Ghana zu erobern. Nachdem er 1240 *Koumbi Saleh* völlig zerstört hatte, ließ er Niani, die neue Hauptstadt des Mali-Reiches, errichten. Als eigentlicher Gründer des Mali-Reiches, das schon seit dem 11. Jh. als kleines Fürstentum unter der Vorherrschaft Ghanas existierte, gilt *Moussa Keita*, der von 1200–1218 regierte. Sundiata gelang es jedoch während seiner Regierungszeit, das Reich erheblich zu vergrößern, bis es sich vom Futa Djalon bis ans Nigerbinnendelta erstreckte. In seinem Gebiet lagen die Goldminen von Bambuk und Wangara. Er förderte auch die Einführung des Baumwollanbaus und unterstützte damit die wirtschaftliche Entwicklung der Region. Neben dem Islam wurden auch die traditionellen religiösen Kulte toleriert.

Der berühmteste und mächtigste aller Mali-Herrscher war *Mansa Moussa* oder *Kankan Moussa*, der 1312 den Thron bestieg. Als er im Jahre 1324 seine legendäre Pilgerreise nach Mekka antrat, verteilte er in Arabien so viele Goldstücke, dass sich der Goldpreis erst zwölf Jahre später wieder einigermaßen erholte. Kankan Moussa förderte die kulturellen und kommerziellen Beziehungen zwischen Ägypten und Mali. Von einer seiner Pilgerfahrten brachte er zahlreiche arabische Gelehrte mit. Timbuktu und Djenné waren damals nicht nur wichtige Umschlagplätze des Transsaharahandels, sondern auch kulturelle Zentren des Reiches. Moussa brachte auch die arabischen Architekten *Es Saheli* mit, der den sudanesischen Baustil schuf. In Timbuktu baute er neue Moscheen und Lehmpaläste mit Holzdecken und Terrassen. Neben arabischen Händlern kamen auch zahlreiche Koranlehrer in die Städte, die die arabische Schrift mitbrachten und eine **verstärkte Islamisierung** bewirkten. Diese Epoche ist als das **„Goldene Zeitalter"**, als Zeit des Friedens und Wohlstands in die Geschichte eingegangen und wird auch heute noch überall im Sudan von den Griots besungen. *Kankan Moussa* war sogar in Europa bekannt, wie eine Karte aus dem 14. Jh. zeigt: darauf ist er als „Herr der Neger von Guinea" mit Zepter und Krone abgebildet. Als *Kankan Moussa* im Jahre 1335 starb, war das Reich auf dem Höhepunkt seiner Macht. Es erstreckte sich in West-Ost-Richtung von der Atlantikküste bis an die Grenzen des heutigen Nigeria und in Nord-Süd-Richtung von der Sahara bis zum tropischen Regenwald.

Mit Beginn des 15. Jh. setzte langsam der Verfall des Mali-Reiches ein. Es vermochte sich nicht mehr gegen die Angriffe der Songhay, Mossi, Bambara,

GESCHICHTE WESTAFRIKAS

Fulbe und Tekrur wehren. Im 18. Jh. waren von der einstigen Hauptstadt Niani nur noch Ruinen übrig. Die ehemalige französische Kolonie Soudan Français gab sich nach der Unabhängigkeit 1960, in Erinnerung an dieses Königreich, den Namen Mali.

Das Reich Songhay

Während die Vormachtstellung des Mali-Reiches immer mehr verblasste, gewann die Handelsstadt Gao an Einfluss und wurde zum Zentrum eines neuen Reiches, das Mali bald in den Schatten stellte. Die Songhay haben die Stadt Gao wahrscheinlich schon im 8. oder 9. Jh. in Besitz genommen. Ihre Herrscher traten bereits im 11. Jh. zum Islam über.

Der berühmteste von ihnen war **Sonni Ali** oder **Ali Ber**, der von 1464–1492 regierte. Ihm gelang es, das Reich erheblich zu vergrößern. Als der Stadtstaat Gao im 14. Jh. von Mali vereinnahmt wurde, konnte er sich relativ schnell wieder von der Fremdherrschaft lösen und anschließend das Mali-Reich unterwerfen. Neben Feldzügen gegen die sich immer mehr ausbreitenden Fulbe mussten die Songhay in den Jahren 1477–1483 auch häufig gegen die Mossi kämpfen, die immer wieder in das Nigerbinnendelta einfielen. Als *Sonni Ali* im Jahre 1492 starb, war Songhay das führende Reich im Sudan. Unter seinem Nachfolger *Askia Mohammed Ture*, auch *Askia der Große* genannt, der von 1493–1528 regierte, erlebte das Songhay-Reich seine eigentliche Blütezeit. Unter seiner Herrschaft expandierte Songhay abermals, und gegen Ende der Regierungszeit Askias war es zu einem Großreich angewachsen, das den größten Teil des heutigen Senegal, Mali, Mauretanien und Niger umfasste. Erst die marokkanische Invasion gegen Ende des 16. Jh. brachte den Zusammenbruch des Songhay-Reiches.

Die Bambara-Reiche
Segou und Kaarta

Mit dem Untergang des Songhay-Reiches gewannen die Bambara, ein animistisches Volk von Bauern und Kriegern, wieder ihre Unabhängigkeit und auch zunehmend an Bedeutung. Zu Beginn des 17. Jh. hatten sich an den Ufern des Niger zwei Reiche gebildet, die öfter im Streit miteinander lagen: im Westen das der Bambara von Segou, im Osten das der Bambara aus Kaarta. Im Gegensatz zur Bevölkerung von Mali und Songhay sind die Bambara bis zur Kolonisierung durch die Franzosen ihrem alten animistischen Glauben treu geblieben.

Fulbe-Staaten

Seit dem 11. Jh. breiteten sich die Fulbe – ein Nomadenvolk – vom Senegal immer weiter in der westlichen Sudanzone aus. Auf ständiger Suche nach guten Weideplätzen für ihre Rinderherden wanderten sie von der Sahara im Norden bis zum Regenwald im Süden. Die in zahlreiche Sippen zersplitterten Fulbe hatten sich in relativ kurzer Zeit

Fulbe- und Wollof-Mädchen

über den ganzen Sahel-Sudan ausgebreitet. Die Bekehrung zum Islam stellte die treibende Kraft für die Expansion der Fulbe im 19. Jh. dar. Die neue Religion hatte nicht nur eine einigende Wirkung, sondern vermittelte den Fulbe auch ein Gefühl der Überlegenheit gegenüber den im alten Glauben verhafteten Bauern. Im 18. Jh. hatten die Fulbe dann bereits mehrere Hegemonien geschaffen, die von historischer Bedeutung werden sollten: der Fulbestaat Futa Toro im Norden des heutigen Senegal, Futa Djalon im heutigen Guinea, Massina im heutigen Mali, Liptako im heutigen Burkina Faso, Sokoto im Norden von Nigeria und Adamaua, ein riesiges Gebiet im Norden des heutigen Kamerun. Jahrhundertelang hatten die Fulbe in begrenzten Gebieten unter Vorherrschaft der damaligen sudanischen Reiche gelebt, bis es zu Beginn des 19. Jh. der Dynastie des Bari-Clans gelang, die Unabhängigkeit zu erlangen. Der 1754 geborene **Osman dan Fodio** versuchte den sudanesischen Bauern den neuen Glauben gewaltsam aufzuzwingen und führte von 1804–1810 den „Heiligen Krieg" (*Djihad*) gegen die Haussastaaten. Er schlug nicht nur die Haussa in die Flucht, sondern unterwarf auch noch mehrere ihrer Fürstentümer. Danach zog er sich nach Sokoto zurück.

Eine andere wichtige Figur war der 1775 in Massina geborene **Amadou Bari** (später *Amadou Sekou* genannt), der an den Feldzügen *Dan Fodios* im Haussaland teilgenommen hatte. *Sekou* war als frommer Muslim bekannt. Er führte ein Steuersystem ein, das ihm die

Unterhaltung einer gut funktionierenden Verwaltung und Armee ermöglichte. Die bewegte Geschichte der Fulbe-Reiche, geprägt von zahlreichen blutigen Glaubenskriegen, nahm mit dem Vordringen der Europäer in die Sudanzone im ausgehenden 19. Jh. ihr Ende.

Königreiche am Oberen Volta
Mossi

Die Mossi, ein Kriegervolk, sind etwa im 11. Jh. von Osten her in ihr heutiges Territorium eingedrungen. Dort kam es am Oberlauf des Volta zur **Gründung mehrerer Staaten** (Dagomba, Mamprusi, Wagadugu, Wahiguya und Tenkodogo), die sich bis in die französische Kolonialzeit erhalten haben. Charakteristisch für die Königreiche der Mossi sind (ähnlich wie bei den Bambara) animistische Brauchtum und die göttliche Verehrung der Herrscher; d.h. an der Spitze der Feudalgesellschaft mit Sklaven, Bauern und Adligen stand ein „sakraler" König, der Mogho-Naba. Als allein Gott unterstellter, souveräner Herrscher war er Gebieter über Leben und Tod. Sein Hofstaat bestand aus mehreren hundert Frauen, Ministern, Leibwächtern und Sklaven. Bemerkenswert ist auch das **hochentwickelte Verwaltungssystem.** Man ist sich nicht einig, ob diese Mossi die Vorfahren der heute in Burkina Faso lebenden Volksgruppe der Mossi sind. Nominell regiert der Mogho-Naba auch heute noch. Sein Hof befindet sich in Ouagadougou, Burkina Faso, wo ihm nach wie vor große Verehrung entgegengebracht wird. Dem *Naba Ubri* gelang es gegen Ende des 15. Jh., die autochthone Bevölkerung zu unterwerfen oder zu vertreiben (wie z.B. die Dogon) und das Königreich Ubritenga in Wagadugu zu gründen, das von zahlreichen Fürstentümern umgeben war. Die Mossi konnten sich gegen die Expansionsbestrebungen der Mali- und Songhay-Herrscher erfolgreich zur Wehr setzen und auch verstärkten Islamisierungsversuchen aus dem Norden, sowie den aus dem Süden einfallenden Sklavenjägern Widerstand leisten. Gegen Ende des 19. Jh. leiteten bürgerkriegsähnliche Zustände den Verfall des Mossi-Reiches ein und erleichterten Frankreich die Intervention.

Küsten-Königreiche
Ashanti

Die Ashanti gehören zur Gruppe der Akan und kamen wahrscheinlich ursprünglich aus den Savannen nördlich der Regenwaldzone, wo sie in unmittelbarer Nachbarschaft der Dagomba lebten. Nachdem die ihre politische Unabhängigkeit erlangt hatten, zogen sie nach Süden in ihre heutigen Wohngebiete (Umgebung von Kumasi/Ghana). Seit dem 11./12. Jh. hatten die Ashanti mehrere Fürstentümer gegründet und im Laufe der Zeit durch Bündnisse und Eroberungen immer mehr Stämme assimiliert. Das im 17. Jh. von **Osei Tutu** gegründete Ashanti-Reich war mächtig genug, um den größten Teil des heutigen Ghana fast 200 Jahre lang zu beherrschen. Als Symbol für den Zusammenschluss der Völker ließ man nach Anrufung des Himmels einen goldenen Stuhl (*sikadwa*) auf die Knie des Königs gleiten. Dieser „Goldene Stuhl der As-

GESCHICHTE WESTAFRIKAS

hanti", der die Seele der Nation verkörpert, und als Personifizierung der ersten *Ashantihene* (Könige) angesehen wird, sollte später in der Begegnung mit Europäern eine große Rolle spielen.

Die Ashanti hatten sowohl den innerafrikanischen als auch im internationalen Sklavenhandel als sehr einträgliches Geschäft entdeckt und spielten dort eine dominierende Rolle. Seit Beginn des 18. Jh. waren die Ashanti Hauptlieferanten für europäische Sklavenhändler. Unter dem König *Osei Osibe Kwamina* erlebte das Ashanti-Reich **im 19. Jh.** seine **Blütezeit.** Sein Einflussgebiet erstreckte sich über den **größten Teil des heutigen Ghana,** das Gebiet der Mossi und der Kong spwie den nördlichen Teil der Côte d'Ivoire.

1874 besetzten die Engländer Kumasi, die Hauptstadt der Ashanti, und gründeten die Kronkolonie „Goldküste", doch blieben die Ashanti selbst noch unabhängig. Erst 1902 wurde das ganze Ashanti-Reich britische Kronkolonie, und der Ashantihene (König) blieb bis zur Unabhängigkeit 1957 Titualherrscher. Das Königreich der Ashanti wurde Teil der Republik Ghana.

Dahomey

Zur gleichen Zeit wie das Reich der Ashanti erlebte auch das im Jahre 1625 gegründete Fon-Königreich Dahomey seinen politischen Aufstieg. Es verfügte ebenfalls über eine gute militärische und wirtschaftliche Organisation. Unter **Agadscha** (1807–1732) erreichte das Königreich Dahomey sein größtes Ansehen. Er stellte auch eine weibliche Truppe auf. Dahomey lag bis ins 19. Jh. in ständigem Krieg mit seinen Nachbarn, den Yoruba, welche ebenfalls Zugang zum Meer und damit zum Sklavenhandel haben wollten. 1698 verwüsteten sie Porto Novo und machten das Königreich Dahomey tributpflichtig.

Fürst *Ghezo* (1818–1858) kam durch einen Staatsstreich an die Macht. Seine lange Regierungszeit sollte für Dahomey die erfolgreichste sein, denn er schuf eine straffe Verwaltung. Außerdem versuchte er den Sklavenhandel durch den Handel mit Palmöl abzulösen. Doch der Menschenhandel blühte noch eine Zeitlang weiter, und es kam zur Gründung des heutigen Cotonou, das ebenfalls zum Umschlagplatz für Sklaven wurde. In der Hauptstadt Abomey sollen angeblich anlässlich großer Feste zu Ehren des gefürchteten Herrschers zahlreiche Menschenopfer dargebracht worden sein.

Yoruba

Die Vorfahren der Yoruba sind wahrscheinlich aus dem Gebiet des oberen Nil in ihr heutiges Gebiet eingewandert, wo sie sich zum Teil mit der dort lebenden Bevölkerung vermischt haben bzw. diese unterwarfen. Das Reich der Yoruba lag östlich von Dahomey, seine Hauptstadt war *Oyo*. Es war um einiges älter als die Reiche Ashanti und Dahomey, löste sich jedoch gegen Ende des 18. Jh. bereits wieder auf.

Dagomba

Das westafrikanische Bauernvolk der Dagomba, die heute am weißen Volta (Nord-Ghana) leben und sprachlich mit den Mossi verwandt sind, sollen Überlieferungen zufolge ebenfalls ein blühendes Staatswesen unter König *Niakse* gegründet haben. Die wichtigsten Zentren waren die Hauptstadt Yendi sowie Tamale und Gambaga. Im 18. Jh. fiel es jedoch den Expansionsbestrebungen der Ashanti zum Opfer. Bis zur Kolonisierung durch die Engländer 1874 mussten die Dagomba einen jährlichen Tribut in Form von Sklaven an die Ashanti zahlen. 1894/95 wurde das Gebiet von Deutschen Truppen besetzt, und es entstand die Kolonie Togo.

Sklavenhandel (1441–1880)

Die Haltung von **Haussklaven** und **Zwangsarbeit** waren bereits in den afrikanischen Königreichen des Mittelalters üblich. Die Sklaven hatten jedoch in Afrika gewisse Rechte, durften Frauen und Kinder sowie privates Eigentum haben und wurden relativ gut behandelt. Auch die Herren hatten ihnen gegenüber ganz bestimmte Pflichten zu erfüllen. Meist wurden die Sklaven nach einiger Zeit in die Familie aufgenommen.

Der von Europäern seit dem 15. Jh. an der westafrikanischen Küste betriebene Sklavenhandel sah dagegen ganz anders aus. Während die Portugiesen zunächst nur an Gold, Elfenbein und Gewürzen interessiert waren, wurde es an europäischen Höfen bald Mode, **schwarze Bedienstete** zu haben. 1470 wurde dann von Portugiesen das erste Fort Saint-Georges de la Mine (El Mina) errichtet, weitere folgten in Axim und Accra. Von El Mina aus betrieb man intensiven Handel mit Gold und den im Fort festgehaltenen Sklaven.

Damit begann ein **lukrativer Menschenhandel**, dem sich nach der Entdeckung Amerikas durch Columbus ganz neue Perspektiven eröffneten. Für die harte Arbeit auf den großen Zuckerrohrplantagen in Mittel- und Südamerika wurden jede Menge Arbeitskräfte benötigt, wofür die robusten Afrikaner wesentlich besser geeignet waren als die einheimischen Indios. *Leo Frobenius* schrieb: „Der Menschenhandel erforderte natürlich eine Rechtfertigung. Der Schwarze wurde zu einem Wilden, einem Halbtier gemacht, zu einer Ware. Die Vorstellung vom barbarischen Neger ist eine Schöpfung Europas."

Organisiert wurde der Sklavenhandel von **großen Handelsgesellschaften,** wie z.B. der Westindischen Kompanie oder der Kompanie des Kap Verde und des Senegal, die sich zum Teil Handelsmonopole entlang der Küste sicherten. Wichtige Häfen dieses **Dreieckshandels** waren Amsterdam, Liverpool, Bordeaux und Nantes. Produkte wie Glasperlen, Branntwein und Gewehre gingen von dort nach Afrika; Gold, Elfenbein und Kautschuk wurden direkt zurück nach Europa transportiert, während das wertvolle **„Ebenholz"** – wie die Sklaven von den Sklavenhändlern genannt wurden – in Maßangaben wie Tonnagen nach Amerika verschifft wurden. Produkte aus Übersee, wie Zucker, Rum, Kaffee und Gewürze, gingen im Austausch dafür nach Europa.

Während der monatelangen Fahrt nach Amerika hockten die Sklaven gefesselt und dicht gedrängt in den dunklen Schiffsbäuchen der Schiffe. Und obwohl man durch entsprechende An-

GESCHICHTE WESTAFRIKAS

weisungen versuchte, die Verluste während des Transports so gering wie möglich zu halten, starben viele während der Überfahrt aufgrund katastrophaler hygienischer Bedingungen und Seuchen. Eine beeindruckende Schilderung dieses Menschenhandels bzw. des Transports gibt der Roman „Roots" von *Alex Haley*.

Bevor die Sklaven verschifft wurden, wurden sie oft monatelang in einem der **Forts an der Küste** (z.B. Porto Novo, Insel Gorée etc.) unter ähnlich unmenschlichen Bedingungen zusammengepfercht. Dicht gedrängt wie Sardinen in einer Büchse standen sie (manchmal 1000) in einem Raum, den sie fast nie verlassen durften. Sie standen meist bis zu den Knien in Exkrementen, die erst ausgeräumt wurden, wenn ihre Höhe eine bestimmte Markierung an der Wand erreicht hatte. Auch inzwischen verstorbene Sklaven wurden bei dieser Gelegenheit entfernt. Bei den von den Afrikanern an die Europäer gelieferten Sklaven handelte es sich zunächst um Gefangene aus Stammesfehden, später gab es auch professionelle afrikanische Sklavenjäger. Diese erhielten im Austausch von den Europäern u.a. die begehrten Feuerwaffen, die ihnen später auch bei der Verteidigung gegen die Europäer dienen sollten. Im 17./18. Jh. hatte sich der Menschenhandel sowohl für die Europäer als auch für die Afrikaner zu einem lukrativen Geschäft entwickelt, was zu einer Wiederbelebung der alten Reiche wie Ashanti, Dahomey und Yoruba führte. Der afrikanische Binnenhandel wurde zu Gunsten des Überseehandels zunehmend vernachlässigt. Das größte Sklavenhandelszentrum war im 18. Jh. im Yoruba-Land wo durch die zahlreichen Stammesfehden ein Großteil der Gefangenen versklavt wurde. Die Ashanti an der Goldküste galten als die am meisten gefürchteten Sklavenjäger. Sie verkauften die Sklaven an die Fanti, die als Zwischenhändler für die europäischen Kaufleute fungierten.

Die Zahl der in vier Jahrhunderten (von 1441–1880) deportierten Afrikaner wird auf **10 bis 60 Mio. Menschen** geschätzt, wobei die Zahl derer, die den Transport nicht überlebt haben, noch hinzuzurechnen ist. Nicht zu vergessen sind die „indirekten" Opfer des Sklavenhandels durch die Gemetzel der Sklavenjäger in den Dörfern, deren verbliebene, ihrer männlichen Erwachsenen beraubte Bewohner zudem kaum noch in der Lage waren, die Lebensgrundlage sicherzustellen. Ganze Landstriche wurden auf diese Weise entvölkert. Im 17./18. Jh. lieferten die Goldküste und die benachbarte Sklavenküste den größten Teil der menschlichen Ware. Kongo und Angola stellten ebenfalls bedeutende Sklavenkontingente. Zu dieser Zeit lag der Sklavenhandel überwiegend in den Händen der Engländer.

Gegen Ende des 18. Jh. wurden in Europa immer mehr Stimmen gegen den Menschenhandel laut. 1815 hatte der Wiener Kongress die **Aufhebung der Sklaverei** zwar verkündet, Frankreich schaffte sie in seinen Kolonien aber erst 1848 ab. England hatte bereits 1772 den Sklavenhandel im eigenen Land verboten und 1807 auch in seinen Ko-

GESCHICHTE WESTAFRIKAS

lonien, aber erst wesentlich später (z.T. erst um 1900) wurden alle Sklaven im Britischen Empire frei.

Doch dann stellte sich ein neues Problem: **Wohin mit den befreiten Sklaven?** Etwa 10.000 ehemalige Sklaven siedelte man in Sierra Leone (Freetown) wieder an, nachdem man aus dem Gebiet kurzerhand eine britische Kronkolonie gemacht hatte. Zwischen den eingeführten Sklaven (so genannten Kreolen) und der einheimischen Bevölkerung gab es jedoch soziale Probleme und Spannungen. Auch die American Colonization Society hatte die Wiederansiedlung freigelassener Sklaven in Afrika zum Ziel. Da man davon ausging, dass sich Afrikaner überall in Afrika zu Hause fühlen, kaufte man ein Stück Land und gründete die Stadt Monrovia, wo ebenfalls einige zurückgeführte Sklaven angesiedelt wurden. Diese Niederlassung bekam unter dem Namen **Liberia** 1839 den Status eines Staates, der zunehmend an Autonomie gewann und bereits 1847 die Unabhängigkeit erlangte.

Mit dem Beginn der industriellen Revolution wurden in England und Frankreich, Belgien, Holland, in den USA sowie im Deutschen Reich immer mehr Rohstoffe gebraucht und gleichzeitig auch neue Absatzmärkte für die Industrieprodukte gesucht. Während Europa und die USA aus dem Sklavenhandel erhebliche Gewinne abschöpften, die so Grundlagen für die spätere Industrialisierung und den technischen Fortschritt darstellten, führten jahrhundertelanger Menschenhandel und die hemmungslose wirtschaftliche Ausbeutung durch die Kolonialmächte zur hoffnungslosen Verarmung vieler afrikanischer Regionen. Somit steht der „Reichtum" Europas in engem Zusammenhang mit der „Armut" Afrikas.

Kolonialmächte in Afrika

Vom 16. bis 19. Jh. errichteten Holländer, Briten, Franzosen, Schweden, Dänen und Brandenburger zahlreiche Niederlassungen und Handelsstützpunkte entlang der Küste Westafrikas. 1626 wurde im Zuge der Ansiedelung von Franzosen im Senegal die Französische Westafrika-Kompanie gegründet. Sie errichteten Festungen und Dörfer und nahmen von hier aus die Stützpunkte Gorée und Rufisque ein.

1663 errichteten die Engländer in Gambia das Fort James. Das 1657 von den Schweden gegründete Fort Cape Coast (Ghana) wurde später von den Dänen übernommen, die auch (1657) das Schloss Christiansborg (bei Accra) errichteten. 1677 schickte *Friedrich Wilhelm von Brandenburg* ebenfalls eine Expedition nach Afrika und ließ an der Goldküste ebenfalls ein Fort bauen.

Nachdem durch die zahlreichen Forschungsreisen das Innere des afrikanischen Kontinents etwas erhellt worden war, begann zwischen Franzosen und Engländern der **Wettlauf** um die militärische und ökonomische **Kontrolle des afrikanischen Binnenlandes.** Die Franzosen, die vom Senegal aus immer weiter nach Osten vordrangen, hatten

Im Innern eines Sklavenschiffes
(Zeichnung von M. Rugendas, 1835)

gegen erheblichen Widerstand der Afrikaner zu kämpfen. Die Engländer breiteten sich von ihren Stützpunkten an der Goldküste immer weiter nach Norden aus. Gegen Ende des 19. Jhs. kam es dann zwischen den europäischen Mächten zur **„Balgerei um Afrika"** (*scrambel for Africa*), was in der **Berliner Kolonial-Konferenz von 1884** gipfelte. Dabei teilten die Kolonialmächte Afrika in so genannte „Einflussgebiete" auf: Der Sahel-Sudan, die Elfenbeinküste (heute Côte d'Ivoire), Guinea und Dahomey (heutiges Benin) wurden französisch, Nigeria, Goldküste und Sierra Leone britisch, während Togo und Kamerun an die Deutschen fielen. Später wurden durch gegenseitige Abkommen die eigentlichen Kolonialgrenzen festgelegt, unabhängig von ethnischen Gruppierungen oder afrikanischen Herrschaftsgebieten. Die heutigen Grenzen der afrikanischen Staaten weichen nur gering von den damals geschaffenen Kolonialgrenzen ab.

Während die Zeit von 1880–1900 eine Periode der Eroberung und Besetzung war, können die Jahre von 1900–1920 als Zeit der Befriedung und Etablierung der Kolonialherrschaft angesehen werden. Dabei wurden in den einzelnen Kolonien zwei verschiedene Verwaltungssysteme, die der **„direkten"** und der **„indirekten"** Herrschaft entwickelt.

Die **Engländer** versuchten, afrikanische Könige und Häuptlinge als Mittelsmänner für eine indirekte Verwaltung (*indirect rule*) zu finden. Die **Franzosen,** die in langen, blutigen Kriegen letztendlich die Unterwerfung der Völker erreicht hatten, neigten eher dazu, die vorherrschenden Strukturen zu zerstören und alle Macht in die Hände ihres Militärs zu legen. Und dort, wo lokale Herrscher beibehalten wurden, residierten sie, der politischen Macht enthoben, meist nur nominell.

Für **Frankreich** waren die Kolonien in Afrika ein **Reservoir an Menschen**, aus dem man im Kriegsfall Soldaten rekrutieren konnte. In beiden Weltkriegen stellten die „tapferen Senegalesen", wie man die schwarzen Soldaten ungeachtet ihres Herkunftslandes nannte, einen beträchtlichen Teil der französischen Streitkräfte. Hunderttausende von Afrikanern kämpften auf den Kriegsschauplätzen Europas, um nach Kriegsende mit einer kleinen Pension (*gloriole*) in ihre Heimat zurückzukehren.

Die Kolonialzeit hatte jedoch auch **gewisse positive Effekte.** Auch wenn in den französischen Kolonien der Schwerpunkt auf Monokulturen (Erdnuss, Baumwolle, Kakao und Kaffee) lag, oft mit verheerende Folgen, so ist die Infrastruktur zumindest in den landwirtschaftlich interessanten Gebieten erheblich ausgebaut worden. Zahlreiche Straßen und Bahnlinien wurden in „freiwilliger" Arbeit gebaut. Im französischen Sudan begann das Office du Niger im Jahr 1929 ein umfangreiches Bewässerungsprogramm im Nigerbinnendelta, das den Anbau von Reis und Baumwolle ermöglichte. Große Savannengebiete wurden auf diese Weise für eine intensive Bewirtschaftung erschlossen. Da die einzelnen Kolonien je nach Region sehr unterschiedlich „entwickelt" waren, kam es zu einer erheblichen Abwanderung von Arbeitskräften aus den ländlichen Binnenregionen in die Städte bzw. in die Küstenregionen.

Daneben wurde auch auf den Ausbau des Gesundheits- und Bildungswesens großer Wert gelegt: Auf dem Land entstanden erste Hospitäler sowie kleinere Sanitätsstationen (*dispensaires*). Tropische Krankheiten wurden studiert und Methoden zur Bekämpfung entwickelt; außerdem Impfkampagnen in großem Ausmaß durchgeführt, womit z.B. das Gelbfieber fast völlig eingedämmt wurde. Auf dem Bildungssektor wurde neben der Errichtung erster Realschulen, Gymnasien und Hochschulen auch begonnen, staatliche Dorfschulen zu gründen. Zusammen mit den diversen kirchlichen Einrichtungen im Gesundheits- und Bildungswesen bildeten sie die Basis für die Herausbildung einer kleinen intellektuellen Schicht, die später in afrikanischen Unabhängigkeitsbewegungen sehr aktiv war.

Während die Engländer eher dazu tendierten, das Unterrichtsniveau dem afrikanischen Milieu anzupassen, war bei den Franzosen die Erziehung der afrikanischen „Bildungsbürger" auf die Vermittlung der französischen Kultur ausgerichtet, wozu meist auch ein Studienaufenthalt in Frankreich gehörte.

Den **Portugiesen** schließlich verdanken die Afrikaner auch Nutzpflanzen wie Mais, Kartoffel, Erdnuss, Reis und Yams sowie Mango und Banane, die man damals noch nicht kannte. Manchen mag es verwundern, dass diese heute als afrikanische Grundnahrungsmittel bekannten Produkte nicht afrikanischen Ursprungs sind.

Geschichte Westafrikas

Die Phase der Kolonisierung durch die Europäer stellt zwar nur einen kurzen Abschnitt in der Geschichte Afrikas dar, doch hat sie den Kontinent entscheidend verändert. Mit ihrer Kolonialpolitik griffen die Europäer zum Teil tief in das traditionelle Leben der afrikanischen Völker ein. Durch die Berührung mit europäischen Werten setzten Akkulturationsprozesse ein, in deren Verlauf das traditionelle afrikanische Sozialgefüge teilweise aufgelöst wurde. Alle bisher gültigen Wertvorstellungen und Normen wurden umbewertet, was eine Verunsicherung mit sich brachte, die auch heute noch zu spüren ist.

Entdeckungsreisende in Westafrika

Vor 200 Jahren war das Innere Afrikas für Europa noch eine terra incognita, unerforschte Wildnis, voll unabsehbarer Gefahren – das war das Afrikabild bis dato.

Im Jahre 1788 wurde deshalb in London die African Association for promoting the discovery of the interior parts of Africa gegründet. Sie rüsteten vier Expeditionen aus, die jedoch alle scheiterten. Der britische *Major Houghton*, der den Lauf des Niger erforschen sollte, wurde ermordet. Daraufhin beauftragte die African Association den damals erst 22-jährigen schottischen Arzt **Mungo Park**, den **Verlauf des Nigerflusses** zu erkunden. Am 22. Mai 1795 verließ er die senegalesische Küste Richtung Osten und erreichte ein Jahr später bei Segou den Niger, wo er seine Vermutung bestätigt fand, dass der Niger, der schon seit *Ptolemäus* bekannt war, nach Osten und nicht, wie bis dahin angenommen, nach Westen fließt. Bei seiner zweiten Reise von 1805–1806 kam er in den Bussa-Stromschnellen ums Leben, ohne die Nigermündung erreicht zu haben.

Andere Forschungsreisen (von *Clapperton, Denham* und *Oudney*) folgten einige Jahre später, brachten jedoch in der Niger-Frage keine neuen Informationen und Erkenntnisse. Schließlich gelang es *Dixon, Denham, Hugh* und *Clapperton*, von Tripolis in den Zentralsudan vorzudringen und Sokoto zu erreichen. Clapperton näherte sich anschließend mit *Richard Lander* von der Guineaküste aus Richtung Norden dem Niger, wo er 1827 an der Ruhr starb. Die Verbindung der nördlichen mit der südlichen Reiseroute war damit hergestellt. Lander unternahm anschließend (1830) zusammen mit seinem Bruder John eine weitere Reise, bei der er von Bussa als erster den Niger abwärts bis zur Mündung fuhr. Die **Quelle des Niger** entdeckten der Franzose *Marius Moustier* und der Schweizer *Josua Zweifel* erst im Jahre 1879. Der Schotte *Gordon Laing* erreichte als erster Europäer die sagenumwobene Stadt **Timbuktu**, er wurde jedoch auf dem Rückweg ermordet. Bereits ein Jahr später (1828) gelang es dem Franzosen *René Caillé*, als Maure verkleidet, die Handelsmetropole Timbuktu zu besuchen.

Der deutsche Historiker, Geograf und Naturforscher **Heinrich Barth**, der von 1850–1856 den Sahel und Sudan bereiste, erweckte mit seinen Reisebeschreibungen großes Aufsehen in Europa. Er hatte in Timbuktu Manuskripte von arabischen Geschichtsschreibern gefunden und konnte als erster Europäer die bemerkenswerte Geschichte und Kultur der schwarzafrikanischen Völker bezeugen.

Dekolonisierung und Unabhängigkeit

Für das Aufkommen eines verstärkten Unabhängigkeitsbedürfnisses sowie eines afrikanischen Nationalbewusstseins spielten verschiedene Aspekte eine Rolle. Zunächst waren es die beiden Weltkriege, wo die Afrikaner als „französische Soldaten" auf andere Europäer schießen mussten. Dies veränderte erheblich ihr Bild von den „weißen Herren". Außerdem kamen die Intellektuellen mit den froäzischen Idealen von Freiheit, Gleichheit und Brüderlichkeit in Berührung, sie lernten progressive Politiker kennen, die gegen die Kolonialpolitik waren. Für die Emanzipation der Afrikaner waren Schriftsteller wie *Leopold Sédar Senghor* und *David Diop* von großer Bedeutung, die mit ihrer Dichtung den Afrikanern zu einem neuen Selbstverständnis verhalfen und den Europäern wiederum die Möglichkeit boten, Einblick in die Situation der Afrikaner zu gewinnen.

Nach dem Zweiten Weltkrieg sahen sich die Kolonialmächte unter dem Druck der Weltöffentlichkeit und besonders der USA, die zur Weltmacht Nr. 1 avanciert waren, zunehmend gezwungen, eine andere Politik einzuschlagen. Diese war verbunden mit der Verdrängung des „traditionellen" Imperialismus britischer und französischer Prägung durch einen Konsum- bzw. „Coca-Cola-Imperialismus" der USA, die selbst nie Kolonien besessen hatten.

Die Engländer strebten eine allmähliche Hinführung zur **Selbstverwaltung** an, während Frankreich eine **Assimilierung** der Afrikaner praktizierte, indem es zum Teil schwarze Abgeordnete ins Parlament nahm, wie z.B. *Blaise Diagne* und *Lamine Gueye* aus Senegal sowie den späteren Präsidenten von Senegal, *Léopold S. Senghor*, oder den ehemaligen Präsidenten der Republik Côte d'Ivoire, *Felix Houphouët-Boigny*.

Eine kleine Gruppe von schwarzen Intellektuellen stellte somit die Keimzelle für ein neues afrikanisches Bewusstsein dar. Ihre Ideen fanden jedoch erst nach dem Zweiten Weltkrieg Resonanz in der afrikanischen Bevölkerung. Frankreich und England versuchten, den Widerspruch zwischen „imperialem Ehrgeiz" und der „Idee der Freiheit" dahingehend zu lösen, dass sie als „rechtmäßiger Vormund" ihre „minderjährigen Völker" auf die „Volljährigkeit" hinführen wollten. Die Vorstellungen darüber, wie dies zu erreichen sei, gingen jedoch weit auseinander.

Die Engländer waren bereit, ihre Kolonien langsam in den Zustand völliger Autonomie zu führen, wobei jedoch die wirtschaftlichen Beziehungen sowie die Treue zur britischen Krone aufrechterhalten werden sollten.

Die Franzosen hatten die Vorstellung von einer Union freier und gleichberechtigter Bürger mit einer gemeinsamen Sprache – natürlich französisch – und gleichen Rechten. Nachdem die

Forderung nach Gleichberechtigung in den Kolonien laut wurde, kam bald darauf der Wunsch nach Unabhängigkeit von der Kolonialmacht, nachdem Marokko und Tunesien 1956 die Unabhängigkeit erlangten. Die Kolonie Goldküste erlangte 1957 unter *Kwame Nkrumah* ihre Unabhängigkeit und wurde bei dieser Gelegenheit in Erinnerung an das alte sudanesische Reich in Ghana umgetauft. Guinea ernannte sich im Jahre 1958 zur unabhängigen Republik. Bald darauf wurden auch die übrigen Länder der Kolonialmächte Frankreich und Großbritannien unabhängig. Nur Portugal widersetzte sich mit allen Mitteln dem Unabhängigkeitsstreben. So wurde Guinea-Bissau erst 1974, nach Jahren blutiger Kämpfe selbständig.

Missionierung

Zu Beginn des 19. Jh. kamen die ersten Missionare an die malariaverseuchte Küste Westafrikas, die daher auch gern das **„Grab des weißen Mannes"** genannt wurde. Nur wenige der protestantischen oder katholischen Geistlichen hielten es lange dort aus bzw. überlebten ihren Aufenthalt. Im Jahre 1825 sollen an der Westküste allein 52 Missionare dem „Fieber" erlegen sein. Aber es fanden sich immer wieder neue Freiwillige, die ohne jeden Zweifel an ihrem Tun versuchten, in ihrem missionarischen Eifer aus den „wilden, schwarzen Heiden" „richtige Menschen" zu machen. Bei der Taufe bekamen die Afrikaner christliche Namen und mussten ihre traditionellen afrikanischen Namen ablegen. Meist wurden sie auch gezwungen, europäische Kleidung zu tragen, da die „afrikanische" Kleidung nicht „keusch" genug war. Neben der Errichtung von Schulen und Krankenstationen betrieben die Missionare zum Teil intensive Sprachstudien und erstellten Grammatik- und Wörterbücher für die wichtigsten afrikanischen Sprachen. Um 1900 gab es kaum Gebiete ohne Missionare. Durch das starke Engagement im Bildungssektor und der Heranbildung einer christlich erzogenen Elite trugen sie aber auch zur Entstehung antikolonialer Denkrichtungen bei.

Maurische Frauen

BEVÖLKERUNG

Bevölkerung

Afrika gilt zweifelsfrei als die „Wiege der Menschheit", auch wenn sich die Wissenschaft streitet, wo genau der erste Homo sapiens das Licht der Welt erblickt hat – in Ost- oder Südafrika. Weiter nimmt man an, dass die Sahara zu Zeiten, als sie noch von Vegetation bedeckt war, unter anderem von den negroiden Vorfahren der heutigen Pygmäen und Buschmänner bewohnt wurde. Eine Trockenperiode, etwa ab 3000 v.Chr., verursachte dann eine innerafrikanische Völkerwanderung in großem Ausmaß. Von Norden her drangen „Weißafrikaner" immer weiter südlich in die Siedlungsgebiete der negro-afrikanischen Bauernvölker vor und vertrieben die dort ansässige schwarze Bevölkerung in den Urwald bzw. in ihre heutigen Lebensräume.

Durch Karawanenhandel und Eroberungszüge drangen schon in frühen Zeiten **kulturelle Einflüsse aus dem Mittelmeerraum** in den Sahel, aber auch aus dem Osten kamen orientalische Einflüsse nach „Schwarzafrika". Es entstanden zahlreiche große Neusudanische Reiche (s.a. Kapitel Geschichte). Um sich vor Versklavung bzw. Islamisierung zu schützen, zogen sich einige Völker in abgelegene, und unwegsame Regionen zurück, etwa die Dogon in die Falaise von Bandiagara.

Aufgrund der Wanderungsbewegungen fand in Afrika seit jeher eine **Rassenvermischung** der Völker statt, weshalb die „schwarze" Bevölkerung nicht

BEVÖLKERUNG

als homogen und klar definierbare Einheit angesehen werden.

Weißafrikaner

Als wichtigste Vertreter der hellhäutigen Bevölkerung Westafrikas sind neben den in Mauretanien lebenden **Mauren** die in der Sahara und in der südlich angrenzenden Sahelzone nomadisierenden **Tuareg** anzusehen.

Tuareg

Die Tuareg, von denen es mehrere Untergruppen gibt, sind mit ihren Kamelkarawanen und der geheimnisvoll wirkenden Gesichtsverschleierung als „Blaue Ritter der Wüste" bekannt geworden. Sie selbst bezeichnen sich als *Imuschagh*, was „Freie, Unabhängige" bedeutet. Die Herkunft der Tuareg ist zwar ungeklärt, man nimmt jedoch an, dass sie von den Berbern abstammen. Ihre Sprache ist das Tamaschek, eine Berbersprache mit eigener Schrift, dem Tifinagh oder Tifinar. Die Gesamtzahl der Tuaregs wird auf ca. 1 Million geschätzt, davon leben etwa 500.000 im Niger und etwa 300.000 in Mali, die übrigen verteilen sich auf Algerien, Libyen, Mauretanien und Burkina Faso.

Durch das Vordringen arabischer Beduinen im 11. Jh. aus Nordafrika waren die Tuareg gezwungen, in die Sahelregion zu ziehen. Ähnlich wie andere Hirtenvölker haben auch die Tuareg ein

Jugendlicher Targui – lange Haare sind ein Zeichen von Adel

Gesellschaftssystem mit starker hierarchischer Gliederung. Die Macht liegt in den Händen hellhäutiger Adeliger. Ihr Leitbild ist es, mutig, schön, gut gekleidet und großzügig zu sein. Ihren Besitz mehrten diese Tuareg früher durch Raubzüge und Sklavenhandel.

In Abhängigkeit von den Adligen stehen die **Vasallen,** die von ihren Herren *Imrad* genannt werden und wahrscheinlich von berberischen Ziegenhirten abstammen, die bei Eroberungszügen unterworfen wurden. Sie selbst nennen sich *Kel Ulli* (Ziegenleute). Sie beschäftigen sich auch hauptsächlich mit Viehzucht, während der Besitz von Kamelen früher das Privileg der Adligen war, die vor allem kriegerische Tätigkeiten ausführten, wie Raubzüge, Kontrolle der Karawanenstraßen oder selbst Karawanen durch die Wüste führten. Eine Hacke in die Hand zu nehmen stand und steht auch heute noch vielfach unter der Würde der Adligen. Als sie nach langer Dürre ihre Herden verloren hatten, verarmten viele Tuaregs. Bei einigen Gruppen der Tuareg, die im Sahel leben, ist die Trennung zwischen Adligen und Vasallen bereits aufgehoben. Die Vasallen haben im Vergleich zu ihren Herren stark negroide Züge.

Die **Sklaven** *(Iklan)* bilden die dritte Klasse der Tuareg-Gesellschaft. Sie leben als abhängige Bauern in den Oasen der Sahara, wo sie für ihre Herren Getreide anbauen bzw. in den adligen Familien die Hausarbeit machen. Die Sklaven wurden, wenn auch von ihren Herren eher verachtet, gut behandelt, denn sie hatten die Möglichkeit, den Herrn zu wechseln. Seit der Kolonisie-

BEVÖLKERUNG

rung sind die Sklaven weitgehend unabhängig von ihren ehemaligen Herren. **Buzu** oder **Bella** heißen die Sklaven, die meist schwarze Kleidung tragen.

Eine zum Teil verachtete, zum Teil geschätzte gesellschaftliche Gruppe stellen die **Handwerker** *(Ineden)* dar. Sie sind negroid und bearbeiten Metall und Holz. Aufgrund ihres Umgangs mit Feuer und Eisen sind sie respektiert, aufgrund ihrer magischen Fähigkeiten und ihrer Heilkunst zum Teil jedoch auch gefürchtet.

Die Stellung der **Marabouts,** der moslemischen Korangelehrten, ist in den einzelnen Gruppen unterschiedlich. Sie sind für die Verbreitung des Islam zuständig und führen als Träger von heilbringenden Kräften *(baraka)* religiöse Riten durch, sie helfen bei der Auslegung des Korans sowie als Richter. Die Tuareg sind zwar seit ihrer ersten Berührung mit dem Islam Moslems, jedoch ist der Glaube an Geister und magische Kräfte lebendig geblieben.

Die meisten Tuareg-Familien ziehen mit ihren Herden in unmittelbarer Umgebung ihrer Lägerplätze umher, nur wenige betreiben mit ihren Kamelkarawanen *(Azelai)* noch den Salzhandel. Die Tuareg leben überwiegend in Zelten aus Tierhäuten; miteinander verwandte Familien bilden ein Lager.

Tuareg-Männer tragen einen Gesichtsschleier (arab. *litham),* einen mehrfach um den Kopf geschlungenen Stoffschal, der vor allem vor dem Sand schützen soll. Während die Adligen dunkelblaue Schleier tragen, sind die der Vasallen weiß. Als Kleidung bevorzugen die Tuareg indigogefärbte Stoffe, die jedoch nicht farbecht sind, weshalb ihre Haut manchmal leicht blauschwarz schimmert, was ihnen ein besonders geheimnisvolles Aussehen verleiht.

Tuareg-Frauen verschleiern dagegen nie ihr Gesicht, tragen jedoch meist ein Kopftuch aus demselben Stoff als Zeichen des Erwachsenseins. Ihre Kleidung besteht aus Tüchern, die sie um die Hüfte wickeln; sowohl Haare als auch Hals und Arme sind mit Schmuck verziert. Das bekannteste Schmuckstück der Tuareg, das Kreuz, wird als Amulett gegen den „Bösen Blick" getragen, denn man glaubt den gefährlichen „ersten" Blick mit einem besonders auffälligen Gegenstand „einfangen" zu können. Das Kreuz von Agadez hat von allen die vollendetste Form.

Das legendäre **„Mutterrecht",** d.h. die **ursprüngliche matrilineare Abstammungsfolge** (Betonung der Verwandtschaft der Frau gegenüber der des Mannes) bei den Tuareg sagt relativ wenig über die gesellschaftliche Stellung der Frau aus. Um „Gleichstellung" mit dem Mann oder sogar „Herrschaft der Frauen" handelt es sich hier nicht. Die Tuareg-Frauen sind im Vergleich zu den meisten anderen islamischen Gesellschaften relativ frei und geachtet, ihre Einflussmöglichkeiten jedoch gering. Sie können keine Ämter innehaben, und zu den Ratsversammlungen der Männer haben sie auch keinen Zutritt. Die Tuareg-Frau gilt als Trägerin der Kultur (sie kann die Tifinar-Schrift schreiben), stellt kunstvolle Lederarbeiten her und ist Musikerin oder Poetin. Eine *Targia* kann ihren Ehepartner frei wählen und ihn auch wieder verlassen; Eheschließungen finden überwiegend innerhalb der eigenen sozialen Schicht statt. Trotz des islamischen Einflusses herrscht Monogamie vor.

Die „Blauen Ritter der Wüste" leisteten den französischen Kolonialherren bis 1934 erheblichen Widerstand, wobei sie stark dezimiert wurden. Während und nach der Kolonialzeit haben sich die alten hierarchischen Sozialstrukturen immer mehr aufgelöst. Der Adel hat erheblich an Macht (und seine Sklaven und Vasallen) verloren. Die ehemaligen Sklaven, die nach wie vor an Kultur und Tradition der Tuareg festhalten, leben nun als „Unabhängige", was sie gerne durch auffällige Gewänder und mit Amuletten geschmückte Turbane demonstrieren.

Fulbe-Frau im Senegal

Negroide Völker

Im Folgenden sollen die wichtigsten negroiden Ethnien beispielhaft dargestellt werden, um ein Bild von der traditionellen Kultur Westafrikas zu vermitteln.

Fulbe

Unter den negroiden Völkern Westafrikas nehmen die Fulbe (je nach Region und Sprache auch *Ful, Fula, Fellani, Fellata* oder frz. *Peulh* genannt) eine gewisse Sonderstellung ein. Ihre Gesamtzahl schätzt man heute auf über sechs Millionen, die in kleinen Gruppen über ganz Westafrika verteilt, vom Senegal bis zur Republik Sudan, vom Sahel bis zu den Grenzen des tropischen Regenwaldes leben. Sie selbst nennen sich *Fulani*, ihre Sprache ist das Fulfulde.

Der Ursprung der Fulbe ist noch ungeklärt. Die ursprünglich ausschließlich als **viehzüchtende Nomaden und Jäger** lebenden Fulbe siedelten sich etwa seit dem 10. Jh. verstärkt in Gebieten der sesshaften schwarzen Bevölkerung des Sudan an. Sie nahmen den islamischen Glauben an und führten zahlreiche weitgehend religiös motivierte Eroberungszüge durch, die im 17.–19. Jh. mehrere Staatenbildungen zur Folge hatten (s.a. Kapitel Geschichte). Nach ihren sozio-ökonomischen Strukturen lassen sich die Fulbe in folgende drei Hauptgruppen unterteilen:

BEVÖLKERUNG

Fulbe Bororo

Die Fulbe Bororo sind Nomaden (Rinderhirten), die einzige Gruppe mit äthiopiden Zügen, die als „reinrassig" gelten und um ihre helle Hautfarbe von den Vertretern der anderen Gruppen beneidet werden, da dies als besonderes Schönheitsideal gilt. Die Bororo haben ein stark ausgeprägtes ethnisches Bewusstsein und sind heute noch darauf bedacht, ihr Blut durch Endogamie (Binnenheirat) „rein" zu halten.

Man könnte sie als besonders „schöne" Menschen bezeichnen, denn sie fallen durch ihr ästhetisches Äußeres auf, durch ihren stolzen Gang und ihren reichhaltigen bunten Schmuck. Die Bororo-Frauen haben ihr Gesicht häufig mit Schmucknarben verziert. Die Fulbe-Bororo sind nur teilweise islamisiert und ziehen mit ihren Rinderherden je nach Jahreszeit von Norden nach Süden bzw. umgekehrt, wobei sie meist nur zwei bis drei Tage am selben Ort bleiben. Da der bewegliche Hausrat der Bororo nur sehr klein ist, ist das Lager schnell auf- und abgebaut. In Siedlungen und auf Märkten tauschen sie Milch und Milchprodukte, gelegentlich auch Ziegen und Schafe gegen Getreide ein. Rinder werden dagegen nur in äußersten Notfällen verkauft bzw. zu besonderen Festen geschlachtet. Neben den langhörnigen Rindern, zu denen sie eine emotionale, fast mystische Beziehung haben, spielen andere Lasttiere eine untergeordnete Rolle. Der besonders **stark ausgeprägte Schönheitskult** der Bororo (s.a. Kapitel Kunst und Kultur) kommt besonders bei Festen zum Ausdruck, wo sie ihre Schönheit durch Schminke noch zu unterstreichen versuchen.

Das **wichtigste Fest** ist das **Gereol**, eine Art **„Brautschau"**, die jedes Jahr zu Ende der Regenzeit (Oktober/November) stattfindet. Die jungen Männer tanzen dort vor den Frauen. Sie betonen die Augen mit roten Strichen, um sie größer wirken zu lassen, und schminken Mund und Augenpartie schwarz, damit das Weiß der Zähne und Augäpfel stärker zum Vorschein kommt. Zusätzlich wird die Nase mit einem ockerfarbenen Strich hervorgehoben und das Gesicht mit weißen Linien verziert. Daneben gehört reichlicher Schmuck und ein Lederschurz zu dem aufwendigen Festtagsgewand. Die jungen Männer versuchen sich dann durch auffällige Gesten und möglichst vorteilhafte Bewegungen sowie durch Augenrollen in Szene zu setzen. Bei den Bororo genießen die Frauen im Vergleich zu anderen, stärker islamisierten Fulbe-Gruppen relativ viele Freiheiten.

Fulbe Nai

Die Fulbe Nai *(nai* = Rinder) sind halbnomadisch lebende Hirten, die um ihre Standquartiere Feldbau betreiben. Sie verlassen diese Plätze nur vorübergehend in der Trockenzeit, um für ihr Vieh geeignete Weideplätze zu finden.

Fulbe Sire

Die Fulbe Sire (*sire* = Häuser) waren meist durch Verlust der Herde gezwungen sesshaft zu werden und Feldbau (Sorghum und Erdnüsse) zu betreiben. Vor allem nach den letzten Dürrekatastrophen im Sahel war diese Entwick-

BEVÖLKERUNG

lung verstärkt zu beobachten. Sie haben sich dabei weitgehend den anderen Gruppen angeglichen, etwa den Wolof, Bambara und Haussa.

Schwarzafrikaner (Negride)
Dogon

Das auf dem Plateau und in der Falaise von Bandiagara lebende Bauernvolk der Dogon wurde in den 1930er Jahren von dem französischen Ethnologen *Marcel Griaule* „entdeckt" und eingehend erforscht. Mit **250.000** Menschen stellen sie etwa 5% der Bevölkerung Malis. Ihren Lebensunterhalt besorgen sie durch Anbau (Hackbau) von Hirse, vielfach im Terrassenfeldbau (in der Falaise); daneben bauen sie auch Mais, Reis und Zwiebeln sowie Baumwolle, Indigo, Tabak und Hanf an, mit deren Erlös sie sich dann Trockenfisch, Salz und Fleisch einhandeln können. Als Haustiere halten sie neben Schafen und Ziegen Hühner und Bienen, während Pferde und anderes Großvieh mehr aus Prestigegründen gehalten werden.

Die **Ackerbauern** gehören zur obersten sozialen Schicht in der Dogon-Gesellschaft, danach folgen die Handwerker in den jeweiligen berufsspezifischen Kasten. Die meist vom Schmied ausgeführten Holzschnitzereien, wie Masken und Kultfiguren, zählen zu den bekanntesten Westafrikas.

Die aus **patrilinearen Großfamilien** bestehenden Dörfer werden von Ältestenräten regiert; eine politische Zentralgewalt hatten die Dogon zu keiner Zeit. Neben den dörflichen Funktionären gibt es noch ein religiöses Oberhaupt (*Hogon*) für die einzelnen Dörfer und Distrikte sowie für das ganze Dogon-Gebiet. Der Hogon führt in seiner Funktion als Priester die religiösen Zeremonien durch, ist aber auch Richter und darüberhinaus noch für die Weitergabe der mythologischen Überlieferungen verantwortlich.

Bobo

Die mit den Dogon kulturverwandten Bobo leben zwischen dem oberen Niger und dem oberen schwarzen Volta in Burkina Faso. Sie bauen vor allem Hirse an und leben weitgehend vom Ackerbau. Außerdem halten sie zur Bereicherung ihres Speisezettels Ziegen, Schafe, Hühner, während Rinder nur zu Opferzwecken oder der Häute und des Dungs wegen gehalten werden. Meist haben sie mit dem Hüten des Viehs Fulbe beauftragt, die dann als Entlohnung die Milch verkaufen dürfen.

Die Bobo wohnen in rechteckigen Lehmhäusern mit Flachdach; eine Siedlung besteht jeweils aus mehreren Gehöften, wobei jedes Gehöft von einer mit Zinnen bestückten Lehmmauer umgeben ist und etwas an „Lehmburgen" erinnert.

Sklaverei war früher bei den Bobo üblich, Handwerker (Schmiede und Lederarbeiter) werden auch heute noch als endogame Kaste behandelt und geächtet. Während in den Städten die traditionellen Glaubensvorstellungen durch Islam und Christentum weitgehend verdrängt wurden, sind sie auf dem Land noch weitgehend lebendig. Zahlreiche **rituelle Feste und Maskentänze** werden auch heute noch alljährlich in der Umgebung von Bobo-Dioulasso abge-

BEVÖLKERUNG

halten (s.a. Kapitel Burkina Faso bzw. Masken und Kulte).

Senufo

Diverse Untergruppen der Senufo, insgesamt ca. **850.000** Menschen, leben im Südosten von Mali, im Norden der Côte d'Ivoire und im Südwesten von Burkina Faso.

Die Senufo betreiben **Feldbau** mit **Reis, Mais und Hirse.** Ihre Dörfer bestehen aus kleinen Lehmziegelhäusern, wobei die zu einer Familie gehörigen Hütten jeweils mit einer Mauer bzw. mit Palisaden umgeben sind. Während die Häuser im trockneren Norden üblicherweise ein Flachdach haben, sind sie im feuchteren Süden mit einem kegelförmigen Strohdach bedeckt. Die sprachliche und kulturelle Vielfalt spiegelt sich auch in der Symbolik und in verschiedenen Stilen wieder.

Berühmt sind die **Musikanten** der Senufo sowie die Holzschnitzer, die ursprünglich überwiegend Ahnenfiguren und Masken hergestellt haben. Das bedeutendste Werk der Senufo-Kunst ist der **Nashornvogel,** der mythologischen Traditionen zufolge eines der ersten von Gott geschaffenen Tiere ist, und ein Fruchtbarkeitssymbol darstellt. Während der lange Schnabel als männliches Glied gesehen wird, deutet der dicke Bauch eine Schwangerschaft an. Bekannt sind auch die im Wachsausschmelzverfahren hergestellten Figuren (Talismane etc.). Trotz dieser starken Verhaftung im Animismus schreitet die Islamisierung unter den Senufo immer mehr voran.

Lobi

Die Lobi – ihre Gesamtzahl wird auf etwa **250.000** geschätzt – leben in den nördlichen Gebieten der Côte d'Ivoire und Ghanas sowie in den Savannen des Voltabeckens und im Südwesten von Burkina Faso. Ihren Lebengrundlage bilden der Anbau von Hirse, Viehhaltung, Jagd und Fischfang. Außerdem sind sie auch ein Händlervolk, das in vorkolonialer Zeit Kauri-Muscheln als Zahlungsmittel benutzte. Früher spielte auch noch die Förderung von Gold und

BEVÖLKERUNG

Eisenerz eine gewisse wirtschaftliche Rolle. Charakteristisch für die Siedlungsweise der Lobi sind die relativ verstreut liegenden „Lehmburgen" mit Flachdach. Die traditionelle Verehrung der Ahnen und einer Erdgottheit hat trotz teilweiser oberflächlicher Islamisierung nur wenig an Bedeutung verloren (s.a. Kapitel Burkina Faso).

Neusudanesische Kulturen

Vertreter der so genannten Neusudanischen Kultur sind die im Obernigergebiet lebenden Mande, zu denen neben Bambara, Soninke, Malinke, Dialonke und Marka auch die Diula zählen. Die Somono sind (nach J. Zwernemann) eine zu den Bambara gehörige Fischerkaste. Im Nigertal, zwischen Niafounke und Gao, haben sich die Songhay angesiedelt, während die Flussgebiete des Niger und Bani den Lebensraum der Fischervölker Bozo und Sorko bilden.

Die Mossi stellen die größte Bevölkerungsgruppe in der Republik Burkina Faso dar, die Haussa sind nicht nur im Niger, Nord-Nigeria und Tschad, sondern auch in Burkina Faso vertreten. Und die mit den Songhay verwandten Djerma leben entlang des Niger zwischen Ansongo und Doddo. In Senegambia sind die sehr stark durch Mauren und Fulbe beeinflussten und bereits lange islamisierten Wolof anzutreffen. Die in unmittelbarer Nachbarschaft lebenden Serer bauen hauptsächlich Hirse und Erdnüsse an, während sich die in der Umgebung der Hauptstadt Dakar ansässigen Lebu vollkommen auf die Seefischerei spezialisiert haben. Im nördlichen Senegal leben schließlich noch die Tukulor und im südliche Senegal (Casamance) die Diola, die für ihren Reisanbau bekannt sind.

Mande (Bambara)

Sowohl Bambara (sie selbst nennen sich *Bamana*) als auch Malinke zählen zu den Mande und sind die zahlenmäßig stärksten Ethnien der West-Mande, zu denen außerdem Soninke, Bozo, Dialonke, Khasonke, Kagore etc. zählen. Als Mande werden die kultur- und sprachverwandten Stämme bezeichnet, die zwischen Senegal und Niger leben. Die meisten Gruppen haben sich im Laufe der Zeit stark mit den Fulbe vermischt. Zur Gruppe der Ost-Mande gehören die Mano, Dan, Tura und Samo.

Der größte Teil der Soninke (Sarakolle, Marka, Serawuli etc.) lebt nördlich der Bambara zwischen Nara und Kayes. Sie sind aber auch in der Gegend von Mopti und Djenne sowie San anzutreffen und auch weiter östlich, im Norden Burkina Fasos. Das Siedlungsgebiet der Malinke (Mandinka) erstreckt sich entlang des oberen Senegal, Niger und Gambia, von Kayes bis nach Man in die Côte d'Ivoire, im Westen bis nach Senegal, Guinea und Guinea-Bissau.

Der Lebensraum der Bambara erstreckt sich von Nioro im Norden bis nach Odiénné im Süden (überwiegend in der Republik Mali zwischen dem Oberlauf des Niger und dem Senegal). Kleinere Bambara-Gruppen sind auch im Senegal und in Guinea-Bissau ansässig. Diese Volksgruppe bestreiten ihren Lebensunterhalt hauptsächlich mit Landwirtschaft. Daneben sind auch sie Jäger und Fischer. Von gewisser wirtschaftlicher Bedeutung ist auch der Handel mit Baumwollgeweben. Die Bambara sind außerdem bekannt für ihre Holzschnitzereien, Metall- und Lederarbeiten sowie ihr Töpferhandwerk.

Als „Abkömmling des Dorfgründers" hat der des Dorfvorstehers die Aufgabe, das Land des Stammes zu verwalten (an den einzelnen wird nur das Recht vergeben, es zu bebauen), sowie die in Verbindung mit Erd- und Ahnenkult stehenden Rituale abzuhalten.

Als Überreste der ehemaligen feudalistischen Staatsorganisationen gibt es auch heute noch bei den Bambara neben der Adelsschicht eine soziale Differenzierung in Abhängige und verachtete endogame Kasten, wie Schmiede, Gerber, Holzschnitzer. Ähnlich wie die anderen Mande-Stämme gründeten auch sie einst bedeutende Königreiche (s.a. Kapitel Geschichte), die bis in das 19. Jh. hinein existierten. Große Teile der Bambara haben trotz der Islamisierungsversuche ihren traditionellen Glauben beibehalten.

Diula (Dioula, Dyula)

Die Diula (nicht zu verwechseln mit den Diola des Südsenegal) sind ein Volk, das vermutlich von den Soninke abstammt und im nördlichen Burkina Faso, Mali, Ghana und der Côte d'Ivoire meist mit Bambara und Malinke zusammenlebt. Ihre Sprache ist das Diula, ein Mande-Dialekt.

Links: Targui mit Gesichtsschleier
Rechts: Bella-Frau bei Gao

Als **traditionelles Händlervolk** im ganzen Westsudan bekannt, wird ihr Name oft auch synonym für „Händler" verwendet. Heute liegt das Geschäft zwischen den Viehzüchtern im Norden und den Produzenten von Kolanüssen und Textilien im Süden größtenteils in ihren Händen. Während sie sich in der Trockenzeit hauptsächlich dem Handel widmen, betreiben sie in der Regenzeit auch Ackerbau. Überregionale politische Organisationen kennen sie nicht; entscheidend sind die verwandtschaftlichen und wirtschaftlichen Verbindungen. Aufgrund ihrer Zugehörigkeit zum Islam, ihrer wirtschaftlichen Unabhängigkeit und ihrer überdurchschnittlichen Schulbildung sind die Diula bei anderen Ethnien meist sehr angesehen.

Songhay (Sonrhai)

Die Songhay leben hauptsächlich im Nigerbinnendeltas und werden zusammen mit den Djerma und Dendi auf etwa **500.000** Menschen geschätzt. Das Gebiet zwischen Tillabery und Gao gilt als das eigentliche Zentrum der Songhay. Im Norden Nigerias leben die zu den Songhay gehörenden Sorka.

Die Songhay-Sprache hat drei Hauptdialekte: Songhay, Djerma und Dendi. Das Songhay-Djerma stellt neben dem Haussa die wichtigste Handels- und Verkehrssprache in Niger dar. Während der Regenzeit betreiben die Songhay Getreideanbau (Hirse); Jagd und Fischfang liefern die Zusatznahrung. Die

Links: Mandingo-Frau mit Sohn
Rechts: Fulbe-Frauen aus Burkina Faso

Viehzucht spielt für die Versorgung mit Nahrungsmitteln eine untergeordnete bis geringe Rolle. Die Songhay waren außerdem schon lange am Transsaharahandel beteiligt. Ihre Gesellschaft besteht aus Adligen, Abhängigen Handwerkskasten, Griots und früher auch noch Sklaven. Diese gesellschaftliche Ordnung geht auf die Songhay-Reiche im 15./16. Jh. zurück. Abstammungs- und Erbfolge sind patrilinear.

Mossi

Die Mossi gelten als „Preußen Westafrikas" und sind mit etwa 3 Mio. Menschen die größte Bevölkerungsgruppe von Burkina Faso. Sie stellen auch heute noch vielfach in den Dörfern die Erdherren (*Nyonyosi* heißt „die Ersten, die zuerst Dagewesenen") und verteidigen ihr altüberliefertes Brauchtum. Daneben sind Ahnenkult und ein ausgeprägtes Maskenwesen von Bedeutung. Die Sprache der Mossi, das Moré, gehört zu den Gur-Sprachen.

Das bis zur französischen Kolonialzeit bestehende **Königreich der Mossi** kann als typisches Beispiel einer afrikanischen Despotie angesehen werden. Es war eine klare feudalistische Gesellschaftsstruktur vorhanden, mit Adligen, freien Bauern und Sklaven. Darüber stand der absolutistisch regierende sakrale König (*Mogho Naba*). Ihm stand ein prunkvoller Hofstaat zu Seite. Auch die politische Organisation des Reiches war straff hierarchisch. Der noch nominell regierende Mogho Naba hat seinen Sitz in Ouagadougou. Ihm zu Ehren wird heute noch jeden Freitagmorgen eine Zeremonie abgehalten. Man nimmt an, dass die Mossi um 1000 n.Chr. aus dem Osten in ihr heutiges Wohngebiet eingedrungen sind, wo sie die noch bis in die französische Kolonialzeit hinein bestehenden Staaten Dagomba, Mamprusi, Yatenga und Wagadugu gründeten.

Die Religion der Landbevölkerung ist auch heute noch stark vom traditionellen **Ahnen- und Erdkult** geprägt; Islam und Christentum konnten lediglich in den Städten Anhänger gewinnen.

Im Süden schließen sich Mamprusi und die mit den Mossi verwandten Dagomba an, deren altnigritisches Kulturgut zum Teil durch andere Einflüsse überlagert wurde. Sie leben in Nord-Ghana zwischen Oti und Weißem Volta. Ihre Sprache, das Dagbane, ist eine der offiziellen Landessprachen Ghanas. Sie betreiben überwiegend Landbau, in geringem Umfang auch Viehhaltung. Die Dagomba bewohnen relativ kompakte Dörfer, wobei jeder Haushalt mehrere eng miteinander verwandte Männer und deren Frauen und Kinder umfasst. Jede Frau lebt mit ihren Kindern in einem eigenen Haus.

Haussa

Das Volk der Haussa umfasst ca. **10 Mio.** Menschen, die in den Savannen Nord-Nigerias und des Tschad, aber auch in Niger und in Burkina Faso leben. Ihre Sprache, das Haussa, ist neben dem Diula in ganz Westafrika als Verkehrssprache verbreitet.

Die Mehrheit der Haussa sind **Bauern,** die in erster Linie Subsistenzwirtschaft betreiben. Daneben werden Baumwolle und Erdnüsse angebaut. Die

Haussa sind bekannt für ihre handwerklichen Fähigkeiten, ihre Produkte sind auf allen Märkten sehr geschätzt. Als **traditionelles Händlervolk** sind sie – ähnlich wie die Diula – über ganz Westafrika verbreitet. Der größte Teil der Haussa ist seit dem 14. Jh. islamisiert. Während die nicht islamisierten Haussa in kleinen Dorfgemeinschaften mit patrilinearer Verwandtschaftsregelung leben, sind die islamisierten in mehrere große Stadtstaaten organisiert: Kano, Daura, Rano, Biram, Zaria, Katsena und Gobir, jeweils am südlichen Ende bzw. Ausgangspunkt der Karawanenstraßen durch die Sahara.

An der Spitze der Gesellschaft steht der **Emir** oder **Sultan,** dem eine Regierungsbürokratie unterstellt ist.

Kurumba

Die Kurumba leben im Norden Burkina Fasos. Sie haben sich im Laufe der Zeit sehr stark mit den Mossi, Songhay und Fulbe vermischt, und werden auf ca. **90.000** Menschen geschätzt. Ihre Sprache ist das Kurumfé, eine mit dem Gur verwandte Altsprache, die in letzter Zeit sehr stark vom Moré der Mossi überlagert wurde. Meist beherrschen nur noch die Alten das Kurumfé, das oft noch als Kultsprache verwendet wird.

Man nimmt an, dass die Kurumba die Nachkommen der autochthonen Altbevölkerung, der Nyonyosi, sind. Ihren Lebensraum bilden die Trockensavannen des Sahel. In der Regenzeit ist der Anbau von Hirse, Sorghum, Baumwolle und Erdnüssen möglich. Daneben halten die Kurumba noch Kleinvieh; das Hüten der Rinder überlassen sie den Fulbe. Sie leben in Großfamilien in geschlossenen, von einer Mauer umgebenen Einzelgehöften. In der Trockenzeit widmen sich die Männer der Weberei, wobei sie nicht mehr nur für den Eigenbedarf, sondern vermehrt für den Verkauf produzieren. Ihre Frauen sind Töpferinnen, die ihre Ware auf dem Markt verkaufen. Wanderhandwerker versehen die Flecht- und Lederarbeiten. Wegen der vermehrten Abwanderung junger Leute in die Städte sind die zurückbleibenden Familien in zunehmendem Maße unterversorgt.

Im Norden wird das traditionelle Gefüge durch den Islam langsam verändert. In den abgelegenen Dörfern des zentralen Yatenga ist jedoch der alte Glaube noch fest verankert und hat sich möglicherweise in letzter Zeit gerade aufgrund der forcierten Islamisierung noch verstärkt.

Tukulor (Toucouleur)

Die Tukulor sind anthropologisch gesehen mit den Wolof, Serer und Lebu verwandt, nicht aber, wie oft behauptet, mit den Fulbe, von denen sie lediglich die Sprache übernommen haben. Die Tukulor, die überwiegend an den Ufern des unteren Senegals leben, betreiben Feldbau. Einige haben sich auch unter *El Hadj Omar* im Futa Djalon (Guinea) niedergelassen und dort von den Fulbe die Viehzucht übernommen.

Wolof

Diese Ethnie lebt in den Savannengebieten von Senegal und Gambia. Sprachlich werden zu den Wolof auch die Serer und Lebu gezählt. Der Anbau

BEVÖLKERUNG

von Hirse und Reis dient der Selbstversorgung, Erdnüsse werden hauptsächlich für den Verkauf angepflanzt. Die Haltung von Großvieh ist bei den Wolof weit verbreitet. Sie sind als Handwerker bekannt, vor allem als Goldschmiede. Das Wolof ist heute Lingua franca im Senegal.

Die für ihren Stolz bekannten Wolof gelten heute als **staatstragende Ethnie** des Senegal, viele sind im **öffentlichen Dienst** tätig. Ursprünglich lebten die Wolof etwas weiter nördlich, wurden dann aber von islamisierten Berbern nach Süden in das Mündungsgebiet des Senegal vertrieben, wo sie im 11. Jh. von den Tukulor in ihr Reich integriert wurden. Erst im 14. Jh. konnten sie sich von dieser Vorherrschaft wieder befreien und zwischen Senegal und Gambia ein eigenes Reich errichten. Im 15. Jh. entwickelte sich ein lukrativer Sklavenhandel mit den Portugiesen, der bis in die Mitte des 16. Jh. anhielt.

Sprachen

Die Anzahl der afrikanischen Sprachen wird auf **zwischen 1500 und 2500** geschätzt. Sie übertreffen die europäischen häufig bei weitem in der Möglichkeit, detaillierte Schilderungen der Natur zu geben oder einen Gegenstand je nach Form, Gewicht, Volumen, Farbe genau zu benennen. Handlungen oder Tätigkeiten werden präzise wiedergegeben, je nachdem, ob einmalig, mehrmalig, schwach, intensiv ausgeführt. Neben der starken, für uns meist nur schwer nachvollziehbaren Spezifizierung existiert andererseits auch eine starke Generalisierung: im Ewe etwa kann das Wort „tsi" = Wasser, Saft, Milch, Tränen, Wein, Brühe, Eiter etc. heißen. Um Missverständnisse beim Zuhörer zu vermeiden, muss man zu dem Wort „tsi" eine entsprechende Ergänzung hinzufügen (z.B. Wasser der Früchte = Saft, ... der Brüste = Milch, ... der Augen = Tränen, ... der Wunden = Blut, ... des Palmbaumes = Wein etc.).

Jede Sprache hat ihre eigenen „Spezialitäten", wobei in anderen Bereichen als in den europäischen, den so genannten indogermanischen Sprachen sowohl generalisiert als auch abstrahiert wird. Das wohl markanteste Merkmal vieler afrikanischer Sprachen ist die **Tonalität**. Die Tonhöhe und Länge der Vokale sind bedeutungsunterscheidend. „Tó", mit Hochton im Ewe z.B. heißt Burg, „tò", mit Tiefton hingegen, Büffel. Durch die Tiefen und Höhen klingen diese Sprachen äußerst melodiös. Tonsprachen können auch auf Instrumenten (meist Trommeln) umgesetzt werden. Besonders geeignet sind die Sanduhrtrommeln, die unter dem Arm getragen werden und bei denen die Spannung und somit die Tonhöhe mit Hilfe der seitlichen Schnüre verändert werden kann. In Ghana gelten die Atumpan-Trommeln als Sprechtrommeln par excellence. Sie werden immer paarweise gespielt. Von Trommlern erwartet man, dass sie sich besonders gut in der Historie ihres Volkes auskennen.

Fast alle afrikanischen Sprachen sind ohne Schrift: **umfangreiche mündliche Überlieferungen** waren und sind auch heute noch durch die **Griots** gewährleistet. Manche Sprachen wie z.B. das

Anlo, Wolof oder der Haussa-Dialekt wurden jedoch inzwischen standardisiert und zur Schriftsprache gemacht. Außerdem haben sich manche Sprachen, wie das Diula und Haussa, zu üblichen **Handels- und Verkehrssprachen** in ganz Westafrika entwickelt, ähnlich wie das Kiswahili in Ostafrika. Auch das Fulfulde ist aufgrund der starken Wanderbewegungen der Fulbe in ganz Westafrika verbreitet.

Folgende **Sprachgruppen** können in Westafrika unterschieden werden:
- die **westatlantischen Sprachen,** zu denen das Wolof, das Fulfulde, Serer und die anderen atlantischen Küstensprachen gerechnet werden;
- die **Mande-Sprachen;** unter diesem Gliederungsbegriff werden in der Afrikalinguistik ca. 40 Sprachen zusammengefasst, die in der Hauptsache zwischen dem Gambia-Fluss im Westen und dem zentralen Burkina Faso im Osten, sowie vom Grenzgebiet Mauretaniens mit Mali im Norden bis in den Regenwald der Côte d'Ivoire und das Küstengebiet Guineas gesprochen werden. Dazu zählen so bekannte Sprachformen wie Bambara, Maninka, Dyula, Mandinka. Zu den Mande-Sprachen zählen außerdem das Soninké, Bozo, Sooso, Vai, Ligbi, Koranko, Sembla, Kpelle, San, Bisa, Toura u.v.a.;
- die **Gur-Sprachen,** die vor allem von den Altnigritischen Völkern im Voltagebiet, Burkina Faso (Moore, Lobi, Dagbane) und in Mali und nördlicher Côte d'Ivoire (Dogon bzw. Senufo) gesprochen werden;
- die **Kwa-Sprachen,** zu denen das Akan (mit Twi, Fante, Asante), Ewe Yoruba, Edo, Nupe und Igbo zählen;
- die **tschadischen Sprachen,** zu denen das auf vielen Märkten Westafrikas gesprochene Haussa sowie Margi, Mandara, Bura und Tera zählen;
- das **Tamaschek** der Tuareg rechnet man zu den Berber-Sprachen;
- im Nordosten Malis wird, wie auch in Nordafrika, **Arabisch** gesprochen.

Neben der erwähnten sprachlichen Zersplitterung ist jedoch in manchen Gebieten auch mehr und mehr eine **Vereinheitlichung** zu beobachten. Im Zuge des Akkulturationsprozesses findet z.T. auch eine sprachliche Anpassung ans Englische bzw. ans Französische statt. Viele Begriffe (Télévision, Atom, Radar) werden ohne Veränderung aus dem international gebräuchlichen Wortschatz übernommen.

Die **Amtssprachen** wurden von den Kolonialherren übernommen: Französisch, Englisch (vereinzelt auch Portugiesisch). In Zusammenhang mit der Entwicklung des modernen Afrika stellt die Sprachenfrage einen wichtigen Faktor in Bezug auf das Selbstbewusstsein der Staaten dar. Die Sprachenvielfalt bringt gewisse Schwierigkeiten in der Erziehungs- und Kulturpolitik der einzelnen Staaten mit sich, jedoch ist der größte Teil der Bevölkerung mehrsprachig. Oft beherrschen Afrikaner bis zu zehn verschiedene Sprachen.

Soziale Struktur und politische Organisation

Im Folgenden soll eine Gegenüberstellung der gesellschaftlichen Strukturen der **Altnigritischen Völker** (Dogon, Senufo), der **Neusudanischen Völker** (Wolof, Bambara, Fulbe) und der **Oberguineavölker** (Akan, Ewe, Yoruba) erfolgen.

Altnigritische Gesellschaften

Charakteristisch für die altnigiritischen Gesellschaften im Sahel-Sudan sind die Verwandtschaftsgruppen. Die

Zugehörigkeit zu einem Clan (der sich aus mehreren Lineages zusammensetzt) wird in so genannten patrilinearen Gesellschaften nach der väterlichen Abstammungslinie bestimmt, bei matrilinearen nach der mütterlichen.

Der **Clan** stellt bei den Altnigritern die **wichtigste soziale und politische Einheit** dar. Neben strengen Exogamieregeln und eigenen Namen ist fast immer ein gottähnlicher Schutzgeist anzutreffen. Der Clanchef wird als direkter Nachfahre des mythischen Ahnen angesehen und ist für die Durchführung der kultischen Handlungen zuständig. Mehrere Clans wurden zusammengefasst zu Stämmen bzw. Unterstämmen.

Die kleinste soziale Einheit bildet bei den Altnigritischen Völkern die meist **patrilineare Großfamilie,** wobei auch gewisse mutterrechtliche Tendenzen zu beobachten sind. So hat bei den Lobi (Burkina Faso) die Beachtung des mütterlichen Clantabus Vorrang vor dem väterlichen, und der Clanname wird matrilinear vererbt. Die Großfamilie besteht aus dem Familienoberhaupt, seinen Frauen und Kindern, seinen jüngeren unverheirateten Brüdern und Schwestern. Da Vettern und Cousinen ebenfalls als „Brüder" und „Schwestern" bezeichnet werden, darf es nicht verwundern, dass die Anzahl der Geschwister z.T. unrealistisch hoch erscheint. Unter der Autorität des Patriarchen lebt eine solche Großfamilie in der Regel in einem Gehöft. Mehrere miteinander verwandte Großfamilien leben meist zusammen in einem Dorf oder Quartier (Viertel).

Die **große Solidarität,** die unter den Mitgliedern eines Sozialverbandes besteht, bietet dem Einzelnen **soziale Sicherheit in Notzeiten**. In einer patrilinearen Gesellschaft wächst ein Junge meist bei den Verwandten des Vaters (von ihm als „Onkel" oder „große Brüder" bezeichnet) auf, die ihn auch beim Aufbringen des „Brautpreises" unterstützen. Bei frühzeitigem Tod bleiben seine Frauen und Kinder ebenfalls in der Obhut seiner Verwandten. Erbe und Nachfolger ist in der Regel der älteste Sohn des ältesten Bruders (Bruder-Erbrecht anstelle von Sohn-Erbrecht nach koranischem Recht).

Die **politische Organisation** der Altnigriter wird häufig als eine Art **„Urdemokratie"** bezeichnet und basiert im wesentlichen auf der Herrschaft der Ältesten. Die einzelnen Familienoberhäupter sind meist in **Ältestenräten** organisiert. Die Vorsitzenden dieser Räte erfüllen neben ihrer politischen Funktion meist auch religiöse und juristische Aufgaben. Daneben gibt es in der Altnigritischen Gesellschaft herausragende Persönlichkeiten wie Erdherr, Magier und Initiationsmeister, die ganz spezielle kultische Aufgaben erfüllen. Andere Ordnungselemente stellen bei den Altnigritern die Initiationsgruppen sowie die **Maskenbünde** dar.

Während sich früher die Einteilung in Altersklassen über alle Altersstufen erstreckte, sind heute häufig nur noch die Jugendaltersklassen vorhanden. Innerhalb einer solchen Gemeinschaft gibt es aufgrund der gemeinsam erlebten Initiation oder gemeinsamer Interessen ebenfalls eine starke Solidarisierung von Gleichaltrigen, womit ein gewisser „Ausgleich" zu der hierarchischen Ordnung der Großfamlie geschaffen wird.

Mit der **Initiation** erfolgt der Übertritt vom Kind zum jungen Erwachsenen, wird der Junge zum Mann und das Mädchen zur heiratsfähigen Frau. Während der Vorbereitungszeit leben die Jugendlichen meist mehrere Wochen weit weg von ihrem Heimatdorf im Busch, wo sie Mutproben durchstehen müssen, aber auch in die Mythologie sowie in das kultische Leben des Stammes eingeführt werden. Die Beschneidung der Knaben (*Circumcision*) und der Mädchen (*Excision*) stellt meist den **Höhepunkt der Initiation** dar.

Während bei den Senufo und Somba die Beschneidung im Knabenalter üblich ist, findet bei den Mossi, Dagomba, Songhay, Senufo und Fulbe die Beschneidung kurz vor der Pubertät statt.

Bei den Dogon bestimmt der Dorfälteste das Jahr, in dem die Beschneidung der Knaben stattfinden soll. Bevor ein Vater seinen Sohn zur Beschneidung schickt, befragt er einen Wahrsager. Gleichzeitig mit der Jünglingsweihe findet bei manchen Stämmen Westafrikas auch die Aufnahme in den Maskenbund statt. Neben den eigentlichen kultischen Handlungen der Maskenbünde, die fast immer in engem Zusammenhang mit dem Ahnenkult stehen (s.a. Kapitel Traditionelle Religion), lernen die Initianden auch das Schnitzen von Masken.

Palaver der Häuptlinge beim Handel (hist. Abb.)

BEVÖLKERUNG

Die Ehepartner wurden früher von den Familienoberhäuptern bestimmt, denn traditionsgemäß wurde die Ehe als Gemeinschaftsangelegenheit angesehen, als Bündnis zweier Sippen und weniger als Verbindung zweier Einzelmenschen. „Verlobungen" fanden früher häufig im Kindesalter oder vor der Geburt statt. Dies wurde zwar in den meisten Staaten Westafrikas offiziell von Seiten der Regierung abgeschafft, so dass nun die mündliche Einwilligung des Mädchen notwendig ist, vor allem in ländlichen Gebieten gibt es Zwangsehen allerdings auch heute noch. Die Zahlung eines Brautpfandes ist üblich, heutzutage ist aber aufgrund modernerer Familienrechts eine Ehe meist auch ohne Brautpfand gültig (s.a. Kapitel Sitten und Bräuche). Übergeordnete zentralistische Regierungs- und Verwaltungssysteme sind in den Altnigritischen Gesellschaften unbekannt.

Neusudanische Völker

Auch bei den Neusudanischen Völkern (Bambara, Fulbe, Wolof) bilden die Verwandtschaftsgruppen (Lineage, patriarchale Großfamilie, Clan) die Basis der sozialen Ordnung. Die Clans haben hier aber viel größere Dimensionen, eine Großfamilie kann bis zu hundert Mitglieder umfassen. Sie leben gemeinsam auf einem Gehöft und bilden eine Wirtschaftseinheit. Alle Mitglieder sind zur Arbeit auf den Familienfeldern verpflichtet.

Das **Familienoberhaupt** ist **Priester** des Ahnenkultes der erweiterten Familie und **Verwalter des gemeinsamen Vermögens**. Berühmte Clans sind z.B. im Senegal die Diop und Ndiaye, in Mali und Burkina Faso die Keita, Toure, Traore, Dyara und Coulibaly.

Clantotemismus ist ebenfalls häufig anzutreffen: Die Clans haben ihre heiligen Tiere, die angeblich als Helfer des Clangründers aufgetreten sind und daher für die Nachkommen als „tabu" gelten, d.h. sie dürfen nicht gejagt, getötet und gegessen werden. **Altersklassen** sind bei den Neusudanischen Völkern ebenfalls weit verbreitet. **Patrilokale Ehen** mit Polygamie sind die Regel. Die erstgeheiratete Frau ist die Hauptfrau und steht über den anderen Frauen. Heirat unter Blutsverwandten wird als inzestuös angesehen. Familiäre Zeremonien und Feste stellen zentrale Ereignisse im Leben eines Familienclans dar.

Mit der **Taufe** und **Namensgebung**, die eine Woche nach der Geburt stattfinden, wird das neue Mitglied in die Gemeinschaft aufgenommen. Der Name wird dabei dem Kind vom ältesten Familienmitglied ins Ohr geflüstert, nachdem der erste Haarschnitt erfolgt ist und (wie bei der christlichen Taufe) etwas Wasser auf den Kopf des Neugeborenen gegossen wurde.

Die nächste Station stellt der Übergang von der Kindheit ins Erwachsenenalter dar, die mit der **Initiation** erfolgt, die früher immer mit einer Beschneidung verbunden war. Die **Hochzeit** stellte früher vorwiegend die Verbindung zweier Clans her, und nicht die zweier Individuen. Erst in jüngster Zeit wird die Liebesheirat akzeptiert.

Stirbt ein Familienmitglied, so ist in der Regel ein ehrenvolles **Begräbnis** üblich. Die **Totenfeier** dient der Heimführung des Toten ins Totenreich. Oft kann eine solche Feier wegen der hohen Kosten für die Bewirtung der Gäste erst Monate oder Jahre nach dem Tode stattfinden. Manchmal finden heute zwecks Kostenersparnis die Totenfeiern für mehrere Tote zusammen statt.

Charakteristisch für die alten Großreiche waren die **feudalistische Hierarchie** und ein **ausgeprägtes Kastenwesen.** Kasten sind endogame Gruppen, deren Mitglieder nur innerhalb des eigenen Berufsstandes heiraten können. Neben Adligen und freien Bauern gab es früher Krieger, Angehörige der Berufskasten und Sklaven. In den meisten Gesellschaften der Mande-Stämme steht der Schmied an erster Stelle, der gleichzeitig als Priester, Sprecher des „fama", Totengräber, Henker und Beschneider tätig ist. Danach folgen in der Hierarchie Gelbgießer und Kupferarbeiter, Lederarbeiter, Schnitzer und Sattler, Jäger, Fischer und Musikanten. Die Schmiede haben bei diesen Ethnien eine gewisse Sonderstellung, da sie sowohl verachtet als auch geschätzt und gefürchtet werden. Geachtet, da sie Eisen für Werkzeuge und Waffen verarbeiten; gefürchtet wegen ihrer Fähigkeit, mit dem gefährlichen Feuer umgehen zu können. Ihre „magischen" Fähigkeiten erlauben ihnen die Verarbeitung von Metall und Holz (Schnitzen von Masken, Fetischen etc.).

Die **Fulbe** kennen außerdem noch die **Kaste der Händler,** die der hörigen Bauern, der Schnitzer, Weber, Schneider, Färber und Bettler. In der Hierarchie noch unter den Kastenangehörigen stehen Nachkommen von Sklaven.

Die größte politische Einheit bildet bei den Mande-Stämmen (Bambara) heute der Kanton *(kafo),* der vom Oberhaupt *(fama)* der herrschenden Familie geleitet wird. Sein Amt ist erblich, und das Oberhaupt war bis in die heutige Zeit mit zahlreichen Sitten und Bräuchen umgeben, die auf das sakrale Königtum zurückgehen: Es gab einen so genannten „Sprecher", der die leise gesprochenen Worte des fama (dem man sich kriechend näherte) laut wiederholte. Beschlüsse fasste er jedoch nur nach Beratung mit den Ältesten. Manchmal ist das Kantonsoberhaupt gleichzeitig auch Erdherr seines Gebietes, bei den Bambara oft auch Dorfoberhaupt. Meistens delegiert er jedoch die Verwaltung an einen Dorfhäuptling.

Neben kleineren regionalen Staaten, die meist von einem König und einem Ältestenrat regiert wurden, entstanden auch mehrere Königtümer, die sich unter Einfluss des Islam zu großen Staaten entwickelten (s.a. Kapitel Geschichte).

Meist sah dies so aus, dass ein mächtiger Clan an Macht gewann und dann die militärische Kontrolle über die benachbarten Königtümer hatte. Durch Überfälle wurde der Einflussbereich ständig erweitert, und die unterworfenen Volksgruppen wurden **tributpflichtig** gemacht. Je mehr sich das Territorium vergrößerte, desto mehr stieg der Clanführer zum absoluten Herrscher auf, gestützt von einem stehenden Heer, einem Verwaltungs- und Justizapparat. In diesen mittelalterlichen Reichen soll matrilineare Thronfolge üblich gewesen sein, ebenso in einigen Fulbe-

Staaten. Diese Strukturen wurden durch Kolonialeinflüsse weitgehend verändert. Die alten mächtigen Clans wie Ndiaye, Traore und Coulibaly haben jedoch auch heute noch in den Ländern des Sahel-Sudans das Sagen.

Oberguinea-Völker

Die Regenwaldkultur wurde lange Zeit als „mutterrechtlich" bezeichnet, was in dieser Verallgemeinerung heute nicht mehr haltbar ist, auch wenn bei den Ethnien des Oberguineagebietes zahlreiche mutterrechtliche Tendenzen zu finden sind. Die charakteristische monarchische Staatenbildung mit prunkvollem Hofstaat und straffer Verwaltungsorganisation wurde vermutlich über die sudanesischen Großreiche vermittelt.

Die Einflüsse aus dem Sudangebiet sowie die ständigen Völkerwanderungen in die Waldgebiete brachten mehr und mehr vaterrechtliche Tendenzen (und wurden noch verstärkt durch die Einflüsse der westlichen Zivilisation). Dieser Umstand hat bei manchen Völkern, z.B. den Ashanti (Akan), zu einem interessanten Kompromiss geführt, wo patrilineare und matrilineare Regelungen parallel existieren.

Bei den **Ashanti (Akan)** besteht bei der sozialen Organisation eine **Verzahnung von patrilokaler Großfamilie und matrilinearer Sippe**, d.h. die Namen, Ämter und Titel sowie das Eigentum an Boden vererben sich nach der mütterlichen Linie, also nach dem „weiblichen Prinzip", *abusua* genannt (synonym für Blut). Nach dem „männlichen Prinzip" – *ntoro* genannt – werden die Riten und Kulte, Totems und totemistischen Meidungsverbote sowie bewegliche Güter bestimmt. Eine Frau muss aber neben ihren eigenen (vom Vater geerbten) Ntoro-Geboten auch die ihres Mannes beachten und ehren.

Während der Gehöftvorstand zwar eine gewisse Autorität im Rahmen seiner Großfamilie hat, unterstehen seine leiblichen Kinder mehr dem Mutterbruder oder Onkel, der in der Regel auch für die Erziehung der Kinder verantwortlich ist. Den Kindern selbst steht es offen, ob sie beim eigentlichen Vater oder beim „Onkel" wohnen wollen.

Nach W. *Hirschberg* überwiegen die mutterrechtlichen Tendenzen im Sozialgefüge der Ashanti, was seinen Ausdruck darin findet, dass angeblich nur für die Mädchen Pubertätsfeiern abgehalten werden. Spuren von „Mutterrecht" findet man auch bei den West-Ewe, wo der Mutterbruder eine wichtige Rolle spielt, und der persönliche Besitz matrilinear an den Sohn der Schwester vererbt wird.

Geheimbünde, Kultbünde und Jugendbünde sind bei vielen Völkern des Oberguinearaumes anzutreffen; die männlichen Geheimbünde hatten vielfach große politische Macht. In jeder Ewe-Siedlung gab es auch Frauenbünde, die vom Häuptling zu gegebenem Anlass konsultiert wurden, und Jungmännerbünde, die in Kriegszeiten eigene Kämpfer abstellten.

Das politische Gefüge dieser meist **zentralistisch organisierten Staaten** war stark auf den König ausgerichtet. Sowohl die Oberhäupter der Akan-Staaten *(Ashanti)*, des Dahomey-Reiches als auch der Yoruba-Reiche wurden als „Gottkönige" oder „Priesterkönige" angesehen und verehrt. Sie waren Mittler zwischen dem Volk und den Königsahnen, mit zahlreichen Tabus belegt und hatten auch gewisse **Privilegien, wie Marktkontrolle und Handelsmonopole** sowi – z.B. in Dahomey – auch das „Privileg" der Menschenopfer. Eine wichtige Rolle spielte in den Königtümern die „Königinmutter" oder „Schwester" des amtierenden Königs. Es handelte sich dabei jedoch meist nicht um die leibliche Mutter oder Schwester, sondern sie wurde dem König mehr oder weniger „von Amts wegen" als Beraterin beigegeben.

Die absolute Gewalt des Königs war jedoch durch so genannte **Notablenräte** (Staats-, Minister- und Palasträte) und die verschiedenen Geheimbünde stark eingeschränkt. Bei Machtmissbrauch konnte dem König im Namen des Volkes das Vertrauen entzogen werden, und manchmal wurde er auch zum Freitod gezwungen. Die Thronfolge war ursprünglich wahrscheinlich matrilinear, später jedoch setzte sich Patrilinearität weitgehend durch.

Aktuelle Entwicklungen

Die oben beschriebenen traditionellen Sozialstrukturen der westafrikanischen Völker sind heute fast nur noch in ländlichen Regionen anzutreffen. Dort stellt auch heute noch die Großfamilie den kleinsten sozialen Verband dar und bildet eine Wirtschaftseinheit. Theoretisch ist jedes Mitglied dazu verpflichtet, seine Einkünfte beim Familienoberhaupt abzuliefern. Dieses hat nicht nur die Verpflichtung, für die Ernährung und Kleidung der Familienmitglieder zu sorgen, sondern darüber hinaus auch für sie Steuern zu zahlen und sie rechtlich zu vertreten. Außerdem obliegt ihm die Durchführung des Familienkultes.

In jüngster Zeit nimmt jedoch gerade in Städten die Bedeutung der **Kleinfamilie** allmählich zu. Die sprichwörtliche Solidarität innerhalb des traditionellen Familienverbandes sowie die alten Sitten und Bräuche lösen sich mit zunehmender Urbanisierung immer mehr auf. Die **Landflucht** – oft ausgelöst durch überzogene Erwartungen – bedingt einen starken Bevölkerungsdruck sowie eine erhebliche Konkur-

Peul-Frau mit Schmuck

renz auf dem Arbeitsmarkt in den Städten. Durch den Nachzug von immer mehr Familienmitgliedern einerseits und den mangelnden Erwerbsmöglichkeiten andererseits ist die soziale Sicherheit und Unterstützung in Notzeiten oft nicht mehr gewährleistet. Die Folgen sind oft **Verelendung und soziale Spannungen**. Sichtbarstes Zeichen dieser Entwicklung ist die Herausbildung von Slums *(bidonvilles)* in den Stadtrandgebieten. In den ländlichen Gebieten dagegen geht durch die Abwanderung von Personen in erwerbsfähigem Alter die Nahrungsmittelproduktion zurück, was auch hier zu neuen Abhängigkeiten und zur Verarmung führt.

Ebenso wie die sozialen haben sich die traditionellen **politischen Strukturen** durch die Kolonialherrschaft weitgehend gewandelt, obwohl auch heute noch einige Grundzüge anzutreffen sind. Die traditionelle Häuptlingsherrschaft hat sich den modernen politischen Strukturen angepasst oder ist in ihnen aufgegangen. In diesem Zusammenhang ist auch das traditionell hohe Ansehen der Alten zu erwähnen. Wie sonst wäre es zu erklären, dass viele Staatsmänner bis in Greisenalter ihre Ämter ausfüllten.

Die **Solidarität der Familie** hat in Afrika bekannterweise eine lange Tradition und prägt auch heute noch die Politik der Gegenwart mit. Mitglieder des „Familienclans" werden von den Staatsoberhäuptern bevorzugt in der Regierung eingesetzt, was zwangsläufig zur Benachteiligung anderer Volksgruppen führt. Dieser **Stammesklüngel** ist Ursache für Spannungen bis hin zu bürgerkriegsähnlichen Zuständen. Jüngstes Beispiel ist die Elfenbeinküste.

Sitten und Bräuche im Lebenszyklus

Der Lebenszyklus ist in den afrikanischen Stammeskulturen von verschiedenen Übergängen von einer Lebensphase in die andere gekennzeichnet. Jeder dieser Übergänge wird von bestimmten Riten *(rites de passage)* begleitet, welche den Segen der Ahnen sicherstellen sollen. Jeder „Übergang" stellt für den einzelnen eine Art Verwandlung oder Wiedergeburt dar und markiert gleichzeitig die einzelnen Phasen des Lebens.

Geburt und Namensgebung

Kinderreichtum wird in Afrika traditionsgemäß als Zeichen von Glück und Segen angesehen und hat zudem die Funktion der Altersversorgung. Mit der Zeugung des ersten Kindes hat der Mann seine „Männlichkeit" bewiesen, mit der Geburt die Frau ihre wichtigste „Schicksalsbestimmung" erfüllt. Geburtenregelung kennen die meisten Ethnien nicht, doch kann die lange Stillzeit (2–3 Jahre), während der die Frau in der Regel enthaltsam lebt, als eine gewisse Regulierung angesehen werden.

Für die **Empfängnis** gibt es sehr unterschiedliche Vorstellungen. Bei den Ashanti gilt sie als Verbindung des materiell-weiblichen mit dem geistig-männlichen Element – dieser alte Dualismus is bei vielen altafrikanischen Kulturen anzutreffen. Während das Kind von der Mutter Fleisch, Blut und alle sozialen Eigenschaften bekommt, die es immer an die Familie der Mutter binden werden, erhält es vom Vater die Lebenskraft und eine Art Gruppenseele, wodurch das Kind in religiöser Hinsicht immer einen starken Bezug zur Familie des Vaters haben wird.

Die **Schwangerschaft** stellt eine Zeit voller Ängste und Hoffnungen dar, denn die schwangeren Frauen sind besonders gefährdet durch „böse" Einflüsse. Die Frau muss bestimmte Tabus und Vorschriften einhalten, mit denen das noch ungeborene Kind vor Unfällen, dem Zorn der Ahnen und vor Hexerei geschützt werden soll.

Zur **Entbindung,** besonders beim ersten Kind, geht die Frau meist in das Haus ihrer Mutter zurück, wo ihr alte Frauen aus der Sippe Hebammendienste leisten. Oft kommen auch ihre Mutter, Tante, Cousine etc. dazu. Männer dürfen in der Regel bei der Geburt nicht anwesend sein. Die Geburt selbst verläuft als magisch-religiöse Zeremonie, die eine weitgehend beruhigende Wirkung auf die Gebärende haben soll. Die für die Entbindung traditionell „richtige" Position kann sehr unterschiedlich aussehen. Plazenta und Nabelschnur werden bei fast allen afrikanischen Völkern eine besondere Bedeutung zugemessen. Sie werden meist an einem geheimen Ort vergraben, denn würde eine Hexe oder ein Zauberer in ihren Besitz kommen, hätten sie das Leben des Neugeborenen in der Hand. Bei manchen Völkern wird die Plazenta als symbolischer Zwilling angesehen. In Anlehnung an die bereits erwähnte Vorstellung vom Dualismus des Menschen glaubt man, dass jedes Kind zweigeschlechtlich geboren wird, was z.T. auch seinen Niederschlag in den Beschneidungsriten findet.

Zwillinge und mit Anomalien geborene Kinder wurden früher häufig als böses Omen gesehen. Man vermutete in ihnen die Inkarnation böser Geister, die sich für mögliche Untaten der Eltern rächen wollen. Sie wurden daher meist getötet, da man glaubte, dass sonst schweres Unheil über die Familie kommt. Heute werden Zwillinge zum Teil als willkommener Segen betrachtet.

Während der ersten Woche verlassen Mutter und Kind als Schutz vor dem „bösen Blick" meist nicht die Hütte; bei den Akan wird ein neugeborenes Kind in dieser Zeit noch als „Geistkind" betrachtet, das jederzeit ins Reich der Geister zurückkehren kann, weshalb man es nicht besonders beachtet.

Bei der **Namensgebung** gibt es verschiedene Etappen: Zunächst bekommt das Kind (bei Akan und Ewe) unmittelbar nach der Geburt einen „Wochentagsnamen", nach acht Tagen vom Vater oder einem anderen Angehörigen einen weiteren (häufig nach einem seiner Verwandten). Danach erhält ein Kind im Laufe der Zeit noch Gruß-, Schutz-, Sippen-, Scherznamen etc. Ebenso wird vielfach bei der Initiation oder beim Eintritt in einen Kult- oder Geheimbund ein neuer Name verliehen. Bei den Malinke, Bambara und Bozo erfolgt die Namensgebung ebenfalls eine Woche nach der Geburt. Der Vorname wird dabei von dem Ahnen übernommen, dessen Seele man reinkarniert glaubt, während der Clanname vom Vater geerbt wird. Bei den Dogon erhält das Kind seine drei Namen von den Oberhäuptern der mütterlichen und der väterlichen Lineage sowie vom Binu-Priester. Während der ganzen Kindheit werden die Kinder mit zahlreichen Amuletten behangen, die sie vor bösen Geistern und feindlich gesinnten Personen schützen sollen.

Initiation und Beschneidung

Die **Pubertät** ist der Zeitpunkt, an dem die Jugendlichen den Status des Erwachsenen bekommen. Häufig ist dies von einer Initiationszeremonie begleitet. Bei vielen Völkern ist die Initiation mit der Beschneidung oder mit bestimmten schmerzvollen Mut- und Kraftproben im Busch verbunden, die oft wochenlang dauern.

Während die **Beschneidung der Knaben** aus Gründen der Hygiene sinnvoll sein mag – sie ist auch bei Juden, Moslems und manchen Christen üblich –, ist die Beschneidung der Mädchen als brutale Verstümmelung anzusehen. Man unterscheidet bei den **Mädchen** die **Exzision** (Entfernung der Klitoris, manchmal auch noch der kleinen Schamlippen) und die **Infibulation** (Verschließen der Geschlechtsteile bis zur Heirat) – häufig wird beides durchgeführt. Die Beschneidung bedeutet für die Mädchen meist den Übergang von der Kindheit ins heiratsfähige Alter. Das Beschneidungsalter ist bei den einzelnen Ethnien sehr unterschiedlich. Bei einigen Stämmen der Küste bedeutet die Mädchenbeschneidung auch die Aufnahme in den Frauenbund.

Über den **„Sinn"** der Beschneidung sind sehr unterschiedliche Erklärungen in Umlauf. Bei den Dogon ist der Glaube verbreitet, dass jeder Mensch von Geburt an bisexuell sei. Das männliche Element sitze in der Klitoris, das weibliche befinde sich in der Vorhaut. Durch die Beschneidung findet die endgültige Bestimmung des Geschlechts statt. Die Bambara haben ähnliche Vorstellungen, wobei hier noch zusätzlich der Glaube herrscht, die in der Klitoris bzw. in der Vorhaut sitzende unheilvolle Kraft zu beseitigen.

Ungeheure Schmerzen müssen die Knaben bei der **Beschneidungsprozedur** über sich ergehen lassen, die nach alter Tradition folgendermaßen vollzogen wird: Nachdem sich die Kandidaten durch rasenden Tanz in Trance getanzt haben, setzen sie sich in Reihe oder im Kreis zusammen und spreizen die Beine. Wenn der Beschneider seine Instrumente über dem Feuer zum Glühen gebracht hat, nähert er sich seinem männlichen „Opfer", zieht ihm plötzlich die Vorhaut nach vorne und schneidet sie mit dem heißen Eisen blitzschnell ab, während seine Gehilfen den jeweiligen Kandidaten festhalten. Die Beschneider gehören meistens der Kaste der Schmiede an und tragen manchmal furchterregende Masken. Die Schmiede und ihre Helfer leben meist eine gewisse Zeit vor der Operation in Keuschheit und absoluter Reinlichkeit, um das Risiko von Komplikationen so weit wie möglich zu verringern.

Die **Rituale für Mädchen** sehen ähnlich aus. Die Entfernung der Klitoris wird teilweise durch Ausätzung, meist

„Wenn du das bestehst, erträgst du den ganzen Rest"
von Heide Oestereich

Grausam, unmenschlich, brutal: Der Westen ist sich im Urteil über die **Beschneidung** einig. Doch vor Ort sieht man das anders. „Weibliche Beschneidung ist unsere Kultur. Niemand kann uns anklagen wegen der Beschneidung unserer Töchter", skandierten Tausende von Frauen vor dem Gerichtsgebäude in Brikama/Gambia am 17. Oktober 2002. Grund für die Demonstration war ein Verfahren gegen sieben Beschneiderinnen, verhandelt wurde der Fall der neunjährigen *Hawa Nget*. Denn Beschneidung ist in Gambia, wie auch im Senegal und anderern Ländern Westafrikas, offiziell verboten. Wie hochkompliziert das Thema ist, dokumentiert auch die nachfolgende Reportage der Berliner tageszeitung (taz), die uns von der Autorin *Heide Oestereich* freundlicherweise zur Verfügung gestellt wurde.

Selbstverständlich ist *Djeneba Diabaté* für die Beschneidung von Mädchen. „Ich habe sechs Kinder. Alle meine Töchter habe ich beschneiden lassen. Und ich habe keine Schwierigkeiten bei ihnen festgestellt", erklärt sie seelenruhig. Djeneba ist Griotte, eine traditionelle Festsängerin in Mali. Beschneidung? Es heißt doch genitale Verstümmelung?

Nennen wir es „Exzision", das ist der medizinische Fachbegriff für das Herausschneiden von Organen. Djeneba erklärt, dass die Exzision „viele Vorteile" hat. Man wird von der zweiten Frau des Ehemanns nicht verhöhnt. Die Geburt soll leichter sein. Die Frau geht nicht so oft fremd. Und es ist einfach schöner, wenn das hässliche, männliche Teil entfernt ist. Die Initiation: Ebenso wie die Jungen sollten Mädchen einen Schmerz erleiden, ohne zu klagen. „Wenn Du das bestehst, erträgst du den ganzen Rest", erklärt Djeneba stolz in die Kamera.

Und? Schnitt, Krankenschwester erklärt, wie viele Frauen an den Folgen der Genitalverstümmelung gestorben sind? Aufklärungskampagne der deutschen Regierung? Stattdessen schwenkt die Kamera über ein häusliches Idyll, Djeneba badet ihre Kinder. Dann folgt der Film der Frau zur Arbeit. Ein Fest in Mali, Straßenszenen. Alltag? Ach ja, Beschneidung ist Alltag in Mali. „Ainsi va la vie", sagt eine Frau, so ist das Leben. Und so heißt auch der Film über die Exzision. Gedreht von zwei Frauen, die lange in Mali waren. *Svenja Cussler*, Kamerafrau und Cutterin, und *Edda Brandes*, Ethnologin, lebten zwölf Jahre in Mali und sammelten Musik, zuletzt Beschneidungsmusik.

Aufklärung. Die Dinge beim Namen nennen. Zu dem aufgeklärten Blick gehört allerdings eine tremolierende Sprache: „Allein an einem Tag erleiden in circa dreißig afrikanischen Ländern etwa sechstausend Mädchen dieses grausame Schicksal", schreibt Entwicklungshilfeministerin *Heidemarie Wieczorek-Zeul* in einem Buch über weibliche Genitalverstümmelung, herausgegeben von Terre des Femmes. Eine Menschenrechtsverletzung, die „eingedämmt" werden müsse.

In Mali, wo fast alle Ethnien die Frauen exzidieren lassen, sitzt Djeneba und erklärt den Autorien des Films „Ainsi va la vie": „Ich habe die Beschneidung bereits vorgefunden, als ich auf die Welt kam." Die Riten der Alten ändert man nicht eben, heißt das. „Schädliche traditionelle Praktik", nennt es die Sprache der Aufklärung.

Das Entwicklungshilfeministerium schickt ein Filmteam nach Mali und lässt auch einen Film drehen: den Aufklärungsfilm „Bolokoli", so heißt Beschneidung in Mali. Beschneidungstänze, große ängstliche Mädchenaugen; dann verstummt der Film und man sieht viele Frauen an einem nackten Mädchen hantieren. Zeitlupe. Was genau passiert, sieht man nicht. Die Aufklärer halten uns die Augen zu. Dann sehen wir Ex-Beschneiderinnen, denen ein Projekt das Führen einer Hühnerfarm ermöglicht. Das Hühnergeld reicht nicht zum Leben, heißt es im Kommentar. Womit die Ex-Beschneiderinnen ihren Lebensunterhalt verdienen, darüber schweigt dieser Film.

„Diese Initiativen sind meines Wissens alle wieder verschwunden", sagt Edda Brandes. „Der Bedarf an Beschneidungen ist nicht gesunken", sagt sie, „die Aufklärung war nicht tief genug". Was ist tiefe Aufklärung? Wann verändert jemand sein Verhalten? Und was kann jemand, der von außen mit neuen Werten kommt, eigentlich tun?

Edda Brandes hat ihre Freunde und Freundinnen gefragt, ob sie sich zum Thema Beschneidung befragen dürfe. *Djeneba Diabaté* sagte Ja. *Fatou Sacko Touré* ebenfalls. „Aber nur weil du es bist". Fatou macht im Nationalmuseum Führungen und verkauft vor ihrem Haus Fettgebackenes. „Meine Schwester fragte mich, wie mein Eheleben laufe", erzählt sie. „Ich sagte, ich weiß es nicht. Wo ist das Vergnügen der Liebe? Ist es am Anfang? Ist es am Schluss?" Fatou ist gebildet, sie fängt an zu lesen. Über Beschneidung und Lust. Mit ihrem Mann redet sie nicht darüber. Aber eines Tages, sagt sie, sei aus der „kleinen Töpferei meiner Erfahrungen eine große Vase" geworden. „Ich fragte meinen Mann: ‚Was ist Ekstase?' Er antwortete: ‚Du kennst Ekstase? Das ist gut.'"

Während sie Teigstückchen im Fett brät, spricht sie von ihrer ersten Geburt. Fatou war zugenäht, „infibuliert", wie der Fachbegriff lautet. Ihre Tochter erstickte in ihrem Bauch, weil die Krankenschwestern nicht wussten, wie die Geburt einer infibulierten Frau zu bewerkstelligen ist. „Ihr hättet sie in den OP bringen müssen", sagte der Arzt. Zu spät. „Deshalb bin ich gegen Beschneidung", sagt Fatou.

Der Film belässt es nicht dabei. Er begleitet Fatou ins Museum, auf den Markt. Er zeigt Männer in der Moschee, Kinder auf der Straße, das langsame Leben, wie es in Mali eben so läuft. Über Beschneidung redet man nicht. Den Film dürfe sie auf „keinen Fall" in Mali zeigen, sagt Fatou zu Edda Brandes. Niemand dürfe solche Details kennen. „Wenn man mich so reden hört, denkt man, ich glaube nicht mehr an Gott. Ich darf nicht so reden." Auch *Salia Malé* will nicht, dass jemand in Mali seine Qualen sieht. Schwitzend sitzt der ehemalige Vizedirektor des Nationalmuseums von Bamako in seinem Wohnzimmer. Manchmal kriecht ein Töchterchen auf seinen Schoß und möchte gestreichelt werden.

Erst als es zu spät war, erfuhr er überhaupt, dass seine erste Tochter von der Familie des älteren Bruders beschnitten worden ist – während seines Studiums in Europa. „Durch meine Ausbildung im Westen weiß ich, was Beschneidung bedeutet." Langsam und umständlich kommen seine Wort aus dem Mund: „Es ist ein Angriff auf die Integrität." Salia Malé blinzelt in die Kamera. „Ich habe mich positioniert", sagt er. „Das ist nicht einfach, das ist überhaupt nicht einfach." Sein älterer Bruder frage schon ungeduldig, wann er denn endlich seine anderen vier Töchter beschneiden ließe. „Das wird schon noch kommen", hat er geantwortet.

Wenn der Bruder aber entscheidet, die Mädchen beschneiden zu lassen – „dann ist seine Entscheidung die meine". Mit dem Sozialsystem Familie zu brechen, das ist in einem Land wie Mali bestenfalls ein Traum. Von der Familie ist man abhängig, „das ist eine Frage von Leben und Tod", sagt Edda Brandes.

Salia Malé spricht von der Initiation: „Das zeichnet einen Menschen für das Leben. Das Mädchen ist erst nach der Beschneidung vollständig". Wieder der Blick in die Kamera: „Wie werden meine Töchter mit dem Status derer, die nicht beschnitten sind, zurechtkommen?" Dieser Status lautet im Moment außerhalb der hauptstädtischen Oberschicht Malis: Unfrau. „Das Essen, das eine nicht Beschnittene gekocht hat, darf man nicht essen", schildert es Svenja Cussler. Das „unter das Eisen setzen" ist eine absolute Notwendigkeit, wenn man heiraten will. Ein Muslim in Mali heiratet keine Unbeschnittene. Das Nichtbeschneiden, sagt drastischer die Berliner Ethnologin *Anni Peller,* die eine Feldforschung zum Thema in Südäthiopien machte, „bedeutet mit Sicherheit den gesellschaftlichen Tod".

Kann man Menschen, für die Beschneidung nicht nur Normalität, sondern Gebot ist, mit dem Wort Genitalverstümmelung weiterhelfen? „Der Begriff ist eine Anklage", sagt Brandes, „damit kann man keine gleichberechtigte Auseinandersetzung führen". Muss man es aber nicht benutzen, um daran die Grausamkeit des Rituals deutlich zu machen?

80% der Müttersterblichkeit sei auf Exzision zurückzuführen, heißt es bei Terre des Femmes. „De facto gibt es keine Untersuchung über Folgeschäden der Exzision", sagt Anni Peller. Aids würde über Beschneiderinnen verbreitet, heißt es ebenfalls. Die Daten sagen das Gegenteil: In Gebieten, in denen exisiert wird, ist die Verbreitung von Aids geringer als in Vergleichsgebieten, hat Peller in Statistiken gefunden – „wahrscheinlich wegen der strengen Sexualmoral".

Die Aufklärungskampagnen, so Pellers Beobachtungen, führten „in manchen Fällen genau zum Gegenteil ihres eigentlichen Zieles": Gegen die „westliche Einmischung" wird die Exzision etwa von islamischen Fundamentalisten zu einer urislamischen Tradition hochstilisiert. Der Dialog über Exzision würde dadurch unmöglich, sagt die Ethnologin. Sie fordert, Exzision in abgeschwächter Form in Krankenhäusern anzubieten – ein Ansinnen, das die WHO strikt zurückweist.

Ein „Ersatzritual" müsse mindestens her, meinen die Filmemacherinnen Brandes und Cussler. Um solche Ideen überhaupt im Westen verständlich zu machen, müsste der Westen erst einmal verstehen wollen, worum es bei der Exzision eigentlich geht. Man könnte den Film „Ainsi va la vie" im Fernsehen zeigen. Doch es fand sich kein Sender, der ihn zeigen wollte. Es entspreche nicht den deutschen Sehgewohnheiten, hieß es, oder wie der Bayrische Rundfunk meinte: „zu irritierend".

Infos:
- www.ainsi va la vie.de (Webseite zum Film)
- www.arbore.de (Webseite von Anni Peller)
- www.intact-ev.de (Webseite des Vereins intact, Saarbrücken)

Literatur:
- *Beck-Karrer, Charlotte:* Löwinnen sind sie. Gespräche mit somalischen Frauen und Männern über Frauenbeschneidung. Bern, eFeF-Verlag 1996
- *Dirie, Waris:* Wüstenblume. München, Schneekluth 1998
- *Keita, Fatou:* Die stolze Rebellin. München, Frederking & Thaler Verlag 2000
- *Lightfoot-Klein, Hanny:* Das grausame Ritual. Sexuelle Verstümmelung afrikanischer Frauen. Frankfurt/M., Fischer Taschenbuch Verlag 1993 (2. Aufl.)
- *Schnüll, Petra/Terre des femmes* (Hrsg.): Weibliche Genitalverstümmelung. Eine fundamentale Menschenrechtsverletzung. Göttingen 1999
- *Walker, Alice/Parmar Pratibha:* Narben oder Die Beschneidung der weiblichen Sexualität. Reinbek bei Hamburg, Rowohlt 1996.
- *Peller, Anni:* Chiffrierte Körper – Disziplinierte Körper: Female Genital Cutting. Rituelle Markierung als Statussymbol. Weissensee Verlag 2002

jedoch durch Ausschneiden vorgenommen. Die Beschneiderin greift die Klitoris mit einer hölzernen Pinzette, und schneidet sie mit Rasierklinge, Messer, manchmal auch mit einer Glasscherbe ab. Danach werden die Mädchen häufig dazu gezwungen, ungeachtet der Schmerzen und des Blutverlustes zu tanzen, wobei sie den Koitus imitieren. Das Durchleben dieser Schmerzen bewirkt – nach Vorstellung der Afrikaner – eine gewisse Veränderung der Persönlichkeit der Initianden. Die Orgasmusfähigkeit der Frauen ist durch diese Verstümmelung jedoch stark eingeschränkt und Todesfälle sind häufig.

Laut UN-Resolution ist die **Beschneidung der Mädchen offiziell verboten,** aber in Afrika weiterhin häufig verbreitet. Von den in beiden Westafrika-Bänden behandelten Ländern ist im Senegal, Gambia, Côte d'Ivoire, Burkina Faso, Guinea und Ghana die Beschneidung der Mädchen per Gesetz verboten. In den anderen westafrikanischen Ländern spricht man sich von offizieller Seite her meist gegen die Genitalverstümmelung von Mädchen aus und unterstützt Kampagnen, die über die Folgen der Beschneidung aufklären.

Der **Anteil der beschnittenen Frauen** ist heute von Ethnie zu Ethnie **sehr unterschiedlich:** Während etwa bei den Wolof nur noch ein ganz geringer Teil der Mädchen beschnitten wird, halten die Mande und Fulbe noch stark an der Tradition fest. Bemerkenswert ist auch das starke Stadt-Land-Gefälle. Auf dem Land findet dieser Eingriff meist unter katastrophalen hygienischen Ver-

hältnisse im „Heiligen Hain" statt, während er in der Stadt immer häufiger im Krankenhaus durchgeführt wird. Darüber hinaus hat der religiöse und der soziale Status der Eltern einen entscheidenden Einfluss darauf, ob sie ihre Kinder dieser Zeremonie unterziehen lassen oder nicht.

Hochzeit und Ehe

Entsprechend der großen Bedeutung von Fruchtbarkeit haben Afrikaner ein ausgesprochen unbefangenes Verhältnis zur Sexualität. Da sie Leben spendet, der Familie mit zahlreichen Kindern Glück und Reichtum beschert und darüber hinaus auch noch Spass macht, hat **Sexualität** für sie im gewissen Sinne eine **göttlich-magische Bedeutung.** Bei vielen Völkern Westafrikas genießen die Jugendlichen vor ihrer Ehe relativ große sexuelle Freiheit.

Bei der **Brautwerbung** ist in der Regel jeder einzelne Schritt durch die Tradition festgelegt. Die Einwilligung der Eltern einzuholen ist oft eine lange Prozedur. Das „Ersuchen" wird jedoch nicht vom Bräutigam selbst vorgenommen, sondern er wird Verwandte damit beauftragen. Meist überbringen diese zunächst (heimlich) dem Mädchen ein kleines Geschenk vom Freier. Beim nächsten Mal erhalten Tochter und Mutter ein Geschenk, wodurch die Mutter in Kenntnis von der Werbung gesetzt wird. Es folgen weitere Geschenke, während sich die Verwandten des Mädchens beraten und die Eigenschaften des jungen Mannes und seiner Familie abwägen. Denn bei der Eheschließung ist das Bündnis zweier Familien wichtiger als die gegenseitige Zuneigung der Ehepartner. Manchmal wird das Mädchen auch gefragt, ob sie den Freier kennt und ihn heiraten möchte. Generell ist es für Afrikaner aber keine Frage, ob geheiratet wird, sondern lediglich wann und vor allem wen. Die ideale Braut sollte fleißig, sanftmütig und bescheiden sein, und ihre Eltern sollten über gute charakterliche Eigenschaften und eine angesehene Ahnenschaft verfügen.

Die **Hochzeitsbräuche** sehen bei den verschiedenen Ethnien sehr unterschiedlich aus. Haben die Eltern des Mädchens eingewilligt, erfolgt die Übergabe des Brautguts: Es kann je nach Gebiet mehrere Stück Vieh, Kleidungsstücke oder Gebrauchsgegenstände umfassen. Das **Brautgut** erfüllt sowohl eine **wirtschaftliche, soziale, religiöse** als auch eine **emotionale Funktion.** Es entschädigt in erster Linie die Familie der Braut für die verlorene Arbeitskraft und ist gleichzeitig eine Opfergabe an die Götter für die verlorene Erzeugerin von Nachkommen. Im Falle einer Scheidung muss das Brautgut zurückgezahlt werden, was auch zu einer Festigung der Ehe bzw. zu einer Einflussnahme der Brauteltern beiträgt.

Die **Vielehe (Polygamie)** war schon vor dem Auftreten des Islams in Westafrika gängige Praxis – etwa ein Drittel aller Ehen in traditionellen Stammeskulturen ist polygam. Laut dem **Koran** sind

Fulbe-Frau aus Gambia mit traditionellen Gesichtsverzierungen

BEVÖLKERUNG

polygame Ehen **auf vier Frauen beschränkt**. Vorausgesetzt, der Mann ist auch fähig, die Frauen zu ernähren. Vor einer neuen Heirat ist es oft üblich, dass der Mann seine bisherigen Frauen mit Geld oder Kleidern „zufriedenstellt". Jede Frau hat in der Regel ihr eigenes Haus, wo sie mit ihren Kindern lebt. Ein **Rotationsprinzip**, bei dem der Mann alle paar Tage von einer Frau zur anderen wechselt, regelt die Beziehungen. In vielen Fällen sucht die erste Frau die Mitehefrauen aus. Da sie ihr helfen, den Arbeitsaufwand zu bewältigen, sieht die erste Frau ihre Mitfrauen genauso als die ihre, wie die ihres Mannes an und nennt sie auch „meine Frau".

Die **Rolle der Frau** in den vom **Islam** geprägten Gesellschaften ist weitgehend durch zwei Koranverse bestimmt. Sure 2, Vers 228: „Und die Männer stehen bei alledem eine Stufe über ihnen ..."; Sure 4, Vers 34: „Die Männer stehen über den Frauen, weil Allah sie ausgezeichnet hat und wegen der Abgaben, die sie von ihrem Vermögen gemacht haben ..." Diese beiden Sätze – meist aus dem Zusammenhang gerissen – werden von Islamkritikern gerne als Beleg für die Unterdrückung der Frau im Islam herangezogen. So heißt es aber auch: „... die Frauen haben in der Behandlung von Männer dasselbe zu beanspruchen, wozu sie ihrerseits den Männern gegenüber verpflichtet sind." Laut Koran schuf Gott den Mann und die Frau nämlich aus einem Wesen. Und im Gegensatz zur Bibel war es nicht Eva, die Adam zur (Erb-) Sünde verführt hat, sondern Adam und Eva gemeinsam. An anderer Stelle im Koran war es sogar Adam alleine, der die erste Sünde beging.

Tatsache ist, Männer haben es im Islam ungleich leichter, sich von ihrer Frau scheiden lassen als umgekehrt. Andererseits gilt **Scheidung** als schwere Sünde und ist deshalb lang nicht so verbreitet wie etwa im Westen. Scheidungsgründe können beispielsweise Ehebruch, Unfruchtbarkeit, Verweigerung der ehelichen Pflichten, Hexerei, Diebstahl oder wiederholtes „schlechtes Benehmen" sein. Bei manchen Ethnien verläuft die Scheidung relativ einfach, sobald den Ehepartnern ein weiteres Zusammenleben unmöglich erscheint. Bei manchen wird die Frau dazu erzogen, in der Ehe viel zu erdulden, in anderen dagegen (z.B. bei den Dogon) hat sie das Recht, das Haus ihres Mannes zu verlassen und zu ihrer Eltern zu ziehen, wenn der Mann sie schlecht behandelt hat. Dieses Recht hat sie auch, wenn der Mann seinen ehelichen Verpflichtungen nicht nachkommt.

Witwen oder Witwer brauchen in Afrika kein einsames Leben führen – sie werden ebensowenig von der Gemeinschaft ausgeschlossen wie die Alten. In Afrika werden die Alten sogar besonders verehrt und geachtet, weil sie ein langes Leben hinter sich haben und einen entsprechenden Wissens- und Erfahrungsschatz besitzen. Ein weiterer Grund des hohen Ansehens ist der Glaube, dass die Alten die Fähigkeit haben, die Wünsche der Ahnen zu erfahren, da sie dem Tod entgegensehen, sich auf die Welt im Jenseits vorbereiten und den Toten deshalb näher sind als den Lebenden.

BEVÖLKERUNG

In patrilinearen Gesellschaften gehören die Kinder dem Mann und seiner Familie. So passiert es, dass ein Mann durch seine Witwe noch Kinder bekommt, obwohl er längst tot ist. Der biologische Vater hat in diesem Fall keine Bedeutung. Es soll auch schon vorgekommen sein, dass ein Mann während seiner mehrjährigen Abwesenheit Vater geworden ist und er sich beim Erzeuger für die schönen Kinder bedankt hat ...

Trotz staatlicher Verbote lebt in Afrika die vielerorts praktizierte **Leviratsehe** weiter. Stirbt ein Mann, so erbt einer seiner Brüder die Ehefrau. Er soll sich um sie und ihre Kinder kümmern, ihr finanziell unter die Arme greifen, sie bei der Erziehung der Kinder unterstützen etc. In den meisten Fällen kümmert sich der Levir auch um die sexuellen Bedürfnisse der Witwe seines Bruders, leider auch dann, wenn bekannt ist, dass sein Bruder an Aids gestorben ist! Wenn man bedenkt, wie weit verbreitet in Afrika die Vielehe ist, kann man sich leicht vorstellen, dass diese Leviratsehe einen erheblichen Beitrag zur Verbreitung der Seuche leistet.

Tod und Wiedergeburt

Dem Glauben der traditionellen afrikanischen Religion zufolge wohnt in allen lebenden Dingen ein unsichtbares „inneres Selbst" (Seele), was in Zusammenhang mit einem universalen „inneren Selbst" (Weltseele) zu der Vorstellung von Unsterblichkeit bzw. Wiedergeburt führt. Beim Tod verlässt die menschliche Seele ihre leibliche Hülle und begibt sich in die Welt der Geister. Mit der Geburt eines Kindes kehrt sie dann wieder in die Familie zurück, wobei das neugeborene Kind nicht nur einem Verstorbenen ähnelt, sondern dieser Verwandte ist.

Während früher die Verstorbenen häufig in ihrem Haus begraben wurden, ist es heute üblich (z.B. bei den Bambara) sie auf einem besonderen Friedhof zu bestatten. Bei manchen Völkern geht man davon aus, dass der Geist des Verstorbenen weiterhin das Haus bewohnen wird, weswegen man die Hütte verlässt. Bei den Akan gibt es noch die weitverbreitete Sitte, den Leichnam anstatt durch die Tür durch ein extra zu diesem Zweck in die Hüttenwand geschlagenes Loch hinauszutragen; manche Völker drehen ihn danach auch noch im Kreis, damit die Seele den Eingang nicht wiederfindet.

Grabbeigaben sollen dem Toten bei der Zubereitung von Speisen im Jenseits dienen. Manchmal werden der Seele auch Gegenstände und Botschaften an die Ahnen mitgegeben. Die Ewe legen ihren Toten Schmuck, Kauri-Muscheln und Kleider mit ins Grab, damit sie auch in der Welt der Geister ihren Lebensstandard beibehalten können.

Den **Totengeistern** werden häufig noch einige Tage nach der Beerdigung Opfergaben auf das Grab gestellt, denn sonst findet der Tote nicht ins Totenreich und kann nicht zum Ahnen erhoben werden. Die Akan geben ihren Verstorbenen „Seelengeld" in Form von Goldstaub mit auf den Weg ins Reich der Ahnen. Die normale Bestattung erfolgt bei manchen Ethnien einfach im Busch oder Wald in einer kleinen Grube ohne jegliches Trauergefolge und ohne Kennzeichnung des Grabes. Personen, die eines außergewöhnlichen Todes starben (Frauen während der Schwangerschaft, bei der Geburt oder im Wochenbett, bei Unfällen oder im Kampf umgekommene Männer, Vergiftete, Verhexte oder Selbstmörder) werden in der Regel außerhalb des Dorfes bestattet und meist nur mit etwas Erde bedeckt oder in hohlen Bäumen beigesetzt., wie etwa die Griots im Senegal.

Bei den **Ashanti** findet am fünften Tag nach dem Tode das Fest der Auferstehung statt. An diesem Tag schneiden sich alle Blutsverwandten des Toten die Haare ab und legen sie in einen Topf. Danach wird ein Schaf geopfert und gekocht. Das Fleisch wird zusammen mit anderen Gegenständen und dem Topf mit den Haaren an einen bestimmten Ort auf dem Friedhof gestellt, wo ihn der Totengeist finden und mit auf die Reise nehmen kann. Auch wenn die Ashanti danach wieder ihr normales Leben aufnehmen, trauern sie in regelmäßigen Abständen.

Wenn ein **Wolof** gestorben ist, informieren Frauen die Dorfbewohner mit einem Schrei. Die Älteren bereiten dann das Begräbnis vor und beten für den Toten. Nach der rituellen Waschung findet das Begräbnis nach islamischem Brauch auf dem Friedhof statt.

Die Rolle der Frau in Afrika

Kinder zu **gebären**, ist für die afrikanische Frau wichtigste Vorbedingung für ein „glückliches" und erfülltes Leben, für Ansehen und Respekt in der Gesellschaft. Eine kinderlose Frau dagegen wird meist bemitleidet oder getadelt. Mit magischen Riten versucht man einer Frau zur Fruchtbarkeit zu verhelfen, oder aber sie versorgt ihren Mann mit einer „Ersatzfrau".

Doch „Kind und Küche" ist nur eine Seite der Medaille. Die schwarzafrikanische Frau ist in weit stärkerm Umfang am wirtschaftlichen Leben beteiligt, als dies im Westen oft den Anschein haben mag. So werden ganze **Branchen von Frauen kontrolliert**, etwa der Fischhandel. Auch weite Teile des informellen Sektors, im Senegal „bana-bana" genannt, und der Kleinhandels werden von Frauen getätigt. Das gilt auch und gerade für Gesellschaften, die eigentlich islamisch geprägt sind. So hat die Frau in Westafrika am **Modernisierungsprozess** vergleichsweise mehr partizipiert, als etwa im arabischen Raum. Nicht selten findet man Frauen inzwischen in **Führungspositionen**. Auch auf politischer Ebene gab es zahlreiche Karrieren – bis hin zum Amt der Ministerpräsidentin, wie im Senegal geschehen. Und Frauen am Kabinettstisch sind längst der Normalfall. Nicht zu vergessen die vielen **Frauenkooperativen**, die in jüngster Zeit wie Pilze aus dem Boden schossen. Der Grund für diese Erfolgsgeschichte ist schnell erzählt: Das Kreditrisiko bei Frauen tendiert gegen Null. Für die internationalen Geldgeber eine sichere Sache, die voll des Lobes über **Geschäftssinn und Disziplin** der Frauen sind. Nur in der Kulturszene sind Frauen noch unterrepräsentiert.

Viele **junge Frauen** lehnen heute die traditionelle Frauenrolle inklusive Viel-

BEVÖLKERUNG

ehe ab, sie gehen in Städten auf die Schule oder die Universität und kehren vielfach nicht mehr in ihr Dorf zurück. In der Stadt arbeiten sie dann entweder als Verkäuferin oder Büroangestellte, als Ärztin oder Lehrkraft. Ihr sozialer Status und ihr Ansehen ist oft geringer als in der traditionellen Familie, andererseits haben sie sich auf diese Weise auch von zahlreichen Verboten und Beschränkungen befreit. Das zeigt sich vor allem in den vielen **Mischehen,** die in Städten geschlossen werden. Selbstredend sind die Sitten in der Stadt sehr viel lockerer als auf dem Land. In der traditionellen Stammeskultur unterstand die Frau zunächst der Autorität und Obhut des Vaters, dann ihres Mannes bzw. (in matrilinearen Gesellschaften) des Bruders ihrer Mutter, der absoluten Gehorsam verlangte. Während früher Status und Ansehen in der Sippe ihr Selbstbewusstsein stärkten, hängt in den Städten der soziale Status der Frau von anderen Faktoren wie Bildung, Arbeitsplatz, attraktives Äußeres etc. ab. Insgesamt sind die Ausbildungsmöglichkeiten für Frauen in den meisten Entwicklungsländern jedoch auch heute noch ungenügend, selbst wenn tendenziell mehr Mädchen die Hauptschule besuchen. An den Alphabetisierungskursen auf dem Lande nehmen ebenfalls zunehmend Frauen teil.

Letzter Ausweg Prostitution?

Prostitution in Westafrika

Bezahlter Sex mit Einheimischen ist ein Schmuddelthema. Keiner hat die Problematik so provokativ und ungeschminkt beschrieben wie *Michel Houellebecq* in seinem Bestsellerroman „Plattform": „Auf der einen Seite hast du mehrere hundert Millionen Menschen in der westlichen Welt, die alles haben, außer dass sie keine sexuelle Befriedigung mehr finden. (...) Und auf der anderen Seite gibt es mehrere hundert Millionen Menschen, die nichts anderes mehr zu verkaufen haben als ihren Körper und ihre intakte Sexualität". Desillusioniert, andere werden sagen zynisch, sieht der Autor die Prostitution in der Dritten Welt als Business as usual in einem globalisierten Markt mit all seinen strukturellen Ungleichheiten. Zu ganz ähnlichen Schlussfolgerungen kommt übrigens auch der togolesische Schriftsteller *Kossi Efoui* in seinem 2001 erschienenen Buch „La fabrique de cérémonies" (Verlag Seuil), das leider bislang nur in französischer Sprache vorliegt.

Auch ohne Rotlichtviertel ist sie in Westafrika allgegenwärtig, die so genannte käufliche Liebe. Sie warten an jeder besseren Hotelbar, in allen Diskos sind sie präsent, die „plus belle gazelles", wie die Schönen der Nacht wegen ihr schier endlosen Beine im frankophonen Sprachraum prosaisch genannt werden. Und sie gehen wenig zimperlich zur Sache. SchwarzafrikanerInnen haben eine – aus unserer Sicht – traditionell unverklemmte Einstellung in Sachen Sex, und Promiskuität wird bei den meisten Ethnien nicht geächtet. Was aber niemand zu dem Trugschluss verleiten sollte, die Völker südlich der Sahara hätten keine Sexualmoral. Ganz im Gegenteil: Prostitution in ihrer heutigen Erscheinungsform ist letztendlich ein Resultat des Kolonialismus. Das zeigt sich vor allem in den Metropolen und Regionen mit starkem Tourismus. In vorwiegend vom Islam geprägten Ländern sind die Moralvorstellungen übrigens deutlich strenger als in den nicht-islamischen.

Dass Westafrika auf der touristischen Landkarte (noch) nicht als explizite Sexdestination erscheint, hat einen einfachen Grund: Die Schwarzafrikanerin entspricht so gar nicht dem Wunschbild des europäischen Mannes von der unterwürfigen Gespielin. Schon ein flüchtiger Blick über den Strand zeigt denn auch die tatsächlichen Verhältnisse: Weiße Frau mit schwarzem Mann ist die weitaus häufigere Konstellation als umgekehrt. So wie unter deutschen Kegelbrüdern Adressen in Südostasien oder der Karibik zirkulieren, so flüstern sich oft nicht mehr ganz taufrische Französinnen hinter vorgehaltener Hand die vermeintlich heißesten Plätze in Westafrika zu.

In jeden Fall sollte der oder die westliche Reisende die hohen gesundheitlichen Risiken bedenken. Eine repräsentative Untersuchung in der Stadt Kaolack (Senegal) stellte fest, dass rund 40% der Prostituierten HIV-infiziert sind. Parallel dazu grassieren auch klassische Geschlechtskrankheiten wie Syphilis und Tripper. Der strikte Gebrauch von Kondomen ist also die mindeste Vorsichtsmaßnahme.

Ob die zunehmende **Verstädterung** auch in Afrika zu der im Westen üblichen **Kleinfamilie** führen wird, scheint eher unwahrscheinlich. Eine Entwicklung in diese Richtung ist sicher mancherorts zu verzeichnen, jedoch nie so gravierend wie in Europa. Auch wenn sich in den Städten neue Lebensformen herausbilden, so darf man nicht außer acht lassen, dass die Frau in Afrika zu ihrer eigenen Familie meist eine stärkere Solidarität bindet als zu ihrem Ehepartner und sie zu ihrem Vater, Onkel, Brüdern oft auch mehr Vertrauen hat als zu ihrem Ehemann. Darüber hinaus ist die „weibliche" Solidarität meist stärker als die eheliche, weshalb afrikanische Frauen polygamen Eheverhältnissen oft positiv gegenüberstehen. Außerdem verringert sich ihre Arbeitsbelastung dadurch erheblich, Feldarbeit und Haushalt können aufgeteilt werden. Für die erste Frau (Hauptfrau) ist eine Zweit- oder Drittfrau daher oft nichts anderes als ein besseres Dienstmädchen.

Gerade weibliches Hauspersonal ist in den meistern Fällen praktisch rechtlos und auf Gedeih und Verderb dem Wohlwollen ihrer Diensthern ausgeliefert. Mühsam ist auch der Weg zur rechtlichen Gleichstellung der Frau: Was de facto oft schon geschehen ist, hat sich längst noch nicht in Gesetzestexten niedergeschlagen. Die afrikanische Frau, deren Rolle in der Stammes- und Familiengemeinschaft nicht selten zu ihrem Vorteil festgelegt war, sieht sich vieler traditioneller Vorrechte beraubt und ist jetzt häufig mit einer ganz neuen Situation konfrontiert. Das Leben in den Städten, wo die Gegensätze zwischen Armen und Reichen, Gebildeten und Nichtgebildeten, Zugewanderten und Ansässigen noch viel krasser zu spüren sind, führen verschüttete Familienstrukturen zu **Identitätsverlust und Entwurzelung.** Aber auch auf dem Lande hat sich die Situation für die Frauen verändert, da viele Männer – vor allem die jungen arbeitsfähigen – in die Städte abwandern und die zurückbleibenden Frauen nun auch einstige Männerarbeiten übernehmen müssen. Es wird sich wohl kaum etwas ändern: Auch in der Zukunft hat die Frau in Westafrika mehr zu schultern als der Mann.

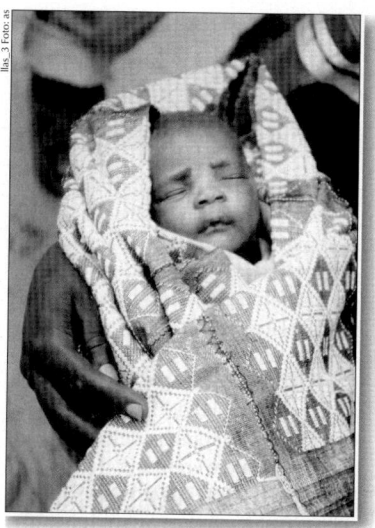

Mandingo-Baby

Religion

Traditionelle afrikanische Religionen

Über traditionelle afrikanische Naturreligionen wird im christlichen Kulturkreis meist abfällig gesprochen, sie werden meist als „primitiv" dargestellt, was nur insofern eine Berechtigung hat, als sie dem Ursprung der Gottesidee näher sind. Als universale Wurzel der Religion ist das Bedürfnis des Menschen nach Geborgenheit und der Erklärung unverständlicher Phänomene des Lebens anzusehen. **Ahnenverehrung, Fruchtbarkeitsrituale, Totemismus** und liturgisches Vortragen von **Schöpfungsmythen** sind allgemeiner Bestandteil afrikanischer Religiosität und haben etwas „Ursprüngliches", das bei den so genannten Hochreligionen nicht mehr in diesem Sinne zu finden ist.

Religion kann man in Afrika nicht, wie in Europa, isoliert vom übrigen gesellschaftlichen Leben betrachten. Politik, Wirtschaft, Religion und die gesellschaftlichen Vernetzungen sind untrennbar miteinander verbunden.

Oftmals werden traditionelle afrikanische Religionen fälschlicherweise als **Animismus** bezeichnet, ein Begriff, der sich auf die Verehrung von Seelen bezieht. Seine Verwendung ist in diesem Zusammenhang jedoch aus mehreren Gründen nicht richtig:

Falsch ist die Umschreibung insofern, dass es in vielen dieser Religionen einen **Haupt-, Hoch-** bzw. **Schöpfergott** gibt und die Seelen und Geister nur eine untergeordnete Rolle innerhalb eines ganzen Pantheons von Göttern und Geistern einnehmen.

Bei den Naturreligionen herrscht zwar der Glaube vor, dass über die Menschen, Fauna und Flora hinaus die Elemente und diverse Erscheinungen in der Umwelt beseelt sind – z.B. Wassergeist, Donnergott, Buschseele –, er beinhaltet im eigentlichen Sinne jedoch nicht die in Westafrika weit verbreitete **Ahnenverehrung.**

Außerdem legt der Begriff Animismus (ebenso wie Fetischismus etc.) nahe, es gäbe analog zu Islam, Christentum, Buddhismus etc. eine Religionsform, die man so benennen könnte, in Wirklichkeit handelt es sich aber um **viele verschiedene Vorstellungen.** Der Begriff Animismus entspringt somit der Sucht der Europäer, alles klassifizieren und in Schubladen stecken zu müssen.

Mensch und Seele

Um die Religion zu verstehen, muss man die Konzeption des Menschen in Betracht ziehen. Der Mensch bildet eine Einheit mit der Gesellschaft, dem Kosmos und der unsichtbaren Welt. Er strebt nach Sicherheit und Erhöhung seiner vitalen Kraft. Dies erreicht er durch Riten, um seine Bestimmung zu erfahren, und durch Ehrung der Ahnen.

Der Mensch versteht sich als eine komplexe Einheit von Körper und verschiedenen psychischen und spirituellen Elementen, die den Körper beseelen. Es gibt eine Vielzahl von **„Seelenmodellen"** bei den verschiedenen Völkern Afrikas, dennoch sind sie sich recht ähnlich.

Der **Körper** ist das Äußere des Menschen, der Umschlag seiner Persönlichkeit und die Abgrenzung zwischen der sichtbaren und der unsichtbaren Realität. Er ist nicht, wie im christlichen Glauben, das Gefängnis der Seele, sondern der Mensch erfreut sich dessen und seiner physischen Existenz.

Menschliche Seelen gibt es drei: Lebens-, Todes- und Traumseele. Darüber hinaus hat er ein ihm vom höchsten Wesen zugedachtes Schicksal.

Die **Lebensseele,** oft auch Atemseele genannt, erhält die Welt, die Beziehung zwischen dem Körper und den anderen Seele. Ihr werden Gefühle, Charakterzüge und wichtige Akte, die ein Mensch im Leben vollzieht, zugesprochen. Die Lebensseele differenziert die Menschen auch von anderen Lebensformen: Tiere und Pflanzen haben solch eine Seele nicht, jedoch eine ähnliche Macht, die der Mensch beherrschen und nutzen kann. Nach dem Tod geht die Lebensseele an ihren Ursprungsort, zum höchsten Wesen, zurück.

Die **Todesseele** ist jene spirituelle Substanz, die auf der materiellen Ebene Blut (wird von Mutter zu Kind transferiert) und Sperma repräsentiert. Es sind jene Anteile der Eltern, die auf ein Kind vererbt werden und die des Ahnen, der sich in einem Kind reinkarniert. Die Bezeichnung „Todesseele" ist eher irreführend, weil gerade die Bestandteile dieser Seele für Fruchtbarkeit und Fortbestand der Familie, des Clans im engsten und der Menschheit im weitesten Sinne sorgen. Außerdem ist diese Seele unsterblich. Nach dem Tod verweilt sie noch ein paar Tage unter den Lebenden und geht dann in das Land der Ahnen. Sie wird zum Objekt der Rituale, die an den Ahnenkult geknüpft sind.

Die **Traumseele** (oder Schatten) ist die geistige und spirituelle Komponente des Menschen. Sie kann den Menschen zu Lebzeiten zeitweilig verlassen, so z.B. wenn er schläft und träumt. Durch die Traumseele erfahren die Menschen Visionen und Erscheinungen. Ein Mensch mit starker Traumseele ist für den Kontakt mit der unsichtbaren Welt talentiert. Die Traumseele ist sowohl jene Substanz, die Opfer der Hexerei werden kann, als auch, wenn sie stark genug ist, eine Schutzinstanz dagegen. Die Traumseele bleibt nach dem Tod ein paar Tage am Grab und geht dann in einen neugeborenen Körper.

Das **Schicksal** bestimmt die Beziehung des Menschen zu Gott und den Ablauf seiner individuellen Existenz. Es wird als spirituelles Element angesehen, als ein geistiges oder göttliches Wesen, das den Menschen auf einen Weg führt, der sich von dem aller anderen Menschen unterscheidet. Vor der Geburt einigt sich der Mensch mit dem Schicksalsgott auf eine Existenzform. Dies verhindert, dass die betroffenen Personen später mit ihrem Schicksal wirklich unzufrieden sind und entschuldigt auch viele Fehler, die sie begehen. Andererseits können die Menschen mit Hilfe der Geister ihr Schicksal immer wieder leicht manipulieren. In den traditionellen Religionen Afrikas sind die Menschen von höheren Mächten und deren Launen abhängig. Andererseits haben sie aber auch die Freiheit, an ihrem Dasein mitzugestalten.

RELIGION

Sie sehen sich nicht als Abbild Gottes. Um als guter Mensch zu gelten, muss man sich dem Göttlichen nicht annähern, es reicht, seine Bestimmung zu kennen und unter Einhalt der Riten und Tabus zu leben. Der Mensch empfindet sich als ein Spielzeug der Natur und der unsichtbaren Mächte. Seine Schwäche kommt nicht von der Sünde, sondern resultiert aus der Tatsache, dass er an der Regierung des Universums nicht teilnimmt. So muss er die unsichtbaren Kräfte um Schutz bitten. In den **Entstehungsmythen** ist keine Rede von perfekten Wesen, die sich durch eine Sünde vom göttlichen Prinzip entfernt haben. Somit haben Fehler und Unvollkommenheiten ihre Begründung und sogar Existenzberechtigung.

In den traditionellen Religionen erwarten die Menschen nicht das Heil und die Befreiung durch den Tod, sondern ein Weiterleben im Jenseits. Der Tod bedeutet nur eine Passage in die Welt der Ahnen. Die Form der spirituellen Existenz unterscheidet sich nicht sehr von der materiellen: Götter und Ahnen essen, heiraten, erzürnen sich und sind zuweilen zu Späßen aufgelegt.

Die Interaktionen der Menschen mit den unsichtbaren Mächten könnte man in **religiöse und magische Praktiken unterteilen.** Religiöse Praktiken sind das Gebet, die Befragung des Orakels nach dem Willen der Götter sowie Reinigungsriten nach Überschreitungen der sozialen oder religiösen Moral. Eine böse Tat ist selten nicht wieder gut zu machen.

Die Religion sieht Methoden vor, die Konsequenzen für Übertretungen zu vermeiden. Die einfachen **Reinigungsriten** vollziehen sich mit Wasser, das Frieden, Einheit zwischen den Wesen und Lebensdynamik symbolisiert.

Durch **Opferriten** wird einer Intention mehr Gewicht verliehen. Ein Opfer wird als Sühne, bei Streit zweier Familien, für das Gelingen eines Vorhabens, für die Sakralisierung eines Objektes, vollzogen. Der Priester bestimmt meist Geschlecht und Art des Opfertiers. Jede Gottheit hat dabei ihre Präferenzen. Das wichtigste Moment beim Opfer ist, wenn das Blut fließt. Den Göttern gibt man das Blut als Nahrung, unter den Menschen wird das Fleisch aufgeteilt. Meist wird einem Menschen als Opfer aufgetragen, ein bestimmtes Tier zu schlachten und das Fleisch unter seinen Nachbarn oder bei einem großen Opfer, unter den Dorfbewohnern aufzuteilen. Somit wird das Tieropfer zu einem Instrument, durch das Nahrungsmittel geteilt werden.

Gottheiten, Kulte und Rituale

Neben den kulturellen Gegensätzen, die auch aus den geografischen Gegebenheiten herrühren, zeigt sich eine große Gemeinsamkeit der westafrikanischen Völker in ihrer tiefen, fast mystischen Beziehung zur Natur. Die „ursprüngliche" Welt der Afrikaner ist erfüllt von einer Vielzahl von Göttern und Geistern jeder Art, denn für die Afrikaner sind unsichtbare Mächte ebenso real wie alltägliche Gegenstände.

Oberstes Gebot ist es, die **Harmonie der kosmischen Kräfte** aufrechtzuerhalten und zu respektieren. Nichts bleibt dem Zufall überlassen, weder Tod, Krankheit oder Unglück. Alles wird als verschuldet angesehen. Fetischmeistern, Zauberern oder Medizinmännern obliegt es, die kosmische Harmonie durch Rituale wiederherzustellen.

Natur und Geist stellen für die Westafrikaner eine **untrennbare Einheit** dar, wodurch ihrem Leben eine andere Qualität verliehen wird, mit einem besonderen Sinn für das Heitere und das Schreckliche. Dem Lachen kommt daher eine ganz besondere Bedeutung zu. Es wird als unabhängige Macht angesehen, welche die Möglichkeit in sich birgt, auf Leid und Bosheit lindernd einzuwirken. Jeder, der längere Zeit in Afrika ist, wird dies beobachten können.

„In jener Nacht war uns das Lachen persönlich begegnet. Denn als in jener Nacht jedermann aufgehört hatte, uns zu verspotten, da vergaßen mein Weib und ich unsere Schmerzen, und wir lachten gemeinsam mit ihm, denn er lachte mit so sonderbarer Stimme, wie wir sie nie zuvor gehört hatten. Wir wussten die Zeit nicht, die wir mit ihm verlachten, aber wir lachten einzig über das Lachen des Lachens, und niemand, der es lachen gehört hätte, hätte nicht

Marabout (Wunderheiler) bei der Arbeit

RELIGION

Lehmaltar mit Fetisch

lachen müssen, ..." (aus *Amos Tutuola: Der Palmweintrinker*).

Durch Schöpfungsmythen, Legenden und Gesänge werden die Glaubensinhalte festgehalten und in bestimmten Zeremonien, wie Initiationen, der nächsten Generation weitergegeben. Der Sonne und dem Mond werden zum Teil magische Kräfte zugeschrieben, und der Regenbogen wird von manchen Völkern als Riesenschlange gesehen, die eine Verbindung zwischen Himmel und Erde darstellt.

Entsprechend den schwierigen Umweltbedingungen südlich der Sahara sind Fruchtbarkeitskulte in Verbindung mit Ahnenverehrung bei fast allen Völkern dieser Region anzutreffen. Außerdem ist die psychotherapeutische Wirkung kultischer Handlungen, wie das Austreiben von Krankheitsgeistern und der Exorzismus von Dämonen, bei Angstzuständen nicht zu unterschätzen. Interessenkonflikte werden ebenfalls durch entsprechende Kulthandlungen direkt gelöst bzw. ausgetragen und sind daher nur für kurze Zeit eine Belastung für die Gemeinschaft.

Die bei diesen religiösen Bräuchen verwendeten Gegenstände wie Fetische, Masken, Trommeln, Zeremonienstäbe und Kultgewänder werden im Kapitel Kunst und Kultur näher erläutert.

Bei den Kulturen der Savanne sind die Religionen der altnigritischen Stammesgesellschaften von denjenigen der neusudanischen Völker zu unterscheiden. Auch auf die Gefahr der Verallgemeinerung, so lassen sich doch eine Reihe gemeinsamer Züge feststellen.

Für die Religionen der **altnigritischen Völker** ist, wie bereits erwähnt, ein **Haupt- bzw. Hochgott** charakteristisch, der als **Schöpfer aller Dinge** auch für Regen, Blitz und Donner zuständig ist. Er wird aber nicht – wie „unser" Gott – als „Allmächtiger" angesehen, sondern ist eher etwas ganz Mystisches, Entferntes aus der Urzeit. Dieser Hauptgott ist, im Unterschied zu den anderen Gottheiten, unsterblich, omnipotent und im Gegensatz zu den impulsiven untergeordneten Gottheiten auch geduldig. Nur er ist von den Menschen unabhängig, er braucht für seinen Fortbestand keine Opfergaben der Menschen, er hat keine Priester oder Priesterinnen, die ihm geweiht sind und auch keine Heiligtümer. Die Menschen wenden sich an ihn durch die **Mittlergottheiten** oder das **Orakel**. Er hat einen ethischen Charakter und fordert moralische und religiöse Verhaltensweisen von den Menschen. Der Hauptgott opponiert den magischen Praktiken und der Hexerei. Dieser Hauptgott wird neben vielen Naturgeistern manchmal auch als Sonnengott verehrt; ebenso wird die Mutter Erde als göttlich angesehen. Sie ist nicht nur für die Fruchtbarkeit des Bodens, sondern auch der Menschen zuständig. Zahlreiche der Mutter Erde geweihte Rituale begleiten den Wechsel der Jahreszeiten. Zuweilen wird dieser Hauptgott als Schöpfer des ersten Menschen angesehen, und in den sakralen Königtümern des Mittelalters galten die Stammesführer oft auch als Stellvertreter des Hauptgotts.

Auf der nächsten Stufe der Pyramide stehen die **Sekundärgottheiten**, welche die Beziehung zwischen den Menschen und dem höchsten Wesen sowie die Passage der Menschen vom Zustand des Geistes in die Inkarnation vor der Geburt regeln. Es sind die Götter der Erde, des Himmels, des Feuers, des Wassers, der Fruchtbarkeit usw.

Gemeinschaften, die kollektiv eine dieser Gottheiten verehren, formen **religiöse Bünde,** deren Mitgliedschaft lange Initiationsphasen bedürfen. Diese Bünde haben Druckmittel um sicherzustellen, dass in den Dörfern die Gesetze respektiert werden. Zu dem Schritt, einem Kult oder Bund beizutreten kann man sich meist frei entscheiden. Nicht selten wird jemand durch Krankheit oder Schicksalsschläge dazu veranlasst. Auch wenn ein Mensch unfreiwillig in den Zustand der Besessenheit gerät, oder sich sonst „verrückt" verhält, wird davon ausgegangen, dass ein Geist von ihm Besitz ergreift, der wünscht, dass dieser Mensch sein Priester wird. Ganz spezielle Riten werden von den jeweiligen Geheimgesellschaften in „heiligen" Wäldern abgehalten. Meist bedienen sich die Mitglieder dabei auch einer Geheimsprache.

Ein Bestandteil der Zeremonien ist häufig die **ritualisierte Besessenheit**, ein Zustand, der durch Tanz, Musik, oft auch Alkohol hervorgerufen wird. Die „besessene" Person befindet sich in einer Art Zustand der abgetrennten Persönlichkeit. Meist kann sie sich nach ihrer Trance an nichts mehr erinnern.

Auf der nächsten Stufe der Hierarchie folgen die Clangottheiten, Dorfgottheiten, Familiengottheiten, Gottheiten für einzelne Individuen. Diese **Gottheiten der dritten Stufe** sind mehr an Erdkulte gebunden als die Sekundärgottheiten. Viele dieser Gottheiten sind in der Natur situiert, manche in Naturelementen, andere in Objekten, wie Bäume und Steine, wo man sie treffen und verehren kann. In Gegenleistung zu dieser Verehrung manifestieren sie ihre Macht. Sie werden, wie die Menschen auch, als Kinder des Hauptgottes angesehen, die bei den Menschen geblieben sind, um ihnen bei den täglichen Schwierigkeiten zu helfen, hauptsächlich in Bereichen, die das unmittelbare Leben der Individuen angeht Außerdem übermitteln sie den Menschen ihr Schicksal und töten sogar, wenn der Hauptgott sich

Religion

von der Person entfernt hat. Aus der ihnen geopferten Nahrung beziehen diese Gottheiten die Energie, die dazu notwendig ist, die Welt zu erhalten, die Naturelemente zu beherrschen und die Ordnung zu bewahren. Die untergeordneten Gottheiten sind den Menschen in sofern ähnlich, dass sie ähnliche Charakterzüge haben. Die Riten sollen sie – je nach Bedarf – beschwichtigen oder anstacheln. Dies geschieht häufig mit Hilfe von Alkohol.

Ausgeführt werden diese Zeremonien meist von Clanoberhäuptern oder **Fetischpriestern.** Dieser bannt zuweilen niedere Geister in einen profanen Gegenstand, der dann zum Symbol, zum **Fetisch** wird. Und der Zauberer besitzt durch den Fetisch die Gewalt, den jeweiligen Geist zu beschwören. Auch den Geistern muss man ständig opfern und für sie Zeremonien abhalten, damit sie kein Unheil anrichten. Durch zahlreiche rituelle Handlungen versuchen die Afrikaner somit, die Angst vor dem Ungewissen zu bannen und von den Göttern und Geistern deren Hilfsbereitschaft zu „erzwingen".

Eine noch größere Bedeutung als der Götter- und Geisterkult hat bei den **Altnigritern** jedoch die **Ahnenverehrung.** Die Toten existieren als Geister unter den Lebenden weiter und kümmern sich um deren Bedürfnisse. Mit dem Tod haben sie die Grenze der Unwissenheit überschritten, kennen jetzt sowohl die sichtbare als auch die unsichtbare Welt sowie Ursachen und Gründe für bestimmte Ereignisse. Die Ahnengeister beschützen ihre Nachkommen, sorgen für Wohlergehen und warnen ihre Verwandten in Träumen vor Gefahren. Dafür schulden die Lebenden ihnen Ehrhandlungen und Opfergaben. Die Kommunikation mit den Ahnengeistern wird von einem **Geisterbeschwörer** (oft eine Frau) vollzogen.

Urahne und Stammvater werden oft in Gestalt eines **Erdherrn** verehrt, der (z.B. bei den Dogon) seinen Grund und Boden den Nachkommen zur Nutzung überlassen hat und für Fruchtbarkeit zuständig ist. Die „Stammeserde" wird ebenso wie ihre Früchte als unveräußerlicher Besitz der Clangeister und damit als Gemeingut angesehen.

„Jene, die tot sind, gehen niemals fort. Sie sind in der Brust der Frau,
sie sind in dem Kind, das klagt,
sie sind im Feuer, das da lodert.
Die Toten sind unter der Erde.
Sie sind im absterbenden Feuer,
sie sind im Geheule um die Felsen,
sie sind im Walde, sie sind im Haus,
sie sind nicht tot, die Toten."
(Birago Diop, übersetzt von J. Jahn: Schwarzer Orpheus)

Manche Totengeister ziehen es vor, im Wasser, auf Bäumen oder Felsen zu wohnen. Häufig anzutreffen ist die Vorstellung, dass die **Ahnengeister in Tiergestalten** reinkarniert werden. Mit der Begründung „dies ist unser Vorfahre" wird das jeweilige Tier als heilig angesehen; sie sind quasi mit einem (Jagd-)Tabu versehen. Ihnen werden regelmäßig Opfer gebracht, und man dankt ihnen nach der Ernte oder man sucht sie bei Gefahr an und bittet um Schutz.

Im **Westsudan** besonders häufig anzutreffen ist die enge Verbindung zwischen dem Kult für den ersten Gründer

RELIGION

eines Dorfes (Urahn) und dem Erdkult. Sowohl bei den Senufo als auch bei den Lobi sind Lehmkegel als Altäre oder Repräsentanten der Ahnen vor dem Hauseingang oder im Gehöft zu finden, meist mit Resten von Hirsebreiopfern, Blut und Hühnerfedern bedeckt. Bei den **neusudanischen Völkern** wie Bambara, Songhay und Haussa sind die Religionen ebenfalls von Geisterglauben und Ahnenkult gekennzeichnet, wobei die hochdifferenzierte Glaubenswelt dieser Völker über die Jahrhunderte durch Vermischung der ursprünglichen Glaubenswelt mit islamischen Elementen entstanden ist.

Die **Bambara** verehren ein ganzes Pantheon von Göttern und Geistern, das in hierarchischer Ordnung gegliedert ist. Charakteristisch für das Leben der Bambara sind die **Kultgemeinschaften** (Männer- und Frauenbünde), die oft großen Einfluss auf das politische Leben haben. Von den sechs Männerbünden der Bambara ist der Komo der bekannteste. Er widmet sich dem Ahnenkult und ist für Wahrsagerei zuständig; außerdem kommt ihm auch eine gewisse richterliche Funktion zu. Der Nama-Bund hat sich dagegen auf die Verfolgung von Hexen, Zauberern und „Seelenfressern" spezialisiert, während dem Tyi-wara die kultische Pflege des Feldbaus überlassen ist.

Charakteristisch für die nur oberflächlich islamisierten **Songhay** sind die Besessenheitskulte (Zin- und Holey-Kult), bei denen verschiedene Geister von den Initiierten Besitz ergreifen und im Zustand der Trance dann den Willen des jeweiligen Geistes wiedergeben.

Die **Kulturen des Regenwaldes** im Oberguineagebiet zeigen oft andere Merkmale, denn durch den Rückzug in den Wald wurden zahlreiche altafrikanische Kulturelemente konserviert.

Für die Religion der Waldleute sind die Betonung der weiblichen Elemente und die damit verbundenen **Fruchtbarkeitskulte** charakteristisch. Es werden weibliche Gottheiten verehrt, und in den Mythen erfinden Frauen die Masken und die Bestellung der Felder. Die besondere Wertschätzung der Frauen in den Kulturen des Regenwaldes findet seinen Ausdruck in **weiblichen Sexualsymbolen,** die häufig auf Kultgegenständen zu finden sind. Außerdem waren bei den Fon und Ewe Frauenhäuptlinge keine Seltenheit, und sowohl im Ashanti-, wie auch im Benin-Reich hatten die Mütter der Könige eine wichtige beratende Funktion. Heute herrschen zwar patriarchalische Züge vor, doch ist vor allem bei den Küstenvölkern das Ansehen und der Einfluss der Frauen noch sehr groß: Es gibt hier unzählige erfolgreiche Geschäftsfrauen sowie Frauen als Dorfchefs.

Ein **Mondkult** ist bei verschiedenen Völkern des Regenwaldes anzutreffen. Nach dem Mondlauf werden zum Teil Geschlechtsverkehr und Fruchtbarkeit geregelt. Auch Frauenbünde, die sowohl das soziale als auch das spirituelle Leben weitgehend unter Kontrolle hatten, spielten ehemals eine bedeutende Rolle und sind heute wahrscheinlich nur noch gelegentlich anzutreffen.

Den Naturgeistern, Gnomen, Hexen und Zauberern kommt dagegen eine größere Bedeutung zu. Im Regenwald

RELIGION

stößt man fast überall auf **Fetische,** das sind hölzerne, menschenähnliche Idole, die ein Geistwesen repräsentieren.

Auch bei den Völkern der Oberguineaküste spielt der **Ahnenkult** eine große Rolle. Opfergaben werden den Totengeistern an bestimmten, mit Ahnenfiguren versehenen Schreinen dargebracht, meist unter heiligen Bäumen.

Die **Ashanti** verehren viele Götter, die alle einem obersten Gott unterstellt sind. Dem **männlichen Himmelsgott** steht eine **weibliche Erdgottheit** zur Seite (Pythonschlange als wichtigstes Symbol). Größere Bedeutung kommt jedoch den **Ahnen und Naturgeistern** zu, die mit dem Wasser zu tun haben. Unter diesen Göttern des Meeres und der großen Flüsse war der Flussgott *Tano* der wichtigste, dessen Nebenarme und Zuflüsse als seine Frauen und Kinder verehrt wurden. Alle Götter hatten ihre Boten oder niederen Geister. Bei diesen Geistern ist von seiten der Menschen der Einfluss eher möglich als bei dem fernen obersten Gott. Ein alter Mythos der Ashanti erklärt, weshalb sich Gott nach der Erschaffung der Erde in einen entfernten Winkel des Himmels zurückgezogen hat: „... damals, als Gott noch in den Wolken, ganz dicht über der Erde wohnte, zerstampfte eine alte Frau ihre Yamsknollen. Der Stößel, den sie dafür verwendete, war jedoch zu lang, so dass sie Gott ständig damit anstieß, woraufhin dieser wütend wurde und sich an einen Platz zurückzog, wo er von den Menschen nicht gestört werden kann."

An der Spitze des Götterhimmels der **Yoruba** steht *Olorun,* der **Himmelsgott.** Der zweite Himmelsgott *Oshalla (Obatala)* wird in der Mythologie als androgynes Wesen dargestellt und ist mit der bisexuellen Erdgottheit *Odudua* vermählt. Jede Sippe hat außerdem ihren **Sippengott,** den *Orisha,* dessen Altar sich im Gehöft befindet. Er wird als Stammvater der Familie verehrt. Daneben gibt es zahlreiche andere Gottheiten, denen allen eine bestimmte Funktion zukommt: Wichtigster Gott im **401-köpfigen Yoruba-Pantheon** ist *Xango (Schango),* der Gott des Donners und Blitzes. *Olokun* wird als Meeresgott, *Oko* als Gott des Ackerbaus, *Ogun* als Gott des Eisens, der Schmiede, des Krieges und der Jagd, *Ifa* als Gott des Schicksals und der Weisheit verehrt. Zentrale Figur des Fruchtbarkeitskultes ist *Legba,* der fast immer mit einem großen Phallus dargestellt ist.

Die wichtigsten religiösen Feste sind bei den Yoruba die **Totenfeste,** bei denen bestimmte Masken verwendet werden. Angeblich sollen sich diese Masken ursprünglich in den Händen der Frauen befunden haben. Die geheimen Rituale des Egungun-Totenkultbundes, zu dem ausschließlich Männer Zugang haben, sollen den Männern angeblich die Potenz erhalten. Der Gott dieses Männergeheimbundes soll den Menschen den Gebrauch der Masken gelehrt haben. Diese zu sehen gilt für Uneingeweihte als gefährlich, weshalb alle Kinder und Frauen im Haus bleiben

Zeremonie anlässlich eines Dorffestes in Gambia

RELIGION

müssen, wenn nachts die Masken herauskommen. Die Mitgliedschaft in einem der Geheimbünde, die auch vor Zauberern und Hexen schützen sollen, wird streng geheimgehalten – angeblich sollen ihnen heute auch viele so genannte „gebildete" Männer angehören.

Der Glaube an übernatürliche Kräfte, die in bestimmten Objekten der Natur vorhanden sind, ist überall anzutreffen. Amulette, Talismane, Fetische, Gris-Gris sind daher überall in Gebrauch. In islamisierten Gegenden sind immer häufiger die in kleine Lederbeutel eingenähten Koranverse als Fetische anzutreffen. Um die ihnen innewohnende Kraft zu erneuern bzw. zu stärken, müssen Zeremonien abgehalten werden.

Die **Voodoo-Zeremonien** sind ursprünglich Riten des aus Dahomey stammenden Schlangenkultes, der als eine spezifische Form der Ahnenverehrung anzusehen ist. In dem Zusammenhang spielt die mythische Regenbogenschlange *(Dangbe)* eine wichtige Rolle. Der in diesem Kult verehrten Riesenschlange Python ist in Ouidah, Benin, ein Tempel geweiht. Da Schlangen eine bestimmte Beziehung zur Erde und damit auch zu der Erdgöttin und den Tote und zum Wasser als Symbol der Fruchtbarkeit haben, liegt es auf der Hand, dass sie auch eine ganz besondere Rolle in Fruchtbarkeitskulten spielen. Voodoo ist heute Staatsreligion in Benin.

Die **Orakelbefragung** erlaubt den Menschen in einer Welt voller Ungewissheiten und Gefahren einen Blick in die Zukunft. Das bekannteste ist das **Ifa-Orakel der Yoruba,** das alle fünf Tage von einem Wahrsager befragt wird. Er benützt dazu ein Orakelbrett, das er

mit Sand bestreut; dann nimmt er 16 Palmkerne zur Hand und wirft diese in die Höhe und versucht, so viele wie möglich davon wieder aufzufangen. Je nachdem, ob nun die Anzahl der Palmkerne gerade oder ungerade ist, zeichnet er mit den Fingern einen oder zwei kleine Striche auf das vor ihm liegende Brett. Nach achtmaliger Wiederholung dieses Vorgangs ist auf dem Brett ein Muster von Linien entstanden, das es nun anhand ritueller Verse zu interpretieren gilt. Auch bei manchen Küstenvölkern in Ghana ist diese Art von Orakelbefragung üblich.

Konsultierte man früher das Orakel vor der Wahl eines Königs oder vor einer Kriegserklärung, kann es heute von jedermann befragt werden: von Geschäftsleuten, die wissen wollen, ob geplante Unternehmen Erfolg versprechen, von Heiratswilligen, die fragen, ob ihre Ehe Glück bringend sein wird, von Eltern, die einen Ahnen in einem Neugeborenen identifizieren wollen.

In diesem Kontext sei auf die traditionelle afrikanische Auffassung von **Glück und Reichtum** hingewiesen, die nicht dem in den Industrienationen verbreiteten Ideal des materiellen Besitzes entspricht – wesentliches „Kapital" für die meisten Afrikaner ist das Wohlwollen der übernatürlichen Mächte. Dennoch besteht hierbei eine offensichtliche Interdependenz, denn wer genügend materielle Güter besitzt, ist auch in der Lage, sich die Gunst der Götter und Geister durch Opfer zu „verschaffen". Sind diese ihm wohlgesonnen, so wird sich sein Ansehen und damit sein „Reichtum" unweigerlich vermehren.

Bei den Völkern der **Atlantikküste** und des **westlichen Oberguineagebietes** stellt ebenfalls der **Ahnenkult** wichtigsten Bestandteil der Religion dar. Die Ahnen schützen und fördern nicht nur die Angelegenheiten ihrer Nachkommen, sondern sie wollen auch über alles genau informiert sein. Vor allem vor der Aussaat und nach der Ernte werden ihnen Opfer dargebracht. Manchmal werden die Ahnen jedoch mehr oder weniger nur als Mittler zwischen dem Himmel- bzw. Erdgott angesehen. Die Erde als Gottheit zu verehren ist bei vielen Ethnien üblich.

Im Zusammenhang mit der Ahnenverehrung stehen die **Geheimbünde,** welche sowohl auf das politische, wirtschaftliche als auch soziale Leben der einzelnen Stämme großen Einfluss haben. Früher halfen sie dem Häuptling oft, Anordnungen durchzusetzen, und galten darüber hinaus als höchste Gerichtsinstanz. Bei manchen Ethnien der Côte d'Ivoire gibt es angeblich ähnliche Institutionen wie den in Sierra Leone bekannten **Poro-Bund** und den bei den Bambara bekannten **Komo-Bund.** Der wichtigste Kultgegenstand des Poro-Bundes ist die große Maske (*big devil* genannt), welche eine Verkörperung aller Ahnen darstellen soll und fast nur vom „Bundmeister" getragen wird. Die Initiation verläuft in verschiedenen Stufen, die Mitgliedschaft ist für alle Männer obligatorisch. Frauen haben normalerweise keinen Zugang, werden jedoch in die untersten Grade initiiert, wenn sie aus Versehen in den Bezirk des Bundes eingedrungen sind. Sie werden dann jedoch rituell als Männer angesehen und sollen angeblich unfruchtbar werden. Dies kann von der initiierten Bundhelferin, die auch die Initianden im Busch versorgt, heilen werden.

In Bezug auf die Initiation hat man die Vorstellung, dass der Bunddämon die Novizen „verschlingt" und am Ende der Initiationszeit wieder „ausspuckt". Die Narben, die den Initianden in der Zwischenzeit am Körper angebracht wurden, werden dann als Spuren der Zähne des Bunddämons gedeutet.

Neben dem Poro-Männerbund gibt es einen entsprechenden **Frauenbund,** den Zande oder Bundu, der als **Fruchtbarkeitskult** angesehen werden kann. Hier gibt es ebenfalls verschiedene Initiationsgrade sowie eine Bundmaske. Zur Initiation gehört hier auch die Beschneidung; daneben werden die Frauen in Kochen, Kinderpflege und Kindererziehung, im Sexualverhalten, aber auch über Zauber, das Fangen von Zauberern, die Herstellung von Giften, was als die wichtigste Waffe der Frauen angesehen wird, unterrichtet.

Der **Einfluss des Islam** ist besonders im **Senegal** bei den Wolof, Lebu und Serer zu bemerken, wobei sich die Wolof noch ihre alten Glaubensvorstellungen wie Ahnenkult und Verehrung von Lokaldämonen erhalten haben. Auch die Lebu führen noch alte Regentänze auf, und bei den Frauen sind in Verbindung mit den zahlreichen Lokaldämonen noch Besessenheitskulte lebendig. Christliche Missionare haben sich zwar schon mit den ersten europäischen Kontakten in dieser Gegend niedergelassen, jedoch nur wenig Erfolg verbuchen können.

Hexen, Zauberer und Medizinmänner

Von magischen Praktiken ist dann die Rede, wenn der Mensch mit Kräften, die eher der Unordnung als der Ordnung angehören, seinen Willen erzwingt, um dem normalen, oftmals unvorteilhaften Leben zu entgehen. Magie ist zugleich beunruhigend und äußerst attraktiv. Sie vermag das Wunder eines schnellen Gelingens zu bewirken. Oft ist Magie auch ambivalent, denn was dem einen nützt, wie z.B. ein Zauber, um vor Gericht zu gewinnen, schadet dem anderen. Durch das **Einsetzen von Symbolen,** wie Objekte, Formeln und Gesten, sollen externe Mächte den Verlauf der Ereignisse modifizieren. Diese **Zaubermittel** wie Gris-gris haben den Charakter von Fremdheit und Bizarrem. Die Hersteller solcher Fetische agieren meist unter dem Titel Priester oder Heiler. Um die Zaubermittel herzustellen, treten sie mit den entsprechenden Wesen in Kontakt. Der Kauf solcher Mittel wird als Ritus gehandhabt.

Magische Handlungen sind bei allen – auch den islamisierten – Völkern Westafrikas anzutreffen, wie das weit verbreitete Tragen von **Amuletten** belegt. Manchmal kann man Menschen sehen, die zehn oder mehr verschiedene Amulette am Körper tragen, um sich gegen um sich so vor Widrigkeiten zu schützen. Von den Fetischen her sind die magischen Objekte der Songhay und Haussa besonders berühmt. Ein Fetisch kann ein Tongefäß oder ein anderes Behältnis sein, das als „magischen" Stoff ein Pulver oder Knochenstücke enthält, es kann aber auch eine Holzfigur sein. Diesen Objekten bringt man ebenfalls Opfer dar, indem man sie mit Hirsebrei oder Tierblut übergießt.

Als **Gegenpol zur Magie** ist in Westafrika auch der **Hexenglauben** noch weit verbreitet. Hexen oder Hexer repräsentieren die Mächte der Unordnung und des Todes schlechthin, es sind Menschen, die außerhalb der gesellschaftlichen und religiösen Ordnung stehen. Sie entziehen ihren Opfern die Lebenskraft und die Fruchtbarkeit, unterwerfen und zerstören sie. Sie verderben die Ernte, verbreiten Krankheiten und befehlen wilden Tieren, Menschen und ungebornen Kinder zu töten, sie „rauben und essen" die Seelen von Schlafenden. In der Vorstellung der Afrikaner geschieht dies folgendermaßen: wenn die Hexe nur einen Teil der Seele, wie z.B. ein Bein oder eine Hand erwischt, so wird die Person krank; bekommt sie die ganze Seele, stirbt sie. Erscheint dem Kranken dann ein bestimmtes Mitglied der Dorfgemeinschaft im Traum, so wird dieses für die Krankheit verantwortlich gemacht und ist somit als Hexe entlarvt.

Dem Glauben der Afrikaner zufolge wird man zur Hexe bzw. zum Zauberer geboren. Beide vererben ihre Kräfte an eine ihrer Töchter bzw. Söhne. Im Vergleich zu der geachteten Persönlichkeit des Magiers werden sie als Kriminelle angesehen. All das, was man Hexen vorwirft, sind **antisoziale Verhaltensweisen:** Sie sind gierig, gefräßig, unstet, übellaunig und egoistisch. Sie hinterlassen Exkremente, bewegen sich nackt in der Öffentlichkeit, haben ein abnormales Sexualverhalten. Hexen sind oft steril und haben blutunterlaufene Augen; man wirft ihnen Vampirismus und Kannibalismus vor. Hexer und Hexen stellen die gesellschaftlichen Wertvorstellungen auf den Kopf und stören das harmonische Miteinander. Krankheit, Unglück und Tod werden oft als Folge einer metaphysischen Ursache gesehen – Hexerei ist das Erklärungsmuster für all das Schlechte in der Welt.

Neid, Hass und Rache ziehen häufig Hexereiverdächtigungen nach sich, genauso wie Machtkämpfe und familiärer Streit. In polygamen Gesellschaften verdächtigen sich die Frauen eines Ehemannes gerne gegenseitig. Wenn das Kind der einen häufig krank wird, glaubt sie, ihre Rivalin habe es behext. Menschen, die erfolgreicher sind als andere – und die Früchte des Erfolges nicht mit der Gemeinschaft teilen – werden der Hexerei verdächtigt, mächtige Häuptlinge und Menschen in gehobenen Positionen, Menschen, die ihre familiären Pflichten vernachlässigen, unfruchtbare und grimmige Menschen sowie Eigenbrötler. Auch Menschen mit physischen Anomalien können der Hexerei verdächtigt werden.

Es kann jemandem gesellschaftlich nichts Schlimmeres passieren, als der **Hexerei** verdächtigt zu werden. (In Notzeiten entstehen zuweilen wahre Hysterien.) Wird jemand der Hexerei beschuldigt, gibt es verschiedene Methoden, um herauszufinden, ob der Verdacht berechtigt ist: von einfachen „Untersuchungen" bis hin zum Heißwassertest ... Wenn eine Person dann von einem Wahrsager als Hexe bzw. Hexer entlarvt wird, erhält diese eine **Bestrafung** entsprechend der Schwere ihrer Vergehen: von einer Geldstrafe, der Unterziehung von Reinigungs- oder Exorzismusriten über das Verjagen aus dem Dorf bis hin zur Todesstrafe. Menschen, die als Hexen gelten, werden formlos im Busch vergraben – sie sind die einzigen Menschen, die als Verstorbene nicht weiterexistieren dürfen.

Im Zusammenhang mit der Überführung von Hexen und Hexern spielen **Wahrsager** eine wichtige Rolle. Sie sagen nicht nur die Zukunft voraus, sondern können auch die Ursache von Krankheiten mit Hilfe eines Orakels bestimmen bzw. erklären. Das bereits erwähnte **Ifa-Orakel der Yoruba** ist die am höchsten entwickelte Wahrsagerei Westafrikas. Daneben sind die von den Dogon angewandten Prophezeihungen bekannt: Sie werden mit Hilfe des Wüstenfuchses durchgeführt, der nach dem Glauben der Dogon in unmittelbarer Verbindung mit dem höchsten Gott Amma steht.

Gris-gris sind **Amulette,** die vor allem zur **Abwehr negativer Einflüsse** hergestellt werden, aber auch, um jemanden vor Unglück bewahren, sich wirtschaftlichen Erfolg zu sichern, um das Haus vor Dieben zu schützen, um die Liebe eines zu erwirken, oder auch, um Krankheit oder Tod eines anderen Menschen herbeizuführen. Zur Herstellung von Gris-gris verwendet der Medizinmann oder Magier die unterschiedlichsten Materialien: Knochen in jeder Art und Größe, Hörner von Ziegen und Schafen, Federn, getrocknete Vogel-, Ratten- und Affenköpfe, diverse Kräuter, Schlangenhäute, Leoparden- und Tigerfelle, Straußeneier u.v.m. Auf allen größeren Märkten Westafrikas findet man derartige Stände.

Eine wichtige Funktion in der traditionellen Gesellschaft der Afrikaner haben auch die **Medizinmänner** inne, in frankophonen Ländern *guérisseur,* in anglophonen *native doctor* oder *herbalist* genannt. Meist haben sie, ähnlich wie die Magier, ihr Wissen vom Vater übernommen und vererben es an einen ihrer Söhne, d.h. es bleibt in der Familie.

Die Medizinmänner sind oft **Kräuterspezialisten,** die aufgrund ihrer besonderen Kenntnisse von Pflanzen ganz bestimmte Krankheiten heilen können,

Gris-gris

oder Spezialisten, die in der Lage sind, unbekannte Leiden zu diagnostizieren, indem sie herausfinden, an welcher Form „spiritueller Unreinheit" der Patient leidet, um dann eine entsprechende „Zeremonie" durchzuführen.

Damit ist ein Medizinmann nicht nur Arzt, sondern gleichzeitig auch eine Art **Psychotherapeut.** Der Heilerfolg hängt natürlich auch stark von der Persönlichkeit des guérisseurs, von seiner Überzeugungskraft und vom Glauben des Patienten ab (ein auch in der westlichen Welt nicht unbekanntes Phänomen!). Bei den Afrikanern steht jedoch die Wirkung eines Medikaments entsprechend ihrer Philosophie vor allem in unmittelbarem Zusammenhang mit der Zauberkraft des Wortes.

Auch *Senghor* schreibt: „Das Wort ist mächtig im schwarzen Afrika. ... Durch *Nommo*, die Lebenskraft, die alles Leben bewirkt, die auf die Dinge einwirkt, und zwar in der Gestalt des Worts." ... wird jede Verwandlung, jedes Zeugen und Erzeugen bewirkt. ... Und da der Mensch mächtig ist über das Wort, ist er es, der die Lebenskraft dirigiert."

Durch **Nommo, das Wort,** setzt der Mensch seine Herrschaft über die Dinge. Alle Wirkung des Menschen, alle Bewegung in der Natur beruht demnach also auf der zeugenden Kraft des Wortes, die somit Lebenskraft selbst ist. Alle Zauberei ist somit Wortzauber, ist Beschwörung, Bann und Fluch.

Nach diesem Prinzip „wirkt" auch die traditionelle Medizin der Afrikaner: Alle Talismane, Zauberhörner und Medizinen sind uneffektiv ohne das Wort, wenn sie nicht „besprochen" sind. In den USA durchgeführte Placebo-Versuche haben gezeigt, dass auch in der westlichen Welt die magische Wirkung von Medizin eine häufig unterschätzte Rolle spielt.

Je größer die Überzeugungskraft des Medizinmannes und je mächtiger sein Wort ist, umso wirkungsvoller ist seine Medizin, egal ob man sie einreiben, einnehmen oder am Körper tragen muss. Welche Macht dem Medizinmann zugeschrieben wird, zeigt auch die Tatsache, dass er, falls sich der Patient nach erfolgreicher Behandlung weigert, zu zahlen, durch eine entsprechende Beschwörung die Kraft aus der Medizin wieder „herausziehen" kann, so dass der Patient wieder krank wird.

Islam

Der Islam hat in Westafrika etwa **seit dem 7. Jh.** große religiöse, sozio-kulturelle und politische Umwälzungen bewirkt. Während er im Sahel-Sudan mit mehr als 100 Millionen Anhängern als die absolut dominierende Religion angesehen werden kann, spielt er in den Küstenländern südlich von Guinea noch eine eher untergeordnete Rolle.

Ohne verallgemeinern zu wollen: Der Islam Westafrikas zeigt ein anderes, **toleranteres Gesicht als im arabischen Kulturraum.** Das betrifft in erster Linie die Rolle der Frau: Sie ist nicht ans Haus gebunden, kann alleine reisen und Handel treiben oder sich in der Politik engagieren. Sie ist im so genannten öffentlichen Raum präsent. Verschleierte Frauen sieht man eher selten, statt des Kopftuchs bevorzugt die westafrikanische

RELIGION

Frau farbenprächtigen und oft hochmodischen Kopfschmuck. Die Wahl der Kleidung wird weniger von religiösen Moralvorstellungen als vielmehr von der Mode diktiert – und die ist eben körperbetont. Außerdem ist Alkohol längst nicht so geächtet wie etwa nördlich der Sahara. Eine Ausnahme der in diesem Reiseführer besprochenen Länder bildet die Islamische Republik Mauretanien, ganz im Gegensatz zu Senegal oder Burkina Faso, die eher laizistisch geprägt sind.

Der Islam wurde von Arabern und Berber-Nomaden aus den islamischen Zentren Nordafrikas über den **Transsahara-Handel** in den Süden gebracht, wo er spätestens seit Anfang des 19. Jh. die kulturelle und politische Entwicklung maßgebend prägt. Bis dahin war der Islam die Religion der herrschenden Klasse und städtischen Elite, der Händler und Gelehrten, während Jäger und Bauern weiterhin ihre traditionellen Religionen pflegten. Die eigentliche Initialzündung für eine flächendeckende Islamisierung lieferte die **forcierte Kolonisierung** der Franzosen. Unter dem Banner des Propheten scharten sich bald all jene Kräfte, die gegen die Vormundschaft der Toubabs, der Weißen, aufbegehrten.

Es waren die **„Marabouts"**, wie die **Sufi-Scheiche** in Westafrika genannt werden, die die Lehre des Propheten *Mohammed* in die Savanne trugen. In mystischer Form vermochte der Islam die traditionellen Kulte und Zeremonien der Animisten aufzunehmen. Aus Medizinmännern und Zauberern wurden Scheichs und Marabouts, aus dörflichen Solidargemeinschaften mystische Orden. Bestes Beispiel ist der Senegal mit seinen moslemisch-sunnitischen Bruderschaften, deren Einfluss heute weit über die Landesgrenzen hinausreicht. Die „heiligen Kriege" der Fulbe im 18. und 19. Jh., die von den strenggläubigen Fulbe-Herrschern des Futa Djalon (Guinea) und des Futa Toro (Senegal) ausgingen, haben entschieden zur weiteren Verbreitung des Islam in Westafrika beigetragen.

Den islamischen Glauben zu praktizieren, ohne die traditionelle Religion zu verraten, bereitet Schwarzafrikanern keinerlei Schwierigkeiten, denn die Regeln des Korans lassen sich leichter mit afrikanischen Traditionen vereinen als die des Christentums. So bildete sich eine **spezielle westafrikanische Form des Islam** heraus, eine **vom Sufismus geprägte mystische Variante,** die viele Elemente der traditionellen Religionen übernommen hat. Auch die alten Sitten und Bräuche wie Verwandtschaftsregelungen, Brautpreis etc. blieben weitgehend unverändert. Der Islam wurde an die alten Religionen angepasst und veränderte somit weniger die sozialen Strukturen. Solange Allah als einziger Gott und Mohammed als Prophet anerkannt wurden, konnte der Islam mit unzähligen traditionellen Sitten und Gebräuchen koexistieren – die religiösen

Buchtipp:
- Kirstin Kabasci
Islam erleben
(REISE KNOW-HOW Praxis)

RELIGION

Die berühmte Lehmmoschee in Djenné

Rituale in Bezug auf den König, der Glaube an die Ahnen, an Magie und Geister harmonierten gut. Dabei spielte auch die im Islam praktizierte Vielehe eine maßgebende Rolle.

Fragt man sich nun, weshalb der Islam so große Verbreitung fand, so muss man bedenken, dass er nach einer Zeit großer Unsicherheit in die Region kam (Sturz des alten Ghana-Reichs, Entstehung des Mali-Reichs, dessen Ausdehnung mit der Ausbreitung des Islam einhergeht). Unter *Mansa Mussa* (1312–1337) erschien der Islam dann als die große **fortschrittliche Religion,** denn er war den traditionellen Religionen in geistiger, organisatorischer und politischer Hinsicht weit überlegen. Es entstanden Koran-Schulen, die Macht- und Führungsstrukturen wurden neu gestaltet, eine stärkere Bürokratisierung fand bei der Regierung von Städten und Reichen statt, der Abbau von Rassentrennung und eine hierarchische Struktur brachten etwa seit dem 16. Jh. eine starke Schichtung vieler westafrikanischer Gesellschaften mit sich. Außerdem kamen mit dem Islam neue Methoden des Handels nach Schwarzafrika, welche die kommerziellen Aktivitäten vieler Völker erheblich verstärkte.

Auch heute gewinnt der Islam in weiten Teilen Westafrikas ständig an Bedeutung, da ihm gegenüber dem Christentum eindeutig der Vorzug gegeben wird. Letztlich gilt das Christentum als weiße, koloniale – einige sagen auch „imperialistische" – Religion, der Islam als „schwarze". Etliche Staatsmänner, die früher Christen waren, sind zum Islam übergetreten – oft aus wirtschaftspolitischen Gründen. Vor allem Saudi-

Arabien und Kuwait haben solche Schritte mit erheblichen finanziellen Zuwendungen honoriert. Zudem wurden unzählige Moscheen und Koranschulen mit Geldern der reichen Golfstaaten errichtet. Dies ist mit ein Grund für die zuletzt zunehmende Tendenz zur fundamentalistischen Auslegung des Korans.

Dennoch: Mit Ausnahme von Nigeria, wo die Einführung der strengen Regeln der **Scharia** seit Jahren für blutige Konflikte sorgt, gestaltet sich in Westafrika das Zusammenleben vom Moslems und Angehörigen anderer Religionen meist frei von größeren Spannungen. Auch die jüngste Krise in der Elfenbeinküste ist weniger ein religiöser als vielmehr ein ethnischer Konflikt. Ansonsten gib es unzählige Beispiele friedlicher Koexistenz, angefangen bei Dorfgemeinschaften, wo Moschee, Kirche und Zeremonienhaus der Animisten in Sichtweite voneinander liegen und jeder wie selbstverständlich die Religion des anderen achtet.

Die **fünf Säulen des Islam** lauten:
1. Es gibt keinen Gott außer Gott und Mohammed ist sein Prophet.
2. Jeder Gläubige hat fünfmal am Tag zu Beten und sich dabei Richtung Mekka zu verneigen. Zuvor müssen rituelle Waschungen erfolgen.
3. Jeder Gläubige soll den Besitzlosen Almosen geben. Nach der Scharia ist das der zehnte Teil des Einkommens.
4. Jeder erwachsene Gläubige soll im Ramadan, dem neunten Monat des islamischen Kalenders, tagsüber fasten.
5. Jeder Gläubige, der materiell dazu in der Lage ist, sollte einmal im Leben eine Pilgerreise nach Mekka unternehmen.
Daneben sind u.a. der Verzehr von Schweinefleisch, Alkohol, Glücksspiele und Geldverleih gegen Zins verboten.

Die wichtigsten der ingesamt sieben **Hauptfeste** des Islams sind:
- **Neujahr (Ashura):**
5. März 2003, 22. Febr. 2004,
12. Febr. 2005, 1. Febr. 2006;
- **Ramadan-Beginn:**
27. Okt. 2003, 15. Okt. 2004,
4. Okt. 2005, 23. Sept. 2006;
- **Ramadan-Ende (Aid al-Fitr):**
25. Nov. 2003, 13. Nov. 2004,
2. Nov. 2005, 22. Okt. 2006;
- **Tabaski (Aid al-Adha, Fête de Mouton):**
2. Febr. 2003, 21. Jan. 2004,
10. Jan. 2005, 30. Dez. 2006.

Hinweis: Die oben genannten Feiertage können leicht variieren, da die Festlegung der Feiertage Auslegungssache der jeweiligen Geistlichen des Landes ist. Speziell was den Beginn des Fastenmonats Ramadan betrifft, gibt es im Islam unterschiedliche Ansichten.

Im Allgemeinen ruht vor, während und nach diesen Festen das öffentliche Leben weitgehend. Besonders beim **Opferfest Tabaski**, inzwischen ein Art moslemisches Weihnachten, muss der Reisende teilweise mit erheblichen Einschränkungen rechnen. Das gilt auch für den **Fastenmonat Ramadan**, selbst wenn dieser nicht gar so streng gehandhabt wird wie in arabischen Ländern. Trotzdem sollte man Rücksicht auf das religiöse Empfinden der Gläubigen nehmen. Verzichten Sie tagsüber auf allzu demonstratives Essen, Trinken oder Rauchen in der Öffentlichkeit. Besser man orientiert sich am Verhalten der Bevölkerung.

Christentum

In Nordafrika, speziell im heutigen Tunesien, gab es bereits im 3. Jh. n.Chr. zahlreiche katholische Bistümer. Zu Beginn des 5. Jh. wurde jedoch durch den Einfall der Vandalen dieses Zentrum der frühen christlichen Kirche zerstört.

Erst viel später, im 15. Jh., wurde die Missionierung des „schwarzen Kontinents" wieder von spanischen und portugiesischen Seefahrern belebt. Vor allem *Heinrich dem Seefahrer* war neben dem Abenteuer und den wirtschaftlichen Interessen der missionarische Eifer eine zusätzliche Antriebskraft für seine Unternehmungen. **Machtpolitische und kommerzielle Interessen** waren dabei aufs engste miteinander verknüpft.

Eine dritte Phase der Christianisierung Afrikas setzte im 19. Jh. zusammen mit der politischen und wirtschaftlichen Expansion der europäischen Industriestaaten ein. Diese **Missionarstätigkeit** wurde sowohl von Protestanten als auch von Katholiken getragen, die in ihrem missionarischen Eifer, ohne jeden Zweifel an ihrem Tun, aus „schwarzen Heiden" „richtige Menschen" machen wollten. Manche der Geistlichen, die von den in England, Deutschland, Frankreich und der Schweiz gegründeten Missionsgesellschaften nach Afrika entsandt wurden, sollten in der Geschichte eine bedeutende Rolle spielen. Das trifft z.B. auf den deutschen Pastor *Homberger* zu, der im Jahre 1874 an der Goldküste als Mittelsmann zwischen Engländern und den damals dort ansässigen Anlo (Ewe) fungierte. Weitere Träger der Missionierung Westafrikas im 19. Jh. waren: die Väter vom Heiligen Geist (gegr. 1848), die als Priester nach Senegal und Gabun geschickt wurden; die Lyoner Missionsgesellschaft für Afrika (gegr. 1854), vor allem zuständig für die Länder am Golf von Guinea; die Weißen Väter *(Pères Blancs)* bzw. die Weißen Schwestern.

Sie alle haben sich sowohl für die Abschaffung des Sklavenhandels und die Bekämpfung von Seuchen eingesetzt, als auch mit der Alphabetisierung begonnen. Zu ihren wichtigsten Tätigkeiten gehörten neben intensiven sprachwissenschaftlichen Studien die Errichtung von Schulen und Krankenstationen. Häufig fungierten sie auch als Friedensstifter, manchmal wurden die Missionare auch als Informanten für europäische Staatsmänner missbraucht.

„Ihr Priestergewand schützt sie und dient zur Verhüllung der politischen und geschäftlichen Absichten. Sie kosten wenig und werden von den Barbaren geachtet. Der religiöse Eifer, der die Priester belebt, lässt sie Arbeit übernehmen und Gefahr trotzen, die über die Kräfte eines bürgerlichen Beamten gehen würden." *(Napoleon, 1804).*

Viele der ersten Missionare starben an Gelbfieber oder Malaria oder kehrten gesundheitlich ruiniert nach Europa zurück.

Für den Besuch einer Missionsschule war die Taufe fast immer Voraussetzung, und so mancher Kranke, dem in einer der Missions-Krankenstationen geholfen wurde, trat aus Dankbarkeit zum Christentum über. Selten jedoch wurden die Afrikaner aus Überzeugung Christen, dazu war ihnen die vorgeschriebene Monogamie schlicht unverständlich. Sie setzen sich daher oft einfach darüber hinweg und hatten auch als „Christen" mehrere Frauen. Bei der Taufe mussten die Afrikaner fast immer ihre traditionellen Namen ablegen und christliche Namen annehmen. Meist zwang man sie auch, europäische Kleidung zu tragen, da das Hüfttuch oder der Lendenschurz als „unkeusch" angesehen wurden. Die wenigsten Missionare waren in der Lage, sich auf die afrikanische Mentalität einzustellen und damit umzugehen, die meisten versuchten lediglich, den Afrikanern ihre Glaubensvorstellungen aufzuzwingen. Seit dem Zweiten Weltkrieg hat sich aber eine deutliche „Afrikanisierung" der Kirche vollzogen, und in jüngerer Zeit sind die Missionare auch eher bereit, die Afrikaner so zu akzeptieren, wie sie sind, und ihnen lediglich Hilfe anzubieten. Neben den europäischen entstanden verschiedene eigenständige afrikanische Kirchen mit eigenen Regeln – teilweise auch mit der Erlaubnis zur Vielehe. Außerdem entwickelten sich zahlreiche „nachchristliche Sekten", in denen sich Vorstellungen der traditionellen afrikanischen Religion mit der christlichen Anschauung verbinden.

Gegenwärtig leben schätzungsweise **30 Mio.** katholische und etwas weniger protestantische **Christen** in Westafrika, d.h. die Bedeutung des Christentums ist hier im Vergleich zum Islam aus den o.g. Gründen relativ gering.

Kunst und Kultur

Das künstlerische Schaffen – Schmuck, figürliche Kunst, Masken, Tanz, Musik und Dichtung – der Völker Westafrikas steht in engem **Zusammenhang mit ihrer Religion und Mythologie.** Um die Symbolik ihrer Kunstwerke zu verstehen, muss man ihre Glaubenswelt kennen, von der ihr Leben so unmittelbar bestimmt wird. Schnitzerei, Metallbearbeitung, Musik, Tanz und Dichtung, alle diese Kunstformen dienten funktionalen Zwecken. Sie waren und sind immer mit einem sozialen Ereignis wie einem traditionellen Fest bzw. Ritual quasi untrennbar verknüpft.

Durch verschiedene Einflüsse hat sich jedoch die ursprüngliche Symbolik im Laufe der Zeit stark verändert, zum Teil ist sie auch in Vergessenheit geraten. Meist können nur noch ein paar alte Männer oder Frauen über die ursprüngliche Bedeutung Aufschluss geben.

Die Kunst des Körperschmucks

Kaum ein Volk der Erde lässt den menschlichen Körper im „Urzustand"; fast bei allen sind Modifikationen des Körpers anzutreffen, modische Veränderungen durch Kosmetik, Kleidung, Haarfrisuren, Schmuck, aber auch Benarbungen, Tätowierungen, Deformationen und „Verstümmelungen". Sie haben jedoch alle neben dem rein ästhetischen noch einen anderen Zweck, sie dienen entweder dem Schutz des Körpers oder geben Auskunft über die Zu-

KUNST UND KULTUR

gehörigkeit zu einer bestimmten ethnischen oder religiösen Gemeinschaft, gesellschaftlichen Gruppe, Altersklasse oder über die soziale Stellung, den Familienstand und die Zahl der Kinder. Was die Verschönerung des Körpers betrifft, so sind die Schönheitsideale natürlich sehr unterschiedlich.

Die Afrikaner haben eine besondere Vorliebe für Schmuck und verstehen es in der Regel, sich mit viel Geschmack herzurichten. Dies kann je nach Region sehr unterschiedlich aussehen.

Für die (zeitweilige) **Körperbemalung** werden die drei Farben Rot, Weiß und Schwarz, die jeweils kultische Bedeutung haben, meist aus folgenden Rohstoffen hergestellt:

Rot, die **Farbe des Lebens,** wird aus Ochsenblut, Lateriterde, rotem Ton, natürlichem Ocker oder pulverisiertem Rotholz (Tukula) – das mit Palmöl vermischt teilweise auch als Ersatz für Blut verwendet und auf Körper oder Fetischfiguren aufgetragen wird – hergestellt. Rote Farbe (Symbol der Kraft und des Lebens) wird auch als Kraftspender auf den Körper eines Kranken aufgetragen.

Weiß, die **Farbe des Todes und der Geister,** stellt man aus Maniokmehl, Schlangen- oder Vogelexkrementen, Kaolinerde, Kalkmergel oder weißer Kreide her.

Schwarz, die **Farbe der Dämonen,** wird meist aus Holzkohle, Grasasche, schwarzen Haaren, Schweineblut, Kno-

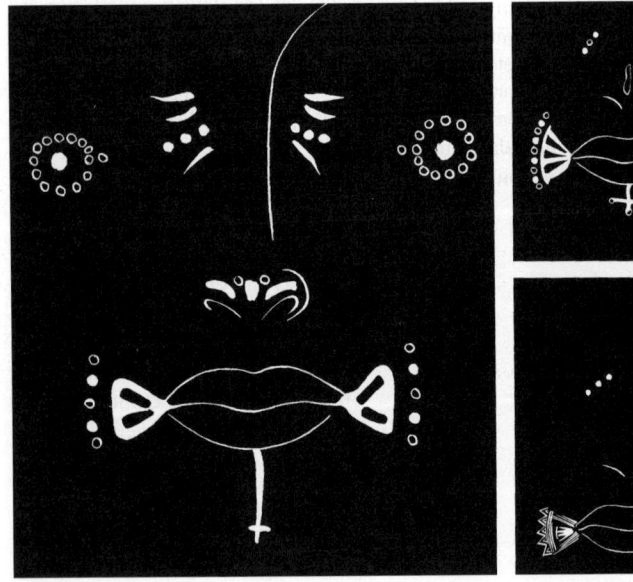

chenkohle, schwarzem Schlamm bzw. schwarzer Erde gewonnen.

Bei der Körperbemalung dient das Schminken der Augenpartien mit Antimonpulver (Wolof) rein ästhetischen Zwecken. Die Kru-Stämme der Côte d'Ivoire kennen auch Bemalung von Gesicht und Körper mit Indigo oder weißer Erde zu ästhetischen und zeremoniellen Zwecken (Initiation).

Die jungen Fulbe-Bororo-Männer (Wodaabe) schminken sich zu dem alljährlich stattfindenden Gereol-Fest sehr kunstvoll: das Gesicht bemalen sie mit Ockergelb, betonen die Nasenlinie mit einem gelben Strich, schwärzen die Augenpartie und die Lippen mit Kohlepulver und verzieren Wange, Mundwinkel und Kinn mit roten, weißen und schwarzen Punkt-, Kreis- und Strichornamenten. Zahlreiche Schmuckketten aus Glasperlen und Messing sowie aufwendige Baumwolltuniken und ein weißer Turban über den langen Zöpfen runden das Festtagsgewand der Wodaabe-Männer ab. Auffallend ist auch die klassische Haarfrisur der Wodaabe-Frauen mit dem Stirnhaarknoten sowie der Ohrschmuck, der aus acht bis zwölf großen Aluminium- oder Messing-Ohrringen besteht. Auf Stirn, Wangen und Mundpartie sind feine, blaue geometrische Muster tätowiert, die magische Wirkung haben und vor dem „bösen Blick" schützen sollen.

Gesichtsverzierungen der Fulbe-Bororo

Benarbungen werden häufig (z.B. bei Serer) während des Initiationsritus angebracht. **Narben- und Farbentätowierungen** dienen nicht nur der Ästhetik, sondern vor allem der Zuordnung zu einer bestimmten ethnischen Gruppe. Im Obervolta-Gebiet (Mossi) waren früher Gesichtsnarben üblich, werden jedoch heute kaum mehr praktiziert (zum Teil von seiten der Regierung verboten); Narbenmuster (Ziernarben) um den Bauchnabel sind dagegen auch heute noch vor allem bei Mädchen und Frauen sehr beliebt. In Westafrika sind Hohlnarben üblich, im Gegensatz zu den sonst in Afrika häufig anzutreffenden plastisch hervortretenden Narbenmustern (Punktnarben).

Bei einigen Ethnien, z.B. Fulbe und Wolof, gilt das **Tätowieren von Unterlippe und Zahnfleisch** (wobei Antimonpulver oder Ruß eingerieben wird) als absolutes Schönheitsideal. Obwohl sehr schmerzhaft, lassen die Behandlung viele Frauen über sich ergehen.

Das **Verzieren** von **Ohren, Nase und Mund,** wo der „Austausch zwischen innerer und äußerer Welt stattfindet", war vor allem früher üblich. Dazu gehörte Ausweitung der Ohrläppchen, Nasenringe und Lippenscheiben aus Stein, Holz, Knochen oder Metall. Diese **Lippenpflöcke** sind in dem hier behandelten Gebiet von Westafrika heute nur noch bei älteren Lobi- und Moba-Frauen anzutreffen.

Als Schmuckstücke dienen **Arm-, Bein- und Fingerringe,** zum Teil im Gelbgussverfahren aus Eisen, Kupfer (seltener aus Gold oder Silber) hergestellt, sowie Armringe aus Stein (Dogon, Songhay) oder Elfenbein (Guineaküste und Zentralafrika), Glasperlen, Kaurimuscheln, Halbedelsteine wie Karneol oder Quarz und Bernsteinkugeln (Amber). Die früher von den Frauen meist als Mitgift und Statussymbol um die Fußgelenke geschmiedeten schweren Arm- und Fußreifen aus Gelbguss werden heute so gut wie nicht mehr hergestellt. Bei den Senufo und Bobo wurden Fußreifen angeblich auch häufig als Schutz vor Buschgeistern getragen. Zu den markantesten Schmuckstücken zählen sicher auch die von den Fulbe-Frauen des Massina getragenen riesigen Ohrgehänge aus Gold sowie die zahlreichen Bernsteinkugeln, die kunstvoll in die Frisuren der Frauen eingearbeitet werden.

Nasenringe aus Gold (und früher bei den Dogon auch Lippenringe) sind bei Frauen noch relativ häufig zu sehen. Ringe und Amulett-Anhänger aus Kupfer, Gold, Silber (Baule, Anyi, Senufo, Lobi) sind ebenfalls häufig zu finden. Charakteristisch für diesen Baule-Schmuck sind die geometrischen Muster sowie die filigrane Verzierung, die durch die Wachsausschmelztechnik möglich ist. Bei manchen Ethnien, besonders bei den Altnigritern, besteht der Schmuck jedoch häufig aus weniger aufwendigen Materialien wie Tierzähnen, Vogelfedern, kleinen Holzstäbchen, Straußeneierschalen, scheibenförmig zugeschnittenen Muscheln, Perlen unterschiedlichster Größe, Knöpfen, geflochteten Grashalmen etc.

In ihrer Vorstellungswelt können sowohl „böse" als auch „gute" Geister in verschiedene **Tierarten** (Chamäleon, Schlange, Antilope, Elefant etc.) schlüpfen. Ihnen zu Ehren bzw. um sie zu besänftigen, werden kleine Bronzefiguren gegossen und Masken oder Statuetten geschnitzt. Ebenso versucht man die Gunst der Ahnengeister mit bestimmten Ritualen und Opfergaben zu erwirken. Das Chamäleon ist zum Beispiel ein Tier, das aufgrund seiner charakteristischen Merkmale, wie ständig wechselnde Farben, wackeliger Gang usw., bewundert wird und gleichzeitig auch Furcht auslöst. Ebenfalls sehr gefürchtet und auf Amuletten der Senufo und Dogon häufig anzutreffen ist die Schlange. Bei den Senufo werden nach dem Rat des Wahrsagers bestimmte Bronzeringe, Armreifen, Anhänger oder Amulette mit Tiermotiven zum Schutz bzw. zur Abwehr böser Geister getragen. Schlange, Chamäleon, Schildkröte, Krokodil und Nashornvogel haben bei den Senufo eine ganz besondere Bedeutung, da sie in ihrem Glauben die fünf zuerst geschaffenen Tiere sind. Der Schmuck der Gurunsi, Lobi und Bobo ist dem der Senufo sehr ähnlich. Die Lobi tragen zahlreiche Schutzanhänger zur Abwehr böser Geister (Lippenpflock, Chamäleon-, Schlangenanhänger und eisernen Beinschmuck mit Schlangenmotiv). Und bei Frauen sind Kaurimuscheln als Symbol der Fruchtbarkeit sehr beliebt.

Üppiger **Goldschmuck** war bei den Königen der Ashanti üblich und wird auch heute noch zu festlichen Gelegen-

Beim Herrenfriseur

Kunst und Kultur

heiten getragen. Gold galt als Symbol der Macht und der Besitz war lediglich dem König erlaubt. Oft trugen sie an jedem Finger einen Ring, und jedes Schmuckstück hatte symbolische Bedeutung, so dass der König die Änderung seiner Meinung oder seines Planes bei einer Versammlung dadurch zum Ausdruck brachte, dass er die „Kleidung" wechselte und anders angezogen wieder erschien.

Frisuren

Die mit großer Sorgfalt kunstvoll gefertigten afrikanischen Frisuren sind Ausdruck eines lebendigen Schönheitskultes. Die ästhetische Gestaltung der Haare ist heutzutage vor allem als Ausdruck der Mode, der Lebensfreude und manchmal auch als Provokation zu sehen, während früher die traditionellen Haartrachten in engem Zusammenhang mit dem sozio-kulturellen Hintergrund und der magisch-religiösen Welt der jeweiligen Ethnien standen und zum Beispiel über die soziale Stellung der Frau Aufschluss gaben. In die kunstvollen Zöpfchenfrisuren werden meist allerlei symbolträchtige Objekte und Schmuckstücke eingearbeitet.

Berühmt sind die prächtigen, mit Bernsteinperlen versehenen Frisuren der Fulbe- und Songhay-Frauen aus dem Nigerbinnendelta (heute ein beliebtes Postkartenmotiv). Um die Frisuren noch prachtvoller erscheinen zu lassen, wurden früher Pflanzenfasern mit hineingeflochten. Heute verwendet man vor allem künstliche Haare. Meist verbringen die Afrikanerinnen die heißen Mittagsstunden damit, sich im kühlen Schatten gegenseitig zu frisieren. Diese Verschönerung nimmt oft viel

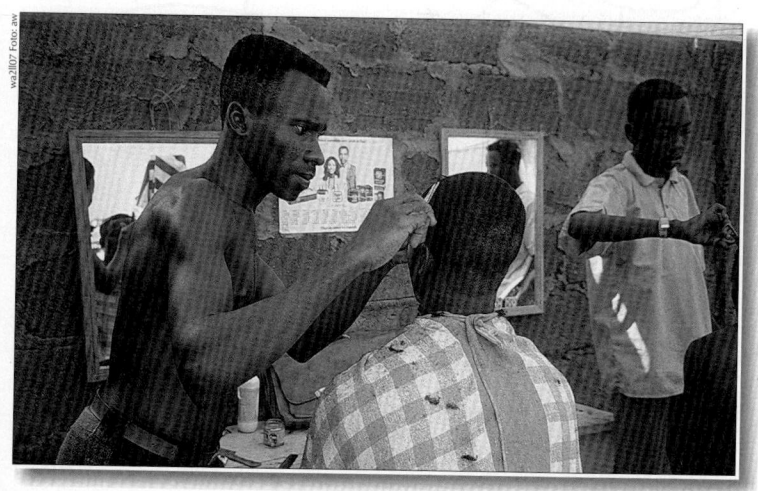

Kunst und Kultur

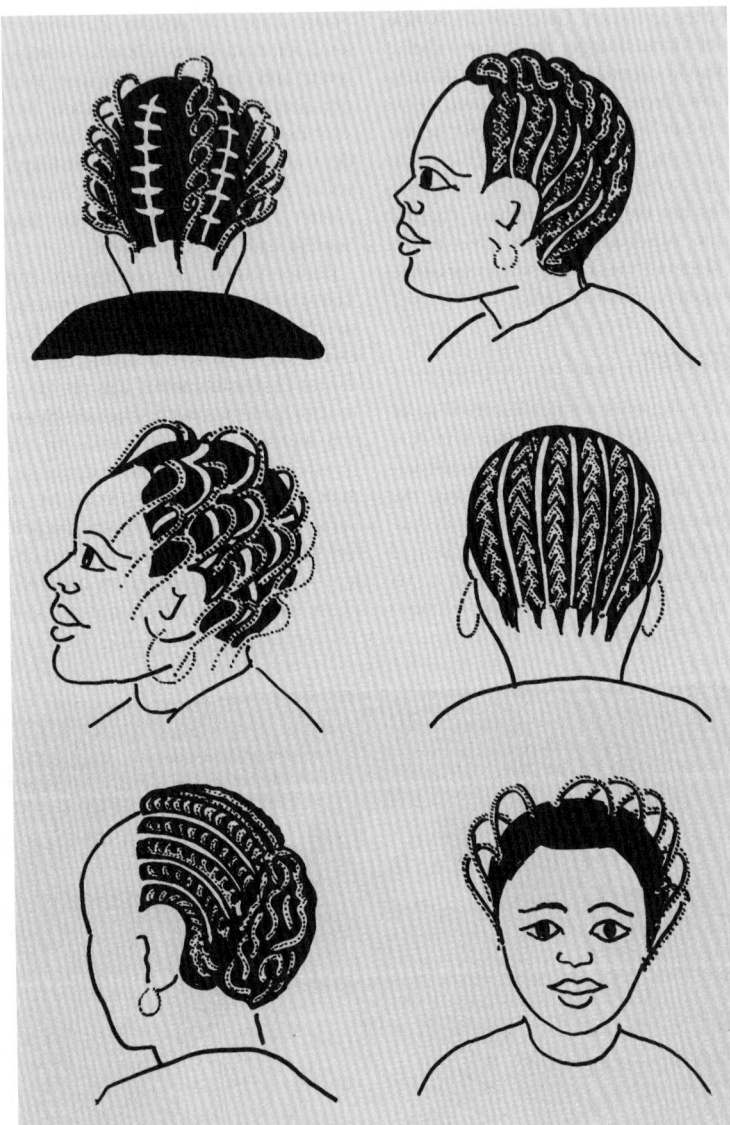

Kunst und Kultur

Zeit in Anspruch, aber Zeit hat man in Afrika genug. Bei dieser Gelegenheit können die Frauen in völlig entspannter Atmosphäre auch ihre intimsten Probleme untereinander austauschen. Eine von einer professionellen Friseuse kunstvoll gefertigte Frisur, die zu besonderen Anlässen angelegt wird, kostet nicht selten umgerechnet zwischen zehn und 50 Euro – ein Vermögen!

Während auf dem Land die **reichhaltigen, traditionellen Haartrachten** (charakteristisch für die jeweilige Ethnie) getragen werden, sind in den Städten die durch westlichen Kultureinfluss geprägten modernen Frisuren mit ungeheurer Formenvielfalt anzutreffen. Früher konnte man anhand der Frisur auf einen Blick eine Fulbe-Frau von einer Bambara-Frau unterscheiden; ebenso konnte man sofort erkennen, ob die Frau z.B. gerade einen Sohn geboren hatte, ob ihre Tochter bereits initiiert, ihr Sohn verheiratet oder ihr Mann gestorben war. Kinder erhalten bei der rituellen Namensgebung ihre erste Frisur (meist eine Kahlrasur), später lässt man je nach Alter, Clan, Kaste usw. bestimmte Haarbüschel oder -streifen stehen.

Die Knaben der Tuareg fangen erst im Alter von 11–13 Jahren an, ihre bis dahin wild wachsenden Haare zu langen Zöpfen zu flechten; im Erwachsenenalter verstecken sie diese dann meist unter dem Turban. Aufwendige Frisuren waren früher auch für Männer (vor allem im Gebiet der Guineaküste) typisch. **Langes, geflochtenes Haar** scheint bei vielen afrikanischen Völkern ein Symbol für Macht und Stärke gewesen zu sein, wie semantische Studien belegen. Haare haben aber bei fast allen Völkern schon immer eine große Bedeutung gehabt. Bei zahlreichen „alten" Völkern Westafrikas gelten Haare, Finger- und Fußnägel sowie Blut, Schweiß und die Exkremente als Träger der Seele und Lebenskraft. Üppiger Haarwuchs wurde z.B. bei den alten Griechen als Zeichen von besonderer Potenz gesehen. Auch bei den Afrikanern haben die Haare oft einen besonderen Bezug zur Sexualität; unbedecktes Kopfhaar gilt auch heute noch häufig als schamlos. Strenggläubige Moslems tragen daher z.B. immer Kappe, Turban, Fez o.Ä.

Die Frisuren haben meist eine **sexuelle Symbolik** und dürfen daher nicht in der Öffentlichkeit gezeigt werden; eine anständige, geachtete Frau versteckt sie unter einem Tuch. Dieser Brauch ist heute vor allem im islamischen Kulturkreis weit verbreitet. Bei den Kurumba oder Mossi, die im Norden von Burkina Faso leben, hat jede Altersklasse der Frauen eine spezielle Haartracht.

Bei den modernen Frisuren ist eine deutliche **Vermischung der Stile** zu beobachten – ein Zeichen für das zunehmende Nationalbewusstsein der Afrikaner. Neben den kunstvollen Zöpfchen- und „Antennen-Frisuren" ist der „Rasta-Look" zur Zeit groß in Mode.

Kleidung

Bei der Kleidung sind in Westafrika je nach geografischer Lage und klimatischen Verhältnissen sowie kulturellem Erbe sehr unterschiedliche Stile anzutreffen, vom früher üblichen „Nacktge-

KUNST UND KULTUR

hen" über das Tragen eines Hüfttuches bis zur totalen Vermummung. Während in der Wüste und dem angrenzenden Sahel-Sudan lange Gewänder (*Boubou* im frankophonen Westafrika, im anglophonen *Dappay* genannt) und Turbane als Schutz gegen die extremen Temperaturen, die austrocknenden Winde und Sandstürme getragen werden, reicht in den südlicheren Feuchtsavannen und Küstengegenden eine minimale Bekleidung. Vor allem früher beschränkte sich die Kleidung wirklich nur auf das Notwendigste und entsprach häufig nicht europäischen Moralvorstellungen, wie den Berichten von Missionaren zu entnehmen ist. Bei den Somba (Nord-Benin) war z.B. der Mann mit einer aus einem Kalebassenhals hergestellten Penishülle „bekleidet", welche die Geschlechtsteile eher betonte als verdeckte, während die Frau einen an einer Hüftschnur befestigten Blätterbüschel trug.

Wenn die Frauen auf dem Land aufs Feld oder an den Fluss zum Wäschewaschen gingen, waren sie oft nur mit einem Hüfttuch oder Baströckchen bekleidet, manchmal hatten sie auch noch ein Tuch über der Brust zusammengeknotet. Bei den Altnigritern ist dies auch heute noch die vielfach übliche Bekleidung, während man sich in der islamisierten bzw. christianisierten Bevölkerung in der Öffentlichkeit nur voll bekleidet zeigen darf. Dazu gehören neben den wallenden Gewändern vor allem für die verheirateten Frauen ein Kopftuch sowie reichhaltiger Schmuck, der soziale Stellung und Wohlstand symbolisiert. Ein deutlicher Unterschied in der Kleidung ist ebenso zwischen Sesshaften und Nicht-Sesshaften festzustellen: Während Hirten oft nur sehr bescheidenen Schmuck und grob gewebte Baumwollstoffe tragen, bekleiden sich wohlhabende Bauern oder Händler(innen) mit teuren und farbenprächtigen Batikstoffen. Die Frauen in den Städten hüllen sich meist in breite Tücher (*pagnes*), von denen eines als Rock um die Hüfte geschlungen, ein zweites als Bluse über der Brust zusammengebunden und ein drittes kunstvoll um den Kopf gewickelt wird. Meist geht man barfuß (vor allem auf dem Land) oder trägt Plastiksandalen (*Flip-flop's*). Die groben, meist erdfarbenen Baumwollstoffe der Senufo und Baule sind auch heute noch zum Teil mit zahlreichen überlieferten Mustern und Motiven verziert, bei den Dogon sind indigofarbene Tücher die übliche Bekleidung. Der traditionelle Bastrock wird bei den Bambara und Dogon heute von den Maskentänzern nur noch zu zeremoniellen Anlässen getragen. In der Küstenregion waren vor dem Eindringen der Baumwolle Kleidungsstücke aus Palmfasern und Rindenstoffe üblich.

An der Kleidung lassen sich die **verschiedenen Kultureinflüsse** oft deutlich erkennen. Während im Sahel meist die islamische Vollkleidung vorherrscht, gelang es der westlichen Kleidung, in den Regenwaldgebieten Fuß zu fassen. Im feuchtwarmen Klima laufen die Kinder meist nackt herum. Zu besonderen Gelegenheiten tragen die Männer über der linken Schulter geknotete oder einen einfach übergeworfenen Stoff.

Heute sind fast überall auf den Märkten riesige Berge von Altkleidersammlungen zu finden, welche mehr und mehr die traditionellen Gewänder verdrängen und dem Schneiderhandwerk arg zusetzen. Kleidung ist Statussymbol, und wer möchte nicht Jeans aus dem „fortschrittlichen" Westen tragen?

Traditionelle Architektur und Siedlungsformen

Da die Afrikaner in der Regel mehr im Freien leben, betrachten sie ihr Haus, ihre Hütte oder ihr Zelt sowie ihr Eigentum lediglich als Schutz gegen Sonne, Regen und Sandstürme, Tiere und Feinde. Neben geflochtenen Matten und Tierhäuten spielt Lehm als Baustoff v.a. im Sahel-Sudan eine große Rolle.

Die Vielzahl der in Westafrika anzutreffenden Formen der Behausungen lässt sich in **sechs Grundtypen** zusammenfassen:

- **Zelte;**
- **Bienenkorbhütten** mit Wänden aus Strohgeflecht;
- **Kegeldachhütte,** meist zylindrische Hütten mit Lehmmauer und kegelförmigem Strohdach;
- **Lehmkastenhaus** mit flachem Terrassendach (Sudan);
- **Rechteckhäuser,** meist ohne Fenster, mit Wänden aus Blättern oder Rinden und Satteldach (Regenwald);
- **Pfahlbauten** (an Küste, Seen und Flüssen), auf einer durch Stützpfähle gehobenen Plattform errichtet.

Als **früheste Formen der Behausung** gelten Unterschlupfe unter vorspringenden Felsen sowie Höhlenwohnungen. Aus den Windschirmen entwickelten sich die weit verbreiteten **Kuppel- oder Bienenkorbhütten.** Diese Behausungen sind besonders bei Hirten und Nomaden anzutreffen, Beispiel Fulbe-Bororo, die in temporären, von einem Dornengestrüpp umgebenen Lager leben. Das transportable, kuppelförmige Stangengerüst bedecken sie mit Matten oder Schilf. Die sesshaften Fulbe dagegen bevorzugen in der Regel Lehmbauten mit flachen Terrassendächern und Innenhof. Die Songhay leben ebenfalls in Strohmattenzelten; ein Holzgerippe bildet hier das Gewölbe, das mit Matten bedeckt wird. Die Tuareg dagegen leben in Zelten aus gefärbten Häuten.

In ganz Westafrika haben die Angehörigen der oberen Schichten bereits seit dem Mittelalter Wert auf **Wohnkomfort** gelegt, wie das die sudanesischen Lehmbauten bezeugen, die man am oberen Niger antrifft. Gestampfte Erde und luftgetrockneter Lehm – *Banco* oder *Bloco* genannt – sind das meistverwendete Bau- und Abdichtungsmaterial in Westafrika. Mit oder ohne Beimischung von pflanzlichen Fasern (wie z.B. Strohhalme) wird der Lehm meist in Ziegelform verarbeitet. Man nimmt an, dass die im Sudan weit verbreiteten Lehmbauten mit Flachdach auf Einflüsse aus dem Orient und Nordafrika zurückzuführen sind. Daneben wird der banco aber auch zu Wülsten verarbeitet und aufeinandergestapelt, wie man bei den Lehmburgen der Lobi in Burkina Faso gut erkennen kann. Die Somba in Benin dagegen verputzen ihre Gehöfte, so dass die einzelnen Schichtformen anschließend nicht mehr sichtbar sind. Je nach Region werden Holz,

KUNST UND KULTUR

Palmblätter, Stroh, Rinden und auch Lianen für die Dächer verwendet.

In jüngerer Zeit sind in den traditionell erbauten Gehöften allerdings immer öfter Häuser mit **Wellblechdach** anzutreffen; diese „fortschrittlichen" und „unverwüstlichen" Dächer haben die traditionellen Materialien weitgehend verdrängt. Da sich die Hitze unter einem Wellblechdach jedoch sehr staut und im Sahel die Räume in den Wintermonaten nachts zu sehr auskühlen, haben diese Häuser längst nicht mehr die angenehmen klimatischen Verhältnisse der ursprünglichen Bauten.

Um ein solches traditionelles **Lehmkastenhaus** mit Flachdach zu errichten, setzt man zunächst Gabelpfosten als Eckpfeiler, die man durch Querlatten verbindet. Auf dieses Gerüst legt man dann oben eine Lage Knüppelholz, die mit Lehm verschmiert wird. Die Wände zieht man aus luftgetrockneten Ziegeln hoch und verschmiert sie meist mit einem Lehm-Ton-Gemisch. Nach der Regenzeit müssen umfangreiche Ausbesserungsarbeiten vorgenommen werden. Bei größeren Bauten wie Moscheen werden zur Stützung nach außen durchragende Knüppelgerüste eingefügt. Diese dienen bei Ausbesserungsarbeiten als Gerüst. In den Städten des westlichen Sudan hat sich ein mehrstöckiger Lehmkastenbau mit Dachterrasse durchgesetzt, mit Spitzbogen und Zinnendächern, wie z.B. in Djenné, Mali.

Früher hatten die Häuser meist keine Fenster, als Rauchabzug diente die Tür. Auch heute gibt es oft nur winzige Fenster, die kaum Licht hineinlassen und oft mit Stoff verhängt oder mit einem Fensterladen verschlossen werden. Zum Teil haben die Häuser auch kunstvolle Formen angenommen, wie man sie z.B. bei den traditionellen Wohnhäusern der Dogon beobachten kann. Auf kleinstem Raum haben die Dogon früher ihre Dörfer „in" die anstehende Felswand der Falaise von Bandiagara, Mali, gebaut. Heute dagegen legen sie ihre Dörfer in der Gondo-Ebene wesentlich großzügiger an, da Schutz gegen Feinde nicht mehr erforderlich ist.

Die Diola der Casamance (Senegal) haben ebenfalls einen ganz besonderen Baustil. Eine dieser Bauformen ist das **Impluvium-Haus.** Es ist meist rund gebaut und umschließt einen Innenhof, mit einem nach innen geneigten, langen Dach, auf dem das Regenwasser in das zentrale Auffangbecken fließt.

Die meiste Aufmerksamkeit erregen jedoch auch heute immer wieder die im **sudanesischen Baustil** errichteten **Moscheen** – die bekanntesten sind die von Djenné und Mopti. Die alte Moschee von Bobo-Diulasso (Burkina Faso) oder die von Kawara (Côte d'Ivoire) erinnern in ihrem Baustil stark an Termitenhügel.

Bei manchen Völkern werden die Häuser noch künstlerisch gestaltet. Einige bemalen sie mit geometrischen Mustern und Ornamenten, andere versehen sie mit geschnitzten Türen, Balken oder Gabelpfosten. Die Dogon haben früher die **Holztüren** der Getreidespeicher mit mehreren Ahnenreihen geschmückt; ebenso sind bei den Senufo die Türen mit geschnitzten Masken,

Kunst und Kultur

Grund- und Aufriss eines Haussa-Gehöfts

Aufteilung des Gehöfts:
1. Werkstatt
2. Wohnraum
3. Materiallager
4. Frauenhaus
5. Hausherr
6. Palaver
7. Ziegen
8. Mehlsilo
9. Wertgegenstände
10. Pferd
11. Küche
12. Wasserreservoir
13. Holzvorrat
14. Haus- und Küchengerät, Werkzeug

Menschen oder Tieren versehen. Die Baule (Côte d'Ivoire) schmücken ihre Türen meist nur mit der Darstellung eines einzigen Tieres (Fisch, Krokodil etc.), bei den Ashanti sind bunt bemalte Schnitzereien an den Türen üblich. Türen und Schlösser gehören vor allem deshalb zu den am häufigsten verzierten Gebrauchsgegenständen, da sie den wichtigsten Punkt des Hauses, den Eingang, schützen, wo der Austausch zwischen Innenraum und Außenwelt stattfindet. Die Türschlösser verzierten die Dogon mit einem Ahnenpaar.

Im Süden Burkina Fasos sowie in den nördlichen Gebieten der Côte d'Ivoire,

KUNST UND KULTUR

Typische Somba-„Lehmburg"

Ghanas, Togos und Benins sind ganz **besondere Gehöftformen** üblich. Zu den bekanntesten zählen die Lehmburgen der Somba (Benin) und der Lobi (Burkina Faso). Zu Zeiten größerer Auseinandersetzungen zogen sich diese in abgelegene Gebiete zurück, wobei der Verteidigungsaspekt bei der Konstruktion dieser Lehmburgen eine wichtige Rolle gespielt hat.

An den Lagunen Benins (z.B. in Ganvié) sind **Pfahlbauten** anzutreffen, eine Bauweise, welche die Bewohner vor Wasser und durch den ständigen Luftzug auch vor Ungeziefer und Insekten schützt. Auf einer von Stützpfeilern getragenen Plattform wird die je nach Region übliche Rund- oder Viereckhütte mit Kegel- oder Satteldach errichtet. Solche Pfahlbauten dienen jedoch nicht nur als ständige Behausung, sondern auch als Speicher oder Wachhäuschen in den Feldern.

Die Bevölkerung der Regenwaldgebiete bevorzugt in der Regel das westafrikanische **Giebeldachhaus.** Als Baumaterial dienen meist Palmholz sowie Bananenblätter. Das Gehöft einer traditionellen Großfamilie besteht aus mehreren Hütten und Getreidespeichern, die oft durch Mauern aus Lehm miteinander verbunden sind. Häufig (vor allem bei den Völkern des Voltagebietes) liegen die Gehöfte weit auseinander. Während für die Völker des Regenwaldes das Rechteckhaus und Straßendorfsiedlungen charakteristisch sind, bevorzugen die Völker der Savanne normalerweise das Kegeldachhaus im Rundling oder Haufendorf. Natürlich kommen auch vor allem im Kontaktbereich zweier Kulturen zahlreiche Mischformen vor.

Bei den westafrikanischen **Städten** lassen sich **verschiedene Typen** unterscheiden:

Die **jungen Kolonialstädte**, meist im 19. Jh. gegründete *villes blanches,* die ihre Entstehung und Entwicklung ausschließlich der jeweiligen europäischen Kolonialmacht verdanken und in ihrer Struktur vor allem von ihrer Verwaltungsfunktion geprägt wurden, z.B. Bamako oder Niamey und viele kleinere Regionalzentren. Früher lebten afrikanische und weiße Bevölkerung dort in getrennten Wohnvierteln.

Die **alten afrikanischen Städte,** die meist schon in vorkolonialer Zeit bestanden und z.B. als Marktort oder Häuptlingssitz eine Funktion hatten, dagegen für die europäische Kolonisation nur von geringer Bedeutung waren.

Die **Hafenstädte** und Verkehrsknotenpunkte, wo Produkte für den Weltmarkt verschifft wurden, wo also Kolonialwirtschaft im Vordergrund stand.

Kunsthandwerk

Kunst, Handwerk und Religion waren bei den Afrikanern lange eng miteinander verbunden – das Prinzip „l'art pour l'art" war hier früher nicht geläufig. In den meisten afrikanischen Sprachen existiert auch kein Wort für den Begriff von Kunst nach unserem heutigen Verständnis – im Sinne von „reiner Kunst".

Kunst war in Afrika seit jeher zweckbestimmt, hatte religiöse Funktionen, diente dem Ahnenkult oder einfach als Schmuck.

Dies verleitete viele Europäer zu der Behauptung, die Afrikaner hätten keine Kunst, lediglich Kunsthandwerk. Sie übersahen dabei, dass die afrikanische Ästhetik auf der Harmonie von Bedeutung und Rhythmus, von Sinn und Form beruht. Schönheit wird mit der Qualität und hier vor allem mit der Wirkungskraft gleichgesetzt. Diese kommt erst in der Aktion zum Ausdruck, das Kunstwerk ist „Kunst" im Sinne afrikanischer Ästhetik. **„Kunst ist** in Afrika nie ein Objekt, sondern **stets ein Verhalten"** *(J. Jahn:* Muntu). Die Wirkungskraft der Maske und ihre Schönheit kommt erst in der Bewegung des Tanzes, das Gedicht erst bei der Rezitation und die Holzstatue erst in ihrer Funktion als Stimulans bei der Anbetung eines göttlichen Ahnen voll zum Tragen.

Die als Schmuck hergestellte „Kunst" hat die Funktion, Kraft ihrer Schönheit bei den Menschen Zufriedenheit zu bewirken, und damit haben auch diese Werke eine sinnvolle Funktion. Wenn man von Zweckbestimmtheit der afrikanischen Kunst spricht, so ist in diesem Zusammenhang darauf hinzuweisen, dass die Funktion eines Gegenstandes oder Sachverhaltes in der afrikanischen Kultur nicht auf den Zweck, sondern vielmehr auf den Sinn zielt. Erst durch das Wort, durch die **„Ernennung",** erhält das Werk seinen Symbolgehalt, wird die geschnitzte Figur zu dem bestimmt, was sie ausdrückt. Eine beliebige Figur kann „Kraft der Ernennung des

Kunst und Kultur

Bildes" einmal den Ahnen X oder den König Y bedeuten.

Der Künstler war jedoch nicht frei, die Dinge nach seiner individuellen Vorstellung und als Ausdruck seiner Persönlichkeit zu gestalten, sondern er versuchte – sich selbst als **Werkzeug der Geister** sehend –, in seinen Werken die Kräfte der Natur zu binden und somit „greifbar" zu machen. Der afrikanische Künstler war mehr Handwerker als Künstler und schnitzte, fest eingebunden in die Gemeinschaft seines Volkes, im Geiste seiner Vorfahren nach traditionellen Vorbildern, die ihn jedoch nicht daran hinderten, „Neues" entstehen zu lassen. Die individuelle Geschicklichkeit wurde zwar anerkannt, jedoch war sein besonderes Verhältnis zur „Welt der Geister" für seine Arbeit viel wichtiger.

Betrachtet man das künstlerische Schaffen der Afrikaner, fällt auf, dass – mit Ausnahme der jahrtausendealten Felsbildkunst in der Sahara bzw. in Ost- und Südafrika – die **Malerei** in Schwarzafrika früher nur eine **untergeordnete Rolle** spielte. Man zeichnete in den Sand, auf dem menschlichen Körper, auf Rindenstücken und bemalte die Hauswände mit Naturfarben, die schnell wieder verblassten. Heute haben einige junge Künstler sich Inspiration in Europa und Amerika geholt und sind dabei, die traditionellen Kunst-Formen zu verdrängen.

Plastische Gebilde aus Holz, Ton, Metall, Knochen usw. waren dagegen fast überall anzutreffen. Und fast alle Gebrauchsgegenstände wie Kalebassen, Holzschemel, Trommeln, Waffen, Holztüren, Messer- und Türgriffe, Krüge etc. waren kunstvoll verziert.

Die **afrikanischen Holzplastiken** haben als erstes die Aufmerksamkeit der Europäer auf sich gezogen und z.B. das Kunstschaffen von berühmten Künstlern wie *Picasso* zu Beginn des 20. Jh. entscheidend beeinflusst. *Leo Frobenius* hatte gegen Ende des 19. Jh. bereits ausdrücklich auf die künstlerische Tätigkeit der „Schwarzen" hingewiesen, nachdem man lange Zeit den Afrikanern jedes Kunstverständnis abgesprochen hatte. Heute füllen vor allem ihre Plastiken, Statuetten und Masken die Vitrinen von Sammlern und Museen, und die meisten und besten Stücke sind heute nicht in Afrika zu sehen, sondern in den Museen der einstigen Kolonialmächte.

Da die Masken eingehender im folgenden Kapitel in Zusammenhang mit rituellen Tänzen behandelt werden, sollen an dieser Stelle nur einige Beispiele folgen.

Am bekanntesten sind die **Holzfiguren der Dogon,** deren Mythen und Riten von *Marcel Griaule, Germaine Dieterlen* u.a. eingehend erforscht wurden.

Auch bei den **Senufo** (Côte d'Ivoire, Mali, Burkina Faso) stellen die Kunstschöpfungen die „materielle Grundlage" ihrer geistigen und gesellschaftlichen Vorstellungswelt dar. Immer wie-

---

Links: Baule-Figur mit Armreif; rechts: Urmutterfigur (Kâtiélo) der Senufo

Kunst und Kultur

derkehrende Themen sind: Frau mit Korb auf dem Kopf (die mit dem Sadogo-Frauenbund in Zusammenhang stehen soll), auf einem Stuhl sitzende Frau, der Reiter mit und ohne Lanze. Häufig sind die Figuren um den Bauchnabel mit Mustern verziert, Symbole der Fruchtbarkeit. Die **Darstellungen des Nashornvogels** mit ausgebreiteten Schwingen gehören zu den schönsten Werken der Senufo. Masken spielen in Zusammenhang mit den Geheimbünden auch bei ihnen eine wichtige Rolle und haben immer einen Bezug zum Tod oder zu den Ahnen.

Bei den **Ashanti** sind, neben dem Goldenen Stuhl und der Goldenen Maske, wohl die **Fruchtbarkeitspuppen** *(akua-ba)* die bekanntesten Skulpturen. Sie werden von schwangeren Frauen getragen, um ein schönes Kind zu bekommen.

Im ehemaligen Dahomey (Benin) waren Holzstatuen ebenfalls eng mit kultischen Bräuchen und traditionellen Zauberpraktiken verbunden. Die Hüter des Hauses *(bochio)* waren kleine Holzfiguren, die auf dem Gehöftplatz Wache hielten. Die Zwillingsstatuen sind auch heute noch bei den **Ewe** (Togo, Benin) häufig für einen verstorbenen Zwilling in Gebrauch. Diese Zwillingsfigur kann dann anstelle des Verstorbenen in die betreffende Familie aufgenommen werden, wobei sie wie die lebenden Mitglieder gefüttert, bekleidet und gebadet wird. Mit diesem Kult versucht man, die von der Seele des verstorbenen Zwillings drohende Gefahr abzuwenden.

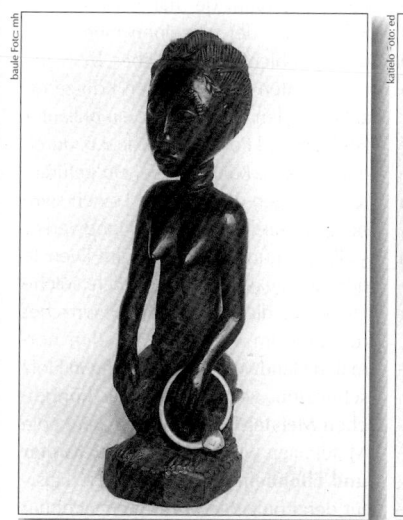

Kunst und Kultur

Die Holzplastiken der **Yoruba** sind von den Kulten der einzelnen Gottheiten *(Xango, Ogun, Eschu, Olokun* u.a.) inspiriert. Auch sie kennen neben Heroen- und Familienkulten einen besonderen Zwillingskult.

Die **Anyi** der Côte d'Ivoire haben sehr ausdrucksvolle Tonplastiken geschaffen. Beim Begräbnis eines Königs musste zum Beispiel die Statue (Nachbildung) des Verstorbenen seinen Platz einnehmen.

Da in der religiösen Weltsicht der Afrikaner **Fruchtbarkeit** eine besondere Position einnimmt, ist es nicht verwunderlich, dass bei der Darstellung des menschlichen Körpers besonderer Wert auf die **Darstellung der Genitalien** gelegt wurde. Auch bei den Bambara und Senufo sind (ähnlich wie bei den Dogon) häufig **bisexuelle Figuren** anzutreffen, was wiederum aus ihrem mythologischen Hintergrund zu erklären ist, wonach alle Menschen zunächst zweigeschlechtlich zur Welt kommen und erst durch die Beschneidung ihr eigentliches Geschlecht erhalten.

Die Handwerker waren in den verschiedenen afrikanischen Gesellschaften fast immer in **Zünften** oder **Kasten** organisiert. Oft befand sich (und befindet sich in ländlichen Gebieten auch heute noch) der Arbeitsplatz unter einem schattenspendenden Baum oder in der Eingangshalle des Wohnhauses. Meist sind es so genannte „Familienbetriebe", wo ein Vater mit seinen Söhnen arbeitet, denn häufig wird das Handwerk vererbt, und wo Kinder als Hilfskräfte eingesetzt werden. Die meisten Handwerker produzieren nur auf Bestellung, wobei das Arbeitsmaterial häufig vom Auftraggeber besorgt werden muss. Einige haben sich jedoch auch auf die Produktion für den Markt spezialisiert oder auch für die weniger anspruchsvolle Touristenproduktion. Manche Handwerke sind rein **männerspezifisch** (Weben, Metallverarbeitung) ausgeübt, andere (wie z.B. das Töpfern) rein **frauenspezifisch.**

Früher arbeiteten die Handwerker zum Teil im Auftrag eines Königs und wurden von dem jeweiligen Herrscher gefördert, denn sie waren diejenigen, welche die Taten der Könige darstellten und somit zur Vermehrung ihres Ruhmes beitragen konnten.

Im alten Reich Dahomey waren z.B. die Schneider und Sticker zu offiziellen Geschichtsschreibern des Königshauses ernannt worden. Sie stellten u.a. Wandbehänge her, auf denen mit Hilfe von Symbolen (je nach Taten und Fähigkeiten der einzelnen Herrscher) die Geschichte des Reiches bzw. die Heldentaten der jeweiligen Könige erzählt wurden. *König Gezo*, ein brillanter Feldherr und Politiker, wurde z.B. durch einen Büffel, *König Gelele*, ein gefürchteter Krieger, durch einen Löwen symbolisch dargestellt. Die Handwerker stellten natürlich, wenn sie im Dienste der Könige standen, lediglich solche Dinge her, die den jeweiligen Herrscher rühmten. Im Gegensatz zu den normalen Handwerkern, die häufig in Holz schnitzten, verarbeiteten die **königlichen Meister-Handwerker** häufig edle Materialien wie **Gold, Bronze, Kupfer und Elfenbein** und arbeiteten exklusiv für den König. Sie verewigten nicht nur

Kunst und Kultur

die Geschichte des Königshauses, sondern sie stellten auch die wichtigsten Symbole der Macht wie Zepter und Thron her.

Der **„Goldene Stuhl"** z.B. war das wichtigste Symbol, das die Ashantihene verschenkten, denn fast jeder Häuptling wollte seinen eigenen Sessel haben, der im Glauben der Ashanti die Seele der ganzen Nation verkörperte. Für die Herstellung dieses heiligen Stuhles kamen nur drei verschiedene Holzarten in Frage, und das Fällen dieser Bäume war mit einem ganz bestimmten Ritual verbunden, das den Geist des jeweiligen Baumes besänftigen sollte. Religion, Kunst und Handwerk waren somit früher nicht voneinander zu trennen, weder für die Könige noch für das Volk noch für die Handwerker selbst.

Holzschnitzerei

Aus Holz werden nicht nur Masken und Fetischfiguren geschnitzt, die im Ahnen- und Fruchtbarkeitskult verwendet werden, sondern auch Trommeln, Sitzschemel, Mörser und Stößel. Berühmt für ihre plastischen Holzfiguren und ihre Maskenschnitzkunst sind vor allem die Bambara, Dogon und Senufo. Die Holzschnitzer der Dogon fertigten früher neben den hölzernen Fetischfiguren und Masken auch Speichertüren und Türschlösser mit den Symbolen der Dogon-Mythologie (Krokodil, Schlange usw.) an. Ihr Maskenwesen wurde in den 1930er Jahren eingehend von dem französischen Ethnologen *Marcel Griaule* erforscht, der eine große Anzahl verschiedener Maskentypen feststellte (s.a. Kapitel Masken). Heute werden diese Masken und Holzfiguren vor allem für Touristen hergestellt und nicht selten dafür auf alt getrimmt, indem man sie mit Tierblut übergießt und anschließend für einige Zeit in der Erde vergräbt. Berühmt sind auch die Holzschnitzarbeiten der Senufo. Zu den wichtigsten Arbeiten zählen die verschiedenen im Poro-Bund verwendeten Masken sowie der bekannte Nashornvogel, Symbol der Fruchtbarkeit. Die Masken, die häufig Tiere, aber auch Menschen darstellen, sowie andere Kultgegenstände werden normalerweise in den „Heiligen Hainen" versteckt und nur zu bestimmten rituellen Anlässen hervorgeholt. Ebenso wie die Dogon verzieren auch die Senufo ihre Türen an Hirsespeicher und Wohnhaus sowie Holzlöffel, Holzschalen, Schemel und Trommeln mit zahlreichen figürlichen Motiven und Mustern.

Die verschiedenen **Antilopen-Maskenaufsätze** der **Bambara** werden besonders von Kunstsammlern sehr geschätzt.

Korb- und Mattenflechterei

Körbe und Matten gehören zu den wichtigsten Gegenständen in einem afrikanischen Haushalt. Meist werden sie sowohl von Männern als auch von Frauen aus wild wachsenden Gräsern oder Palmblättern hergestellt. Die afrikanischen Körbe werden nicht nur zum Einkaufen auf dem Markt, sondern auch zur Vorratshaltung benützt. Zu den bekanntesten Korbherstellern zählen die Diola (Senegal) und die Dogon (Mali).

Geflochtene Matten dienen nicht nur als Sitzmatten und Schlafplatz, sondern,

Märkte und Handel

Bereits in frühen Zeiten gab es ein weit verzweigtes Netz von Handelswegen in Westafrika. Salz und Gold waren bis zum 17. Jh. die wichtigsten Handelsprodukte. Mit dem Kamel, dem „Schiff der Wüste", war etwa seit Beginn unserer Zeitrechnung der transsaharische Handel möglich. Dadurch erlangten die mittelalterlichen Großreiche (Mali, Songhay und Ghana) Macht und Wohlstand, denn sie kontrollierten den Handel von Salz, Gold und Sklaven, aber auch von Elfenbein, Straußenfedern, Fellen, Häuten, rotem Pfeffer und Baumwolle. Importe aus dem Norden waren Glasperlen, bedruckte Baumwolltücher, Papier, arabische Bücher, Datteln, Zucker und Pferde aus Nordafrika.

Am südlichen Ende der vier großen Transsahara-Routen entwickelten sich Marktzentren zu wichtigen Umschlagplätzen, welche später die Zentren der mittelalterlichen Großreiche bildeten (s.a. Kapitel Geschichte).

Die Karawanen mussten an den Rastplätzen versorgt werden. Daher intensivierten die Anrainer den Anbau von Yams, Maniok und Hirse und vermehrten ihre handwerkliche Produktion. Die wichtigsten südlichen Endpunkte dieses Transsahara-Handels waren Timbuktu, Katsina, Kanu und Bornu.

Der ursprünglich lokale Handel mit den unterschiedlichen Dörfern der Nachbarschaft bzw. zwischen Bauern und Nomaden weitete sich im Laufe der Zeit immer mehr aus. Die Händler drangen in weiter entfernte Gebiete vor, um einheimische Produkte gegen „Luxusgüter" einzutauschen.

Der innerafrikanische Handel wurde im westlichen Sudan schwerpunktmäßig von den Diula-Händlern und im östlichen Sudan von den Haussa durchgeführt. Sie waren es auch, die „neue Ideen" auf den weit verzweigten Handelswegen innerhalb Westafrikas verbreiteten. Viele Marktorte entwickelten sich zu Städten. Auf diese Weise drang auch der Islam ins Innere Westafrikas vor.

Während sich die Diula auf den Handel mit Gold spezialisiert hatten (die Herkunft des Goldes blieb immer ein wohlgehütetes Geheimnis!), war der Handel mit Kolanüssen Domäne der Haussa-Händler.

Grundsätzlich lassen sich in Westafrika drei **verschiedene Markttypen** unterscheiden: der tägliche Markt, das rotiende Marktsystem (alle drei Tage) und der Wochenmarkt, der an einem bestimmten Wochentag stattfindet *(marché hebdomadaire)*.

Während in Burkina Faso der Markt im Drei-Tage-Rhythmus üblich ist, wird im Sahel in der Regel nur einmal pro Woche Markt abgehalten – und dies meist in Dörfern, die etwa 30–50 km voneinander entfernt sind. Solche Buschmärkte sind z.B. in Oursi und Markoy (Burkina Faso) anzutreffen.

Täglich Markt gibt es in den Hauptstädten Bamako, Ouagadougou, Niamey sowie in den regionalen Verwaltungszentren wie z.B. Dori, Djibo, Ouahigouya, Kayes usw.

Bemerkenswert ist, dass die ständigen Märkte meist relativ eintönig und unbelebt sind. Das Angebot an einheimischen Waren und Handwerksprodukten ist ziemlich limitiert und mehr auf Nahrungsmittel und Importwaren konzentriert. Ganz anders stellen sich dagegen die Wochenmärkte im Sahel, im Kontaktbereich von Bauern und Nomaden, dar, wo ein Austausch von Waren (Getreide, Kalebassen, Fleisch, Felle, Leder usw.) geradezu notwendig ist, da diese beiden Bevölkerungsgruppen unterschiedliche Nahrungsmittel produzieren und sich ebenso auf verschiedene handwerkliche Fertigkeiten (Weben, Lederverarbeitung, Kalebassenreparatur etc.) spezialisiert haben.

In den Haupt- und Kreisstädten sowie wichtigen Handelszentren gibt es Markthallen aus Lehm oder Beton neben Bretterbuden. Die ländlichen Märkte werden meist etwas außerhalb der Ortschaft abgehalten, oft unter so genannten „Hangars", d.h. mattengedeckten Sonnendächern, die auf einem Gerüst aus Knüppelholz und Gabelpfosten ruhen. Außerdem nutzt man jeden schattigen Platz (unter Bäumen oder an Hausmauern), um seine Waren zum Verkauf auszubreiten.

Die westafrikanischen Märkte werden weitgehend von den Frauen beherrscht, während der Karawanen- und Viehhandel Domäne der Männer ist. Letztere handeln außerdem meist mit Getreide, Salz, Datteln, Kolanüssen und Importwaren, Frauen dagegen mit (z.T. selbst zubereiteten) Nahrungsmitteln wie Fettgebackenem, Pfannkuchen oder Keksen. Sie verkaufen gesponnene Baumwolle, die aus den Nüssen des Karité-Baumes gewonnene „Schibutter", Akazienschoten (für die Gerberei), Tamarindenschoten und Hirsestängel (für die Färberei), Palmblatt und Grasbüschel (zum Korb- und Mattenflechten) und natürlich auch Erzeugnisse aus dem Garten wie Tomaten, Zwiebeln, Knoblauch, rote Pfefferschoten und andere Gewürze. Während sich die Fulbe-Frauen auf den Verkauf von Sauermilch und Kalebassen spezialisiert haben, ist der Verkauf von Zwiebeln (meist in Form von getrockneten Bällchen) fast ein Monopol der Dogon-Frauen.

Die Einnahmen aus ihren Verkäufen sichern den Frauen eine relative Unabhängigkeit und Selbstständigkeit, sie können sich hiervon Kleidung, Schmuck und Haushaltsgeräte kaufen.

Auch jede Menge handwerkliche Produkte wie Lederarbeiten, Tonkrüge, Strohmatten, Schmiedearbeiten etc. werden auf den Märkten angeboten. In den letzten Jahren tauchen auch immer mehr „westliche" Artikel aus Plastik auf, welche die Kalebassen, das noch bis vor kurzem weitverbreitetste „Geschirr" Afrikas, verdrängen. Typisch für die Sahelmärkte sind die mobilen Werkstätten der Wanderhandwerker (Sandalenmacher, Schneider, Kalebassenreparatur etc.). Daneben sind Märkte natürlich wichtige Zentren des sozialen Lebens. Auf dem Markt trifft man nicht nur Freunde und Verwandte, Schuldner und „Feinde" und hört den neuesten Ratsch und Tratsch, sondern er ist auch ein Treffpunkt für heiratsfähige Töchter – quasi ein „Heiratsmarkt" – und ebenso ein günstiger Platz, um z.B. eine entlaufene Ehefrau wiederzufinden (trifft man sie selbst nicht, so hört man doch zumindest, wo sie ist ...) oder um nach einem neuen Mann bzw. einer neuen Frau Ausschau zu halten.

Durch den Autotransport ist natürlich der Einzugsbereich erheblich erweitert worden, und „Profi-Händler" können nun jeden Tag zu einem anderen Markt fahren.

KUNST UND KULTUR

besonders bei den Hirtenvölkern, auch zum Zelt- und Hüttenbau. Sowohl bei den Fulbe als auch bei den Tuareg ist das Mattenflechten Frauensache. Besonders auffallend sind die von den Tuareg und Songhay für die kuppelartigen Hütten verwendeten schwarzgemusterten Matten. Außerdem werden in der Savanne aus Palmblättern und Wildgräsern auch andere Gebrauchsgegenstände wie Säcke etc. hergestellt, in der Regenwaldzone verwendet man hierzu bevorzugt Lianen.

Weben und Spinnen

Baumwolle ist das am häufigsten verwendete Spinn- und Webmaterial; sie wurde schon seit dem Mittelalter im Sudan kultiviert und der Anbau während der französischen Kolonialzeit erheblich gefördert. Bei der Textilproduktion ist eine strikte **Arbeitsteilung zwischen Mann und Frau** üblich: Während die Frauen für das Spinnen der rohen Baumwolle zuständig sind, ist das Weben (ebenso wie Stickerei und Schneiderei) ausschließlich Männersache. In Westafrika wird man fast überall an den Straßen Männer sehen, die auf ihren altertümlichen Trittwebstühlen meterlange, etwa handbreite Baumwollbänder weben. Diese fallen durch ihre langen Kettfäden auf – nicht selten werden die Fäden um einen ganzen Häuserblock gespannt, bevor sie auf die Spule gewickelt werden. Auf den Märkten kann man nicht nur die wagenradgroßen Spulen handgewebter Baumwollstreifen sehen, hier werden auch die aus mehreren Streifen zusammengenähten Tücher und Decken zum Kauf angeboten.

Teilweise werden die Baumwollbänder gleich mehrfarbig gewebt, teils mit bestimmten Mustern, teils werden sie auch erst anschließend gefärbt oder mit Batikmustern versehen. Im Binnendelta des Niger, wo von den Fulbe seit langem die Zucht von Wollschafen betrieben wird, verarbeitet man auch Wolle. Berühmt sind die **Kassa-Decken** mit ihren schwarz-weißen, geometrischen Mustern, die überwiegend in der Gegend von Mopti hergestellt werden. Der ponchoartige Wollumhang stellt bei den Fulbe-Hirten ein traditionelles Kleidungsstück dar.

Färben

Beim Färben wenden die Afrikaner sehr **unterschiedliche Techniken** an. Sie bemalen die zusammengenähten Baumwollstreifen bzw. Stoffe oder bedrucken sie mit Stempeln (Ashanti). Die Bambara haben früher häufig die Baumwollgewebe mit gelbem Wurzelsaft eingefärbt, anschließend mit Ornamenten und Mustern versehen und danach mit einer ätzenden Flüssigkeit bestrichen und mit einer Schlammschicht bedeckt, die nach dem Trocknen abgeklopft wurde. Eine andere sehr häufig verwendete Technik ist das Abbinden oder Knoten, wobei früher häufig kleine Steinchen oder Samenkörner eingenäht bzw. kleine Holzstückchen oder Schablonen auf den Stoff genäht wurden. Anschließend taucht man den Stoff in Indigofarbe und breitet ihn zum Trocknen auf dem Boden aus. Danach werden die Nähte wieder aufgetrennt, die Stoffknoten aufgelöst und die Steinchen etc. entfernt. Dann schlägt man sie mit breiten Holzlatten trocken, wodurch die Stoffe ihren begehrten Glanz erhalten. Die indigogefärbten Stoffe färben meist sehr stark ab, was sie bei den Tuareg besonders beliebt macht.

Auch die traditionelle Tracht der Dogon-Frauen besteht aus indigogefärbten Wickelröcken mit kleinen Batikmustern. Die Männer trugen früher zu besonderen rituellen Anlässen Hosen und Hemden aus Baumwollstoffen, die mit eisenhaltigem Schlamm rostrot, senfgelb oder braun gefärbt waren.

Heute versucht man bei der maschinellen Stoffherstellung die typischen Kennzeichen wie Abfärben, Glanz und Streifenmusterung, die durch das Zusammennähen der schmalen Baumwollstreifen entsteht, nachzuahmen, manchmal mit verblüffendem Erfolg.

Töpferei

Das Herstellen von Töpferwaren ist in ganz Westafrika fast immer **in Frauenhand,** meist wird es von den Frauen der Schmiede betrieben. Die Tonwaren werden entweder aus Wülsten aufgebaut oder mit einem Holz oder Steinstößel getrieben, oft auch in einer kombinierten Wulst- und Treibetechnik und stets ohne Töpferscheibe hergestellt. Die Arbeiten werden in einer offenen Grube gebrannt und anschließend mit pflanzlichen oder mineralischen Farbstoffen eingerieben, die ihnen Glanz verleihen. Manche Töpferinnen verzieren sie noch durch Aufsetzen plastischer Teile oder durch Einprägen und Einritzen von geometrischen Mustern und Ornamenten, wozu spitze Holzstücke oder abgegessene Maiskolben dienen können. Wasserkrüge, Kochtöpfe und Trinkschalen produzieren die Frauen vor allem für den Markt.

Tonkrüge werden nicht nur zum Wasserholen vom Brunnen, zum Aufbewahren des Wassers in den Häusern, sondern auch zum Kochen und Bierbrauen verwendet. Die Lobi in Burkina Faso sind bekannt für ihre besonders großen Tonkrüge *(Kanari)*.

Lederverarbeitung

Ein häufig verwendetes Material ist auch Leder. Die Tuareg, Fulbe, Haussa und die Mandevölker sind bekannt für ihre hoch entwickelte Lederverarbeitung. Früher wurden die Farben aus Eisenoxid, Samen und Wurzeln gewonnen, heute setzen sich immer mehr Anilinfarben durch. Ledersäcke und Taschen, Kissen, Zaumzeug und Sattel, Hüte, Schuhe und Sandalen, Schwerter, Pulverhörner u.Ä. werden immer noch mit den **unterschiedlichsten Techniken** (Bemalen, Flechten, Applizieren, Besticken, Ritzen, Stanzen etc.) kunstvoll verziert. Im Sahel-Sudan relativ häufig anzutreffen sind die breitkrempigen, lederbesetzten Hüte der Fulbe-Hirten sowie die Kameltaschen und Kissen der Tuareg, die von den Frauen der Schmiede hergestellt werden.

Metallbe- und -verarbeitung

Man nimmt an, dass die Kenntnis der Eisenbearbeitung bereits einige Jahrhunderte v.Chr. in den westlichen Sudan vordrang und dort die Nok-Kultur in Nigeria ermöglichte. Die **Schmiede** haben in fast allen westafrikanischen Gesellschaften eine eigentümlich ambi-

KUNST UND KULTUR

valente Stellung inne. Sie werden geschätzt, da sie all die wichtigen Werkzeuge und Waffen herstellen, die für den Ackerbau und die Jagd notwendig sind. In den meisten Gesellschaften leben sie sozial von den anderen abgesondert, meist am Rande des Dorfes als eigene Kaste mit strengen endogamen Heiratsvorschriften. Ihre soziale Stellung ist jedoch bei den einzelnen Stämmen sehr unterschiedlich.

Während die Grobschmiede die **Treibtechnik** anwenden, wird von den Feinschmieden fast überall in Westafrika der **Gelbguss** (Legierung aus Kupfer und Zinn = Bronze bzw. Kupfer und Zink = Messing) oder **„Guss in verlorener Form"** mit dem Wachsausschmelzverfahren angewendet, der ihnen die Möglichkeit zu sehr feiner, filigraner und künstlerischer Arbeit gibt. Bei dieser Technik wird zuerst die zu gießende Form aus Bienenwachs geformt und dann mit feinem Lehm ummantelt (bei feinen Arbeiten wird der Lehm mit einem Pinsel aufgetragen). Die getrocknete Form wird dann erhitzt und das geschmolzene Wachs herausgegossen, während man unterdessen das Metall flüssig macht und anschließend in die Form gießt. Die erkaltete Form wird zerschlagen, das gegossene Stück herausgeholt, weshalb man diese Technik „verlorene Form" nennt. Anschließend legt man die Form in eine saure Lösung aus Salz und Zitrone, um sie von den verbrannten Wachsresten zu reinigen, und schmirgelt das Schmuckstück mit feinem Sand.

Gold war früher, zur Zeit der mittelalterlichen Großreiche, eine beliebte Handelsware im Sudan; Goldgewichte spielten eine wichtige Rolle. Auch der König der Ashanti war über ganz Westafrika für seinen Goldreichtum bekannt. Von den Goldarbeiten der Ashanti ist die etwa 1,5 kg schwere, aus reinem Gold gegossene Maske wohl die berühmteste. Aber auch der üppige Schmuck der Ashanti-Könige, die vergoldeten Insignien, goldene Applikationen an der Kleidung etc. zeigen das handwerkliche Können der Goldschmiede, die damals eine eigene Zunft am Hofe des Königs bildeten. Daneben werden von den Ashanti und Anyi auch kleinere Goldfiguren gegossen. Bei den Fulbe gehörten bis vor kurzem noch die riesigen goldenen Ohrgehänge zur traditionellen Tracht.

Silber wird dagegen fast ausschließlich für Schmuck verwendet (besonders in den islamischen Einflussgebieten); u.a. liefern österreichische Maria-Theresia-Taler das Rohmaterial. Neben dem bekannten Silber-Filigranschmuck der Moslems ist im Sahel-Sudan der reichhaltige Silberschmuck der Tuareg, die verschiedenen „Kreuze" (Kreuz von Agadez, Zinder, Tahoua, Iferouane etc.) anzutreffen, die früher angeblich auch als Goldgewichte benutzt wurden.

Auf dem Markt in Djenné (Mali)

Heute wird vor allem **Bronze** zu Schmuck verarbeitet.

Kalebassen-Verzierung

Kalebassen, die **getrockneten Früchte des Flaschenkürbis,** liefern das Material für zahlreiche Gebrauchsgegenstände. Sie werden in ganz Westafrika vor allem als **Ess- und Trinkgefäße,** aber auch als Wasserflaschen, Vorratsbehälter und zur Aufbewahrung von Milch verwendet. Auch Musikinstrumente und Spielzeug werden aus ihnen hergestellt. Meistens werden die Flaschenkürbisse direkt neben dem Haus angepflanzt. Ausgehöhlt und meist in zwei Teile geschnitten werden sie dann weiterverarbeitet. Manche Ethnien wie die Dogon verzieren ihre Kalebassen sehr kunstvoll, indem sie Muster mit einem scharfen Messer einritzen oder sogar einbrennen, wobei die Muster von Dorf zu Dorf variieren. Während man die Kalebassen der Dogon an der figürlichen Darstellung (Totemtiere und Masken) erkennt, sind für Haussa geometrische Muster typisch. Häufig werden die Kalebassen auch mit rotbrauner Pflanzenfarbe eingerieben. Leider verdrängen Plastikschüsseln und galvanisierte Eisenkübel sowie das aus China importierte Emailgeschirr immer mehr diese alte Volkskunst.

Glasperlen und -ringe

Glasperlen waren bei den Afrikanern schon immer als Schmuckstücke sehr beliebt. In frühen Zeiten kamen sie aus Ägypten und Karthago auch nach Schwarzafrika, später, im Mittelalter, waren die berühmten venezianischen

Perlen an afrikanischen Fürstenhöfen sehr gefragt. Glasschmelzhütten gibt es u.a. im Hinterland der Guineaküste, Zentrum der Glasfabrikation ist jedoch Bida (Nigeria). Die Kunst, Glas zu bearbeiten ist, so nimmt man an, aus dem Vorderen Orient nach Afrika gekommen. Heute werden in den Werkstätten vor allem alte Flaschen wieder eingeschmolzen und zu Perlen und Armreifen verarbeitet.

Tierzähne und Muscheln

Elfenbein, ursprünglich Symbol der Kraft, wurde früher für die Kunst an Königshöfen verwendet. Die Bearbeitung von Knochen, Zähnen, Muscheln und Straußeneierschalen war ebenfalls weit verbreitet. Löwen- und Leopardenzähne wurden von Königen als Symbol der Macht getragen, ebenso die Wirbel und Knochen von Schlangen, Haien und Elefanten. Auch Elefanten- und Giraffenhaare werden gelegentlich für die Herstellung von Schmuck verwendet. Die Kauri-Muschel war früher beliebtes Zahlungsmittel und ist heute außer für die Herstellung von Schmuck vor allem bei rituellen Masken und Kostümen in Westafrika fast überall anzutreffen.

Die Bearbeitung von Stein ist dagegen in Afrika viel seltener. Die Schmiede der Tuareg stellen Armreifen aus Stein her, welche die Männer am Oberarm als Schmuckstück, aber vor allem als Schutz gegen böse Geister tragen. Das Material, weiches Schiefergestein, stammt meist aus Steinbrüchen des Air-Berglandes. Um die Armringe schwarz zu färben, wird Arachid-Öl in den porösen Stein gebrannt.

Masken, Tänze und Musik

Ganz anders als die Kunst der Plastik ist die Kunst des Tanzes überall in Schwarzafrika anzutreffen und scheint schon immer eine zentrale Bedeutung gehabt zu haben. Selbst auf den Felsmalereien der Sahara sind zahlreiche Szenen mit maskierten, tanzenden Gestalten abgebildet.

In den ersten Berichten von Entdeckungsreisenden, die **rituellen Tänzen** beiwohnten, ist eine bemerkenswerte Mischung aus Faszination und Erschrecken zu spüren. Häufig wird den Afrikanern deshalb entfesselte und „animalische" Sexualität unterstellt. Was sich bei oberflächlicher Betrachtung als instinktiver, spontaner Ausdruck im Tanz darstellt, dieses scheinbare Durcheinander, ist jedoch nach einem exakten und verbindlichen Zeremoniell geregelt und hat sich aus **Magie** und **Mythologie** der jeweiligen Stämme entwickelt. Die meisten Tänze werden nur zu einem bestimmten Zweck und zu bestimmten Anlässen aufgeführt. Man tanzt beim Wechsel der Jahreszeiten (vor der Aussaat, nach der Ernte), wenn ein Kind geboren, eine Hochzeit gefeiert, oder ein Toter begraben wird. Früher tanzte man auch am Vorabend eines Kriegszugs; ebenso gab es Sieges- und Trauertänze, und bei der Thronbesteigung eines Königs oder Häuptlings wurde ebenfalls getanzt.

Öffentliche Tanzveranstaltungen waren für den einzelnen ein wichtiges Hilfsmittel, sich in die Gemeinschaft einzufügen und sich in ihr geborgen zu fühlen. Solange das einzelne Mitglied in

Kontakt mit der Gruppe war, hatte es auch Anteil an der Energie und Macht der Gruppe. Diesen Kontakt zur Gruppe zu unterbrechen, bedeutete in vielen Fällen nicht nur in symbolischer Hinsicht den Tod. Besonders bei Einweihungsriten wurde großer Wert darauf gelegt, dass die Initiierten die gemeinschaftlichen Bande als lebenswichtig erfuhren, und somit der **Sinn für die Gemeinschaft** geweckt wurde.

Dem Tanz und der ihn begleitenden Musik kommt immer eine reinigende, die Geister beschwichtigende und die kosmische Ordnung wiederherstellende und erhaltende Funktion zu. Denn der Tanz war und ist auch heute noch meist eine religiöse Angelegenheit, eine Möglichkeit, mit den Göttern und Geistern in Verbindung zu treten.

Bei solchen **religiösen Tänzen** waren Masken ein wichtiges Requisit. Bei vielen Völkern Westafrikas gibt es auch heute noch **Maskenbünde**, die entweder öffentlich oder nur unter größter Geheimhaltung auftreten. Frauen sind meist nicht zugelassen, dürfen auch als Zuschauerinnen an den Maskentänzen nicht teilnehmen. Diese werden in der Regel ausschließlich von Mitgliedern der Maskenbünde aufgeführt, wobei die verwendeten Masken und Kostüme je nach Region sehr unterschiedlich aussehen können.

Grundsätzlich lassen sich bei den **Masken** in Bezug auf Material und Form **sechs verschiedene Gruppen** unterscheiden: Masken aus Blättern, Flechtwerk oder Stoff; Masken, die nur das Gesicht bedecken; Helmmasken (z.B. bei Yoruba); Masken, die auf dem

Gebet an die Masken

Masken! O Masken!
Schwarze Maske, rote Maske,
ihr schwarz-weißen Masken,
Viereckige Masken,
durch welche der Geist weht,
Ich grüße Euch schweigend!
Und dich nicht zuletzt,
mein pantherköpfiger Ahn.
Ihr hütet diesen jeglichem
Frauenlachen, jedem vergänglichen
Lächeln verschlossenen Ort.
Ihr klärt die Luft der Ewigkeit,
hier, wo ich die Luft der Väter atme.
Masken der maskenlosen Gesichter,
frei von Grübchen
und frei von Runzeln,
Ihr habt dies Bildnis zusammengefügt,
dies mein Gesicht, das sich hinbeugt
auf den Altar von weißem Papier ...

(aus L.S. Senghor:
Tam-Tam Schwarz, 1955)

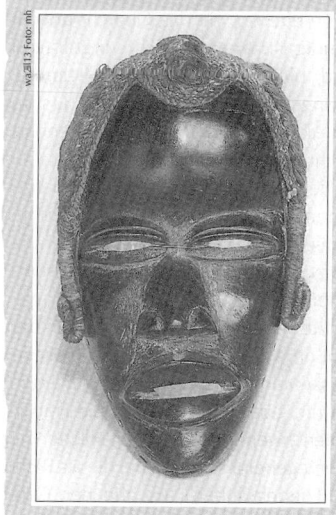

KUNST UND KULTUR

Kopf getragen werden; Masken aus Platten (z.B. bei Dogon, Bobo, Mossi); Masken mit Figurenaufsatz (Häuser, Nähmaschine, Motorräder, Stühle etc.).

In Bezug auf die **Themen** lassen sich unterscheiden: Tiermasken jeglicher Art, menschenähnliche Masken und solche, die phantastische Geschöpfe oder Mischwesen (halb Mensch, halb Tier) darstellen, sowie solche, die verschiedenartige Objekte tragen. Es gibt solche Masken, die lebendige Menschen darstellen und eher profanen Zwecken wie der Belustigung dienen, und solche, die kein reales Gesicht haben und einen Verstorbenen oder Ahnen darstellen.

Auch die Maske erhält Sinn und Bedeutung durch die **„Ernennung"**, wobei dies bei der Maske eine doppelte ist: die habituelle durch den Künstler und die aktuelle durch den Tänzer. Denn ebenso wie das Gedicht unvollständig ist, wenn es nicht vorgetragen wird, bleibt die Maske unvollständig, solange sie nicht benutzt wird. Erst in der Aktion, durch den Tänzer, offenbart sie ihre übernatürlichen Kräfte.

Die Masken geben den übernatürlichen Wesen Gelegenheit, sich zu inkarnieren. Im Tanz wird der Maskenträger zu einem „übernatürlichen Wesen".

Bei vielen Völkern gibt es eine regelrechte **Maskenhierarchie.** Außer der großen Maske, der höchsten Geistermaske, die nur zu wichtigen Anlässen auftritt, gibt es Masken, die die Frauen „töten", wenn sie sie sehen, solche, die streng geheim sind, solche, die als Richter, Friedensstifter, Hexenriecher, Ordnungshüter, persönliche Schutzgeister oder als Totenseelen amtieren, und solche, die als Unterhalter auftreten.

Die meisten Masken sind mit zahlreichen **Symbolen** versehen, die nur der Eingeweihte „lesen" kann. Außer der rein religiösen Funktion wird durch ihren Mund auch der Wille der obersten Würdenträger und des Ältestenrates verkündet, der einem aus dem „Jenseits", von den Ahnen stammenden Befehl gleichkommt.

Während der **Tanz bei vielen rituellen Zeremonien und festlichen Anlässen** in allen Kulturen Schwarzafrikas praktiziert wird, sind **Masken nicht allgemein verbreitet.** Am häufigsten findet man sie bei den Völkern der Savanne und des Waldlandes, wo Maskenbünde üblich sind. Die Lobi (Burkina Faso), Ewe (Togo), Ashanti (Ghana) und Anyi (Côte d'Ivoire) schnitzen dagegen keine Masken.

Wer die Masken verstehen will, muss sie in Zusammenhang mit den dazugehörigen Kostümen und dem alles umfassenden, komplexen Schauspiel (Musik, Tanz, Chorgesänge, Rezitationen etc.), der Zeremonie sowie der Gemeinschaft selbst sehen. Der **Awa-Bund** der **Dogon** scheint dies nach den Untersuchungen von *Marcel Griaule* am deutlichsten darzustellen.

„Diese Gesamtheit – die das Wort awa umfasst – offenbart sich deutlich bei dem eigentlichen Schauspiel, das Masken, Tanz, Musik, Gesang und mythischen Vortrag vereint ... jedes Element (vom Kostüm bis zur Tanzfigur, vom Polyrhythmus bis zum Chorgesang oder Solo) ist auf ein System bezogen, das strengen Regeln unterliegt. Es verbindet die Welt der irdischen, alltäglichen Aktivitäten mit einer kosmischen Ordnung, wie sie am Anfang aller Dinge von Gott oder dem Demiurgen festgelegt wurde, und es stellt eine Verbindung her zwischen dem Ereignis der Schöpfung und seiner symbolischen Wiederholung in der Gegenwart." (aus M. *Huet:* Afrikanische Tänze, 1979)

Die **Stelzenmaske** (*Kwouya*) ist nicht nur bei den Kono (Guinea), sondern auch bei den Dan (Côte d'Ivoire) anzutreffen. Sie tritt bei der Initiation der Knaben auf. Die Stelzen, die aus etwa zwei Meter hohen Palmholzrippen bestehen, sind bei den schnellen Schritten, Sprüngen und Drehungen eine große Herausforderung an das Gleichgewichtsgefühl des Tänzers. Symbolisch soll damit die Überwindung der Schwerkraft dargestellt werden.

„Diese Suche nach dem rechten Gleichgewicht, diese Überschreitung der Grenzen macht deutlich, dass der Mensch die Macht hat, sich den Fallen zu entziehen, die ihm die Zauberer immer wieder stellen," schreib *Huet.*

Im **Frauenbund** (*Topka*) sind bei den Dan die Frauen vereint, welche die Initiation der jungen Mädchen durchführen sowie die Beschneidung, daneben aber auch als Hebammen tätig und für die Reinigung des Dorfes von Buschgeistern zuständig sind.

Bei den Dan und Guèrè (Côte d'Ivoire) zählten die eindrucksvollen Tänze der **Schlangenbeschwörer** (*Simbo*), bei denen diese giftige Schlangen öffentlich zeigten, früher zu den spektakulärsten Darbietungen des Schlangenbundes. Meist wurden sie von jungen Mädchen begleitet, die ebenfalls gekonnt mit den Schlangen umzugehen wussten. Heute werden diese teilweise sehr akrobatischen Tänze von so genannten Gauklergruppen vorgeführt, bei denen sowohl junge Männer von 20–30 Jahren als auch junge Mädchen mitmachen. Manche dieser Tänze erinnern an die der alten Schlangenbeschwörer: Bei einem rollt sich die junge Partnerin um den Körper des Tänzers, bei einem anderen erinnern ihre wellenartigen Bewegungen an die einer Schlange.

Die **Gur** benutzten bei bestimmten Ereignissen, die soziale Spannungen mit sich brachten (z.B. Krankheiten oder Todesfälle, Streitigkeiten zwischen Familien, schlechte Ernte), verschiedene Masken, um die Dorfbewohner zu belustigen und abzulenken. Die Sängermaske (*Ble gla*) ruft man zum Beispiel bei Todesfällen, die Weisheitsmaske (*Gbona gla*), der sehr viel Verehrung entgegengebracht wird, bei größeren Streitigkeiten. Laut Ursprungsmythos waren die Menschen am Anfang der Welt ständig in Auseinandersetzungen verstrickt, so dass der Schöpfergott *Nyon sua* Geister auf die Erde schickte, die den Menschen halfen, ein Leben in Ordnung zu führen. Die Maske verkörpert diese für das Leben in der Gemeinschaft gültigen Gesetze. Jedesmal, wenn die Dorfgemeinschaft in Schwierigkeiten ist, rufen die Menschen die Maske an, die dank ihrer göttlichen Herkunft Streit schlichten, Zauber bannen und somit die Ordnung wiederherstellen kann.

Die **Baule,** bei denen matrilineare Erbfolge üblich ist, lassen bei Zeremonien und wichtigen Anlässen Masken

KUNST UND KULTUR

mit weiblichen Gesichtszügen auftreten und die als Ahnherrin verehrte Königin *Aura Pokou* anrufen.

Bei den **Ewe** lassen sich sowohl kulturelle Einflüsse der Akan als auch solche der Yoruba feststellen. Die zahlreichen Untergruppen des Volkes (Anlo, Mina etc.) sind jeweils in unabhängige Stadtstaaten aufgeteilt und einem Häuptling, einem Rat der Ältesten und militärischen Befehlshaber unterstellt. Zeremonien, bei denen der Häuptling anwesend ist, werden meist mit großem Pomp und nach strenger Etikette durchgeführt. Die Ankunft des Häuptlings kündigt ein Orchester von Elfenbeintrompeten an. Die goldene Halskette, Armbänder, Ringe und der Kopfschmuck, den er trägt, sind Symbole seiner Macht und Autorität.

Einige **religiöse Kulte** wie Yewe (der Donnerkult) und Hebieso (der Blitzkult) erinnern laut *J.L. Paudrat* sehr stark an die Voodoo-Kulte der Fon oder der Yoruba. Die **Fon** stellen sich bei Ihrem Voodoo-Kult die Interaktion zwischen Gottheiten, Ahnen und Menschen folgendermaßen vor: Während die Götter ihre Kraft aus den ihnen gewidmeten Kulten erhalten, ziehen die Menschen wiederum ihr Wohlergehen und ihre Zufriedenheit aus der Kraft der Götter. Die Fon haben eine ganzes Pantheon von Gottheiten (Voodoo). An der Spitze steht *Mawu*, die Schöpfergottheit, dann folgt die „Dreifaltigkeit": *Afa*, der Orakelgott, Himmelsgott und Erdgöttin. In der Hierarchie folgen die weiteren Götter, welche das Universum regieren, dann die Ahnengeister und zum Schluss eine Reihe von Fabelwesen.

Über die **Entstehung der verschiedenen Gottheiten** und ihre Rolle gibt es in verschiedenen Regionen unterschiedliche Mythen. Hier ein Beispiel: Am Anfang lebte Mawu allein ein monotones Dasein. Ihm kam die Idee, zuerst dienende Geister zu erschaffen, welche auch über eine gewisse Macht verfügten und anschließend die Menschen, damit sie ihn bewundern konnten. Er setzte seine Pläne in die Tat um und alle waren glücklich. Eines Tages jedoch, als Mawu schlief, schmiedeten drei Geister einen Komplott, um Mawu zu töten und alleine zu herrschen. Der kleinste dieser Geister hatte in der folgenden Nacht einen Traum und begab sich voller Reue zu Mawu, um ihn zu warnen. Dieser hatte aber den Komplott, ebenfalls in einem Traum bereits vorhergesehen und wartete schon auf besagte drei Geister. Er zwang sie zu seinen Füßen und hörte ihnen zu. Sie brachten den Mut auf, ihre Pläne zuzugeben und so verringerte Mawu die Strafe, die er ihnen zugedacht hatte: Sie mussten im Himmelreich sterben und auf Erden wiedergeboren werden. Dann mussten sie eine sechstägige Initiation durchmachen und die Sprache der Menschen verstehen lernen, die sie leiten und vor Übel schützen sollten. Während dieser zweiten Schöpfungs-

Tanz der Dogon mit Sirgui-Maske

KUNST UND KULTUR 195

Kunst und Kultur

phase wurde *Sakpata*, die Göttin der Erde, als erstes wiedergeboren und war die älteste des Trios. Dann kam *Hevieso*, Gott des Himmels, und schließlich *Afa*, zuständig für die Atmosphäre zwischen Himmel und Erde. Sie stellten zu ihrer Überraschung fest, dass sie keine Geister mehr waren, sondern kleine Götter. Mawu hatte jedem von ihnen einen Bereich und eine Rolle zugedacht. Während der sechstägigen Purifikation unterzog er sie auch einer Initiation, in deren Verlauf er sie in ihre zukünftigen Pflichten einwies. Währenddessen erzählte er ihnen, dass es bei den Menschen drei Throne mit absteigender Bedeutung, je nach Reihenfolge ihrer Ankunft, gäbe.

Diese Erklärung führte dazu, dass alle drei davon besessen waren, als erstes auf Erden anzukommen, um sich des wichtigsten Thrones zu ermächtigen. Hevieso brach seine Initiation ab und ging am fünften Tag, „um den großen Thron zu besetzen". Sakpata bemerkt seine Abwesenheit. Sie wollte zumindest den zweiten Thron und ging am sechsten Tag. Afa war der einzige, der die Einweihung zu einem Abschluss brachte. Dafür belohnte ihn Mawu und beschenkte ihn mit einer wertvollen Gabe: das Verstehen der Sprache der Menschen und Götter.

Sakpata und Hevieso, die bald hungrig und durstig waren, mussten sich an Afa wenden, damit er die Menschen für sie um Opfernahrung bat. Dafür mussten sie ihm den großen Thron abtreten. Hevieso konnte bald das gemeinsame Leben mit Sakpata nicht mehr ertragen, es kompromittierte sein männliches Prestige. Die beiden kämpften um den zweiten Thron. Sakpata verteidigte ihr Recht darauf verbissen. Sie hatte immerhin, mit einem Teil von ihr, der Erde, die Körper der Menschen über den Knochen modelliert. Hevieso zog sich also in den Himmel zurück. Ab und zu greift er sie mit seinen großen Blitzen an. Sakpata ist auf der Erde geblieben. Ab und zu manifestiert sie ihre Launen mit einer Pockenepedemie.

In einem anderen Mythos heißt es, Hevieso und Sakpata seien die Kinder von *Nana Buruku* (Mutter) und *Segbo-Lisa* (Vater), die wiederum *Dan* und *Legba* gebaren. In weiteren Mythen ist die göttliche Ahnenreihe eine andere, aber einige Punkte stimmen in allen überein: Hevieso und Sakpata geraten sich in die Haare und Hevieso zieht sich in den Himmel zurück. Hevieso wird als Himmelsgott durch das Gewitter konkretisiert. Dan ist der Regenbogen oder Göttin des Windes, oft als Schlange mit zwei Hörner dargestellt. Sie vermittelt als Botschafterin zwischen Gott und den Menschen. Sie schürt aber auch den Streit zwischen Hevieso und Sakpata. Dans Freundschaft und Loyalität ist nie von Dauer.

Sie ist hinterlistig, ergreift mal für die eine, mal für die andere Seite Partei. Sakpata repräsentiert die lebensspendende und lebensvernichtende Substanzen Erde und Pocken, Legba ist die jüngste Gottheit im Pantheon. Er hat je nach Region andere Eigenschaften: mal ist er der Gott des Phallus, mal des trauten Heims. Er ist gerissen und bedeutet mal beschützende List und mal listiger Schutz. Er ist gleichzeitig Unruhestifter und Friedensstifter unter den Göttern oder zwischen Göttern und Menschen. Er ist auch Fürsprecher für die Menschen und leitet die Opfergaben an die Götter weiter, um die göttliche Eintracht und die irdische Ordnung zu gewährleisten. Gu gab den Frauen ihr Geschlecht, Segbo-Lisa ist die Gottheit der Reinheit und des Reichtums. Er ist der Vater und Nana Bluku die Mutter allen Fetischs etc. Die Gottheiten repräsentieren und rechtfertigen Naturgewalten und Dualitäten, die Hierarchie der Mächte und die moralische und kulturelle Ordnung. An Gottheiten geknüpfte Tabus beziehen sich häufig auf das Am-Leben-Erhalten oder Reinhalten bestimmt Ressourcen oder Tiere.

Für die **Kultur der Yoruba** sind die beiden Kulte **Egun** (Rückkehr des Geistes der Toten) und **Gelede** (Besänftigung der Mütter) charakteristisch. Der von Kindern dargestellte Egun kommt im Glauben der Yoruba auf die Erde zurück, um den Menschen zu helfen. Die Kinder gehören gleichzeitig der Welt der Toten und der der Lebenden an, denn sie können sprechen, aber man kann sie nicht berühren, weil ihre Diener sofort all diejeinigen mit Stöcken schlagen, die versuchen würden, sich ihnen zu nähern. Der Gelede-Bund hat die Aufgabe, die „Mütter zu besänftigen", ihre Kraft so zu lenken, dass sie dem Wohl der Gemeinschaft nützen, denn man hat die Vorstellung, dass die „Mütter" (das weibliche Prinzip) sowohl wohltätig als auch gefahrvoll sein können. Eine Gefahr stellen die Frauen dar, die als Zauberinnen ihr Unwesen treiben, wogegen man sich nur schwer schützen kann. Sie kennen jene Mixturen, die krank oder unfruchtbar machen oder kleine Kinder töten. Die „Mütter" können jedoch auch wohlwollend sein, Schutz spenden und ihre Kinder behüten. Zahlreiche Masken des Gelede-Bundes stellen die Themen Fruchtbarkeit bzw. Mutterschaft dar, z.B. durch riesige Busen als „Bauchmasken".

Die **Malinke** in der Côte d'Ivoire sind zwar seit langem Moslems, dennoch haben sich bei ihnen, ähnlich wie bei ihren „heidnischen" Nachbarn, den Senufo und Bambara, die Initiationsbünde und Masken, die traditionellen Ackerbauriten sowie die Jäger-, Musiker- und Schmied-Gemeinschaften erhalten. Die öffentlichen Vorstellungen des Manykomori haben sehr stark satirischen Charakter: Dabei treten Masken auf, die besondere Aspekte der Gesellschaft beleuchten und kritisieren (z.B. strenge Heiratsgesetze). Eine Art Narrenmaske ist die Affenmaske, welche Widersprüche in der Gesellschaft zum Ausdruck bringt; niemand wird von ihrem Spott verschont.

Bei den **Bambara** hat ein Mensch, um „vollkommen" zu werden, sechs verschiedene **Initiationsbünde** zu durchlaufen. Die vorletzte Stufe dieser geistig-religiösen Unterweisung stellt die Tjiwara-Initiation dar. Die ungünstigen klimatischen Bedingungen im Sahel beeinträchtigen sehr stark die Bebauung des Bodens. Daher ist es nicht verwunderlich, dass die Bauern dieser Gegend die Beziehung des Menschen zur „nährenden" Erde zum zentralen Thema ihrer Mythologie und zum Gegenstand zahlreicher ritueller Handlungen gemacht haben. Der Tjiwara-Mythos gibt Aufschluss über das Verhältnis des Menschen zum Universum, so wie es die Bambara sehen.

„Am Weltenanfang war ein Wesen, Tier und Mensch zugleich, Abkömmling von Mousso Koroni und der Schlange. Dieses Wesen zeigte mit Hilfe seines Stabes und seiner Klauen, wie man den dornigen Busch in Hirsefelder verwandeln konnte. Die Bambara, die seinen Ratschlägen folgten, wurden glücklich und reich. Doch der Überfluss, in dem sie nun lebten, ließ sie vergessen, dass sie die Erde mit Sorgfalt bearbeiten sollten, ließ sie nachlässig werden gegenüber jenem, der ihnen die Kenntnisse des Ackerbaus vermittelt hatte. Ob dieser Undankbarkeit verbarg sich Tjiwara tief in der Erde und wartete darauf, dass die Menschen ihn durch den Kult ehrten, der ihm zustand. Und so schnitzten sie die Antilopenfiguren (sogoni kun) und trugen sie bei der Aussaat der Hirse auf die Felder, um das Andenken des Wohltäters der Bambara zu ehren." (aus *M. Huet*)

Meist treten die **Antilopen-Masken** des **Tjiwara-Bundes** paarweise in einem mit Lehm eingefärbten Fasergewand und auf einen Stock gestützt auf. An einer Art Tarnkappe aus Pflanzenfasern sind die stilisierten Antilopen-Masken befestigt, die je nach Region sehr unterschiedlich aussehen können. Sie tanzen kurz vor der Regenzeit oder wenn in der Trockenzeit ein neues Feld gerodet wird, danken für die letzte Ernte und bitten um Fruchtbarkeit für die nächste Ernte. Sind die Tänzer nach dem Ritual wieder ins Dorf zurückgekehrt, so wiederholen sie den Tanz meistens nochmal, von Trommeln begleitet, für alle Bewohner im Dorf.

Wenn bei den **Dogon** ein Verstorbener eine bedeutende Stellung innehatte, so wird von seiner Familie nach der ersten Totenfeier noch ein **„Dama"-Fest** (Abreise der Seele) veranstaltet. Dies kann bis zu sechs Tagen dauern und hat die Aufgabe, die Kraft des Toten einzufangen und zu den heiligen Orten zu lenken, es bedeutet auch die Aufhebung der Verbote, die für die Verwandten des Verstorbenen bestanden, um sie vor der umherirrenden Seele zu schützen. Mit dem Ende des Dama ist der Verstorbene in die Reihe der Ahnen aufgenommen und die ursprüngliche Ordnung wiederhergestellt.

Das Ertönen des Schwirrholzes – sein Surren erinnert an die Stimme des verstorbenen Ahnen – kündigt die Vorbereitung eines Dama an. Dann werden abseits im Busch oder in Felsenhöhlen von den Angehörigen des Awa (Maskenbundes) die Masken neu bemalt und die Faserröcke geflochten. Außerdem werden die Kostüme mit Kaurimuscheln und verschiedenen Ornamenten verziert. Bei der Ankunft der Masken im Dorf ziehen sich Kinder und Frauen in die Häuser zurück, denn diese Masken stehen in Zusammenhang mit dem Tod und stellen eine Gefahr für Frauen dar, die neues Leben spenden.

Die Mitglieder des Awa sind Darsteller eines „kosmischen Theaters", denn sie wiederholen in ihrem Tanz quasi die Erschaffung der Welt, der Menschen, der ersten Tiere und Pflanzen sowie der Sterne. Und indem sie die Erschaffung

Kunst und Kultur

des Universums beschwören, wird die durch den Tod hervorgerufene Unordnung beendet und die ursprüngliche Ordnung wieder hergestellt.

Die **Sirgui-Maske,** die auch **„Große Maske"** genannt wird, besteht aus einer länglichen Gesichtsmaske, die von einer bis zu fünf Meter hohen Holzlatte überragt wird. Die aufgemalten oder geschnitzten Muster dieser „Stockwerkhausmaske" stellen sowohl die verschiedenen Stadien der Schöpfung als auch die Stufen, die den Himmel von der Erde trennen, und die Folge der Generationen dar. Mit den vertikalen Linien soll die Fassade des Ginna (Familienhauses) symbolisiert werden, analog zur „großen menschliche Familie". Der Legende nach wurde die erste „Große Maske" an jenem Tag geschnitzt, als der Tod auf der Erde erschien. Vorher war der Tod bei den Dogon unbekannt gewesen; die Verstorbenen verwandelten sich in Schlangen oder Bäume. Als das Geheimnis des Dogon-Kultes jedoch an Fremde verraten wurde, bestrafte man die Vorfahren damit, dass sie sterblich wurden. Von dieser Zeit an war die Gemeinschaft jedes Mal, wenn jemand starb, bedroht. Um sich davor zu schützen bzw. die Macht des Geistes zu bannen, schnitzte man zwei Masken, die „Große Maske", eine Schlange darstellend, und eine andere, die einen alten Mann symbolisierte.

Der **Tanz der Sirgui-Maske** zählt zu den beeindruckendsten Vorführungen, die im Dogon-Land zu sehen sind – inzwischen auch für Touristen.

Bekannteste Maske der im Grenzgebiet zwischen Mali und Burkina Faso lebenden **Kurumba** ist der **Antilopenaufsatz** *(Adone)*, der oft bei Zeremonien verwendet wird, welche die Trauer der „Herren der Erde" beenden. Die umherirrende Seele des Verstorbenen wird vom Adone eingefangen.

Die als **Bobo** bezeichnete Volksgruppe von Ackerbauern leben im Südosten von Mali und im Südwesten von Burkina Faso. Die Bobo-Fing aus der Gegend von Bobo-Dioulasso verwenden **Helm-**

Panther der Poro

masken mit menschlichen Gesichtszügen und eine große Anzahl von **Tiermasken** wie Büffel, Antilopen und verschiedene Vögel. Die **Bobo-Ule** (Region Dédougou) dagegen schnitzen Masken mit geometrisch bemalten Brettern als Aufsatz. Als Ackerbauern sind die Bobo in der trockenen Savanne auf Regen angewiesen, was sich in zahlreichen Riten zeigt, welche die Beziehung des Menschen zur Erde als der Quelle des Lebens und Überlebens darstellen. Im Gegensatz zu anderen afrikanischen Gesellschaften erscheint ihnen die Natur nicht ambivalent, sondern von Grund auf gut. Lediglich die Fehler und Irrtümer des Menschen können die Natur aus dem Gleichgewicht bringen. Die Masken haben bei den Bobo eine reinigende Funktion und die Aufgabe, das Schlechte auszulöschen. Diese Reinigung steht in direkter Verbindung zum Schöpfungsmythos und ist für die zyklische Erneuerung der Vegetation notwendig.

„Wuro, der Weltenschöpfer, hat eine harmonische Ordnung zwischen Sonne, Erde und Regen hergestellt. Doch die Menschen haben dieses Gleichgewicht durch ihre Lebensweise und durch ihre Schwäche in Gefahr gebracht. Das Aufbrechen der Erdkrume, die der Akkerbau mit sich bringt, bedeutet einen Angriff auf *Syxo*, die Gottheit des Busches, und damit zugleich auf Wuro, ihren Schöpfer. Aber auch andere Verstöße gegen die Lebensgesetze haben Auswirkungen auf die umgebende Natur. Wird ein Verbot gebrochen, so können unheilvolle Folgen entstehen, die gleichermaßen das Reich der Natur wie das der Menschen berühren: Der Trockenheit folgen Dürre, Krankheit, Unfruchtbarkeit und nicht selten der Tod. Doch Wuro hat *Dwo* einen Teil seiner Güte mitgegeben. Dieser Vermittler zwischen Gott und den Menschen hat nun die Aufgabe, das bedrohte Gleichgewicht wiederherzustellen." (aus *M. Huet:* Afrikanische Tänze)

Dwo ist in der Furcht erregenden **Blättermasken** inkarniert, welche die Bobo-Fing **Koro** nennen. Diese Masken fertigt man nach der Ernte aus den Blättern des Karité-Baumes an; sie bedecken den ganzen Körper des Trägers. Der *Zami*, ein Kopfschmuck aus Federn und Stroh, zeigt, dass es sich um eine männliche Maske handelt. Wenn die Masken in der Dämmerung ins Dorf eilen, berühren sie Getreidespeicher, Häuser und Dorfbewohner und nehmen mit ihrem Laub all den „Staub" auf, der aus den Fehlern der Menschen besteht. Auf diese Weise reinigen sie das Dorf von allem Schlechten, das sich im Laufe des Jahres angesammelt hat.

Bei anderen Zeremonien, die der Wiederbelebung der Vegetation dienen und gegen Ende der Trockenzeit abgehalten werden, treten sowohl Blätter-, Faser- als auch geschnitzte Masken auf. Die Fasermasken stehen mit den Elementen des Busches in Verbindung und werden meist vom Schmied geflochten und bemalt. Bei den Fasermasken werden Clanwappen als Kopfschmuck getragen, woran zu erkennen ist, aus welchem Dorf die Masken kommen. Holzmasken haben meist Tiergestalt und stellen Schutzgeister des Dorfes dar.

Der **Doyo** oder **Nwo** ist ein anderer bei den Bobo häufig anzutreffender Maskentyp. Man erkennt diese Maske an dem runden Gesicht mit konzentrischen Kreisen umgebenen Augen und der mit geometrischen Mustern versehenen Holzplatte. In dieser Maske sind Elemente verschiedener Tiere vereint. Alle Masken der Bobo, ob aus Blättern, Holz oder Fasern, ob realistisch oder abstrakt, verkörpern Fruchtbarkeit, Fülle und Wachstum und somit die wohlwollende Macht von Dwo, dem Vermittler zwischen Gott und den Menschen.

Für die **Lobi**, ein Volk von Bauern und Jägern, das im Dreiländereck Burkina Faso, Ghana und Côte d'Ivoire lebt, ist der Tanz Ausdruck der göttlichen Energie, welche die Welt belebt. Ihre tänzerischen Bewegungen stehen in direktem Zusammenhang mit dem Rhythmus des Universums. Die meisten Tänze finden zur Trockenzeit statt, um den Göttern für die Ernte zu danken. Um das Wachstum zu beschwören, bewegen sich die Tänzer in der Regel spiralförmig vom Orchester in der Mitte aus.

Bei den **Senufo** der Côte d'Ivoire stehen alle sozialen, religiösen und wirtschaftlichen Aktivitäten in Zusammenhang mit dem **Poro-Bund.** Weshalb der Poro so großen Einfluss auf das Gemeinschaftsleben der Senufo hat, erklärt der Schöpfungsmythos: Da die Welt am Anfang weder Form noch Gesetz kannte, konnte die menschliche Gesellschaft nicht planvoll gestaltet werden. Der Schöpfergott *Kulotyolo* schrieb daher eine Reihe von Gesetzen vor, hatte aber bald keine Lust mehr, den Menschen auf diese Art und Weise zu helfen. Deshalb besteht immer noch die Gefahr, dass die Welt in das ursprüngliche Chaos zurückfällt. Und da die Kinder, die als unvollendete Wesen angesehen werden, und die Zauberer durch ihre unheilvollen Kräfte wieder die anfängliche Ordnungslosigkeit herstellen könnten, muss angesichts dieser drohenden Gefahr in jeder Generation die Gesellschaft symbolisch wieder neu erschaffen werden. Und dies ist im wesentlichen die Aufgabe des Poro-Bundes. Angeblich hat jedoch der Schöpfergott, bevor er sich zurückzog, einen Teil seiner Weisheit und ordnenden Kraft einem Wesen übermittelt, das heute in einem **Heiligen Hain** (*Cinzana*) in einiger Entfernung der Dörfer lebt. Dieses Wesen wird *Kâtiélo* genannt, was soviel heißt wie „alte Mutter des Dorfes", und stellt den Mittelpunkt des Poro dar. In den Heiligen Hainen werden die Senufo-Männer eingeweiht. Vor der letzten Prüfung findet das Kagba-Ritual statt, bei dem den Novizen der Nasolo (eine Art Riesenochse) vorgeführt wird. Bestehend aus einem zylindrischen Holzgerüst, das von zwei Männern getragen wird, und mit buntgescheckten Matten bedeckt, bewegt er sich am Rande des Cinzana. Die Maske symbolisiert geistige und körperliche Vollkommenheit und wird mit dem fertigen Menschen, dem erwachsenen Initiierten, gleichgesetzt.

Die letzte Einweihung des Poro findet jeweils im Dezember bei Neumond statt und stellt eine Art „Neugeburt" dar. Nackt warten die jungen Männer am Eingang des heiligen Waldes. Aus der Dunkelheit erscheinen Gestalten,

KUNST UND KULTUR

die nach den Kandidaten greifen, um sie in die Höhle von *Kâtiélo*, der Mutter des Poro, zu führen, wo die Initianden nach einigen Zeremonien durch einen engen Gang kriechen, um in das Zentrum des heiligen Platzes zu kommen. Diese Rückkehr in den Schoß der „Mutter" wird von heftigem Klatschen und Heulen der Poro-Würdenträger begleitet, dem „Todeskampf" und dem „Geschrei der Neugeborenen". Frisch initiiert und „wiedergeboren" verlassen sie mit neuen Kleidern, die ihren neuen Status kennzeichnen, den heiligen Hain, um ins Dorf zurückzukehren, wo sie freudig empfangen werden. Das Ende der Intitiation wird mit dem **Kafo** gefeiert, einem Fest, bei dem verschiedene Masken auftreten, welche die Macht des Poro darstellen. Es sind dies die *Nayogo* (riesige mit Kauri-Muscheln besetzte Aufsätze), die *Kwonbele* (bunt bemalte Helmmasken), die *Fre* („Panther des Poro", an seinen fleckigen Gewändern zu erkennen), und die *Poniugo-Masken* („Köpfe des Poro").

Beim Kafo der Mädchen tragen die Initiierten bei ihren Tänzen einen helmartigen Kopfputz und lange Bänder, die über und über mit Kaurimuscheln besetzt sind. Bei einem Todesfall sind es allein die Initiierten, welche die Macht besitzen, den „Schatten des Toten" zu bändigen. Von Holztrompeten und Trommeln begleitet, verfolgt *Laladyogo*, eine in Baumwolltücher eingehüllte Gestalt, die an ihrem mit Federn besetzten Strohhut zu erkennen ist, zusammen mit den anderen Poro-Masken die Spur der Seele des Verstorbenen bis zu dem Ort, wo der Leichnam ruht, um dort dann mit viel Getöse die Seele zu verjagen, damit sie den Weg ins Reich der Toten jenseits des Dorfes und der Felder finden kann.

Dicht- und Erzählkunst

Die Dicht- und Erzählkunst – **„orale Literatur"** – ist auch heute noch in der afrikanischen Kunst von großer Bedeutung. Hierzu zählen die großen Schöpfungsmythen der Völker des westlichen Sudan sowie die Königsepen der Guineaküste. Bei fast allen gesellschaftlichen Anlässen findet sich Gelegenheit, sowohl die guten als auch die bösen Taten der Vorfahren zu besingen, Verwandtschaftsbeziehungen und Wanderungen darzustellen und Geschichten von der Entstehung der Welt sowie der Tiere und Menschen zu erzählen.

Diese Aufgabe wurde und wird von dem **Griot** bzw. der **Griotte** (s.a. Kapitel Musik) übernommen. „Mit jedem Greis, der stirbt, verbrennt eine Bibliothek". dieser Satz ist am UNESCO-Gebäude in Paris zu lesen und stammt von dem Schriftsteller und Philosophen *Hampâté Bâ* aus Mali.

Moderne Literatur

Mit der **Négritude-Bewegung,** die von bekannten Schriftstellern wie *A. Césaire, L.-G. Dumas, A. Diop* und *Léopold Sédar Senghor* in den 1930er Jahren in Paris ins Leben gerufen worden war, hatte die moderne geschriebene afrikanische Literatur (im Vergleich zur traditionellen oralen Literatur) ihre Anfänge, denn das geschriebene Wort, sprich die Literatur, galt als das wichtigste Aus-

Kunst und Kultur

drucksmittel dieser emanzipatorischen Bewegung. Auch wenn zu Beginn vorwiegend in Französisch geschrieben wurde, so hatte diese Bewegung nicht nur kulturphilosophische, sondern auch politische Bedeutung, denn die Négritude verstand sich als antikoloniale Protestbewegung und bewirkte nicht zuletzt ein **neues afrikanisches Selbstbewusstsein.** Zunächst schrieb man die bis dahin mündlich überlieferten Geschichten auf, erst später kam es zu umfangreichen neuen Schöpfungen, von denen es heute eine beachtliche Anzahl gibt. Die wichtigsten Autorinnen und Autoren der modernen westafrikanischen Literatur sollen hier kurz vorstellt werden.

Am bekanntesten ist sicher **L.S. Senghor,** der nicht nur als **senegalesischer Staatsgründer,** sondern auch als Dichter und Philosoph berühmt geworden ist. Sein erstes Buch war der Gedichtband „Chants d'Ombre" (Schattengesänge). Nach der Veröffentlichung weiterer Werke erhielt er im Jahre 1968 den Friedenspreis des Deutschen Buchhandels. Zu seinen wichtigsten Werken zählen „Botschaft und Anruf", „Chants pour Naett" und „Hosties Noires". Einer der populärsten Autoren des frankophonen Westafrika ist der Senegalese **Sembène Ousmane,** nicht zuletzt durch seine Tätigkeit als Filmregisseur (s.a. Filmkunst und Kino). Sembène, der sich als Chronist soziale Missstände, religiöse Konflikte oder ähnliches zum Thema gemacht hatte, sah sich als Sprachrohr des Volkes und verlagerte seine Tätigkeit auf das Filmemachen, da er in diesem Medium besser die Landessprache und die Tradition der mündlichen Überlieferung integrieren konnte. Am bekanntesten sind seine beiden Romane „Xala – Die Rache des Bettlers" und „Die Postanweisung"; weitere Romane sind „Gottes Holzstücke" und „Guelawaar – ein afrikanischer Heldenroman". „Ein Held der Zukunft" und „Weiße Genesis"; ins Deutsche übersetzt ist zudem die Erzählung „Der Voltaer Niiwam Taaw".

Ebenfalls aus dem Senegal stammt die Autorin **Aminata Sow Fall.** Sie ist mit ihrem Roman „Der Streik der Bettler oder der menschliche Abfall" sowie der Erzählung „Der Sonnenpräsident" bekannt geworden. Daneben ist sie kulturpolitisch engagiert: Seit 1987 leitet sie in Dakar das Centre Africain d'Animation et d'Echanges Culturels (CAEC), das sich für die Verbreitung des Buches in Afrika einsetzt und den Dialog zwischen den Kulturen fördert. Zu internationaler Anerkennung gelangte auch die Schriftstellerin **Mariama Bâ** mit ihren Werken „Ein so langer Brief – ein afrikanisches Frauenschicksal" und „Der scharlachrote Gesang", für den sie 1980 den zum ersten Mal verliehenen Noma-Preis für afrikanische Literatur auf der Frankfurter Buchmesse erhielt. Ebenfalls über die Landesgrenzen hinaus bekannt wurde die senegalesische Autorin **Ken Bugul** (Pseudonym) mit ihrem Buch „Die Nacht des Baobab". Zu erwähnen ist auch **Birago Diop,** der bereits in den 1960er Jahren zahlreiche Kurzgeschichten veröffentlicht hat, zumeist Griot-Geschichten. Der Senegalese **Cheikh Hamidou Kane** gewann im Jahre 1962 für seinen autobiografi-

Feiernde Kinder

schen Roman „Der Zwiespalt des Samba Diallo" den Großen Literaturpreis Schwarzafrikas.

Sehr erfolgreich ist **Ahmadou Kourouma** aus der Elfenbeinküste. Sein 2001 erschienenes Buch „Allah muss nicht gerecht sein" über das Schicksal von Kindersoldaten wurde in 21 Sprachen übersetzt. Ebenfalls von der Elfenbeinküste kommt **Véronique Tadjo,** die sich mit dem Buch „Der Schatten Gottes" als eine von wenigen afrikanischen Autoren mit dem Krieg in Ruanda beschäftigte. Das gleiche Thema behandelt auch **Boubacar Boris Diop** (Senegal) in seinem Roman „Murambi".

Aus **Mali** kommt **Amadou Hampâté Bâ,** der für sein literarisches Schaffen 1974 den Grand Prix de l'Afrique Noire erhielt. Er hatte es sich zur Aufgabe gemacht, die orale Literatur Schwarzafrikas, die über Jahrhunderte durch die Griots weitergegeben wurde, zu sammeln und niederzuschreiben. Zwanzig Bände mit Geschichten und Legenden, überwiegend die seines Fulbe-Volkes, hat er veröffentlicht, außerdem den autobiografischen Roman „Jäger des Wortes – Eine Kindheit in Westafrika" und die Erinnerungen aus seiner Tätigkeit in der Kolonialverwaltung „Oui mon Commandant! – In kolonialen Diensten"; nicht zu vergessen der afrikanische Schelmenroman „Wangrins seltsames Schicksal oder die listigen Ränke eines afrikanischen Dolmetschers", der gespickt ist mit hintersinnigen Bemerkungen und Spruchweisheiten alter afrikanischer Tradition. Neben Bâ ist **Massa Makan Diabaté** zu erwähnen, der aus einer Griot-Familie stammt und für eine Roman-Trilogie sowie andere Werke über sein Volk wichtige Literaturpreise erhalten hat.

Idé Oumarou, dem im Jahre 1978 der Grand Prix de l'Afrique Noire verliehen wurde, stammt aus Niger; ebenso **Amadou Ousmane,** der in seinem Werk „Quinze ans, ça suffit" die moderne Gesellschaft seines Heimatlandes beleuchtet.

Der erste Afrikaner, der **1986** den **Nobelpreis** für Literatur bekam, ist **Wole Soyinka** aus **Nigeria.** Er ist 1994 durch das Militärregime ins Exil gezwungen worden und lebt heute im Westen. Seine Romane sind z.T. autobiografisch wie „Aké – eine afrikanische Kindheit" oder biografisch wie „Isarà – Eine Reise rund um den Vater"; letzterer spielt in der Zeit seines Vaters. In der Vergangenheit war er auch stark politisch engagiert, was dazu führte, dass er während des Biafra-Krieges inhaftiert wurde. Aus dieser Zeit stammt sein Werk „Der Mann ist tot – Aufzeichnungen aus dem Gefängnis". Außerdem sind „Zeit der Gesetzlosigkeit" und sein letzter Roman „Ibadan – Die Streunerjahre" zu erwähnen.

Ebenfalls aus Nigeria stammt der Autor **Chinua Achebe,** der seit einem Verkehrsunfall an den Rollstuhl gefesselt ist und heute in den USA lebt. Sein erster, im Jahre 1958 veröffentlichter Roman „Things fall apart" (Okonkwo oder Das Alte stürzt) wurde weltweit millionenfach verkauft. Er ist heute Pflichtlektüre an afrikanischen Schulen. Andere Titel sind „Der Pfeil Gottes" und „Ein Mann des Volkes" sowie ein Gedichtband. Charakteristisch für seine Schreibweise ist der nüchterne Blick auf die afrikanischen Realitäten. Sein zentrales Thema waren die Umwälzungen durch den Kolonialismus, Erziehung und Einflussnahme sowie schließlich die Unabhängigkeit von den Kolonialherren und die zunehmende Korruption unter der eigenen Elite. Sein bisher letzter, 1987 veröffentlichter Roman heißt „Termitenhügel in der Savanne". 2002 erhielt er für sein Lebenswerk den Friedenspreis des Deutschen Buchhandels.

Als weiterer Vertreter nigerianischer Literatur gilt **Ben Okri.** Für seinen Roman „Die hungrige Straße" erhielt er 1991 den Booker-Preis. Bei diesem Werk verarbeitete er nicht nur Mythen und Geistergeschichten, sondern hielt auch mit Kritik an den Missständen in der Zeit der Erlangung der Unabhängigkeit nicht hinterm Berg.

Der nigerianische Schriftsteller **Ken Saro-Wiwa** war 1995 nach einer spektakulären Gerichtsverhandlung hingerichtet worden, weil er sich für sein Volk, die Ogoni, und gegen die Interessen des Ölmultis Shell einsetzte, die deren Lebensraum zu einer Ölkloake gemacht hatten. In „Flammen der Hölle – Nigeria und Shell: Der schmutzige Krieg gegen die Ogoni" hat er diesen Sachverhalt dargestellt. Außer Essays und Romanen hat er auch Erzählungen wie „Die Sterne dort unten" veröffentlicht. In seinem Roman „Sozaboy" schildert er das Schicksal eines jungen Mannes im Biafra-Krieg – mit diesem Werk schaffte er 1985 den Durchbruch.

Nigerias erster Literat, der im Westen bekannt wurde, ist **Amos Tutola** mit seinem bereits 1952 erschienenen Roman „Palm wine Drinkard" (Palmweintrinker). Ein weniger bekanntes Werk ist „My life in the Bush of Ghosts".

Kojo Laing aus **Ghana** hat bisher drei Romane und einen Gedichtband veröffentlicht. In seinem Roman „Die Sonnensucher" (Search Sweet Country) schildert er mit viel Sprachwitz das quirlige Leben in der afrikanischen Großstadt Accra. **Amma Darko,** ebenfalls aus Ghana, lebte zeitweise in Deutschland. In ihren beiden Romanen „Der verkaufte Traum" und „Spinnweben" gibt sie nicht nur Einblick in Ghanas Kulturen, sondern schildert auch die interkulturellen Missverständnisse zwischen Deutschen und Afrikanern. In „Spinnweben" beschreibt sie eindringlich das Afrika von heute, den Bruch zwischen Tradition und Moderne.

Ebenfalls aus Ghana stammt **Ama Ata Aidoo,** Schriftstellerin, Professorin für Literatur und ehemalige Erziehungsministerin. Ihr Roman „Die Zweitfrau" handelt von einer Liebesgeschichte, die gegen alle Konventionen verstößt. Erwähnt werden muss auch der Ghanaer Schriftsteller **Kofi Awonoor** mit seinem Roman „Schreckliche Heimkehr nach Ghana".

Fanziya Kassinddjas aus **Togo** hat mit ihrem Buch „Niemand sieht dich, wenn du weinst" großes Aufsehen erregt; sie beschreibt, wie es einer jungen Frau gelingt, dem Ritual der genitalen Verstümmelung zu entkommen.

Der in **Benin** geborene **Maximilian Quenum** gehört zu den ersten afrikanischen Autoren und wurde durch die Négritude-Bewegung stark beeinflusst. In seinen „Légendes Africaines" schildert er u.a. die Gründung des Königreiches Dahomey.

Aus **Guinea** sind ebenfalls einige bedeutende Schriftsteller zu nennen, z.B. **Alpha-Abdoulaye Diallo** und **Tierno Monénembo.** Als Klassiker der afrikanischen Literatur wird gerne der biografische Roman „L'Enfant Noir" von **Camara Laye** bezeichnet; ebenso sind von ihm zu nennen „Le Regard du Roi" und „Le Maître de la Parole". Das bekannteste Werk von Diallo ist „La Verité du Ministre", wo er die zehnjährige Gefangenschaft während der Touré-Dikatatur beschreibt. Tierno Monénembo lebt heute – ebenso wie die meisten anderen Schriftsteller aus Guinea – in Frankreich im Exil. Sein Roman „Zahltag in Abidjan" handelt vom Straucheln der Emigranten in der Metropole.

Filmkunst und Kino

Der Film ist in Afrika ein **relativ junges Medium,** aber auch eines, das der typisch afrikanischen Kulturtradition sehr nahe steht. So wie die Musik stets in einem soziokulturellen Kontext gespielt wird und Tanz, Gesang und Kunsthandwerk vereint, sind beim Medium Film sowohl Theater und Musik als auch Literatur enthalten. Der Film kann somit quasi als Weiterentwicklung der alten Griot-Tradition angesehen werden. Meist werden die Filme heute auch in der jeweiligen Landessprache mit französischen bzw. englischen Untertiteln produziert.

Als Vater der afrikanischen Filmkunst gilt der Senegalese **Ousmane Sembéne,** eigentlich Schriftsteller, der mit seinem 1963 erschienenen Kurzfilm „Borom Sarret" sozusagen den Grundstein für afrikanisches Filmschaffen gelegt hat. Nachdem er merkte, wie gering der Einfluss der Literatur auf die breite Masse ist, ließ er sich in Moskau zum Filmregisseur ausbilden. Mit seinem Film „Mandabi" (Die Postanweisung) wurde er dann bei einem größeren Publikum bekannt. Auf den Filmfestsspielen in Venedig erhielt er den Silbernen Löwen. Weitere Filme folgten, meist Verfilmungen der eigenen Romane wie „Xala", Ceddo" und „Camp Thiaroye". Insgesamt hat er sieben Spielfilme realisiert. Zu Sembénes Nachfolgern zählen u.a. **Mousa Touré** mit seinem 1998 realisiertem Roadmovie „TCV-Express" und **Mansour Sora Wade,** der im Jahr 2002 mit seinem Film „Price of Pardon" den ersten Preis beim Filmfestival in Karthago errang.

Ein anderer wichtiger Vertreter der afrikanischen Filmszene ist **Souleyman Cissé** aus Mali, der in der ehemaligen UdSSR studiert hat und dessen Film „Yeelen" (La Lumière) in Cannes preisgekrönt wurde. Andere frühere und eher sozialkritische Werke sind „Baara" und „Finye". Mit dem Film „Yeelen", der die Initiation eines kleinen Jungen zum Thema hat und einen Einblick in die Tradition der Bambara, Dogon und Fulbe verschafft, steht er ganz im Trend der Rückbesinnung auf die eigenen Wurzeln. Es war übrigens der erste schwarzafrikanische Film, der in Europa in den kommerziellen Kinos zu sehen war.

Auch **Idrissa Ouédraogo** aus Burkina Faso ist mit seinen Filmen „Yaala" aus dem Jahre 1988, „Tilai" aus dem Jahre 1990 sowie „Samba Traoré" von 1992 zu nennen. Burkina Faso ist neben Guinea der zweite Staat Westafrikas, in dem die Kinos 1970 verstaatlicht wurden und ein Fond zur Nationalen Filmförderung gegründet wurde. In Burkina Faso gibt es darüber hinaus auch eine private Filmgesellschaft, die CINAFRIC. Neben *Idrissa Ouédraogo* haben sich inzwischen auch andere Filmemacher wie **Sanou Kollo** und **Gaston Kaboré** – mit seinem ersten Spielfilm „Wénd Kûuni" (1982) – einen Namen gemacht. Sie haben sich damit nicht nur formal, sondern auch inhaltlich von westlichen Vorgaben distanziert und ihren eigenen Code gefunden.

Zu den bedeutendsten zeitgenössischen Filmemachern zählt auch **Flora Gomez** aus Guinea-Bissau, der mit seinem Film „Mortu Negra" mehrere Preise erhielt. 2002 brachte er mit „Nha Fala" seinen vierten Film heraus.

Als Vetreter des neuen Realismus ist **Diakité Moussa Kemoko** aus Guinea zu nennen. Kemoko erzählt in seinem Film „Naitou", den er mit dem Nationalballet von Guinea produziert hat, eine Geschichte ausschließlich mit Hilfe von Musik und Tanz – eine typisch afrikanische Form des Kinos.

Zu den wichtigsten Filmemachern aus Ghana zählen **Sam Aryete** mit seinem Film „No Tears for Ananse", **King Ampaw** mit „They Call It Love" und **Kwaw Ansah** mit seinem auf der FES-

PACO (Festival Panafricain du Film et de la Télévision de Ouagadougou) 1989 preisgekrönten Film „Love Brewed in the African Pot". Für diesen Film standen die Menschen nicht nur in Accra, sondern auch in Nairobi, Freetown, Monrovia und Lusaka Schlange und stellten neue Rekorde in puncto Besucherzahlen im gesamten englischsprachigen Afrika auf.

Aus der Republik Niger sind drei Filmemacher zu nennen, die relativ bekannt geworden sind, **Oumarou Ganda** mit „Cabascabo", „Wazzou polygame" und „Saitane", **Moustapha Alassane** mit Komödie „Femme, Villa, Voiture, Argent" und **Moustapha Diop** mit „Le medicine de Café".

In der Côte d'Ivoire erlangten die drei Filmemacher **Henri Duparc, Gnoan M'Bala** und **Fadika Kramo Lanciné** einen gewissen Bekanntheitsgrad. Während die letzten beiden lediglich auf der FESPACO zu Ehren kamen, wurde Henri Duparc mit seinem Film „Bal Poussiere" aus dem Jahre 1988 auch in Europa bekannt. Wie die meisten Filmemacher aus der Côte d'Ivoire, so begann auch Gnoan M'Bala mit TV-Kurzfilmen. Seine drei wichtigsten Filme sind „Au Nom du Christ" von 1992 und die beiden früheren „La Biche" und „Amanié", die beiden letzten sind satirische Komödien. Mit eigenen Mitteln und ohne staatliche Unterstützung hat **Fadika Kramo Lanciné** seine Filme „Djeli" und „Wariko" produziert.

Schaut man zurück, so fällt auf, dass sich die afrikanische Filmkunst von den ersten Anfängen bis heute **thematisch** sehr verändert hat. Zu Beginn stand die Auseinandersetzung mit der Kolonialzeit im Vordergrund, d.h. es wurden Filme produziert, die überwiegend aus den Gegensatzpaaren westlich/afrikanisch, modern/traditionell und städtisch/ländlich ihre Spannung bezogen und die daraus entstehenden Konflikte thematisierten. Diese „Dorffilme", wie sie manchmal genannt wurden, versuchten quasi zu konservieren, was an alter afrikanischer Tradition noch vorhanden war. Somit hatten diese Filme musealen Charakter, waren aber für die meisten Afrikaner nur von geringem Interesse. Dies erklärt, weshalb diese Filme vor allem außerhalb des schwarzen Kontinents Erfolg hatten. Dann entdeckten die Filmemacher, dass Afrikaner vor allem Unterhaltung und Spass haben wollten und etwas, womit sie sich identifizieren können – was ihnen aus der Seele spricht. Sie verbanden Komödie, Satire und/oder Melodram.

Die Situation der afrikanischen Filmemacher ist heute zwar schwieriger, aber auch nicht wesentlich anders als bei uns in Europa. Ein Problem stellen sicher die Produktionsbedingungen dar, denn wie üblich fehlt es an Geld. Eine (wenn auch noch so geringe) staatliche Filmförderung gibt es, abgesehen von Guinea und Burkina Faso, in den hier behandelten Ländern Afrikas nicht.

Während man sich lange Zeit Gedanken über das Selbstverständnis der afrikanischen Filmemacher gemacht hat, war in den letzten Jahren auf der **FES.-PA.C.O.** zu beobachten, wie eine neue Generation junger Filmemacher heranwächst, die auch nicht davor zurückschreckt, die zum Teil selbst verschuldete aktuelle Situation kritisch zu analysieren und die Entwurzelung in der Fremde und die Suche nach einer neuen afrikanischen Identität zu thematisieren. Angesichts der schlechten **Filmvorführbedingungen** stellt sich jedoch die Frage, ob es nicht der Situation angemessener wäre, Videos statt Kinofilme zu produzieren, da sie auf diese Weise wesentlich mehr Menschen im eigenen Land erreichen könnten. Bisher hatten die afrikanischen Filme wegen des katastrophalen Vertriebs nur wenig Chancen, im eigenen Herkunftsland gezeigt bzw. gesehen zu werden. Viel eher konnte man afrikanische Filme in Paris oder London sehen. Mit dem Filmfestival FES.PA.C.O., das seit 1969 alle zwei Jahre im Februar in Ouagadougou, Burkina Faso, stattfindet, hat die afrikanische Filmkunst jedoch ein Forum gefunden, das seinesgleichen sucht.

Informationen:
● www.fespaco.bf

Zeitgenössische afrikanische Bildende Kunst

Während die afrikanische Musik seit den 1970er Jahren in der internationalen Musikszene immer mehr an Bedeutung gewonnen hat, die Literaten des schwarzen Kontinents mit der Verleihung des Nobelpreises an den nigerianischen Schriftsteller *Wole Soyinka* im Jahre 1986 entsprechend international anerkannt wurden und auch die Filmszene in der alle zwei Jahre stattfindenden FES.PA.CO. ein Forum gefunden hat, war die Bildende Kunst – abgesehen von der Bildhauerkunst der vergangenen Jahrhunderte in Form von Masken, Holzfiguren etc. – lange Zeit unbeachtet geblieben. Ein Künstler, der verkaufen will, muss nach den Trends des internationalen Kunstbetriebs produzieren, das ist auch bei Vertretern des Schwarzen Kontinents nicht anders.

Erst mit der noch jungen **Kunstbiennale DAK'ART,** die im Sommer 2002 in Dakar das fünfte Mal stattfand, hat die zeitgenössische afrikanische Kunst ein Forum bekommen, bei dem eine neue Generation von Kunstvermittlern sich für die afrikanische Kunst einsetzt (s.a. Senegal/Dakar). Zur zweiten DAK'ART 1996 wurde in einer umgebauten Lagerhalle am Hafen die erste Galerie Dakars unter senegalesischer Leitung *(Bineta Cissé)* eröffnet. Auch eine weitere Edition des Kunstführers „L'Art Africain Contemporain" konnte zur DAK'ART erscheinen. Dort sind mehrere tausend Künstlerinnen und Künstler Schwarzafrikas mit aktuellen Kontaktadressen verzeichnet sowie Galerien, Museen, Kulturzentren und sonstige Institutionen auf der ganzen Welt, die sich mit zeitgenössischer afrikanischer Kunst beschäftigen.

Erfreulich ist, dass inzwischen auch afrikanischen Fotografen ein eigenes Forum geschaffen wurde. Erstmals fand im Dezember 1998 in Bamako, Mali, eine **Foto-Biennale** statt; die fortan alle zwei Jahre stattfinden soll. Alle drei Festivals werden von Frankreich gesponsort.

Informationen:
● www.biennaledakar.sn

Kunst und Kultur

Musik

Die Musik Westafrikas ist **so vielfältig wie die ethnischen Gruppierungen,** die dort leben, denn jede hat ihre eigene musikalische Tradition und ihre speziellen Instrumente, die entweder als Begleit- oder Soloinstrumente eingesetzt werden.

Traditionelle afrikanische Musik

Im Folgenden werden zunächst die wichtigsten Musikinstrumente vorgestellt, anschließend wird detaillierter auf die einzelnen Länder und dort lebenden Ethnien eingegangen.

Afrikanische Musik wird vom **Rhythmus** beherrscht, der sie so unverwechselbar macht. „In Afrika ist reine Musik Rhythmus. Das erste Gebet des Menschen bat um Regen. Der erste Regentropfen schlug den Grundrhythmus aller afrikanischen Musik, dazu improvisierten die Menschen auf Trommeln über dieser Basis gegenläufig mit Synkopen. Dann erst kam die Melodie." (L.S. Senghor)

Rhythmus ist für den Afrikaner nicht so sehr ein Zeitelement, sondern verkörpert das Leben mit all seinen Empfindungen und Ausdrucksformen. „Der Rhythmus ist die Architektur des Seins, die innere Dynamik, die ihm Form gibt, ist der reine Ausdruck der Lebenskraft. Der Rhythmus ist der Schock, der die Vibration erzeugt, er ist die Kraft, die durch die Sinne hindurch uns an der Wurzel des Wesens packt. Der Rhythmus drückt sich durch die stofflichsten Mittel aus: durch Linien, Farben, Oberflächen und Formen in Architektur, Plastik oder Malerei durch Akzenteindichtung und Musik, durch Bewegungen im Tanz. Indem er das tut, weist er alles ins Geistige. In dem Maße, in dem sich der Rhythmus sinnlich verkörpert, erleuchtet er den Geist." (L.S. Senghor)

Polymetrie und **Polyrhythmik** charakterisieren nach J. H. Jahn die afrikanische Perkussionsrhythmik. Bei der Polymetrie erklingen gleichzeitig verschiedene Grundmetren, während bei der Polyrhythmik mehrere rhythmische Versionen eines Metrums, die durch Akzentverschiebung bzw. Synkopen erzeugt werden, miteinander kombiniert werden. Beiden Grundformen gemeinsam ist das Prinzip der **„Kreuzrhythmik",** wo die Hauptakzente der verwendeten Grundformen kreuzförmig übereinandergelagert werden, und so „hinreißende Akzentfolgen und ekstatische Schlagformeln" erzeugen.

Die **Verwandtschaft von Sprache und Musik** zeigen semantische Untersuchungen. Bei den Bambara hat das Verb „fo", im Sinne von „ein Instrument spielen", die eigentliche Bedeutung von „sagen, sprechen, anzeigen"; ein Instrument spielen heißt somit „es sprechen lassen oder durch seinen Mund sprechen". Instrumente (vor allem Trommeln) dienten den Afrikanern nicht nur zur **Nachrichtenübermittlung** und zur Unterhaltung, sondern vielmehr auch als **„Sprachrohre" der Ahnen,** um das Gleichgewicht zwischen dem ganzen Universum und der menschlichen Gesellschaft aufrechtzuerhalten.

Das wichtigste afrikanische Musikinstrument ist die **Trommel,** die in vielen verschiedenen Formen und Ausführun-

KUNST UND KULTUR

gen über den ganzen Kontinent zu finden ist. Nicht nur zeremonielle Ereignisse werden von Trommelmusik und Gesang begleitet, sondern zum Teil auch die alltäglichen Arbeiten.

Afrikanern ist der Rhythmus mehr oder weniger in die Wiege gelegt, denn schon als Säugling sind sie, mit einem Tuch auf den Rücken der Mutter gebunden, bei nächtlichen Tanzfesten dabei, wo man bis zur Erschöpfung auf dem Dorfplatz tanzt.

Der Begriff **Griot** bzw. Griotte steht für Musiker und Sänger, die mehrere wichtige soziale Funktionen erfüllen. Meist sind sie in Zünften organisiert und vererben ihre Kunst auf den Sohn bzw. die Tochter. Sie müssen schon früh das Rezitieren von Texten lernen. Als **Bewahrer der mündlichen Überlieferungen,** Geschichte des Reiches, große Schlachten, Eroberungen usw. besangen sie früher (manchmal auch heute noch) die Heldentaten der Könige, und sind vor allem als **Moritatensänger** und **Geschichtenerzähler** sehr begehrt. Die Griots, die früher entweder Hofmusiker oder Wandermusikanten waren, werden häufig mit unseren Barden, Hofmusikern und Spielmännern verglichen. Aufgrund ihrer Position am Hofe konnten die sie großes Ansehen genießen, gehörten jedoch meist zu den unteren Schichten der gesellschaftlichen Hier-

Musikgruppe aus Burkina Faso

KUNST UND KULTUR

archie, waren somit zugleich (ähnlich wie die bereits beschriebenen Schmiede) geachtet und verachtet. Als Bewahrer der Tradition, der Sitten und der Moral haben Griots zwar erheblich an Einfluss verloren, jedoch werden sie nach wie vor zu familiären Festen geladen.

Der Griot spielt entweder selbst auf einem Instrument oder wird von einer Sängerin (meist der Ehefrau) begleitet. Zu den bekanntesten Instrumenten der Griots zählt die **Kora,** ein 21-saitiges harfenähnliches Instrument mit einer runden Holzstange als Hals und einer Kalebasse als Klangkörper. Andere beliebte Saiteninstrumente sind die fünfsaitige Spießlaute, **Khalam** genannt, und die einsaitige Fiedel (**Goje** oder **Gonje),** die in Westafrika weit verbreitet sind. Die Fiedel wird mit einer Art Bogen gestrichen und klingt ziemlich heiser.

Auch der **Mundbogen** (einer Maultrommel ähnlich) ist in ganz Afrika anzutreffen. Er wird aus einem biegsamen Stock hergestellt, an dessen Enden eine Saite gespannt ist. Dabei dient der Mund als Resonanzkörper, die Töne werden erzeugt, indem der Spieler die Mund- bzw. Zungenstellung verändert.

Ein wichtiges Instrument ist auch das **Ballaphon,** eine Art Xylophon, bei dem unter den bis zu 22 Schlaghölzern verschieden große Kalebassen als Resonanzkörper befestigt sind.

Von den vielen verschiedenen Trommelarten seien nur einige wenige genannt: die **Djembé,** *sabar, dundun* oder *talking drum,* und die **Gudugudu-Trommel.** Mit der Dundun ist es dem Yoruba-Trommler möglich, die Yoruba-Sprache, die eine Tonsprache ist, in ihrer Sprachmelodie zu imitieren. Aber auch andere Ethnien verwenden diese **„Sprechtrommel",** die mit einem gekrümmten Schlagstock gespielt wird. Die Trommel selbst besteht aus einem sanduhrförmigen Holzkörper, der mit Fell bespannt ist. Die beiden Schlagflächen sind mit einer Lederschnur verbunden, wodurch die Fellmembranen auf entsprechenden Druck des Oberarms gespannt bzw. gelockert werden können. Auf diese Weise lassen sich die verschiedenen Tonhöhen erzeugen, aber auch gedehnte Töne.

Bei der zeremoniellen Musik der Igbo (im Südosten von Nigeria) spielt die **Schlitztrommel** eine besondere Rolle, ebenso eine 13-saitige Zither. Die Schlitztrommel der Diola (Senegal), die **Kabisa,** ist eine rituelle Trommel und kündigt nur wichtige Ereignisse des Dorfes (wie den Tod des Häuptlings oder den Beginn der Ringkämpfe) an. Sie darf daher nur von Initiierten geschnitzt und geschlagen werden.

Bei der ursprünglich aus Guinea stammenden **Djembé** sind Schnarrbleche sehr beliebt, die beim Spielen vibrieren. Sie verhindern bzw. schwächen die Klarheit des einzelnen Tons, was bei den Afrikanern meist sehr beliebt ist – im Gegensatz zu unserem Ideal des klaren und reinen Tons. Andere selbstklingende Instrumente sind diverse **Glocken** und **Rasseln** (z.B. Kürbisrasseln), die geschlagen bzw. geschüttelt werden, oder mit Rillen versehene Klangstäbe, die geschrappt werden. Bei den Blasinstrumenten sind vor allem die **Bambus-** oder **Hornflöten** zu nennen.

Die einfachste Version ist das aus Hirsestengeln hergestellte Rohrblatt, das einen schnarrenden Ton erzeugt

Die **Musik der Haussa** hat eine lange Tradition, sie sind hierfür seit dem 16. Jh. in ganz Westafrika bekannt. Man unterscheidet grob zwei Arten, die offizielle Musik (*rokon fada*), die am Hofe gespielt wird, und die traditionelle Volksmusik, die inzwischen mehr und mehr von der modernen Pop-Musik verdrängt wird.

Bei der Musik, die zu den unterschiedlichsten Feierlichkeiten gespielt wird, werden nur ganz bestimmte **Instrumente** benutzt, die auch die Funktion von **Statussymbolen** erfüllen. Hierzu gehören eine Trompete (*kakakai*), seit jeher Symbol militärischer Macht, eine Trommel (*tambura*) sowie *ganga*, eine kleine Snare-drum, und *kafo*, ein Horn.

In der traditionellen **Musik der Fulbe** unterscheidet man drei Arten von Musikern, die *wambaabe* und die *maabube*, beide fest am Hofe angestellt, um den Herrscher in seinen Taten zu preisen, und die *awlube*, die eher für die Allgemeinheit singen und spielen. Die ersten beiden verwenden sowohl eine dreisaitige Laute (*hoddu*) und eine einsaitige Fidel (*nyaaanyorou*), während letztere überwiegend Trommeln einsetzen. Musikgruppen der Fulbe sind in ganz Westafrika anzutreffen und sehr beliebt, da sie neben der musikalischen Unterhaltung auch artistische Darbietungen zum Besten geben. Häufig verwenden sie aus Kalebassenhälften gefertigte Trommeln, die so genannten *horde*, die mit Metallteilen versehen sind, um den beliebten Snare zu erzeugen, oder sie tragen zum Bespielen der Kalebassen Metallringe an den Fingern. Das andere häufig von ihnen verwendete Percussion-Instrument ist die *lala*, eine Art L-förmige Rassel, deren eines Ende als Griff dient, während an dem anderen die Klangstäbe befestigt sind.

In der traditionellen **Musik Ghanas** gibt es verschiedene Stilrichtungen. Bei den Akan z.B. unterscheidet man zwischen der Hofmusik (*Obonu*, *Fontofrom*, *Atumpan* etc.), die auf Durbars gespielt wird, den Festen, auf denen die königlichen Würdenträger sich ihren Untertanen repräsentieren, der rituellen Musik (*Akrowa*, *Kple*, etc.), der Musik für heldenhafte Gruppen wie Jäger und Krieger (*Asafo*, *Kyirem* etc.) und derjenigen, welche zu diversen Anlässen wie Geburtsriten, Pubertätsfesten, Beerdigungen, Hochzeiten usw. gespielt wird, wie z.B. die variantenreichen Kpanlogo-Rhythmen. Es gibt auch reine Frauenensembles, die anlässlich der Pubertatsriten der Mädchen spielen.

Die **Trommler** spielen auf fassförmigen Trommeln mit Schnur-Pflock-Spannung, der Urmutter der Conga. Bis auf spezielle zeremonielle Trommeln sind sie mit dem Fell der Buschantilope bespannt (im Gegensatz zu den Djembés, die mit Ziegenhaut bezogen werden).

Die **Rassel** (*axatse*) und besonders die Glocke dienen als zeitgebende Instrumente. Die Trommelrhythmen gründen sich auf diese „time-line-Formeln", die das ganze Ensemble zusammenhalten, da sie als metrische Orientierung dienen. Mit der Glocke wird eine asymmetrische Tonfolge gespielt, die zeitlich

Kunst und Kultur

mit den „Trommel-patterns" übereinstimmt. In Ghana wird die Doppelglocke bevorzugt eingesetzt. Sie heißt *gankogui*, „Mutter und Kind", aufgrund ihrer Form, die kleinere Glocke auf dem Rücken der größeren.

Ein **Ensemble** besteht aus den verschiedenen Trommeln, mit verschiedenen Tonhöhen und „Aufgaben" (Begleitstimmen, Masterpattern, Basstrommeln), eventuell *Donnó* (Sprechtrommeln), der Glocke und Rasseln, dem Lead-Sänger und dem Chor. Auch das rhythmische Händeklatschen gehört dazu. Der Gesang ist die wichtigste Art des musikalischen Ausdrucks.

Oft wird gerade auf Beerdigungen traditionelle Musik gespielt. Wenn Sie sich trauen, können Sie meist ruhig hingehen. Oft begrüßen es die Trauergäste, Europäer bei der Feier zu haben, da das die Wertschätzung des bzw. der Verstorbenen hebt. Verhalten Sie sich der Situation angemessen und fotografieren Sie nicht, es sei denn, man fordert Sie dazu auf.

Moderne Musik Westafrikas

Was an afrikanischen Klängen als „Worldmusic" im Regal gut sortierter Musikläden zusammengefasst wird, ist in Wirklichkeit eine schier unüber-

Kunst und Kultur

schaubare Palette an Stilrichtungen: Bikutsi, Funana, Highlife, Makossa, Makassi, M'balax, Soukuss, Wassoulou, Zouglou, Morna, Mbaganga, Sakara, Juju oder Goumé. Die Liste ließe sich beliebig verlängern.

Längst haben in der modernen afrikanischen Musik Instrumente wie E-Gitarre, E-Bass, Synthesizer oder Bläser Einzug gehalten. Der Kreativität und Vielfalt der einzelnen Stilrichtungen tat dies keinen Abbruch, im Gegenteil. Kamen die Impulse früher vorwiegend aus dem Kongo, so sind heute Senegal, Mali oder Kamerun die stilprägenden Länder. Dort scheint das Reservoir an Talenten fast unerschöpflich, ganz im Gegensatz zu guten Studios und professionellen Vertriebsmöglichkeiten. Ein großes Problem ist der fehlende **Copyright-Schutz.** Oft werden Raubkopien schon am Tag der Veröffentlichung einer CD auf den Markt gebracht. Denn nach wie vor ist die Cassette der Tonträger Nr. 1. Das sorgt zwar für die massenhafte Verbreitung der Songs, die Künstler selbst gehen aber meist leer aus. Die beiden bedeutensten Labels für afrikanischen Musik sind Sonadisc und Melody, beide in Paris.

Etliche westafrikanische Musiker haben auch im Westen Erfolg wie etwa der aus dem Senegal stammende Sänger **Youssou N'Dour,** heute eine panafrikanische Pop-Ikone. Andere werden selten über die eigene Landesgrenze hinaus bekannt, etwa Musiker aus Mauretanien, Niger und Burkina Faso, obwohl Burkina Faso z.B. über ein außerordentlich reiches musikalisches Erbe verfügt, was das jährlich in Bobo-Diou-lasso stattfindende **Festival du Percussion** eindrucksvoll zeigt. Ein weiteres Highlight ist das **Jazz-Festival von St. Louis** in Senegal.

Im **Senegal** und in **Gambia** hat sich eine heterogene musikalische Szene entwickelt. Dort hört man die Musik der Wolof, Serer, Fulbe und speziell in Gambia die Musik der Mandingo und in der Casamance die Musik der Diola.

Der bekannteste Musiker aus dieser Region ist der schon genannte *Youssou N'Dour* mit seiner Gruppe **Super Etoile de Dakar,** dessen **Mbalax-Stil** unverkennbar ist. Die bei uns bekanntesten von seinen über zehn CDs sind „Immigrés" und „Set" sowie „Etoile de Dakar Vol. 1–10". Er hat als erster Musiker nach der Unabhängigkeit wieder erfolgreich traditionelle Musik gespielt. Mit der Zeit hat er dann aber immer mehr moderne Elemente integriert, seine zuletzt (2002) veröffentlichte CD „Bay Tay" markiert aber wieder eine Rückkehr zu den Wurzeln. Er ist ein Musiker mit Charisma, die Texte seiner Lieder sind engagiert und sozialkritisch, erzählen von traditionellen Festen, beleuchten die Rolle der Frau oder gesellschaftliche Missstände.

Andere bekannte Musiker sind **Baaba Maal, Thione Seck** und **Ismael Lô.** Letzterer spielte in den 1970er Jahren mit der ebenfalls sehr bekannten senegalesischen Gruppe **Super Diamono de Dakar.** Auch aus dem Senegal stammt die international bekannte Gruppe **Toure Kunda.** Eine erfolgreiche Reunion schaffte 2001 das **Orchestra Baobab,** das bereits in den 1970er Jahren etliche Platten herausbrachte und als die Begründer der modernen senegalesischen Musik gelten.

Der Kora-Spieler **Foday Musa Suso** aus Gambia hat ebenfalls den Sprung nach Europa geschafft. Bevor er in Europa zu touren begann, sang er traditionelle Mandingo-Lieder. Er arbeitete mit *Herbie Hancock* und *Bill Laswell* zusammen sowie mit *Philip Glass*. „The Dreamtime" mit lyrischen Stücken ist Susos vierte Solo-CD. Aus der populären Band **Super Eagles of Gambia** ging 1982 die Gruppe **Ifang Bondi** hervor, die eine Reihe von Mbalax-Scheiben produzierte. Ansonsten wird Gambias Musik-Szene vom **Reggae** dominiert.

Der **Wassoulou-Stil** steht für die moderne Musik der Fulbe aus Mali, deren bekannteste Vertreter **Ali Farka Touré** und **Salif Kaita** sind. Über die Landesgrenzen hinaus bekannt ist auch die Sängerin **Omou Sangaré**. Ihre bekanntesten CDs sind „Moussolou" und „Kosira", die letzte veröffentlichte heißt „Worotan". Bei uns weniger bekannt, aber beeindruckend von ihrer Stimme her ist auch die Sängerin **Nahawa Doumbia**. Weitere Künstler, die erwähnt werden müssen, sind **Amy Koïta, Nahawa Doumbia, Diaou Kouyaté** und **Rokia Traroré**. Moderne Musik aus Mali ist traditionell verwurzelt. Nach der Erlangung der Unabhängigkeit wurden Gruppen, die die traditionellen Lieder ausgruben, von staatlicher Seite unterstützt. Hierzu gehörte vor allem die **Rail Band**. Der damalige Besitzer des Hotel de la Gare war ein Musik-Fan und das Hotel lange Zeit der heißeste Treff in Bamako. Rail Band war Sprungbrett für viele Musiker wie z.B. *Salif Keita*. Mit der Gruppe **Ambassadeurs Internationaux** nahm er den Song „Mandjou" auf, der es zum Hit brachte.

Bei der Musik aus **Guinea** – die zur Zeit der Touré-Diktatur von staatlicher Seite stark gefördert wurde – unterscheidet man entsprechend den vier großen Regionen vier verschiedene Stilrichtungen. Bekanntester Vertreter der modernen Musik aus Guinea sind **Mory Kanté** mit seinem Kora-Funk. Eine ungewöhnlich kreative Musik-Szene exisitierte bis zum Militärputsch 1999 im Nachbarland **Guinea-Bissau.** Danach gingen viele Musiker wie **Justino Delgado** ins Exil nach Portugal.

Aus Burkina Faso sind die Gruppen **Farafina** und **Kouledafourou** bekannt, beide aus Bobo-Dioulassou. Farafina wurde von dem Ballaphon-Spieler *Mahama Konaté*, der zu den besten Ballaphonspielern in ganz Westafrika gehört, Ende der 1970er Jahre gegründet.

Die **Côte d'Ivoire** hat zwar einige gute Tonstudios, aber außer dem international bekannten Star **Alpha Blondy** keine wirklich großen Musiker hervorgebracht. Die Sängerin **Aicha Kone** hat es zu einem gewissen Bekanntheitsgrad in Westafrika gebracht, ebenso wie **Monique Seka** mit ihrem Afro-Zouk.

Aus **Benin** kommt **Angelique Kidjo**, die erfolgreich afrikanische Traditionen mit westlichen Arrangements verknüpft.

Zu den bekanntesten Stilrichtungen moderner afrikanischer Musik aus Ghana zählt der **Highlife,** eine Mischung aus traditionellen Melodien und Percussion vermischt mit westlichen Elementen. Die ersten Highlife-Bands formierten sich bereits in den 1920er Jahren, die ersten Plattenaufnahmen stammen aus den 1930er Jahren. Inzwischen haben sich zahlreiche verschiedene Stilrichtungen herausgebildet.

In **Nigeria** ist der Highlife ebenfalls weit verbreitet. Er hat seine eigene landestypische Ausprägung, nicht zuletzt durch den Einsatz von Bläsern, E-Gitarren und Keyboards erhalten. Bekannt aus den 1970er und -80er Jahren sind die **Oriental Brothers** mit einer ihrer gelungensten Platten „Heavy on the Highlife". Die bekannteste Musik aus Nigeria ist die **Juju-Musik,** die es ebenfalls schon vor dem Zweiten Weltkrieg gab und mit Namen wie **Tunde King** und **Irewolede Denge** begann, populär zu werden. Später in den 1960er Jahren machten **Ebenezer Obey** und **King Sanny Ade,** einer der populärsten Musiker Nigerias, Karriere. Er spielte zunächst in Highlife-Bands und gründete erst Mitte der 1960er Jahre die Juju-Formation **The Green Spots** (später African Beats), mit der er zahlreiche Hits veröffentlichte und nicht nur in Europa, sondern auch in den USA und in Japan tourte. Der Afro-Beat wurde von dem politisch sehr engagierten Musiker **Fela-Kuti** kreiert, der als der wohl radikalste Musiker Schwarzafrikas anzusehen ist. Um möglichst viele Menschen mit seinen Songs zu erreichen, hat er sie in Pidgin-Englisch gesungen. Von seinen zahlreichen Hits sind „Perambulator" und „Black President" wohl die bekanntesten.

Zu westafrikanischer Musik gibt es zahlreiche Web-Seiten. Hier eine kleine Auswahl:
- **www.afromix.org**
Viele Infos und weiterführende Links
- **www.geocities.com/fbessem/frames/framemus.html**
Infos zu 150 Musikern/Bands aus Afrika
- **www.africanmusic.org/**
Viele Links, Biografien von Musikern
- **www.geocities.com/jbenhill/**
Website zu Griots
- **www.coraconnection.com/**
Website zur Koramusik Westafrikas
- **www.senerap.com**
Website der Hip-Hop-Szene von Dakar
- **www.mali-music.com**
Website zur Szene in Bamaka

MAURETANIEN

Mauretanien

von Gerhard Göttler

Pistenprobleme bei Tidjikja

Der Senegalfluss – Grenze zwischen Mauretanien und Senegal

Aufbruch mit dem Busch-Taxi

Landeskundliche Informationen

Geografie

Die „Republique Islamique de la Mauritanie" ist mit einer Fläche von **1.030.700 km²** etwa dreimal so groß wie die Bundesrepublik Deutschland (357.000 km²). Das Land grenzt im Westen mit einer Küstenlinie von annähernd 700 km an den Atlantischen Ozean. Im Süden bildet der Senegal-Fluss auf weiten Strecken die natürliche Grenze zur nach diesem Fluss benannten Republik Senegal; im Südosten und Osten wurden dagegen alte, willkürlich am „grünen Tisch" gezogene Verwaltungsgrenzen mit der Unabhängigkeit zur Landesgrenze mit der Republik Mali. Dies gilt ebenso für die vergleichsweise kurze „saharische Grenze" zum heutigen Algerien.

Unter aktuellen Gesichtspunkten besonders bedeutungsvoll ist die Grenze im Norden und Nordwesten zum Gebiet der **Westsahara,** der ehemaligen spanischen Kolonie Rio de Oro und Saguia el Hamra: Mit dem Abzug der Spanier aus ihrer größten Besitzung in Afrika Mitte der 1970er Jahre begannen Marokko und Mauretanien Besitzansprüche auf diese Gebiete auch militärisch geltend zu machen. Gegen eine von Algerien unterstützte Befreiungsbewegung, die POLISARIO (Frente Popular para la Liberación de Saguia el-Hamra y Rio de Oro) wurde über Jahre eine Art Guerilakrieg geführt, der schließlich 1979 mit einem Rückzug Mauretaniens endete. Daraufhin annektierte Marokko das gesamte verbleibende Gebiet, so dass die Nord- und Nord-

Landeskundliche Informationen
ÜBERSICHTSKARTE

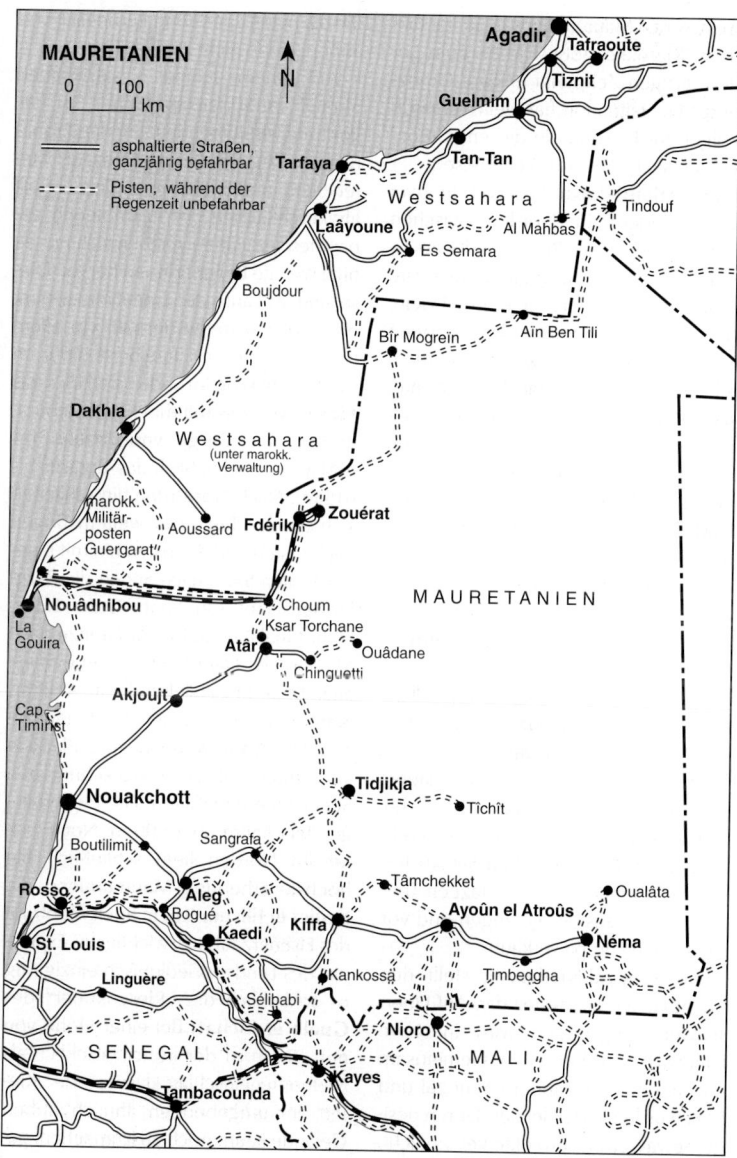

westgrenze Mauretaniens heute de fakto an Marokko stößt. Die bis zum gegenwärtigen Zeitpunkt unklare Grenz- und Machtsituation hat weitreichende Folgen für Reisende in diesem Grenzgebiet (siehe An- und Weiterreise).

Die **Atlantikküste** lässt sich in zwei Teile gliedern: Im Norden zwischen Nouâdhibou (Cap Blanc) und Cap Timiris ist eine stark gegliederte Küste von Buchten, vorgelagerten Inseln, Sandbänken und Flachwasserzonen charakteristisch. Dies schafft die idealen Voraussetzungen für den **Nationalpark Banc d'Arguin,** in dem neben einer lebhaften Meeresfauna Millionen von Zugvögeln überwintern oder auf ihrem Weiterzug rasten. Im Süden verläuft die Küste geradlinig: Der mit hohen Brechern gegen die Küste anrollende Atlantik hat mit Meeresströmungen alle Buchten abgeschnitten; Sanddünen dringen bis zur Küste vor. Das **Hinterland** wird hier von unwirtlichen Salztonebenen charakterisiert, denen vor allem südlich der Hauptstadt Nouâkchott in der Region Trarza mächtige nordöstlich orientierte Dünenzüge aufgelagert sind. Die gesamten Küstengewässer zählen zu den fischreichsten der Welt. Im Bereich der nördlichen Steilküsten werden tonnenweise Krustazeen (besonders Langusten) gefangen und vor allem nach Europa verkauft.

Die **Senegal-Niederung** stellt den fruchtbarsten Landesteil dar. Auf Überschwemmungsböden wird intensive Landwirtschaft betrieben. Gemeinsam mit den Nachbarländern Senegal und Mali wurden in den letzten Jahren riesige Bewässerungsprojekte verwirklicht, die die natürliche Tal-Aue gründlich verändert, wenn nicht zerstört haben.

Von einem schmalen sahelischen Streifen im Süden abgesehen, ist das gesamte verbleibende Hinterland saharischem Regime unterworfen. Aus weiten Sand- und Steinebenen (letztere oft als Hochflächen der nachfolgend genannten Bergländer) heben sich nur einige wenige **Bergregionen** hervor. Diese sind im Laufe der Erdmillionen stark erodiert und treten deshalb vor allem mit Randstufen als Tafelbergländer im Gelände hervor. Im Süden sind dies das **Massiv von Assaba** (höchste Erhebung 464 m), die **Berge von Affolé** (bis 600 m) und schließlich das **Tagant** (bis 615 m). Nach Nordosten hin schließen sich an das Tagant in weitem Bogen nach Osten und Südosten hin mit einer markanten Stufe nach Süden die **Bergländer** Dahr Ou Senn, Dahr Tichit, Dahr Oualata und bis zur Grenze nach Mali hin der Dahr Nema an, in sich ein altes Meer umschließend, das **Aoukâr.** Nach Norden zu leitet das Tagant hinauf ins **Adrar-Massiv,** eine Plateaulandschaft mit tief eingeschnittenen Schluchten und Tälern. Die Höhen liegen hier kaum über 600 m. Noch weiter im Norden liegt schließlich die höchste Erhebung Mauretaniens, die **Kediet ej Jill,** nur 915 m hoch, Zentrum des Eisenerzabbaus, wichtigstes Exportgut des Landes. Geologisch einzigartig ist schließlich der „Riesenkrater" des **Guelb er Richat:** Bei einer Höhe von nur 485 m ist der früher fälschlich als Meteoriteneinschlag klassifizierte „Krater" im umgebenden ähnlich hohen Gelände kaum noch auszumachen, geschweige denn bei trübem Licht und einem Durchmesser von 40 km (!) als geschlossener „Krater" zu erkennen.

Die fast unermesslich weiten Gebiete dazwischen sind sehr häufig von **Sanddünen** bedeckt. Im Nordosten des Landes handelt es sich dabei um nordost-südwestorientierte, mächtige Dünenkordons, die allerdings immer wieder auch netzartig von Querdünen überlagert sind. Ähnliches gilt wie schon erwähnt auch für die Dünen im Südwesten. Die übrigen Sanddünengebiete dagegen sind vor allem durch Barchandünen gekennzeichnet, eine Dünenform, die in Mauretanien weit häufiger vorkommt als in allen anderen saharischen Regionen.

Klima

Als Wüstenland ist Mauretanien in seinen weitesten Teilen **saharischem Klima-Regime** unterworfen: Niederschläge fehlen fast ganz, die mittleren Tagestemperaturen liegen vor allem im Sommer sehr hoch (über 40°C), der Temperatur-Gradient (Tag-Nacht-Unterschied) liegt nahe bei 20°C. Beständig weht ein Wind aus nordöstlicher Richtung, der besonders tagsüber oft heftig auffrischt und für trübe Sicht durch Verfrachtung von Staub und Sand verantwortlich ist. Ähnliches gilt für das Winterhalbjahr, doch liegen hier die Temperaturen im Schnitt um etwa 10 Grad niedriger.

Vögel an der mauretanischen Küste

KLIMA

Nur im äußersten Süden und noch südlich einer Linie Nouâkchott-Oualata machen sich auch **sahelische Klimaeinflüsse** bemerkbar: Hier treten bei durchschnittlichen Trockenperioden von zehn Monaten Sommerregen von weiträumig meist geringer Intensität auf. Lokal können diese Regen jedoch als heftige Starkregen verbunden mit ebenso heftigen Gewittern niedergehen. Je weiter man dabei nach Süden kommt, desto heftiger und intensiver werden die Niederschläge: Während Nouâkchott noch ein Jahresmittel von knapp 150 mm verzeichnet (und damit noch nördlich der hygrischen Südgrenze der Sahara in dieser Wüste liegt), sind es für die Ortschaft Sélibabi im äußersten Südzipfel Mauretaniens (auf einer Breite mit Dakar, der Hauptstadt des Senegal) bereits fast 600 mm.

Ganz anders stellen sich die Verhältnisse in einem schmalen **Küstenstreifen** von kaum 20 km Tiefe dar, wo die mäßigenden Einflüsse des Meeres deutlich werden: Hier herrscht (bei nach Norden hin abnehmenden bis nicht mehr vorhandenen Niederschlägen) ganzjährig eine sehr gleichmäßige Temperatur mit Schwankungen zwischen 29 und 35°C in Nouâkchott und zwischen 25 und 31°C in Nouâdhibou. Etwa bis zum Cap Timiris machen sich hier mitunter unangenehm heftige Nordwinde bemerkbar.

Ausbleibende Niederschläge und als Folge davon rasch abnehmende Wasserreserven stellen eines der größten Probleme des Landes dar. Ganze Städte wie z.B. Nouâdhibou werden heute noch (eine Pipeline ist in Bau) per Eisenbahnwaggons (!) aus großen Entfernungen mit Trinkwasser versorgt; dies trifft auch für die kleinen Fischer-Ansiedlungen entlang der Küste zu, die jedoch – mangels Erzbahn – ihr Trinkwasser mit Tankwagen per LKW erhalten. Der Zeitpunkt ist absehbar, an dem der einzige ganzjährig Wasser führende Fluss, der Senegal, aufgrund seiner Übernutzung im gesamten Verlauf trocken fallen wird. Vom Senegal-Fluss abgesehen gibt es im gesamten riesigen Land kein einziges natürlich fließendes Gewässer, von einem rinnsalgleichen Bächlein im Bergland bei Atâr einmal abgesehen.

Immer wieder wird das Land von verheerenden **Dürre-Katastrophen** heimgesucht. So wurde von Seiten internationaler Hilfsorganisationen im Sommer 2002 erneut Alarm geschlagen: Nach ausbleibenden Niederschlägen fehlten dem Land über 200.000 Tonnen Lebensmittel-Getreide; dies entspricht ungefähr der Hälfte des Jahresbedarfs. 60.000 Personen waren vor allem im Süden des Landes von einer akuten Hungersnot bedroht. Im Januar 2002 dagegen waren nach schweren Unwettern noch über 120.000 Stück Vieh ertrunken; etwa ein Viertel der Anbaufläche des Landes wurde von den reißenden Wassermassen zerstört.

Tier- und Pflanzenwelt

Nach Jahren anhaltender und wiederholter Dürren sind in Flora und Fauna kaum mehr gutzumachende Schäden eingetreten. Dies gilt ganz besonders für jagbare **Groß-Säugetiere,** die auch im Rahmen der bewaffneten Auseinandersetzungen um die Westsahara mit der Bewaffnung weiter Bevölkerungsgruppen verheerend dezimiert wurden. Groß-Antilopen sind ausgerottet; die letzte Addax-Herde, aus dem westsaharischen Zemmour ins Adrar-Bergland übergewechselt, wurde dort 1993 zur Fleischversorgung vom Militär niedergemetzelt. Klein-Antilopen wie z.B. die in anderen saharischen Regionen noch häufigen Dorkas gelten in ihrem Bestand als gefährdet. Kaum bekannt ist, dass noch bis vor wenigen Jahren Herden einer saharischen Klein-Elefanten-Rasse in der Regenzeit aus den Savannen Nord-Malis bis ins Affolé-Bergland wechselten; auch diese Tiere gelten mittlerweile als ausgestorben. Es kam einer kleinen Sensation gleich, als Zoologen Ende 1999 entdeckten, dass im mauretanischen Adrar in abgelegenen Wasserbecken noch **Krokodile** überlebt haben, die eigentlich seit 1930 als ausgestorben galten. Die scheuen Tiere sind jedoch nur schwer zu beobachten; ihre Gesamtzahl wird auf wenige Dutzend Tiere geschätzt. Füchse, Schakale und Hyänen sind dagegen in Bergländern und ganz besonders an der Nordküste noch häufig. Die **aquatische Fauna** hat inzwischen im Bereich des Arguin-Nationalparks den ihr gebührenden Schutz erfahren: Delphine, Wale, Robben oder auch verschiedene Meeresschildkröten können dort neben einer artenreichen **Vogelwelt** auch en passant beobachtet werden – die Bereisung des Parks selbst ist Fachleuten vorbehalten.

Der **Pflanzenwelt** setzt wie überall in saharisch-sahelischen Regionen der gesteigerte Beweidungsdruck durch das Bevölkerungswachstum bei gleichzeitig zunehmender Desertifikation zu. Überall macht sich **Sekundär-Flora** breit: Alle Pflanzen, die nicht von den Tieren gefressen werden, finden wegen fehlender Konkurrenzpflanzen bessere Wachstumsbedingungen vor. Die Übernutzung der Baumvegetation zu Heiz- und Bauzwecken ist besonders im Umfeld der Ortschaften ein ungelöstes Problem. Im Süden sind Akazien-Arten aber noch so häufig, dass sich die Nomaden mit dem Einsammeln von Gummi arabicum ein nicht zu unterschätzendes Nebeneinkommen verschaffen können. Immense Schäden an Kultur- und Naturpflanzen werden auch immer wieder durch die biblische **Plage Heuschrecken** hervorgerufen: Mauretanien ist eines der am schlimmsten von diesen Heerscharen von kleinen Fressungeheuern betroffenen Ländern.

Bevölkerung

Die Einwohnerzahl Mauretaniens wird auf etwa **2,5 Mio.** geschätzt (2002), eine Projektion fürs Jahr 2025 nimmt eine Zahl von dann fünf Millionen Menschen an. Praktisch alle bekennen sich zum **Islam als Staatsreligion**, wobei die Religionsausübung durch einige im Vergleich zu anderen saharischen Ländern auffallenden Eigenheiten charakterisiert ist: Traditionsgemäß gilt und galt Mauretanien seinen Bewohnern immer als ein Hort der Gelehrsamkeit, und so wird dem Besucher die große Zahl von Mauren auffallen, die mit dem Studium von Korantexten beschäftigt sind oder die einfach mit einem solchen Text unter dem Arm über die Straße gehen. Gar nicht so selten auch wird dem Reisenden (bei einer insgesamt herzlichen Gastfreundschaft), sofern er denn als Europäer bzw. Christ zu erkennen ist, eine religiös motivierte Ablehnung oder auch **Arroganz** begegnen. Nur in Mauretanien habe ich es bisher erlebt, dass mir als „Christenhund" gar das Gespräch verweigert wird. Dem entgegen steht eine auffallende Lässigkeit im Umgang mit anderen Glaubensregeln, so etwa das häufige Rauchen des Tabakpfeifchens oder auch wiederholt beobachtetes Teetrinken während des Fastenmonats Ramadan – beides in nordafrikanischen Ländern tagsüber und vor Publikum undenkbar. Im Vergleich aber mit den westafrikanischen Ländern kann die Einhaltung der religiösen Vorschriften als sehr streng bezeichnet werden.

Die **Islamisierung** erfolgte schon sehr früh. Schon wenige Jahre nach dem Tode des Propheten 632 drangen arabisch-islamische Heeresgruppen die Mittelmeerküste entlang nach Westen vor. Von keinem Geringeren als dem berühmten *Okba Ihn Nafi*, einem Weggefährten des Propheten und Begründer der tunesischen Stadt Kairouan, berichtet die Sage, er habe sein Streitross, an den Gestaden des Atlantik angekommen, ins Meer getrieben und dabei Gott als Zeugen angerufen, dass er den Glauben des Propheten nicht weiter nach Westen verbreiten könne. Unter den bekehrten Berbern entwickelte die neue Religion eine ganz neue streitbare Dimension: 712 drangen die islamischen Heerscharen über das Mittelmeer nach Norden vor und eroberten Spanien bis hinauf zum Ebro (s.a. Geschichte). Später konnte sich der Islam vor allem entlang der Handelsrouten ausbreiten, und so wurden die Ausgangs- und Endpunkte der Karawanen zu Horten religiöser Gelehrsamkeit. Beispielhaft seien Ouadane, Chinguetti oder auch Oualata genannt, die damals als annähernd gleichbedeutend mit so wichtigen Zentren wie Jerusalem, Kairo oder Kairouan galten. Aus den Schulen (*zaouia*) dieser Ortschaften, die sich mit religiösen, juristischen oder auch anderen wissenschaftlichen Themen wie Mathematik, Medizin oder Astronomie befassten, gingen **islamische Bruderschaften** hervor, die seit Generationen einen starken Einfluss ausüben; die *Kadiriya*, bereits im 12. Jh. im Irak gegründet, und die wesentlich jüngere *Tidschaniya* sind dabei die bedeutendsten.

Unter ethnischem Gesichtspunkt betrachtet stellen die Bewohner ebenso einen Übergang zwischen „weißem" Nordafrika und „schwarzem" Westafrika dar wie unter geografischen Aspekten. Während die **hellhäutigen Mauren** (Eigenbezeichnung *Beidani* = die Weißen), eine Mischung aus Arabern und Berbern, ca. drei Viertel der Bevölkerung ausmachen, stellen **schwarze Volksgruppen** das restliche Viertel. Unterschiede in der Lebensweise (Nomaden bzw. Händler gegenüber Bauern), in der Sprache (Hassaniya, ein arabischer Dialekt mit berberischem Einschlag, gegenüber Sudan-Sprachen wie Fulfulde, Soninke, Bambara u.a.) verbunden mit einem seit Jahrhunderten etablierten Kastensystem, das der hellhäutigen die hochrangigen, der dunkelhäutigen Bevölkerung die niedrigrangigen Plätze bis hin zum Sklaven-Status zuweist, führen immer wieder zu heftigsten Konflikten zwischen den ethnischen Gruppen. Bis in die jüngste Vergangenheit hinein bestimmten solche **Rassenprobleme** das alltägliche Leben; ethnische Spannungen sind auch die Erklärung für heftige Auseinandersetzungen mit dem Nachbarstaat Senegal. Erst auf Druck dieses Staates und anderer westafrikanischer Länder wurde in Mauretanien im Jahr 1980 (!) die Sklaverei offiziell abgeschafft. Diskriminierung schwarzer Bevölkerungsteile ist jedoch auch heute noch allgegenwärtig und gibt dem bösen Wort von der **„mauretanischen Apartheid"** immer wieder aufs neue Nahrung. Vor diesem Hintergrund sind auch die Aggressionen verständlich, denen maurische Händler in anderen westafrikanischen Ländern immer wieder ausgesetzt sind.

Die **Bevölkerungsverteilung** ist sehr unausgewogen: Mehr als 80% des Staatsterritoriums sind wüstenhaft und damit nicht bewohnbar. Dies gilt für die gesamten Nordregionen, klassisches Land der Oasen, der Dattelkulturen, der Kamel- und Ziegennomaden, und klassisches Land auch der Handelskarawanen. Hier liegen auch die traditionell bewirtschafteten Salinen *(Idjil)*; in modernen Zeiten kommt diesen Regionen vor allem wegen der Bodenschätze Bedeutung zu. Es ist dies auch das klassische Land der Mauren, und nicht umsonst gilt ihnen die Oase Atâr als „heimliche Hauptstadt".

Traditionell sind alle maurischen Gruppen von einer stark **hierarchischen Struktur** geprägt. Die Kasten der Krieger und der Korangelehrten, meist stolz auf ihre arabische Abstammung, stehen über der Kaste der (berberischen) abgabepflichtigen Vasallen. Diesen allen untergeordnet die Kaste der Diener und Sklaven, dunkelhäutige Nachfahren aus dem Sudan eingeschleppter Schwarzafrikaner. In den Oasen hatten und haben diese Bediensteten als „Haratin" die Arbeit der Feldbestellung zu leisten.

Im Übergangsbereich zwischen saharischer Wüste und sudanischem Regenfeldbau liegen die Weiden der **Viehhalter,** auch diese ähnlich hierarchisch strukturiert wie die *Beidani* des Nordens. Den Launen ausbleibender Niederschläge ganz besonders ausgeliefert, kam gerade aus diesen Gebieten in Dürrejahren die größte Zahl an

Flüchtlingen als Zuzügler in die wenigen größeren Ortschaften und ganz besonders in die erst um das Jahr 1960 gegründete Hauptstadt Nouâkchott. In diesen Regionen sind aber auch heute noch ganze Stammesverbände mit ihren Zelten und Herden (darunter auch Schafe und Rinder) unterwegs.

Eine ganz anders geartete Bevölkerungsgruppe stellen die **Imragen** dar, längs der Küste in kleinen Gruppen bis vor kurzem halbnomadisch lebende dunkelhäutige Fischer. Üblich ist der Fang mit Netzen, die vom Boot aus gelegt werden. Einem internationalen Publikum bekannt wurden sie, nachdem eine ihrer Fangtechniken, bei denen sie sich frei lebender Delphine als „Treibjäger" bedienen, filmisch dokumentiert und diese Filme dann von den Fernsehanstalten verbreitet wurden.

Die im äußersten Süden entlang des Senegal-Flusses lebenden **Regenfeld-Bauern** gehören durchweg den ethnischen Gruppen an, die auch auf der Südseite des Flusses zu finden sind. Es sind dies insbesondere Tukulor, Soninke, Bambara, Wolof und Fulbe. Im Rahmen der oben kurz erwähnten rassischen Auseinandersetzungen wurden im April 1989 viele dieser Bauern von ihren tradtionellen Anbauflächen verjagt oder flüchteten von sich aus außer Landes in die Republik Senegal. Trotz der zwischenzeitlich erfolgten Normalisierung der Beziehungen auf Staatsebene, sind viele der Betroffenen bis heute nicht wieder in ihre angestammten Gebiete zurückgekehrt. Von einer „ethnischen Säuberung" kann hier durchaus gesprochen werden (vgl. den Abschnitt zur Geschichte).

Im Südosten Mauretaniens lebten bis vor kurzem auch größere Gruppen von **Tuareg**, die nach politisch und rassisch bedingten Unruhen und entsprechenden Auseinandersetzungen aus der Republik Mali hierher geflüchtet sind. Im Rahmen von Hilfsprogrammen zu ihrer Reintegration, an denen u.a. auch die Bundesrepublik Deutschland beteiligt war, sind die Flüchtlinge jedoch größtenteils wieder in ihre Heimat zurückgekehrt.

Der Anteil der **Ausländer** ist denkbar gering. Nur wenige Geschäftsleute leben in den größeren Städten vor allem an der Küste. Mauretanien ist kein Einwanderungsland wie etwa der Senegal oder die Elfenbeinküste, ganz im Gegenteil: Viele Mauretanier verdienen sich ihren Lebensunterhalt im Ausland. In fast allen Ländern Nord- und Westafrikas sind sie als Händler tätig; insbesondere im Handel mit Zucker und Tee, mit Salz oder Lebensmitteln ganz allgemein haben sie überall ihre händlerische Tüchtigkeit unter Beweis gestellt. Diese Tatsache allerdings macht sie vielerorts bei der einheimischen Bevölkerung nicht gerade beliebt ...

Chinguetti – ein gelehrter Mann öffnet seine Bibliothek

Sprache

Als **Amtssprache ist Arabisch** offizielle Landessprache neben dem Französischen. Wichtigste **Umgangssprache** ist ein arabischer Dialekt berberischen Einschlags, das **Hassaniya**. Im Süden werden die Sprachen der erwähnten ethnischen Gruppen gesprochen. Im gesamten Land findet der Tourist immer Ansprechpartner, die des Französischen mächtig sind.

Geschichte und Politik

Ur- und Frühgeschichte der westlichen Sahara sind bis heute nur in spärlichen Ansätzen erforscht. So lässt sich über weit zurückliegende Zeitepochen nur sagen, dass im Gebiet des heutigen Mauretaniens in der **Altsteinzeit**, d.h. vor 40.000–30.000 Jahren, annähernd Verhältnisse herrschten, die unseren heutigen Tropen vergleichbar sind. Überall floss Wasser, kleine und größere Seen bedeckten das Land. Die Fauna entsprach mit Elefanten, Giraffen, Flusspferden und Büffeln in etwa dem, was manchen Touristen aus den Tierparks Ostafrikas bekannt ist. Die Spuren, die die damaligen Menschen hinterlassen haben, bestehen vor allem aus massiven Werkzeugen aus Stein.

Mehr Erkenntnisse liegen aus der **Jungsteinzeit** vor. Auch hier sind es wieder steinerne Werkzeuge, Pfeilspitzen, Angelhaken oder auch Armringe aus Stein, die ein beredtes Zeugnis ablegen vom Leben in jener Zeit: Zerklüftete Felswände (ganz besonders die des Tagant) dienten als Zuflucht. Von hier aus unternahmen die Sippen ihre Beutezüge als Jäger und Sammler. Die Haltung von Haustieren kam ebenso wie ein bescheidener Anbau von Feldfrüchten hinzu.

Im **1. Jtsd. v.Chr.** kommt die Kenntnis der Metallverarbeitung auf, wahrscheinlich „importiert" von Neuankömmlingen in dieser Region. Möglicherweise wurden die Wanderungsprobleme ausgelöst durch eine beginnende erste Austrocknung. Die negroide Urbevölkerung wird jedenfalls abgelöst durch eine waffentechnisch überlegene Zivilisation aus dem nördlichen und östlichen Afrika.

Vom **9. Jh.** an berichten dann arabische Geographen von berberischen Viehhaltern in diesen Regionen. Die mächtigen Stämme der Sanhadscha kontrollierten den **transsaharischen Karawanenhandel:** Salz aus den Salinen der Sahara, aus Aouilil, Ej Jill und Trhâza, dem Vorläufer von Taoudenni, Kupfer, Silber aus dem Atlas, Gold und Sklaven aus den „Goldländern", den schwarzen Reichen von Tekrur und Ghana im Bereich des Senegal-Flusses. In diese Zeit fiel die Gründung von Aoudaghost. Im **10. Jh.** konnte sich der **Islam** entlang dieser Handelswege verbreiten: Kaufleute aus dem südlichen Marokko brachten die Religion des Propheten mit und konnten die Stammesführer der mächtigsten Berbergruppen zu ihr bekehren.

Die neue Religion gelangte dabei zu einer ganz neuen Dynamik: Unter einem ihrer gelehrten Führer und Reformatoren, einem gewissen *Ibn Yassin* aus Südmarokko, entstand die fanatische Bewegung der **Almoraviden:** Ganz Marokko wurde erobert (Gründung von Marrakesch), in der Folgezeit die iberische Halbinsel bis zum Ebro. In einem „Heiligen Krieg" eroberte die Streitmacht *Ibn Yassins* weite Gebiete des heutigen Mauretaniens, den gesamten Adrar und das Tagant. Im Süden wurde das mächtige Reich Ghana erfolgreich attackiert. Die Almoraviden-Dynastien herrschten über die gesamte damals bekannte westliche Welt vom Ebro bis zum Senegal.

Mitte des 12. Jh. löste die berberisch-islamische Erneuerungsbewegung der **Almohaden** die Almoraviden ab. Das Machtzentrum verlagerte sich nach Osten. **Anfang des 13. Jh** geraten auch die Almohaden in Bedrängnis: In Spanien beginnt die christliche *reconquista,* von den Balearen aus bedrohen arabische Krieger das almohadische Stammland Marokko: Der Zerfall der Berberdynastie ist nicht mehr aufzuhalten. Gleichzeitig gelangen südlich der Sahara neue Staaten zur Blüte, die Reiche Songhay und von Kanem-Bornu. Auch die Handelsrouten verlagern sich dadurch nach Osten. Die noch durch die Westsahara führenden Karawanenrouten bleiben unter der Kontrolle verschiedener Berberstämme.

Interne Streitigkeiten der Berbergruppen erleichtern das Vordringen arabischer Streitkräfte nach Westen. Große Berberstämme werden aus der nördlichen Sahara in Gebiete des heutigen Mauretaniens verdrängt. Im gleichen Zeitraum wecken die Reichtümer des

Songhay-Reiches die Begehrlichkeit der marokkanischen Sultanate: Es gelingt diesen **Ende des 16. Jh.** schließlich, nach den Salzminen von Trhâza auch Gao und Timbuktu zu erobern. Dabei kommt es in einigen Städten Mauretaniens, so in Ouadâne und Chinguetti im Norden, zu Plünderungen, wohingegen andere, etwa Oualâta, inmitten des herrschenden politischen Chaos Horte des Friedens und der Gelehrsamkeit bleiben.

Vor allem portugiesische Seefahrer hatten bis dahin längst die atlantische Küste erkundet. Europas Mächte waren bereits dabei, ihre kolonialen Interessen in Schwarzafrika auszubauen. In Arguin hatten die Portugiesen ein Handelskontor gegründet, das vor allem den Goldhandel mit den Ländern am Senegal zum Ziel hatte.

Im Landesinnern halten Kämpfe zwischen arabischen und berberischen Stammesverbänden über Generationen hinweg an. Mit der Niederlage eines der bedeutendsten Berber-Heerführers, des Fürsten *Nasr-ed-Din*, gegen die Maqil-Araber, wird die Grundlage zu einer der Säulen des maurischen hierarchischen Systems gelegt: Die siegreichen Araber dürfen sich fortan **„Hassan"** (= Berufskrieger) nennen. Die arabische Sprache, die Sprache der neuen Religion, dominiert nach und nach auch die Berberdialekte. Eine neue politisch-soziale Gliederung lehnt sich an die hierarchischen Strukturen der Hassan-Araber an. Territorial erfolgt die Einteilung Mauretaniens in **Emirate:** Adrar, Brakna, Assaba, Hodh und Trarza. Anhaltende Rivalitäten dieser von einzelnen arabo-berberischen Familien beherrschten Stadt-Staaten untereinander führen zum endgültigen Niedergang des Transsahara-Handels. Die alten, einst blühenden maurischen Handelsstädte Ouadâne, Oualâta, Rachid oder auch Tichit lagen darnieder.

Die strategisch bedeutsame Westsahara konnte die **Kolonialmächte** nicht lange an diesen Regionen uninteressiert lassen. Nachdem **Frankreich** seine Macht in Nordafrika und am Senegal gefestigt hatte, geriet auch Maureta-

Chinguetti – die Moschee ist das Wahrzeichen fürs ganze Land

GESCHICHTE UND POLITIK

nien mehr und mehr in seine Interessensphäre. Mit friedlichen Mitteln wurde zunächst der Süden erkundet. Mit der Ermordung des französischen Vertreters dieser Politik der „pénétration pacifique", *Xavier Coppolani*, in Tidjikja 1905, griff die zukünftige Kolonialmacht jedoch ungeniert auch zu militärischen Mitteln. Gegen 1910 ist die militärische Unterwerfung mehr oder weniger abgeschlossen. Nach einem Rückschlag wegen der Inanspruchnahme im Ersten Weltkrieg, gelingt Frankreich dann doch die Befriedung gegen den erbitterten Widerstand vieler kriegerischer Mauren mittels einzelner „Polizei-Operationen". Bis heute verehren die Mauretanier einen der erbittertsten Widersacher des kolonialen Vordringens, ihren Stammesführer **Cheikh Ma el Ainine**, und einen seiner vielen Söhne, *El Hiba,* als Nationalhelden. Von Marokko und Südmauretanien aus, unterstützt von den Spaniern im Westen, führen die Kolonisatoren Zangenoperationen gegen ihre Widersacher. Mit der Eroberung von Smara, dem Zentrum der Widerstandsbewegung, gilt die Westsahara 1934 als endgültig „befriedet".

Der Gouverneur der neuen Kolonie Mauretanien residiert in St.Louis am Senegal. In mehreren Konferenzen zwischen 1900 und 1912 wurden die Einflusssphären Frankreichs und Spaniens abgegrenzt: Vom Cap Blanc (Nouâdhibou) bis zur Mündung des Drâa wurde die Sahara spanisches Protektorat. Spanische Fremdenlegion auf der einen, französische Meharisten (Kamelreitertruppen) auf der anderen Seite überwachten den Frieden. Bis in die 1950er Jahre blieb die gesamte Region ruhig. Erst als Marokko 1956 unabhängig wurde, versuchten erste Freischärlerkommandos, die Präsenz der Kolonialmächte und des Königreiches Marokko in der Sahara zu bekämpfen.

Im Zuge einer Neuorientierung der gesamten Kolonialpolitik begannen Ende der 1950er Jahre Verhandlungen um die Unabhängigkeit Mauretaniens. Ende November **1960** wurde schließlich die **Unabhängigkeit der Islamischen Republik Mauretanien** verkündet. Auf diese Zeit datiert auch die Gründung der **neuen Hauptstadt Nouâkchott:** Mauretanien, im Wesentlichen ein Nomadenland, wies nur wenige größere Ansiedlungen auf. Neben strategischen Überlegungen hatten die mit der Bildung des neuen Staates befassten Politiker durchaus auch ethnische Aspekte vor Augen: Es sollte weder eine Stadt im Land der „Weißen" noch eine solche in einer von Schwarzen dominierten Region sein. Schließlich wurde der Beschluss gefasst, die neue Kapitale ex nihilo zu gründen, an einem Punkt des Weges, der längs des Meeres Nordafrika mit Schwarzafrika verband. Die Stadt wurde für 15.000–20.000 Einwohner geplant; bei der Proklamation der neuen Republik lebten hier gerade 6500 Einwohner. Mit einer **Landflucht,** die vor allem im Gefolge der Dürren von 1973 und 1984 oder auch als Folge des Krieges um die Westsahara zwischen 1975 und 1979 Hunderttausende in die Stadt trieb, hatte damals keiner gerechnet – 500.000 Einwohner zählt die Stadt heute!

Die Auseinandersetzungen um die von Spanien aufgegebene **Westsahara** entwickelten sich nach einer kurzen, vor allem auf dem Export von Eisenerz basierenden Prosperität rasch zum größten Problem des jungen Staates. In einem zwischen Spanien, Marokko und Mauretanien 1976 geschlossenen Abkommen war Mauretanien zunächst die Südhälfte der ehemaligen spanischen Besitzung zugesprochen worden. Als Reaktion auf dieses Abkommen wurde von der **POLISARIO** die Unabhängigkeit der „Demokratischen Arabischen Republik Sahara" (DARS) proklamiert, die Heimatland für die Sahraouis sein sollte, also jener Nomaden, die diese Region bewohnten und immer wieder als „Söhne und Töchter der Wolken" apostrophiert werden. Unterstützt von Algerien, begann die POLISARIO einen nie offen erklärten Krieg um dieses Wüstenland, das wegen seiner Lage am Atlantik und wegen seiner Bodenschätze interessant war. Die Angriffe wurden bis weit ins mauretanische Staatsgebiet vorgetragen und trafen auch entscheidend die wirtschaftliche Lebensader Mauretaniens, die Erzbahn, die vom Abbaugebiet bei Zouérate im Nordwesten des Landes bis zur Verladestation im Hafen von Nouâdhibou führt. Als die Militärausgaben unbezahlbar wurden, gab der junge Staat schließlich auf: Mauretanien schloss im August 1979 einen Friedensvertrag mit der POLISARIO und zog sich aus seinen neuen Besitzungen zurück – die daraufhin sofort von Marokko annektiert wurden.

Aktuelle Politik

Seit dem Jahr **1984** ist nach einem **Staatsstreich** Colonel (Oberst) **Sid' Ahmed Taya** Staatsoberhaupt und Regierungschef. Auch dieses Militärregime wird in den Folgejahren wiederholt von Umsturzversuchen erschüttert. Die stets verdächtigten Militärs werden in verschiedenen Gerichtsverfahren zum Tode verurteilt. **Ethnische Spannungen** nehmen im Gefolge einer ökonomischen Krise zu. Schließlich kommt es nach Streiterein um Weide- bzw. Anbaurechte im April 1989 zu Gewalttaten gegen „Senegalesen", Schwarze, die seit Generationen ihre Felder im Senegal-Tal bestellt haben. Die Reaktion in der Republik Senegal lässt nicht lange auf sich warten und erfolgt ebenso heftig: Zehntausende von Mauren werden Opfer von Übergriffen und flüchten außer Landes. Die beidseitigen **Vertreibungen** laufen nicht ohne brutalste Massaker mit einer Vielzahl von Toten auf beiden Seiten ab. Die Grenzen zwischen beiden Staaten werden geschlossen, die diplomatischen Beziehungen abgebrochen, Militär in den Grenzgebieten zusammengezogen. Nur dem Druck der ehemaligen Kolonialmacht Frankreich ist es zuzuschreiben, dass es nicht zu einem Krieg zwischen den beiden aus ethnischen Motiven verfeindeten Nachbarländern kommt.

In einer „Politik der kleinen Schritte" gelingt es der französischen Diplomatie schließlich, die Beziehungen zwischen **Mauretanien und Senegal** zu normalisieren: Die Grenzen werden im Mai 1992 wieder geöffnet, die diplomatischen Beziehungen wiederhergestellt, Post- und Flugverbindungen wieder aufgenommen. Was aber bis zum heutigen Tage fehlt, sind trotz der offiziellen Normalisierung Beziehungen des Vertrauens: Noch immer tendiert der „kleine Grenzverkehr" gegen Null (Touristen allerdings passieren ohne Probleme), immer noch warten hüben wie drüben „Mauretanier" oder „Senegalesen" voller Misstrauen auf günstigere Möglichkeiten der Rückkehr. Eine offizielle Schätzung zum Jahreswechsel 1995/96 ging immer noch von 60.000 Mauretaniern aus, die als Flüchtlinge im Norden der Republik Senegal lebten. Bemühungen, diese in ihre angestammte Heimat zurückzuführen, scheiterten Mitte 1996 angeblich an der Weigerung des UN-Hochkommissariats für Flüchtlinge, finanzielle und logistische Mittel für die Rückführung zur Verfügung zu stellen.

Eine Sitzung der Weltbankgruppe für Mauretanien im Frühjahr 1998 in Paris und der fast gleichzeitig stattfindende Besuch des amerikanischen Präsidenten *Clinton* auf der senegalesischen Insel Gorée, einst eines der Zentren des Handels mit schwarzafrikanischen Sklaven, verschafften der Anti-Sklaverei-Bewegung im Lande deutlichen Auftrieb. Ein weiteres Mal wurde die Aufmerksamkeit der Weltöffentlichkeit auf das Problem absoluter sozialer Abhängigkeitsverhältnisse in einem der ärmsten Länder der Welt gelenkt.

Um den Jahreswechsel 1998/99 kam es zu weiteren Rückführungen von Tuareg-Flüchtlingen vor allem nach Mali. Hier hatte sich die Situation in den Rebellengebieten weiter beruhigt. Noch immer in ihren **Flüchtlingslagern** verharren dagegen Angehörige der Sahraouis: Die Abstimmung über die Marokkanität der Westsahara wurde durch den Tod des marokkanischen Königs *Hassan II.* erneut auf die lange Bank geschoben. Derzeit besteht kaum Hoffnung auf eine Lösung dieses Problems in einem überschaubaren Zeitrahmen.

Im September 1999 wurde die mauretanische Rechtsanwältin *Fatimata M'-Baye* in Nürnberg mit dem Internationalen Menschenrechtspreis ausgezeichnet. Die Jury würdigte damit ihr mutiges Eintreten gegen die Diskriminierung der schwarzafrikanischen Bevölkerung und die Versklavung schwarzer Mädchen in ihrem Heimatland.

Im Oktober **2001** wurde eine **neue Nationalversammlung** gewählt. Die Oppositionsparteien beteiligten sich diesmal an den Wahlen, nachdem sie frühere Abstimmungen (z.B. Wiederwahl von *Ahmed Taya* 1997) wiederholt boykottiert hatten; eine im Jahr zuvor durchgeführte Wahlreform hatte diese neue Haltung gefördert.

Da Mauretanien mit Erfolg IWF-Programme zur Bekämpfung der Armut und zur Förderung des Wachstums durchführte, erließ Deutschland dem Land im Oktober 2002 die gesamten Schulden in Höhe von 18 Mio. Euro.

Anfang 2003 warnten internationale Organisationen vor einer Ernährungskrise. Nach einer sehr dürftigen Regenzeit benötigte das Land dringend Nahrungsmittelhilfe.

Fischer bei Nouâkchott

Wirtschaft

Es sind nur zwei Bereiche, auf denen die gesamte Wirtschaft Mauretaniens ruht: **Fischfang** und Abbau von **Eisenerz;** etwa zwei Drittel seiner Deviseneinnahmen erwirtschaftet das Land mit Fisch, das verbleibende Drittel mit Eisenerz.

Die **mauretanische Küste** zählt zu den fischreichsten Gewässern der Erde. Grund dafür sind aufsteigende, kalte und sauerstoffreiche Tiefenwasser, die vom tagaus, tagein mit dem Nordostpassat eingewehten Wüstenstaub „gedüngt" werden, zusätzlich durchmischt mit warmen, oberflächennahen Wasserschichten. Dies führt zu einer variantenreichen Nahrungskette, die eine wirtschaftliche Verwertung aller möglichen Fisch- und Krustazeenarten erlaubt. Neben dem traditionellen Fischfang (s.o. die Ausführungen zu den Imragen), der an allen Stränden Mauretaniens außerhalb des Parc d'Arguin beobachtet werden kann, spielt mehr und mehr der **industrielle Fischfang** eine wichtige Rolle. Gemeinsam mit der EU wurde in den vergangenen Jahren eine mauretanische Fischfangflotte aufgebaut.

Mitten in der Sahara im Nordwesten Mauretaniens liegt der „Eisenberg" (Mineralgehalt etwa 65%!), der **Kediet ej Jill.** Um das Mineral abzubauen, wurde eine regelrechte Stadt gegründet und diese über eine 600 km lange Bahnlinie

mit dem Meer bei Nouâdhibou verbunden. Die auf dieser Strecke von der staatlichen Erzgesellschaft SNIM betriebenen Züge gelten als die längsten und schwersten Züge weltweit: 2 km lang, 200 Loren-Wagen, vier oder auch sechs Loks – kein Wunder, dass dabei die Schienen regelrecht von den Wagenrädern „platt geschmiedet" werden.

In den traditionellen Sektoren spielt vor allem die **Viehhaltung** eine wichtige Rolle. Eine Reise ins Hinterland zeigt dem Besucher rasch, dass Mauretanien bis zum heutigen Tag ein Land der Nomaden geblieben ist. Es sind vor allem diese Nomaden, die neben ihrem Vieh einen anderen interessanten „Artikel" produzieren: Das **Gummi arabicum**, Sekret verschiedener Akazienbäume, besonders aber der *Acacia senegal* (dieser Baum liefert 90% des marktfähigen Gummi arabicums), die im Süden Mauretaniens den häufigsten Savannenbaum darstellt. Die in der Trockenzeit rissig werdende Rinde des Baumes scheidet das Gummi von alleine aus, doch besteht eine gängige „Ernte-Methode" darin, die Rinde beim Herden-Durchzug einzuritzen und dann bei der Rückkehr das zwischenzeitlich ausgetretene und fest gewordene Gummi arabicum einzusammeln. Seit 4000 Jahren wird dieses Gummi arabicum bereits als Lebensmittel verwendet! Zu einem geringen Teil findet es auch Verwendung in der Medizin oder als kosmetisches oder technisches Hilfsmittel. Hätten Sie gewusst, dass mauretanisches Gummi arabicum unter anderem in unseren Gummibärchen, in Drops und Kaugummis, in Lebkuchen und anderen Bäckerei- und Konditoreierzeugnissen, aber auch im Leim unserer Briefmarken Verwendung findet? Auch in der Bierherstellung (zur Stabilisierung des Schaumes) kommt es mancherorts zur Anwendung.

Gebiete, in denen Regenfeldbau oder Bewässerungskulturen zur Erzeugung von Lebensmitteln unterhalten werden können, sind insgesamt von so geringer Ausdehnung, dass ein ständiges Defizit Mauretaniens zur **Einfuhr von Lebensmitteln** zwingt; der Import von Maschinen, Fahrzeugen, chemischen Erzeugnissen oder auch von Erdölraffinerieprodukten und dem gegenüber tendenziell sinkende Erlöse aus dem Export des mauretanischen Eisenerzes sind Ursachen für ein beständiges **Außenhandelsbilanz-Defizit;** die Staatsverschuldung hat zwischenzeitlich die Höhe der fünffachen jährlichen Exporterlöse erreicht, 16% der Exporterlöse müssen für den Schuldendienst aufgewendet werden! Hierin unterscheidet sich Mauretanien nur wenig von anderen Drittweltländern.

Gesundheitswesen

Trockenheit und Sonneneinstrahlung sind dafür verantwortlich, dass es in Mauretanien weit weniger Krankheiten gibt als in anderen Ländern Westafrikas. Für Aufenthalte südlich von Nouâkchott und ganz besonders für Reisen im Senegal-Tal ist Malaria-Prophylaxe erforderlich. **Malaria** ist – des vorhandenen Wassers wegen – auch in den Oasen verbreitet. Wer weiter über Mauretanien hinaus nach Süden reist, sollte rechtzeitig daran denken, dass eine **Gelbfieber-Impfung** erforderlich ist und der Nachweis einer solchen bei einer Rückkehr aus Endemie-Gebieten zur Einreise unabdingbar ist.

Das **Gesundheitswesen ist zweigleisig:** staatliche Krankenhäuser in den Städten, staatliche Dispensaires (Krankenstationen) in jeder halbwegs bedeutsamen Ortschaft. Gegen eine Gebühr ist die Versorgung für die Bevölkerung hier kostenlos. Auch die während eines stationären Aufenthaltes verabreichten Medikamente müssen nicht bezahlt werden, ebenso wenig die Medikation für den ersten Tag nach der Entlassung. Daneben arbeiten einige wenige kleine private Kliniken und – vor allem in den Städten – private Facharzt-Praxen. Hier ist die Behandlung kostenpflichtig. Medikamente werden gegen Rezept und zu vergleichsweise sehr günstigen Preisen in den schon genannten Dispensaires oder in einer relativ großen Zahl von Apotheken verkauft.

Bildungswesen

Mauretanien ist ein „junges Land"; der Anteil der auszubildenden Heranwachsenden in der Bevölkerung liegt deutlich über 50%. Auch wenn angesichts dieser Tatsache so gerne die Rede ist von „unserer Hoffnung für die Zukunft", sind doch die Probleme nicht zu übersehen, die mit der Erziehung und Ausbildung eines so großen Bevölkerungsteiles verbunden sind: Der Staat ist überfordert. Abgesehen von den traditionell bedeutsamen und überall im Land verbreiteten privatrechtlich organisierten **Koran-Schulen** (die allerdings bevorzugt den Jungen offen stehen), ist das **Schulsystem staatlich.** Es ist nach französischem Vorbild organisiert. Offizielle Schulsprache ist Arabisch, doch hat der Schüler prinzipiell die Wahl, sich auch in einem zweisprachigen Unterricht (Arabisch und Französisch) anzumelden. Der schulpflichtige **Grundschulunterricht** *(enseignement fondamental)* dauert sechs Jahre. Angesichts massiver Finanzprobleme übt der Staat jedoch nur wenig Druck zur Durchsetzung der Schulpflicht aus, und so liegt die Einschulungsrate heute kaum über 50%, auch wenn offizielle Angaben von 90% ausgehen.

An den Grundschulunterricht (die Lehrer dieses Schulabschnitts sind ausschließlich Mauretanier) schließt sich ein freiwilliger **gymnasialer Unterricht** *(enseignement secondaire)* an, der ebenfalls sechs Jahre dauert. Die entsprechenden Lehranstalten finden sich nur in den Städten; die Lehrkräfte rekrutieren sich zu etwa einem Viertel aus Frankreich. Abschluss ist das Abitur *(baccalauréat)*, das zum Studium an den nationalen Hochschulen in Nouâkchott berechtigt. Während an den europäischen Universitäten das mauretanische Abitur nicht mehr anerkannt wird (eine spezielle Eignungsprüfung wird erforderlich), ermöglichen beinahe alle afrikanischen und viele Universitäten in den arabischsprachigen Ländern mauretanischen Abiturienten ein Studium. Auch das Studium wird vom Staat über Stipendien finanziert.

Mauren auf Reise

mit den Verhältnissen in den nord- und westafrikanischen Ländern und auch in Mauretanien auseinandersetzt. Für alle Zeitschriften gilt jedoch, dass sie außerhalb von Nouâkchott und Nouâdhibou, den Wirtschaftszentren des Landes, kaum erhältlich sind.

Radio und Fernsehen

Der mauretanische Rundfunk sendet täglich ab 6.30 Uhr in arabischer Sprache. Mehrfach am Tag werden Nachrichten auch auf Französisch gesendet. Es existiert auch eine Fernsehstation, deren Sendungen in allen Regionalhauptstädten empfangen werden können. Die staatlich kontrollierten Programme sind stark kulturell orientiert.

Medien

Presse

In den letzten Jahren wurden im Zuge der Demokratisierungsbewegungen gleich mehrere Tages-, Halbwochen-, Wochen- und Monatszeitschriften ins Leben gerufen. Solche Zeitschriften erscheinen sowohl in arabischer Schrift bzw. Sprache als auch auf Französisch, die **älteste Tageszeitung Chaab** (= Das Volk) erscheint gar in arabischer und französischer Ausgabe. Bescheiden ist noch das Angebot an ausländischen Zeitschriften. Besonderes Interesse erfährt dabei das Magazin **Jeune Afrique,** das in Paris herausgegeben wird und sich immer wieder in kritischen Artikeln

Praktische Reisetipps A–Z

An- und Weiterreise

Flugverbindungen

Nouâkchott wird von einer ganzen Reihe verschiedener Fluggesellschaften angeflogen. Wichtigste Verbindungen bestehen über Paris mit mehreren Flügen je Woche; mindestens wöchentlich bestehen Verbindungen zu den Nachbarländern, von denen aus dann wieder Flüge nach Europa gehen. Die meisten Flüge verzeichnen seit dem Bankrott der ehemaligen multinationalen Gesellschaft Air Afrique die **Air Mauritanie** und die **Air France.** Ob die aktuelle Debatte über eine „Neuauflage" der Air Afrique in Form einer Air Africa tatsächlich zur Etablierung einer neuen Fluggesellschaft führen wird, lässt sich derzeit noch nicht absehen. Häufige Flüge werden auch von den nationalen Gesellschaften der Nachbarländer, z.B. Royal Air Maroc und Air Algerie, angeboten – jedes Reisebüro kann Ihnen die aktuellen Flugpläne über den Computer abrufen. Schwieriger wird es da schon, einen wirklich günstigen oder gar billigen Flug zu erhalten: Nur in den Wintermonaten existieren Charterflüge, z.B. von der französischen Gesellschaft Point-Afrique, die z.T. mit der Bergwerksgesellschaft SNIM kooperiert. Angeflogen wird allerdings nur Atâr von Paris oder Marseille aus. Sie sollten ggf. auch die Möglichkeit prüfen, über Senegal zu fliegen und dann von dort auf dem Landweg nach Mauretanien zu reisen.

Schiffsverbindungen

Die Häfen in Nouâkchott und Nouâdhibou werden nur von Frachtschiffen angelaufen; Sie können dorthin wohl Ihr Fahrzeug verschiffen, die Möglichkeit aber, im selben Schiff mitzureisen, besteht nach meinen Kenntnissen nur mit Einschränkungen. Bitte informieren Sie sich über den aktuellen Stand bei den größeren Expeditionsausrüstern, z.B. beim Därr Expeditionsservice in München. Auch eine Anfrage in einem der Sahara-Foren im Internet, z.B. unter www.sahara-info.ch, kann sehr interessante und aktuelle Ergebnisse bringen.

Mit eigenem Fahrzeug

Dies ist meines Erachtens sicher die interessanteste Art, Mauretanien zu bereisen. Nur **zwei Möglichkeiten** bestehen angesichts der Risiko-Probleme auf den klassischen Transsahara-Routen:

Anreise über Marokko

Um den Jahreswechsel 2001/2002 waren erstmals Anzeichen einer Vereinfachung der Formalitäten für den grenzüberschreitenden Reiseverkehr zu bemerken, und im Frühjahr 2002 war es dann endlich so weit: Aus einer bis dahin hoch komplizierten und zeitaufwendigen Grenzabfertigung an einer nur von Norden nach Süden durchlässigen Grenze entwickelte sich in kürzester Zeit ein ganz normaler Grenzübergang, der jetzt alltäglich und ohne Inanspruchnahme eines Konvois zu benutzen war, zur Ein- wie zur Ausreise! Angesichts der sensationellen Schnelligkeit, mit der diese Grenzöffnung erfolgte, bleibt eigentlich nur zu befürchten, das Ganze könnte genauso rasch wieder rückgängig gemacht werden ...

Heute durchfahren Sie die von Marokko annektierten Gebiete der ehemals spanischen Westsahara südlich von Dakhla, zwar gebremst von einigen Kontrollstellen, aber so zügig, wie es Ihnen Ihr Reisestil nahe legt. Das **Visum** für die Einreise nach Mauretanien haben Sie sich zuvor (preisgünstig: 20 Euro) in Europa oder auf dem mauretanischen Konsulat in Casablanca (382, route d'El Jadida, quartier Beauséjour) besorgt, und wenn nicht, dann kaufen Sie den Einreise-Stempel (deutlich teurer: 50 Euro) unmittelbar an der Grenze (Achtung: Das soll seit dem Frühjahr 2003 nicht mehr möglich sein!). Ein Carnet de Passage en Douane ist nicht erforderlich. Ihr Fahrzeug wird in Ihren Pass eingetragen, ein Verkauf desselben im Land mitunter zusätzlich durch die Unterzeichnung einer „Ehrenerklärung" zu verhindern versucht. Wer jemals den Aufwand erlebt hat, mit dem der Konvoi in Dakhla zusammengestellt und durchgeführt wird, das Chaos, das bei der Ankunft eines großen Konvois zur Erledigung der Formalitäten in Nouâdhibou ausbricht, wird diese Erleichterungen gar nicht genug zu schätzen wissen! Heute müssen weder Dakhla noch Nouâdhibou angefahren werden, es bleibt Ihrem touristischen Interesse oder Ihrer Versorgungssituation überlassen, ob Sie dies tun oder nicht. Und

---

Lebensraum der Sahara-Krokodile – Tümpel

nach jüngsten Informationen wurde jetzt gar begonnen, die Pisten bis nach Nouâkchott zu asphaltieren.

Anreise von Algerien

Von Algerien z.B. durch den Erg Chech und den Erg Iguidi über die „grüne Grenze" einzureisen, setzt zweierlei voraus: erstens perfekte Sahara-Kenntnisse und -Ausrüstung, zweitens den Mut, die algerischen Strecken trotz eines dort bestehenden Verbotes zu benutzen – auf mauretanischer Seite haben Sie dann keine Schwierigkeiten von den Behörden zu erwarten.

Weitere offene Grenzübergänge

Offene Grenzübergänge, die sich mit eigenem Fahrzeug in beiden Richtungen ganz offiziell befahren lassen, sind: zur Republik Senegal der Übergang Rosso/Mauretanien nach **Rosso/Senegal:** mit Fähre (nur ein- bis zweimal täglich) oder auf Damm entlang des Senegal-Flusses bis zum ca. 120 km im Westen liegenden Staudamm Diama fahren und dort den Fluss überqueren (Grenze schließt um 18 Uhr, Brückenzoll willkürlich ca. 10 Euro, bei Ausreise für Zoll und Polizei jeweils 1500 UM Gebühr, Einreise in den Senegal problemlos, auch Versicherung abschließbar); zur Republik **Mali: Nema/Adel Bagrou** nach Nara und alle kleinen Grenzorte, die auf der Michelin-Karte verzeichnet sind (Achtung: teils schwierige Pisten, v.a. in der Regenzeit!). Die Grenzübergänge östlich der Linie Nema – Nara sollten derzeit aus Sicherheitsgründen nicht benutzt werden!

Autoverschiffung

Sie verschiffen Ihr Fahrzeug nach Nouâkchott oder (einfacher) nach Dakar und reisen selbst nach Ankunft Ihres Fahrzeuges per Flugzeug dorthin. Dies ist dann relativ einfach, wenn Sie den behördlichen Vorschriften entsprechend ein **Carnet de Passage** bei einem Automobilclub erworben haben und dieses mit sich führen. Sie sollten sich nur nicht in die Hände eines Verzollungs-Agenten begeben, sondern die Behördengänge im Hafen selbst erledigen.

Mit einer organisierten Reise

In Reisezeitschriften wie z.B. tours oder abenteuer&reisen werden auch Pauschalreisen nach Mauretanien angeboten. Da die Verhältnisse sich derzeit praktisch von Tag zu Tag ändern, erscheint es mir sinnvoll, Sie der Aktualität wegen auf den Anzeigenteil solcher Zeitschriften zu verweisen. Ausschließlich Wanderreisen in Mauretanien bietet neuerdings die vor allem im Internet aktive Firma Wüstenwandern.de an (www.wuestenwandern.de). Ein breiteres Angebot an Pauschalreisen wird in Frankreich angeboten. Nachfolgend seien einige Adressen von Reiseveranstaltern genannt (die Auswahl ist unvollständig, andere Veranstalter können ähnliche Angebote machen).

Reiseveranstalter

- **Uniclam Voyages**
Tel. (0033)-1-43291236, www.uniclam.com
- **Africatours**
Tel. (0033)-1-44372222
- **Terres d'aventure**
Tel. (0033)-1-53737777, www.terdav.com
(Wanderreisen)
- **Zig Zag Randonnées**, Paris
www.zig-zag.tm.fr (Wanderreisen)
- **Le Point-Afrique**
Tel. (0033)-1-47736264
www.point-afrique.com
- **Von Burkina Faso aus** bietet ein unter deutscher Leitung stehendes Reiseunternehmen expeditionsähnliche Reisen nach und innerhalb Mauretaniens an: **Krigar Afrika Expeditionen**, Tel. 00226-380893 und Tel./Fax 00226-304915, B.P. 2170, Ouagadougou/Burkina Faso. Kontakt in Deutschland unter Tel. 04193-6596 oder 089-1296606; www.krigarafrika.com
- **Von Mali aus** ist Nomade-Voyage aktiv, ein malisch-deutsches Reiseunternehmen, das neben expeditionsähnlichen Reisen im malischen und nigrischen Sahel- und Südsahara-Raum auch ein Programm nach und innerhalb Mauretaniens anbietet: **Nomade Voyage**, Tel. und Fax 00223-227513, B.P. E 2580, Bamako/Mali; www.nomads-of-mali.com
- Auch RotelTours hat eine Mauretanien-Durchquerung ins Programm aufgenommen: **RotelTours**, 94100 Tittling, Tel. 08504-4040, Fax 4926; www.rotel.de
- **Schulz aktiv Reisen**
www.schulz-aktiv-reisen.de
- Wenn Sie mit dem Flugzeug auf eigene Faust nach Nouâkchott oder Atâr reisen, finden Sie sowohl in der Hauptstadt als auch in Atâr viele Reiseunternehmen, die Ihnen für Ihre Reise innerhalb Mauretaniens Vorschläge unterbreiten. Entsprechende Adressen finden sich im Kapitel zu Nouâkchott; auch die verschiedenen Hotels vermitteln weitere Kontakte.

Botschaften/Auskünfte

In Deutschland

Botschaft der Islamischen Republik Mauretanien

- Kommandantenstraße 80, 10117 **Berlin**
Tel. (030)-2065883, Fax (030)-20674750
e-Mail: ambarimbonn@aol.com

Auswärtiges Amt Berlin

- www.auswaertiges-amt.de

Deutsches Ledermuseum

- Frankfurter Straße 86, 63067 **Offenbach**
Das wohl einzige Museum in Deutschland, das eine nennenswerte Zahl von Objekten aus Mauretanien in einer Dauerausstellung zeigt.

Linden-Museum Stuttgart

- Hegelplatz 1, 70174 **Stuttgart**
Völkerkunde-Museum mit einer guten, allerdings magazinierten Mauretanien-Samlung. Nach Voranmeldung ist die Sammlung evtl. zu besichtigen.

Honorarkonsul Hubertus Spieker

- Unter **www.konsulspieker.de** können die Informationen zur Visa-Erteilung und Antragsformulare heruntergeladen werden.

In der Schweiz

Consulat de Mauritanie

- 54, Rue des Acacias, CH-1211 **Genf** 24
Tel. (022)-3420057

Musée d'Ethnographie

- 4, Rue St. Nicolas
CH-2006 **Neuchâtel,** Schweiz
Völkerkunde-Museum mit sehr umfangreicher magazinierter Mauretanien-Sammlung, die nach Voranmeldung eventuell zu besichtigen ist.

In Österreich

Österreicher müssen die Dienststellen in Deutschland, Frankreich oder in der Schweiz bemühen.

Konsul Franz A. Mejchar

- Opernring 21/9, A-1010 **Wien**
Tel. Wien 5875871, Fax Wien 5875873
Gibt Informationen, versendet Visum-Formulare, stellt aber keine Visa aus.

In Mauretanien

Botschaft der BR Deutschland

- B.P. 372, **Nouâkchott**
Tel. (00222)-5251729, -5251032
Fax (00222)-5251722
e-Mail: amb-allemagne@toptechnology.mr
Die Sprechzeiten sind vormittags, Fr und Sa geschlossen.

Ministère de la Jeunesse et de la Culture

- Direction du Tourisme
B.P. 172, **Nouâkchott**

Adrar Voyages, Nouâkchott

- B.P. 926, Tel. (00222)-5251717, Fax 53210
www.adrarvoyages.mr
Einer der größeren Reiseveranstalter in Nouâkchott; bietet die gesamte Palette von Sahara-Reisen per Geländewagen innerhalb Mauretaniens an. Nicht gerade billig!

Direction du Parc National Banc d'Arguin

- B.P. 124, Nouâdhibou

In Frankreich

Consulat de Mauritanie

- 89, Rue du Cherche-Midi, 75006 **Paris**
Tel. (0033)-1-40490714, 45482388
Erteilt keine Visa für deutsche Staatsbürger!

Einreise/Visum/Zoll

Internet-Links

Französischkenntnisse sind fast überall unabdingbar:

- **www.mauritania.mr**
  Offizielle Seite des Staates, auch in Englisch
- **www.inforim.mr**
  Weitere sehr umfangreiche Infos zu Mauretanien
- **www.mauritania.mr/pnba/**
  Seite des Nationalparks innerhalb der offiziellen maurischen Web-Site
- **www.adc.mr**
  Die Vereinten Nationen und ihre Themen in Mauretanien
- **www.maurifemme.mr**
  Seite über die mauretanische Frau

Zu Gast bei einer maurischen Familie

Einreise/Visum/Zoll

Spezielle **Impfungen** sind nicht vorgeschrieben und werden weder in Zusammenhang mit dem Visumantrag noch bei der Einreise anhand des Impfpasses überprüft. Empfehlenswert ist die Mitnahme dieses Dokumentes dennoch; dringend anzuraten ist auch eine **Gelbfieberimpfung,** da Ihnen die Ein- oder Weiterreise z.B. nach Mali oder Senegal verweigert werden kann, wenn Sie dorthin wollen, oder auch die Einreise nach Mauretanien, wenn Sie aus einem Gelbfiebergebiet kommen – und die Einschätzung dessen, wo solche Krankheiten grassieren, ist oft genug von poli-

tischen Motiven bestimmt. Empfehlenswert sind Impfungen gegen Gelbsucht und Typhus; ein Gang zum Hausarzt kann zuvor nie schaden. Stets aktuelle Informationen finden sich im Internet unter www.travelmed.de (vgl. auch die nächsten Seiten).

Deutsche, schweizerische und österreichische Staatsbürger benötigen für einen Aufenthalt von bis zu drei Monaten einen gültigen **Reisepass mit Visum.** Die nötigen Antragsunterlagen und Auskünfte können vor Antritt der Reise bei den Botschaften/Konsulaten eingeholt werden (s.o.).

Vorsicht: Zwar existiert in Rabat/Marokko eine mauretanische Botschaft (9, Rue de Taza, B.P. 207, Rabat, Tel. 00217-656678, -79, Fax 656680), doch erteilt diese kein Visum (das ist z.Z. nur in Casablanca möglich, s.o.). Eine (teure) Visum-Erteilung an der Grenze soll ab dem Frühjahr 2003 eingestellt werden.

Wer von Mauretanien aus in die Nachbarländer weiterreisen will, sollte sich rechtzeitig und am besten noch vor Antritt der Reise über die im jeweiligen Land gültigen Bestimmungen informieren. Dies gilt ganz besonders hinsichtlich erforderlicher Impfungen.

Devisen in Form von Bargeld oder Reiseschecks können unbegrenzt eingeführt werden, nicht jedoch die Landeswährung Ouguiya (UM). Eine Devisendeklaration ist bereits seit 1998 nicht mehr erforderlich, wird aber von den Grenzbeamten mit unterschiedlichsten Begründungen immer wieder verlangt, um den Reisenden auf die eine oder andere Art Geld „abzuluchsen". Kontrollen finden gelegentlich auch bzgl. **Alkohol** statt: Während die Mengen bei sonstigen Waren des täglichen Bedarfs eher großzügig ausgelegt werden, stoßen Sie bei Alkohol auf niedrige Freigrenzen: 2 l Wein und 0,5 l andere alkoholische Getränke über 22% sind gestattet.

Bei der Einreise mit dem eigenen Fahrzeug von Norden her kommend ist das **Carnet de Passage nicht mehr vorgeschrieben.** Das Fahrzeug wird lediglich in den Reisepass des Eigentümers eingetragen. Ein **Fahrzeugverkauf** ist nur möglich, wenn bei der Zolldirektion in Nouâkchott eine Entzollung durchgeführt wird; dabei wird das verkaufte Fahrzeug aus dem Pass ausgetragen und zusätzlich eine Bescheinigung (*Quitus*) darüber ausgestellt, die bei Ausreise unbedingt vorzulegen ist. Die erforderlichen Behördengänge sind vom Käufer durchzuführen, Fahrzeug, Fahrzeugpapiere und -schlüssel dürfen zuvor nicht aus der Hand gegeben werden. Der **Abschluss einer Kfz-Versicherung ist obligatorisch,** auch wenn die in diesem Punkt oft nachlässig kontrollierenden Beamten nicht immer darauf hinweisen. Der Abschluss einer Versicherung für die westafrikanischen Länder der CEDEAO (*Carte brune*) ist nicht mehr möglich, sondern nur noch für Mauretanien selbst. Versicherungsbüros finden Sie nur in Nouadhibou oder in Nouâkchott oder Atâr. Bei Vorliegen einer international gültigen Versicherung ist eine französischsprachige Bescheinigung zu empfehlen. Ich rate Ihnen dringend: Fahren Sie keinesfalls ohne eine Versicherung vom Einreiseort weiter, auch wenn die Öffnungszei-

Reise-Gesundheits-Information: Mauretanien

Stand: 24.02.2003
© Centrum für Reisemedizin 2001

Die nachstehenden Angaben dienen der Orientierung, was für eine geplante Reise in das Land an Gesundheitsvorsorgemaßnahmen zu berücksichtigen ist. Die Informationen wurden uns freundlicherweise vom Centrum für Reisemedizin zur Verfügung gestellt. Auf der Homepage **www.Travelmed.de** werden diese Informationen stetig aktualisiert. Es lohnt sich, dort noch einmal nachzuschauen.

- **Klima:** trockenheißes Wüstenklima; im Norden geringe Niederschläge, im Süden etwas höher, hauptsächlich von Juli bis Oktober; durchschn. Januartemp. 20–24°C, Julitemp. 30–34°C.

- **Einreise-Impfvorschriften:** Gelbfieber-Impfung vorgeschrieben (ausgenommen Kinder unter 1 Jahr) für alle Reisenden, die länger als 2 Wochen im Land bleiben, sowie bei Einreise nach vorherigem Zwischenaufenthalt (innerhalb der letzten 6 Tage vor Einreise) in einem Gelbfieber-Endemiegebiet.

- **Empfohlener Impfschutz**
Generell: Tetanus, Diphtherie, Hepatitis A, Polio

Je nach Reisestil und Aufenthaltsbedingungen im Lande sind außerdem zu erwägen:

Impfschutz	Reisebedingung 1	Reisebedingung 2	Reisebedingung 3
Typhus	x		
Hepatitis B [b]	x		
Tollwut [c]	x		

[b] bei Langzeitaufenthalten und engerem Kontakt mit der einheimischen Bevölkerung
[c] bei vorhersehbarem Umgang mit Tieren

Reisebedingung 1: Reise durch das Landesinnere unter einfachen Bedingungen (Rucksack-/Trekking-/Individualreise) mit einfachen Quartieren/Hotels; Camping-Reisen, Langzeitaufenthalte, praktische Tätigkeit im Gesundheits- oder Sozialwesen, enger Kontakt zur einheimischen Bevölkerung wahrscheinlich
Reisebedingung 2: Aufenthalt in Städten oder touristischen Zentren mit (organisierten) Ausflügen ins Landesinnere (Pauschalreise, Unterkunft und Verpflegung in Hotels bzw. Restaurants mittleren bis gehobenen Standards)
Reisebedingung 3: Aufenthalt ausschließlich in Großstädten oder Touristikzentren (Unterkunft und Verpflegung in Hotels bzw. Restaurants gehobenen bzw. europäischen Standards)

Wichtiger Hinweis: Welche Impfungen letztendlich vorzunehmen sind, ist abhängig vom aktuellen Infektionsrisiko vor Ort, von der Art und Dauer der geplanten Reise, vom Gesundheitszustand sowie dem eventuell noch vorhandenen Impfschutz des Reisenden.

Da im Einzelfall unterschiedlichste Aspekte zu berücksichtigen sind, empfiehlt es sich immer, rechtzeitig (etwa 4–6 Wochen) vor der Reise eine persönliche Reise-Gesundheits-Beratung bei einem reisemedizinisch erfahrenen Arzt oder Apotheker in Anspruch zu nehmen (Anschriften qualifizierter Beratungsstellen s.u.).

●Malaria
Risiko: ganzjährig im Süden; Juli bis Oktober (Regenzeit) in Adrar und Inchiri hohes Risiko im Süden; mittleres Risiko in Adrar und Inchiri während der Regenzeit Juli bis Oktober; geringes Risiko dort in der Trockenzeit sowie in den übrigen Landesteilen; als malariafrei gelten die Provinzen Dakhlet-Nouâdhibou und Tiris-Zemour im Norden.

Vorbeugung: Ein konsequenter Mückenschutz in den Abend- und Nachtstunden verringert das Malariarisiko erheblich (**Expositionsprophylaxe**).

Ergänzend ist die Einnahme von Anti-Malaria-Medikamenten (**Chemoprophylaxe**) zu empfehlen. Zu Art und Dauer der Chemoprophylaxe fragen Sie Ihren Arzt oder Apotheker, bzw. informieren Sie sich in einer qualifizierten reisemedizinischen Beratungsstelle (s.u.).

Malariamittel sind verschreibungspflichtig.

●Aktuelle Meldungen
Darminfektionen: Risiko für Durchfallerkrankungen landesweit. Nahrungs- und Trinkwasserhygiene beachten

Unter www.travelmed.de finden Sie Adressen von
- ●Apotheken mit qualifizierter Reise-Gesundheits-Beratung
(nach Postleitzahlgebieten)
- ●Impfstellen und Ärzte mit Spezialsprechstunde Reisemedizin
(nach Postleitzahlgebieten)
- ●Abruf eines persönlichen Gesundheitsvorsorge-Briefes für die geplante Reise

Zu den einzelnen Krankheiten vgl. auch im Anhang das Kapitel Gesundheit.

ten der Versicherungsbüros (Dienstschluss meist um 14.30 Uhr, Feiertage beachten!) eine längere Wartezeit erfordern; sicher werden Sie zuhause auch nie ohne Versicherung fahren, und im Falle eines Falles landen Sie in Mauretanien schneller hinter Gefängnismauern, als Ihnen lieb sein kann. Die Tarife können als günstig bezeichnet werden und betragen bei einer Minimum-Laufzeit von zehn Tagen z.B. für ein Motorrad ca. 10 Euro, für einen Geländewagen ca. 30 Euro. Bitte bedenken Sie: Es kommt im ungünstigsten Fall nicht darauf an, dass Sie durch eine solche Versicherung tatsächlich eine Deckung haben, sondern nur darauf, dass Sie eine solche vorweisen können, mithin sich rechtens verhalten haben. Ist dies nicht der Fall, liegt die Schuld bei Ihnen!

Internationale Zulassung und **Internationaler Führerschein,** immer wieder empfohlen, sind nicht zwingend erforderlich. Es gibt jedoch gute Gründe, sich dennoch damit zu „wappnen", auch sollten Sie überlegen, gute und evtl. beglaubigte Kopien der Fahrzeugpapiere mitzunehmen: Die Westsahara-Route hat sich (in Ermangelung anderer Transsahara-Routen) in den letzten Jahren mehr und mehr zu einer von Autoverkäufern bevorzugten Strecke entwickelt. Dies hat zur Folge, dass der Zoll in Nouâdhibou und auch in Nouâkchott mitunter willkürlich die Fahrzeugpapiere beschlagnahmt und oft erst nach zähen Verhandlungen wieder herausrückt. Gute Kopien oder Zweitausfertigungen können in solchen Fällen hilfreich sein.

Essen und Trinken

Die mauretanische Küche

In den Städten der Küste sind die Restaurants stark von französischen Einflüssen geprägt (es sei denn, der Inhaber ist z.B. Libanese oder Vietnamese); der wichtigste essbare Exportartikel des Landes – **Fisch,** Fisch, Fisch – fehlt neben anderen **Meeresfrüchten** in den Restaurants auf kaum einer Speisekarte. Im Inland allerdings sind Restaurants rar und dann vor allem vom nomadischen Milieu bestimmt – das Angebot ähnelt dem, was auch auf privaten Tischen (die keine sind: man isst von Platten und Schalen, die auf dem Boden stehen) zu finden ist: **Fleisch** (Hammel, Kamel, Rind) in Verbindung mit Reis oder Hirse, zunehmend auch Nudeln, dazu Soße und – eine absolute Notwendigkeit und nie fehlendes Ritual – **süßer, grüner Minztee.** Gegessen wird mit der (rechten!) Hand; das Händewaschen schließt das Ritual des Essens insgesamt ab. Vegetarische Küche finden Sie nirgendwo, ebenso wenig sollten Sie außerhalb einiger weniger (sehr weniger!) Restaurants in den größten Hotels der größten Städte mit **alkoholischen Getränken** rechnen – und die sind dann ganz dem Verständnis entsprechend, das man im muslimischen Mauretanien solchen Getränken entgegenbringt, sündhaft teuer: Die kleine Flasche Bier, aus dem Senegal importiert, kostet über 5 Euro! Je nachdem, wo Sie zu Gast sind, können Sie aber mit ganz anderen Köstlichkeiten rechnen: Kamelmilch, Datteln, überall süßes Fettgebäck. Wohl dem, der so etwas mag! Er wird sich rasch heimisch fühlen.

Von alkoholischen Getränken abgesehen kann das **Preisniveau** eher als niedrig angesehen werden. Es ist aber dringend anzuraten, vor jedem Kauf oder auch in Restaurants oder Cafés sich zuvor eindeutig den Preis nennen zu lassen. Es könnte Ihnen sonst passieren, dass Sie für ein Tasse Nescafé in einer einfachen Palmblatthütte mehr bezahlen als für einen gepflegten Martini auf dem Markus-Platz in Venedig!

Noch ein Tipp: Stellen Sie sich beizeiten darauf ein, Fisch selbst zuzubereiten. Holz ist nirgendwo zu finden, Holzkohle dagegen auf allen Märkten erhältlich. Fisch kaufen Sie im Bereich der Küste täglich fangfrisch zu Erzeugerpreisen!

Trinkwasser

Wasser ist überall in Mauretanien ein äußerst **kostbares Gut.** Rechnen Sie also nicht damit, an der Tankstelle Ihren Kanister füllen, geschweige denn, Ihre Windschutzscheibe reinigen zu können. Nach einem Wasserhahn werden Sie fast überall suchen müssen. Leitungswasser sollten Sie grundsätzlich mit Misstrauen begegnen und daran denken, dass zum Beispiel in Nouâdhibou – wie oben erwähnt – das Wasser mit Tankwagen per Eisenbahn aus etwa 100 km Entfernung herangefahren und dann ins Leitungsnetz gepumpt werden muss. 70 km entfernt von der Stadt sind die Brunnen von Nouâkchott. Filter oder Entkeimungsmittel sind allerdings nur für sehr entlegene Gebiete notwendig. In den Städten und auch in kleinen Ortschaften ist überall mauretanisches **Mineralwasser in Kunststoffflaschen** erhältlich; es stammt aus dem Ort Benichchab im Norden von Nouâkchott. In den Ortschaften auf dem flachen Land ist Mineralwasser selten zu kaufen; hier gibt es oft z.B. Cola oder vergleichbare Limonade. Wasser aus Brunnen ist oft stark versalzen; ohne Entkeimung sollten Sie es auch als Waschwasser nicht verwenden.

Feiertage und Feste

An wichtigen Feiertagen ändern sich wie bei uns die Öffnungszeiten von Geschäften und Büros. Auch werden teilweise völlig andere Preise gefordert.

Behörden und Banken haben dem muslimischen Kalender folgend am Donnerstagnachmittag und am Freitag geschlossen.

Feste Feiertage

- Neujahr: **1. Januar**
- Tag der Arbeit: **1. Mai**
- Gründung der OUA (Organisation Afrikanischer Einheit): **25. Mai**
- Tag der Unabhängigkeit: **28. November** (Nationalfeiertag)

Bewegliche Feiertage

Die muslimischen Feiertage folgen dem Mondkalender und finden daher von Jahr zu Jahr zehn bis elf Tage früher statt. Die genauen Daten liegen oftmals erst unmittelbar vor dem Fest vor.

Ungefähre Termine der verschiedenen Feiertage:

- **Aid el-Fitr (= Aid es Seghir)**
Das Fest am Ende des Fastenmonats Ramadan findet 2003 am 25.11. und 2004 am 14.11. statt.
- **Aid el-Adha (= Aid el Kebir)**
Das Opferfest (im Volksmund auch Hammelfest) erinnert an die nicht vollzogene Opferung *Ismails (Isaaks)* durch seinen Vater *Ibrahim (Abraham)*. Das Fest dauert vier Tage bis eine Woche. Überall in der islamischen Welt werden zu diesem Anlass Hammel geschlachtet. Das Hammelfest begann 2003 am 12.02., 2004 wird es der 01.02. sein.
- **Muharram (= Achoura)**
Am ersten Tag des Monats Muharram; ursprünglich ein Trauertag zur Erinnerung an den Tod von *Hussain,* Enkel des Propheten, heute eine Mischung aus Kinderkarneval und Neujahr – 2003 (islam. Jahr 1424) am 04.03., 2004 (1425) am 21.02.
- **Mouloud (Veladet)**
Geburtstag Mohammeds; im Islam werden Geburtstage eigentlich nicht gefeiert, aber dieser Tag ist zugleich ein Gedenktag an die Emigration der Muslime von Mekka nach Matrib (Hiçret). Zahlreiche Feste finden an diesem Tag bzw. am Vorabend statt – 2003 etwa am 14.05., 2004 am 02.05.

Geld/Währung/Banken

Wie schon erwähnt, können Devisen unbeschränkt eingeführt werden. Die Deklarationspflicht ist zwar seit einigen Jahren abgeschafft, doch üben Grenzbeamte noch immer Druck auf den Reisenden aus, sein Geld zu deklarieren. Dies geschieht mit der klar erkennbaren Absicht, sich Deklarationsfehler zum eigenen Vorteil zu Nutze zu machen. Die Einfuhr und Ausfuhr der **Landeswährung Ouguiya (UM)** ist verboten; problematisch ist auch die Landeswährung CFA der Nachbarländer: Nach einem vorübergehenden Einfuhrverbot für diese Währung ist leider noch immer mit einem restriktiven Verhalten der kontrollierenden Grenzorgane zu rechnen: Führen Sie keine größeren Beträge in dieser Währung mit sich. Der **Euro** wird überall akzeptiert, auch der **US-Dollar** lässt sich auf allen Banken (und in einer großen Zahl von Wechselstuben) problemlos eintauschen. Dies gilt auch für **Reiseschecks.** Banken und Wechselstuben finden sich überall im Land. Umtauschquittungen sollten aufbewahrt werden, damit sie bei der Ausreise ggf. vorgezeigt werden können. Tauschen Sie rechtzeitig und in ausreichender Menge. Nicht akzeptiert werden Euroschecks. Auch mit Kreditkarten kommen Sie kaum weiter!

Beachten Sie, dass die **Wechselkurse** der verschiedenen Banken stark differieren! Als Richtwert galt im April 2003: 1 Euro = 298 UM, 1 SFr = 202 UM. Die staatliche Bank BCM (Banque Centrale de Mauritanie) bietet oft die günstigsten Kurse. Beim Wechseln benötigen Sie immer Ihren Pass. Beachten Sie auch, dass sich die Schließzeiten der Banken wie oben erwähnt nach dem muslimischen Kalender richten.

Das **Preisniveau** ist **niedrig.** Hotels kosten zwischen 15 und 50 Euro (Doppelzimmer), das Monotel in Nouâkchott, qualitativ eine Klasse für sich, ca. 85 Euro. Einfache Unterkünfte verlangen fast immer 1000 UM je Bett. Essen in den Hotelrestaurants ist teurer als bei uns, in den Restaurants an der Straße kostet es 2–5 Euro – wirklich günstig lebt, wer sich selbst verköstigen kann.

Öffnungszeiten

Büros und Dienststellen

Samstag bis Mittwoch durchgehend von 8–14.30 Uhr; Donnerstag: 8–12 Uhr; Freitag: Schließtag.

Einzelhandelsgeschäfte

Schließtag ist auch hier der Freitag. Ansonsten sind die Öffnungszeiten vormittags unregelmäßig, nach einer längeren Mittagspause etwa zwischen 12 und 15 Uhr wird dann nochmals nachmittags bis ungefähr 18 Uhr aufgesperrt. Verschiedene so genannte Supermarchés – bei denen es sich meist um einfache Selbstbedienungsläden handelt – öffnen gar noch einmal abends nach 20 Uhr.

Post und Telefon

Postämter sind selten und außerhalb der Städte praktisch nicht mehr existent. Besorgen Sie sich also rechtzeitig Briefmarken. Poste-restante-Schalter gibt es in allen Postämtern. Eine Anlaufadresse stellt auch die deutsche Botschaft in Nouâkchott dar. Die Brieflaufzeiten sind erstaunlich kurz: Meine Postkarten waren stets innerhalb weniger als zehn Tagen in Deutschland.

Mit Erstaunen werden Sie feststellen, dass das **Telefonnetz** hervorragend funktioniert – dies gilt mindestens für Nouâdhibou und Nouâkchott. Überall finden Sie im Innenstadtbereich privat betriebene „Cabines publiques", von denen aus Deutschland direkt angewählt werden kann. Die Verständigung ist fast immer sehr gut; die Preise sind erstaunlich niedrig. Von solchen privaten Telefon-Büros aus können Sie fast immer auch ein Fax senden.

Reisen in Mauretanien

Flugverbindungen

Die **Air Mauritanie** (www.airmauritanie.mr) bietet neben Flügen nach Paris, auf die Kanarischen Inseln und in verschiedene westafrikanische Städte ein relativ enges Inlandsflugnetz an. Die Preise liegen hier sehr niedrig (zwischen 50 und 100 Euro), weshalb die Flüge häufig überbucht sind. Oft kommt es auch vor, dass ein für Sie gebuchter Platz dann doch nicht zur Verfügung steht ... Neben der Hauptstadt Nouâkchott werden folgende Orte angeflogen: Nouâdhibou, Atâr und Zouérate im Norden, Kaédi und Sélibaby im Süden bzw. Südosten, Kiffa, Tidjikja, Aïoun el Atrous und Nema im Osten.

Bahnverbindungen

Es existiert eine einzige Bahnlinie: die **Erzbahn** (www.snim.fr, auch englisch) von Nouâdhibou nach Choum (und weiter nach Zouérate). Für geringste Beträge können auf dieser – auf dem Erz oder in den leeren Loren sitzend – auch Personen mitreisen (Fahrtdauer ca. 13 Std.). Die Mauretanier machen von dieser preisgünstigen Reisemöglichkeit regen Gebrauch. Von Touristen erfordert es neben „Sitzfleisch" auch unbedingt einen guten Schal gegen die immense Staubentwicklung dieses Zuges! Berichtet wird von einem „Passenger-car", in dem man für 600 UM (Ticketverkauf direkt an den Gleisen) auf Holzbänken mitfahren könne; sogar gepolsterte Liegen wären zu mieten. Die Erzbahn bietet darüber hinaus die Möglichkeit, Fahrzeuge von Nouâdhibou bis nach Choum oder in Gegenrichtung per Plateauwagen transportieren zu lassen. Auch dies ist eine preiswerte, aber auch langwierige Angelegenheit: Ein Motorrad kostet ca. 10, ein PKW 30, ein Geländewagen oder VW-Bus ca. 75 Euro. Fraglich ist immer, wann ein solcher Plateauwagen zur Verfügung steht. Ist er vorhanden, beginnt die Verladung gegen 9 Uhr, dauert bis in den Nachmittag hinein, die Abfahrt ist am frühen Abend. Die Fahrt dauert ca. 13 Stunden. Während der Fahrt bleibt man in seinem Fahrzeug sitzen. Das Organisieren eines Plattform-Wagens, das Auf- bzw. Abladen sowie das Fixieren mittels Armierungsdraht kann durch kleinere oder größere Geschenke erheblich beschleunigt werden. Die Befestigung der Autos scheint sich in letzter Zeit gebessert zu haben, so dass nicht unbedingt mehr aus Europa angemessen stabile Spanngurte mitzunehmen sind. Das Abladen geht problemlos vonstatten, in Choum erfolgt eine Registrierung, ferner wird eine Straßengebühr von 1000 UM erhoben. Bis Atâr sind es ungefähr 115 km auf teilweise recht sandiger Piste. Die Bahnverladung von Nouâdhibou nach Choum ist der auf der Strecke Dakar (Senegal) bzw. Kayes (Mali) nach Bamako (Mali) vergleichbar. Berichte über eine Bahnfahrt finden sich im Internet z.B. unter www.coolkarim.freeuk.com (ein Motorradfahrer) oder www.clemens-carle.de/jambo_bericht07.htm, www.yeti-exner.de, www.members.tripod.com/gabi_Stefan/Elgiklaus/Elgiklaus6.htm und www.home.arcor.de/jan.cramer.de/reisen.htm (Berichte von Fahrradfahrern).

Busverbindungen

Eine öffentliche Buslinie war (ist?) auf der „Route de l'Espoir" unterwegs. Einem „on-dit" zufolge war sie jedoch so oft von Pannen betroffen, dass sie mittlerweile eingestellt wurde.

Taxi brousse (Busch-Taxi)

Wie in ganz Afrika verkehren auch in Mauretanien überall Busch-Taxis, die vom Gare routière eines Ortes zum nächsten fahren. Diese Taxis – in Mauretanien oft **Pritschenwagen** oder **Mercedes-Kleinbusse** vom Typ 207 – verkehren zwar regelmäßig, aber immer nur dann, wenn sie voll sind. Der Begriff „voll" wird in Mauretanien wie überall in Afrika als **„brechend voll"** ausgelegt, deshalb sind Fahrzeugzusammenbrüche keine Seltenheit. Es bleibt jedem selbst überlassen, diese Art Transportmittel in Anspruch zu nehmen und sich dem Risiko eines (schweren) Unfalls auszusetzen. Angesichts des geringen Verkehrsaufkommens sind lange Wartezeiten für diese Todesritte einzuplanen – Sie leben umso länger ...

Einige Fahrpreise

(Stand 2002; in UM, zzgl. Gepäck)
- **Nouâkchott – Rosso:** 1000
- **Atâr – Chinguetti:** 1540
- **Atâr – Choum:** 1320
- **Nouâkchott – Boutilimit:** 900
- **Boutilimit – Kiffa:** 2750
- **Kiffa – Ayoûn:** 1220
- **Ayoûn – Nema:** 1430
- **Nema – Adel Bagrou:** 2200
- **Nouâkchott – Nema:** 6050
- **Nouâkchott – Nouadhibou:** 6050

Mit dem Auto

Unterwegs als Selbstfahrer

Mauretanien ist ein riesiges und im Vergleich zu seiner Fläche kaum besiedeltes und dazu noch armes Land. **Straßen** dürfen Sie kaum erwarten. Im Prinzip existieren derzeit nur die Straßen Nouâkchott – Nema (die so genannte „Route de l'Espoir", Straße der Hoffnung), die Straße nach Rosso, die nach Atâr, ganz neu und überraschend auch die schmale Asphaltverbindung von Letfatar nach Tidjikja sowie die Verbindung von Aleg nach Süden über Bogué bis nach Kaedi. Der Zustand dieser Straßen ist einem raschen Wandel unterworfen: Oft schlecht gebaut und schlecht unterhalten, können Sie tiefste Schlaglöcher ebenso erwarten wie glatte, nagelneue Asphaltbänder. Auf fast allen Strecken ist der **Verkehr** äußerst gering. In den beiden Küsten-Metropolen des Landes, Nouâkchott und Nou-

Straßenverkaufsstand

âdhibou, dagegen geht es werktags chaotisch zu: Hier verkehren Taxis und Sammeltaxis in großer Zahl (aber immer noch nicht genug), und da deren Fahrer mit dem Fahren ihr Geld verdienen, fahren sie eben: Ob Sie Vorfahrt haben oder die Ampel gerade Rot zeigt, interessiert dann nur am Rande – die Fahrzeuge sind in entsprechendem Zustand. Auffallen wird Ihnen dabei auch, dass die Firma Mercedes offensichtlich über gute Kontakte zu Mauretanien verfügt: Die Sammeltaxis sind fast ausschließlich kleine Mercedes-Busse des Typs 207.

Darüber hinaus wickelt sich der Verkehr in Mauretanien auf **Pisten** ab. Diese sind oft unangenehm schlecht, häufig auch schwierig, immer aber kaum oder gar nicht markiert und dann auch sehr schwer zu verfolgen. Ein Geländefahrzeug ist da von großem Vorteil. Dem eigentlichen Sahara-Reisenden wird dann Mauretanien zum „Land der unbegrenzten Möglichkeiten".

Beste und aktuellste **Straßenkarte** ist immer noch die Michelin-Karte 953. Übersichtlich und mit weiteren Informationen versehen daneben die vom IGN herausgegebene Karte „Mauritanie" im Maßstab 1:2.500.000, die über Expeditionsausrüster zu beziehen ist.

Wer allerdings kleine Pisten befahren will, der sollte unbedingt mit Detailkarten unterwegs sein: Wie gesagt, Pistenmarkierungen fehlen praktisch immer, und der Verkehr ist so gering, dass Spuren oft nicht zu erkennen sind. Dazu kommen die für Mauretanien so typischen, lebhaften **Barchan-Dünen**: Sie versperren oft gewohnte Pfade, der Verkehr sucht sich andere Wege – und schon verlaufen aktuelle Pisten ganz anders als die alten, ausgefahrenen Wege. Wer sich abseits der Hauptachsen in Mauretanien bewegen will (und das ist ja durchaus lohnend), dem eröffnet sich mit der Kombination von Detailkarten und Satellitennavigation die richtige Reise-Dimension ... (vgl. dazu im Anhang Orientierung und Navigation). Beim Expeditionsausrüster Därr in München sind Mauretanien-Landkarten auch auf CD erhältlich.

Die **Treibstoffpreise** können in einem Land ohne eigene Mineralölvorkommen nicht sehr niedrig sein. Sie schwanken auch innerhalb des Landes beträchtlich. Als Richtwerte galten Anfang 2003 (pro Liter):

- Super (nur in Nouâkchott): 165 UM
- Normal: 135–150 UM
- Diesel: 100–110 UM

Wer von Norden her einreist, sollte sich die Chance nicht entgehen lassen, in der steuerbegünstigten Zone der Westsahara südlich von Dakhla noch einmal alle verfügbaren Reservekanister zu befüllen!

Die Versorgung in der Fläche ist nicht immer gewährleistet. Denken Sie rechtzeitig daran, Ihre Vorräte wieder zu ergänzen. Super-Benzin ist außerhalb der Hauptstadt Nouâkchott nur selten erhältlich. Die Preise für Treibstoff steigen mit zunehmender Entfernung von der Hauptstadt, und sicher mit dem doppelten der genannten Preise muss rechnen, wer auf dem flachen Lande zur Treibstoffversorgung auf eine private „Aus-dem-Fass"-Tankstelle angewiesen ist. Anzumerken ist auch, dass fehlende Elektrizitätsversorgung – d.h. außerhalb Nouâkchotts fast landesweit – dazu führt, dass Tankstellen mit Handpumpen betrieben werden, was das Bunkern größerer Mengen zu einer äußerst langwierigen Angelegenheit werden lässt.

Mietwagen

Mietwagen werden **in Nouâkchott** angeboten. Soweit es sich um Fahrzeuge mit nur einer angetriebenen Achse handelt, dürfen Sie damit das Umfeld der Stadt nicht verlassen. Allradfahrzeuge können Sie nur mit Fahrer mieten – und das kostet dann viel Geld. Rechnen Sie mit 150 Euro pro Tag.

Reisezeit

Abgesehen von der Küste eignen sich für den nicht akklimatisierten Reisenden die Wintermonate am ehesten für Reisen ins Landesinnere oder auch für Mauretanien insgesamt. Wer allerdings schon Erfahrungen mit saharischen Temperaturen gemacht hat und meint, diese gut ertragen zu können, dem seien unsere **Herbstmonate Oktober** und **November** empfohlen: Die Tagestemperaturen übersteigen kaum noch 35°C, nachts kühlt es nicht so stark ab, dass man schon mit der im Winter doch empfindlichen Kälte rechnen muss; auch haben die Winde noch nicht die Stärke der Wintermonate erreicht, so dass mit relativ klarer Sicht gerechnet werden kann. Wer allerdings während unserer Hauptferienzeit im Juli oder August unterwegs sein will oder muss, der sollte sich dessen bewusst sein, dass nach extrem heißen und trockenen Sahara-Abschnitten in Mauretanien eine Weiterreise über Mauretanien hinaus nach Westafrika oft durch Regenfälle behindert wird und Pisten über Tage hinweg unpassierbar sein können.

Strom

Sofern Strom vorhanden ist – d.h. auf dem „flachen Lande" nirgendwo – ausschließlich **220 Volt.** Überraschend, dass selbst die Provinz„hauptstädte", z.B. Aleg, Kiffa, Ayoûn el Atrous oder Nema, über keine Stromversorgung verfügen, was diesen Orten ein sehr archaisches, aber mangels Leitungen und Strommasten durchaus pittoreskes Gepräge gibt. Landesweit ist derzeit jedoch ein Programm im Gange, welches ein Dutzend der größten Orte mit kleineren dieselbetriebenen Generatorstationen und so mit Strom versorgen wird.

Uhrzeit

Mauretanien hat **GMT-Zeit.** Um 12 Uhr mittags in Nouâkchott ist es während der Winterzeit bei uns 13 Uhr, während der Sommerzeit 14 Uhr.

Unterwegs in Mauretanien

Nouâkchott

Mauretanien ist ein ruhiges Land. Einen krassen Gegensatz dazu bildet die **Hauptstadt** – dynamisch nennen dies die Wohlmeinenden, chaotisch dagegen die, die vor all dem Trubel möglichst rasch wieder in die Stille der Dünenlandschaften fliehen wollen. Wer hier aber während der Siesta unterwegs ist, an einem Freitag, oder auch am frühen Morgen – der findet auch mitten auf der Avenue Gamal Abdel Nasser noch ein ruhiges Plätzchen. Dass die Stadt erst um 1960 gegründet wurde, sieht man ihr in jeder Straße an. Von dem, was zuvor dort war, nämlich ein kleines unscheinbares Bordj (Festung), ist heute (fast) nichts mehr vorhanden.

500.000 Einwohner! Der einst auf dem Reißbrett entstandene Grundriss ging von weniger als 5% der heutigen Einwohnerzahl aus! So fließt heute die Stadt nach Osten zu (im Westen liegt ja das Meer) geradezu in die Dünen hinein: Wer hier zu Fuß unterwegs ist, hat auch nach drei Stunden Marsch zwischen unansehnlichen Hüttensiedlungen die Stadtgrenze immer noch nicht erreicht!

Was sich durch fast alltägliche Staub- und Sandwinde weiterhin bemerkbar macht: Nouâkchott ist eine **Wüstenstadt,** eine der wenigen, die am Meer liegen und dennoch keine Oase darstellen! Die nächste Süßwasserstelle ist – Sie werden es kaum glauben – 70 km von der Hauptstadt entfernt!

Karten S. 221 und 258

Unterwegs in NOUÂKCHOTT

Sehenswürdigkeiten

Wer eine solche Stadt nicht per se als sehenswert begreift, dem werden auch die anderen Sehenswürdigkeiten nicht allzu viel sagen: Da ist ein Justizpalast, der eher der Kommandobrücke eines Schiffes gleicht, da sind (nur von außen zu besichtigende) Moscheen, ein rundes Verwaltungsgebäude mit dem Sitz mehrerer Fluggesellschaften ist anzutreffen, da ist der zweistöckige Lochquader des vor allem nachmittags äußerst lebhaften Marktes – alles Gebäude, denen anzusehen ist, dass sich tüchtige Architekten um den „genialen Wurf" bemüht haben. Nur – ein gewachsenes Stück Leben, das finden Sie hier nur in Gestalt der Menschen selbst, die diese Architektur erst beseelen.

Der Markt

Auf ihm wird alles angeboten, was Mauretanien im materiellen Bereich ausmacht, nicht zuletzt eine Vielzahl von **Kunsthandwerkern,** die ihre Produkte in der zentralen Marktstraße anbieten. Vorsicht jedoch: Man darf hier nicht fotografieren! Womit aber nicht gesagt werden soll, dass Sie nicht von sehr freundlichen und sehr zurückhaltenden Menschen umgeben sind: Ein Spaziergang in Nouâkchott vollzieht sich ohne „Gefolgschaft"!

Das Nationalmuseum

Das Museum ist prinzipiell täglich außer Fr von 9–18 Uhr, am Do nur bis 15 Uhr geöffnet. Bei meinen wiederholten Besuchen war es jedoch stets geschlossen. Es soll auf zwei Ebenen in einer archäologischen und einer ethnologisch-kulturhistorischen Abteilung sehr reichhaltige, interessante und auch gut präsentierte Exponate bieten. Es scheint sich also zu lohnen, sein Glück hier auf die Probe zu stellen. Eintritt 300 UM, Sonderausstellungen häufig und im Eintrittspreis enthalten.

Besonders sehenswert: **Außerhalb der Stadt,** noch südlich des Hotels Sabah und in dessen unmittelbarer Nachbarschaft am Strand, liegt hinter den modernen Gebäuden zur Fischverarbeitung die **Landestelle der Fischer.** Hier wird jeden Abend etwa ab 16 Uhr in drangvoller Enge Boot um Boot mit den Tagesfängen angelandet. Zwischen Bergen von Fisch, den Booten und Fischern im Ölzeug zwängen sich die Aufkäufer.

Auf dem Markt in Nouâkchott

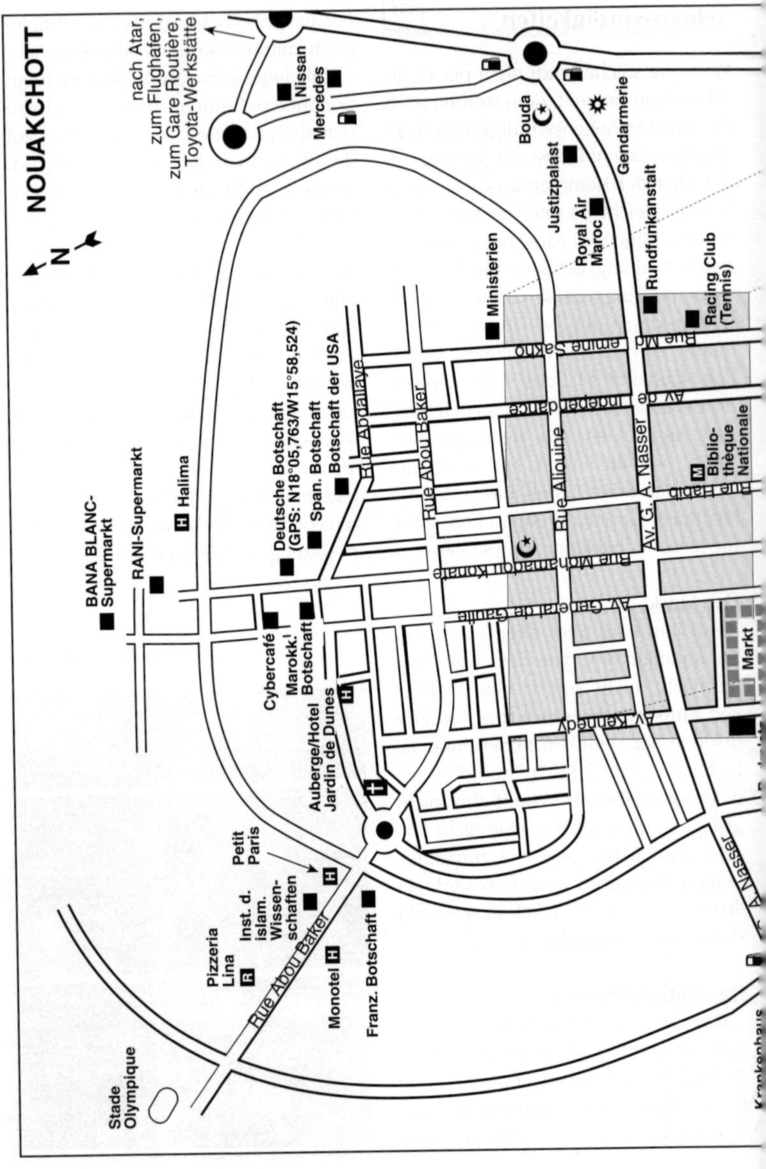

Unterwegs in Mauretanien

NOUAKCHOTT

Hilfskräfte nehmen die Fische direkt am Strand aus: Der Rogen ist gefragt. Mit einer eigenartigen Drehtechnik werden die schweren Boote nach der raschen Durchquerung der hohen Atlantikdünung den Strand hinaufgeschoben und -gezogen. Jeder ist hier so sehr mit seiner Aufgabe beschäftigt, dass Sie in einer für Afrika ganz untypischen Art unbehelligt und in völliger Ruhe das Treiben beobachten können – in Ihren besten Kleidern sollten Sie sich allerdings nicht in dieses Fisch-Gedränge stürzen.

Hotels

Die Lage der Hotels ist aus dem Stadtplan zu ersehen. Alkoholische Getränke gibt es nur im Monotel, im Park-Hotel, im Hotel Oasis, im Hotel Sabah und in der Pizzeria Lina, aber auch hier nicht immer. Rechnen Sie mit 4–5 Euro für ein Bier.

Luxushotels

- **Hotel Monotel** (ex Novotel)
Tel. 00222-5253526, Fax 5251831;
DZ 18.500 UM.
- **Hotel Halima**
Tel. 00222-5257920, Fax 5257922, nahe der Deutschen Botschaft; DZ 15.000 UM.

Mittelklassehotels

- **Park-Hotel**
Tel. 00222-5251444; DZ 8500 UM.
- **Hotel El Amane**
Tel. 00222-5252178; DZ 11.500 UM.
- **Hotel Marhaba, Hotel Oasis, Hotel Chinguetti** und ca. 6 km außerhalb am Strand **Hotel Sabah** (schöne Lage, aber abgewirtschaftet, mit Ostblockatmosphäre).

Einfache Hotels

- **Hotel Adrar**
Tel. 00222-5252955; DZ 2000 UM (wird seinem Preis gerecht).
- Verschiedene im Umfeld des zentralen Marktes und in der Medina.

Camping

- Eine Art Campingplatz befindet sich direkt am Strand in Nachbarschaft zum Hotel Sabah: **Tergit-Vacances,** ein Platz mit mehreren Bungalow-Hütten (Camping 1000 UM/Pers. und Tag, Bungalow 3000 UM/Pers. und Tag); reichlich verdreckt. Erweiterungsarbeiten sind allerdings im Gang. Hier endet die Strandpiste von Nouâdhibou her endgültig. Wer von hier den Strand entlang nach Norden will: So schmal wie an dieser Stelle ist der befahrbare Strand nicht überall.

Das Tergit war früher der bevorzugte Treffpunkt der Autoverkäufer und -schieber. Jetzt werden Aufkäufer vom Platz ferngehalten, was zur Folge hat, dass der Platz zeitweise vollkommen leer ist. Die Küche soll laut Aussagen von in Nouâkchott lebenden Deutschen sehr gut sein.

- Es gibt **im Zentrum** noch mehrere Abstellplätze in ummauerten Innenhöfen, z.B. in der Auberge Les Jardins des Dunes, ebenso im Bivouac Paris Dakar sowie nahe der Av. Gamal Abdel Nasser und General De Gaulle.
- In der Nähe der Residence Atlas steht ein Campingplatz zur Verfügung. Es steht jedoch nur auf die Eingangstüre geschrieben, und keinerlei Hinweisschild zeigt dorthin. Der Platz ist ungefähr 10 x 10 m groß, es passen also nur wenige Fahrzeuge rein.

Restaurants

- Eine große Zahl von Restaurants befindet sich im Umfeld der **Avenue Gamal Abdel Nasser.** Qualitativ und preislich bestehen kaum Unterschiede. Selbst das Angebot scheint abgestimmt zu sein, von Spezialitäten-Restaurants einmal abgesehen.
- Die Restaurants **in den Hotels** bieten nicht unbedingt bessere Qualität, sind jedoch erheblich teurer.
- Sehr gute Chawarma für 300 UM gibt es im **Restaurant Ali Baba** in der Rue Alioune. Das **Phenicia** gleich neben dem Hotel Chinguetti verfügt über eine Speisekarte mit guter Auswahl (ca. 700 UM). Wer noch der marokkanischen Küche nachtrauert, ist im **Restaurant Moumounia** gut aufgehoben. Es liegt in der

Rue Abdalaye zwischen der Deutschen und der Französischen Botschaft.
- Eine größere Zahl einheimischer Restaurants finden Sie auch – wie überall in Afrika – im Umfeld des Großen Marktes, vor allem in der **Av. Kennedy**.
- Sehr empfehlenswert ist die **Pizzeria Lina** nahe des Hotels Monotel, mit guten Gerichten, darunter auch Langusten (3200 UM) und Fisch, sowie diversen Sorten Pizza (1300 UM), Nudelgerichten und auch Bier.
- Ein gutes Restaurant ist das **La Ksar** im nördlichen Bereich von Nouâkchott und westlich des Hotels Halima; gute Fischgerichte, Nudelgerichte und Pizza, jedoch etwas teurer als das Lina.

Nachtleben

Nur im **Hotel Oasis** (Alkohol!) kann in Ansätzen von dergleichem gesprochen werden.

Sonstiges

Reiseveranstalter und andere nützliche Adressen

Die im folgenden genannten Adressen vermitteln oder verfügen über Geländewagen, bieten Touren an oder vermitteln Führer.

- **Adrar Voyages**
B.P. 926, Nouâkchott/Mauritanie,
Tel. 00222-5251717, Fax 5253110,
www.adrarvoyage.mr
- **Atlas Voyages**
B.P. 46, Nouâkchott/Mauritanie,
Tel. 00222-5258670, Fax 5259917,
e-Mail: voyagesatlas@toptechnology.mr
- **El Moussavir Voyages im Park-Hotel**
B.P. 3421, Nouâkchott/Mauritanie,
Tel./Fax 00222-5254992
- **Surmi Voyages**
B.P. 4800, Nouâkchott/Mauritanie,
e-Mail: Surmi@surmi.net, www.surmi.net/de
- **VSTC Voyages**
B.P. 5501, Nouâkchott/Mauritanie,
Tel. 00222-5256953, Fax 5256955
- **Hotel Marhaba**
B.P. 2391, Nouâkchott/Mauritanie,
Tel. 00222-5251838

- **Hotel Halima**
B.P. 5144, Nouâkchott/Mauritanie,
Tel. 00222-5257920, Fax 5257922

Kulturelle Veranstaltungen

Regelmäßige kulturelle Veranstaltungen finden im **Centre Culturel Français** statt.

Kfz-Werkstätten

Viele Marken unterhalten in Nouâkchott eigene Vertrags-Werkstätten, so z.B. Mercedes und Toyota. Eine sehr gelobte freie Werkstatt ist die von Ex-Rallye-Fahrer *Serge Proust*: „La Croix du Sud". Serge ist auch ein wichtiger Anlaufpunkt für Informationen aller Art. Im Hof der Werkstatt besteht eine Campingmöglichkeit. GPS-Position: N 18°5,909 / W 15°58,932.

Die Meeresküste zwischen Nouâkchott und Nouâdhibou – Parc National du Banc d'Arguin

- **530 km; Strand, teilweise schwierige und weichsandige Piste** (Hinweis: Die gesamte Strecke von der marokkanischen Grenze bis nach Nouâkchott wird derzeit zur Straße ausgebaut; Nouâdhibou wird dabei nicht berührt, jedoch wird dorthin auch eine Verbindungsstraße gebaut. Über den aktuellen Stand der Bauarbeiten können Sie sich ggf. im Internet z.B. unter www.sahara-info.ch informieren. Auch eine ganz neue Zollstation soll bereits in Bau sein. Stand: April 2003).

Wollen Sie die Küste **von Süden nach Norden** fahren, haben Sie es **recht einfach:** Kurz nach dem Hotel Sabah zweigt links ein Weg ab zum Campingplatz Tergit-Vacances. Unmittelbar neben dem Gelände führt eine sandige Spur direkt zum Strand. Bei **Ebbe** fahren Sie den sehr weichen Strand hinab zum Wasserrand und dann diesem entlang – vorbei an zahlreichen Fischercamps und dem Dorf El Mhaijrât – immer nach Norden. Umfahren Sie – unter Beachtung von Ebbe und Flut – mit ruhigem Blut die felsigen Stellen bei Km 62 und 106, und weichen Sie notfalls ins sandige Gelände im Landesinneren aus, falls der Ebbesaum nicht ausreicht. Weiter nordwärts begrenzen hohe Sanddünen den Strand, ein Ausweichen ins Landesinnere ist hier nicht mehr möglich, deshalb sollte man unbedingt zu Beginn der Ebbe in Nouâkchott losfahren. Wenn die Dünen wieder niedriger werden, kann man außerhalb des Flutbereiches einen ruhigen Tag verbringen und zahlreiche Wasservögel beobachten, bevor man bei der nächsten einsetzenden Ebbe wieder weiterfährt – vorausgesetzt, man hat genügend Zeit. Nach etwa 165 km und ca. 4 Std. Fahrzeit ist das Dorf **Nouâmghâr** und darauf folgend das **Cap Timirist** erreicht, durch das Sie daran gehindert werden, weiter dem Strand zu folgen. Hier entrichten Sie am Nationalparkbüro den Obolus für das Betreten des Nationalparks (ca. 5 Euro, Quittung für spätere Kontrollen aufheben).

Für die Strecke bis nach Nouâmghâr ist die Routenfindung einfach: Sie fahren immer entlang des Spülsaumes. Die weitere Strecke bis Nouâdhibou bzw. womöglich bis Choum ist wesentlich weniger einfach zu finden. Auch wenn die sich anschließende Strecke in Nordrichtung ohne Führer „machbar" ist, sollten Sie sie doch nur dann in Angriff nehmen, wenn Sie über Sahara-Ausrüstung (Detailkarten, Satellitennavigation, Sandbleche!) und auch Sahara-Erfahrung verfügen (s.a. GPS-Daten im folgenden Exkurs). Bis Nouâdhibou bleibt die Piste danach überwiegend im Hinterland, kommt jedoch an Buchten auch in Sicht- und Reichweite der Küste. Nach einer Fahrstrecke von ca. 480 km ist Nouâdhibou erreicht.

Kommen Sie dagegen **von Norden,** werden in Nouâdhibou viele auf Sie einreden, diese Strecke nur mit Führer in Angriff zu nehmen. Bedienen Sie sich dazu ggf. eines Führers, der durch die Nationalpark-Verwaltung gestellt wird, kostet das ca. 200 Euro. Die von einer Art Führer-Büro gegenüber der Polizei vermittelten **Führer** sind billiger und auch zu Preisverhandlungen eher bereit. Von Norden kommend ist die Wegfindung schwieriger. Auch die so genannte LKW-Piste, die bei Michelin eingezeichnet ist, lässt sich nicht immer einfach verfolgen. Eine Bahnverladung nach Choum ist möglich und nicht teuer, erfordert jedoch u.U. längere Wartezeiten, bis ein Plateau-Waggon zur Verfügung steht.

Die Tatsache, dass die Atlantik-Strecke via Marokko (siehe An- und Weiterreise) mittlerweile die **meistbefahrene Transsahara-Route** darstellt, hat auch dazu geführt, dass die Strecke Nouâdhibou – Nouâkchott die Küste entlang heute deutlich stärker ausgefahren ist als noch vor wenigen Jahren. Auf einen Führer, dessen zweifelhafte Qualitäten und seine oft unverschämten Preisforderungen ist man heute nicht mehr angewiesen. Auch sind Sie auf der gesamten Strecke kaum je alleine: Einheimische pendeln mit ihren Fahrzeugen zwischen Nouâkchott und Nouâdhibou, andere Touristenfahrzeuge sind mit Ihnen zusammen überwiegend in Südrichtung unterwegs. Es gibt aber verschiedene Pistenvarianten, die mal nahe der Küste oder mehr im Inland verlaufen. Schwerere Fahrzeuge sollten die Inlandvariante wählen, die jedoch sehr sandig ist. Im Sand verlieren sich die Spuren der breiten Trasse oft, dann bestehen auch immer wieder Orientierungsprobleme. PKW-Fahrer und Wüstenneulinge sollten sich einem Führer anvertrauen. Die strandnahe Variante führt häufig durch Sebkhas, so dass die Gefahr, im weichen Boden einzusinken, gegeben ist.

Sie verlassen Nouâdhibou in Richtung Norden über die Kontrollposten, die Sie schon vom Herweg kennen. Die Piste wendet sich dann nach Osten und folgt dabei den Bahngleisen. Achtung: Metallstücke von den Schienen gefährden Ihre Reifen (s.u.). Auf deutlich ausgefahrener Piste verlassen Sie dann die Schienen und die Bahntrasse nach Süden; halten Sie sich dann der weiterhin deutlichen Piste folgend immer weiter in südliche Richtung. Eine Sebkha wird überquert (die Spuren verlieren sich hier leicht), die Piste wird immer flotter. In der Ortschaft Nouâmghâr erfolgt eine Kontrolle Ihrer Genehmigung für den Nationalpark (erhältlich bei der Nationalparkverwaltung in Nouâdhibou, s.u.); gleichzeitig wird eine „Taxe Touristique" (sozusagen die „Kurtaxe") erhoben (im April 2003 betrug sie für ein großes Allradwohnmobil auf LKW-Basis und zwei Personen 4800 UM). Wer sich auf dieser Strecke nicht sicher fühlt und über eine entsprechende Ausrüstung, d.h. ein GPS-Gerät, verfügt, kann sich an den mir aus Leserkreisen mitgeteilten GPS-Daten orientieren (siehe Exkurs auf den Seiten zuvor).

Ab Nouâmghâr und ggf. bis ins noch knapp 200 km entfernte Nouâkchott erfolgt die flotte Fahrt dann ohne Orientierungsprobleme dem geradlinigen Küstenverlauf folgend auf dem Ebbstrand bzw. dem Spülsaum (siehe Exkurs auf den nächsten Seiten). Es lohnt sich, nicht nur die Zeit zwischen einem Gezeitenhöchststand bis zum folgenden hierfür in Anspruch zu nehmen: Wenn Sie Interesse an der **Tier- und Pflanzenwelt** haben, sollten Sie sich hier viel Zeit nehmen. Wale und Delphine (oft in ganzen Gruppen) sind im Meer zu beobachten, am Spülsaum finden sich oft Krebse und Krabben in großer Zahl, Nagetiere aller Art bewegen sich etwas weiter vom Wasser entfernt, Füchse und Schakale kommen an diesen reich gedeckten Tisch aus ihren sandigen Revieren im Hinterland (besonders gut in den frühen Morgenstunden zu beobachten). Besonders reichhaltig aber ist die Vogelwelt mit einer Vielzahl von Arten vertreten: Der **Nationalpark Banc d'Arguin** beherbergt die weltweit größte Zahl an Zugvögeln der Gruppe Watvögel und gleichzeitig eine der artenreichsten ganz Afrikas unter den Fisch fressenden Nistern. Beobachten Sie die Fischer am Strand und die unglaubliche Vielzahl an verschiedenen Fischen, die von ihnen gefangen

„Fahr ich ... oder fahr ich lieber nicht?"

**Wissenswertes in Zusammenhang mit
Ebbe und Flut an der mauretanischen Küstenstrecke**

Einen ganzen Tag stehen die drei Geländefahrzeuge schon am Strand bei Nouâmghâr: Ihre Besatzung diskutiert über den Gezeitenstand und kommt nur zu der Erkenntnis, dass zwischen Ebbe und Flut kaum ein Unterschied feststellbar ist. Immer wieder schlagen Wellen bis hoch an den weichen Spülsaum. In einer solchen Situation den Strand entlang fahren, die Fahrzeuge gefährden? Undenkbar!

Sollten Sie mit Ihrem Fahrzeug dort irgendwo ohne Führer am Strand stehen und den in der Michelin-Karte vermerkten knapp 200 km langen **„Itinéraire à marée basse"** (Weg bei Ebbe) auf dem Strand zwischen Nouâmghâr und Nouâkchott in Angriff nehmen wollen, ist folgendes gut zu wissen: Unabhängig von Ebbe und Flut sind Strandform und Gezeitenverlauf an dieser Küste so, dass Ihnen nirgendwo eine kilometerbreite feste Rennstrecke eröffnet wird. Der fahrbare Strand als Abstand zwischen Wasser und nicht befahrbarem (weil zu weichem) Spülsaum ist im günstigen Fall vielleicht 5–10 m breit. An ungünstigen Tagen müssen Ihnen dagegen gerade 2 m genügen. Wann aber sind günstige, wann ungünstige Tage? Abgesehen von Wind, Wetter, Strömungen, Küstenform und anderen Gezeiteneinflüssen ist der Mond wichtigstes Element, welches Ebbe und Flut und deren zeitlichen und höhenmäßigen Eintritt bestimmt. Aber auch die Sonne nimmt einen wichtigen Einfluss auf die Gezeiten. Auch wenn die Gezeiten-Kraft des Mondes etwa 2,2 mal so stark ist wie die der Sonne, bestimmt doch der Stand der beiden Gestirne zueinander, d.h. ob ihre Kräfte gemeinsam oder entgegengesetzt wirken, entscheidend über Höhe und Stärke der Differenzstrecke zwischen Ebbe und Flut. Zur Zeit von Voll- und Neumond sind diese Kräfte gleichgerichtet: Es entstehen Springfluten bzw. breiteste Ebbstrände. Zur Zeit des ersten oder auch letzten Mond-Viertels dagegen wirken die Kräfte fast entgegengesetzt: Nippfluten sind die Folge, ein fahrbarer Ebb-Strand wird kaum freigelegt.

Sollten Sie in einer ungünstigen Mondphase unterwegs sein, reduzieren Sie nochmals den Luftdruck um einige Zehntel. Das erleichtert Ausweichen und Fahren im weichen Spülsaum. Tröstlich dann auch der Gedanke, dass Ihnen der Küstenverlauf fast überall die Flucht ins Hinterland ermöglicht – gegen ein dort fast unvermeidliches Einsanden sollten Sie allerdings schon ausgerüstet sein. Nur auf einigen wenigen Abschnitten reichen hohe Dünen bis ans Meer und verhindern jedes Ausweichen. Diese Abschnitte sind von weitem erkennbar und ziehen sich nie weiter als 3 km hin. Sollten Sie hier unsicher werden, warten Sie im Zweifelsfalle rechtzeitig vor den hohen Stranddünen, ob einheimische Fahrer sich auf die Strecke wagen, und schließen Sie sich diesen ggf. an.

Hinweis: Der jeweils aktuelle **Gezeitenstand** für die Ebb-Strecke lässt sich unter der Adresse www.mobilegeographics.com:81/locations/4276.html abfragen oder auch sehr präzise über die Seite der französischen Marine (**www.shom.fr**). Das Wort „marée" steht für Gezeiten, dann ist die Weltzone und in dieser z.B. der Ort Nouâdhibou anzuwählen.

GPS-Daten

Km	Nord	West
0	21.16,33	16.54,45 (Sebkha am Ende der Baie du Lévrier)
2	21.15,33	16.54,13
13	21.11,37	16.50,46
23	21.07,81	16.46,32
26	21.06,45	16.45,32
33	21.06,04	16.42,68
43	21.02,86	16.38,13
53	20.58,95	16.33,91
63	20.57,53	16.28,93
75	20.53,48	16.23,74
83	20.50,03	16.21,74
94	20.44,39	16.20,08
110	20.37,58	16.14,70 (Bir el Gareb)
123	20.30,98	16.12,58
134	20.25,37	16.10,63
143	20.20,54	16.09,18
153	20.16,05	16.06,40
163	20.10,94	16.05,17
173	20.05,58	16.04,96
292	19.34,38	16.15,96 (Schrott-LKW)
297	19.32,08	19.16,88
307	19.27,94	16.19,01
317	19.24,60	16.23,08
327	19.22,21	16.28,15
332	19.21,26	16.30,80 (Kontrollposten Nouâmghâr)
		ab hier Fahrt auf dem Ebb-Strand

Hinweis: Wer gewohnt ist, an seinem GPS-Gerät mit **Minuten** und **Sekunden** statt mit den hier angegebenen **Hundertsteln** zu arbeiten, stellt über die Menü-Steuerung zunächst auf Minuten/Hundertstel ein, gibt die Daten so ein und stellt dann wieder auf Minuten/Sekunden um: Das Gerät konvertiert die Daten selbstständig.

Anzumerken für Wüstenanfänger weiterhin: Die mit GPS-Daten gesicherte Route führt durch saharisches Gelände; auch andere Wegführungen sind möglich.

werden. Interessant auch die Vegetation, die von Tangwiesen unter Wasser, Mangroven in den Flachwasserbuchten und Halophyten im Küstenbereich bis zu den typischen Sahara-Dornsträuchern und anderen Wüstenpflanzen in den Dünen des Hinterlandes eine weite Spannbreite umfasst. Das Zusammentreffen von Wüste und Meer, eine zergliederte Küstenstruktur und aufsteigende Tiefenwasser – dies alles hat eine ungemein vielgestaltige Nahrungskette und damit eine weltweit einzigartige Flora und Fauna zur Folge, Grund eben für die Einrichtung des Nationalparks Banc d'Arguin. Wer sich für einen näheren Besuch des Naturreservats interessiert, wendet sich an die entsprechenden Stellen in Iouik. Auch die Reiseveranstalter in Nouâkchott bieten Ausflüge in den Nationalpark an.

Weiter nach Süden zu führt die Piste wie gesagt den oft recht schmalen Spülsaum entlang. An wenigen Stellen und auch nie über längere Strecken engen hohe Dünen den Strand noch weiter ein: Atlantikwellen schlagen bei Flut gegen Saharadünen. Hier legen Sie dann ggf. zwischen weichen Dünen eine Flut-Pause ein, bis die einsetzende Ebbe den Strand für eine erneute Befahrung freilegt. Unimog-Fahrer unter den Lesern haben mir mitgeteilt, dass der Sand im Spülsaumbereich so fest ist, dass auch solche schweren Fahrzeuge kaum mit Problemen rechnen müssen.

Bei dem Fischerdorf **El Mhaijrât,** ca. 8 km hinter der letzten großen Düne, die bis ans Meer reicht, besteht die Möglichkeit, nach Osten ins Inland auszuweichen und auf einer breiten Piste hinüber zur neuen Trasse der Teerstraße zu fahren (7 km); man gelangt dann auf der neuen Trasse oder auf der alten LKW-Piste (zum Teil starkes Wellblech), die 4–5 km vom Meer entfernt entlangführt, nach 115 km nach Nouâkchott. In ca. zwei Jahren dürfte die neue Straße fertig sein, die dann bei Bou Lanouar und km 57 des Eisenbahngleises hinüber nach Marokko führt.

Ein empfehlenswertes **Buch** zur Banc d'Arguin: Vom Nordseestrand zum Wüstenrand. Schriftenreihe des staatlichen Museums für Naturkunde und Vorgeschichte, Oldenburg; Idensee-Verlag, Oldenburg 1999.

Nouâdhibou

Nouâdhibou ist Endpunkt der **Erzbahn** und **wichtiger Hafen** für den Export dieses Minerals. Daneben ist es ein überaus lebhafter Hafen (nicht zu besichtigen) für die mauretanische Fischereiflotte. Ganz ähnlich der Hauptstadt Nouâkchott quirlt auch diese zweitgrößte Stadt des Landes zu bestimmten Zeiten geradezu über vor Leben. Für Einreisende von Norden kommend sind hier zudem alle erforderlichen Dinge erhältlich; alle Formalitäten können bei den Grenzposten außerhalb der Ortschaft erledigt werden. Aus Marokko kommend, werden Sie hier auch von geschäftstüchtigen Mauretaniern angesprochen, die an Ihrem Fahrzeug oder auch an dessen Ausrüstung interessiert sind.

Neben der für eine Stadt typischen Infrastruktur (siehe Stadtplan) hat der

Ort nicht viel zu bieten. Immerhin lohnt die Besichtigung des **Cap Blanc.** In dem **Schutzgebiet,** das dem Arguin-Nationalpark angegliedert ist, lebt noch die vom Aussterben bedrohte Mönchsrobbe (Eintrittsgebühr: 500 UM pro Person). Hier stehen ein Leuchtturm und eine ehemalige Kapelle mit einem großen Kreuz, das erstaunlicherweise nicht entfernt wurde. Ca. 2 km nördlich liegt eine schöne Sandbucht, die man aber nicht direkt vom Leuchtturm ansteuern sollte, weil sich dazwischen eine Art Sebkha auftut. Besser auf der Piste zum Teil zurück, bis die Piste zur Bucht abzweigt. Dort liegt ein Wrack, ein schöner Strand lädt zum Baden ein. Die Piste zum Cap zweigt von der Straße nach Cansado rechts ab und führt als Teerstraße noch über die Gleise, dann als Piste rechts von den Öltanks und dem Eisenerzhafen entlang bis zum Leuchtturm.

Besonders sehenswert: Zweimal am Tag erreicht die **Erzbahn** Nouâdhibou. Fahren Sie – am Hafen und am Bahnhof (kaum als solcher zu erkennen) vorbei – 1-2 km nach Süden hinaus aus der Stadt, wenn ein Zug eingetroffen ist. Der schwerste Zug der Welt! Betrachten Sie die Schienen: Sie werden sich dann nicht mehr wundern, warum sich Reifenpannen beim Befahren von Strecken entlang der Geleise geradezu häufen: Überall liegen – Granatsplittern gleich – die von den Rädern umgeschmiedeten Fetzen der Gleislaufflächen neben den Schienen ...

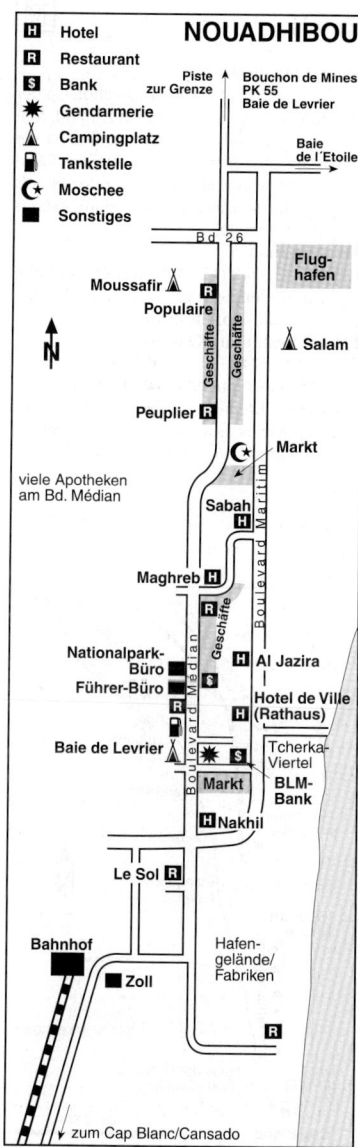

Hotels

- **Hotel Maghreb**
Tel. 00222-5745544. Mittelklassehotel in der Windung des Bd. Médian hinab zum Bd. Maritim gelegen. Achtung: Der Hotelhof ist vor Diebstahl aus dem dort abgestellten Fahrzeug nicht sicher! Die Inhaberin des Hotels verlangt für die Fahrzeugbewachung extra 3 Euro pro Fahrzeug!
- **Hotel Sabah**
Tel. 00222-5745317. Mittelklassehotel nahe der Einmündung des Bd. Médian in den Bd. Maritim, etwas abseits gelegen.
- **Hotel-Restaurant Oasian**
Tel. 00222-5749029, etwa 5 km südlich außerhalb von Nouâdhibou, am Strand von Cansado. Ordentlich, sauber, Restaurant bekannt für Meeresfrüchte. Am Cansado-Strand soll sich ein weiteres Hotel befinden.
- **Hotel Baie de l'Etoile**
Tel. 00222-5745571, etwa 15 km nördlich außerhalb von Nouâdhibou: Hotel und Centre de Pèche sportive d'Air Afrique. Am Flughafen vorbei über ordentliche Piste erreichbar. Auch Übernachtungsmöglichkeit im eigenen Fahrzeug im Innenhof. Sehr empfehlenswertes, aber nicht billiges Restaurant. Vorher anrufen: Hotelleitung schickt dann Fahrzeug, das die Gäste an den Kontrollstellen vorbeilotst.
- **Einfache Hotels** befinden sich in den Wohnvierteln hinter der Tankstelle am Boulevard Médian, z.B. **Youth Hotel** = Auberge Sahara.

Camping

- Ein Campingplatz liegt schäg gegenüber der Polizei.
- Ein weiterer befindet sich im Norden der Stadt: **Camping-Auberge Asimex,** Abdallahi O. Souelem, N 20°56,382 / W 17°01,376.

Restaurants

Restaurants finden sich im Verlauf des zentralen Boulevards Médian. Preiswert und sauber ist das **Restaurant Al Ahram,** an einer nach Westen zum Markt führenden Querstraße zum Bd. Médian. Sehr gute „orientalische/asiatische" Gerichte werden im **El Sol** serviert, ebenfalls am Bd. Médian (um die 1000 UM).

Von Nouâdhibou nach Choum auf Piste und weiter bis nach Atâr

Einleitung

Wer von Norden her nach Mauretanien eingereist ist, hat bis dahin unter normalen Umständen keinerlei Sahara-Erfahrung gesammelt. Jetzt soll er sich plötzlich in freiem Wüstengelände bewegen – da kann es nicht überraschen, dass viele die einfachste aller Lösungen suchen. Das wäre auf alle Fälle die Verladung des Fahrzeugs auf die Bahn, doch ist dies auch keine ganz problemfreie Möglichkeit. Einer der Haupthinderungsgründe besteht darin, dass die erforderlichen Plateauwagen nicht immer so zur Verfügung stehen, wie dies der Reisende gerne hätte. Wie ein Blick auf die (Michelin-)Karte zeigt, stehen eigentlich nur **zwei Landwege** auf eigener Achse offen: die Fahrt der Küste entlang über den Parc National du Banc d'Arguin und Nouâmghâr oder – und diese Möglichkeit zeigt die Karte eher verschämt – entlang den Geleisen der Erzbahn bis nach Choum, dem Ort, der auch Ziel der üblichen Bahnverladung ist. Verschämt deshalb, weil diese Strecke nur mit einer einzigen dünnen Linie markiert ist, was bei Michelin für „nichtmarkierte Piste" steht. Dies ist kein Problem, stellt doch die Bahnlinie immer und überall eine eindeutige Auffanglinie dar. Die Strecke ist jedoch auf langen Abschnitten sehr weichsandig, und ich kann mir nicht vorstellen, wie Fahrzeuge ohne Allradantrieb diese Sandfelder ohne enorme Schieb- und Schaufelmanöver bewältigen könnten – über eine Distanz von immerhin 450 km!

Auch dies ist vielleicht noch wichtig: Die Michelin-Karte vermerkt die Piste fast durchgängig nördlich (!) der Bahnlinie. Tatsächlich verläuft sie jedoch fast überall südlich (!) von ihr. Bereits seit Jahren wird auch vor **Minen** gewarnt, die angeblich nördlich (!) der Bahn liegen sollen. Halten Sie sich also immer südlich der Bahnlinie, und wenn aus irgendwelchen Gründen Veranlassung bestehen sollte, diese nach Norden zu überqueren, achten Sie peinlich genau darauf, immer in befahrenen Spuren zu bleiben!

Streckenbeschreibung

Die Streckenbeschreibung beginnt nördlich von Nouâdhibou an der Stelle, an der die von Marokko kommende Piste die Bahn überquert (N 21°4,14 / W 17°1,15; aktuellen Gerüchten zufolge, wird an dieser Stelle derzeit ein neues Zollgebäude gebaut; Stand Anfang 2003). Wir folgen den Gleisen auf tiefsandigem Untergrund; eine Wasserpipeline verläuft seit neuestem ebenfalls parallel zu den Bahngleisen. Immer wieder biegen Spuren nach Osten ab, die in Richtung Nouâkchott führen. Wir halten uns weiter an die Bahnlinie. Eine sehr hübsche Kreidelandschaft passieren wir nach 20 km (N 21°14,05 / W 16°56,77). Eine Bucht mit Wasser umfahren wir auf ihrer Nordseite, folgen dann auf sehr flottem Untergrund einer

VON NOUÂDHIBOU BIS NACH ATÂR

weiten Sebha, aus der wir dann aber wieder über niedrige sandige Hügel nach Norden heraus müssen (Km 27, N 21°16,23 / W 16°54,16). Bald erreichen wir dann wieder die Bahnlinie und damit endgültig unsere Piste nach Choum. Nördlich der Bahn steht ein Funkmasten, eine deutlich geschobene Piste führt hinüber, wir bleiben aber auf der Südseite und folgen wieder unmittelbar den Geleisen auf dieser Seite. Ein Zelt steht hier, wir sind beim Bahnkilometer 58, wo sich an einem Schlauch Wasser fassen lässt (nahe N 21°17,13 / W 16°53,46). Unsere Hauptrichtung ist jetzt bis Choum nur noch Ost.

Bou Lanouar, erkenntlich vor allem an riesigen Wassertanks, erreichen wir nach ca. 66 km (N 21°17,67 / W 16°31,89). Dass für den Ort auf den Karten eine deutlich höhere Km-Zahl angegeben ist, hängt vermutlich damit zusammen, dass diese Streckenbeschreibung ja nicht in Nouâdhibou beginnt und vor allem weil hier der Bahn- (aber nicht der Pisten-)Kilometer 96 angegeben ist.

Weite ebene Sandflächen schließen sich an. Ein kleiner unscheinbarer Weiler wird durchquert. Ab und zu sind irgendwelche Anlagen an den Bahngleisen zu erkennen oder eine Ausweichstelle („Evitement"), z.B. die beim Bahn-Km 180 (N 21°16,73 / W 15°43,66), wo noch recht hübsche Barchan-Dünen zu sehen sind. Immer weiter fahren wir so nach Osten, die Piste ist mal fester, mal weicher. Einige Dünenfelder hemmen das Vorwärtskommen ebenso wie kurze, eher steinige Abschnitte. Nach 225 km durchfahren wir ein Gebiet, in dem sehr viele Dornschwanz-Agamen leben. Schemenhaft tauchen dann erstmals scheinbar riesig hohe isoliert stehende Berge vor allem nördlich der Bahnlinie auf. Einer der Felskegel nennt sich **Adekmar** und erinnert so nicht nur mit seinem Namen an vergleichbare in Algerien, z.B. das Tidikmar nahe dem Teffedest. Ein Dorf liegt nahebei. Auffallende Schilder warnen vor den Zügen. Erneut taucht ein diesmal sehr weiches Dünengebiet zwischen Bergen vor uns auf; ein aufgeschütteter Damm soll sein Durchqueren erleichtern, doch ist auch der Damm von einer Düne überzogen (N 21°11,71 / W 13°34,7). Jetzt gewinnt das Gelände wieder Strukturen: Wir nähern uns dem Adrar-Bergland. In weiten von Akazien bestandenen Tälern stehen viele Nomaden-Zelte. Schließlich erreichen wir **Choum** (Km 430, N 21°17,59 / W 13°3,95, gemessen an der Ausfahrt in Richtung Atâr). Der Ort ist überraschend klein, von einer nennenswerten Infrastruktur kann keine Rede sein. Treibstoff ist nur aus Fässern erhältlich.

Die Piste weiter in Richtung Atâr ist eine breite, staubige Wellblechpiste. Ein Schild weist nach Osten zum **Oued Toujounine,** einer malerischen Talschlucht mit verschiedenen Quellen. Hier zweigt auch die Piste in Richtung Zouérate ab. Nach Querung eines breiten Wadis (N 20°46,74 / W 13°11,04)

Wüsten-Tankstelle

mit einem unmittelbar an der Piste liegenden Brunnen wendet sich auch unsere Piste der Bergflanke zu, an deren Fuß wir bisher immer nach Süden gefahren waren. Steil, steinig und auf heftigem Wellblech geht es hinauf und droben über einen Höhenrücken hinweg. Dann liegt das weite sandige **Tayaret-Tal** vor uns. Steil und steinig geht es zu ihm hinab und vorbei an einem Kontrollposten hinein. Die Spur ist tiefsandig, einige kleine Dünen sind eingeweht und müssen um- oder überfahren werden – kein ganz leichtes Unterfangen, wenn Sie ohne Allrad-Fahrzeug unterwegs sind. Lassen Sie dann noch einmal rechtzeitig (z.B. am Kontrollposten) Luft ab, und suchen Sie sich Spuren abseits der tief ausgefahrenen Hauptpiste. Nur etwa 4,5 km ist das Tal breit, dann geht es über einen weiteren Höhenrücken hinweg und drüben in ein diesmal engeres und von vielen Palmen bestandenes Wadi hinein, den Oberlauf des **Oued Seguelil,** an dem unser Ziel Atâr liegt. Die Piste wendet sich jetzt nach Süden und ist deutlich ausgefahren, je näher wir der Stadt kommen. Verschiedene kleine Weiler werden passiert, und schließlich erreichen wir nach ca. 110 km seit Choum die große Piste Atâr – Chinguetti – Ouadane am östlichen Ortsrand von **Atâr** (N 20°31,39 / W 13°1,83). Nach rechts geht es in den Ort Atâr hinein (Ortsbeschreibung s.u.).

Städte im Adrar-Bergland: Atâr, Chinguetti und Ouadane

Die Asphalt-Straße von Nouâkchott in Richtung Norden ist mittlerweile durchgehend bis nach Atâr bestens asphaltiert.

Bis **Akjoujt (Km 255,** sprich Akschuscht) führt die Strecke durch relativ uninteressante und weitgehend flache Landschaft. Immer wieder versperren Barchan-Dünen die Straße/Piste. Der Ort (Tankstelle, einige Lebensmittel und Brot) selbst hat wenig zu bieten; in der Umgebung des kleinen Bergbaustädtchens wird seit Jahrhunderten Kupfer abgebaut – ohne dieses Erz existierte es vermutlich gar nicht. Das Wasser der Ortschaft kommt in einer Pipeline aus dem Süden aus Bennichchab. Dann tauchen hohe Berge vor uns auf: Wir nähern uns dem Adrar-Bergland. Bei den ersten Bergen queren wir einen breiten Trockenfluss und erreichen am anderen Ufer den Weiler **Ehel et Taya** (auch Ain Ehel Taya), Heimat des maurischen Staatspräsidenten *Ould Taya* und deshalb vielleicht auch der einzige Ort Mauretaniens, der mit einer eigenen Web-Site im Internet präsentiert wird: www.mauritania.mr/ain/.

Die Straße führt jetzt in dramatische Felslandschaften hinein. Tiefe Schluchten haben sich in die Plateau-Landschaften eingeschnitten. Unter unserer Straße verläuft immer wieder das **Oued Seguelil,** an dem auch unser Zielort Atâr liegt. Bei einem Kontrollposten zweigt nach rechts eine kleine Piste zur bekannten **Oase Terjit** ab, die wie ein kleines grünes Paradies an einem offenen Bachlauf und bei Quellbecken tief in einer von üppig-grünen Palmhainen bewachsenen Schlucht liegt.

Atâr

Bei Km 440 ist Atâr erreicht, Hauptstadt des Adrar-Berglandes und gleichnamigen Departements, dazu **heimliche Hauptstadt der Mauren.** Atâr ist eine Oase und lebt traditionell von und mit dem Anbau der Dattelpalme (etwa die Hälfte der mauretanischen Dattelpalmen wachsen allein in dieser Oase!). Im Juli erlebt der Ort mit dem Fest „Gettna" einen Höhepunkt: Viele Mauren kommen anlässlich der Dattelernte hierher, Feste werden gefeiert, Hochzeiten abgehalten. Wer jedoch in die Geheimnisse dieser vom Gegensatz zwischen kahlen Bergabbrüchen und grünen Oueds gekennzeichneten Region weiter eindringen will, der sollte die kleinen **Oasen Terjit** (s.o.) oder **Oujeft** besuchen: In engen, mit dichten Palmgärten bewachsenen, schluchtartigen Tälern rieselt hier das kostbare Wasser, kühl die Luft. Nur gedämpft dringt das Licht durchs grüne Gewölbe der Palmbäume – wer denkt hier nicht an paradiesische Gärten? (Ausschilderung 30 km südlich von Atâr, Thermal-Quellen, Tagesaufenthalt und Besichtigung 1000 UM, Übernachtung mit Schaumstoffmatratze 1500 UM.)

Unterkunft/Versorgung

Trotz der administrativen Bedeutung Atârs ist die Infrastruktur des Städtchens bescheiden: Es gibt ein Mittelklassehotel mit Restaurant (**Hotel El Mourabitine**, 4000 UM/DZ, Stellmöglichkeit im Hof), entlang der Hauptstraße finden sich vier bis fünf kleine Hotels/Restaurants in Familienhand, die überwiegend Pauschaltouristen beherbergen und fast immer einen verödeten Eindruck erwecken, wenn nicht gerade eine Reisegruppe anwesend ist.

• Im **Restaurant Terjit** an der Hauptstraße Richtung Chinguette/Ouadan gibt es für wenig Geld einfache, schmackhafte Gerichte.

Camping

• **Camping Bab Sahara**
Etwa 2 km außerhalb Richtung Azougi (d.h. im Nordwesten), holländische Leitung; B.P. 59, Atâr, Tel. 00222-5464573, Fax 00222-5464605, e-Mail: justusbuma@yahoo.com, GPS-Pos. N 20°31,16 / W 13°3,72; auch Reiseagentur und Fahrzeugvermietung, Trekking- und Kamelexkursionen.

Sonstiges

• **Akim Béchir,** Besitzer des Restaurants AZOUGOVI, B.P. 11, organisiert viertägiges, preisgünstiges Kamel-Trekking bis nach Chinguetti.

• Die **Versorgungsmöglichkeiten** sind nicht schlecht, sieht man einmal von dem überaus bescheidenen Gemüseangebot ab. Am zentralen Kreisverkehr gibt es inzwischen Wechselstuben und das Büro einer Versicherung. Ein Postamt (Telefonieren möglich) liegt an der Straße in Richtung Nouâkchott, der Flugplatz etwas außerhalb ebenfalls in Richtung der Landeshauptstadt. Mehrere Tankstellen liegen an der Durchgangsstraße.

In Atâr verzweigt sich die Piste: Nach Norden bzw. Nordwesten führt eine stärker befahrene Strecke weiter nach Choum, einem wichtigen Bahnhof an der Erzbahnstrecke und Endpunkt der Fahrzeugverladung von Nouâdhibou her (vgl. oben), von dort dann weiter nach Norden bis zu den Eisenerzgruben im Gebiet der Kediet ej Jill. Die Asphaltierung dieser Strecke sollte Ende 2002 in Angriff genommen werden. Es ist gar die Rede von der Öffnung einer Verbindung nach Marokko!

Nach Osten führt eine mittlerweile gut ausgebaute Piste in die **dramatische Berglandschaft** um den **Pass d'Amogjar,** einen der schönsten Punkte in ganz Mauretanien, und weiter nach Chinguetti. Unweit der Passhöhe steht sehr malerisch ein Torbogen aus Trockenmauerwerk – ein Blendwerk, denn Gemäuer und dramatische Landschaft dienten als Kulisse für einen Film! Die Strecke führt heute jedoch nicht mehr über den Amogjar-Pass, sondern in einer kürzeren und direkteren Variante südlich davon über den **Pass von Eguenat-M'Haireth.** 10 km außerhalb von Atâr trennen sich an einer Abzweigung neue und alte Route, links weg geht es zum Amogjar, geradeaus zum neuen Pass, dessen Anstieg gar asphaltiert wurde. Unmittelbar nach Erreichen der Anhöhe passieren wir einen Polizeiposten; wenige hundert Meter weiter mündet von links die alte Amogjar-Piste ein, während sehr unscheinbar nach rechts, nach Süden, die Piste in Richtung Tidjikja abzweigt (Streckenbeschreibung im nächsten Abschnitt).

Bergab geht es über das **Bergland von Chinguetti** dem gleichnamigen Ort zu. Schon von weitem sind dann einerseits die Dünen des Ouarane-Erg zu sehen, andererseits aber auch der Beton-Wasserturm der Ortschaft – der Widerspruch könnte krasser kaum sein.

Von Atâr nach Chinguetti sind es etwa 85 km auf einer Piste, die beispiels-

STÄDTE IM ADRAR-BERGLAND

weise auch mit einem VW-Bus zu schaffen ist.

Chinguetti

Chinguetti wurde schon im 12. Jh. gegründet und war dann über Jahrhunderte hinweg eine der wichtigsten Etappen im Transsahara-Handel. Die Stadt gilt noch heute als eine der sieben heiligsten Städte des Islam. Hier sammelten sich Gläubige aus den weitesten Gebieten der Westsahara, um die Pilgerreise nach Mekka anzutreten. Ein Hotel/Restaurant befindet sich am Rand der Altstadt (**Maison de Bien Etre**), mehrere weitere auf der anderen (nördlichen) Wadi-Seite nahe der Polizei bzw. an der Piste nach Atâr bzw. Ouadane, u.a. die **Auberge des Caravanes.** Hierzu gibt es differierende Informationen aus dem Kreis der Leser: Während die einen den Eigentümer, *Ahmed Ould Wenane,* als Halsabschneider bezeichnen und andere berichten, er würde Touristen nach Strich und Faden ausnehmen, zollen Dritte wiederum Lob: saubere Zimmer, Duschen und Toiletten, sein Bruder ein zuverlässiger Führer, freundliche Atmosphäre. Das kleine Museum an der Moschee jedenfalls, das wohl neben dem Hotel von ihm betreut wurde, scheint mittlerweile ausgeplündert zu sein. Die Bücherei mit den Koran-Manuskripten am alten Markt dagegen existiert noch immer und kann gegen Entrichtung einer freiwilligen Spende auch besichtigt wer-

den. Eindrucksvoll auch heute noch die **Moschee:** Trocken aufgemauert, wird ihr zierlich wirkendes Minarett von vier Ecktürmchen gekrönt – mit jeweils darauf befestigten Straußeneiern als Symbol ewig währender Fruchtbarkeit. Leider ist der Zutritt zur gesamten Anlage (d.h. auch zum Moschee-Hof) Nicht-Muslimen verwehrt. Auch hier wieder ein krasser Gegensatz: Nur wenige Schritte weiter werden die Oasengärten von den vordringenden Dünen geradezu verschüttet.

Zwei Pisten führen weiter **nach Ouadane** (je nach Route etwa 100–120 km östlich von Chinguetti), auch dieses wie Chinguetti einst wichtiger Ort im Transsahara-Handel. Während eine vor kurzem instand gesetzte Strecke oben auf dem hier eher flachen und eintönigen Chinguetti-Plateau bleibt, führt die andere südlich davon am Btah (eine Art Tal am Fuß von Bergen) Chinguetti entlang. Während die nördliche Piste übers Plateau von jedem Fahrzeug bewältigt werden kann, stellt die südliche wegen ausgedehnter Weichsandstrecken höhere Anforderungen: Ein Allradfahrzeug ist erforderlich; mit einem stark erhöhten Treibstoffverbrauch (Achtung: keine Tankstelle in Chinguetti und Ouadane!) ist zu rechnen. Diese Strecke wird gerne auch von Trekking-Gruppen begangen, die üblicherweise von Ost nach West, d.h. von Ouadane nach Chinguetti, unterwegs sind – wundern Sie sich also nicht, wenn Ihnen gelegentlich solche modernen „Karawanen" entgegenkommen.

Die sandige Strecke beginnt unmittelbar im Ort am nördlichen Uferrand des **Btah Chinguetti** (ggf. sollten Sie hier gleich den Luftdruck reduzieren) und führt an Palmhainen und kleinen Ortschaften vorbei dem Tal folgend in östliche Richtung. Überall sind noch die traditionellen Khottara-Brunnen im Einsatz, schöne Dünen bilden die Talränder. Durch ein enges Dünental geht es dann nach Norden hinaus (N 20°31,39 / W 12°16,35) und über weite Walrückendünen hinweg. Schöne Längsdünen (die nicht überfahren werden müssen) begrenzen unsere Fahrspur rechts und links (N 20°34,48 / W 12°13,56). Das **Oued Touchat** wird gequert (N 20°37,73 / W 12°9,62). Das Gelände nimmt Bewuchs an. Der Mini-Weiler **Doueirat** wird durchfahren (N 20°42,0 / W 12°0,15) und später der nördliche Rand des Herour-Berges passiert (N 20°44,93 / W 11°56,23). Vorübergehend wird die Piste schlechter. Dann steuert man von einem flachen Höhenrücken aus (N 20°54,0 / W 11°38,63) auf Ouadane zu, das nach einer Gesamtstrecke von ca. 100 km erreicht ist (N 20°55,32 / W 11°37,85).

Ouadane

Die alte Karawanenstadt liegt ockerfarbig malerisch jenseits eines grünen Palmenbandes gegenüber am steilfelsigen Talhang. Noch heute legt die überraschende Ausdehnung der in **Ruinen**

Im Adrar-Bergland

liegenden alten Ortschaft ein beredtes Zeugnis von ihrer früheren Bedeutung ab. In ihrer Blütezeit trafen sich hier die wichtigsten Karawanenrouten; Salz und Datteln der Sahara wurde gegen das Gold der Sudanländer eingetauscht. Der Legende zufolge wurde hier erstmals die Dattelpalme kultiviert, und so galt der Ort mit seinen teilweise noch heute vorhandenen Bibliotheken als Stadt der Wissenschaften und der Dattelpalme. Vom 14. bis ins 18. Jh. war Ouadane eine der bedeutendsten Handelsstädte der gesamten Region; Chinguetti, damals vor allem Stadt religiöser Gelehrsamkeit, stand unter ihrer Kuratel. Der Ruf der Stadt drang bis nach Europa, was z.B. Portugal veranlasste, hier einen Handelsstützpunkt einzurichten (s.u.). Als sich im 18. Jh. die Handelsrouten von der Westsahara weg in den Osten verlagerten, konnte die wüstenhafte Umgebung die große Zahl an Einwohnern nicht mehr ernähren: Die Zahl der Bewohner sank rasch von mehreren Tausend auf kaum noch einige Hundert heutzutage.

In Ouadane fehlen Hotels, von mehreren einfachsten „Gites d'Etapes" einmal abgesehen (ca. 1000 UM/Pers., Mahlzeiten 500–1000 UM/Pers.). Von Reisenden gelobt wird die **Auberge Verennie** (gegenüber der Gendarmerie in der Altstadt), wogegen ich selbst dort keine besonders guten Erfahrungen machen konnte: Es gab dort für mich den teuersten (Nes-)Kaffee nach dem Markus-Platz in Venedig! Also: Alle Preise zuvor klar absprechen! Ferner stehen eine kleine, aber nicht immer versorgte Tankstelle und kleine Läden mit eingeschränkter Versorgungsmöglichkeit zur Verfügung.

Ein Ausflug zum **„Krater" Guelb er Richat** lohnt sich – erst einmal in Ouadane angekommen – vor allem bei günstigem Licht, d.h. bei klarer Sicht: Mit 40 km Durchmesser ist er eine der spektakulärsten geologischen Erscheinungen der Sahara, selbst Astronauten dient das „Ochsenauge" mit seinen riesigen konzentrischen Kreisen zur Orientierung! Am Boden allerdings macht er sich eher bescheiden aus. Forschungen haben ergeben, dass es sich weder um einen (vulkanisch entstandenen) Krater noch um einen Meteoriteneinschlag handelt. Am wahrscheinlichsten ist die bereits von *Théodor Monod* aufgestellte These, dass magmatische Kräfte aus dem Erdinnern dereinst den kristallinen Sockel des präkambrischen Sandsteins, der heute das Adrar-Bergland bildet, aufgewölbt haben und die zerbrochenen Schichten in späteren Jahrhunderttausenden abgetragen wurden. Nur die härteren Schichten, die heute die kreisförmigen Ränder bilden, blieben erhalten.

Während ich einen etwas spektakuläreren und steinig-anstrengenden Zugang zum „Krater" von Norden her an anderer Stelle beschrieben habe (vgl. DuMont, „Sahara"), stelle ich hier eine eher angenehm-weiche Zugangsmöglichkeit über die Ruinen der ehem. marokkanischen **Feste Aghouedir** dar. Angenehm-weich bedeutet aber auch wieder treibstoffzehrend und erfordert ein Allradfahrzeug (was ja, bei Benutzung der nördlichen Hauptpiste, bis Ouadane nicht unbedingt erforderlich ist). Am

Fuß der Altstadt von Ouadane gabelt sich die Piste: Während eine Rampe hinauf zur Altstadt führt, bleibt unsere Piste unten im Tal und führt zwischen Palmgärten tief ausgefahren in östliche Richtung (N 20°55,85 / W 11°33,29). Mehr und mehr bleibt der Bewuchs zurück. Weite weiche Talhänge am südlichen Rand des **Oued Slil** führen uns nach Osten, teilweise engen hübsche Längsdünen die Spur ein (Vorsicht bei schlechten Sichtverhältnissen!). Nach ca. 14 km ist die Ruine der ehemaligen Festung erreicht (N 20°59,92 / W 11°26,41). Die Ecktürme der Anlage gleichen eher zerfallenden Speichern, wie man sie aus Westafrika kennt, als massiven Befestigungstürmen. Einige Nomaden haben in der Nachbarschaft ihre Zelte aufgeschlagen, sie kommen bei Ankunft von Touristen rasch herbei und bieten in Form eines improvisierten Marktes allerhand Fundstücke, selbst gefertigte kunsthandwerkliche Stücke oder alte Gerätschaften zum Kauf an. Ein Schild weist nach Norden zum angeblich 34 km entfernten „Camp Fadel" (das entspricht eher dem Weg hin und zurück!). Dieser Piste folgen wir jetzt in nördliche Richtung und fahren nach der Durchquerung des Oued Slil rasch um die einzelnen Ringstufen herum und teilweise durch weichsandige Anstiege von Ringübergang zu Ringübergang (z.B. N 21°3,90 / W 11°24,84) immer weiter in den „Krater" hinein, dessen innersten Punkt wir beim **„Camp Fadel"**, eher scherzhaft auch Hotel Richat genannt, erreicht haben (N 21°7,56 / W 11°23,94): Ein Reiseveranstalter aus Atâr hat hier eine sehr einfache Matten-

hütte aufgebaut, die seinen Gästen als sonnen- und windgeschützter Unterschlupf für eine Teepause dient. Geradeaus bzw. nordwärts weiterfahrend, durchquert man den „Krater" komplett und erreicht seinen hier recht spektakulären Nordrand beim „Kamel-Pass" (N 21°16,75 / W 11°23,24). Die weiterführende Piste über den Bir el Beyyed zurück nach Atâr ist teilweise nur sehr schwer zu verfolgen. Auch hier erfordern sandige und teils außergewöhnlich grobsteinige Passagen unbedingt ein voll geländetaugliches Fahrzeug.

Von Atâr über Rachid nach Tidjikja: Durchs innerste Mauretanien

Einleitung

Alle Landkarten vermerken eine große Piste zwischen Atâr bzw. Chinguetti und Tidjikja. Die IGN-Karte von Mauretanien bezeichnet sie gar als National-Straße No. 4. Wenn Sie jemals auf dieser „Nationalstraße" unterwegs waren, wird Ihnen dies eher als schlechter Witz vorkommen! Ich kann Ihnen versichern, dass diese Strecke nichts weiter ist als eine unmarkierte, feldwegbreite und fast immer schlechte Piste. Sie existiert zudem in einer Vielzahl von Varianten und führt immer wieder auch durch Gelände, wo sich Spuren kaum einprägen oder rasch verlieren; da Markierungen fehlen, stellt deswegen die Orientierung eines der ganz großen Probleme der Strecke dar. Auch der Verlauf in den Karten stimmt mit den Verhältnissen im Gelände kaum je überein. Das Gelände ist vielgestaltig und abwechslungsreich, Berge und Täler sind zu queren, Dünenfelder zu durchfahren – 400 km teilweise schöne Südsahara-Landschaften. Einige Brunnen liegen am Weg, in Tälern und Dünenfeldern ist Bewuchs vorhanden, und so werden Sie immer wieder auch auf Nomaden stoßen, die hier mit ihren Tieren unterwegs sind. Der automobile Verkehr tendiert gegen Null mit der schönen Folge, dass Wellblech nicht an ihren Nerven zehrt. Dafür hat die Piste – von den schon erwähnten Orientierungsproblemen abgesehen – andere „Schmankerl" zu bieten: sehr grobsteinige Passagen, steile Auf- und Abfahrten, weiche Sand- oder auch Staubpassagen, kurz: Ein Allradfahrzeug ist unverzichtbar. Als Schlüsselstelle der Strecke wird mitunter die **„Düne von Taoujafet"** bezeichnet, eine weiche, sehr hohe Talhangdüne (ca. bei Km 330), die in dieser Fahrtrichtung bergauf zu bezwingen ist. Mir erschien sie – mit Reduktion befahren – nicht gar so unüberwindbar. Und wer meint, dieses Hindernis durch Fahren in der Gegenrichtung bewältigen zu können, wird enttäuscht: Bei Km 250 liegt eine andere riesige Hangdüne, die dann sicher so viele Probleme bereitet wie die von Taoujafet. Die hier wiedergegebene Streckenbeschreibung ist die von mir befahrene; sie unterscheidet sich von der in „Durch Afrika" publizierten und auch von der anderer Autoren (alle Km-Angaben nicht zur Orientierung, sondern nur ungefähr).

Streckenbeschreibung

Wir verlassen Atâr auf der Piste in Richtung Chinguetti-Ouadane, erklimmen in steilem Anstieg den Pass von Eguenat-M'Haireth. Nach dem Kontrollposten fahren wir noch ein Stück nach Osten und erreichen dann den Abzweig (einer von mehreren möglichen) von der Ouadane-Piste beim Schild „Site rupestre découvert par H. Monod" (N 20°31,75 / W 12°46,70). Wir biegen auf eine eher unscheinbare Piste nach Süden ab.

Nach Süden! Abzweigende Spuren nach Osten führen durch das Btah Chinguetti zu diesem Ort. Links liegt eine hohe, eingewehte Hangdüne, die so genannte **„Auberge Zarga"** (N 20°21,82 / W 12°45,31). Wir umfahren den Zarga-Berg auf seiner Westseite. An einer Verzweigung bei N 20°18,32 / W 12°45,06 fahren wir geradeaus weiter, links geht eine Alternativstrecke über den Zarga. Nach einem kleinen passartigen Übergang bei N 20°17,48 / W 12°44,88 geht es auf eine Hochfläche hinauf (N 20°16,45 / W 12°42,24).

Bei N 20°14,64 / W 12°40,24 liegt westlich der **Krater Agueloul**, ein beliebtes Touristenziel. Von Osten kommen die Pisten aus Chinguetti hinzu. Barchan-Dünen sind in in steinigem Gelände zu passieren (N 20°10,63 / W 12°38,30), wir halten uns östlich und verlassen dabei die RN 4 nach Osten zu. Die Piste bleibt ein Stück des Weges recht flott (N 20°10,40 / W 12°35,68). Bei N 20°9,25 / W 12°33,43 wird das **Tal Oudei Amar** durchquert. Erneut wird nach schönen gelben Barchanen in Steintrümmer-Landschaft (N 20°7,79 / W 12°30,35) ein breites Oued überquert. Ein Plateaurand taucht vor uns auf, nach Dünen geht es steil und steinig hinauf. Bei N 20°4,00 / W 12°24,78 sind wir oben. Die Piste führt uns über das **Guelb ed Digdig** hinweg mit skurrilen Felsen und aufgesetzten Blöcken, unter denen man zum Teil durchsehen kann.

Von rechts kommt die RN 4 wieder hinzu (N 19°55,67 / W 12°24,43). Von einem Plateau fahren wir bei N 19°53,93 / W 12°23,11 herab. Eine kurze Rumpelstrecke, dann geht es wieder in ein größeres Barchan-Feld hinein. Bei N 19°50,30 / W 12°20,97 ist das Ende der Barchane erreicht; eine weite Ebene liegt voraus, in der laut Karte ein Feldflugplatz liegen soll. Dann folgt wieder ein rumpeliger Übergang. Hinab geht es dann in eine sanfte Talebene.

Erneut führt uns die Piste in einem Gemenge aus Sand und Steinen um Barchane herum (N 19°46,02 / W 12°14,67). Wir folgen dem **Tal Irmechât** ostwärts. Am Hang zur Linken, dem Irmech el Abiod, liegen eigenartige parallele Dünen, die wie gerastert wirken (N 19°42,70 / W 12°10,27). An der Einmündung eines Tals von links her durchqueren wir schöne gelbfarbige Dünen (ca. Km 150). Viele Akazien stehen im Tal, auch die Dünen sind grasbewachsen. Wir münden in das weite **Amjenjer-Tal** ein. In diesem liegt unmittelbar am Wegesrand der Aglet Amjenjer-Brunnen (N 19°37,15 / W 12°4,93).

Erneut führt unser Weg eine Hochfläche hinauf, oben steht ein Hinweisschild auf die 8 km entfernte **Auberge Ain Cafra** (Abstecher: Der kleine Weiler liegt auf N 19°32,82 / W 12°06,55, mit strohgedeckten Hütten, lt. „Durch Afrika" ist er schön gelegen, allerdings ist die Wegfindung nicht ganz einfach, auch sollen weiche, bewachsene Dünen zu bewältigen sein). Bei N 19°35,07 / W 12°4,29 stoßen wir auf eine Verzweigung und fahren links weiter (rechts führt die Piste vermutlich nach Ain Cafra). Über ebene Flächen wird die Piste etwas flotter. Hübsche Barchane liegen in steiniger schwarzer Fläche (N 19°28,54 / W 11°59,36). Dann folgt wieder ein Gemenge aus Sand und Steinen (N 19°24,92 / W 12°0,93, ca. Km 280) und kurz darauf das Barchanfeld **Megta el Gdim.**

Bei N 19°23,52 / W 12°0,27 sind wir mitten drin, die Barchane sind jedoch gut zu umfahren. Am Südrand des Barchanfeldes steht ein Markierungsmännchen (N 19°21,38 / W 11°58,45), es markiert für uns die Ausfahrt.

Eine weite Talebene, ein übles Sand-Stein-Gemenge, schließt sich an. Wir fahren in die Sanddünen des **Hofrat al Foulé** ein, umfahren sie nach Nordosten ausweichend, vorbei an einem auffallenden dichten Busch (N 19°20,74 / W 11°56,33). Bei N 19°20,98 / W 11°55,03 vollziehen wir wieder eine Süd-Wende. Die Dünen werden etwas höher, Vorsicht ist angebracht. Das Gebiet nennt sich **Lehelim.**

Auf N 19°15,10 / W 11°55,47 stand einst ein havarierter LKW, es entzieht sich aber meiner Kenntnis, ob er (als Wrack?) noch immer dort zu finden ist. Weitere Dünen folgen, sie werden meist östlich umfahren. Dann geht es durch ein weiches von Akazien bestandenes Tal und drüben (N 19°11,61 / W 11°55,19) in steiniges Gelände hinein. Die Spuren sind im steinigen Gelände schwer zu verfolgen. Bei N 19°7,45 / W 11°53,80 vollziehen wir um einen Hügel herum einen Rechts-Bogen und kommen dabei an einem Autowrack vorbei. Erneut sind am Fuße einer Hangstufe Barchane zu umrunden; wir fahren zunächst nicht aufs Plateau hoch, sondern an seinem Rand entlang. Hier stoßen wir auf den Lagerplatz eines weiteren Havaristen, der etliches an Müll hinterlassen hat (N 19°6,47 / W 11°55,38). Ganz am Ende der Sandstrecke fahren wir dann doch aufs Plateau hinauf (N 19°6,12 / W 11°55,22). Oben müssen wir über etliche Dünen hinweg. Das Gelände dazwischen ist zum Glück feinsteinig.

Bei ca. Km 310 und N 19°4,31 / W 11°55,08 fahren wir von einer sehr hohen steilen Hangdüne hinab, die die Schlüsselstelle in Gegenrichtung sein könnte!

Jetzt beginnt am Rande des **Oued el Khatt** ein ziemliches Dünengekurve (N 19°3,42 / W 11°54,46 bis N 19°1,88 / W 11°54,84). Es sind nur wenige Spuren vorhanden, viele umfahren diese Passage weiter im Westen. Das Oued el Khatt ist recht üppig grün (N 19°2,00 / W 11°54,18). An seinem Rand entlang fahren wir am Fuß der Dünen nach Nordosten bis N 19°3,58 / W 11°50,28 (ca. Km 330) und biegen dann rechts ab ins Oued Rachid hinein (der gleichnamige Brunnen Khatt liegt noch ca. 4 km weiter im Tal im Nordosten).

Der Bewuchs im **Oued Rachid** wird zum Galeriewald. Immer weiter geht es in seinem Verlauf bergauf, den Bergen zu. Der sandige Talgrund ist gut zu befahren. Achten Sie vor allem im Schatten auf in den Sand gegrabene Wasserlöcher!

Auf N 18°54,33 / W 11°49,25 liegt ein wasserreicher Brunnen. Fast immer werden Sie hier auf Menschen treffen. Dann ist das Oued verblockt, und die Piste führt am Talhang weiter. Einzelne Häuser und Hütten tauchen auf, die Piste ist übel steinig. Geradeaus weiterfahrend ist in enger Schlucht die **Guelta von Taoujeft** am Fuße eines Wasserfalls erreicht (N 18°52,70 / W 11°49,20). Die weiterführende Piste geht jedoch zuvor und deutlich erkennbar auf der anderen Talseite über die **berüchtigte Hangdüne** hinauf!

Vorbei am Brunnen Agnânâ (N 18°49,10 / W 11°46,66) und schönen Palmgärten führt dann die Piste am Talrand weiter. Das Oued Rachid beschreibt einen weiten Bogen nach Norden und weitet sich dabei. Der Sand wird deutlich weicher. Üppige Vegetation zeigt sich am Talrand. Erste Häuser stehen im Tal, dann ist der Ort **Rachid** erreicht (N18°47,47 / W 11°41,25); bescheidenste Versorgungsmöglichkeiten (Lebensmittel), Auberge Eraha am südlichen Ortsrand.

Mauren bei Rachid

Weiter geht es im Wadi! Achten Sie auf gefährliche Wasserlöcher! Der Sand wird jetzt sehr weich. Dann ist das Oued Rachid verblockt, die Piste führt übel steinig und tief ausgefahren erst am Talhang entlang und dann hinaus auf die Hochfläche.

Bei N 18°42,09 / W 11°38,09 wird ein flacher Höhenrücken überquert. Weitere übelste Sturzäcker folgen. Links liegt der Weiler **El Ahouéfat** und hinter diesem das **Oued Tidjikja.** Wir sind jetzt wieder auf der RN 4, die ab hier mit weiß beklecksten Steinen markiert ist und so ihre Bedeutung deutlich macht. Bei N 18°39,18 / W 11°34,88 kommt von links die Ortspiste hinzu. Durch ärmliche Dornstrauchsavanne geht es weiter nach Südosten, die Spur ist teilweise tiefsandig. An Verzweigungen halten wir uns links. Dann ist die Asphaltstraße am Ortsrand von **Tidjikja** erreicht (N 18°32,85 / W 11°26,25). Links geht es in den Ort hinein, rechts auf Asphalt nach Süden bis Letfatar und von hier auf Piste in Richtung „Straße der Hoffnung" (zu Tidjikja siehe im letzten Abschnitt des Kapitels).

Von Nouâkchott nach Süden zum Senegal

Eine im Prinzip bestens ausgebaute Asphaltstraße, die jedoch von einzelnen, gefährlich tiefen Schlaglöchern „verziert" wird, verbindet die mauretanische Hauptstadt über ca. 200 km mit dem großen Ort Rosso am Senegal-Fluss. Die Straße verläuft zwischen großen, hügelartigen Dünen, die in dieser Region jedoch fast überall bewachsen sind. Entsprechend häufig sehen Sie hier Zelte von Nomaden. Obwohl die Küste nie weit entfernt ist, lässt sich das Meer doch von keiner Stelle der Straße aus erblicken.

In **Rosso** vollziehen Sie die Ein- bzw. Ausreise nach/aus Mauretanien in einem geschlossenen Geviert an der Anlegestelle der **Fähre** über den Senegal-Fluss. Diese Fähre – derzeit die einzige, die Mauretanien mit der Republik Senegal verbindet – verkehrt nur zweimal täglich: Abfahrt auf mauretanischer Seite um 10.30 und 17 Uhr, auf senegalesischer Seite um 11.15 und 17.45 Uhr (Gebühr 3200 CFA, Parken 500 CFA). Achtung: Die Bank an der Anlegestelle auf mauretanischer Seite hat nur nachmittags geöffnet! Der Grenzübergang an dieser Stelle wird immer wieder als einer der schlimmsten in ganz Westafrika erlebt. Vor der üblen routinierten Abzockerei der dortigen Schlepper und Grenzbeamten auf mauretanischer Seite ist mitunter selbst der erfahrene Afrika-Reisende nicht gefeit. Eine der Maschen findet sich sogar bei den Reisehinweisen des deutschen Auswärtigen Amtes: Für ein vorhandenes Visum wird eine erneute Zahlung verlangt; der Reisende wehrt sich, gibt aber nach einiger Zeit klein bei (wie viel seiner kostbaren Zeit will man einer solchen Auseinandersetzung opfern?) und verlangt wenigstens eine Quittung über den geforderten Betrag. Der Grenzbeamte hat aber den Betrag längst als Datum formuliert und bestätigt den Empfang der Summe mit dem Pass-Eintrag „Vu au passage ... (Betrag)" – „Gesehen bei der Durchreise ... (Betrag)". Bleibt einem fast nur noch, solche Cleverness zu bewundern, oder?

Einfaches **Hotel Union** in Rosso an der Straße nach Nouâkchott. Daneben steht das kleine **Hotel/Restaurant As Salam** (DZ 1800 UM).

Lebhafter **Markt** mit verschiedenen kleinen Garküchen östlich der Straße. Ein sehr gutes **Restaurant** liegt am Senegal-Fluss: **Matám Baladiye,** auch „Restaurant Marie" genannt.

Tipp 1

Wer z.B. durch den Nationalpark Banc d'Arguin in Mauretanien auf den Geschmack gekommen ist, der kann von Rosso/Senegal aus direkt zum senegalesischen **Nationalpark Djoudji** durchfahren. Nur etwa 50 m nach der Anlegestelle der Fähre auf senegalesischer Seite biegt man noch im Ort Rosso nach Erledigung der Einreiseformalitäten rechts (nach Westen) ab und folgt dann immer auf der Dammkrone (Aussicht!) einer kleinen Piste dem Senegal-Fluss nach Westen. Nach etwa 43 km ist dann der Nordosteingang des Nationalparks (Pelikane, Warzenschweine, Millionen überwinternder Zugvögel) erreicht.

Tipp 2

Eine weitere Möglichkeit, von Rosso aus die Republik Senegal und gleichzeitig den senegalesischen Nationalpark Djoudji zu erreichen, besteht darin, den Fluss Senegal in Rosso zunächst nicht mit der Fähre zu überqueren (diese Möglichkeit bietet sich besonders dann an, wenn die Fähre auf sich warten lässt oder schon „ausgebucht" ist), sondern dem Senegal-Fluss auf seiner Nordseite auf einem Damm nach Westen bis zur **Barrage de Diama"** zu folgen und erst dort den Fluss von Mauretanien hinüber in den Senegal zu überqueren. Der Grenzübergang an diesem Staudamm ist allerdings nachts geschlossen; Sie sollten rechtzeitig vor 18 Uhr eintreffen, um dort noch abgefertigt zu werden. Vom Damm aus bieten sich immer wieder Möglichkeiten, Tiere (v.a. Vögel und Warzenschweine) zu beobachten. Wer in diesem Gebiet übernachtet, darf sich allerdings über die Mückenplage aus den Schilfniederungen der Flussränder nicht wundern – auch dies ja eine Möglichkeit der Tierbeobachtung ...

Der Grenzübertritt in den Senegal vollzieht sich auch nach Erfahrungen aus dem Kreis der Leser hier (auf senegalesischer Seite) deutlich angenehmer. Mitunter wird vermutlich willkürlich ein „Brückenzoll" in Höhe von ca. 10 Euro gefordert. Auf senegalesischer Seite führt dann die Piste in ordentlichem Zustand bis zur Asphaltstraße Rosso – St. Louis, die unweit der Einfahrt zum Djoudji-Nationalpark erreicht wird oder auch – immer geradeaus fahrend – bis unmittelbar an den Stadtrand von St. Louis auf dessen Festlandseite.

„Route de l'Espoir" – Die „Straße der Hoffnung" von Nouâkchott nach Nema

Seit 1985 verbindet eine mit ausländischer Hilfe erstellte Straße die Hauptstadt Nouâkchott **über 1100 km** mit Nema im äußersten Osten der Republik Mauretanien. „Route de l'Espoir", die „Straße der Hoffnung", wird diese „Transmauretanien" genannt, sollte sie doch all denen Hoffnung geben, die sich zuvor im Hinterland allzu ab- und eingeschlossen vorkamen. Hoffnung auch darauf, den Hafen Nouâkchotts zur Drehscheibe für das Binnenland Mali werden zu lassen. Die weltweiten ökonomischen Krisen haben solche Träume jedoch rasch wieder zunichte gemacht. Trotzdem hat diese Achse den Ortschaften im Hinterland einen neuen Aufschwung gebracht. Dem Touristen bietet sie die Möglichkeit, Gebiete mit einfachen Mitteln zu besuchen, wo früher ein expeditionsähnlicher Aufwand zu betreiben war.

Teile der Straße waren in schlechtem Zustand – jedoch waren und sind Reparaturarbeiten im Gange. Dennoch

gilt: In einem einzigen Reisetag lässt sich Nema heute von Nouâkchott aus nicht mehr erreichen. Trotz der Reparatur-Kolonnen ist stets mit Schadstellen zu rechnen. Fahren Sie also vorsichtig, rechnen Sie mit teilweise tiefen Schlaglöchern und abgebrochenen Straßenrändern.

Schier endlos ziehen sich zunächst die Hüttensiedlungen im Weichbild der Hauptstadt hin. Erst nach etwa 15 km und einem Kontrollposten ist freies Gelände erreicht: Vor Ihnen liegt das **Dünengebiet der Region Trarza.** Die ungefähr von Nordost nach Südwest orientierten Dünen-Cordons sind auffallend bunt: In den Senken ist der Sand grau-weiß, geht dann in den Dünenhängen in grau-braun über, um schließlich bei den ganz oben aufgesetzten Dünen eine intensive gelb-rote Farbe anzunehmen – Fahrt durch einen bunten Sandkasten! In den Senken stehen überall zwischen einzelnen Lehmhäusern die Zelte der Nomaden. Angesichts der nur spärlichen Vegetation ist kaum vorstellbar, wovon so viele Viehhalter hier leben können! Achten Sie bei all dem auf die Straße: Der Wind treibt die Sandberge immer wieder auch über die Straße; Bulldozer räumen die Hindernisse beiseite. Bei Gegenverkehr bleibt jedoch oft nur eine enge Spur – und Bremswege sind auf sandbedeckter Straße lang!

Nach 154 km ist **Boutilimit** erreicht, Sitz der Provinz-Verwaltung der Region Trarza. In verschiedenen Häusern entlang der Straße bieten Kooperativen von Handwerkern die kunsthandwerklichen Produkte der Region an: Lederwaren, typisch maurische Teekannen, Flechtwaren, Schmuck.

Die Straße durchquert weiterhin immer wieder Dünenlandschaften, teilweise kann man sich des Eindrucks nicht erwehren, durch ein Meer von bewegten (Dünen-)Wogen zu fahren. Dass die Straße nicht nur nach Osten, sondern gleichzeitig auch in südlicher Richtung führt, macht sich an einem zunehmend dichter werdenden Bewuchs bemerkbar. Nur wenige Kilometer genügen hier, um einige Tropfen mehr Regen in der Regenzeit zu erhalten – schon gedeihen die anspruchslosen Pflanzen der Sahel-Region. In einem weiten Bogen umgeht die Straße dann den See von Aleg, der außerhalb der Regenzeit kaum einmal Wasser enthält. **Aleg** (Km 263) selbst, erkennbar schon von weitem an einer alten, auf einem Felshügel liegenden und heute vom Militär benutzten **Burg,** ist lebhaftes Handelszentrum mitten im Nomadenland. Nur wenige Kilometer vor dem Ort, am südlichsten Zipfel der See-Umfahrung, zweigt nach Süden die neue Asphaltstraße ab, die nach Bogué am Senegal-Fluss führt.

Hinter Aleg wird die Straße trotz Reparaturen deutlich schlechter, der Asphalt ist zum Teil gar nicht mehr vorhanden, und es empfiehlt sich – wenn möglich – die Piste neben der Straße zu benutzen. Wir durchqueren weiterhin typische Sahel-Landschaft; überall werden hier Nomaden sesshaft. Die Straße führt uns mehr und mehr auch wieder gen Norden: Wahre Meere an Barchan-Dünen säumen unsere Strecke. **Magta Lahjar** und **Sangrafa** werden durchfahren, beides Ortschaften, deren Bedeutung mit der Straße zugenommen hat. Kurz hinter Sangrafa zweigt nach Norden die Piste nach Tidjikja ab (s.u.).

Das **„Land der Felsen"** (Trab el-Hajra) ist jetzt erreicht: Wir nähern uns den hohen Felsabbrüchen der Bergländer von Assaba (Süden) und von Tagant (Norden). Hinter Oued el Abiod zieht unsere Strecke in die Berge hinein, durchquert und folgt zunächst malerischen Tälern mit Palm- und Akazienbewuchs, windet sich dann über den niedrigen **Pass von Djouk.** Immer wieder bieten sich weite Ausblicke in von eingewehten Dünen „verzierte" Fels- und Tallandschaften.

Dann erreichen wir die größte Ortschaft an der Strecke, **Kiffa** (Km 607), Sitz der Provinz-Verwaltung der Region Assaba. Das eigentliche Ortszentrum liegt nördlich der Straße. Es gibt eine Bank, der Markt ist interessant und sehr lebhaft, ein einfaches Hotel (**Funduq Sadaqa**) befindet sich nahe des Verwaltungszentrums an der Hauptstraße, das bessere **El Emel** ca. 7 km außerhalb am westlichen Stadtrand beim Polizeiposten (DZ 15.000 UM), ein riesiger „Gare routière" ist im Ort – Kiffa ist Ausgangs- und Endpunkt für viele Wegstrecken in dieser Region. So lassen sich von Kiffa aus beispielsweise die Ruinen der einst so wichtigen Stadt Aoudaghost besuchen (Piste über Tâmchekket, ca. 150 km).

Mauretanien, Land der Nomaden – ein Schafhirte mit seiner Herde

„ROUTE DE L'ESPOIR"

Von Kiffa über Kankossa und Aourou nach Kayes/Mali

Von Kiffa aus verzeichnen die Landkarten eine wichtige Piste nach Süden über die mauretanisch-malische Grenze bis nach Kayes/Mali. Sie entpuppt sich jedoch rasch als feldwegkleine Piste, die hinter jedem Hirsefeld erneut Orientierungsprobleme aufwirft. Auch sind die Markierungen auf den Landkarten hinsichtlich der Grenzformalitäten irreführend: Zwar lässt sich in **Kankossa** auf mauretanischer Seite eine Ausreise bei Polizei und Zoll korrekt und komplett durchführen (Achtung: Auch hier bestehen die Beamten noch immer auf einer Devisenerklärung, die bereits seit 1998 nicht mehr erforderlich ist! Sollten Sie eine solche nicht vorweisen können, oder sind Ihre Devisenbestände nicht auf dem Stand der Deklaration, könnte das hier weit im sahelischen Abseits langwierige Diskussionen zur Folge haben! Die Deutsche Botschaft in Nouâkchott jedenfalls erreichen Sie zwecks Hilfestellung allenfalls über Satellitentelefon oder Kurzwellenfunk!). Auf Mali-Seite existiert in **Aourou** nur noch ein Polizeiposten, eine reguläre Einreise mit den erforderlichen Zollpapieren lässt sich also erst in Kayes vollziehen. Und was dies für die Kontrollposten unterwegs und am Ortsrand von Kayes für Konsequenzen hat, kann sich insbesondere derjenige leicht ausmalen, der bereits früher einmal mit malischen Behörden Erfahrungen sammeln konnte. Auch sei darauf hingewiesen, dass **Kayes** auf der Michelin-Karte 953 als heißester Ort in der Aufstellung erscheint, in keinem Monat außerhalb der Regenzeit (und in dieser ist diese Piste nicht benutzbar) liegen die mittleren Tageshöchsttemperaturen unter 38°C; zudem ist die Hitze hier so weit im Süden der Sahelzone und noch dazu in der Senegalniederung nicht trocken-heiß wie in der Sahara, sondern feucht! Da liegen die Nerven rasch blank, und jeder nervende Behördengang entwickelt sich zur Tortur. Eine Kfz-Versicherung inklusive Carte Brune können Sie in verschiedenen Versicherungsbüros abschließen, und direkt am überaus lebhaften Markt der Stadt gibt es gar ein Büro, das jeden Tag in der Woche geöffnet hat!

Die Piste ist abschnittsweise sandig und tief ausgefahren, selbst **Geländefahrzeuge** geraten immer wieder an die Grenze der Bodenfreiheit. Da die Spur wegen Bewuchs oft nicht verlassen werden kann, wirft dies für normale PKW erhebliche Probleme auf. Dazu kommt, dass man sich in Dornstrauch-Savanne bewegt, und PKW-Reifen sind alles andere als dornenresistent – ich rate deshalb von normalen PKW auf dieser Strecke dringend ab!

Die Piste beginnt am Flugplatz von Kiffa im Südosten der Stadt. Ganz Kecke benutzen für die ersten Kilometer gar die Landebahn. Bis zu einer Gabelung hinter dem Ort Koûroudjel ist die Piste – wie die Michelin-Karte zeigt – noch recht breit und problemlos zu verfolgen. Dann jedoch verzwegt sie sich, links ab geht es weiter Richtung Kankossa, die bessere Piste bleibt rechts. Die Probleme, die jetzt auf Sie warten, bestehen, wie schon erwähnt, häufig in der Orientierung: Der Hauptverkehr auf der Strecke sind einachsige Eselskarren, mit denen die Bauern der Umgebung ihre Felder, ihre Nachbarn oder den Markt in irgendeiner fernen Ortschaft aufsuchen, bis nach Kankossa oder gar Kayes wollen sie in den seltensten Fällen! Also: Gleichwertige Verzweigungen häufen sich! Wer Glück hat, findet nahebei jemanden, den er nach der Richtung Kankossa (später dann entsprechend Kayes) fragen kann. Ist niemand in der Nähe, bleibt die Möglichkeit, z.B. eine Mittagspause einzulegen, in der Hoffnung, dass sich in dieser Wartezeit ein Neugieriger einfindet. Aber so viele Mittagspausen wie rätselhafte Verzweigungen lassen sich kaum einlegen, und schon steht man da und kann z.B. würfeln, ob man sich rechts oder links hält und dann bei der nächsten Begegnung mit einem der Rede Kundigen seinen Weg fortsetzen oder seinen Irrtum korrigieren. GPS-Daten für solche Verzweigungen zu nennen, erscheint nicht sinnvoll, verlaufen doch die Karrenpfade – dies zeigen Erosionsspuren deutlich – nach jeder Regenzeit wieder anders. Hier im Sahel fließt ja im Sommer Wasser, und so verlagern sich z.B. auch Furten beständig. Nachfolgend finden Sie trotzdem eine Liste der wichtigsten Ortschaften, was die Orientierung erleichtern sollte.

„ROUTE DE L'ESPOIR"

- **Kiffa,** am Flugplatz
  N 16°35,40 / W 11°24,08
- **Gabelung südl. Koûrodjel**
  N 16°10,35 / W 11°32,57
- **Kankossa,** Zoll
  N 15°56,12 / W 11°31,08
- **Garalla**
  N 15°46,09 / W 11°30,50
- **Grenzdorf Bilikouaté**
  N 15°32,43 / W 11°35,44
- **Furt durch Oued Nagara**
  N 15°22,61 / W 11°36,08
- **Teïchibé**
  N 15°16,44 / W 11°42,26
- **Boutoungouissi**
  N 15°9,23 / W 11°39,11
- **Aité**
  N 15°5,47 / W 11°38,65
- **Aourou,** Gendarmerie
  N 14°57,81 / W 11°35,30
- **Kayes,** Senegal-Brücke
  N 14°27,20 / W 11°25,79

Weiter auf der „Route de l'Espoir": Nach landschaftlich eindrucksvollen Passagen durch die oft skurril erodierten Berglandschaften von Affolé liegt ein weiteres Verwaltungszentrum vor uns: **Ayoûn el'Atroûs** (Km 817), Sitz der Departement-Verwaltung der Region Hodh el-Gharbi. Auch hierbei handelt es sich um ein **lebhaftes Städtchen** mit einer bescheidenen Infrastruktur, die eine Bank, ein Hotel (das mit 8000 UM relativ teuer ist, dafür mit Strom und fließend Wasser über 24 Std.!) und eine Tankstelle umfasst. Ayoûn liegt am Südrand jener großen, heute sanddünengefüllten Senke, dem einstigen See oder besser Meer Aoukar, das wiederum im Norden von einem Felskranz eingerahmt ist, der Abfolge der Bergländer von Tagant über Tichit bis Nema.

Bis Nema befindet sich die **Straße in hervorragendem Zustand:** Wer will, ist schon drei Stunden später dort und hat damit den Endpunkt der „Straße der Hoffnung" nach 1100 km erreicht.

Weiter nach Adel Bagrou, dem Grenzort zwischen Mauretanien und Mali, geht es auf einer schlechten und steinigen Piste, die die Reifen vor eine harte Bewährungsprobe stellt. Für die Strecke ist in Nema eine polizeiliche Genehmigung einzuholen. Die Route gilt weiterhin für Touristen mit eigenem Fahrzeug als unsicher. Erkundigen Sie sich über den Sicherheitsstand bei den Behörden in Nema.

Die **Piste von Nema bis Adel Bagrou** (181 km) ist fahrtechnisch relativ einfach, nur die teils tiefen LKW-Spuren sind zu beachten: Sie können nicht umfahren werden, da die Piste sehr eng und direkt neben der Spur starker Savannen-Bewuchs ist. Bei Km 46 ab Nema ist mit einer stark versandeten Stelle zu rechnen, die nicht gut einsehbar ist und durch den üppigen Baumbestand eine festere Bodenbeschaffenheit vortäuscht. Die linke, tiefe LKW-Spur führt in einer scharfen Rechtskurve um das Sandhindernis herum, besser allerdings ist es, sich möglichst weit rechts zu halten. Erst bei den runden Felsblöcken (diese sind ein Friedhof) wird der Untergrund wieder hart.

In **Adel Bagrou** sind sämtliche Ausreiseformalitäten zu erledigen (Begleitung durch einen Polizisten), die zuständigen Stellen sind über das ganze Dorf verteilt. Reifen können geflickt werden (200 UM), es gibt auch neue Schläuche zu kaufen (900 UM).

Weiter ins malische **Nara** (Einreiseformalitäten für Mali; vgl. die entsprechenden Ausführungen dort) geht es auf einer Piste, die in der Regenzeit von Ende Mai bis Anfang November oft unpassierbar ist, ansonsten aber auch von einem geübten Fahrer mit konventionellem PKW bewältigt werden kann. Die von LKW hinterlassenen Spuren müssen jedes Jahr nach der Regenzeit von neuem erkundet werden.

Alte Städte und Oasen im Südosten: Tidjikja, Tichit und Oualata

Die Strecke nach Tichit sollte nur von Sahara-Routiniers mit guter Ausrüstung (Detailkarten, Satellitennavigation) in Angriff genommen werden (vgl. Streckenbeschreibung in „Durch Afrika"). Dem weniger Wagemutigen öffnen sich andere Möglichkeiten, die immer noch abenteuerlich genug sind.

Die Pisten-Strecke Atâr – Tidjikja wurde oben schon dargestellt (vgl. entsprechenden Abschnitt weiter oben). Von der „Route de l'Espoir" aus ist Tidjikja heute wegen einer zwischenzeitlich erfolgten Teil-Asphaltierung leichter zu erreichen: Etwas östlich der Ortschaft **Sangrafa** (N 17°35,48 / W 12°49,21) zweigt die Piste gen Norden nach Tidjikja ab. Nach knapp 43 km ist der Ort **Letfatar** erreicht (N 17°45,36 / W 12°30,35), und hier beginnt tatsächlich eine Asphaltstraße. Ein ausgedehntes Dünenfeld wird durchfahren. In **Moudjéria** (Kontrollposten an der Straße!) erreichen wir die Tagant-Berge, überqueren nach steilem Anstieg eine Hochfläche und weitere Dünen-Felder. Danach wartet eine **Bilderbuch-Oase** auf Sie: **Nbeika,** in einem grünen Tal gelegen, Wasser in Hülle und Fülle. Durch abwechslungsreiches Gelände führt uns die Straße bis nach **Tidjikja** (sprich Tidschiksha). Diese alte Stadt ist heute Zentrum der Region Tagant und bietet dennoch nur sehr bescheidene Versorgungsmöglichkeiten. Der Markt macht einen etwas desolaten Eindruck. Immerhin ist eine Tankstelle entstanden, und am Ortseingang bietet die einfache **Auberge des Caravanes** Unterkunft. Die Herberge ist vor allem auf Gruppentourismus eingerichtet, und so dürfen Sie, wenn Sie unverhofft als Einzelreisender ankommen, kaum mehr als heißes Wasser für einen Nescafé erwarten. Auf Vorbestellung wird Ihnen aber auch eine Mahlzeit (z.B. Omelette mit Zwiebeln) zubereitet. Die Freundlichkeit des Polizeipostens steht und fällt mit dem gerade Dienst tuenden Beamten. Berühmt sind auch die Palmgärten von Tidjikja: Sie ziehen sich das gleichnamige Oued entlang. Bei einem Bummel auf sandigem Untergrund werden Ihnen die zahlreichen Khottara-Brunnen auffallen, mit denen hier noch immer die Gärten bewässert werden.

Ohne bestmögliche Ausrüstung und Geländewagen müssen Sie in Tidjikja umdrehen.

Abstecher zu den Sahara-Krokodilen

25 km südöstlich der Ortschaft **Nbeika** liegt die **Guelta Matmata.** Hier haben – gewissermaßen als Relikte aus einer besseren Zeit – noch einige Sahara-Krokodile über-

lebt. Die nur Geländefahrzeugen zugängliche Piste dorthin zweigt im Ort ab (N 17°58,21 / W 12°14,64) und führt über tiefsandige und auch staubige Strecken in ein malerisches Tal hinein, an dessen Ende es wegen Verblockung kein Weiterkommen mehr gibt. Man lässt den Wagen stehen (N 17°53,30 / W 12°6,83) und geht noch etwa 1 Std. zu Fuß bis zum Guelta-Becken, in dem die Tiere leben. Sie sind sehr scheu und wegen vieler Vögel, z.B. Felstauben und Reiher, die auch schon bei leiser Annäherung Warnrufe ausstoßen, lassen sie sich auch kaum beobachten. Besser sind die Aussichten, wenn man das Guelta-Becken von der Bergseite aus angeht und dann die Krokodile unter sich im Sand liegen sieht.

Ganz am östlichen Ende der „Route de l'Espoir" erreichen wir **Nema.** Von hier aus ist relativ einfach der Ort Oualata zu erreichen, wobei zwei Strecken zur Verfügung stehen: Eine Route für die, die gerne weich im sandigen Gelände fahren, führt am Fuß des Dahr Nema über eine Distanz von 120 km nach Oualata. Die Alternative führt steinig über die Hochebene hinweg: 10 km nördlich von Nema geht es steil hinauf und dann weiter nach Norden. Kurz vor Oualata führt die Piste von der Hochebene herunter und 20 km weiter in den Ort hinein. Die Bergvariante ist ca. 15 km kürzer.

Oualata hat bis auf den heutigen Tag nichts von seinem Charme verloren. Am Fuße der Steilwand des Dahr Oualata ducken sich die eng aneinander gebauten Häuser, als würden sie vor den oft heftigen Nordostwinden Schutz suchen. Schutz bot die Stadt zu allen Zeiten nicht nur Karawanenleuten: Als Mitte des 15. Jh. Tuareg das 400 km entfernte Timbuktu angriffen, flüchteten die Gelehrten hierher nach Oualata. Über Jahrhunderte blieb die Stadt ein **Hort der Gelehrsamkeit,** die größten Bibliotheken der westlichen Sahara befanden sich in ihren Mauern. Diese Mauern sind mit einer Vielzahl von geometrischen Mustern verziert; jedes Haus scheint darin das Nachbarhaus übertrumpfen zu wollen. Dieser Dekor wird ausschließlich von den Frauen aufgetragen. Während die Farben auf den Außenwänden weiß auf rötlich-ockerfarbenem Grund sind, verkehren sie sich im Innern ins Gegenteil: rötlichbraun auf weißem Untergrund. Bis heute haben die wenigen Einwohner der bedeutungslos gewordenen Stadt diese Tradition bewahrt, und es hat den Anschein, als käme es in einer Art Rückbesinnung gar zu einer Renaissance. Bis heute auch ist Oualata eine Stadt geschickter Kunsthandwerker geblieben. Typisch sind Schmuck, Lederarbeiten und kleine Tonobjekte.

Mali

von Gerhard Göttler

Sankoré-Moschee in Timbuktu

Wegweiser an der Tanezrouft-Piste

Markt in Mopti

Landeskundliche Informationen

Geografie

Das **1.240.000 km²** große Staatsgebiet Malis erstreckt sich von allen Sahelländern am weitesten nach Norden in die Sahara hinein und infolge der Nord-Süd-Ausdehnung über **mehrere Klima- und Vegetationszonen:** vom Rand der tropischen Feuchtsavanne über die Trockensavanne und die Sahelzone bis in die Wüstengebiete der Sahara.

Die **saharische Zone** (etwa zwei Drittel des Landes) kennt keine regelmäßigen Niederschläge; auch fehlen in diesen, ausschließlich mit Sand und Geröll bedeckten, Trockengebieten Oasenhaine mit Palmen und sesshafter Bevölkerung.

Südlich schließt sich zwischen dem Oberen Senegal und dem Mittleren Niger die **Sahelzone** an (Dornbuschsavanne mit vereinzelt stehenden Akazien- und Baobab-Bäumen); aufgrund der sehr spärlichen Niederschläge ist der Anbau von Grundnahrungsmitteln nur mit Hilfe von künstlicher Bewässerung möglich.

In der südlich angrenzenden **Sudanzone** (Trocken- bzw. Feuchtsavanne) sind neben Baobabs vor allem Borassus-Palmen und Kariténussbäume (Schibutterbäume) charakteristisch.

Sehr stark landschaftsprägend sind die beiden **Hauptflüsse des Landes,** der **Senegal** und der **Niger,** die beide

Piroge auf dem Niger

GEOGRAFIE

im Fouta Djalon entspringen und den Westen bzw. den Süden des Landes durchqueren. Aufgrund der saisonbedingten Schwankungen im Wasserstand ist auf dem Senegal im Gebiet Malis keine reguläre Schifffahrt möglich. Der Niger dagegen, Lebensader und wichtigster Nahrungsspender Malis, an dessen Ufern (inkl. Nebenflüsse) etwa 70% der Bevölkerung leben, ist von Koulikoro (57 km östlich von Bamako) bis Gao je nach Wasserstand mehrere Monate im Jahr schiffbar.

Der Niger teilt sich in mehrere Arme und bildet zusammen mit dem bei Mopti in den **Niger** mündenden **Bani** ein **Binnendelta,** das sich in der Regenzeit in einen etwa 40.000 km² großen See verwandelt und nach Abfluss des Hochwassers ein sehr fruchtbares Schwemmland hinterlässt; aufgrund seines Fischreichtums leistet es einen wesentlichen Beitrag zur Ernährung der Bevölkerung des Landes. Diese etwa 300 km lange und 100 km breite Überschwemmungsebene zwischen Segou und Timbuktu ist ein wichtiges wirtschaftliches und kulturelles Zentrum des Landes.

Weite Ebenen und flache Becken, aus denen sich vereinzelt Kegel- bzw. Tafelberge (z.B. Hombori Tondi mit 1155 m) erheben, sowie steile Landstufen wie die Falaise de Bandiagara bestimmen weitgehend das Landschaftsbild. Die höchste Erhebung erreicht das **Iforas-Bergland** (Adrar der Iforas, franz. Adrar des Ifoghas) im Norden.

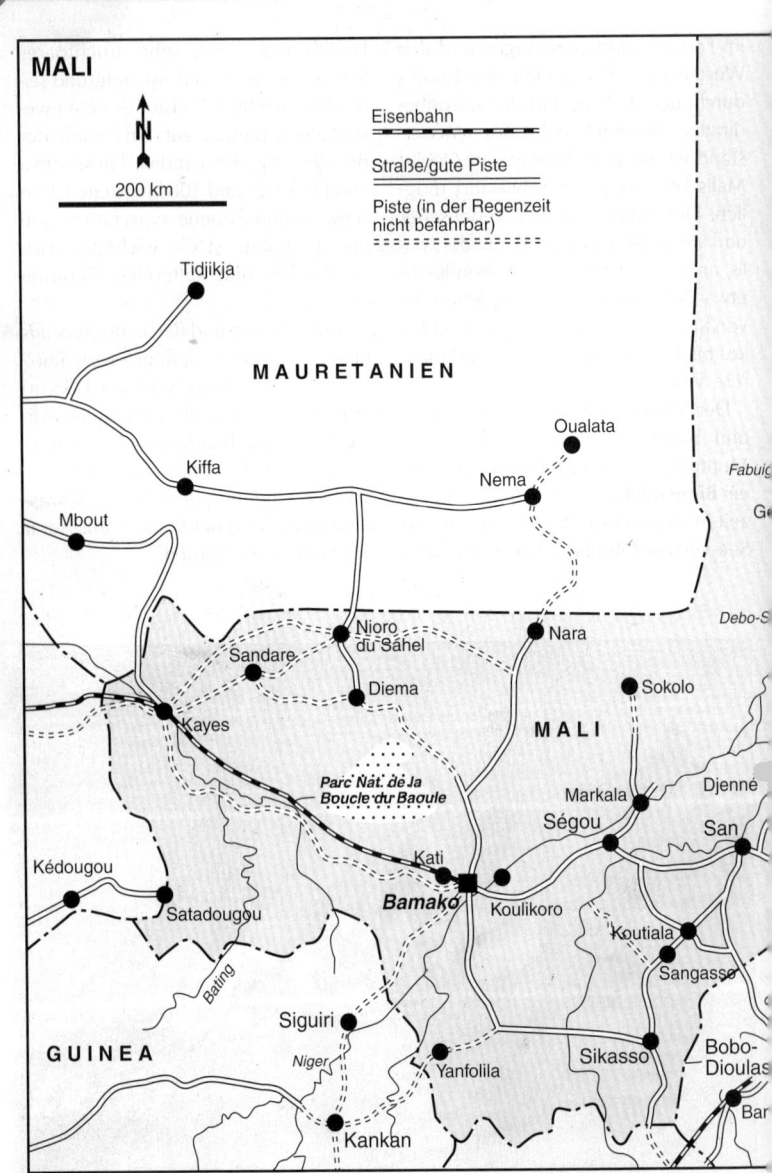

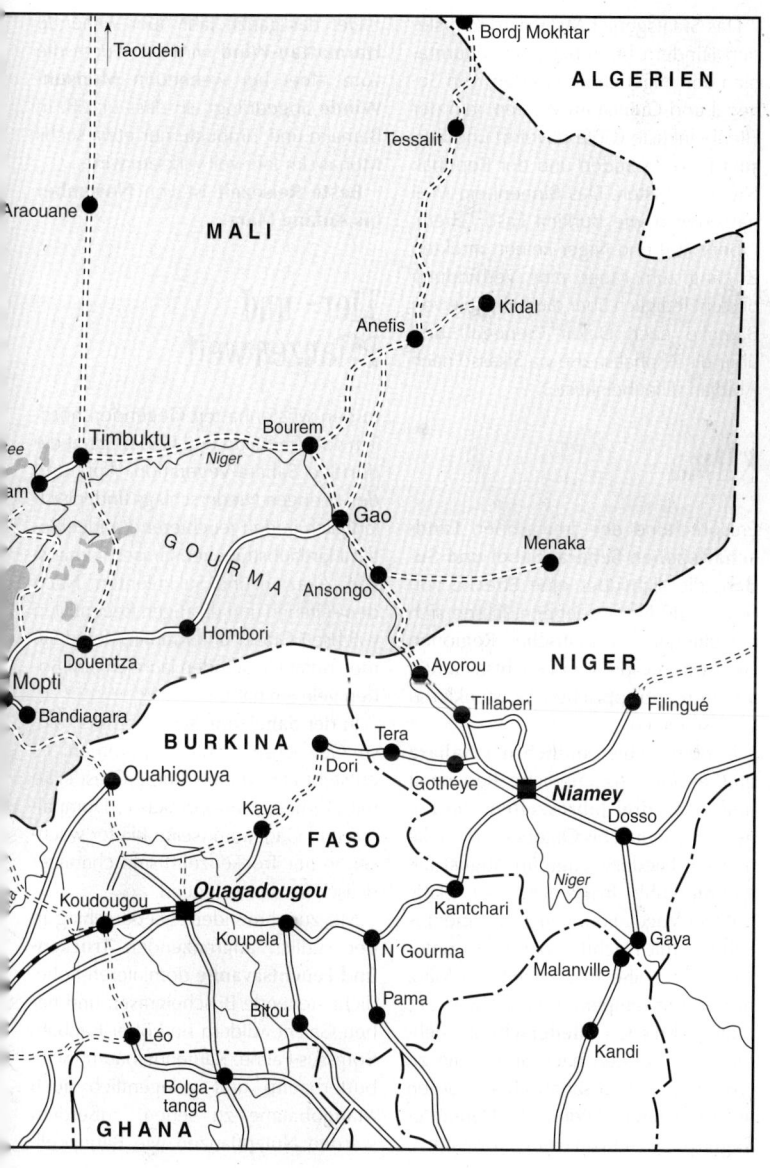

KLIMA, TIER- UND PFLANZENWELT

Das Staatsgebiet Malis wird von sieben Ländern begrenzt: von Mauretanien und Algerien im Norden, von Senegal und Guinea im Westen, von der Elfenbeinküste (Côte d'Ivoire) und Burkina Faso im Süden und der Republik Niger im Osten. Das Binnenland Mali hat ebenso wie Burkina Faso (ehem. Obervolta) und Niger keinen direkten Zugang zum Meer; eine Verbindung besteht lediglich über die Bahnlinie von Bamako nach Dakar (Senegal) und über die Asphaltstraße via Sikasso nach Abidjan (Elfenbeinküste).

Klima

Entsprechend der drei großen **Landschaftszonen Sahara, Sahel und Sudan,** die sich über eine Strecke von rund 1500 km ausdehnen, lassen sich verschiedene klimatische Regionen (von warmtropischen Feuchtsavannen bis zum subtropischen Wüstenklima) unterscheiden.

In dem Gebiet **südlich der Sahara** gibt es eine sommerliche Regenzeit und somit **drei Jahreszeiten:** die Regenzeit von Juni bis Oktober, wobei die meisten Niederschläge im August fallen; die kühle Trockenzeit (mit relativ üppiger Vegetation) von November bis Februar mit Nachttemperaturen unter 15°C; die heiße Trockenzeit von März bis Juni mit Temperaturen bis 45°C.

Die jährlichen **Niederschläge** nehmen von Norden nach Süden hin zu (von 100 mm im saharischen Norden auf 1000 mm im Süden), die Dauer der Regenzeit steigt von 0 auf 5 Monate.

Der das ganze Jahr über wehende **Harmattan-Wind** wird z.T. durch die vom Meer her wehenden **Monsun-Winde** abgedrängt, so dass er z.B. in Bamako und Timbuktu nur etwa sechs Monate im Jahr voll wirksam wird.

Beste Reisezeit ist von **November bis Anfang März.**

Tier- und Pflanzenwelt

In den wüstenhaften Gegenden nördlich von Timbuktu und Gao beginnt die dürftige Sahara-Vegetation. Aufgrund des geringen Niederschlags finden sich lediglich in den feuchteren Randgebieten Hartlaubsträucher, Gräser, Tamarisken, Akazien und Sukkulenten. Nach den seltenen und dürftigen Regenfällen wachsen Gräser und Kräuter, deren Samen unter Umständen jahrelang im Boden gelegen haben.

In der **Sahelzone** schließen sich diese Gewächse dichter zusammen, es entsteht eine dünne, kurze Grasdecke mit Dornengestrüpp; Akazie, Dumpalme und Gaobaum (seine Blätter wachsen in der Trockenzeit!) sind charakteristisch für diese Gegend.

Mit zunehmendem Niederschlag in der südlich angrenzenden **Trocken- und Feuchtsavanne** dominieren hohe, dicht stehende Büschelgräser, und neben Galeriewäldern sind öfter Baobab, Borassus-Palme, Kariténussbaum (Schibutterbaum) und gelegentlich auch Mangobäume zu sehen, außerdem werden Nutzpflanzen wie Baumwoll-

und Kola-Sträucher, Erdnüsse, Sesam, Mais sowie die Knollenfrüchte Maniok und Yams angebaut.

Obwohl die **Tierwelt** durch den Menschen stark dezimiert wurde, gibt es in den etwas feuchteren Regionen des Nordens **(Sahelzone)** vereinzelt Gazellen, Stachelschweine, Nagetiere, Wüstenfüchse, verschiedene Insekten (Wüstenheuschrecken und große Libellen, Nachtfalter und Ameisen) und kleinere Reptilien. Der Vogel Strauß gilt inzwischen als ausgerottet.

In der **Sudanzone** leben einige Affenarten sowie Panther, Geparden, Löwen, Krokodile und Flusspferde, insbesondere an den Ufern des oberen Senegal und des Oberen Niger; daneben Antilopen, Gazellen, Schakale und Hyänen sowie Büffel, Wildschweine und verschiedene Nagetiere. Der Wildbestand wird wegen der zunehmenden Versteppung weiter Gebiete und des enormen Bevölkerungsdrucks jedoch zusehends dezimiert.

Die nach Jahren der Dürre bereits als ausgestorben geltenden **Elefanten** haben sich in den letzten Jahren durch Schutzmaßnahmen wieder erholt. In der Réserve des éléphants du Gourma (südlich des Nigerbogens ungefähr zwischen Gao und Douentza) leben heute wieder ungefähr 800 Elefanten in mehreren Gruppen. Sie führen jahreszyklische Wanderungen durch (siehe Exkurs „Auf der Suche nach Hannibals Elefanten"), wobei sie die Grenze nach Burkina Faso überschreiten. Von Bauern und Viehhaltern werden die Tiere als störende Konkurrenten empfunden und deshalb verfolgt und vertrieben. In einem Land, das die eigenen Menschen oft genug mehr schlecht als recht zu ernähren vermag, kann es eigentlich nicht verwundern, dass Tierschutz erst deutlich nach Menschenschutz rangiert. Hier ist internationale Hilfe gefragt und wird auch praktiziert. Aber vielleicht weckt die Hoffnung auf Einnahmen durch Elefanten-Touristen ja doch das Interesse der Malier an einem eigenständigen und konsequenten Schutz dieser letzten Steppen-Elefanten Westafrikas.

Die eindrucksvolle afrikanische Felsenpython *(Python sebae)* ist eine Riesenschlange und spielt in der Glaubenswelt der einheimischen Bevölkerung eine besondere Rolle. Weitere häufig vorkommende Arten sind Viper, schwarze Naya, sowie mehrere ungiftige Natternarten. Zahlreiche Vogelarten (Marabus, Ibisse, Silberreiher, Kraniche, Pelikane, Adler, Falken, Rebhühner, Wachteln, Papageien, Kolibris etc.) vervollständigen das Bild.

Im **Nationalpark des Baoulé** tummeln sich vor allem Antilopen, aber vereinzelt auch Löwen. Die Jagd bzw. der Abschuss von Wildtieren muss vorher genehmigt und bezahlt werden.

Zu den **Fischen,** die eine große Bedeutung für die Ernährung haben, zählen Kapitänsfisch sowie Hecht und Aal.

Auf der Suche nach Hannibals Elefanten

von Gerhard Göttler

Seit Jahren hatte ich Kenntnis davon, daß sich reliktartig im malisch-mauretanischen Übergangsbereich zwischen Sahara und Sahel noch irgendwo Restgruppen jener legendären, kleinen, nur wenig mehr als pferdegroßen Elefanten erhalten haben müssen, mit denen der nordafrikanische Kämpe *Hannibal* das Mittelmeer via Spanien umrundet, die Alpen überquert und dann Rom attackiert hatte. Wiederholt hatte ich versucht, diese Elefanten im unwegsamen Grenzlandbusch der so genannten Gourma aufzuspüren – vergeblich. Vor Ort hatte ich nur erfahren, die Tiere seien in verschiedenen Dürreperioden zunächst dezimiert worden und seien dann in der großen Dürre am Beginn der 1980er Jahre endgültig ausgestorben. Von einem Münchner Zoologen, spezialisiert auf Säugetiere der Sahara, erhielt ich eine ähnliche Mitteilung: Seit vielen Jahren habe es keine Lebend-Meldung mehr gegeben.

So war ich in höchstem Maße alarmiert, als ein Freund von einer Reise nach Timbuktu mit dem Bericht zurückkehrte, er habe in Douentza einen jungen Elefantenspurensucher namens Boni kennen gelernt, der ihm von „wiedererstandenen" Herden im Gebiet von Hombori berichtete; eine Telefonnummer in Bamako wurde mir angegeben und über diesen Anschluß konnte ich tatsächlich über einen Mittelsmann Kontakt zu Boni herstellen. Nach Jahren vergeblicher Sucher waren Hannibals Elefanten plötzlich in greifbare Nähe gerückt.

Ich buchte mitten im Juli einen Flug nach Niamey/Niger. Dort hatte ich einen Bekannten namens Danzouma, an den ich vor Jahren zu günstigen Konditionen einen PKW verkauft hatte mit der Auflage, wann immer ich nach Niamey käme, mich damit ans Ziel meiner Reisewünsche zu transportieren, wenn ich für alle Fahrkosten aufkäme. Danzouma war selbst reiselustig und nutzte die Gelegenheit zu für ihn kostenneutralen Reisen gerne. So auch jetzt: Bei meinem Anruf war er sofort bereit, mit mir via Gao, Hombori und Douentza bis nach Mopti zu fahren. Auf der Hinfahrt wollten wir dann einen Geländewagen in Douentza anmieten, der bei unserer Rückkehr zur Suche nach Hannibals Elefanten im freien Busch bereitstehen sollte. Gesagt getan: Mit Air France traf ich an einem späten Mittwochabend in Niamey ein. Wie ein Schlag fiel die Hitze über mich, obwohl auch zu Hause sommerliche Temperaturen geherrscht hatten. Hier aber war die Regenzeit nicht wie erwartet eingetreten; fehlende Bewölkung und staubige Atmosphäre sorgten für Temperaturen, wie sie hier sonst im Mai herrschen: mittlere Tageshöchsttemperatur weit über 40 Grad, mittlere nächtliche Tiefsttemperatur knapp unter 30 Grad, kurz: mörderisch!

Nach einer Nacht im klimatisierten Hotelzimmer (Tiefsttemperatur aber hier auch nur 27 Grad!) ging es anderntags an die Fahrzeug-Vorbereitungen, z.B. ein nicht vorhandenes Reserverad oder eine einfache Aussandausrüstung besorgen (die Piste hinüber nach Gao weist ja noch immer lange Weichsandpassagen auf). Am frühen Nachmittag verlassen wir Niamey und rollen auf guter Asphaltstraße und voller Reiselust gen Westen. Die Hitze ist fast unerträglich, der Fahrtwind so heiß, dass selbst das offene Fenster zur Last wird. Eine erste Trinkpause gönnen wir uns deshalb bereits in Tillaberi. Weiter führt uns die Straße nach Westen. Bis vor wenigen Jahren ging es auf flotter Piste weiter bis Ayourou. Jetzt reicht Asphalt bis dorthin. Die Straße bleibt gegenüber dem Pistenverlauf etwas im Hinterland und berührt den Niger-Fluss kaum je. Dennoch laden hübsche und ruhige Täler mit Schatten spendendem Bewuchs immer wieder zu kurzen Verschnaufpausen ein. So erreichen wir Ayourou erst in der Dämmerung. Der Ort ist bekannt für seinen

AUF DER SUCHE NACH HANNIBALS ELEFANTEN

malerischen und sehr lebhaften Markt am Ufer des Flusses. Jetzt liegt er wie tot unter einer stickigen staubig-feuchten Hitzeglocke – ein Überleben im Hitzeschlaf. Das Hotel Amenokal ist geschlossen, sein Umfeld in einem ganz erbärmlichen Zustand. Immerhin gestattet mir ein Wächter, mein Nachtlager unter einem der Nim-Bäume im Garten aufzuschlagen. Es wird die schlimmste Nacht, die ich bis dahin in Afrika verbracht habe. Es ist so grausam heiß, so stickig, ich selbst bin noch so wenig an die neue Klima-Situation angepasst, dass ich mir sicher bin: Wenn ich diese Nacht überlebe, kann nichts in Afrika mehr mich umbringen! Eine Herzsensation löst die nächste ab. Schweißüberströmt und schlaflos liege ich bis zur Morgendämmerung. Kurz vor Sonnenaufgang steht das Thermometer noch auf 39 Grad! Tröstlich nur die Bestätigung einer bereits auf früheren Reisen gewonnenen Erkenntnis: In Zeiten größter Hitze gibt es keine Moskitos! Obwohl ich kaum einen Steinwurf vom Flussufer des Nigers entfernt und annähernd unbekleidet liege, stört keine einzige Fliege, Schnake oder ähnliches meinen nächtlichen Kampf ums Überleben. Das Moskitonetz blieb die ganze Nacht hochgerollt.

Gerädert, aber auch irgendwie stolz erlebe ich den Sonnenaufgang. Es ist wie beim Sprung ins Wasser: Für den Rest der Reise bin ich adaptiert, nichts wird mich mehr beeinträchtigen. Tatsächlich empfinde ich weitere Morgendämmerungen – auch diese alle ohne Moskitonetz – mit 37 Grad als angenehm kühl.

In Douentza treffen wir Boni. Die bereits telefonisch getroffenen Vereinbarungen werden bestätigt. Er stellt uns den maroden Geländewagen seiner kleinen Reiseagentur vor, einen mehr als rostigen Pajero. Mit ihm werden wir am Rückweg Hannibals Elefanten suchen; er holt zwischenzeitlich Informationen über den genauen Aufenthaltsort der Herden ein. In dieser Jahreszeit ziehen die Elefanten nach Süden und seien nicht weit südlich von Douentza zu finden, drei Tage im Busch vollauf ausreichend. Gewitzt von früheren Reisen treffen wir schriftlich die Vereinbarung: Honorarzahlung erfolgt nur, wenn wir auch Elefanten sehen. Andernfalls bezahle ich nichts als die Benzinkosten für die Fahrt ins Gelände.

Mopti, das „Venedig Westafrikas", erlebe ich wieder als kaum zu überbietenden Höhepunkt einer sahelischen Hafenstadt am Schnittpunkt der Handels- und Karawanenwege aus allen Himmelsrichtungen. Ich genieße den Sonnenuntergang im Restaurant hoch über dem Hafen und dem Fluss. Fahnengeschmückte Boote voller Menschen überqueren die Wasserfläche: Sie bringen Verstorbene hinüber ans andere Flussufer, dorthin, wo nach jahrtausendealten mystischen Vorstellungen das Reich der Toten liegt, jenseits des Flusses.

Zurück in Douentza bleibt wenig zu tun, die Fahrt ins Gelände vorzubereiten. Im letzten Dorf an gängiger Piste liegt der Ort Boni, nachdem auch unser Elefanten-Führer benannt ist. Hier müssen wir noch die Reisegenehmigung des Sous-Präfekten einholen. Unseren PKW dürfen wir unterm Schattendach des Beamten abstellen, dafür gibt er uns als weiteren Passagier einen Jäger mit Flinte für die Reise in den Busch mit: Er soll auf uns aufpassen, Jagen sei im Elefantenschutzgebiet verboten und die über Europäern wisse man ja nie ... Unser Bewacher wird später der Einzige sein, der (vergeblich) auf Gazellen und (erfolgreich) auf Perlhühner anlegt.

Die Fahrt geht nach Süden. Jäger und Boni geben dem Fahrer die Richtung im schwierigen Gelände an. Inselartiger dichter Buschwald lässt immer wieder freie Passagen, verhindert aber über weite Strecken das geradlinige Verfolgen einer Route. Die markante Silouette der senkrecht aufragenden Hombori-Berge bleibt mehr und mehr zurück. Wir passieren verschiedene Dörfer, die teilweise nur temporär besiedelt und nur auf kleinsten Trampelpfaden erreichbar sind: Busch jenseits von Straßen und Pisten. In grasigen Altdünengebieten treffen wir vereinzelt auf Hirten. Jeder wird nach Elefanten gefragt, jeder hat

Auf der Suche nach Hannibals Elefanten

gestern, vorgestern kleine Trupps auf dem Weg nach Süden beobachtet. Dann treffen wir erstmals auf deutliche Spuren: Hier zog eine Herde der Wildtiere durch, eine Schneise der Zerstörung hinterlassend. Zweige wurden herabgebrochen, ganze Bäume einfach mit den Stoßzähnen umgedrückt. Eine typische Pflanze der so genannten Sekundär-Vegetation, *Calotropis procera*, oft fälschlich wegen ihres weißen Saftflusses als Wolfsmilchgewächs bezeichnet, scheint geradezu den Zorn der Tiere auszulösen: Diese Büsche werden nach Möglichkeit mit Stumpf und Stiel ausgerissen, die Bestandteile dann voll Wut weit in die Umgebung geworfen – darf man Elefanten wie Menschen interpretieren? Am Ende meiner Reise zu Hannibals Elefanten werde ich wissen: Man darf nicht nur, man wird wohl müssen!

Boni hat zusammen mit dem Jäger am Elefanten-Trail vor allem ein Interesse: Fachmännisch werden die riesigen Elefanten-Bollen – von beiden fast liebevoll „Ka-ka" genannt – untersucht und auf ihr Alter hin überprüft. Resultat: Sie sind zu alt, um den deutlichen Spuren zu folgen; wir würden die Herde erst nach Tagen eingeholt haben. Also weiter, frischere Spuren suchen. Für mich stimmt allerdings schon hier das Weltbild nicht mehr: Einer der Elefantenfußabdrücke hat sich wohl 10 cm tief ins Gelände gedrückt, an einer Stelle, an der ich auch mit Aufbietung aller Kraft mit dem beschuhten Fersen allenfalls einen Kratzer an der harten Oberfläche hinterlassen kann. Und der Abdruck hat die Größe einer Paella-Pfanne, Familien-Ausführung! Das sollen Hannibal-Elefanten sein? Pferdegroß? Einen riesigen Baum haben sie mit einem Stoßzahn einfach umgedrückt, schenkeldicke Äste abgebrochen – was müssen das für Tiere sein! Hier waren gigantische, saurierähnliche Kraftprotze am Werk! Ich bin verwirrt, habe nie von anderen als „Hannibal-Elefanten" in diesem Gebiet vernommen. (Den Lesern sei vorweggenommen, was mir zu wissen erst nach der Rückkehr vergönnt war: Die Gourma-Elefanten sind Steppenelefanten und als solche die zweitgrößten Elefanten weltweit nach denen in der Etosha-Pfanne in Tansania!)

AUF DER SUCHE NACH HANNIBALS ELEFANTEN

Einige Hügel weiter finden wir einen neuen, sehr frischen Trail. Auch hier fällt wieder das Wüten an den Calotropis-Büschen auf. Die Spannung steigt. Ich hoffe, jeden Augenblick das ersehnte Wild vor die Linse zu bekommen. Das Gelände ist schwer zu befahren. Meine Fachleute beschließen, den Elefanten durch einen Umweg über einfacheres Gelände den Weg abzuschneiden. Gesagt, getan. Unterwegs wird dann noch der Braten für den Abend geschossen: Perlhühner.

Wir erreichen einen kleinen Weiler. Dort erhalten wir die Auskunft, die Elefanten seien noch nicht durchgekommen; das Netz zieht sich nur langsam zu. Die Dorfbewohner wissen zudem von einem anderen Ort nahebei, wo sich gerade eine größere Herde aufhalten soll. Im letzten Licht dorthin. Enttäuschung und Freude zugleich: Hirten berichten, die Elefanten seien schon wieder weg, allerdings habe sich hier am Vorabend eine Tragödie abgespielt, die einen Elefanten das Leben kostete; zwei Elefantenrassen gäbe es hier, grau-gelbe und grau-schwarze, und letztere seien aggressiv und würden deshalb von den grau-gelben angegriffen und verjagt. Hier hätte ein grau-gelber Leitbulle einen grauschwarzen Jungbullen getötet. Einer der Männer bringt uns zum Ort des Dramas: Der Ort gleicht einem Kampfplatz. Es sieht aus wie nach einem Bombeneinschlag, kein Baum steht mehr, von Stämmen blieben nur noch Stümpfe. Am Jungbullen muss der Alte seinen Ärger regelrecht ausgetobt haben. Zerfetzt liegt der von Fliegenschwärmen bedeckte Kadaver da, die Eingeweide sind aus dem Leib herausgerissen und hängen meterweit in Ästen und Zweigen. Ich bin erschüttert und auch eingeschüchtert angesichts der Folgen solch tobsuchtartiger Aggressivität.

Als ich meinen Nachtplatz unter einigen hübschen Bäumen in der Talsohle einrichten will, wissen das meine Begleiter rasch zu verhindern: Dort genau verläuft ein Trail, und wenn die Tiere nachts dort auf mich stoßen, hält nichts sie davon ab, mich am Schicksal des schwarzen Jungbullen teilhaben zu lassen. Also schlafe ich seitab unter einem kleinen einzeln stehenden Baum auf einem Hügel. Meine Begleiter ziehen entweder das nahe Dorf oder das Fahrzeuginnere vor.

Mitten in der Nacht bricht ein gewaltiges Gewitter über uns herein. Im letzten Augenblick kann ich mich noch fast trocken ebenfalls ins Fahrzeug flüchten. Im Morgengrauen klart es wieder auf, das Gelände ist weithin von Wasserflächen bedeckt. Es ist frisch, sehr frisch – jeder friert bei 27 Grad.

Das nächtliche Gewitter wird uns beim Weiterfahren rasch zum Verhängnis: Auf einer trocken scheinenden Fläche bricht das Fahrzeug wie in Eis bis zum Fahrzeugboden ein – unter der angetrockneten Oberfläche ist nichts als schmieriger, seifiger Lehm, der mit jeder Berührung mehr und mehr zu Brei wird. Das ohnehin abgefahrene Reifenprofil ist wirkungslos. Von einem Hügel nahebei schleppen wir Steine heran, unterstützt von zwei Tuareg, die auf ihren Kamelen zufällig des Weges geritten kamen. Von ihnen erfahren wir auch, dass sie unweit unserer Lehmbreistelle tags zuvor einer 30-köpfigen Elefantenherde begegnet waren. Während alle anderen mit Bergungsarbeiten beschäftigt sind, diskutiert unser Jäger mit den Tuareg, wie der nach Süden ziehenden Herde am besten der Weg abzuschneiden sei. Nach zwei Stunden anstrengendem Steineschleppen und Schieben ist der Wagen frei. Die Sonne knallt jetzt schon erbarmungslos von einem stahlblauen, sauber geregneten Himmel. Wir trinken in unglaublichen Mengen. Die hohe Luftfeuchtigkeit lässt uns schwitzen, als wären wir soeben mitsamt Kleidern aus dem Wasser gezogen worden. Ja, Kleider: An den scharfkantigen Durchrostungen des Pajero hat sich Danzouma seinen schönen Boubou schon zweimal heftig zerrissen. Auch meine liebste leichte Hitzehose wurde mit einer heftigen Triangel verziert. Aber der Wagen ist frei. Weiter geht's auf Elefantensuche. Die frischen Spuren der 30-Kopf-Herde sind rasch gefunden – und dann die Enttäuschung: Zwischen uns und der Herde liegt ein Tal, und in

AUF DER SUCHE NACH HANNIBALS ELEFANTEN

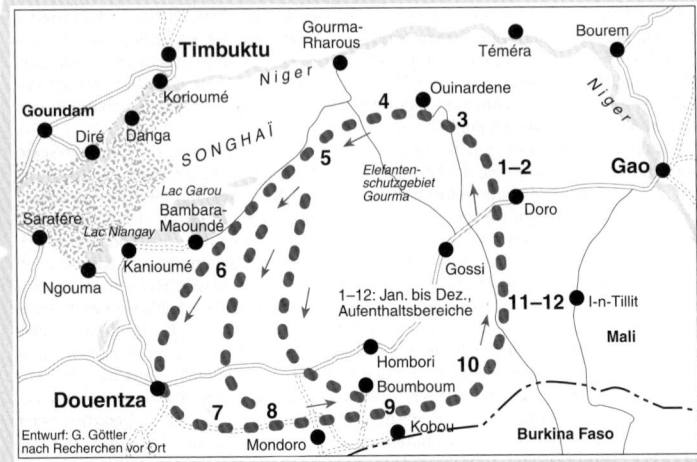

Wanderungsbewegung der Elefanten

diesem fließt seit dem nächtlichen Gewitter mit einer kaum wahrnehmbaren Strömung ein breiter, hier tiefer Fluss, absolut unüberwindbar für uns. Sorgen machen sich zudem bei den Geländekennern breit: Dieser Fluss liegt auch zwischen uns und unserem Ausgangspunkt! Und letzteren müssen wir in einem angemessenen Zeitraum wieder erreichen – mein Flugzeug für den Rückflug nach Paris wird nicht warten, bis ich aus den Schlamm-Niederungen zurück bin! Die Entscheidung ist zwingend: Vor der weiteren Elefantensuche müssen wir erst einmal dieses Tal bzw. den tiefen Fluss überqueren. Zwischen Boni und dem Jäger entsteht eine lebhafte Auseinandersetzung, an welcher Stelle dies beim derzeitigen Wasserstand überhaupt noch möglich ist – keine beruhigende Ausgangssituation.

Jetzt machen wir uns auf die Suche nicht nach Elefanten, sondern erst nach einer Furt. Mehrere Versuche scheitern bereits im Ansatz. Schon der Anblick der Wasserflächen oder der nur noch mit den Wipfeln aus den Fluten ragenden Bäume zeigt eindeutig die Unpassierbarkeit mancher von unseren Führern in Betracht gezogenen Furten. Danzouma, selbst nicht ortskundig, aber eben doch Einheimischer, ist richtig sauer auf unsere Begleiter, hätten sie seiner Meinung nach doch wissen müssen, welches Risiko die auf dem Hinweg so sorglose Überquerung des Tales in dieser Jahreszeit mit sich bringt. Die Stimmung in unserer Gruppe wird langsam gereizt. Schließlich landen wir vor einer weiten, nicht mehr überschaubaren und sich bis zum Horizont dehnenden Ebene, die zwar grasbestanden, aber auch 20, 30 cm hoch von Wasser bedeckt ist. Eine einzelne Karrenspur windet sich hindurch – eindeutig aus trockenen Zeiten, erkennbar nur an den im Wasser stehenden Gräsern. Streit bricht aus, ob diese Spur machbar ist oder uns in eine Falle lockt. Der Jäger und ich enthalten uns, Danzouma will nur noch zurück zu seinem Wagen und zwar hier und jetzt, Boni und der Fahrer sind gegen die Spur, weil sich (für mich erst jetzt) herausstellt, dass das Fahrzeug diese Passage nicht mit dem dazu erforderlichen zügigen Tempo angehen kann: Allrad ist nur noch im ersten Kriechgang vorhanden! Doch Danzouma setzt sich durch. Mit minimalem Tempo und laut heulendem Motor nimmt der Fahrer die Spur in Angriff. Wir anderen laufen nebenher, schieben aus Leibeskräften, wann immer das Fahrzeug zu stecken droht. Mehrfach hängt der Wagen fest, kann aber durch Rückwärtsfahren bzw. durch Unterlegen von Zweigen immer wieder flott gemacht werden. Doch die Ebene zieht sich über Kilometer hin, und langsam lassen unsere Kräfte nach. Keiner vermag noch richtig zu schieben, keiner hat noch den Elan, Zweige richtig unterzupacken. Ich fühle mich einem Sonnenstich, einem Hitzekollaps oder der absoluten Schiebebeerschöpfung verdächtig nahe. Und dann kommt, was kommen musste: Der Wagen hängt, alles Vor- und Zurücksetzen mit Motorkraft macht den Lehmbrei nur noch weicher und schlüpfriger. Jeder zieht sich völlig ausgepumpt in den dürftigen Schatten irgendwelcher Dornbüsche oder Sträucher zurück, stehend, bis über die Knöchel im Wasser. Jetzt wird das Trinkwaser in den Kanistern knapp, und wir beginnen, das lehmgelbe Wasser der uns umgebenden Wasserfläche vorsichtig abzuschöpfen – es sollen ja keine Ziegenknödel mit ins Trinkgefäß ... Im Schatten von Büschen ist das Wasser recht kühl, in der Sonne jedoch heiß. Eine Entscheidung muss fallen. Wie weit ist der Ort Boni noch entfernt? 24 Stunden Fußmarsch schätzen Jäger und Führer. Wenn wir jetzt aufbrechen, sind wir am Mittag des Folgetages dort, genau richtig, um rechtzeitig wieder zurück am Flugplatz in Niamey zu sein. Auf geht's! Sorgfältig wird das inmitten der Wasserfläche im Schlamm „geparkte" Auto abgeschlossen, und dann bricht eine skurrile Karawane auf: Ich hänge mir meinen schweren Fotokoffer und meine Reisetasche überkreuzt um, meinen Koffer werden Boni und der Fahrer – ansonsten ohne Gepäck – abwechselnd tragen, Danzouma hat an eigener Ausrüstung gut zu schleppen, und der Jäger weigert sich schlicht, angesichts der langen Strecke mehr als seine Flinte auf sich zu nehmen. Es zeigt sich im Übrigen im Verlauf des weiteren Abenteuers, dass gerade er die geringsten Kräftereserven aufzuweisen hat.

Gut. Die Karawane zieht los wie in Filmen aus kolonialen Zeiten. Das Wasser ist fast immer waden- bis knietief. Unebenheiten sind nicht auszumachen, da es vollkommen lehmtrüb ist. Meine guten Ledersandalen sind für Wasser nicht gemacht, und schon nach kaum 200 m bin ich nur noch barfuß unterwegs. Dies ist noch nicht ganz gut machbar. Der Untergrund ist weich, Dornen und Zweige aufgeweicht. Dann ein Silberstreifen am Horizont: Boni mit den scharfen Augen des Elefanten-Führers erkennt ein weit entferntes Dorf. Dort will er jetzt mit dem Fahrer Hilfe holen. Wir anderen pausieren derweil mitten in der Wasserfläche. Alles Gepäck wird in die mehr oder weniger schütteren Bäume der Umgebung gehängt. Ich breche einige Zweige ab und baue die Art Insel, auf die ich meinen Schalenkoffer so lege, dass er nicht bis über die Verschlussmitte ins Wasser sinkt. So kann ich wenigstens trocken sitzen.

Die Zeit verrinnt. Stille. Schweißtreibende, aber nicht eigentlich schwüle Feuchthitze. Leider regt sich kein Lüftchen. Irgendwo gurren mitunter Tauben. Ich kauere mich auf meine 70-cm-Samsonite-Schale und – schlafe tief und fest den Schlaf des Erschöpften. Boni und der Fahrer kommen mit zwanzig Leuten aus dem Dorf, lachen sich fast kaputt über den auf seinem Koffer im Wasser schlafenden Europäer, und ich erwache erst, als ihr in Richtung Pajero abziehendes Gelächter schon fast verklungen ist.

Die vielköpfige Hilfe zeigt Wirkung: Rasch ist der Geländewagen befreit und bei uns. Das Gepäck wird wieder eingeladen, und weiter geht die Fahrt durchs Wasser, bis am jenseitigen Talhang wieder festerer Untergrund unter die Reifen kommt. Der Fluss liegt damit hinter uns, jetzt gilt die Suche wieder den Elefanten!

Bei einem Tuareg-Zelt, das wir schon vom Hinweg kennen, halten wir an und befragen die Männer. Und welch ein Glück: In den frühen Morgenstunden dieses Tages ist ein einzelgängerischer Bulle auf dem Weg nach Süden durchgezogen! Die Tuareg bieten an, mit ihren Kamelen – und mir – seinen Spuren so lange zu folgen, bis er eingeholt ist. Sie schätzen die erforderlich Zeit auf zwei, drei Stunden. Das ist die Chance! Die Kamele werden rasch gesattelt. Der Zeltchef wird mich auf sein großes, kräftiges Reittier laden, ein zweiter Tuareg wird den kleinen leichtgewichtigen Boni als Elefantenkenner und Dolmetscher auf seinem eher schlanken Kamel mitnehmen. Einzelgängerische Bullen gelten als sehr leicht erregbar, und so wird mir noch einmal richtiges Verhalten bei einer möglichen Konfrontation mit dem Tier eingeschärft.

Im Trab geht es los, den deutlichen Spuren kursgenau nach Süden folgend. Der Elefant scheint sich allerhand Späßchen geleistet zu haben: Immer wieder schlenderte er genau in den Wasser führenden Bächen oder Rinnsalen, hier und dort mit seinem kräftigen Rüssel kleine Staus aus Zweigen oder Blättern wegschleudernd, ein richtiger „Bächleputzer". Auch hier wieder das Wüten gegen die Calotropis-Büsche. Immer wieder weisen mich die Tuareg auch auf Zweigabbrüche hin, wo der Elefant mehr naschhaft seinen Hunger en passant besänftigte. Im weichen Untergrund sind seine Spuren, diese riesigen Paella-Pfannen-Eindrücke, leicht zu verfolgen. Im Wasser oder auf hartem Gelände wird's schwieriger. Geschickt teilen sich dann die Tuareg-Reiter die Arbeit: Einer hält sich mehr rechts, der andere mehr links, bis die Spur auf besserem Untergrund wieder deutlich wird. So reiten wir fast durchweg im Trab. Ich kann mich auf der Rückseite des abfallenden Höckers nur schlecht als recht halten und werde heftig durchgewürfelt. Die Sonne knallt vom blauen Himmel herab. Der kühlende „Fahrt"-Wind wird vom sich blähenden Boubou meines Reitersmannes vor mir fast gänzlich abgehalten. Trotz solcher Leiden entwickle ich rasch höchste Bewunderung und ein fast grenzenloses Vertrauen in die schlanke und wohlriechende Gestalt vor mir. Überaus geschickt lenkt der Mann sein Kamel um Busch- und Waldinseln herum, dirigiert das rutschende Tier vorsichtig aufgeweichte Böschungen hinab und durch Bachläufe hindurch, treibt es auf besserem Untergrund sofort wieder zum Trab an. Mit Schnalzen und Fußdrücken am Hals, durch knappe Kommandos und sachten Peitscheneinsatz lenkt er das langbeinige Reittier souverän durchs Gelände. Der hohe Sitz ermöglicht dem Tuareg einen hervorragenden Überblick. Wo wir durch dichteres Strauchwerk müssen, biegt er fürsorglich Dornenzweige beiseite, damit diese mich nicht zerkratzen bzw. mir die Hose zerreißen. Immer wieder debattieren die Tuareg auch mit Boni, wie weit der Elefant wohl noch entfernt sei. Nach knapp zwei Stunden ist klar, dass der Elefant uns Verfolger bemerkt hat: Ging er bisher schnurstracks nach Süden, schlägt er jetzt immer wieder kurze Haken, wie meine Begleiter meinen, um nach uns zu sehen und zu hören. Anspannung macht sich breit und dämpft auch bei mir alle Schmerzen. Dann biegen wir um eine Bauminsel herum – da reißt mein Reitersmann so heftig sein Kamel auf den Hinterläufen herum, dass ich fast von seinem Rücken gefallen wäre: Kaum zehn Meter vor uns steht der Elefantenbulle mit riesiger Stirn und weit gespreizten Ohr in Front gegen uns! Im Galopp geht es zurück, um rasch einen so großen Sicherheitsabstand herzustellen, dass das Wildtier nicht angreift. Aufgeregt wird Halt gemacht. Ich mache meine Kamera bereit, und dann geht es erneut dem Elefanten hinterher, jetzt zu Fuß. Boni gibt mir im Rennen noch einmal Verhaltensregeln: „Wenn er angreift, renn' weg, was das Leben hergibt, zickzack um Bäume herum, versteck' Dich, beweg' Dich nicht, aber beobachte ihn; renn' nach Norden, denn er will nach Süden." Gut gesagt! Hoffentlich greift er nicht an!

Der Elefant war nach der ersten Konfrontation wie ein Uhrwerk wieder auf Südkurs gegangen. Die Spuren zeigen jedoch: Er ist auf der Hut, die Geradlinigkeit des Verlaufs hat jetzt ein Ende, mal links rum, dann ganz gemächlich wieder eher rechts, immer wieder stehend und sichern nach hinten. Eng jetzt die Schritte, eine Paella-Pfanne an der an-

AUF DER SUCHE NACH HANNIBALS ELEFANTEN

deren. War das ein Riesenvieh! Gelbe, gigantisch dicke Stoßzähne wie ich sie mir im Traum nicht ausgemalt hätte. Immer noch mehr rennend als gehend folgen wir weiter den Spuren. Es ist heiß. Dann hat der Tuareg den Elefanten vor sich, er winkt mich zum Fotografieren heran. Der Koloss wendet uns gemächlich weitergehend das Hinterteil zu. Rufe und Pfiffe des Tuareg lassen ihn hin und her pendeln. Boni ist vorsichtiger und mahnt auch den Tuareg zu zurückhaltenderem Verhalten. Ich drücke bei jeder sich bietenden Gelegenheit auf den Verschluss bis der Film voll ist. Jetzt gibt es für mich nur noch den Rückzug.

Rasch haben wir den zweiten, zurückgebliebenen Tuareg und die Kamele wieder erreicht. Im Schatten eines Busches wechsle ich das Teleobjektiv gegen das Normalobjektiv und lege einen neuen Film ein. Mein Tuareg ist zum Pinkeln hinter einem Busch verschwunden, Boni hinter einem anderen. Der zweite Tuareg sitzt bereits wieder in seinem Aussichtssattel – zum Glück! Lautes Schreien von oben: Der Elefant greift uns von der Seite her durch die Büsche an! Boni flitzt hinter seinem Busch vor, mein Tuareg rennt zu seinem Kamel, reißt es am Zügel hinter sich her, so dass das Sattelzeug in hohem Bogen in den Dreck fliegt, der zweite Tuareg ist bereits im Galopp verschwunden, ich selbst renne um mein Leben, wie alle anderen Hasenfüße auch – nach Norden! Irgendwo treffen wir keuchend alle wieder zusammen: Der Bulle verfolgt uns zum Glück nicht! Die Tuareg vor allem finden die Geschichte herrlich amüsant und können sich gar nicht satt lachen: Wie uns der alte Griesgram gezeigt hat, wer Herr im Busch ist! Wie er uns alle zum Laufen brachte! Na, so flink hat hier schon mancher kein Bein mehr vors andere gesetzt! Wie der alte raffinierte Teufel einen so weiten Bogen geschlagen hat und uns dann zunächst fast lautlos durch den Busch angegriffen hat! Und hast Du gesehen, wie flink der Alte noch auf den Beinen war? Und, Boni, machst Du mit Deinen kurzen Beinen öfter so lange Schritte? Gelächter und Schadenfreude nehmen kein Ende. Als mein Tuareg dann aber zurückgeht, um das verlorene Sattelzeug zu suchen, tut er dies doch äußerst vorsichtig und kommt – nachdem er alles aufgelesen hat – im Laufschritt wieder zurück. Vom Elefanten-Bullen aber war hinfort nichts mehr zu sehen. Ich bin sicher, er hat sich über seinen gelungenen Coup eines in den Rüssel gelacht.

Selbst war mir nicht mehr zum Lachen. Ich hatte zu viel Sonne abbekommen und mir bei zwei Stunden schweißtreibendem Trab den Hintern bis auf die Knochen durchgeritten. Bis ich mir tags darauf Handtücher in die Hose stopfe, habe ich schon zwei helle Hosen unrettbar mit Blut und Eiter versaut, kann wochenlang nur schwer gehen, monatelang nicht ins Bad und habe noch heute, ein ganzes Jahr später, zwar verheilte, aber innerlich schmerzhafte Löcher in meinen Gesäßbacken.

Vor Ort aber war die Geschichte noch lange nicht zu Ende: Boni jedoch ist vorerst am Ziel. Kein Grund mehr, ihm sein Honorar vorzuenthalten. Der Elefant war ja echt und am Leben. „Boni, Du hast gewonnen", ist deshalb einer meiner ersten Sätze an ihn auf dem Rückweg. Lebhafte Gespräche auf den gemächlichen Ritt zurück. Mein Tuareg will nicht glauben, dass wir in Deutschland ganz ohne Kamele leben. Das kann doch nur ein trauriges Leben sein: Üppige Weiden, aber keine Kamele? Zurück am Zelt bei Danzouma. Dem tut es nicht Leid, selbst keine Elefanten gesehen zu haben, kennt er sie doch noch aus eigenem Erleben aus Kindheitstagen. Auch damals hätten sie die lästigen Nahrungskonkurrenten wie heute noch die Bewohner dieses Gebietes durch lautes Trommeln zum Abwandern gebracht.

Wir fahren nach Norden zurück. Drohend stehen Gewittertürme vor uns in unserer Fahrtrichtung. Dann liegt erneut ein eher harmloser Wasserlauf vor uns. Erneut Streitgespräche über die beste Furt und die Möglichkeiten des Durchkommens. Kein Erfolg: Kurz darauf steckt der Pajero schon wieder mit allen vier Rädern und bis zum Bodenblech im grundlosen Lehmbrei, fließendes Wasser drumherum. Beleidigt der Jäger: Auf ihn wollte der Fahrer nicht hören. Boni aber kennt sich jetzt besser aus: Er weiß, dass keine Ortschaft in erreichbarer Entfernung liegt, um Hilfe herbeizuholen. Einige Stunden Fußmarsch voraus jedoch steht das Gehöft eines alleinstehenden alten Mannes und der hat einen Eselskarren. Zu ihm werden wir jetzt gehen und dann alles Gepäck mit dem Karren hinauf bis zum Ort Boni transportieren. Erneut bleibt der Wagen abgeschlossen im Überschwemmungsgelände zurück, erneut bricht die skurrile Karawane mit allem Gepäck auf dem Kopf auf. Diesmal habe ich deutlich mehr Mühe mit dem Barfußgehen. Die Berge sind schon so nahe, dass der Weg teils sehr steinig wird, und schon nach einer halben Stunde wird es Nacht und in der Nässe auch stockdunkel. Ein Gewitter bricht über uns herein, gewalttätiger Regen prasselt herab. Gegen 22 Uhr erreichen wir das Gehöft des alten Mannes. Boni reißt ihn aus dem Schlaf und macht ihm klar, dass wir seinen Eselskarren mieten wollen. Gemeinsam im letzten Licht einer schwachen Taschenlampe machen sie sich auf die Suche nach den beiden Eseln, die irgendwo draußen auf der nächtlichen Weide unterwegs sind.

Nach einer Stunde ist der Trekk abmarschbereit. Der alte Mann führt die Zügel, Danzouma und ich dürfen auf dem Eselskarren mitfahren, das Gepäck dient als Sitzgelegenheit. Mit einer großen Dumpalm-Matte schützen wir uns, den alten Mann und das Gepäck vor dem wieder einsetzenden heftigen Regen. Die restliche Mannschaft läuft hinter dem Wagen. Unglaublich, wie der eine Esel (der zweite geht nur als Reserve für den Rückweg im Geschirr nebenher) den Karren durch Dreck, Matsch und Wasser zieht, wie geschickt der alte Mann bei völliger Dunkelheit seinen Weg findet. Kurz vor dem Ort Boni lässt der Regen nach, der Himmel klart auf, empfindliche Kälte scheint herabzufallen. Im fahlen Sternenlicht sind Bäume und Büsche und die Felswände der Falaise zu erkennen. Boni fehlt hinter dem Karren! Der gelenkige Bursche hat sich einfach unter den Wagenboden in den Korb auf der Achse geschmuggelt! Der alte Mann zürnt ihm deswegen zwar etwas, ich aber habe den Eindruck, dass er in seiner Gutmütigkeit niemandem wirklich böse sein kann. Um drei Uhr in der Nacht erreichen wir Danzoumas Auto. Alle anderen finden im Ort eine Übernachtungsmöglichkeit bei Bekannten, Freunden oder bei der eigenen Familie. Von einem nahen Tümpel schallt ein Froschkonzert herüber, wie es sich ein Europäer gar nicht vorzustellen vermag! Sicher Zehntausende von Fröschen offensichtlich auch verschiedener Arten, die – in Wellen sich aufschaukelnd – ihr ohrenbetäubendes Gequake anstimmen. Allein das Froschkonzert dieser letzten Nacht im Elefantengebiet war die ganze Reise wert!

Hannibals Elefanten? Gourma-Elefanten habe ich gefunden, Steppenelefanten, die zweitgrößten Elefanten weltweit! Hannibals Elefanten aber werden weiterhin vermisst. Auf zu einer nächsten Reise also, auf zur Suche nach Hannibals Elefanten, viel weiter westlich, ungefähr im mauretanischen Tagant.

Bevölkerung

Mali zählt zu den am schwächsten besiedelten Ländern Afrikas. Der Norden ist fast menschenleer; die Mehrheit der **11,7 Mio. Einwohner** lebt entlang der Flüsse im Süden. Die autochthone (eingeborene und schon immer hier lebende) Bevölkerung Malis setzt sich aus verschiedenen ethnischen Gruppen zusammen. Da die Grenzen jedoch Folgen europäischer Kolonialpolitik sind, ist keine der Ethnien lediglich in Mali anzutreffen. Die zahlenmäßig stärkste ethnische und politisch dominante Gruppe sind die im Süden lebenden **Bambara** (Bamana; ca. 1,2 Mio.). Die **Malinke** (ca. 200.000), die „**Leute von Mali**", leben am oberen Senegal und in den Quellgebieten des Bani und Niger. Die **Soninke, Sarakolle** oder **Marka** (ca. 280.000) leben zwischen Niger und Senegal; weiter existieren die **Songhai** (ca. 230.000), die im Osten des Landes bedeutende Städte wie Gao und Timbuktu entstehen ließen, die **Senufo** (ca. 375.000), die **Bobo** (ca. 80.000) und **Mossi,** deren Hauptgebiet in Burkina Faso liegt; der saharische Norden Malis wird von (halb-)nomadischen **Tuareg** (ca. 240.000) sowie von **Arabern** (ca. 95.000) und **Mauren** (ca. 15.000) bewohnt.

Zu erwähnen sind noch die überwiegend als Rinderhirten lebenden **Fulbe,**

Bambara-Mädchen in Ségou

die bei der Ausbreitung des Islam entscheidend mitgewirkt haben, sowie die im 19. Jh. aus dem Senegal eingedrungenen **Toucouleur** *(Tekrur).*

Die **Bozo** sind Fischer, die zwischen Mopti und Djenne am Niger und Bani leben und sich weitgehend ihre archaische Kultur erhalten haben.

Die **Dogon** (ca. 300.000), ein altes Bauernvolk, leben in der Gegend von Bandiagara (Falaise de Bandiagara) im Südwesten des Landes. Sie sind berühmt für ihre reiche Mythologie, ihre Maskenfeste sowie für das nur alle sechzig Jahre stattfindende Sigi-Fest.

Jedes Jahr geht ein großer Teil der männlichen Jugend als Wanderarbeiter nach Guinea, in den Senegal oder an die Elfenbeinküste. Daher ist der Anteil der männlichen Bevölkerung bis zu 45 Jahren eher gering. Angesichts der aktuellen Vorgänge in Côte d'Ivoire fürchtet Mali derzeit nichts mehr, als die Rückkehr Hunderttausender, die zuvor ihrem Land mangels wirtschaftlicher Zukunftsperspektiven den Rücken gekehrt und mit den Überweisungen an ihre zurückgebliebenen Familien für eine gewisse finanzielle Stabilität gesorgt hatten.

Um den durchschnittlichen Lebensstandard der Bevölkerung, die Preise für Dienstleistungen und auch den eigenen Umgang mit Geld besser einschätzen zu können, sind die **durchschnittlichen Löhne** eine gute Richtlinie. Der Mindestverdienst *(salaire minimum, SMIG)* eines ungelernten Arbeiters beträgt ca. 23.000 CFA/Monat (35 Euro), ein Facharbeiter bekommt bei gutem Verdienst etwa 50.000 CFA. An diesen Löhnen kann man ablesen, wie gut ein „guide" abschneidet, wenn er für zwei Stunden Führung mehr als 1000 CFA kassiert.

Sprachen

von Herbert Braun

Mali ist aus sprachlicher Perspektive ein recht komplexes Gebilde. **Über vierzig Sprachen** werden auf dem Staatsgebiet des ehem. Soudan Français gesprochen, die meisten davon gehören zur Sprachunterfamilie des Mande. Darüber hinaus werden auch semitische (Hassaniya-Arabisch), voltaische oder Gur- (Bobo, Dogon, Minyianka, Mooré, Senufo), westatlantische (Fulfulde), Berber- (Tamaschek) und weitere nilosaharanische Sprachen (Songhai, Tadaksahak) aktiv gesprochen. Ihre Verbreitung innerhalb des Landes ist jedoch unterschiedlich strukturiert: die Mande-Sprachen im südlichen und westlichen Teil, die semitischen und nilosaharanischen im nördlichen, die Gur-Sprachen im östlichen Teil und die westatlantische weist im Niger-Binnendelta in Zentral-Mali ihre größte Konzentration auf.

Bambara ist die meistgesprochene Sprache Malis und als interethnisches Kommunikationsmittel von größter Bedeutung (mehr als 80% der Bevölkerung Malis spricht Bambara als Lingua franca); es findet zunehmend Eingang in den (Grund-)Schulunterricht und in die Medien, erfährt auch mehr und mehr Akzeptanz im religiösen Rahmen und macht zuletzt auch vor alten Domänen der **Amtssprache Französisch** (Administration, Bildung, staatliche Institutionen) nicht halt. Gesetzes- und Verfassungstexte sowie die Erklärung der Menschenrechte liegen in Bambara-Übersetzungen vor. In der Bevölkerung gilt Bambara als Symbol für Modernität, ist die Sprache der Hauptstadt, die wichtigste Handelssprache des Landes und zählt als einzige Manding-Varietät zu den zehn erklärten Nationalsprachen des Landes.

Grundkenntnisse in Bambara können von großem Nutzen sein, gerade auf dem Land, wo viele Menschen des Französischen nicht kundig sind. Auch auf Märkten sind Bambara-Kenntnisse sehr hilfreich. Und es gilt als Zeichen von Höflichkeit und Respekt, wenn man halbwegs die Begrüßungsformeln auf Bambara beherrscht.

Religionen

Etwa 90% der Bevölkerung Malis bekennen sich offiziell zum **Islam,** etwa 8% gehören traditionellen afrikanischen Religionen an, der Rest bezeichnet sich als Christen. Die römisch-katholische Kirche unterhält mehrere Schulen und medizinische Versorgungszentren.

Geschichte und Politik

Die Republik Mali gab sich ihren Namen in stolzer Erinnerung an das westsudanische **Großreich Mali** (13.–15. Jh.), das durch das Songhai-Imperium von Gao abgelöst wurde. Unter dem Songhai-Askia stieg die Handelsmetropole **Timbuktu** zum größten islamischen Gelehrtenzentrum südlich der Sahara auf. Ende des 16. Jh. gewannen im Norden die Tuareg-Nomaden, im Südwesten die Bambara von Segou und Kaarta an politischer Bedeutung; außerdem folgten im 19. Jh. kurzlebige theokratische Staatsgebilde der Fulbe Massina unter ihrem Führer *Sekou Ahmadou* sowie das Tukulor-Reich von *El Hadji Omar,* das unter dem Ansturm der französischen Kolonialarmee unterging. Im Süden konnte sich der afrikanische Widerstand gegen die vorrückenden **Franzosen** unter *Samory Touré* bis 1898 halten. 1892 erfolgte die Gründung der französischen Kolonie Soudan. Das Niger-Territorium wurde 1910 als eigene Kolonie abgetrennt, das Gebiet des heutigen Mali erhielt den Namen Soudan Français.

Im Jahr **1960** wurde es als Republik Mali **unabhängig.**

Erster Präsident der **Republik** und Regierungschef war *Modibo Keita*. Sein politisches Ziel war der **Aufbau einer sozialistischen Gesellschaftsordnung** unter Wahrung afrikanischer Traditionen. Außenpolitisch lehnte er sich verstärkt an sozialistische Länder an und suchte Wirtschaftshilfe bei kommunistischen Staaten. Mit Hilfe der VR China und der UdSSR wurden zahlreiche staatliche Industriebetriebe aufgebaut.

1962 schied Mali aus der von Frankreich kontrollierten Zone des Franc CFA aus, um innen- und außenpolitisch größeren Handlungsspielraum zu gewinnen, kehrte jedoch im Jahr 1967 unter harten Bedingungen wieder in die Franc-Zone zurück. Obwohl Mali auch mit Frankreich und der EU assoziiert blieb, wurde der sozialistische Kurs verstärkt, das Parlament aufgelöst, und das von *Modibo Keita* geführte Comité National de Défense de la Republique (CNDR) übernahm die Macht.

Nach einem **Militärputsch (1968)** übernahm **Moussa Traoré** 1969 als Staatschef die Macht; Unterstützung erhielt er vom Comité Militaire de Libération Nationale (CMLN). Am 9. Juni 1985 wurde *Moussa Traoré* für eine zweite Amtszeit wiedergewählt.

Nach **Tuareg-Angriffen** auf Militär- und Polizeiposten am 30. Juli 1990, bei denen angeblich 150 Menschen getötet wurden, verhängte die Regierung den Ausnahmezustand über die Bezirke im Nordosten des Landes. Die „Tuareg-Rebellion" sollte auch das Nachbarland Niger schwer treffen; Anrainerstaaten wie Mauretanien, Algerien oder Burkina Faso spielten eine Rolle vor allem als Anlaufstelle für zigtausend Flüchtlinge oder dienten (so etwa Libyen) als logistische Basis für die bewaffneten Kämpergruppen.

Laut Angaben von amnesty international kam es zu einer regelrechten **Hinrichtungswelle** von Tuareg durch die Armee; mehrere Tuareg seien ohne Prozess erschossen worden. Insgesamt seien bei den Auseinandersetzungen zwischen Tuareg und Regierungstruppen innerhalb von fünf Monaten mehrere hundert Menschen getötet worden. Nach einem Anfang 1991 zwischen Vertretern der Tuareg (Rebellenbewegung) und der Regierung Malis geschlossenen **Friedensabkommen** sollte die Region Adrar im Nordosten einen Sonderstatus mit größerer Autonomie erhalten. Trotz mehrerer Waffenstillstandsabkommen zwischen Regierung und Tuareg-Rebellen kam es im Laufe der Jahre 1991 und 1992 immer wieder zu Auseinandersetzungen und Gewalttaten gegen Zivilisten sowie zu Massakern der Armee gegen Tuareg. Erst im Mai 1993 stellte der letzte Tuareg-Führer Malis, der sich bis dahin zum bewaffneten Kampf bekannt hatte, offiziell seine Aktivität ein.

Nachdem die Regierung Malis mehrere unabhängige politische Vereinigungen, die für ein Mehrparteiensystem eintraten, verboten hatte, fanden im Januar **1991 schwere Unruhen** in der Hauptstadt Bamako statt, die zahlreiche Todesopfer forderten. Im März 1991 wurde nach tagelangen Protestaktionen (mit mehr als 200 Todesopfern) der damalige amtierende **Staatschef Moussa Traoré vom Militär gestürzt** und festgenommen. Oberstleutnant *Amadou Toumani Touré*, kurz *ATT* genannt, der neue mächtige Mann des Landes, bekennt sich zu demokratischen Verhältnissen. Unter seinem Vorsitz wird als Übergangsregierung ein **„Nationaler Versöhnungsrat" (CRN)** gebildet, der vom „Übergangskomitee für die Rettung des Volkes" (CTSP) abgelöst wird. Die bisherige Verfassung wird außer Kraft gesetzt, die Einheitspartei UDPM (Union démocratique du peuple malien) aufgelöst. Allgemeine Wahlen werden angekündigt, Schritte zur Verfassungsreform eingeleitet.

Soumana Sacko wird im April 1991 zum neuen Ministerpräsidenten ernannt, das Kabinett wird umgebildet. Im Juli 1991 wird eine Nationale Konferenz eröffnet, deren Verfassungsentwurf ein **Mehrparteiensystem** vorsieht. Bei einem Referendum am 12. Januar 1992 wird die **neue Verfassung** mit 99,8% der Stimmen angenommen, allerdings bei einer Wahlbeteiligung von nur 43%. Die Verfassung schreibt neben Gewaltenteilung und Mehrparteiensystem auch Streikrecht, Rede- und Meinungsfreiheit sowie andere **demokratische Prinzipien** fest. Die Direktwahl des Staatspräsidenten durch das Volk erfolgt für die Dauer von fünf Jahren (nächste Wahl ist 2007), eine Wiederwahl ist möglich. Im ersten Wahldurchgang der **Parlamentswahlen** am 24. Februar 1992 sind nur knapp 20% der Stimmberechtigten beteiligt, und nur 15 der 129 zu vergebenden Mandate werden besetzt. Bei einem zweiten Wahlgang am 8. März 1992 (Wahlbeteiligung etwa 21%) erhält die Partei ADEMA 76 der 129 Sitze in der Nationalversammlung des Landes. Bei den **Präsidentschaftswahlen** am 26. April 1992 gewinnt im zweiten Wahlgang der ADEMA-Kandidat *Alpha Oumar Konaré* mit 69% der Stimmen. Auch hier liegt die Wahlbeteiligung bei nur 23,6%.

Im Februar 1993 verurteilt ein Schwurgericht in Bamako den ehemaligen Staatschef Malis, *Moussa Traoré*, zwei weitere frühere Minister sowie den ehemaligen Generalstabschef zum Tode. Man wirft den Verurteilten vor, für den Tod von 106 Personen verantwortlich gewesen zu sein, die bei den Unruhen im März 1991 ums Leben gekommen waren.

Bei den Präsidentschaftswahlen im Mai 1997 wird *Konaré* mit über 85% der Stimmen in seinem Amt bestätigt.

Im Januar 2002 besucht der deutsche Bundespräsident *Rau* Mali. Schwerpunkt des Besuches sind die von der Tuareg-Rebellion besonders betroffenen Nordregionen. Im Rahmen gebündelter Maßnahmen mit einem Schwerpunkt auf der Terrorismusbekämpfung zur Friedenssicherung verspricht *Rau*, die Summe von 2,5 Mio. Euro für das Jahr 2002 bereitzustellen. Die mit anderen bereits seit 1997 intensiv vorangetriebenen Maßnahmen zur wirtschaftlichen Wiederbelebung der gesamten Region (Rückführung von Bürgerkriegsflüchtlingen, Wasserversorgung, Förderung von Handwerk und Kleingewerbe, Hilfestellung bei der Viehzucht u.a.) zeigten deutliche Erfolge, und so konnte etwa das UN-Flüchtlingskommissariat bereits 1999 seine Büros in Mali nach getaner Arbeit schließen.

Im Mai 2002 wird der 53-jährige General **Amadou Toumani Touré (ATT)** zum Präsidenten von Mali gewählt. 1991 hatte er die damalige Militärdiktatur gestürzt (s.o.) und die Demokratie eingeführt, eines der wenigen Beispiele in Afrika, wo diesem politischen Modell wenigstens ein bescheidener Erfolg zuteil wurde. Nach einer demokratischen Zwischenepisode unter seinem Vorgänger, dem integren Präsidenten *Alpha Oumar Konaré*, der 1992 und 1997 gewählt worden war und der sich nicht wieder zur Wahl stellen konnte, schaffte es der parteilose ATT erneut, an die Spitze der Staatsführung zu gelangen. Als Vermittler in verschiedenen afrikanischen Konflikten, zuletzt wieder bei den bürgerkriegsähnlichen Auseinandersetzungen in der Elfenbeinküste, hatte er sich international bereits einen guten Ruf erworben. Sein eher autoritäres Gebaren und sein Eintreten gegen eine Mehrparteiengesellschaft nach westlichem Muster haben ihm den Ruf eines „De Gaulle Afrikas" verschafft. Bei seinem ersten Besuch in der einstigen Kolonialmacht Frankreich konnte er in direkten Verhandlungen mit dem Staatspräsidenten *Jacques Chirac* immerhin eine Reduzierung der Auslandsschulden Malis um 40% erreichen. Bleibt zu hoffen, dass ATT sein Modell von einem demokratisch-sozialen Mali unter friedlichen Verhältnissen realisieren und die weitere Verarmung der malischen Gesellschaft aufhalten kann.

Außenpolitischen Konfliktstoff bergen die von den Kolonialmächten „mit

WIRTSCHAFT

dem Lineal" gezogenen **Grenzen:** Erst 1947 wurden die um die Jahrhundertwende willkürlich von den Kolonialmächten geschaffenen Grenzen festgelegt. Der exakte Grenzverlauf zu Mauretanien wurde erst 1963 geregelt. Ende 1985 kam es zu Grenzstreitigkeiten zwischen Burkina Faso und Mali; es handelte sich dabei um einen ca. 100 km breiten Gebietsstreifen, in dem Bodenschätze vermutet werden. Das Urteil des Internationalen Gerichtshofes vom 22.12.1986, welches die Teilung des Agacher-Streifens in den bis dahin festgeschriebenen Grenzen vorsieht, wurde von beiden Parteien anerkannt.

Wirtschaft

Mali gehört nach Einschätzung der Vereinten Nationen zu den ärmsten und industriell am wenigsten entwickelten Ländern der Welt (LLDC-Länder). Das Pro-Kopf-Einkommen lag 2000 bei 250 Euro jährlich. Sehr erfolgreich verlief in den letzten Jahren die Eindämmung der Inflation; die Rate lag zuletzt im Jahr 2000 unter 1%. Zwei Drittel des Landes (im Norden) bestehen aus unfruchtbarer Wüste und Trockensavanne, der Süden aus fruchtbarer Feuchtsavanne.

Etwa 95% der Bevölkerung Malis leben von der **Landwirtschaft** und der **Viehzucht.** Viehhaltung wird vor allem von Nomaden und Halbnomaden in den Regionen von Gao, Mopti und Sé-

Topfmarkt am Niger (im Grenzgebiet zwischen Mali und Niger)

gou betrieben. Die jahrelangen Dürren in den 1970er und -80er Jahren hatten den Viehbestand erheblich vermindert und den Anbau von Reis und Baumwolle gefährdet. Die wichtigsten landwirtschaftlichen Produkte sind Hirse, Mais, Sorghum, Yamswurzeln und Maniok; im Überschwemmungs- und Bewässerungsfeldbau wird auch Reis angebaut. Die Produktion reicht jedoch für den Eigenbedarf nicht aus; der **Import von Nahrungsmitteln** ist, vor allem in schlechten Erntejahren, notwendig. Die wichtigsten Anbaugebiete liegen im Süden des Landes und im Binnendelta des Niger. Für den Export bzw. zur industriellen Weiterverarbeitung sind neben Vieh vor allem Baumwolle, Zuckerrohr und Erdnüsse bestimmt. Vom Verfall der Weltmarktpreise für **Baumwolle** wurde Mali hart getroffen, hängen doch die Einkommen von ca. 30% der Bevölkerung unmittelbar vom Anbau dieser Pflanze ab.

Von großer Bedeutung ist auch der **Fischfang.** Aufgrund der Binnenfischerei (ca. 90.000 t/Jahr mit sinkender Tendenz) ist Mali nach Marokko und Senegal der drittgrößte Fischproduzent Westafrikas. Der Fischfang ist für die Ernährung der Bevölkerung sehr wichtig und wird vor allem von den Bozo- und Somono-Stämmen betrieben, teilweise auf genossenschaftlicher Basis. Etwa ein Drittel des jährlichen Fangs wird als Trockenfisch in die Elfenbeinküste exportiert.

An **Bodenschätzen** gibt es Gold, Eisenerz-, Manganerz- sowie Bauxit- und Phosphatvorkommen. Im Norden des Landes (bei Taoudenni) wird auch Steinsalz abgebaut. In den letzten Jahren hat sich **Gold** zum wichtigsten Bodenschatz entwickelt. Verschiedene neue Goldminen wurden eröffnet, und so lag im Jahr 2001 die Jahresproduktion bei 44 Tonnen. Auch im traditionellen Milieu spielt Gold eine wichtige Rolle: Als Schmuckmaterial erfreut es sich großer Beliebtheit. Besonders junge Fulbe- oder Bozo-Frauen tragen große Mengen dieses Edelmetalls z.B. in Form von Ohrringen. An vielen Orten (z.B. unmittelbar in Bamako am Nigerufer) können Sie Einheimische beim Goldwaschen erleben. Im Busch existieren viele kleine Goldminen, und vor allem nach schlechten landwirtschaftlichen Jahren wird allenorts nach Gold gegraben und Gold gewaschen.

Da es aufgrund der wiederkehrenden Sahel-Dürren der 1970er Jahre und einer verfehlten Agrarpolitik zu einer starken Auslandsverschuldung gekommen war, einigte man sich 1988 mit dem Internationalen Währungsfond auf ein dreijähriges **Strukturanpassungsprogramm.** Dieses hatte eine positive Entwicklung in der Produktivität der Landwirtschaft zur Folge, führte aber gleichzeitig zu einer erhöhten Arbeitslosigkeit in den Städten.

Aus der Erkenntnis heraus, dass nur ein Minimum an wirtschaftlicher Stabilität auch politische Stabilität bewirkt, stellte die EU Mitte 1999 ein weiteres Mal größere Finanzmittel (ca. 150 Mio. Euro) zur Verfügung, die v.a. einer Verbesserung der verkehrstechnischen Infrastruktur in den Nordregionen zugute kommen sollen. Dies betrifft u.a. auch die touristisch interessanten Strecken

GESUNDHEITSWESEN, BILDUNGSWESEN

zwischen Sévaré und Bandiagara, die Region südwestlich von Timbuktu (Goundam, Diré, Tonka) und die Strecke entlang des Nigerflusses von Ansongo nach Labbezanga.

Gesundheitswesen

Das Gesundheitswesen Malis ist fast vollständig **verstaatlicht**. Die Einrichtung von Basisgesundheitsdiensten auf dem Land sowie die Präventivmedizin werden besonders gefördert. Mit Hilfe der Weltgesundheitsorganisation WHO wurden mehrere Impfkampagnen durchgeführt. Die Ausbildung des medizinischen Personals erfolgt in Bamako. Seit 1973 gibt es ein staatliches Forschungsinstitut für traditionelle Arzneimittelkunde. Dennoch kann die medizinische Versorgung im Lande nur als hoch defizitär bezeichnet werden. Weder technisch, hygienisch oder in der praktischen Ausführung durch Ärzte oder vergleichbares Personal ist auch nur ansatzweise ein akzeptabler Standard erreicht.

Häufigste Krankheiten sind: Malaria, Darminfektionen, Masern, Grippe, Gelbfieber, Flussblindheit (Onchozerkose), Lungenentzündung, Keuchhusten und Lepra. HIV/Aids (franz. SIDA) hat sich in den letzten Jahren, besonders in den Städten, zu einem großen Problem entwickelt. In den Sahelregionen kam es immer wieder zu regelrechten Epidemien mit Hirnhautentzündung. Die Sterblichkeitsziffer von Kindern unter einem Jahr ist sehr hoch.

Bildungswesen

Seit der Unabhängigkeit Malis wurden große Anstrengungen zur Verbesserung des Bildungssystems unternommen. **1962** wurde eine grundlegende **Schulreform** mit Betonung der praktischen Ausbildung und Afrikanisierung des Lehrstoffes durchgeführt. **Schulpflicht** besteht prinzipiell für alle Kinder zwischen 6 und 15 Jahren; der Unterricht ist gebührenfrei. Es sind jedoch nicht überall Schulen vorhanden. Da zusätzlich Lernmittel teilweise bezahlt werden müssen und diese – wenngleich geringen – Mittel nicht von allen aufgebracht werden können, besuchen viele Kinder keine Schule und bleiben so ohne Bildungschancen.

Das **Schulsystem** setzt sich aus der Grundschule mit einem sechsjährigen ersten Abschnitt *(premier cycle)* und einem dreijährigen zweiten Abschnitt *(second cycle)*, der dreijährigen Sekundarschule und den Fachhochschulen zusammen. Die islamische Bevölkerung hat außerdem die Möglichkeit, ihre Kinder im Rahmen des traditionellen Bildungssystems in die **Koran-Schulen** zu schicken, wo Lesen, Schreiben, Rechnen und Grundkenntnisse in der Koranlektüre gelehrt werden. In Bamako, Ségou und Timbuktu gibt es auch so genannte Medersas (Koran-Schulen), wo der Nachwuchs der islamischen Geistlichkeit ausgebildet wird.

Die **Analphabetenrate** wird bei den über 15-Jährigen in Mali auf über 70% (!) geschätzt.

Medien

Presse

Neben dem Regierungsorgan **L'Essor – La Voix du peuple** erscheint täglich das Bulletin Outidien de la Chambre de Commerce et d'Industrie du Mali. Alle 14 Tage erscheint die unabhängige Zeitung **Les Echos,** monatlich kommen Barakela und, in einheimischen Sprachen, vor allem für die Landbevölkerung, Mopti/Kibaru und Sunjata heraus. Die Pressefreiheit gab in den letzten Jahren nur wenig Anlass zu Klagen, ein weiteres Beispiel für den insgesamt gelungenen Demokratisierungsprozess des Landes. Angesichts der Analphabetenquote und der Armut der Bevölkerung kann die Reichweite der Printmedien nur gering bleiben und sich auf die wichtigsten Städte beschränken. So ist von einer Gesamt-Auflage von ca. 10.000 Exemplaren auszugehen.

Rundfunk und Fernsehen

Die im Jahr 1957 gegründete staatliche **Rundfunkgesellschaft ORTM, Office du Radio- et Telediffusion Nationale du Mali,** sendet **Programme auf Französisch und Englisch** sowie in den wichtigsten einheimischen Sprachen Bambara, Fulfulde, Sarakollé, Tamaschek, Songhray, Moré und Wolof.

Programme werden auch von über einhundert teilweise kleineren und privaten Radiostationen ausgestrahlt.

Farbfernsehen gibt es seit 1983; es wurde mit libyscher Hilfe eingerichtet. Wöchentlich werden **37 Programmstunden** in den wichtigsten einheimischen Sprachen gesendet. Allerdings werden auch hier nur die wichtigsten Städte erreicht. Die Installation von Richtantennen (Satelliten-Schüsseln) bleibt vorerst ausschließlich Begüterten vorbehalten – der Masse der Bevölkerung fehlt dazu entweder das Geld und/oder der Zugang zu Strom. Die Zahl der Fernsehgeräte insgesamt im Land wird auf 2500 Apparate geschätzt.

Musik

Die malische Musik und ihre Interpreten gelten als Pioniere der World-Music. Heute gilt gar das Wort vom „Bamako-Fieber": Wer sich in der hiesigen Musik-Szene auskennen will, muss zuvor ein Ticket nach Bamako gelöst haben! Malis Hauptstadt entwickelt sich zum Mekka der Musikprominenz. Und *Touré Kunda,* einer der besten Interpreten des Dancefloor aus der Savanne, verkündet selbstbewusst: Ich brauche keine fremden Einflüsse – der Blues stammt aus meiner Heimat Timbuktu! Künstler wie *Salif Keita, Ali Farka Touré, Habib Koité, Oumou Sangaré* oder *Issa Bagayogo* treten auf internationalen Festivals auf und heimsen dabei die begehrtesten Auszeichnungen ein.

Praktische Reisetipps A–Z

An- und Weiterreise

Flugverbindungen

Die Anreise von Europa ist von Paris aus mit **Air France** direkt nach Bamako möglich, mit guten Anschlussflügen von fast allen deutschen Flughäfen. **Air Mali** bietet ein relativ enges Inlandsflugnetz, z.B. nach Timbuktu, Mopti, Gao etc., und zu wichtigen Flugorten benachbarter Länder, z.B. Dakar, Ouagadougou oder Abidjan. Wöchentliche Flüge bieten auch die **Air Maroc** und die **Air Algerie,** welche preisgünstige Flüge nach Bamako auch ab Lyon offeriert (siehe www.air-algerie.fr) – leider steht bei dieser staatlichen Gesellschaft aber manches auf dem Flugplan, was sich dann vom Kunden nicht buchen lässt. Auch eine ganze Reihe anderer afrikanischer Fluglinien fliegt nach Bamako, so beispielsweise die erst 2002 erstandene NAS-Air (National Air Service), eine Gesellschaft mit Sitz in Burkina Faso. **Charterflüge** zu unschlagbar günstigen Preisen gibt es nur in den Wintermonaten und derzeit nur nach Mopti und Gao (siehe im Internet unter www.point-afrique.com).

Der **Flughafen Bamako-Senou** liegt ca. 15 km von der Hauptstadt entfernt. Ein Taxi vom/zum Flughafen kostet je nach Verhandlungsgeschick 3500–6000 CFA.

Die **Flughafengebühren** betragen bei der Ausreise nach Europa 14.000 CFA pro Person, bei der Ausreise in afrikanische Staaten ca. 10.000 CFA und bei nationalen Flügen 3750 CFA.

Mit dem eigenen Fahrzeug/ Straßenverbindungen

Mit dem Kfz ist die Einreise von den Nachbarländern Algerien, Mauretanien, Niger, Burkina Faso, Senegal, Elfenbeinküste und Guinea möglich. Von der Einreise auf der so genannten Tanezrouft-Piste aus Algerien via Tessalit und Gao ist aus Sicherheitsgründen derzeit dringend abzuraten (s.u.).

Verbindungen von/nach Senegal
Bamako – Tambacounda

Die Hauptverbindungsstrecke zwischen Bamako und Tambacounda (Senegal) **via Kayes und Kita** wird heute nur noch selten benutzt; die Strecke ist in der Trockenzeit deutlich leichter zu bezwingen als früher (siehe auch Routenbeschreibungen). Fahrzeuge werden auch auf den Zug von Bamako nach Dakar verladen (vgl. Reisen in Mali/Bahnverbindungen).

Die Strecke von Bamako **über Didièni und Nioro du Sahel nach Kayes** wird von einer italienischen Firma von der senegalesischen Grenze bis nach Nioro du Sahel und auch zwischen Nioro und Bamako ausgebaut. Die Piste ist nach Fertigstellung ganzjährig befahrbar, weist derzeit aber noch chaotisch schlechte Abschnitte und Baustellenumfahrungen auf. Längerfristig scheint aber sogar die Asphaltierung vorgesehen; dies gilt auch für die Strecke in Richtung Kayes über Yélimané.

Kayes – St. Louis
Über Bakel und Metam am Senegal-Fluss entlang; weitgehend asphaltiert.

Verbindungen von/nach Burkina Faso
Bobo-Dioulasso – Kouri – Koutiala – Segou (bzw. San) – Bamako
(alles Straße, asphaltiert); oder
Bobo-Dioulasso – Orodara – Koloko – Sikasso – Bamako
(teilweise Pisten)

Die erste ist die bessere Strecke hinsichtlich der Fahrtzeit und Verkehrsdichte. Mit dem Peugeot-Taxi kostet die Fahrt um die 8000 CFA.

Ouahigouya – Koro – Bankas – Mopti
Teilweise Pisten; wenig Verkehr; nur sehr selten verkehren Taxi brousse zwischen Koro und Bankas; auf diesem Streckenabschnitt ist die Piste auch etwas schlechter, sonst überwiegend gut.

Verbindungen von/nach Niger
Niamey – Tillabery – Ayourou – Labbézanga – Ansongo – Gao (teilweise Pisten), 445 km

Zwischen Gao und Niamey verkehrt zweimal pro Woche ein SNTN-Bus in beiden Richtungen. Die Fahrtzeit dauert etwa 30 Stunden, der Fahrpreis beträgt ca. 6500 CFA. Es muss mit langen Wartezeiten an der Grenze gerechnet werden; außerdem sollten Sie ausreichend Trinkwasser und Proviant mitnehmen; meist wird an der Grenze übernachtet. Zu beachten sind die Einreiseformalitäten in die Republik Niger (siehe dort). Der Zustand der Piste schwankt je nach vorangegangener Regenzeit. Schlechtester Streckenabschnitt ist hier stets der Teil zwischen den Grenzposten. LKW, auf denen man mitfahren kann, verkehren eher selten.

Der Pistenabschnitt ist mit normalen PKW schwierig zu bewältigen und erfordert eine wenigstens einfache Sahara-Ausrüstung (Sandbleche, Schaufel, zweites Ersatzrad).

Verbindungen von/nach Algerien
Gao – Reggane (Tanezrouft-Piste)

Von einer Reise auf dieser Strecke ist aus Sicherheitsgründen dringend abzuraten. Wer aus irgendwelchen Gründen dennoch diese Strecke benutzen muss, sollte sich eines Begleitschutzes z.B. durch die Agentur Timitrin aus Kidal versichern (www.mali-tour.com oder Satelliten-Tel. 0088-21650670083).

Verbindungen von/nach Guinea
Bamako – Kourémalé – Siguiri

Taxis verkehren bis zur Grenze bei Kourémale, hier muss auf guineische Fahrzeuge umgestiegen werden. Zweimal wöchentlich fährt ein Kleinbus von Bamako nach Kankan (ca. 12 Stunden Fahrzeit, Preis ca. 6000 CFA).

Verbindungen von/nach Elfenbeinküste
Abidjan – Bouaké – Ferkéssédougou – Pogo – Zégoua – Sikasso – Bamako (alles Straße)

Zwischen Sikasso und Ferkéssédougou (Elfenbeinküste) besteht ein regelmäßiger Busverkehr. Fahrtpreis pro Strecke 3500 CFA, Fahrzeit ca. 11 Stunden. Eine andere Möglichkeit bietet sich über Bougouni nach Odiénne und Man an; gute Verkehrsverbindungen. Die Sicherheitslage in der Elfenbeinküste war zum Zeitpunkt des Redaktionsschlusses prekär.

Verbindungen von/nach Mauretanien
Bamako – Kati – Didièni – Goumbou – Nara – Adel Bagrou nach Nema

Gute Piste, Fahrzeit ca. 12 Stunden. Sammeltaxi- und LKW-Verkehr, wobei im mauretanischen Grenzort Adel Bagrou mehrere Stunden Wartezeit für einen Weitertransport einzurechnen sind. Oft ist diese Strecke die einzig machbare Verbindung auch zwischen Mali und Senegal; viel LKW-Verkehr. Bei Reisen mit eigenem Kfz: Die Sicherheitslage ist nicht gut, wiederholt ist es auf dieser Strecke zu Fahrzeugwegnahmen gekommen.

Von Nara führt eine andere Strecke in das nordwestlich gelegene **Timbedra**. Während der Regenzeit ist diese Stecke eventuell sogar besser zu befahren als die nach Nema. Die malischen Grenzformalitäten sind (wie auch auf dem Weg nach Nema) in Nara zu erledigen. Der mauretanische Einreiseort (Polizei, Zoll, hier auch Devisenerklärung) ist **Bou Ctaila** (Fehler in der Michelin-Karte: Der Ort liegt nicht am Ende einer Verzweigung, sondern an der Strecke selbst). Der Abschluss einer Kfz-Versicherung ist hier allerdings nicht möglich.

Wer spät abends in Nara ankommt, muss sich den Einreisestempel am nächsten Morgen besorgen (ab 7 Uhr), das geht dann jedoch innerhalb von fünf Minuten.

Nioro – Ayoûn el Atroûs

Von Nioro in Richtung Ayoûn el Atroûs wird derzeit eine neue große Straße gebaut.

Kayes – Kiffa

Kleinste Piste mit Orientierungsproblemen (siehe Darstellung im Mauretanien-Abschnitt). Zollformalitäten zur Ausreise aus Mali nur in Kayes möglich, Polizei dann in Aourou. Auf mauretanischer Seite alle Formalitäten in Kankossa. Keine Buschtaxis zwischen den Grenzorten.

Bestimmungen für Autoreisende

Das Carnet de Passage ist nicht erforderlich; es wird ein **Laissez Passer** (ca. 10.000 CFA) ausgestellt.

Eine **Kfz-Versicherung** ist zwingend vorgeschrieben. Wenn man mehrere westafrikanische (CFA-)Länder bereist, ist es günstiger, bereits an der ersten Grenze eine Versicherung für alle diese Länder abzuschließen (billiger und weniger Formalitäten als an den einzelnen Grenzen): CDEAO-Versicherung bzw. **Carte Brune** (diese ist leider in Mauretanien nicht mehr erhältlich und auch nicht gültig, auch wenn dies auf manchen älteren Formularen noch so vermerkt sein sollte). An verschiedenen Grenzübergängen sind keine Versicherungsbüros vorhanden; dann kann eine Versicherung nur im nächstgrößeren Ort abgeschlossen werden, was jedem Polizisten bekannt ist, ihn aber im Zweifelsfall nur dazu veranlasst, von Ihnen eine kräftige Geldbuße einzufordern – evtl. und ohne Quittung mit einem Nachlass, der selbstverständlich an die Pensionskasse der Polizeigewerkschaft gespendet wird ... Auf keinen Fall aber sollten Sie über den nächstgrößeren Ort ohne gültige Versicherung hinausfahren! Ohne Versicherung sind Sie bei einem Unfall immer Schuld, und jeder weitere Polizist unterwegs wird Ihnen mehr Geld aus der Tasche ziehen, als Sie für die Versicherung hätten bezahlen müssen. Sollten Sie kein Versicherungsbüro finden: Jeder Taxifahrer kennt eines. Lassen Sie besser Ihr nicht versichertes Fahrzeug stehen, und fahren Sie mit dem Taxi für wenig Geld dorthin.

Achtung, für **Motorradfahrer** besteht **Helmpflicht!** Generell nutzt die Polizei jede kleine Gelegenheit und jeden Vorwand aus, um Strafgelder zu verlangen (vor allem in der Gegend von Gao).

Hinweis: Schon seit einigen Jahren gibt es **keine Meldepflicht** mehr, einige Polizeistellen (Sûreté Nationale) verlangen sie dennoch! Die Meldeprozeduren sind ausgesprochen lästig: Manchmal braucht man dazu pro Person ein Passfoto, muss mehrere Formulare ausfüllen und meist eine Touristengebühr von etwa 1000 CFA bezahlen (z.B. Djenné, Mopti, Gao).

Eine offizielle Fotografierbewilligung und die Carte touristique sind nicht mehr vorgeschrieben.

Landkarten

Beste und aktuellste **Straßenkarte** ist immer noch die Michelin-Karte 953. Wer auf kleinen Pisten reisen will, sollte sich im aktuellen Kartenangebot der Expeditionsausrüster umsehen.

Benzinpreise (Stand Ende 2002)

- Diesel: ca. 380 CFA/Liter
- Normal: ca. 470 CFA/Liter
- Super: ca. 485 CFA/Liter
  (Wegen der Krise in der Elfenbeinküste ist mit weiteren Preissteigerungen zu rechnen.)

Botschaften/Konsulate

In Deutschland

Botschaft der Republik Mali

- Kurfürstendamm 72, 10709 **Berlin**
Tel. 030-3199883, Fax -31998848
Geöffnet: Mo bis Fr 9–16 Uhr; geschlossen am Nationalfeiertag 22.09.

Generalkonsulate (Visumerteilung)

- **Hamburg,** Tel. 040-2278039
- **Berlin,** Tel. 030-8959970
- **Düsseldorf,** Tel. 0211-7308230
- **Erfurt,** Tel. 0361-5669660
- **Frankfurt,** Tel. 069-638657

In Österreich

Konsulat der Republik Mali

- Mariahilferstr. 5, A-1060 **Wien**
Tel. 0043/1/5877748

In der Schweiz

Konsulat der Republik Mali

- Spalenberg 25 (Postfach 1204)
CH-4001 **Basel,** Tel. 0041/061-2611373
Fax -2611314

Botschaften in Mali

Burkina Faso

- Botschaft hinter dem Pferderennplatz (Hippodrom) nördl. der Route de Koulikoro; Tel. 2229360. Das Visum wird innerhalb von 2 Tagen, gültig für 14 Tage, ausgestellt; 2 Fotos sind notwendig; Kosten 40.000 CFA.
e-Mail: ambafaso@datatech.toolnet.org

Deutschland

- **Ambassade de la
Republique Fédérale d'Allemagne**
Badalabougou Est, Rue 14, porte 334, B.P. 100, Bamako, Tel. 00223-2223299, 2223715, Fax -2229650.
e-Mail: allemagne.presse@afribone.net.ml

Wenn man von Süden in die Stadt kommt, vor der Nigerbrücke rechts.

Elfenbeinküste

- Square Patrice Lumumba, Imm. CNAR, 3e. Et., B.P. 3644, Tel. 2222289. Das Visum für die Elfenbeinküste ist evtl. auch bei der französischen Botschaft in Bamako für 10.000 CFA (Gültigkeit 60 Tage) innerhalb von 24 Std. erhältlich.

Guinea

- Nordwestlich vom Zentrum, nahe der Mosque de Mali-Libye und südlich der Route L'Anain/Aeroport; Tel. 2230897. Ein Touristenvisum wird in Bamako derzeit gegen eine Gebühr von 15.000 CFA und 2 Passfotos für etwa 14–28 Tage ausgestellt; eine Verlängerung in Conakry ist meist sehr schwierig und bisweilen unmöglich.

Mauretanien

- Tel. 2214815. Ein Touristenvisum (2 Passfotos erforderlich) erhält man gegen eine Gebühr von 14.000 CFA; Bearbeitung innerhalb von 24 Stunden; bei 6000 CFA mehr auch innerhalb einer Stunde. Die mauretanische Botschaft liegt in der Parallelstraße (linker Hand) der Route de Koulikoro; nahe des Hippodroms (N 12°39,713 / W 7°57,973). Fr geschlossen, sonst von 8.30–12.30 Uhr.

Nigeria

- Tel. 2225771. Visum für Nigeria in der Botschaft in Bamako innerhalb von 3 Stunden (5000 CFA) für 1 Monat.

Schweiz

- Zuständig ist die Botschaft in Dakar/Senegal, Tel. 00221-8230590. Konsulat: Tel. 2223205. In Bamako befindet sich nur noch ein Sitz der Coopération Suisse, Tel. 00223-2213205.

Senegal

- Die senegalesische Botschaft in Bamako befindet sich südl. des Zentrums und westl. vom Square Patrice Lumumba, gleich hinter dem Air France-Büro; Tel. 2218274, Fax 2211780. In der Regel dauert die Visumerteilung maximal 24 Std.

Einreise/Visum

Reisende aus Deutschland, der Schweiz und Österreich benötigen zur Einreise ein **Visum**; der Preis beträgt 35 Euro.

Impfungen gegen Gelbfieber und Cholera sind vorgeschrieben.

Die **Visum-Unterlagen** sind bei der Botschaft der Republik Mali erhältlich. Unter Umständen wird der Nachweis der bezahlten Rück- oder Weiterreise verlangt. Visa sind für einen Monat gültig; sie können beim Service d'Immigration in Bamako für ca. 2500 CFA (2 Passfotos nötig) innerhalb von 24 Std. verlängert werden. Gao ist für die Visumverlängerung nicht zu empfehlen, und in Mopti kostet es sie beim Service de la Sécurité 3000 CFA (inkl. 1000 CFA Touristen-Steuer) plus ein Foto.

Schweizer können beim Konsulat von Mali in Tamanrasset ein Visum gratis erhalten (Bearbeitungszeit: 1 Tag, Gültigkeit: 2 Monate); in Basel dagegen kostet es ca. 50 SFr.

Sowohl in Ougadougou und Dakar als auch in Abidjan bekommt man innerhalb von 48 Std. ein Visum für eine Woche; Gebühr: 10.000 CFA.

Beim Honorarkonsulat von Mali in Niamey, in der Nähe des Grand Marché, erhält man ebenfalls ein Visum für eine Woche. In Burkina Faso gibt es keine diplomatische Vertretung Malis mit Visumerteilung.

Mali ist im Verbund der Fünf-Länder nicht Mitglied, Visa können deshalb nur für Mali ausgestellt werden.

Feiertage und Feste

Feste Feiertage

- **1. Januar** (Neujahr)
- **20. Januar** (Tag der Wehrmacht)
- **Ostermontag**
- **1. Mai** (Tag der Arbeit)
- **25. Mai** (Tag der afrikanischen Einheit)
- **22. September** (Nationalfeiertag, Tag der Unabhängigkeit)
- **19. November** (Nationalfeiertag)
- **25. Dezember** (Weihnachten)
- **31. Dezember** (Jahresende)

Bewegliche Feiertage

Zu den jährlich im Datum wechselnden islamischen Feiertagen siehe bei Mauretanien.

Fotografieren

Es ist keine Genehmigung mehr erforderlich. Dennoch sollten Sie sich **äußerste Zurückhaltung** auferlegen, niemanden ohne sein Einverständis fotografieren, keine öffentlichen Gebäude, Dienststellen, Brücken usw. Eine üble Masche von **Touristenabzockern** besteht darin, fotografierende Touristen zu beobachten, diesen dann äußerst aggressiv die Kamera zu entreißen und nur gegen Bezahlung einer Summe von z.B. 5000 CFA (Vorsicht, wenn Sie den Geldbeutel zücken – er wird Ihnen womöglich entrissen!) auf das angebliche Einschalten der Polizei zu verzichten. Dies kann Ihnen passieren, wenn Sie z.B. den Bahnhof Bamako fotografieren oder Personen mit deren Einver-

Reise-Gesundheits-Information: Mali

Stand: 24.02.2003
© Centrum für Reisemedizin 2001

Die nachstehenden Angaben dienen der Orientierung, was für eine geplante Reise in das Land an Gesundheitsvorsorgemaßnahmen zu berücksichtigen ist. Die Informationen wurden uns freundlicherweise vom Centrum für Reisemedizin zur Verfügung gestellt. Auf der Homepage **www.Travelmed.de** werden diese Informationen stetig aktualisiert. Es lohnt sich, dort noch einmal nachzuschauen.

- **Klima:** im Norden Wüstenklima, im Süden tropisch-wechselfeucht mit Sommerregenzeit (Juni bis September); durchschn. Temp. in Mopti im Januar 23°C, im Mai 33°C.

- **Einreise-Impfvorschriften:** Gelbfieber-Impfung für alle Reisenden vorgeschrieben (ausgenommen Kinder unter 1 Jahr).

- **Empfohlener Impfschutz**
Generell: Tetanus, Diphtherie, Hepatitis A, Polio

Je nach Reisestil und Aufenthaltsbedingungen im Lande sind außerdem zu erwägen:

Impfschutz	Reisebedingung 1	Reisebedingung 2	Reisebedingung 3
Typhus	x		
Hepatitis B [b]	x		
Tollwut [c]	x		
Meningitis [d]	x		

[b] bei Langzeitaufenthalten und engerem Kontakt mit der einheimischen Bevölkerung
[c] bei vorhersehbarem Umgang mit Tieren
[d] nur bei engerem Kontakt zur einheimischen Bevölkerung, vorwiegend in der Trockenzeit

Reisebedingung 1: Reise durch das Landesinnere unter einfachen Bedingungen (Rucksack-/Trekking-/Individualreise) mit einfachen Quartieren/Hotels; Camping-Reisen, Langzeitaufenthalte, praktische Tätigkeit im Gesundheits- oder Sozialwesen, enger Kontakt zur einheimische Bevölkerung wahrscheinlich
Reisebedingung 2: Aufenthalt in Städten oder touristischen Zentren mit (organisierten) Ausflügen ins Landesinnere (Pauschalreise, Unterkunft und Verpflegung in Hotels bzw. Restaurants mittleren bis gehobenen Standards)
Reisebedingung 3: Aufenthalt ausschließlich in Großstädten oder Touristikzentren (Unterkunft und Verpflegung in Hotels bzw. Restaurants gehobenen bzw. europäischen Standards)

Wichtiger Hinweis: Welche Impfungen letztendlich vorzunehmen sind, ist abhängig vom aktuellen Infektionsrisiko vor Ort, von der Art und Dauer der geplanten Reise, vom Gesundheitszustand sowie dem eventuell noch vorhandenen Impfschutz des Reisenden.

Da im Einzelfall unterschiedlichste Aspekte zu berücksichtigen sind, empfiehlt es sich immer, rechtzeitig (etwa 4–6 Wochen) vor der Reise eine persönliche Reise-Gesundheits-Beratung bei einem reisemedizinisch erfahrenen Arzt oder Apotheker in Anspruch zu nehmen (Anschriften qualifizierter Beratungsstellen s.u.).

● Malaria
Risiko: ganzjährig hohes Risiko landesweit
Vorbeugung: Ein konsequenter Mückenschutz in den Abend- und Nachtstunden verringert das Malariarisiko erheblich (**Expositionsprophylaxe**).

Ergänzend ist die Einnahme von Anti-Malaria-Medikamenten (**Chemoprophylaxe**) dringend zu empfehlen. Zu Art und Dauer der Chemoprophylaxe fragen Sie Ihren Arzt oder Apotheker, bzw. informieren Sie sich in einer qualifizierten reisemedizinischen Beratungsstelle (s.u.).

Malariamittel sind verschreibungspflichtig.

● Aktuelle Meldungen
Darminfektionen: Risiko für Durchfallerkrankungen landesweit. Cholera-Ausbrüche sind derzeit nicht gemeldet. Nahrungs- und Trinkwasserhygiene beachten.

● Medizinische Versorgung:
Landesweit ist mit erheblichen Engpässen bei der ärztlichen und medikamentösen Versorgung zu rechnen. Adäquate Ausstattung der Reiseapotheke (Zollbestimmungen beachten, Begleitattest ratsam), Auslandskrankenversicherung mit Abdeckung des Rettungsrückflug-Risikos für Notfälle dringend empfohlen.

Unter www.travelmed.de finden Sie Adressen von
- Apotheken mit qualifizierter Reise-Gesundheits-Beratung
(nach Postleitzahlgebieten)
- Impfstellen und Ärzte mit Spezialsprechstunde Reisemedizin
(nach Postleitzahlgebieten)
- Abruf eines persönlichen Gesundheitsvorsorge-Briefes für die geplante Reise

Zu den einzelnen Krankheiten vgl. auch im Anhang das Kapitel Gesundheit.

GELD/WÄHRUNG, INFORMATIONEN, ÖFFNUNGSZEITEN

ständnis ablichten, wobei die Abzocker dann behaupten, ungewollt im Hintergrund mitfotografiert worden zu sein (sei es mitten in Bamako oder beim Fotografieren eines Buschtaxis: Dann wollte halt ein Insasse nicht mit aufs Bild ...). Tipp: In unübersichtlichen Situationen aufs Fotografieren verzichten oder nur dann das Foto machen, wenn Sie neben einem Polizisten stehen und sich dessen Okay fürs gewählte Motiv zum festen Tarif erkauft haben!

Geld/Währung/Banken

Währungseinheit ist der **Franc CFA** (unterteilt in 100 Centimes), der in einem festen Wechselkursverhältnis zum Euro steht: 1 Euro = 665 CFA, 1000 CFA = 1,50 Euro.

- **Banken** haben sehr uneinheitliche Öffnungszeiten.
- Schneller und gebührenfreundlicher ist der **Tausch von Bargeld**.
- **Tauschprovisionen** (bei Bargeld und bei Reiseschecks) variieren von Bank zu Bank und sind abhängig von der Höhe des zu tauschenden Betrages. Oft ist es günstiger, einmal einen höheren Betrag zu wechseln als mehrmals niedrige.
- **Reiseschecks:** Die Gebühren beim Eintausch sind sehr hoch. Oft wird neben dem Pass auch die Kaufquittung verlangt.
- **Kreditkarten** werden selten als Zahlungsmittel akzeptiert.
- Manche Hotels tauschen angeblich Reiseschecks bei Bezahlung der Hotelrechnung ohne Gebühr.
- **In Bamako** kann man „cash-money" bei den zahlreichen libanesischen Restaurants (Phoenizia) oder im Supermarkt (z.B. Azar Libre Service), aber auch im Grand Hotel (als Kunde!) ohne Gebühr und Zeitaufwand tauschen!

Informationen

Das **Internet** bietet verschiedene interessante Seiten, über die sich (nicht immer topaktuelle) zusätzliche Informationen einholen lassen. Neben den im Abschnitt Sicherheit in Grenzregionen genannten Adressen (bei denen sich auch andere interessante Informationen finden), seien folgende Adressen genannt:

- www.izf.net/izf
- www.afribone.com
- www.malinet.ml
- www.netzwerk-afrika-deutschland.de

Öffnungszeiten

Achtung: Viele Büros und Dienststellen arbeiten nur vormittags bis in den frühen Nachmittag hinein! Am Nachmittag wird dann oft nicht gearbeitet.

Freitagmittag gehen alle Moslems in die Moschee zum Beten!

Büros

Mo bis Do 8-12.30, Fr 8-12 Uhr, Sa 8-12.30 Uhr.

Geschäfte

Mo bis Sa 8-12 und 15-18 Uhr.

Regierungsstellen

Mo bis Do 7-14, Fr 8-12 Uhr.

Post und Telefon

Der Poste Restante-Schalter in Bamako gilt als nicht besonders zuverlässig. Selbst eingeschriebene **Briefe** kommen z.T. nicht an. Ähnliches gilt für das Wegschicken von Post; lassen Sie unbedingt die Briefmarken abstempeln! Postkarten sollen allerdings zuverlässig nach ca. zwei Wochen in Deutschland ankommen. Das Porto nach Europa kostet 375 CFA.

Internationale **Telefon- und Faxverbindungen** gibt es von der Hauptpost in Bamako und von dem Hotel Amitié und vom Grand Hotel; die internationale Vorwahl nach Deutschland ist 0049, die für Mali 00223.

Viele privat betriebene „Teleboutiques" ermöglichen Telefonate zum Postpreis.

Reisen in Mali

Flugverbindungen

Die nationale Gesellschaft **Air Mali** fliegt von Bamako nach Mopti und Timbuktu am Dienstag, Donnerstag und Samstag, weiter nach Gao am Dienstag, Rückflug Mittwoch, Donnerstag und Sonntag; nach Goundam am Donnerstag; nach Kayes am Donnerstag und Samstag; nach Yélimané und Nioro am Montag und Donnerstag; die Abflugzeiten ändern sich ständig, man muss sich vor Ort über den aktuellen Stand erkundigen. Auch das Internet hilft hier nicht weiter: Auf der Homepage der Fluggesellschaft war Ende 2002 ein Flugplan publiziert, dessen Gültigkeit mit 01.01.–31.05.1998 angegeben war ... (www.datatech.toolnet.org/airmali/airmali.htm).

Preise (one way)
- **Bamako – Mopti:** ca. 40.000 CFA
- **Bamako – Timbuktu:** ca. 70.000 CFA, 2002 jedoch 200.000 CFA a/r!
- **Bamako – Gao:** ca. 90.000 CFA
- **Bamako – Kayes:** ca. 45.000 CFA
- **Bamako – Nioro:** ca. 47.000 CFA
- **Bamako – Yélimané:** ca. 46.000 CFA

Die Toguna – das Versammlungshaus der Dogon-Ältesten

Chartern von Flugzeugen

Kleine Maschinen kann man auch chartern, zum Beispiel beim **Mali Air Service,** Tel. 2224530, oder bei der **Société de Transport Aérien du Mali STA Mali,** Tel. 2223069.

Bahnverbindungen

Zwischen Bamako und Dakar/Senegal besteht zweimal pro Woche (Mittwoch und Samstag) in beiden Richtungen eine Zugverbindung. Die Fahrtdauer beträgt 35–40 Stunden, Verspätungen sind nichts Ungewöhnliches. Planmäßige Abfahrt ist um 9.15 Uhr in Bamako. Die Gepäckaufgabe sollte am Vortag geschehen! Eine Reservierung ist nicht zwingend notwendig, wenn man ohne Auto reist, aber empfehlenswert.

Preisbeispiele

- **Bamako – Dakar** (1231 km):
54.000 CFA (1. Klasse mit Schlafwagen)
- **Bamako – Thiès:**
ca. 32.000 CFA (1. Klasse)
ca. 24.000 CFA (2. Klasse)

Vorsicht vor Taschendieben in Bamako! Besser ist es, 1. Klasse zu reisen, da das Gepäck dann etwas sicherer ist. Aufpassen sollten Sie auch beim Einfahren des Zuges, Diebe nutzen das allgemeine Durcheinander, um Ihr Gepäck zu stehlen.

Wer sein **Fahrzeug** nach Tambacounda oder Dakar **verladen** möchte, muss mit **langen Wartezeiten** (8–14 Tage) für eine Plattform rechnen; außerdem braucht man zur Befestigung des Fahrzeugs Ketten oder starke Haltegurte. Nach einem Platz für den Bahntransport muss schriftlich beim Directeur commercial de la Regie de Chemins de Fer du Mali nachgefragt werden, unter Angabe aller technischen Daten sowie Beilage einer Gebührenmarke (timbre fiscal, bei der Post erhältlich). Der Brief ist dann beim Service commercial der Bahn (100 m links vom Bahnhofseingang) abzugeben. Tarif für Fahrzeuge je nach Gewicht (ca. 75 CFA/kg).

Weitere Bahnverbindungen

- Von **Bamako nach Koulikoro** besteht keine Zugverbindung mehr.
- Von **Bamako nach Kayes** (494 km), täglich 7.20 und 19.30 Uhr (außer Mi und Sa), außerdem zwei Schnellzüge pro Woche (Mi und Sa 9.15 Uhr, s.a. Bamako – Dakar), verkehren in beiden Richtungen; Fahrtzeit etwa 10 Std., Preis ca. 17.000 CFA (1. Kl.), ca. 12.000 CFA (2. Kl.) (angeblich 30% Studentenermäßigung) mit Haltestellen in Kati, Dio, Négala, Nafadié, Kassaro, Sébékoro, Badinko, Kita, Toukoto, Mahina, Kayes. Weitere Züge verkehren auf Teilstrecken, z.B. ein „Petit Train" täglich nur nach Kita.
- **Weitere Angaben** auf der Homepage der Bahn: www.promali.org/rcfm/index1.htm.

Schiffsverbindungen

In der Regel besteht in den Monaten von August bis Dezember (abhängig vom Wasserstand des Niger) mehrmals wöchentlich Schiffsverkehr der staatlichen Gesellschaft Compagnie Malienne de navigation COMANAV **zwischen Koulikoro** (59 km nordöstlich von Bamako) **und Gao.** Auf dieser **1300 km** langen Strecke verkehren zwei ältere Schiffe, Général Soumaré und Timbuk-

Felswohnungen der Telem
(Vorfahren der Dogon)

tu, sowie die Kankan Moussa, die neueren Datums ist, leider aber weniger Deckfläche bietet, auf der man schlafen oder tagsüber sahelische Luft schnuppern könnte, dafür aber einige komfortable „Saloons". Jedenfalls ist eine Schifffahrt auf dem Niger ein unvergessliches Erlebnis!

Preisbeispiele

● **Mopti – Koulikoro**
 Cabine luxe: ca. 74.000 CFA, Mahlzeit ca. 1500, Frühstück ca. 700 CFA
 1. Klasse: ca. 22.000 CFA, Mahlzeit ca. 1500, Frühstück ca. 700 CFA
 2. Klasse: ca. 14.500 CFA, Mahlzeit ca. 1000, Frühstück ca. 700 CFA
 3. Klasse: ca. 8000 CFA, Mahlzeit ca. 700, Frühstück ca. 400 CFA
 4. Klasse: ca. 4000 CFA, ohne Verpflegung!

Abfahrt: Di bzw. Sa 22 Uhr; Ankunft Mopti: Do bzw. Mo 20 Uhr.
Das Samstagsschiff fährt nur bis Kabara, das Montagsschiff bis Gao.

● **Mopti – Gao**
1. Klasse: ca. 50.000 CFA
2. Klasse: ca. 35.000 CFA
3. Klasse: ca. 25.000 CFA
4. Klasse: ca. 10.000 CFA

Reservierungen, Tickets, Fahrtzeiten

Reservierungen und Ticketkauf waren bisher bei der Companie Malienne de la Navigation (**COMANAV**) in Bamako (Tel. 2223802, Fax 2262009) möglich, auch in Mopti, Timbuktu oder Gao (dem Vernehmen nach soll dies heute nur noch am Abfahrtshafen in Koulikoro möglich sein). Kauft man das Ticket z.B. in Bamako und fährt dann nach Mopti, um von dort Richtung Gao mit dem Schiff zu fahren, kann es sein, dass die Kabinen bereits mehrfach ausverkauft worden sind, da keine Kommunikation zwischen den einzelnen Büros besteht. Dann kommt es meist zu längeren, nervenaufreibenden Verhandlungen.

Die **1. Klasse** hat 2-Bett-Kabinen, im Preis ist die Verpflegung inbegriffen. Die **2. Klasse** bedeutet 4-Bett-Kabinen inkl. Verpflegung. In der **3. Klasse** stehen Kabinen mit 8 bis 12 Betten zur Verfügung; man kann auch (sofern vorhanden) auf dem oberen Deck schlafen. Das Essen ist etwas dürftig. Die **4. Klasse** ist ohne Verpflegung, daher sollte man genügend Proviant mitnehmen; man liegt dicht gedrängt auf dem Deck, inmitten von Ziegen, Schafen und schreienden Kindern: Die Aussicht auf Schlaf ist eher dürftig! Bedenken sollte man aber, dass es auch in den Kabinen der 1. und 2. Klasse sehr heiß ist, so dass man preiswerter 4. Klasse bucht und an Deck schläft.

Getränke (Soda, Mineralwasser und Bier) gibt es an Bord nur, solange der Vorrat reicht; Sie sollten auf jeden Fall Trinkwasser und Wasserentkeimungsmittel mitnehmen. Entnehmen Sie wegen der **Bilharziosegefahr** kein Trinkwasser aus dem Niger, und bedenken Sie dies auch, wenn Sie im Fluss baden wollen!

Falls Sie Wert darauf legen, Ihre Mahlzeiten mit Messer, Gabel und Löffel einzunehmen, sollten Sie das Besteck bei sich haben, da meist kaum welches an Bord ist.

Auch wenn es einen genauen Fahrplan gibt, sollten Sie immer mit ein bis zwei Tagen **Verspätung** rechnen. Häufigste Ursachen dafür sind: Der Motor ist „en panne", oder das Schiff ist (bei niedrigem Wasserstand) auf eine Sandbank aufgelaufen.

Wenn der Niger gegen Ende der **Trockenzeit** sehr wenig Wasser führt, hat man nur noch die Möglichkeit, mit einer Pinasse, einer großen motorisierten Piroge, z.B. von Mopti nach Timbuktu oder nach Djenné zu fahren.

Der **Preis** für eine Fahrt nach Timbuktu beträgt etwa 5000 CFA (Anfangspreis ca. 10.000 CFA); Anhaltspunkt könnte der Preis von 3500 CFA sein, den Einheimische zahlen (Handeln gehört immer dazu!).

Die Fahrt von Mopti nach Timbuktu dauert 10–14 Tage mit einem Stocherkahn und 3–4 Tage mit einer motorisierten Pinasse, bei ununterbrochener Fahrt 1½ Tage.

Timbuktu selbst liegt nicht mehr direkt am Niger, da sich der Flusslauf geändert hat: Der Hafen Kabara befindet sich etwa 11 km südlich der Stadt (Taxiverkehr).

Eine Fahrt mit einer Pinasse oder Piroge birgt auch gewisse **Gefahren.** Ein Einheimischer erzählte mir anlässlich eines Unfalls, bei dem eine Pinasse in Flammen aufgegangen war, dass der „Flussgeist" des Niger jedes Jahr ein solches Opfer fordert …!

Ist der Wasserstand des Niger bzw. Bani sehr niedrig, so bleiben nur noch die kleinen **Pirogen,** die mit einem Stab per Hand bewegt werden. Eine Pirogenfahrt dieser Art von Mopti nach

Djenné kostet etwa 1000 CFA/Person; Pirogenanlegestelle ist bei der Fähre, die über den Bani führt, ca. 4 km von Djenné entfernt.

Der Niger im eigenen Boot

Die Idee, den Niger mit eigenem Boot zu meistern, ist schon vielen Reisenden gekommen, die dann in Mali ihr Kajak, ihr Schlauchboot oder auch eine alte, quer durch die Sahara transportierte Jolle zu Wasser ließen. Dabei ist einiges zu bedenken! **Der Niger ist kein einfacher Fluss,** auch wenn sein Wasser z.B. zwischen Mopti und Timbuktu nur behäbig dahinfließt und der Strom frei von Stromschnellen bleibt. Dennoch ist immer mit Untiefen zu rechnen. Auf schmale Flussarme folgen weite **Seen-Landschaften,** z.B. der Lac Debo im Binnendelta. Wenn Sie auf den freien Wasserflächen von einem heftigen Harmattan überrascht werden, kann der Wellengang so hoch werden, dass Ihr Kajak oder Schlauchboot überfordert ist. Sie wären nicht der Erste, dem **heftiger Wind** einfach sein Schlauchboot – von Überschlag zu Überschlag – wegbläst. Der Wind – er bläst im Winterhalbjahr recht konstant aus Nordost – kann Ihnen rasch zum Feind werden; er wird Sie ggf. mehr hemmen als Sie eine kaum je vorhandene Strömung schiebt. Ein weiteres Problem stellt die **Orientierung** dar, tote Flussarme können kaum von offenen unterschieden werden. Da sich die Situation je nach vorangegangener Hochwassersaison immer wieder ändert, helfen Ihnen dabei auch genaue Karten nur begrenzt weiter. Gewarnt sein sollten Sie auch vor **Flusspferden,** denen Sie oft begegnen werden. Gefährlich ist eine Begegnung mit diesen – eigentlich friedlichen (nachtaktiven) – Pflanzenfressern, wenn Jungtiere bei der Herde sind. Unterschreiten Sie die Fluchtdistanz, greifen die Muttertiere an! Vielleicht haben Sie zufällig einmal die Bilder von *Georg Gerster* gesehen, wo einer Bootsbesatzung dieses Missgeschick gerade widerfährt – dann wissen Sie, dass Sie viel Glück brauchen, um eine solche Attacke zu überleben! Auch das sei noch angemerkt: Das Wasser im Binnendelta ist nur im obersten Drittel ungefähr bis Massina klar. Weiter flussabwärts ist es – überfrachtet mit Staubpartikeln – so trüb, dass Sie die Finger Ihrer Hand nicht mehr erkennen, die Sie ins Wasser tauchen.

Taxi brousse und Busse

Während auf den Hauptstrecken inzwischen überwiegend große bequeme Busse (SOMATRA, BAMA) eingesetzt werden, die über Nacht fahren, damit Hotelkosten sparen helfen und darüber hinaus auch noch billiger und um einiges sicherer sind, bedienen Busch-Taxis (Taxi brousse) nach wie vor die weniger frequentierten Stecken. Als Taxi brousse verkehren meist Toyota- oder Mercedes-Kleinbusse.

● Für die Strecke **Bamako – Mopti** ist mit einer Fahrtzeit von ca. 14 Stunden zu rechnen (viele Polizeikontrollen!); Fahrpreis 5000 CFA plus 500 CFA für Rucksack.
● **Bamako – Ségou:** ca. 2000 CFA
● **Bamako – San:** ca. 1000 CFA
(S.a. Bamako/Verkehrsverbindungen)

Organisierte Touren

Touren im Land (individuell oder nach vorgegebenem Programm), Allradfahrzeuge mit Fahrer (ab 70.000 CFA pro Tag und Wagen zzgl. Treibstoffkosten) und Führer werden von verschiedenen Agenturen angeboten. Fast alle unterhalten ein Büro in Bamako, können z.T. aber auch in Deutschland kontaktiert werden:

- **Afrique Trans Services ATS**
Tel. 2224435, Fax 2229450,
Bamako, Av. du Fleuve
- **Balanzan Tour**
Tel./Fax 232 02 57, Bamako; in Deutschland vertreten durch: **Ivory Tours**,
Tel. 0911-3938520, Fax 3938521,
www.ivory-tours.de
- **Bani Voyages**
Tel. 2232603, Fax 2234474. Hat ein Büro im Grand Hotel/Bamako.
e-Mail: bani@afribone.net.ml
- **Chech Tours**
Tel. 222234596, Fax 2225242,
B.P. E 3318, Bamako,
e-Mail: chech.tours@spider.toolnet.org
- **Dogon Tours**
Tel. 2225117, Fax 2220336, B.P. 1535,
Bamako, im Hotel de l'Amitié
- **Elephant-Tours du Gourma**
Tel./Fax 2232699, Bamako-Coura, Rue Fankele Diarra, Porte 178; mit neuem Campement in Douentza.
e-Mail: COPRO@mail.Spider.Toolnet.org
- **Geotours**
Tel. 2212209 oder 6742233,
e-Mail: geotours@spider.toolnet.org;
Kontakt in Deutschland über **Nomad-Reisen**,
Tel. 0221-27220910, www.nomad-reisen.de
- **Malitas**
Tel. 2222324, Fax 2222349,
Bamako, Av. de la Nation
- **Nomade Voyages**
Tel./Fax 2217513, Bamako, Segou; deutschsprachige Geschäftsführung.
e-Mail: nomade@cefib.com
www.nomads-of-mali.com
- **Point-Afrique**
www.point-afrique.com; die französische Gesellschaft bietet neben billigen Mali-Flügen auch Rundreisen im Land an.
- **Sagatours**
Tel./Fax 2202708, Bamako,
e-Mail: mail@sagatours.com,
www.sagatours.com
- **Sahel Expeditionen**
B.P. E 3721, Bamako;
in Deutschland vertreten durch:
New Adventure Erlebnisreisen GmbH
Steinbachweg 13, 69118 Heidelberg,
Tel. 06221-809151, Fax 809931,
www.new-adventure.de
- **Tafouk Voyages**
B.P. 130, Toumbouctou, Tel. 2922346,
e-Mail: alhous.t@nomade.fr,
www.tafouk.com
- **Travel Agency of Mali TAM**
Tel. 2239200, Fax 2220547,
B.P. 932, Bamako, Place P. Lumumba
- **Timbuctours**
Tel. 2233564, Fax 2225315, Bamako,
Rue Mar Diagne, Quartier Darsalam,
e-Mail: TBT@cefib.com.
www.resume.fr/timbuctours/
- Von Ouagadougou aus unternimmt auch das unter deutscher Leitung stehende Reiseunternehmen **Krigar Afrika Expeditionen** Reisen in Mali. Büro in Deutschland: Tel./Fax 04193-6596, e-Mail: Krigar.Afrika@t-online.de, www.krigarafrika.com.

Auto

Unterwegs als Selbstfahrer/Straßenverhältnisse

Der größte Teil der Straßen Malis setzt sich aus **Pisten** zusammen und ist nur in der Trockenzeit befahrbar. In der Regenzeit werden Straßensperren (*barrière de pluie*) 3–4 Std. nach den Regenfällen errichtet, um zu verhindern, dass die Pisten zusätzlich ausgefahren werden. Von den insgesamt ca. 13.000 km an klassifizierten Straßen sind etwa 6000 km Allwetterstraßen, nur knapp

2000 km sind asphaltiert (z.B. die Strecke Bamako – Mopti – Gao).

Mietwagen

Neben den bekannten Agenturen wie **AVIS** (im Hotel de l'Amitié, Tel. 2222481, Fax 2223626) und **EUROPCAR** (Route de Konlikoro, Tel./Fax 2226768) gibt es nur wenige Agenturen bzw. Reisebüros, die Mietwagen anbieten: z.B. Sagatours, Location Degussi oder Balanzan (s.o. und bei Bamako). Am Flugplatz vertreten sind Alamo, Budget und Hertz. Geländewagen mietet man besser bei Tourveranstaltern.

●**Preise:** PKW ab 13.000 CFA pro Tag zzgl. 100 CFA/km zzgl. Treibstoffkosten.

Sicherheit in Grenzregionen

Die Spannungen zwischen Regierung und Tuareg in Mali gelten zwar als beigelegt, doch hat sich in allen Grenzregionen im Norden ein bewaffnetes **Banditentum** etabliert. Die Strecke Mopti – Gao ist wieder problemlos befahrbar. Die Grenzregion zu Algerien, aber auch zu Mauretanien gilt aber nach wie vor als Problemgebiet. Die Behörden und das französische Amt für Auswärtige Angelegenheiten raten von einem Bereisen der Regionen nördlich einer Linie Léré – Menaka auf der linken Nigerseite ab.

Da sich die Situation kurzfristig ändern kann, sollten kurz vor Reiseantritt Informationen eingeholt werden, beispielsweise unter:

● www.sahara-info.ch
● www.klaus.daerr.info/
● www.dfae.diplomatie.fr/
● www.auswaertiges-amt.de

Strom

220 Volt Wechselstrom in Bamako und größeren Städten; in kleinen Orten meist 110 Volt Wechselstrom.

Übernachtung

Hotels

Hotels mit europäischem Standard gibt es in zufrieden stellender Qualität nur in Bamako, Segou und mit Abstrichen in Mopti und Timbuktu. In den anderen Orten sind die Unterkünfte meist nur einfacherer Art. Selbst wenn das Hotel in der Kategorie Mittelklasse eingestuft ist, entspricht dies nicht dem europäischen Standard. Das Preisniveau ist generell sehr hoch.

Privatquartiere

Im Prinzip ist es in Mali verboten, bei Einheimischen zu übernachten, auch wenn mittlerweile oft Privatquartiere angeboten werden und kaum mehr jemand dieses Verbot zu kennen scheint.

Camping

Generell gibt es in Mali wenige offizielle Campingplätze; lediglich im Nordosten (Ende der Tanezrouft-Piste) gab es bis zu den Tuareg-Aufständen Campingplätze, die teilweise noch immer geschlossen sind. Im ganzen Land kann man aber in Campements oder Hotels ein Zelt im Innenhof oder auch auf Dachterrassen gegen geringe Gebühr (1000–5000 CFA) aufschlagen.

Wild campen ist außerhalb der großen Städte (abgesehen vom immer noch unsicheren Grenzbereich zu Algerien) meist problemlos möglich.

Uhrzeit

MEZ minus 1 Stunde; Sommerzeit: MEZ minus 2 Stunden.

Versorgung

Grundnahrungsmittel sind in etwas größeren Orten erhältlich, auch frisches Obst und Gemüse (variiert je nach Jahreszeit) sowie Fleisch. Mineralwasser und Coca-Cola werden im Lande produziert (Cola in der Dose allerdings wird aus Marokko oder aus Südafrika importiert), man bekommt es (und weitere Limonaden) in allen größeren Orten für ca. 400 CFA, im Norden bis zu 750 CFA die Flasche (1,5 l); kleine Softdrinks kosten zwischen 175 und 500 CFA (im Norden)!

Campinggas ist in den Städten problemlos erhältlich.

Trinkwasser

Trinkwasser muss abgekocht und/oder gefiltert werden. Selbst das Leitungswasser kommt oft braun aus der Leitung! Unterwegs trifft man häufig auf gute, gemauerte Brunnen mit Handpumpe, die von der deutschen GTZ errichtet wurden. Deren Wasser ist mit Tablettendesinfektion (Romin, Micropur) problemlos zu trinken.

In größeren Orten mit Touristenaufkommen gibt es überall **Mineralwasser** zu kaufen, mit dem sich Rucksackreisenden eindecken können. Solches Mineralwasser in Plastikflaschen à 1,5 Liter ist allerdings recht teuer (600–1500 CFA). Eine preiswerte Alternative besteht darin, sich gekühltes Wasser aus Plastiktüten (überall für 10 CFA erhältlich) mit Entkeimungsmitteln in eine Flasche abzufüllen.

Unterwegs in Mali Bamako

Die heutige **Hauptstadt der Republik Mali,** direkt am Ufer des Niger-Stroms gelegen, wurde Mitte des 17. Jh. gegründet; es wird gesagt, dass Bamako ein Bambara-Wort wäre und „Fluss der Krokodile" bedeuten soll.

Heute platzt Bamako mit über **1 Mio. Einwohnern** (mit Vororten 1,5 Mio., Schätzungen von 2002) aufgrund der unaufhörlich vom Land zuströmenden Massen aus allen Nähten, so dass die Trinkwasser- und Energieversorgung fast alltäglich zum Problem wird.

Das **Zentrum der Stadt** wurde zu Beginn des 20. Jh. erbaut und besteht überwiegend aus **alten Kolonialhäusern im neo-klassizistischen und neo-sudanischen Stil** (zunehmend am Verfallen) sowie aus modernen Bauten wie dem BDM- oder ex Air Afrique-Gebäude und der Nationalbank am Nigerufer.

Der **Boulevard du Peuple** und die **Avenue du Fleuve,** die zur alten Nigerbrücke führt, sind die beiden Hauptverkehrsadern der Stadt. Der Asphaltbelag der Straßen innerhalb der Stadt befindet sich teils in schlechtem Zustand, Schlagloch reiht sich an Schlagloch; zur Regenzeit sind manche Straßen eine einzige Pfütze (feste Schuhe oder Plastiksandalen sind in dieser Zeit zu empfehlen!).

Vom Place de la République, mit der Grand Mosquée und dem Centre National des Arts in Richtung Südwesten, gelangt man zum **großen Markt** *(Marché Central),* wo mehrere Straßen zusammentreffen.

BAMAKO Unterwegs in Mali

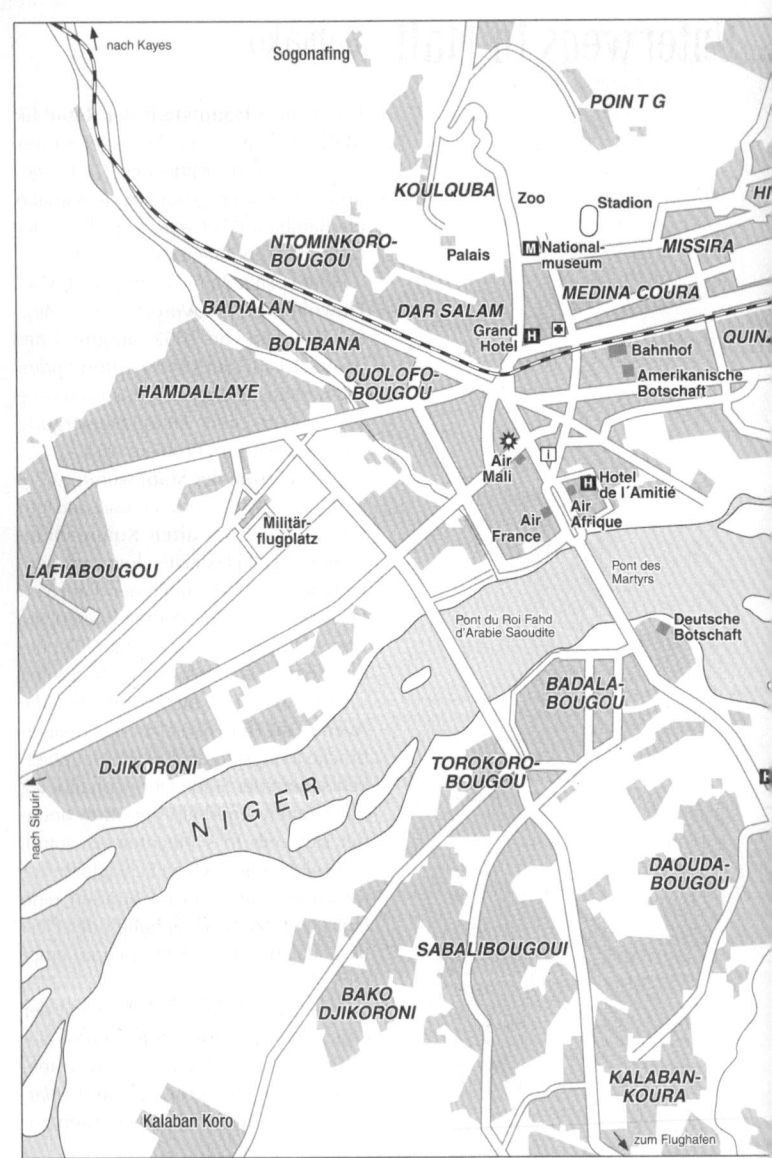

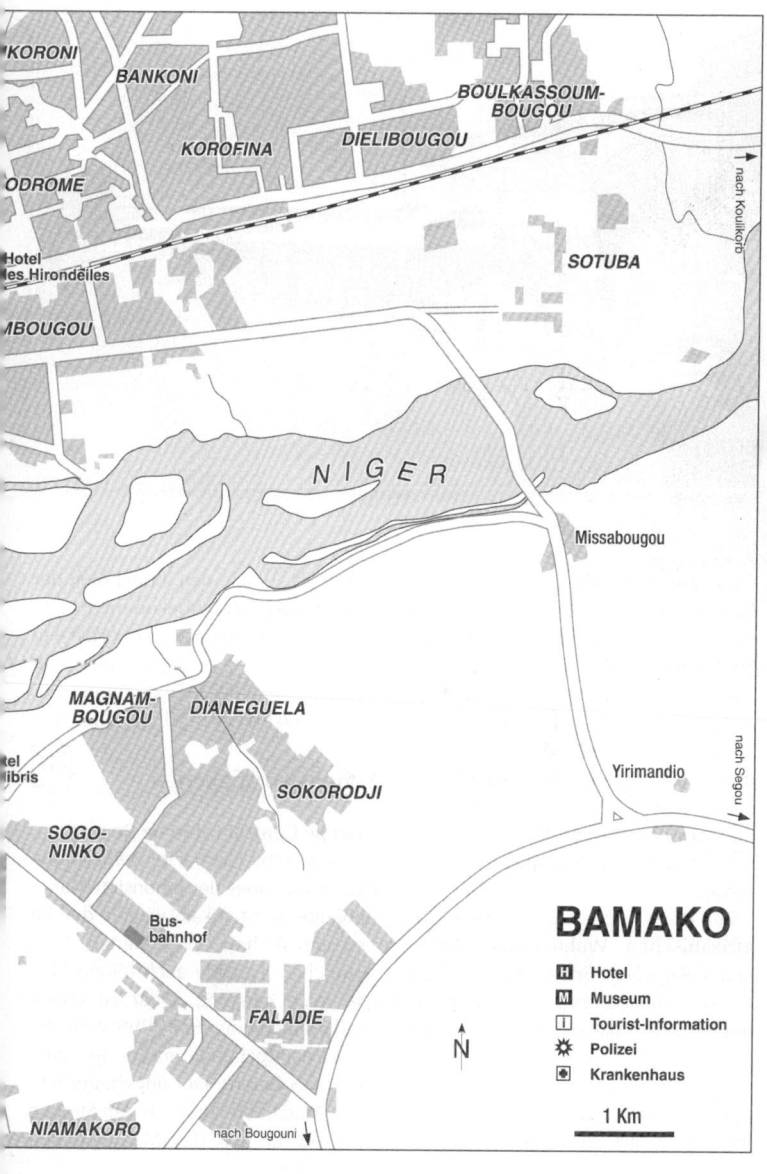

In der Innenstadt von Bamako

Der **alte Stadtteil** (Quartiers Niarela, Bozola, Bagadadji etc.) wurde in der traditionellen Banko-Bauweise errichtet. Nach 1960 wurden das *Quartier Lafiabougou* und auch neuere Wohnviertel und eine Industriezone geschaffen.

Die vielen großen und Schatten spendenden Bäume geben der pulsierenden und farbenfrohen Stadt eine angenehme, typisch afrikanische Atmosphäre mit nur geringem europäischem Einschlag.

Bei einem Spaziergang durch die **afrikanischen Wohnviertel** *Medina Koura, Bagadadji, Bozola, Bamako Koura* usw. kann man nicht nur das afrikanische Leben, das sich sowohl auf der Straße als auch in den Innenhöfen der Häuser abspielt, mitbekommen, man kann auf diese Weise auch ein paar einfache afrikanische Restaurants entdecken, eine Gelegenheit, um mit Einheimischen ins Gespräch zu kommen.

Sehenswürdigkeiten

Marché Central (Marché Rosé)

Der Marché Central im Zentrum Bamakos war eines der schönsten Marktgebäude Westafrikas, wegen der im neo-sudanischen Stil erbauten, rosa getünchten Fassade auch häufig *Marché Rosé* genannt; leider ist dieser Markt abgebrannt. Seit 1998 steht das neue Marktgebäude im Stil des alten (aber aus Beton). Der ungeheuer lebhafte Markt findet auch in den Straßen und Gassen um das Marktgebäude statt. Zahlreiche Frauen bieten Batiktücher und -stoffe an, die sie stapelweise auf dem Kopf balancieren. In unmittelbarer Nähe befinden sich die Stände für Gemüse, Obst und Fleisch.

Das **Artisanat** (Handwerkersouk) befindet sich am Place de la République (siehe Stadtplan Nr. 9)

Im Innern des Marché Rosé gibt es verschiedene Abteilungen für Stoffe, Kleidung, Haushaltsgegenstände, duftende Essenzen, Parfüms, Töpferwaren, Gewürze, Geflügel etc. und natürlich Kunsthandwerk sowie Schmuck aus Bronze und Silber, Leder, Straußeneierschalen, Amulette, bunte, gewebte Decken sowie die berühmten venezianischen Millefiori-Perlen aus dem 17. Jh. u.v.m. Hüten Sie sich vor **Taschendieben.** Fotografieren Sie nur, wenn alle „Betroffenen" einverstanden sind.

Nationalmuseum

Es befindet sich im Norden der Stadt, Richtung Point G, in der Route de Koulouba, B.P. 159, Tel. 223-223486.

Das moderne, im sudanesischen Lehmbaustil errichtete Gebäude (1995 renoviert) beherbergt Ausstellungen über traditionelle, alltägliche Gebrauchsgegenstände und Werkzeuge und eine ethnologische Sammlung von religiösen Gegenständen wie Masken und Holzfiguren. Darunter auch die bekannte **Tjiwara-Maske** der Bambara (Antilopen-Maske), die nur von Mitgliedern der Maskengesellschaft getragen wird, und die bekannte **Calao-Holzskulptur** der Senufo, die einen Nashornvogel darstellt. Daneben zahlreiche Holzplastiken (mythisches Ahnenpaar) und **Masken der Dogon,** u.a. die „Stockwerkhausmaske", die nur alle 60 Jahre beim Sigi-Fest auftritt. In der prähistorischen Abteilung findet man Pfeilspitzen und Telem-Figuren. Gelegentlich finden Sonderausstellungen statt, z.B. über alte und neue Batik-Techniken.

Öffnungszeiten: Di bis So 9–18 Uhr, Mo geschlossen! **Eintritt:** 500 CFA pro Person ohne, 1000 CFA pro Person mit Führer. Absolut sehenswert!

Große Moschee

Place de la République; Freitagnachmittag verwandelt sich der ganze Platz in ein riesiges Farbenmeer, wenn sich die Moslems der Stadt hier, mit ihren kunstvoll bestickten, leuchtenden „Festtags-Boubous" bekleidet, zum Gebet versammeln.

Handwerker-Souk

(Siehe Plan) Hier kann man den Handwerkern bei der Arbeit zuschauen. Verkauf von Kunsthandwerk (Masken, Schnitzereien, Musikinstrumente, Lederwaren, Schmuck, Kassa-Decken).

Zoo

Der mittlerweile ziemlich heruntergekommene Zoo liegt stadtauswärts, in Richtung Norden, am Nationalmuseum vorbei; Eintritt 100 CFA (Studenten zahlen 50 CFA).

Botanischer Garten

Die 13 ha große, mittlerweile ebenfalls verwahrloste Anlage, liegt direkt neben dem Nationalmuseum. Von den Felsen im botanischen Garten hat man eine herrliche Aussicht auf die Stadt.

Grotte am Point G

Am Felsabhang, nördlich des Fußballstadions, befindet sich diese Grotte, an deren Wänden prähistorische Malereien zu sehen sind (z.Z. geschlossen). Vom Aussichtspunkt am Point G und dem **Koulouba-Plateau**, wo sich der Präsidentenpalast befindet, hat man einen schönen Panorama-Blick über die Stadt und den Fluss Niger.

Touristinformation

Am Taxi-brousse-Bahnhof, Tel. 2225673, Fax 2225541.

Hotels

Hotels der Luxusklasse

● **Hotel de l'Amitié**
B.P. 1720, Av. de la Marne, Tel. 2214321 und 2214203, Fax 2213637. Luxushotel der franz. Sofitel-Gruppe. Einzelzimmer ca. 55.000 CFA, DZ ca. 60.000 CFA. Sehr schönes Schwimmbad für 2000 CFA. Ende 2002 wegen Umbauarbeiten komplett geschlossen.

● **Grand Hotel**
B.P. 104, Tel. 2222481 und 2223826, Fax 2222601, e-Mail: Grandhotel@cefib.com, Av. von Vollenhoven, hinter dem Bahnhof. Sehr komfortabel, DZ ca. 50.000 CFA. Restaurant (Menü ca. 8000, Frühstücksbuffet 5000 CFA). Neuer Swimmingpool nur für Hotelgäste; die Rezeption tauscht Kunden auch Travellerschecks ohne Wechselgebühr.

● **Mandé Hotel**
Cité du Niger, B.P. 2639, Tel. 2211995, Fax 2211996. Neues, komfortables Hotel, idyllisch direkt am Nigerufer gelegen; mit Pool. DZ ca. 35.000 CFA; am Hotel L'Amitié vorbei, nach 1,5 km rechts abbiegen (ausgeschildert).

● **Le Tennessee-Macoumba**
Tel. 2223677, Route de Sotuba.

● **Rabelais**
Tel. 2225298, 2223637, Fax 2222786. Zimmer für 32.000–35.000 CFA (EZ/DZ).

Beide Hotels liegen etwas außerhalb der Stadt, sind etwas günstiger, haben eine gemütliche Atmosphäre und bieten ähnlichen Komfort (z.B. Swimmingpool).

● **Hotel Kountena**
Tel. 2292612, Fax 2292613, ACI 2000 (Quartier Hamdallaye). Neues Hotel, vor allem für Geschäftsreisende. EZ 29.500, DZ 35.000. e-Mail: hotel@kountena.com, www.kountena.com

● **Hotel Le Relais du Campagnard**
Tel. 2210229, Fax 2210019, B.P. E 486, Bamako. Neues Hotel mit schönem Swimmingpool im Garten. EZ 33.000, DZ 39.000 CFA. e-Mail: resa@relaiscampa.com.ml, www.relaiscampa.com.ml.

Hotels für mittlere Ansprüche

● **Hotel Lac Debo** (früher Majestic)
Av. de la Nation, Tel. 2227476. Angenehmes 36-Zimmer-Hotel, EZ 13.500, DZ 18.000 CFA. Gutes Restaurant (ca. 1500 CFA).

● **Aquarius**
Quartier Mali, Rue 305; DZ (klimatisiert) 22.000 CFA ohne Frühstück; ruhige Lage, gutes Essen im angenehmen Terrassenrestaurant.

● **Hotel Le Fleuve**
Quartier du fleuve, Tel. 2286643 Fax 2226513. Angenehm, stadtnah, günstig. EZ 18.000 CFA.

● **Hotel Les Arbres**
Im südwestlichen Stadtteil Bako Djikoroni, Tel. 286643. Kleiner Pool, DZ 14.000–17.000 CFA, klimatisiert, Zelt 3000 CFA. Etwas heruntergekommen.

● **Hotel Maxim**
Quartier Hippodrome, nahe der Botschaft von Burkina Faso, Tel. 2217513, GPS-Position: N 12°39,767 / W 7°58,033. Sauber, Garten und Pool, deutschsprachige Geschäftsführung, Fahrradverleih, DZ 25.000 CFA, klimatisiert. Eine Reiseagentur ist angeschlossen. e-Mail: nomade@cefib.com, www.nomads-of-mali.com

● **Bed'n Breakfast**
Neues kleines Hotel im Stadtteil Niaréla, Tel. 2228372, DZ ab 15.000 CFA.

● **Hotel des Colibris**
Tel. 2226637, 2 km außerhalb der Stadt, nach der Brücke in Richtung Segou bzw. zum Flug-

Karten S. 294 und 334 — Unterwegs in Mali — BAMAKO

Bamako

- • 1 SABENA
- 🏨 2 Gand Hotel
- • 3 Nationalversammlung
- ✉ 4 Hauptpost
- ★ 5 Intitut National des Arts
- 🛍 6 Handwerker-Souk
- ☪ 7 Große Moschee
- 🛍 8 Marché Central (Marché Rose)
- ⛪ 9 Kathedrale
- • 10 Air Algérie
- 💲 11 BMCD-Bank
- • 12 Service des Immigrations
- 🍺 13 Bar Mali
- ✚ 14 Katholische Mission
- 💲 15 Biao Bank
- ✚ 16 Centre Médico Social Français
- • 17 Lac Debo
- 💲 18 BDM-Bank
- ℹ 19 Touristeninformation
- 🏨 20 Hôtel de l'Amitié,
- •   Royal Air Maroc
- • 21 TAM-Voyages
- • 22 Egypt Airline
- • 23 Air France
- • 24 Air Mali
- • 25 Französische Botschaft
- • 26 Maison des Jeunes
- 🏨 27 Hôtel du Fleuve
- • 28 CO MA. NAV.
- • 29 Deutschen Botschaft
- 🚌 30 Busbahnhof
- ✈ 31 Flughafen

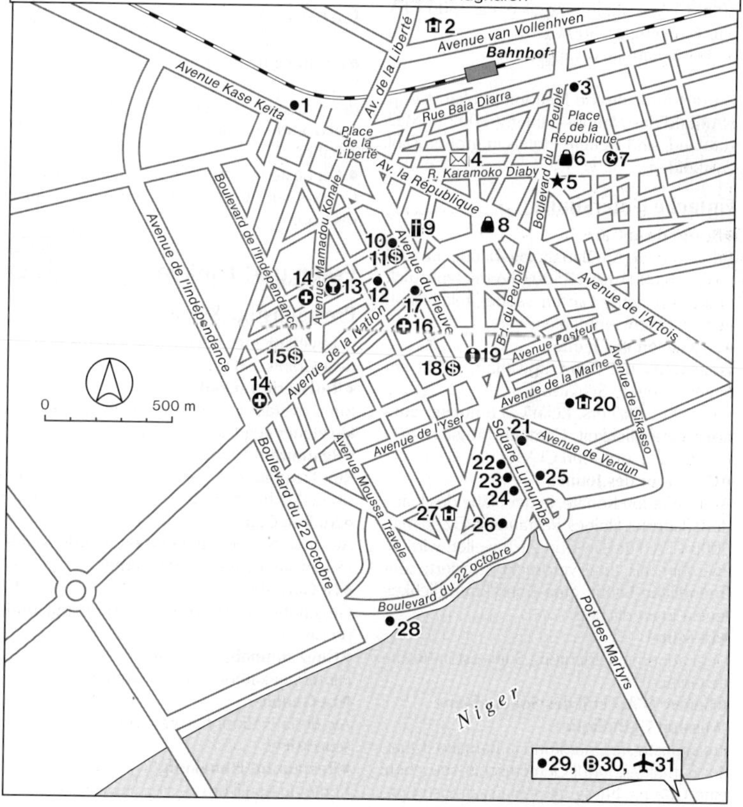

hafen fahren – achten Sie auf das Hinweisschild an einer Mauer! Bungalowanlage, umgeben von Bananenstauden, ruhig und sauber; gutes, aber teures Restaurant; Camping ist möglich (2500 CFA/Pers.).
● **Le Cactus**
Tel. 2778836, im Stadtteil Kabala. Von Bamako über die neue Brücke und dann an der ersten Ausfahrt rechts abbiegen, dann geradeaus bis Kabala, hier links abbiegen (beschildert) und weitere 6 km bis zum Hotel (gesamt 15 km ab Stadt, GPS-Koordinaten N 12°32,18 / W 8°2,76). Angenehmes Hotel unter Leitung eines kanadischen Ehepaars, am Niger gelegen. DZ im Bungalow 5000–8000 CFA, Camping möglich, ca. 1500 CFA plus Fahrzeug ca. 500 CFA.
e-Mail: acharmaca@yahoo.com

Da der Afrikanische Nationen-Pokal (Coup d'Afrique des Nations) Anfang 2002 in Mali stattfand, sind weitere Hotels in großer Zahl entstanden.

Einfache Unterkünfte

● **Buffet de la Gare**
Tel. 2225460. Am Bahnhofsgebäude. EZ/DZ ab ca. 18.000 bzw. 27.500 CFA mit Frühstück und Essen; netter Garten, sauber, relativ laut, aber trotzdem empfehlenswert.
● **La Maison des Jeunes**
Gegenüber der franz. Botschaft, direkt am Niger gelegen; Schlafsaal mit 8-12 Betten, ca. 1000 CFA/Pers. Relativ schmutzig; gute Kontaktmöglichkeit. Campen möglich (500 CFA pro Person, 1000 CFA für das Auto)!
● **Carrefour des Jeunes**
Av. Mamadou Konate, in der Nähe des Place de la Liberté; kleines Restaurant, DZ klimat. 5000 CFA. Für Low-budget-Traveller; wird inzwischen als total verdreckt kritisiert; sehr freundliche Leute, gute Kontaktmöglichkeiten zu Jugendlichen.
● **Le Motel**
Liegt außerhalb, Richtung Südwesten (Route de Guinée).
● **Centre D'Acceuil des Soeurs blanc (Mission Catholique)**
Preisgünstigste Unterkunft in Bamako (Quartier Bamako-Koura); Gemeinschaftsduschen; eine Übernachtung im Schlafsaal kostet pro Person ca. 2000 CFA, im DZ ca. 5000 CFA pro Person. Maximal vier Übernachtungen; möglichst vorbuchen! Geöffnet: 8-12 und 16-21 Uhr. Es besteht die Möglichkeit der Selbstverpflegung, sofern man Kocher und Geschirr hat.
● **Chez Fanta**
Nicht weit von der katholischen Mission. 3000 CFA für ein Bett (Unterbringung auf engstem Raum und nur für Notfälle zu empfehlen).

Viele Billighotels im Zentrum sind zumeist gleichzeitig Stundenhotels.

Camping

● **Camping de Patriot**
Einziger offizieller Campingplatz. Er liegt an der Straße nach Ségou, etwa 12 km von Bamako entfernt, und hat deutlich abgewirtschaftet.
● Am besten campt man z.Z. beim Hotel Les Colibris oder Countryclub Le Cactus (Näheres s.o.).

Essen und Trinken

Preisgünstige Restaurants

Es gibt mehrere kleine, typisch afrikanische Restaurants, z.B.:
● **Rôtisserie Yankadi**
Rue Loveran, im Zentrum. Hier gibt es auf Holzfeuer gegrilltes Rindfleisch.
● **Restaurant Central**
Rue Loveran; gute europäische und libanesische Küche, günstig.
● **Au Bon Coin**
Av. de la Nation; gute und preiswerte Mahlzeiten; auch Zimmervermietung!
● **La Gargote**
Gegenüber vom Kino Vox (s.u.); gut und preiswert.
● **Chez Aminah**
Hinter der katholischen Mission (s.o.).
● **Le Ganole**
Av. de la Nation; französische und libanesische Küche.
● **Restaurant Hongkong**
Route de Koulikoro.

●**Carrefour des Jeunes**
Neben dem Ministière d'Education; für 600–800 CFA bekommt man hier Steak und Frites oder Omelettes und Frites.
●**Bar-Restaurant Le Berry**
Av. de la Nation; einfache, preiswerte Gerichte; Kontaktstelle für Mitfahrgelegenheiten; ebenso **Les Trois Caïmans** und **Bar Central.**
●**Restaurant Joal-Fadiouth**
Av. Mamadou Konaté; preisgünstige und gute einheimische Küche.
●**Kaissa**
Bar-Restaurant, Rue Mohammed; preisgünstige afrikanische Gerichte.
●**Bella Italia**
Route de Koulikoro, in der Nähe des ehem. Hotel Les Hirondelles.
●**L'Écuelle**
Route de Koulikoro; französische und libanesische Küche.

Restaurants für gehobene (europäische) Ansprüche

Menu-Preis zwischen 4000 und 8000 CFA pro Person.

●**San Toro**
Route de Sotuba, Lagon, an der Straße nach Koulikoro, 15 km außerhalb; ein Platz für den ganzen Tag, Pool, Privatzoo, vernünftiges Essen (aber ohne Alkohol).
●**Eden Village**
Am Fluss im Ortsteil Sebeninkoro; großes Open-air-Restaurant, manchmal mit Musik. Nette Zimmer.
●**Le Djenné**
Europäische und afrikanische Gerichte aus verschiedenen Ländern; in einer Seitenstraße von der Route de Koulikoro gelegen, Tel. 2223082.
●**Yanga**
Französisches Open-air-Restaurant mit Bar/Night-Club (ab 22 Uhr) gegenüber der franz. Botschaft, Tel. 2222380, z.Z. geschlossen.
●**Le Dougouni** (Hotel de l'Amitié) und **Le Bananier** (Grand Hotel) offerieren französische Küche zu entsprechenden Preisen.
●**L'Olympien**
Bei BDM-Bank; sehr gutes Restaurant, maßvolle Preise.

Cafés/Salons de Thé/Patisserien

●**Café Mohamed à la Casa**
Gegenüber von Chez Fanta und in der Nähe der katholischen Mission (s.o.). Hochburg der einheimischen Rasta-Szene. Abendessen gegen Vorbestellung, gutes Frühstück mit Milchkaffee, Weißbrot und Marmelade für 300 CFA.
●**La Phoenicia**
Rue Fabolo Coulibaly; empfehlenswerter Platz zum Frühstücken. Libanesisches Restaurant, gutes und preiswertes Chawarma (libanesischer Sandwich, ähnlich Gyros), aber auch Kuchen, Snacks etc.
●**Sabbague**
Av. Mohammed V./Ecke Rue Gouraud; Snack-Bar mit gutem Kuchen; geöffnet von 6–24 Uhr.
●**Le Relax und Byblos**
Snack-Bar-Pâtisserie; Route de Koulikoro; guter Kuchen, Terrasse.

Fast alle sind beliebte Treffpunkte von Travellern, da jede Menge kleine Snacks angeboten werden.
●**Patisserie Diakité,** Bd du Peuple.
●**Ali Baba's Café,** Rue Mohammed V.
●**Internet – Café Spider**
Bisher Route de Koulikoro, jetzt wohl bei der kanadischen Botschaft, Tel. 2212302; 1 Std. Internetnutzung 2000 CFA, Studenten zahlen die Hälfte.

Zwischenzeitlich scheinen Internet-Cafés in großer Zahl entstanden zu sein.

Nachtleben

Bars/Nigth-Clubs/Discos

●**Bla-Bla-Bar**
Die In-Bar an der Verbindungsstraße zwischen Route de Koulikoro und Place Nelson Mandela.
●**Ali Babas Café,** bei der US-Botschaft.
●**Bar Kassav,** Rue Fabolo Coulibaly.
●**Bar Mali**
An der Av. Mamadou Konaté/Ecke Rue Bagayoko gelegen; schäbig.
●**Colombo**
Av. de la Nation; beliebter Treffpunkt mit Disco- und afrikanischer Musik!
●**Yanga** (siehe Restaurants)

- **Le Calao,** Rue de la Fosse.
- **Malibu,** im Stadtteil Niaréla.
- **Black and White**
  Typisch afrikanische Bar.
- **Bar Cigale,** Live-Musik.
- **Akwaba - Bar,** Live-Musik.
- **Faguibine**
  Bar mit Live-Musik im Hotel de l'Amitié.
- **Manantali,** im Grand Hotel.
- **Le Village**
  Im Grand Hotel, Eintritt ca. 1000 CFA.
- **Le Dogon,** im Hotel de l'Amitié.
- **Appaloosa**
  Quartier du Fleuve; nette Western-Bar mit Tex-Mex-Küche.
- **Jardin Titanic**
  Badala-Est; der beste Sänger der Stadt.
- **Maison des Jeunes**
  An der Niger-Brücke (siehe Hotels).
- Weitere Clubs: **Metropolis, Evasion, Jazzclub, Academia, Atlantis, Platinium, Plaza, Byblos.**

Kinos

Nur noch ein Kino findet sich in der Stadt:
- **Babemba,** zwei Säle, nahe beim
- **Centre Culturel Francais,**
  in dem auch gute afrikanische Filme gezeigt werden.

Notfall

Krankenhäuser

- **Hôpital Gabriel Touré**
  Tel. 2222712, 2230780. Behandelt nur Notfälle. Wird vom französischen Außenministerium als erste Adresse empfohlen.
- **Polyclinique Pasteur**
  Neue Privatklinik im Quartier ACI 2000, wird von Entwicklungshelfern gelobt.
- **Clinique Farako**
  Im Stadtteil Badialan 3 bzw. Hamdallay; der Service ist verhältnismäßig gut.
- **Hôpital Point G**
  Av. de la Liberté, weit stadtauswärts Richtung Koulouba/Kati; Tel. 222502; nur im Notfall!
- **Clinique Blum & Maier**
  Dr. Djimé B. Sangaré, Hippodrome Rue 224, Porte 1199, Tel. 2212458. Der Leiter der Klinik hat in Deutschland studiert und spricht sehr gut deutsch.

Ärzte

- Die Ärztin der Deutschen Botschaft, **Frau Dr. Diawara,** ist Mo und Do von 16–17 Uhr in der Botschaft zu erreichen, sonst per Handy: Tel. 6728363.
- Als Zahnärztin wird **Frau Dr. Traoré** empfohlen, Tel. 2216761, Quinzambougou, Nähe Route de Sotuba.
- Adressen von guten Ärzten erfahren Sie auch bei der Botschaft.

Apotheken

- Eine gute Apotheke *(Pharmacie)* ist die **Pharmacie 2e Pont,** an der Auffahrt zur neuen Brücke in Badala. Eine weitere befindet sich im Grand Hotel.

Banken

(Vgl. auch Abschnitt Geld/Währung/Banken) Wechseln Sie keinesfalls Geld auf der Straße! Gerade rund um die Banken wird Ihnen vielleicht Geld zum „supergünstigen" Kurs angeboten, allerdings sind derartige Aktionen illegal, und es kann Ihnen passieren, dass Sie sich Falschgeld einhandeln oder bei einem Wegreißdiebstahl Ihr gesamtes Geld verlieren.

- **Bank du Développement (BDM)**
  Wechsel von Travellerschecks (8–12 Uhr) und Banknoten.
- **Bank Central des Etats de l'Afrique**
  Kein Wechsel für Touristen! Hier sind jedoch Geldnoten in kleiner Stückelung erhältlich.
- **BIAO-Zentrale**
  Av. de la Nation; Wechsel von Travellerschecks (im 1. Stock); ebenso in der
- **BMCD-Bank**
  (Banque Malienne de Crédit et de Dépôt) Av. du Fleuve. Möglichkeit, Bargeld mit der Kreditkarte zu bekommen (pro Woche 200.000 CFA). Man gibt die Karte morgens ab und kann sich das Geld ab 14 Uhr holen! Hohe Gebühren für Travellerschecks. Nur diese Bank akzeptiert die Visa-International-Kreditkarte.
- Auch in verschiedenen **Hotels,** z.B. im Grand Hotel, können Kunden ohne Gebühr Devisen in CFA tauschen.

- **In libanesischen Restaurants und Supermärkten** kann man manchmal Reiseschecks ohne Provision einlösen.

Formalitäten

- **Sûreté Nationale**
Rue 141, gegenüber von Mali-Voyages; hier sind sowohl der **Zoll** als auch die **Polizei** (Police des Affaires Etrangers) untergebracht.
- **Servie d'Immigration – Sûreté**
Am Rond-Point de la Paix, stellt innerhalb von 2 Tagen eine Visum (Visa d'Entrée) für 5000 CFA aus (2 Passbilder, geöffnet täglich von 8-15 Uhr). Büro zwischenzeitlich wohl im Stadtteil ACI 2000 neben der Banque de l'Habitat.

Transport/Bahnhöfe

Busse und Taxis in der Stadt

- Zu festgesetzten Preisen verkehren in der Stadt **Busse** (Sotramas, 150-300 CFA pro Person) und **Sammeltaxis** (grüne Taxis oder in Bambara *Duuru-duurunin* – das kommt von *duuru-duuru,* was fünf pro Person bedeutet und vom ehemaligen Taxipreis, fünf malische Francs, herrührt.
- Ein **gelbes Taxi,** das nur für einen Fahrgast genutzt wird, kostet 750-2000 CFA). Eine Fahrt auf die andere Flussseite kostet tagsüber 1500-2000 CFA. Taxis pendeln auch zwischen dem Zentrum und dem Flughafen Bamako-Sénou hin und her, man zahlt ca. 5000 CFA.

Bahnhöfe außerhalb der Stadt

Der **Taxi-brousse- und LKW-Bahnhof** (evtl. Mitfahrgelegenheiten!) befindet sich in Sogoninko, ca. 4 km außerhalb an der Straße nach Ségou nahe des neuen Fußballstadions; vom Zentrum ist er mit einem Taxi zu erreichen. Hier liegt auch der wichtigste **Bus-Bahnhof** (s.u.).

Bob Marley forever

Fluggesellschaften

- **Air France**
  Gegenüber von Air Afrique am Square P. Lumumba, Tel. 2222143 oder 2226109, Fax 2224734.
- **Aeroflot**, Av. du Fleuve, Tel. 2225693.
- **Air Afrique**
  Nach Konkurs geschlossen. Es finden derzeit jedoch Gespräche über die Gründung einer Nachfolge-Gesellschaft statt. Im BCEAO-Gebäude, Tel. 2224939.
- **Air Mali**
  Neben Air France, Tel. 2229400, 2228439. Bedient regelmäßig die wichtigsten Städte im Inland.
- **Air Algérie**
  An der Kathedrale, Tel. 2223159.

Schiffsverbindungen

COMANAV

- Büro für die Niger-Schifffahrt, B.P. 150, Tel. 2223802. Die Schifffahrt wird je nach Wasserstand durchgeführt, in der Regel ist eine Fahrt auf dem Niger von Juli/August bis Ende November/Anfang Dezember möglich.

Busverbindungen

Busgesellschaften

- **SOMATRA**
  Der Busverkehr wird von Bamako nach Ségou, Mopti und in andere Orte durchgeführt; nähere Infos werden unter der Telefonnummer 2223896 erteilt.
- Daneben gibt es noch andere Gesellschaften mit ebenso guten Bussen.

Busbahnhof

Sehr viele Fernbusse starten vom **Busbahnhof (Gare routière) im Stadtteil Sogoninko** (ca. 4 km außerhalb an der Straße nach Ségou, zu erreichen mit Sammeltaxi für 150 CFA). Verschiedene Busgesellschaften (empfohlen werden BITTAR, BANI, SOMATRA) unterhalten hier ein Büro; hier erhalten Sie Informationen und können Tickets reservieren und kaufen. Auch Busse in die Nachbarländer starten in Sogoninko.

Fahrpreise

Bei unterschiedlicher Ausstattung der Busse sind die Fahrpreise der verschiedenen Gesellschaften fast gleich; einfache Strecke ab Bamako z.B. nach:
- **Gao:** 11.000 CFA
- **Gossi:** 10.000 CFA
- **Hombori:** 9000 CFA
- **Kangaba** (Richtung Guinea): 2500 CFA
- **Kona:** 7000 CFA
- **Boré:** 7500 CFA
- **Douentza:** 8000 CFA
- **Mopti:** 6000 CFA
- **Segou:** 4500 CFA (stündliche Abfahrten!)
- **Somadougou:** 6000 CFA
- **Sofara:** 6000 CFA
- **Tene:** 5000 CFA
- **San:** 4000 CFA
- **Gepäck** wird extra berechnet (500–700 CFA pro Stück).

Verkehrsverbindungen von/nach:

- **Bamako/Ségou**
  235 km Asphaltstraße. Regelmäßige öffentliche Verkehrsverbindungen vom Taxi-brousse-Bahnhof in Sogoninko sowie verschiedene Buslinien. Fahrtzeit ca. 4 Stunden. Stündlich fährt der SOMATRA-Bus diese Strecke: Preis ca. 4500 CFA.
- **Bamako/Mopti**
  617 km Asphaltstraße. Fahrtzeit (mit öffentlichen Verkehrsmitteln) etwa 14 Std.; es empfiehlt sich, relativ früh morgens (vor 8 Uhr) diese Fahrt anzutreten (evtl. erwischt man dann noch einen Peugeot 504) und genügend Wasser mitzunehmen. Fahrpreis im Peugeot-Taxi ca. 6000 CFA plus ca. 500 CFA für den Rucksack. Mit dem Bus kostet es ebenfalls 6000 CFA. Tipp: Aus Sicherheitsgründen einen Bus wählen, der tagsüber fährt.
- **Mopti/Djenné**
  Die meisten Busch-Taxis fahren am So nach Djenné (Mo: Markttag!), Fahrpreis ca. 2000 CFA. Es existiert keine direkte Verbindung von Bamako nach Djenné! Kurz vor Djenné setzt man mit einer kleinen Fähre (50 CFA, Fahrzeug 3000 CFA) über den Bani; letzte

Überfahrt um 18 Uhr! Wenn kein Markttag ist, fahren so gut wie keine öffentlichen Verkehrsmittel, daher am besten ein Taxi chartern – der Preis ist Verhandlungssache!

Man kann auch mit einer Piroge oder einer Pinasse von Mopti nach Djenné fahren; die Fahrtzeit beträgt mindestens einen Tag.

● **San/Djenné**
Nur So fahren öffentliche Transportmittel nach Djenné.

● **Bamako/Timbuktu**
LKW, Fahrtdauer ca. 2 Tage, ca. 12.000 CFA; genügend Proviant und Wasser mitnehmen!

● **Bamako/Sikasso**
Mit einem Peugeot-Taxi kostet diese Strecke etwa 2500 CFA (plus Gepäck); Fahrtzeit: 6–8 Std.

● **Richtung Nara**
LKW und Sammeltaxis brauchen auf guter Piste ca. 8 Std.; viel Verkehr.

● **Richtung Nioro du Sahel**
Bis Didièni gute Piste, dann Bauarbeiten, aktueller Stand nicht bekannt; Sammeltaxis und LKW (nur in der Trockenzeit) ab Didièni.

● **Mopti/Gao**
556 km auf guter Asphaltstraße. Mit dem Bus in 7 Std; Preis ca. 5000 CFA.

● **Mopti/Timbuktu**
Die Fahrt mit einem Land-Rover ist relativ teuer; besser bewältigen Sie diese Strecke mit einem LKW oder einer Pinasse. Auf der Bootsfahrt genügend Verpflegung und vor allem Wasser mitnehmen!

Die Fahrt mit dem eigenen Auto ist auf dieser Strecke nur mit einem Geländewagen möglich; während der Regenzeit hilft auch dieser wegen der sehr schlechten Straßenverhältnisse nicht weiter!

Bahnverbindungen

So sagt es das Auswärtige Amt Frankreichs: Die Bahnstrecke **Bamako – Dakar** ist baufällig, die Reisebedingungen sind unsicher, und die Fahrpläne vom Zufall abhängig. Dem ist wenig hinzuzufügen. Aber: **Autoverladung** ist möglich und z.B. zwischen Bamako und Kayes (weil die Staatsgrenze nicht überschritten wird) auch relativ problemlos. Aber auch hier gilt das zuvor abgegebene Urteil. Viele Reisende kommen zum Urteil: „Einmal und nie wieder!" Der Ausbau der Piste vorbei am Staudamm von Manantali lässt erwarten, dass zukünftig eine Fahrzeugverladung noch seltener in Anspruch genommen und damit noch unzuverlässiger wird.

Die in den Landkarten noch vermerkte Bahnstrecke von Bamako nach Koulikoro (Flusshafen) ist nicht mehr in Betrieb.

Shopping

Buchhandlungen

● **Librairie Devés et Chaumet**
Rue F. Coulibaly.

● Besser sind die Buchhandlungen im **Hotel de l'Amitié** (neben Postkarten auch große Auswahl an Büchern über Mali) und die im **Grand Hotel**.

Supermärkte

● **Malimag**
Av. du Fleuve., z.Z. geschlossen.

● Ein kleinerer Supermarkt befindet sich zwei Querstraßen östlich vom Grand Marché.

● Außerdem gibt es zwei große libanesische Supermärkte an der Route de Koulikoro: **Azar Libre Service** und **La Fourmi.**

● Mehrere kleinere Supermärkte verteilen sich im Stadtzentrum von Bamako.

● Ein weiterer **Azar Libre Service** befindet sich in Badala nahe der Deutschen Botschaft.

Libanesische Supermärkte wechseln auch Geld (vgl. auch Abschnitt Geld/Währung/Banken).

Vorsicht auf Märkten: In Mali, insbesondere in der Hauptstadt, boomt der Schwarzmarkt mit **Musikkassetten.** Falls man sich doch eine Kassette andrehen lässt, unbedingt vorher anhören, da sehr viele Leerkassetten im Umlauf sind.

Schwimmbäder

● Ein *Piscine* gibt es im **Hotel de l'Amitié** (Eintritt 2000 CFA inkl. Handtuch, schön ruhig!). Außerdem gibt es einen schönen Pool im **Hotel Mandé,** direkt am Niger gelegen, für 2000 CFA. Auch in verschiedenen anderen Hotels kann der Pool benutzt werden (s.a. Hotelliste).

- Der Pool des Grand-Hotel ist nur für Hotelgäste zugelassen.

Kultur

- **Centre Culturel Francais**
In der Av. de la Nation; zur Verfügung stehen eine Bibliothek, ein Café, ein Kino und ein Theater. Regelmäßig werden Konzerte und Ausstellungen veranstaltet.
- **Centre Culturel des Etats Unis (Centre Culturel Américain)**
In Badala Est gelegen, gegenüber Disco Atlantis. Hier liegen internationale englischsprachige Zeitschriften und Zeitungen aus.
- **Im Palais Culture Amadou Hampaté Bâ**, im Südteil der Stadt, in Badalabougou am Niger, ungefähr gegenüber der Deutschen Botschaft, finden oft sehr empfehlenswerte Konzerte statt. Termine werden im Rundfunk bekannt gegeben. Eintritt: 2000 CFA.

Reisebüros/Mietwagen

Vgl. auch den Abschnitt Reisen in Mali/Organisierte Touren.

- **Europcar**
Route de Koulikoro, neben dem Restaurant Relax.
- **Manding Voyage**
Rue Gouchard, Immeuble Achard, Tel. 2224736. Günstige 4WD-Angebote.
- **Dogon Voyage,** Tel. 2225484.
- **ATS Voyages,** Tel. 2224435.
- **Ber Tour (= Seno Tour)**
Tel. 2212604, Fax 2218157.
- **TimbucTours,** Tel. 2233564, Fax 2225315.
- **Djoliba Travel,** Tel./Fax 2236111.
- **Gourma Tours** (früher Elephant Tours) Tel./Fax 2232699.
- **Geo-Tours**
Tel. 2212209 und 6742233,
e-Mail: geotours@spider.toolnet.org
- **Delta Voyages,** Tel./Fax 2231272.
- **Bani Voyages**
Tel. 2231603, Fax 2234474.
- **Balanzan Tours**
Büro Deutschland, Tel. 0911-3938520, Fax 3938520.

Landkarten

- **Institut Géographique National (IGN)**
An der BDM-Bank vorbei die Straße ca. 1 km in Richtung Westen; Büro geöffnet: Mo bis Do 7–13.30, Fr 7– 12.30 und Sa 7–11 Uhr. Stadtplan von Bamako und Detailkarten (Falaise de Bandiagara etc.) erhältlich.

Ausflüge

Niger-Stromschnellen

Die **Chaussée de Sotuba**, wo der Niger durch die letzte Felsenenge der Guinea-Schwelle fließt, befindet sich östlich der Stadt. Vom Zentrum aus fährt man etwa 8 km auf der Ausfallstraße Richtung Sotuba bis zur Kreuzung, wo man rechts zu den Stromschnellen abzweigt.

Mandingo-Berge (Pays Mandinge)

Verlässt man Bamako in südwestlicher Richtung auf der (schlechten) Straße nach **Kourémalé** (Grenze Guinea), kommt man nach etwa 14 km an dem steilen Bergmassiv der Mandingo-Berge vorbei. Eine landschaftlich sehr schöne Gegend mit üppiger Vegetation bietet sich dem Betrachterauge. Früher haben hier die Malinké-Schmiede Eisenerz geschürft, wovon sowohl die Schürflöcher in den Hängen als auch die Hochöfen aus Lehm zeugen.

Auch die etwas südlicher verlaufende Strecke in Richtung Kangaba soll sehr schön sein. Busse verkehren ab dem Busbahnhof (z.B. Gana-Tours) 2x täglich (8 und 14 Uhr, Fahrzeit 3½ Stunden, 2500 CFA/Person). In **Kangaba** gibt es ein kleines Hotel. Schöne Spaziergänge zum ca. 1 km entfernten Ni-

ger bieten sich an. 2 Std. von Kangaba mit dem Buschtaxi entfernt liegt **Bancoumana** (schöner Markt am Montag). Unterkunft möglich am Ortseingang neben der Gendarmerie in schönen Rundhütten (2000 CFA/Nacht). Weiter nach **Sibi** (1 Std. Buschtaxi), dort ein Syndicat d'Initiative, das Unterkunft vermittelt und Führer stellt, für Ausflüge in die Berge, zu Grotten und einem schönen Felsbogen (ähnlich Pont d'Arc). Viele Pumpbrunen, die von Deutschen errichtet wurden, trinkbares Wasser ohne Entkeimung.

Koulikoro

Flusshafen von Bamako, 59 km von der Hauptstadt entfernt. Abfahrt der Flussschiffe nach Mopti, Timbuktu und Gao.

Der Westen und Nordwesten

National-Park Boucle de Baoulé

Der etwa 350.000 ha große Nationalpark liegt 120 km nordwestlich von Bamako. Beste Zeit für einen Besuch: Januar bis April.

Anfahrt: Von Bamako führt eine Asphaltstraße bis Kati; von dort führen 61 km schlechte Piste bis zum Dorf Négala, wo rechts eine Piste zum Réserve de Fina abzweigt und weiter, kurz vor

Hilfst du mir, so helf' ich dir ...

dem Dorf Sébékoro, eine Piste rechts nach Madina. Landschaftlich schöne Strecke, kleine Steinhügel, viele Bäume, kleine Flüsse und Dörfer. Von hier gelangt man auf mehreren Pisten, die nur während der Trockenzeit mit einem Geländewagen befahrbar sind, in den Nationalpark.

In der Regenzeit verwandelt sich die Piste in eine reine „Wasserstraße", ein Wasserloch reiht sich an das andere; selbst mit einem Geländefahrzeug ist die Piste bis zum Baoulé-Fluss nur mühsam zu befahren!

Unterkunft: Im Campement von Madina oder Baoulé. Nur noch höchst selten kann man hier Giraffen, verschiedene Antilopenarten, Wasserbüffel, Elefanten und Affen sehen. Nach Aussagen von im Lande lebenden Entwicklungshelfern ist ein Besuch kaum noch lohnend.

Bamako – Kati – Kita – Manantali – Kayes (584 km)

Die Landschaft zwischen Bamako und Kayes ist schön und noch unberührt; die Gegend ist verhältnismäßig unterentwickelt, hat kaum Infrastruktur, dafür aber „Bilderbuchdörfer" in bergiger Savannenlandschaft. Da die Region touristisch nicht erschlossen ist, sollte man sich für Übernachtungen *en brousse* einrichten, d.h. Versorgung für mehrere Tage mitnehmen!

Bamako – Kita (180 km)

Bamako und Kati sind durch 20 km Teerstraße verbunden. Ungefähr 5 km hinter Kati geht es zwischen Polizeiposten und Tankstelle links ab über Negala – Sebekoro – Badinka nach Kita. Die breite und noch relativ neue Überlandpiste hält sich immer nahe der Bahnlinie. Je nach vorangegangener Regenzeit müssen Sie in Wasserlaufquerungen mit mehr oder weniger heftigen Straßenschäden rechnen. Die reine Fahrtzeit beträgt 4 Std.

Kita

Kita ist ein kleines, ruhiges Städtchen. Hier soll die erste Kirche Malis gestanden haben.

In der Umgebung interessante **Höhlenmalereien beim Dorf Boudofo**, 7 km nördlich. Der Dorfchef muss vor der Besichtigung um Erlaubnis gefragt werden.

Unterkunft/Essen
● **Relais Touristique**
Nicht ganz saubere DZ für ca. 18.000 CFA, Klimaanlage. Schlechtes Restaurant.
● Gutes Essen bekommt man im **Restaurant Dieudonné (Chez Issa 2)** an der Ausfallstraße Richtung Manantali. Bescheidener: **Appia** am Bahnhof.

Kita – Manantali (140 km)

Von Kita führt eine Wellblech-Piste westwärts weiter in Richtung Massala – Tanbaga und überquert nach ca. 30 km auf einer modernen Brücke den Bakoye (Wassermusik! Aus Bakoye und Bafing entsteht dann in Bafoulabé der Senegal-Fluss; Bakoye = Weißer Fluss, Bafing = Schwarzer Fluss, Bafoulabé = Zwei Flüsse). Kurz vor **Tanbaga** (Km 43, ein Schild nennt noch 2500 m bis zum Ort) biegen wir rechts ab in Richtung Manantali. Die Piste ist jetzt teilweise ganz neu trassiert und gut befahrbar bis Manantali; bei schlechten Geländeverhältnissen wurden immer wieder kurze Pistenstücke auch asphaltiert. Die Strecke ist in den Landkarten bisher nicht eingetragen. Fahrtzeit Tanbaga – Manantali 1½ Std. Wir durchqueren dabei schönste stille Landschaften mit malerischen Dörfern und freundlichen Menschen. Zum Schluss führt die jetzt asphaltierte Straße gefährlich steil und in Serpentinen hinunter ins Bafing-Tal bei **Manantali,** wo der Fluss von einem gigantischen Staudamm abgeriegelt ist.

Unterkunft/Essen in Manantali
● Das Campement am Staudamm ist geschlossen. Durch private Vermittlung lässt sich jedoch u.U. ein Haus für 15.000 CFA mieten.
● Zwei kleine **Bar-Restaurants: Chez Saran** am Markt und **La Paillotte** an der Hauptstraße.

Der seit 1987 zu einem gigantischen, 80 km langen und bis zu 6 km breiten See aufgestaute **Bafing** weist eine mittlere Tiefe von 20 m auf. Fischer haben sich mittlerweile angesiedelt, mit denen sich evtl. eine lohnende Bootsfahrt organisieren lässt. Im See gibt es keine Bilharziose! Ein Besuch des Staudamms kann möglicherweise über die südafrikanische Firma ESKOM oder über die malischen Betreibergesellschaften SOGEM oder OMVS angefragt werden.

Interessant sind die **Affenhorden** gegen 18 Uhr an der Felswand auf der Piste zum Steinbruch (über die Brücke und dann ca. 1 km geradeaus).

Landschaftlich ist die **Region um Manantali** eine der schönsten und abwechslungsreichsten in ganz Mali. Felsige und steile Berghänge wechseln mit dicht bewaldeten Hügeln ab, Flussläufe mit Wasserfällen haben sich tief eingeschnitten. Die Dörfer der Malinké bestehen aus Rundhütten, die oft sogar bemalt sind.

Die Piste über Koundian nach Kéniéba ist sehr schlecht. Der hier 1990 gegründete **Schutz- und Nationalpark „Bafing"** ist schwer zugänglich, aber landschaftlich sehr schön. Es gibt dort die nördlichste Schimpansenkolonie in Afrika, doch die Tiere sind nur selten zu sehen. Häufig anzutreffen sind Reptilien, Krokodile oder Python-Schlangen. In **Koundian** können Sie sich (am besten beim Bürgermeister) nach dem Führer *Famagan Dembélé* aus Makadougou erkundigen. Im Ort liegen die Überreste des ganz aus Steinen errichteten Forts von *El Hadj Omar Tall*, eines verehrten Weisen und Stammesfürsten der Toucouleur, der Mitte des 19. Jh. gegen die eindringenden Franzosen kämpfte.

Manantali – Kayes (248 km)

Von Manantali erreicht man über eine gute Piste **Mahina.** Die Strecke folgt dabei immer dem Bafing, der allerdings nur an wenigen Stellen wegen seines sehr dichten Galeriewaldes überhaupt in Sicht kommt. Wenn aber, dann als wunderschöner, unverfälscht afrikanischer Fluss. In Mahina müssen wir den Bafing überqueren, entweder auf der **Brücke oder** per **Fähre.** a) Über die Eisenbahnbrücke (nicht PKW-tauglich!) über den Bafing gelangt man zur Stadtmitte (Bahnhof, Tankstelle). Am Bahnhof ist erst die (illegale, weil eigentlich kostenlose) Brückenbenützungsgebühr zu entrichten! b) Eine Pistenalternative

DER WESTEN UND NORDWESTEN

führt schon vor der Brücke und unmittelbar nach dem Bahnhof rechts ab zur Fähranlegestelle Babaroto am Ostufer des Bafing. Dies ist die einzige Möglichkeit für PKW! Da die Piste sehr tiefstaubige Fahrspuren aufweist, muss sie mit größter Um- und Voraussicht befahren werden – schleichen Sie lieber durch den Busch, als dass Sie irgendwo in der tiefen Staubspur hängen bleiben!

Da es in Bafoulabé keine Tankstelle gibt, sollte man schon in Mahina auftanken!

Die Hauptroute führt also über die Bafing-Brücke der Bahn ans westliche Flussufer und biegt dann nach Norden ab ins nur etwa 5 km entfernte **Bafoulabé.** Wie die Michelin-Karte zeigt, bieten sich ab Bafoulabé **zwei Routen zur Weiterfahrt** an: Die erste führt am linken Senegal-Ufer entlang (der Senegal muss also nicht mit der Fähre überquert werden), vorbei an den Chutes de Gouina (Wasserfälle von Gouina). Diese Strecke war über lange Zeit sehr problematisch und erhielt deshalb vom Michelin-Männchen gerne schwarze Punkte als Symbol für „schwierig". Als Folge des Staudamm-Baus ist diese Strecke derzeit problemfrei: Sie folgt immer der Trasse einer Hochspannungsleitung, die vom Staudamm bis nach Kayes verlegt wurde.

Die Streckenalternative (der Senegal muss dabei zweimal überquert werden, erst nach Norden, dann wieder nach Süden) führt uns zunächst mit der Fähre über den Senegal (am Zusammenfluss von Bafing und Bakoye, 3000 CFA, von Geländefahrzeugen werden auch 5000 CFA verlangt) und dann über Madibaya (N 13°57,14 / W 10°45,05) nach Sélinnkegni (N 14°5,74 / W 10°47,22) auf einer mittelmäßigen Piste auf der rechten Seite des Senegal, aber immer flussfern bis Diamou. In **Sélinnkegni,** wo bis vor wenigen Jahren Marmor abgebaut wurde (Steinbrüche und technische Einrichtungen unmittelbar am Weg), biegen wir nach Südwesten ab und fahren jetzt auf einer kleinen, angenehmen Buschpiste über Santafara (N 14°2,96 / W 10°50,56) bis zu einer Abzweigung im freien Busch (N 14°1,04 / W 10°51,83): Hier biegen wir fast im rechten Winkel nach rechts ab und fahren

Hinterhofleben

jetzt wieder nach Nordwesten auf einen markanten Berg (451 m) zu. Noch bevor wir ihn erreichen, passieren wir das stille Dorf **Gangontéri** (N 14°3,67 / W 10°55,72; ein Schild zeigt 60 km seit Bafoulabé und 32 km bis zu unserem nächsten Ziel Diamou). Wir fahren nach Norden und erreichen nach etwa 3 km ein altes Asphaltsträßchen (N 14°5,19 / W 10°56,08), auf dem von dem markanten Berg aus Kalksteine zu einem Zementwerk (später an unserem Weg) transportiert wurden. Auf dem schlechten Teersträßchen fahren wir jetzt nach Westen, durchqueren dabei das Wild-Schutzgebiet und den Wald von Dourou und erreichen schließlich in schönster Landschaft ("Wassermusik"!) wieder den Senegal, den wir auf einer modernen, heute nur noch von Vieh benutzten Brücke überqueren. Vorbei an der stillgelegten Zementfabrik (N 14°3,19 / W 11°13,87), die eindrucksvoll vom Wald zurückerobert wird, erreichen und überqueren wir wieder die Bahnlinie. Nach Norden weiterfahrend, erreichen wir kaum 5 km weiter den kleinen Ort **Diamou** (Tankstelle).

Die Piste ist jetzt deutlich ausgefahren und von wechselhaftem Zustand. Sie folgt immer dem Senegal. Malerische Dörfer werden durchquert. Die Félou-Fälle präsentieren sich, je nach Wasserstand, als mächtige Wasserfälle oder rauschende Stromschnellen; ein Elektrizitätswerk gewinnt Strom für Kayes. Kaum 5 km weiter erreichen wir den kleinen Weiler **Médine,** mit den noch immer eindrucksvollen **Ruinen von Fort Tambaoura,** das in der französischen Eroberungspolitik eine wichtige Rolle spielte. Etwa 10 km weiter ist dann die Ortsmitte des lebhaften Städtchens Kayes erreicht.

Kayes

Die **ehemalige Hauptstadt** des Landes ist inzwischen infolge der schlechten Straßenverbindungen von Bamako ziemlich abgeschnitten. Es gibt aber eine Zugverbindung täglich von Bamako (siehe dort). Kayes ist mit dem Auto noch immer besser vom Senegal aus erreichbar, doch ändern sich mit der neuen Brücke über den Senegal und den Straßenbauarbeiten im Umfeld von Nioro allmählich die Verhältnisse.

Seit Generationen gilt die Region um Kayes als klassisches **Auswanderungsland;** weniger der „Exode rurale", die Flucht in die Stadt, kommt hier zum Tragen, als die ins Ausland. Während die Bevölkerungsgruppen im Süden von Kayes vor allem nach Senegambia auswanderten und dort ihr Glück versuchten, waren für die des Nordens Europa und dort vor allem Frankreich das Ziel. Die Überweisungen dieser Auswanderer an ihre zurückgebliebenen Familien waren ein erheblicher wirtschaftlicher Faktor in der gesamten Region. Seitdem die Grenzhürden in Europa höher gelegt wurden, emigrierten viele auch in die Elfenbeinküste. So blickt gegenwärtig die Stadt mit besonderer Besorgnis auf die dortigen Ereignisse und fürchtet nichts mehr als die Rückkehr Zigtausender, die mangels wirtschaftlicher Zukunftsperspektiven der Region zuvor den Rücken gekehrt hatten.

In der Stadt gibt es **alle Versorgungsmöglichkeiten**.

Das **Klima** in Kayes ist **sehr belastend:** Kein Ort in der Klimatabelle von Michelin weist derart hohe Werte auf wie Kayes! Außerhalb der Regenzeit (und in dieser ist der Ort nur per Zug erreichbar) gibt es nur zwei Monate, Januar und Dezember, in denen die durchschnittlichen Tageshöchsttemperaturen unter 40 Grad liegen – in den beiden genannten Monaten bedeutet dies noch immer 38 bzw. 39 Grad. Im März, April und Mai – 46 Grad! Hinzu kommt, dass der so abgelegene Ort nicht nur von Hitze, sondern auch von Feuchte gekennzeichnet ist – die Trockenheit der Sahara dürfen Sie hier im Senegaltal auf 47 m Meereshöhe nicht erwarten! Wer sich daran erst einmal gewöhnt hat: Die Nächte in den Biergärten der Stadt sind voll tropischer Wärme und Sinnlichkeit ...

Hotels

- **Hotel Le Khasso**
Direkt am Fluss, Tel. 521666; Bungalows, gute Küche. DZ 27.000 CFA.
- **Hotel du Rail**
Ältestes Hotel am Platz, genau gegenüber vom Bahnhof, Tel. 521898 und 521233. Restaurant, teuer (DZ 18.000 CFA) und etwas heruntergekommen; ein Klotz mit verblichener kolonialer Pracht mit maurischen Stilelementen und viel Atmosphäre. Ein großflächiger Biergarten liegt genau vor dem Eingang.
- **Hotel de l'Amitié**
- **Hotel Amical**
Einfache Unterkunft am Marktplatz.

Essen und Trinken

- **Woudoumbé**
Gegenüber der Banque du Mali.
- **Restaurant Harlem**
In der Nähe des Marktes.
- **Restaurant im Hotel du Rail**
Direkt hinter dem Bahnhof.

Bank

- Die **BMCD-Bank** akzeptiert die Visa-Karte.

Ausflüge

In der Umgebung von Kayes gibt es mehrere **Stromschnellen und Wasserfälle,** z.B. **Chutes du Félou** (14 km in Richtung Diamou, s.o.) und **Chutes des Gouina** (ca. 100 km in Richtung Manantali). 70 km südlich in Richtung Keniebe liegen die Goldminen von **Sadiola** und **Yatela,** die unter europäischer Regie stehen; deshalb finden Sie dort auch einen gut ausgestatteten Supermarkt. Ein Besuch der Goldminen selbst ist allerdings nicht möglich.

Ab Kayes flussabwärts in Richtung Senegal ist der Senegal-Fluss schiffbar. Ab hier lässt sich also ggf. eine Reise per Boot fortsetzen.

Von Kayes in den Senegal bzw. nach Mauretanien

Von Kayes führt eine inzwischen sehr gut ausgebaute Piste am Südufer des Senegal entlang (der Fluss kommt aber nie in Sicht) und immer der Bahnlinie folgend zur Grenze in die Republik **Senegal** bei **Kidira** (ca. 105 km). Es werden lichte Wälder mit großen Bäumen durchquert; immer wieder tauchen ganze Affenhorden auf. Der Grenzübergang bei der Brücke über den Falémé, einen der südlichen Zuflüsse des Senegal, vollzieht sich meistens regelkonform. Ein Passbild ist erforderlich.

Die Piste in Richtung **Kiffa/Mauretanien** stellt das krasse Gegenteil zu der

Richtung Senegal dar: eine vor allem im Bereich zwischen den Grenzorten feldwegkleine Piste, die oft Orientierungsprobleme aufwirft (Beschreibung und einige GPS-Koordinaten im Mauretanien-Kapitel). Im malischen Grenzort **Aourou** ist nur noch ein Polizeiposten (und kein Zoll mehr) vorhanden. Die Zollformalitäten der Ausreise (Erfahrungen liegen nur mit der Einreise vor) sollten Sie also schon in Kayes erledigen (Gebäude schräg rechts gegenüber vom Bahnhof). Der Senegal wird auf einer neuen Brücke und nicht mehr mit der Fähre bzw. auf dem alten Damm überquert.

Von Kayes nach Nioro du Sahel

Der kleine abgelegene Ort Nioro du Sahel liegt nahe der mauretanischen Grenze und ist ähnlich wie Kayes berüchtigt für seine **extreme Hitze;** der Name bedeutet „Ort des Lichtes". Die Piste dorthin ist über weite Strecken in schlechtem Zustand, auch wenn immer wieder Ausbesserungsarbeiten nach der Regenzeit vorgenommen werden. In einem meiner Tagebücher findet sich zum Pistenzustand die Notiz, sie habe „den bezwingenden Charme eines staubgefüllten Bachbettes. Sandige Abschnitte zeigen, dass die Sahara nicht weit ist". Dabei handelt es sich im gesamten Verlauf der Strecke und weiter bis nach Bamako um die ehemalige „Route Fédérale N° 1 Dakar – Algérie par Gao". Zwei Campements im Ort bieten bescheidene Unterkunft. Die Piste von Nioro nach Südosten über Didieni nach Bamako soll zwischenzeitlich in einen deutlich besseren Zustand versetzt worden sein, die Bauarbeiten sind jedoch noch nicht überall abgeschlossen. Die Rede ist gar von Vorbereitungen zur Asphaltierung!

Bamako – Nara – Mauretanien (374 km)

In den Ort Nara, der an der Grenze zu Mauretanien liegt, führt von Bamako eine teilweise gute, breite Piste, die jedoch nördlich des Abzweiges in Richtung Nioro deutlich schlechter wird. Grundsätzlich ist in und kurz nach der Regenzeit Vorsicht angebracht, da zahlreiche Brücken unterspült sein können! Die Landschaft besteht anfangs aus hügeligen Buschsavannen mit hübschen Dörfern entlang der Strecke. Die neue Piste in Richtung Nioro zweigt ca. 46 km nördlich von Didieni (siehe aktuelle Michelin-Karte) nach Westen ab, die alte Piste, die unmittelbar von Didieni nach Nordwesten führte, existiert nicht mehr – sie war früher eine absolute Tortur! Zwischen Didieni und dem aktuellen Abzweig empfiehlt ein Leser einen schönen **Rastplatz** ca. 2 km abseits der Straße auf einem Hochplateau (N 14°0,357 / W 8°3,152). Die Piste wird dann sehr staubig und ausgefahren, das Vorankommen ist deutlich erschwert. Kurz vor Nara wandelt sie sich zur Sahelsteppe mit niedrigen Büschen und spärlichem Graswuchs.

Nara

Nara ist ein relativ großer Ort ohne besondere Attraktion; hier werden die

DER WESTEN UND NORDWESTEN

Ausreiseformalitäten von Mali nach Mauretanien abgewickelt, d.h. der Ausreisestempel bei der Gendarmerie eingeholt und das Laissez Passer oder ggf. das Carnet beim Zoll abgestempelt.

Unterkunft/Essen
● **Bar Ghanienne**
In der Ortsmitte gegenüber vom Markt. DZ 3000 CFA; Softdrinks, Bier und Essen sind erhältlich.
● **Busse** fahren für 6000 CFA nach Bamako (9 Std. Fahrtzeit inkl. 30 Minuten Mittagspause in Didieni – dort gibt es Softdrinks und Grillfleisch zu kaufen).

Die grenzüberschreitende Piste bleibt schlecht. 55 km nördlich von Nara wird der mauretanische Zollposten (N 15°32,109 / W 7°1,460) im Ort **Adel-Bagrou** erreicht. Den Einreisestempel im Pass gibt's bei der Gendarmerie. Ein Visum ist erforderlich – ohne Visum keine Einreise! Obwohl nicht mehr erforderlich (siehe Kapitel Mauretanien), bestehen die Zöllner immer wieder einmal auf der Abgabe einer Devisenerklärung.

Die verbleibenden 135 km bis zum Erreichen der Asphaltstraße Nema – Nouakchott („Route de l'Espoir", „Straße der Hoffnung") bleiben mindestens so schlecht wie gehabt. Sehr tief ausgefahrene und sandig-staubig-weiche Spuren wechseln mit steinigen Strecken. Die Landschaft ist hübsch und abwechslungsreich. In Tälern ist der

Baumbewuchs überraschend dicht. Die gesamte Strecke Adel-Bagrou bis Nema galt in den letzten Jahren als nicht ganz sicher – informieren Sie sich über die Situation in Adel-Bagrou. Am westlichen Ortsrand von Nema ist dann bei N 16°36,729 / W 7°15,399 die Asphaltstraße erreicht. Sie sind verpflichtet, sich hier in Nema beim Comissariat erneut zu melden, müssen also vor einer Weiterfahrt Richtung Nouakchott nach rechts in den Ort hinein abbiegen.

Der Süden und das Niger-Binnendelta

Bamako – Bougouni – Sikasso (400 km)

Auf der **guten Asphaltstraße** gelangt man am schnellsten nach Burkina Faso. Die Strecke führt durch das **Land der Bambara.**

Verlässt man Bamako Richtung Bougouni und Sikasso, stößt man ca. 1 km nach der Abzweigung zum Flughafen auf der linken Seite auf das **Restaurant Yanki** (nur Getränke, im Freien) mit einem netten Vorplatz – angenehm zum Verweilen.

Sikasso

Auch Sikasso (ca. 120.000 Einwohner) stellt keine Stadt von besonderem touristischem Interesse dar, ist aber als **Verkehrsknotenpunkt und Marktplatz**

Unfall auf der Piste nach Nara

(interessante Töpferwaren) wichtig. Die Region zählt zu den am dichtesten bevölkerten von Mali. Ein ausgewogenes Klima und fruchtbare Böden erlauben intensive Landwirtschaft. Zwei Drittel der in Mali produzierten **Baumwolle** stammen aus dem Gebiet um Sikasso. Da es auch an **Bodenschätzen** nicht fehlt (u.a. Gold, Nickel, Aluminium), entwickelte sich die Region – nach dem Großraum Bamako – zur zweitstärksten in Mali hinsichtlich der industriellen Produktion – touristisch aber ist das Gebiet unterentwickelt.

Den Fans von Wasserfällen immerhin zeigt die Michelin-Karte mit einem schwarzen Dreieck die Sehenswürdigkeit der Wasserfälle des Farako (**Chutes de Farako**) etwa 25 km südöstlich von Sikasso an der Piste Richtung Bobo Dioulasso (Burkina Faso, ab Orodora neue Teerstraße): Der Fluss Farako (= Fluss der Steine) stürzt hier in mehreren Stufen hinab, ein Schauspiel, das sich natürlich besonders eindrucksvoll in der Regenzeit darstellt.

Erwähnenswert auch noch die Höhlen von Missirikoro (**Grottes de Missirikoro,** 12 km südwestlich der Stadt), mitunter auch als „Natur-Moschee" bezeichnet: Hier versammeln sich Animisten (nach anderen Quellen gelehrte Muslime), um den Höhlengeistern zu huldigen.

Verkehrsverbindungen

Der Taxi-brousse-Bahnhof (Gare routière) liegt etwa 1 km südlich der Stadt, an der Straße nach Ferkessédougou (Elfenbeinküste). Das Taxi vom Zentrum zum Gare routière kostet ca. 150 CFA. Eine Transportmöglichkeit nach Bobo-Dioulasso (Burkina Faso) gibt es vom Stadtzentrum aus.

DER SÜDEN UND DAS NIGER-BINNENDELTA

Unterkunft/Verpflegung
- **Hotel Mamelon**
Bestes Hotel, EZ/DZ 8500/11.000 CFA mit Air-Condition; Restaurant.
- **Hotel Tata**
Etwas außerhalb, im westlichen Ortsteil.
- **Hotel Lotto**
Einfaches, sauberes Hotel, Restaurant; an der Straße nach Bamako.

Bamako – Segou – San – Djenné – Mopti (617 km)

Sehr gute Teerstraße durch Savannenlandschaft. Der erste größere Ort ist die geschichtsträchtige Stadt Segou.

Ségou

Die **ehemalige Residenzstadt** der Bambara-Könige liegt etwa zweieinhalb Autostunden von Bamako entfernt und ist heute eine angenehme kleine Stadt aus einstöckigen sudanischen Kastenhäusern mit Flachdach. Schön sind die **Kolonialstil-Gebäude,** z.B. das Office du Niger. Eine breite Allee führt stadtauswärts am Niger entlang, wo man abends traumhafte Sonnenuntergänge erleben kann.

Stadt und Umgebung sind geprägt durch eine Vielzahl auffallend mächtiger **Balanzan-Bäume**, wissenschaftlich *Acacia albida*, die weiße Akazie, weil die Äste des Baumes auffallend hell, fast weiß wirken. So wird Ségou auch als „Stadt der 4444 Balanzans" bezeichnet – eine weitere Albida kommt noch hinzu, aber die ist Ségous verborgenes Mysterium. Bei den Botanikern gilt die im gesamten Sahel-Raum verehrte *Acacia Albida* als „Wunderbaum", wirft sie doch während der Regenzeit, wenn Wolken Schatten spenden, ihr Laub ab und steht in der Trockenzeit voll belaubt als Schattenspender. Ihr nährstoffreicher Blattabwurf wirkt als Bodenverbesserer. Blätter und junge Triebe werden gerne gefressen, die gelben, spiralig aufgerollten Fruchthülsen sind ein hoch qualitatives Viehfutter. Die Rinde dient als Gerbstoff. Das Holz des Baumes ist relativ weich, dient aber – seiner Dimensionen wegen – gerne als Material z.B. für Mörser. Auch in der traditionellen Medizin werden viele Teile, z.B. Harz, Blätter oder Rinde, gegen verschiedene Krankheiten oder als Stärkungsmittel eingesetzt.

Hüten sollten sich Männer vor den Frauen von Ségou: Sie gelten als Meisterinnen der erotischen Künste und, so sagt ein Sprichwort: „Das Unglück beginnt mit einer Ehefrau aus Ségou!"

Ségou ist eine **lebhafte Handelsstadt**, in der die wichtigsten Händlerfamilien des Landes residieren. Ein Besuch in **Alt-Segou (Segou-Koro)** mit der im sudanesischen Stil erbauten Moschee lohnt sich (13 km außerhalb Richtung Bamako). Fahrpreis mit dem Taxi 6000 CFA (auch mit Piroge erreichbar). Der „Chef du village" verlangt ein Eintrittsgeld von 2500 CFA, das zur Finanzierung einer Krankenstation dient.

Wer will (ich rate Ihnen ab!), umfährt heute den Ort auf einer ganz neuen Umgehungsstraße! Die Eröffnung eines Touristen-Büros war für 2003 geplant.

Unterkunft
- **L'Auberge**
Tel. 320145; EZ/DZ 9000–22.000 CFA. Traditions-Hotel am Platz; gepflegte Atmosphäre, schöne klimatisierte Zimmer, gutes Restaurant im Garten, Pool. Unter libanesischer

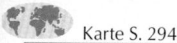

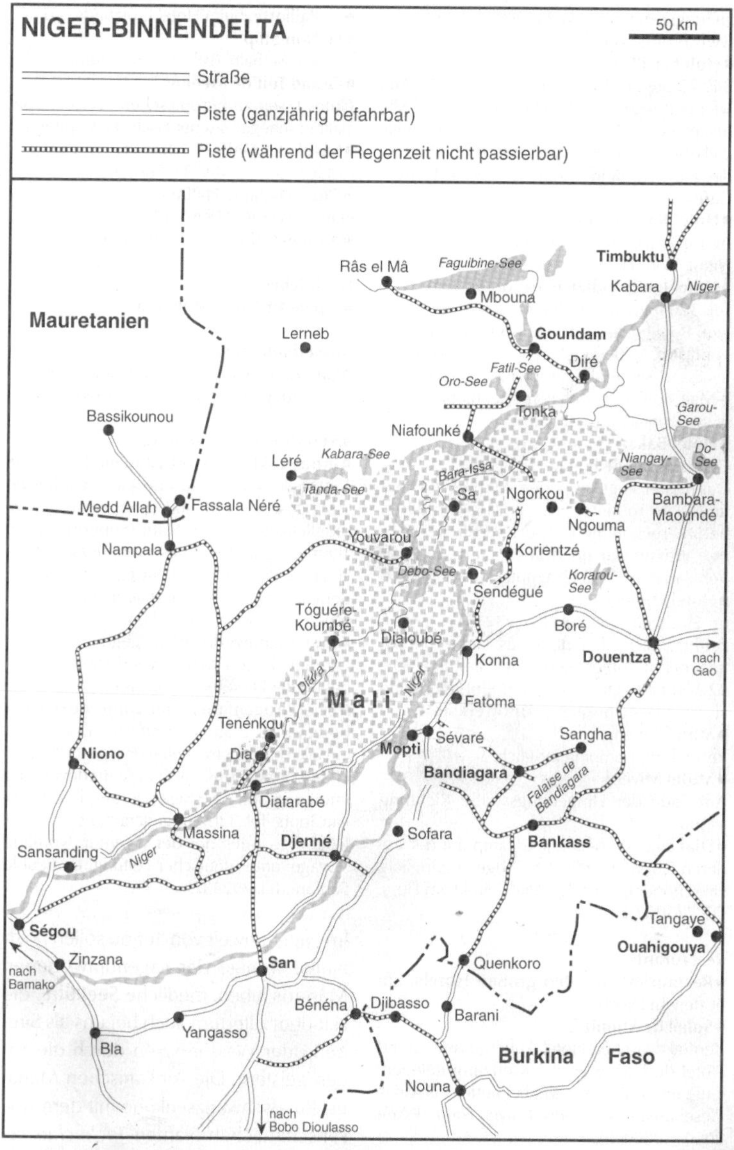
NIGER-BINNENDELTA
50 km
Straße
Piste (ganzjährig befahrbar)
Piste (während der Regenzeit nicht passierbar)
Mauretanien
Mali
Burkina Faso
Timbuktu
Kabara
Niger
Râs el Mâ
Faguibine-See
Mbouna
Goundam
Lerneb
Diré
Fatil-See
Oro-See
Tonka
Garou-See
Bassikounou
Niafounké
Kabara-See
Léré
Niangay-See
Do-See
Tanda-See
Bara-Issa
Sa
Ngorkou
Bambara-Maoundé
Medd Allah
Fassala Néré
Ngouma
Nampala
Youvarou
Korientzé
Debo-See
Korarou-See
Sendégué
Tóguére-Koumbé
Dialoubé
Boré
Konna
Douentza
nach Gao
Diaka
Fatoma
Tenénkou
Mopti
Sévaré
Sangha
Niono
Dia
Bandiagara
Falaise de Bandiagara
Diafarabé
Massina
Sofara
Bankass
Sansanding
Djenné
Ségou
Tangaye
Ouahigouya
nach Bamako
Zinzana
San
Quenkoro
Bénéna
Djibasso
Barani
Yangasso
Bla
Nouna
nach Bobo Dioulasso

DER SÜDEN UND DAS NIGER-BINNENDELTA

Leitung; e-Mail: hotelauberge@cefib.com, www.promali.org/aub-ind
- **Hotel de l'Esplanade**
B.P. 27, Ségou, Tel. 320127, Fax 320127. Am Ufer des Niger; DZ mit Dusche, WC und Klimaanlage ca. 18.000 CFA. Mit Restaurant La Paillotte unmittelbar am Ufer. Im Gebäude des Hotels befindet sich auch ein **Internet-Café.**
- **Hotel Kaarta** (ex G.T.M.)
Av. du Président Konaté, Tel. 320279; wegen Night-Club (Le Wete) vor allem Sa sehr laut.
- **Hotel Indépendance** (ex „du 22.9.60")
Tel. 320462; an der Straße nach Mopti gelegen; Pool, Restaurant; DZ ab 6000 CFA mit Ventilator, 15.000 CFA mit Air-Condition; gutes Essen, saubere Zimmer, Bier vom Fass! e-Mail: hotelindependance@cefib.com., www.promali.org/aub.ind
- **Hotel Bakari Djanna** bzw.
Grand Hotel de France
Das Hotel liegt zwischen Marché Central und Gare routière, Tel. 320315. Unsauber, heruntergekommen, wird als Puff bezeichnet. Wasser nur noch aus Eimern. DZ mit Ventilator ca. 7500 CFA; gutes Restaurant.
- **Hotel Djoliba**
Im Stadtzentrum, Tel./Fax 2321512, e-Mail: zarth@afribone.net.ml; neues, kleines Hotel, angenehm, unter deutscher Leitung. DZ 22.500 CFA. Der Patron betreibt auch eine als zuverlässig bekannte **Autowerkstatt.**
- **Motel Savane**
Restaurant, Camping möglich.
- **Motel Mivera**
Am Ende der Umgehungsstraße Richtung Mopti.
- **Djacana**, ein neues Jagdcamp auf der anderen Flussseite, mit der Piroge zugänglich. Ein schöner und ruhiger Platz direkt am Fluss. DZ 27500 CFA

Restaurants
- **Restaurants in allen großen Hotels,** am besten im Djoliba.
- **Soleil de Minuit**
Zentral zwischen Hotel Auberge und Grand Hotel de France an der Kreuzung gelegen. Gute und preiswerte Küche, nettes Personal, Geschäftsführer *Denis Calvin Dara*, Essen 2000–3000 CFA.

- **La Paillotte,** beim Hotel Esplanade, s.o.
- **Le Non-Stop**
Etwas außerhalb, östlich vom Zentrum.
- **Grand Toit de Médine**
Gutes Essen zu europäischen Preisen. Spezialität: senegalesischer Fisch „Le Capitaine".
- **Snack Bar Golfe**
Östlich vom SOMATRA-Busbahnhof.
- **Chez Madame Halima**
Nahe des SOMATRA-Busbahnhofs.
- **Au Bon Coin,** am Gare routière.

Nachtleben
- **Open-Air-Disko Mobassa**

Busverbindungen
- Eine Fahrt mit dem Bama-Bus nach Mopti kostet 4000, nach Bamako ca. 2000 CFA.

- **Markttag** ist der **Montag.**
- **Infrastruktur:** Im Ort gibt eine Bank, eine Tankstelle, Geschäfte und ein Freiluft-Kino (z.Z. geschlossen) und gute Versorgungsmöglichkeiten in der Stadt (Supermarkt mit alten europäischen Konserven; besser ist die Epicerie-Alimentation du Rond Point). Außerdem findet man viele Stoffläden mit den typischen afrikanischen Drucken.
- **Kunsthandwerksläden** gegenüber oder vor den Hotels L'Auberge und Djoliba sowie neben der Diskothek Mobassa.
- Eine **Pirogenfahrt zum Töpferdorf Karabougou,** ca. 2 Std. flussaufwärts gelegen, ist auf alle Fälle zu empfehlen (Piroge 1500 CFA, Eintritt pro Gruppe 3500 CFA, Brennvorgang immer Sa und So). Reservierung bei Balanzan Tours, Tel. 320257, gegenüber vom Hotel L'Auberge oder bei der Agentur Nomade Voyage, unter deutscher Leitung, Immeuble Santara, Tel. 292437.

Im Niger unweit von Ségou sollen noch einige wenige der sagenumwobenen **Manatis** leben, friedliche **Seekühe,** die seit dem Altertum auch bei uns als Sirenen oder Wasser-Nixen durch die Sagen geistern. Die Afrikanischen Manatis, Rundschwanzseekühe mit dem wissenschaftlichen Namen *Trichechus se-*

negalensis, ähneln großen Seehunden. Sie ernähren sich ausschließlich von Pflanzen, von denen sie jedoch nur sehr wenig vertilgen: Verglichen mit jedem anderen Säugetier ihrer Größe nehmen sie nur etwa ein Drittel der Nahrungsmenge zu sich. Dies führt bei den Wasser-Nixen zu ausgeprägt Energie sparenden Verhaltensweisen: Sie scheinen sich wie in Zeitlupentempo zu bewegen. Da auch ihre Fortpflanzungsrate sehr gering ist und sie bei vielen Bevölkerungsgruppen als willkommene Bereicherung des Speiseplans angesehen und gejagt werden, stehen sie kurz vor der Ausrottung. So erscheinen die Manatis mittlerweile auf der Roten Liste und sind auch im CITES-Artenschutz-Abkommen genannt. Ein Umdenken hat auch bei den Maliern begonnen, und so kommt derzeit ein Projekt ins Laufen, bei dem auf Initiative des Bürgermeisters des betreffenden Dorfes mit deutscher Unterstützung die seltenen Tiere geschützt werden sollen.

Auf der **Weiterfahrt nach Südosten** wird der Bani auf einer modernen Brücke überquert. Etwa 12 km nach der Brücke zweigt links eine Piste ab, die nach ca. 36 km den kleinen Ort **Teriyabougou** erreicht. Hier hat ein französischer Ex-Pater ein Entwicklungszentrum mit landwirtschaftlicher Forschungsstation errichtet; Swimmingpool, Restaurant, Zimmer, eine beeindruckende Anlage. Auf dem gleichen Weg, nach ca. 12 km, liegt direkt am Bani der „Country Club" (deutsche Leitung, schöne Anlage mit Zimmern und Restaurant).

San

San ist etwa 200 km von Ségou entfernt und eine typische Sahel-Stadt (der Ort liegt bereits am Ufer des Binnendeltas und unweit des Bani) mit einem alten Stadtkern und einer **Moschee**, die in **sudanischer Banko-Lehmbauweise** errichtet ist und an Attraktivität ohne weiteres mit der berühmten Moschee von Mopti mithalten kann. **Montags** findet der überaus **lebhafte Markt** statt. Die Besucher kommen von weit her. Vor Beginn der Regenzeit wird alljährlich im Mai/Juni ein zeremonieller Fischfang *(Sanguémo)* organisiert, bei dem mit Handnetzen die letzten verbleibenden Tümpel vor der Regenzeit abgefischt werden.

Unterkunft
- **Le Campement**
Schräg gegenüber vom Markt; DZ ab 6000 CFA, kein Ventilator.
- **Hotel Bazani,** ca. 2000 CFA.
Hotel Sangue, ca. 2000 CFA.

Restaurant
Am Ortsausgang in Richtung **Segou** liegt auf der linken Seite an der Umgehungsstraße das Restaurant **Teriya** mit schöner Terrrasse und freundlicher Bewirtung.

Wenig außerhalb von San verzweigt sich die Straße: Nach Süden führt eine breite Asphaltstraße weiter in Richtung Bobo Dioulasso (Burkina Faso), geradeaus/halblinks führt unsere Strecke weiter in Richtung Mopti. Etwa 70 km nach San zweigt links eine Straße nach Djenné ab (ca. 30 km). Diesen Umweg sollte man nicht scheuen, da Djenné zu den sehenswertesten Städten in Mali zählt.

DER SÜDEN UND DAS NIGER-BINNENDELTA

Etwa 4 km vor der Stadt Djenné muss man den Bani mit einer kleinen **Fähre** überqueren (letzte Fahrt um 18 Uhr! 3000 CFA/Fahrzeug); Anlegestelle der Pirogen aus Mopti.

Während der Regenzeit ist Djenné (von der Ablegestelle der Fähre) nur mit der **Piroge** (evtl. auch mit LKW) zu erreichen. Die Jugendlichen an der Anlegestelle sind sehr geschäftstüchtig; man sollte für die Fahrt bis Djenné nicht mehr als 1000 CFA pro Person zahlen.

Djenné

Diese einst wohlhabende Stadt, am Bani-Fluss gelegen, gilt als **Zentrum der mittelalterlichen sudanischen Lehmarchitektur** und wird immer wieder auch als schönste Stadt Malis bezeichnet. Seit 1998 ist sie in die UNESCO-Liste des Weltkulturerbes aufgenommen. Sie wurde um 1400 n.Chr. erbaut und erlebte ihre Glanzzeit im 15. und 16. Jh. (Die alte Stadt Jeno, ein paar Kilometer stromaufwärts, wurde bereits 250 v.Chr. gegründet und um 1400 n.Chr. aus ungeklärten Gründen verlassen.)

Im Herzen der Stadt Djenné, direkt am Marktplatz, befindet sich die **berühmte Moschee,** die ebenso wie die zahlreichen alten Bürgerhäuser ein Meisterwerk sudanischer Lehmarchitektur darstellt. Alljährlich in der Trockenzeit wird die Moschee in einer gemeinsamen Aktion von zwei gegeneinander konkurrierenden Gruppen neu verputzt, eine – wenn auch zeremoniellen Regeln, Gesängen, Trommelrhythmen folgende – gewaltige Schlammschlacht. Wer als Besucher in dieses Spektakel hineingerät, wird – Bilharziose hin, Bilharziose her – ein Bad im Bani nicht verschmähen!

Djenné ist die älteste und beeindruckendste Handwerksmetropole Westafrikas und seit Jahrhunderten auch **intellektuelle Hochburg des Islam.** In manchen Epochen in seiner Bedeutung mit Timbuktu auf einer Stufe stehend, galt der Ort als Zentrum medizinischen Wissens, während Timbuktu eher auf die Wissenschaftszweige Recht und Theologie spezialisiert war.

Achtung: Nach **Ankunft** beim Comissaire de Police melden; Name des Fahrers und Kfz-Kennzeichen werden registriert. Die Anmeldung ist kostenlos; kein Passfoto erforderlich.

Hinweis: Die vielen kleinen Jungs, die jeden Touristen gleich bei der Ankunft scharenweise umschwärmen und relativ agressiv vorgehen, behaupten meist, dass es obligatorisch sei, einen **Führer** (guide) zu nehmen, um sich die Stadt anzuschauen. Laut Auskunft der Polizei bleibt es jedoch jedem Gast selbst überlassen, ob er die Stadt mit oder ohne einen solchen Führer besichtigen will (wenn ja, dann nicht mehr als 1000 CFA zahlen!). Meist kommen die Jungs auch gar nicht aus Djenné, sondern aus anderen Orten, um hier das große Geld zu machen. Sie können auf diese Weise pro Tag etwa so viel verdienen, wie eine Marktfrau in einem Monat. Dass für viele der Tourismus eine willkommene Ein-

Djenné – Eingang zur Moschee

nahmequelle ist, ist klar; ob man ihnen (Kindern und Eltern) jedoch damit einen Gefallen tut, ist sehr fraglich. Immerhin: Mit einem guten „guide" hat man wesentlich mehr Möglichkeiten, die Altstadt oder auch Stadthäuser zu besichtigen, als ohne diesen.

Sehenswürdigkeiten

Moschee

Die weltberühmte Moschee von Djenné wurde zu Beginn des 20. Jh. nach dem Vorbild einer bereits im 13. Jh. errichteten Moschee in traditioneller Banko-Technik erbaut. Vom Dach aus hat man einen schönen Blick über die Dächer der Stadt und den Marktplatz. Die Moschee darf jedoch von „Non-musulmans" nicht mehr besichtigt werden, seitdem ein amerikanisches Magazin dort Fotoaufnahmen mit schwarzen Models gemacht hat, die den Gläubigen etwas zu freizügig waren. Die Bewohner der umliegenden Häuser „erlauben" jedoch (für 1000 CFA) einen Blick von ihrer Dachterrasse auf die Moschee und den Montagsmarkt.

Montagsmarkt

Der Markt, **Treffpunkt der verschiedenen Bevölkerungsgruppen des Niger-Binnendeltas,** ist neben der Moschee die große Touristenattraktion der Stadt, wenn nicht von ganz Mali (Vorsicht: Taschendiebe!). Bambara, Bobo, Dogon, Bozo und Fulbe kommen Montag morgens zum Teil zu Fuß, zum Teil mit dem Fahrrad, mit Eselskarren, Moped oder Taxi brousse in die Stadt, um ihre Produkte zu verkaufen; dabei hat jeder so seine Spezialität. Die Dogon-Frauen, bekannt für ihre Zwiebelkugeln, erkennt man an ihren indigo-gefärbten *pagnes* (Wickelröcken). Die Fulbe-Frauen mit ihren charakteristischen Frisuren mit Amberkugeln, Silbermünzen und traditionellem goldenen Ohrgehänge, verkaufen Dickmilch und Butter. Die Fulbe-Männer erkennt man an ihren breitkrempigen, lederbesetzten Hüten und ihrem schwarzen bzw. braunen Umhang aus Wolle; eine auffällige Sonnenbrille darf natürlich heutzutage nicht fehlen. Die Bozo-Frauen bringen außer getrocknetem bzw. geräuchertem Fisch auch bemalte Tongefäße mit. Erdnüsse, Baumwolle und Kalebassen sind die typischen Produkte der Bobo-Frauen, während die Bambara-Frauen vor allem Gewürze und Heilpflanzen zum Kauf anbieten. Bei den Djoula-Händlern kann man gewebte Decken kaufen, manche ganz bunt, andere schwarz-weiß.

Gegenüber der Moschee befindet sich das zinnengeschmückte Portal des Gewürzmarktes, der täglich geöffnet ist – ebenfalls sehr malerisch.

Bereits am Sonntagabend treffen einige Händler ein und richten sich auf dem Platz vor der Moschee ihre Nachtlager ein. Überall brennen Öllampen oder Windlichter, mehrere Café-au-Lait-Stände werden aufgebaut, auf zahlreichen Lehmöfen wird gekocht. Alles wartet auf den nächsten Tag, Spannung liegt in der Luft.

Alter Stadtteil

Bei einem Spaziergang durch die engen, verwinkelten Gassen östlich des

Marktplatzes kommt man nicht nur an alten, zweistöckigen Wohnhäusern mit dekorativen Fassaden (aus kleinen Säulen, Zinnen und Pilastern) vorbei, sondern man passiert auch zahlreiche Koran-Schulen.

Fest der Rinderherden in Diafarabé

In dem ca. 40 km nördlich von Djenné gelegenen kleinen Ort Diafarabé (am nördlichen Nigerufer) überqueren jedes Jahr im **Dezember** (etwa in der zweiten Dezemberwoche) an einer schmalen Stelle des Diaka, Seitenarm des Niger-Flusses, Tausende von Rindern den Niger, um zu besseren Weidegründen (sog. Burgu-Weiden) im Inneren des Binnendeltas zu gelangen. Der genaue Zeitpunkt hängt u.a. vom Wasserstand des Nigers ab. Diese Überquerung des Nigers ist ein **Freudenfest** mit viel Tanz und Musik, nicht zuletzt weil die Viehhirten wieder zu ihren Familien zurückkehren. An einigen anderen Stellen finden zu dieser Zeit ähnliche Festivitäten statt (nähere Infos über genaue Termine und Lokalitäten erhalten Sie zuverlässig nur vor Ort).

Unterkunft

●**Le Campement**
5 Min. zu Fuß von der großen Moschee, Tel. 447000, reservieren! Gutes Restaurant, einfache Zimmer, ebenso die Duschen (nicht immer funktionsfähig); DZ ohne Bad mit Ventilator 9200 CFA, klimatisiert 17.000 CFA; Camping; auf dem Dach des Haupthauses kann man im Zelt übernachten (2000 CFA).
●Übernachten kann man auch im **Chez Baba** (siehe bei Essen und Trinken).
●**Privathäuser** bieten ebenfalls Unterkunft mit ziemlich viel Familienanschluss für 1500 CFA pro Person.

Essen und Trinken

●Außer dem Restaurant im Campement gibt es am Markttag einige **Rôtisserien in der Hauptstraße** zwischen Moschee und Justizpalast, wo man für ein paar CFA gegrilltes Ziegen- oder Hammelfleisch bekommt.
●Im **Chez Baba** kann man gut und preiswert essen (2000 CFA Hauptgericht, 750 CFA Frühstück) und auch übernachten (1500 CFA pro Person auf der Dachterrasse).
●Außerdem existieren ein einfaches einheimisches Café sowie kleine afrikanische Restaurants (bei Ortskundigen fragen!).

Verkehrsverbindungen

●Von Bamako ist Djenné mit **Fernbussen** nur am Sa direkt zu erreichen, ansonsten muss man nach Mopti fahren und dort in ein Sammeltaxi umsteigen. Die Busch-Taxis sind in miserablem Zustand, man muss von Mopti nach Djenné reichlich Zeit einkalkulieren.
●Es ist davon abzuraten, sich an der Kreuzung nach Djenné absetzen zu lassen, da die meisten vorbeikommenden **Busch-Taxis** bereits mehr als voll sind. Oder vor dem Aussteigen prüfen, ob Platz in einem der wartenden Kleinbusse vorhanden ist. Also lieber bis nach Mopti und von dort frühmorgens mit einem anderen Fahrzeug nach Djenné fahren. Zum montäglichen Markttag gibt es beste Verbindungen nach Djenné zum festen Preis (3000 CFA).
●Ein **Busch-Taxi nach Sevaré** kostet etwa 2500 CFA.

Post und Telefon

●Am Platz zwischen der Großen Moschee und dem Campement.

Tourveranstalter

●**Le Bani, Agence de Voyages Touristiques**
Neben dem Eingang des Campements. Bieten Führer und Touren an z.B. ins Dogonland, Pirogenfahrten nach Mopti u.a.

Ausflüge

Mit Piroge oder Pferdewagen ins ca. 6 km entfernte Dorf **Senossa**; mit Piroge oder Pinasse nach **Sofara** und von dort mit Taxi weiter zur Fernstraße Richtung Mopti bzw. Bamako. Wer es sich leisten kann, sollte sich – bei klarem Wetter – um einen Flug über Djenné ab Flugplatz Mopti-Sévaré bemühen: Aus der Vogelperspektive erschließt sich die einmalige Lage der Stadt besonders eindrucksvoll.

Mopti

Unter dem Fulbe-Führer *Seku Ahmadou* ist aus dem – ursprünglich nur von Bozo-Fischern bewohnten – Dorf am Zusammenfluss von Bani und Niger ein Marktort entstanden. Nachdem 1893 die Franzosen das Gebiet besetzt hatten, ließen sie auf einem **künstlich aufgeschütteten Boden** die Stadt Mopti errichten, die durch einen 13 km langen Damm mit dem Festland verbunden ist. Fast völlig von Wasser umgeben, wird dem Ort – wie oft auch Djenné – das Attribut „Venedig Malis" zuerkannt. Durch regen Fisch- und Viehhandel entwickelte sich Mopti zur **Handelsmetropole des Niger-Binnendeltas.**

Im Norden der Stadt liegen die Villenviertel der reichen Kaufleute. Im Zentrum, im europäischen Handelsviertel Le Commerce, befindet sich die Markthalle. Im östlichen Randgebiet der Stadt stehen die Strohhütten der Bella. Im Süden liegt der alte Stadtteil mit der Moschee sowie den afrikanischen Wohnvierteln Komogel und Gangal. Hier findet man mehrstöckige Lehmhäuser mit Flachdach (ohne auffallenden Fassadenschmuck), in deren großem Innenhof sich das eigentliche Familienleben abspielt.

Heute hat die Stadt etwa **75.000 Einwohner** und ist ein wichtiger Umschlags- bzw. Marktplatz für die unterschiedlichsten Produkte und Händler, die hier aus allen Himmelsrichtungen zusammenströmen.

Wenn Sie ein paar Tage in Mopti verweilen, haben sie Gelegenheit, dem afrikanischen Leben im **Hafen- und Marktviertel** beizuwohnen. Täglich kommen zahlreiche Pinassen (große motorisierte Pirogen), voll beladen mit den wichtigsten Handelsprodukten aus dem Süden und Norden, um sie hier zu entladen; in einige wird Trocken- und Räucherfisch verladen. Direkt am Hafen können Sie auch eine Bootswerft besichtigen (unmittelbar neben dem Restaurant Bozo) und das Geschick der Handwerker bewundern, die aus Blech die erforderlichen Nägel in der Esse schmieden.

Getrocknet und geräuchert wird der frisch gefangene **Fisch** auf der anderen Seite des Bani, wo auch die Hütten der Bozo-Fischer stehen. Während der Fischfang Männersache ist, sind die Frauen für das Präparieren der Fische zuständig. Meist räuchern sie die kleinen Fische über einer dicken Lage Stroh, das sie kurz anbrennen. Auf diese Weise werden die Fische für einen längeren Transport (wie z.B. nach Burkina Faso) haltbar gemacht.

Ein anderes wichtiges Handelsprodukt ist das **Sahara-Salz,** das die Kamelkarawanen *(Azalai)* auch heute noch von Taoudenni nach Timbuktu bringen; von dort wird es weiter mit Pinassen nach Mopti transportiert. Im nördlichen Teil des Hafenbeckens wer-

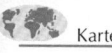

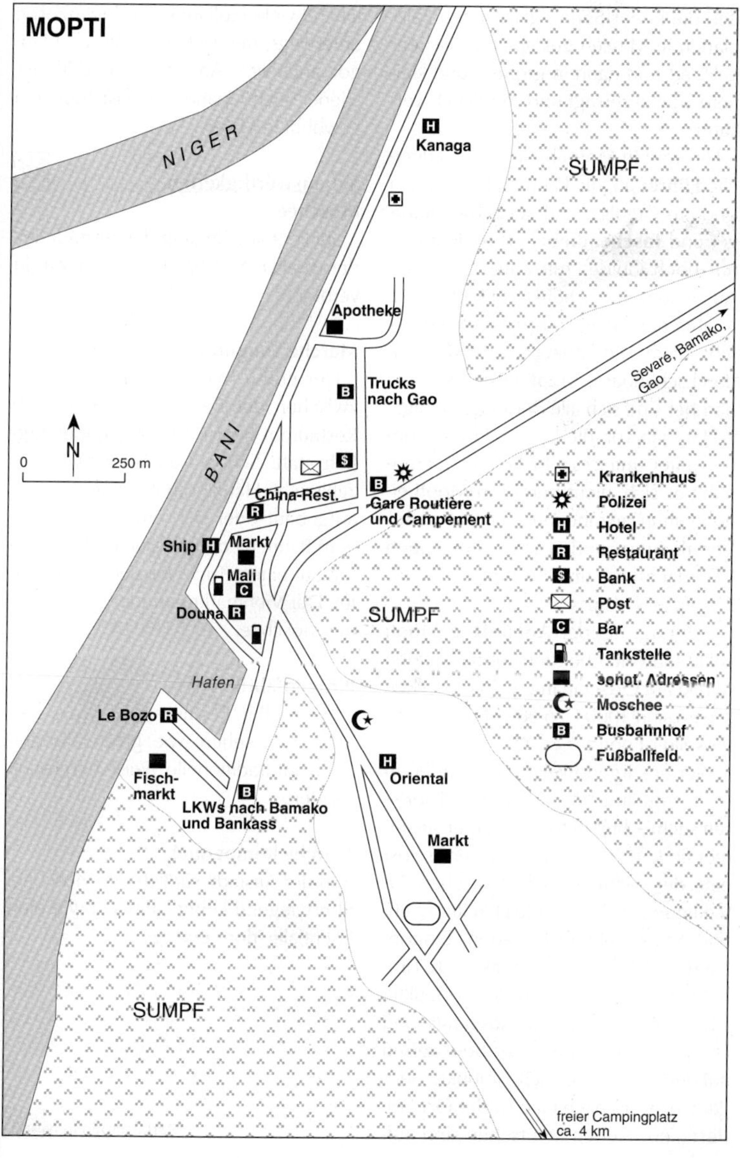
MOPTI
NIGER
BANI
SUMPF
SUMPF
SUMPF
Kanaga
Apotheke
Trucks nach Gao
China-Rest.
Gare Routière und Campement
Ship
Markt
Mali
Douna
Hafen
Le Bozo
Fisch-markt
LKWs nach Bamako und Bankass
Oriental
Markt
Sevaré, Bamako, Gao
0
250 m
N
freier Campingplatz ca. 4 km
Krankenhaus
Polizei
Hotel
Restaurant
Bank
Post
Bar
Tankstelle
sonst. Adressen
Moschee
Busbahnhof
Fußballfeld

den die in der Sonne glitzernden Salzplatten in Massen gestapelt, zwischengelagert und dann in größere und kleinere Stücke zersägt und „en detail" verkauft.

Hinweis: In Mopti bieten sich zahlreiche **Führer** an, die kaum abzuschütteln sind. Im Gefolge sind auch Trickbetrüger und **Taschendiebe.** Offiziell dürfen nur noch Guides mit entsprechender Ausbildung ihre Dienste anbieten. Da es aber nur wenige ausgebildete Führer gibt, bleibt die Situation weiterhin undurchschaubar – Mopti kostet Nerven, darüber sind sich alle Reisenden einig!

Hat man vor, die Dogon-Dörfer (siehe weiter unten) zu besichtigen, empfiehlt es sich, nicht bereits in Mopti einen Führer anzuheuern, da man außer Verpflegung und Fahrtkosten auch Übernachtung und Nebenkosten für ihn bezahlen muss.

Achtung: Bei der **Ankunft** in Mopti sollte man sich bei der Polizei melden (direkt am Ortseingang rechts). Pro Reisepass sind 1000 CFA zu entrichten, ein Passbild ist nötig.

Wer aus irgendwelchen Gründen in Mali Anschluss an europäische **Touristen** sucht – hier in Mopti wird er sie immer finden. Der Ort ist einerseits selbst eine der wichtigsten touristischen Attraktionen Malis und gleichzeitig Dreh- und Angelpunkt für Reisen ins Dogon-Land (auf der Straße) oder nach Timbuktu (per Flugzeug ab dem Flugplatz Mopti-Sévaré). Auch als Ausgangs- und Endpunkt für Schiffs- oder Bootsreisen auf dem Niger z.B. nach Timbuktu oder gar weiter bis nach Gao ist der Ort prädestiniert. Neben Deutschen sind auffallend viele Holländer und Franzosen unterwegs, mit Ziel Timbuktu und Dogon auch viele Amerikaner und immer wieder auch Japaner. Man ist Touristen gewohnt in Mopti ...

Sehenswürdigkeiten

Moschee

Sie liegt am Eingang der Altstadt; leider ist allen Nicht-Moslems der Zutritt verboten.

Marché Sougouni

Der große Markt am Hafenbecken, zwischen der Bar Le Bozo und dem Restaurant Nuit de Chine, findet **täglich** statt. Schon frühmorgens haben zahlreiche Händler ihre kleinen Stände aufgebaut oder sich einfach unter einem Baum niedergelassen und die Waren auf einem Tuch vor sich ausgebreitet. Der Viehmarkt befindet sich neben der Moschee.

Pirogenfabrik

Neben Bar/Restaurant Le Bozo; hier kann man sehen, wie große Pirogen noch auf traditionelle Weise hergestellt werden.

Marché Komogouel

In der Altstadt, südlich der Moschee; überwiegend Lebensmittel sowie eine Fischhalle, **donnerstags.**

Markttreiben in Mopti

Markthalle

An den Verkaufsständen der Deckenhändler findet man nicht nur gewebte Woll(!)decken der Fulbe, sondern auch schwarz-weiße Baumwolldecken mit geometrischen Mustern sowie die typischen bunten Baumwolldecken. Auch die **Arkilla-Hochzeitsdecken,** die zu den schönsten, besten – und teuersten – Textilien Westafrikas zählen, können Sie hier erwerben; sie dienen wohlhabenden Familien als Sicht- und Windschutz in Zelt oder Hütte, oder – zeltförmig zusammengenäht – als Moskitonetz. Als Aussteuer werden diese Decken von der Braut in die Ehe eingebracht; ihr Gegenwert liegt bei fünfzig Schafen oder fünf Kälbern.

Die Schmuckhändler verkaufen neben Silber- und Lederschmuck auch Amulette der verschiedensten Völker Westafrikas. Auch werden Antiquitäten und „echte" Masken in großer Zahl angeboten. Die kunsthandwerklichen Arbeiten sind hier billiger als in Timbuktu oder Bamako.

Taikiri

Quartier von Mopti, ca. 2 km südlich der Stadt; hier im Wohnviertel der Fulbe herrscht ländliche Atmosphäre, werden Lasten noch mit Eseln transportiert und nicht mit Autos oder Mopeds.

Hotels

Tipp: Wer es ruhiger liebt, kann im ansonsten ziemlich uninteressanten **Sévaré** absteigen und mit dem Taxi zu Tagesausflügen nach Mopti aufbrechen (Minibus 150 CFA, Zusteigetaxi 450 CFA, Taxi bis 5000 CFA).

Hotel der Luxusklasse
● **Le Relais Kanaga**
Tel. 430500 und 430548. Beste und teuerste Adresse im Ort (etwas außerhalb), sehr gutes Essen, schöne Atmosphäre, ca. 33.000 CFA das DZ mit Air-Condition!

Hotels der Mittelklasse
● **Campement**
Am Ortseingang, neben dem Gare routière. Großer Innenhof. Belästigung durch Händler und unfreundliches Personal. Die Qualität der Zimmer ist mittelmäßig, hat sich jedoch nach einer Renovierung für den Afrika-Cup Anfang 2002 vermutlich gebessert (Mopti war Spielort). Verschiedene Preiskategorien, je nach Komfort: Bungalow für 2 Pers. ca. 12.000 CFA; DZ ca. 16.000 CFA mit Air-Condition. Camping für ca. 2000 CFA/Pers. inkl. Frühstück. Restaurant. Handeln möglich!

Einfache Unterkunft
● **Bar Mali**
Gilt als Stundenhotel, deshalb nur beschränkt zu empfehlen. Das DZ kostet ca. 8000 CFA. Neues zusätzliches Gebäude hinter dem Hotel Kanaga.

Restaurants/Bars

● **Bar/Restaurant Le Bozo**
Am Südende des Hafenbeckens gelegen; von der Terrasse öffnet sich (v.a. bei Sonnenuntergang) ein traumhaft schöner Blick über den Bani. Gute afrikanische Küche zu korrekten Preisen. Spezialität des Hauses: *capitaine grillé*.

● **Nuits de Chine**
Chinesisches Restaurant mit europäischer und afrikanischer Speisekarte.

● **Sigui**
Am Bani gelegen, zwei Blocks nördlich vom Restaurant La Regal. Hervorragendes Restaurant mit schönem Garten und erhöhten Terrassen. Gute Auswahl an Gerichten. Grillgerichte (Fisch und Fleisch) kosten zwischen 2000 und 2500 CFA; kalte Getränke, freundlicher Service!

● **Le Régal –**
Au Bon Restaurant de la Falaise
Einfaches, typisch afrikanisches Restaurant, neben dem Wasserturm am Bani-Ufer.

● **Bar Venise**
Dem Le Régal benachbart und auch sonst diesem sehr ähnlich.

● **Tropicana**
Rue Mossin Kore. Sauber, afrikanische Gerichte zu afrikanischen Preisen.

● **Le Refuge**
Diskothek neben dem Campement, Eintritt 500 CFA.

● **Patisserie Dogon**
Zwischen Campement und Fluss, gutes Frühstück mit Kaffee, Croissants, „Pains au chocolat" in angenehmer Atmosphäre, geöffnet von 6–24 Uhr.

Apotheke

● Direkt an der Uferpromenade des Bani, in der Nähe des Hotels Kanaga.

Verkehrsverbindungen

● Nach Bamako (über San/Segou) fährt täglich ein **Bus** um 10 Uhr (Bamabus) und 17 Uhr (Banibus, hält vor der Bar Bozo). Karten im Voraus kaufen!
● Ein **Baché** (Sammeltaxi) nach Bandiagara kostet 1200 CFA plus Gepäck.
● Der **Flughafen** ist in Sévaré (s.u.).

Post und Telefon

● Die **Post** liegt an der Verbindungsstraße zwischen Campement und Bani-Uferstraße (siehe Stadtplan).
● Von mehreren **Teleboutiques** aus lässt sich telefonieren.

Banken

● **BIAO**
Zwischen Apotheke *(Pharmacie)* und Hotel Kanaga; Gebühr für Travellerschecks bis 1000 US-$ Wert 6900 CFA und 2% Kommission; geöffnet Mo bis Fr 9–11.30 und 13.15 –15 Uhr.

● **BDM**
Bei der Patisserie Dogon, erhebt bei Schecks eine Gebühr in Höhe von 8050 CFA bei einem Wert von 1000 US-$, zusätzlich 2% Komission. Bargeld kostet nur ca. 2000 CFA Ge-

bühr. Der Schalter ist geöffnet: Mo bis Fr 9–14 Uhr.
● Auch die **BIM** löst Reisechecks ein.

Mietwagen/Reisebüro

● **Manding Voyages**
Nahe Campement, vermietet Landrover mit Chauffeur für ca. 45.000 CFA/Tag, PKW für 30.000 CFA/Tag. Es empfiehlt sich, eine Reservierung von Bamako aus vorzunehmen. Fahrzeugpapiere sorgfältig prüfen!
Es lassen sich Touren z.B. nach Djenné oder Sanga organisieren. Benzinkosten gehen immer getrennt.

Ausflüge

Pirogenfahrt auf dem Bani/Niger

Lohnenswert ist ein Besuch der Bozo-Dörfer am anderen Ufer des Bani bzw. Niger. In den Dörfern sieht man sehr gut die einfache Lebensweise der Fischerfamilien; ein Problem stellen die bettelnden Kinder und Frauen dar – ein Gastgeschenk sollten Sie deshalb evtl. hinterlassen oder mit Ihrem Führer regeln, wie viel „Besichtigungsgebühr" zu zahlen ist. Es gibt auch längere Bootstouren auf den größeren Pinassen, z.B. bis nach Timbuktu; die Preise liegen zwischen 3000 und 11.500 CFA nach Klasse und Strecke – und Verhandlungsgeschick.

Verschiedene **Halb- und Ganztagestouren** werden angeboten, v.a. Pirogen- und Pinassen-Fahrten; auch Ausflüge ins Dogon-Land lassen sich von Mopti aus gut organisieren.

● **Ashraf-Voyages**
B.P. 63, Tel. 2430279
● **Bambara African Tours**
B.P. 123, Tel./Fax 2420080
● **Le Bani**
B.P. 55, Hotel Kanaga, Tel./Fax 2430026
● **Tellem Voyages**
B.P. 86, Tel./Fax 2430514

Das Niger-Binnendelta

Das Binnendelta des Niger (le Delta intérieur du Niger) beginnt im Westen auf Höhe der Ortschaft Massina. Noch klar und unbelastet von Staub tritt der Fluss in eine großräumige, flache Mulde ein, die er mehr als 200 km weiter im Nordosten auf seinem Weg in Richtung Timbuktu wieder verlässt – nur 10 m beträgt der Höhenunterschied zwischen Aus- und Eintrittsort. Der Fluss teilt sich in mehrere Haupt- und Seitenarme auf, den Diaka, den Bara-Issa oder den Koli-Koli, während der Niger selbst *Issa-Ber*, großer Fluss, genannt wird. Vom Süden nimmt er den Bani auf (Mündung bei Mopti), mehrere ausgedehnte Seen markieren den Verlauf der Flüsse, so der ausgefranste Lac Debo. In der Trockenzeit fressen sich die Wasserläufe mit steilen Ufern in die endlos scheinenden harten Schlammebenen ein, in der Regenzeit gleicht alles einer einzigen, riesigen Seenlandschaft, in der sich die üppig-grünen Grasflächen des Burgu-Grases mit den im Sonnenlicht glitzernden offenen Wasserflächen abwechseln. Die eigentlichen Ufer sind in oft weiten Abständen gesäumt von Dörfern oder Weilern, in denen – warftenähnlich – die berühmten Moscheen des Binnendeltas stehen. Einzelne mächtige Bäume beleben den Horizont, Pirogen und Pinassen, teilweise unter Segeln, die Wasserflächen. Einzelne Vögel oder ganze Vogelschwärme ziehen über den Himmel. Die Schönheit der vom Wasser bestimmten Landschaft paart sich mit der Stille einer weit von allem Lärmigen abgelegenen Natur. Nach einem zögerlichen Nachdenken im Binnendelta wendet sich der Niger als „Fremdlingsfluss" für etwa 500 km der Wüste zu und durchquert rein wüstenhafte Gebiete; Sanddünen säumen seine Ufer.

Sévaré

Den krassen Gegensatz zur Ruhe des Binnendeltas stellt das überaus lebhafte Sévaré dar: Der Ort ist wichtiger Verkehrsknotenpunkt und liegt 12 km von Mopti entfernt, an der Hauptstraße, die in Richtung Norden nach Gao, nach Süden nach Djenné, Ségon bzw. Bamako führt. Von hier zweigt die Straße nach Mopti ab. Eine ganz neue Teerstraße führt auch nach Bandiagara ins Dogon-Land.

Sévaré ist sinnvoller Stützpunkt für Ausflüge nach Mopti. Bei der Stadt liegt auch der **Flugplatz von Mopti.** Flugverbindungen bestehen u.a. nach Bamako und Timbuktu.

Unterkunft
- **Hotel Débo**

Angenehmes Hotel nahe der Kreuzung Mopti – Bandiagara, Tel. 2420124. Ab 15.000 CFA.
- **Hotel Oasis**

Tel. 2420498. Mit schattigem Garten. Kleines Hotel-Bar-Restaurant (5 Zimmer). DZ ca. 8000 CFA. Campingmöglichkeit. Angenehm und ruhig gelegen (2500 CFA).
- **Hotel Bani**

Einfach und sauber. DZ mit Ventilator/Bad 5000 CFA.
- **Motel Sévaré**

Tel. 2420082. Einfach und sauber, oft von Gruppenreisenden ausgebucht.
- **Hotel Mankan Te**

Bed & Breakfast, deutsche Leitung, Tel. 2420193. DZ mit Klimaanlage, Dusche, Frühstück 6000 CFA; s.a. Essen und Trinken.

- **Mac's Refuge**

Nette Zimmer verschiedener Stilrichtungen, amerikanische Leitung.

Camping
- **Campement**

An der Straße nach Djenné; ziemlich teuer.

Essen und Trinken
- **Restaurant L'Esclavage Barbé**

3 km vor Sévaré in Richtung Bamako, im kleinen Ort Barbé; empfehlenswert.
- Empfohlen wurde auch das **Restaurant Mankan Té – American Bar,** jetzt Hotel Mankan Te (s.o.) mit guter Küche und Innenhof. Es liegt etwas weiter entfernt in Richtung Bamako/Djenné. Fr und Sa ist Disko.

Taxis
- Regelmäßiger Taxi-brousse-Verkehr bis 20 Uhr von/nach Mopti ca. 500 CFA, nach Douentza bzw. weiter nach Gao mit dem LKW (2500 CFA) bzw. Taxi brousse (ab Funkturm, nahe dem Kreisverkehr) für 2250 CFA und mit dem Bani-Bus nach Gao (3x wöchentlich) für 5000 CFA.

Das Land der Dogon

Bandiagara

Von Mopti bzw. Sévaré nach Bandiagara, der **Hauptstadt des Dogon-Landes,** gelangt man über eine ganz neue Teerstraße (70 km; auch im Umfeld wurden von einem deutschen Projekt viele neue Pisten gebaut). Man fährt durch schöne Landschaft mit Felsplateaus und Hügeln, ausgetrockneten Flussbetten, Palmen und vielen Bäumen.

Bandiagara ist **Verwaltungsstadt** und Ausgangspunkt für Exkursionen in das Land der Dogon.

Das berühmte **Haus der Tall,** dem auch *El Hadji Omar* aus der Dynastie der Toucouleur (19. Jh.) entstammte, wurde zwischenzeitlich restauriert. Das Haus ist ein exzellentes Beispiel für die Verschmelzung der eigenwilligen Dogon-Architektur mit dem sudanesischen Baustil. Ebenfalls noch zu bewundern ist die **alte Moschee** aus der Zeit *El Hadji Omars.*

Nicht weit entfernt von der Stadt werden die heiligen Totemtiere der Dogon verehrt, die **Krokodile im Yame-Teich** (auch Schlange und Schildkröte zählen zu den heiligen Totemtieren der Dogon). Dazu eine **Legende:** „*Nagabanu* und seine Familie waren feindlichen Reitern entkommen und hatten in der felsigen Gegend ein Versteck gefunden, in dem sie mehrere Tage lebten. Dann waren ihre Vorräte aufgebraucht. *Nagabanu* ging auf die Jagd, aber er hatte kein Glück; Stunde um Stunde stieg er über die Felsen und fand keine Beute. Er ließ sich müde und traurig im Schatten einer Felswand nieder und hatte großen Durst. Da sah er plötzlich ein Krokodil; es kam auf ihn zu und schaute ihn an, als ob es etwas sagen wollte. *Nagabanu* erhob sich und folgte dem Tier. Das Krokodil führte ihn zu einem großen Teich, schaute ihn nochmals an und verschwand dann im Wasser. Als *Nagabanu* seinen Durst gestillt hatte, schaute er sich um; der Platz gefiel ihm. Er holte seine Familie und baute ein Haus; ebenso taten es seine Brüder, und so entstand Bandiagara". Die Bewohner verehren das Krokodil bis heute wie einen Ur-Vater.

Hotels

● **Campement Le Village**
Gleich beim Ortseingang von Sevaré kommend, rechts gelegen; sehr sauber, gepflegte Atmosphäre, ruhig, ca. 3000 CFA/Person, Mahlzeiten auf Bestellung.

● **L'Auberge du Vieux Kansaye**
Einfach, etwas heruntergekommen (ca. 5000 CFA/Person), freundliche Atmosphäre, geführt von einem alten Kriegsveteranen, *Monsieur Kansaye,* der im II. Weltkrieg für Frankreich gekämpft hat und im Ort sehr angesehen ist; er kennt sich gut im Dogon-Land aus.

● **Hotel Bar-Restaurant Kambary –
Le Cheval Blanc**
Tel./Fax 2420388. Wird von Lesern empfohlen, soll bestes Hotel am Platze sein. Auch das Restaurant wird gelobt. Vermittlung von Führern.

Camping

● **Camping Satimbe**
7e Quartier, 100 m vom Busbahnhof entfernt. Tel. 2420016. Campingplatz, aber auch saubere Zimmer, 3000 CFA für Bett und Frühstück; netter Garten.

● **Camping Togona**
3 km vor Bandiagara von Sévaré kommend; angenehme Lage, einfache, saubere Unterkünfte, Restaurant.

Die Dogon

von Anne Wodtcke

Die Dogon leben im Südosten von Mali, in der Falaise von Bandiagara, einer etwa 140 km langen „Felswand" aus Sandstein von 250–300 m Höhe. Sie zählen heute noch etwa 300.000 Bewohner. Ihre Dörfer „kleben" z.T. wie Nester in den Felsen oder befinden sich auf dem Plateau und heute auch in der weiten Gondo-Ebene, die bis nach Burkina Faso reicht. Das seit der Erforschung durch *Marcel Griaule* bekannte Dogon-Dorf Sanga ist auf einer Piste erreichbar, während die anderen „Felsennester" nur durch schmale Fußpfade miteinander verbunden sind.

Im Zuge der Islamisierung haben die Dogon die alten Dörfer verlassen und unten in der Ebene ein neues moslemisches Dorf gegründet. Nur vereinzelt trifft man noch animistische Dogon oben in ihren alten Behausungen an, wo sie auf den Tod warten; das Essen wird ihnen täglich von den im neuen Dorf lebenden Kindern gebracht.

Die Dogon leben überwiegend von der Landwirtschaft, obwohl heute immer mehr junge Leute in den Städten Malis oder der Elfenbeinküste arbeiten. Das Recht, Ackerbau zu betreiben, wird mit der Geburt erworben; es gibt keine Besitzer oder Pächter von Ackerland, sondern lediglich Verwalter (Dorfälteste) bzw. Nutzer. Die Felder sind nur während der Regenzeit von Juni bis Oktober fruchtbar; zum Teil befinden sich oben auf dem Plateau, zum Teil direkt am Fuße der Felsklippen; die Gärten, in denen sie vor allem Zwiebeln anbauen, müssen künstlich bewässert werden.

Über den Ursprung der Dogon können nur Vermutungen angestellt werden. Die Archäologen nehmen an, dass sich die Dogon im 15. Jh. – zur damaligen Zeit vermutlich Leibeigene der Mande-Völker – auf die Suche nach einer neuen Heimat gemacht und sich in der Region der Falaise von Bandiagara angesiedelt haben. Der mündlichen Überlieferung der Dogon zufolge haben sie ihre ursprüngliche Heimat wegen einer großen Dürreperiode verlassen. In manchen Quellen liest man auch, dass die Dogon auf der Flucht vor der marokkanischen Invasion gewesen sein sollen.

Wie archäologische Funde beweisen, muss in der Falaise von Bandiagara jedoch bereits vor Ankunft der Dogon eine Bevölkerungsgruppe gelebt haben; die Dogon nennen diese früheren Bewohner Telem. Diese kleinen, angeblich rothäutigen (pygmäenähnlichen) Menschen hatten sich weit oben in der Felswand Höhlen zu winzigen Wohnungen ausgebaut; nur mit Hilfe von Seilen gelangten sie hinauf oder hinab. Die Behausungen gibt es noch, die Telem jedoch nicht mehr, sie wurden von den Dogon verdrängt. Die Dogon verehren die Telem jedoch bis heute noch und halten deren Kultgegenstände, kleine Holzskulpturen, denen magische Kräfte innewohnen sollen, heilig. Die Felswohnungen der Telem benützen die Dogon als Grabstätten, aber auch als Aufbewahrungsort für Masken und andere Kultgegenstände.

Als das Gebiet der Dogon 1893 offiziell unter französische Herrschaft gelangte, widersetzten sich die Dogon ihren neuen Herren ebenso wie sie es früher gegen Angriffe der Fulbe oder Mossi getan hatten.

Aufgrund ihres starken Unabhängigkeitssinnes und ihres relativ isolierten Lebensraumes haben sich die Dogon ihre traditionellen Riten und überlieferten Vorstellungen noch weitgehend erhalten können, wenn auch inzwischen eine starke Islamisierung stattgefunden hat und mitunter auch aufgrund der zahlreichen Touristen der europäische Einfluss mehr und mehr zu spüren ist. Der Bau einer Schule und einer christlichen Missionsstation zu Beginn des 20. Jh. sowie die Verbindungsstraße von Bandiagara nach Sanga

waf1_362 Foto: rl

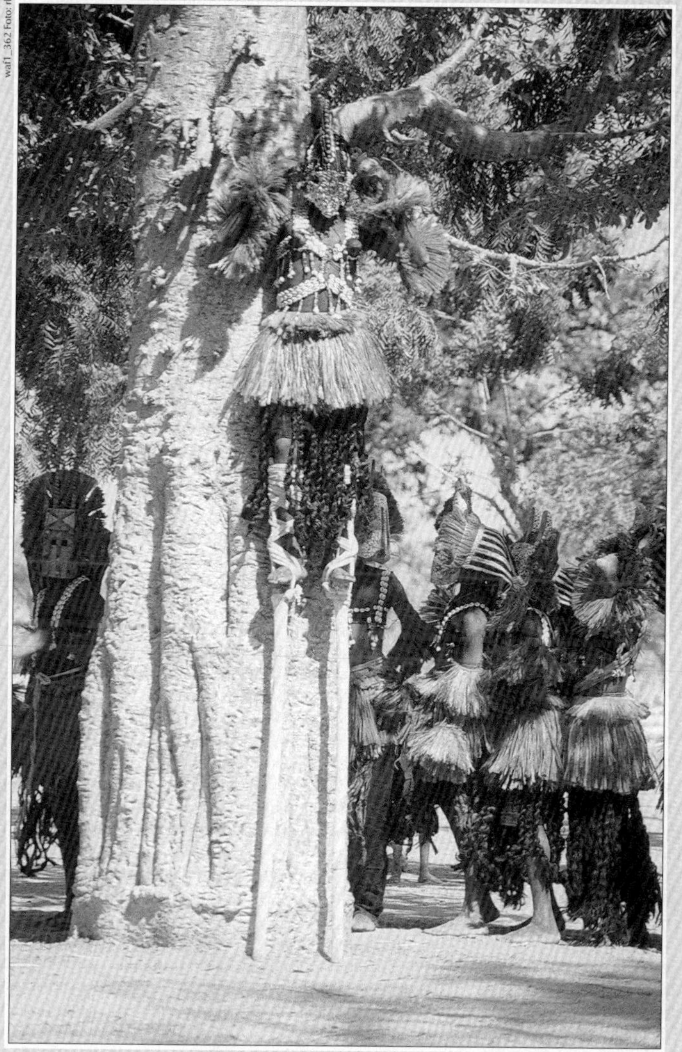

Stelzentänzer im Dogon-Land

DIE DOGON in Mali

haben das traditionelle Leben dieses Ortes entscheidend verändert und weitgehend zerstört. Heute ist Sanga der „Touristenort" schlechthin, in dem auch ein Bus von Rotel-Tours nicht fehlt. Auch über die in den Städten oder in der Fremde arbeitenden Jugendlichen kommen immer mehr neue Ideen und bis dahin unbekannte Dinge wie Transistorradio und Kassettenrekorder in die Welt der Dogon. Die zunehmende Ruhelosigkeit nagt unaufhörlich am Bestand der Überlieferungen und zersetzt den Inhalt des alten Glaubens.

Das traditionelle Leben der Dogon steht in engem Zusammenhang mit ihren Mythen und dem Lauf der Natur. Zentrale Bedeutung hat die Ahnenverehrung und ein damit verbundener kosmischer Bezug; nach der Vorstellung der Dogon ist der Mensch nach einem kompliziertem Konzept in das Universum eingebunden. Nicht nur Leben und Tod, Erde und Wasser und vor allem Fruchtbarkeit sind elementarer Bestandteil der Dogon-Mythologie, sondern auch so genannte profane Gebrauchsgegenstände wie ein Speicher oder Hirsekorb. Dabei handelt es sich nicht um primitiven Geisterglauben, sondern um eine monotheistisch geprägte Kosmogonie.

Die vier religiösen Kulte der Dogon, der Amma-Kult (dem ältesten Ahn, auch Gott, gewidmet), der Binu-Kult (dem Ahn Binu-Serou als Fruchtbarkeits- und Lebenskult gewidmet), der Lebe-Kult (dem unsterblichen Ahn Lebe-Serou in Schlangengestalt und ebenfalls dem Leben, der Natur und Fruchtbarkeit gewidmet) und der wichtigste, der Maskenkult (wird von den Dogon mit dem Tod verbunden und als Maskentanz in Sanga auch für Touristen zu sehen) sind Hauptbestandteile des Lebens der Dogon. Beim Maskenkult ist interessant, dass Masken nur von Männern getragen werden dürfen, denn die Frauen gelten als Trägerinnen neuen Lebens und dürfen deshalb die Tänzer nur aus der Ferne betrachten.

Die folgende Legende erklärt, warum der eine Teil der Menschheit eine weiße, der andere eine schwarze Hautfarbe hat: Amma, der einzige Gott, der Himmel und Erde geschaffen hat, schuf auch die Sonne, den Mond und die Sterne. Er hat sie aus Lehm geformt und war somit der erste Töpfer; von ihm haben die Menschen diese Kunst erlernt. Die Sonne hat Amma aus weißem Ton geknetet, eine gewaltige Kugel mit Spiralen aus acht Windungen in rotem Kupfer; diese hat er erhitzt, und davon gibt die Sonne ihr Licht. Für den Mond nahm Amma weißes Kupfer, denn das wird nicht so heiß und strahlt nicht so hell. Als Amma später die Menschen gestaltete, schuf er die einen bei hellem Sonnenschein, sie wurden schwarz, „Kinder des Lichts", die Weißen aber entstanden bei Mondschein, darum sehen sie bleich aus wie Larven.

Fast alle Kulte der Dogon, ihre Sitten und Bräuche beziehen sich auf die acht Urahnen; diese sind Zentrum ihrer religiösen Vorstellungswelt. Bei einem Spaziergang durch ein Dogon-Dorf begegnet man den Vorfahren in den Schnitzereien, auf den Haus- und Speichertüren, in den acht Säulen der Toguna (Versammlungshaus der Dorfältesten) sowie in den Zinnen und Nischen des Ginna-Hauses (Haus des Familienoberhauptes), denn Ginna heißt „Großfamilie".

Initiation und Beschneidung sind bei den Dogon gravierende Einschnitte im Leben eines jungen Menschen, denn bei der Beschneidung wird nach dem Glauben der Dogon endgültig die Trennung der Geschlechter vollzogen.

Die zweite Stufe der Initiation vom Heranwachsenden in den Status des Erwachsenen geschieht mit der Aufnahme in den Awa-Maskenbund. In diese spirituelle Gemeinschaft kann ein junger Mann erst dann aufgenommen werden, wenn er stark genug ist, die große Maske zu tragen und darüber hinaus eine gewisse geistig-seelische Reife besitzt. Die Initiation der Mädchen verläuft eher profan im Frauenhaus.

DIE DOGON

Während die Maske als Zeichen männlicher Macht angesehen wird, ist das Frauenhaus Sinnbild magischer weiblicher Kräfte. Aber Maskenkult ist Totenkult; Frauen als Lebensspenderinnen dürfen daher bei Maskentänzen nicht anwesend sein – sie würden sonst unfruchtbar bzw. sterben.

Die Dogon verstehen den Tod als Folge mythischer Schuld. Am Anfang gab es den Tod nicht, die Urahnen waren noch unsterblich: Wenn sie alt wurden, verwandelten sie sich in eine Schlange oder einen Baum und blieben in dieser Gestalt mit den Lebenden in Verbindung. Daher ist auch der Baobab-Baum den Dogon heilig und als Sitz der Ahnen verehrt.

Wie der Tod auf die Welt kam, ist ebenfalls in einer Legende festgehalten. Die Feier des ersten Todes wird bei den Dogon heute noch im Rahmen des **Sigui-Festes** vollzogen, dem größten und heiligsten Fest der Dogon, das im Abstand von fünfzig Jahren (in etwa die Lebenszeit eines Menschen) stattfindet. Um die beim Tod frei werdende Lebenskraft zu sammeln und den Lebenden zuzuführen, musste man Abbilder von allen Sterblichen schaffen: die Masken. Sie werden von Männern des Maskenbundes an geheimen Orten im Busch geschnitzt. Ist ein Angehöriger der Dogon gestorben, so irrt seine Seele noch solange im Dorf umher, bis das erlösende Ritual, der Maskentanz, vollzogen ist. Der Leib des Toten wird durch die Totendecke repräsentiert. Die Hinterbliebenen sorgen für ein Maskenfest, das mehrere Tage dauert und durch die Bewirtung der vielen Gäste mit großem finanziellen Aufwand verbunden ist; oft werden dafür die Erträge mehrerer Jahre gebraucht, so dass gewartet wird, bis mehrere Tote zu feiern sind und sich die Angehörigen zusammentun können.

Die Totenfeier selbst ist keine traurige, sondern eine fröhliche Angelegenheit, denn der Verstorbene darf nun ins Reich der Ahnen, das in der Vorstellung der Dogon viel schöner aussieht als ihr Land!

Bei den obigen Ausführungen über die Dogon stützte ich mich u.a. auf die Radiosendung „Schwarze Kinder des Lichts" von *Ekkehard Rudolf*.

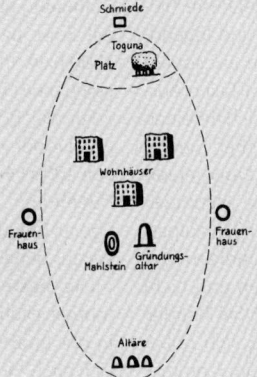

Grundriss eines typischen Dogon-Dorfes

DAS LAND DER DOGON

Essen und Trinken

- In Bandiagara gibt es einige kleine **einheimische Restaurants,** außerdem **Bäckereien** und **Lebensmittelläden,** wo man sich mit Proviant für eine Exkursion ins Dogon-Land ausrüsten kann.
- **Café Sekou Toumounte**
Direkt am Markt, durchaus zu empfehlen; freundlicher Besitzer.
- **Restaurant La Faïda**
In der Nähe des Kreisverkehrs, einfache Gerichte.
- **Bar Point Raid**
Hier wird kühles Bier serviert.

Zu Fuß durch das Dogon-Land

Manche Dörfer sind zwar mit einem Geländefahrzeug zu erreichen, auf einer Exkursion zu Fuß werden Sie jedoch ganz andere Eindrücke von Land und Bewohnern sammeln.

Als **Ausgangspunkte** für eine Tour durch die Dörfer der Falaise (Steilabbruch) eignen sich **Bandiagara, Bankass** und **Sanga** (alle Orte mit dem Taxi brousse erreichbar).

Als **Führer** in die Dogon-Dörfer bieten sich meist kleine Jungs und Jugendliche von 12 bis 16 Jahren an, sobald man in Bandiagara aus dem Taxi brousse gestiegen ist. Bevor Sie sich für einen Führer entscheiden, versuchen Sie herauszufinden, ob er in den Dogon-Dörfern gut Bescheid weiß, die Markttage kennt etc. In Bankass sollten Sie aufpassen, dass Sie einen ortskundigen Dogon als „guide" bekommen und nicht einen Fulbe-Jungen. Bevor Sie Bandiagara verlassen, sollten Sie sich unbedingt mit ihrem „guide" beim Commissaire de Police, am Ortsausgang Richtung Sanga, melden. Dies ist nicht nötig, wenn man eine Tagestour von Bandiagara aus unternimmt.

Für eine Gruppe um die drei Personen kann man einen „guide" in Bandiagara für ca. 8000 CFA pro Tag und Person bekommen; die Übernachtung in den Dörfern (meist auf einer Matte am Boden) ist in der Regel nicht im Preis enthalten, und es ist Sache des „guide", dies mit dem Dorfchef zu organisieren. Verpflegung und Getränke sind auch für den Führer zu kaufen. Für **genügend Trinkwasser** ist zu sorgen; **Entkeimung** ist unbedingt notwendig, da es in den Dörfern nur Brunnenwasser gibt. Außerdem ist zu empfehlen, sich mit genügend Tagesproviant (Konserven, Brot etc.) in Bandiagara einzudecken.

Vergessen Sie nicht, einen Hut o.Ä. als **Schutz gegen die Sonne** zu tragen, wenn Sie durch die Dörfer der Falaise kraxeln; **feste Schuhe** sind ebenfalls sehr zu empfehlen!

Im jeweiligen Dorf, in dem man übernachtet, wird auf Bestellung auch eine **Mahlzeit** zubereitet (Reis oder Ygnam mit Soße bzw. Huhn mit Reis für ca. 1000 bzw. 1500 CFA); die Dogon selbst essen meist Hirsebrei.

Für die Besichtigung der alten Dogon-Dörfer wird in der Regel ein Betrag von 1000 CFA/Person verlangt.

Achtung: Im Dogon-Land gibt es überall **Bilharziose** – nicht baden, Wasser aus den Flüssen filtern!

Die **beste Zeit zum Wandern** ist morgens von 5–10 und von 16–18 Uhr; in der großen Mittagshitze sollten Sie sich nach Möglichkeit an einem schattigen Platz ausruhen.

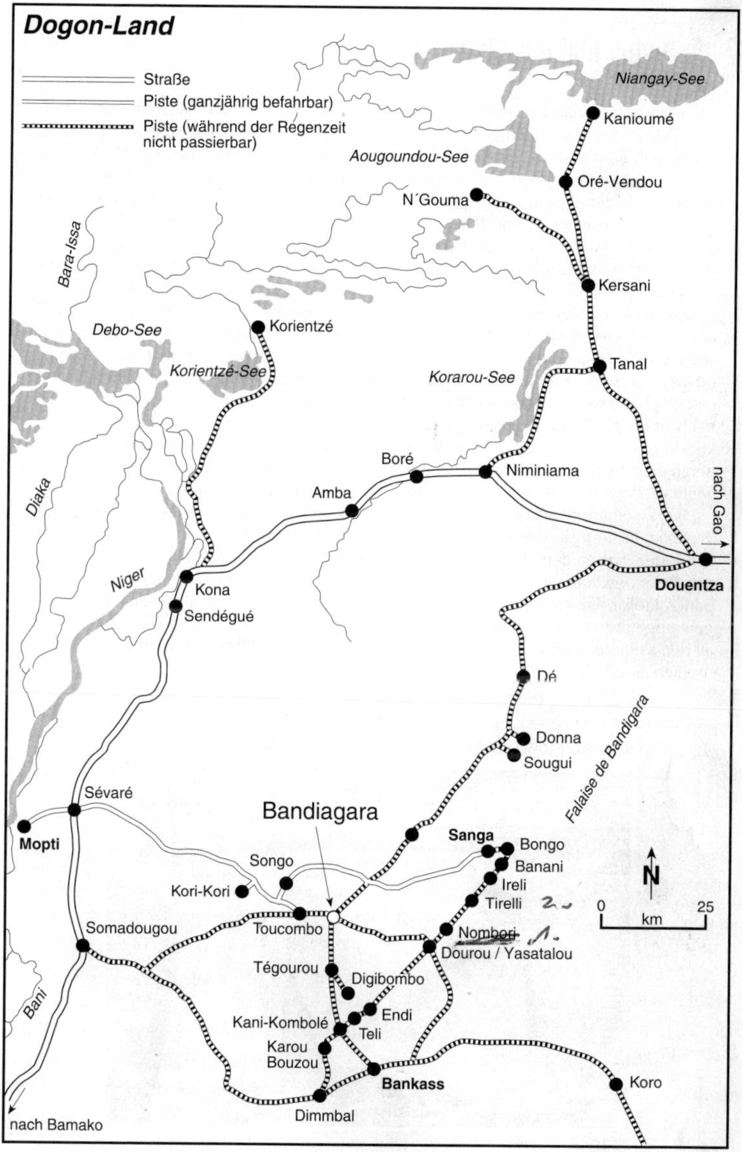

DAS LAND DER DOGON

Karte S. 294

Die Dogon und das Sirius-Rätsel

Die in ihren Felswänden lebenden Dogon veranstalten seit undenklichen Zeiten in einem Zyklus von etwa fünfzig Jahren das Sigui-(Reis-)Fest – archäologische Belege hierfür finden sich über mehr als ein halbes Jahrtausend, Schätzungen nehmen gar ein Alter von 3000 Jahren an. Beim Sigui-Fest werden auch Aspekte einbezogen, die den hellsten Stern am Fixsternhimmel, Sirius A, betreffen: Der 50-Jahre-Zyklus wird nämlich bestimmt durch die Umlaufzeit seines – ohne Teleskop unsichtbaren – Begleiters, Po (nach dem sehr kleinen Korn der Wildhirseart *Digitaria exilis*, für uns heute Sirius B), den die Dogon als sehr alt, sehr klein und ungeheuer schwer beschreiben. In ihrer Schöpfungsgeschichte kehrt Po auf seiner elliptischen Umlaufbahn eben alle fünfzig Jahre wieder, derselbe Zeitraum, in dem auch das Sigui-Fest stattfindet. Seitdem es hoch entwickelte Teleskope gibt (Ende des 19. Jh.) wissen wir, dass Po tatsächlich existiert: Als so genannter Weißer Zwerg – für seine Größe ungeheuer hell und ungeheuer dicht und schwer (1 Fingerhut = 37 kg) – umkreist er Sirius A mit einer Umlaufzeit von ca. fünfzig Jahren! Hinzu kommen weitere eigentlich höchst unwahrscheinliche Kenntnisse zu Galaxien und Planetensystemen. Danach befragt, woher sie ihr unglaubliches Wissen beziehen, nennen sie *Nommo*, ein kreisförmiges Wesen, das unter großem Lärm und Staubentwicklung einst vom Himmel herabstieg. Was lag da als Erklärung näher als die des *Erich von Däniken*, der darin einen weiteren Beweis für den Besuch extraterrestrischer Wesen auf unserem Globus sah?

Die rätselhaften astronomischen Kenntnisse und ihr hoch entwickeltes mystisches Weltbild, in dem sie die Schöpfungsgeschichte mit komplexen kosmischen Vorgängen verbinden, haben den Dogon weltweit eine ungeheure Aufmerksamkeit beschert. Besucher kommen von nah und fern in die abgelegene Felsregion, Deutsche, Amerikaner, Japaner, Holländer. Maskenfeste werden gegen Bezahlung wie folkloristische Darstellungen aufgeführt. Es wird schwer sein für die „Kinder des Lichtes", sich unter dem Ansturm all der wohlmeinend-neugierigen Besucher die Ernsthaftigkeit ihrer traditionellen Zeremonien zu erhalten.

Speichertürme der Dogon

Markttag ist in den Dogon-Dörfern in der Regel alle fünf Tage; in Endi jedoch sonntags, in Kani-Kombolé donnerstags.

Verhalten Sie sich gegenüber den Einheimischen bitte **respektvoll und diskret;** seien Sie nicht aufdringlich! Fragen Sie vor dem Fotografieren die jeweiligen Personen um Erlaubnis oder ggf. ihren Führer, er kennt die Tabus. Gelegentlich (nach einer Übernachtung) werden Sie sicher auch nach einem „cadeau" gefragt werden; den meisten fällt dann leider nur ein Geld-Geschenk ein – schade!

Vorschlag für eine eintägige Tour

Die Strecke **Bandiagara – Kani – Kombolé – Teli und zurück** ist an einem Tag machbar. Die sehr schöne Wanderung führt die Falaise hinunter, vorbei an Wasserfällen (während der Regenzeit). In Kani-Kombolé besteht die Möglichkeit, Eselskarren zu mieten oder zu Fuß weiter nach Teli (insgesamt 6–7 Std.) zu gehen; während der Regenzeit ist dies auch problemlos zur Mittagszeit möglich (Temperaturen bis ca. 35°C).

Tagesetappen:

1. Tag: bis Teli (Djignibombo, Kani – Kombolé)
2. Tag: bis Endi
3. Tag: bis Dourou
4. Tag: zurück nach Bandiagara

Gute Kondition ist erforderlich! Falls Ihnen die mehrtägige Tour durch die Falaise zu anstrengend wird, können Sie auch einen Eselskarren (*charrette d'âne*, ca. 1000 CFA/Person/Tag) mieten.

Mehrtägige Touren

Es bieten sich folgende Routen an:
1. Bandiagara – Djignibombo – Kani-Kombolé – Teli – Enndé – Gimini – Dourou – Bandiagara
2. Bankass – Kani-Kombolé – Djignibombo – Enndé – Teli – Bankass
3. Bankass – Teli – Enndé – Bankass

Dourou

Dorf mit einfachem Restaurant in der Nähe des Marktes; alle fünf Tage Markt.

Enndé

Kleines Dorf in der Falaise mit nettem Campement Chef du Village (einfache, saubere Zimmer oder Camping auf dem Dach einer Dogon-Hütte kosten 1250 CFA; Besitzer *Mr. Kékélén* ist Sohn eines Dorfältesten). Hin kommt man mit dem Taxi oder Eselskarren ab Bandiagara (25 km, ca. 14.000 CFA), ab Kani-Kombolé (7 km, ca. 3500 CFA) oder ab Bankass (12 km, ca. 4000 CFA).

Kani-Kombolé

Kleines Dorf. Es gibt ein Bar-Restaurant direkt am Markt. Gekühlte Getränke sind erhältlich. Markt ist am Donnerstag. Eselskarren kosten hier ca. 1400 CFA für den Nachmittag.

Tirelli

Nahe beim Ort Amani. Campement-Restaurant, Matratzen auf Hausdach, 2500 CFA/Nacht. Tümpel, mit heiligen Krokodilen, Maskentänze.

Songo

Etwa 15 km vor Bandiagara (von Mopti kommend) führt links eine Piste (ausgeschildert, 4 km) zu dem Dorf Songo; dort gibt es einen Felsüberhang *(Abri)* mit **Initiationsplatz,** wo die **Symbole der Dogon-Mythologie** an die Wände gemalt wurden: heilige Totemtiere, Masken und rituelle Gegenstände bzw. Symbole. Anhand dieser Malereien werden die Beschnittenen in die Glaubenswelt eingeführt. Eine Besichtigung ist gegen 1000 CFA möglich, eine Spende für die Dorfschule wird erwartet. **Übernachtung** möglich im Campement **Hotel Guin des Frères.**

Sanga

Sanga ist der **Hauptort des Dogon-Landes** an der Falaise und durch eine gute Piste mit Bandiagara verbunden. Sehenswert ist der **Markt** (alle fünf Tage, evtl. in Mopti oder Bandiagara vorher erkunden). *M. Griaule,* ein französischer Ethnologe, hat mehrere Jahre hier gelebt, um die traditionellen Riten und die Gedankenwelt der Dogon zu studieren (1933). Er gilt als „Entdecker" der Dogon und gewann die Freundschaft des Hogan von Ogul, der ihn mit der Mythologie der Dogon vertraut machte. Sanga ist als Ausgangspunkt für eine Wanderung durch die Dörfer entlang der Falaise besonders geeignet.

Unterkunft/Verpflegung
● **Hotel Campement Sanga**
Tel. 2420092, Ortsmitte nahe Markt; gut geführt, hübscher Innenhof, Restaurant, DZ ab 10.000 CFA, Strom aus dem Generator, dieser wird um 24 Uhr abgeschaltet.
● **Mission**
Sympathisch, ca. 1500 CFA/Person.

Initiationsriten der Dogon

Blick auf Songo

- **Chez Les Femmes Dogonnes**
Übernachtung in familiärer Atmosphäre, DZ 6000 CFA, Mahlzeiten auf Bestellung für 2000 CFA.

Die Strecke von Bandiagara nach Dourou und Bankass ist interessant und landschaftlich sehr schön; ein Geländewagen ist wegen grobsteiniger Wegstrecken und ausgewaschener Bachläufe sinnvoll. Die gebirgig-steinige Landschaft der Falaise de Bandiagara wird unterhalb des Steilabbruchs von bewachsenen Sanddünen begrenzt. Die anschließende **Gondo-Ebene** ist dicht mit Bäumen bewachsen und ähnelt der Savannenlandschaft Kenias. Wählt man ab Bankass die Teerstraße (mittlerweile wohl wieder eher eine Piste!) nach Mopti/Djenné, kann man sich den Rückweg über Bandiagara sparen.

Bankass

Bankass eignet sich auch als Ausgangspunkt für die Erkundung des Dogongebietes. Hier ist es noch etwas ruhiger und weniger überlaufen. Markttag ist der Dienstag.

Unterkunft/Verpflegung
- **Hotel Campement Hogon**
Neues Hotel und Camping mit 5 Zimmern und 6 Stellplätzen. 3000 CFA pro Person bzw. 5000 CFA/DZ. Der Besitzer *Issa Guindo* ist auch offizieller Führer für das Dogongebiet und angeblich Chef sämtlicher offizieller Führer.

DER OSTEN UND NORDOSTEN

- **Campement,** ca. 2500 CFA/Person.
- **Chez Ben**
Ca. 2000 CFA/Person im Mehrbettzimmer; der Besitzer, *Monsieur Ben,* ist sehr freundlich und hilfsbereit, z.B. bei der Organisation von Touren durch die Falaise. Die Bar ist ein beliebter Treffpunkt und bietet gutes Essen.

Koro

Wie Bankass liegt auch dieser hübsche und ruhige Ort an der „Route des Poissons", der Fisch-Straße, die den Markt von Mopti mit wichtigen Absatzmärkten dieser Räucherware vor allem in Burkina-Faso (Ouahigouya, Ouagadougou u.a.) verbindet. Im Ort werden die Zoll- und Polizeiformalitäten für die Ausreise erledigt (die Strecke ist ab Ouahigouya nach Süden zu asphaltiert). Mehrere einfache **Restaurants,** das einfache **Campement Koro** und die **Reiseagentur Hady-Guindo,** Tel. 2420191, Fax 2430924, erleichtern den Aufenthalt; die landschaftlich sehr reizvolle Gegend ist noch sehr unberührt und – besonders nach Osten hin – Durchzugsgebiet der Sahel-Elefanten während der Regenzeit.

Der Osten und Nordosten

Achtung: Die Situation in dieser Region hat sich weitgehend beruhigt. Vor Reisen mit eigenem Fahrzeug nördlich einer Linie, die von den Orten Goundam im Westen und Menaka im Osten begrenzt wird, raten die entsprechenden Dienststellen der Auswärtigen Ämter Frankreichs und Deutschlands derzeit (März 2003) ab. Auch Timbuktu sollte zurzeit nur mit dem Flugzeug besucht werden. Vor einem Besuch dieser Region sollten Sie aktuelle Informationen bei den örtlichen Behörden oder auch im Internet einholen (s.a. unten).

Timbuktu

Geschichte

Ursprünglich war Timbuktu ein Handelsstützpunkt der Kamelkarawanen *(Azelai)* der Tuareg-Nomaden auf ihrem Transsahara-Handel. Der Legende nach bekam dieser Ort seinen Namen von einer Frau namens *Buktu,* die den dortigen Brunnen (in Tamaschek heißt „tin" übersetzt Brunnen) bewachte; Timbuktu heißt somit „Brunnen der Buktu".

Als **„Hafen der Wüste"** und Endpunkt des Transsahara-Handels gewann Timbuktu immer mehr an Bedeutung; die Händler tauschten Gold, Elfenbein und Sklaven gegen das lebensnotwendige Salz aus der Sahara.

Im 15. Jh. hatte sich der Ort zu einem der größten kulturellen Zentren des Sudan entwickelt: Berühmte Professoren und Wissenschaftler kamen aus Kairo an eine **Universität,** die in ihrer Blütezeit 20.000 Studenten beherbergt haben soll; über hundert Koran-Schulen gab es in der Stadt. Es entstand außerdem eine große **Bibliothek,** in der es Kopien der wichtigsten philosophischen Werke gab. Neben der arabischen Sprache wurden Fächer wie Rhetorik, Recht, Medizin und die Auslegung des Koran gelehrt. Der Rang der Stadt kommt in einem sudanesischen Sprichwort zum Ausdruck: „Salz kommt aus dem Norden, Gold aus dem Süden und Silber aus dem Land des weißen Mannes, aber das Wort Gottes und die Schätze der Weisheit sind nur in Timbuktu zu finden". Im 16. Jh. setzte die Invasion der Marokkaner der Blütezeit der Stadt ein Ende; die meisten Gelehrten wurden verschleppt.

Auch wenn sich der Transsahara-Handel auf die Fezzan-Route verlagert und Timbuktu damit an wirtschaftlicher Bedeutung verloren hat, machen sich auch heute noch jährlich zahlreiche Karawanen auf den beschwerlichen Weg in die Wüste. Ist eine Kamelkarawane von ihrer Reise zurückgekommen, so findet der so genannte **Azalai-Markt** statt, ein Höhepunkt des gesellschaftlichen Lebens Timbuktus.

Aufgrund der Berichte arabischer Reisender hatte man bereits früh in Europa von der sagenumwobenen Stadt Timbuktu gehört. Mehrere europäische **Entdeckungsreisende** besuchten Timbuktu. Der Schotte *Alexander Gordon Laing* erreichte im Jahr 1826 als erster Europäer diese Stadt, wurde jedoch kurze Zeit später ermordet. Zwei Jahre später kam der Franzose *René Caillé* als Araber verkleidet nach Timbuktu, und im Jahr 1853 lebte der deutsche Forschungsreisende *Heinrich Barth* hier für einige Zeit und fertigte die ersten detaillierten Berichte über die Stadt an.

Heute ist Timbuktu eine alte Sahelstadt, deren traditionelle Bauten zwar zusehends verfallen, aber nicht durch Neubauten verschandelt werden. Die Stadt vermittelt ein **Flair des „Zeitlosen".** Dies wird unterstrichen durch die traditionelle Kleidung der Bewohner, von denen noch höchstens 30.000 in Timbuktu leben. Vom Glanz der ehemaligen intellektuellen Hochburg des Islam ist nur noch wenig zu spüren, auch wenn der Ort noch immer als „Stadt der 333 Heiligen Männer" gilt. Aber man kommt mit den Bewohnern gut ins Gespräch und erfährt viel über die Lebenssituation, wenn man sich die Zeit nimmt, zu bleiben. Die Nähe der Wüste ist überall zu spüren, auch im eingebackenen Sand im Fladenbrot.

Das weltweite Interesse, das sich mit dem legendären Ort verbindet, hat in den letzten Jahren und vor allem nach dem Ende der Tuareg-Rebellion zu einer Ausweitung internationaler **Hilfsprogramme** geführt, die – so meine Meinung – nicht immer mit glücklicher Hand durchgeführt wurden. Da wurde z.B. die Stadt elektrifiziert mit der Folge, dass heute an jeder zweiten Ecke hässliche Strommasten stehen und schräg durch die Lüfte gezogene Leitungen zusätzlich das Stadtbild verschandeln. Die Wasserversorgung – ohne Zweifel ein zentrales Anliegen aller Bewohner – wurde ausgebaut; aber mussten dazu Wassertürme in einer solchen Hässlich-

DER OSTEN UND NORDOSTEN

Timbuktu – Ziel vieler Sehnsüchte

keit errichtet werden, die heute die Skyline des Ortes dominieren? Und darf man einen Ort, der sich seiner architektonischen Einmaligkeit rühmt, mit solch hässlich-kantigen Betonbauten vergewaltigen, wie es etwa das Centre Ahmed Baba darstellt? Behutsamer Umgang mit dem ererbten Kultur-Vermögen war da offensichtlich nicht gefragt, es hat den Anschein, als müssten verfügbare Hilfsgelder möglichst rasch rausgeklotzt werden, ohne Rücksicht auf Verluste an pittoresker Substanz. Im letzten Abendlicht jedenfalls werden Sie vor allem im Osten der Stadt noch immer würdige Männer sehen, die dort in ihren traditionellen Gewändern ganz oben auf den die Stadt umzingelnden Dünen beisammen sitzen und über Gott und die Zeitenläufe debattieren – ob sie den alten Zeiten nachtrauern?

Sehenswürdigkeiten

Seit 1988 stehen die Moscheen, Mausoleen und Friedhöfe von Timbuktu auf der Liste des gefährdeten UNESCO-Weltkulturerbes.

Timbuktu besteht aus **mehreren Stadtteilen** (Djinger-Ber, Sankoré, Sarakaina, Badjinde). Die Stadt ist jedoch nicht sonderlich groß; so kann man alle Entfernungen gut zu Fuß bewältigen.

Es gibt mittlerweile ein sehenswertes **Museum** in der Stadt, wo man sich gut vorab informiert; Eintritt 500 CFA.

Timbuktu ist auch empfehlenswert für seine hervorragende **Handwerkskunst,** nämlich die wunderschön verzierten Eingangstüren vieler Bürgerhäuser.

Hinweis: Bei einem Spaziergang durch die Stadt werden Sie von zahlreichen **„Nasara"** (= Christ) rufenden Kindern begleitet bzw. verfolgt, die um ein „cadeau" oder „bic" bitten.

Bürgerhäuser

Interessant sind die alten Bürgerpaläste aus dem 15. und 16. Jh., deren Fassaden, ähnlich wie in Djenné, mit zahlreichen Friesen, Säulen, Pilastern und Kapitellen verziert sind. Der auffallend städtische Charakter, den Timbuktu im Vergleich zu anderen Ortschaften ähnlicher Größe im Sahel aufweist, kommt durch architektonische Besonderheiten zustande: Viele Häuser sind Stockwerksbauten, und bei besseren Häusern wird der so genannte Alhore-Stein (und nicht wie sonst überall Lehm) verwendet. Die Steinbruche liegen zwischen 10 und 80 km nördlich von Timbuktu. Der Stein ist weiß, leicht und einfach schön.

Sehenswert sind auch die Häuser, in denen die drei erwähnten europäischen Entdeckungsreisenden *René Caillé*, *Gordon Laing* und *Heinrich Barth* (mit kleinem Museum, Eintritt 500 CFA) gewohnt haben, als sie im 19. Jh. Timbuktu besuchten. Die Häuser liegen in der Nähe der Djinger-Ber-Moschee.

Markt

Der Markt liegt etwas außerhalb des alten Stadtkerns, ein Besuch ist lohnenswert. Eine besondere Attraktion ist dieser Markt, wenn eine Kamelkarawane gerade mit Salzladungen aus Taoudenni angekommen ist. Neben Deckenhändlern findet man vor allem die berühmten Lederarbeiten der **Tuareg.** Die Tuareg leben in Zeltlagern in der Umgebung von Timbuktu. Sie kommen in die Stadt, um ihre Lederarbeiten zu verkaufen; wenn Sie Interesse haben sollten, ein Tuareg-Zelt einmal von innen zu sehen, fragen Sie, ob Sie mitkommen und eventuell auch ein paar Tage mit ihnen verbringen dürfen (dabei ist der Preis vorher auszuhandeln!).

Moschee Djinger-Ber (Grande Mosquée)

Diese größte Moschee Timbuktus liegt im gleichnamigen Quartier, am südwestlichen Rand der Stadt. Sie und auch das Minarett können besichtigt werden (Eintritt 1000 CFA).

Moschee Sidi Yahia

Im Stadtviertel Sarakaina gelegenes, kleinstes Gotteshaus Timbuktus. Ein paar Straßen weiter befindet sich das Wohnhaus, in dem *Heinrich Barth* während seines Aufenthaltes (1853/54) in Timbuktu lebte; heute erinnert noch eine Inschrift über dem Hauseingang an seinen Besuch.

Sidi Yahia war ein Imam im 15. Jh., der lange Zeit als Schutzpatron der Stadt fungierte. 1440 ließen Tuareg ihm zu Ehren die Moschee erbauen.

Moschee Sankoré

Sankoré, mit der mittelalterlichen Universität und der gleichnamigen Moschee, gilt als Viertel der Wohlhaben-

DER OSTEN UND NORDOSTEN

den. Der nordwestliche Teil von Sankoré ist auch Ziel der großen Salzkarawanen aus Taoudenni, der *Azalai*. 17 Tage sind die **Karawanen** unterwegs, um die 800 km lange Strecke von Taoudenni nach Timbuktu zurückzulegen. Von Timbuktu aus dauert es noch einmal 4-7 Tage, bis die Salzplatten per Pinasse Mopti erreichen und dann am Hafeneingang von den Mauren verkauft werden. Wer weiß, wie lange diese Tradition im Zeitalter der schnellen Transportmittel noch weiterlebt ...

Ankunft der Salzkarawanen aus Taoudenni

Selbstverständlich lässt sich die Ankunft einer solchen Karawane nicht planen. In der Winterzeit haben Sie jedoch dann gute Chancen, die Ankunft einer Karawane zu erleben, wenn Sie sich einige Tage in der Stadt aufhalten. Viele Karawanenführer arbeiten in einem Klienten-System, d.h. sie transportieren die Salzplatten aus Taoudenni für einen ganz bestimmten Salzhändler; bei Ankunft in Timbuktu werden sie folglich unmittelbar dessen Gehöft ansteuern. Hier hilft Ihnen nur Glück und etwas Gespür; vertrauen Sie der Gerüchteküche des Ortes und dem, was Ihnen echte oder vermeintliche Führer einflüstern. Üblicherweise kommen die Karawanen am Nordrand der Stadt an, ein Lagerplatz ist auch der kleine Markt im Nordwesten.

Centre Ahmed Baba

Die größte **Manuskriptbibliothek** in Timbuktu, mit EDV und Manuskriptrenovation. Auf Wunsch werden Ihnen wunderbare uralte Handschriften (teilweise aus dem 12. Jh.) teilweise in Goldschrift und kalligraphisch „bebildert" gezeigt. Absolut sehenswert, nur das moderne Gebäude trübt etwas die Atmosphäre.

Timbuktus „Hängende Gärten"

Von französischen Autoren auch „Gärten des Sandes" genannt, handelt es sich bei diesen Gärten um kleine Felder, die in großen Trichtern konzentrisch in Ringform nach oben steigend um einen tief liegenden Brunnen angelegt sind. Sollte Ihnen das Buch von *Jean Gabus*, „Sahara – bijoux et techniques", zugänglich sein: Dort findet sich auf S. 299 eine Luftaufnahme von Timbuktu, auf der solche Gärten deutlich zu sehen sind. Die Gärten finden sich vor allem im Nordwesten der Stadt.

Sicherheit

Die Situation in Timbuktu ist laut Auskunft Einheimischer (wieder) ruhig: Die Atmosphäre sei freundlich und entspannt. Banditenüberfälle gäbe es keine mehr, und die Rebellen würden die Gegend in Frieden lassen.

Im März 2003 warnte das Auswärtige Amt vor dem Grenzgebiet Mali/Mauretanien, also westlich von Timbuktu. Autoreisende sollten sich deshalb vor einer Weiterfahrt in Richtung Mauretanien erst bei den Behörden über den Sicherheitsstand erkundigen.

Hotels

●**Hotel Bouctou**
Tel. 2921012. Ehemaliges Campement, sehr laut. Viele Guides und Händler, die hier Kunden suchen. Je nach Komfort verschiedene Preiskategorien. Es gibt ein Nebengebäude, das mehr einer Karawanserei ähnelt, aber wo man mehr Ruhe vor den diversen Geschäftemachern hat; DZ 12.000–15.000 CFA inkl. Frühstück. Das Menü kostet ca. 4000 CFA im

lauten Speisesaal, in dem permanent Satellitenfernsehen läuft. **Camping** für 2500 CFA pro Person.

● **Relais Azalai**
B.P. 64, Tel. 2921163 und 2224321. Ehem. Luxushotel der französischen Sofitel-Gruppe, etwas außerhalb der Stadt gelegen; im Restaurant wird ein Menu für ca. 4500 CFA serviert; ein DZ mit Air-Condition und europäischem Komfort kostet ca. 30.000 CFA.

● Neu: **Hotel La Colombe**

Essen und Trinken

Außer in den **Restaurants** der oben genannten **Hotels** kann man in kleinen afrikanischen Restaurants essen, beispielsweise im guten **Poulet d'Or** beim Petit Marché, das allerdings nur zu Essenszeiten geöffnet hat bzw. wo man besser 2 Std. vorher bestellen sollte; außerdem gibt es eine **Rotisserie** zwischen Polizei und Yahia-Moschee. Hinzu kommen einige kleine Läden, in denen man sich versorgen kann.

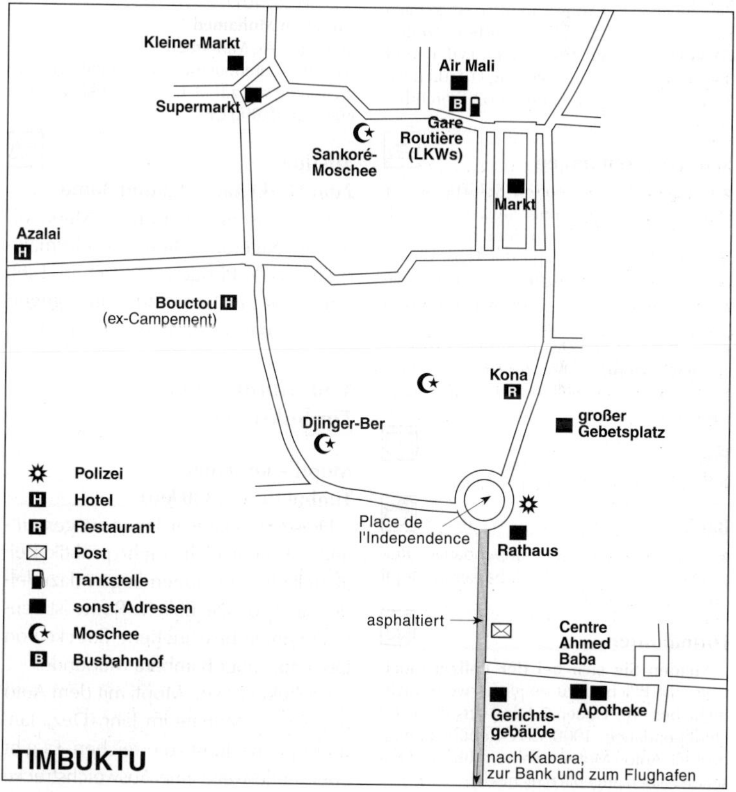

TIMBUKTU

(map with locations: Kleiner Markt, Supermarkt, Air Mali, Gare Routière (LKWs), Sankoré-Moschee, Markt, Azalai, Bouctou (ex-Campement), Djinger-Ber, Kona, großer Gebetsplatz, Place de l'Independence, Rathaus, asphaltiert, Centre Ahmed Baba, Gerichtsgebäude, Apotheke, nach Kabara, zur Bank und zum Flughafen)

Legende:
- ☼ Polizei
- H Hotel
- R Restaurant
- ✉ Post
- ⛽ Tankstelle
- ■ sonst. Adressen
- ☪ Moschee
- B Busbahnhof

Flugverbindungen

- Der **Flugplatz** von Timbuktu liegt etwa 9 km südlich der Stadt, Richtung Kabara. Ein Taxi in die Stadt kostet 2500 CFA.
- Mittlerweile wird Timbuktu zweimal wöchentlich **von Bamako** aus angeflogen. Die Flüge kommen und gehen von hier aus weiter nach Mopti oder Gao.

Taxis

Taxis bekommt man in der Nähe des großen Marktplatzes. Gewarnt sei vor den allzu geschäftstüchtigen „Managern" der Allrad-Taxis: Preise zwischen 16.000 und 25.000 CFA nach Mopti, wenn die Strecke durchs Binnendelta über Youvarou offen ist, je nach Sitzplatz; unzuverlässige Abfahrtszeiten und Fahrtdauer (12 Std. bis 3 Tage). Evtl. nimmt man lieber einen One-way-Flug (1 Std.) nach Mopti, der jedoch Ende 2002 immerhin 100.000 CFA kostete.

Schiffsverbindungen

- **Anlegestelle der großen Schiffe** ist der **Hafen Kabara/Korioume**, etwa 10 km südlich der Stadt. Timbuktu liegt heute nicht mehr direkt am Niger, da der Fluss seinen Lauf geändert hat. Zwischen der Anlegestelle und der Stadt herrscht reger Taxi-Verkehr, es gibt aber auch einen Bus für 350 CFA.
- Eine **Pinasse** verkehrt mehrmals pro Woche **nach Mopti**. Dauer der Fahrt 2–3 Tage (s.a. Mopti und Reisen im Land/Schiffsverbindungen).

Post

- Nahe des Place de l'Indépendance.

Bank

- Nahe des Place de l'Indépendance. Reiseschecks nach Möglichkeit besser in Mopti oder Gao wechseln!

Formalitäten

Melden Sie sich bei der Polizei (auch wenn die Pflicht dazu möglicherweise nicht mehr besteht; Dauer 5 Min.) am Place de l'Indépendance, 1000 CFA Gebühr zumindest für Auto-/Motorradfahrer; Rucksackreisende zahlen angeblich nichts.

Sonstiges

Tourveranstalter

Es gibt vermutlich keine einzige Reiseorganisation in Mali, die nicht Timbuktu in ihr Programm einschließt. Die bei Bamako genannten Adressen haben also auch hier ihre volle Gültigkeit.

Guides

Neben einer Vielzahl selbst ernannter „Führer" existiert auch eine Organisation anerkannter „guides touristiques". Angenehm fielen auf:

- **Oumar Dicko** und **Hamdi Cheikh**
B.P. 140, Toumbouctou/Mali,
Tel./Fax 2921012.
- **Ibrahim Mohamed**
und **Agali Ag Mohamed**
B.P. 110, Toumbouctou/Mali; bieten auch Kameltouren an, z.B. 3-Tage-Trip inkl. Verpflegung für 40.000 CFA.

Ausflug

Zum Markt nach Handou Bomo

Am Samstagvormittag ist Markt direkt am Nigerufer. Dieser ist sehr malerisch – viele Pirogen, Menschen, Esel. Vom Markt in Timbuktu fahren gegen 7.30 Uhr Bachés dorthin (2000 CFA).

Von Mopti über Timbuktu nach Gao

Mopti – Korientzé – Timbuktu (ca. 330 km)

Diese Strecke war lange wegen defekter Fähren nicht mehr praktikabel; aktuelle Informationen liegen dazu leider nicht vor. Die übliche Route ist heute die unten beschriebene Strecke von Douentza über Bambara-Maoundé.

Timbuktu ist von Mopti mit dem Auto nur wenige Monate im Jahr (Dez./Jan. und April bis Juni) zu erreichen. Es gibt aber mittlerweile eine Ausweichstrecke von Douentza, die regelmäßiger befahrbar ist bzw. auch als Rückfahrtstrecke in Richtung Gao benutzt werden kann (siehe Variante nach dieser Beschreibung).

Die Piste führt zunächst von Mopti via **Sévaré** auf guter Asphaltstraße nach **Kona** (Treibstoff); dort links in Richtung Niafounké abzweigen. Auf guter Piste (zur Regenzeit auch bis Korientzé schlecht) bis nach **Korientzé** fahren, (großer Markt, gleichnamiger See mit zahlreichen Vögeln). Je nach Wasserstand sind Fähren zu benutzen oder Furten zu überqueren; obwohl sich die Piste jedes Jahr etwas verändert, bleibt sie durch die Markierung (Betonwürfel) leicht erkennbar. Im Dorf **Saraféré** (ohne Versorgungsmöglichkeiten) macht die Piste einen Knick nach Nordwesten; evtl. muss man den Bara Issa-Fluss mit einer Fähre überqueren.

Nun fährt man die verbleibenden ca. 35 km durch eine schöne Landschaft mit zahlreichen kleinen Dörfern und verschiedenen Vögeln bis nach **Niafounké,** Heimatort des bekannten Musikers *Ali Farka Touré*. Je nach Wasserstand sind mehrere untiefe, schlammige Furten zu durchqueren. Kurz vor Niafounké mit der Fähre über den Niger (ca. 10.000 CFA).

Auf dem Niger bei Mopti

Weiter geht es auf sandiger Piste nach Goundam; sie folgt teilweise der Telefonleitung. Die Strecke **Tonka – Goundam** ist sehr schlecht: viel Sand und tiefe Fahrspuren! In dem Dorf **Goundam** gibt es Lebensmittel und Unterkunftsmöglichkeiten sowie Treibstoff und einen Automechaniker.

Will man einen Abstecher zu dem fast völlig ausgetrockneten **Faguibine-See** machen, so sollte man einen Hirten als Führer anheuern.

Die Piste nach Timbuktu folgt weiterhin der Telefonleitung.

Timbuktu – Gao
(430 km schlechte Piste)

Im März 2003 rieten die Informationsstellen der Auswärtigen Ämter von Frankreich und Deutschland von der Benutzung dieser Piste mit eigenem Fahrzeug nicht mehr ab. Erkundigen Sie sich ggf. vor Ort unmittelbar vor Abreise bei der Polizei am Place de l'Indépendance. Sprechen Sie zuvor nie mit anderen Menschen im Ort über Ihre Absichten, die Strecke zu benutzen. Geben Sie bei Fragen nach Ihrem Reiseziel (mit eigenem Fahrzeug) immer ein anderes Ziel an als das, welches Sie tatsächlich ansteuern wollen.

Man fährt in tief ausgefahrenen Spuren bzw. durch Sanddünen und z.T. dichtes Dorngestrüpp. LKW verkehren selten und nur in der Trockenzeit. Ortschaften am Wege, z.B. Ber, Téméra oder Bamba, tragen noch immer deutliche Spuren der Bürgerkriegssituation.

Nach 130 km kann man nach Süden auf die andere Seite des Nigers nach **Ghourma-Rharous** übersetzen. Hier gibt es ein „Campement": Der Besitzer bietet in seinem Haus eine Unterkunft in einem leeren Zimmer bzw. eine Übernachtung auf der Dachterrasse (750 CFA) an. Ab hier kommen Rucksackreisende nur sehr schwer weiter. Es ist allenfalls möglich, zu übeteuertem Preis (6000 CFA) nach Gossi zu gelangen (Strecke Douentza – Gao) und von dort nach Hombori.

Nach der Ankunft in **Bourem** (ca. 335 km) sollten sie sich bei der Polizei melden, sofern Sie nicht unmittelbar weiterfahren! Von Bourem nach Gao (92 km) führt eine relativ gute Piste durch pittoreske Südsahara-Landschaften mit vielen Dum-Palmen.

Timbuktu – Douentza

220 km Piste durch schöne hügelige Landschaft mit lichter, typischer Sahel-Vegetation. Die Piste ist noch nicht auf der Michelin-Karte eingezeichnet. Ein Geländefahrzeug ist sinnvoll.

Man verlässt Timbuktu in Richtung Kabara. Kurz nach **Kabara** gibt es eine beschilderte Abzweigung nach rechts in Richtung Korioumé/Douentza. Man muss dann im **Hafen Korioumé** über den Niger übersetzen. Hier bestehen zwei Möglichkeiten: die Pinasse (nur für Passagiere und Motorradfahrer; Motorradfahrer zahlen 12.000 CFA) oder die Autofähre (bis 20 t, Preis nach Auslastung und Verhandlungsgeschick 18.000 CFA/1 Fahrzeug, 9000 CFA/2, 6000 CFA/3, 5000 CFA/4 für die einfache Fahrt; bei gutem Wasserstand kürzere Fahrt = billigeres Übersetzen). Die Anlegestelle am anderen Ufer ist flach, je nach Wasserstand sind noch ungefähr 100 m Wasserdurchfahrt zu bewältigen, die mitunter auch für Geländefahrzeuge problematisch sein können. Der Anfang der Piste ist sehr sandig.

Nach **29 km** bei einer Pistengabelung muss man nach rechts abbiegen, der linke Abzweig führt nach Aral (Arlal).

Bei **Km 81** sollten Sie bei einer Pistengabelung nach Süden weiterfahren, die andere Spur führt ins Dorf.

Bei **Km 115** ist das Dorf **Bambara-Maoundé** erreicht. Hier gibt es nur Wasser, sonst keine Versorgungsmöglichkeiten.

Die Piste verläuft weiter nach Süden, nicht wie in der Michelin-Karte verzeichnet nach Westen.

Etwa bei **Km 170** durchquert man eine mehrere Kilometer breite, trockene Ebene mit Tausenden von abgestorbenen Bäumen. Ab hier verläuft die Piste auf hartem Grund, die Orientierung erschwert sich dadurch, da nur wenige Spuren zu sehen sind. Die Piste führt an einer Bergkette vorbei; ein Orientierungspunkt sind Tierspuren, da die Hirten ebenfalls die kürzeste Verbindung benutzen.

Erst bei **Km 178** steht als Markierung eine grün-gelbe Tonne.

Bei **Km 208** nähert man sich der Bergkette und fährt durch sehr schöne Landschaft (Palmen und malerische Dörfer).

Bei **Km 220** ist **Douentza** erreicht.

Bei Fahrt in Gegenrichtung kann es sinnvoll sein, das Fahrzeug an der Fähranlegestelle in Korioumé stehen zu lassen und statt auf die Fähre zu warten mit einer Piroge überzusetzen.

Von Mopti über Douentza nach Gao

Mopti – Douentza (207 km gute Teerstraße)

Die Straße führt durch Savannenlandschaft mit relativ vielen Bäumen (Baobab, Ölpalmen) und Reisfeldern; hübsche Dörfer, von denen fast jedes eine kleine Moschee im sudanesischen Stil hat, säumen die Strecke. Besonders hübsch ist die Moschee von **Boré**, 64 km westlich von Douentza. Die Häuser in den Dörfern sind meist aus Lehm gebaut und mit Stroh gedeckt; daneben befinden sich oft schöne viereckige Lehmspeicher. Unterwegs trifft man auf zahlreiche Polizeikontrollen. Rucksackreisende haben es schwer, da es auf dieser Strecke nur wenig Verkehr gibt. Der Autoverkehr spielt sich hauptsächlich in den Abendstunden ab, die Busse fahren oft nachts.

Douentza

Kleiner Ort mit Lehmhäusern. In der Regenzeit steht der halbe Ort unter Wasser, die Brunnen sind manchmal auch überschwemmt, so dass die Gefahr von Infektionskrankheiten droht.

Unterkunft
● Ein einfaches, heruntergekommenes **Campement** mit schmutzigen Sanitäranlagen befindet sich im Ortszentrum nahe des lokalen Baché-Gare routière (nicht an der Asphaltumgehungsstraße), DZ 3500 CFA.
● An der Durchgangsstraße selbst sind zwischenzeitlich zwei einfache Hotels entstanden, das Campement Hotel Gourma und das Hotel de la Falaise.
● Ein ganz **neues Campement** des Tour-Operators Elephant-Tours (jetzt Gourma-Tours)

DER OSTEN UND NORDOSTEN

an der Durchgangsstraße am östlichen Ortsrand ist seit Anfang 1999 in Betrieb.

Von Douentza aus kann man versuchen, die im weiten Umfeld lebenden Elefanten zu suchen; Zeitaufwand mindestens 3 Tage, Kosten ca. 250 Euro. Kontakt im Campement von Elephant-Tours. S.a. den Exkurs „Auf der Suche nach Hannibals Elefanten".

Essen und Trinken
- Brot gibt es am Markt, Bier in der **Bar Bollou Doussou** (von der Teerstraße links ab ca. 200 m in Richtung Markt). Leerflaschen mitbringen!
- Großer **Wochenmarkt** am So.

Verkehrsverbindungen
Di und Fr **Busse** nach Gao, **Minibusse** täglich. Es ist aber auch möglich, auf der Ladefläche von **LKW** (gute Sicht, aber staubig) mitzufahren (ca. 2000 CFA nach Gao und etwa 2500 CFA bis Sevaré). Tankstelle an der Durchgangsstraße.

Von Douentza zweigt eine Piste in Richtung Bandiagara ab (80 km). Sie führt durch sehr schöne Landschaften. Eine Alternative führt über Madougou nach Koro und damit zur Burkinabé-Grenze.

Douentza – Hombori – Gao (393 km gute Asphaltstraße)

Die landschaftlich schöne Strecke führt an den berühmten **Tafelbergen von Hombori** vorbei, die schon von *Heinrich Barth* Mitte des 19. Jh. gezeichnet wurden. Wer Zeit hat, sollte hier unbedingt wandern: herrliche Klettergipfel für geübte Bergsteiger, aber auch (im Sommer) Wanderungen zu grünen, feuchten Tälern sowie Wasserfällen. Schöne Dörfer liegen an den Felsabhängen.

2 km vor dem Dorf **Kikiri** (57 km von Douentza) liegt linker Hand bergaufwärts ein Wasserfall (nur während der Regenzeit im Sommer). Wenn man das Bachbett bergauf wandert, ist ca. nach einer ¾ Std. die Quelle erreicht. Ober-

halb der Quelle bei dem letzten großen Baum befindet sich ein Felsüberhang *(Abri)* mit Zeichnungen, ähnlich denen der Dogon von Songo (Bandiagara). In dem kleinen Dorf **Boni** wird donnerstags ein Markt abgehalten.

Hombori

142 km von Douentza entfernt liegt das kleine Dorf, teils hoch oben in den Felsen, teils unmittelbar an der Durchgangsstraße. Dienstag ist Markttag; ein Besuch lohnt sich. Bereits am Vorabend ist im Ort ziemlich viel los, so dass eine Nacht in Hombori eingeplant werden kann. Der **Markt** wird auch von vielen **Tuareg** (oft Bella, d.h. aus der Kaste der Abhängigen) der Umgebung besucht.

Bei einem **„Antiquitätenhändler"** ist allerhand Kurioses zu finden, u.a. Steinschmuck der Tuareg, Masken und Statuen der Dogon sowie manche kleinen Gebrauchsgegenstände der Fulbe oder Songhai. Hombori ist bekannt für Steinarmringe, die aus einem in der Umgebung abgebauten Kalkstein von Songhai-Handwerkern hergestellt werden.

Unterkunft/Essen
●**Campement-Hotel Hombori**
An der Durchgangsstraße Richtung Gao; einfach, sauber, ruhig und familiär; gutes, preiswertes Essen. Dient als Basislager für Kletterer, die ihrem Sport in der spektakulären Felslandschaft der Umgebung nachgehen wollen. Strom aus dem Generator; DZ 3000 CFA. **Camping** für 1000 CFA/Person möglich; einfache sanitäre Anlagen.
●Das kleine **Restaurant Chez la Sénégalaise** serviert gutes Essen, man kann dort auch schlafen, entweder im heißen Zimmer oder angenehm kühl auf der Dachterrasse. 2000 bzw. 1000 CFA. Der Sohn des Hauses bietet sich für 2500 CFA als Führer an.

●Am preiswertesten isst man an den zahlreichen Grillständen entlang der Straße.

Busverbindungen
Die Fahrt mit dem Bus nach Gao (Di, Fr) kostet 3000 CFA. Minibusse fahren täglich.

Treibstoff
An der Tankstelle erhalten Sie Treibstoff nur noch aus Kanistern oder Fässern.

Die Asphaltstraße führt weiter durch typische Sahellandschaft; eine Stück des Weges begleiten uns noch die schroffen Hänge des **Hombori-Tondo,** ein riesiger Klotz von einem Berg mit senkrechten Abbrüchen nach allen Seiten, der sich bei Annäherung in Gegenrichtung wie ein Phantom weit voraus am dunstigen Himmel bemerkbar macht. Nur etwa 10 km außerhalb von Hombori liegen etwas abseits der Straße und jenseits eines flachen Tales erstmals große Dünen, die je nach vorangegangener Regenzeit mehr oder weniger bewachsen sind. Im Streckenverlauf wird es dann sandiger und karger, je näher man Gao kommt. Es liegen nur sehr wenige Ortschaften an der Straße; Brunnen sind in dieser Gegend sehr selten.

Hübsch gelegen und etwa 2 km abseits der Straße im Norden liegt **Gossi** an seinem gleichnamigen Mare, einem nicht immer Wasser führenden See. Markttag ist Sonntag – dann quillt der Ort über vor Menschen, vor allem Nomaden, Tuareg, Mauren und Peul aus der Umgebung. Am nördlichen Ortsende ist ein einfaches Campement entstanden, das einfache Mahlzeiten vom Typ Omelette mit Brot anbietet. Der Patron ist ein ziemlich geldgieriger

Maure – unbedingt zuvor alle Preise abfragen! So verlangt er etwa fürs Übernachten im eigenen Fahrzeug im Hof des Campements den Preis eines Zimmers, so lange diese nicht alle belegt sind – und das ist wohl eher selten der Fall! Ein weiteres Mal bietet sich auch die Gelegenheit, von hier aus auf Elefantensuche zu gehen. Beste Zeit dafür sind die Monate Januar und Februar.

Wir passieren den ausgeschilderten Abzweig der Piste nach Gourma-Rharous (s.o., Timbuktu – Gao). Das große **Mare von Doro** macht sich vor allem durch dichten grünen Baumbestand und einige wenige, sehr einfache Häuser bemerkbar (keine Versorgungsmöglichkeiten). Kurz vor Gao muss der Niger auf einer **Fähre** gequert werden (siehe Gao/Schiffsverbindungen). Achtung: Die Fähre verkehrt nur bis 18 Uhr, wer später dort eintrifft, muss am südlichen Nigerufer übernachten (je Fahrzeug in der Zeit von 8–12, 15–17 Uhr, 2000 CFA, 7–8 und 17–18 Uhr und Sa/So 5000 CFA).

Gao

Die einst blühende **Residenzstadt der alten Songhai-Könige** fiel Ende des 16. Jh. in die Hände der Marokkaner und ist heute ein **kleiner, geschäftiger Flusshafen,** die letzte Station der Niger-Schifffahrt. Früher war der Ort wichtiger erster Stopp außerhalb der Wüste für die Sahara-Durchquerer (Reggane – Tessalit, so genannte Tanezrouft-Piste), die heute aus Sicherheitsgründen nicht mehr befahren werden kann und nicht mehr befahren wird.

Die Atmosphäre dieser Sahelstadt mit ihren etwa **43.000 Einwohnern** wird entscheidend vom alltäglichen Leben der dort ansässigen vielfältig-verschiedenen Bevölkerungsgruppen geprägt. Die Straßen der Stadt sind fast alle ungeteert und staubig, die **Märkte** sind bunt und wimmeln von Menschen. Hier treffen sich Songhai-Bauern, Sorko-Fischer, Tuareg, Bella, Fulbe-Hirten sowie Bambara- und Haussa-Händler. Auf dem Grand Marché gegenüber vom Hotel Atlantide findet man Gemüse, Früchte und Fleisch, in einer Halle und vielen Bretterbuden kunstgewerbliche Gegenstände in Unmengen; der Petit Marché neben der Polizeistation ist auf Kleidung und traditionelles Handwerk spezialisiert, in weiteren Bereichen werden auch Salz, Zucker, Tee oder Tabak angeboten.

Achtung: Sie sollten sich nach **Ankunft** beim Commissaire de Police melden (auch wenn dies evtl. nicht mehr zwingend vorgeschrieben ist) und Ihren Pass stempeln lassen (nur bis Mittag geöffnet!); Gebühr 1000 CFA, ein Foto braucht man dazu ebenfalls. (Rucksackreisende berichten, dass der Meldestempel bei der Rückreise mit öffentlichen Verkehrsmitteln bei den Polizeichecks nicht kontrolliert wird.) Eine Visumverlängerung ist dort auch möglich; Gebühr ca. 5000 CFA plus ein Foto.

Hinweis: Die **Polizei** in und um Gao versucht bei jeder Gelegenheit abzukassieren. Ein nicht gesetzter oder nicht funktionierender Blinker z.B. kann Unsummen kosten. Freundliches Zureden und Verhandeln bringt Einiges. Die Situation hat sich aber in diesem Punkt –

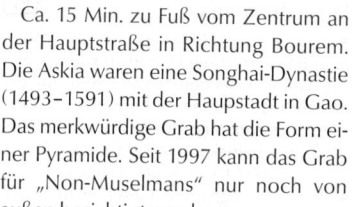

wie in ganz Mali – auch in Gao deutlich zum Besseren gewandelt.

Steuermarken für das Laissez Passer erhalten Sie auf der Post.

Sehenswürdigkeiten
Grab der Askia

Ca. 15 Min. zu Fuß vom Zentrum an der Hauptstraße in Richtung Bourem. Die Askia waren eine Songhai-Dynastie (1493–1591) mit der Haupstadt in Gao. Das merkwürdige Grab hat die Form einer Pyramide. Seit 1997 kann das Grab für „Non-Muselmans" nur noch von außen besichtigt werden.

Museum

Die kleine Sammlung zeigt Gegenstände des alltäglichen Lebens der nördlich von Gao ansässigen Bevölkerung, unter anderem ein Tuareg-Zelt. Das Museum ist am Samstag geschlossen. Es entstand aus einer malisch-deutschen Zusammenarbeit mit Unterstützung durch das Übersee-Museum in Bremen.

Märkte

Am Dienstag findet ein großer **Viehmarkt** am Nigerufer nahe der Fähre statt, alltäglich ein allgemeiner und sehenswerter lebhafter Markt ebenfalls am Nigerufer.

Grand Marché in Gao

Hotels

- **Hotel Atlantide**
Altes Hotel mit kolonialem Touch gegenüber vom Markt, 2002 im Zustand fortgeschrittener Verwahrlosung; schmutzige Toiletten und unangemessene Preise. DZ mit Ventilator ca. 12.000, mit Air-Condition 14.500-15.000 CFA; Übernachtung auf der Terrasse (windig) für etwa 2500 CFA. Frühstück 2000 CFA. Kein Restaurant mehr, oft gibt es auch kein Bier oder andere Getränke an der Bar.
- **Bar-Hotel Bon Séjour**
Beim Wasserturm; nur 5 Zimmer à 2-3 Betten, Zimmer klimatisiert 10.000 CFA, Frühstück 1500 CFA. Etwas nüchtern.

Camping

- **Camping Bangion**
Ungefähr 2 km vom Zentrum entfernt nahe der Müllkippe; ca. 2500 CFA, Mahlzeiten für etwa 1500 CFA/Person.
- **Camping Yarga**
Ungefähr 7 km vom Zentrum entfernt (Richtung Fähre); ca. 6000 CFA, Mahlzeiten für etwa 2000 CFA/Person.
- **Camping Tizi Mizi**
Rechts an der Stadtausfahrt Richtung Niamey, hinter Kontrollposten. Restaurant, sehr groß. Bungalows. DZ mit Ventilator 10.000 CFA, Camping 1500 CFA. Parkplatz fürs Auto 2000 CFA. Disko bis 1 Uhr!
- **Camping Tilafonso**
Ortsrand, Richtung Algerien. Schöne, schattige Anlage, aber wenig gepflegt. DZ 2500 CFA, Camping 1500 CFA.
- **Camping Bel Air**
Terrasse, ganz neu, DZ 10.000 CFA, Mahlzeit 4000 CFA.

Achtung: Kinder werden ihre Dienste anbieten: Lassen Sie aber die Wäsche nicht von ihnen waschen, da die Kleidung nur selten zurückgebracht wird; Wäsche am Campingplatz waschen lassen!

Restaurants/Cafés/Bars

- **Oasis**
Bar; kaltes Bier für ca. 500 CFA, Limo ca. 400 CFA, auch zum Mitnehmen.
- **Koundji Do/Chez Mama**
Ca. 10 Min. Fußweg in Richtung Nordosten vom Markt aus. Gutes Essen mittags und abends; Dachterrasse. Preise: Steak 1000 CFA (sehr gut), Yams Ragout 330 CFA, Softdrinks 300 CFA.
- **Restaurant Amitie**
Schattiger Garten, ruhig, aber etwas weit vom Stadtzentrum entfernt, franz. Patron.
- Außerdem gibt es zahlreiche **Straßenstände**, an denen man für ein paar hundert CFA gegrilltes Lammfleisch bekommt.

Schiffsverbindungen

- Eine **Fähre** setzt ein paar Kilometer südlich von Gao über den Niger (s.o.); um in Richtung Mopti zu gelangen, muss man diese benützen; 2000 CFA werden für einen PKW verlangt, ca. 2500 CFA für ein Motorrad und ca. 6000 CFA für ein Campingmobil (Mercedes 207 D). Außerhalb der normalen Fährstunden (z.B. Sa/So und 7-8, 17-18 Uhr) sind für jedes Fahrzeug 5000 CFA zu zahlen.
- Eine Fahrt mit der staatlichen **General Somaré** von Gao nach Timbuktu dauert gute zwei Tage und kostet ca. 4600 CFA, weiter nach Mopti zusätzlich ca. 5000 CFA, die Kabine selbstverständlich nicht eingeschlossen. Das Büro der COMANAV liegt unmittelbar im Kai.

Taxis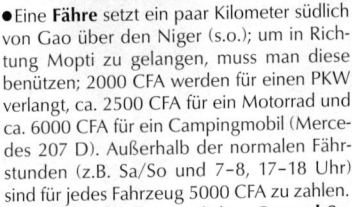

- **Taxi brousse** bzw. **Mini-Busse** (Touré Transport) fahren die Strecke Gao – Mopti für ca. 5000 CFA pro Person täglich gegen 9 Uhr.

Für Selbstfahrer: Mehrere **Tankstellen** haben mittlerweile im Ort geöffnet.

Busverbindungen

- Busse (z.B. Bani Bus) von Gao nach Mopti bzw. Bamako fahren Di und Fr; Plätze einen Tag vorher reservieren! Die Preise für die Strecke Gao – Hombori betragen ca. 3000 CFA, nach Mopti ca. 4000 CFA, für die Strecke Gao – Bamako ca. 8000 CFA und Gao – San ca. 5000 CFA/Pers. plus Gepäck.
- Busse der nigrischen Gesellschaft SNTN verkehren derzeit wöchentlich nach Niamey/Niger; Fahrzeit 30 Stunden.

Flugverbindungen

- Die **Air Mali** bedient einmal pro Woche (Di) die Strecke Gao – Mopti bzw. Gao – Bamako via Timbuktu. Preisbeispiel: Strecke

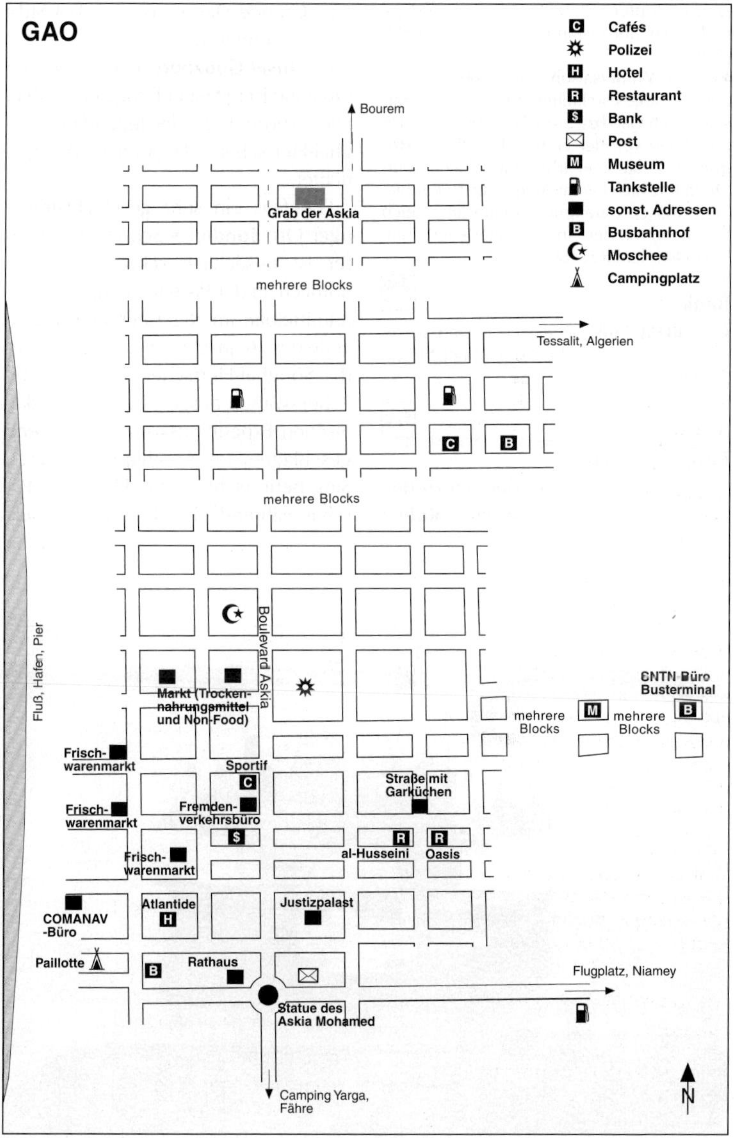

GAO

Unterwegs in Mali — GAO

Legend:
- **C** Cafés
- ✹ Polizei
- **H** Hotel
- **R** Restaurant
- **S** Bank
- ✉ Post
- **M** Museum
- ⛽ Tankstelle
- ■ sonst. Adressen
- **B** Busbahnhof
- ☪ Moschee
- ⛺ Campingplatz

Map labels:
- Bourem
- Grab der Askia
- mehrere Blocks
- Tessalit, Algerien
- mehrere Blocks
- Fluß, Hafen, Pier
- Boulevard Askia
- Markt (Trockennahrungsmittel und Non-Food)
- CNTN Büro Busterminal
- mehrere Blocks
- Frischwarenmarkt
- Sportif
- Straße mit Garküchen
- Frischwarenmarkt
- Fremdenverkehrsbüro
- Frischwarenmarkt
- al-Husseini
- Oasis
- COMANAV-Büro
- Atlantide
- Justizpalast
- Paillotte
- Rathaus
- Flugplatz, Niamey
- Statue des Askia Mohamed
- Camping Yarga, Fähre
- N

DER OSTEN UND NORDOSTEN

Gao – Mopti ca. 220.000 CFA (hin und zurück). Das Büro ist in der Nähe des Marktplatzes.

● In der Wintersaison 2002/2003 gab es preisgünstige Direktflüge (Charter) von Marseille nach Gao bzw. von Paris über Marseille nach Gao von der Gesellschaft **Point-Afrique**. In Zusammenarbeit mit lokalen Tour-Operators bietet Point-Afrique auch verschiedene Reiseprogramme ab Gao an – auch hier steht, mit der Pinasse angesteuert, Timbuktu auf dem Reiseplan.

Bank

● Die **BDM-Bank**, die einzige in Gao, wechselt keine Travellerschecks; geöffnet Mo bis Fr von 8–11 Uhr.

Ausflüge

Pirogenfahrten

Auf dem Niger zum Beispiel zu den Rosa Dünen (5 km) bzw. nach **Koima** zur „Grande Dune", 12 km (3–4 Std.) von Gao entfernt.

Die **Insel Gouzoureye** am südlichen Ortsrand ist mit einer Piroge erreichbar. Hier wurde 1528 der legendäre Songhai-Herrscher *Askia Mohamed* hingerichtet.

Ebenfalls ein sehr geschichtsträchtiger Ort: **Tondibi** = Schwarzer Felsen (er ist tatsächlich schwarz!), 59 km nördlich an der Piste Richtung Bourem, unmittelbar am Nigerufer. Hier wurde Ende des 16. Jh. das 40.000-Mann-Heer der Songhai-Herrscher von einem mit Schusswaffen ausgerüsteten marokkanischen Expeditionskorps vernichtend geschlagen. Im Anschluss an diesen Sieg beherrschten marokkanische Paschas während 250 Jahren von Timbuktu aus die gesamte Region. 167 Paschas sind aus dieser Zeit namentlich bekannt.

Wadi Tilemsi

Zum gegenwärtigen Zeitpunkt (Anfang 2003) ist von einer Reise ins Tilemsi aus Sicherheitsgründen abzuraten!

Durch das Tal führt die Piste nach **Tessalit.** Hier befinden sich **neolithische Fundstätten,** die auf 1500 v.Chr. datiert werden. Während der Regenzeit ist alles grün mit vielen feuchten und für den Autofahrer tückischen Niederungen. Das Tal ist ein wichtiges Weidegebiet der Tuareg. Immer wieder begegnet man großen Tierherden und trifft auf Mattenzelte der Tuareg.

Von Gao in Richtung Süden (Niger)

Von Gao nach Niamey, der Hauptstadt des Niger, sind es 450 km.

Gao – Ansongo (95 km)

95 km Wellblechpiste führen uns durch schöne Landschaft, immer flussnah bis nach **Ansongo** (Polizeikontrolle, Lebensmittel, Restaurant Tobon, desolate Chambres de Passage, Treibstoff nur aus Fässern von privaten Händlern). Markttag ist Donnerstag, dann lohnt sich ein Aufenthalt ganz besonders. Hier treffen Nomaden, Bauern und Fischer zusammen, viele wie so oft von weit her. Der kleine Hafen am Flussufer quillt dann fast über vor Booten.

Ansongo – Ayorou (Grenze)

Eine mal steinige, mal kiesige oder auch sandige Wellblechpiste führt uns durch abwechslungsreiches Savannengebiet; immer wieder ist auch der Niger zu sehen. Einige malerische und oft sehr kleine Dörfer liegen am Wegesrand. Teilweise durchqueren wir das **Tierschutzreservat von Ansongo-Menaka:** Früher waren hier häufig Giraffen zu sehen, die heute jedoch – den ausbleibenden Regenfällen folgend – nach Süden abgewandert sind und sich nun im Gebiet von Dosso/Niger befinden. Hier bei Ansongo soll es Strauße, Antilopen, Hyänen, Warzenschweine und andere Wildtiere geben; ich muss zugeben, dass ich außer Flusspferden im Niger und einer Vielzahl von Vögeln bei vielen Reisen in diesem Gebiet nichts davon gesehen habe.

Nach 55 km erreicht man das Dorf **Fafa,** das für seine schöne Lage am Fluss in der Nähe von einigen Stromschnellen bekannt ist. Übernachtung im **Campement Fafa** (geöffnet von September bis April), Restaurant, DZ ca. 3000 CFA, Camping für ca. 1000 CFA. Nach Übergriffen während der Tuareg-Rebellion war es Anfang 2003 noch geschlossen.

In **Labbézanga** Polizei- und Zollposten (Grenzstation und Ausreiseformalitäten auf Mali-Seite; die Kontrollen verliefen dort in den letzten Jahren immer erstaunlich freundlich).

Mit der Fähre über den Niger

Eine schlechte Piste mit je nach vorangegangener Regenzeit schwierigen Furten führt zum nigrischen Grenzort **Yassane** (Polizeikontrolle, alles wird gründlichst durchsucht, das Fahrzeug muss fast immer mindestens teilweise entladen werden). Vom unmittelbar nach der Grenze hübsch am Fluss gelegenen Ort **Barane** aus lassen sich Pirogen-Ausflüge zu Flusspferden organisieren. 2 km weiter liegt das Dorf **Firgoun** auf einer Insel, und nach 24 km (ab Grenzort Yassane) erreichen wir am Ortseingang von Ayourou auch die nigrische Zollstation (manchmal langwierige Formalitäten).

In **Ayorou** besteht eine Übernachtungsmöglichkeit im **Campement-Hotel Amenokal,** das teuer und nur im Winter geöffnet ist! Sonntags findet hier ein schöner Markt statt, der zu den lebhaftesten in der gesamten Region zählt. Viele der in Niamey lebenden Europäer kommen deshalb am Sonntag hierher – und darauf haben sich natürlich auch die jugendlichen Burschen des Dorfes eingestellt: Mit großer Ausdauer versuchen sie sich als Führer oder Vermittler für irgendetwas anzudienen. So können etwa Pirogenfahrten auf dem Niger unternommen werden, es gibt einige Stromschnellen und dort vielleicht Flusspferde zu sehen. Und wenn Sie nicht gerade an einem Sonntag hier sind: Die Bar Hidima lädt zu einem kalten Bier ein, um seinen Kummer über die desolate Verfassung des einst hübschen Ortes zu ersäufen.

Die restliche Strecke bis Niamey ist asphaltiert.

Von Gao in Richtung Norden (Algerien)

Von Gao nach Tessalit sind es 525 km. Achtung: Die Strecke war auch Anfang 2003 nicht sicher, von Reisen in diesem Gebiet ist dringend abzuraten! Eine Reise bis nach Tessalit und weiter auf der **Tanezrouft-Piste sollte nur im Militär-Konvoi** und sehr zügig durchgeführt werden, auch wenn dies keine Pflicht ist. Erst auf den Asphaltstraßen Algeriens besteht dann bei Weiterfahrt in Richtung Tunesien auf vielen Teilabschnitten Konvoipflicht. Die Grenze von Algerien nach Marokko ist nach wie vor geschlossen.

Bei der Tanezrouft-Piste handelt es sich um eine schwierige, teils sehr sandige Piste, die zwar immer wieder von PKW befahren wird (Einsanden normal, Sandbleche und Wüstenausrüstung erforderlich), aber für solche Fahrzeuge

eigentlich nicht zu empfehlen ist. Geländewagen sind angebracht.

Nach **244 km** erreicht man nach weiten staubigen Talebenen den kleinen Ort **Anéfis** und den Südrand des **Adrar des Iforhas** (Adrar = Gebirge), Siedlungsgebiet der Iforhas-Tuareg. Am südlichen Ortsrand führt eine Piste rechts weg nach **Kidal.** Geradeaus geht es abwechselnd steinig oder auch sandig bzw. auf einer Wellblechpiste nach **Aguelhok** und **Tessalit**. Die Landschaft ist geprägt von kahlen, schwarzen Bergen, die von sandigen Flächen durchzogen sind.

Tessalit

Tessalit ist ein hübscher kleiner Ort, der malerisch zwischen Palmen und schwarzen Bergen liegt. Hier werden die malischen **Ausreise- bzw. Einreiseformalitäten** für die Fahrt nach/von Algerien (Polizei, Zoll, Versicherung) erledigt. Es gibt einen kleinen Markt. Eine touristische Infrastruktur existiert seit den Tuareg-Aufständen und dem in der Folge zusammengebrochenen Tourismus nicht (mehr). Der Besitzer des ehemaligen Camping Sahel Vert ist nach Gao gezogen, um dort sein Glück zu versuchen. Der neue **Campingplatz Association Tidi** an der südlichen Ortseinfahrt scheint aber einen vollwertigen Ersatz darzustellen.

Wasser gibt es aus dem Brunnen (mit elektrischer Pumpe). Der Brunnenaufseher erwartet ein kleines Trinkgeld.

NIGER

Niger

von Gerhard Göttler

Agadez – Korangelehrter

Bau einer typischen Songhay-Hütte

Am Nordostrand der Ténéré-Wüste

Landeskundliche Informationen

Geografie

Das Staatsgebiet der Republik Niger bedeckt eine Fläche von **1.267.000 km²**, wovon etwa zwei Drittel **Wüste** bzw. Halbwüste sind. Wie unzählige Felsgravuren zeigen, war dieses Gebiet jedoch in prähistorischen Zeiten fruchtbar und dicht besiedelt. Heute ist der Norden vor allem vom Sand der Sahara gekennzeichnet, im Südwesten dominieren **Savannen,** und im Süden, zwischen der Hauptstadt Niamey und dem Tschad-See-Gebiet, erstreckt sich ein breiter semiarider Streifen, in dem eine Regenfeldbestellung (z.B. Hirse) möglich ist.

Seinen Namen erhielt dieses Binnenland von dem westafrikanischen Strom **Niger,** der allerdings nur durch den äußersten Südwesten des Landes fließt. Der **Komadougou-Gana,** der die südöstliche Grenze bildet, und der nigerische Teil des **Tschad-Sees** sind die anderen beiden Gewässer, die das ganze Jahr über Wasser führen. Die zahlreichen Trockenflussbetten *(kori)* und ausgetrockneten Wasserpfannen führen nur vorübergehend nach Regenfällen Wasser.

Die Republik Niger grenzt im Norden an Algerien und Libyen, im Westen an Mali und Burkina Faso, im Osten an den Tschad und im Süden an Benin und Nigeria. Zu Nigeria bestehen aufgrund der beidseitig der Grenze lebenden Haussa-Bevölkerung enge Beziehungen in Kultur und Wirtschaft.

Die Landschaft im Süden und Südwesten ist durch endlos scheinende, weite Ebenen charakterisiert, während

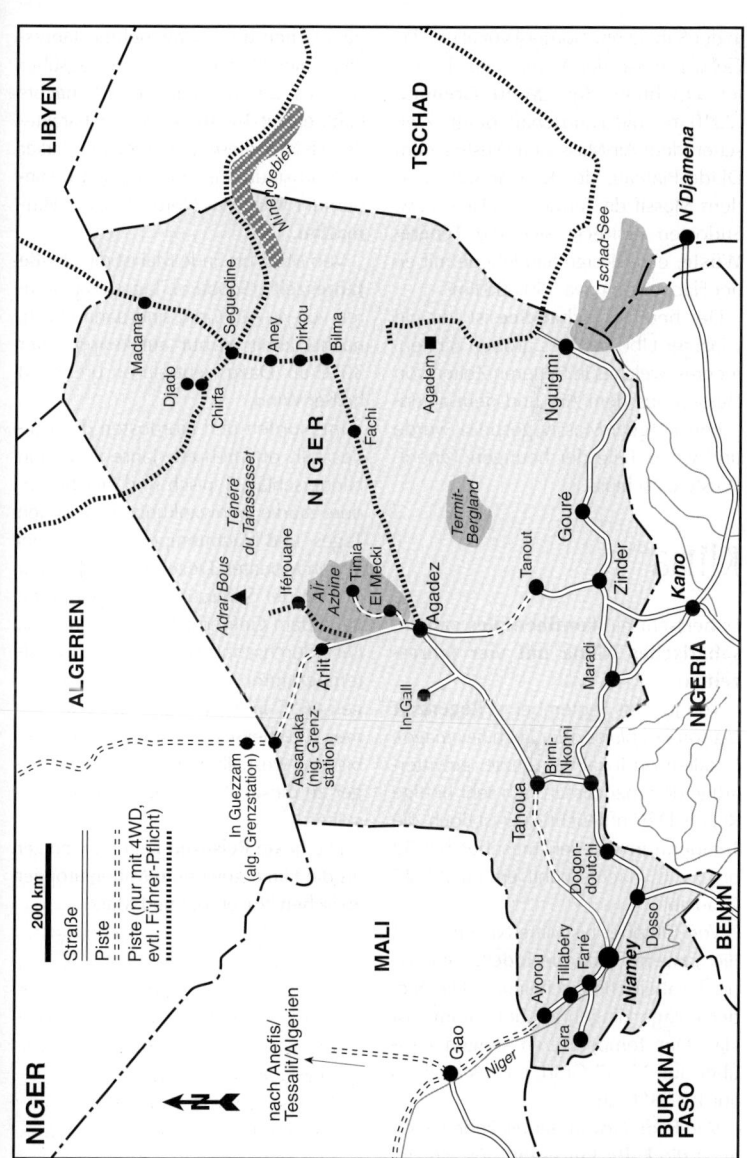

in der Sahara (im Norden) vor allem das Gebirgsmassiv des Aïr mit seiner höchsten Erhebung, dem **Mont Greboun** (2310 m), die Landschaft prägt. Zwischen dem Aïr-Massiv im Westen, dem Djado-Plateau, der Kaouar-Stufe und dem Massif de Termit im Osten bzw. Südosten erstreckt sich die **Ténéré-Wüste,** eine riesige Sandebene mit einer Fläche von etwa 350.000 km².

Der heutige **Tschad-See** ist nur ein winziger Überrest des großen Binnenmeeres, welches in früheren Zeiten von Flüssen aus dem Aïr- und dem algerischen Hoggar-Massiv gespeist wurde und weite Teile der heutigen Ténéré-Wüste einschloss.

Klima

Es herrscht ein **kontinentales sahelosaharisches Klima mit vier Jahreszeiten:**

Von Juni bis September ist **Regenzeit** *(Saison des pluies* oder auch *hivernage):* Es fallen oft lokal begrenzte, gewitterartige und manchmal auch sehr heftige Regen. Die Luftfeuchtigkeit ist hoch, die Temperaturen liegen tagsüber bei 32 bis 35°C, nachts kühlt es auf 22–25 Grad ab.

Von Oktober bis Mitte November ist die **„zweite Hitzeperiode",** eine typisch sahelische Erscheinung. Die Niederschläge klingen ab, der Himmel ist klar. Die Temperaturen steigen tagsüber auf 35–37 Grad, nachts kühlt es auf 19–23°C ab.

Von Ende November bis Ende Februar ist die **kalte Jahreszeit,** für alle Einheimischen die unangenehme Jahreszeit schlechthin. Es ist trocken, tagsüber wird es 29–32 Grad „heiß", nachts kühlt es auf 14–18 Grad ab. Charakteristisch ist in dieser Jahreszeit ein starker und oft staubbefrachteter, Sicht behindernder Wind aus Nordosten, der **Harmattan.**

Von März bis Ende Mai ist die **„heiße Jahreszeit"** *(Soudure).* Tagestemperaturen von 40–45 Grad sind dann üblich, nachts kühlt es nur auf knapp unter 30°C ab. Dazu weht ein oft brennend heißer Wind.

Im Norden und Nordosten des Landes fällt oft mehrere Jahre lang kein Niederschlag. Typisch sind hier besonders starke Schwankungen zwischen Tages- und Nachttemperaturen, wobei in den Monaten Dezember bis Februar (v.a. in der Sahara) mit Temperaturen nahe dem Gefrierpunkt zu rechnen ist. Die durchschnittlichen Tageshöchsttemperaturen betragen im Mai dagegen 46°C in Agadez und 42°C in Niamey. Die heißesten Monate sind April bis Juni, weshalb man Reisen in den Niger zu dieser Zeit tunlichst vermeiden sollte.

Die **beste Reisezeit** liegt für weniger an die Hitze gewöhnte Mitteleuropäer zwischen November und März.

Pflanzenwelt

Aufgrund der geringen jährlichen Niederschläge (zwischen 200 mm im Norden und 700 mm/Jahr im Süden) und dem damit einhergehenden Wassermangel ist die **Vegetation recht dürftig.** Während die saharische Region mehr oder weniger vegetationslos ist, gedeihen in den südlich angrenzenden Regionen Gras- und Dornbüsche (z.B. Akazien), ein ideales Weidegebiet für die Herden der Tuareg- und Fulbe-Nomaden.

In den Tälern des Aïr-Massivs werden Dattelpalmen kultiviert; **Dum-Palmen** wachsen hier und in den weiten Tallagen des Südens, den so genannten Dallols, bei entsprechend hohem Wasserstand. Die Nüsse der Dum-Palmen sind wichtig als Nahrungsmittel in Dürreperioden, aus ihren Blättern werden die weit verbreiteten Boden- und Zeltmatten geflochten. Die Baumvegetation wurde in den letzten Jahren stark übernutzt, weshalb ein weitreichendes Verbot der Holznutzung erlassen wurde; davon ausgenommen sind nur die Äste und Stämme des **Sodom-Apfels** *(Calotropis procera),* einer charakteristischen Pflanze der so genannten Sekundärflora. Auf allen Märkten sehen Sie deshalb dieses Holz in größeren Mengen angeboten.

Weiter im Süden trifft man dann auf dichtes **Buschgestrüpp,** das wegen seines charakteristischen fleckenhaften Wuchses „tigre-brousse", Tiger-Busch, genannt wird. In Gunstlagen, d.h. oft in Talungen, wachsen mitunter sehr große Baobab- oder auch Acacia-Albida-Bäume. Hier im Süden ist auch das eigentliche **Ackerbaugebiet** (Regenfeldbau), in dem, je nach Grundwasserstand und Qualität des Bodens, Rispen- oder Kolbenhirsearten, regional auch Erdnüsse und Baumwolle, in manchen Gegenden sogar Zwiebeln (Bewässerungsfeldbau) angepflanzt werden. Die Dattelpalme dagegen gedeiht außerhalb der saharischen Klimabereiche nicht mehr.

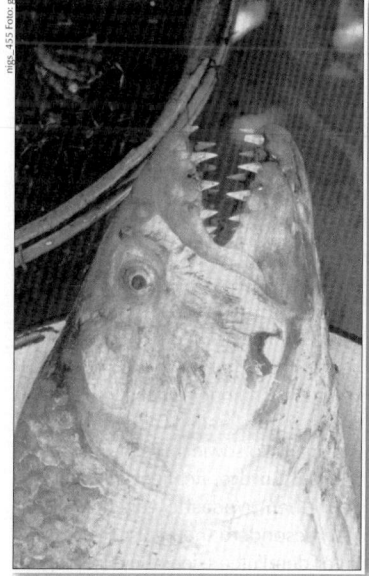

Niger-Fisch wird auf flussnahen Märkten angeboten

Bevölkerung

Die ca. **10 Mio. Einwohner** (2002), davon annähernd 2 Mio. Nomaden, setzen sich im Wesentlichen aus sieben **ethnischen Gruppen** zusammen:

Haussa

Sie bilden etwa die Hälfte der nigrischen Bevölkerung, stammen ursprünglich aus dem heutigen Nigeria und leben nun in der Region zwischen Dogondoutchi und Zinder. Sie sind Moslems, haben jedoch bis zum heutigen Tag bestimmte animistische Glaubensvorstellungen und Traditionen beibehalten. Ihre Sprache ist die in dieser Region Westafrikas am weitesten verbreitete Verkehrssprache.

Djerma-Songhay

Sie stellen etwa 20% der gesamten Bevölkerung und leben überwiegend als Ackerbauern. Ihre Heimat ist das Gebiet westlich des Nigerflusses bis zur Grenze nach Mali.

Fulbe (Peul, Fulani)

Diese vor allem von der Rinderzucht lebende Ethnie, die etwa 11% der Bevölkerung des Landes ausmacht, ist auch in den angrenzenden Ländern Mali und Burkina Faso sowie im Tschad anzutreffen. Die **Bororo,** richtiger mit ihrem Eigennamen Wodaabe genannt, bilden eine besondere (nomadische) Gruppe unter den Fulbe (siehe Bevölkerung im allgemeinen landeskundlichen Teil des Buches).

Tuareg

Sie bevölkern als Viehhalter mit etwa 1.000.000 Mitgliedern den gesamten Norden. Die **Busu** bzw. **Bella** (Busu = Haussa-Sprache, Bella = Songhay-Sprache für Sklaven) sind die ehemaligen Sklaven der Tuareg.

Kanuri und Beri-Beri

Eine kleine Gruppe von ca. 300.000 Mitgliedern, die in der Gegend östlich von Zinder bis zum Tschad-See von Ackerbau und Fischfang lebt. In den Salinen-Oasen Fachi, Bilma und den kleineren Oasen im Kaouar leben ebenfalls Kanuri, hauptsächlich von Salzproduktion und -verkauf.

Tubu

Sie kommen aus dem Tibesti-Gebirge (Tschad) und leben im äußersten Nordosten des Landes; kleinere Gruppen nomadisieren im Termit-Massiv westlich des Tschad-Sees.

Europäer

Von den ca. 6000 im Land lebenden Europäern sind über die Hälfte **Franzosen.** Zweitstärkste Gruppe sind die **Libanesen.**

Die **Bevölkerungsdichte** ist entsprechend der geografischen Gegebenheiten sehr unterschiedlich. Während im

Süden (vor allem im Nigertal) etwa 97% der Bevölkerung leben, ist der Norden nahezu menschenleer. Schätzungen zufolge gehen etwa 50.000 Nigerer als Gast- bzw. Wanderarbeiter ins Ausland, und ca. 1–2 Mio. Nigerer leben in den Nachbarstaaten (vor allem in den südlich angrenzenden Küstenländern).

Besonders während der immer wiederkehrenden Dürreperioden verdingt sich ein großer Teil der männlichen Jugend als Wanderarbeiter in Nigeria oder häufig auch in der Elfenbeinküste (Côte d'Ivoire). Von den aktuellen Vorgängen im letztgenannten Land ist Niger jedoch nicht so betroffen wie etwa Mali, da sich die Zahl der Auswanderer in die Elfenbeinküste in Grenzen hält.

Sprachen

Amtssprache ist Französisch; Verkehrssprachen sind Haussa (verschiedene Dialekte), Djerma-Songhay, Tamaschek (die Sprache der Tuareg) und Fulfulde (die Sprache der Fulbe).

Buchtipp:
●Hannelore Vögele
Hausa – Wort für Wort
(REISE KNOW-HOW
Kauderwelsch, Band 80)

Religionen

Etwa 95% der Bevölkerung bekennt sich zum **Islam** (sunnitische Moslems), 4,5% sind Anhänger traditioneller Naturreligionen und etwa 0,5% Christen. Es erscheint mir im Niger besonders auffallend, dass auch Muslime verschiedene Riten praktizieren, die eher vorislamischen Traditionen bzw. einem so genannten Volksislam zuzurechnen sind und von der Orthodoxie abgelehnt, wenn nicht gar verfolgt werden. Genannt sei hier beispielhaft die in vielen Bevölkerungsschichten verbreitete Sitte der Geisteraustreibung. Die Religionsausübung kann insgesamt eher als tolerant bezeichnet werden. Angesichts der Tatsache, dass in unmittelbar angrenzenden nigerianischen Staatsprovinzen teilweise die – nach unseren Vorstellungen grausame – **islamische Rechtssprechung (Scharia)** wieder eingeführt wurde, und der traditionell engen Verflechtungen mit diesen Regionen bemüht sich der nigerische Staat, seinen laizistischen Charakter immer wieder zu betonen.

Geschichte

Der heutige Staat Niger entwickelte sich aus verschiedenen vorkolonialen ethnischen und politischen Gruppierungen.

Im westlichen Teil der heutigen Republik Niger entstand im 8. Jh. das **Songhay-Reich** (siehe Geschichte im allgemeinen landeskundlichen Teil), im östlichen im 9. Jh. das **Kanem-Bornu-Reich.**

Im Gebiet zwischen diesen beiden Reichen breiteten sich im 15. Jh. die Haussa aus und errichteten **Stadtstaaten,** die sich zu den mächtigsten Handels- und Wirtschaftszentren der Region entwickelten.

Als die europäischen **Entdeckungsreisenden** *(Gustav Nachtigal, Heinrich Barth, Mungo Park* oder *Friedrich Hornemann)* im 19. Jh. das Land besuchten, waren diese einst mächtigen Reiche weitgehend zerfallen. Zahlreiche untereinander zerstrittene **Tuareg-Gruppen** herrschten damals über das Gebiet zwischen Niger und Tschad-See.

Als dann die **Franzosen** gegen Ende des 19. Jh. in dieses Gebiet eindrangen, leisteten mehr oder weniger nur die Tuareg Widerstand, dafür entsprechend heftig.

Seit 1890 steht das Gebiet der heutigen Republik Niger unter französischem Einfluss; es wurde in den Jahren 1897–1899 von Frankreich besetzt und im Jahr 1910 **Teil von Französisch-Westafrika.** Die Grenzziehungen erfolgten am „Grünen Tisch", ohne dass kulturell und historisch gewachsene Verbindungen berücksichtigt wurden. 1922 führte man eine zivile Kolonialverwaltung ein.

Politik

Am **3. August 1960** erhielt die Republik Niger unter Präsident **Hamari Diori** ihre **Unabhängigkeit.** Starke innenpolitische Differenzen und Probleme (v.a. infolge der großen Dürren und der daraus resultierenden katastrophalen wirtschaftlichen Versorgungssituation), Korruption und mangelnde Effektivität der Verwaltung provozierten im Jahr 1974 einen Militärputsch, der Oberstleutnant **Seyni Kountché** an die Macht brachte.

Nach dessen Tod am 10. November 1987 übernahm Brigadegeneral **Ali Saibou** die Funktion des Staatsoberhauptes. Seit Mai 1989 ist er Präsident der Einheitspartei MNSD (Mouvement National pour la Société de Dévelopement), des Obersten Rates für Nationale Orientierung (CSON) und des Exekutivbüros BEN (Bureau Exécutif National). Auch die Verteidigung liegt in seinen Händen. Das **Militär** bestimmte lange Zeit die Geschicke des Landes. 1989 stirbt der ehemalige Präsident *Diori* im marokkanischen Exil. Bei den Präsidentschaftswahlen am 10. Dezember 1989 wird *Saibou* für weitere sieben Jahre gewählt – er war der einzige Kandidat, sein „mouvement" die einzige Partei zur Wahl.

Eine entscheidende **politische Wende** trat im Jahre **1991** ein, als die bis dahin gültige Verfassung von der Nationalen Konferenz außer Kraft gesetzt und der Generalstabschef der Armee sowie sein Stellvertreter vom Dienst suspendiert wurden. Von der Interimsregierung wird ein Verfassungsentwurf vorgelegt, der am 26. Dezember 1992 zur Abstimmung gelangt und mit 99,3% der Stimmen angenommen wird (Wahlbeteiligung bei knapp 50%).

Die **neue Verfassung** beinhaltet die Etablierung eines Mehrparteiensystems, die Direktwahl des Präsidenten mit einer fünfjährigen Amtsperiode und Gewaltenteilung. Bei den **Parlamentswahlen**, den erstmalig in der Geschichte des Landes durchgeführten freien Wahlen, siegt mit 55,4% im zweiten Wahldurchgang am 27. März 1993 der Sozialdemokrat **Mahamane Ousmane**; die Wahlbeteiligung liegt bei 35%. Sein Gegenkandidat, *Mamdou Tanja,* erlangt im zweiten Wahlgang nur 26,59% der Stimmen (im ersten Wahlgang 34,22%).

Im Februar 1992 kommt es zur **Rebellion von Soldaten** wegen ausstehender Soldzahlungen, und obwohl die Regierung die Zahlungen zugesagt hat, ziehen in den darauf folgenden Tagen Soldaten schießend durch die Straßen. Der Generalstreik, zu dem Gewerkschaft und Parteien als Protest gegen die Meuterei der Soldaten aufrufen, legt das öffentliche Leben in der Republik Niger lahm.

Nach den ersten Auseinandersetzungen im Mai 1990 zwischen **Tuareg** und der Armee, bei denen Hunderte von Tuareg durch die Armee getötet wurden, melden sich im Januar 1992 die Tuareg-Rebellen (Front de Libération de l'Aïr et de l'Azaouad, FLAA) zum ersten Mal mit einer politischen Erklärung zu Wort und fordern den Rückzug der Armee aus dem nördlichen Landesteil. Nach weiteren Zwischenfällen und Verhaftungen von Tuareg-Rebellen durch die Armee wird am 2. Juni 1993 ein Waffenstillstandsabkommen zwischen der Regierung Nigers und der FLAA unterzeichnet.

Im Mai 1995 wird ein weiterer Friedensvertrag zwischen der Regierung und den Vertretern der aufständischen Tuareg-Gruppen unterzeichnet. Hierin verpflichten sich die Rebellen, die Waffen niederzulegen und ihre Kämpfer in die Armee zu integrieren, die Regierung verspricht im Gegenzug, größere Autonomie im Norden des Landes zu gewähren.

Am 29. Januar **1996** kommt es zu einem **Putsch** in Niamey, mit der Begründung, dass Politik im Niger nicht mehr möglich sei, da sich die gewählten Politiker seit über einem Jahr gegenseitig blockierten. Vorläufiger Machthaber wird Armeegeneral **Ibrahhim Baré Maïnassara**, der die Verfassung außer Kraft setzt, alle politischen Parteien verbietet und baldige Wahlen verspricht. Der abgesetzte Präsident Ousmane und sein Premier werden unter Hausarrest gesetzt. Es kommt zu Unruhen in Niamey und Zinder, die Regierung verhängt den Ausnahmezustand.

Am 9. April 1999 endet die Herrschaft von *Maïnassara* in einem blutigen Staatsstreich. Präsident wird wenige Tage später sein Mörder, der Leiter der Präsidialgarde, Major **Daouda Malam Wanké**. Die Machtergreifung der neuen Junta stößt im Ausland weitgehend auf Ablehnung: Frankreich, wichtigster Partner des Sahelstaates, stellt seine Entwicklungszusammenarbeit zunächst ein. Um solche negativen Konsequenzen möglichst einzugrenzen, kündigt

Wanké in einer ersten Radioansprache eine Volksabstimmung über die Verfassung für Juni 1999 und Parlaments- und Präsidentschaftswahlen für November 1999 an. Diese Wahlen finden dann auch tatsächlich und unter geordneten Verhältnissen statt und bringen mit 60% der Stimmen **Mamadou Tandja** an die Macht. Obwohl als „Tuareg-Hasser" bekannt, gelingt es *Tandja,* die Situation in den ehemaligen Rebellen-Regionen ruhig zu halten. Im September 2000 kommt es bei einer demonstrativen Waffenverbrennung („Flamme de la paix") in Agadez zu einer weiteren Friedensverkündigung und der Selbstauflösung verschiedener Rebellengruppen. Doch erst ein Jahr später, im September 2001, gelingt die Zerschlagung einer der aktivsten Rebellengruppen, der FARS der Tubu; deren Anführer, *Chahayi Barkayé,* kommt bei den heftigen Gefechten im Djado-Plateau ums Leben.

Das Jahr **2002** steht zunächst ganz im Zeichen von Normalisierung: Die EU gewährt dem Niger eine weitere Hilfszahlung in Höhe von über 200 Mio. Dollar, ein Kooperationsabkommen zwischen Japan und Niger soll die Situation des Uran-Abbaus verbessern, und Frankreich stellt einige Millionen Dollar zur Förderung von Landwirtschaft und Umwelt zur Verfügung. Bei der im Sommer 2002 erfolgten Wiedereröffnung der deutschen Botschaft in Niamey (sie war aus Spargründen zum Jahreswechsel 1999/2000 geschlossen worden) stellt Deutschland insgesamt 33 Mio. Euro an Hilfsgeldern in Aussicht. Ebenfalls im Sommer 2002 meutern Soldaten in den Kasernen im Osten des Landes – die Meuterei wird blutig niedergeschlagen. Nach einer unbefriedigenden Regenzeit kommt es zu Problemen in der Nahrungsmittelversorgung; verschiedene internationale Organisationen werden aufgefordert, Hilfspläne gegen eine drohende Hungersnot und die in ihrem Gefolge epidemisch auftretenden Krankheiten zu entwickeln.

Wirtschaft

Die Wirtschaft des Landes ist weitgehend agrarisch bestimmt. Die **Landwirtschaft** trägt etwa die Hälfte zum Bruttosozialprodukt bei. Das unter Kontrolle einer französischen Firma abgebaute **Uran** (Arlit) macht etwa 70% des Exports aus. Auf dem Höhepunkt des nigerischen Uranabbaus liefert das Land 12% der Weltproduktion. Mehrere Dürreperioden und der Verfall der Weltmarktpreise für Uran haben die Wirtschaft ruiniert. 1996 wurde damit begonnen, die Erdölvorkommen im äußersten Nordosten des Landes zu erschließen. Die Goldvorkommen im Südwesten des Landes erweisen sich beim aktuellen Weltmarktpreis des Edelmetalls als nicht abbauwürdig. Japanische und deutsche Firmen ziehen sich mit hohen Verlusten aus der Exploration zurück.

Iferouane – Schönheit vom Lande

Die Grundlage der traditionellen Wirtschaft bildet nach wie vor die **Viehzucht** (Rinder, Schafe, Ziegen, Kamele), auch wenn die katastrophalen Dürren zu Beginn der 1970er Jahre sowie in den Jahren 1983/84 die Herden erheblich dezimiert haben.

Aufgrund der **staatlichen Agrarpolitik** und den damit verbundenen Auflagen waren die Bauern nicht zur Produktion motiviert. Zu den wichtigsten Anbauprodukten zählen **Grundnahrungsmittel** wie Hirse, Sorghum, Maniok und die von der ehemaligen Kolonialmacht Frankreich eingeführte Erdnuss. Ebenso wie die Viehhaltung ist auch der Feldbau ganz wesentlich von den klimatischen „Schicksalsschlägen" abhängig; in Jahren mit einer normalen Regenzeit ist das Land durchaus in der Lage, seinen Lebensmittelbedarf selbst zu produzieren. Bei ausbleibenden Niederschlägen (die so genannte „Interzonale tropische Konvergenz", die der Sahelregion Regen bringt, zieht dann nicht weit genug nach Norden; jüngste Forschungen haben ergeben, dass dies ganz maßgeblich von der Menge der Industrieabgase vor allem aus den USA abhängig ist) wird die Situation jedoch rasch prekär, und so zählt Niger seit vielen Jahren zu den ärmsten Ländern der Welt.

Der Staatshaushalt setzt sich zu einem großen Teil (ca. 40%) aus Einnahmen aus den Zahlungen der Entwicklungshilfe oder anderen Zuwendungen ausländischer Geber zusammen. Große Hoffnung setzt das Land in den Bau des **Niger-Staudamms bei Kandadji,** etwa 190 km flussaufwärts von Niamey und somit nicht weit unterhalb der Grenze zu Mali. Es sollen damit nicht nur großräumige Bewässerungsflächen weitere Anbaugebiete erschließen, auch die Abhängigkeit des Landes vom Import teurer Energie soll vermindert werden. Aber noch sind die erforderlichen Finanzmittel hierfür nicht bereitgestellt; auch bestehen verschiedentlich Bedenken hinsichtlich der Seriosität diverser Machbarkeitsstudien.

Gesundheitswesen

Die medizinische Versorgung ist in den abgelegenen Gebieten des Nordens am schlechtesten, während sie in der Umgebung von und in Niamey vergleichsweise gut ist. Neben staatlichen Krankenhäusern und einzelnen Privatkliniken gibt es hier mehrere Kranken- und Entbindungsstationen sowie Beratungsstellen für Mutter und Kind. Nur etwa ein Drittel der Bevölkerung hat Zugang zu medizinischen Diensten.

Seit 1979 ist außerdem ein mobiler Gesundheitsdienst aufgebaut worden, der in den Dörfern „Erste Hilfe" leistet. Mit finanzieller Unterstützung der IDA soll das Gesundheitssystem des Landes weiter ausgebaut werden. Niger ist im weltweiten Vergleich das Land mit der niedrigsten durchschnittlichen Lebenserwartung: Sie liegt bei nur 46 Jahren (2000).

Kanuri-Mädchen bei Bilma

Zu den **häufigsten Krankheiten** im Niger zählen neben Malaria Durchfallerkrankungen (Cholera), Masern, Syphilis sowie Windpocken, Keuchhusten, Meningitis und Flussblindheit (Onchozerkose). Bei einer Meningitis-Epidemie im Jahre 1995 starben ca. 2500 Menschen und im Jahr 2000, vor allem im Großraum Niamey und den südwestlichen Landesteilen, erneut über 1000 Menschen.

Zu einem großen Problem entwickelt sich vor allem in der jüngeren Generation mehr und mehr **AIDS** (hier französisch SIDA genannt). Nachdem innerhalb von 15 Jahren gerade einmal 5000 HIV-Infizierte bekannt wurden, kamen allein im Jahr 2000 tausend neue Fälle hinzu. In Werbekampagnen und mit einem „Programme National de lutte contre le SIDA" versucht die Regierung, das entsprechende Problembewusstsein bei der Bevölkerung zu wecken und Erfolge gegen das Vordringen der Seuche zu erzielen.

Bildungswesen

Der Prozentsatz der **Analphabeten** ist trotz des staatlichen Schulsystems nach wie vor extrem hoch (85% der Männer, bei den Frauen 90%). Offiziell besteht zwar eine allgemeine Schulpflicht vom 7. bis 15. Lebensjahr, jedoch sind viel zu wenige Schulen vorhanden, und die vorhandenen haben über Jahre hinweg nur mehr schlecht als recht funktioniert. Der Besuch der Grundschule ist zwar unentgeltlich, doch müssen bestimmte Schulmaterialien (Stifte, Hefte u.a.) aus eigener Tasche bezahlt werden. Die

Einschulungsquote liegt entsprechend niedrig (2000 ca. 25%). Gerade in den ländlichen Regionen, bei Ackerbauern wie Nomaden, hat schulische Bildung noch immer einen viel zu niedrigen Stellenwert; im Besuch einer Schule sieht die Familie noch immer viel zu oft vor allem den Verlust einer häuslichen Arbeitskraft.

Die im Jahr 1970 gegründete **Universität** in Niamey besuchen etwa 600 Studenten. Fachbereiche sind Medizin, Landwirtschaft, Naturwissenschaften, Literaturwissenschaften und Pädagogik.

Koran-Schulen haben für die Haussa und Tuareg erheblich an Bedeutung gewonnen. Islamische Organisationen forderten 1995 die Einführung eines Unterrichtsfaches „Islam" für alle Schulen im Niger. Seit 1987 gibt es in Say eine islamische Universität.

Medien

Presse

Der nigerische Staat betont häufig, dass er sich der Bedeutung einer freien Presse für die Entwicklung einer funktionierenden Demokratie bewusst sei; die **Pressefreiheit** ist in der nigerischen Verfassung garantiert. Dennoch kommt es bei missliebiger Berichterstattung immer wieder zu Schikanen bis hin zu Redaktionsschließungen oder der Verhaftung einzelner Journalisten. Im Gefolge der politischen Veränderungen wurden 1991 auch mehrere **unabhängige,** vor allem französischsprachige **Zeitungen** gegründet, zum Beispiel die monatlich erscheinenden Angam, Horizon 2001 und Kakaki sowie die Wochenzeitungen Le Républicain und Tribune du Peuple, Alternative und die 14-tägig publizierte Haské. Das ehemalige Regierungsblatt Le Sahel wurde dem staatlichen Pressebüro unterstellt, ebenso Le Sahel Dimanche. Außerdem erscheint alle zwei Wochen das Journal Officiel de la Republique du Niger. Das größte Problem dieser relativ großen Zahl an Presseorganen liegt in der Tatsache, dass viel zu wenige Nigerer des Lesens (und gar französischsprachiger Texte) mächtig sind.

Rundfunk und Fernsehen

Die Rundfunkanstalt **La Voix du Sahel** strahlt Programme in Französisch, Haussa, Djerma, Tamaschek, Kanuri, Fulfulde, Arabisch und Englisch aus. Das Fernsehprogramm **Télé-Sahel** bietet Nachrichten und Berichte aus dem Land überwiegend in französischer Sprache; die Zahl der Fernsehgeräte im Land ist äußerst gering, und so stellen Eigentümer eines Gerätes dieses gerne z.B. in ihrem Garten oder an der Ladentür eines Geschäfts dem öffentlichen Interesse zur Verfügung. Radio und Fernsehen werden vom staatlichen Office de Radiodiffusion-Télévision du Niger (ORTN) kontrolliert. Eine erste private Fernsehstation erhielt Ende 1999 eine Sendegenehmigung, die **Groupe Ténéré,** die bereits einen lokalen Radiosender betreibt.

Praktische Reisetipps A–Z

An- und Weiterreise

Flugverbindungen

Die Anreise von Europa erfolgt üblicherweise **über Paris** (z.B. mit Air France, Air Maroc oder Air Algérie) **nach Niamey.** Charter-Flüge bieten Point-Afrique (www.point-afrique.com, ab Paris oder Marseille) und möglicherweise auch wieder die Firma Desert-Team in Bern/Schweiz (www.desert-team.ch) ab Basel an. Innerhalb Afrikas gibt es Flugverbindungen von/nach Dakar, Abidjan, Lomé, Ouagadougou und Cotonou sowie nach Marokko und Algerien.

Die **Flughafengebühr** bei der Ausreise beträgt etwa 2500 CFA, bei Charterflügen sind 38 Euro zu zahlen. Für das Taxi vom Flughafen in die Hauptstadt Niamey bezahlt man je nach Verhandlungsgeschick 2000–3000 CFA.

Die Landebahn in **Agadez** ist schon seit zwei Jahren eine Baustelle und nur von kleinen Maschinen benutzbar.

Mit dem eigenen Fahrzeug/ Straßenverbindungen

Die Hauptanreiseroute mit dem eigenen Fahrzeug aus Europa führt über **Algerien,** das **Hoggar-Gebirge** und **Tamanrasset** und ist wegen der politischen Situation in Nordalgerien nur auf bestimmten Routen zu empfehlen. Die Grenzübergänge in Guezzam und Assamaka sind geöffnet. Südalgerien ist auch in den letzten Jahren vom Bürgerkrieg verschont geblieben. Eine mögliche Alternative ist die Strecke über Mauretanien und Mali. Die Anreise via Tunesien und Libyen (Sebha, Ghat) und von dort nach Djanet in Südostalgerien und dann weiter in den Niger ist eine saharisch anspruchsvolle und durchaus interessante Alternative; die aktuelle Aus- und Einreisesituation in Libyen erschwert ihre Durchführung jedoch. Auch die Sicherheitslage ist unbefriedigend.

Von den Hauptstädten der **Küstenländer** Togo (Lomé), Benin (Cotonou) und Nigeria (Lagos) sind auf asphaltierten Straßen ungefähr zwei Tage zu rechnen. Von Burkina Faso (Ouagadougou) dauert die Fahrt etwa 10 Stunden; die Strecke ist ebenfalls ausgebaut und asphaltiert.

Verbindungen von/nach Mali
Niamey – Gao (445 km)

Zwischen Gao und Niamey verkehrt zweimal pro Woche ein SNTN-Bus in beiden Richtungen. Die Fahrtzeit dauert etwa 30 Stunden, der Fahrpreis beträgt ca. 6500 CFA. Es muss mit langen Wartezeiten an der Grenze gerechnet werden; außerdem sollten Sie ausreichend Trinkwasser und Proviant mitnehmen; meist wird an der Grenze übernachtet. Zu beachten sind die Einreiseformalitäten in die Republik Mali (siehe Kapitel zu Mali). Der Pistenzustand schwankt je nach vorangegangener Regenzeit. Schlechtester Streckenabschnitt ist hier stets der Teil zwischen den Grenzposten. LKW, auf denen man mitfahren kann, verkehren eher selten. Der Pistenabschnitt ist mit normalen PKW schwierig zu bewältigen und erfordert eine wenigstens einfache Sahara-Ausrüstung (Sandbleche, Schaufel, zweites Ersatzrad).

Verbindungen von/nach Burkina Faso
Niamey – Ouagadougou (500 km)

Regelmäßiger Bus- und Busch-Taxi-Verkehr zwischen Niamey und Ouaga. Seitdem die Strecke durchgehend asphaltiert ist, muss man mit etwa 20 Stunden Fahrtzeit rechnen (Preis ca. 6200 CFA). Man sollte sich jedoch auf einen längeren Aufenthalt an der Grenze (schließt um 18 Uhr) und auf einen Fahrzeugwechsel einstellen. Auch im eigenen Fahrzeug sind die Grenzformalitäten recht zeitaufwendig.

Niamey – Ouagadougou via Tera, Dori und Kaya (510 km)

Die Strecke ist nur bis Tera und auf Burkina-Seite ab Kaya asphaltiert. Die grenzüberschreitende Piste ist sehr klein und nicht immer eindeutig zu verfolgen; ein Geländewagen ist wegen tiefer ausgespülter Fahrrinnen empfehlenswert. Die Fähre in Farié verkehrt bei Tageslicht im Stundentakt. Busch-Taxis oder andere Verkehrsmittel sind grenzüberschreitend sehr selten, zwischen Tera und Niamey bzw. Dori und Ouaga jedoch häufig.

Verbindungen von/nach Benin
Niamey – Gaya – Cotonou (890 km)

Täglich (ca. 9 Uhr) fährt ein SNTN-Bus von Niamey nach Gaya (ca. 5 Stunden Fahrtzeit, 5000 CFA); weiter mit dem Busch-Taxi nach Malanville (Einreiseformalitäten erledigen!), mit dem

STB-Bus nach Parakou und von dort dann Anschluss mit der Eisenbahn nach Cotonou. Die Grenze schließt um 19.30 Uhr.

Verbindungen von/nach Nigeria
Niamey – Maradi – Kano (940 km)

Busse verkehren von Niamey nach Maradi (Di, Do, Sa) um ca. 7 Uhr (Preis ca. 7000 CFA); Anschluss nach Kano (Nigeria) mit dem Busch-Taxi.

Von Zinder fahren fast täglich Busch-Taxis nach Kano (Nigeria); die besten Tage sind Donnerstag und Freitag, denn Donnerstag ist in Zinder Markt.

Niamey – Birnin-Konni – Sokoto (530 km)

Auch in Birnin-Konni existiert ein sehr lebhafter Grenzübergang Richtung Nigeria. Die erste große Stadt dort wäre Sokoto.

Bestimmungen für Autoreisende

Die **Einreise von Algerien** (Hoggar-Piste) ist offiziell nur über Assamaka/In Guezzam möglich. Die Behörden von Agadez weisen ausdrücklich darauf hin, dass die Einreise dort und nur dort offiziell möglich ist. Einer Einreise in Djanet von Nigerseite her stehen die dortigen algerischen Behörden jedoch nicht ablehnend gegenüber. Es sind jedoch die Regeln zur Bereisung der Aïr- und Ténéré-Region (s.u.) zu beachten.

Eine Touristentaxe von 1000 CFA wird in **Assamaka** (Grenze Algerien), Arlit und Agadez erhoben. Die Zollabfertigung in Assamaka ist korrekt – die berühmten „cadeaux" (Geschenke) werden nicht mehr verlangt. Eine **Haftpflichtversicherung,** die so genannte Carte brune (18.000 CFA) ist obligatorisch; die Grüne Versicherungskarte wird nicht anerkannt (der Versicherungsvertrag ist lt. Broschüre der Botschaft spätestens in Arlit bei einer Zweigstelle der Union Générale des Assurances du Niger abzuschließen).

Ein **Carnet de Passage** ist bei Touristen erwünscht. Falls ein solches nicht vorhanden ist, wird entweder – meist widerstrebend – ein Laissez Passer oder ein Carnet Routier ausgestellt. Der Preis dieses nationalen Grenzpassierscheinheftes beträgt ca. 5000 CFA zzgl. 1000 CFA Abfertigungsgebühr. Auf diesem nationalen Carnet müssen **alle angefahrenen Städte und Bestimmungsbzw. Ausreiseorte** angegeben werden. Bei der Ankunft/Abreise in jedem größeren Ort (z.B. in Arlit, Agadez, Zinder, Tahoua, Diffa und v.a. in Niamey) sollten Sie sich beim Commissariat de Police einen Stempel im Reisepass *(vue au passage)* holen; diese Regel wird in letzter Zeit deutlich legerer ausgelegt.

Die östliche Region des Aïr-Gebirges und die Grenzgebiete zu Algerien, Libyen und Tschad gelten nach wie vor als unsicher, hier sollte man zur eigenen Sicherheit nur mit ortskundigen Veranstaltern unterwegs sein.

Der Ausreisestempel ist in der Regel nicht mehr notwendig, wird jedoch beim Verlassen Niameys in Richtung Burkina Faso und Say verlangt. Der Wagen wird gründlichst durchsucht; Führerschein (am besten Internationaler) ist vorzulegen.

Für die Fahrt von Zinder nach Diffa ist keine Sonderbewilligung mehr erforderlich. Generell gibt es im Niger derzeit weniger Kontrollen; auch die Formalitäten sind einfacher geworden.

Achtung! Es sind unbedingt **Feuerlöscher, Notfallapotheke und Warndreieck** im Wagen mitzuführen, da diese oft an Polizeikontrollen verlangt werden! Wer diese Dinge nicht vorzeigen kann, muss möglicherweise mit hohen Geldbußen rechnen! Für Motorradfahrer besteht überall Helmpflicht.

Landkarten

Beste und aktuellste **Straßenkarte** ist immer noch die Michelin-Karte 953. Wer auf kleinen Pisten reisen will, sollte sich im aktuellen Kartenangebot der Expeditionsausrüster umsehen. Vgl. auch bei Agadez/Touristeninformation.

Botschaften/Konsulate/Informationen

In Deutschland

Botschaft der Republik Niger

● Dürenstr. 9, 53173 **Bonn**
Tel. 0228-3502782
e-Mail: ambaniger@t-online.de
(Im März 2003 funktionierte die Mail-Adresse nicht, sie bleibt jedoch gültig!)

Gegen 2 Euro in Briefmarken und adressierten Rückumschlag verschickt die Botschaft eine ausführliche Broschüre mit touristischen Informationen.

Hinweis: Die Botschaft der Republik Niger in Bonn ist **auch für Österreicher und Schweizer zuständig:** Visum spätestens 3 Wochen vor Abreise beantragen! 2 Passfotos; Antragsformular ist in zweifacher Ausführung auszufüllen; Rückreiseticket oder Bankgarantie in entsprechendem Gegenwert ist nicht vorzuweisen; das Visum ist 90 Tage gültig, Kosten 50 Euro. Die Botschaft erteilt bei Einreise mit eigenem Fahrzeug eine Fahrbewilligung für 25 Euro.

Visaanträge können Schweizer auch bei der Botschaft in Paris stellen: Botschaft der Rep. Niger, 154, Rue de Longchamp, 75116 Paris; Österreicher bei der Botschaft in Brüssel: Botschaft der Rep. Niger, 78, Av. Fr. Roosevelt, 1050 Brüssel. Keine Visa für Niger in Bamako (Mali) und Ouagadougou (Burkina Faso), jedoch im Senegal, in Addis Abeba, Benin, Ghana, Côte d'Ivoire und Nigeria.

Seit 2001 besteht die Möglichkeit der Erteilung eines 5-Länder-Visums (vgl. Einreise/Visum/Zoll).

Tuareg-Rebellen

Konsulate der Republik Niger (mit Visum-Erteilung)

- Ludwig-Thoma-Str. 13,
  82031 **Grünwald bei München**,
  Tel. 089-6492082, Fax 089-6492346
- Besselstr.26, 68219 **Mannheim**,
  Tel. 0621-879560, Fax 0621-8790365
- Bertha-von-Suttner-Weg 8,
  24340 **Eckernförde-Kiel**,
  Tel./Fax 04351-6181

In Algerien

Konsulat der Republik Niger

- **Tamanrasset;** hier wurde Anfang 2003 ein Visum in 4–5 Std. ausgestellt; Gültigkeit 3 Monate, Gebühr 50 Euro.

Im Niger

Deutschland

- **Botschaft der BR Deutschland**
  Avenue Charles de Gaulle, Niamey
  Tel. 00227-723510, Fax 00227-723985
  e-Mail: amballny@intnet.ne

Schweiz

- **Schweizerisches Konsulat**
  B.P. 728, Niamey, Tel. 733916

Mali

- **Generalkonsulat von Mali**
  Niamey, in der Nähe des Grand Marché (siehe Plan), Tel. 732342; Gebühr ca. 10.000 CFA für das 40-Tage Visum, 2 Fotos, Bearbeitung erfolgt innerhalb eines Tages.

Burkina Faso

- **Diplomatische Vertretung beim französischen Konsulat**
  Niamey, Av. Mitterand/Bd. de la République, Tel. 722722; die Gebühr liegt bei ca. 10.000 CFA für das 40-Tage-Visum, 2 Fotos, die Bearbeitung erfolgt innerhalb von 24 Stunden.

Benin

- **Botschaft der Republik Benin**
  Niamey, Rue Dallois, geöffnet von 8–10 Uhr. Sie liegt außerhalb, nordwestlich der Stadt (am besten Taxi nehmen!); 14-Tage-Visum für ca. 10.000 CFA, Bearbeitungszeit: 24 Std., kann in Cotonou (Benin) verlängert werden.

Togo und Côte d'Ivoire

- Beim französischen Konsulat (s.o., Burkina Faso).

Mauretanien

- **Botschaft der Islamischen Republik Mauretanien**
  Tel. 753843; liegt etwas außerhalb von Niamey, nahe der Route de Tillabéry; das 30-Tage-Visum kostet etwa 6000 CFA.

Senegal

- **Konsulat von Senegal**
  Tel. 7305744, östlich von Niamey im Vorort Proudière; Gebühr ca. 10.000 CFA für 30-Tage-Visum, innerhalb von 4–5 Std.

Nigeria

- **Botschaft der Republik Nigeria**
  Tel. 732410, Niamey, Bd. de la République; geöffnet von Mo bis Do 10–13 Uhr, Visum in 24 Stunden, Gebühr ca. 10.000 CFA.

Algerien

Ein Visum für Algerien unterwegs zu erhalten ist nach wie vor fast unmöglich. Ein Transit-Visum ist unter Umständen und Vermittlung der Deutschen Botschaft bei der algerischen Botschaft in Niamey zu bekommen. Ein positiver Bericht hierzu liegt auch vom algerischen Konsulat in Gao/Mali vor, doch ist von einer Rückreise über Tessalit/Mali und die Tanezrouft-Piste aus Sicherheitsgründen dringend abzuraten.

Informationen im Internet

Vielseitige, wenn auch nicht immer aktuelle Informationen bieten u.a. die Web-Seiten:

- www.izf.net/izf/Guide/Niger
- www.nigerembassyusa.org
- www.niger-gouv.org
- www.afrik.com/porte
- www.erdkunde-online.de

Reise-Gesundheits-Information: Niger

Stand: 24.02.2003
© Centrum für Reisemedizin 2001

Die nachstehenden Angaben dienen der Orientierung, was für eine geplante Reise in das Land an Gesundheitsvorsorgemaßnahmen zu berücksichtigen ist. Die Informationen wurden uns freundlicherweise vom Centrum für Reisemedizin zur Verfügung gestellt. Auf der Homepage www.Travelmed.de werden diese Informationen stetig aktualisiert. Es lohnt sich, dort noch einmal nachzuschauen.

- **Klima:** im Norden (Saharabereich) Wüstenklima, im Süden wechselfeuchtes Tropenklima mit Sommerregen (hauptsächlich August); durchschn. Temp. in Niamey im Januar 23,8°C, im Mai 34°C.

- **Einreise-Impfvorschriften:** Gelbfieber-Impfung für alle Reisenden vorgeschrieben (ausgenommen Kinder unter 1 Jahr).

- **Empfohlener Impfschutz**
Generell: Tetanus, Diphtherie, Hepatitis A, Polio

Je nach Reisestil und Aufenthaltsbedingungen im Lande außerdem zu erwägen:

Impfschutz	Reisebedingung 1	Reisebedingung 2	Reisebedingung 3
Typhus	x		
Hepatitis B [b]	x		
Tollwut [c]	x		
Meningitis [d]	x		

[b] bei Langzeitaufenthalten und engerem Kontakt mit der einheimischen Bevölkerung
[c] bei vorsehbarem Umgang mit Tieren
[d] nur bei engerem Kontakt zur einheimischen Bevölkerung, vorwiegend in der Trockenzeit

Reisebedingung 1: Reise durch das Landesinnere unter einfachen Bedingungen (Rucksack-/Trekking-/Individualreise) mit einfachen Quartieren/Hotels; Camping-Reisen, Langzeitaufenthalte, praktische Tätigkeit im Gesundheits- oder Sozialwesen, enger Kontakt zur einheimische Bevölkerung wahrscheinlich
Reisebedingung 2: Aufenthalt in Städten oder touristischen Zentren mit (organisierten) Ausflügen ins Landesinnere (Pauschalreise, Unterkunft und Verpflegung in Hotels bzw. Restaurants mittleren bis gehobenen Standards)
Reisebedingung 3: Aufenthalt ausschließlich in Großstädten oder Touristikzentren (Unterkunft und Verpflegung in Hotels bzw. Restaurants gehobenen bzw. europäischen Standards)

REISE-GESUNDHEITS-INFORMATION

Wichtiger Hinweis: Welche Impfungen letztendlich vorzunehmen sind, ist abhängig vom aktuellen Infektionsrisiko vor Ort, von der Art und Dauer der geplanten Reise, vom Gesundheitszustand sowie dem eventuell noch vorhandenen Impfschutz des Reisenden.

Da im Einzelfall unterschiedlichste Aspekte zu berücksichtigen sind, empfiehlt es sich immer, rechtzeitig (etwa 4–6 Wochen) vor der Reise eine persönliche Reise-Gesundheits-Beratung bei einem reisemedizinisch erfahrenen Arzt oder Apotheker in Anspruch zu nehmen (Anschriften qualifizierter Beratungsstellen s.u.).

● Malaria
Risiko: ganzjährig hohes Risiko landesweit
Vorbeugung: Ein konsequenter Mückenschutz in den Abend- und Nachtstunden verringert das Malariarisiko erheblich (**Expositionsprophylaxe**).

Ergänzend ist die Einnahme von Anti-Malaria-Medikamenten (**Chemoprophylaxe**) dringend zu empfehlen. Zu Art und Dauer der Chemoprophylaxe fragen Sie Ihren Arzt oder Apotheker, bzw. informieren Sie sich in einer qualifizierten reisemedizinischen Beratungsstelle (s.u.).

Malariamittel sind verschreibungspflichtig.

● Aktuelle Meldungen
Darminfektionen: Risiko für Durchfallerkrankungen landesweit; Cholera-Ausbrüche sind z.Z. nicht gemeldet. Nahrungs- und Trinkwasserhygiene beachten.

● Medizinische Versorgung:
Landesweit ist mit erheblichen Engpässen bei der ärztlichen und medikamentösen Versorgung zu rechnen. Adäquate Ausstattung der Reiseapotheke (Zollbestimmungen beachten, Begleitattest ratsam), Auslandskrankenversicherung mit Abdeckung des Rettungsrückflug-Risikos für Notfälle dringend empfohlen.

Unter www.travelmed.de finden Sie Adressen von
● Apotheken mit qualifizierter Reise-Gesundheits-Beratung
(nach Postleitzahlgebieten)
● Impfstellen und Ärzte mit Spezialsprechstunde Reisemedizin
(nach Postleitzahlgebieten)
● Abruf eines persönlichen Gesundheitsvorsorge-Briefes für die geplante Reise

Zu den einzelnen Krankheiten vgl. auch im Anhang das Kapitel Gesundheit.

Einreise/Visum/Zoll

Deutsche, Schweizer und Österreicher benötigen für die Einreise ein **Visum.** Dieses wird von der Botschaft des Niger in Bonn oder den Konsulaten ausgestellt. Zurzeit kostet das Visum 50 Euro. Ein Nachweis über ausreichende finanzielle Mittel (Bargeld, Schecks, Bankgarantie) und ein Rückfflugticket sind nicht erforderlich. Die Botschaft (nicht jedoch die Konsulate) verlangt bei Reisen mit dem eigenen Fahrzeug zusätzlich eine Gebühr in Höhe von 25 Euro für eine **Fahrerlaubnis,** nach der jedoch an der Grenze bei der Einreise niemand fragt. 1999 wurde das Visum in Tamanrasset (Algerien) für 300 FF plus 100 FF Stempelgebühr an einem Tag ausgestellt! Dies galt auch noch im Jahr 2002, doch ist über den aktuellen Preis nichts bekannt. Im Sommer 2001 wurde vom Conseil de l'Entente die **Einführung eines 5-Länder-Visums** beschlossen (außer **Niger** auch **Benin, Togo, Elfenbeinküste, Burkina Faso):** Mit diesem Visum – einmal erteilt – ist die Einreise in alle genannten fünf Länder möglich. Es ist 60 Tage gültig und kostet 40 Euro, theoretisch stellen es die jeweiligen Botschaften der fünf genannten Länder aus, nach derzeitigem Kenntnisstand stößt die Anfrage jedoch immer wieder auf Widerstand.

Die **Zollkontrolle** ist in der Regel sehr gründlich, und fast immer muss das Fahrzeug wenigstens teilweise entladen werden! Es ist dringend zu empfehlen, **Ruhe** zu **bewahren,** auch wenn es manchmal schwer fällt! (Hin und wieder werden auch kleine Geschenke oder Schmiergelder verlangt.)

Gelbfieberimpfung (Impfpass mitführen) ist zwingend vorgeschrieben, eine Choleraimpfung wird empfohlen. Andere Vorsorgemaßnahmen sollten Sie rechtzeitig vor der Abreise mit Ihrem Arzt besprechen, oder sich im Internet informieren (z.B. unter der Adresse www.travelmed.de; vgl. auch die Seiten zuvor).

Feiertage und Feste

Feste Feiertage

- **1. Januar** (Neujahr)
- **Ostermontag**
- **1. Mai** (Tag der Arbeit)
- **3. August** (Unabhängigkeitstag)
- **Islamisches Neujahrsfest**
- **18. Dezember** (Nationalfeiertag)
- **25. Dezember** (Weihnachten)

Bewegliche Feiertage

Zu den Terminen der islamischen Feiertage vgl. den entsprechenden Abschnitt im Kapitel zu Mauretanien.

Geld/Währung/Banken

Währungseinheit ist der **Franc CFA** (unterteilt in 100 Centimes), der in einem festen Wechselkursverhältnis zum Euro steht: 1 Euro = 665 CFA, 1000 CFA = 1,50 Euro.

Travellerschecks sind am besten (ohne Kommission) bei der **BIAO** (Banque Internationale pour l'Afrique Occidentale) zu wechseln. Außerdem: **Citibank** in Niamey, im Zentrum nahe Sonora-II-Gebäude, sowie die **BDRN** (Banque de Dévelopement de la Republique du Niger). Oft hilfreich sind auch die **BCN** (Banque Commercial du Niger, eine Filiale der Libysch-Arabischen-Bank) am Rond-Point Maourey und die **BOA** (Bank of Africa) im Sonara-II-Gebäude.

Kreditkarten können im Niger nur sehr selten verwendet werden, da alle ausländischen Institute die Kreditkartenverträge mit Niger gekündigt haben (Ausnahme für Kunden des Hotels Gaweye und wenige andere große Hotels). Vorteilhaft ist es, **kleine Euro-Scheine** mitzunehmen, die mitunter wie CFA akzeptiert werden.

Außerhalb der Hauptstadt Niamey ist es schwierig bis unmöglich, Reiseschecks einzutauschen sowie Fremdwährungen zu wechseln. Der Euro immerhin ist mittlerweile überall bekannt.

Öffnungszeiten

Geschäfte

Mo bis Sa 7.30–12.30 und 15–18.30 Uhr, So 8–12.30 Uhr.

Büros

Mo bis Fr 8–12.30 und 15–18 Uhr (15.30–18.30 Uhr in der Zeit vom 01.03.–30.11.).

Banken

Mo bis Fr 8–11.30 und 15.30–17 Uhr.

Post/Telefon/Fax

Niamey verfügt über zwei Postämter: die **Grand Poste** ist das alte Postamt, das **Hotel de Poste** in der Nähe der Sûreté ist das neue Postamt mit dem Poste-Restante-Schalter! Die Poste-Restante in der Hauptpost ist zuverlässig.

Der internationale **Telefon-Service** in der Hauptstadt ist gut, auch der nationale, z.B. zwischen Agadez und Niamey, nicht jedoch zwischen Europa und Agadez. Ein Durchkommen ist hier fast nicht möglich! Selbstwähler können in einigen Telefon-Läden (preisgünstig) oder in den Hotels (teuer) telefonieren. Telex- und Fax-Geräte gibt es in der Hauptpost in Niamey und in den besseren Hotels. Die **Vorwahl für den Niger** lautet **00227.**

Reisen im Niger

Flugverbindungen

Die nationale Fluggesellschaft Air Inter Niger existiert nicht mehr.

Die private Gesellschaft **NIGERAVIA** bedient vor allem Arlit, auf Anfrage auch andere Destinationen: Mo, Mi, Fr Niamey – Arlit – Niamey, dann auch Tahoua, Agadez etc. möglich. Preisbeispiel Niamey – Agadez one way: 205.000 CFA; Tel. 733064, Fax 741842.

Eine weitere, noch recht neue private Fluggesellschaft, die Inlandlinien (und Ouagadougou) bedient, ist die **ANPO** (Agence Nigérienne pour le Pélérinage et la Oumra), über die bisher allerdings keine Informationen vorliegen; Tel. in Niamey: 733899.

Die **SONITA** hat möglicherweise zwischenzeitlich ihre Dienste eingestellt; Tel. 733755.

Die **Air Inter Afrique** (Tel. 738585, 738686, Fax 736973) verbindet Niamey mit den Hauptstädten der Nachbarländer (Lomé, Cotonou, Abidjan, Bamako, Ouagadougou).

Busse

Die Société Nationale de Transport Nigériens **(S.N.T.N)**, Niamey, Corniche de Yantala, Tel. 723020, wickelt den Linienverkehr auf den wichtigsten Strecken ab; die Busse sind meist wesentlich komfortabler als das Taxi brousse, jedoch auch entsprechend höher im Preis. Nach Möglichkeit sollten Sie bereits mehrere Tage vorher einen Platz reservieren lassen. Regelmäßige Busfahrten von Niamey nach Agadez und Arlit werden auch wieder angeboten. Erkundigen Sie sich vor Ort über den aktuellen Stand.

Taxi brousse (Busch-Taxi)

Wichtigstes Verkehrsmittel; inzwischen werden oft Toyota-Minibusse als Taxis eingesetzt, wodurch die Fahrt ein wenig komfortabler wird.

Lastwagen

In bestimmten Gegenden das einzige Transportmittel; Preise vergleichbar denen der Busch-Taxis. Man sitzt hoch oben auf den Waren.

Mit dem Auto

Unterwegs als Selbstfahrer

Wenn Sie mit dem eigenen Auto unterwegs sind, brauchen Sie für manche Pisten (insbesondere im Nordosten, im Aïr, der Ténéré oder im Erg von Bilma) einen **Führer** („guide"), der vom Office du Tourisme vermittelt wird. Für manche Strecken ist zudem ein **zweites Fahrzeug** vorschrieben, das dann ggf. vom Führer gestellt werden kann. Lesen sie vorher die Regelungen durch und legen sie die Konditionen schriftlich fest. In einem „Feuille de route" (Fahrbewilligung) werden zur Sicherheit alle Gegenden eingetragen, die besucht werden; die Behörden werden (wenigstens theoretisch) im Voraus informiert.

In den Orten entlang der nigerianischen Grenze kann man auf dem Schwarzmarkt günstig **Treibstoff** aus Nigeria beziehen. Ähnliches gilt für Assamakka: Hier wird etwas abseits von Zoll und Polizei evtl. algerischer Treibstoff angeboten. Im Osten der Ténéré, in Dirkou, hat seit vielen Jahren (erste Begegnung 1973!) ein Händler namens *Jérôme* eine Art Monopol auf den Handel mit libyschem Treibstoff aus dem Fass; der Preis ist verhandelbar, liegt aber deutlich über dem von Agadez und sehr deutlich über dem in Libyen!

Benzinpreise (Stand Ende 2002):
- Diesel: ca. 350 CFA/Liter
- Normal: ca. 425 CFA/Liter
- Super: ca. 535 CFA/Liter

Auf manchen Strecken werden **Straßenbenutzungsgebühren** erhoben, die jedoch nach unseren Maßstäben sehr günstig sind (z.B. Agadez – Niamey 2500 CFA).

Straßen- und Verkehrsverhältnisse

Wichtige Verbindungsstraßen sind asphaltiert und **in gutem Zustand:**
- Niamey – Dosso – Birni Nkonni – Tahoua – Agadez – Arlit
- Niamey – Zinder – Grenze zum Tschad
- Niamey – Tillabery
- Niamey – Grenze zu Benin
- Niamey – Grenze zu Burkina Faso
- Zinder – Agadez (nur zum Teil fertig)

Rechnen Sie immer und überall mit unvermuteten einzelnen **Schlaglöchern;** diese sind oft daran erkennbar, dass die Autos vom Asphalt auf den Seitenstreifen ausweichen und dabei Staub, Dreck und Steine wieder mit auf die Fahrbahn schleppen.

Nachtfahrten sind auf Asphaltstraßen äußerst gefährlich! Sie müssen auf allen Straßen mit Tieren rechnen, die in aller Ruhe über die Straße wechseln oder es sich auf dieser gar gemütlich machen! Besonders gefährlich sind Esel (wegen ihrer Färbung) und Kamele (wegen ihrer hohen Beine werden sie sehr spät vom Scheinwerferlicht erfasst). Viele LKW haben zusätzliche Scheinwerfer montiert, mit denen sie den Gegenverkehr rücksichtslos und vermutlich absichtlich blenden; gerade LKW verkehren wegen der dann nachlassenden Hitze häufig bei Nacht.

Töpfermarkt in Niamey

Mietautos

- **Avis**

Niamey, Tel. 223333; für Selbstfahrer sind Autos nur in Niamey zu mieten; Fahrten durchs Land sind nur mit Chauffeur möglich. Geländefahrzeuge werden ebenfalls nur mit Fahrer vermietet.

- **Nigercar Voyages**

B.P. 715, Niamey, Route de Gamkalé, Tel. 732331, Fax 733569; evtl. ins El-Nasr-Gebäude umgezogen. Zuverlässige Firma.

- **O.N.T.-Office**

Niamey, Av. du Président Luebke,
Tel. 732447, Fax 723347;
treten nur als Vermittler auf.

- **Tourisme**

Niamey, Av. de la Grand Mosque,
Tel. 732522.

Sicherheit

Durch die Beilegung des Tuareg-Konflikts und die bisherige Einhaltung des Friedensvertrags hat sich die Lage im Nordosten des Landes, dem wichtigsten Ziel des Tourismus, entspannt. Die Wiedereröffnung der Touristenbüros weist unter anderem darauf hin, dass **Reisen wieder sicherer** ist. Von vielen Reiseveranstaltern wurde der Niger wieder ins Programm aufgenommen. Es besteht kein Konvoizwang mehr auf der Strecke Tahoua – Agadez oder Agadez – Arlit. Auch die so genannte **Hoggar-Piste,** der wichtigste Anreiseweg für Individualreisende von Tamanrasset/Algerien über die Grenzübergänge In Guezzam/Assamaka und weiter bis nach Arlit, gilt derzeit als relativ sicher.

Nachdem während zweier Reisewinter Charterflüge nach Agadez bzw. Niamey stattfanden, hat sich auch die **touristische Infrastruktur** von ihren Einbrüchen während der Rebellionszeit wieder erholt und steht heute gar besser da als in den Jahren zuvor.

Charterflüge von Paris nach Niamey (die Reparaturen an der Landebahn in Agadez sind gegenwärtig noch immer nicht abgeschlossen) werden seit Dezember 2002 wieder angeboten, auch dies ein Zeichen für die Stabilisierung der Situation in einer Region, die jahrelang unter der Rebellion der Tuareg und einem damit einhergehenden verbreiteten Banditentum zu leiden hatte.

Strom

220 Volt Wechselstrom, französische Rundstecker sind gebräuchlich. In kleineren Städten gibt es keinen Strom.

Übernachtung und Versorgung

Camping

In einigen wenigen größeren Orten gibt es Zeltplätze. Einige Hotels verfügen auch über angeschlossene Stellplätze für Auto-Camper. Das „wilde" Zelten oder Campen innerhalb einer Zone von 5 km im Umkreis einer Stadt ist generell verboten und auch nicht ratsam.

Essen und Trinken

In den Städten ist die Versorgungslage in der Regel gut. Auf den Märkten der größeren und mittleren Oasen findet man – je nach Jahreszeit – das in den Gärten angebaute Obst und Gemüse sowie Datteln und Hirse. In Läden und Kiosken finden sich zudem abgepackte Waren aller Art.

In kleineren Geschäften gibt es meist nur ein sehr bescheidenes Angebot an Lebensmitteln und Konserven; Weißbrot vom französischen Typ „Baguette" und gezuckertes Brot werden in den Ortschaften normalerweise von fliegenden Händlern entlang der Durchgangsstraßen verkauft.

Da es nicht überall **Wasser** (von einigermaßen guter Qualität) gibt, sollten Sie (als Autofahrer) immer genügend entkeimte Wasservorräte (für mehrere Tage) in Kanistern mit sich führen.

Rucksackreisende sollten unbedingt immer eine Wasserflasche (mind. 2 Liter) dabei haben, um diese, wann immer es möglich ist, mit dem seltenem Gut Trinkwasser neu aufzufüllen (Entkeimung nicht vergessen!).

Wasser (auch Leitungswasser) sollte (auch zum Zähneputzen) nur in abgekochtem und/oder gefiltertem und entkeimtem Zustand verwendet werden.

Uhrzeit

MEZ bzw. GMT plus 1 Stunde.

Schwierige Fahrt durch die Ténéré-Wüste

Unterwegs im Niger

Niamey

Die **Hauptstadt der Republik Niger** (mind. **400.000 Einwohner**) liegt am Ufer des Niger-Flusses. Die moderne Innenstadt ist umgeben von traditionellen Lehmhüttenvierteln. Die meisten modernen Regierungsgebäude befinden sich in der Avenue François Mitterand, die von der Kennedy-Brücke zum Place Nelson Mandela führt. Hauptgeschäftsstraße ist die **Rue de Gawaye,** die – später in die Rue de Kalley übergehend – von der Kennedy-Brücke zum Grand Marché führt. Die andere Hauptverkehrsader der Stadt ist der quer zur Rue de Kalley verlaufende **Boulevard de la Liberté.** Die Stadt wächst heute vor allem in Richtung Norden und Nordosten; hier entstanden neben weiteren Märkten u.a. die von Libyen finanzierte „Große Moschee" (Besichtigung außer am Freitag möglich), in der sich zum Freitagsgebet Tausende von Gläubigen versammeln.

Sehenswürdigkeiten

Nationalmuseum (IFAN)

In der Avenue de la Mairie, einen Steinwurf entfernt vom Töpfermarkt (s.u.) und vom Kleinen Markt (s.u.), liegt das Nationalmuseum von Niamey, eines der besten Westafrikas. (Prä-)historische Sammlungen finden sich neben Anschauungsobjekten zur traditionellen Lebensweise der verschiedenen Ethnien, zum Beispiel originalgetreu nachgebaute Häuser, Hütten und Zelte. Besonders sehenswert: ein **Saurierske-**

lett aus Gadafaoua bei Agadez und der berühmte **Ténéré-Baum** („Arbre du Ténéré"). Auf dem insgesamt 24 ha großen Gelände befinden sich auch ein kleiner (ganz schrecklicher) Zoo sowie ein Handwerkerzentrum, wo Schmuck-, Textil- und Lederhandwerker bei der Arbeit zu sehen sind und ihre Produkte zum Kauf anbieten. In einem schattigen Garten lädt eine Erfrischungs-Bar zur Erholung ein.

Öffnungszeiten: täglich außer Mo von 9-12 und 15.30-18.00 Uhr (vom 01.11.-31.03.) und 16-18.30 Uhr (vom 01.04.-31.10.). Eintritt 100 CFA. Zwei Eingänge! Benutzen Sie aus Sicherheitsgründen nur den nördlichen an der Av. de la Mairie nahe dem Kleinen Markt, nicht den an der Südwestseite, von der Pont Kennedy bzw. dem Hotel Gaweye aus.

Grand Marché

Boulevard de la Liberté. Nach einem Brand neu erbaut in moderner afrikanischer Architektur. Täglich bis Sonnenuntergang. Sehr lebhaft, besonders am Sonntag. Kleider, Schuhe und alle Waren des täglichen Bedarfs finden sich in großer Fülle.

Petit Marché

Av. du Président Heinrich Luebke/Av. de la Mairie. Täglich bis Sonnenuntergang. Vor allem Früchte, Gemüse und sonstige Lebensmittel. Unter den Tischen: viele (Grau-)Papageien als illegale Ware. Schräg gegenüber vor allem entlang der Av. du P. H. Luebke: die Abteilung so genannte Antiquitäten - interessant, was sich so alles als Original bezeichnen (und verkaufen) lässt! Hinter den Verkaufsboutiquen: ein riesiges öffentliches Pissoir und der Schlachtplatz für Hühner!

Centre Artisanat de Wadata

Route de Filingué, Stadtteil Poudrier. Handwerkerzentrum, mit europäischer Hilfe (Luxemburg) etwas weit außerhalb des Stadtzentrums in Richtung Flugplatz entstanden. Handwerkserzeugnisse aller Art in einer ruhigeren Umgebung als auf den anderen Märkten Niameys, oder: oft tote Hose.

Pferde- oder Kamelwettrennen

Roue de l'Aéroport. Hier finden gelegentlich Sonntag nachmittags von 15-17 Uhr auf einem Rennplatz (Hippodrome) Wettkämpfe statt.

Wrestling

Boulevard Mali-Béro. Etwa 1 km vom Stadtzentrum entfernt im Nordosten. Hier, in der Arene de la lutte traditionelle, werden manchmal sonntags zwischen 16 und 19 Uhr afrikanische Ringkämpfe ausgetragen - ein riesiges Spektakel (vgl. auch Senegal).

Marché Boukouki

Route de Tillabéri. Täglich bis Sonnenuntergang (Achtung! Rechtzeitig vor Einbruch der Dämmerung Rückzug antreten!). Ungeheuer chaotischer Markt für Baudinge aller Art, Balken, Bretter, Zement, Bleche, Matten in allen Varianten. Gleichzeitig Agrarmarkt, d.h. Schaufeln, Hacken, aber auch Erzeugnisse, z.B. LKW-Ladungen Maniok, Oranginen (ein Mittelding zwischen

Orange, Zitrone und Pampelmuse), Ananas, Zuckerrohr, Kokos-Nüsse und, und, und. Hier werden (mitten im Markt) die weit verbreiteten **Aluminium-Kochtöpfe** gegossen (Aluminium aus einem Flugzeugwrack) und Blechkisten hergestellt. In einer anderen Ecke werden alle im Niger vorkommenden **Salzarten** angeboten (Bilma, Fachi, Tegguidda-n-Tessoum, Belayara, Maine-Soroa). Seile aus einheimischer Produktion oder Importware; alte Zementsäcke, alte Zeitungen, krumme Nägel, rostige Schrauben. Die Phantasie reicht kaum aus, um sich all das vorzustellen, was hier angeboten wird! (Die afrikanische Recycling-Quote liegt sehr nahe bei 100% – könnten wir uns ein Beispiel dran nehmen!) Eindruck: Das dort sehr arme und oft auch etwas derbe Publikum freut sich nicht immer über den Besuch von Europäern; nicht mit dem eigenen (Angeber-)Fahrzeug hinfahren, Zusteige-Taxi benutzen.

Töpfer-Markt

Westlich der Av. de la Mairie an der Av. Charles de Gaulle, schräg gegenüber vom Kleinen Markt (Lebensmittel), auch Marché de Boubon genannt (von dort kommt ein großer Teil der Töpferware). Täglich bis Sonnenuntergang. Unglasierte Töpferware in erstaunlichen landestypischen Varianten, sehr malerisch und billig. Aber wie nach Hause bringen?

Touristeninformation

- **Office national du Tourisme (O.N.T.)**
Av. du Président H. Luebke; Tel. 732447. Hier erhält man Info-Material, einfache Stadtpläne und eine Karte (1:500.000) über das Massif de l'Aïr (ca. 10 Euro).
- **Service Topographique**
Av. de la République, Tel. 722755; gute Detailkarten.

Hotels

Hotels der Luxusklasse

- **Hôtel Gaweye (Sofitel)**
Am Flussufer, Tel. 723400, Fax 723347; bestes Hotel am Platze, DZ 60.000–100.000 CFA. Swimmingpool in ruhiger Atmosphäre. Auch Gäste, die nicht im Hotel wohnen, können den Swimmingpool gegen eine Gebühr benutzen. Tennisplatz, Nightclub etc.
- **Grand Hôtel**
Hoch über dem Flussufer, B.P. 471, Tel. 732641, Fax 732643. Bungalows und Zimmer für etwa 30.000 CFA. Der Parkplatz ist bewacht. Sehr schön ist der Blick von der Hotelterrasse über den Niger; hier trifft sich „tout Niamey" zum Sun-Downer. Kleiner, etwas indiskreter Pool. Gebühr für Poolbenutzung ca. 1000 CFA für Gäste, die nicht im Hotel wohnen.

Sicherheit

Wie viele Großstädte, so ist auch Niamey kein sicheres Pflaster! Wo Touristen unterwegs sind, erwarten Gauner Beute. Achten Sie also in touristischem Umfeld ganz besonders auf all die Leute um Sie herum! Tragen Sie nie viel Geld oder Schmuck bei sich. Schwerpunkte von Entreiß-Diebstählen sind: das Umfeld der Pont Kennedy und von hier aus alle Straßen und Wege Richtung Innenstadt; ganz besonders gefährdet erscheint auch die Abkürzung von der Brücke hoch zum Grand Hotel; die Corniche Gamkalley ganz besonders bei Nacht (nehmen Sie dann immer ein Taxi!). Meiden Sie Menschenansammlungen!

•Hôtel Ténéré
In der Stadt, Bd. de la Liberté, Tel. 732020, DZ ca. 27.000 CFA, Swimmingpool.

Hotels der Mittelklasse

•Les Rôniers
Rue Tondibia, etwa 7 km außerhalb, nordwestlich der Stadt, Tel. 723138, DZ/Bungalows ab 20.000 CFA. Swimmingpool, Tennisplatz, gutes Restaurant.

•Hôtel Terminus
Rue du Sahel, Tel. 732692, Fax 7339742. Bungalows für ungefähr 27.000 CFA; schöner Innenhof mit Restaurant, Swimmingpool.

•Hôtel Rivoli
Rue Nasser, Tel. 733840; Zimmer auf der Etage. Etwas laut. DZ ca. 18.000 CFA (2002 geschlossen wegen Umbau).

•Hôtel du Sahel
Rue du Sahel, Tel. 732431/32; DZ ca. 18.500 CFA. Neu: Terrassierter Garten mit Restaurant über dem Fluss, Piscine olympique auf der Rückseite, geöffnet bis 23 Uhr, geschlossen am Mo, Eintritt 600 CFA. Night-Club.

•Hôtel Maourey
Am Rond Point Maourrey, Tel. 732850/732054; eher ein Geschäftshotel für Einheimische als für Touristen, etwas laut. DZ für ca. 18.000 CFA.

Einfache Unterkünfte

•Chez Moustache
Av. Sonni Ali Ber, Tel. 734282. Ein DZ mit Ventilator kostet ab ca. 8000 CFA, das DZ mit Air-Condition ca. 12.000 CFA.

•Hotel Déde
DZ ca. 8000 CFA, Bar-Restaurant.

Camping

•Yantala (oder Camping Touristique)
Route de Tillabéri, gleich hinter dem Wegweiser „Rio Bravo (20 km)" links (N 13°35,68 / W 01°57,87), Tel. 734206. Tarif ca. 2000 CFA/Person, 2000 CFA/Auto, 1500 CFA für Motorrad. Angeblich relativ häufig Diebstähle. Kein Trinkwasser, aber Duschen und Toiletten, schattige Plätze direkt am Niger; kalte Getränke, frische gegrillte Hühnchen, Pirogenfahrten auch zu Nachbardörfern.

Essen und Trinken

Restaurants

Die **meisten größeren Hotels** haben gute Restaurants: Grand Hôtel, Hôtel Ténéré, Hôtel Terminus (Toukounia, Mo geschlossen), Hôtel Sahel, Hôtel Gaweye (La Croix du Sud, So geschlossen, und La Pointière, Pizza!) etc. Die meisten besseren Restaurants haben nur abends geöffnet.

•Byblos
An der Route de Tillaberi; libanesische Gerichte; Mezze bestellen! Gutes Preis-Leistungsverhältnis.

•Les Tropiques
Etwas südlich vom Grand Hotel an der Corniche de Gamkalé.

•La Flotille
An der Corniche de Yantala; russische Küche, Sa geschlossen. Gut und teuer.

•Les Pilier
Rue d'Oasis, Tel. 722486; u.a. ital. Küche.

•Le Diamangou
Tel. 735143; französisch-afrikanische Küche; Bar-Restaurant in einem Boot an der Corniche de Gamkalé, daher auch einfach Le Bateau genannt; gutes Preis-Leistungsverhältnis.

•Tabakady
Place de la Republique/Av. du President Karl Carstens. Französische Küche, gut und teuer.

•Damsi
Im Sonara-I-Gebäude bei der Air France. Nette Terrasse tagsüber, abends nur drinnen.

•Lotus Bleu
Vietnamesische Küche, Di geschlossen.

•Dragon d'Or
Tel. 734123, am Rond-Point beim Grand Hotel. Chinesische Küche, gut und preiswert.

•Le Vietnam
Rue Terminus, Mo geschlossen.

•La Cascade
Hinter dem SCORE-Supermarkt im Zentrum; franz. und ital. Küche, gut und teuer.

•Le Pilier
Nahe dem Chateau I und der Deutschen Botschaft. Italienische Küche (s.a. Agadez), gutes Preis-Leistungsverhältnis.

•Chez Nous
Gute französische Küche, sehr teuer (So geschlossen).

NIAMEY

● Restaurant Grenier
Am Ufer des Niger, Rue de la Corniche, Yantala, Tel. 733262; französische und italienische Küche.

Einfache Restaurants mit afrikanischer Küche

● Le Tattasey
Schönes Garten-Restaurant zwischen Av. du Sahel und Route de Gamkalé.

● Les Tropiques
Steak und Pizza am Nigerufer, Corniche Gamkalley, Tel. 733932; auch beliebte Disko.

● Les Canaris
Nahe Rond Point Yantala; Couscous!

● Bar Teranga
Nahe der Baptisten-Kirche, Rue de Maroc; mittags und abends geöffnet, sehr einfach, sehr laut.

● Patisserie Chez Michel
Rue de Kalley; Kuchen, kleinere Gerichte.

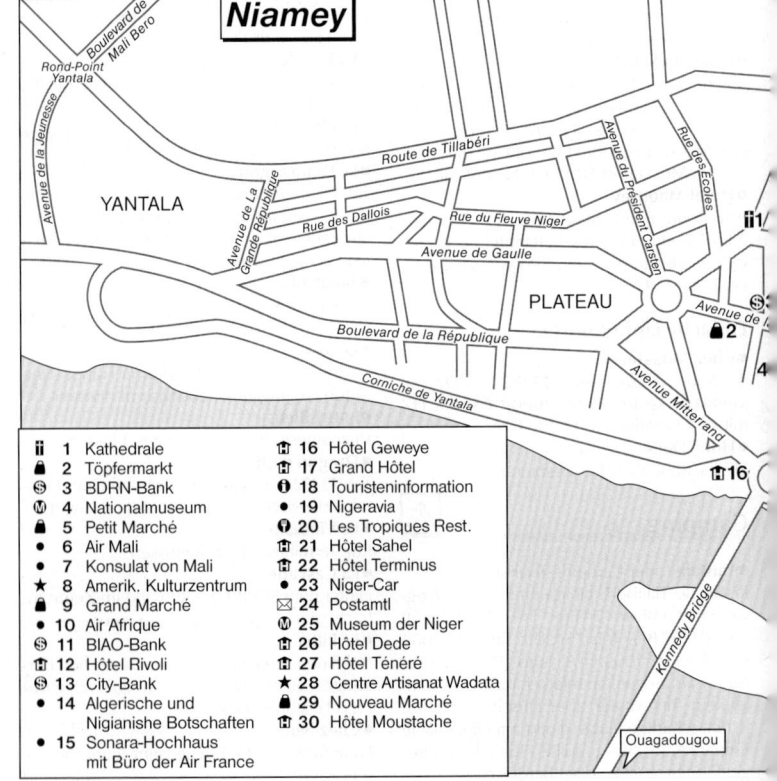

- ⛪ 1 Kathedrale
- 🏺 2 Töpfermarkt
- Ⓢ 3 BDRN-Bank
- Ⓜ 4 Nationalmuseum
- 🛒 5 Petit Marché
- ● 6 Air Mali
- ● 7 Konsulat von Mali
- ★ 8 Amerik. Kulturzentrum
- 🛒 9 Grand Marché
- ● 10 Air Afrique
- Ⓢ 11 BIAO-Bank
- 🏨 12 Hôtel Rivoli
- Ⓢ 13 City-Bank
- ● 14 Algerische und Nigianishe Botschaften
- ● 15 Sonara-Hochhaus mit Büro der Air France
- 🏨 16 Hôtel Geweye
- 🏨 17 Grand Hôtel
- ⓘ 18 Touristeninformation
- ● 19 Nigeravia
- 🍴 20 Les Tropiques Rest.
- 🏨 21 Hôtel Sahel
- 🏨 22 Hôtel Terminus
- ● 23 Niger-Car
- ✉ 24 Postamtl
- Ⓜ 25 Museum der Niger
- 🏨 26 Hôtel Dede
- 🏨 27 Hôtel Ténéré
- ★ 28 Centre Artisanat Wadata
- 🛒 29 Nouveau Marché
- 🏨 30 Hôtel Moustache

● La Bamba
Nahe Hotel Terminus, europäische und afrikanische Gerichte.
● Le Maquis 2000
Nahe Bar Teranga und der Baptisten-Kirche, Tel. 735556; ivorische Gerichte wie z.B. Kedjenou. Sehr preiswert.
● Les Lilas
Gegenüber Hotel Terminus, Tel. 733879; Dachterrasse; tagsüber Patisserie/Teestube, abends Restaurant (nur Grillhähnchen).

● L'Ermitage
Biergarten am Bd de la Liberté; bis 3 Uhr früh geöffnet.
● Siggys im Club Nautique
Deutscher Inhaber. 10 Minuten flussabwärts Richtung Kollo.
● Niamey Club
Einfache Gerichte, Open-air, in der Nähe des Hotel Rivoli.
● Bar Restaurant Piscine Olympic
Hinter dem Hotel Sahel; kleine Gerichte.

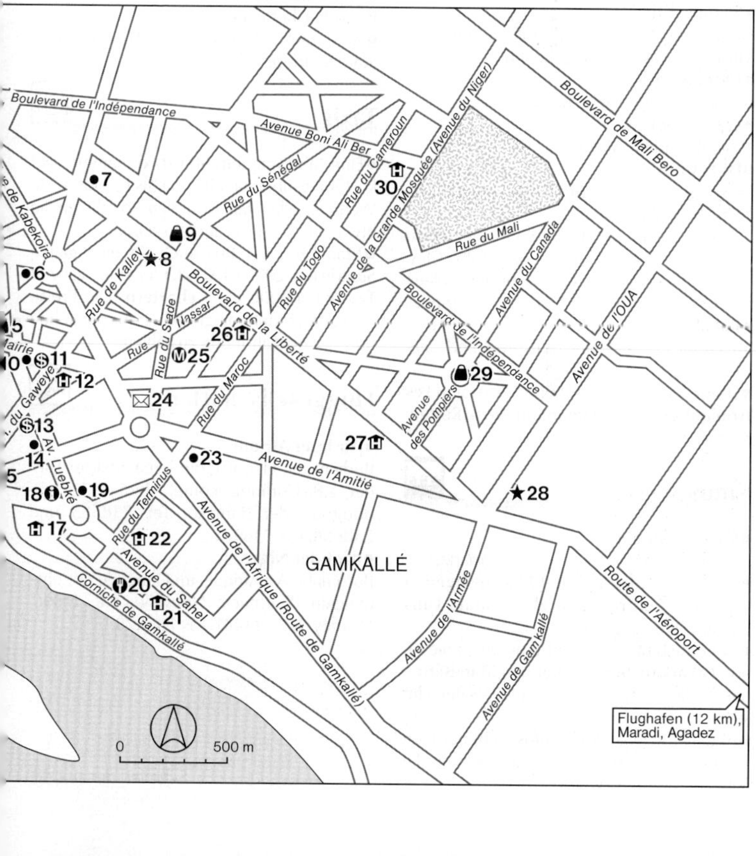

- **Idrissa's Nems**
Kleine, billige Snack-Bar mit Musik am Chateau I, nahe der deutschen Botschaft.
- **Le Tam-Tam**
Unmittelbar am Rond-Point vor dem Grand Hotel; billige Snacks, alles spielt sich im Freien ab.
- **Lion d'Or**
Snack-Bar, Patisserie (Konditorei).

Diskos/Bars/Night-Clubs

- **Fo-Fo-Club**
Im Hotel Le Sahel; afrikanische Musik am Wochenende.
- **Niamey Club**
Gegenüber Hotel Rivoli; afrikanische Live-Musik und Disko am Wochenende.
- **L'Eremitage**
Bd. de la Liberté (siehe Restaurants).
- **Gas Camel**
Nahe Restaurant Vietnam.
- **Hi-Fi-Club**
Disko gegenüber Hotel Rivoli am Kleinen Markt, Abteilung „Antiquitäten".

Eintritt (meist inkl. Getränk) in allen oben genannten Bars/Diskos etwa 2000 CFA. Auch wenn manche Diskos bereits relativ früh öffnen, ist erst ab 23 Uhr Hochbetrieb!
- **Kakaki**
Im Hotel Gaweye und entsprechend „gestelzt".
- Ebenso romantische Abend-Plätze sind **Les Tropiques** und **Le Diamangou** (siehe Restaurants).

Kinos

- **Vox** und **Studio**
Im Zentrum nahe des Score-Supermarkts.
- Auch im **Centre Culturel Franco-Nigérien** (s.u.) und **Centre Culturel des Etats Unis** werden Filme gezeigt.
- Außerhalb des Stadtzentrums liegen die Kinos **Zabarkan, Soni-Ali-Ber** und **Mali-Béro** – das Publikum ist oft interessanter als der Film selbst ...
- Aktuelle Veranstaltungsinfos nicht nur zum Kinoprogramm können der Tageszeitung Le Sahel entnommen werden.

Notfall

Krankenhäuser

- **Clinique Gamkalé**
Tel. 732033 oder Krankenhaus (Tel. 752523); Konsultation kostet ca. 20.000 CFA.
- **Centre Medical Pro Santé**
10, Rue de la FAO, Plateau, Tel. 722650.

Apotheken

- **Pharmacie Nouvelle**
Die gute Apotheke liegt im Zentrum zwischen Hôtel Rivoli und (ex-)Air Afrique; sie hat auch So und abends geöffnet.
- **Pharmacie du Grand Marché**
Bd de la Liberté; gut sortiert.
- Außerdem gibt es weitere Apotheken im Stadtzentrum.

Taxis

- Eine Fahrt mit dem **Stadttaxi** (Sammeltaxi) kostet tagsüber ca. 200, nachts ca. 400 CFA. Wenn Sie allein fahren wollen, so müssen Sie etwa 500 CFA pro Fahrt ausgeben.
- Man kann ein **Taxi** auch für eine ganze Stunde (ca. 2000 CFA) oder für einen ganzen Tag (ca. 14.000 CFA) **chartern.** Die Preise sind jedoch unbedingt vorher auszumachen und erst bei Fahrtende zu zahlen.

Fluggesellschaften

- **Air Inter Afrique**
Bedient die Hauptstädte benachbarter Länder, z.B. Cotonou, Lomé, Abidjan, Ouagadougou oder Bamako; Tel. 738585 und 738686, Fax 736973.
- **Air Inter Niger**
Büro nahe Air Afrique, im Gebäude der ehemaligen Pharmacie Nouvelle, B.P. 11090, Niamey, Tel. 734441, Fax 735228.

Schmied der Tuareg

Karten S. 405 und 434

Air Afrique
Inzwischen in Konkurs gegangen, doch werden Verhandlungen über eine Nachfolge- bzw. Auffanggesellschaft geführt; Av. du Président H. Luebke, Tel. 733011.
Air Algerie
Hinter dem Hôtel Rivoli, Tel. 733898.
Air France, im Sonara-I-Hochhaus.
Nigeravia
Av. du Président H. Luebke, nahe dem Touristenoffice und Grand Hotel, Tel. 733590 und 733064, Fax 731842; cell: 929289 und 969932, e-Mail: nigavia@intnet.ne; Flüge auf Bestellung zu verschiedenen Destinationen im Inland. Derzeit Niamey – Arlit – Niamey bis 6 Personen inkl. 100 kg Gepäck: 5 Mio. CFA, bis 10 Personen: 5,8 Mio. CFA.

Busverbindungen

SNTN
- Busgesellschaft mit Inlandsverkehr, beispielsweise nach Agadez, Arlit, Zinder.

El Hadji
- Die **private Busgesellschaft** El Hadji bietet die SNTN-Strecken wesentlich günstiger an; die Busse fahren allerdings unregelmäßiger, und die Fahrzeuge sind z.T. in relativ schlechtem Zustand, d.h. man ist eher mal „en panne"; Busse auch nach Para Kon/Benin dreimal pro Woche.

- **Busbahnhof** an der Corniche de Yantala (neben dem Hotel Gaweye), Rue de la Flotille, am Nigerufer (siehe Plan), Tel. 723020 und 722455.

Rund ums Auto

KFZ-Werkstätten (Garagen)
- **Mercedes-Werkstätte** mit Schweizer Leitung neben dem Score-Supermarkt (s.u.).
- **Peugeot- und VW-Ersatzteile** bei Sonida (unfreundlich), ebenfalls neben dem Score-Supermarkt.

- **Agence Central (Toyota)**
- **Niger Afrique (Renault)**
- Eine **Toyota-Vertretung** liegt an der Route de l'Aéroport.

Parkplatz

Ein neuer Parkplatz (bewacht, nur 100 CFA) liegt zentral in der **Rue du Musée,** direkt gegenüber vom Haupteingang des Nationalmuseums. Von hier gelangt man zu Fuß zum Petit Marché, zum Supermarkt Score und zu anderen wichtigen Stellen.

Einkaufen

Buchhandlungen

Zu empfehlen sind die Indrap- (Rue Martin Luther King), die Ascani- und die Camico-Papeterie (nahe Score-Supermarkt) (s.u.) sowie die Papeterie Burama zwischen Av. Coulibaly und Rond-Point Maourey. Zeitschriften (z.B. Times und Newsweek) gibt es in der Buchhandlung des Hôtel Terminus (nur abends) und des Hôtel Gaweye.

Landkarten

Landkarten sind am besten im O.N.T.-Büro oder beim Service Topographique erhältlich.

Supermärkte

- **Score**
Bestsortierter Supermarkt, in der Nähe des kleinen Marktes (europäische Lebensmittel und andere Waren).
- **SCIC** (ehem. Perrissac)
Neben dem Score, nur Non-food.
- **Mini-Market** nahe Air Afrique und mehrere **libanesische Läden** im Zentrum.

Camping-Gas

- Eintausch von Camping-Gasflaschen bei **Nigergas,** Route de Posso, in Richtung Flughafen, bei der Total-Werkstatt.

Fotografieren

- **ADC Photo**
Hinter dem Petit Marché; Fotomaterial und Passfotos.
- **Photo Niger**
Gute Adresse für Passbilder!
- (Dia-)Filme sind auch in der Papeterie Ascani erhältlich, in der Nähe des Score-Supermarktes.

Hinweis: Eine Fotografiererlaubnis ist nicht mehr erforderlich. Üben Sie aber Zurückhaltung beim Fotografieren von Personen und bei allem, was „Scham" verursachen könnte. Unbekleidete, z.B. am Niger badende, Personen dürfen nicht fotografiert werden, ebenso wenig Szenen, die den Niger als „arm" oder „primitiv" erscheinen lassen. Flughafen, Regierungsgebäude sowie militärische Einrichtungen und Verwaltungsgebäude, Polizei, Brücken u.a. unterliegen einem Fotografierverbot. Diese Vorschriften werden sehr ernst genommen und streng gehandhabt!

Schwimmbäder

- Hinter dem Hotel du Sahel gibt es das **„Piscine olympique";** Eintritt ca. 600 CFA; Mo ist das Schwimmbad geschlossen, sonst täglich bis 23 Uhr geöffnet.
- Alle **großen Hotels** in Niamey haben ebenfalls einen Pool; Eintritt zwischen 1000 und 2000 CFA.

Kultur

Centre Culturel Franco-Nigérien (CCFN)

- Tel. 734834; Av. de la Mairie, schräg gegenüber dem Eingang des Museums; regelmäßige Vorführung von Kinofilmen, Kunstausstellungen, Theatervorführungen und Tanzveranstaltungen. Das Programm wird in der Tageszeitung Le Sahel veröffentlicht. Kinobeginn um 21 Uhr.

Centre Culturel Oumara Ganda

- Gegenüber der Moschee; geboten werden lokale kulturelle Veranstaltungen wie Ringkämpfe, lokale Filme, Musik, Tanz etc. Ringkämpfe finden meist in der Arena des Stade de la Lutte Traditionelle statt (Termine können Sie auch der Tageszeitung Le Sahel entnehmen).

Der Nordwesten und die Umgebung von Niamey

Nördlich von Niamey

Von Niamey nach Filingué (185 km)

Fährt man in Richtung Nordosten auf der inzwischen asphaltierten Straße, so erreicht man nach 185 km den kleinen Ort **Filingué** in der Nähe des Dallol Bosso, eines ausgetrockneten Flusstales. Sehenswert sind der Sonntags-Markt und die traditionellen Häuser der Haussa. Aus dem Ort stammt die Familie des früheren langjährigen Staatschefs *Seyni Kountché*.

- **Übernachtung** im **Campement La Villa Verte** (einfach).
- **Taxi brousse:** Abfahrt der Taxi brousse von/nach Niamey in den frühen Morgenstunden. Sehr viel mehr Fahrzeuge verkehren am Markttag (Sonntag).

Von Niamey nach Ayorou (ca. 210 km)

Verlässt man die Stadt Niamey **nach Nordwesten Richtung Tillabéri,** so zweigt nach 25 km eine Straße nach links zu dem direkt am Fluss gelegenen kleinen Dorf **Boubon** ab; mittwochs ist Markt. **Übernachtung** im ganzjährig geöffneten **Campement Touristique;** einfache Hütten; Restaurant. Beliebtes Ausflugsziel von Leuten aus Niamey, sonntags daher oft überfüllt. Der Ort ist bekannt für seine Töpferware, schwere, teilweise interessant bemalte unglasierte Keramik, die auch auf dem Töpfermarkt in Niamey angeboten wird.

Folgt man der Asphaltstraße weiter in Richtung Tillabéri, so kommt man nach 30 km beim Ort **Karma** zum **Complexe Touristique de Namaro** (ausgeschildert), ebenfalls ein beliebter Ausflugsort der in Niamey lebenden Europäer. Von dem auf der anderen Uferseite (lassen Sie sich mit einer Piroge übersetzen) und auf einem Hügel gelegenen Hotel aus bietet sich ein schöner Blick auf das Dorf. Es gibt ein Restaurant und eine Bar. Preis: 6000–9000 CFA/DZ; geboten wird einfacher Standard. Während der Sommermonate (von Juli bis September) ist das Hotel nur am Wochenende geöffnet. Interessant ist auch der Samstags-Markt im Ort Namaro selbst.

In **Fariè** (62 km) gelangt man mit der Fähre über den Fluss nach **Gothèye,** von dort weiter auf ganz neuer Straße nach **Téra** und dann weiter auf kleinster, kaum erkennbarer Piste zur Grenze von Burkina Faso.

Nach weiteren **58 km Asphaltstraße** erreicht man **Tillabéri,** eine kleine Stadt mit guten Versorgungsmöglichkeiten (hier befindet sich die letzte Tankstelle vor der Grenze zu Mali). Mittwochs und sonntags wird im Ort ein großer Markt abgehalten; eine gute Gelegenheit, nicht nur die Djerma-Bauern der Umgebung, sondern auch Bella und Fulbe zu sehen. **Übernachtung** ist im **Relais Touristique** möglich.

Auf Asphalt geht es weiter zum **Grenzort Ayorou** (88 km von Tillabéry, 208 km von Niamey); karge Sahellandschaft wird durchfahren. Akazien und

Dum-Palmen stehen vereinzelt oder in Gruppen an der Straße. Anders als früher die Piste, verläuft die Straße eher nigerfern; der Fluss kommt kaum je in Sichtweite. Dafür sind die in der Pistenzeit oft problematischen Furten allesamt durch Brücken ersetzt. Die früher hier lebenden Giraffen wurden stark dezimiert. Sie sind inzwischen in die Region Dosso abgewandert (s.u.).

Ayorou

Der Ort Ayorou ist zum Teil auf dem westlichen Flussufer, zum Teil auf der **Niger-Insel Ayorou Goungou** errichtet worden; es herrscht daher ständiger Pirogenverkehr. Es besteht auch die Möglichkeit, **Pirogenfahrten** auf dem Niger zu unternehmen. Am Ufer des Niger leben verschiedene Wasservögel (Reiher, Kronenkraniche usw.) und etwas weiter nördlich (bei der **Insel Firgoun**) auch **Flusspferde**. Ein Ausflug dorthin kostet ca. 3000 CFA/pro Person, 4000 CFA für zwei Personen.

Sonntags ist in Ayorou **Markt** (Viehmarkt, besonders großes Angebot November bis April), der als einer der lebhaftesten und buntesten in ganz Westafrika gilt (heute m.E. eher nicht mehr zutreffend). Unter einem großen Schattenbaum am westlichen Marktrand werden von Tuareg-Handwerkern Holz- und Lederarbeiten angeboten. Zwischen Marktplatz und Niger-Fluss und unmittelbar am Ufer desselben liegt das Hotel Amenokal (s.u.). Es lohnt sich auch ein Tagesausflug von Niamey, um die auf dem Markt versammelte Vielfalt an ethnischen Gruppen in ihren traditionellen Gewändern erleben zu können. Mittags machen sich viele Händler schon wieder auf den Weg zurück in ihr Dorf. Außerhalb des Markttages ist der Ort eher uninteressant-verschlafen.

In der Gegend von Ayorou leben die **Wogo-Fischer,** die mit ihren Pirogen hinausfahren, um u.a. den berühmten Capitaine-Fisch zu fangen; die größten Exemplare werden bis zu 1,5 m lang. Im Überschwemmungsfeldbau pflanzen sie Reis, Hirse, Sorghum und Gemüse an. Die Wogo leben überwiegend in Lehmkastenhäusern und benutzen bauchige Speicher aus Lehm, die daher auch als Lehmurnenspeicher bezeichnet werden.

Unterkunft/Verpflegung
● **Campement-Hôtel de l'Amenokal**
DZ 26.000 CFA mit HP und Air-Condition; Bar, Restaurant, nur im Winter (Nov. bis April) geöffnet; schöner Garten zum Fluss hin, schöner Pool, aber oft sehr ungepflegt, häufiger Besitzerwechsel.
● **Bar Hidima**
Kaltes Bier und andere Getränke.
● Sonst nur Garküchen auf dem Marktplatz.

Weiterreise nach Mali

Wer das Land verlassen und nach Mali einreisen will, muss mit gründlichen Polizei- und Zollkontrollen rechnen (Zoll in Ayourou am westlichen Ortsrand, Polizeikontrolle in Yassane, beides so auch für Einreise; das Laissez Passer wird in Ayourou erteilt bzw. eingezogen). Die Route/Piste nach Gao (Mali) ist wieder mit geringem Sicherheitsrisiko befahrbar. Sie führt durch teilweise sehr schöne Landschaften immer flussnah am Niger entlang. Von den vielen Ortschaften entlang der Strecke ist nur **Ansongo** etwas größer, und auch hier besteht nur eine sehr bescheidene Infrastruktur, z.B. keine Tankstelle. Näheres siehe im Kapitel Mali.

Zu beachten ist auch, dass bei einer Weiterreise über Gao hinaus Probleme unter Sicherheitsaspekten bestehen: Die Strecke von

Gao nach Norden in Richtung Algerien via Tessalit, Bordj Mokhtar und Reggane (Tanezrouft-Piste) kann derzeit nicht bereist werden; die Strecke entlang des Nigers über Bourem nach Timbuktu gilt als nicht risikofrei, und so bleibt eigentlich nur die asphaltierte Strecke über Hombori und Douentza in Richtung Mopti, die man mit gutem Gewissen zum gegenwärtigen Zeitpunkt (Anfang 2003) als risikoarm bezeichnen kann.

**Weiterreise nach Burkina Faso:
Niamey – Ouagadougou
via Tera, Dori und Kaya (530 km)**

62 km westlich von Niamey wird bei **Farié** der Niger mit einer Fähre überquert (verkehrt bei Tageslicht ca. im Stundentakt). Am südlichen Flussufer führt die Straße weiter bis **Gothèye** (flussnah), dann wendet sie sich dem Landesinneren zu durch schöne Savannenlandschaften und erreicht vorbei am idyllischen Weiler **Dargol** den großflächigen Marktort **Tera** (Km 175, Markt am Donnerstag, kaum Versorgungsmöglichkeiten). Zoll- und Polizeiformalitäten am nördlichen Ortseingang.

Mitten im Ort und gegenüber dem Marktplatz zweigt die unscheinbare Piste in einer Vielzahl von Spuren nach Westen ab. Die Piste ist schwer zu verfolgen, verläuft nach jeder Regenzeit wieder etwas anders, schlägt zudem abweichend von den Landkarten einen südlichen Bogen. Die Fahrspuren sind teilweise sehr tief ausgefahren und problemfrei nur mit einem Geländefahrzeug zu bewältigen. Die grüne Grenze wird überschritten und dann nach 52 km (ab Tera) Feldweg-Piste am Ortsrand von **Seytenga** die Polizeistation von Burkina Faso erreicht. Der Zollposten liegt mitten im Ort. Die weiter nach Westen verlaufende, etwas größere Piste trifft dann südöstlich von Dori auf die neu geschobene Piste von diesem Ort in die Goldgräberstadt **Sebba.** Rechts weiterfahrend ist nach 5 km **Dori** erreicht (Km 94 ab Tera).

Von Dori bis Ouagadougou, Hauptstadt Burkina Fasos, bleiben 261 km, davon bis Kaya gute Piste, die am sehenswerten Ort **Bani** mit vielen unterschiedlichen Moscheen vorbeiführt, und dann ab **Kaya** asphaltierte Straße, ungefähr parallel zu einer Bahnlinie, die wegen Manganvorkommen bis weit hinauf in den Nordosten Burkinas trassiert wurde (s.a. Kapitel Burkina Faso).

Südlich von Niamey

Parc National du „W" (ca. 150 km)

Der Park ist von Niamey **auf guter Piste zu erreichen:** zunächst auf Straße bis zum Djerma-Dorf **Say** (56 km, Campement, freitags Markt) und dann weiter über das Fulbe-Dorf **Tamou** nach **La Tapoa** (ca. 94 km von Say), wo sich der Eingang zum Nationalpark befindet.

Im Dreiländereck Niger/Burkina Faso/Benin liegt dieses **größte und wildreichste Naturschutzgebiet Westafrikas.** Zusammen mit dem Wildreservat von Arly und dem Pendjari-Nationalpark bedeckt es eine Fläche von 1 Mio. ha, wobei der nigrische Teil ca. 30.000 ha umfasst. Den Namen verdankt der Park dem w-förmigen Verlauf des Niger-Flusses, der hier die Nordgrenze des Parks darstellt.

Die **Landschaft** ist sehr schön und abwechslungsreich mit der typischen Vegetation der Trockensavanne, durchzogen von mehreren kleinen Flussläufen mit Schluchten und Wasserfällen. In der Regenzeit (Mitte Mai bis Ende Oktober) sind die Pisten nicht befahrbar. Im Winter stehen die Gräser sehr hoch und verdecken die Tiere. Die reichhaltige **Tierwelt** (Büffel, Elefanten, verschiedene Antilopen- und Affenarten sowie Hyänen, Löwen, Geparden und Panther) ist am besten gegen Ende der Trockenzeit (April bis Juni) zu beobachten, hauptsächlich am Ufer des Mekrou-Flusses. Bekannt ist der Park auch für die große Zahl seiner Vögel.

nach Niamey
KIRTACHI SEYBOU
RN 1
TAMOU
Tankoundé Manouga
Tiguey
Beylandé Zarma
Boulel
Banigoungou
Niger
42
Zou Kouara
Karey Kopto
FALMEY
Le W
LA TAPOA
Bossia
NIGER
Moli
Piste de Tapoa
Piste du Niger
Kotaki
Boumba
nach Kantchari
Piste de Barou
Piste de 28
Piste Fofo
Kouassi
Mékrou
Mékrou-Schlucht
Niger
(geplant)
Koulou
Loumbou-Loumbou
Piste de Diapaga
Kompa
310
294
Kouriyom
PARC NATIONAL
KARIMAMA
Bouandouri
Mamassi
Piste Haoussa
DU W
Elefantenhütte
Alibori
Kaabougou
BURKINA
FASO
95
DU NIGER
(geplant)
108
nach Malanville u. Gaya
RNIE 2
338
ZONE
GUÉNÉ
Koudou-Wasserfälle
BENIN
CYNÉGÉTIQUE
Kponta
DE DJONA
Kondio
Sampéta
288
Kouta Dangogbé
Goungoun
44
Koko
315
FOUNOUGO
Idi
Alfa Kouara (Chéfou)
Mékrou
Sékalé
KÉRÉMOU
nach Kandi
ANGARADÉBOU
Elefant
Büffel
Löwe
Krokodil
Marabu
Nilpferd
Hyäne
Panther
Pavian
Staatsgrenze
Grenze des Nationalparks
Grenze eines Reservates
56
Entfernung in km
Straßen
Pisten ganzjährig befahrbar
Pisten während der Regenzeit nicht passierbar

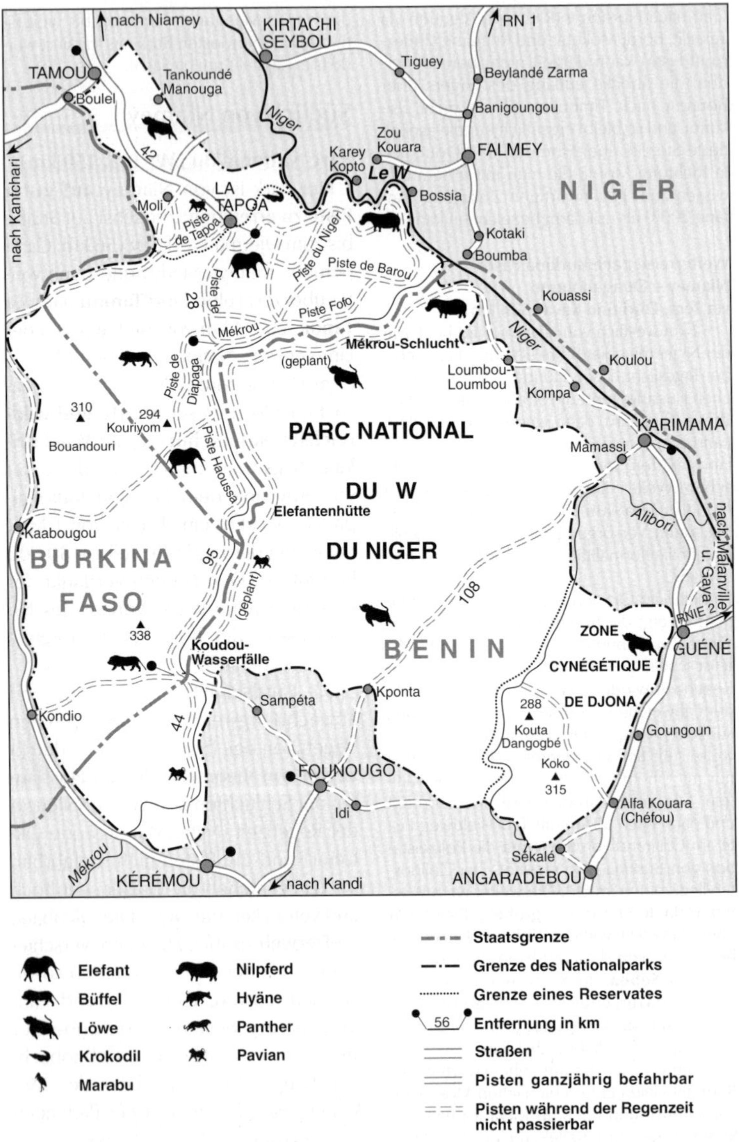

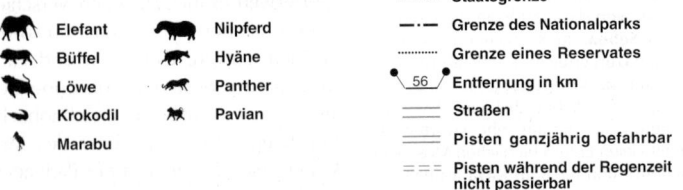

Öffnungszeiten: Das Wildreservat ist geöffnet in der Zeit von Dezember bis Mai. Eingang in La Tapoa. **Eintritt:** 3500 CFA (Ticket für 1 Jahr: 25.000 CFA); ein Führer kostet zwischen 3000 und 5000 CFA (halbtags/ganztags); Foto-/Videoerlaubnis 1000/5000 CFA. **Reservierungen** bei **Nigercar Voyages** in Niamey (Tel. 732331).

Geländewagen können für eine Tour durch den Park gemietet werden. Ohne Fahrzeug kein Eintritt in den Nationalpark! Motorräder sind nicht erlaubt. Empfehlung: Bringen Sie Moskitonetz, Taschenlampe, Fernglas und ausreichend Wasser mit.

Unterkunft
● **Hôtel de la Tapoa**
Bungalow mit HP für 27.000 CFA/Person, Zimmer mit Air-Condition: 30.000 CFA/Person (Zimmer derzeit geschlossen). Einfache Zeltunterkünfte mit Frühstück und Abendessen (ohne Getränke) 10.500 CFA im Camp.

Ausflüge
Von Tapoa aus bietet sich eine Exkursion an den **Niger** („W"-Mäander) sowie eine **Pirogenfahrt** auf dem Niger an; ebenso zu den **Wasserfällen von Barou** (Chutes de Barou), kurz bevor der Mekrou in den Niger mündet, und zu den **Koudou-Wasserfällen** (Chutes de Koudou) an der Mekrou-Piste an der Grenze zu Burkina Faso und Benin gelegen; die Piste ist in sehr schlechtem Zustand. Ausflüge in die angrenzenden Gebiete des Nationalparks „W" in den Nachbarländern sowie in das **Wildreservat von Arly** (Burkina Faso) und den **Pendjari-Nationalpark** (Benin) sind ebenfalls möglich.

Von Niamey nach Dosso (138 km Asphaltstraße) und weiter nach Gaya (303 km)

Wir verlassen Niamey nach Südosten auf der zum Flugplatz führenden Straße. Am Ortsrand sind Kontrollposten zu passieren, die nur noch wenig Kummer bereiten.

Im Bereich von 100 bis 120 km stehen immer wieder junge Burschen an der Straße, die mit allerlei Gesten auf sich aufmerksam machen und ins Gelände weisen: Sie wollen sich als Führer zu einer **Giraffenherde** verdingen. Diese Herde ist aus dem Schutzgebiet an der malisch-nigrischen Grenze (Ansongo/Ayorou) bis hierher gewandert. Meist genügen 1–2 Std., um die exotischen Tiere vor die Linse zu bekommen. Offizielle Führer finden Sie beim Abzweig nach **Dantiandou:** Ein großes Schild mit Giraffe weist sie dort auf einen Hangar hin, in dem sich die Führer normalerweise aufhalten; Kosten: 1500 CFA je Fahrzeug. Bitte respektieren Sie den Lebensraum der Tiere, bedenken Sie, es sind die letzten Giraffen in ganz Westafrika! Nähern Sie sich Ihnen langsam und nur so weit, dass Sie sie nicht verjagen!

Die gute Asphaltstraße führt weiter bis nach **Dosso,** einer alten Djerma-Stadt: Von ihrer ehemaligen Bedeutung zeugen noch einzelne prunkvolle Häuser, so der Palast eines ehemaligen Djerma-Führers, der sich unweit der Moschee befindet (sehenswert). Am Unabhängigkeitstag findet hier jedes Jahr die farbenprächtige Parade der Djerma-Reiter statt.

Unterkunft/Verpflegung in Dosso
● **L'Auberge du Carrefour**
Nahe Gare routière, DZ für ca. 8000 CFA, kleines Gartenrestaurant, Tel. 650017.
● **Hotel-Restaurant Etoile d'Afrique**
Sehr einfache und kleine Zimmer.

- **Hotel Djerma**
Alteingesessenes Hotel (Stundenhotel?), Biergarten, Tel. 650206.

In Dosso biegen wir von der nach Osten weiterführenden Straße ab nach Süden, durchqueren den lebhaften Ort und erreichen nach 165 km Gaya. Der **Grenzort Gaya** wird vor allem von Haussa bewohnt. Gaya ist der übliche Aus- und Einreiseort in Richtung Benin (Grenzort dort Malanville); weniger bekannt ist auch der mögliche Grenzübergang in Richtung Nigeria (Grenzort Kamba).

Unterkunft/Verpflegung in Gaya
- Übernachtung im **Hotel Dendi**, in der Nähe des Marktes, für ca. 6000 CFA; ohne fließendes Wasser (Dusche aus dem Eimer!).
- Einfache afrikanische Gerichte bekommt man in dem kleinen **Restaurant La Joie d'Été** am Markt.

Der Süden

Von Niamey nach Zinder

- **ca. 1450 km**
durchgehend asphaltierte Strecke

Dosso (140 km nach Niamey) ist der erste größere Ort auf der Strecke (s.o.). Die Straße führt zunächst durch lichtes Buschwerk und Dornengestrüpp. In dieser Region werden die für den Export bestimmten Erdnüsse angebaut und über die Häfen Cotonou (Benin) und Lagos (Nigeria) verschifft.

Auf den weiteren 137 km Straße zu dem Haussa-Ort **Dogondoutchi** muss mit (heute eher harmlosen) Polizeikontrollen gerechnet werden. Schön sind die Zeugenberge in der Umgebung, die dem Ort den Namen gaben (*dogo* = groß, *doutchi* = Felsen, Stein). Die Straße umgeht den eigentlichen Ort.

Übernachtung in Dogondoutchi
- **Hotel Magama**
Tel. 282; Preis ist Verhandlungssache (DZ/Bungalow zwischen 5000 und 11.000 CFA).

Auffallend im Haussa-Land sind die so genannten **Lehmurnenspeicher**, die von Ort zu Ort sehr unterschiedlich aussehen können. Sie stehen immer auf Stelzen (aus Holz oder Stein), damit das Getreide vor Feuchtigkeit und Nagetieren geschützt ist. Als Deckel diente früher eine Art Strohhut, heute werden vermehrt auch ausgediente Blechschüsseln verwendet.

Die **Haussa** sind vor allem erfolgreiche Händler, verdienen ihren Lebensunterhalt aber auch als Bauern und

Viehzüchter. Bekannt sind sie auch für ihr besonderes ästhetisches Empfinden und ihr handwerkliches Geschick, was nicht nur in der Lederverarbeitung, in der Weberei und Stickerei, sondern vor allem in der **Architektur** zum Ausdruck kommt. Charakteristisch sind die geometrischen Lehmreliefs und die meist farbigen Sgrafitti-Ornamente (s.a. bei Zinder) über und neben den Hauseingängen bzw. Portalen. Die schönsten Beispiele der Haussa-Architektur findet man in Zinder.

Birni-Nkonni

420 km von Niamey entfernt und ungemein lebhafte **Grenzstadt zu Nigeria.** Den großen Markt am Mittwoch besuchen daher auch Händler aus dem Nachbarland.

Unterkunft/Verpflegung
- **Hôtel Kado**
Nahe des Marktes, zentral, Restaurant, laut; DZ 6000–10.000 CFA.
- **Hôtel Wadata**
Im Stadtzentrum; in typisch sudanesischer Bauweise errichtet, einfach; 2000–4000 CFA pro Person.
- **Relais Touristique**
An der Straße nach Niamey, Tel. 208; sehr lebhaft; DZ 5000–7000 CFA. Camping für ca. 2000 CFA/Person möglich. Vor dem Eingang bieten Händler afrikanische „Antiquitäten" an. Auch Treibstoff ist üblicherweise ein verbreiteter „Handels-Artikel" (s.u.).

- Hinweis: Weiterreisende in Richtung Nigeria können in Birni-Nkonni auf dem **Schwarzmarkt** zu günstigerem Kurs als in Nigeria CFA in Naira tauschen.

Auf dem Weg zum Markt

In der ganzen Stadt werden Waren angeboten, die aus Nigeria eingeschmuggelt wurden. Auffallend oft wird **Treibstoff** angeboten; kennzeichnend sind Trichter oder Schlauch. Der Preis beträgt je nach Marktlage in Nigeria u.U. nur etwa ein Drittel des nigrischen Tankstellenpreises – Verhandeln ist Bedingung! Es gibt viele Anbieter! Der Treibstoff ist allerdings fast immer von fragwürdiger Qualität, füllen Sie ihn nicht ungefiltert in den Tank!

● Mitten im Ort zweigt die Straße Richtung Nigeria ab. Der **Grenzübergang** zählt zu den wichtigsten zwischen den beiden Ländern, entsprechend lebhaft ist der Verkehr in beide Richtungen.
● Die Abzweigung der **Straße nach Tahoua** (Ausgangspunkt der Strecke nach Agadez, Arlit, Assamaka, s.u.) liegt ein paar Kilometer östlich und damit außerhalb der Stadt.

Nach weiteren 90 km Asphaltstraße kommt man nach **Madaoua,** wo Viehzucht betrieben wird und vor allem Hirse, Baumwolle und Erdnüsse angebaut werden. Sonntags findet ein großer **Markt** statt, an dem auch die Kamelkarawanen (von Bilma kommend) Halt machen und Salz und Datteln gegen Baumwolle und Hirse tauschen. Matten und Körbe (aus den Blättern der Dum-Palme) werden auf dem Markt ebenfalls angeboten. Bei der Werkstatt im Ort ist auf dem Hof Camping möglich.

Der nächste größere Ort auf der **„Straße der Sultane"** (wie die Tschad-See-Strecke auch genannt wird) ist Maradi.

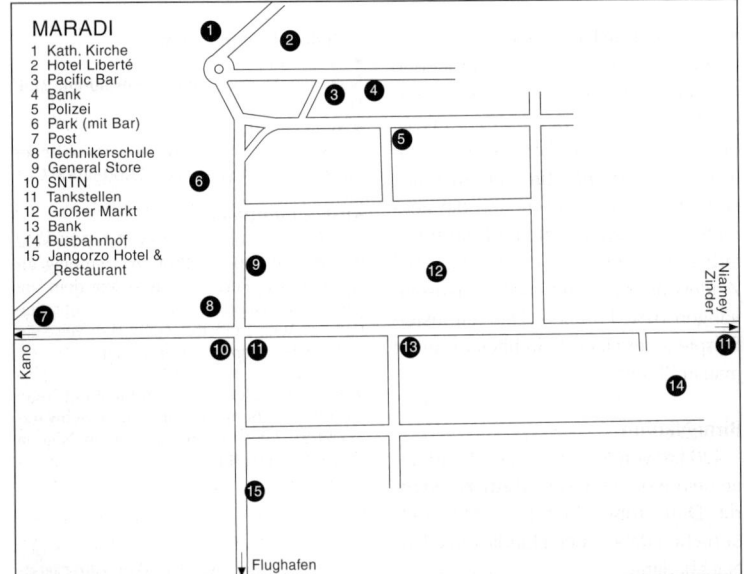

Maradi

Maradi, **"Hauptstadt der Erdnuss"**, 670 km von Niamey entfernt, ist mit etwa **113.000 Einwohnern** die zweitwichtigste **Handelsstadt** des Landes; der Ort ist berühmt für den Reichtum seiner Mercedes fahrenden „Alhadjis", jener Haussa-Händler, die sich mit einer Wallfahrt nach Mekka den religiösen Adelstitel zulegen konnten. Da der größte Teil der Stadt erst in den 1950er Jahren erbaut wurde (die Altstadt wurde nach einer Überschwemmung 1945 weitgehend zerstört), hat sie eine nüchterne Atmosphäre. Großer **Markt** ist am Montag und Freitag. Es wird nicht nur mit Erdnüssen, Zwiebeln, Kürbissen und Obst (Orangen, Bananen etc.) und einer riesigen Zahl anderer Waren aus Nigeria gehandelt, sondern auch mit vielen kunsthandwerklichen Gegenständen wie Leder- und Töpferwaren. Auch das Ausgangsprodukt für die vielen Lederarbeiten, das berühmte rote **Ziegenleder,** das unter dem Namen „Sokoto-Leder" gehandelt wird, wird an diversen Hangaren angeboten. Sehenswert sind auch die verschiedenen Beispiele der **Haussa-Architektur,** besonders auffallend das Maison des Chefs mit seinen farbigen geometrischen Mustern.

Hinweis: Bei der **Ankunft** sollte man beim Polizeiposten den Reisepass abstempeln lassen. Reiseschecks werden von der Banque Internationale Nigériane eingetauscht.

Hotels
- **Hôtel Jangorza**
An der Straße zum Flughafen; Pool, Restaurant, Nachtclub; DZ 10.000–15.000 CFA; Tel. 410140. Treffpunkt ist der hoteleigene Palace Bawa Jangorzo Nightclub.
- **Hotel Larewa**
Im nördlichen Stadtteil; DZ ab ca. 7000 CFA.
- **Hotel Liberté**
DZ etwa ab 5000 CFA; 8000 CFA mit Air-Condition.
- **Hôtel Niger**
Großes Hotel im Stadtzentrum, nahe des Marktes; DZ ca. 10.000 CFA.

Camping
- **Campement Administratif**
Außerhalb der Stadt; DZ ab 4000 CFA, einfachste Ausstattung. Kein Restaurant! Camping ca. 1000 CFA/ Person.

Restaurants/Bars
- **Chez Naoum**
Sehr zu empfehlen; etwas außerhalb, in der Nähe des Hotels Liberté.
- **Le Cercle de l'Amitie**
Nördlich vom zentralen Taxi-brousse-Bahnhof.
- **Relais Sahariens**
Open-air-Restaurant, Tel. 410248.

Zinder

Die 907 km von Niamey entfernte Handelsstadt der Haussa (gegründet im 18. Jh.) war unter französischer Kolonialverwaltung **bis 1926 Hauptstadt des Landes;** sie zählt heute etwa **120.000 Einwohner** und ist somit die **zweitgrößte Stadt** der Republik Niger.

Ihre Blüte erlebte die Stadt Mitte des 19. Jh. als Karawanenzentrum und Verkehrsknotenpunkt für Nomaden, Haussa-Händler und Kanuri-Bauern.

An alte Zeiten erinnern nach wie vor die reich verzierten und prunkvollen Bürgerpaläste. Neben dem alten Stadtteil Birni und dem Nomadenviertel Zengou ist ein modernes Verwaltungsviertel mit Geschäften, Banken, Schulen,

Hotels und reichhaltigem kulturellen Leben entstanden.

Am Donnerstag wird ein großer **Markt** abgehalten, auf dem eine umfassende Auswahl an Lederarbeiten der Haussa zu finden ist. Aber nicht nur für ihre Lederarbeiten sind diese Handwerker bekannt, auch aufwendige Stickereien werden Sie überall zu sehen bekommen, auf Leder und Stoffen, den berühmten Boubou-Gewändern oder Kopfbedeckungen.

Sehenswürdigkeiten
Birni

Ein Spaziergang durch das alte Stadtviertel im Südosten der Stadt lohnt wegen der Architektur und den freundlichen Bewohnern; zahlreiche Koran-Schulen, viele kleine Moscheen, Marabouts und Märkte sind zu sehen. Es empfiehlt sich, den Rundgang in die frühen Morgenstunden oder den späten Nachmittag zu legen, wenn es nicht so heiß ist. Neben einigen Resten der alten Stadtmauer sind vor allem die **traditionellen Haussa-Häuser** interessant. Man erkennt sie an den geometrischen Lehmreliefs und Sgrafitti-Mustern (bei der Sgrafitto-Technik werden die geometrischen Muster in den noch feuchten Lehm eingeritzt). Einige dieser Bauten ähneln den Bürgerhäusern in Djenné (Mali). Auffallend auch viele gigantisch große abgerundete Felsblöcke, die im gesamten Stadtgebiet mal hier, mal dort aus dem Boden ragen.

Zengou

Altes Nomadenviertel im Norden der Stadt, wo die Tuareg früher gezeltet haben; heute **Händlerviertel**. Hier findet man die ältesten Häuser der Stadt. Donnerstags ist Markttag (Viehmarkt!). Hier treffen sich Haussa mit Fulbe (Bororo), Tuareg, Bozo, Beri-Beri usw.

Besuch beim Sultan (Sultanspalast)

Der Sultan ist eine sehr angesehene religiöse Persönlichkeit und moralische Autorität. Die regionalen Dorfchefs konsultieren ihn in allen Angelegenheiten (Heirat, Scheidung, Schulden usw.). Er ist Besuchern gegenüber meist sehr offen. Vorherige Terminvereinbarung im Rathaus *(la mairie)*, beim Bürgermeister eine „Autorisation" (Besuchserlaubnis) einholen.

Moschee

Vom Platz vor der Moschee gehen viele kleine Gassen ab, die sich ebenfalls für einen kleinen Spaziergang eignen (sehenswerte Häuserfassaden).

Kunsthandwerk findet man in vielen kleinen Läden der Stadt. Wer nicht gerne handelt, kann in der Kooperative zu Fixpreisen einkaufen.

Unterkunft

● **Hôtel Amadou Kourandaga**
Etwas außerhalb an der Straße nach Niamey; Tel. 510742. Gutes Restaurant. DZ mit Air-Condition ab 12.000 CFA.
● **Hôtel Le Damagaram**
Stadtzentrum, nahe dem Hôtel Central; Tel. 510619/510303. Restaurant und Nachtclub (die Preise sind ähnlich wie im Amadou Kourandaga).
● **Hôtel Central**
Im Zentrum, 200 m vom Gare routière nach Niamey, Tel. 512047; DZ ab ca. 6000, mit Air-Condition ca. 8000 CFA; nicht besonders gepflegt, besitzt jedoch eine schöne Terrasse

zum Verweilen. Die Restaurant-Bar (Terrasse) ist ein beliebter Treffpunkt für Einheimische, Entwicklungshelfer und Reisende. Manchmal gibt es auch Live-Musik! Ein Kino liegt direkt um die Ecke. Camping ist im Hof möglich für ca. 1500 CFA/Person.

● Eine **Campingmöglichkeit** bietet auch das **Restaurant La Cafeteria,** an der Straße nach Agadez.

Essen und Trinken
● **Chez Emmanuel**
Restaurant nahe des Kinos (Cinéma Étoile).
● **Scotch Bar**
Rue du Marché; auch bei Einheimischen beliebt für ihre gute afrikanische Küche; ca. 10 Min. zu Fuß vom Hôtel Central. Man sollte vor 20 Uhr dort sein, da die Töpfe sonst bereits leer sind.

- 1 Grand marché
- 2 Katolische Mission
- 3 Petit Marché
- 4 Supermarkt
- 5 SNTN-Busterminal
- 6 Hôtel Central
- 7 Hôtel Damagaram
- 8 Polizei
- 9 Bank
- 10 Post (PTT)
- 11 Krankenhaus
- 12 Hôtel Amadou Kourandga
- 13 Fort und Militärcamp

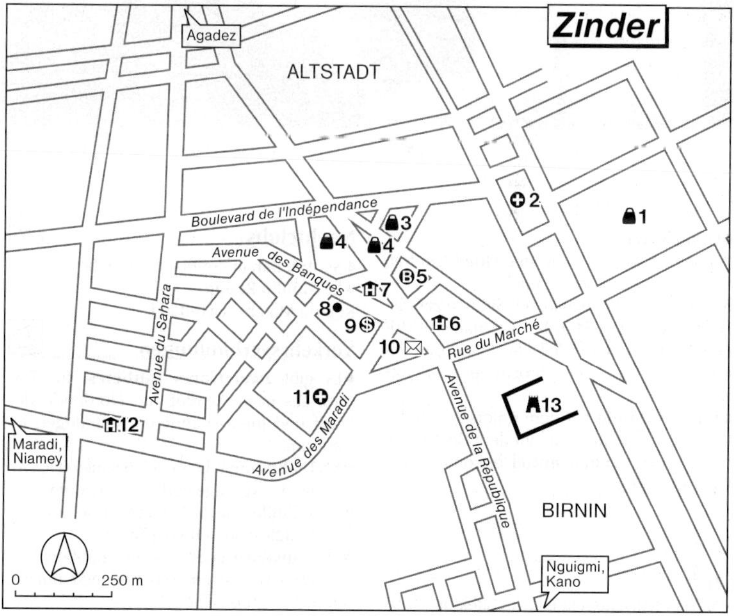

Zinder – Haus in typischer Haussa-Architektur

- **Dan Kasina**
Restaurant in der Nähe des Hôtel Central; einfache einheimische Gerichte.
- Morgens findet man in den Straßen zahlreiche **Café-au-lait-Stände,** wo man frühstücken kann, abends viele kleine Stände, an denen Fleischspießchen *(brochettes)* verkauft werden.
- **Straßenstände** mit dem unterschiedlichsten Angebot findet man auf dem Bd. de l'Indépendance. **Lebensmittel** bekommt man im Etoile-Laden.

Nachtclubs

- **Scotch Bar,** in der Rue du Marché (s.o.).
- **Le Moulin Rouge**
Rue du Marché; Live-Band.

Verkehrsverbindungen

- Es gibt **zwei Gares routières:** für Taxi brousses nach Agadez am Nordende der Stadt und für alle anderen Richtungen im Zentrum.
- **SNTN-Bus** um 6 Uhr nach Niamey (Di, Do, Sa); mind. zwei Tage vorher reservieren.
- Von Zinder nach Nguigmi (Tschad-See) fahren täglich auch **Busch-Taxis.**
- Die **Ausreise** über Magaria/Babban Mutum (Nigeria) ist am Wochenende um ca. 5000 CFA teurer!

Sonstiges

- **Centre Culturel Français**
In der Nähe vom Place de la Poste. Filmvorführungen finden statt, und eine Bibliothek bietet Lesestoff.
- **Club Privé**
Mit Tennisplatz und Pool (1000 CFA).
- **Musée Regional de Zinder**
Das mit deutscher Hilfe ausgestattete Museum wurde vermutlich wegen seines Ausstellungsthemas (u.a. auch die Tuareg) während der Tuareg-Rebellion geplündert und in Brand gesteckt.

Von Zinder nach Nguigmi

Von Zinder aus führt die Strecke zum Tschad-See zu der sehenswerten Ortschaft **Mirriah** (auch Miria), einer schönen Oase mit ausgedehnten Gärten und majestätischen Bäumen etwa 18 km südöstlich von Zinder. Markt ist am Sonntag (große Auswahl an Früchten, Keramik und Stoffen der Haussa). Auch der Ort mit seinen kubischen Häusern ist sehenswert; ebenso die Töpferwaren, die am Samstagnachmittag im westlichen Stadtteil für den Markt am Sonntag gebrannt werden.

166 km östlich von Zinder liegt der Ort **Gouré**. Hier zweigt die Piste nach Norden zum landschaftlich reizvollen **Termit-Massiv** (710 m) ab; sie ist nur mit Geländewagen befahrbar!

222 km weiter im Grenzort **Maine-Soroa** (Grenze zu Nigeria) gibt es Salinen. 106 km weiter in Richtung Tschad-See gelangt man nach **Diffa**, einem der abgelegensten Orte im Niger. Während der Regenzeit führt der Komadougou, der den Ort durchquerende (Grenz-)Fluss, genügend Wasser, so dass der Fischfang sich lohnt. Reisende nach Nigeria können mit zügiger Polizei- und Zollkontrolle rechnen. Die Fähre nach Damasak (Nigeria) ist nur noch für normale, nicht mehr für schwere Fahrzeuge zu gebrauchen. Diffa hat im Sommer 2002 für Schlagzeilen gesorgt: Soldaten der dortigen Garnison, die über Monate ohne Sold blieben, hatten gemeutert und einen Sturz der Regierung versucht.

Nguigmi

Nguigmi liegt direkt an einer alten Karawanenstraße. Es war schon seit alters her ein wichtiger **Handelsplatz** für Fische und Getreide aus der Umgebung, die meist gegen Salz und Datteln aus Bilma getauscht wurden. Die Bevölkerung der Region (Kanembu und Boudouma) lebt von Fischfang, Viehzucht und Ackerbau. Die Kanembu gehören zur Gruppe der Kanuri; leicht zu erkennen sind die Kanuri-Frauen an ihren kleinen Nasenringen.

Früher (1968) lag der Ort noch direkt am Tschad-See, heute muss man einige Kilometer zurücklegen, um zu den Überresten dieses einst riesig großen „Binnenmeeres" zu gelangen – und die Austrocknung geht unaufhaltsam weiter! Die Boudouma-Fischer benutzen auch heute noch meist Papyrusboote. Typisch für die Region sind die Kouri-Rinder mit ihren sehr großen, dicken Hörnern, die das Durchqueren von tiefen Wasserstellen erleichtern, da die Hörner der Rinder dabei als Schwimmkörper dienen.

Bei Aus- oder Einreise in Richtung Tschad: **Zollkontrolle:** Sehr gründlich, das Fahrzeug wird vollständig durchsucht! Bei der Unterpräfektur (ca. 1 km östlich der Tankstelle) kann man CFA-West in CFA-Ost wechseln. Die Weiterfahrt Richtung Tschad-Grenze empfiehlt die Polizei nur in Begleitung eines ortskundigen Führers.

Nguigmi – Koufey – Bilma

Bis Koufey erlaubt, jedoch mit normalem Fahrzeug nicht möglich, da die Piste total versandet ist und nicht unterhalten wird.

Die weitere Durchquerung des Erg von Bilma, von Koufey nach Bilma und umgekehrt, ist eine der schwierigsten Saharastrecken und nur mit mehreren Geländefahrzeugen in sehr gutem Zustand und mit Führer (in Nguigmi) möglich. Ob die Route derzeit erlaubt ist, muss vor Ort erfragt werden. Die Sicherheitslage im nahen Tschad lässt es seit Ende 2002 nicht ratsam erscheinen, diese Strecke zu benutzen. Infos am zuverlässigsten im Internet z.B. unter www.klaus.daerr.info oder starten Sie eine eigene Suchanfrage unter der Adresse www.sahara-info.ch.

Nguigmi – Nokou (Tschad)

Dasselbe wie für die Strecke Nguigmi – Koufey gilt für die Weiterfahrt nach Nokou (Tschad). Auch sollten Sie bei dieser Strecke die grundsätzlichen Sicherheitshinweise für den Tschad beachten. Das Auswärtige Amt schreibt dazu (Okt. 2002): „... sind Reisen im nördlichen Tschad (außer Provinz Ennedi) mit erheblichen Gefahren verbunden. Daher wird von solchen Reisen abgeraten.

Sie werden auch von den tschadischen Behörden nicht genehmigt. ... Zurzeit ist die Versorgung mit Kraftstoff nicht mehr gewährleistet."
(www.auswaertiges-amt.de)

Die „Route de l'Uranium" bis zur Grenze Algeriens:
Birni-Nkonni – Tahoua – Agadez – Arlit – Assamaka

Birni-Nkonni – Tahoua – Agadez (768 km)

Die Hauptverbindungsroute in den Norden ist bis Agadez (und weiter bis Arlit) **durchgehend asphaltiert.** Die Pflicht, sich einem Militärkonvoi zwischen Tahoua und Agadez anzuschließen, besteht nicht mehr. Man kann – wenn es sein muss – an einem Tag von Niamey nach Agadez fahren, da viele Straßenkontrollen entfallen sind. Die Straße ist weitgehend in gutem Zustand. Achten Sie auf überraschende und sehr tiefe Schlaglöcher. Sie sind – bei Voraussicht – an den Spuren Vorausfahrender zu erkennen, die auf die Straßenböschung ausweichen und von dort Staub und Steine auf den Asphalt tragen. Vermeiden Sie unbedingt Nachtfahrten! Es sind nachts viele Tiere unterwegs, und gerade Esel halten sich in kühlen Nächten gerne auf dem noch warmen Asphalt auf! Bis Tahoua ist der Verkehr noch recht rege, nimmt dann aber bis Agadez deutlich ab und kann dann zwischen Agadez und Arlit nur noch als „sporadisch" bezeichnet werden. Die Straße wird „Route de l'Uranium", „Straße des Urans", genannt, weil ihr Ausbau vor allem erfolgte, um das riesige Tagebaubergwerk in Arlit zu versorgen und das abgebaute Uran nach Süden zu transportieren.

Zweigt man östlich von Birni-Nkonni auf die nach Norden führende Asphaltstraße ab, so gelangt man nach 73 km in den Marktort **Badéguichéri** (donnerstags großer Markt) und nach 122 km in die Stadt Tahoua.

Tahoua

In der **viertgrößten Stadt** der Republik Niger leben insgesamt ca. **50.000 Menschen,** hauptsächlich Haussa, Fulbe, Tuareg und Bouzou (ehemalige Abhängige der Tuareg). Eine der wenigen Attraktionen ist die rote Sanddüne am Nordrand der Stadt und dies auch nur für den, der nicht aus der Sahara kommt oder nicht in diese weiterreisen will: Ihm bietet sich Besseres! Auf dem großen Markt am Sonntag werden Ihnen eventuell die **Dillali** auffallen, die als Vermittler und Dolmetscher tätig sind, weil viele Marktbesucher die Sprache des anderen nicht gut genug beherrschen oder sich des Handelns in der Marktsituation nicht sicher sind, die Preise nicht kennen usw. Zu den schönsten Produkten dieses Marktes zählen die bunten Webdecken der Haussa, aber auch Bodenmatten aus eingefärbten Blattteilen der Dum-Palme. Auch sonst finden Sie hier alles, was das Herz des Reisenden begehrt.

Ein großer Viehmarkt liegt am nördlichen Stadtrand.

Unterkunft/Verpflegung
● **Hotel Galabi Ader**
Nahe der Hauptstraße; DZ 8000 CFA; Campen 500 CFA/Person; kein Wasser, viele Moskitos!

● **Les Bungalows de la Marie**
Im Stadtzentrum; Bungalow für ca. 1000 CFA; Restaurant.

● **Hotel l'Amitié**
Am östlichen Ortseingang, nahe SNTN-Busbahnhof; DZ ca. 15.000 CFA.

● **Chez Fatima**
Restaurant mit afrikanischer Küche, nahe BIAO-Bank.

● **Camping du Stade**
Im Nordwesten der Stadt (N 14°54,00 / W 05°15,25); Barbetrieb, Sanitäranlagen stark verschmutzt, sehr teuer: pro Fahrzeug und Person 2200 CFA (verhandeln!).

● Achtung: **In den Banken** werden **keine Reiseschecks** gewechselt.
● Ein **Ausflug** zu dem 30 km nördlich von Tahoua liegenden Dorf **Barmou** lohnt sich vor allem am Donnerstag, wenn dort **Wochenmarkt** abgehalten wird.

Weiter auf der Hauptstrecke – jetzt in östliche und nordöstliche Richtung fahrend – passieren wir nach 50 km einen lang gestreckten See, das Mare von Tabalak-Meyroua, Wasser-Tabalak (Markt am westlichen Ortsrand am Freitag). Das einst recht kleine Feuchtgebiet wächst sich zu einem immer größeren See aus, Folge des in der Regenzeit wegen des immer schüttereren Bewuchses rasch abfließenden Regenwassers. Der kleine Weiler am Seeufer hat sich heute zu einer lebhaften Ortschaft entwickelt; früher waren Fischer auf dem See unterwegs, und so konnten sie dort auch Räucherfische erwerben.

Die Route de l'Uranium bis Algerien

Der Bewuchs wird immer spärlicher, je weiter wir nach Norden kommen; die letzten Hirsefelder bleiben zurück, Regenfeldbau ist jetzt nicht mehr möglich. Wenn wir dann nach ca. 135 km den etwas größeren Weiler **Abalak** (großer Markt am Donnerstag) erreicht haben, sind wir endgültig in den Regionen der Viehhalter und Nomaden angelangt. So könnten Ihnen die rotbraunen Lederzelte der Tuareg von der Gruppe der Kel Dinnik auffallen, die in dieser Region beheimatet sind. Von einer anderen großen Nomadengruppe hier, den Peul-Bororo (richtiger in ihrer eigenen Sprache Wodaabe genannt), werden Ihnen vor allem die großen schwarzen Rinder mit ihren lyra-förmigen Hörnern auffallen, die in den weiten Grassteppen überall unterwegs sind.

Ungefähr bei Km 160 liegen rechts und links der Straße zwei größere Brunnen, **Ekismane** ist erreicht. Kurz danach zweigt links in spitzem Winkel die alte Piste ab, über die man einst via In Gall und Assaouas auf schlechtester Piste Agadez erreichte. Heute gleiten wir auf Asphalt flott dahin, passieren verschiedene ganz junge Ortschaften und erreichen 110 km vor Agadez den Abzweig nach **Gall**. Seitdem dieser kleine Ort zwar auf Asphaltstraße erreichbar, aber etwa 50 km abseits der Durchgangsstraße liegt, hat er deutlich an Bedeutung verloren. Für die Viehhalter der Umgebung ist sein täglicher Markt aber immer noch eine große Attraktion. Ungefähr 90 km nördlich des Ortes liegen die **Salinen von Tegguidan-Tessoum** (s.a. bei Agadez), wo in aufwendigen Arbeitsprozessen mit Misch- und Verdunstungsvorgängen ein rötlichfarbenes Viehsalz gewonnen wird, das auf den Märkten der gesamten Region zum Kauf angeboten wird. Vielleicht sind Ihnen auch schon Bilder in verschiedenen Fotobänden aufgefallen, die die vielen runden Salinenbecken aus der Vogelperspektive zeigen – ein sehr weit verbreitetes Motiv.

Unmittelbar nach dem Abzweig fahren wir auf einer flachen Rampe die sich weit durch die Region ziehende Geländestufe der **Falaise von Tiguidit** hinunter; wie eine (allerdings 200 km lange) Bogen-Klammer umfasst sie die Südwestecke des Aïr-Gebirges und das dort liegende Agadez. Weite Ebenen, über die der Wind immer wieder Sand bläst, liegen jetzt vor uns. Etwa 50 km vor Agadez sollten Sie den rechten Straßenrand im Auge behalten: Hier liegt ein mächtiger versteinerter Baumstamm, der bei den Straßenbauarbeiten freigelegt wurde und nun einem Denkmal gleich den Straßenrand ziert. 403 km nach Tahoua erreicht man Agadez an einer Kontrollstelle.

Agadez

Nach Agadez ist wieder fast die touristische „Normalzeit" zurückgekehrt. Zwar mangelt es noch immer hinsichtlich der Zahl der Kunden, doch haben mit den regelmäßigen Charter-Flugverbindun-

Tabaski-Fest in Agadez (im Hintergrund das Minarett der alten Moschee)

gen in der Wintersaison wieder so viele Reisende den Weg in die Stadt gefunden, dass viele Reiseagenturen (wieder) entstanden sind, Hotels ihre Zimmer renoviert haben oder gar ganz neue Hotels gebaut wurden. Zwar kann wegen Überfällen durch Banditen noch immer nicht von einem „Reisen wie in der Schweiz" gesprochen werden, und vermutlich ist es auch – wie *Klaus Därr* schreibt – eine Illusion, zu glauben, es wäre in einem der ärmsten Länder der Erde möglich, ein so großes Gebiet wie den Nord-Niger lückenlos zu überwachen; die totale Sicherheit gibt es eben nicht, nicht in New York, nicht im Pentagon, nicht an deutschen Schulen und nicht im Nord-Niger. Dennoch halte ich es für vertretbar, auch mit eigenem Fahrzeug – allerdings unter Beachtung der Regeln – das Gebiet auf und abseits der Pisten unter Inanspruchnahme einer Reiseagentur oder auch nur eines Führers zu bereisen.

Agadez ist eine **eher kleine Stadt:** Alle Sehenswürdigkeiten, Märkte, Hotels, Restaurants usw. lassen sich gut zu Fuß bei Spaziergängen bis zu etwa 10 Minuten erreichen.

Die alte und **einst sehr reiche Handelsstadt** am Südrand der Sahara war bereits im 14. Jh. ein Treffpunkt für Händler aus den Ländern des Nordens und des Südens. Heute ist sie mit ca. **50.000 Einwohnern** wichtigstes Verwaltungszentrum des nördlichen Randgebietes der Republik Niger. Salzhandel spielte in dieser Wüstenstadt mit ihrer

typischen Lehmarchitektur schon immer eine wichtige Rolle. Obwohl in der Gegend von Arlit Uran abgebaut wird, scheint die Zeit in den Gassen der Altstadt und in der landschaftlich schönen Umgebung der Stadt stehen geblieben zu sein.

Sehenswürdigkeiten

Kaocen-Palast

In dem alten Palast ist heute das Hôtel de l'Aïr untergebracht.

Sultanspalast

Vierstöckiger Lehmkastenbau. Wohn- und Amtssitz des derzeitigen Sultans, der im traditionellen Leben der Stadt noch immer die wichtigste Rolle spielt. Im Hof seine malerisch rot gewandeten Wächter. Zum Ende des Ramadan finden vor dem Sultanspalast **Reiterspiele** statt; zeremonieller Höhepunkt des Festes ist der Ritt des Sultans mit seinem Gefolge um die Stadt.

Große Moschee

Klassischer Lehmbau, der mit seinen aus der Wand nach außen ragenden Balken an den sudanesischen Stil des Niger-Binnendeltas erinnert; im 12. Jh. erbaut; die gegenwärtige Form stammt aus dem 15. Jh. Vom 27 m hohen Minarett eröffnet sich ein fantastischer Blick auf die Stadt mit ihren rötlich-braunen Häusern und engen Gassen; bei klarer Sicht sieht man das Aïr-Massiv.

Großer Markt

(Fotografieren nicht mehr verboten!) Treffpunkt der verschiedenen Bevölkerungsgruppen (Tuareg, Bouzou, Haussa, Fulbe-Bororo). **Handeln Sie!** Neben den normalen Händlern trifft man solche, die Gris-gris (Amulette), Affenschädel, getrocknete Eidechsen und andere Zaubermittel verkaufen. Das berühmte, von den Tuareg-Silberschmieden hergestellte „Kreuz von Agadez" ist hier ebenso zu finden, wie das von In Gall, Tahoua, Zinder, Bilma etc.

Angeboten wird auch eine große Auswahl an Lederwaren (Sandalen, Beutel usw.). Besonders auffällig sind die Kamel-Satteltaschen der Tuareg, die an den drei Augen zu erkennen sind („Auge des Nachtvogels", „Auge der Sonne" und „Auge der Ameise"). Oft werden die in Reserviertechnik verzierten Lederschmuckdosen (Bata genannt) angeboten; geformt werden sie von den Männern, verziert von den Frauen.

Alte Stadtviertel

Östlich der Nord-Süd verlaufenden innerstädtischen Hauptstraße, im Viertel bei der alten Moschee. Ein Spaziergang durch die Gassen der Viertel ist besonders schön in den frühen Morgenstunden (ca. 8 Uhr), wenn in den Wohnvierteln das Leben erwacht, die Händler ihre Geschäfte aufmachen; etwas später sind dann auch die Handwerker (u.a. Silberschmiede, Kürschner, Schuster, Schneider, Spengler) in ihren Werkstätten zu sehen. Hier steht auch das Gebäude, in dem der Afrika-Forscher *Heinrich Barth* gewohnt hat. Das **Heinrich-Barth-Haus** wurde mit Unterstützung der Deutschen Botschaft renoviert und zu einem kleinen Museum umgebaut. Die Räume sind z.T. von der

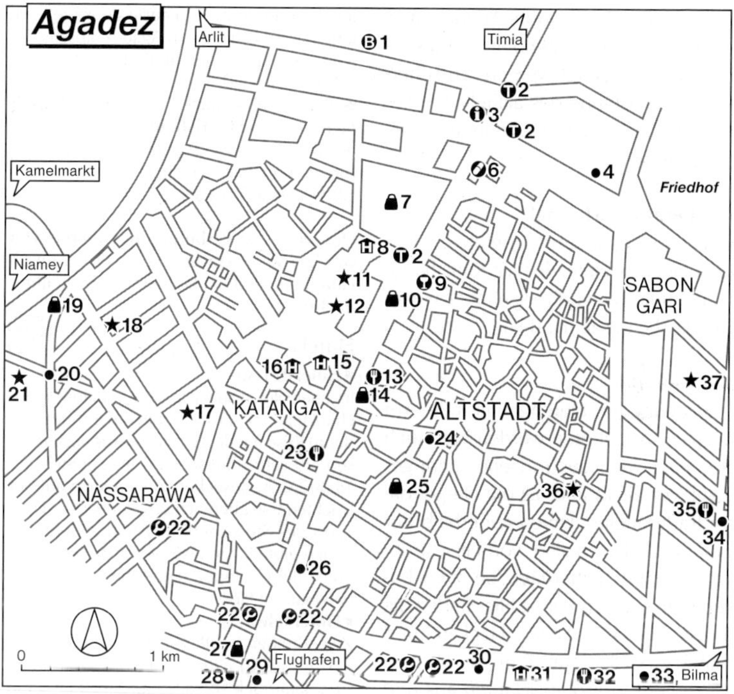

Karte S. 405 Unterwegs im Niger
AGADEZ 457

Agadez

ⓑ 1	Gare Routière (Busse, Taxis)	
🛢 2	Tankstelle	
ⓘ 3	Touristeninformation	
• 4	Polizei	
⊕ 5	Krankenhaus	
⊘ 6	Apotheke	
🔒 7	Souvenirläden	
🏨 8	Hotel Tidene	
ⓥ 9	Bar l'Ombre du plaisir	
🔒 10	Nachtmarkt	
★ 11	Sultanspalast	
★ 12	Große Moschee	
ⓥ 13	Restaurant Pillier	
🔒 14	Lebensmittelladen-Drogerie	
🏨 15	Hotel de l'Aïr	
🏨 16	Hotel Tellit und Agentur	
★ 17	Hauptmarkt	
★ 18	Schmied Koumama	
🔒 19	Hotel (und Annexe) Telwa	
🔒 20	Tiguidit (Agentur-Autovermietung)	
★ 21	"Centre artisanal"	
⊘ 22	Autowerkstaat	
ⓥ 23	Pizzeria	
• 24	Sanitätsstation	
★ 25	Maison du Boulanger (schönes Burgerhaus)	
• 26	Agentur Chiriet	
🔒 27	Mini-Market (Supermarkt)	
• 28	Reiseagentur Temet	
• 29	Reiseagentur Azalei	
• 30	GTZ	
🏨 31	Auberge d'Azel (Hotel und Reiseagentur)	
ⓥ 32	Restaurant Orida	
• 33	Agentur Pelerin du Désert	
• 34	Night-Club Belle Etoile	
ⓥ 35	Restaurant Chez Bibi	
★ 36	Heinrich-Barth-Haus	
★ 37	Kamelmarkt	

Wächter-Familie bewohnt, können aber gegen einen Unkostenbeitrag (auszuhandeln) besichtigt werden. Zu sehen sind Gegenstände des alltäglichen Lebens wie Haushaltsgegenstände, Sättel, Satteltaschen usw.

Cooperative Artisanal

Kunsthandwerker-Kooperative, gegenüber vom Hôtel de l'Aïr; Kunsthandwerk zu korrekten Preisen, aber wenig Möglichkeiten zu handeln.

Kamelmarkt

Jenseits der Durchgangsstraße im Westen. Angeboten werden hier auch Kamele, wenn auch in eher geringer Zahl, vor allem aber all die Dinge, die im traditionellen Leben außerhalb der Stadt erforderlich sind, von Hirsestroh-Matten über Futter-Heu bis zum berühmten Salz aus Bilma. Hier finden Sie Baumaterialien, Seile, Hacken und Schaufeln, Holz zum Bau von Hütten. Hirse liegt in großen Haufen aus und kann sack- oder kiloweise erworben werden. Die Kamele finden Sie eher im Innern des Marktes, andere Tiere, Schafe, Ziegen, Esel oder auch Rinder, am Rand.

Nachtmarkt

Jenseits der Nord-Süd-Straße im Ortsinnern am nordwestlichen Rand der Altstadt.

Touristeninformation

●**Direction Regionale de Tourisme ORT,**
ex Office national du Tourisme
B.P. 106, derzeit ohne Tel. Vermittelt Führer an Reisende mit eigenem Fahrzeug, fungiert als wichtiger Mittler zwischen den Behörden für das erforderliche „Feuille de route", sofern man im Umfeld von Agadez, abseits der Asphaltstraßen, in den Aïr-Bergen oder in der Ténéré reisen will.
●Die gute **IGN-Karte** (1:500.000) „**Massif de L'Aïr - Carte touristique**" erhält man in einer Boutique schräg gegenüber vom Hotel Aïr, aber auch in manchen Reiseagenturen, z.B. bei Dune-Voyages.

Hinweis: Es ist **verboten, im Umkreis von weniger als 5 km** um die Stadt herum zu **campieren und bei Einheimischen** zu **übernachten!**

Hotels

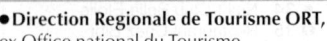

●**Hôtel de l'Aïr**
Im ehemaligen Sultanspalast (traditionelle Architektur), Tel. 440247; durch die (überstandene) Krise hat die Qualität etwas nachgelassen. 20 sehr unterschiedliche Zimmer, DZ 15.000 CFA. Besucher können auch auf der Dachterrasse übernachten (Fotoblick auf den Turm der Moschee!), Bier und andere Getränke gibt es nicht mehr vor. Beliebter Treffpunkt der Geländewagen-Fahrer. Bewachter Parkplatz im Hof.
●**Hôtel Telwa**
Zwei Straßen westlich vom Marktplatz; Tel. 440164, ca. 10 klimatisierte DZ ab ca. 14.000 CFA, Frühstück ab ca. 1500, Menü ab 3500 CFA. Hier befindet sich auch das Büro von „Air Inter Niger" (s.u.).
●**Auberge La Caravane**
Ähnliche Preiskategorie wie oben.
●**Hôtel Agreboun**
Westlich des Sultanpalastes, Tel. 440307; Zimmer ab etwa 4000 CFA. Restaurant, Parkplätze im Hof des Hauses.
●**Family House**
Einfaches, aber sehr sauberes und gemütliches Hotel; Freiluftkino direkt nebenan.
●**Hôtel Sahara**
An der Südwestecke des Großen Marktes, Tel. 440480; laut, hektisch, für hartgesottene Gemüter.
●**Hotel Pension Tellit**
Direkt gegenüber vom Hotel de l'Aïr mit Dependance im alten Stadtteil, Tel. 440231, Fax 440240, ca. 4 DZ, teuer, ca. 24.000 CFA; italienische Geschäftsführung, hübsche Bar und

schöner Blick von der Dachterrasse. Kein Restaurant im Haus, aber Restaurant Le Pilier nahe der Altstadt unter gleicher Leitung.
- **Hotel Tidène**
Neu erbaut, richtet sich vor allem an Gruppenreisende, nahe der Alten Moschee, Tel. 440258, Fax 440578. DZ 18 Euro. In Zusammenarbeit mit dem Reiseveranstalter Tidene, s.u., Reisebüros.
- **Hotel-Camping Agadez La Plage**
Neu erbaute Anlage 3 km außerhalb der Stadt an der Piste nach Timia, mit Pool. Unter italienischer Leitung. Für dortige Verhältnisse sehr exclusiv und sehr teuer; e-Mail: agadez@agadezlaplage.com, www.agadezlaplage.com
- **Hotel Auberge d'Azel**
Neu erbaute Anlage östlich der Altstadt an der Piste nach Bilma; richtet sich vor allem an Gruppenreisende; unter französischer Leitung; Tel./Fax 440170. In Zusammenarbeit mit dem Reiseveranstalter Agadez-Tourisme (s.u.), www.agadez-tourisme.com

Camping

- **Camping de l'Oasis**
Noch immer geschlossen.
- **Camping l'Escale**
Etwa 4 km außerhalb der Stadt, an der Straße nach Arlit. Die sanitären Anlagen sind etwas heruntergekommen; es gibt eine Bar, aber wenig Schatten! Preis ca. 2500 CFA.

Restaurants

- Soweit nicht anderes genannt, verfügen alle **Hotels** auch über gute Restaurants. Meines Erachtens am schönsten: Abendessen auf der Dachterrasse des Hotels de l'Aïr.
- **Belle Etoile** und **Orida**
Beide mit dem Auto in ca. 5 Min. von der Stadtmitte aus zu erreichen.
- **Tafadek**
Beim Markt gelegen; gutes Essen zu angemessenen Preisen, ruhiger Innenhof.
- **Chez Nous**
Beim Markt im Zentrum.
- **Islamique**
In der Nähe des Marktes; bekannt für sein gutes *ragout du mouton*.
- **Senegalais**
Im Stadtzentrum, Treffpunkt junger Leute.

- **L'Ombre du Plaisir**
Bar in der Nähe des Hotels Agreboun.
- **Le Ténére**
Bar in der Nähe des Wasserturms.
- **Café Guida oder Vittorio's**
Gutes italienisches Café mit Gelateria und Milch-Shakes; gegenüber vom Hotel Aïr.
- **Le Pilier**
Neu erbaut, vom selben Besitzer wie das Café Guida bzw. das Hotel Tellit, an der zentralen Nord-Süd-Straße.

Nachtleben

- **Djado** hinter dem Nachtmarkt.

Flugverbindungen

- Die Landebahn in Agadez befindet sich im Umbau, der Flugplatz ist geschlossen. Da Regenfälle im Sommer 2002 die Arbeiten teilweise wieder zunichte machten, ist für die Reisesaison 2003 nicht absehbar, ob und mit welchen Maschinen Agadez angeflogen werden kann. Regelmäßige Flugverbindungen (So) bestanden mit Air Algérie nach Tamanrasset (www.airalgerie.de, www.airalgerie.dz und www.airalgerie.fr). Die wöchentlichen Charter-Flüge von Point-Afrique wurden (wie alle Flüge aus Europa) bereits nach Niamey umgeleitet (www.point-afrique.com).
- Das Büro von **Air Inter Niger** befindet sich in den Hôtel Telwa-Bungalows. Sa und Mo Flug Niamey – Agadez – Niamey mit einer kleinen 17-sitzigen Maschine; Preis einfach: ca. 300 Euro; aber auch andere interessante Strecken werden angeboten.
- Auch **Nigeravia** bedient auf Anforderung Agadez mit verschiedenen nationalen Destinationen (derzeit jedoch weicht diese Gesellschaft auf Arlit aus, siehe bei Niamey).

Busverbindungen

- Der **SNTN-Bus nach Niamey** fährt wieder regelmäßig (vor Ort erkundigen). Der SNTN-Busbahnhof befindet sich schräg gegenüber der Post beim Libyschen Markt.

Autowerkstätten

- **Garage Franco**
An der Straße nach Zinder.
- **Garage de l'Aïr**
Gegenüber vom Hôtel Telwa.

DIE ROUTE DE L'URANIUM BIS ALGERIEN

- **Garage Yahaya Ango**
In der Nähe des Hotel Agriboun.

Geld/Banken

- Die **BOA-Filiale** am Markt hat wieder geöffnet. Hohe Gebühren und Kommissionen fallen an.

Formalitäten

- **Anmeldung bei der Polizei** direkt nach der Ankunft, um die obligatorische **Taxe touristique** in Höhe von ca. 2000 CFA zu zahlen und den Pass stempeln zu lassen.

Kulturelle Veranstaltungen

- Außer den bereits erwähnten Festen (Ende des Ramadan und Tabaski) wird 40 Tage nach dem Tabaski-Fest (Fête du Mouton) in Agadez das **Bianou-Fest** gefeiert, eine Art Maskenfest, dessen kulturhistorischer Hintergrund noch ungeklärt ist. Die bei diesem Fest von den Maskentänzern verwendeten Gesichtsmasken sind aus Kalebassen hergestellt

und für diese islamisch geprägte Region vollkommen untypisch.

Reisebüros

Viele Reiseagenturen in Agadez bieten ihre Dienste an.

- **Adrar Bous**
Tamanrasset, Zweigstelle in Agadez; gilt als sehr zuverlässig.
- **Agadez Tourisme**
Tel./Fax. 440170; französich-nigrische Inhaber und Eigentümer des Hotels Auberge d'Azel; www.agadez-tourisme.com.
- **Chiriet**
Tel. 440251, Fax 442040,
e-Mail: chirietvoyage@yahoo.fr
- **Dunes Voyages**
Konzentriert sich vor allem auf französisches Publikum; französische Inhaber.
- **Eouaden**
Organisiert Geländewagen- und auch Kameltouren, viel deutsches Publikum, Tel./Fax. 440183, in Deutschland 06447-92103 und 0228-264057; N 16°58,824 / W 8°0,548
- **Le Pélerin du Désert**
Tel. 440586, Fax 753790; Inhaber *Elkontchi Aoutchiki*, einflussreicher Ex-Rebell, gilt als zuverlässig,
e-Mail: pelerinduduesert_fr@yahoo.fr
- **Niger Ténéré Voyages**
Tel. 400147, vorwiegend italienisches Publikum, relativ günstige Preise.
- **Nouveau Desert Voyages**
Tel. 440300. Spezialisiert auf die noch wenig besuchten Naturregionen des Termit-Massivs. Einer der Mitinhaber, *Ahmed Illo Dizi*, spricht hervorragend deutsch.
- **Tchimizar**
Tel./Fax 440255, e-Mail: tvoyages@intnet.ne
- **Tidène**
Tel. 440568, Fax 440578,
www.tidene-expedition.de
- **Touareg Tours**
Tel./Fax 441013, e-Mail: ttours@intnet.ne

Targui-Junge

Ausflüge

Ausflugsziele abseits der asphaltierten Straße sind den Vorschriften entsprechend nur mit einer zuverlässigen örtlichen Agentur möglich (vgl. oben).

In-Gall

Alter Marktort am Kreuzungspunkt wichtiger Karawanenstraßen, 120 km westlich von Agadez, auf Straße zu erreichen. Er wird überwiegend von Nomaden (Fulbe-Bororo und verschiedenen Tuareg-Gruppen) bewohnt; Dattelpalmen und Oasengärten. Viele Feste finden nach der Regenzeit statt, beispielsweise die berühmte **„Cure salée"**, das Fest zur „Salzkur": Tuareg, Wodaabe und andere Ethnien erscheinen in ihren prächtigsten Festgewändern und präsentieren sich mit ihren schönsten Tieren. Viele Besucher aus nah und fern, das Fest hat einen guten Ruf bis in die USA! Auch viele Repräsentanten aus Niamey reisen an.

Tegguidda-n-Tessoum

88 km nördlich von In Gall. In **Salinen** wird mühevoll Salz gewonnen. Durch das Auslaugen von salzhaltigem Schlamm und der anschließenden Verdunstung der Sole in Becken wird die Konzentration so lange erhöht, bis man schließlich am Beckenboden Salz zusammenkratzen und daraus kleine rötliche „Salzbrote" formen kann. Das Salz wird als Viehsalz verwendet. Die Vielzahl von kleinen runden Becken in unterschiedlichen Verdunstungszuständen und demzufolge roten bis gelben Farbtönen wirkt aus der Vogelperspektive (z.B. vom Rand der Abraumhalden) besonders hübsch. Bilder der Saline finden sich deswegen oft in Fotobänden oder -kalendern.

Les Baguezans

Gebirgsmassiv etwa 130 km nordöstlich von Agadez; schwieriger Zugang, jedoch ideal für einen mehrtägigen Ausflug auf dem Rücken eines Kamels („Trekking"), da nicht für Fahrzeuge zugänglich.

Tafadek

Etwa 80 km nördlich von Agadez liegt eine **Heilquelle** (über 60°C heiß) – eher ein Erlebnis fürs Auge als für den (europäisch-verwöhnten) Körper!

Von Agadez nach Arlit und weiter bis Assamaka (Grenze Algerien) (243 km bis Arlit)

Von Agadez führt eine gute Asphaltstraße (Route de l'Uranium) nach Arlit. Die Strecke ist wieder frei zu befahren, eine Konvoipflicht besteht nicht mehr. Die Straße führt relativ weit im Westen der Aïr-Berge nach Norden. Aus dem Gebirge ziehen sich teilweise tief eingeschnittene Täler herab, die in betonierten Furten durchquert werden (möglicherweise problematisch in der Regenzeit). Die Täler sind hübsch und oft üppig grün. Die umgebende Landschaft dagegen wird – je weiter man nach Norden fährt – immer karger und kahler. Dunkle Felslandschaften werden ebenso durchquert wie hellsandige Flächen. 131 km nördlich von Agadez bietet sich die Möglichkeit zu einem Abstecher zu den berühmten **Felsgravu-**

ren im **Kori Dabous:** Man zweigt von der Straße auf eine kleine Piste ab, der man 6 km nach Osten folgt. Am Ende der Piste (N 17°53,182 / W 7°37,646) und hinter der Hütte eines Wächters (Besichtigung der Gravuren gegen einen auszuhandelnden Obolus) liegt ein massiger Felsklotz, auf dem sich verschiedene Gravuren finden, die zu den besten der gesamten Sahara zählen. Am bekanntesten ist die 5 m große Abbildung einer Giraffe mit ihrem Fohlen.

Bei Km 196, d.h. etwa 47 km vor Arlit, zweigt nach rechts, nach Osten, die ausgeschilderte Piste in Richtung Gougaram und Iferouane ab. In den letzten Jahren war es problemlos möglich, auf dieser Piste auch ohne Genehmigung mindestens bis nach Iferouane zu fahren. In Iferouane (s.u.) allerdings befindet sich ein Kontrollposten, der die nur in Agadez erhältliche Bewilligung („Feuille de route") zur Bereisung des Aïr-Gebirges unbedingt sehen will – ggf. können Sie ihn für eine Weiterreise ja zu beschwatzen versuchen ...

Arlit

Arlit ist die **„Uranstadt"** der Republik Niger. Im Jahr 1965 wurde hier Uran entdeckt, 1971 die Urangrube der Gesellschaft SOMAIR (Société Minière de l'Aïr) in Betrieb genommen. In der fast baumlosen, wüstenhaften Landschaft mit Temperaturen von über 40°C wurden zunächst zahlreiche Bungalows für die Angestellten der Minengesellschaft errichtet – und innerhalb kürzester Zeit entstand nahebei ein Ort mit mehreren tausend Einwohnern! Zuzügler kamen nicht nur aus dem Niger! Die Hoffnung auf Arbeit wirkte wie ein Magnet auch auf andere Menschen in den armen Regionen Westafrikas. Dies führte nicht nur zur Änderung der Lebensgewohnheiten der dortigen Bevölkerung, sondern auch zu erheblichen sozialen Umschichtungen im Aïr-Gebiet; viele Nomaden wurden zu Lohnempfängern. Täglich kommen neue Zuwanderer. Der von Afrikanern bewohnte Teil des Ortes entlang der Durchgangsstraße ist ein ganz normales Straßendorf; das abseits für die Angestellten von SOMAIR errichtete Viertel umfasst nicht nur Wohnhäuser, Club, Pool, Gästehaus und Kantine, sondern auch ein Krankenhaus und eine Schule.

Für den **Bau dieser Stadt** mussten jeder Nagel, jede Schraube, jeder Löffel, jede Tasse von Frankreich auf dem Seeweg bis nach Cotonou (Benin) gebracht, dort verladen und mehr als 2000 km landeinwärts transportiert werden, damals noch größtenteils über Piste.

Das Uranerz wird im Tagebau gewonnen und in einem komplizierten technischen Verfahren von 2,5% auf 65% Urangehalt angereichert.

Touristenbüro
● **Office National du Tourisme**
B.P. 196, Tel. 452249 (war auch 2002 noch immer geschlossen!).

Hotels
● **L'Auberge**
Angenehme Atmosphäre und ruhig; in der Nähe vom Hotel Tamesna.
● **La Caravane**
Sehr sauber. DZ ca. 7000 CFA; man kann auf der Terrasse übernachten.
● **Hotel Tamesna**
Mitten im Ort, laut, DZ ab ca. 7000 CFA.

Camping

- Der Campingplatz (Ende 2002 noch immer geschlossen) liegt am Ortsausgang Richtung Agadez links, ist aber nicht ausgeschildert; der Platz war ein beliebter Treffpunkt der Reisenden.
- Auch der Campingplatz in der Nähe des Uranbergwerks ist noch geschlossen, auch ist nicht sicher, ob die Jugendherberge im Stadtzentrum wieder geöffnet hat.

Restaurants

- **Restaurant de L'Aïr**
Von Agadez kommend an der Hauptstraße auf der linken Seite.
- **Chez Mama**
Von Agadez kommend an der Hauptstraße auf der linken Seite.
- **Ramada**
Im Zentrum, in der Nähe der Post.
- **Cheval Blanc**
Hier wird man nur mit sauberer europäischer Kleidung eingelassen, da es sich um das Restaurant der französischen Uran-Gesellschaft handelt.

Busverbindungen

- **SNTN-Busse** verbinden Arlit mit Agadez und Niamey.

- **Krankenhaus Hôpital de la SOMAIR**

- **Werkstatt:** Bei Kfz-technischen Problemen hilft die Werkstätte der SOMAIR.

- Sehr schönen **Silberschmuck** gibt es bei *Anou Ousmane*, er ist Chef der Schmiede-Kooperative.

Arlit – Assamaka – In Guezzam (Algerien) (210 km)

Von Arlit gelangt man auf einer mit Fässern markierten Wüstenpiste in den **Grenzort Assamaka**. Die auf der ganzen Strecke vorherrschenden ebenen Sand- und Feinsteinflächen sind mit einem Geländewagen gut zu befahren; vereinzelt auftretende weiche Sandstellen und Dünenüberquerungen sind auf Umgehungspisten zu umfahren. Mit einem Nichtallrad-Fahrzeug haben Sie dennoch mit Sandproblemen zu rechnen; ohne vollständige **Sahara-Ausrüstung** und ohne ausreichende Wasser- und Treibstoffvorräte für eine rechnerische Strecke bis zum algerischen Grenzort In Guezzam sollten Sie diese Strecke nicht in Angriff nehmen. Auch das ist zu bedenken: Wenn Sie – mitten in der Sahara – am Grenzposten von Assamaka angekommen sind, müssen Sie weitere 400 km in rein wüstenhaften Regionen bewältigen, bis Sie in Tamanrasset wieder so etwas wie Zivilisation (Straßen, Geschäfte, Tankstellen, Hotels, Restaurants) erreichen. Bei der Aus- bzw. Einreise beim Grenzposten in Assamaka muss man mit einer ein- bis zweistündigen Prozedur (Stempel!) rechnen (die Einreise vollzieht sich jeweils deutlich langsamer!); manchmal kann man die Pässe auch erst am nächsten Morgen wieder abholen. Der Zoll macht eine Mittagspause von 12–16 Uhr!

Zu beachten ist, dass die Piste anders verläuft als bisher in den Landkarten (auch in der aktuellsten Michelin-Karte 953, Auflage 2001) eingetragen: Sie vollzieht einen deutlichen Bogen weit nach Norden zur Grenze von Algerien hin. Der Pistenbeginn liegt am Tor des Uranbergwerks in unmittelbarer Nachbarschaft des Flugplatzgebäudes im Nordwesten der Stadt (Richtungs-Wegepunkt N 18°47,639 / W 7°20,813). Die Piste ist flott bis sehr flott befahrbar. Der zunächst schüttere Akazienbewuchs wird immer lichter und ver-

Die Route de l'Uranium bis Algerien

schwindet schließlich ganz, je weiter wir in westnordwestliche Richtung vorankommen. Dann hat uns die Sahara endgültig im Griff: Bei Km 115 (N 19°17,334 / W 6°30,672) durchfahren wir ein kleines Dünengebiet; die Dünen sind abgerundet, aber doch sehr weich, und so zeigen etliche Autowracks, dass hier so mancher die Träume von einer gemächlichen Afrika-Reise buchstäblich im Sand begraben musste! Die Piste führt weiter nach WNW, bis sie bei Km 160 nahe einem Wegweiser „Djanet/Arlit" (N 19°29,926 / W 6°5,836) auf Westsüdwest abknickt (die Piste, die an dieser Stelle in Richtung Djanet abzweigt, ist übrigens verboten). Diese Richtung behalten wir dann bei, bis wir ca. 200 km nach unserer Abfahrt in Arlit den nigerischen Grenzposten **Assamaka** erreicht haben (N 19°20,229 / W 5°46,289).

Sind die Grenzformalitäten an diesem einsamen Wüstenposten erledigt, geht es erneut hinaus in die Sahara, jetzt nach Norden. Nach ca. 10 km überschreiten wir die Grenze zwischen Niger und Algerien in freier Wüste (N 19°25,858 / W 5°47,206). Über weite Sandflächen steuern wir eine eigenartige Fata Morgana an, die – schutzlos der gnadenlosen Sonne ausgeliefert – mitten in dieser gelb-gleißenden Fläche liegt: die moderne Grenzstation von **In Guezzam/Algerien** (N 19°28,964 / W 5°47,418). Die Grenzstation ist von einer hohen Mauer umgeben; wir fahren durch ein Tor hinein und – entsprechend dem Ablauf der Formalitäten – um das Gebäude herum. Die Einreise nach Algerien erfordert einigen Papier- und damit Zeitaufwand: Neben den üblichen Stempelverfahren bei der Polizei ist ja beim Zoll eine Devisenerklärung auszufüllen und eine Kfz-Versicherung abzuschließen. Vom Grenzposten im freien Gelände bleiben noch 10 km bis in den Ort In Guezzam (N 19°34,238 / W 5°46,360), auch dabei sind weiche Sandfelder zu durchqueren, und ohne Allrad müssen Sie befürchten, hier nicht ohne weitere Schaufelaktionen anzukommen.

Auf einer Weiterfahrt von In Guezzam in Richtung Tamanrasset werden Sie (vermutlich zu Ihrer großen Überraschung) ca. 60 km neue Asphaltstraße (Stand Anfang 2003) genießen dürfen, bevor Sie sich auf markierter und fast immer stark ausgefahrener Piste weiter durch die Wüste nach Norden plagen. Die Strecke selbst und Alternativen zu ihr habe ich in anderen Publikationen ausführlich und mit vielen GPS-Wegepunkten dargestellt (z.B. Reise Know-How, „Algerische Sahara").

Karawane durch die Wüste

Die nordöstlichen Wüstenregionen

Aïr-Gebirge

Hinweis: Obwohl die Situation im Nordost-Niger insgesamt ruhig und stabil ist, kam es im Aïr und auch in der Ténéré immer wieder zu einzelnen Überfällen mit Fahrzeugwegnahmen durch **Banditen.** Betroffen davon waren auch ortsansässige Reiseagenturen, woraus man ableiten muss, dass auch die vorgeschriebene Genehmigung zum Befahren der Region und die ebenso obligatorische Begleitung durch einen Mitarbeiter einer solchen Agentur keine Sicherheits-Garantie darstellen. Vom Militär wurden zwei weitere Kontrollposten in der Region eingerichtet. Wie wirksam solche Maßnahmen sind, zeigt die Entführung von zwei Gendarmen durch Banditen mitten im Ort Iférouane im Sommer 2002! Vielleicht lesen Sie dazu noch einmal das von mir im Abschnitt Agadez wiedergegebene Statement von *Klaus Därr.*

Das **Genehmigungsverfahren** erfordert etwa einen Tag Zeit. Wer mit einer der ortsansässigen Reiseagenturen unterwegs ist, kann den ganzen Formalien-Kram getrost dieser überlassen. Wer sich – als Selbstfahrer – ohne eine solche bewegen will, wendet sich ans Touristen-Office (DRT) und erhält über dieses sowohl einen Führer vermittelt als auch die erforderliche Fahrgenehmi-

DIE NORDÖSTLICHEN WÜSTENREGIONEN

gung „Feuille de route", in der alle Orte vermerkt sein müssen, die man zu besuchen gedenkt. Dieses Papier ist vom DRT, von der Präfektur und von der Gendarmerie abzustempeln, ein Behördenweg, den üblicherweise das DRT durchführt. Der aktuelle Preis ist nicht bekannt, doch sind es vor allem die Kosten für das Begleitfahrzeug einer Reiseagentur, die ins Gewicht fallen.

Das **Aïr-Gebirge,** das im Norden mit deutlich niedrigeren Bergen allmählich ins Hoggar-Gebirge übergeht, besteht überwiegend aus dunklem vulkanischem Gestein. Es erstreckt sich von Norden nach Süden über 300 km und von Osten nach Westen über etwa 200 km. Untergliedert wird das markante und vielgestaltige Gebirge von zahlreichen tief eingeschnittenen **Tälern** (hier nicht Oued oder Wadi, sondern *Kori* genannt) mit teilweise üppiger Vegetation. Hier liegen auch die wie verwunschen wirkenden **Oasen** mit ihren schattigen Gärten; Dattelpalmen, Orangen und Granatäpfel gedeihen üppig unter diesen Schattenspendern, ebenso verschiedene Getreide- und Futterpflanzen. Höchste Erhebung im nördlichen Aïr ist der **Mont Greboun,** dessen Höhe fast 2000 m beträgt. Im Süden erhebt sich über dem Bagzan-Plateau ein Gipfel mit 2022 m, der **Idoukal-en-Taghes.** Häufig sind Gazellen zu sehen, in den östlichen Tälern immer wieder auch Strauße.

Gegen den Ostrand des Aïr-Gebirges branden die mächtigen Dünen der **Ténéré-Wüste,** die dann, im Gegensatz zu den schroff-dunklen Bergen, phantastische Kulissen bilden, etwa bei den berühmten **Temet-Dünen** oder bei der so genannten **„Krabben-Schere",** dem geologischen Phänomen eines nach Osten offenen Implosions-Kraters, in den hinein sich gleich einer Zunge ein langes Dünenband erstreckt. So wird die Aïr-Ostseite immer wieder als die schönste Wüste der Welt bezeichnet, ein Attribut, zu dem sicher auch die Tatsache beiträgt, dass hier noch viele und auch sehr schönheitsbewusste **Tuareg** unter ursprünglichen Verhältnissen leben. Interessante und teilweise auch sehr malerische Orte sind etwa die Oase Iférouane oder auch Timia. Dem Reisenden mit Interesse an Geschichte und Kultur bieten sich prähistorische Fundstätten an vielen Stellen, die **Ruinenstadt Assodé** oder – besonders an den Gebirgsrändern – **Felsgravuren** von hoher künstlerischer Qualität. So steht die gesamte Ténéré-Wüste seit 1991 als Welterbe und Naturdenkmal unter UNESCO-Schutz (vgl. im Internet www.Schaetze-der-Welt.de).

Das Aïr-Gebirge ist das Heimatland der **Tuareg Kel Aïr,** die sich in verschiedene regionale Gruppen untergliedern. Die Frauen der Kel Aïr kümmern sich um die Ziegen, aus deren Milch ein schmackhafter Käse zubereitet wird. In den Aufgabenbereich der Männer fällt die Haltung der Kamele. Die Schmiede der Region sind bekannt für qualitativ guten **Silberschmuck;** aus der Tradition der steinernen Oberarmringe hat sich heute die Produktion von **Specksteinfiguren** entwickelt, deren einfallsreiche Vielfalt bei vielen Touristen auf Interesse stößt. An verschiedenen Orten, so z.B. in der Oase El Meki, wird auf sehr einfache traditionelle Art **Zinn** abgebaut. Noch immer führen die Tuareg dieser Bergregion die berühmte **Salz-Karawane** durch die Ténéré-Wüste bis nach Fachi oder gar bis Bilma durch – bis heute eine sehr mühsame und auch nicht ungefährliche Angelegenheit.

Von Agadez nach Iférouane

Obwohl es sich um eine markierte und deutlich ausgefahrene Piste handelt, besteht auch in ruhigen Zeiten Führerzwang (siehe Hinweis zu Beginn des Aïr-Kapitels). Die Piste (sehr unterschiedliche Qualität, mal steinig, mal sandig, mal heftiges, mal schwaches Wellblech) führt durch sehr abwechslungsreiche Landschaft: Hügel, vegetationsreiche Trockentäler mit kleinen Nomadensiedlungen, Berglandschaften – ein stetig wechselndes Landschaftsbild.

Man verlässt Agadez nach Norden und folgt auf ausgefahrener Piste über etwa 44 km dem **Kori Téloua** (auch Telwa), dem Tal, an dem auch Agadez selbst liegt. Verschiedene kleine Ortschaften liegen am Weg. Erst bei N 17°18,079 / W 8°7,855 führt die Piste aus dem Tal heraus und über öde steinige Flächen weiter. Etwa 14 km (N 17°24,768 / W 8°4,245) weiter zweigt eine Piste nach links ab, die einerseits zu den Thermalquellen von Tafadek, andererseits über die Ebene von Talak weiter auch nach Arlit führen würde: Wir halten uns rechts. Vorbei an einem ausgeschilderten Abzweig nach Aouderas erreichen wir nach 110 km den recht lebhaften Ort **El Meki.** Wir biegen hier nach Westen ab und nähern uns dem hoch aufragenden Berg Guissat, an dessen Fuß wir weiter nach Norden fahren. Am **Brunnen Anou Arren** (N 17°55,743 / W 8°13,429) halten sich häufig Nomaden mit ihren Tieren auf. Die Landschaft wirkt dramatisch und wird immer dramatischer – alpine Landschaft mit saharischen Aspekten. Wir münden in ein Kori ein und fahren (vorsichtig, es gibt offene Brunnenlöcher!) ein Stück des Weges auf dem sandigen Talgrund. Dabei passieren wir nach ca. 150 km (Km-Stein!) den **Brunnen Malletas.** Mit etwas Glück sehen Sie Affen, die allerdings bei Annäherung rasch flüchten. Ein Schild weist ein westlich der Piste liegendes Jagdgebiet aus. Die Bilet-Berge liegen im Osten. Später passieren wir den kleinen Weiler **Oufen** (er liegt südlich der Piste, auf der wir jetzt nach Osten fahren). Erneut passieren wir ein Schild „Zone de chasse" (N 18°5,762 / W 8°32,658); hier zweigt eine Piste nach Norden ab, die unter Umgehung von Timia (hier befand sich früher ein sehr steiler und nicht von jedem Fahrzeug überwindbarer Steilanstieg) direkt weiter nach Iférouane über Assodé führt. Ein Berg liegt am Wege, der den vulkanischen Charakter des Aïr betont; ich habe ihn den „Vesuv des Aïr" getauft. Es geht durch weite Savannenlandschaften, die eine abwechslungsreiche Bergkulisse umrahmt. Wir passieren den Km-Stein 200 (seit Agadez) und wenig später den Ort **Kreb-Kreb,** hinter dem im Norden mit steilen Flanken der massige Adrar Egalah aufragt. Wir fahren hinein in steiniges Gelände, es geht steil und steinig bergauf. Es entsteht der Eindruck, in einem riesigen Schlackenkasten unterwegs zu sein; die seltenen Km-Steine am Weg haben etwas Rührendes; die Vorstellung, auf einer „Route National" unterwegs zu sein, ist fast skurril. Wir sind nicht mehr weit von Timia entfernt: Ein Abzweig bei Km 221 (N 18°5,509 / W 8°45,816) führt uns zu der bekannten **„Cascade de Timia"**, dem Wasserfall von Timia, wo das **Kori Timia** (so es denn Wasser führt) über Basaltfelsen in die Tiefe stürzt – üblicherweise nichts als ein Rinnsal, immerhin aber malerisch und deshalb ein beliebtes Touristenziel. Die Tuareg-Schmiede haben dies erkannt: Fast immer hält sich hier eine kleine Gruppe von ihnen auf und bietet auf einem improvisierten Jahrmarkt verschiedene Erzeugnisse ihrer technischen und künstlerischen Fähigkeiten an.

Ein letzter Anstieg steht uns noch bevor, der früher die Schlüsselstelle der gesamten Strecke war, kaum zu bewältigen von einem normalen Fahrzeug. Deutsche Entwicklungshilfe in Form des legendären „Pit" aus dem Schwäbischen hat in mühevoller Arbeit den Anstieg entschärft. Oben erreichen wir wieder den sandigen Untergrund des Koris, fahren in diesem sanft bergauf; vor uns liegt die malerische Bergoase **Timia,** überragt von seinem Fort Massu, in dem sich einst die Franzosen als Herren über das wunderschöne Bergland fühlen konnten; im renovierten Fort ist die Einrichtung eines Hotelbetriebs in Planung. Timia überrascht mit seiner Ausdehnung – und bietet dennoch kaum Versorgungsmöglichkeiten.

Auf der Weiterfahrt folgen wir dem Kori Timia bergauf, jetzt wieder nach Norden fahrend, verlassen ihn aber nach etlichen Kilometern nach Osten hin und überqueren einige Hügel. Bei Km 238 (N 18°12,284 / W 8°48,338) queren wir das **Kori Teja.** Die Piste ist in gutem Zustand. Nach einem passartigen Übergang mit weitem Ausblick führt uns die Piste durch abwechslungsreiche Berg- und Hügellandschaften jetzt in nordwestliche Richtung. Die Landschaft weitet sich, die Ebene von **Assodé** liegt vor uns. Vorbei am gleichnamigen Brunnen (auch hier fast immer Nomaden) erreichen wir die ausgedehnte Ruinenstadt bei Km 278 (N 18°27,234 / W 8°35,934). Die frühere Hauptstadt des Aïr zählte einst 1000 Häuser, doch schon zu Zeiten *Heinrich Barths* waren nur noch achtzig davon bewohnt. Um den Niedergang der am Schnittpunkt einst wichtiger Karawanenrouten liegenden Stadt ranken sich viele Legenden. Am südlichen Stadtrand liegt ein sehr großer Friedhof.

Wir fahren weiter NNW und erreichen ca. 3 km weiter (Gesamt-Km 281) einen deutlich **markierten Abzweig:** Rechts ab geht es nach Tchin-Toulous und dann durch das Zagado-Tal weiter in Richtung Ténéré zu den landschaftlichen Höhepunkten des Aïr-Ostrandes:

a) Dort nach Süden abbiegend:

Kogo: Wo das Oued Zagado in die Ténéré „mündet", stößt man auf bläulich-weiße Marmorberge, umrahmt von dunklen Schutthängen des Aïr (N 18°57,251 / W 9°17,444).

Arakaou oder Pince de Crabe („Krabben-Schere"): Biegt man am

DIE NORDÖSTLICHEN WÜSTENREGIONEN

Ostrand des Aïr nach Süden ab, erreicht man nach ca. 30 km die spektakuläre Landschaft dieses Implosionskraters mit ca. 10 km Durchmesser. Auf seiner Ostseite durchbrochen, schiebt sich eine gewaltige Düne zungenartig in den Krater hinein (N 18°54,886 / W 9°35,344).

Täler von Anakoum, Tanakoum: etwa 35–40 km südlich von Arakou. Bedeutende Felsgravuren am Rande der Koris; dargestellt sind in perfekter Weise Giraffen, Rinder, Elefanten, Strauße und Personen mit Körperbemalung, Federschmuck und vermutlich Tanzszenen (Anakom N 18°37,621 / W 9°45,515. Tanakom N 18°33,845 / W 9°47,375).

b) Dort nach Norden abbiegend:

„Blaue Berge": Etwas außerhalb schon in der Ténéré-Wüste zwischen wunderschönen Dünen liegen die „Blauen Berge", eigentlich nur bläulich-weiße Marmorberge ähnlich wie Kogo (s.o.), die im Kontrast zu den gelben Sanddünen jedoch ausgesprochen blau wirken – eine Wunderwelt (z.B. N 19°35,894 / W 9°11,846)!

Adrar Chiriet: Malerisches Vulkanmassiv, umrahmt von wunderschönen Dünen (z.B. N 19°17,204 / W 9°10,09).

Tazerzait: Brunnen, in der Nähe Felsgravuren auf einzelnen, frei liegenden Felsblöcken (N 19°18,879 / W 8°51,064).

Iwelen: Bedeutende Felsgravuren am Südwestrand des Mont Greboun (N 19°46,583 / W 8°26,0).

Temet: Die höchsten Dünen der Südsahara erheben sich aus dem Oued Temet (ca. 300 m) und bieten nach Besteigung einen bezaubernden Ausblick auf die Ténéré und den Mont Greboun, sowie das nördliche Aïr (z.B. N 20°0,873 / W 8°40,896).

Adrar Bous: Dem Aïr im Nordosten vorgelagertes kleines Bergmassiv, das etwa 40 km weit in die flache Ténéré du Taffassaset hineinragt. Ergiebige prähistorische Funde haben dieses Massiv berühmt gemacht. Zahlreiche Forschungsgruppen haben hier Gräber, ausgetrocknete Tümpel und andere Fundstellen untersucht (beispielsweise N 20°18,520 / W 9°1,420)

Unser Weg nach Iférouane führt am Abzweig (s.o.) geradeaus weiter. Rechts am Weg liegt der Vulkan Tchin-Awak. Nach weiteren 25 km (gesamt 293 km) kommt an einer weiteren ausgeschilderten Abzweigung (N 18°39,823 / W 8°33,599) die nördliche Zufahrt nach Tchin-Toulous wieder zu unserer Piste hinzu. Wir fahren geradeaus weiter durch ungemein vielgestaltige Berglandschaften. Rechts voraus türmt sich die gewaltige Felsmasse des **Adrar Tamgak** auf. Vor dessen rötlich farbenen Felsen liegt dann der Ort **Iférouane**, den wir bei Km 345 (N 19°4,461 / W 8°25,143) erreichen.

Sicher nicht die schönste Eigenschaft dieses Ortes ist die Tatsache, dass sich hier ein **Gendarmerie-Posten** befindet, der üblicherweise darauf besteht, dass man bei ihm vorstellig wird. Nur mit viel Vorbehalt gebe ich den Tipp weiter, dass Sie – in Gegenrichtung fahrend – diesen Posten ggf. beeinflussen können, Sie auch ohne Genehmigung (von Norden, aus Arlit kommend) weiter in Richtung Timia fahren zu lassen. Bei mir hat es jedenfalls funktioniert. Aber angesichts der unsicheren Zeiten wiegt natürlich das Argument schwer, ohne offiziellen (sprich bezahlten) Begleiter sei die Überfallgefahr größer; was ich davon halte, habe ich mit meinem Hinweis auf Überfälle auf Fahrzeuge einheimischer Reiseagenturen ja schon deutlich gemacht ... Ein ökologischen Prinzipien folgend holzlos mit Tonnen-Kuppeln erbautes Hotel-Campement (**Hotel Tellit,** DZ 24.000 CFA) liegt am Weg und bietet seine Annehmlichkeiten an. Unter großen Bäumen versteckt sich in einer Nebenstraße ein moderner Brunnen, an dem Sie Ihre Wasservorräte ergänzen können.

Im Ort verzweigt sich die Piste: Links weg führt der Weg nach Südwesten in Richtung Gougaram, von dort zur Asphaltstraße, auf der dann – nach Norden fahrend – ca. 47 km weiter Arlit oder – südwärts – nach knapp 200 km wieder Agadez erreicht ist.

Von Agadez durch die Ténéré nach Bilma

Die Durchquerung der Ténéré-Wüste zählt je nach Wahl der Route eigentlich zu den weniger anspruchsvollen Routen der Sahara und darf dennoch – den Vorschriften folgend – nur mit zuverlässigen (mindestens zwei) Fahrzeugen und kompletter Sahara-Ausrüstung sowie ortskundigem, einheimischem Führer befahren werden. Ausreichende Wasser- und Benzinvorräte für mehrere Tage sind ebenfalls notwendig. Eine Genehmigung („Feuille de route", einzuholen in Agadez) ist zwingend erforderlich und wird unterwegs an verschiedenen Kontrollstellen geprüft. Schwer einzuschätzen ist die Sicherheitslage: Grundsätzlich ist aber davon auszugehen, dass in Grenzregionen, die zudem von regionalen Konflikten oder Rebellionen betroffen sind (insbesondere der Tschad), trotz Kontrollmaßnahmen durch die nigerischen Behörden eine hundertprozentige Sicherheit nie gewährleistet sein kann.

Für einen Führer plus Fahrer plus Auto muss man mit ca. 200 Euro/Tag plus Treibstoff rechnen.

Agadez – Leibwächter des Sultans

Auf den Dünen-Strecken, z.B. Agadez – Fachi – Dirkou sowie Bilma – Nguigmi, braucht man etwa doppelt soviel Treibstoff wie auf normalen Pisten.

Agadez – Bilma via Fachi: Die Strecke der Karawanen

Die Piste von Agadez nach Dirkou bzw. Bilma wird oft von **LKW** mit Ziel Libyen befahren; auf dieser Strecke versuchen viele auswanderungswillige Menschen aus Westafrika via Libyen Europa zu erreichen. Die Strecke Agadez – Dirkou – Sebha/Libyen gilt dabei als gefährlichste Etappe. Jährlich verlieren hier viele Menschen ihr Leben, weil sie z.B. völlig übermüdet nachts unbemerkt vom LKW fallen. Auf dem Rückweg transportieren die LKW Gastarbeiter aus Libyen oder auch Waren aus diesem Erdölstaat – der libysche Markt in Agadez ist Umschlagplatz für die Waren. Die Piste ist entsprechend tiefspurig ausgefahren. Ab dem Arbre du Ténéré verläuft die Piste parallel zu den auch von Karawanen benutzten Routen. Die Chance, solchen Salzkarawanen zu begegnen, besteht vor allem zwischen November und März.

Ein erster Kontrollposten liegt etwa 4 km außerhalb der Stadt (N 16°58,322 / W 8°1,772). Die Fahrbewilligung wird überprüft. Dann durchquert die Piste einige von Nord nach Süd verlaufende Koris, in denen einige kleine Siedlungen wie Toureyet und Barghot liegen. Außer Holz und evtl. Wasser bestehen dort jedoch keine Versorgungsmöglichkeiten. Etwa 160 km östlich von Agadez taucht links vorn die Bergspitze des **Amzeguer** auf. Ab etwa 200 km treten die Aïr-Berge, die uns bisher im Norden begleitet haben, zurück, die Piste wird nun immer breiter und zerfahrener, und jeder sucht sich seinen eigenen Weg Richtung „Arbre". Die weite Ténéré liegt vor uns. Beim GPS-Punkt N 17°35,943 / W 9°43,481 verzweigt sich die Piste: Die LKW-Strecke verläuft in einem weiten nördlichen Bogen weiter in Richtung Achegour-Dirkou. Wir folgen halbrechts der Piste weiter bis zum Arbre du Ténéré, dem berühmten Baum der Ténéré mit seinem Brunnen (N 17°44,681 / W 10°4,943). Mitunter treffen Sie auch hier auf libysche Lastwagen, haushoch mit Handelswaren und Menschen beladen.

Der berühmte **Arbre du Ténéré,** eine einzeln stehende Schirmakazie, ist zwar immer noch in der Michelin-Karte 953 eingezeichnet, existiert jedoch nicht mehr. Bis dieser Baum im Jahr 1973 von einem Lastwagenfahrer „aus Versehen" umgefahren wurde, diente er den Salzkarawanen und Wüstenfahrern als Orientierungspunkt; die Überreste des Baums sind im Nationalmuseum von Niamey ausgestellt. Ersatz und Orientierungspunkt heute ist eine Eisenstange mit astartigen Verzweigungen.

Auf dem weiteren Weg nach Fachi sind nun immer wieder **Dünenzüge** zu queren, die ungefähr in unserer Fahrtrichtung liegen. Das Gelände ist entsprechend weich und wird von LKW nicht mehr befahren. Eisenstangen zeigen jedoch den Pistenverlauf, auch wenn die Spur sich nicht immer an diese Markierungen hält. Weit voraus ist dann der dunkle Bergrücken erkennbar,

DIE NORDÖSTLICHEN WÜSTENREGIONEN

an dessen Fuß Fachi liegt. Nach 440 km sind wir im Ort (N 18°6,38 / W 11°35,256).

Fachi

Überragt wird der Ort von der **Burg Dada,** deren Mauern eine Höhe von 8 m haben; an den Ecken steht jeweils ein Wehrturm, im Hof der Anlage viele Lehmurnenspeicher, in die – obwohl teilweise beschädigt – noch immer Vorräte eingelagert werden. Früher diente die Burg bei Raubüberfällen den Bewohnern als Rückzugspunkt. Die Häuser sind, wie überall in dieser Region, aus Salztonziegeln errichtet, einstöckig und verschachtelt. Enge, verwinkelte Gassen führen durch das Labyrinth von Flachdachhäusern. **Oasengärten** mit Schatten spendenden Palmen und die Salinen gehören zu den wichtigsten Lebensgrundlagen der Bewohner. Die **Salinen** liegen im Südosten des Dorfes und lohnen einen Besuch: In tiefen Verdunstungsbecken wird die als Grundwasser anstehende Sole verdunstet; Salz sinkt zu Boden, das zusammen mit Lehm und Sand zu den charakteristischen Salzstöcken (runden Kilometersteinen ähnlich) oder Laiben (wie runde Brot-Laibe) geformt und verkauft wird.

Die Strecke weiter nach Bilma ist weiterhin mit Eisenstangen markiert. Die **Falaise von Fachi** (Eigenname Agram, eigentlich die südliche Verlängerung der auch in den Karten vermerkten Falaise von Achegour) wird in einem weiten Nordbogen (in der Michelin-Karte ist ein Südbogen vermerkt) überwunden, dann geht es weiter nach ONO; man fährt durch eine Zone von flachen Dünen, die immer wieder von weiten und sehr weichen Sandflächen durchsetzt sind. Im Winter begegnet man auf dieser faszinierenden Strecke, wie auch schon vor Fachi, den **Salzkarawanen** *(Tarhalamt;* der oft benutzte Ausdruck *Azalaï* bezeichnet die Salzkarawane von Timbuktu nach Taoudeni), die seit Jahrhunderten auf dieser Route ziehen. Schon weit voraus ist dann die im Vergleich zum Agram deutlich höhere Geländestufe des **Kaouar** zu sehen, und schließlich fahren wir vorbei an der Landepiste von Bilma über eine weite und sehr weiche Sandfläche hinab und auf den Ort Bilma zu (Km 600, N 18°41,81 / W 12°54,014).

Oase Bilma (Kaouar)

Dieser aus Salztonziegeln erbaute Ort, der überwiegend von Kanuri und Tubu bewohnt wird, ist seit Jahrhunderten wegen seiner Salinen bekannt. Meldung hat beim Militärposten im Ort zu erfolgen. Bar und Restaurant, bescheidene Lebensmittelläden stehen zur Verfügung. Eine gefasste **heiße Quelle** spendet ständig einen satten Strahl heißes Wasser (30–50°C), das dann durch die Gärten fließt; dort bilden sich kleine Seen (Bademöglichkeit).

Das **Fort** im Osten der Stadt wurde von den Franzosen erbaut; Überreste der Stadtmauern sind ebenfalls vorhanden. Dank der artesischen Brunnen und des hohen Grundwasserspiegels müssen die Dattelpalmen nicht bewässert werden. Die Oasengärten sind jedoch von Sand bedroht.

Sehenswert sind die **Salinen von Kalala,** die sich etwa 3 km nordwestlich von Bilma befinden. Die Techniken der Salzgewinnung entsprechen denen von Fachi. Auch die Salzformen sind identisch, und nur die Tuareg-Kenner vermögen an geringen Unterschieden der Herkunft des Salzes (Fachi oder Bilma) z.B. auf dem Markt von Agadez zu unterscheiden: Das Salz aus Bilma gilt als wirkungsvoller!

Die **Salzgewinnung** ist relativ harte Arbeit. In rechteckigen, etwa 2 m tiefen Becken, die durch kleine Mäuerchen abgetrennt sind, steht etwa kniehohes Wasser zur Verdunstung. Während der Wintermonate wird nicht in den Salinen gearbeitet, da der beständig wehende Wind Sand in die Verdunstungsbecken trägt. Das relativ grobkörnige Beza-Salz wird zum Kochen verwendet, während das Kantu-Salz (zu Salzstöcken geformt) als Viehsalz benutzt wird. Letzteres ist für den Handel wesentlich wichtiger. Es wird im Herbst, kurz vor Ankunft der Salzkarawanen, produziert und hat auch eine andere Zusammensetzung als das Beza-Salz. Früher war Kalala bewohnt; heute dienen die halb verfallenen Hütten lediglich den Salinen-Arbeitern als Schutz vor der größten Mittagshitze.

Variante Agadez – Bilma über Achegour – Dirkou

Diese Variante (Streckenbeginn ca. 40 km vor dem Arbre du Ténéré, s.o.) wird heute in einem immer weiter nach Norden ausholenden Bogen befahren – Dünen haben sich weiter im Süden gebildet und stellen für LKW ein unüberwindbares Hindernis dar. Der Bogen führt bis zum **Adrar Madet** hinauf (dort ist ein kleines Dünengebiet etwa bei N 18°26,636 / W 10°29,245 zu durchfahren). 285 km nach dem Abzweig ist der Brunnen von Achegour erreicht (N 19°1,608 / W 11°43,719).

Achegour: Brunnen (2 m tief) mit leicht salzigem Wasser (trinkbar), ein beliebter Rastplatz für die LKW – deshalb ist die Umgebung verschmutzt: Tierkadaver, Autoreifen etc., Skorpione!

Die Piste ist ab Achegour mit Stangen markiert und einfacher zu befahren als die über Fachi. Bis Dirkou geht es über eine leicht wellige Sandstrecke, über weite Strecken (40–50 km) ziemlich weich. Entlang der Piste tauchen immer wieder Kamelgerippe auf; sie zeigen, dass diese Strecke auch von Karawanen benutzt wird. Zwei Strecken sind möglich, eine eher nördlich verlaufende LKW-Route und eine südlichere für leichtere Fahrzeuge. Vorbei an den **Kafra-Bergen** führen beide Strecken, und dann taucht wieder weit voraus die dunkle Stufe des Kaouar auf (s.a. Bilma), an dessen Fuß das ungemein lebhafte Dirkou liegt (Km 415 seit Abzweig, N 18°58,807 / W 12°52,277).

Dirkou: Meldung ist beim Militärposten am Ortsrand vorzunehmen. Treibstoff nur bei Händlern (wie „Jérome") mitten im Ort; ca. 300 CFA/l Diesel oder Normalbenzin. Kleines Restaurant; keine Übernachtung im Ort. Campen empfiehlt sich nur in mindestens 5 km Entfernung vom Ort, da sonst nachts mit dem Besuch einer Militärpatrouille zu rechnen ist.

Weiter bis Bilma geht es über eine leicht zu befahrende Piste 5 km westlich der Falaise de Bilma fast genau in Südrichtung; die Alternativstrecke durch die Palmengärten ist recht sandig und deshalb ziemlich schwierig zu befahren.

Bilma – Nguigmi

Die Strecke durch den großen Erg von Bilma ist auf langen Abschnitten pistenlos und führt über Ketten von sehr hohen Sanddünen, deren Überquerung mit zu den schwierigsten Strecken der Sahara zählt. Daher ist es unbedingt notwendig, einen ortskundigen, einheimischen **Führer** mitzunehmen. Eine Erlaubnis ist bei der Verwaltung in Nguigmi oder Bilma einzuholen. Fazit: eine Strecke für den Routinier, der seine Sporen auf vielen Sahara-Reisen zuvor erworben hat!

Dirkou – Djado

Landschaftlich besonders reizvoll ist auch die **nordöstliche Ténéré.** Dünen sind hier selten, der flache Untergrund ist überwiegend feinkiesig-fest (Sie werden mich verfluchen, wenn Sie doch in weichen Walrücken-Dünen festhängen!). Den Kontrast bilden stark erodierte Plateauränder mit dramatischen Felskulissen.

Die Piste Dirkou – Djado verläuft in 5–10 km Abstand von der Falaise. Im Norden des Kaouar-Gebietes liegt die **Oase Séguedine** (N 20°11,776 / W 12°58,070), wo Tubu leben. Der alte Stadtkern ist weitgehend zerfallen, die Mauern sind verwittert. Salz und Datteln sind die wichtigsten Produkte des Ortes, jedoch liegt die Bedeutung der Saline deutlich hinter Bilma oder Fachi, da Séguedine – weit im Nordosten von den Viehzuchtgebieten entfernt – von den Kamelkarawanen nur schwer zu erreichen ist. Nur die libyschen Lastwagenfahrer nehmen hin und wieder ein paar Säcke Datteln und Salz mit. Außer Trinkwasser keine Versorgungsmöglichkeiten. Sehenswert sind auch hier die **Salinen:** weißes Salz, grellgelbe Solebecken. Der **Pic Zumri** im Süden, ein auffallender, dunkler Kegelberg draußen in der Ténéré-Wüste, dient als Orientierung für die Wüstenfahrer.

Von Séguedine führt Richtung Nordosten eine Piste zum Brunnen von Madama und weiter nach Libyen (Achtung! Für Europäer keine Einreisemöglichkeit! Eine Ausreise und halblegale Einreise in den Niger ist jedoch möglich; siehe hierzu das Reisehandbuch „Libyen", REISE KNOW-HOW), Richtung Nordwesten eine andere zu dem einzigen noch bewohnten Ort **Chirfa.** Chirfa ist nicht nur Ausgangspunkt für den Besuch der „Wasserburg" Djado, sondern auch der spektakulären Felsnester von Djaba und Orida. Hier erfolgt erneut eine Kontrolle der Papiere (N 20°55,303 / W 12°19,405).

Bei Fahrten, die das Djado-Plateau zum Ziel haben, erklimmt man auf einer kaum erkennbaren Piste bei **Orida** die Plateauhöhe. Vor dem Ort befindet sich auf einem Felsen ein Militärposten, scheinbar ein lockerer Dienst (kaum Uniform). Im Ort ist Trinkwasser (gegen Gebühr) erhältlich. Das **Djado-Plateau** selbst besteht aus zerklüfteten Sandsteinen, aus denen vereinzelt Bergspitzen herausragen. Im **Blaka-Tal** zwischen diesen beiden Pisten findet man zahlreiche Felszeichnungen (Gravuren). Nach etwa 80 km ragt im Westen der Berg Oleki aus der hügeligen Hochfläche heraus. Chirfa wird von ein paar Tubu-Familien bewohnt, die einst aus dem Osten eingewandert sind. Das alte französische **Fort** aus dem Jahr 1923 erinnert an die Kolonialzeit. Nur wenige Kilometer nördlich von Chirfa befindet sich auf einem Hügel, der zum Teil von einem Tümpel umgeben ist, die alte befestigte Stadt **Djado** (N 21°0,957 / W 12°18,514). Eine Forschergruppe unter Leitung von *Dr. Uwe George* hat herausgefunden, dass Djado von berberischen Tuareg im frühen Mittelalter gegründet, im 15. Jh. gewaltsam zerstört und später von Süden her, aus Schwarzafrika, möglicherweise auch von Christen, erneut bewohnt wurde. Mitte des 20. Jh. haben Tubu die Stadt zerstört und erobert, vermutlich wegen der dortigen Palmenhaine. Die **Festungsanlage** kann besucht werden. Sie ist inzwischen ziemlich verfallen, niemand weiß, wann und warum sie gebaut bzw. verlassen wurde. Gerüchten zufolge wurde die Stadt wegen der zigtausend Malariamücken, die in den Sümpfen um die Festung hausen, verlassen. Auch jetzt noch sind die Moskitos bei den faszinierenden Klettertouren durch die verfallene Stadt eine große Plage.

Nördlich von Djado befindet sich die kleinere Schwesterstadt **Djaba** (N 21°4,670 / W 12°16,169), eingebettet in eine faszinierende Felslandschaft, unmittelbar vor dem aufragenden Plateau. Die einst aus Lehmziegeln erbauten Städte sind zwar inzwischen vom Verfall gekennzeichnet, die Ruinen bröckeln vor sich hin, die einmalige Schönheit der Lage ist aber jedem zugänglich.

Noch einige Kilometer nördlich von Djaba liegt **Orida** (N 21°6,447 / W 12°15,459, ein Felstor), wo eindrucksvolle Zeugenberge am Fuße des Plateaus, von hellem Sand umgeben, als weithin sichtbarer Orientierungspunkt dienen – eine überwältigende Landschaft.

Aus- und Einreise via Djanet/Algerien

Die Strecke von Chirfa nach Djanet (Algerien) ist – im Gegensatz zur übrigen Ténéré – für Europäer auch ohne Begleitung von ortskundigen Führern erlaubt; der Posten in Chirfa duldet die Ausreise ohne Auseiseformalitäten, vielleicht wissend, dass die Agenturen aus Agadez die Grenze zu Algerien nicht überschreiten dürfen. Die Strecke ist bis Djanet ca. 535 km lang und über weite Distanzen mit eng stehenden, 2,50 m hohen Balisen markiert (deshalb auch **„Balisen-Piste"** genannt, sie enden – bzw. beginnen in Gegenrichtung fahrend – jedoch bei Km 390 auf Höhe des Adrar Mariaou mit der Balise 1). Die russischen Generalstabskarten F-33-W (Chirfa), F-32-G (Adrar Bous), F-32-B (In Ezzane) und G-32-G (Djanet) zeigen die Situation ausreichend gut.

Die **Sicherheitslage** ist allerdings unbefriedigend: Die gesamte nördliche Ténéré ist noch immer Rückzugsgebiet von Banditen. Wiederholt kam es zu **Überfällen und Fahrzeugwegnahmen;** da davon bisher stets Nord-Süd-Reisende betroffen waren, keimte der Verdacht auf, „Verrat" in Djanet könnte im Spiel sein. Immerhin bekommen es ja genügend, auch zwielichtige, Gestalten in Djanet mit, wenn Ausreiseabsichten bestehen, und mindestens der Zoll ist wegen der Devisenerklärung darüber informiert, mit welch (großen?) verlockenden Geldbeträgen und welch tollen Geländefahrzeugen sich da Reisende ins saharische Niemandsland zwischen den Grenzen begeben! Ich rate deshalb von der Balisen-Piste – Nord-Süd-fahrend – derzeit ab; wählen Sie lieber den Umweg über In Guezzam, von Djanet aus z.B. über Youf Ehaket und Tagrira (vgl. die Route Nr. 20 in dem REISE-KNOW-HOW-Handbuch „Algerische Sahara"), besuchen Sie Aïr und Ténéré via Arlit und Iférouane, und wählen Sie die Balisen-Piste ggf. nur für den Rückweg; den Posten in Chirfa würde ich dann über Ihre Ausreiseabsichten – ob er ggf. zustimmt oder auch nicht – im Unklaren lassen. Die algerischen Behörden übrigens haben sich in letzter Zeit auch mit Einsatz von Hubschraubern bemüht, die Region sicherer werden zu lassen. Dennoch gilt das Statement im Kapitel „Agadez" zum Thema Sicherheit hier ganz besonders.

Eine Einreise in Djanet ist bei vorhandenem Visum möglich und wird von den algerischen Behörden geduldet. Die Einreise in den Niger jedoch ist offiziell nicht gestattet. Wer es dennoch wagen will, ist gut beraten, zuvor ein „Feuille de route" über eine der Agenturen in Agadez zu besorgen. Dann sollen, nach offizieller Version, die Botschaft des Niger und das Tourismus-Ministerium konsultiert werden, die darüber informieren, ob und unter welchen Bedingungen (nicht) eingereist werden darf. Die erforderlichen Kontakt-Adressen entnehme ich der Homepage von *Klaus Därr:* www.klaus.daerr.info/Lniger.htm:

- **Tourismus-Ministerium Niamey**
Herr *Boulou Akano,* Directeur, Tel. 00227-736522/23/22, Fax -732387
- **Botschaft des Niger**
Botschaftsrat Adamou, Tel. 0228-3502782
Kontakt zu in dieser Region erfahrenen Reiseveranstaltern in Deutschland:
- **Saro-Expedition**
Rosenheim, Tel. 08031-32758
- **Sun-Tours,** Langgöns, Tel. 06447-92103
Kontakt zu einem in dieser Region erfahrenen Reiseveranstalter in Agadez:
- **Le Pélerin du Désert**
Mr. Alkontchi Aoutchiki, Agadez, Niger, Tel. 00227-440586, Fax -753790, Mobil -972452, Sat-Tel. 0088216-22770464 ab 18 Uhr, e-Mail: pelerindudesert_fr@yahoo.fr (Korrespondenz in Französisch oder Englisch).

Von Chirfa nach Iférouane über den Arbre Thierry Sabine

Seitdem am ehemaligen „Arbre perdu", am verlorenen Baum, eine kleine Gedenkstätte zu Ehren des verstorbenen Begründers der Rallye Paris – Dakar eingerichtet und die schüttere Akazie in „Arbre Thierry Sabine" umbenannt wurde, ist sie häufig Ziel der Reiseagenturen aus Agadez auf ihrem Weg zum Djado-Plateau. Die Strecke ist außerhalb der Aïr-Berge leicht zu befahren und vermittelt etwas Surreales: Wir bewegen uns auf scheinbar endlosen Ebenen, irgendwo auf der Erdkugel, die sich ähnlich wie auf dem Meer auf dieser Strecke tatsächlich als Kugel empfinden lässt: flacher Horizont um uns her, alles ins gleißend saharische Licht getaucht. Dann taucht als dunkler Punkt am Himmel knapp über dem Horizont der **„Verlorene Baum"** auf, ein winziges Atoll mitten im Sandmeer (Km 125, N 20°37,982 / W 11°14,848). Bei der Weiterfahrt nach WSW passieren wir die eher unscheinbaren Grein-Berge (Km 165, N 20°28,25 / W 10°56,3) und später den bekannten **Adrar Bous** (s.o., Km 375, N 20°18,417 / W 9°0,083). Die jetzt deutliche Piste wendet sich am Rand des Aïr-Gebirges nach Süden, wo wir nach weiteren 65 km die für ihre Schönheit berühmten **Temet-Dünen** erreichen (Km 440, N 19°59,933 / W 8°43,167). Nach Süden und Südwesten zu führt uns die Piste durch die Aïr-Berglandschaften.

Nach weiteren knapp 100 km erreichen wir die Hauptpiste (N 19°15,26 / W 8°21,898), die nördlich von Iférouane in Richtung In Azaoua an die algerische Grenze führt. Auf ihr wenden wir uns nach Süden und erreichen den Ort **Iférouane** am Fuße des Tamgak-Massivs nach weiteren 20 km, Gesamt-Km 560 (Beschreibung s.o.).

Entlang der beschriebenen Strecke stehen noch immer große Markierungen (Balisen) der **Mission Berliet,** die (aus Werbegründen) das Ziel verfolgte, Techniken des Transportes in der Sahara mit wissenschaftlichen Interessen zu verbinden. Der französische LKW-Hersteller stellte einer Gruppe von Wissenschaftlern (u.a. *Henri Lhote)* neun Allrad-LKW vom bereits erprobten Sahara-Typ Berliet-Gazelle (Dreiachser, Allradantrieb), sechs Land Rover, einen Hubschrauber und ein Erkundungsflugzeug zur Verfügung, um einen direkten Weg durch die damals noch kaum bekannte Ténéré-Wüste in den Tschad zu erkunden und gleichzeitig die Geheimnisse dieser Wüste am Ende der Welt wissenschaftlich zu erforschen. Ende 1959 startete die Gruppe in Djanet und gelangte bis in den Tschad. Auf dem Rückweg Anfang des Jahres 1960 wurden dann an markanten Punkten oder bei wichtigen Richtungswechseln die Balisen gesetzt. So steht die No. 15 bei den Grein-Bergen, die No. 16 am Ende des Erg Capot-Rey und die Balise No. 17 am Beginn der Temet-Dünen aus Osten kommend, aus Richtung Adrar Bous. Der Adrar Bous selbst wurde sorgfältig erforscht; eine umfangreiche Sammlung vor allem neolithischer und prähistorischer Fundstücke gelangte so nach Frankreich, die lange Jahre in der Zisterzienser-Abtei von Sénanque in der Provence ausgestellt wurde.

Burkina Faso

von Thomas Baur

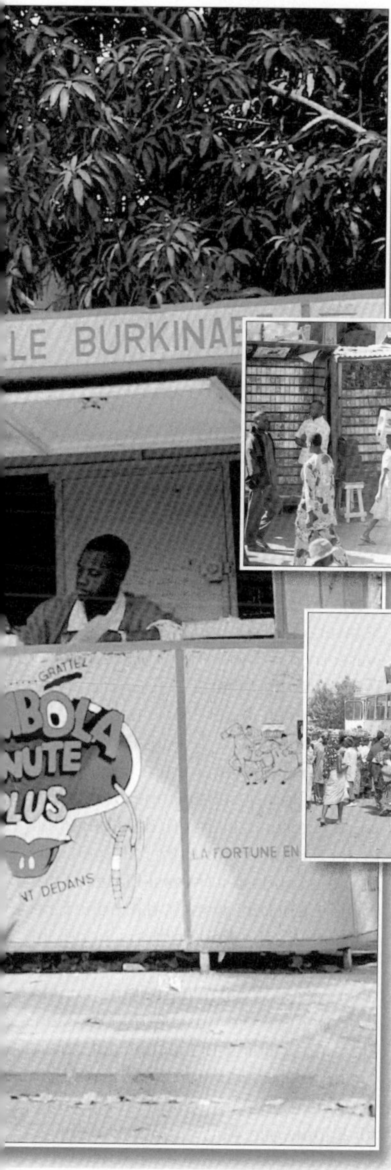

bf-tb-479a Foto: tb

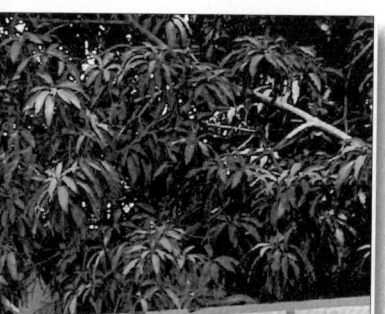

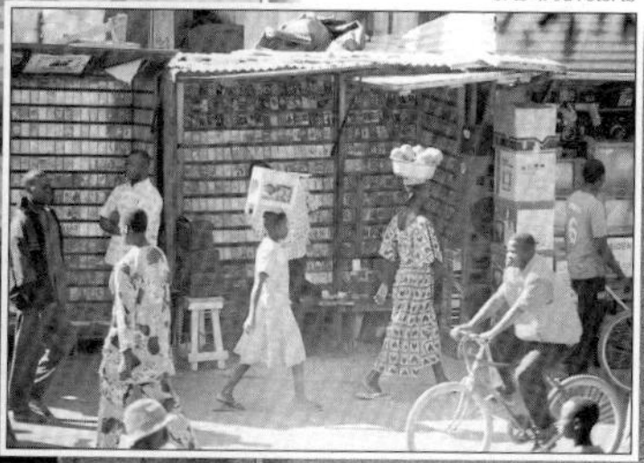

bf-tb-479b Foto: tb

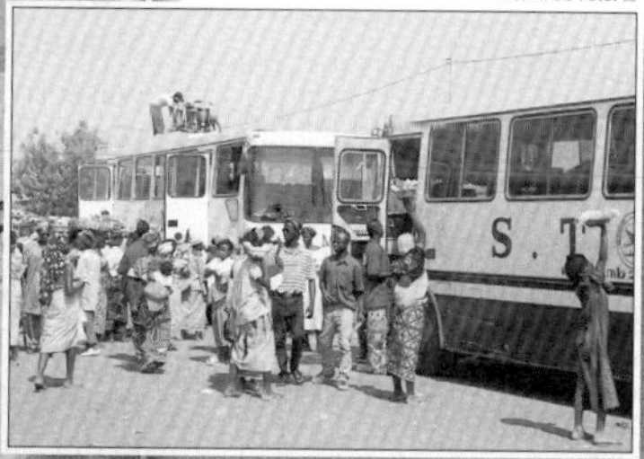

Pferdewetten – Volkssport in Burkina Faso

Straßenszene in Ouagadougou

Händler und Reisende am Busbahnhof

Landeskundliche Informationen

Geografie

Das Staatsgebiet von Burkina Faso (ehemaliges Obervolta/Haute Volta) erstreckt sich über eine Fläche von **274.200 km²** (etwas größer als Deutschland); das Binnenland (mittlere Entfernung zur Küste 500 km) wird im Norden von Mali und Niger begrenzt und im Süden durch Benin, Togo, Ghana und die Elfenbeinküste vom Meer getrennt. Es besteht hauptsächlich aus einem 250–350 m hoch gelegenen Plateau aus präkambrischen Schichten (Gneise, Granite), auf dem sich einzelne Berge und Felsen erheben; im SW ragt ein Sandstein-Tafelland (500 m) auf; höchste Erhebung ist mit 749 m der Tenakourou im Westen an der Grenze zu Mali.

Die **drei Quellflüsse des Volta,** Schwarzer, Roter und Weißer Volta, bewässern das Land. Nur der Schwarze Volta führt ganzjährig Wasser, die anderen versiegen in der Trockenzeit.

Der nordöstliche Teil des Landes liegt in der **Sahelzone** (durch Dornengestrüpp, Dornbuschsavanne und Halbwüsten gekennzeichnet), der übrige Teil in der **Savannenzone.** Im mittleren und größten Landesteil **(Mossi-Plateau)** dominiert Trockensavanne, d.h. hohe Gräser und Büsche sind vorherrschend; im Südwesten geht diese in Feuchtsavanne über, wo sich einzelne Bäume zunehmend gegen die Büsche durchsetzen. Einzelne Waldinseln tauchen auf, sowie Galeriewälder entlang der Flüsse. Die Feuchtsavanne ist Hauptanbaugebiet für Baumwolle, Reis und Zuckerrohr.

Landeskundliche Informationen
ÜBERSICHTSKARTE 481

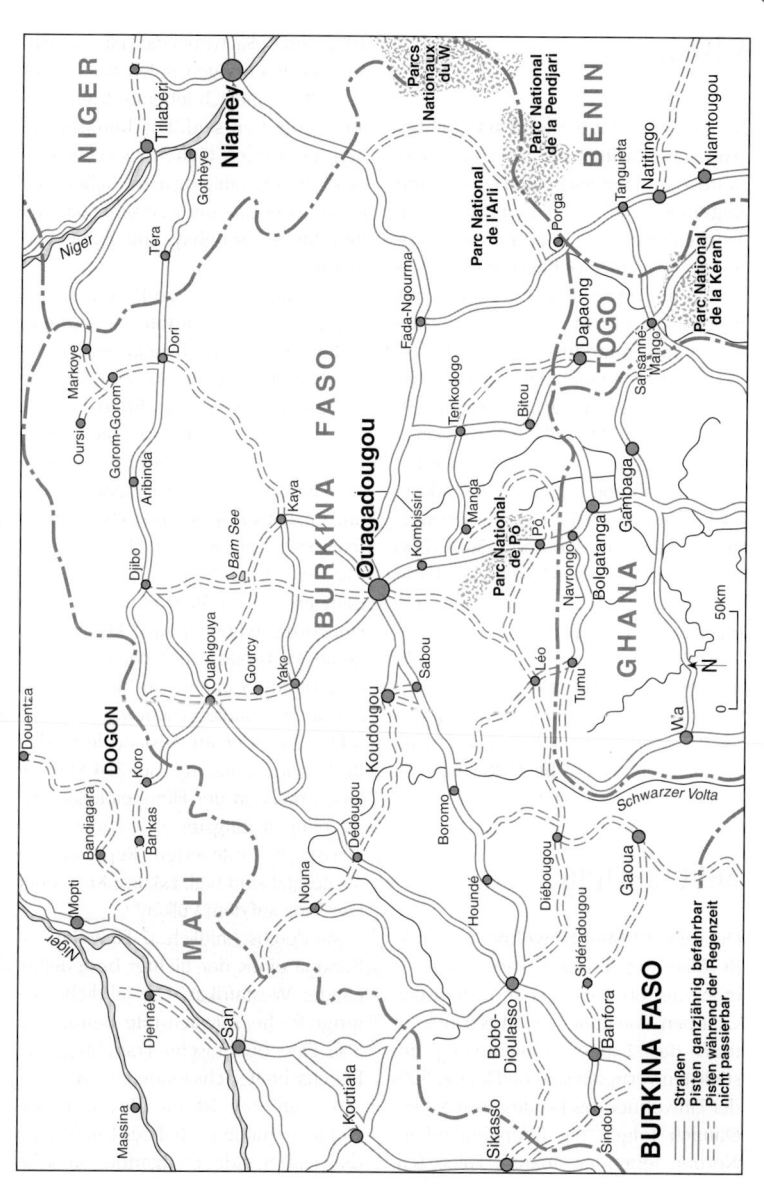

Klima

Burkina Faso hat ein **wechselfeuchtes tropisches Klima,** bei dem sich zwei Jahreszeiten unterscheiden lassen: eine **Regenzeit** (Juni bis Oktober) und eine **Trockenzeit** (November bis März), wobei die Monate April und Mai die heißesten sind. In der Trockenzeit weht aus nordöstlicher Richtung der Harmattan, ein Staub führender Wind, dessen „Sandnebel" manchmal tagelang die Sonne verdeckt. Dauer der Regenzeit, Häufigkeit und Menge der Niederschläge nehmen von Süden nach Norden hin ab. Während im Südwesten 1000–1300 mm Regen/Jahr gemessen werden, sind es im Zentrum 500–1000 mm/Jahr und im Nordosten (Sahel) nur sehr geringe Niederschläge, die manchmal ganz ausbleiben.

Im Süden herrschen relativ gleichbleibende Durchschnittstemperaturen von ca. 30°C, vor allem im Norden (Sahel) gegen Ende der Trockenzeit vielfach über 40°C. Die **beste Reisezeit** ist von Dezember bis März.

Bevölkerung

Die rund **12 Mio. Einwohner** zählende Bevölkerung Burkina Fasos umfasst mehr als 60 verschiedene ethnische Gruppen, von denen die **Mossi** im Zentrum des Landes zahlenmäßig am stärksten vertreten sind und knapp 50% der Einwohner des Landes ausmachen. Danach folgen die überwiegend im Norden lebenden Tuareg, Fulbe (ca. 10%) und Bella, wobei die Fulbe (Peulh) auch in den übrigen Teilen des Landes als halbnomadisch lebende Viehzüchter anzutreffen sind. Die Kurumba leben im Norden (Sahel) zwischen Aribinda und Ouahigouya; sie haben sich jedoch im Laufe der Zeit sehr stark mit den Mossi, Songhay und Fulbe vermischt.

Eine andere wichtige Bevölkerungsgruppe stellen die **Bobo** (ca. 8%) dar; Untergruppen sind Bwabas in der Gegend von Dédougou und Houndé, Bobo-Fing (im Westen) um Bobo-Dioulasso und die Bobo-Ule (im Osten). Weitere Ethnien sind die Lobi und Dagari (7%) im Grenzgebiet zur Elfenbeinküste und Ghana sowie Senufo (5%), Gurunsi (ca. 5%), Samou und Dogon, Bissa (5%) und Gourmantche (5%). Außerdem leben etwa **5000 Europäer,** meist Franzosen, in Burkina Faso. Die nachfolgende Webseite listet nicht weniger als 66 lebende Sprachen in Burkina Faso auf (www.ethnologue.com/).

Die Zahl der im Ausland lebenden Burkinabé schätzt man auf 2–4 Mio. Sie leben meist in der Elfenbeinküste, wo sie aber in jüngster Zeit zunehmend rassistisch motivierten Repressionen ausgesetzt sind (vgl. Exkurs „Krise oder Der Tanz auf dem Vulkan").

Mit durchschnittlich 37 Einw./km² ist Burkina eines der dichter besiedelten Länder Westafrikas. Die jährliche demografische Zuwachsrate beträgt ca. 3%. Eine burkinische Frau bringt im Durchschnitt sechs Kinder zur Welt.

Am größten ist die Bevölkerungsdichte im mittleren Teil des Landes, um die Hauptstadt Ouagadougou (Zuwachsrate von 9,8% jährlich); das Mossi-Plateau ist mit 77 Einwohnern/km² eigentlich überbevölkert, während im Norden (Sahel) nur ca. 9 Einwohner/km² leben. Die starke Bevölkerungszunahme in den letzten Jahrzehnten hat dazu beigetragen, dass die Dürreperioden der 1970er Jahre katastrophale Folgen hatten. In den Städten leben rund 20% der Bevölkerung. Wie in allen afrikanischen Ländern ist auch in Burkina Faso in jüngster Zeit ein starker Trend zur **Landflucht** zu beobachten. Trotzdem sind noch mehr als 80% der Erwerbspersonen im primären Sektor (Landwirtschaft, Viehzucht, Fischerei und Forsten) beschäftigt.

Sprachen

Französisch ist wie in allen anderen ehemaligen Kolonien Frankreichs Amtssprache. Sie ist die einzige in den Schulen unterrichtete Sprache (abgesehen von Koranschulen, in denen die arabische Schrift gelehrt wird), sie wird aber aufgrund der niedrigen Einschulungsquote nur von einer Minderheit der Bevölkerung verstanden.

So zahlreich wie die Stämme sind auch die Sprachen und Dialekte. Die verbreitetsten **Umgangssprachen** sind **Moré** (Sprache der Mossi, das mit Bobo, Lobi und Senufo zu den Gur-Sprachen zusammengefasst wird), **Dioula** (Sprache der Kaufleute) und **Fulfulde** (Sprache der Fulbe/Peulh). Andere Handelssprachen sind Englisch und Arabisch. Im Süden werden verschiedene Mande-Dialekte gesprochen.

Religionen

Von allen in diesem Band besprochenen Ländern praktiziert Burkina Faso die **laizistische Verfassung** am weitesten. Das Zusammenleben der einzelnen Religionsgruppen ist geprägt von Toleranz. So kann man etwa im islamischen Fastenmonat Ramadan tagsüber in einem Straßencafé ohne weiteres Bier trinken und ein Hühnchen verspeisen, ohne Anstoß zu erregen. In anderen Ländern des Sahel wäre dies kaum denkbar.

Etwa **50%** der Bevölkerung sind **Moslems,** 40% Anhänger von **traditionellen afrikanischen Religionen** und ca. **10% Christen,** vor allem Katholiken.

Für die staatstragende Ethnie der **Mossi** wurde die Welt von **Wendé,** einem obersten Gott, erschaffen. Alles wird durch seine Kraft *Nam* belebt, besonders das, was für das Überleben des einzelnen und der Gemeinschaft wichtig ist. Das Leben wird als Ausdruck der Kraft Wendés angesehen. Als *Tenga Wendé* gibt er der Erde Fruchtbarkeit, als *Tido Wendé* lässt er die Pflanzen wachsen. *Saga Wendé* ist die Macht Gottes, Regen zu schicken. Um Wendé herum kreisen ständig, jedoch schwer erreichbar, Geister, Ahnen und Vermittler zwischen den Menschen und der höchsten Gottheit.

Der **Ahnenkult** spielt bei den Mossi eine große Rolle. Es besteht eine Wechselbeziehung zwischen „Toten" und „Lebenden". Um die Kraft der Ahnen zu stärken, bringt man ihnen regelmäßig Opfer, betet sie an und verehrt sie, so dass diese genug Kraft haben, um ihre Nachkommen zu beschützen. Man fragt die Ahnen um Rat und lässt sie auch, soweit möglich, an den Ereignissen des Lebens teilhaben.

Jeder Bruch und jede Übertretung der Verbote rufen **Strafe und Rache** vonseiten der Gottheiten und Ahnen hervor; und bei jedem Verstoß sind für den Verantwortlichen Krankheit und Unglück die Folge. Ebenso werden die „natürlichen" Notstände (Dürren etc.) als Strafen angesehen.

Bestandteil der alten Traditionen in Westafrika ist leider immer noch häufig das grausame Ritual der **Beschneidung** der jungen Mädchen In Burkina Faso sind laut Amnesty International 70% aller Frauen beschnitten worden.

Der **Islam** hat die Grenzen des Mossi-Reiches erst gegen Ende des 18. Jh. erreicht. Der *Mogho Naaba* wechselte zum Islam über, ohne die Religion des Propheten seinen Staatsbürgern aufzuzwingen. Der Islam breitete sich nach und nach immer weiter aus und ist heute die in der Hauptstadt Ouagadougou am meisten praktizierte Religion. Die „neuen" Moslems trinken zum größten Teil weiterhin Dolo, bringen den Ahnen ihre Opfer und leben, vorausgesetzt, sie können es sich leisten, in polygamen Ehen. Kurzum: Der Islam wird in Burkina Faso wenig dogmatisch praktiziert.

Das Begräbnis-Ritual der Mossi

Nach Auffassung der Mossi gibt es für ein Individuum **drei verschiedene Tode,** die man nicht durcheinander bringen darf: der medizinische Tod im westlichen Sinne, der offizielle Tod, der oftmals einige Tage danach (zum Beispiel bei einem Dorfchef) stattfindet. Die Seele oder der Geist des (verstorbenen) Individuums verlassen den Körper jedoch nicht vor der Beerdigung, was die Mossi den „zivilen Tod" nennen und das Ende des hiesigen Lebens markiert.

Erst nach dem dritten Tod kann man alle Maßnahmen für das „Nachleben" einer Person treffen. Zwischen dem offiziellen und dem zivilen Tod ruht sich der Geist in Pouloumpoukou, einem heiligen Gebiet im Nordwesten von Ouaga, aus – so zumindest der Glaube der Mossi. Dies ist die Periode des Übergangs.

Bemerkenswert ist in diesem Zusammenhang die Tatsache, dass eine Person, die sich zu Lebzeiten gegen ihre Eltern gestellt hat, meist nicht das Recht auf eine pompöse Beerdigung hat – man unternimmt nur das Nötigste, um ihr das Verlassen der Erde zu ermöglichen.

Beerdigt wird ein Mossi relativ schnell, meist in der Nähe seines ehemaligen Hauses, d.h. in seinem Hof, in einem Betongrab. Es gibt jedoch auch mehrere Friedhöfe in Ouaga. Moslems und Christen setzen die Verstorbenen entsprechend ihren Bräuchen bei.

Geschichte

Felszeichnungen, die man in der Gegend von Banfora gefunden hat sowie zahlreiche von Archäologen ausgegrabene Steinobjekte lassen darauf schließen, dass das Gebiet des heutigen Burkina eine **lange Geschichte** aufzuweisen hat. Weiterhin weisen Untersuchungen aus jüngster Zeit darauf hin, dass man im 13. und 14. Jahrhundert im Süden des Landes Gold schürfte.

Ab dem 12. und 13. Jh. kamen in mehreren aufeinander folgenden **Einwanderungswellen** verschiedene Völker aus anderen Teilen Afrikas, um sich in diesem Gebiet niederzulassen; die Bobos kamen aus dem Nordwesten, die Mossi und Gourmantche aus dem zentralen Sudan, die Fulbe (Peul) aus dem Nordosten ebenso wie die Lobi.

Man nimmt an, dass die ersten Bewohner im Gebiet des heutigen Burkina Völker waren, die Gur- oder Volta-Sprachen gesprochen haben, wie zum Beispiel die Bobo und Senufo. Diese unterschiedlichen Volksstämme haben vor der Kolonisierung durch die Franzosen **zahlreiche Königreiche** gebildet, von denen die **Mossi-Reiche** Wagadugu, Yatenga und Gourma die bedeutendsten waren (s.a. Land und Leute Westafrikas/Geschichte).

Die anderen Völker im Westen widersetzten sich erfolgreich den sudanesischen Eroberern (Mali und Songhay). Erst gegen Ende des 19. Jh. kam dieses Gebiet ins Kreuzfeuer der Kolonialmächte Frankreich und Großbritannien. Den Franzosen gelang es schließlich nach der Militärmission von *Voulet* und *Chanoine,* das Gebiet zu erobern und im Jahr 1897 zum **französischen Protektorat** zu machen. 1932 wurde das Gebiet aus rein kommerziellen Gründen zwischen der Kolonie Französisch Sudan, Niger und Elfenbeinküste aufgeteilt. Im Jahr 1947 bekam **Haute-Volta** seine administrative und territoriale Einheit wieder, mit den heute noch gültigen Grenzen.

Erster Präsident nach der **Unabhängigkeitserklärung am 5. August 1960** war *Maurice Yameogo*. Fünf Jahre später kam es zum Putsch durch Oberstleutnant *Sangoulé Lamizana*. Danach wechselten Militärregierungen mit Zivilregierungen ab, auf eher diktatorische Strukturen folgten demokratische (Mehrparteiensystem etc.), Misswirtschaft und Machtkämpfe kennzeichneten die Politik des Landes, bis am 25. November 1980 mit einem Staatsstreich General *Lamizana* abgesetzt wurde und Leutnant *Saye Zerbo* mit Hilfe einiger Offiziere die Macht ergriff. Bereits zwei Jahre später wurde er von *Jean-Baptiste Ouedraogo* abgelöst. Am 4. August 1983 übernahm **Thomas Sankara** die Macht (s.a. entsprechenden Exkurs); er war schon zu Zeiten *Ouedraogos* Premierminister gewesen. Wenig später wurde Obervolta in **Burkina Faso** umbenannt – **„Land der Aufrechten".**

Ziel der links-sozialistischen Militärregierung, mit starken Anlehnung an den Ostblock, war die Umgestaltung der überkommenen Machtstrukturen; zur Durchsetzung ihrer Politik wurden „Komitees zur Verteidigung der Revolu-

tion" gebildet (CDR). Die Mitglieder des CDR wurden von der Bevölkerung gewählt, wobei in einem neunköpfigen Gremium mindestens eine Frau vertreten sein musste. Verwaltungsmäßig wurde das Land in dreißig Provinzen eingeteilt. Es liefen Kampagnen gegen Betrug und Korruption; vor revolutionären Volksgerichten wurden Politik- und Wirtschaftsvergehen untersucht. Wichtigste Ziele waren und sind die Förderung der Landwirtschaft (Selbstversorgung mit Nahrungsmitteln) und der Kampf gegen die zunehmende Desertifikation des Landes. Die Parolen lauteten: „Consommer Burkinabé" und „Pour un Burkina vert".

In den Nachmittagsstunden des 15. Oktober **1987** wurde **Präsident Thomas Sankara gestürzt** und umgebracht. Im Sportdress verscharrte man ihn und ein Dutzend Mitarbeiter auf einem Vorstadtfriedhof von Ouagadougou. Das politisch bewusste Afrika betrauerte den Verlust einer der wenigen progressiven Führer, die eine eigenständige und unabhängige Zukunft auf dem Schwarzen Kontinent verkörperten. Die Gründe für das Drama sind immer noch nicht völlig aufgeklärt. *Sankara* liebte rasche und oft auch einsame Entscheidungen, weil er nicht zu Unrecht der Meinung war, dass seinem Land die Zeit davonlaufe. Im Laufe der Jahre häuften sich die Differenzen mit den anderen „historischen" Führern der Revolution des 4. August 1983, *Blaise Compaoré, Jean-Baptiste Lingani* und *Henri Zongo,* über Tempo und Härte einzelner Maßnahmen, die im Fortgang der Revolution zu ergreifen waren. Da der Conseil National de la Révolution (CNR) mit seiner unklaren und wechselnden Mitgliedschaft kein klar definiertes Gremium zum Austragen politischer Differenzen war, häufte sich das gegenseitige Misstrauen. Schließlich kam es soweit, dass *Blaise Compaoré* und seine Freunde – ob zu Recht oder zu Unrecht, darf dahingestellt bleiben – davon überzeugt waren, dass *Sankara* sie am Abend des 15. Oktober festnehmen und erschießen lassen wollte. Sie kamen ihm zuvor.

Nach vier Tagen des nationalen Schocks sahen die Fernsehzuschauer am Montag des 19. Oktober den neuen **Präsidenten Blaise Compaoré** die Gründe für die Machtergreifung der Front Populaire erklären. Seither bemüht sich die Front Populaire im In- und Ausland um die Etablierung ihres Ansehens als wahre Sachverwalterin der Revolution des 4. August, deren Prinzipien angeblich von *Sankara* verraten worden seien. Am 18. September 1989 wurden auch die noch übrigen Rivalen *Compaorés,* die beiden Minister *Lingani* und *Zongo,* wegen eines angeblich geplanten Putsches gegen den Staatschef erschossen – „La Patrie Ou La Mort Nous Vaincrons!" (Zur weiteren Entwicklung siehe das folgende Kapitel „Politik".)

Ouagadougou – Rundgang auf der Kunsthandwerksmesse S.I.A.O.

Politik

Burkina Faso ist eine laizistische **Präsidialrepublik** nach dem Muster der V. Republik Frankreichs. Das seit 1990 von Präsident *Compaoré* verfolgte Ziel, eine **parlamentarische Demokratie** (wieder)einzuführen, ist formal inzwischen erreicht. Parteien sind zugelassen, die Pressefreiheit ist de jure wiederhergestellt, die Dezentralisierung hat begonnen. Dennoch: Präsident und Regierungspartei haben eine dominierende Rolle.

Im Frühjahr 1990 wurde ein Kabinett zur Ausarbeitung einer Verfassung gebildet. Am 2. Juni 1991 wurde die neue **Verfassung** in Volksabstimmung mehrheitlich verabschiedet. Von ca. 3,4 Mio. Wahlberechtigten hatten sich 1,66 Mio. am Referendum beteiligt, 1,62 Mio. stimmten für den vorgelegten Verfassungsentwurf.

Die neue Verfassung sieht u.a. Gewaltenteilung zwischen Exekutive, Legislative und Judikative vor sowie die Etablierung eines **Mehrparteienparlaments** mit einer Legislaturperiode von vier Jahren. Außerdem sind direkte allgemeine Präsidentschaftswahlen darin verankert; die Amtszeit des Präsidenten ist auf sieben Jahre begrenzt, wobei eine Wiederwahl möglich ist. **Grundrechte und Grundfreiheiten** der Bürger werden ebenso garantiert wie freie politische Betätigung im Rahmen der allgemeinen Gesetze. Die Verfassung sieht auch eine unabhängige – einem Obersten Gericht verantwortliche – Justiz vor.

Thomas Sankara und seine Politik

Sein Todestag, der 15. Oktober 1987, wird noch heute jährlich begangen. Man sieht es an den verstärkten Sicherheitsvorkehrungen in der Hauptstadt Ouagadougou, denn die „Sankaristen" sind immer noch eine starke Bewegung in Burkina Faso. Der Mythos, der weit über die Grenzen von Burkina Faso reicht, lebt weiter. Für viele Afrikaner ist *Thomas Sankara* ein Märtyrer, der für einer gerechte Sache starb – wie *Patrice Lumumba*.

Der charismatische Politiker Thomas Sankara war seiner Stammeszugehörigkeit nach Silmi-Mossi, d.h. Mestize mit verwandtschaftlichen Beziehungen sowohl zu den Mossi als auch zu den Peul (Vater). Nach seiner Ausbildung (Militärakademien in Madagaskar, Frankreich und Marokko) wird er im Jahre 1976 Ausbilder der Fallschirmspringer und Verantwortlicher der Para-Kommandos, einer militärische Eliteeinheit in Pô.

1981 ernennt der damalige Präsident *Saye Zerbo* Thomas Sankara zum Staatssekretär. In Diskussionen mit seinen Freunden *Jean Baptiste Lingani, Henry Zongo* und *Blaise Compaoré* entsteht bei Sankara mehr und mehr der Wunsch, die politischen Strukturen in Obervolta zu verändern. Im April 1982 wird er wegen Meinungsverschiedenheiten abgesetzt und ins Militärlager von Dédougou „strafversetzt". Zu dieser Zeit wurde er über Militärkreise hinaus in der Öffentlichkeit bekannt. Man vermutet, dass er bei dem Staatsstreich von 1982, als *Ouedraogo* an die Macht kam, bereits eine wichtige Rolle spielte.

Am 1. Januar 1983 wird Thomas Sankara zum Premierminister ernannt und bereits am 17. Mai 1983 verhaftet, da sich die politischen Gegensätze des konservativen Staatschefs und des progressiven Premierministers verschärft hatten. Thomas Sankara hatte sich mit seinen Vorstellungen von einem eigenen Entwicklungsweg sowohl eindeutig gegen die herrschenden Gruppen als auch gegen die Franzosen gestellt. Auf seine Verhaftung reagierten Jugendliche und Intellektuelle mit tagelangen Demonstrationsmärschen durch die Stadt („Libérez Sankara!"). Jean Baptiste Lingani wurde ebenfalls verhaftet und Henry Zongo im Militärcamp festgehalten. Blaise Compaoré konnte sich jedoch zu den Para-Kommandos in Pô zurückziehen, von wo aus er am 4. August 1983 den Militärputsch durchführte, der Thomas Sankara an die Spitze brachte.

Capitain Sankara wurde Präsident des Nationalen Revolutionsrates (CNR), Blaise Compaoré Staats- und Justizminister an der Presidence, Jean Baptiste Lingani Verteidigungsminister und Henry Zongo Wirtschaftsminister.

Anlässlich des ersten Jahrestages der Revolution, am 4. August 1984, wurde das bisherige Obervolta in Burkina Faso umbenannt, was offiziell mit „Vaterland der Würde" bzw. „Land der Unbestechlichen" übersetzt wird. Im Zuge der „Afrikanisierung" wurde auch die Flagge geändert, die jetzt aus zwei waagerechten Streifen, in den panafrikanischen Farben Rot (oben) und Grün (unten), besteht, mit einem gelben Stern in der Mitte, als Symbol für die revolutionären Prinzipien der Regierung.

Zu Sankaras Regierungszeiten gehörte Burkina Faso zu den revolutionärsten Ländern Afrikas. Gleichzeitig war es eines der fünf ärmsten Länder der Welt. Sankaras Vorgehensweise war für die damalige Zeit sehr ungewöhnlich, denn er war der Ansicht, dass Entwicklung nur mit eigener Kraft und Anstrengung des ganzen Volkes zu erzielen sei, nicht mit ausländischen Spenden und Hilfsgütern. In verschiedenen Kampagnen ließ er innerhalb kürzester Zeit z.B. durch freiwillige Arbeit der Dorfbevölkerung in jedem Dorf eine kleine Krankenstation sowie in über 300 Gemeinden Schulen errichten und in einer landesweit angelegten Impfkampagne den größten Teil der Kinder gegen Masern, Gelbfieber und Meningitis impfen. Aufsehen erregte auch der Staatswagen des Präsidenten, ein einfacher Renault 5; seine Minister fuhren das gleiche Modell.

Blaise Compaoré

Blaise Compaoré wurde 1951 als Angehöriger einer Mossi-Gruppe geboren. Seine Ausbildung zum Fallschirmjägeroffizier bekam er in Kamerun, Marokko und Frankreich.

Im November 1982 unterstützte er *Sankara* bei einem erfolglosen Putschversuch sowie im August 1983 bei einem erfolgreichen Putsch gegen *Zerbo*. Zu Sankaras Regierungszeiten war er Staatsminister im Präsidialamt sowie Justizminister und außerdem zusammen mit Zongo und *Lingani* maßgebliches Mitglied des nationalen Revolutionsrates (CNR). Am 15. Oktober 1987 ließ Compaoré Staatschef Thomas Sankara, dem Abkehr vom revolutionären und eher marxistisch bestimmten Ziel sowie Pragmatismus vorgeworfen wurden, erschießen. Anschließend wurde er zum Premierminister ernannt. Zwei Jahre später, im September 1989, ließ er auch Verteidigungsminister Jean-Baptiste Boukary Lingani und Wirtschaftsminister Henri Zongo, beides langjährige Weggefährten, hinrichten, da sie seine Politik der „rectification" kritisiert hatten. Unter dem Druck der internationalen Öffentlichkeit ließ Compaoré im November 1990 die Bildung neuer Parteien zu; seit dem Staatsstreich im November 1980 bestand ein Parteienverbot.

Seine Wahl zum Präsidenten am 1. Dezember 1991 wurde von der Opposition – als demokratisch nicht legitimiert – abgelehnt, da etwa drei Viertel aller Wahlberechtigten sich nicht an der Präsidentenwahl beteiligt hatten. Am 9. Dezember 1991 wurde der Oppositionspolitiker *Clément Ouédraogo* ermordet.

Bei den Parlamentswahlen am 24. Mai 1992 ging die „Organisation pour la Démocratie Populaire – Mouvement du Travail" (ODP-MT) mit 78 von 107 Sitzen als Sieger hervor; fünf weitere Sitze gehen an Parteien, die Staatschef Compaoré unterstützen. Die Wahlbeteiligung bei den Parlamentswahlen lag bei etwa 33,8%.

Bei den Präsidentschaftswahlen im November 1998 wurde Blaise Compaoré (trotz des Aufrufes der großen Oppostionsparteien zum Wahlboykott) mit 87,53% der Wählerstimmen wiedergewählt.

Die **Zwangsheirat,** eine bei vielen Ethnien auch noch heute übliche Form der Eheschließung, bei der die jungen Mädchen Freunden und Bekannten der Familie „versprochen" werden, wurde per Gesetz zu Zeiten *Sankaras* abgeschafft. Da in diesem Falle jedoch offensichtlich traditionelles Rechtsverständnis und modernes Recht in Widerspruch geraten, ist davon auszugehen, dass die „Zwangsheirat" auf dem Land nach wie vor praktiziert wird. 1992 wurde die **Polygamie** per Gesetz abgeschafft, so dass als Ehefrau nur eine Frau „legal" und erbberechtigt ist.

Mit den im Februar 1995 durchgeführten Gemeindewahlen in 33 Gemeinden wurde ein Prozess der **Dezentralisierung** eingeleitet, der durch erweiterte Kommunalwahlen im Herbst 2000 fortgesetzt wurde. Ein wesentliches Element ist dabei die kommunale Selbstverwaltung, deren Umsetzung durch internationale Entwicklungszusammenarbeit unterstützt wird.

Bei den **Präsidentschaftswahlen** im November **1998** wurde **Blaise Compaoré** mit über 87% der Wählerstimmen für weitere sieben Jahre in seinem Amt bestätigt. Es handelte sich dabei nur um eine Formsache, denn die zwei Gegenkandidaten, die angetreten waren, gehörten nur winzigen Parteien an. Die Führer der großen Oppositionsparteien hatten von Anbeginn zum Wahlboykott aufgerufen.

Bei den **Parlamentswahlen** im Mai **2002** gelang es der Regierungspartei CDP, ihre Mehrheit zu behaupten, jedoch gewann sie nur 57 von 111 Parlamentssitzen. Das neu gebildete Kabinett wurde fast ausschließlich von Mitgliedern der CDP gebildet. Die Opposition zog gestärkt in das Parlament ein.

Nachdem am 13. Dezember 1998 der prominente und als regimekritisch bekannte Journalist **Norbert Zongo** unter bislang ungeklärten Umständen ums Leben kam, geriet das Land in eine schwere **innenpolitische Krise.** Nach einer Protestwelle mit zahlreichen Toten kündigte Präsident *Compaoré* Reformen in Politik und Justiz an. Er ließ einen „Rat der Weisen" einsetzen, der Anfang August 1999 seine Vorschläge vorlegte: Bildung einer Regierung der nationalen Einheit, Auflösung des Parlaments mit Neuwahlen, Begrenzung der Wiederwählbarkeit des Präsidenten und Bildung von Ad-Hoc-Kommissionen zur Erarbeitung politischer Reformmaßnahmen und zur nationalen Versöhnung.

Die Regierung hat sich diese Vorschläge im Wesentlichen zu Eigen gemacht. Mit der Neubildung der Regierung im November 2000 – neben dem Premierminister wurden zahlreiche Minister ausgetauscht sowie die Opposition stärker einbezogen – setzte Präsident *Campaoré* ein weiteres Zeichen für eine stärkere politische Öffnung zur Lösung der schwelenden innenpolitischen Krise. Die Bemühungen um nationale Versöhnung erreichten im Mai 2001 einen Höhepunkt mit der Durchführung eines groß angelegten **„Journée de pardon".** Die Lage hat sich seither beruhigt, obwohl der Fall Zongo weiterhin nicht aufgeklärt ist. An *Zongos* Todestag wird noch immer in allen größeren Städten demonstriert. Gemäß

Krise oder Der Tanz auf dem Vulkan

Über kurz oder lang wird der im Herbst 2002 ausgebrochene **Bürgerkrieg in der Elfenbeinküste** ganz Westafrika in die Krise reißen. Davon sind zumindest in der Metropole Abidjan alle überzeugt, die mit der Region zu tun haben: Unternehmer, Hilfsorganisationen, Diplomaten und nicht zuletzt das große Kontingent der Einwanderer. Einst waren im Schmelztiegel Westafrika Bürger aller Länder der Region willkommen: aus den frankophonen Sahelstaaten Senegal, Mali, Burkina Faso und Niger ebenso wie aus den anglophonen Nachbarn Liberia und Ghana. Seit der Militärrevolte und der damit verbundenen Teilung des Landes im Oktober 2002 aber skandieren hunderttausende Demonstranten in Abidjan Parolen wie: „Ich bin ausländerfeindlich – na und!" Gezielt hatte Präsident *Laurent Ghagbo* Lynchjustiz und Progromstimmung angeheizt.

Burkina Faso ist dabei am meisten betroffen. Laut Schätzungen leben zwischen 2,5 und 4 Millionen Burkinabé in der Elfenbeinküste – die größte Migrantengemeinschaft des Landes. Immer mehr wurden nun zur Zielscheibe ausländerfeindlicher Übergriffe. „Die meisten der Burkinabé in der Elfenbeinküste wollen in ihr Heimatland zurück, aber kein Land der Welt kann einfach so drei Millionen Menschen aufnehmen", sagte im November 2002 ein Parlamentsabgeordneter in Ouagadougou.

Die Krise in der Elfenbeinküste kommt nicht überraschend. Bereits 1999 wurde in diplomatischen Kreisen Ouagadougous über eine Sezession im Nachbarland spekuliert. Damals allerdings noch hinter vorgehaltener Hand.

Aber nicht nur bei einer Massenflucht wäre Burkina Faso völlig überfordert. Kein Land ist so abhängig vom Hafen Abidjan und der Eisenbahnlinie wie das Binnenland Burkina Faso. Wo früher Treibstoff und Investitionsgüter gen Norden und Vieh, eines der wichtigsten Exportgüter Burkina Fasos, nach Süden rollten, herrschte im Winter 2002 quasi eine Wirtschaftsblockade, verhängt von der Regierung der Elfenbeinküste. Zwar kann das Land mit lebenswichtigen Gütern auch über Lomé, Accra oder Cotonou versorgte werden, doch die Transportkosten sind deutlich höher. Besonders betroffen ist der Süden Burkina Fasos mit der Region um Bobo-Dioulasso und Banfora. Dort sollen auch die Auffanglager für Flüchtlinge errichtet werden. Interne UN-Planungen gingen Ende 2002 von bis zu zehn Millionen (!) Flüchtlingen aus, falls die Friedensverhandlungen scheitern und es zum Showdown zwischen Rebellen und Regierungstruppen kommt. Selbst im günstigsten Fall rechnete die UN mit einer Million Vertriebenen. Eine Sprecherin der UNHCR: „Wir sitzen auf einem Vulkan". Eine ganz andere Variante war aus Ouagadougou zu hören: „Wenn Frankreich Truppen schickt, um seine 20.000 Bürger in der Elfenbeinküste zu schützen – wieso sollen wir nicht auch handeln, um unsere drei Millionen Bürger zu schützen", sagte eine Diplomat des Außenministeriums. Burkina Faso sei zwar viel ärmer, aber man ist fest davon überzeugt, die stärkere Armee zu haben.

WIRTSCHAFT

Ankündigung auf dem „Journée de pardon" wurde im März 2002 ein mit 8,2 Mio. Euro ausgestatteter Fond zur Entschädigung aller Opfer von politischen Gewalttaten in Burkina Faso gebildet.

Überschattet wird die aktuelle Politik vom gespannten Verhältnis zum Nachbarland **Elfenbeinküste,** der Burkina Faso als Drahzieher der jüngsten Putschversuche sieht. Radikale Kräfte in Abidjan haben im Herbst 2002 gedroht, sämtliche Burkinabé des Landes zu verweisen. Zuvor waren bereits ganze Viertel in der ivorischen Hauptstadt niedergebrannt und hunderte Burkinabé ermordert worden. Anschließend ließ *Laurent Gbagdo,* Präsident der Elfenbeinküste, verlauten, dass er niemals militärisch gegen das Nachbarland vorgehen werde. Doch allein die Verneinung eines Krieges brachte Burkina Faso in Rage. Politische Beobachter fürchten, dass die Stabilität der ganzen Region erschüttert werden könnte.

Wirtschaft

Mit einem jährlichen Pro-Kopf-Einkommen von ca. 220 Euro gehört Burkina zu den **ärmsten Ländern der Welt.** Auf dem jüngsten „Human Development Index" des UNDP (2001) rangiert Burkina Faso unverändert an drittletzter (172.) Stelle vor Niger und Sierra Leone. Nach wie vor leben 45% der Bevölkerung unterhalb der Armutsgrenze von jährlich ca. 70 Euro (etwa 45.000 CFA). Der Afrika-Experte *Al Imfeld* schreibt dazu: „Das Land leidet Not, aber es herrscht nicht das blanke Elend. Das Volk spürt seine Armut, aber es gerät nicht in Verzweiflung. Die Menschen hungern, aber sie verhungern nicht."

Da eigene Rohstoffe weitgehend fehlen, wenig qualifizierte Arbeitskräfte vorhanden, Transport- und Energiekosten sehr hoch sind, ist eine wirtschaftliche Entwicklung nur sehr schwer und in sehr begrenztem Umfang möglich. Beim derzeitigen Bevölkerungswachstum von 2,4% dürfte Burkina Faso schon in wenigen Jahrzehnten an die Grenzen seiner eigenen Ernährungsmöglichkeiten stoßen.

Wichtigster Wirtschaftszweig ist die **Landwirtschaft,** in der rund 80% der Bevölkerung tätig sind; sie produzieren überwiegend für den Eigenbedarf (Subsistenzwirtschaft) mit traditionellen Methoden, wie dem Wanderhackbau, die Grundnahrungsmittel Sorghum, Hirse, Mais, Yams, Kartoffeln, Erdnüsse und Reis; daneben auch verstärkt Baumwolle, Karité-Nüsse, Sesam und Tabak. Die **Baumwolle** wird bislang nur zum kleinsten Teil im Land selbst verarbeitet (von Weberinnen in der einzigen Textilfabrik Sofitex). Die dort hergestellten Stoffe *(pagne)* heißen *faso fani,* die handgewebten Stoffe (zusammengenähte Bahnen) *faso dan fasi.* Seit 1974 existiert der Anbau von **Zuckerrohr,** der in der Zuckerfabrik von Banfora verarbeitet wird.

In der Region um Houndé wächst Baumwolle

Wichtig ist die **Viehzucht,** die überwiegend im Nordosten betrieben wird. Bis 1978 war Lebendvieh das wichtigste Exportprodukt, heute wird es von Baumwolle abgelöst. Andere wichtige Exportgüter sind Erdnüsse, Karité-Nüsse, getrocknete Fische und in geringem Umfang auch Gold.

Bodenschätze wie Manganerz und Phosphate gibt es zwar in geringem Umfang, sie konnten aber aufgrund fehlender Transportmittel kaum genutzt werden.

Modernisierung und Diversifizierung der Landwirtschaft sowie Ausbau des Sozialwesens sind Inhalt des laufenden Strukturanpassungsprogramms. Agro-Industrie und Fremdenverkehr sind derzeit die Wachstumsbranchen.

An **Umweltproblemen** sind die Abholzung der Wälder zur Gewinnung von Feuerholz, der nach wie vor übliche Wanderhackbau mit Brandrodung und die Überweidung zu nennen. Durch Einführung Ressourcen schonender Anbaumethoden (z.B. Einführung von neuen Fruchtfolgen, Felderwechselwirtschaft, Anlage von Schutzwällen gegen die Bodenerosion sowie Aufforstungsprogramme) versucht man einer weiteren Zerstörung der Böden entgegenzuwirken.

Der Staatshaushalt wird zu einem wesentlichen Teil durch Entwicklungsgelder finanziert. Burkina Faso gehört zu den Lieblingskindern westlicher **Entwicklungshilfe** und ist seit vielen Jahren Schwerpunktland deutscher Ent-

wicklungshilfe. Der Grund leuchtet ein: Die Hälfte aller Projekte wird mit Erfolg abgeschlossen, erklärte ein Diplomat – eine für Afrika ungewöhnlich hohe Rate. Darüber hinaus engagieren sich zahlreiche Hilfsorganisationen und Privatinitativen im Land.

Wegen der schlechten Arbeitsmarktsituation und den geringen Verdienstmöglichkeiten pendelten in den letzten Jahren etwa 1 Mio. Burkinabé in die Côte d'Ivoire, um dort als **Saisonarbeiter** auf Kakao- und Kaffeeplantagen oder im Hafen von Abidjan zu arbeiten. Da sich die wirtschaftliche und politische Situation in der Elfenbeinküste jedoch in den letzten Jahren verschlechterte, hat diese Arbeitsmigration stark abgenommen. Wie sich der Putsch in der Elfenbeinküste im Herbst 2002 und die damit verbundene Blockade der Seeverbindung auf die Wirtschaft Burkina Fasos auswirkt, war bei Redaktionsschluss noch nicht abzusehen.

Gesundheitswesen

Mangelhafte hygienische Verhältnisse, ungenügende und falsche Ernährung sowie fehlende ärztliche Betreuung sind die Ursachen für den schlechten gesundheitlichen Zustand der Bevölkerung. Von 1000 Neugeborenen sterben über 100 noch im Kindheitsalter. Ein Arzt kommt durchschnittlich auf 28.500 Einwohner, ein Apotheker auf 156.900 Einwohner. Die durchschnittliche Lebenserwartung liegt bei Frauen bei ca. 47 Jahren, bei Männern bei 46 (Schätzung CIA-Worldfactbook 2001).

Etwa 5000 **Basis-Gesundheits-Stationen** wurden im Rahmen des WHO-Programms „Gesundheit für alle im Jahr 2000" unter totaler Mobilisierung der Bevölkerung innerhalb von zwei Jahren errichtet. Von Bedeutung waren die landesweiten **Impfkampagnen** („Vaccination Commando"), v.a. gegen Kinderkrankheiten. **Aufklärungsaktionen** gegen Mangel- und Fehlernährung v.a. bei Säuglingen und Kleinkindern werden zum Teil von der Kirche organisiert, meist mit Nahrungsmittelzuteilung für die Kinder.

Häufigste **Tropenkrankheiten** sind Malaria, Bilharziose und (stark abnehmend) Onchozerkose (Flussblindheit), in begrenzten Gebieten Trypanosomiasis (Schlafkrankheit) sowie die epidemisch auftretende Meningitis (Hirnhautentzündung). Den Anteil der mit HIV infizierten Burkinabé schätzt man auf 6–9%, bei Prostituierten ist mit bis zu 70% Infizierten zu rechnen!

Die Medikamentenversorgung in den **Apotheken** von Ouagadougou ist befriedigend bis gut, viele Medikamente sind markant billiger als in Deutschland. Einem Leser zufolge ist es auch möglich, die erforderlichen Impfungen (z.B. gegen Gelbfieber) dort vornehmen zu lassen und im Impfpass bestätigt zu bekommen.

Krankenhäuser gibt es in Ouagadougou, Bobo-Dioulasso, Ouahigouya, Gaoua, Fada N'Gourma, Kongussi, Koudougou, Tenkodogo, Dédougou, Yako und Dori.

Bildungswesen

Laut CIA-Worldfactbook 2000 betrug die **Analphabetenrate** in der Gruppe der über 15-Jährigen bei Männern 70,5% und bei Frauen 90,8%. Die Alphabetisierungsrate beträgt damit insgesamt nur 19,2%.

Offiziell besteht **Schulpflicht** für Kinder im Grundschulalter. Die vorhandenen Kapazitäten reichen jedoch bei weitem nicht aus. Die Grundschulzeit dauert sechs Jahre (Volksschule), daran schließen vier bzw. sieben Jahre Mittel- bzw. Höhere Schule (Gymnasium) an. Schulsprache ist **Französisch;** neben staatlichen Schulen gibt es private (vom Staat unterstützt) und katholische Missionsschulen. Die Einschulungsquote ist sehr gering, da sowohl die privaten als auch die staatlichen Schulen Schulgeld kosten (die staatlichen etwas weniger).

Die **Universität** in Ouagadougou zählte 1980 etwa 1226 Studenten, 1987 stieg die Zahl der Studenten bereits auf 4790, 1998 gab es bereits ca. 8000 Studierende. Seit 1997 gibt es noch zwei andere universitäre Einrichtungen im Land: die polytechnische Universität in Bobo-Dioulasso (Université Polytechnique) und die Ecole Normale Supérieure in Koudougou.

Doch das Bildungssystem krankt: „Die Universitäten sind zur Produktionsstätte potenzieller Arbeitsloser geworden", schreibt der Politikwissenschaftler *Dr. Emmanuel Botiono,* selbst ein Burkinabé. Die Dauerkrise eskalierte 2000, als das Schuljahr komplett annulliert und die Universitäten geschlossen wurden. Das und die erhöhten Studiengebühren treibt immer wieder Schüler und Studenten auf die Straße. Bei gewaltsamen Auseinandersetzungen mit der Polizei gab es Ende 2000 zahlreiche Verletzte und sogar Tote.

Medien

Rundfunk

Das Radio spielt in Burkina, einem Land mit hoher Analphabetenquote und dem perfekt funktionierenden *radio trottoir,* eine große Rolle, auf dem Land ist es das einzige Informationsmittel. Die seit 1959 existierende Rundfunkanstalt **Radio National du Burkina** (R.N.B., 99 und 88,5 FM) sendet auf Französisch und in 16 lokalen Sprachen und Dialekten. Neben Nachrichten in verschiedenen afrikanischen Sprachen und Musikprogrammen mit überwiegend traditioneller afrikanischer Musik ist der Anteil an kulturellen und entwicklungspolitischen Sendungen sehr hoch (Aufklärung bei Impfkampagnen, Schaffung von Problembewusstsein bzgl. Desertifikation, Aids etc.).

Die erste Radiostation wurde im Jahr 1959 in Ouagadougou errichtet, die zweite 1963 in Bobo. Seit 1987 gibt es auch einen privaten Kultursender, den **Canal Arc en ciel** (C.A.C., 96.6 FM) in Ouagadougou. **Horizon FM** (104.4 FM), ein Kommerzsender in Ouaga und Bobo, war der erste private, freie Radiosender im westafrikanischen frankophonen Raum; er sendet seit 1991 von morgens bis abends Schlager und spricht hauptsächlich ein jugendliches Publikum an. Horizon F.M. hat zudem in folgenden Städten Lokalstationen: Bobo-Dioulasso, Ouahigouya, Banfora, Tenkodogo und Koudougou.

Außerdem gibt es die **Sender** Radio Afrika No.1 mit afrikaweiter Berichterstattung (90.3 FM), Radio France International (R.F.I., 94.0 FM), Pulsar (94.8 FM), Radio Quaga (105,2 FM), Radio Evangile Développement (R.E.D., 93.4 FM), La Radio Rurale (99.9 FM), Radio Energie (103.4 FM) und Radio Maria (91.6 FM).

Presse

Mit der Demokratisierung sind **zahlreiche Zeitungen** entstanden. Unter den Tageszeitungen ist das Regierungsblatt Sidwaya das meistgelesene Blatt. Regierungsfreundlich ist auch die Wochenzeitung L'Opinion. Kritische Berichterstattung findet u.a. statt bei San Finna, Le Pays, L'Observa-teur und L'Indépendant, der Zeitung des 1998 getöteten Journalisten Nobert Zongo, sowie im satirischen Wochenblatt Journal du Jeudi, dessen Cartoons oft mehr Aussagekraft haben als langatmige Texte. Alle genannten Zeitungen erscheinen in französischer Sprache.

●**www.sidwaya.bf**
Webseite der größten Tageszeitung
●**www.lobservateur.bf**
Webseite von Le Observateur
●**www.aib.bf**
Webseite der Presseagentur AIB

Fernsehen

Burkina hatte als erstes der Sahelländer nationales Fernsehen. Die 1967 gegründete Fernsehstation **Télévision Nationale du Burkina** (T.N.B.) in Ouaga (eine zweite befindet sich in Bobo) strahlt täglich ein Programm aus; außer in der Hauptstadt Ouagadougou gibt es Fernsehstationen auch in Bobo-Dioulasso und Fada N'Gourma. Fernsehen per Videoübertragung ist in Ouahigouya und in Dédougou zu empfangen.

Neben T.N.B. gibt es noch die Sender M.M.T.V. (Multimédia Télévision) und T.V.5.

●Infos: **www.tnb.bf**

Typisches Souvenir aus Burkina – Auto aus Dosenblech

Praktische Reisetipps A–Z

Allgemeines

Trotz seiner nur schwach entwickelten touristischen Infrastruktur ist Burkina Faso ein einfach zu bereisendes Land und dazu deutlich preiswerter als etwa die in diesem Band besprochenen Länder an der Küste. Vor allem das landesweit gut funktionierende Transportsystem mit Bussen macht inländisches Reisen vergleichsweise schnell und bequem. Als Selbstfahrer wird man die gut ausgebauten Magistralen und das dichte Netz markierter Pisten schätzen. Die Burkinabé – sie gelten nicht zu Unrecht als die Preußen Westafrikas – begegnen Fremden ohne Ressentiments, sind durchweg tolerant, freundlich und hilfsbereit.

An- und Weiterreise

Anreise mit dem Flugzeug

Günstige Flugverbindungen nach Burkina Faso sind **Mangelware.** Den billigsten Flug bot im Herbst 2002 die neue Faso Airways mit 393.000 CFA (knapp 600 Euro) von Paris oder Brüssel an. Die meisten Flüge offeriert Air France via Paris mit guten Anschlüssen von allen großen deutschen Flughäfen. Ebenfalls Anschlüsse von Deutschland aus bietet SN Brussels (ex Sabena). Nur auf dem Papier günstiger sind Flüge mit Air Algerie (via Algier), Afriqiyah Airways (via Tripolis) oder Aeroflot (via Moskau), da man viel Zeit und Geld im Transit verbraucht.

Der **Flughafen von Ouagadougou** liegt mitten in der Stadt. Anders als etwa in Dakar geht es hier ruhig und geordnet zu. Also kein Schlepperunwesen und keine Taximafia, die ankommende Fluggäste verunsichert.

Auf dem Landweg

Verbindungen von/nach Mali
Ouagadougou – Ouahigouya – Koro (ca. 218 km)

Von Ouaga bis Ouahigouya gibt es eine Asphaltstraße, dann führt eine relativ gute Piste von Ouahigouya über Koro und Bankass ins Land der Dogon (Falaise de Bandiagara). Zwischen Bankass und Koro herrscht wenig Taxibrousse-Verkehr. Von Ouaga fahren verschiedene Busgesellschaften meist täglich nach Ouahigouya (2000 CFA); siehe Ouaga/Verkehrsverbindungen.

Mopti – Bobo-Dioulasso

Eine Teerstraße führt von Mopti nach Bobo. Mit dem Busch-Taxi („Bus Populaire") nach Bobo-Dioulasso (bzw. Mopti) zu fahren, bedeutet etwa 20 Std. Fahrzeit und einige Polizeikontrollen, evtl. auch eine Übernachtung an der Grenze, da sie ab 18 Uhr geschlossen ist! Der Preis beträgt ca. 3500 CFA. Es muss mit Pannen, langer Wartezeit an der Grenze (ca. 3 Std.), Überfüllung des Busses und ständigen Tank- und Versorgungsstopps gerechnet werden.

Man sollte sich vor Fahrtantritt unbedingt einen aktuellen Stempel bei einer Behörde einer Stadt (Mopti) besorgen, da sonst Diskussionen mit Kontrolleuren und evtl. Nachzahlungen folgen.

Gossi – Ndaki – Dori (ca. 210 km)

Von Mali aus kommend ist es möglich, ca. 48 km südlich von Gossi bei einem unscheinbaren Abzweig von der Teerstraße nach links (von Gossi kommend) auf eine Piste nach Ndaki und weiter nach Burkina abzubiegen: GPS N 15°24.834, W 001°25.052.

Die in der Michelin-Karte (953) eingezeichnete Strecke nördlich von Gossi nach Ndaki war im August 1998 nicht mehr passierbar, deswegen fahren die Taxi brousse (Abfahrt in Hombori) jetzt südlich von Gossi eine andere Piste nach Ndaki. Die sandige Piste führt durch einsames Grasland (Versorgung mitnehmen, Geländewagen empfohlen), wobei der Streckenverlauf meistens sehr schlecht erkennbar ist (GPS empfohlen, in Ndaki evtl. Führer nehmen, Fahrzeit mit eigenem Auto ca. 2 Tage). In Ndaki gibt es keine Polizeistation mehr, deswegen sollten die Ausreiseformalitäten in Hombori erledigt werden – falls möglich. Nach dem Ort herrscht so gut wie gar kein Verkehr mehr, es ziehen nur einige Tuareg-Nomaden hier entlang. Die Einreiseformalitäten für Burkina werden in Déou erledigt: Gendarmerie am Ortsausgang, Douane vor dem Ort auf linker Seite (Laissez Passer für 1 Monat 5000 CFA, freundlich und problemlos). Ab Déou ist die Piste wieder befahren und gut erkennbar, ab Aribinda führt eine sehr gute Piste nach Dori.

Marktstände in der Provinz

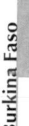

Einige GPS-Daten zur besseren Orientierung bzw. Wiederauffinden der Piste: Abzweig der Piste nach Déou 1 km vor Ndaki (rechts in Richtung S): N 15°21.010, W 000°58.757; Punkt auf der Piste: N 15°09.345, W 000°48.318; burkinische Grenze: N 15°05.055, W 000°43.333; Pumpbrunnen links neben der Piste: N 14°51.581, W 000°37.826; Déou: N 14°36.125, W 000°43.119.

Verbindungen von/nach Niger

Ouagadougou – Niamey (ca. 515 km)

Von Ouagadougou führt über Fada-Ngourma eine gute Asphaltstraße bis Niamey. Die Ausreiseformalitäten für Burkina müssen in Kantchari erledigt werden. Von Ouaga fährt dienstags ein Bus der Gesellschaft SOTRAO nach Niamey (9000 CFA); siehe Ouaga/Verkehrsverbindungen. Die Fahrzeit beläuft sich auf etwa 10–12 Std.

Ouagadougou – Dori – Téra – Gothèye – Niamey (ca. 566 km)

Von Ouagadougou bis Kaya führt eine Teerstraße, ab Kaya weiter sehr gute Piste bis Dori. Zwischen Dori und Téra ist die Piste schlecht sowie eng und kurvig. Sollte man sich verfahren, sind die Bewohner der Gegend gerne bereit weiterzuhelfen. In Seytenga müssen die Formalitäten zur Ausreise aus Burkina Faso erledigt werden. 10 km vor Téra wird ein sandiges (wenn der Fluss kein Wasser führt) Flussbett durchquert. Am Ortseingang von Téra wird ein Damm gebaut (große Gefahr des Einsandens bei Flussüberquerung in der Trockenzeit). Im Ort Zollformalitäten für die Einreise nach Niger. Von Téra bis Farié ist die Piste sehr gut, danach geht es weiter auf Asphalt bis Niamey. Kurz nach Gothèye führt eine Fähre über den Niger nach Farié.

Überlandbusse fahren mehrmals pro Woche von Ouagadougou über Dori nach Niamey.

Verbindungen von/nach Ghana
Ouagadougou – Bolgatanga (ca. 202 km)

Von Ouagadougou bis Bolgatanga führt eine sehr gute Asphaltstraße nach Burkina Faso. Die Ausreiseformalitäten bei Zoll und Polizei werden schnell und problemlos in Pô erledigt.

Es fahren Busch-Taxis vom Busbahnhof in Ouagadougou bis Bolgatanga (ca. 5000 CFA bis zur Grenze), unter Umständen ist eine Übernachtung an der Grenze nötig, da die Grenze nur von 7–18 Uhr geöffnet hat. Eventuell sollten Sie an der Grenze Cedis (ghanaische Währung) wechseln.

Die schnellste Möglichkeit, nach Accra/Ghana zu kommen, stellt der ghanaische STC-Bus dar (Tel. 308750): Abfahrt in Ouaga montags, Rückfahrt von Accra samstags. Die Fahrzeit beträgt etwa 24 Stunden, der Preis ca. 9000 CFA. Es empfiehlt sich unter Umständen, in Tamale Zwischenstation zu machen. Eine andere Möglichkeit besteht darin, mit einem der RNTC-Busse bis zur Grenze nach Pô zu fahren: Abfahrt in Ouaga außer Di und So täglich um 9 Uhr vom jeweiligen Busbahnhof (RNTC).

Bobo-Dioulasso – Ouessa – Hamale (ca. 195 km)

Von Bobo-Dioulasso aus ist es möglich, auf einer Wellblechpiste mit einigen Löchern (ab Ouessa sehr gut) durch Buschsavanne und entlang von Waldschutzgebieten nach Hamale (Ghana) zu fahren. Dafür sollte man ungefähr 9 km nach Bobo (in Richtung Ouaga) hinter dem Zahlschalter rechts auf die Piste in Richtung Diébougou abbiegen. In Hamale auf der burkinischen Seite bekommen Sie den Ausreisestempel bei der Immigration (verlangt 1000 CFA Trinkgeld). Auf der ghanaischen Seite von Hamale ist der Einreisestempel beim Immigration Service schnell und problemlos erhältlich, beim Customs (Zoll) muss eine Straßengebühr bezahlt (seit 1. September 1998 20.000 CFA für Touristen-Kfz) und das Carnet gestempelt werden.

Verbindungen von/nach Elfenbeinküste (Côte d'Ivoire)
Ouagadougou – Bobo-Dioulasso – Abidjan

Von Ouagadougou über Bobo-Dioulasso führt eine Teerstraße bis nach Abidjan.

Die beste Verbindung stellt die **Eisenbahn** dar: Abfahrt in Ouaga dienstags, donnerstags und samstags ca. 8 Uhr. In umgekehrter Richtung Abfahrt in Abidjan an den gleichen Tagen um 10.30 Uhr. Eine Fahrt in der 1. Klasse kostet 21.000 CFA. Die Grenze ist für den Zug auch bei Nacht geöffnet, für die Formalitäten hält der Zug zwei Mal, während der Bus an der Grenze wesentlich häufiger hält. Die Fahrzeit beträgt ca. anderthalb Tage. Hinweis: Im Herbst 2002 war die Zugverbindung wegen der Wirren in der Elfenbeinküste unterbrochen.

Da die Strecke von Ouaga nach Abidjan durchgehend asphaltiert ist, ist es auch relativ bequem, mit dem Bus zu fahren, z.B. mit einem Bus der Societé de Transport Sans Frontière (Preis ca. 15.000 CFA). Auch die Gesellschaft Société de Transport Aorema et frères fährt montags bis mittwochs von Ouaga nach Abidjan; siehe Ouaga/Verkehrsverbindungen.

Verbindungen von/nach Togo
Ouagadougou – Dapaong – Lomé

Eine gute Asphaltstraße verbindet Ouagadougou mit Lomé (in Koupéla südwärts abbiegen). Zwischen Sinkansé (Zollamt und Polizei von Togo) und Bittou (Zollamt und Polizei von Burkina Faso, 6–18 Uhr geöffnet) sind stellenweise Schlaglöcher. In Bittou bieten das Hotel Frontalia (29 Zimmer, davon 5 mit Ventilator, 5 Bungalows, Bar/ Rest.) und das Hotel Unité (11 Zimmer, davon 5 mit Ventilator, Bar/Rest.) Unterkunft.

Es fahren Busse der Gesellschaft SOTRAO jeweils samstags und mittwochs von Ouaga bis zur togolesischen Grenze (evtl. gründliche Gepäckdurchsuchung an der Grenze, 4000 CFA); siehe Ouaga/Verkehrsverbindungen. In entgegengesetzter Richtung, von Lomé nach Ouaga, kostet ein Taxi (Peugeot 504) ca. 12.500 CFA.

Bei wenigen Fahrgästen ist es besser, zunächst mit dem Bus oder Taxi bis nach Dapaong (ca. 3500 CFA) und von dort mit einem anderen bis Ouaga (ca. 3000 CFA) zu fahren. Günstiger ist auf alle Fälle ein Fahrzeug, das direkt von Ouaga nach Lomé fährt.

Verbindungen von/nach Benin
Natitingou – Tanguiéta – Pama – Tindangou – Fada Ngourma (ca. 246 km)

Von Natitingou in Benin führt eine (in der Regenzeit nur mit Geländewagen befahrbare) Piste mit viel Wellblech und Verkehr nach Pama in Burkina. Ab der Grenze bis Fada Ngourma fährt man weiter auf gutem Asphalt. Für Einreisende aus Burkina: Der Zöllner (Carnet-Stempel) befindet sich etwa 12 km vor Natitingou bei den Öltanks. 7 km vor Porga befindet sich eine Polizeikontrolle zur Ausreise aus Benin (kein Zoll). Vorsicht: Alle, die bei der Einreise nach Benin ihr Carnet de Passage haben abstempeln lassen, riskieren, nach Boukombé zurückfahren zu müssen (hin und zurück 232 km), um ihren Ausreisestempel zu bekommen; mit Passlerschein problemlos. In Tindangou werden die Formalitäten zur Einreise nach Burkina Faso erledigt.

Botschaften, Einreise/Visa

Botschaften

Deutschland

Botschaft von Burkina Faso

- Wendelstadtallee 18, 53179 Bonn
Tel. (0228) 952970, Fax 9529720

Vertretungen in Burkina Faso

Deutschland

- 339, Rue Joseph Badoua (Nähe Marché central), B.P. 600, Ouagadougou 01, Tel. 306731, Fax 313991, geöffnet Mo bis Fr von 9-12 Uhr. Bei dringenden Notfällen und außerhalb der Geschäftszeiten: Tel. 211642 oder 200171.
e-Mail: amb.allemagne@fasonet.bf

Österreich

- 229 Bd Charles de Gaulle, B.P. 1601 Ouagadougou 01, Tel. 312844

Schweiz

- Coopération Suisse, 668, Av. de la Résistance du 17 mai, B.P. 578, Ouagadougou 01, Tel. 306729

Einreise/Visa

Für die Einreise sind bei einem Aufenthalt bis zu drei Monaten für Deutsche, Österreicher und Schweizer sowie alle anderen Staatsbürger der Europäischen Union ein **Visum** sowie ein noch 6 Monate gültiger **Reisepass** und ein Internationaler **Impfpass** nötig. Die Visagebühren betragen 20 Euro (bzw. 30 Euro bei mehreren Einreisen), es sind zwei Passfotos nötig, zwei Anträge müssen ausgefüllt werden. Visa-Anträge sind mindestens einen Monat vor Abreise an die Botschaft schicken.

Im Internationalen Impfpass muss eine **Gelbfieber-Impfung** bestätigt sein. Zoll-, Pass- und Impfkontrolle verlaufen ohne größere Probleme, vorausgesetzt die Vorschriften sind erfüllt. In wirklich begründeten Fällen kann auch direkt bei der Einreise am Flughafen ein Visum erteilt werden.

An der **Polizei- bzw. Passkontrolle** wird man Sie nach der „Adresse" in Ouagadougou fragen. Wenn Sie noch kein Hotel wissen, geben Sie „Hotel Indépendance" oder „Hotel de la Gare" (R.A.N.-Hotel) an.

Bei der **Ausreise** ist seit 2000 **keine Flughafengebühr** mehr zu zahlen. Ausnahme: Bei Flügen innerhalb Afrikas sind 2500 CFA, nach Bobo-Dioulasso sind 500 CFA zu bezahlen.

Taxis vom Flughafen in die Stadt sind traditionell teurer als üblich. Der Taxifahrer wird Ihnen zunächst einen astronomischen Preis nennen. Aber auch nach zähem Handeln werden sie kaum unter 1000 CFA p.P. davonkommen. Kleiner Trick: Ein, zwei Straßen weg vom Flughafen gelten dann wieder die üblichen Tarife von 200 CFA p.P. Die unten genannten (gelben) Taxis fahren mit Taxometer und sind teurer als die (hellgrünen) Sammeltaxis.

- **Taxis Radio Les Rapides,** Tel. 314343
- **Taxis Compteurs**
24 Std. im Einsatz, Tel. 340175

Bei der Einreise mit dem eigenen Fahrzeug ist eine internationale Haftpflichtversicherung erforderlich und ein Laissez Passer (an der Grenze erhältlich, Gebühr 5000 CFA). Ein Carnet de Passage ist nicht Pflicht.

Ausstellung von Visa

Ghana

Anträge auf ein Visum sind bei der Botschaft der Rep. Ghana, 1235 Av. d'Oubritenga, Ouaga, Tel. 307635, zu stellen (Mo bis Fr 8–14 Uhr). Visum innerhalb 24 Std. Es müssen 4 Formulare ausgefüllt (4 Passfotos) und 12.000 CFA bezahlt werden (Transit 6000 CFA).

Benin

In Burkina Faso besteht keine Möglichkeit, ein Visum für Benin zu erhalten. Ein Visum kann nach Auskunft der französischen Botschaft aber bei der Einreise an der Grenze erteilt werden. Voraussetzung: gültiger Reisepass, 2 Fotos, 10.000 CFA.

Mali

Botschaft der Republik Mali in Ouaga, 2579, Av. Bassawarga, B.P. 1911, Tel. 381922. Visum für 20.000 CFA (3 Monate gültig) schnell und problemlos erhältlich (2 Passfotos).

Togo

Es gibt keine Botschaft der Republik Togo in Burkina Faso. Ein Visum ist bei der Einreise an der togolesischen Grenze erhältlich. Voraussetzung: gültiger Reisepass, 10.000 CFA.

Kleinrinder bei Ouessa

Reise-Gesundheits-Information: Burkina Faso

Stand: 24.02.2003
© Centrum für Reisemedizin 2001

Die nachstehenden Angaben dienen der Orientierung, was für eine geplante Reise in das Land an Gesundheitsvorsorgemaßnahmen zu berücksichtigen ist. Die Informationen wurden uns freundlicherweise vom Centrum für Reisemedizin zur Verfügung gestellt. Auf der Homepage **www.Travelmed.de** werden diese Informationen stetig aktualisiert. Es lohnt sich, dort noch einmal nachzuschauen.

- **Klima:** in südl. und mittl. Landesteilen wechselfeuchtes Tropenklima mit Regenzeit von Mai bis September/Oktober; im Nordosten tropisches Trockenklima mit geringeren Regenmengen, beschränkt auf die Monate Juni bis August; mittl. Jahrestemperatur 27–30°C (Maximum im März und April).

- **Einreise-Impfvorschriften:** Gelbfieber-Impfung für alle Reisenden vorgeschrieben (ausgenommen Kinder unter 1 Jahr).

- **Empfohlener Impfschutz**
Generell: Tetanus, Diphtherie, Hepatitis A, Polio

Je nach Reisestil und Aufenthaltsbedingungen im Lande sind außerdem zu erwägen:

Impfschutz	Reisebedingung 1	Reisebedingung 2	Reisebedingung 3
Typhus	x		
Hepatitis B [b]	x		
Tollwut [c]	x		
Meningitis [d]	x		

[b] bei Langzeitaufenthalten und engerem Kontakt mit der einheimischen Bevölkerung
[c] bei vorhersehbarem Umgang mit Tieren
[d] nur bei engerem Kontakt zur einheimischen Bevölkerung, vorwiegend in der Trockenzeit

Reisebedingung 1: Reise durch das Landesinnere unter einfachen Bedingungen (Rucksack-/Trekking-/Individualreise) mit einfachen Quartieren/Hotels; Camping-Reisen, Langzeitaufenthalte, praktische Tätigkeit im Gesundheits- oder Sozialwesen, enger Kontakt zur einheimische Bevölkerung wahrscheinlich
Reisebedingung 2: Aufenthalt in Städten oder touristischen Zentren mit (organisierten) Ausflügen ins Landesinnere (Pauschalreise, Unterkunft und Verpflegung in Hotels bzw. Restaurants mittleren bis gehobenen Standards)
Reisebedingung 3: Aufenthalt ausschließlich in Großstädten oder Touristikzentren (Unterkunft und Verpflegung in Hotels bzw. Restaurants gehobenen bzw. europäischen Standards)

Wichtiger Hinweis: Welche Impfungen letztendlich vorzunehmen sind, ist abhängig vom aktuellen Infektionsrisiko vor Ort, von der Art und Dauer der geplanten Reise, vom Gesundheitszustand sowie dem eventuell noch vorhandenen Impfschutz des Reisenden.

Da im Einzelfall unterschiedlichste Aspekte zu berücksichtigen sind, empfiehlt es sich immer, rechtzeitig (etwa 4–6 Wochen) vor der Reise eine persönliche Reise-Gesundheits-Beratung bei einem reisemedizinisch erfahrenen Arzt oder Apotheker in Anspruch zu nehmen (Anschriften qualifizierter Beratungsstellen s.u.).

● **Malaria**
Risiko: ganzjährig hohes Risiko landesweit
Vorbeugung: Ein konsequenter Mückenschutz in den Abend- und Nachtstunden verringert das Malariarisiko erheblich **(Expositionsprophylaxe).**

Ergänzend ist die Einnahme von Anti-Malaria-Medikamenten **(Chemoprophylaxe)** dringend zu empfehlen. Zu Art und Dauer der Chemoprophylaxe fragen Sie Ihren Arzt oder Apotheker, bzw. informieren Sie sich in einer qualifizierten reisemedizinischen Beratungsstelle (s.u.).

Malariamittel sind verschreibungspflichtig.

● **Aktuelle Meldungen**
Gelbfieber: Übertragungs-Risiko in den südlichen Landesteilen. Impfschutz beachten, bei Einreise ohnedies vorgeschrieben.
Darminfektionen: Risiko für Durchfallerkrankungen landesweit. Cholera-Ausbrüche sind derzeit nicht gemeldet. Nahrungs- und Trinkwasserhygiene beachten.
Meningokokken-Meningitis: Saisonal erhöhtes Risiko in diversen Landesteilen. Reisende sind besonders dann gefährdet, wenn sie engere Kontakte zur einheimischen Bevölkerung haben, wie z.B. medizinische oder soziale Berufe, aber auch Trekking-Touristen. Bei entsprechendem Risiko wird eine einmalige Impfung mit einem sog. „Vierfachimpfstoff" empfohlen.

● **Medizinische Versorgung:** Landesweit ist mit erheblichen Engpässen bei der ärztlichen und medikamentösen Versorgung zu rechnen. Adäquate Ausstattung der Reiseapotheke (Zollbestimmungen beachten, Begleitattest ratsam), Auslandskrankenversicherung mit Abdeckung des Rettungsrückflug-Risikos für Notfälle dringend empfohlen.

Unter www.travelmed.de finden Sie Adressen von
● Apotheken mit qualifizierter Reise-Gesundheits-Beratung
(nach Postleitzahlgebieten)
● Impfstellen und Ärzte mit Spezialsprechstunde Reisemedizin
(nach Postleitzahlgebieten)
● Abruf eines persönlichen Gesundheitsvorsorge-Briefes für die geplante Reise

Zu den einzelnen Krankheiten vgl. auch im Anhang das Kapitel Gesundheit.

FEIERTAGE UND FESTE, GELD/WÄHRUNG/BANKEN

Elfenbeinküste (Côte d'Ivoire)

Visum in Ouaga innerhalb eines Tages erhältlich. Botschaft Côte d'Ivoire, 855, Av. Raoul Follerau, Ecke Bd de Faso, Tel. 318228. 2 Passbilder, 10.000 CFA, geöffnet 7.30–12, 15– 17.30 Uhr.

Niger

Die Republik Niger unterhält keine Botschaft in Burkina Faso. Ein Visum ist an der Grenze erhältlich. Voraussetzung: gültiger Reisepass, 2000 CFA.

Senegal

Das Visum für Schweizer ist innerhalb von 24 Stunden beim Konsulat in der Av. Yennenga (oder 774, rue 6.06), Ouaga, Tel. 333714, erhältlich.

Folgende afrikanische Länder unterhalten noch Botschaften in Ouagadougou: Algerien (Tel. 306401), Ägypten (Tel. 306637), Libyen (Tel. 306752), Nigeria (Tel. 306667).

Feiertage und Feste

Feste Feiertage

- **1. Januar** (Neujahr), Ostermontag
- **4. Januar** (Tag der Revolution)
- **1. Mai** (Tag der Arbeit), Himmelfahrt
- **4. August** (Nationalfeiertag)
- **15. August** (Mariä Himmelfahrt)
- **1. November** (Allerheiligen)
- **11. Dezember** (Tag der Republik)
- **25. Dezember** (Weihnachten)

Bewegliche Feiertage

Verschiedene jährlich wechselnde islamische Feste sind:

- **Neujahr (Ashura):**
  5. März 2003, 22. Febr. 2004, 12. Febr. 2005, 1. Febr. 2006
- **Ramadan-Beginn:**
  27. Okt. 2003, 15. Okt. 2004, 4 Okt. 2005, 23. Sept. 2006
- **Ramadan-Ende (Aid al-Fitr):**
  25. Nov. 2003, 13. Nov. 2004, 2. Nov. 2005, 22. Okt. 2006
- **Tabaski (Aid al-Adha, Fête du Mouton):**
  2. Febr. 2003, 21. Jan. 2004, 10. Jan. 2005, 30. Dez. 2006

Geld/Währung/Banken

Währungseinheit ist der **Franc CFA** (unterteilt in 100 Centimes), der in einem festen Wechselkursverhältnis zum Euro steht: 1 Euro = 665 CFA, 1000 CFA = 1,50 Euro.

Die **Wechselstube am Flughafen** öffnet inszwischen bei jeder Landung, also auch in den Nachtstunden. Euro Card wird in Burkina Fasa nicht akzeptiert, nur Visa Card. Die Ein- und Ausfuhr von Franc CFA ist unbegrenzt möglich.

Folgende **Banken** wechseln Devisen und Travellerschecks, meist mit sehr hohen Kommissionen:

- **B.I.C.I.A.** (Banque internationale pour le commerce, l'industrie et l'agriculture)
  Ouaga, Av. N'Krumah, B.P. 8, Tel. 306226, Büro im Hotel Indépendance
- **B.I.B.** (Banque internationale du Burkina)
  Ouaga, Rue Patrice Lumumba, B.P. 362, Tel. 306169

Tipp: Schnell, ohne Gebühren und zum aktuellen Tageskurs wechselt der libanesische Besitzer vom „**Marina Market**" gegenüber der Großen Moschee in Ouaga (auch Reiseschecks).

Informationen

Internet

Inzwischen gibt es etliche Internetseiten zu Burkina Faso. Die offiziellen Seiten über Burkina mit praktischen Informationen finden sich auf der Website **www.primature.gov.bf**.

Weitere Websites sind:
- **www.burkinaonline.bf/**
  Bestes Portal zu Burkina Faso
- **www.cyberso.com/bf/**
  Weiteres Portal zu Burkina Faso
- **www.sul.stanford.edu/depts/ssrg/africa/burkina.html**
  Viele Links zu Burkina Faso
- **www.aliaspilote.com/**
  Interessante Infoseite zu Burkina Faso
- **www.mairie-ouaga.bf**
  Website der Stadt Ouagadougou
- **www.ahrbf.com/listmemb.htm**
  Hotels in Quagadougou
- **www.culture.fr/ma/fr/fs.html**
  Webseite zum Nationalmuseum
- **www.mairie-bobo.bf**
  Website der Stadt Bobo-Dioulasso
- **www.bobodioulasso.net/**
  Website zu Bobo-Dioulasso
- **www.fespaco.bf**
  Festival Panafricain
  du Cinéma de Ouagadougou (FESPACO)
- **www.siao.gov.bf**
  Salon International
  de l'Artisanat de Ouagadougou (SIAO)
- **www.musee.bf**
  Musée virtuel du Burkina Faso
- **www.stmb2000.com**
  Beste Bussgesellschaft Burkina Fasos
- **www.dbfg.de/**
  Homepage der Deutsch-Burkinischen
  Freundschaftsgesellschaft e.V.

Der Dodo-Carneval

Sind schon die Nächte des Ramadan sehr belebt und laut, so sorgt in Ouaga – und genauso in Bobo – eine andere Tradition zusätzlich für Unterhaltung: der Dodo-Carneval.

Der Legende nach war einmal ein Haussa-Jäger. Sein König hatte ihm verboten, am Freitag zu jagen. Er gehorchte jedoch nicht, und eines Tages fand man ihn im Wald in ein bizarres Wesen verwandelt, halb Tier, halb Mensch, mit einem langen Schwanz. Es war die Zeit des Ramadan. Man brachte ihn zu sich nach Hause. Als die Kinder ihn sahen, klatschten sie vor lauter Freude in die Hände, woraufhin er anfing zu tanzen. Dem König missfiel dies sehr, und er ließ den „Jäger" einsperren. Nur einmal im Jahr, während des Ramadan, durfte er auf die Straße hinausgehen, um die Leute zu unterhalten. Man nannte ihn Dodo, was soviel heißt wie „Phänomen".

Seitdem ist es Sitte, dass jedes Jahr während des Ramadan verschiedene kleine Gruppen von Kindern abends durch die Straßen ziehen: der Jäger mit Pfeil und Bogen bewaffnet (oder mit einem Schwert), die Tänzer, Tiermasken tragend (meist aus Kalebassen hergestellt und sorgfältig dekoriert), umgeben von Musikern und Sängern. Sie kommen an den Hauseingang, und wenn der Besitzer sie in den Hof hineinlässt, zeigen sie eine kleine Vorführung des Dodo-Tanzes. Am Schluss bitten sie, als Belohnung, um etwas Geld.

Gegen Ende der Fastenzeit findet drei Tage lang ein Wettstreit unter den Gruppen der verschiedenen Quartiere statt. Die sieben besten Gruppen dürfen dann im Maison du Peuple beim Finale vor Tausenden von Zuschauern nochmal tanzen.

Nationalparks, Öffnungszeiten, Post und Telefon

Nationalparks/ Tierreservate

Burkina hat eine relativ reiche Fauna zu bieten. Der Wildbestand hat sich nach Einführung einer Schonzeit 1980 soweit erholt, dass Großtiere bereits wieder eine Bedrohung für die Landwirtschaft darstellen. In den Reservaten kann man die Tiere am besten frühmorgens und spätnachmittags sehen.

Die meisten Reservate und Nationalparks in Burkina sind **nicht touristisch erschlossen,** d.h. es ist weder ein offizieller „Eingang" auffindbar noch führen für den Touristen zugängliche Wege hindurch.

Gut zugänglich und für Touristen geeignet sind lediglich der **Nationalpark von Arly** und **Nationalpark „W",** durch den **Nationalpark von Pô** führt eine Teerstraße. Die anderen Schutzgebiete können in der Trockenzeit evtl. auch besucht werden, wenn man sich in einem angrenzenden Ort (z.B. bei der Direction Regionale de l'Environnement et des eaux et forêts) erkundigt.

- **Nationalpark von Arly, Nationalpark „W" und Tierreservat von Pama:**
Löwen, Büffel, Flusspferde, Krokodile, Gazellen
- **Naturreservat Nabéré:** Elefanten
- **Naturreservat Deux Balé (Boromo):**
Elefanten, Büffel, Antilopen, verschiedene Affenarten
- **Naturreservat Bontioli (Dièbougou):**
Elefanten, Flusspferde

Eine **Besuchserlaubnis** ist an Ort und Stelle zu erhalten. Der Preis beträgt etwa 8000 CFA p.P. (Auto extra). Eine Filmerlaubnis kostet etwa 50.000 CFA für 2 Wochen. Für weitere Informationen wenden Sie sich an die Direction des Parcs Nationaux des Reserves de Faune et de la Chasse, Ouaga (im Umweltministerium, nahe des Hotel Indépendance), Tel. 307294.

Öffnungszeiten

Banken

Mo bis Fr von 8-11.30 und 15.30-17 Uhr. Einige Banken haben auch samstags geöffnet.

Büros

Mo bis Fr von 7.30-12.30 Uhr und 15-17.30 Uhr.

Geschäfte

Mo bis Fr von 7.30-12.30 und 15-18 Uhr, Sa 8-12.30 Uhr.

Post und Telefon

Post

Es gibt keine Postzustellung ins Haus, sondern **Postfächer** (B.P.). Einen Poste-Restante-Schalter findet man in der Hauptpost am Place des Nations Unies (Platz der Vereinten Nationen, Ouagadougou). Von und nach Europa ist die Post ungefähr 1 Woche unterwegs, innerhalb Afrikas dauert es 2-3 Wochen. Die Post Burkina Fasos gilt übrigens als sehr zuverlässig. Zuständig für die Postzustellung ist die SONAPOST (Societé Nationale des Postes), Tel. 306420/333015.

Telefon

Telefonieren kann man inzwischen aus jedem größeren Dorf. In den größeren Städen, wo es viele private Tele-Boutiquen gibt, sogar mit Kartentelefonen oder beim ONATEL (Office National de Télécommunication), Av. Nelson Mandela, Ouagadougou. Und es existiert ein Mobilfunknetz (Telmob), das sogar im Sahel funktioniert.

Hinweis: 1999 wurde die **Umstellung der Telefonnummern** abgeschlossen. Aber noch immer sind auf vielen Hinweisschildern, Rechnungen, Briefköpfen etc. die alten Rufnummern vermerkt. Wir haben uns bemüht, die Nummern zu korrigieren.

Die Telefonnummer von ONATEL ist 334001, die Nummer der Auskunft 12. Die **internationale Vorwahl** von Burkina Faso lautet **00226**.

Reisen in Burkina Faso

Flugverbindungen

Burkina verfügt über zwei **internationale Flugplätze (Ouagadougou, Bobo-Dioulasso)** und ca. dreißig weitere Landeplätze, von denen einige von der nationalen Fluggesellschaft Air Burkina (Tel. 307676/314705) angeflogen werden (z.B. Fada N'Gourma, Dori, Ouahigouya). Zu den genauen Flugverbindungen (auch in die Nachbarländer) siehe bei Ouagadougou.

Eine Alternative bietet die **Luftwaffe** (besonders interessant für Gruppen) mit Flügen zu allen Flugplätzen des Landes an (z.B. Gorom-Gorom). Der Preis ist mehr oder weniger Verhandlungssache. Einschreibung und Platzreservierung einige Tage vor Abflug bei der Base Aerienne vornehmen (in der Nähe des zivilen Flughafens, Tel. 307003/04). Außerdem kann man beim **Aéroclub Ouaga,** Tel. 334113, für ca. 80.000 CFA/Std./2 Personen ein Flugzeug mit Piloten mieten (s.a. Ouagadougou/Verkehrsverbindungen).

Eisenbahn

Die von der SITARAIL betriebene Bahnlinie verbindet Ouaga mit Bobo und dem Hafen von Abidjan und stellt somit, neben der Straße nach Lomé (Togo), eine wichtige **Verbindung zum Meer** her. Ursprünglich war die Bahnlinie bis Niamey (Niger) geplant. Das Teilstück bis Kaya ist inzwischen fertig gestellt. Weitergeführt bis in den Sahel, soll die Bahn vor allem dem Abtransport von Bodenschätzen (Mangan, Kalkstein, Klinker) sowie von Rindern aus dem Nordosten dienen. Das Staatsunternehmen befand sind 2001 in der längst überfälligen Phase der Privatisierung, so dass sich die Zugverbindungen möglicherweise ändern können. Bislang fuhren von Ouaga nach Abidjan dienstags, donnerstags und samstags Personnenzüge (s.a. An- und Weiterreise/Verbindungen von/nach Elfenbeinküste).

Busse

Der Busverkehr in Burkina Faso ist im Vergleich zu vielen anderen Ländern Westafrikas vorbildlich. Das gilt insbesondere für den Verkehr zwischen den großen Städten. Wegen der großen Konkurrenz überbieten sich zahlreiche private Gesellschaften in Sachen Pünktlichkeit, Komfort und Service. Den unbestritten besten Ruf hat sich dabei die Firma **S.T.M.B.** erworben (Societé de Transport Mixte Bangrin, Ouaga: Tel. 311363/314463, Bobo: Tel. 970870). Ein goßer Vorteil von S.T.M.B. ist u.a., dass die Busse in gutem technischen Zustand sind und höchstens mit Tempo 90 fahren. Weitere wichtige Busgesellschaften mit Überlandbussen sind **SO.GE.BAF** (Ouaga: Tel. 303627), **STBF** (Societé de Transport Bouro et Frères, Ouaga: Tel. 312795, Bobo-Dioulasso: Tel. 972313/970065) und **Societé sans Frontière** (Ouaga: Tel. 313041, Bobo: Tel. 970097).

Hinweis: Mit Ausnahme kleinerer Ortschaften betreibt jede Busgesellschaft ihren eigenen **Busbahnhof.** Der befindet sich meist in den Außenbezirken der Städte. Taxifahrer kennen die jeweiligen Abfahrtstellen. S.T.M.B und andere Linien reservieren Plätze auch telefonisch.

Busch-Taxi

Anderes als etwa in Senegal hat der Bus das Busch-Taxi als bislang wichtigstes Verkehrsmittel des Landes nahezu abgelöst. Nur in abgelegenen Regionen, abseits der großen Straßen, bildet das Busch-Taxi die einzig Verbindung zu den größeren Ortschaften. Das gilt besonders für den Südwesten des Landes. Man braucht viel Zeit und Geduld. Die Busch-Taxis fahren erst los, wenn das Fahrzeug voll ist.

Taxi (collectiv)

Preise unbedingt vorher aushandeln! Der normale Preis für eine Stadtfahrt beträgt 200 CFA p.P., in die Außenbezirke ca. 300–400 CFA p.P. (Nachttarif doppelt).

Organisierte Touren

● **Krigar Afrika Expeditionen**
01, B.P. 2170, Ouagadougou, Tel. und Fax 384915 und Tel. 380893. Es werden auch Exkursionen und Trips nach Mali (Dogon-Land) und Niger (Ténéré) geboten. Neben persönlichen Reiseprogrammen ist auch die Miete von Allradfahrzeugen mit Chauffeur möglich.

● **OK Raids**
c/o Hotel OK-Inn, 01 B.P. 5397, Ouagadougou, Tel. (226) 317042/304061, Fax (226) 370023. Organisierte Tagesausflüge und Erlebnisreisen auch in Mali und Niger.

Außerdem gibt es noch einige **Veranstalter in Ouagadougou:**
- **Afrique voyages,** B.P. 3579, Tel. 307011
- **Agence tourisme,** B.P. 4475, Tel. 307083
- **Armelle voyages,** B.P. 6011, Tel. 311760/49
- **Globe voyages,** Tel. 305898
- **Inter Tour,** B.P. 1211, Tel. 304050
- **Kenedia Travel,** B.P. 1908, Tel. 315969
- **Inter voyages,** B.P. 424, Tel. 315364
- **Ouaka voyages,** B.P. 6882, Tel. 381363
- **Sahel excursions voyages**
  B.P. 9186, Tel. 315345
- **Savana Tours,** B.P. 457, Tel. 306061

Auto

Unterwegs als Selbstfahrer/ Straßenverhältnisse

Burkina verfügt über ein dichtes Netz von Straßen/Pisten. Ein Teil der Straßen und die meisten Pisten sind während der Regenzeit unpassierbar. **Straßenbenutzungsgebühren** sind auf fast allen asphaltierten Straßen üblich (z.B. Ouaga – Bobo 800 CFA, Kaya – Ouaga 200 CFA). **Feuerlöscher** und **Warndreieck** sind obligatorisch (sonst muss mit einem Bußgeld gerechnet werden!). Seit einiger Zeit gibt es auch einen **TÜV,** der bewirkt, dass die schrottreifen Autos ausrangiert werden.

Gute Asphaltstraßen gibt es auf folgenden Strecken:
- **Ouaga – Kaya**
- **Ouaga – Bobo – Banfora**
- **Ouaga – Ouahigouya**
- **Ouaga – Koupéla – Fada N'Gourma – Kantchari** (Grenze Niger)
- **Ouaga – Pô** (Grenze Ghana)
- **Bobo – Faramana** (Grenze Mali)
- **Koupéla – Bittou** (Grenze Togo)
- **Ouaga – Yako**

Beim Reisen im Landesinneren muss man immer wieder zahlreiche **Polizei- und Zollkontrollen** passieren (Kontrolle von Reise- und Impfpass sowie Gepäck), was Zeit in Anspruch nimmt, wenn man mit öffentlichen Verkehrsmitteln reist.

Mietwagen

Mietwagen sind relativ **teuer** (lohnen sich eigentlich nur, wenn man zu mehreren fährt): ca. 15.000 CFA/Tag plus 100 CFA/km plus Versicherung. Die Autos können am Flughafen oder in großen Hotels wie Indépendance, Silmandé oder Hotel de la Gare (R.A.N.-Hotel) angemietet werden. Billiger ist es auf dem „grauen Markt": In Ouaga werden Fahrzeuge minderer Qualität ab 15.000 CFA ohne Kilometergebühren vermietet. U.a. vermittelt das Hotel Daporé passable Dieselfahrzeuge für 20.000 CFA/Tag.

Es gibt folgende **Mietagenturen** (Auswahl):
- **Burkina Auto Location**
  B.P. 14/, Ouaga, Tel. 306811
- **Ouaga Auto Location**
  B.P. 2827, Ouaga, Tel. 332769
- **Dez Auto Location**
  B.P. 4222, Ouaga, Tel. 306456
- **Express Auto Location**
  Im Hotel de la Gare, Ouaga, Tel. 306106
- **Association des loueurs de vehicules (ABLPV)**
  Ouaga, Tel. 316157

Miet-Mofas und -Fahrräder

- **Soba**
Neben der Pharmacie No 1 (in Marktnähe im Zentrum von Ouaga). Preisbeispiele: Mofas ab 3000 CFA/Tag, Fahrräder 1500 CFA/Tag.

Normalerweise sind die Fahrzeuge versichert; überzeugen Sie sich aber lieber vorher nochmal. Manchmal haben auch Händler ein paar Mofas oder Fahrräder zum Verleihen.

Strom

220 V Wechselstrom ist nur in den größeren Orten bzw. Städten zuverlässig vorhanden. Die in unseren Breiten verwendeten Stecker können benutzt werden.

Übernachtung und Versorgung

Campen

In Burkina Faso gibt es fast nirgends Campingplätze, Ausnahme ist Ouagadougou. Manchmal ist es erlaubt, bei Campements oder im Hof eines Hotels zu campen, wenn man nachfragt. Ansonsten ist es im ganzen Land in der Regel kein Problem, einen ruhigen Platz zum Wildcampen zu finden.

Hotels

Spätestens seit den Afrikaspielen CAN 98 ist das Bettenangebot in Ouagadougou mehr als üppig. Nur bei Großveranstaltungen wie der FESPACO oder der afrikanischen Kunsthandwerksmesse ist die Kapazität ausgelastet, dann ist vorab eine Reservierung ratsam. Auch in den größeren Städten wie Bobo-Dioulasso oder Koudougou gibt es genügend Hotels aller Kategorien. Dagegen sind in kleineren Orten meist nur einfachere Hotels zu finden, die kaum europäischem Standard entsprechen. Jedoch gibt es überall zumindest kleine Herbergen oder Gästehäuser *(Auberge populaire)*, so dass es auch für Reisende, die mit Bus oder Taxi unterwegs sind, kein Problem sein dürfte, einen Übernachtungsplatz zu finden.

Preise

Die nachfolgende Auflistung soll einen Anhaltspunkt dafür geben, wieviel für ein **Doppelzimmer (DZ) in Hotels verschiedener Kategorien** ungefähr bezahlt werden muss.

- **Obere Luxusklasse:** 30 000–100.000 CFA
- **Luxusklasse (4 Sterne):** 21.000–30.000 CFA
- **Mittelklasse (3 Sterne):** 19.500–45.000 CFA
- **Mittelklasse (2 Sterne):** 12.000–30.000 CFA
- **Einfachere Hotels (1 Stern):** 6000–15.000 CFA
- **Einfachere Hotels (kein Stern):** 3000–9000 CFA

Workcamps

Eine besondere Art, Menschen und Kultur Burkina Fasos näher kennen zu lernen, ist die Teilnahme an einem Workcamp. Junge Leute (meist 18–30 Jahre alt) aus Europa können **freiwillig und unentgeltlich** einen Dienst im Ausland leisten, z.B. im Rahmen von Umwelt- und Naturschutz, im pädagogischen Bereich, für Renovierungsarbeiten, den

Luxushotel in Bobo-Dioulasso

Aufbau sozialer Einrichtungen usw. Die Workcamps mit 10-20 Teilnehmern dauern 2-4 Wochen.

Camps in Burkina Faso organisiert z.B. die:
• **Vereinigung Junger Freiwilliger e.V. (VJF)**
Hans Otto Straße 7, 10407 Berlin
Tel. (030) 42850603, Fax (030) 42850604
e-Mail: office@vjv.de, Internet: www.vjf.de

Versorgungsmöglichkeiten

In den beiden **Großstädten Ouaga und Bobo** findet der Reisende ein großes Angebot an Restaurants jeder Preisklasse. Anders ist die Situation in kleinen Orten. Hier muss man sich meist mit einem Teller Reis mit Fisch oder Fleisch begnügen.

Grundnahrungsmittel sind normalerweise in allen größeren Orten auf dem Markt oder in kleinen Läden erhältlich. Frisches Obst und Gemüse gibt es ebenfalls auf jedem Markt. In Ouagadougou sowie Bobo-Dioulasso gibt es außerdem einige Supermärkte mit großer Auswahl an nationalen Produkten und Importwaren (gutes Fleisch, Käse, Alkoholika usw.). Die Versorgung mit Brot ist auf die größeren Städte beschränkt.

In praktisch allen Orten existieren kleine **Getränkeläden oder Cafés,** in denen es Mineralwasser in Plastikflaschen, Softdrinks sowie Bier zu kaufen gibt. Neben der in ganz Westafrika verbreiteten Marke Flag gibt es zwei burkinische Biermarken: SO.B.BRA und Brakina, letzteres hat etwas mehr Kohlensäure und ist vor allem im Süden des Landes verbreitet.

Trinkwasser

Das **Leitungswasser** in Ouaga hat sich dank erheblicher Anstrengungen deutlich verbessert, wird aber immer noch stark gechlort und sollte auch abgekocht werden.

Es gibt jedoch neben teurem ausländischen auch einheimisches **Mineralwasser** in 1,5-l-Plastikflaschen zu kaufen. Es heißt Lafi und kostest ca. 500 CFA. Unter dem Namen Yilemde gibt es seit kurzem auch Mineralwasser im 0,5-l-Plastikbeutel für 100 CFA.

In Bobo kommt das Trinkwasser von einer Quelle (La Ginguette) und ist von besserer Qualität als in Ouaga. Auf dem Land gibt es „geschlossene" Brunnen mit bakteriologisch einwandfreiem Wasser und „offene" Brunnen, wo es dringend notwendig ist, das Wasser zu filtern, abzukochen oder mit Micropur zu reinigen. **Im Zweifelsfall Wasser grundsätzlich abkochen oder Micropur verwenden.**

Uhrzeit

In Burkina Faso herrscht Greenwich Mean-Time (GMT): Das entspricht unserer Zeit minus 1 Std.; bei Sommerzeit in Europa beträgt der Zeitunterschied minus 2 Std.

Markt in Gorom-Gorom

Unterwegs in Burkina Faso

Ouagadougou

(sprich Wagadugu oder kurz Waga)

Bereits im 15. Jh. war Ouagadougou **Hauptstadt des Mossi-Reiches.** Die Kapitale des Landes Burkina Faso, im Volksmund **kurz Ouaga genannt,** zählt heute **mehr als 1 Million Einwohner** und erscheint dem Besucher zunächst als gesichtsloses, monströses Dorf. Traditionelle Viertel sucht man ebenso vergebens wie – von einigen Ausnahmen abgesehen – Gebäude aus der Kolonialzeit. Ouaga wurde nach dem Vorbild von Paris verwaltungsmäßig in dreißig schneckenförmig angeordnete Sektoren eingeteilt, was den Vorteil hat, dass es die Orientierung etwas erleichtert. Die ortsansässige Bevölkerung benutzt nach wie vor die alten Quartiernamen, wie z.B. „Zone du Bois" für den „Secteur 13". Mit dem Bau der Eisenbahnlinie Abidjan – Ouaga (ehemals R.A.N.) wurde im Jahre 1954 die wirtschaftlich wichtige Verbindung zur Küste hergestellt.

Das Zentrum der Stadt, wenn man davon überhaupt sprechen kann, bildet der **Place des Nations Unies.** Lediglich hier lauern Schlepper auf Touristen. Von hier führt der breit angelegte **Boulevard de la Révolution** zum Präsidentenpalast, vorbei an zahlreichen Ministerien und Regierungsgebäuden. Nach Westen geht die **Avenue Nelson Mandela,** die am **Place de la Révolution** (Fotografierverbot!) endet. In Richtung Süden, zum Flughafen hin, erstreckt sich die wichtige Geschäftsstraße **Avenue N'Krumah.**

Die **Stadtentwicklung** verläuft alles andere als geordnet. Zahlreiche alte Stadtviertel ohne fließendes Wasser, ohne Stromanschluss und ohne Kanalisation sind in den letzten Jahren abgerissen worden, und man hat sich erst hinterher überlegt, was man mit den Bewohnern macht. Es wurden moderne Stadtteile im Bestonbaustil an deren Stelle errichtet, die der Hauptstadt eines Landes „würdig" sein sollten. In den neuen Vierteln werden die Häuser und Straßen nun durchnummeriert (Straßennamen sind out), was die Orientierung nicht gerade erleichtert, da niemand sich mehr auskennt. Die ehemaligen Bewohner dieser Viertel wurden vorübergehend an den Stadtrand gedrängt, denn ursprünglich dachte man daran, dass sie später wieder in den neuen Häusern Unterkunft finden würden. Es stellte sich jedoch heraus: Die Mieten waren für sie unbezahlbar! Und wer kann die Miete der Neubauten heute schon aufbringen? Funktionäre und Kaufleute! Sicher jedoch nicht der normale Burkinabé. Inzwischen werden die neuen Wohnungen angeblich auch von jungen Paaren der Mittelschicht mit wenigen Kindern angemietet.

Ein anderes umstrittenes Projekt innerhalb der Stadtplanung war der Neubau des zentralen Marktes. Mit hohem finanziellen Aufwand ist anstelle des alten Marktes ein modernes Einkaufszentrum errichtet worden. Der **neue Markt** ist inzwischen von der Bevölkerung akzeptiert und läuft gut – reges Treiben, volle Verkaufsbuden. Um den neuen Markt herum sind mehrere Cafés und Restaurants eröffnet worden.

Insgesamt hat sich das **Stadtbild** von Ouaga sehr **verändert:** Die Bautätigkeit boomt, neue, breite Straßen entstehen, die Innenstadt befindet sich völlig im Umbau, da die Häuser mindestens zweistöckig werden sollen, nicht aber höher – ein Erlass, der noch aus der Zeit von *Sankara* stammt.

Die Zeiten, als man die Stadt noch bequem zu Fuß entdecken konnten, sind leider vorbei. Die meisten Gehsteige im Zentrum sind von Straßenhändlern oder parkenden Autos in Beschlag genommen. Europäer, die länger in der Stadt zu tun haben, kaufen oder mieten sich deshalb gleich ein gebrauchtes Mobylette. Auch für kurze Erkundungen ist es das ideale Fortbewegungsmittel. Dabei wird einem angenehm auffallen, dass bettelnde Straßenkinder nur selten anzutreffen sind; bei

---

Sicherheit und Kriminalität

Es ist eher unwahrscheinlich, dass Sie unten genannte Nummern in Anspruch nehmen müssen: Ouaga gilt als vergleichsweise sichere Stadt, auch wenn die Kleinkriminalität, wie überall in Westafrika, im Anwachsen ist. Deshalb ist v.a. nach Einbruch der Dunkelheit mancherorts Vorsicht geboten. So u.a. in und um die Av. Kwame Nkrumah, wo es im Umfeld der vielen Bars und Discos hin und wieder zu Raubüberfällen kommt. Wer nachts mit dem PKW etwas unternehmen will, sollte nicht an den 100 CFA für einen Wächter sparen.
- **Polizei**
Tel. 17 oder Tel. 306383, 307100
- **Gendarmerie**, Tel. 313340

den wenigen handelt es sich in der Regel um Novizen eines islamischen Bettelordens, die ihren Unterhalt zur Lebensertüchtigung ausschließlich durch Bettelei verdienen müssen.

Nach einem Stadtbummel ist man, besonders zu Harmattan-Zeiten (Dezember bis Februar), wenn abends der aufgewirbelte Staub in der Luft steht, mit einer hauchdünnen Schicht aus rotem Lateritstaub bedeckt. Fast **unerträglich heiß** wird es in den Monaten **März bis Juni**, wo nach Möglichkeit nur ein kurzer Besuch in der Hauptstadt zu empfehlen ist; in Bobo-Dioulasso z.B. ist das Klima zu dieser Zeit wesentlich angenehmer.

Hinweis für Selbstfahrer

Seit 2002 ist die **Innenstadt von Ouaga von 11–16 Uhr für Lastwagen und Campingmobile gesperrt.** Verstöße werden mit 5000 CFA geahndet!

Sehenswürdigkeiten

Markt (Grand marché)

Ende 1985 ist der alte Markt dem Erdboden gleichgemacht worden und wurde vorübergehend etwas außerhalb (an der Straße nach Léo) abgehalten; die neue mehrstöckige Markthalle ist nun seit 1995 fertig gestellt. Geöffnet: tägl. von 7–18 Uhr.

Das Angebot an Gemüse und Früchten ist – je nach Saison – reichhaltig; außerdem gibt es Fleisch, Geflügel, Getreide, Erdnüsse, Gewürze, aber auch einheimische Kosmetika und Schmuck. Trotz der großen Auswahl an Stoffen und Tüchern (pagne) von SOFITEX-Produkten bevorzugen die meisten Afrikanerinnen die Wax-Batik-Stoffe aus der Elfenbeinküste oder dem Senegal bzw. die „veritable" English oder Hollandaise, mit meist sehr ausgefallenen Mustern. Während man für zwei „pagne" aus der einheimischen Marke Faso Fani nur etwa 3000 CFA zahlt, kosten die importierten Stoffe über das Doppelte.

Im Land hergestellte Decken, aus mehreren handgewebten Streifen zusammengenäht, findet man ebenso wie jede Menge im Gelbgussverfahren hergestellte Messing- und Bronze-Figuren, außerdem Körbe in allen möglichen Formen und Größen, Lederwaren etc. Und die Schneider im Obergeschoss fertigen auf Wunsch fast jedes Kleidungsstück – nach Modell (!) – an, ob traditionell afrikanisch oder europäisch. Die beste Zeit für einen Besuch ist früh am Morgen, denn schon gegen Mittag nimmt das Gedränge beängstigende Formen an. Dann heften sich auch die mitunter aggressiven Schlepper an die Fersen der Besucher.

Bewachte Parkplätze gibt es vor dem Markt für 100 CFA/Fahrzeug, für Mofas sind 50 CFA zu zahlen.

Nationalmuseum

Das Museum befindet sich im „Maison du peuple" (neben dem Hotel de la Gare). Es ist von 9–12.30 und 15.30–18 Uhr geöffnet, Sa nur bis 12 Uhr. Eintritt: 1000 CFA. So, Mo und an Feiertagen ist das Museum geschlossen.

Der Ausstellungsraum bietet ständig wechselnde Expositionen und eine Kollektion von Masken der verschiedenen

Ouagadougou

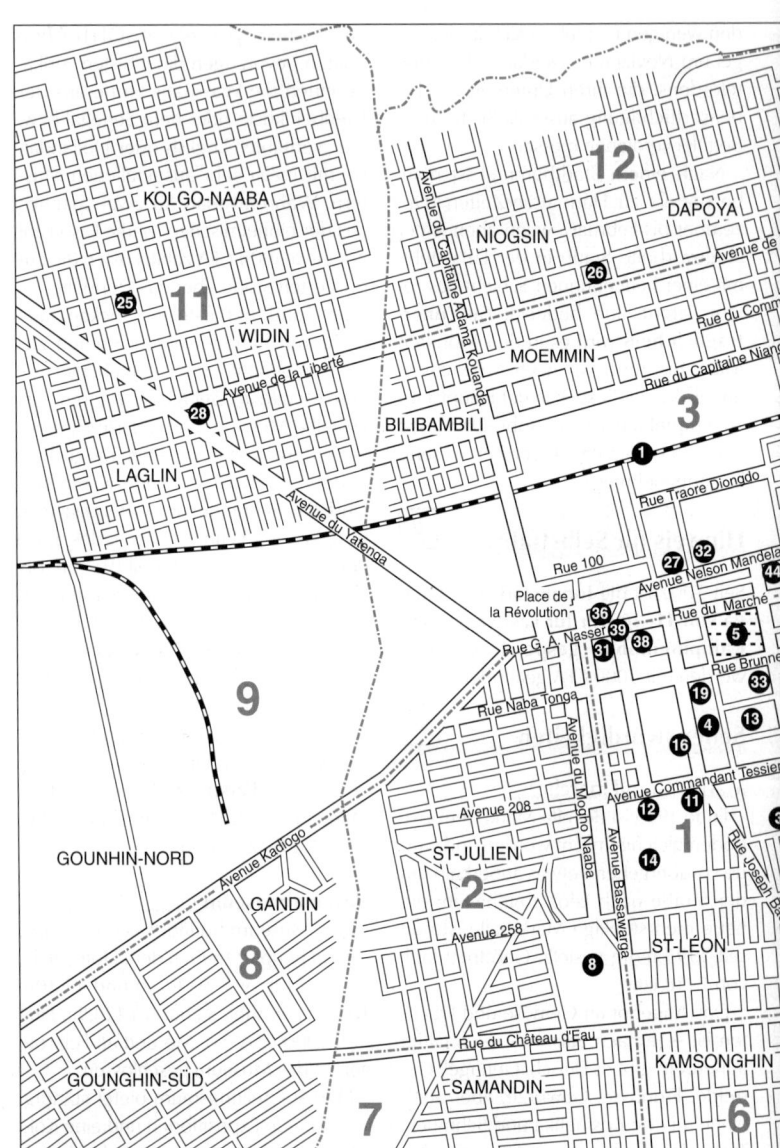

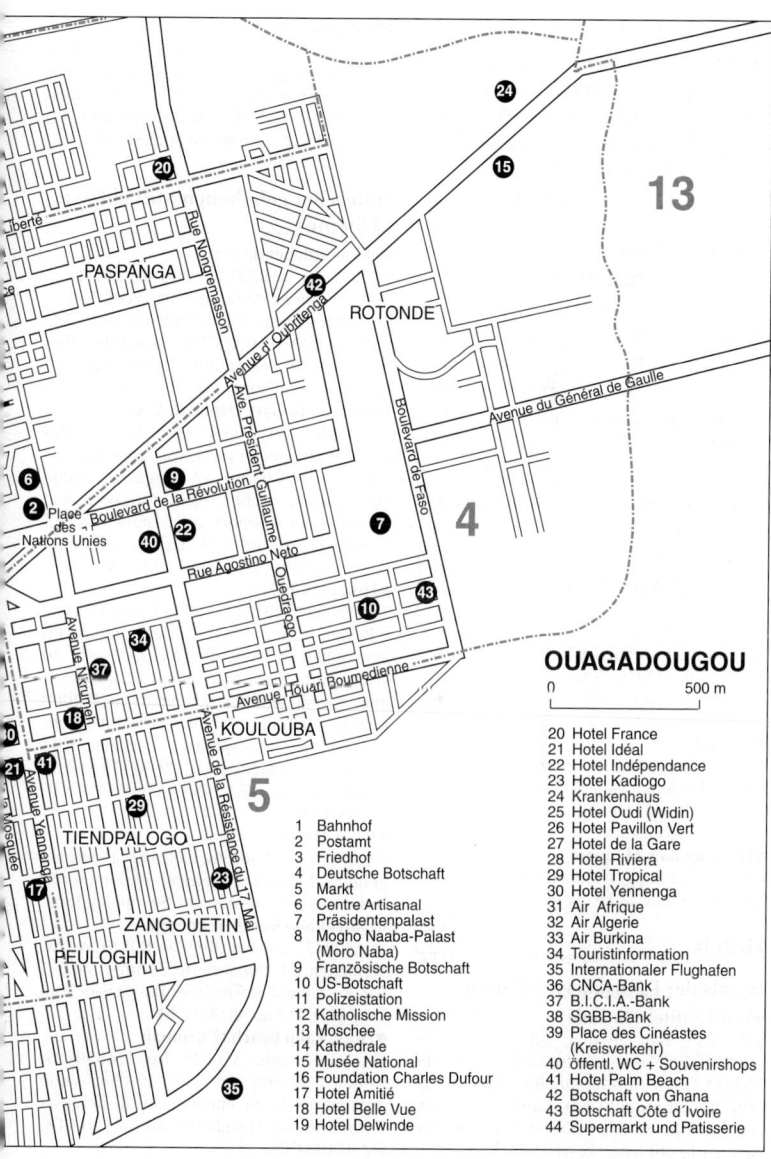

Ethnien des Landes sowie Holzstatuen, alten Schmuck und Keramikgefäße mit geometrischen Mustern. Außerdem gehören aufwendig hergestellte Kleidungsstücke wie das handbestickte Gewand des Mossi-Chefs in die Sammlung, ebenso verschiedene Waffen.

Centre Culturel
Français Georges Méliès

Av. Nelson Mandela. Es besitzt eine Bibliothek, Ausstellungsraum, Theatersaal und ein Kino. Regelmäßige Vorführungen ethnographischer Filme über Burkina und Westafrika sind für jedermann zugänglich. Hübsche Cafeteria. Außerdem erhält man dort auch generelle Informationen über kulturelle Ereignisse im Lande.

Touristeninformation

- **Office National du Tourisme Burkinabé (ONTB)**
01 B.P. 1311, Ouagadougou 01, Av. Leo Frobenius, gegenüber dem Hotel Nazemse, Tel. 311957, Fax 314434.
- **Le Pilote**
Gut gemachtes Gratis-Infoblatt mit vielen Tipps, das in größeren Hotels und Supermärkten Ouagas ausliegt.
www.aliaspilote.com
- **Le Ouagalais Magazin**
Erscheint 14-tägig, ebenfalls gratis, aber weniger informativ als Le Pilote.

Hotels

Hotels der Luxusklasse (4 Sterne)

- **Hotel Sofitel Silmandé**
B.P. 4733, Barrage n°3, Tel. 300176, Fax 300971. 130 klimatisierte Zimmer (DZ ab 70.000 CFA), Restaurant, Bar, Swimmingpool, Tennis, Night-Club, Konferenz-Raum, alles höchster Standard. Der Pool ist auch für Nichtgäste offen und kostet 2500 CFA.

- **Hotel Eden Park**
B.P. 31, Tel. 311487/90/91, Fax 311489, 1672 Av. Bassawarga. 100 klimatisierte Zimmer und 10 Suiten mit TV, Swimmingpool, Restaurant/Bar, Nightclub. DZ 42.000 CFA, EZ 40.000 CFA, Appartement 60.000 CFA.

Hotels der gehobenen Mittelklasse (3 Sterne)

- **Hotel Indépendance**
B.P. 127, Tel. 306060, Fax 306767, 140 klimatisierte Zimmer, Restaurant, Bar, Pool, Tennisplatz, Geschäfte. DZ 40.000–48.500 CFA, Suite 64.000–82.000 CFA, zusätzliches Bett 4000 CFA, für Kinder unter 15 Jahren gratis.
www.hotelinde.com
- **Hotel de la Gare (Hotel R.A.N.)**
Tel. 306106, Fax 311547, Av. Nelson Mandela. Zentral gelegen mit etwas angestaubter Kolonialatmosphäre, Pool, bungalowähnliche Flachbauten, sauber, viele Mücken, kein übermäßiger Komfort, aber brauchbar. EZ 25.600, DZ 30.000 CFA. Eigene Wäscherei (z.B. Hose 800 CFA, Hemd 700 CFA).
- **Hotel OK-INN**
Tel. 370020, 381381, 381382, Fax 370023, B.P. 5397, Ouagarinter. An der Route de Pô links abbiegen, hinter der Total-Tankstelle. 20 klimatisierte Zimmer, 5 klimatisierte Bungalows, Restaurant, Bar, Swimmingpool (2000 CFA für Nichtgäste). Hübsches Hotel, sehr angenehme Atmosphäre, ausgezeichnete Küche, großer Garten. DZ 29.000 CFA, Bungalow 36.000 CFA, Bungalow (4 Pers.) 45.000 CFA.
- **Relax-Hotel**
Tel. 313233, B.P. 567, Av. Nelson Mandela gegenüber Maison du Peuple. 55 Zimmer in lauter Lage, Bar, Restaurant, Swimmingpool.
- **Hotel Palm Beach Yennenga**
Tel. 308777/74, Fax 308970, B.P. 5656, Av. Yennenga. 61 klimatisierte Zimmer mit TV, Bar/Restaurant. Kostenloser Bustransfer vom Flughafen, DZ ab 45.000 CFA.
- **Hotel Palm Beach N'Krumah**
Tel. 310991 oder 316829, Fax 316839, Av. Kwame N'Krumah, B.P. 5557. 49 klimatisierte Zimmer mit TV, Swimmingpool. Kostenloser Bustransfer vom Flughafen. EZ 34.520 CFA, DZ 37.180 CFA.

Hotels der Mittelklasse (2 Sterne)

- **Hotel Avenir**
Tel. 340621/22, Fax 302278, B.P. 5044, Bd Che Guevara, Secteur 9. 36 klimatisierte Zimmer, Restaurant, Bar.
- **Hotel Sana**
Tel. 341286/342038, Fax 342031, B.P. 13608. 22 klimatisierte Zimmer, Bar/Rest., Pool.
- **Hotel Zamdogo**
Tel. 363743, B.P. 4815. 15 Zimmer, Bar, Restaurant.
- **Hotel Yamba**
Tel. 312526, Av. du Yatenga. 14 klimatisierte Zimmer, Bar, Restaurant.
- **Hotel Ricardo**
Tel. 307072, 311717, Fax 336048, B.P. 439, Barrage N°2, e-Mail: ricardo @fasonet.bf. 22 klimat. Zimmer mit TV, Rest., Bar, Swimmingpool, Nightclub. Vom Pool aus bietet sich bei Sonnenuntergang ein bezaubernder Blick über die Stadt und den Stausee. EZ 25.800 CFA, DZ 28.800 CFA. *Ricardo* ist Pilot und fliegt nach Anfrage u.a. nach Gorom-Gorom, Dédougou, Bobo und Koudougou.
www.membres.lycos.fr/ricardotel/
- **Les Manguiers**
Tel. 300370, Av. de la Liberté, Dapoya Secteur 12. Sauber, freundlich, Bar/Rest. 15 Bungalows in schönem Garten ab 14.500 CFA. Betreiber sprechen deutsch und engllsch.
- **Hotel Le Provence**
Tel. 335163/308980, B.P. 1374. 16 klimatisierte Zimmer, Bar/Restaurant.
- **Hotel Belle Vue**
Tel. 308498/311032, B.P. 71, Av. Kwamé N'Krumah, gegenüber der B.I.C.I.A.-Bank. 30 klimat. Zimmer, Restaurant, Terrasse, DZ 14.000 CFA.
- **Central Hotel**
Tel. 308924/25/26 od. 310248, Fax 308927, B.P. 56, Rue de la Chance, ggü. Grand Marché. 12 Zimmer, DZ inkl. Frühstück (1. Kategorie) 27.000, (2. Kategorie) 24.000, (3. Kategorie) 15.000 CFA, Pizzeria und Bar, freundlich.

Hotels mit 1 Stern

- **Nazemse**
Tel. 335328/340068, B.P. 2397, Av. Leo Forbenius. 80 klimatisierte Zimmer, mit Restaurant, Bar und Swimmingpool.
- **Hotel Don Camillo I**
Tel. 302236, Fax 302413, B.P. 8225. 14 klimatisierte Zimmer mit TV, Restaurant (Menu 3000 CFA, Frühstück 1500 CFA), Nightclub, Terrasse. EZ (1 Pers.) 15.000 CFA, EZ (2 Pers.) 17.500 CFA, DZ (1 Pers.) 18.000 CFA, DZ (2 Pers.) 20.000 CFA. Alle Preise plus 1000 CFA Tax p.P. und 355 CFA Tax p.P. und Nacht.
- **Annexe Don Camillo II**
Tel. 302950/51, Fax 302413, B.P. 8225, Secteur 9, Av. du Conseil de l'Entente, beim Stade 4 Août. 11 klimatisierte Zimmer mit TV, Bar, Restaurant, Dancing. EZ 17.500 CFA, DZ 20.000 CFA.
- **Résidence Don Camillo III**
B.P. 8225, Tel. 342782/83, 24 klimatisierte Suiten mit TV, Suite für 1 Pers. 17.500 CFA od. 25.000 CFA, Suite für 2 Pers. 20.000 CFA oder 27.500 CFA.

Ouagadougou – auf dem Markt

Audienz beim Mogho Naaba, dem Kaiser der Mossi
erlebt von Walter Egeter

Fährt man in Ouagadougou vom Flugplatz mit einem der klapprigen, giftgrünen Taxis über die vor Geschäftigkeit pulsierende Avenue Bassawarga in die Innenstadt, kommt man gegenüber dem Chateau d'Eau, einem riesigen runden Wasserturm, an einem großen, staubigen Platz vorbei. Mehreres fällt hier auf: Zum einen ist der Platz überraschend wenig belebt, nur ab und zu knattert ein Mofa oder rumpelt ein Auto durch die Schlaglöcher quer über die freie Fläche, zum anderen überrascht eine strahlend weiß gekalkte Steinmauer den Besucher. Dahinter ragt ein palastähnliches Gebäude hervor, mit kleinen, die glühende Hitze abweisenden Fenstern. Riesige Akazien bilden scheinbar einen Park, eine kleine Moschee ohne äußeren Zugang schmiegt sich an die Ostseite einer Außenmauer. Durch ein offenes Seitentor erhält man einen flüchtigen Blick auf einen sandigen Innenhof. Man kann – und das passt jetzt wieder gar nicht zu dem Eindruck der repräsentativen Anlage – etwa ein Dutzend Strohhütten erkennen, die dort in weitem Kreis wie im Busch des Mossi-Landes aufgestellt sind.

Es handelt sich um den Palast des *Mogho Naaba*, seiner Majestät des Kaisers der Mossi und Herrschers von Ouagadougou. Der Mogho Naaba ist der unbestrittene und anerkannte Repräsentant des Volkes der Mossi, seine religiöse Macht ist ungebrochen. Die Vorgänger des derzeitigen Herrschers hatten die Entscheidungsgewalt über Leben und Tod. Weder die Kolonialverwaltung noch die folgenden Regierungen haben je ihre traditionellen Rechte angetastet. Die Mossi umfassen etwa die Hälfte der Bevölkerung Burkina Fasos und bilden die einflussreichste der etwa sechzig Ethnien des Landes.

An jedem Freitagmorgen, so zwischen 7.30 und 8 Uhr – es darf auch schon einmal etwas früher sein, so genau nimmt man das in Afrika mit der Zeit meist nie –, kann man in Ouagadougou an einer eigenartigen Zeremonie teilnehmen, den Vorbereitungen des Kaisers der Mossi für einen Kriegszug. Das bühnenreife Schauspiel findet an der Rückseite der Palastmauer auf einem eigens dafür vorbereiteten Platz statt. Einige hundert Mossi und ein paar Touristen versammeln sich dort am frühen Morgen. Emsige Wächter achten streng darauf, dass man keinen Fuß vor eine Baumallee setzt und – um Gottes Willen – bloß keinen Fotoapparat zur Hand nimmt: Fotoaufnahmen werden von den Beschützern des Kaisers mit allen Mitteln (!) verhindert. Deshalb werden Touristen ständig misstrauisch beobachtet. Beachtet man die Regeln, geben sich die Wichtigtuer äußerst freundlich und erläutern den Ablauf der Zeremonie mit salbungsvollen Worten in gedämpftem, holprigen Französisch.

Ehe der Kaiser erscheint, versammeln sich die Honoratioren des Stammes. Auf stinkenden Mopeds und in verbeulten Rostlauben fahren die Repräsentanten der Stadtteile und des Parlaments vor. Sie tragen Schwerter und sind in kostbare Gewänder und rote Käppis gekleidet. Ein Trommler schlägt den Takt zum bedächtigen Aufmarsch der hochlöblichen Stammesvertreter. Jeder hat seinen zugewiesenen Sitzplatz auf der Erde, seinem Ansehen entsprechend in der ersten Reihe oder weiter hinten. Schwert und Kopfbedeckung werden abgelegt. Die Begrüßung eines jeden Neuankömmlings erfolgt mit großen Gesten. Ein Böllerschuss kracht durch die Ruhe des beginnenden Tages und kündigt das große Ereignis an.

AUDIENZ BEIM MOGHO NAABA

An die Palastmauer ist ein schlichter Lehmbau angefügt. Eine Matte aus bunt gefärbtem Stroh verdeckt eine Türöffnung. Von zwei Helfern wird ein schwarzes Pferd vorgeführt. Es ist das Streitross des Mogho Naaba und seiner Bedeutung entsprechend mit prächtigem Zaumzeug aufgeputzt, reich verziert mit roten und grünen Lederstreifen. An einer leuchtend roten Satteldecke baumeln bunte Lederquasten in der erfrischenden Morgenbrise. Dann ist es endlich soweit. Zwei Frauen huschen hinter der Strohmatte hervor und setzen sich auf die Erde. Sie halten einen goldenen Zeremonialstab. Unmittelbar nach ihnen erscheint seine Majestät in einem weiten Boubou in leuchtendem Kriegsrot. Fast hastig lässt er sich auf einem bunten Lederkissen an einer der Lehmwände nieder. Die Frauen neigen ihre kahl geschorenen Köpfe tief auf den Erdboden.

Die Gesichtszüge des Mogho Naaba sind aus der großen Entfernung meines Standplatzes kaum zu erkennen. In den wallenden Falten des roten Kleides erscheint sein Kopf außergewöhnlich klein. Eine Kappe im gleichen Kriegsrot wird von einer gold glänzenden Spange geziert. Ein Trommelwirbel gibt den Auftakt zum nächsten Akt des mittelalterlichen Schauspiels. Aus den Reihen der Honoratioren erheben sich die offensichtlich angesehensten und schreiten würdevoll auf ihren Kriegsherren zu. Sie wollen mit seiner Majestät den geplanten Kriegszug beraten. Demutsvoll werfen sie sich in den Staub, heben mehrmals, wie die Mohammedaner beim Gebet, die Arme zum Himmel, um dazwischen jedesmal die Handflächen aufeinander zu reiben. Danach hat es den Anschein, als würde ein intensives Gespräch stattfinden. Nur ein paar Minuten dauert diese Szene, dann ziehen sich die Würdenträger, erst rückwärts schreitend, wieder zurück. Andere Gruppen aus den Reihen der Sitzenden wiederholen diese Prozedur.

Der Sinn dieses großen Aufzugs der Würdenträger liegt darin, ihren Kaiser zu überzeugen, doch an Stelle eines Kriegszugs lieber mit dem Feind in Friedensverhandlungen einzutreten und ein Massaker zu verhindern. Würden nur die Kriegslüsternen dieser Erde die Symbolik dieses eindrucksvollen Mossi-Schauspiels begreifen und ebenso besonnen handeln, wie es vor vielen hundert Jahren einmal ein weiser Mogho Naaba getan hat und zu dessen Gedenken wöchentlich die Geschichte wiederholt wird!

Der edle Mogho Naaba hört also auf seine klugen Ratgeber und beschließt, das Blutvergießen zu unterlassen. Er schickt seine Boten aus zum vermeintlichen Feind, die die Glücksbotschaft überbringen. Sein Streitross lässt er in den Stall zurückbringen. Er selbst kleidet sich in seinem Palast um. Mit großem Gefolge erscheint er nochmals vor der Ratsversammlung, dieses Mal im weißen Gewand des Friedens. Musikanten und Sänger feiern ihren Kaiser daraufhin mit Lobesliedern. Ein krachender Böllerschuss beendet die Zeremonie und ruft mich aus meinen Träumen in die Wirklichkeit zurück. Die Ehrengäste schwingen sich auf ihre Mopeds und kehren in ihren Alltag zurück. In der Nähe werden Abfälle verbrannt, stinkender Qualm zieht über den Platz vor dem Mogho-Naaba-Palast.

- **Hotel Continental**
Tel. 308636, Fax 336048, B.P. 3593, Av. Loudun (ggü. Ciné Burkina). 14 klimatisierte Zimmer, Bar, Restaurant. DZ ab 10.000 CFA, Suite 32.000 CFA.
- **Riviera**
Tel. 306559, B.P. 410, Av. du Yatenga. 13 Zimmer, Bar, Restaurant.
- **Le Grillon**
Tel. 311184, B.P. 9260, Cité An III. 22 klimat. Zimmer, Bar, Restaurant.

Einfachere Hotels

- **Pension Sarah**
Av. Bassawarga, 200 m von malischer Botschaft entfernt, 1997 eröffnet. Der Chef *Jakob Bambara* ist der Bruder des bekanntesten Skulpteurs für Bronze und Stein, *Jean-Luc Bambara*. Ca. 20 Zimmer, sauber, Ventilator, mit oder ohne Moskitonetz, ab 6000 CFA Hervorragende, günstige Küche.
- **Hotel Le Pavillon Vert**
Tel. 310611, B.P. 4715, Avenue de la Liberté (Secteur 12). 4 klimatisierte Zimmer, 16 Zimmer mit Ventilator, Bar/Restaurant. Bei Backpackern beliebt.
- **Hotel Oubry**
Tel. 306489, Fax 300757, B.P. 1689, Av. Yennenga, etwas außerhalb des Zentrums. Terrasse mit Blick auf die Straße, die Zimmer im Annexe sind ruhiger! 12 Zimmer mit Klimaanlage, 7 mit Ventilator, Bar/Restaurant.
- **Hotel de la Paix**
Av. Yennenga, Tel. 333023. Klimat. DZ mit Dusche/WC 10.000 CFA, DZ mit Ventilator und Du/WC 6500 CFA, sauber und gepflegt, Restaurant, Bar.
- **La Rose des Sables**
Tel. 313014, B.P. 2338, Quartier St Léon. 5 Zimmer mit Ventilator, Bar/Restaurant.
- **Hotel Delwende**
Tel. 308757, Rue Brunnel, Südseite vom Markt, gegenüber C.I.C.A.-Nachtclub. EZ 8000 CFA, DZ 12.000 CFA, sauber, Matratzen z.T. sehr weich.
- **Hotel Idéal**
Tel. 306502, Av. Yennenga, nahe der Moschee. DZ 5000 CFA mit Air-Condition.
- **Hotel Yennenga**
Tel. 307337, Av. Yennenga, zentral gelegen, aber nicht sehr sauber, DZ ca. 4500 CFA.
- **Résidence Aziz**
Tel. 308951/52, Fax 312352.
- **Hotel Kadiogo**
Tel. 306944, in unmittelbarer Nähe vom Flughafen, trotzdem relativ ruhig, mit angenehmer Atmosphäre, Innenhof und schöner Gartenanlage. DZ mit Ventilator ab 4500 CFA.
- **Hotel Daporé**
Tel. 313331, B.P. 2473, Nähe Av. de la Liberté, Secteur 12. Sauberes, von Schweizer geführtes Hotel mit hübschem Garten. 9 Zimmer mit Klimaanlage, 4 mit Ventilator. DZ ab 8500 CFA, sehr gutes Restaurant.
- **Pension Guigsene**
Tel. 334698, Av. Yennenga. Gute Adresse.
- **Hotel Wend Kuuni**
Tel. 308079, B.P. 6356, Quartier Kamsaoghin. Sauber, Übernachtung 4000 CFA.
- **Foundation Pièrre Dufours**
Tel. 303889, Rue de la Chance, 5 Querstraßen südlich vom Grand Marché; Gemeinschaftsküche, Schlafsaal 2500 CFA p.P.. Der Franzose *Dufours* gründete diese Foundation vor vielen Jahren zugunsten von Waisenkindern, die er auch adoptierte. Seit seinem Tode verwaltet sein Adoptiv-Sohn *Hadama Yaméogo* die Stiftung. Das Geld wird für Nahrung und Schulgebühren der Waisenkinder benutzt.
- **Mission Catholique Les Lauriens**
Tel. 306490, DZ 8000 CFA, gute und günstige Mahlzeiten. Bitte respektieren Sie die Regeln: Nichtraucher, Frauen und Männer getrennt etc.
- **Mission d'assemble de Dieu**
Im Quartier Gounghin. 3000 CFA/Pers. in 3er- und 4er-Zimmern, gute Betten, Kochgelegenheit.

Camping

- **Ouaga Camping**
Chez Bouda Abel, B.P. 875. In der Nähe des neuen Busbahnhofs (Route de Pô). Einfahrt zwischen Tankstellen elf und Total (keine Beschilderung). Eine Übernachtung im Bungalow kostet 4500 CFA p.P., Camping 1500 CFA p.P., 300 CFA für PKW. Es gibt ein einfaches Restaurant sowie eine Bar und einen Nightclub. Insgesamt etwas heruntergekommen, aber das Personal ist freundlich.

- **Camping Pharo**
Ca. 15 km Richtung Niamey. Eigentlich als Bungalowanlage gedacht, für 1000 CFA p.P. kann auf Anfrage auch campiert werden.
- **Camping Poko Club**
Ca. 13 km außerhalb an der Straße in Richtung Bobo. Ursprünglich schöne Anlage mit vielen Eukalyptusbäumen, inzwischen aber völlig heruntergekommen. Der Stellplatz ist immer noch schön, aber die Duschen und Toiletten sind unbenutzbar (total verdreckt und ohne Wasser). Camping 1000 CFA p.P., Auto 500 CFA, Motorrad 350 CFA.

Essen und Trinken

Restaurants für höhere Ansprüche

Die meisten der größeren Hotels verfügen über Bar und Restaurant. Die Preise für ein Menü sind meist ähnlich hoch wie in Europa.

- **Le Coq bleu**
Av. Kwame Nkruma. Tel. 300193. Derzeit die erste Adresse für Feinschmecker. Das kleine Lokal steht unter gleicher Leitung wie das TAM-TAM; Reservierung wird empfohlen
- **TAM-TAM**
Stadtteil Gounghin, an der Straße nach Bobo. Tel. 301003. Besitzer ist Österreicher, schöner Biergarten. U.a. Wiener Schnitzel, Würste ab 1800 CFA, Bier vom Fass. Der Treffpunkt deutschsprachiger Entwicklungshelfer. Offen von 11-24 Uhr, Di geschlossen.
- **Le Verdoyant**
2, Av. Dimdolosom, Tel. 312299. Von Franzosen betriebenes Lokal nahe Place des Nations Unies mit angenehmer Atmosphäre, u.a. ausgezeichnete Pizza und Fleischgerichte ab 3000 CFA; Speiseeis. Offen 12-15 und 18-23 Uhr.
- **La Fontaine Bleu**
12, Av. Dimdolosom, Tel. 307083. 50 m vom Le Verdoyant . Französische Küche, spezialisiert auf Fisch und Meeresfrüchte; klimatisierter Speisesaal oder im schönen Garten. Offen täglich von 12-15 und 18-23 Uhr.
- **L'Eau Vive**
Rue du Marché, nörlich vom Zentralmarkt. Tel. 306303. Ausgezeichnete Küche, von Missionsschwestern geführt, mit schönem tropischen Garten. Menü ab 3000 CFA. Gepflegte Atmosphäre mit klassischer Musik – um 21.30 Uhr wird das „Ave Maria" gesungen! So geschlossen, sonst 12-14 und 19-22.30 Uhr.
- **La Forêt**
Tel. 307296, Av. Bassawarga. Offen täglich von 9-23 Uhr. Afrikanische Küche und Grillspezialitäten.
- **Le Belvedère**
Tel. 336421, Av. Raoul Folléreau. Italienische und libanesische Küche, Pizza auch zum Mitnehmen. Geöffnet ab 18.30 Uhr, Di geschlossen.
- **Daporé**
Nähe Av. de la Liberté, Secteur 12. Tel. Der Besitzer ist Schweizer; hier gibt es u.a. original Fondue und Racklette.
- **Le Loyus d'or**
1557, Av. Kadiogo, Tel. 302099. Chinesische und vietnamesische Küche. Mo geschlossen, sonst offen von 12-14 und 19-23 Uhr.
- **Le Walemb**
Secteur 6/7, afrikanische Küche.
- **Le Vert Galant**
172, Rue Amirou Thiombiano, Tel. 306980. Internationale Küche. Offen von 11-14 und 19-22.30 Uhr, So geschlossen.
- **New Saigon**
Stadtteil Koulouba, in der Nähe des amerikanischen Kulturzentrums. Tel. 308831. Vietnamesische Küche.
- **La Riviere**
Tel. 342023, Av. Kadiogo. Chines. und vietnam. Gerichte. Täglich geöffnet von 12-14 und 19-23 Uhr.
- **Rive Droite**
Av. Raoul Follereau, Tel. 312299. Französische und exotische Küche.

Afrikanische Küche für einfache bis mittlere Ansprüche

- **Lido-Bar**
Av. Yennenga. Hier gibt es frische gegrillte Fische, Hühner u.ä. Die Lido-Bar ist sehr beliebt, daher fast immer sehr gut besucht.
- **Restaurant/Bar Kampala City**
Bd de la Jeunesse (Straße Richtung Bobo). Sehr gutes Essen auf der Terrasse, 800-1600 CFA pro Gericht.

- **Akwaba**
Av. Kwamé N'Krumah, Tel. 312376. Afrikan. und europ. Küche. Offen von 11–15 und 18.30–23 Uhr, So geschlossen.
- **Soupaps**
Tel. 341101, Straße Richtung Marina Market nach links, die nächste wieder nach links (vom Zentrum aus). Niedrige Preise, große Auswahl, gute Küche und sehr gastfreundlicher Wirt *Clement*. Sehr zu empfehlen sind die Joghurts und Sandwiches mit Gemüse.
- **Zebu'soif**
In der Av. Houari Boumedienne, Tel. 332375. Internationale Küche. Offen täglich von 18–24 Uhr.
- **Restaurant Hamamien**
Cité An IV A, Tel. 303913. Afrikanische und europäische Küche. Mo geschlossen.
- **Le Wassa-Club**
Av. Yennenga, Tel. 315312. Afrikanische Küche, Grillgerichte.
- **La Farigoule**
Cité An III, Tel. 317049. Afrikanische und internationale Küche.
- **Le Trocadero**
St Léon, Ecke Av. Bassawarga, Tel. 312406. Geöffnet täglich 10–24 Uhr.
- **Le Wapassi**
Paspanga, Rue des écoles, Tel. 312780. Afrikanische Küche und Grillgerichte. Offen täglich 10–24 Uhr.
- **La Colombe**
Av. Agostino Néto, Tel. 333065. Afrikanische und europäische Küche. Geöffnet täglich 10–15 und 18–24 Uhr.
- **Restaurant Chinghetti**
Rue 3-42, Tel. 313284. Maghrebinische und europäische Gerichte. Offen von 8–14.30 und 18–23 Uhr.
- **La Paix**
Av. de Loudun, nahe Ciné-Burkina, auch europäische Küche.
- **Guitar-Bar**
Quartier Larlé. Spezialität: frischer Fisch aus der Barrage.
- Um den neuen Markt gibt es mehrere neue Restaurants und Cafés. In der Av. Yennenga und Av. Loudun stehen abends viele Straßen-

stände mit Poulet rôti, Brochettes (Fleischspießchen) oder Riz sauce. In der Av. Yennenga befinden sich zudem mehrere kleine Straßencafés und Buvettes (Bars), auch Maquis genannt.

Pâtisserien

● **Le Gourmandise**
Ecke Rue Thiombiano/Rue de la Mosquée, Tel. 308162. Mittelmäßige Kuchen und Snacks, und das auch noch recht teuer, aber die beste (und einzige) Aussicht auf den Zentralmarkt.

● **Koulouba**
Av. de la Réstistance du 17 Mai, Tel. 307717. Leckere Kuchen, Eis und kleine Imbisse.

● **La Bonbonnière**
Av. Nelson Mandela, neben dem Supermarkt Casino, Tel. 306352. Gutes Frühstück, Speiseeis.

● **L'Opera**
Av. Bassawarga, nahe Botschaft von Mali, Tel. 381073. Salon de Thé.

Bars/Kneipen/Nachtclubs

Von einem passionierten Nachtschwärmer erhielten wird folgende „Gebrauchsanweisung" für eine lange Nacht in der fast unüberschaubaren Discoszene von Ouaga: Einstieg bei Jimmy's Disco in der Av. Kwamé Nkrumah, immer noch „in". Ab 24 Uhr dann schnell ins Sahel zum Abtanzen und Flirten, oder ins etwas gemäßigtere Pili-pili. Wer jetzt noch nicht genug hat: Auf der Straße vor dem Hotel Pavillion wird jedes Wochenende bis zum Morgengrauen mächtig gefeiert. Alternative Adressen für heiße Open-air-Unterhaltung sind: Nouveau monde, Blue Saxo, Harlem, Taxi brousse oder Wakatti, um nur einige zu nennen. Hinzu kommen noch unzählige Discos in den Außenquartieren.

● **Le Cactus Bar**
Av. Kwamé Nkrumah. Billard, ausländisches Bier und viel Musik, und das täglich 19 Stunden außer Mo.

● **New Jack**
Av. Kwame Nkrumah. Teure Bar für Nachtschwärmer

● **M'NIFFOU Bar Dancing**
Bd. de la Jeunesse (Straße nach Bobo). Nette Tanzbar mit afrikanischer Musik und Publikum, auch unter der Woche ist hier was los, freier Eintritt.

● **ZAKA Club** (ex Wassa-Club)
Av. Yennenga, trad. afrikanische Musik, geöffnet bis 2 Uhr. Eintritt: 500–1000 CFA.

● **Nightclub Le RIM/Tapoa**
Nachtclubs des Hotels Silmandé, hier geht es wesentlich ruhiger zu, gedämpfte Musik (ca. 3000 CFA Eintritt!).

● **Casino du Faso**
Spielcasino im noblen Hotel Silmandé.

Kinos

Kinos mit französischen, indischen und amerikanischen Filmen stehen zur Auswahl - schade, dass kaum afrikanische Filme gezeigt werden. Ein Besuch lohnt sich: Die Reaktionen des Publikums sind manchmal interessanter als der Film selbst.

● **Ciné Burkina**
Klimatisiertes Großraumkino in unmittelbarer Nähe der Moschee.

● **Ciné Oubri**
Rue Maurice Bishop.

● **Riale**
Rue Patrice Lumumba (open air).

● **Ciné Gounghin**
Im gleichnamigen Stadtteil, an der Straße nach Bobo.

● **Nerwaya**
In der Cité An III, in modernem Gebäude.

Notfall

Ambulanzen

● **Ambulance Hôpital**
Tel. 306644/45

● **La Croix Rouge,** Tel. 302071

Labor-Untersuchungen

● In der **Pharmacie Diawara,** Place du Marché gegenüber Ciné Burkina, Tel. 306168, oder in der **Pharmacie du Progrès,** Tel. 303612.

Ärzte

● **Dr. Bernard und Jaqueline André**
Tel. 326779, B.P. 3165, Ouaga, Zone du Bois. Praktischer Arzt, seine Frau führt auch gynäkologische Untersuchungen durch.
● **Dr. Ingrid Sawadogo**
Tel. 306472. Zahnärztin und Kieferchirurgin.
● **Centre medical français (CMF) de Ambassade du France**
Tel. 306607, zwischen dem Ministerium für Äußeres, dem Präsidentenpalast und „Radio Burkina", unweit dem Beginn der Av. Charles de Gaulle. Verschiedene französische Fachärzte für die franz. Botschaftsangehörigen und Laboruntersuchungen. Teure, gute Akut-Behandlung.
● **Dr. Jean Baptiste Ouedraogo**
Av. Charles de Gaulle; in Frankreich ausgebildeter Kinder- und Chefarzt einer guten Klinik mit neuen Geräten.
● **Dr. Jean Yves Cosnefroy**
Av. Charles de Gaulle (hinter der Présidence), Tel. 336779, Öffnungszeiten: Mo bis Fr 8-13, 16-19/Sa 8-13 Uhr; von der deutschen Botschaft empfohlener franz. Arzt.
● In medizinischen Notfällen kann auch die deutsche Botschaft mit Adressen von guten Ärzten weiterhelfen.

Apotheken

● **Pharmacie du Progrès,** Tel. 303612.
● **Pharmacie de l'Hôpital,** Tel. 306641.
● **Pharmacie Nouvelle,** Tel. 306133.
● **Pharmacie Diawara**
Place du Marché, Tel. 306188.

Banken

● **B.C.B.**
747, Av. Nelson Mandela, B.P. 1336, Tel. 307878, gegenüber der Post, nahe Place des Nations Unies, wechselt TCs; auch Samstagvormittag.

● **B.I.C.I.A.**
479, Av. Kwame Nkrumah, B.P. 8, Tel. 306226. Die Bank wechselt Bargeld und TCs. Gebühr (TCs): 2720 CFA plus 2%. Offen von 7.15-11.15 und 15.15-17.30 Uhr.
● **B.I.B.**
Av. Dimdolobsom, Tel. 306169.
● **ECO Bank**
633, Rue Maurice Bishop, Tel. 318975.
● **B.F.C.I.**
Rue du Marché, B.P. 585, Tel. 306034.
● **Bank of Africa**
Av. de la Résistance du 17 mai, B.P. 1319, Tel. 308870.

Tipp: Ohne Gebühren wechselt der Supermarkt „Marina Market". Außerdem ist in Ouagadougou cash advance mit Visa Card möglich.

Post und Telefon

Es gibt keine Postzustellung ins Haus, sondern Postfächer (B.P.).

Einen **Poste-Restante-Schalter** gibt es in der Hauptpost am Place des Nations Unies (Platz der Vereinten Nationen). Von und nach Europa dauert die Post ca. 1 Woche, innerhalb Afrikas 2-3 Wochen.

Telefonieren kann man von zahlreichen privaten **Teleboutiquen** auch ins Ausland oder direkt bei **ONATEL** (Office National de Télécommunication), Av. Nelson Mandela, Ouaga. Ortsgespräche innerhalb von Ouaga kosten 100 CFA. Die Vorwahl von Burkina Faso lautet 00226. Telefonauskunft: 12.

Internet

● **Cyper.Cafe@ICA.ll**
Gegenüber der Hauptpost. Die beste Möglichkeit, schnell ins Internet zu kommern oder zu mailen, offen von 8-24 Uhr, Tel. 317118, Fax 320134, icatel@fasonet.bf.

Fluggesellschaften

● **Air France**
B.P. 116, Tel. 306365/66/67,
Av. Nelson Mandela

- **SN-Brussels** (ex Sabena)
B.P. 6214, Tel. 305880/81, Fax 305882. 668, Av. de la Resistance du 17 mai, Immeuble CGP, 3. Etage.
- **Air Burkina**
B.P. 1459, Tel. 315324/25, Rue Bassawarga, u.a. Flüge nach Ghana und Togo.
- **Nouvelle Frontière**
B.P. 5696, Tel. 304055, Fax 304056.
- **Ghana Airways**, Tel. 315969.
- **Air Afrique**
B.P. 141, Tel. 306020, Fax 311528, Rue G.A. Nasser bzw. Bassawarga. Im Jahr 2002 ohne eigenen Flugbetrieb, nur Abwicklung und Ticketservice.
- **Air Algerie**
B.P. 51, Tel. 312301, Fax 312302.
- **Aeroflot**
B.P. 340, Tel. 307129, Ecke Av. du Dr. Kwamé N'Krumah und Rue M. Bishop.
- **Air Senegal International**
c/o Zindi-Voyages, Tel. 312886.
- **Air Ivoire**, B.P. 3550, Tel. 301195.

Flughafen

- Tel. 306515 und 306519. Voreincheck: Im Gegensatz zu anderen Airports kann man sein Gepäck am Abflugtag von 10–12 Uhr abgeben.

Inlandsflüge

sind evtl. mit *Ricardo* vom Hotel Ricardo (siehe Unterkunft) möglich. Er ist Pilot und Verantwortlicher beim Aéro Club de Ouagadougou und fliegt nach Anfrage u.a. nach Bobo, Gorom-Gorom oder Dédougou.

Bahnverbindungen

SITARAIL

Tel. 310828, Rue Dioncolo oder Rue 3.44; Bahnpolizei: Tel. 310757

- **Ouaga – Bobo – Abidjan**
Abfahrt Di, Do und Sa am Morgen. Fahrzeit ca. anderthalb Tage, Preis 1. Klasse: 21.000 CFA. Die Grenze ist für den Zug auch bei Nacht geöffnet, für die Formalitäten hält der Zug nur zwei Mal, der Bus hält dagegen an der Grenze wesentlich häufiger.

Hinweis: Wegen der Wirren im Nachbarland Elfenbeinküste war der Zugverkehr im Herbst 2002 eingestellt.
- **Ouaga – Kaya,** z.Z. nur Güterverkehr.

Überland-Busse

S.T.M.B. (Société de Transport Mixte Bangrin)

B.P. 1374, Ouaga 01, Tel. 311363/314472. Die Gesellschaft mit dem besten Service und Pünklichkeit bei der auch Sicherheit groß geschrieben wird. Deshalb teurer als die Konkurrenz. Die Busstation von S.T.M.B. in Ouaga befindet sich nördlich des Bahnhofs, versteckt in einer kleinen Seitenstraße, die aber jeder Taxifahrer kennt. Der Service ist umfassend: Snackbar, klimatisierter Aufenthaltsraum mit TV, Gepäckaufbewahrung etc.
Infos: www.stmb2000.com
- **Ouaga – Bobo**
Täglich 8 Fahrten; klimatisierter Bus 6000 CFA, 1. Klasse 8000 CFA, nichtklimatisierter Bus 5000 CFA.
- **Ouaga – Ouahigouya**
Täglich 4 Fahrten, ab 2500 CFA.
- **Ouaga – Fada-Ngourma**
Täglich 4 Fahrten, ab 3000 CFA.
- **Ouaga – Dori**
Täglich 2 Fahrten ab 4000 CFA, Abfahrt 7.30 und 13.30 Uhr.
- **Ouaga – Cinkansé** (Grenze Togo)
Abfahrt 8 Uhr, 4000 CFA
- Weitere Fahrziele von S.T.M.B. sind: Djibo (über Quahigouya), Tenkodogo (über Koupela), Pô, Banfora (über Bobo).

S.T.B.F. (Société de Transport Bouro et Frères)

B.P. 11142, Ouaga 08, Tel. 312795. Die Busstation von S.T.B.F. befindet sich in der Avenue Yatenga.
- **u.a. Ouaga – Bamako,** täglich, 1500 CFA.

SO.GE.BAF.

B.P. 3900, Ouaga 01, Tel. 303627. Mit die größte private Busgesellschaft von Burkina Faso. Wegen häufiger Pannen und Unfällen ist ihr Image allerdings nicht das beste.

- **Ouaga – Bobo**
Täglich, stündlich, 4000 CFA.
- **Ouaga – Ouahigouya**
Täglich, stündlich, 2000 CFA.

Société de Transport sans Frontière

B.P. 6094, Ouaga 05, Tel. 313041/304675. Gute Busverbindungen vor allem zur Elfenbeinküste, moderne Busse, aber ohne Klimaanlage.
- **u.a Ouaga – Yamoussokro** (Elfenbeinküste)
Täglich, Abfahrt 10 Uhr, 15.000 CFA.
- **Ouaga – Abidjan** (Elfenbeinküste)
Täglich, Abfahrt 10 Uhr, 18.000 CFA.

Trans Mif

Tel. 302269
- **Ouaga – Gaoua**
Di, Do, So, 5000 CFA, Abfahrt 7 Uhr.

SOTRAO

Tel. 334669
- **Ouaga – Ouahigouya**
Täglich außer So, 2000 CFA.
- **Ouaga – Diapaga**
3750 CFA, täglich, Rückfahrt jeweils am nächsten Tag.
- **Ouaga – Tenkodogo**
Mi, Do, Sa, 1500 CFA, Abfahrt jeweils 14 und 9 Uhr.
- **Ouaga – Djibo**
Mi, Sa, Abfahrt 8 Uhr, 2500 CFA.
- **Ouaga – Niamey**
Di, 9000 CFA; Mi bis zur nigrischen Grenze, 4000 CFA.
- **Ouaga – togol. Grenze**
Sa und Mi, 4000 CFA.

Société de Transport Aorema et frères

Tel. 301921
- **Ouaga – Ouahigouya**
Täglich, Abfahrt 13.30, 17.30 Uhr, 2000 CFA.
- **Ouaga – Abidjan**
Mo bis Mi, Gare de Tampouy, 15.000 CFA.

Transport Rayi's

B.P. 3930, Ouaga 01, Tel. 332713. Guter Service mit modernen Kleinbussen, Rayi's hat sich auf die Strecke Ouaga – Koudougou bzw. Bobo – Koudougou spezialisiert.
- **Ouaga–Koudougou**
Täglich, Abfahrt alle 2 Stunden ab 8 Uhr, 1000 CFA.

Taxis

In Ouagadougou ist es üblich, mehrere (z.T. bis zu sechs verschiedene) Fahrgäste im Taxi mitzunehmen und diese nacheinander an ihren Zielen abzuliefern. Alle Taxifahrer in der Stadt werden Ihnen erst einen viel zu hohen Preis nennen – handeln Sie ihn herunter! Der normale Preis für eine Fahrt innnerhalb des Zentrums der Stadt beginnt bei 200 CFA p.P. Nachts wird das Doppelte verlangt.

Kfz-Werkstätten

- **C.I.C.A.**, Peugeot-Vertragswerkstätte
- **C.O.D.I.A.M.**, Toyota, Renault
- **Garage Ouedraogo et Frères**
B.P. 4301, Tel. 304622, secteur 16.

Shopping

Antiquitätenhändler

Souvenir- und „Antiquitätenhändler" haben überall dort ihre Stände aufgebaut, wo sie potenzielle Kunden vermuten, also vor größeren Hotels oder rund um den Grand marché. Sie kommen überwiegend aus dem Niger, aus Mali und aus Senegal. Man nennt diese Verkäufer zwar „Antiquitätenhändler", wirklich „alt" ist aber wahrscheinlich kaum ein Stück. Man benötigt viel Zeit und noch mehr Nerven, sich mit diesen unglaublich geschäftstüchtigen Händlern auf einen akzeptablen Preis zu einigen. Und seit Touristen zahlreicher nach Ouaga kommen, sind die Preise auch erheblich gestiegen – „Il faut discuter le prix!". Eine wahre Fundgrube an Masken und Fetischen bietet u.a. das neue Kunstgewerbe-

Karten S. 481 und 518 **Unterwegs in Burkina Faso — OUAGADOUGOU**

zentrum schräg gegenüber vom französischen Kulturzentrum, wo man auch die Bronzeveredler bei ihrer Arbeit beobachten kann.

Die **Masken** aus den verschiedenen Regionen Burkinas oder den Nachbarländern Elfenbeinküste, Mali, Benin sind meist bemalt, mit Patina versehen und in Hinterhöfen auf „alt" gemacht. Aber sie bleiben dennoch authentisch, was Maße, Form und Farbe betrifft. Dies gilt auch für andere Objekte aus Holz, wie alte Türen der Dogon etc.

Für die **Bronzefiguren** lohnt es sich, direkt zum Hersteller, Meur Dermé im Quartier Niogsin, zu fahren (ca. 10 Min. mit dem Taxi), ebenso für die **Batiken** (Quartier Dapoya).

Hinweis: **Ausfuhr** von Kunststücken nur nach vorheriger Präsentation (Liste in doppelter Ausfertigung mit allen Objekten aufstellen) bei der **Direction du Museé** (Av. d'Oubritenga, direkt neben der Bushaltestelle Lycée des Jeunes Filles), welche eine Ausfuhrgenehmigung ausstellt oder ggf. ihr Vorkaufsrecht geltend macht. Das Zertifikat wird gegen eine Gebühr von 2000 CFA ausgestellt. In der Praxis wird aber nur noch selten nach der Ausfuhrgehmigung gefragt.

●**Centre National d'Artisanal d'Art**
Nahe der Hauptpost Bronzefiguren, Batiken, Holzstatuen, Lederwaren zu festen Preisen. Der Erlös ist für die Förderung des ländlichen Handwerks bestimmt.
●**Centre de formation féminine et artisanal**
Quartier Goughin-Süd an der Straße nach Bobo, ca. 2 km vom Zentrum. Wandteppiche und Stickereien.
●**Etoile de Coton**
In Ponsomtenga; über Quaga 2000 Richtung Leo, rund 4 km nach dem Rond point links abbiegen; trad. Webarbeiten, werktags zu den üblichen Geschäftszeiten geöffnet.
●**2000 Centre de Tannage**
Gerberei und Lederverarbeitung; etwa 3 km außerhalb an der Straße nach Fada N'Gourma, gegenüber vom Gefängnis (Sa und So geschlossen).

Supermärkte

- **Marina Market**
Av. Yennenga (direkt gegenüber der Großen Moschee) oder Filiale an der Straße nach Bobo (Quartier Gaunghin-Süd). Gut sortiert, große Auswahl an Importwaren wie Käse, Wurst etc. Öffnungszeiten: Mo bis Sa 8–13 und 15.30–21, So 9–13 und 17.30–20 Uhr. Geldwechsel ohne Gebühren möglich!
- **Supermarché Scimas**
Av. Yennenga. In Sachen Wein und Fleisch etwas besser sortiert als Marina Market.

Buchhandlungen

In fast allen Buchhandlungen bekommt man einen **Stadtplan** (ca. 2500 CFA) von Ouaga. Für Detailkarten wende man sich an das Institut Géographique (s.u.).
- **Librarie Diacfa**
Rue du Marché. Tel. 306547. An der Nordseite des Marktes. Die größte Auswahl an Literatur über Burkina Faso und Afrika; französische und englischsprachige Tageszeitungen sowie Nachrichtenmagazine. Den „Spiegel" erhält man mit etwas Glück vor dem Marina Market.
- **Institut Géographique du Burkina**
Bd de la Revolution. Tel. 324823. Hier gibt es Landkarten (Carte Routière Burkina Faso 1:500.000 bzw. 1:200.000, topografische Karten IGN) günstiger als in der Buchhandlung.

Aktivitäten

Schwimmbäder

Schwimmbäder gibt es im Relax-Hotel, Eden Park Hotel und im Hotel Indépendance, außerdem in folgenden Hotels:
- **Hotel Ok Inn**
Angenehm und ruhig, 1800 CFA p.P.
- **R.A.N-Hotel**
Wenig Schatten, 1000/1500 CFA.
- **La Forêt**, Av. Bassawarga, Restaurant.
- **Hotel Ricardo**
Bei Sonnenuntergang schöner Blick über die Barrage.
- **Silmandé**
2500 CFA p.P. – Luxus hat eben seinen Preis; So inkl. kaltem Buffet für 8600 CFA.

Golf

- Der Golfplatz von Oauaga (18 Loch) befindet sich an der Straße nach Pô, rund 300 m hinter dem Polizeiposten.

Reiten

- Der Reiterhof **Polo Club** liegt ca. 8 km außerhalb von Ouaga links an der Route de Pô.

Feste/Veranstaltungen

FES.PA.C.O. (Festival Panafricain du Cinéma de Ouagadougou)

Das **Filmfestival** FES.PA.C.O. findet alle zwei Jahre (immer an ungeraden Jahreszahlen!) Ende Februar bis Anfang März statt (2005 zum 19ten Mal). Eine Dauerkarte für das gesamte Festival kostet 15.000 CFA und ermöglicht den Eintritt für beliebig viele Personen. Auf der Karte können 30 Felder abgegolten werden (1 Feld = 1 Film).

Das Festival gibt einen Einblick in die Filmproduktion außerhalb Europas oder Amerikas; neben ein paar Produzenten aus Japan und Lateinamerika haben hauptsächlich afrikanische Filmschaffende Gelegenheit, ihre Werke internationalen Kritikern vorzuführen. Spruchbänder wie „Cinéastes africains: s'unir ou mourir, décolonisez nos écrans" sind während der Festivaltage in den Straßen Ouagadougous zu sehen.

S.I.A.O. (Salon International de l'Artisanat Africain de Ouaga)

Größte Kunsthandwerksmesse Schwarzafrikas – wird alle zwei Jahre (gerade Jahreszahlen) im Oktober/November abgehalten (das nächste Mal im Jahr 2004). Bei der Ausstellung sind fast alle Staaten Westafrikas präsent. Gute und preiswerte Einkaufsmöglichkeit von Kunsthandwerk.

S.N.C. (Semaine Nationale de la Culture)

Findet ebenfalls alle zwei Jahre statt. **Tanzgruppen** aus den verschiedenen Regionen bzw. der verschiedenen Ethnien des Landes treten bei dieser Gelegenheit auf und zeigen ihre traditionellen Tänze.

Ausflüge

Felsenblöcke von Laongo

Von Ouaga auf der Straße nach Fada N'Gourma. Nach ca. 30 km links abbiegen, 5 km der Straße folgen. Dann erreicht man die Felsenblöcke von Laongo, in die von afrikanischen Künstlern Figuren gemeißelt wurden. Alle zwei Jahre findet ein Symposium statt, wo der Skulpturenpark erweitert wird.

Musée de Manega

Tel. 307615, Fax 311998. Dieses private Museum ist täglich von 8–18 Uhr geöffnet, der Eintritt kostet ca. 2500 CFA/Person. Es ist 50 km von Ouaga entfernt gelegen, an der Straße nach Pabré (Strecke Ouaga – Kongoussi). Der Begründer *Titinga Frédéric Pacere* ist Rechtsanwalt und Schriftsteller. Ausgestellt sind über 500 verschiedene Masken, alte Grabsteine, Fossilien, Fetische und sonstige rituelle Gegenstände. Das so genannte Totenhaus darf nur ohne Kopfbedeckung, ohne Schuhe und nur rückwärts betreten und verlassen werden. Einzelne Zimmer können für kurze Aufenthalte und Forschungszwecke angemietet werden.

Land der Gourounsi (Route de Pô)

Von Ouaga nach Pô führt die sehr gute Teerstraße N 5. Die folgenden Km-Angaben sind ab dem Boulevard de la Jeunesse in Ouaga gemessen.

Bei **Km 6** befindet sich die ehemalige Zahlstelle, kurz danach folgt eine Polizeikontrolle.

Bei **Km 35** der große Ort **Kombissiri** mit Tankstelle, Lebensmittelläden, Telecentre und Polizei. Der Ort ist bekannt für seinen Markt, der täglich stattfindet und einer der wichtigsten in unmittelbarer Umgebung der Hauptstadt ist. Sehenswert ist auch die Moschee.

Entlang der Straße stehen immer wieder hübsche Eukalyptuswäldchen. Kurz vor **Toéssé** (**Km 64**) werden glasierte Tonwaren (Schalen und Töpfe) am Straßenrand verkauft.

Bei **Km 67** beginnt die Provinz Zoundeweogo. 4 km weiter kommt eine Kreuzung: Rechts führt eine recht gute Piste nach Tenkodogo.

Bei **Km 96** ist **Nobéré** erreicht, ein ursprüngliches, malerisches Dorf, umgeben von Hirsefeldern. Zur Erntezeit im September sind überall Gestelle zum Trocknen der Hirse aufgestellt.

13 km nach Nobéré wird der Fluss Nazinon überquert. Die Umgebung ist in der Regenzeit überschwemmt.

Die Straße führt nun durch den **Parc National Tambi Kaboré (Parc National de Pô)**, der sich am Nazinon-Fluss entlangzieht. In der Regenzeit ist die Savannenlandschaft hier sattgrün, die Strecke ist von mannshohem Gras begrenzt. Vorsicht vor Affen, die plötzlich auf die Straße springen! Leider hat der Nationalpark sonst keinen Zugang, er kann nur auf dieser Teerstraße durchfahren werden. Es ist auch nicht möglich, eine Fußwanderung durch den Park zu machen. Im Park leben u.a. Elefanten, Büffel, Warzenschweine, Affen und viele Vogelarten. Zuständig für den Nationalpark (Infos, Verantwortung) ist NATURAMA, die Fondation des Amis de la Nature (Tel. 365119 und 364959), in Ouaga.

Impressionen vom Filmfestival FES.PA.C.O.

von Dirke Köpp

„Madame, gucken Sie doch mal!" Hartnäckig läuft *Ahmidou* hinter der jungen Touristin her. „Sehen Sie, diese Autos hat mein Bruder selber gemacht. Ich verkaufe sie Ihnen ganz billig!" *Ahmidou Raabo* ist vierzehn Jahre alt und verkauft seit etwa drei Jahren in den Straßen von Ouagadougou, der Hauptstadt von Burkina Faso, aus Blechdosen gefertigte Autos, Fahrräder aus Draht und Postkarten. Das FES.PA.C.O., das „Festival Panafricain du Film et de la Télévision de Ouagadougou", ist für ihn Hochsaison. Hier treffen sich alle zwei Jahre afrikanische und Afrika-interessierte Filmemacher, Produzenten, Journalisten, Filmfans und Vertreter von Organisationen. Die Themen der Filme sind unterschiedlich: Kurzfilme, Dokus, Spielfilme über Themen des täglichen Lebens in Afrika, über Aids, Polygamie, soziale oder politische Ungerechtigkeit, den Konflikt zwischen Tradition und Moderne. Das Festival ist die Chance für Filmemacher, nicht nur neue Kontakte zu knüpfen und alte aufzufrischen, hier haben sie auch Gelegenheit, das Afrika-Bild, wie es in den Köpfen der Europäer existiert, zu korrigieren – Afrika ist eben nicht nur der Kontinent von Chaos, Katastrophen und Hungersnöten. Die Filmemacher sprechen Themen an, die die Menschen in Afrika betreffen.

Ganze Ouaga, wie die Stadt von den Einheimischen genannt wird, ist im FES.PA.C.O.-Fieber. Sechs Tage lang herrscht Ausnahmezustand, laufen Europäer herum wie sonst nur zu internationalen Kongressen. Das bedeutet Hochkonjunktur für Straßenhändler, Taxifahrer, Hoteliers, Prostituierte und Bettler. Während die Touristen zwischen den Kinos der Stadt hin- und herpendeln, um keinen der Filme zu verpassen, die im Wettbewerb um den „Etalon de Yennenga" – die höchste Auszeichnung des Festivals – sind, werden sie von den Straßenverkäufern beinahe verfolgt. Motto: „Alles ist billig, alles ist gut".

Ahmidou hat bisher noch nicht sehr gut verkauft: „Die meisten Touristen kaufen erst am Ende des Festivals etwas", weiß er aus Erfahrung. Trotzdem ist er von morgens 8 Uhr bis Einbruch der Dunkelheit auf den Beinen, um keine Chance verpassen. Meist trifft er auf der Straße seine gleichaltrigen Freunde *Abdou* und *Alain,* die wie er seit mehreren Jahren als „marchand ambulant" – fliegende Händler – unterwegs sind. Die drei Freunde sind die einzigen aus ihren Familien, die nicht mehr zur Schule gehen. „Ich habe nur die Grundschule abgeschlossen. Meine Brüder gehen noch zur Schule, aber für alle ist nicht genug Geld da", erzählt Ahmidou. Aber das findet er nicht so schlimm, er mag auch seine Arbeit auf der Straße. Ansonsten merkt er vom Filmfestival nicht viel. Das Kino ist mit Eintrittspreisen ab 1000 CFA (ca. 1,50 Euro) einfach zu teuer, wenn er mit einem verkauften Blechmotorrad etwa 3000 CFA einnimmt.

Auch Filmemacher und Filmfans stehen früh auf: Von 8 Uhr morgens an werden Filme gezeigt, die letzten Vorführungen enden gegen Mitternacht. In Ouaga treffen sich alle zwei Jahre all diejenigen, die sich für den afrikanischen Film interessieren. Schon im Flugzeug werden erste Gespräche mit Bekannten geführt, wird lebhaft diskutiert. Das FES.PA.C.O. ist ein Muss für alle, die sich für den afrikanischen Film interessieren. Das scheinen auf den ersten Blick recht viele zu sein, doch hat das afrikanische Kino in Europa, aber auch auf dem Schwarzen Kontinent selber, einen schweren Stand. Die Organisatoren wollen alles tun, um den afrikanischen Film zu fördern und bekannter zu machen. Das FES.PA.C.O., das noch in einem Abstand von zwei Jahren stattfindet, soll bald jedes Jahr Ouaga in eine Filmhauptstadt verwandeln. Größtes Problem sind die Finanzen: Die Regisseure müssen regelrechte Tourneen machen, um Geldgeber zur Finanzierung ihrer

Karte S. 481 IMPRESSIONEN VOM FILMFESTIVAL FES.PA.C.O.

Filme zu finden, Kinobesitzer müssen später das nötige Geld aufbringen, um die Filme vorführen zu können, und selbst der Kinobesucher muss sich das Eintrittsticket oft ersparen. Trotzdem werden die Organisatoren keine Mühe scheuen, das afrikanische Kino zu fördern. 1999 sprach der Kulturminister von Burkina Faso, dem Gastgeberland des FES.PA.C.O., *Mahamoudou Ouedraogo*, in seiner Eröffnungsrede die Tatsache an, dass das FES.PA.C.O. mit seinen dreißig Jahren – 1969 hatte es die erste Auflage des in der Filmszene inzwischen fest etablierten Festivals gegeben – nun die nötige Reife hätte, nicht mehr nur den lokalen Ansprüchen zu genügen, sondern auch denen der internationalen Szene.

Vor den Kinos warten die Burinabés in langen Schlangen darauf, den neuesten Film ihres Landsmannes *Pierre Yaméogo* zu sehen. Ein politischer Film in dem Sinne, als er offen kritisiert, wie mit den Burkinabés im Gegensatz zu Immigranten aus Europa oder dem Libanon umgegangen wird. Soziale Ungerechtigkeit im eigenen Land empfinden die Burkinabés sehr stark, dementsprechend ist auch ihre Reaktion. Sie sind voll und ganz einverstanden mit dem, was Yaméogo kritisch unter die Lupe nimmt.

Soziale Ungerechtigkeit ist auch das Thema des verstorbenen Regisseurs *Djibril Diop Mambéty* aus dem Senegal. Während der Hommage an ihn und seinen Kollegen *David Achkar* aus Guinea wird auch der letzte Film des Regisseurs aus dem Senegal gezeigt. Dieser Film über ein kleines Straßenmädchen in Dakar behandelt den alltäglichen (Überlebens-) Kampf der Straßenkinder.

So sind auch Ahmidou, Alain und Abdou gezwungen, jeden Tag ein bisschen Geld zu verdienen, das sie abends mit nach Hause bringen können. Dabei geht es nicht immer ganz ruhig zu: Auch zwischen den Kindern gibt es Animositäten, Rangeleien und Eifersucht. Keiner sieht es gerne, wenn der ungeliebte Kollege ein gutes Geschäft macht. Doch manche der Kinder sind auch gut miteinander befreundet: „Wenn ich gar nichts verkaufe und Abdou wohl, dann gibt er mir abends etwas von seinem Verdienst ab," erzählt Ahmidou. Er wird von den anderen „l'homme tranquil" (der Ruhige) genannt, da er sich nicht aufregt oder über Touristen ärgert, die nichts kaufen wollen. „Er ist immer cool," so Abdou über seinen Freund.

Auch der neunzehnjährige Alfred, der beim besten Willen nicht weiß, warum er einen deutschen Namen hat, verkauft auf der Straße. Natürlich kennt auch er den kleinen Ahmidou. Er selbst ist ebenfalls einer von den Ruhigen. In Hausarbeit stellt er selbst die Autos und Motorräder aus Blech her, biegt den Draht für die Fahrräder. „Das dauert meist zwei bis drei Tage, bis ich so ein Motorrad gebastelt habe," erklärt er. Die Postkarten macht er nicht selbst, die kauft er einem Freund ab. So ist der Verdienst leider kein Reinverdienst. Zur Schule konnte Alfred nur zwei Jahre gehen, dann reichte das Geld in der Familie nicht mehr. Seitdem ist er auf der Straße, versucht sein Glück beim Verkauf von Souvenirs für die Touristen. Französisch, das für ihn ebenso eine Fremdsprache ist wie für die anderen Burkinabés, hat er mit seinen Freunden auf der Straße gelernt, schreiben kann er es nicht. Was ihn aber nicht daran hindert, seinem „business" nachzugehen.

Während sich die Straßen langsam leeren, weil die Dämmerung einbricht und die Touristen zu den Kinos ziehen, um die letzten Vorstellungen anzuschauen, packen Ahmidou und seine Freunde ihre Sachen zusammen, um zu Hause zu sein, bevor es ganz dunkel wird. Bis nach Ouaga 2000, einem Vorort von Ouaga, muss Ahmidou noch. Macht seine Mutter sich denn keine Sorgen, wenn er nicht rechtzeitig zu Hause ist? „Nein, ich bin ja jetzt schon groß. Das ist sie schon gewöhnt!"

• Offizielle Webseite des Filmfestivals: **www.fespaco.bf**

Ouagadougou

145 km nach Ouagadougou erreicht man **Pô**. Bekannt ist die Grenzstadt, für ihre **Tonpfeifen** und die schwarzen, glänzenden **Töpferwaren**, von Frauen hergestellt. Direkt hinter der Polizeistation befinden sich Reste des ehemaligen Gouverneursgebäudes aus der Zeit der Jahrhundertwende. Der koloniale Baustil ist noch gut zu erkennen, ebenso der ehemalige Stadtplatz und eine alte Allee. In Pô gibt es eine Bank und Treibstoff. Gegenüber des gelben „Jumbo"-Ladens und der Apotheke gibt es einen kleinen Markt.

Übernachten kann man im Hotel Matoro (Tel. 390041, 16 Zimmer mit Ventilator, gemütlicher Biergarten mit guter afrikanischer Küche) oder in der Auberge Agoubem (Tel. 380142, 10 Zimmer mit Ventilator).

Nur wenig entfernt von Pô, westlich in Richtung Léo, liegt das **Naturreservat Forêt et Ranch de Nazinga**. Die Ranch wurde 1979 gegründet und umfasst eine Fläche von 940 km². Im Schutzgebiet leben Elefanten (400 bis 500), Büffel, Affen, knapp 300 Vogelarten, viele Fischarten, verschiedene Schlangenarten, zwei Krokodilarten, der Nilwaran und andere Tiere. Die genannten Reptilien können abends, am besten bei Einsetzen der Dämmerung beobachtet werden. Neben der Fauna ist auch die Flora des Gebiets sehr interessant. Vor Ort im Bureau des eaux et forêts kann der Eintritt in den Park bezahlt werden: 8000 CFA pro Person, 1000 CFA pro Auto, der Wildhüter wird mit 4000 CFA pro Tag bezahlt. Die Pisten durch das Reservat sind von Juni bis November gesperrt. Nähere Infos gibt es unter Tel. 308443, Fax 308448, e-Mail: ranch.nazinga@Cenatrin.bf, Ouaga. **Übernachten** kann man in Bungalows (mit Ventilator), es gibt auch ein Restaurant.

In dem östlich von Pô gelegenen Ort **Tiébélé** kann man kunstvoll bemalte **Wohnburgen** besichtigen (auf dem Gelände der S.I.A.O. in Ouaga steht ein Mustergehöft, wie sie in Tiébélé zu sehen sind); lassen Sie sich von Kindern des Ortes gegen geringes Entgelt zu einer der Wohnburgen führen. Die schönste gehört dem Chef du Village, *Mr. Pehanto Dabadie David*. Jedes Kind kennt den Weg. Man lässt den Markt links liegen, überquert den Fußballplatz der Schule und fährt an einem kleinen Hügel vorbei zum südöstlichen Ortsrand. Der Besitzer führt durch die eindrucksvolle, reich verzierte Anlage und bittet anschließend um den Eintrag in das Goldene Buch. Der Eintritt pro Person beträgt 1000 CFA – sehr sehenswert! Man soll auf Wunsch auch dort übernachten können.

Bei **Km 147** befindet sich der Zollposten von Pô. Wenn man nach Ghana ausreisen will, müssen hier die Zollformalitäten erledigt werden (schnell, korrekt und problemlos). 20 km nach dem Zollposten gelangt man an die ghanaische Grenze. Einreiseformalitäten: Health Post (Kontrolle der Gelbfieberimpfung), Police und Customs problemlos und freundlich.

Von Ouagadougou nach Fada-N'Gourma (Nationalpark Arly)

● 212 km, Teerstraße

Man verlässt Ouaga auf der Av. d'Oubritenga Richtung Niamey (Teerstraße, einige Schlaglöcher) und durchquert zunächst die typische Mossi-Landschaft (Mossi-Plateau), die in der Regenzeit saftig grün ist, den Rest des Jahres aber trocken.

Km 107: Zorgo. Färber, Gerber, Schuhmacher und Schmiede.

Km 137: Koupela. Der tägliche Markt ist wegen der weiß gemusterten Töpfer- und der farbigen Korbwaren einen Besuch wert. **Übernachtung** im Hotel Bon Séjour (ca. 200 m von der großen Kreuzung, hinter dem Polizeiposten; 15 Zimmer mit Vent.), im Hotel Calypso (Tel. 700173, B.P. 31, 8 Zimmer, Bar/Restaurant), im Campement/Hotel (Tel. 700133, B.P. 62, 8 Zimmer mit Ventilator) oder im Hotel Wend-Waoga (Tel. 700164, B.P. 30, 15 Zimmer mit Ventilator).

Nach 42 km auf der Straße nach Dapaong (Togo) erreicht man **Tenkodogo**, was übersetzt „alte Erde" heißt und ein historisches Zentrum der Mossi ist (siehe Geschichte). Täglich findet der Markt statt, wo man die typischen Mossi- und Bissa-Töpferwaren sowie große konische Körbe findet. **Übernachtung/Verpflegung** im Hotel Djamou (Tel. 710080/710198, B.P. 44; 2-Sterne-Hotel, 40 Zimmer, z.T. Bungalows, Bar/Restaurant) oder im Hotel Winnie Mandela (B.P. 174, 12 Zimmer mit Ventilator, Bungalows).

Fährt man von Koupela aus weiter auf der Straße nach Niamey, erreicht man bei Km 212 Fada-N'Gourma.

Fada-N'Gourma

Fada-N'Gourma ist eine Stadt mit etwa 7000 Einwohnern. Hier gibt es Lebensmittel, Treibstoff, eine Post und eine Bank (wechselt Reiseschecks!). Am Ortseingang und -ausgang kontrolliert die Polizei.

Übernachtung/Verpflegung

● **Motel Mariam**
Tel. 700173, B.P. 31. 16 Zimmer mit Vent.
● **Auberge Yemmama**
Tel. 700133, B.P. 62. 4 klimatisierte Zimmer, 2 Zimmer mit Ventilator. DZ ca. 4000 CFA.
● **Hotel Nungu**
Tel. 700164, B.P. 30, am Ortsausgang Richtung Niamey. 5 Zimmer mit Ventilator.
● **Hotel Auberge Populaire**
Tel. 770169, sehr einfach.

Von Fada-N'Gourma verläuft die Asphaltstraße weiter über Pama bis **Tindangou,** gefolgt von einer sehr schlechten Piste bis **Arly** (80 km, keine Busch-Taxis, nur mit Geländewagen!).

Übernachtungsmöglichkeit in Pama im Chez Madame Bonazza (relaitiv teuer), im Hotel de Brousse la Kompienga (Tel. 318444, B.P. 8; 33 Zimmer, davon 8 klimatisiert, 5 mit Ventilator; Bar, Restaurant, Pool, Tennisplatz) oder im Burkina Peche (Tel. 332411/360197, Bar/Restaurant).

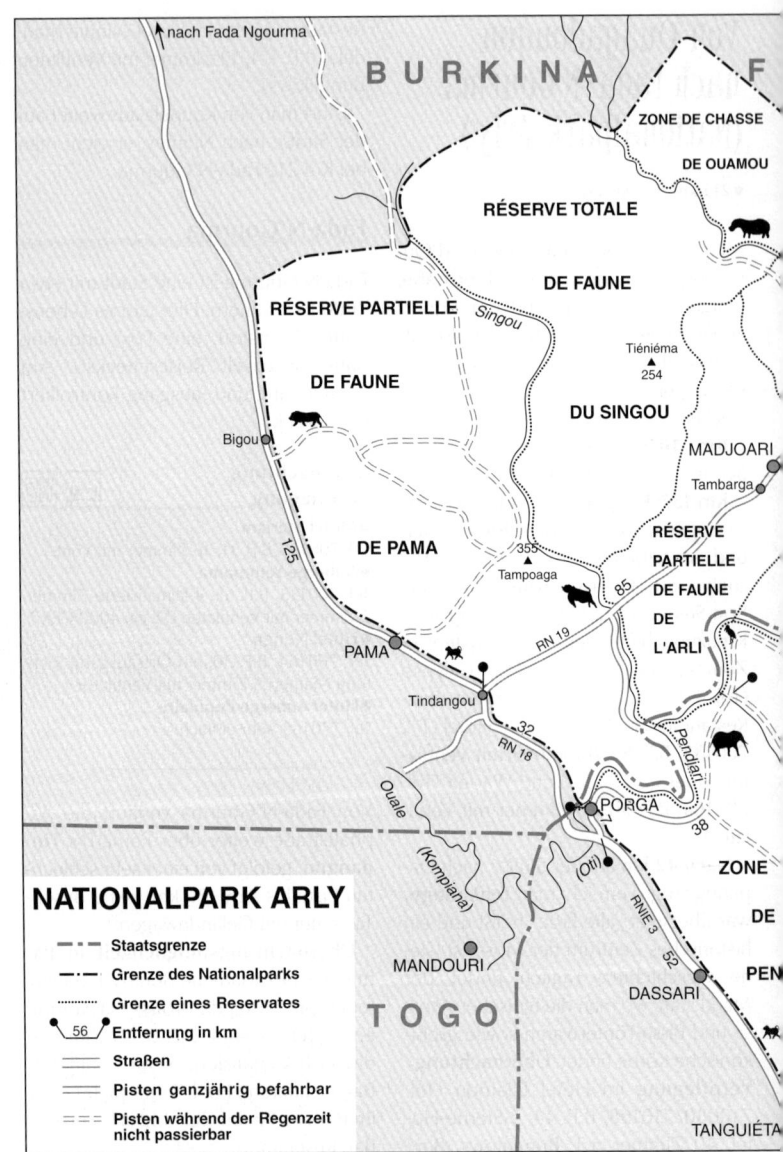

NATIONALPARK ARLY

Karte S. 481

VON OUAGADOUGOU NACH FADA-N'GOURMA

Die alternative Anfahrt von Fada-N'-Gourma zum Nationalpark über die Asphaltstraße N 4 (Niamey) Kantchari – Diapaga – Namounou – Arly – Tindangou ist nicht mehr möglich, da die Piste ab Namounou bis Arly nicht mehr unterhalten wird (z.T. nur noch Fußspuren, ausgewaschene Flussbetten).

Nationalpark Arly

Geöffnet von Dezember bis April. Eintritt: Parkrundfahrt 5000 CFA/Person zzgl. 4000 CFA/Auto für den obligatorischen Führer. Es besteht auch die Möglichkeit, einen Geländewagen mit Fahrer zu mieten.

Von Tindangou aus durchquert man auf schlechter Piste (schwierig zu finden) das Reservat Partiela d'Arly mit seiner **Falaise de Madjoari** (touristisch, viele Kinder, die um Geld betteln), bevor man in Arly ankommt. **In Arly Übernachtungsmöglichkeit** im Safari Hotel d'Arly (Tel. 791579/76). Die Bungalows (ca. 22.000 CFA) des Hotels waren zuletzt in miserablem Zustand, sollen aber von einem jungen französischen Paar wieder neu hergerichtet werden. Campinggelegenheit vor den Bungalows (3000 CFA p.P.).

Direkt hinter dem Hotel Serth Faso kann man sich für eine Fahrt auf dem Fluss Arly eine Piroge mieten, wenn nicht gerade „en panne". Gegen Ende der Trockenzeit, wenn der Fluss nicht mehr viel Wasser führt, kann man einen Spaziergang am Fluss entlang (im Flussbett) machen.

Der Park ist für seine **reiche Tierwelt** bekannt: verschiedene Antilopenarten, Flusspferde, Löwen, Affen und zahlreiche Vogelarten. Verschiedene Touren sind durch das Gelände (Trockensavanne) möglich. Zu ganz bestimmten Zeiten kommen die Tiere zum Trinken an den Fluss, die Wildhüter kennen genau die Plätze. Wenn man Pech hat, verdeckt jedoch hohes Gras weitgehend die Sicht.

Reizvoll wäre es sicher auch, die **Falaise de Gobnangou** zu Fuß zu erkunden – evtl. einen Einheimischen als Führer und unbedingt ausreichend Wasser und Verpflegung mitnehmen!

Von **Tindangou** aus besteht die Möglichkeit, über Porga nach Tanguiéta und Natitingou (Benin) zu fahren (Fada N'-Gourma – Porga: gute Teerstraße, ab der Grenze gute Piste bis Natitingou).

Nationalpark „W"

Der Nationalpark „W" ist von Diapaga aus zu erreichen (Eintritt: 10.000 CFA p.P., eine Fotoerlaubnis kostet extra). **Übernachtung** im Campement von Diapaga (ca. 5000 CFA p.P.) oder im Campement von La Tapoa (ca. 20.000 CFA) (s.a. Kapitel Mali und Niger). Man melde sich beim Zoll und bei der Gendamerie an, auch wenn die Formalitäten bereits anderswo erledigt wurden. Die Besuchserlaubnis erhält man bei der Jagdaufsicht in Diapaga oder Kantchari. Ein Führer ist obligatorisch.

Von Ouagadougou nach Bobo-Dioulasso

● **Recht gute Asphaltstraße (Nationalstraße No 1),** ab Boromo einige Schlaglöcher. Achtung vor Viehherden und einzelnen Schafen, die die Fahrbahn überqueren! Die Teerstraße ist gebührenpflichtig.

Am Stadtende von Ouagadougou befindet sich eine Straßensperre mit Polizeikontrolle (Km 0). Gleich danach folgen zwei riesige, neue Tankstellen.

Bei **Km 6** liegt rechts der Straße der „Camping Poko Club" (siehe Ouagadougou/Unterkunft).

Bei **Km 15** ist **Tanguen-Dassouri** erreicht. Im Ort ein Imbiss, eine Tankstelle und Lebensmittelläden.

Bei Tanguen-Dassouri gibt es einen Abzweig zum Ort **Bazoulé.** Unweit dieses Ortes befindet sich ein etwa 5 ha großer Teich, in dem angeblich hunderte von heiligen Krokodilen leben. Ähnlich wie in Sabou (s.u.) werden von den Kindern Hühner verkauft, die man den Reptilien als Mahlzeit reichen kann.

In dem großen Ort **Kokologho (Km 35)** gibt es neben vielen Straßenrestaurants eine Tankstelle, Läden und eine große, moderne Kirche.

Bei **Km 52** geht's an einer Kreuzung rechts nach Koudougou und links weiter nach Sabou und Bobo-Dioulasso. Fährt man in Richtung Koudougou, kommt man nach 8 km durch **Poa.** Sehenswert sind die Moschee und der Markt, der alle drei Tage abgehalten wird.

Gurunsi-Gehöft

Koudougou

Koudougou ist die **drittgrößte Stadt Burkinas.** Hier befindet sich die Textilfabrik Sofitex. Die Gegend um Koudougou ist relativ fruchtbar (Anbau von Nahrungsmitteln und Baumwolle). Bemerkenswert ist das alle zwei Jahre (immer in Jahren mit gerader Zahl) stattfindende Fest, das im Dezember zahlreiche Musikgruppen aus Westafrika vereinigt. Dann ist es schwierig, eine Unterkunft zu finden.

Unterkunft/Verpflegung
- **Hotel Photo Luxe**
Tel. 440087/88, B.P. 47. Bestes Haus im Ort (1 Stern). 24 Zimmer, Pool, Bar/Restaurant, Nightclub.
- **Hotel Toulourou**
Tel. 440170, B.P.100. 9 Zimmer, Bar/Restaurant, 1 Stern.
- **Hotel Oasis,** Tel. 440523.
- **Relais de la Gare**
Tel. 440138, 8 Zimmer, Bar/Rest.
- **Centre d'Acceuil**
Tel. 440028. 16 Zimmer, Bar/Rest.
- **Auberge Populaire,** sehr einfach.
- **Esperance**
Afrikanische Gerichte im Chez Tanti, nahe Oasis-Hotel.

Verkehrsverbindungen
Es fahren Busch-Taxis in alle größeren Orte. Die Busgesellschaft Transport Rayi's fährt täglich von und nach Bobo bzw. Quaga.

Sonstiges
Es gibt zwei Banken, die Travellerschecks wechseln, und ein ONATEL-Büro mit Kartentelefon.

Eine 21 km lange gute Piste führt von Koudougou weiter nach Sabou und zurück zur Nationalstraße (No 1). Bleibt man auf der Hauptstraße (beim Abzweig links), so erreicht man bei **Km 63** den **Nabadogo** und bei **Km 81 Sabou.**

Sabou

Eine schöne Allee führt in den Ort, der wegen seiner **„Heiligen Krokodile"** bekannt ist. Im Ort gibt es Cafés, kleine Läden und eine Tankstelle. Der Abzweig zum Krokodilteich („Mare aux crocodiles") befindet sich vor dem Abzweig der Piste nach Koudougou (rechts). Nachdem man 1500 CFA „Eintritt" gezahlt hat, kann man für weitere 500 CFA ein lebendes Huhn erstehen, das kopfüber an einem Strick baumelnd den heiligen Krokodilen zum Fressen hingeworfen wird. Auf Wunsch wird es dem Krokodil zunächst auch nur hingehalten, falls man ein paar Fotos von aufgesperrten Krokodilrachen machen will. Es befinden sich massenweise Krokodile im ufernahen Wasser, so dass ein Anlocken durch Hühner eigentlich nicht nötig ist, außerdem sind die Tiere oft schon so voll gefressen, dass sie gar kein Interesse mehr an dem Huhn haben. Für ein besonders gelungenes (?) Urlaubsfoto kann man sich auch auf eines der Reptilien setzen! Falls das Krokodil nicht freiwillig aus dem Wasser kommt, wird es am Schwanz herausgezogen.

Der Legende nach ist früher ein Chef des Dorfes Sabou während einer Jagd von Durst gequält in ein tiefes Koma gefallen. Ein Krokodil soll ihn dann wieder zum Leben erweckt haben, indem es die Lippen des Jägers mit Hilfe seines Schwanzes befeuchtet hat.

Karte S. 481 VON OUAGADOUGOU NACH BOBO-DIOULASSO

In den Augen der Einwohner von Sabou verkörpern die Krokodile die Seelen ihrer Vorfahren. Diesen Tieren wird versichert, dass sie eines schönen, d.h. keines gewaltsamen Todes sterben. Und jeder, der den Tieren Böses antut, würde fatale Unannehmlichkeiten auf sich ziehen.

Ob sympathische oder apathische „Haustiere" – auf alle Fälle sichern diese Krokodile den Bewohnern des Dorfes ein nicht zu unterschätzendes Nebeneinkommen

Sehenswertes

● *Lassane* und *Idriassa Kiemzoré*, zwei Brüder einer traditionellen Gelbgussfamilie, haben direkt neben dem Mare aux Crocodiles ein „Zentrum" eröffnet, wo sie jungen Leuten die **Kunst des Gelbgusses** beibringen und wo man die einzelnen Phasen der Herstellung verfolgen kann. Faire Preise.

Unterkunft

● **Campement touristique**
Tel. 445501, staatlich geführtes Campement mit Rest./Bar, am Krokodilteich gelegen. Auf Anfrage kann auch campiert werden.

Weiter fährt man auf der Nationalstraße (No 1) in Richtung Bobo-Dioulasso.

Bei **Km 116** erreicht man den Ort **Tita Naponé,** wo es Cafés und kleine Läden gibt. Hinter dem Ort liegt ein hübscher kleiner See neben der Straße.

Bei **Km 165,** kurz vor Boromo, überquert man den **Mouhoun** (Schwarzer Volta). Gelegentlich kann man spätnachmittags an der Brücke, in unmittelbarer Nähe der Straße, Elefanten sehen.

„Heiliges Krokodil" in Sabou

2 km weiter (Km 167) ist man in **Boromo** angekommen.

Boromo

Sehenswert ist der **Markt** von Boromo, der alle fünf Tage stattfindet. Auch ein Besuch bei den Schmieden und Töpfern im nahen Dorf D'Ourbouo ist interessant.

Typisch für die Gegend von Boromo sind die **Masken der Bobo-Ule,** auch *Bwaba* genannt (Einzahl *Bwa*). Merkmale dieser Stelenmasken sind der runde Kopfteil und das „Brett", das mit einem Muster aus Dreiecken und schachbrettartig angeordneten Quadraten verziert ist; außerdem hat die Maske am unteren Ende einen Griff, an dem der Träger die Maske beim Tanzen stabilisieren kann. Die Bobo-Ule praktizieren den in Altersklassen strukturierten Doyo-Kult.

Südlich von Boromo liegt der **Forêt des Deux Balé,** ein etwa 1000 ha großes Gelände, in dem Elefanten, Büffel, Antilopen und verschiedene Affenarten zu Hause sind. 100 km Piste durchqueren das Reservat. Um den Park zu besuchen (nur in der Trockenzeit) muss man sich an die Direction Regionale de l'Environement et des eaux et forêts wenden (ggü. Polizei nach links in Richtung Wasserturm abbiegen).

Unterkunft

● **Relais Touristique de Boromo**
Hotel-Campement, Bar, Rest., Tel. 440684, B.P. 584. Am Ortsausgang links.

Sonstiges

Der Ort verfügt über Tankstellen, Post, Lebensmittelläden, Apotheken, Bank und einige Bars/Restaurants.

Bei Km 211 liegt der Ort **Pâ** mit kleinen Läden, einer Shell-Tankstelle und Markt am Samstag.

Bei **Km 227** passiert man das Dorf **Boni** mit einer katholischen Mission.

Houndé ist bei **Km 242** erreicht.

Houndé

Der Ort ist Zentrum des Baumwollanbaugebietes mit Baumwollentkernungsfabrik. Die Bewohner dieser Gegend (Bobo-niénégués) sind **Animisten** und für ihre Tänze bekannt. Im Ort gibt es Lebensmittelläden, eine Tankstelle und eine Bank. Außerdem besteht von Houndé aus die Möglichkeit, zum Mare aux Hippotames bei Satiri zu fahren (siehe Ausflüge Bobo-Dioulasso).

Nach 341 km erreicht man **Bobo-Dioulasso.**

Bobo-Dioulasso

Bobo-Dioulasso (kurz Bobo) ist mit ca. **150.000 Einwohnern die zweitgrößte Stadt Burkinas** und wichtigstes Industrie- und Handelszentrum des Landes. Die propere, großzügig angelegte Stadt zeichnet sich durch ein angenehmes Klima und eine ruhige Atmosphäre aus. In jedem Fall verbreitet sie mehr Charme als die Hauptstadt. Die breiten Straßen sind gesäumt von Schatten spendenden Bäumen. Geprägt wird das Stadtbild von einigen in sudanesischem Stil erbauten Gebäuden: u.a. der Bahnhof, der Justizpalast und die Moschee Dioulassoba nahe dem Rathaus.

Der Markt (Grand Marché) im Zentrum der Stadt ist im April 1998 völlig abgebrannt. Der Neubau im neo-sudanesischem Baustil wurde 2001 eingeweiht.

Sehenswürdigkeiten

Alte Moschee Dioulassoba

Sie wurde im Jahre 1880 in sudanesischem Stil von Almamy Sidiki Sanon erbaut und zählt zu den wichtigsten Beispielen der alten afrikanischen **Lehmarchitektur.** Seit neuestem darf die Mosche nicht mehr von Nicht-Moslems besucht werden.

Das älteste Stadtviertel: Kibidoué

Es liegt gegenüber der alten Moschee, mit uralten Schmiedewerkstätten; außerdem lohnt sich ein Spaziergang durch die Quartiers Tounouma, Koiumbougou, Kibidoue, Sya und Koko. Das Quartier Hamdalaye gleich hinter der gleichnamigen Moschee besteht ebenfalls zum größten Teil aus traditionellen Häusern. Seit neuestem darf das Viertel offiziell nur noch mit Guide und nach Bezahlung einer Gebühr besucht werden. Das Geld soll zum Erhalt der ältesten Lehmbauten Bobos verwendet werden. Diese traditionellen **Jula-Häuser** (Dioula?) wurden von einer der ältesten Ethnien Bobos erbaut, welche die Stadt im 15. Jh. mitgegründet hatte. Tagsüber herrscht reges Treiben am

Alte Moschee Dioulassoba in Bobo

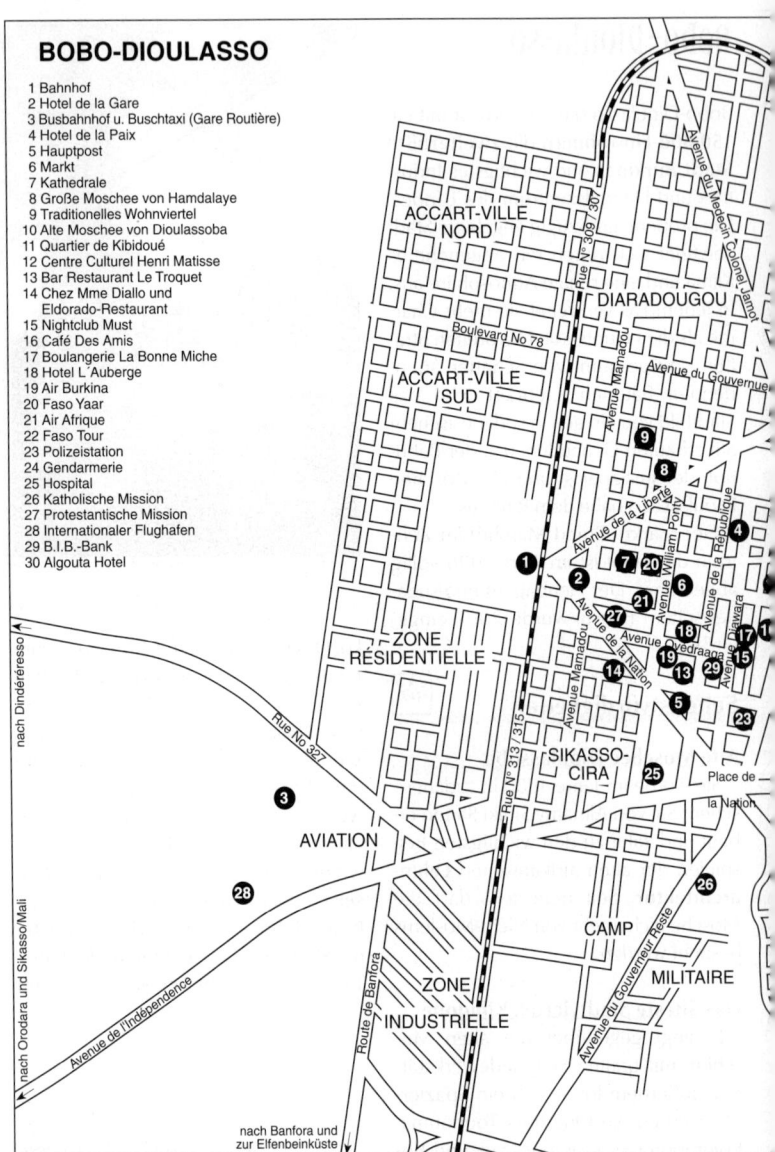

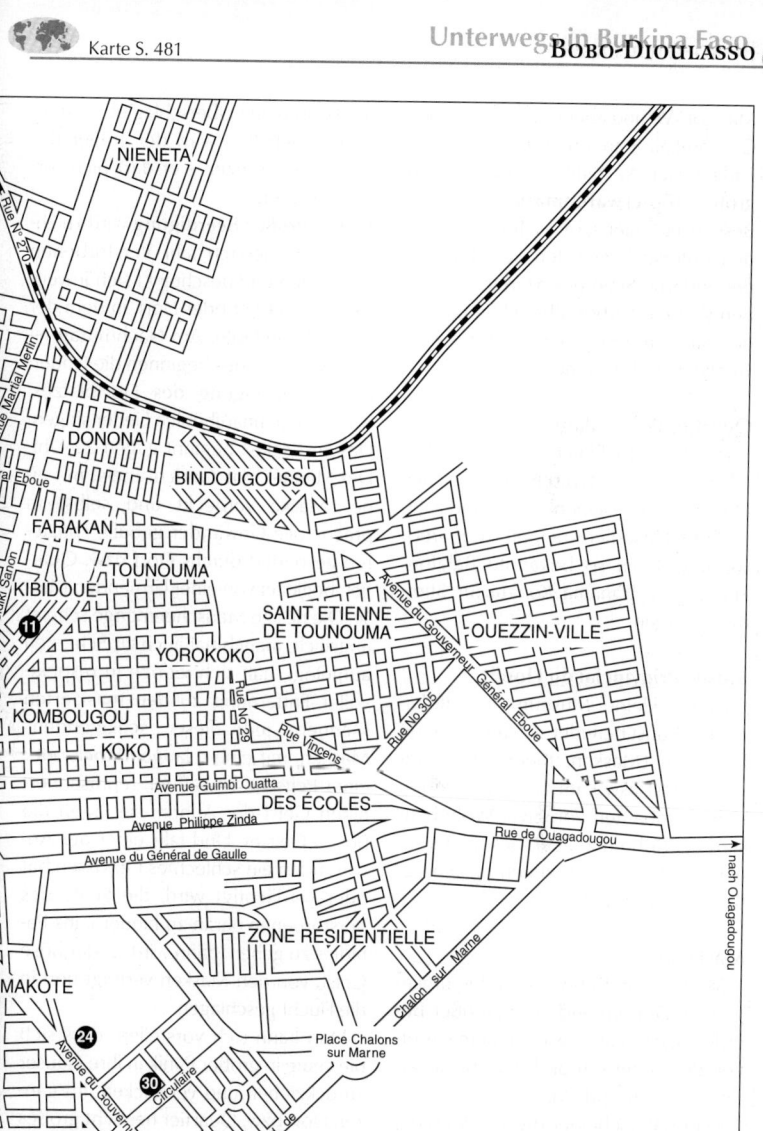

Marigot Wé und abends an den kleinen Café-au-Lait-Ständen des Quartiers. Entlang der Av. Sidiki Sanon lädt ein großer **Töpferwarenmarkt** zu einem Besuch ein; hier gibt es Tongefäße in den unterschiedlichsten Formen. Auf der anderen Seite des Marigots befinden sich die Färber; überall hängen in den Straßen bunt gefärbte Stoffe zum Trocknen in der Sonne.

Quartier Bolomakoté

Etwas außerhalb gelegenes Stadtviertel, das wie ein typisch afrikanisches Dorf wirkt, mit kleinem Markt und zahlreichen Hirsebier-Kneipen *(Cabaret)*, wo manchmal so bekannte Balafon-Spieler wie *Mahama Konaté* für Stimmung sorgen.

Musée Prinvincial du Houët

Dieses kleine Museum mit afrikanischer Kunst befindet sich am Place de la Nation (Masken, Kleidung, Handwerkskunst usw.); im Garten befinden sich Nachbauten von zwei Wohnhäusern der Bobo und Peul (besonders sehenswert!). Öffnungszeiten täglich außer Mo von 9–17 Uhr.

Maskenfeste

Sie finden in Bobo und in den umliegenden Dörfern anlässlich „großer Beerdigungen" statt sowie vor dem Einsetzen der Regenzeit und dem Bestellen der Felder im April/Mai.

Man unterscheidet diverse Masken, weiße, bunte, solche, die nur tagsüber „rauskommen", andere nur nachts; es gibt Masken, die „schlagen", und andere, die wild tanzen, zum Teil wirklich akrobatisch, mit Überschlag etc. Streng geheim gehalten wird der Träger der Maske, der Tänzer – er darf nicht erkannt werden.

Eine **„große" Beerdigung** wird zu Ehren der im letzten Jahr Verstorbenen abgehalten und beschränkt sich jeweils auf das Quartier oder Dorf, in dem der Verstorbene lebte. Am Nachmittag eines solchen Festes beginnen die Frauen mit der Reinigung des Dorfplatzes, während sie unaufhörlich Lieder singen. Das Fest selbst beginnt gegen 22 Uhr. Die Männer, das Gesicht meist mit einer Maske verdeckt und selbst in prachtvolle Gewänder gehüllt, spazieren gesondert durchs Dorf bzw. Quartier, begleitet von einer lärmenden Masse. Die riesige Menschenmenge scheint ängstlich, manchmal auch zu Scherzen aufgelegt, hält sich jedoch in respektvoller Entfernung zu den maskierten Männern. Jede dieser „schlagenden" Masken, mit einem langen Stock oder einer Peitsche bewaffnet, repräsentiert einen Geist der Ahnen; sie jagen die bösen Geister. Und falls einer der Anwesenden ein schlechtes Gewissen hat oder verdächtigt wird, die Seele des Verstorbenen daran zu hindern, ins Paradies zu gehen, dann wird er, der böse Geist, von den Masken verfolgt und in die Flucht geschlagen.

Man kann sich vorstellen, dass sich die Leute in großer Panik in ihre Häuser zurückziehen und verstecken. Im ganzen Dorf bzw. Quartier herrscht großes Durcheinander; Tische, Stühle, Flaschen fliegen durch die Luft, und die „geschlagene" Person hat nicht das Recht, sich zu beklagen. Manchmal schlagen die

Masken recht kräftig zu, habe ich mir sagen lassen! Eine Mischung aus Faszination, Freude und Angst macht sich unter den Beteiligten breit – die Jagd auf die „bösen Geister" wird noch einige Stunden dauern.

Touristeninformation

- **Office National du Tourisme Burkinabé (ONTB)**
Av. Ouédraogo/Av. Binger (200 m südlich des Marktes), Tel. 971986. Hier kann man Touren z.B. nach Koro oder zum Mare aux Poissons Sacré de Dafra buchen; jedoch relativ teuer.

Hotels

Hotels der Mittelklasse (3 Sterne)

- **Hotel de la Gare (R.A.N.-Hotel)**
Tel. 970900/981846, Fax 970900, B.P. 50, direkt am Bahnhof. 36 klimat. Zimmer, Restaurant, Bar, Swimmingpool (Nicht-Gäste: 1500 CFA), eigener Parkplatz. DZ ca. 20.000 CFA.
- **Hotel L'Auberge**
Av. Ouédraogo, Tel. 971426 und 971767, Fax 972137. Erstes Hotel am Platz! Restaurant mit französischer Küche, Swimmingpool (1500 CFA für Nicht-Gäste), Billardtisch, Terrasse, europäische Tageszeitungen, bewachter Parkplatz. Sehr schönes, ruhiges Hotel mit wunderbarer Atmosphäre, Hausschildkröten und Papageien. Gepflegtes DZ mit Bad, Klimaanlage, TV, Balkon 28.000 CFA, EZ 26.000 CFA, Suite 44.000 CFA.

2-Sterne-Hotels

- **Watinoma**
Tel. 972082, B.P. 1219. 22 klimat. Zimmer, ca. 12.000 CFA, gutes Restaurant, Bar, Disco (am Wochenende daher etwas laut!).
- **Relax Hotel**
Tel. 970096, B.P. 115. 36 klimatisierte Zimmer und Restaurant (Bar).
- **Hotel Diyanan**
Tel. 970769/70, Fax 980344, B.P. 1026. 35 klimatisierte Zimmer und ein Restaurant.

Einfachere Hotels

- **Hotel Algouta**
B.P. 1165, Tel. 980792, zone résidentielle, secteur 5. Neues, gepflegtes Hotel mittleren Standards mit Bar und Restaurant. Der Besitzer Ibrahim Traoré ist sehr freundlich. Treff von Westafrika-Reisenden. DZ mit Ventilator 7500 CFA, DZ mit Klimaanlage 15.000 CFA. Gute Küche, Gerichte 1000–3000 CFA. Unser Tipp!
- **Soba**
B.P. 185, Tel. 971012, Av. Ouédraogo, nahe Hotel L'Auberge. DZ mit Ventilator, Bad und TV 11.000 CFA (EZ 8000 CFA), WC am Gang, Parkmöglichkeit im bewachten Hof. Zimmer etwas heruntergekommen, aber relativ sauber.
- **Hotel de l'Unité**
Tel. 980342, Rue de l'Unité, nahe der Brücke von Accart-Ville. Restaurant, Terrasse, Bar.
- **Hotel de l'Amitié**
Tel. 970337, etwas außerhalb im Quartier Accart-Ville Nord; ruhige und sympathische Atmosphäre.
- **Hamdalaye**
Tel. 970718/982287, B.P. 1311. 22 Zimmer (2 klimatisiert), modernes Gebäude mit Innenhof, nahe des Busbahnhofs.
- **Hotel Teria**
Tel. 971972, B.P. 3307. 16 Zimmer, davon 6 mit Klimatisierung, Bar/Restaurant.
- **Hotel Renaissance**
Tel. 982321, B.P. 1092. 23 Zimmer, ab 5000 CFA, mit Bar/Restaurant. Sauber und ruhig.
- **Hotel De La Paix**
Tel. 983144, direkt am Busbahnhof (Taxi brousse), Restaurant, Café.
- **Hotel Mazawan**
Av. de la Révolution/Ecke Rue Malherbe, südlich des Marktes.
- **Hotel Le Meridien**
Tel. 980342, B.P. 1561. 27 Zimmer, davon 2 mit Klimaanlage.
- **Soma**
Tel. 981337, B.P. 1281, Quartier Sikasso Cira.
- **Hotel L'Entente**
Tel. 977205, B.P. 1364, Rue du Commerce. 25 Zimmer (10 klimatisiert), DZ ab ca. 8000 CFA (mit AC ab 10.000 CFA), Bar/Restaurant. Der Besitzer Seydou Traore ist sehr hilfsbereit.

BOBO-DIOULASSO

●Okinawah
Tel. 970597, B.P. 88. 32 Zimmer, Bar/Rest., DZ 3000–4000 CFA, außerhalb gelegen.

●Casa Africa
Tel. 980157, B.P. 3166. Hotel-Campement mit 9 Zimmern und angenehmer Atmosphäre. Etwas außerhalb, nahe der Brakina-Brauerei gelegen.

●Le Pacha
Tel. 980954, Campement unter französisch-schweizerischer Leitung in hübscher Grünanlage, unweit vom Busbahnhof, 3 Min. mit dem Taxi vom Zentrum entfernt. Preise für DZ ab 6000 CFA. Bar/Restaurant, Campingmöglichkeit für 1000 CFA/Person. Der Patron vermittel Führer.

●Maison d'Acceuil Mission Crétienne
Tel. 972403, ggü. der Alten Moschee, evangelische Mission. Gebäude im Stil eines amerikanischen Motels angeordnet, absolut sauber, Angestellte freundlich und hilfsbereit, DZ 7000 CFA.

●Hotel Royal
Tel. 971229, B.P. 640. 50 Zimmer.

●Hotel 421
Tel. 972011/84/85, B.P. 606. Hotel mit 11 Zimmern und Bar/Restaurant. Daneben die Disco 421.

●Hotel Central
Tel. 970147, B.P. 986. 13 Zimmer.

●Hotel Oasis
Empfehlenswert, sehr guter Service. DZ mit Ventilator und warmer Dusche 5000 CFA – um den Preis kann gehandelt werden. Direkt daneben Rest. mit ausgezeichneter Küche.

Essen und Trinken

●L'Eau Vive
Tel. 972086, B.P. 650, Zone Commerciale, Rue Delafosse, gegenüber Relax-Hotel. Öffnungszeiten von 12 bis 14.30 und 19 bis 21.30 Uhr, montags Ruhetag. Internationale Küche.

●Chez Maria (La Boule Verte)
Tel. 990279, gegenüber von L'Auberge. Gute franz. Küche zu entsprechenden Preisen.

Unterwegs in Burkina Faso
BOBO-DIOULASSO

- **Restaurant La Nouvelle Boule Verte**
Tel. 970110, B.P. 4128, Rue de la Fosse. Internat. Küche, Essen ca. 2800 CFA.
- **Restaurant La Concorde**
Tel. 981259, B.P. 1050, Av. du Gouverneur Louveau. Grillspezialitäten.
- **La Carafe**
Nahe SIFA, Spezialitäten sind Kedjenou und Attiéke.
- **La Casa**
Tel. 970622, B.P. 1192, Av. du Gouverneur Faidfierbe, hinter dem Markt. Ruhige Atmosphäre und gutes Essen (afrikanisch, europäisch, asiatisch).
- **L'Entente**
Bar-Restaurant, Rue du Commerce, Menu für ca. 2500 CFA.
- **Restaurant Tharkay**
B.P. 2460, Av. Guimbi Ouattar, auch Grillgerichte.

Einfachere afrikanische Restaurants

- **Chez Mme Diallo**
Bar Tourane, gleich um die Ecke von Disco 421.
- **Eldorado**
Tel. 980202, B.P. 1325, Av. du Gouverneur Faidherbe. Sympathischer Besitzer, angenehme Atmosphäre, sauber.
- **Restaurant Le Flamboyant**
Mit nettem Biergarten (auch Straßenverkauf von Bier), preiswertem Essen, Riz Sauce und Riz gras 500 CFA.
- **Restaurant Bambous**
Beim Place de la Nation. Gute Küche zu fairen Preisen (couscous sauce 1200 CFA), gemütliche Atmosphäre, nach 21 Uhr wird Eintritt verlangt, da Bands zur Unterhaltung aufspielen.
- **Restaurant Togolais**
Rue du Commerce.

Snack-Bars/Cafés/Pâtisserien

- **Le Visage**
Snack-Bar gegenüber vom RAN-Hotel.

- **Café des Amis**
Beliebter Treffpunkt. Frischer Joghurt! Gegenüber der Boulangerie La Bonne Miche, Rue du Commerce.
- **Salif**
Straßenstand vor der Renaissance-Bar. Hier trifft „man" sich morgens zum Frühstück (mit Konfitüre, Joghurt etc.) und abends auf einen kleinen Imbiss.
- **La Bonne Miche (Boulangerie)**
Av. Ouédraogo. Außer frischen Croissants auch leckere Kuchen!
- **Le Troquet**
Gegenüber Hotel Auberge. Straßencafé, Kneipe und Treffpunkt!
- Außerdem findet man fast überall gegen Abend jede Menge kleine **Straßenstände** mit gegrillten Hühnchen, Fleischspießchen, Fisch etc.

Bars/Diskos

- **Bar L'Oxygene**
Av. Diawara, Terrasse, Softdrinks und Alkohol, recht nett.
- **Renaissance-Bar**
Treffpunkt vieler junger Leute; oft traditionelle Musikgruppen.
- **Yan-Kady**
Av. de l'Unité, zwischen Bahnhof und Hotel de l'Unité.
- **Must Club,** gegenüber Bonne Miche.
- **Mazawan,** Ecke Comissariat Centrale.
- **Oasis,** Quartier Bindougoussou.
- **Jardin Eden,** Accart-Ville.
- **Black and White**
In der Nähe des „Café des Amis".
- **Concorde**
Quartier Bolomakoté. Open-air-Tanzfläche!
- Außerdem: Le Transfo, Le Colsa, Le 421, Hilton-Nightclub, Metro Night Club und Nightclub im Hotel L'Auberge.

Kinos

- **Ciné BOBO 90**
Verhältnismäßig gute Filme, Vorstellungen um 20.30 und 22.30 Uhr.
- **Houët**
Av. de la Révolution, neben dem Hotel Soba.

Maskentanz in Bobo-Dioulasso

● **Centre Culturel Henri Matisse**
Kino, Bibliothek, Videothek und andere kulturelle Veranstaltungen.

Notfall

Krankenhäuser

● **Hôspital Sanousouro**
Av. de l'Indépendance, Tel. 970044/45/47.
● **Hôspital Ambulance**
Tel. 980079 und 980082.

Zahnarzt

● In der **Clinique Dentaire,** Mission Baptiste, an der Route de Mali, Richtung Faramana, links hinter den Bahngleisen.

Apotheke

● **Pharmacie Houe**
Tel. 981843; Laboruntersuchungen!

Banken

B.I.C.I.A, südlich des Marktes, nahe Hotel Soba, und **B.I.B.,** schräg gegenüber vom Hotel L'Auberge; beide wechseln US-Travellerschecks und Euros. Geöffnet: 8–11 Uhr und 15.30–17.30 Uhr.

Post und Telefon

● Im **Hauptpostamt** in der Av. de la Nation/Ecke Av. de la République gibt es einen „Poste-restante"-Schalter.
● **Telefonieren:** Mo bis Fr vormittags bis 12 Uhr in der Post (z.T. mit Telefonkarten); nachmittags von 12.30–15 und 17.30–20.30 Uhr hinter der Hauptpost bei der Poste-Télécommunication; Sa/So und Feiertag 7–12.30 Uhr.
● Im Stadtzentrum gibt es einige **Internet-Cafés.**

Fluggesellschaften

● **Air Afrique**
Büro direkt am Marché Central, Tel. 971353/981923.

● **Air Burkina**
Rue Malherbe, Tel. 971348
● **Air Ivoire,** B.P. 3455, Tel. 972464

Flughafen

Bobo verfügt über einen internationalen Flughafen; zu Flugverbindungen siehe Ouagadougoun.

Bahnverbindungen

Eine Zugverbindung **zwischen Bobo und Ouaga** besteht in beiden Richtungen einmal pro Woche (Do) mit dem Kurzstreckenzug und dreimal pro Woche (Di, Do, Sa) mit dem Schnellzug von Abidjan kommend. Genaue Abfahrtzeiten und Preise erfragen Sie unter Tel. 971091. Fahrkarten kann man nur zu den Abfahrtzeiten am Schalter kaufen (5000 CFA). Die Fahrzeit beträgt ca. 6 Std.

Achtung: Wer viel Glück hat, kann auf der Strecke zwischen Banou und Satiri Elefanten in unmittelbarer Nähe der Bahngleise beobachten!

Busverbindungen

Es stehen für Reisen ins Landesinnere und in die Nachbarländer zahlreiche private Busunternehmen zur Auswahl.

S.T.M.B.

Tel. 970878, 973878. Es fahren u.a. täglich acht Busse nach Ouaga, darunter zwei klimatisierte. Büro und Haltestelle sind am Bv. de la Revolution, wenige Schritte vom Rond Point entfernt. Telefonische Reservierung möglich. Die etwas höheren Fahrpreise resultieren aus besserem Service und mehr Sicherheit.
● **Bobo – Ouaga,** täglich
● **Bobo – Ouahigouya,** täglich
● **Bobo – Banfora,** täglich

RAKIETA

Tel. 971891, B.P. 105. Diese kleine Busgesellschaft ist vor allem im Südwesten Burkina Fasos aktiv und setzt neuere Fahrzeuge ein.
● **Bobo – Ouaga**
Täglich, Abfahrt 14 und 15 Uhr.

- **Bobo – Banfora**
Täglich, Abfahrt 7, 8.30, 10.15 und 12 Uhr.
- **Bobo – Niangoloko**
Täglich, bis 19 Uhr stündlich.
- **Bobo – Gaoua**
Täglich, Abfahrt 7 und 12 Uhr.

Societé de transport sans Frontièr

Tel. 970079, B.P. 2981. Das Büro befindet sich etwa zwei Querstraßen nördlich des Marktes, die Gesellschaft fährt u.a. nach Ouaga, Bamako und Abidjan.
- **Bobo – Bamako,** Mo und Do, 8500 CFA.

Societé de transport Bouro et Frères (S.T.B.F.)

Tel. 972313, am Bahnhof Tel. 970981.
- **Bobo – Ouaga**
Täglich, Abfahrt 8, 13.30 und 19 Uhr.

SOGEBAF

Tel. 971535, 982458, B.P. 78.
- **Bobo – Banfora,** täglich
- **Bobo – Abidjan,** täglich
- **Bobo – Ouaga,** täglich
- **Bobo – Ouahigouya,** täglich

Taxis

Der große **Taxi-brousse-Bahnhof** (Gare routière à l'Etranger) befindet sich etwas außerhalb; die Taxifahrer kennen den Weg (200–400 CFA). Die meisten Busch-Taxis fahren morgens zwischen 8 und 9 Uhr ab, Überlandbusse dagegen oft abends (daher nur bedingt zu empfehlen, da die Grenze bereits um 20 Uhr schließt).

Als Transportmittel innerhalb der Stadt dienen **Kollektiv-Taxis,** die ab 200 CFA pro Fahrt und Person kosten.

Rund ums Auto

Straßenverbindungen

- **Bobo – Dédougou - Dori**
Die Piste ist je nach Jahreszeit in sehr unterschiedlichem Zustand; in der Regenzeit nur mit Geländefahrzeug befahrbar (weiter über Ouahigouya – Djibo – Aribinda nach Dori und von dort auf relativ guter Piste nach Gorom-Gorom).
- **Bobo – Ferkessedougou** (Elfenbeinküste)
Straße bis Ferkessedougou durchgehend asphaltiert.
- **Bobo – Bamako** (Mali)
633 km. Von Bobo über Fô – Kouri (Grenzorte von Burkina Faso und Mali) – Koutiala – Bla – Segou nach Bamako. Die gesamte Strecke ist geteert, allerdings bis Segou ziemlich holprig.

Auto-Werkstatt

- **Burkina Secours, Kambire & Soeurs**
Secteur 6, Route de Dafra; guter Mechaniker am Werk!

Autovermietung

- **Auto-Location**
Bd de la Nation, neben der Disco 421. Tagespauschale möglich (ca. 60.000 CFA). Bei Fahrten außerhalb des Stadtgebiets ist ein Chauffeur obligatorisch!

Fahrrad/Mofa/Motorrad

Kann man sich auf dem Markt ausleihen (etwa 1500 CFA/Fahrrad/Tag und 3000 CFA/Mofa/Tag). Handeln Sie um den Preis! Mofas gibt es auch im Hotel de la Paix (ca. 3000 CFA/Tag), ebenso Motorräder für ca. 5000 CFA/Tag.

Shopping

Supermärkte

- **Socibe**
Sehr gut sortierter Supermarkt, der direkt am Markt liegt.
- **Booby Market**
Supermarkt mit großer Auswahl an Importwaren (z.B. Emmentaler, Fleisch, Alkoholika usw.). In der Av. de la République, gegenüber der B.I.B.-Bank, nahe des Hotel L'Auberge (einmal um die Ecke).

Buchhandlungen

- **La Savane, Librairie Nova** und **Librairie Socifa:** Alle liegen direkt am Markt. In den Läden sind **Stadtpläne** von Bobo und Oua-

BOBO-DIOULASSO

ga erhältlich. Im Hotel L'Auberge gibt es europäische Zeitschriften zu kaufen, u.a. auch Spiegel und Focus.

Schneider

- **Cooperative des Tailleurs No 1**
Gute Schneider, die einheimische Faso-dan-Fani-Stoffe verarbeiten; neben der Pharmacie Moderne.

Aktivitäten

Schwimmbad

- Schöner Pool **im Hotel L'Auberge,** für Nichtgäste 1500 CFA Eintritt.

Reiten

- **Reithof Tombstone** an der Straße nach Ouaga, nahe Av. Charles de Gaulle.

Golf

- Tel. 973979; der Ende 2000 eingeweihte Golfplatz von Bobo verfügt vorerst über eine 9-Loch-Anlage.

Reisebüros

- **Sans Frontière**
Av. de la Republique, schräg gegenüber des neuen Kinos; Busgesellschaft mit modernen Bussen.
- **Africa-Club**
Antonia Ortega bietet Mietwagen und organisiert Touren in die Umgebung von Bobo und in die angrenzenden Länder.
- **Rundfahrten** in die Umgebung Bobo-Dioulassos und die Banforas sowie zum Nilpferdeteich und ins Senufo- oder Lobiland veranstaltet auch *Jean* (Tel. 880281, B.P. 27, Banfora) von der Association pour le sauvegard Culturel (mit Geländefahrzeug).

Ausflüge

Safari und Pala

Folgt man ca. 6 km der Straße nach Ouaga und biegt kurz vor der Polizeistation rechts auf die Piste ab, eröffnet sich nach etwa 1 km – bei schönem Wetter! – ein weiter Blick von Safari auf die darunter liegende Ebene bis zu den Kongolikan-Bergen im Osten. Folgt man der Piste, so gelangt man am Fuße der Falaise zu dem Dorf Pala, das für seine **Maskenfeste** bekannt ist.

Koro

Nach etwa 13 km verlässt man die Nationalstraße No 1 nach Ouaga und biegt rechts in eine Piste ein. An einem Granitsteinbruch vorbei erreicht man nach weiteren 2 km das zwischen zahlreichen runden Granitfelsen eingebettete Dorf Koro; die Lehmhäuser scheinen mit den Felsen zu verschmelzen. Die Bewohner dieses kleinen Dorfes, die Bobofing sind **Animisten** und leben streng nach ihren alten Traditionen. Das Dorf ist gut mit dem Mobylette zu erreichen und weniger stark von Touristen frequentiert als Koumi; dennoch kostet der Besuch 300 CFA; ein Junge oder Guide wird sie durch das Dorf und eventuell zum Wasserfall führen. Schöner Blick auf die Ebene und die Falaise von Banfora.

Falaise de Boradougou

Etwa 500 m hinter der Abzweigung nach Koro verlässt man die Nationalstraße No 1 nach Ouaga und biegt links auf eine Piste, die nach ca. 1 km zu dem Dorf **Boradougou** führt, jenseits eines kleinen Marigots gelegen. Graue Lehmhäuser drängen sich im Schatten einiger großer Bäume. Da einige der Grotten in der Falaise „heilig" sind und für Fremde der Zugang verboten ist, empfiehlt es sich, einen „guide" zu nehmen. **Bizarre Felsformationen** in der Falaise sowie einige aus dem Stein gehauene Getreidespeicher lohnen den Besuch.

Dafra (Dafora)

(Ca. 8 km von Bobo entfernt.) Man verlässt Bobo durch das Quartier Bolomakoté, d.h. man folgt der Asphaltstraße an der Gendarmerie Nationale vorbei Richtung Südosten. Während der Trockenzeit ist die Zufahrt bis zum Rand der Falaise möglich; der Abstieg zu dem **Mare aux poissons sacrés** (Heilige Fische) erfolgt dann zu Fuß auf einem kleinen Pfad über die Felsen (festes Schuhwerk ist zu empfehlen). Interessante Steingebilde erwarten den Besucher. Etwas weiter unten führt der Weg links durch einen schmalen Felsdurchgang zu einem Teich. (Tragen sie keine rote Kleidung, denn „Rot" ist an diesem heiligen Ort verboten!) Aus beachtlicher Höhe stürzt ein **Wasserfall** in diesen von riesigen Welsen und Wasserschildkröten bewohnten See. An seinem Ufer finden jeden Donnerstag und Freitag Opferzeremonien statt; die geopferten Hühner werden meist gleich an Ort und Stelle gebraten und verspeist. Folgt man dem kleinen Bach weiter durch dichte Vegetation (mit teils seltenen Pflanzen), so kommt man zu mehreren kleinen Gärten in der Ebene, wo auch der Weg endet.

La Guinguette (Dinderesso), Nasso, Forêt du Kou, Koumi

Die etwa 18 km westlich von Bobo gelegene **Quelle La Guingette** liefert der Stadt Bobo das Trinkwasser und ist gleichzeitig lange Zeit ein beliebter Badeort gewesen. Heute ist sie touristisch erschlossen mit Parkplatz und Eintrittsgebühren (1000 CFA für Touristen). Am Wochenends stellt die Quelle ein beliebtes Ausflugsziel dar.

Genauso gut und ruhiger kann man im **Fluss Kou** an der kleinen Brücke (s.u.) baden; am Wochenende ist er von weniger Leuten frequentiert, höchstens ein paar Frauen sind anzutreffen, die im Fluss ihre Wäsche waschen. Die Landschaft (Vegetation) ist allerdings nicht so spektakulär wie an der Guinguette!

Zufahrt zur Guinguette: Man verlässt Bobo hinter der Brauerei Brakina auf der ersten Piste nach rechts; nach ca. 7 km erreicht man einen kleinen Hügel, der einen Blick über die ganze Stadt bietet. Anschließend führt die Piste am Forêt de Dinderesso entlang; bei Km 14 nehmen Sie die Piste nach links, die 2 km weiter nach rechts abbiegt und dann der Piste bis zum Fluss Kou folgt, den man auf einer kleinen Brücke überquert. Etwa 3 km weiter zweigt der Weg nach links in den Wald ab und endet an der Guinguette.

Mare aux Hippopotames (Flusspferdeteich)

An dieser Stelle wird eine **Rundfahrt** von Bobo Dioulasso über Houndé zum Mare aux Hippopotames und wieder zurück nach Bobo beschrieben. Es ist aber auch möglich, nicht nach Houndé zu fahren, sondern gleich die Straße nach Dédougou zu nehmen und in Satiri abzubiegen.

Von Bobo in Richtung Ouagadougou auf der N 1 bis Houndé fahren.

Km 0: Houndé, im Ort links abbiegen Richtung Karba und Béreba.

Km 13: Dohoun. Ursprüngliche Gegend mit hübschen Dörfern, Savannenlandschaft und ab und zu Baumwollfeldern; bei Béreba wird die Bahn überquert.

Km 37: Sara. Einmündung in die große Piste von Dédougou nach Bobo-Dioulasso. Links weiterfahren.

Km 47: Bekui, größeres Dorf.

Km 66: Links beginnt der **Forêt classé de Maro**.

Km 68: Kademba, hübsches Dorf mit einer Moschee, aber auch christlicher Bevölkerung; schöne Vorratsspeicher.

Km 77: Satiri (Ortsanfang).

Km 78: Abzweig zum Nilpferdteich im Zentrum von Satiri rechts bei Schild „Station de Balla".

Km 86: Pala. Nach dem Dorf schmale Piste, rechterhand liegt die Station de Bala/Reserve de Biosphere. Die ganze Region um das Mare aux Hippopotames wurde als **Biosphärenreservat** ausgewiesen. Diese Reservate werden von der GTZ unterstützt und sollen im Einklang mit der Bevölkerung die natürlichen Ressourcen der Umgebung unter Erhalt der Natur und ökologischen Gegebenheiten nutzen. Der Schutz ist nicht so streng wie bei den Nationalparks, soll aber der Bevölkerung ermöglichen, durch einfache touristische Er-

schließung und Nutzung gleichzeitig Vorteile daraus zu ziehen (z.B. Fischfang) und die Natur zu erhalten.

Km 90: Hinweisschild des Tourismusministeriums auf die Eintrittsgebühr (2000 CFA) und darauf, dass kein zusätzliches Geld an die Führer bezahlt werden sollte.

Km 95: rote Blechtafel **„Mare aux Hippopotames 4 km"**.

Km 98: Parken im Wald, Fischverkaufsplatz und Hütten, Netze werden zum Trocknen und Flicken aufgehängt. GPS N 11°33,646, W 004°09,073.

Von hier geht es in wenigen Minuten zu einem Einbaum, mit dem man durch schmale Wasserarme bis zum Nilpferdteich gestakst wird (keine Ruder, sondern lange Stäbe). Diese schöne, lohnenswerte Tour ist nicht teuer und dauert ca. 30 Minuten. Im hinteren Drittel des Teiches sind etliche Hippos zu sehen. Achtung: Nicht baden, Bilharziosegebiet!

Km 119: wieder zurück in **Satiri**.

Km 135: Kouentou.

Km 156: Sakaby, hübscher Ort mit großer Allee aus Kapok und Mangobäumen.

Km 161: Anfang der Teerstraße von und nach Bobo-Dioulasso.

Cascade de la Volta Noire

Man verlässt Bobo auf der Piste nach Orodara, hinter dem Flugplatz. Nach etwa 16 km überquert man eine Brücke über den Fluss Kou und erreicht bei Km 51 das Dorf **Guena**. Hier verlässt man die Straße nach Norden und folgt auf 13 km der guten Lateritpiste bis zum Dorf Fon. Von hier geht es rund 5 km zu Fuß durch den Busch zum Wasserfall – der Weg zu diesem Naturwunder lohnt sich.

Abstecher nach Dédougou

Die Piste Richtung Dédougou ist je nach Jahreszeit in sehr unterschiedlichem Zustand; in der Regenzeit nur mit Geländefahrzeug befahrbar (weiter über Ouahigouya, von dort auf relativ guter Piste nach Djibo, Dori und weiter nach Gorom-Gorom). 2001 wurde mit dem Bau einer Teerstraße von Kedougou nach Dédougou begonnen.

Dédougou ist eine lebhafte Kleinstadt (alle Versorgungsmöglichkeiten), die hauptsächlich von Bobos bewohnt wird. Absolut sehenswert ist ein dreitägiges **Tanz- und Maskenfestival** (FESTIMA BIENNALE – Festival des Masques et des Arts de Dedougou), das alle zwei Jahre (mit geraden Zahlen) im April veranstaltet wird und an dem sich zahlreiche Dörfer aus der Umgebung beteiligen. **Unterkunft** in Dédougou im Hotel Commerce, Tel. 520111. Empfehlenswert ist das Restaurant Le Prestige von *Madame Foro,* Tel. 520485.

Mare aux Hippopotames

Bobo-Dioulasso – Banfora

Bobo auf der Nationalstraße No 7 in Richtung Banfora verlassen (Km 0 entspricht dem Ortsende). Parallel zur Nationalstraße No 7 verläuft die Bahnlinie (R.A.N.) nach Abidjan mit Haltestelle in Banfora.

Ca. **1 km** nach nach der Zahlstelle folgt eine Polizeikontrolle.

Bei etwa **Km 16** zweigt links eine Piste nach Dingasso ab.

Ab **Km 61** führt die Straße die **Falaise de Banfora** hinab. Es bietet sich ein schöner Blick über die üppige Vegetation unten auf der Ebene mit Palmen und Zuckerrohrfeldern. In der Regenzeit fließen einige kleine Wasserfälle neben der Straße den Steilabbruch hinunter.

Kurz bevor man Banfora erreicht, führt rechts eine Abzweigung zur Zuckerfabrik, der eine Alkoholfabrik angegliedert ist. Eine Besichtigung ist nach vorheriger Anmeldung möglich!

Bei **Km 80** erreicht man Banfora.

Banfora

Die Stadt selbst ist nicht besonders reizvoll, um so mehr aber die Umgebung, die zu zahlreichen Ausflügen (zu Fuß, mit dem Fahrrad, Mofa, Motorrad oder Auto) einlädt.

Auf dem **Markt** (Großer Markt ist sonntags) sind Körbe und Töpferwaren, die wichtigsten lokalen Handwerksprodukte, in reicher Auswahl zu finden. Angeblich kann man auf dem Markt auch Mobylettes leihen. Außerdem gibt es einige Hirsebierkneipen *(cabaret),* wo mit traditioneller Musik (Kora, Ballafon) für Stimmung gesorgt wird.

Achtung: Die Bank wechselt keine Travellerschecks!

Unterkunft

- **Hotel La Canne à Sucre**
Tel. 880107, B.P. 104. Nähe Bahnhof, bestes Haus am Platz mit Bar und Restaurant, Zimmer ab 9500 CFA.
- **Hotel Fara**
Tel. 880117, B.P. 112; 250 m östlich vom Bahnhof. 17 saubere Zimmer ab 5000 CFA.
- **Hotel Comoé**
Tel. 880151, B.P. 68, in der Nähe des Stadions. DZ ab 7000 CFA, Rest. im Innenhof, samstags Disco, Fahrradverleih (zahlreiche negative Zuschriften von Lesern: Essen und Service schlecht, Preise übertreuert).

Essen und Trinken

- **Restaurant de l'Harmattan**
Direkt hinter dem Markt.
- **Le Flamboyant**
Zwischen Bahnhof und Markt.
- **Cafe Djana**
Route de Bobo, nahe Hotel Fara.
- **La Forêt**
In der Nähe der Polizei.
- **Restaurant Cascade**
Tel. 880016, Rue de la Post, Snack-Bar mit einfachen afrikanischen Gerichten.
- **Yen Kafissa**
In der Nähe des Taxi-brousse-Bahnhofs gelegen; preiswert und sympathisch.

Apotheke

- **Pharmacie de la Comoé**
Die Apotheke liegt gegenüber der Post.

Ausflüge

Chutes de Karfiguela

Zu den Wasserfällen gibt es einen komplizierten, mühsamen, landschaftlich abwechslungsreichen Weg mit sehr malerischen Dörfern (nur mit Geländefahrzeug und nicht in der Regenzeit) und einen einfachen Weg. Hier ist die Strecke als **Rundfahrt** beschrieben. Wer weniger Zeit und Nerven investieren will und nicht über ein geländegängiges Fahrzeug verfügt, sollte den als Rückweg beschriebenen Weg (ab der Tangui-Tankstelle) für den Hin- und Rückweg wählen.

Im Zentrum von Banfora rechts abbiegen und den Ort in Richtung Westen verlassen, GPS N 10°38,634, W 004°45,698.

Km 4: altes Blechschild „Chutes de Karfiguela" rechter Hand der Piste, GPS N 10°38,958, W 004°47,817.

Km 6: bei Tümpel links, GPS N 10°39,763, W 004°48,083.

Km 7: große Sumpfloch-Ebene, GPS N 10°39,766, W 004°48'082'.

Rechts Ausweichpiste, GPS N 10°39,906, W 004°48,319, dann zwei bis drei sehr schmale Brücken über Kanal, dann rechts (GPS N 10°40,350, W 004°48,506) am Kanal entlang (er läuft erst links, dann vor der Schleuse rechts der Piste).

Km 11: links Abzweig, geradeaus weiter, links liegen viele Felder.

Km 13: links das hübsche Dorf **Karfiguela** vor einem Seerosenteich (sehr malerisch), geradeaus weiter (GPS N 10°41,824, W 004°48,904).

Km 15: Stauwehr und kleines Generatorenhäuschen, Kanalende bei GPS N 10°42,723, W 004°49,048.

Geradeaus über Stauwehr und dann 200 m weiter links auf eine größere Piste einbiegen.

Km 16: Ende der Piste und kleiner Parkplatz vor einer Fußgängerbrücke. Hier ist Camping möglich, aber es gibt viele Mücken, da es am Fluss und zwischen den Bäumen sehr feucht ist (GPS N 10°43,159, W 004°49,135).

Nun muss man 5–10 Minuten durch den Wald gehen, bis der Fuß des **Karfiguela-Wasserfalls** erreicht ist, wo der

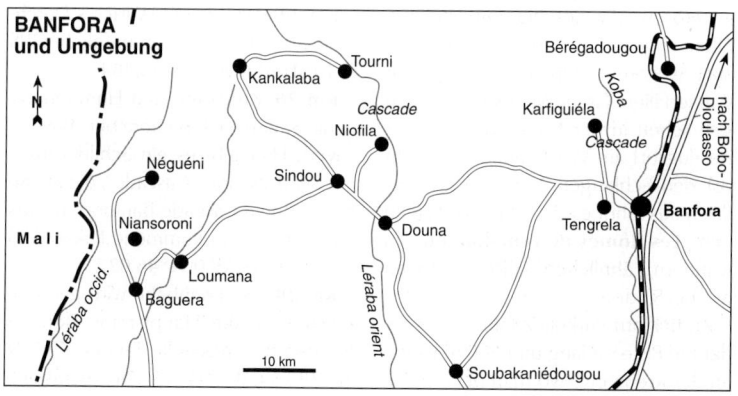

Koba-Fluss in ein großes Becken hinabstürzt oder -tröpfelt (je nach Jahreszeit). Um zu dem 50 m höher liegenden Plateau und dem oberen Teil des Wasserfalls zu kommen, empfiehlt es sich, rechts auf einem Fußpfad die Felsen hoch zu steigen (gute Schuhe und lange Hosen, da rutschig und steinig). Oben angekommen, befindet man sich nach weiteren 50 m viel näher an den Wasserfällen. Grüne Meerkatzen halten sich scheu in der Nähe auf. Beliebter Ausflugsort am Wochenende! Vorsicht vor den Schlangen! Von den Wasserfällen aus lohnt es sich, 3 km zu Fuß zu den **„Les dômes de Febedougou"** zu wandern, ähnlichen Felsformationen wie bei Sindou.

Zurück am Parkplatz fährt man wieder die Piste entlang und 500 m weiter an der Kreuzung (wo man bei der Anfahrt von rechts kam) geradeaus weiter nach Banfora.

Km 17: Kreuzung, rechts Mauern von Häuschen, geradeaus weiter, GPS N 10°42,331, W 004°48,751.

Km 18: rechts großer Baobab, am Baum rote Markierung „P 1".

Km 19: Barriere mit Wärter – Durchfahrt ohne Formalitäten möglich, GPS N 10°41,613, W 004°48,484.

Km 26: Kreuzung und Einmündung in die Straße nach Banfora bei „Buvette Lavia". Hier gibt es ein Schild zurück mit der Aufschrift „Cascade", die Straße heißt „Route Cascade Banfora". Rechts ab (von Banfora kommend links), GPS N 10°39,513, W 004°46,027.

Km 28: Die Eisenbahn wird gequert, danach auf die Hauptstraße Bobo – Banfora bei Tankstelle Tangui (GPS N 10°38,734, W 004°45,476') rechts einbiegen. An der Kreuzung steht ein großes Schild mit der Aufschrift „Sofitex". Von Banfora kommend biegt man links nach der Tankstelle ein. Nach 1 km ist Banfora erreicht.

Lac Téngréla

Banfora in Richtung Westen auf einer Piste mit schöner Allee verlassen. Bei Km 4 Gabelung mit verrostetem Wegweiser: Links geht es nach Téngréla und Sindou, rechts zu den Karfiguela-Wasserfällen (s.o.). Die passable Piste führt durch reizvolle Landschaft mit Reis- und Gemüsefeldern. Bei Km 6 Abzweig links (Schild) zum Lac Téngréla, geradeaus würde es weiter nach Sindou gehen (s.u.). Auf einer schmalen Piste fährt man durch das Dorf Téngréla, kommt 1 km später am „Restaurant/Buvette Kegnigohi" vorbei und erreicht dann die Straßensperre vor dem See, wo 500 CFA Eintritt verlangt werden. Der Lac Téngréla ist ein schöne See, bewachsen mit Seerosen und von Palmen umgeben. Im See leben ca. 50 „Hippos" (Flusspferde), die am besten frühmorgens zu sehen sind, wenn man auch die Fischer beim Auswerfen ihrer Netze beobachten kann. Man kann eine Pirogenfahrt machen und sich auf etwa 50 m heranrudern lassen. Tagsüber sind selten Flusspferde zu sehen. **Unterkunft** im sympatischen Camp Farafina in Téngréla, Bungalow ab 6000 CFA, Camping 1000 CFA.

Sindou

In der Gegend von Sindou leben die **Turka,** eine Ethnie, die überwiegend vom Reisanbau lebt. Zu Beginn der Regenzeit sind fast alle Leute mit der Hacke auf den Reisfeldern, um den Boden vorzubereiten. Zur Erntezeit sieht man dann ganze Prozessionen von Frauen mit riesigen Körben voll Reisähren auf dem Kopf. Beim Dreschen, das ebenfalls kollektiv vorgenommen wird, dient ein Blattstengel als Dreschflegel.

In dem nur wenige Kilometer westlich von Sindou gelegenen Dorf **Noumoussoba**, einem Dorf der Schmiede, kann man diesen bei ihrer Arbeit zusehen.

Aiguilles de Sindou

Von Banfora etwa 50 km schlechte Piste Richtung Sindou; nach dem Dorf Douna durchquert man die Ebene des Léraba-Flusses, und kurze Zeit später ragen rechts **bizarre Gesteinsformationen** in den Himmel. Spaziergang durch eine faszinierende Landschaft mit reichhaltiger Vogelwelt.

Téna Kourou

Der **höchste Berg (747 m) des Landes** befindet sich direkt an der Grenze zu Mali. Von Sindou aus fährt man etwa 20 km weiter in nordwestlicher Richtung: In dem Ort **Kankalaba** zweigt eine sehr schlechte Piste (nur für Geländewagen geeignet) Richtung Westen ab, die nach weiteren 24 km in das malerische Dorf **Téna** führt. Von dort ist der Gipfel des Höhenzuges bei leichtem Anstieg in etwa einer Stunde zu erreichen.

Karfiguela – romantisch zwischen Wassertümpeln gelegen

Direkt an der Grenze befindet sich ein etwa 2,5 m hoher Steinhaufen, den die Franzosen um die Jahrhundertwende haben errichten lassen.

Cascades de Niofila und Chutes de Léraba

Durch den Bau von Regenrückhaltebecken ist eine der schönsten Gegenden Burkinas, die Ebene von Niofila, verschandelt worden. Hinter dem Damm führt ein Fußweg Richtung Tourni; nach etwa einer Stunde Gehzeit hört man rechts bereits die Wasserfälle von Niofila, und nach weiteren zwei Stunden erreicht man Tourni, dessen Kaskaden (Chutes de Léraba) ebenfalls ein lohnendes Ziel darstellen.

In der Trockenzeit ist Tourni von Sindou aus über Kankalaba normalerweise auch mit dem Auto zu erreichen; vorher jedoch besser in Sindou erkundigen, ob praktikabel! Bei Km 19, nach der Brücke von Kankalaba, rechts abbiegen; bei Km 34, in **Tourni,** macht die Piste eine Kurve nach links und führt dann direkt am Fluss Léraba entlang. Verlässt man das Dorf in nördlicher Richtung, erreicht man kurze Zeit später den Wasserfall.

Falaise de Niansoroni und Néguéri

Von Sindou aus nimmt man links die Piste nach Baguéra; nach etwa 25 km erreicht man das von Reisfeldern umgebenen Loumana. Nach insgesamt ca. 32 km, 1 km vor dem Dorf **Baguéra,** zweigt im spitzen Winkel rechts eine Piste Richtung Norden ab, die dicht an der Falaise vorbeiführt. Nach etwa 5 km erreicht man das Dorf **Niansoroni,** das auf halber Höhe der Falaise liegt. Der Aufstieg zum Dorf ist etwas schwierig; größtenteils muss man über Felsen klettern. Auf halber Höhe und von oben bietet sich ein fantastischer Panorama-Blick über die weite Ebene bis hinüber nach Mali. Das Dorf selbst erinnert mit seinen zahlreichen Getreidespeichern an die Dogon-Dörfer in der Falaise von Bandiagara in Mali.

Etwa 10 km weiter befindet sich das Dorf **Néguéni;** hier endet die Piste. Zu Fuß geht es weiter entlang der Reisfelder auf schmalen Trampelpfaden.

Banfora – Gaoua (Lobi-Land)

Die Strecke von Banfora über Sidéradougou und Loropéni nach Gaoua ist zu einer **autobahnähnlichen Piste** ausgebaut worden.

Um weiter nach Gaoua zu fahren, Banfora auf der Teerstraße in Richtung Bobo verlassen (Km 0).

Bei **Km 4** rechts auf eine große breite Piste abbiegen.

Bei **Km 24** befindet sich ein großer malerischer See rechts von der Piste.

25 km nach Banfora erreicht man das hübsche Dorf **Tiéfara** am Ostende des Sees. Markt ist am Donnerstag.

Bei **Km 53** wird das Dorf **Dégue-Degué** durchfahren und kurz darauf bei **Km 55** das Dorf **Sidéradougou.** Hier gibt es ein Telecenter und eine Polizeistation. Bei der Polizeistation biegt eine Piste ab, die laut Burkina Faso IGN Carte Touristique et Routière nach Klésso (an der Piste Bobo–Diébougou) führt. Diese Piste, die durch sehr ursprüngliche Buschlandschaft mit hübschen Senufo-Lehmdörfern führt, endet aber vor einem Fluss nach ca. 16 km. Evtl. ist sie nur zum Höhepunkt der Trockenzeit befahrbar.

Von Sidéradogou führt die Piste weiter durch waldige, leicht hügelige Landschaft und hübsche, ursprüngliche Dörfer in Richtung Gaoua.

Bei **Km 92** wird **Koueré** passiert, bei **Km 112 Ouo.**

Bei **km 135** liegt das Dorf **Lokosso** mit einer kleinen Moschee.

148 km nach Banfora folgen links ein Hinweisschild und eine kurze Piste zu den **Ruines de Loropéni**, GPS N 10°18,269, W 003°33,674'. Über den Ursprung der alten Ruinen – bestehend aus einer Einfriedung von 100 m Durchmesser und ca. 1 m dicken Mauern – weiß man nichts genaues. Da Türen fehlen, nimmt man an, dass die Gebäude zur Aufbewahrung von Sklaven dienten. Die Lobi sprechen von „Häusern der Ablehnung" (maisons de refus) und meiden sie nach Möglichkeit. Bei der Besichtigung hängen sich viele Kinder an und hoffen auf ein bisschen Führergeld. Wen die Kinder nicht stören, findet hier einen hübschen Platz zum Campen. Auch in **Kampti** (ca. 21 km von Loropéni) sind noch alte Ruinen zu besichtigen.

150 km von Banfora entfernt liegt der hübsche Ort **Loropéni** mit einem Seerosenteich. Loropéni ist der Sitz der Prefecture.

Zwischen Loropéni und Gaoua reihen sich viele kleine Dörfer entlang der Straße, einige wenige mit typischen Lobi-Lehmbauten, häufig finden sich aber auch gemauerte Häuser mit Wellblechbedachung.

Bei **Km 192** ist **Gaoua** erreicht.

Gaoua

Der Ort hat außer dem großen **Markt** (Markttag ist Fr), dem **Lobi-Museum** (Eintritt: 1000 CFA) sowie ein paar Hirsebierkneipen nicht viel zu bieten. Im Lobi-Museum sind alte, von den Franzosen zusammengetragene Waffen und Gerätschaften der Lobi ausgestellt.

Interessant ist vor allem die Umgebung. Eine kleine eintägige Rundreise Gaoua – Loropéni – Obiré – Kampti – Gaoua ist lohnenswert; nach einem Führer fragen Sie am besten im HALA-Hotel.

Im Land der Lobi

Das Land der Lobi erstreckt sich östlich der Achse Bobo – Banfora, direkt an der Grenze nach Ghana; größte Stadt der Region ist Gaoua. Die Lobi, eine Ethnie, die in Burkina, Ghana und der Elfenbeinküste lebt, waren früher sehr gefürchtet, da sie es lange geschafft hatten, sich erfolgreich gegen Eindringlinge (afrikanische und europäische) zur Wehr zu setzen. Auf diese Weise konnten sie sich ihre alten Traditionen weitgehend erhalten. Heute sind sie überwiegend Bauern und Viehzüchter, früher spielten die Jagd und der Fischfang ebenfalls eine große Rolle. In den abgelegenen Gebieten der Savanne gehen sie zum Teil auch heute noch mit Pfeil und Bogen auf die Jagd. Einige Frauen, vor allem die alten, tragen noch in alter Tradition eine kleine, runde Scheibe in der Oberlippe.

Fährt man durch das Lobi-Land, so fällt einem die Architektur besonders auf. Sie hat große Ähnlichkeit mit den Lehmburgen der Somba-Taberma (Nord-Benin), die ebenfalls Schutzbauten errichten. Eine solche „Burg" besteht aus mehreren rechteckigen Lehmhütten aus gestampfter bzw. geschlagener Erde, die durch eine Lehmmauer zu einem Gehöft zusammengefasst werden und an kleine Festungen erinnern. Diese fensterlosen Außenwände sind heute ganz aus Lehm gebaut und mit einem milchigen Pflanzensaft „glasiert", um sie haltbarer zu machen. Es gibt auch Häuser, die ein weiteres Stockwerk besitzen, das normalerweise für die verheirateten Männer oder die „Ältesten" reserviert ist; das Erdgeschoss steht den Frauen und Kindern zu. Küche und Getreidespeicher befinden sich im gemeinschaftlichen Hof. Zahlreiche Ahnen- und Familienaltäre werden im Haus errichtet, u.a. bis zu 1,5 m hohe phallische Lehmsäulen. Meist sind sie an den Spuren der letzten Opfergaben (Hirsebrei, Tierblut, Federn) zu erkennen. (Sollten Sie die Gelegenheit haben, in eines dieser Gehöfte eingeladen zu werden, so nähern Sie sich diesen Altären mit Respekt und fragen Sie um Erlaubnis, bevor Sie ein Foto „schießen"!) Außerdem hängen überall an den Eingängen und auf den Dächern der Häuser „Fetische" und Behälter mit übernatürlichen Kräften als Schutz vor bösen Geistern. Auffallend ist, dass die einzelnen Gehöfte einen Abstand von mindestens 100 m voneinander haben; teilweise liegen sie so weit verstreut, dass man zum Durchqueren eines „Dorfes" eine halbe Stunde braucht.

Zu den wichtigsten Festen der Lobi zählt die **Dioro-Zeremonie,** ein Initiationsfest, das alle sieben Jahre am Ufer des Schwarzen Volta-Flusses abgehalten wird. Die 10- bis 15-jährigen Jungen und Mädchen müssen, bevor sie in die Gruppe der Erwachsenen aufgenommen werden, eine Vorbereitungsphase durchmachen, bei der sie alle Ge- und Verbote der Gemeinschaft lernen, große physische Strapazen überstehen (Hunger und Durst ertragen lernen), die Geheimnisse der Natur studieren, ihre Angst besiegen lernen etc. Während dieser Vorbereitungszeit schlafen die Initianden draußen unter freiem Himmel, leben nackt und haben keinerlei Kontakt zu ihrem Heimatdorf, lediglich zu ihrem Lehrmeister. Am Ende der Initiation findet eine große Zeremonie statt, bei der dem Schwarzen Volta ein großes Opfer dargebracht wird; die Heranwachsenden erscheinen meist in prachtvollen Gewändern, über und über mit Kauri-Muscheln geschmückt.

Unterkunft/Verpflegung

- **Hotel HALA**
Tel. 870121, B.P. 76, links an der Straße nach Nako. Ordentliches Hotel unter libanesischer Leitung, im Restaurant wird gute libanesische Küche serviert (Menü 6000 CFA). Auf Anfrage werden Führungen durch das Lobi-Land organisiert. Kühle Getränke, bewachter Hof mit Parkmöglichkeit. DZ von 10.000 CFA bis 18.000 CFA plus Steuer.
- **Hotel du Poni**
Tel. 870200, B.P. 69, in der Hauptstraße, ca. 300 m vom Markt. Im Restaurant des Hotels bekommt man gute einfache afrikanische Gerichte.
- Außerdem gibt es mehrere **Dolo-Kneipen** im Quartier östlich der Hauptstraße. In einer dieser Kneipen gibt es im Innenhof ein Grab, auf dem zwei Schüsseln und eine Flasche umgekehrt eingemauert wurden, damit sich der Verstorbene jederzeit bedienen könne ...!

Abstecher von Gaoua

Doudou

Nur 14 km südöstlich von Gaoua liegt Doudou, das **südliche Goldschürferzentrum** des Landes. Unter einem großen Baum in der Nähe des Marktes sitzen die Goldhändler mit ihren Wagen und kaufen winzige Mengen staubförmigen Goldes an. Als Wiegemaß dienen kleine Kügelchen aus Metall und Streichholzköpfe. Die Ausbeute eines Schürfers ist allerdings gering.

Obiré

Etwa 8 km nordwestlich von Loropéni liegt das von **Ghan** besiedelte Dorf Obiré. Der Dorffetisch – eine fast le-

Lobi-Lehmburg bei Gaoua

bensgroße, sitzende Lehmfigur – kann gegen ein Entgelt von 500 CFA besichtigt werden (Fotoverbot!); interessanter sind jedoch die Gräber der Ghan-Könige etwa 1 km außerhalb des Dorfes. In strohgedeckten Lehmhäusern wurde unter einem riesigen Tamarinden-Baum für jeden der Verstorbenen eine Lehmfigur errichtet.

Diébougou

Von Gaoua besteht die Möglichkeit, auf einer Piste in Richtung Norden nach Diébougou zu fahren. Dazu muss in Gaoua links die Hauptstraße weitergefahren werden. Bei Km 7 folgt rechts ein Abzweig nach Nako, geradeaus weiterfahren. 8 km (Km 15) weiter erreicht man **Bouroum-Bouroum** mit einem schönen Markt am Freitag, davor geht nochmal ein Abzweig nach Nako. Bei Km 44 liegt der Ort **Tienkoura.** Von Km 49 bis 51 trifft man auf schöne Lobi-Lehmburgen mit Umfassungsmauer, Backofen, Türmchen und Speichern, die aber auch hier in der Gegend schon rar werden. Die Piste ist jetzt schmäler und schlechter. Nach **Bapla** wird die Gegend hügeliger, es wachsen Fächerpalmen, Baobabs und Mangos, dazwischen sind Mais-, Hirse- und Baumwollfelder, ab und zu auch Reis, angelegt. 60 km nach Gaoua erreicht man schließlich Diébougou (siehe folgende Route).

Bobo – Diébougou – Ouessa

Von Bobo nach Ouessa führt eine gute Wellblechpiste mit einigen Löchern. Man fährt durch Buschsavanne, in der Landschaft verstreut liegen viele Dörfer.

Bobo-Dioulasso in Richtung Ouaga verlassen. Km 0 bezeichnet das Tor „Bonne route" am Stadtausgang.

9 km nach Bobo befindet sich ein **Zahlschalter** *(taxe routière)*. Es muss nur für die Straße nach Ouaga bezahlt werden, nicht nach Diébougou. Hinter der Zahlstelle rechts auf eine Piste abbiegen. Man passiert einige Dörfer, die Landschaft ist geprägt von Feldern.

Bei **Km 30** erreicht man den Ort **Baré.** Hier gibt es Lebensmittel, Getränke und eine kleine Moschee.

Kurz nach dem Ort **Klésso (Km 41)** folgt eine Kreuzung: links weiter Richtung Diébougou fahren, rechts würde es nach Karankasso (9 km) und evtl. weiter nach Sidéradougou zur Piste Banfora – Gaoua gehen. In der Regenzeit endete die Piste vor Sidéradougou an einem Fluss.

Die Piste ist immer wieder von einer hübschen Allee gesäumt. Bei Km 48 und 58 folgen zwei Dörfer, die Savannenlandschaft wird etwas hügeliger und die Piste etwas löchriger.

Nach dem Ort bei Km 68 beginnt links der Straße das **Waldschutzgebiet (Forêt classé) von Dan.**

Bei **Km 82** führt eine Brücke über den Bougouriba, und das **Réserve partielle de Nabéré** (Hinweisschild) beginnt.

6 km weiter führt eine kleine Piste links in das Reservat.

Bei **Km 100** ist der Ort **Bondigui** erreicht. Am Markttag fahren von Bobo Busse bis hierher und in die umliegenden Dörfer.

Im Dorf **Nisséko (Km 109)** zweigt eine Piste rechts nach Gaoua ab.

Bei **Km 129** ist **Diébougou** erreicht.

Diébougou

Diébougou ist umgeben von Wald, eine schöne Allee führt in das Städtchen. Bevor man ins Zentrum gelangt, überquert man einen kleinen Damm mit dem Hinweis „Attention – crocodile sacrés": In einem Seerosenteich leben Krokodile. Im Ort gibt es u.a. eine B.I.B.-Bank, Tankstellen und Apotheken. In Diébougou zweigen auch die Pisten nach Gaoua und Léo ab.

In der Umgebung können die **Nationalparks Bontioli** und **Léo** besucht werden.

Unterkunft/Verpflegung

- **Auberge/Bar Diébougou**
Einfache Unterkunft mit 5 Zimmern, am Ortseingang auf der linken Seite.
- **Hotel Le Relais**
Tel. 860280, B.P. 40, 7 Zimmer.
- **Restaurants Le Maxim** und **Le Cristal**
An der Hauptstraße im Zentrum.
- **Restaurant Gao**
Am Ortsende beim Markt.
- Außerdem gibt es die gute **Boulangerie l'Orient;** im Ortszentrum hält man sich rechts, dann biegt man links ab.

Man verlässt Diébougou auf einer passablen Wellblechpiste mit Löchern in Richtung Léo.

Bei **Km 138** führt eine Brücke über den Bougouriba. 5 km danach verzweigt sich die Piste: links geht es nach Dano und Pa, rechts weiter nach Ouessa und Léo. Südlich der Straße liegt nun das **Réserve de Bontiolo.**

Bei **Km 166** kommt man im großen Ort **Dissin** an. Dort gibt es Läden und eine Tankstelle. Das Maquis La Causete ist ein gepflegtes Restaurant mit Bar und Dancing. Außerdem gibt es ein einfaches Hotel namens Ba Boole.

Bei Km 182 überquert man den Schwarzen Volta (Mouhoun), bevor bei **Km 188 Ouessa** erreicht ist.

Ouessa

Ouessa ist ein kleiner Ort an der **Grenze zu Ghana.** Es besteht die Möglichkeit von hier auf einer sehr guten Piste weiter nach Hamale in Ghana zu fahren. Ein Teil der Ausreiseformalitäten wird hier erledigt: evtl. Registrierung bei der Police und das Laissez Passer an der Douane abgeben. In Richtung Südosten geht es 5 km bis Hamale, dem Grenzposten auf der burkinischen Seite, hier erhält man den Ausreisestempel bei der Immigration (1000 CFA Trinkgeld). 2 km weiter erreicht man den ghanaischen Grenzposten (Immigration Service: Einreisestempel schnell und problemlos, Customs: Straßengebühr von 20.000 CFA für Touristen-Kfz bezahlen, Carnet stempeln).

Der burkinische Sahel

Der nördlichste Teil Burkinas befindet sich in der Sahelregion, die zu den **ärmsten Gegenden der Welt** zählt. Die Folgen der Dürrekatastrophe von 1973 sind immer noch zu spüren; zahlreiche Dörfer, weit im Norden gelegen, wurden verlassen. Der Boden ist wenig fruchtbar, in weiten Teilen gibt es aufgrund von Überweidung fast keine Vegetation mehr. Der Viehbestand hat noch nicht wieder das Ausmaß erreicht, das er vor der Dürre besaß. In der Regenzeit von Juni bis September schwemmen heftige Regengüsse – gewaltige Wassermassen, die, begleitet von Wirbelstürmen, vom Himmel stürzen – auch noch die letzte dünne Schicht Ackerboden weg. Die meisten Pisten sind während der Regenzeit für Busch-Taxis und Fahrzeuge ohne Vierrad-Antrieb nicht befahrbar. Das System der **„Barrière de pluie"** (Schlagbäume an jedem Ortsausgang) soll in der Regenzeit verhindern, dass schwere Lastwagen die Pisten ruinieren. Es gilt allgemein aber als wenig zuverlässig. Fährt man in der Regenzeit in den Sahel, so sollte man sich mit genügend Nahrungsmitteln eindecken, da zu dieser Jahreszeit in den Läden fast nichts zu finden ist.

Wollen sie auf Ihrer Fahrt einen Einblick in das alltägliche Leben der Be-

Das Mobylette – Symbol der Mobilität

wohner des Sahel bekommen, dann sollten Sie Ihre Route entsprechend den jeweiligen Markttagen festlegen (siehe jeweils bei den Ortsbeschreibungen). Denn auf den Märkten sind viele aufschlussreiche Beobachtungen über das soziale Leben anzustellen, und nicht zuletzt ziehen die Tuareg, Peuls, Bellas und Sonhay zu diesem Anlass ihre besten Gewänder an und tragen ihren schönsten Schmuck.

Nachfolgend die drei Routen, die in den Norden führen.

Ouagadougou – Dori

Der **schnellste Weg** mit der besten Verkehrsanbindung in den Sahel führt von Ouaga über die Teerstraße nach Kaya und dann weiter auf einer teilweise sehr guten Piste nach Dori. Die **270 km lange Strecke** lässt sich auch mit einem normalen PKW bequem an einem Tag bewältigen. Wenige Kilometer hinter den letzten Häusern von Ouaga kommt man an einen Polizeiposten. Hier muss auch die Straßengebühr von 200 CFA entrichtet werden. Rund 30 km hinter Ouaga erreicht man den ersten größeren Ort.

Ziniaré

Der Handwerkerort hat sich auf die Herstellung von Lederarbeiten und das Färben von Stoffen (überwiegend indigoblau) spezialisiert. Hier gibt es Lebensmittelläden, Telefon und einige Tankstellen. Im 4 km entfernten Dorf **Gouinongou** (abseits der Hauptroute) lebt der Töpfer *Fréderic Yarbenga*, der Tassen, Schalen und Teller in neuen Formen herstellt. Fährt man diese Piste noch ca. 14 km weiter nach Norden, kommt man zu dem Dorf **Zitenga,** bekannt für seine Schmieden, die sich auf die Herstellung von Lanzen, Säbeln und Pfeilen spezialisiert haben.

Weiter geht es auf der guten Teerstraße, vorbei an zahlreichen kleinen Mossi-Gehöften, durch eine fruchtbare Gegend nordwärts. Nach 107 km erreicht man Kaya. Der Ort lohnt einen Abstecher, auch wenn er etwas abseits der Hauptstraße liegt.

Kaya

Sehenswert ist im Handwerkszentrum von Kaya (Schuhmacher im Quartier Baingin, Weber und Lederwaren) der **Markt,** der alle drei Tage stattfindet. Dort werden Lederwaren in großer Auswahl und auch relativ günstig angeboten, u.a. lederbezogene Dosen und Flaschen. Im Ort gibt es außerdem mehre Tankstellen, eine Bank und ein kleines Museum. Ein hübsches Ausflugsziel ist der **Lac de Dém,** rund 15 km außerhalb an der Piste nach Kongoussi gelegen. Auf dieser Route verkehren täglich Minibusse.

Unterkunft/Verpflegung

● **Hotel Zinoogo**
Tel. 453254, B.P. 3245. Etwa 2 km südlich vom Ortszentrum. Das Hotel ist die erste Adresse am Ort und verfügt über 20 Zimmer, Satelliten-TV sowie ein sehr gutes Restaurant mit Bar. DZ mit Ventilator 7000 CFA, DZ klimatisiert 15.000 CFA.

● **Katholische Mission**
Tel. 553011. Etwa 500 m rechts an der Piste nach Kongoussi; DZ 3000 CFA.

- **Auberge Touristique**
Tel. 453152. 16 sehr einfache Zimmer ab 3500 CFA; Bar, Restaurant.
- **Restaurant La Paillote**
An der Straße nach Ouaga gelegen. Außerdem gibt es rings um den Markt mehrere Café-au-lait-Stände und kleinere afrikanische Restaurants. Dort muss man jedoch rechtzeitig zu den „Essenszeiten" erscheinen, sonst sind die Töpfe bereits leer!

Hinter Kaya geht es auf einer breiten und guten Piste weiter Richtung Dori. 24 km nach Kaya erreicht man den Ort **Pissila**. Hier gibt es einige Lebensmittelläden, eine Tankstelle und am Ortsausgang ein hübsches Cafe mit kühlem Bier und Softdrinks.

Bei **Km 39** ist **Ouanobina** erreicht. Eigentlich handelt es sich bei dem Dorf, das nicht mal auf der Karte verzeichnet ist, nur um eine paar unscheinbare Häuschen neben der Straße, aber wenn man Glück hat, kann man in dem von Mossi bewohnten Dorf Indigofärbern bei ihrer schweren Arbeit zusehen. Vom Ansetzen des Indigosuds in metertiefen Erdlöchern bis zum tagelangen Durchwalken der Stoffe von Hand, sind alle mühsamen Arbeitsschritte bis zur Fertigstellung des stark abfärbenden, typisch blauen Tuches zu beobachten.

Zwischen **Tourguri** – hier gibt es eine Tankstelle – und **Yalgo** führt die Strecke durch eine teilweise hügelige und menschenleere Landschaft. Hier werden Erze abgebaut. Immer wieder kommt man an Regenrückhaltebecken vorbei, die im Winter meist noch gut mit Wasser gefüllt sind, so auch kurz vor Yago, das 108 km nach Kaya erreicht ist.

Jago

Am Ortsausgang rechts neben der Piste befindet sich ein Pumpbrunnen, wo man evtl. Wasser auffüllen kann. Außerdem gibt es im Ort eine elf-Tankstelle, ein Telecentre und viele kleine Läden. Viele Fulbe sind hier sesshaft geworden, die dem Dorf einen speziellen Charakter verleihen. Sehenswert ist der sehr belebte farbenfrohe Markt (nicht täglich).

Nach etwa 20 km durch Hügelland erreicht man Bani.

Bani

Bani liegt in einer relativ fruchtbaren Gegend und ist vor allem durch seine **sieben Moscheen** mit sehr aufwendigen Deckengewölben aus Holz bekannt. Bani ist das Zentrum einer fundamentalistischen Sekte des Islam mit einem sehr einflussreichen Marabout. Das stark ausgeprägte „Armutsideal" dieser Sekte hat zur Folge, dass fast alle humanitären Maßnahmen, wie z.B. Impfkampagnen, boykottiert werden. Wer mehr über die Ideen des Marabouts wissen will, kann über den Führer in der Moschee ein Gespräch vereinbaren. Der Marabout nimmt kein Geld, jedoch gerne Hefte und Kugelschreiber! Auch Jugendliche bieten sich als Führer zu den Moscheen an. Es gibt mit dem **Hotel de Fofo** eine einfache Unterkunft.

Bis Dori sind es jetzt noch 36 km durch flaches Land.

Dori

Dori ist die **wichtigste Verwaltungsstadt des Nordens.** Ein großer Markt wird am Sonntag abgehalten. Falls man von Mali kommt, können hier die Einreiseformalitäten erledigt werden. Es gibt viele kleine Läden, eine Apotheke, eine Bank und verschiedene Tankstellen und Werkstätten. Wer weiter nach Gorom-Gorom will (s.u.), fährt die ersten Kilometer auf der Piste Richtung Ouahigouya und biegt nach dem Ortsende rechts ab. Nach 7 km folgt eine weitere Abzweigung links. Bei Trockenzeit und vorsichtiger Fahrweise lassen sich die 48 km bis Gorom-Gorom auch mit einem normalen PKW bewältigen.

Unterkunft

- **Hotel Oasis du Sahel**
Tel. 660329, östlich vom Zentrum gelegen, bestes Haus am Ort mit Bar/Restaurant. DZ 15.000 CFA.
- **Hotel Le Bon-bon**
Tel. 660044, ca. 500 m östlich vom Markt; klein, freundlich und preiswert.
- **Auberge Populaire**
Nördlich vom Markt, sehr einfach, ca. 2000 CFA/Person.

Oaugadougou – Ouahigouya – Dori

Die **181 km** von Quaga nach Ouahigouya sind geteert, weiter nach Dori geht es auf einer guten, breiten Piste.

Ouahigouya

Die viertgrößte Stadt des Landes liegt etwa 180 km nördlich von Ouaga direkt auf der Strecke ins Dogon-Land (Mali). Sie hat wie alle modernen sahelischen Städte keine besondere Atmosphäre. Sehenswürdigkeiten sind außer dem Markt und dem Haus des Naba Kango aus der Zeit des Yatenga-Königreiches  (s.a. Land und Leute/Geschichte) nicht zu erwähnen. Reizvoll ist der Stausee im Norden, wenn frühmorgens die Fischer ihre Netze auswerfen.

Unterkunft

- **Hotel Dunia**
Tel. 550595, Nähe Hospital, Richtung Dori, DZ mit Air-Condition 15.000 CFA.
- **Hotel de l'Amitié**
Tel. 550521, Mittelklasse-Hotel an der Straße Richtung Mali, 25 Zimmer (7000 CFA), Bar/Restaurant.
- **Hotel Colibri**
Tel. 550572, DZ ab 6500 CFA.
- **Hotel Tahiti**
Tel. 550309, Einfach und sauber, DZ ab 4000 CFA, kein Restaurant.
- **Pension de Recuiel (Paul's Bar)**
Bar, saubere DZ ab 4000 CFA.
- **Groupement Naam**
Etwas außerhalb der Stadt gelegen, jedes Kind weiß den Weg. Übernachtung im tortoirre mit Frühstück ca. 2000 CFA, Duschen mit fließendem Wasser, dürftige Toiletten.

In der Nähe befindet sich das **„Maison de la femme"**, ein interessantes Projekt, wozu auch ein kleines gemütliches Restaurant gehört (afrik. Küche, billig). Tagsüber kann man die Frauen besuchen, ein Tipp sind getrocknete Mangos, die sie herstellen.

Verkehrsverbindungen

Die Stadt ist bequem mit Überland-Bussen zu erreichen, aber auch mit Busch-Taxis (von Ouaga, Quartier Widin). Der Anschluss nach Koro (Mali) ist nicht so einfach, während der Regenzeit ist die Strecke ab der Grenze unpassierbar, ansonsten kann man mit einem Fahrzeug pro Tag rechnen. Gelegentlich hat man auch die Chance, mit einem Lastwagen mitgenommen zu werden. Dagegen wird Dori regelmäßig mit Bussen angefahren.

Ouahigouya wird auf der Piste R 22 in Richtung Djibo verlassen. Nach ca. 43 km ist das Dorf **Titao** erreicht. Hier können Lebensmittel und Treibstoff erworben werden. Nach etwa 66 weiteren Kilometern passiert man den Ort **Djibo** (siehe auch Route Quaga – Djibo). Bis Dori ist die Landschaft nun sehr reizvoll.

Ca. **90 km nach Djibo** folgt der Ort **Aribinda**.

Aribinda

Aribinda ist ein hübsch zwischen Granitfelsen und -hügeln gelegener Ort. Man kann sich dort in kleinen Läden mit Lebensmitteln versorgen. Von der Polizeistation in Aribinda kann man nach Südosten etwa 1 km zu einigen kleinen Gehöften am Fuße ausgedehnter Granitplatten fahren. Von dort aus wird man zu vorgeschichtlichen **Felsgravuren** auf den Granitplatten geführt. Sehr schöne Darstellungen von Reitern, Gazellen, Pferden, und angebliche Fußabdrücke von „Urmenschen" sind zu bestaunen.

Von Aribinda besteht auch die Möglichkeit, auf einer Piste nach Déou und eventuell weiter ins Nachbarland Mali zu fahren.

Abstecher nach Déou

Von Aribinda führt eine in der Regenzeit stellenweise verschlammte Piste mit vielen Rillen nach Déou (55 km). Déou ist ein kleines verschlafenes Nest, in dem man selbst die Beamten der Gendarmerie (von Aribinda kommend am Ortseingang) und des Zolls (hinter dem Ort rechts) erst aus dem Tiefschlaf wecken muss, falls man nach Mali aus- oder nach Burkina einreisen will. Samstags findet hier ein sehenswerter Wochenmarkt statt.

Aribinda auf hervorragender Piste in Richtung Dori verlassen.

Bei **Km 13** nach Aribinda erreicht man den Ort **Boukouma**. Hinter dem Ort führt die Piste über eine Staustufe. In der Regenzeit ist dort ein hübscher, kleiner Stausee, bedeckt von Seerosen. Am Rand des Sees gibt es Reisfelder.

Weiter führt die Strecke durch z.T. karge Sahellandschaft mit Dornbüschen, Baobabs und Hirsefeldern. Bei den betonierten Furten wird in der Regenzeit Reis angebaut.

Bei **Km 45** passiert man den Ort Goradji (keine Versorgungsmöglichkeit), bei Km 69 führt die Piste erneut über eine Staustufe.

Vor **Yakouta** bildet sich in der Regenzeit links der Piste geradezu ein Seerosenmeer zwischen Hirsefeldern und Palmen. Kurz vor dem kleinen Dorf, bei **Km 89,** wird der Fluss Feildégassé überquert (wenig Wasser).

Über einen Damm – links und rechts der Piste ist Überschwemmungsgebiet – fährt man nach **Dori,** das bei **Km 101** erreicht ist (Ortsbeschreibung s.o.).

Gorom-Gorom

Einer der größeren Orte im burkinischen Sahel ist Gorom-Gorom, ca. 50 km von Dori entfernt. Das pittoreske alte Viertel von Gorom-Gorom ist ein wahres Labyrinth aus **Lehmhäusern und Moscheen.** Jeden Donnerstag findet hier **einer der faszinierendsten Märkte des Sahel** statt, der ab 11 Uhr

erst richtig lebendig wird. Außer Lebensmitteln findet man auf dem Markt eine reiche Auswahl an Handwerksprodukten: gewebte Stoffe, Lederarbeiten, Ketten aus gebranntem Ton u.v.m.

Etwas abseits befindet sich der **Viehmarkt:** Interessant ist dieser Markt vor allem als **Treffpunkt der vielen Ethnien,** die in der Gegend leben. (Man sieht Fulbe-Frauen mit Zöpfen, verziert mit bunten Perlen.) Andere sind mit weiten, blauen Gewändern bekleidet, dazu kommen bunte Tücher und riesige Ohrgehänge. Die Frauen der Bella dagegen tragen weite Gewänder in gedämpften Farben, grau oder schwarz, zusammengehalten mit großen Gürteln; außerdem erkennt man sie an ihren relativ schlichten Frisuren. Die Bella waren lange Zeit Sklaven der Tuareg,

und es ist nicht selten, dass ein „Freigelassener" einen langen Weg zurücklegt, um seinen ehemaligen „Patron" um die Heiratserlaubnis zu bitten. Die Tuareg selbst erscheinen meist stolz auf ihrem Kamel reitend und mit verziertem Schwert bewaffnet. Am Marktplatz gibt es mehrere Läden und Garküchen. Eine Frauen-Kooperative fertigt hübsche Lederwaren in einem Centre d'Artisanat.

Vorsicht! Auf dem Markt versuchen Kinder mit ihren flinken Händen zu klauen! Auch Fremdenführer sind sehr aufdringlich.

Kamelmarkt in Gorom-Gorom

Unterkunft

- **Auberge Populaire**
Tel. 660418. Einfache Bungalows in traditioneller Lehmbauweise in unmittelbarer Nähe eines heiligen Felsens gelegen; mit Sonnenenergie betrieben, Bungalow. 6000 CFA.
- **Campement Le Point**
Tel. 660144. Einfaches Campement in Lehmbauweise mit Bar/Restaurant, östlich des Ortszentrums gelegen. DZ 6500 CFA.

Abstecher von Gorom-Gorom

Oursi

Oursi liegt gut 40 km nordwestlich von Gorom-Gorom und ist auf einer Buschpiste (z.T. Sandlöcher!) mit einem Allrad-Fahrzeug in etwa 1 Std. zu erreichen. Ein sehenswerter Markt wird am Sonntag abgehalten. Erreichbar ist der Ort mit Taxi brousse (Abfahrt frühmorgens am Marktplatz in Gorom-Gorom).

Sehenswert sind (bzw. waren) der **Lac d'Oursi** (seit dem Jahr 1993 ausgetrocknet) sowie die rote **Sanddüne**, die den Vormarsch der Wüste veranschaulicht – die große Wanderdüne ist dabei, den See gänzlich zu verschütten! Der Sonnenuntergang in den Dünen ist besonders für romantische Seelen zu empfehlen!

Gandafabou

Gandafabou liegt 30 km westlich von Oursi am Schnittpunkt zweier Pisten. Der Flecken wäre kaum erwähnenswert, gäbe es dort nicht das **Tuareg-Campement Egef** von *Rissa Agali*. Genächtigt wird in Tuareg-Hütten zwischen einer Sanddüne und einem Flussbett. Der Besitzer organisiert u.a. Dromedar-Ausflüge. Verpflegung wie frisches Gemüse oder Mineralwasser muss mitgebracht werden. Kontakt über das Restaurant Egef in Gorom-Gorom, beim Ortseingang links. Über das Restaurant kann auch der Transport zum eigentlichen Campement organisiert werden.

Markoy

Auf einer anderen Buschpiste mit vielen Sandlöchern kommt man von Gorom-Gorom nach rund 40 km nach Markoy, wo jeden Montag ein bedeutender **Kamel-Markt** des Sahel abgehalten wird; Busch-Taxis verkehren ab Gorom-Gorom.

Weitere sehenswerte Sahelmärkte können in **Tin Akoff** (Mi) und in **Tassamakat** (Mo) besucht werden.

Ouagadougou – Djibo

Der **kürzeste Weg in den Sahel** führt von Ouagadougou über Kongoussi nach Djibo. Doch die **205 km lange Piste** hat es in sich: Teilweise extremes Wellblech und viele gefährliche Löcher erfordern hohe Konzentration. In der Regenzeit ist ein sicheres Fortkommen nur mit dem Allrad-Fahrzeug möglich. Für die Mühen entschädigt die sehenswerte Gegend rund um Kongoussi und der Lac de Bam.

Nachdem man die Vororte von Ouaga passiert hat, kommt man durch das Siedlungsgebiet der Mossi mit ihren typischen Döfern. Immer wieder sorgen Regenrückhaltebecken für Abwechslung. Nach 79 km erreicht man den Marktflecken **Malou,** wo sich die Piste von Kaya nach Yagou kreuzt. Nach Erreichen des Dorfes **Sabou** bei Km 93 wird die Landschaft durch zahlreiche Berge geprägt.

Nach 108 km ist die **Provinzhauptstadt Kongoussi** erreicht.

Kongoussi

Der aufstebende Ort verdankt seine Bedeutung vor allem dem **Gemüseanbau.** So werden u.a. die hier angebauten Bohnen direkt per Luftfracht nach Paris verschickt. Der Ort verfügt über alle Versorgungsmöglichkeiten. Sehenswert ist der **Lac de Bam,** der an seinem Südufer fast bis an die Stadtgrenze reicht.

Unterkunft

- **Hotel le Major**
Tel. 457486. Einfaches, sauberes Hotel mit Bar, aber ohne Restaurant, gegenüber dem großen Markt am Rond Point gelegen. DZ ab 4500 CFA.
- **Hotel du Lac**
Tel. 457175. Hotel mit Bar/Restaurant, etwas versteckt südöstlich vom Ortszentrum gelegen. DZ ab 7000 CFA.

einfache Restos stehen zur Verfügung. **Übernachten** kann man im einfachen Hotel Massa (3500 CFA) und in einem kommunalen Gästehaus am südlichen Ortseingang.

Von Kongoussi bis Djibo sind es 97 km auf einer halbwegs passablen Allwetterpiste. Die Landschaft ist auf der ersten Hälfte sehr abwechslungsreich, später kaum noch bevölkert. Bei Djibo erreicht man die vorher beschriebene Route Ouahigouya – Dori.

Djibo

Die kleine, schmutzige **Garnisonsstadt** wirkt wie der letzte Vorposten vor der Wüste. Tatsächlich deckt sich hier die Bevölkerung aus dem Sahel mit den Dingen ein, die es im Outback nicht gibt. Eine Tankstelle und zwei, drei sehr

Senegal

von Thomas Baur

Mit der Piroge im Sine Saloum-Delta

Fliegende Händler bei einem Busstopp in der Provinz

St. Louis

Landeskundliche Informationen

Geografie

Die Republik Senegal liegt an der Westspitze des afrikanischen Kontinents. Der Grenzfluss zu Mauretanien im Norden ist der 1430 km lange Senegal-Strom, zu Mali im Osten dessen Nebenfluss Falémé. Im Süden grenzt Senegal an Guinea und die ehemalige portugiesische Kolonie Guinea-Bissau, im Westen begrenzt der atlantische Ozean das Staatsgebiet.

Der größte Teil des Landes ist weitgehend eben; im Südosten reichen Ausläufer des Fouta Djalon nach Senegal hinein. Die etwa **500 km lange Küste** im Westen – mit ihren kilometerlangen Sandstränden – ist im Mündungsgebiet des Sine-Saloum und des Casamance-Flusses stark, nördlich des Cap Vert dagegen kaum gegliedert. Die dem Hafen Dakar vorgelagerte **Insel Gorée** diente einst als Umschlagsplatz für den Sklavenhandel.

Die zeitweilig mit Senegal konföderierte **Enklave Gambia** (entlang des Gambia-Flusses) reicht im Süden gut 400 km tief in das Staatsgebiet Senegals hinein und trennt den südlichen Teil Senegals, die **Casamance,** weitgehend vom übrigen Teil des Landes ab. Der größte Teil Senegals liegt in der Sahelzone und war in den letzten Jahrzehnten mehrmals von z.T. katastrophalen Dürren betroffen.

Der 1700 km lange **Senegal-Strom,** der südlich von St. Louis ins Meer mündet, stellt seit alten Zeiten eine der wichtigsten Verkehrsverbindungen ins Innere des Kontinents dar; er ist das ganze Jahr bis nach Podor schiffbar. Seine Flussniederungen zählen zu den fruchtbarsten Gegenden des Landes, da in der Regenzeit Überschwemmungsfeldbau möglich ist; es werden Reis, Mais, Sorghumhirse und Zuckerrohr angebaut.

Der nördliche Teil des Landes liegt in der Sahelregion; die trockene **Ferlo-Savanne** bedeckt über ein Drittel des Staatsgebietes und wird von den Rinder züchtenden Nomaden als Weidegrund benützt.

Die mittleren jährlichen **Niederschlagsmengen** nehmen von Norden nach Süden zu. Im Süden fallen durchschnittlich ca. 900–1300 mm Niederschlag, nördlich von Gambia ist bei starken Schwankungen nur noch mit 300–900 mm zu rechnen.

Beste Reisezeit sind die Monate **Dezember bis Mai,** wenn die Temperaturen zwischen 16 und 34°C liegen; Hauptreisezeit ist zu den Weihnachts- und Osterferien.

Klima

Im Senegal herrscht **randtropisches Klima** mit zwei Jahreszeiten: der **Trockenzeit** von November bis Mai und der **Regenzeit** von Juni bis Oktober; im Norden sind es meist nur drei Monate.

Die höchsten mittleren **Temperaturen** (über 30°C) herrschen vor allem im Landesinneren und im Süden, kurz vor und nach der Regenzeit (April bis Juni und Oktober). An der Küste liegen die Temperaturen von Oktober bis März bei ca. 22°C, die Wassertemperaturen bewegen sich zwischen 20 und 24°C. An der Mündung des Senegal-Flusses können die Temperaturen nachts bis zum Gefrierpunkt sinken, wie eine Kältewelle im Jahr 2000 zeigte, die zahlreiche Opfer unter Menschen und Tieren forderte.

Der **Harmattan** bringt in den Wintermonaten von der Sahara feinen Sandstaub mit, während an der Küste ständig warme, feuchte Winde vom Meer her wehen.

Tier- und Pflanzenwelt

Entsprechend den jährlichen Niederschlägen ist in den verschiedenen Regionen des Landes eine für die jeweiligen klimatischen Bedingungen typische Vegetation anzutreffen: im Norden wüstenähnliche **Dornbuschsavanne,** im Inneren des Landes **Trockensavanne** mit spärlichem Graswuchs, Akazien und dem charakteristischen Baobab (Affenbrotbaum).

Südlich daran anschließend nimmt der Baumbestand zu: Tamarinden-, Flamboyant- und Kapokbäume sowie hohe Gräser prägen das Landschaftsbild. Entlang der Bahnlinie Dakar – Tambacounda wird intensiv Erdnussanbau betrieben. Südlich des Gambia River entspricht die Vegetation aufgrund der stärkeren Niederschläge eher dem guineischen **Feuchtwald.** Vor allem in der Casamance ist nach der Regenzeit eine üppige tropische Vegetation anzutreffen; hier wird auch Reis angebaut. In

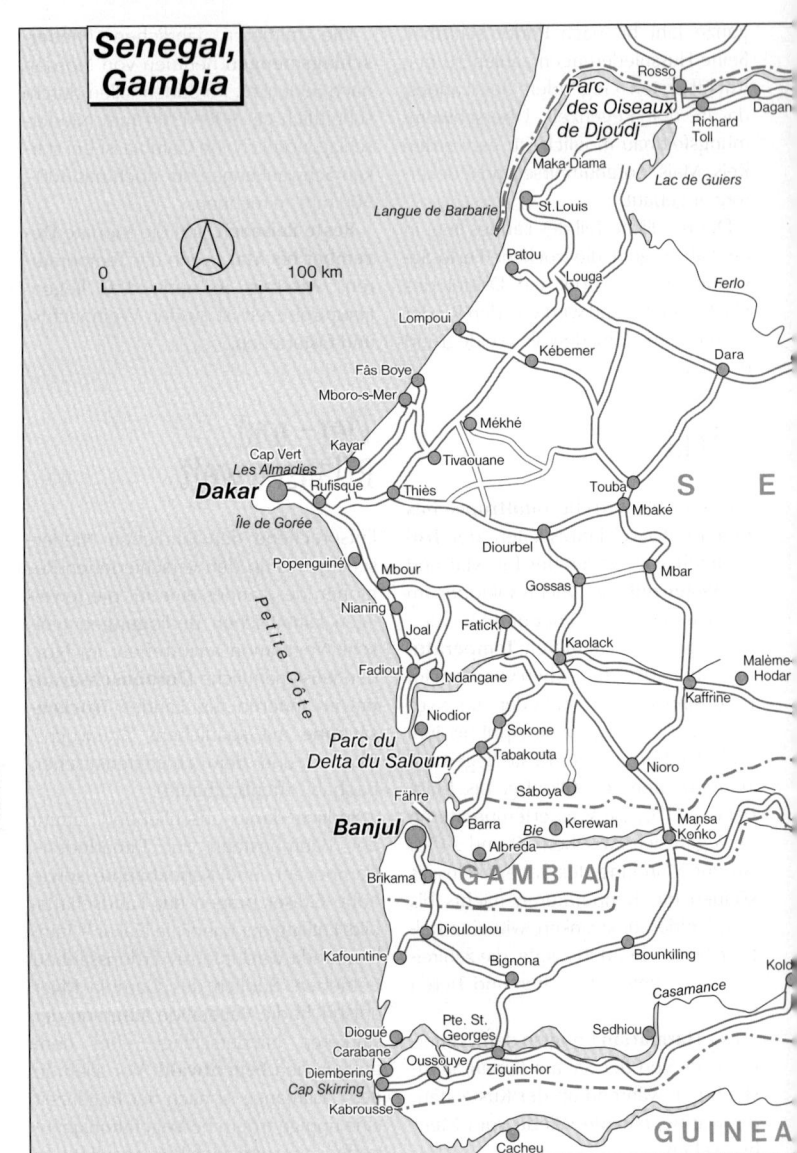

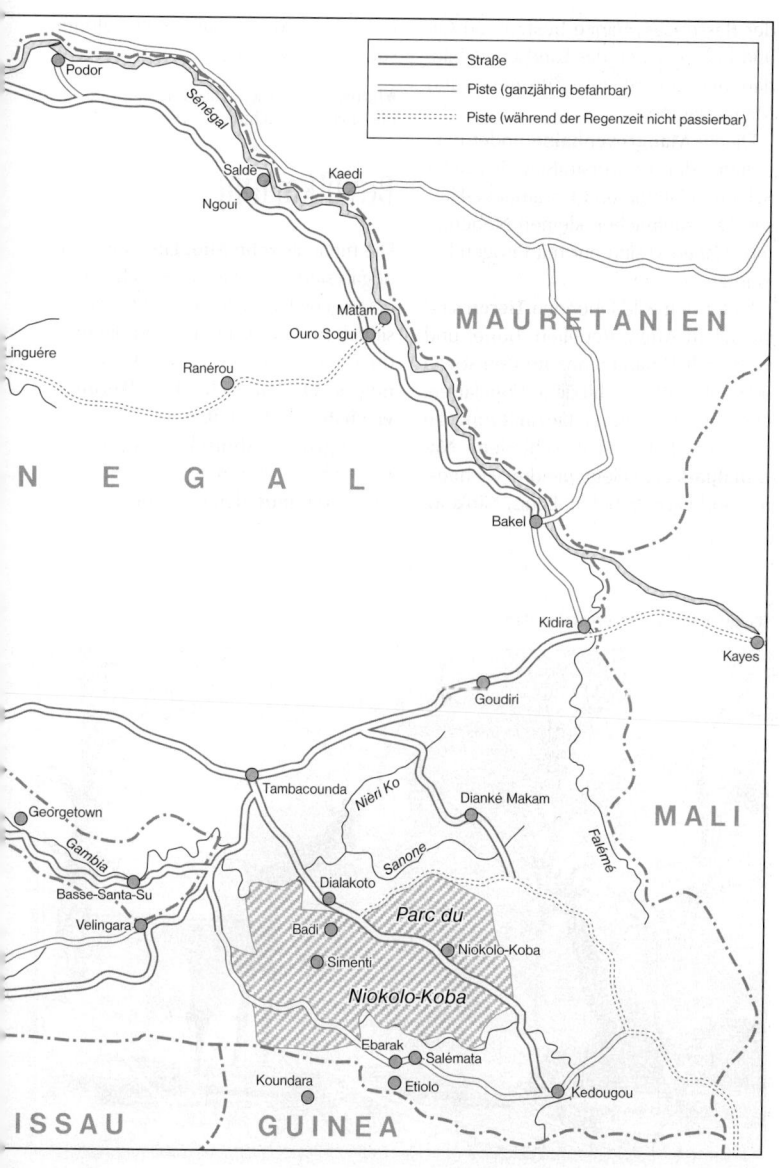

der Basse Casamance bestimmen Öl- und Kokospalmen das Landschaftsbild, daneben Orangen-, Zitronen- und Mangobäume.

Dichte **Mangrovenhaine** findet man entlang der Wasserstraßen des Sine-Saloum, Gambia und Casamance-Flusses. Die zahlreichen kleinen Nebenarme *(Marigots)* sind nur mit Pirogen befahrbar.

Unter den wild lebenden **Tieren** sind vor allem Affen, Reptilien, Büffel und vereinzelt Elefanten anzutreffen sowie mehr als 400 verschiedene Vogelarten. Um sie vor weiterer Dezimierung zu schützen, hat man verschiedene **Nationalparks** angelegt; die drei wichtigsten sind Djoudji bei St. Louis, Niokolo-Koba im Südosten und Sine-Saloum, südlich von Kaolack.

●**Infos:** www.au-senegal.com/decouvrir/oiseau.htm

Bevölkerung

Die mehr als **zehn Mio. Einwohner** Senegals sind sehr unterschiedlich auf das Staatsgebiet verteilt; am dichtesten besiedelt sind das Cap Vert und die Region Thiès, am dünnsten der Osten Senegals. Das jährliche **Bevölkerungswachstum** beträgt **über 3%**.

Die **größte ethnische Gruppe** sind mit mehr als 40% der Gesamtbevölkerung die **Wolof,** deren Hauptsiedlungs-

Giraffen im Wildreservat von Bandia

raum im Nordwesten des Landes liegt. Sie sind aber nicht nur zahlenmäßig, sondern auch politisch die dominierende Ethnie. Andere **wichtige Ethnien** sind die Sérèr (ca. 15%) im südlichen Sine-Saloum-Gebiet, die Lebu im Gebiet des Cap Vert, die Toukouleur (ca. 10%) am Senegalfluss sowie die Mandingo und die Diola (oder Jola) in der Casamance (je ca. 5%). Die Fulbe (ca. 23%) leben über das ganze Land verteilt als Vieh züchtende Nomaden. Zu einer der interessantesten Minderheiten im südöstlichen Senegal zählen die Bassari, ein noch weitgehend nach alten animistischen Traditionen lebendes Volk.

Die Zahl der im Senegal lebenden Ausländer, vorwiegend **Franzosen,** beträgt etwa 40.000.

● **Infos:** www.ethnologue.com/country_index.asp

Sprache

Amtssprache ist Französisch. Aber die landesweit am meisten gesprochene Sprache ist **Wolof,** das rund 80% der Bürger verstehen. Darüber hinaus werden von den einzelnen ethnischen Gruppierungen verschiedene Sprachen und Dialekte gesprochen.

● **Infos:** www.wolofonline.com/

> **Buchtipp:**
> ● Michael Franke
> **Wolof für den Senegal**
> (REISE KNOW-HOW
> Kauderwelsch, Band 89)

Religion

Über 90% der Bevölkerung bekennen sich zum **Islam,** etwa 5% zum Christentum, der Rest sind Anhänger von traditionellen afrikanischen Naturreligionen.

Im Senegal (sowie in Gambia) sind fast alle Moslems in **islamischen Bruderschaften** organisiert. Einflussreichste Bruderschaft ist im Senegal die der **Mouriden,** deren derzeitiger Chef-Marabout, *Saliou Mbakke,* von seinen Anhängern ähnlich stark verehrt wird wie der Papst von den Katholiken. In **Touba** (Region Djourbel) befindet sich das religiöse Zentrum der Mouriden. Begründer dieser Bruderschaft ist *Amadou Bamba.* Ihm zu Ehren wurde in den 1950er Jahren eine Moschee erbaut (die größte Schwarzafrikas!), die heute als Wallfahrtsort dient. Den Schriftzug Touba sowie Inshallah! (= So Gott will) findet man auf fast allen Busch-Taxis des Landes. Die größte Bruderschaft sind jedoch (im Vergleich zu 35% bei den Mouriden) mit 50% die Tidjania. Die beiden anderen Bruderschaften im Senegal, Quadiriya und Layènne, sind nur regional von Bedeutung.

Geschichte und Politik

In vorkolonialer Zeit (11.–15. Jh.) gab es in dieser Gegend einige bedeutende afrikanische Reiche, wie das der Tekrur und das Djolof-Reich; der Verfall dieser Königreiche begann im 16. Jh.

Im 15. Jh. landeten die ersten **Portugiesen** an der senegalesischen Küste,

Sufis im Senegal

Im Senegal hat der Islam ein anderes Gesicht, als man es vom Maghreb oder dem Nahen Osten kennt. Frauen mit Kopftüchern sieht man nur vereinzelt, der Gesichtsschleier ist so gut wie unbekannt. Und Alkohol ist praktisch überall erhältlich. Rund 90% der Senegalesen bekennen sich zum Islam, aber es ist nicht die puritanische Glaubensrichtung der Wahhabiten, wie etwa in Saudi-Arabien, sondern es sind vorwiegend Anhänger von Sufi-Bruderschaften, von denen es im Senegal ein halbes Dutzend gibt. Die beiden wichtigsten sind die **Mouriden** und **Tijaniden.** Die etwas strenggläubigeren Tijaniden, deren geistiges Zentrum in Tivaouane angesiedelt ist, sind in der Mehrzahl, doch ihre religiösen Führer sind heillos zerstritten. Die Mouriden dagegen sind straff organisiert und üben mit ihrer geradezu protestantisch anmutenden Arbeitsethik einen weit größeren Einfluss aus, sowohl wirtschaftlich als auch politisch.

Das arabische Wort „Mourid" bedeutet nichts anderes, als sich dem Willen eines Meisters unter völliger Hingabe seiner selbst zu unterwerfen: „Wie eine Leiche in den Händen des Leichenwäschers", lehrte *Amadou Bamba Mbacke*, legendärer Begründer der Bruderschaft, die heute in Touba residiert. Sieben Jahre, sieben Monate und sieben Tage verbrachte er im Exil in Gabun. Die Verbannung durch die Franzosen machte aus dem heiligen Mann einen Volkshelden. „Ich wurde wie die Sonne", schrieb er. Das heißt: erleuchtet von Gott. Dass die Lehren des 1927 verstorbenen Sufi-Heiligen auch eingehalten werden, darüber wachen die Baay-fall, die Sittenwächter der Mouriden. Mit ihren wilden Rastafrisuren, der bunten Flickenkutte und einer Furcht erregenden Holzkeule ähneln sie mittelalterlichen Derwischen.

Der Islam kam zwar relativ früh über die Sahara nach Westafrika, doch blieb er lange Zeit die Religion der herrschenden Klasse. Erst im 19. Jh., unter der französischen Kolonialmacht, breitete sich der Islam auch im Volk aus. Es waren die **Marabouts,** wie die Sufi-Scheiche in Westafrika genannt werden, die die Lehre des Propheten Mohammed in die senegalesische Savanne trugen. In mystischer Form vermochte der Islam die traditionellen Kulte und Zeremonien der Animisten aufzunehmen. Aus Medizinmännern und Zauberern wurden Scheichs und Marabouts, aus dörflichen Solidargemeinschaften mystische Orden. Doch wer etwas genauer hinsieht, wird feststellen, dass manche der alten Bräuche durchaus lebendig sind. Oft verschwimmen die Grenzen zwischen Diesseits und Jenseits. Und nicht nur tief im Busch und in den heiligen Hainen scheint der Glaube an die Macht der Fetische und Gris-Gris ungebrochen. Selbst die senegalesische Nationalmannschaft vertraute bei der Fußball-WM in Japan und Korea auf Zauberei. Nur so war es möglich, Frankreich zu besiegen, wird ein Fußballer zitiert. „Das ist Synkretismus par excellence", kritisiert ein senegalesischer Islamwissenschaftler.

Weit entfernt von der reinen Lehre des Islam und seinem Bilderverbot erscheint auch der **Kult um Amadou Bamba Mbacke.** Sein Portrait findet sich an unzähligen Häuserwänden, Taxifahrer kleben es sich an die Windschutzscheibe, selbst in der virtuellen Welt des Internets ist der charismatische Scheich mit dem weißen Boubou präsent. Gleiches gilt für *Serigne Saleou Mbacke,* den derzeit mächtigsten Führer der Mouriden-Bruderschaft.

Informationen:
- www.touba-internet.com
- www.sites-medissacana.sn/touba

gefolgt von Holländern, Franzosen und Engländern. Ab dem 17. Jh. kam es zu französischen Niederlassungen und zur **Gründung von St. Louis** durch die **Franzosen** im Jahre 1659. Im Laufe der Zeit dehnten sie ihre Kolonialherrschaft immer weiter aus; 1895 wird Dakar zur Hauptstadt des gesamten Frz.-Westafrika. 1916 erhalten die Einwohner von Dakar, St. Louis, Gorée und Rufisque die französische Staatsbürgerschaft.

Seit 1843 ist Senegal durch einen weißen senegalesischen Abgeordneten in der französischen Nationalversammlung vertreten, seit 1914 erstmals durch den Afrikaner *Blaise Diagne*.

1958 wird Senegal autonome Republik innerhalb der französischen Gemeinschaft und bildet ein Jahr später mit Franz. Sudan, Obervolta (heutiges Burkina Faso) und Dahomey (heutige Republik Benin) die Mali-Föderation. **1960** erlangt Senegal die volle **Unabhängigkeit.**

Léopold Sédar Senghor, Studienrat, Dichter, Philosoph und seit 1946 Abgeordneter in der französischen Nationalversammlung, wird im Jahre 1962 (nach dem Sturz *Dias*) Präsident und Regierungschef der Republik Senegal. Im Rahmen der von *Aimé Cesaire* ins Leben gerufenen **„Négritude"-Bewegung** setzte er sich u.a. auch mit seiner Dichtung entscheidend für eine Verbesserung der Lebenssituation der Bevölkerung Afrikas ein und hat mit seiner Betonung der traditionellen Werte und der afrikanischen Geschichte entscheidend zu einem neuen kulturellen Selbstbewusstsein der Afrikaner beigetragen. Im Jahre 1968 wird ihm der Friedenspreis des Deutschen Buchhandels verliehen.

Von 1960–1978 wird *Senghor* viermal zum Präsidenten wiedergewählt; zum Jahreswechsel 1980/81 tritt er aus Altersgründen freiwillig zurück; er ist der erste afrikanische Staatsmann, der auf diese Weise sein Amt niederlegte.

Nachfolger wird der bisherige Ministerpräsident **Abdou Diouf,** der sich für eine stärkere Liberalisierung des politischen Systems einsetzt. Dies bedeutete auch, dass die Beschränkung auf drei, später vier Parteien unter Senghor wesentlich gelockert wurde, so dass es 1985 bereits 16 verschiedene politische Parteien gab. Seit dem Machtantritt Dioufs begann auch eine realistischere Auseinandersetzung nicht nur mit den politischen, sondern auch mit sozioökonomischen und kulturellen Problemen des Landes.

Nur eine kurze Episode war die 1982 mit dem Nachbarland Gambia beschlossene **Konföderation „Senegambia"** mit dem Ziel einer Wirtschafts- und Währungsunion. Denn trotz aller Bemühungen um eine Annäherung der beiden Staaten, erwiesen sich sprachliche und wirtschaftlichen Gegensätze, bedingt durch die unterschiedliche historischen Entwicklung, als letztlich unüberbrückbar. Auf Initiative *Dioufs* wurde die Konföderation 1989 wieder aufgelöst. Seither ist das Verhältnis zwischen den beiden Staaten von Spannungen geprägt.

Im gleichen Jahr sorgte ein Konflikt mit dem nördlichen Nachbarn Mauretanien für internationale Schlagzeilen. Auslöser war der Streit um Weideland auf beiden Ufern des Senegal Flusses. Die Krise eskalierte in einen **regelrechten Grenzkrieg** bis hin zu blutigen Progromen in Dakar und Nouakchott, die sich gegen Angehörige der jeweils anderen Volksgruppe richteten. Hunderte starben, und zehntausende Menschen wurden vertrieben. Erst auf diplomatischen Druck Frankreichs normalisierte sich die Lage wieder; die Grenze blieb aber bis 1992 geschlossen

Im Rahmen seiner **Anti-Korruptions-Politik** räumte *Diouf* auch im eigenen Kabinett auf, wodurch seine Popularität anfänglich stieg. Er wurde sowohl 1983 als auch 1988 und 1993 in seinem Amt bestätigt. Laut damaligen Presseberichten lief zwar nicht alles ganz geregelt ab, Einfluss auf das Wahlergebnis soll dies jedoch nicht gehabt haben. Im Zusammenhang mit dem Anschlag auf den Vizepräsidenten des Verfassungsrates am 15. Mai 1993, dessen fünf Mitglieder bis zum 24. Mai 1993 die Ergebnisse der Parlamentswahl bestätigt haben müssen, wurden laut Presseberichten führende oppositionelle Politiker, u.a. der Generalsekretär der wichtigsten oppositionellen Demokratischen Partei Senegals (PDS), **Aboulaye Wade,** und zugleich wichtigster Gegner des amtierenden Staatspräsidenten *Diouf*, in Dakar festgenommen; *Wade* war bereits im Jahr 1988 zusammen mit anderen Oppositionsführern festgenommen worden, als sie Zweifel an dem Wahlsieg *Dioufs* geäußert hatten. *Wade* wurde ein weiteres Mal nach blutigen Unruhen im Gefolge der CFA-Abwertung im Februar 1994 inhaftiert und erst im Juli wieder freigelassen; die Anklage gegen ihn und fünf andere Oppositionsführer wurde fallengelasssen. *Wade* ging ins Exil nach Frankreich, um sich dort auf die Präsidentschaftswahl Anfang 2000 vorzubereiten. Nach seiner von der Bevölkerung begeistert gefeierten Rückkehr stellte sich der „ewige Zweite" an die Spitze einer aus 18 Oppositionsparteien gebildeten Dachgruppe **„Front für den Wechsel"**. Der von blutigen Auseinandersetzungen geprägte Wahlkampf fand unter der Marschroute „Hauptsache gegen *Diouf*" statt. Gleichzeitig machten Gerüchte über einen Militärputsch nach dem Vorbild der Elfenbeinküste die Runde. Die beiden Wahlgänge verliefen dann aber überraschend friedlich. Und anders als in der Vergangenheit hatten die religiösen Führer diesmal keine Empfehlung für einen der Kandidaten ausgesprochen. Am 20. März, noch vor der Bekanntgabe des amtlichen Wahlergebnisses, räumte *Abdou Diouf* seine Niederlage ein. *Diof* wurde übrigens 2002 zum Generalsekretär der Frankophonie ernannt. Der von vielen Vorschusslorbeeren begleitete Start in die Nach-Diouf-Ära begann Anfang April 2000 mit einem gewaltigen Fest im Nationalstation von Dakar, wo sich *Wade*, der „Papa des Wandels", von 70.000, zumeist jugendlichen, Anhängern feiern ließ.

An der Spitze des Staates und der Regierung steht der **Präsident** der Republik. Er wird alle fünf Jahre vom Volk gewählt und bestimmt die Politik der Regierung. Er ernennt die Minister, die nicht dem Parlament, sondern ihm verantwortlich sind; er ist außerdem Ober-

Abdoulaye Wade –
im fünften Anlauf zum Präsidenten gewählt

„Mein wichtigstes Ziel war immer, den Senegal von diesem System zu befreien", erklärte der 73-jährige *Abdoulaye Wade* nach seinem historischen Sieg am 19. März 2000. Zur gleichen Zeit lagen sich in Dakar die Menschen in den Armen und skandierten „Sopi", das Wolof-Wort für Wandel. Gewählt wurde Wade von der Jugend, den Städtern und den Frauen. Tradition und Moderne sind für ihn, der den Begriff Opposition wie wenige andere Politiker Westafrikas verkörpert, kein Widerspruch. Wade gehörte zur ersten Generation afrikanischer Intellektueller, die in Französisch-Westafrika studierten. Nach seinem Lehrerdiplom widmete er sich der Mathematik und Volkswirtschaft. Anschließend wurde er Juraprofessor in Dakar. Er ist mit einer Französin verheiratet, Mitglied der Französischen Ehrenlegion und bekennt sich zur Bruderschaft der Mouriden. Trotz seines Alters wurde er zu Kultfigur der arbeitslosen Jugend. Senegalesische Journalisten nannten ihn den „Präsidenten der öffentlichen Straßen".

Zwei Jahre später ist die allgemeine Begeisterung verflogen. Sein Versprechen, den Senegal aus der Lethargie zu führen, hat Wade jedenfalls nicht einlösen können. Viel lieber sonnt er sich im Prestigegewinn seiner vielfältigen außenpolitischen Aktivitäten: Genannt seien der Händedruck mit *George W. Bush* beim G-8-Gipel in Kanada 2002, seine Vermittlerrolle bei innerafrikanischen Konflikten, die Senegal zur Regionalmacht Westafrikas machen sollen, oder die Führungsrolle bei Nepad, der „Neuen Partnerschaft für Afrikas Entwicklung", die Senegal künftig einen privilegierten Zugang bei der Entwicklungszusammenarbeit mit westlichen Geberländern sichert. Selbst die Erfolge der senegalesischen Nationalmannschaft bei der Fußball-WM 2002 versuchte Wade auf seine Politik umzumünzen.

Doch innenpolitisch bläst dem Staatsoberhaupt ein steifer Wind ins Gesicht. Innerhalb von nur zwei Jahren hat Wade vier Ministerpräsidenten verschlissen, allein dieser Umstand spricht Bände. Dabei ist es weniger die parlamentarische Opposition, die Wade zu schaffen macht, als vielmehr einflussreiche islamische Kräfte, die seine bedingungslose Westbindung, vor allem zu den USA, kritisieren. Besonders bei seiner Hausmacht, der Bruderschaft der Mouriden, rumort es gewaltig. Wade weiß nur zu gut, dass er ohne den Segen der mächtigen Marabouts verloren wäre. Mit sinnlosen, weil kaum zu finanzierenden Großprojekten versucht er seinen Gegnern den Wind aus den Segeln zu nehmen. Etwa mit der eigenen Autoproduktion oder einem Flughafen für die Pilgerstadt Touba. Der allseits respektierte Linksoppositionelle *Mamadou Dia*, eine Art politische Kassandra des Landes, warnt bereits: Dem Land drohe zwar kein Einparteienstaat, wohl aber ein „Einpersonenstaat". Öffentlicher Unmut artikuliert sich auch über das Gebaren der Familie Wades. Zwar gilt der Präsident – ganz im Gegensatz zu vielen seiner afrikanischen Amtskollegen – als unbestechlich, doch sein Sohn wird wegen dubioser Geschäftspraktiken bereits „Messieur fünf Prozent" genannt.

befehlshaber der Armee. Die Regierung, nicht jedoch der Staatspräsident, kann von der Nationalversammlung durch Misstrauensantrag zum Rücktritt gezwungen werden. Der Staatspräsident hat in diesem Fall das Recht, die Nationalversammlung aufzulösen. Wirtschafts- und Sozialrat haben lediglich beratende Funktionen.

Die wichtigsten **Parteien** des Landes sind: die Sozialistische Partei Parti Socialiste (PS), die bis Anfang 2000 den Präsidenten stellte, und die Parti Démocratique Sénégalaise (PDS) von *Abdulaye Wade*. Seit der Einführung des Mehrparteiensystems gibt es auch mehrere gewerkschaftliche Organisationen.

Im Zeichen des nationalen Ausgleichs wurde im Jahr 1996 das so genannte **„Regionalisierungsgesetz"** verabschiedet. Damit soll eine weitgehende Autonomie der Regionen vom Wasserkopf Dakar erreicht werden – auch eine politische Reaktion auf die seit Jahren nicht nachlassenden Autonomiebestrebungen und damit verbundenen Unruhen in der Casamance.

Die größeren politischen Herausforderungen waren die Einrichtung der Konföderation Senegambia, 1989 die Grenzkonflikte mit Mauretanien und Guinea-Bissau, wo es Anfang der 90er Jahre in erster Linie um die Rechte zur Ausbeutung von Erdölvorkommen in der Region um Cap Skirring ging. Die Beziehungen zum südlichen Nachbarland verschlechterten sich 1998 erneut dramatisch, als der Senegal mit einer 3000 Mann starken Interventionstruppe dem bedrängten Staatspräsidenten *Nino Vieira* zu Hilfe kam, die putschenden Militärs aber nach blutigen Gefechten im März 1999 den Abzug der Truppen aus Bissau erzwangen.

Auch für das neue Staatsoberhaupt *Aboulaye Wade* steht die Lösung des **Casamance-Konflikts** ganz oben auf der Prioritätenliste. Daneben strebt er eine lose Konföderation mit Gambia und Guinea-Bissau an. Politischer Hoffnungsträger ist dabei Ministerpräsident **Moustapha Niasse,** unter *Diouf* noch Außenminister. Bei dessen erster Bewährungsprobe, dem wieder aufgeflammten Konflikt mit Mauretanien, gelang es *Niasse* im Sommer 2000 eine blutige Eskalation der Krise wie 1989 zu verhindern.

Wirtschaft

Trotz des zuletzt überdurchschnittlichen Wirtschaftswachstums hat die Regierung *Abdoulaye Wade* ein schweres Erbe übernommen. Reduzierung der Staatsausgaben und Stärkung des privaten Sektors sollen die Lage verbessern helfen. Im Gegensatz zur sozialistischen Vorgängerregierung will man in Zukunft das starre Modell der Vierjahrespläne deutlich lockern. Die Zeichen stehen auf Liberalisierung.

Als eines der ersten Entwicklungsländer unterwarf sich Senegal im Jahr 1984 den vom Internationalen Währungsfonds (IWF) verordneten **Strukturanpassungsprogrammen** – bislang mit wenig Erfolg. 2000 musste der IWF eingestehen: „Die Wirtschaft ist noch immer fragil, und Armut bleibt weit verbreitet". Dass der Senegal heute ärmer dasteht als zu Beginn der IWF-Intervention, wird vor allem der verkrusteten Vetternwirtschaft der von 1960–2000 regierenden Sozialisten angelastet. Ob allerdings der vom IWF geforderte verstärkte Sozialabbau, die Einführung der Mehrwertsteuer und weitere Privatisierungen die Armut verringern helfen, bleibt abzuwarten. Gleichzeitig hat der IWF Senegal angewiesen, ein Armutsbekämpfungsprogramm zu erarbeiten. Wenn es dabei „akzeptable Fortschritte" gebe, dann könne Senegal auch in den Genuss eines umfassenden Schuldenerlasses kommen. Senegal hat, wie übrigens die Mehrzahl der afrikanischen Länder, seine wirtschaftspolitische Souveränität längst an Währungsfond und Weltbank verloren. Ökonomische Zieldaten und die Höhe des Staatshaushalts werden bis in kleinste Details diktiert. So mussten Sozialausgaben und Investitionen in Bildung und Gesundheit in den 1980er und -90er Jahren zugunsten des Schuldendienstes vernachlässigt werden. Viele Infrastrukturprojekte hängen am Tropf der westlichen Geberländer.

Mit der **Landwirtschaft,** in der etwa 70% der Bevölkerung tätig sind, werden selbst in guten Erntejahren nur etwa 50% (durchschnittlich ca. 35%) des Nahrungsmittelbedarfs im Land abgedeckt – so muss etwa der größte Teil des benötigten Getreides importiert werden.

Die wichtigsten im Land angebauten **Grundnahrungsmittel** sind Hirse, Sorghum und Reis. Der Erdnussanbau erfolgt überwiegend zu Exportzwecken (bereits seit 1840 werden Erdnüsse exportiert). Senegal ist Afrikas größter Erdnussproduzent. Um den Grad der Abhängigkeit von der **Monokultur Erdnuss** zu verringern und eine stärkere Selbstversorgung zu erreichen, werden seit einigen Jahren verstärkt Baumwolle, Zuckerrohr, Gemüse und Getreide angebaut; außerdem Maniok, Mais, Süßkartoffeln und Kichererbsen.

Viehwirtschaft wird überwiegend auf den Weideflächen im Nordosten des Landes von nomadisch bzw. halbnomadisch lebenden Fulbe und Maren betrieben. Durch die Dürren in den 70er Jahren des 20. Jh. war der Viehbestand stark dezimiert worden; er hat sich jedoch seitdem nicht weiter verschlechtert.

Die **Fischerei** gehört zu den wichtigsten Wirtschaftszweigen Senegals. Das Gebiet der Westküste (Kanarenstrom) gilt als das fischreichste Westafrikas. Meist wird jedoch auf traditionelle Weise mit Pirogen zur Deckung des Eigenbedarfs gefischt, während sich die Hochseefischerei in ausländischer Hand befindet.

In den 1970er Jahren verarmte die Landbevölkerung infolge von Trockenheit, zunehmender Verschlechterung der Böden, fehlender Produktionsanreize für die Bauern und einer desolaten Organisation der staatlichen Vermarktungsbehörde. Die Rolle des Staates im Wirtschaftsbereich wurde daraufhin neu definiert, mit Betonung der Privatwirtschaft. Wenig förderlich für die wirtschaftliche Entwicklung erwies sich dann aber der „beständige Wahlkampf". Der Historiker *Mamadou Diouf* meinte: „Die ökonomischen Aktivitäten sind dem Zwang der Erhaltung der herrschenden Schicht und ihrer Klientel untergeordnet", mit ein Grund, dass westliche Investoren dem Senegal den Rücken kehrten. Trotzdem verzeichnete das Land beim Wirtschaftswachstum seit Mitte der 1990er Jahre überdurchschnittliche Zuwachsraten, 2001 waren es knapp 4%. Gleichzeitig konnte die Inflationsrate markant gesenkt werden.

Senegal ist arm an Bodenschätzen. **Phosphate** stellen eines der wenigen Exportprodukte dar, daneben sind Salz, Basalt und Marmor von gewisser Bedeutung.

Hinsichtlich der **industriellen Produktion** zählt Senegal zu den am weitesten entwickelten Ländern Schwarzafrikas. Wichtigste Industriezweige sind die Nahrungs- und Genussmittelindustrie, gefolgt von der chemischen Industrie und der Textil- und Bekleidungsindustrie; daneben sind Metall- und Baustoffindustrie (Zement) zu nennen. Die drei umsatzstärksten Unternehmen kommen nach dem Stand von 1999 mit der Societé africaine de raffinage (SAR), Industries chimiques du Sénégal (ICS) und Sonacos aus dem Chemie- oder Agrarbereich, gefolgt von dem Telekommunikationsunternehmen Sonatel und der Societe nationale d'electricite (Senelec).

Hauptexportartikel sind Erdnussprodukte, Phosphate, frischer Fisch und Fischkonserven sowie Ölprodukte. Importiert werden Mineralölprodukte, Lebensmittel, alle Arten von Konsumgütern und Ausrüstungsgüter für die Industriebetriebe.

Der **Tourismus** stellt als zweitgrößter Devisenbringer ebenfalls einen wichtigen wirtschaftlichen Faktor dar. Einbußen verzeichnete man allerdings wegen des Konflikts in der Tourismusregion Casamance.

Gesundheitswesen

Die ärztliche Versorgung ist, vor allem auf dem Land, noch unzureichend, um nicht zu sagen katastrophal. Aufgrund der einseitigen und oft vitamin- und eiweißarmen Ernährung ist die **Anfälligkeit für endemische Krankheiten** hoch. Die häufigsten Erkrankungen sind Masern, Amöbenruhr, Keuchhusten, Scharlach, Geschlechtskrankheiten, Tu-

berkulose, und vor allem Malaria. Etwa 70% der Bevölkerung leiden an Malaria und parasitären Erkrankungen, wobei Malaria die häufigste Todesursache ist. Aids ist ein schwerwiegendes Problem, aber lange nicht so gravierend wie im südlichen Afrika. 2002 wurden erstmals seit langer Zeit wieder Fälle von Gelbfieber registriert.

Bildungswesen

Eines der Hauptanliegen der derzeitigen Regierung ist der Ausbau des nach französischem Vorbild errichteten Bildungswesens. Unterrichtssprachen sind Französisch und verstärkt Wolof. Arabisch wird über die Koranschulen ebenfalls gefördert. In den Städten besuchen etwa 80% der schulpflichtigen Kinder die Schule, in ländlichen Gebieten sind es nur 30%. Durch ein groß angelegtes Dezentralisierungsprogramm soll die Einschulungsquote erhöht werden.

Die 1945 von den Franzosen gegründete Universität Dakar hat vier Fakultäten (Geistes- und Humanwissenschaften, Naturwissenschaften, Medizin und Pharmazie). Inzwischen gibt es auch eine zweite Universität in St. Louis, gegründet 1984, außerdem mehrere Fachhochschulen. In den letzten zehn Jahren stieg die Zahl der Studenten an Hochschulen und Universitäten stark

Blick auf die Île de St. Louis

an. Der berufsbildende Bereich ist jedoch noch unterentwickelt. Es fehlen gewerbliche und technische Ausbildungsplätze für Jugendliche. Kein Wunder, dass die Universität von Dakar immer wieder Schauplatz heftiger Jugendproteste ist.

Medien

Pressefreiheit wird von der Verfassung garantiert, ist jedoch in der Praxis fast ständig gefährdet.

Presse

Von den zahlreichen im Senegal erscheinenden Tageszeitungen ist das Regierungsblatt **Le Soleil** das bedeutendste, andere wichtige Blätter sind die täglich erscheinende unabhängige Sud au Qoutidien, Le Martin, l'info 7 sowie die der islamischen Opposition nahestehende Zeitung Wal Fadjiri. Hinzu kommen seit jüngstem mehrere regelmäßig erscheinende Lokalzeitungen, etwa in St. Louis oder Kaolak. Ebenso gibt es das politische Satiremagazin Le Canard Liberé.

Rundfunk

Die **staatliche Rundfunk- und Fernsehgesellschaft** (Société Nationale de Radiodiffusion Télévision Sénégalasie, RTS) sendet zusammen mit Radio France International (RFI) Programme in Französisch, Arabisch, Englisch, Portugiesisch und sechs verschiedenen lokalen Dialekten.

Beliebte **Privatsender** sind Radio Sud FM und Radio Nostalgie, mit seinem weitgehend französischsprachigen, auf den euopäischen Geschmack zugeschnitten Musikprogramm, sowie der in vielen Teilen Schwarzafrikas zu empfangende Sender Afrika Nr.1. Trotz Fernsehens ist das Radio bis heute das Massenmedium schlechthin.

Fernsehen

Fernsehen gibt es **seit 1973,** mit einem Sender in Dakar und einem in Thiès. 1986 waren im Vergleich zum Radio schätzungsweise nur 7000 Fernsehgeräte auf Empfang, 1993 wurden bereits 400.000 Fernsehgeräte gezählt.

Ein 1989 geschlossenes Abkommen mit Frankreich ermöglicht auch den Empfang von Direktübertragungen aus Frankreich. Seit 1991 gibt es den Privatsender Canal Horizons Sénégal, und seit 1992 strahlt TV5 Afrique, basierend auf dem französischen Sender TV5, via Satellit übertragene Programme aus.

Praktische Reisetipps A–Z

An- und Weiterreise

Flugverbindungen

Für die Anreise aus Europa bieten verschiedene Fluggesellschaften **Charter- oder Linienflüge** an. Die Preisunterschiede sind teilweise enorm. Direktflüge von Frankfurt bietet die Lufthansa-Tochter Condor/Thomas Cook an, die einmal wöchentlich Dakar anfliegt. Die Preise schwanken je nach Saison zwischen 350 (Last minute) und 700 Euro. Alle anderen Fluggesellschaften (Air France, SN Bruessles, Iberia, TAP usw.) offerieren Flüge mit Zwischenstopps in Paris CDG, Brüssel, Rom oder Lissabon.

Dakar gilt als **wichtigster Verkehrsknotenpunkt Westafrikas.** Seit der Pleite von Air Afrique ist für innerafrikanische Flüge Air Senegal International zuständig. Von Dakar gehen ein- bis mehrmals wöchentlich Flüge nach Abidjan (Côte d'Ivoire), Bamako (Mali), Banjul (Gambia), Cotonou (Benin), Lomé (Togo), Niamey (Niger), Ouagadougou (Burkina Faso), Bissau (Guinea-Bissau), Casablanca, Las Palmas etc.

Günstige One-Way-Flüge zurück nach Europa kann man bei Nouvelles Frontières oder via Las Palmas buchen. Auch über Neckermann kann man ein günstiges Pauschalangebot mit Charterflug buchen, das bei einem kurzen Aufenthalt, selbst wenn man das Hotel nicht in Anspruch nimmt, oftmals billiger als ein normaler Linienflug ist.

Schiffsverbindungen

Personenschiffsverkehr gibt es schon lange nicht mehr, sieht man von den Kreuzfahrtschiffen ab, die in unregelmäßigen Abständen Dakar anlaufen. Es verkehren aber laufend kombinierte Fracht-Passagier-Schiffe zwischen Europa und Dakar, u.a. von der belgischen Companie Maritime Belge (CMB SA). Güterverkehr mit Tramp-Schiffen betreiben u.a. die Deutsche-Afrika-Linien (DAL, Sitz Bremen). Schiffsreisen von Europa nach Dakar zu einem Preis ab 800 Euro für die einfache Passage vermitteln u.a.:

● **Preiffer Intern. Frachtschiffreisen**
42017 Wuppertal
www.frachtschiffreisen-pfeiffer.de

Autotransport von/nach Europa

Für den Autotransport im Container nach Europa wende man sich an eine der folgenden Adressen:

● **Vasquez et Espinosa**
Offizieller Vertreter der Mac Lines Gesellschaft, Av. Faidherbe 7, Dakar, Tel. 222745. Preis ca. 1600 Euro bis Livorno, alles inbegriffen. Zentralsitz in Madrid (Mac Lines, Tel. 2322780).
● **USIMA**
8–10 Allée R. Delmas, Dakar, Tel. 225682. Tarif für einen Nissan Patrol Wagon bis Marseille: 950 US-$. Das Fahrzeug wird in einem Container eingeschlossen, so dass Sie alle Sachen im Innern des Wagens lassen können.

Versicherung

● **Companie La Foncière**
Herr *Fall*, Av. Peytavin 79, Dakar,
Tel. 210176; zuverlässig.

Auf dem Landweg

Verbindungen von/nach Mali

Aufgrund der schlechten Straßenverhältnisse zwischen Kayes und **Bamako** empfiehlt es sich, diese Strecke **mit dem Zug** zu fahren (Verbindungen s.u., Reisen im Senegal/Eisenbahn); Platzreservierungen sollte man möglichst mehrere Tage im Voraus tätigen. Mit dem Motorrad ist diese Strecke eine echte Herausforderung, Geländewagen befahren die Strecke häufiger. Am Grenzposten Diboli/Kidira (Grenze Mali/Senegal) erhält man von Mali kommend ein Laissez Passer für Senegal (4500 CFA/8 Tage).

Eine bessere Strecke ist die Verbindung **Kayes – Nioro du Sahel – Didiéné**. Die Route wird jetzt auch von Kayes aus verbessert.

In der **Regenzeit** ist die Strecke Kayes – Bamako gar nicht, die Strecke Kayes – Nioro du Sahel – Didiéné nur eingeschränkt befahrbar. Wer mit dem Auto während der Regenzeit nach Mali fahren will, muss daher oft den Umweg über Mauretanien nehmen oder auf die Bahn (Kayes – Bamako bzw. Dakar – Bamako) verladen. Gleiches gilt für Fahrzeuge ohne Allradantrieb auch zur Trockenzeit.

Verbindungen von/nach Gambia

Von Dakar aus gibt es zwei Strecken, die beide über Kaolack führen: nach **Banjul,** der Hauptstadt von Gambia (Fähre von Barra über den Gambia River nach Banjul und umgekehrt), und die im Landesinnern nach **Mansa Konka** (Fähre bei Farafenni). Dort muss

Eine Fahrt im „Express"
von Dakar in die Hauptstadt Malis

von Peter Cissek

Die große Uhr am Bahnhof funktioniert schon längst nicht mehr. Zeit spielt in Westafrika ohnehin keine wichtige Rolle. Nur zweimal wöchentlich verkehrt der **Zug nach Bamako, in die 1230 km entfernte Hauptstadt des Nachbarlandes Mali.** Gut 32 Stunden braucht der „Express" laut Fahrplan für die derzeit alternativlose Verbindung, wenn man von den Flügen absieht. Doch auf Zeitpläne sollte man sich lieber nicht verlassen. Ursprünglich sollte der Zug an jenem Samstag um 10 Uhr morgens den Bahnhof der senegalesischen Hafenstadt verlassen. Doch daraus wird nichts. Die Vertreterin der örtlichen Reiseagentur informierte schon am Vorabend telefonisch, dass sich die Abfahrt auf 19 Uhr verschiebt. Dann ist in Senegal das dreitägige Hammelfest so gut wie abgeschlossen. Damit man das Fest länger mit der Familie feiern kann, wurde die Abfahrt einfach verschoben. Lediglich fünf Weiße haben sich in diesen Zug „verirrt": Ein Amerikaner will ein Buch über die Fahrt auf dem Niger nach Timbuktu schreiben; zwei Holländer haben sich im Senegal bei Gelegenheitsjobs etwas Geld verdient und wollen über Mali nach Burkina Faso; wir beide, ein deutsches Ehepaar, wollen in Mali nicht nur Häuser und Moscheen in typischer Lehmbauweise kennen lernen, sondern vor allem auch Land und Leute. Etwa eine Stunde vor Abfahrt strömen alle Passagiere, das Gepäck meist auf dem Kopf tragend, zu ihren Abteilen. Der Zug besteht aus ausgedienten Waggons der französischen Staatsbahn. Der Schlafwagenschaffner weist freundlich die reservierten Plätze zu. Es ist soweit: Der Zug verlässt den Bahnhof, fast pünktlich. In der Zeit bis zum Einbrechen der Dunkelheit ziehen Marktstände, später Savannenlandschaften am Zugfenster vorbei. Der Schaffner kommt und repariert, wie noch mehrfach während dieser Fahrt, den Deckenventilator.

Einen Speisewagen hat dieser Zug nicht. Vorsorglich haben wir Baguettes, Kuchen, Obst und Mineralwasser mitgebracht. Hürdenreich gestaltet sich der Gang zur Toilette. Das eine WC am Waggonende ist über längere Zeit verschlossen, der Weg in das andere durch Menschenmassen versperrt. Ein Mann hat seinen Teppich ausgebreitet, sich zum Gebet niedergekniet. Ich respektiere seinen Glauben und warte. Dafür steigt der Schlafwagenschaffner über den Betenden und schließt die Toilettentür auf. Weil das Licht nicht funktioniert, leuchtet er mit einer Taschenlampe ins WC, das ziemlich verdreckt ist.

Der Zug schaukelt durch die Nacht. Die Gleisstränge sind zumeist enorm deformiert. Nicht nur die Waggons federn, sondern auch die Passagiere auf den Liegen. Die Nachttemperaturen bleiben hoch, trotz des Ventilators ist die Fahrt nur bei offenem Fenster erträglich. Der Fahrtwind staubt alles im Abteil stark ein. Nach dem Frühstück kommen uniformierte senegalesische Zöllner durch den Zug und sammeln die Pässe ein, die ihren Platz in einer Plastiktüte finden. Gut drei Stunden später erklärt der Schaffner, dass die Pässe ausgegeben werden, in einem kleinen Haus, in dem zwei Zöllner sitzen. Nun heißt es warten: Jede Minute scheint wie eine Ewigkeit. Im Schatten zeigt das Thermometer 46°C an. Doch wir stehen länger als eine Stunde in der prallen Mittagssonne, bis unsere Namen aufgerufen werden. Die Zöllner tragen sämtliche Personaldaten gemächlich in ihr Buch ein, und wir fragen uns, wofür sie die Pässe bereits vor vier Stunden eingesammelt haben ...

EINE FAHRT IM „EXPRESS"

   Zurück im Zug die Entdeckung: Im Nachbarwaggon gibt es eine provisorische Bar mit Softdrinks. Die Bar ist visuell eine Mischung aus Getränkemarkt, Zugabteil und Schlafstätte. Der Zug fährt über die Grenze, einen fast ausgetrockneten Fluss, in dem Frauen sich und die Wäsche waschen. Nun steht ein Mann im blauen Schlosseranzug an der Tür. Es ist nicht etwa der Bordmechaniker, sondern wie ihn eine an die Uniform geheftete blecherne Mali-Fahne ausweist, der nächste Zöllner. Lässig blättert er in den Pässen auf der Suche nach dem Visum. Das war es auch schon. Kurz darauf rollt der Zug wieder los und erreicht wie des öfteren schätzungsweise 80 Stundenkilometer Geschwindigkeit. Wir fragen uns, weshalb man bei der Entfernung zwei Nächte lang unterwegs sein soll. Die Antwort kommt in Kayes, der ehemaligen Hauptstadt Malis. 494 km vor dem Ziel steht der Zug. In Folge der schlechten Straßenverbindungen ist Kayes von der heutigen Hauptstadt Bamako so gut wie abgeschnitten. Der Zug erfüllt eine wichtige Funktion im Gütertransport. So wird am Bahnhof emsig verladen. Wie jedes Mal bei einem längeren Halt, wenn die Diesellok ihren Motor abstellt, verabschiedet sich der Ventilator. Auf dem Gang brutzelt sich ein Passagier eine warme Mahlzeit zurecht. Nach dreieinhalb Stunden Stopp geht es dann weiter gen Bamako. Während man bislang Wüstenlandschaften und viele Affenbrotbäume zu sehen bekam, geht es nun durch eine bergige Savannenlandschaft mit schönen Dörfern.

EINE FAHRT IM „EXPRESS"

Als wir spät nachts doch noch zur Ruhe gekommen sind, weckt uns der Schaffner: Es hat einen Unfall gegeben, alle Passagiere müssen samt Gepäck umsteigen. Es ist 3.20 Uhr am Ankunftstag, Montag. Lokomotiven-Scheinwerfer strahlen den Qualm diverser Lagerfeuer an. Menschenmassen strömen in zwei Richtungen. Ein Regionalzug ist entgleist und von einer niedrigen Brücke gestürzt. Das einzige Gleis ist stark beschädigt. Deshalb ist der Wechsel des Zuges erforderlich. Schlafwagen oder gar 1.-Klasse-Abteile gibt es nicht mehr. Wir erkämpfen uns zwei Plätze im neuen Zug und stellen fest, dass diese nächtliche Überraschung auch für Afrikaner schweißtreibend war.

Gut zwei Stunden nach dem Wecken geht die Fahrt weiter. Dann folgt in regelmäßigen Abständen ein zweistündiger Stopp in Ortschaften. Wie an anderen Stationen schon erlebt, schleppen Frauen und Kinder auf dem Kopf tragend Proviant an: Früchte, gebratenes Fleisch und vor allem Wasser. Das Brunnenwasser trinken die Passagiere gleich aus einem Schöpfbehälter oder kaufen sich dieses abgefüllt in einem verschnürten Plastikbeutel. Dank der Bar im anderen Zug haben wir noch eine halbe Flasche Wasser, bei diesem Fahrttempo viel zu wenig. Das Wasser der Händler ist nichts für europäische Mägen. Mikropur-Tabletten zum Entkeimen haben wir nicht dabei. Der Countdown läuft. Die Fahrt wird immer strapaziöser. Wir rechnen unseren zur Neige gehenden Proviant gegen die Zeit auf, die der Zug noch schätzungsweise bis zum Ziel benötigt. Die Sonne brennt immer stärker durch das Fenster, durch das auch Rußpartikel der Diesellok hineinschweben, die alles im Abteil einschwärzen. An der nächsten Bahnstation läuft ein Mädchen am Zug entlang. In der Schüssel auf dem Kopf trägt sie scheinbar Softdrink-Flaschen. In den Flaschen befindet sich irgendein Saft, die Verschlüsse sind nur leicht zugedrückt – so ein Pech, nichts für unsere Mägen. Auf dem Rückweg durch den Zug ist Rettung in Sicht. In einem Abteil befindet sich ein Mann, der drei Kästen Softdrinks an Bord hat. Er ist geschäftstüchtig und verkauft uns eine Liter-Flasche Cola. Die Getränke sind alles andere als kalt, doch schmeckt Cola auch bei Kaffee-Temperatur erstaunlich gut.

Kurz vor dem Ziel, in einem Vorort, hält der Zug zur letzten Pause. Die Zeit nutzen Händler, um ihre Waren anzupreisen. Eine Frau bietet Fleischspieße an, die in einer nach Knoblauch riechenden Soße baden. Käufern spießt sie die Fleischstücke ab und füllt sie gemeinsam mit Salat in Baguettes. Während wir gegen Zeit und Hitze ankämpfen, genießen die anderen Passagiere jede Minute der Zugfahrt, die für afrikanische Verhältnisse alles andere als billig ist. Deshalb stellt sie für viele Reisende ein gesellschaftliches Ereignis dar, das sie in ihrer besten Kleidung zelebrieren.

Als der „Express" **nach 45 Stunden in Bamako** ankommt, geht es für afrikanische Verhältnisse recht schnell. Ein Träger schleppt die Gepäckstücke auf dem Kopf zu einem Taxi, das uns ins Hotel fahren wird. Der Bahnhof in Bamako unterscheidet sich in zweierlei Hinsicht von Dakar: Hier herrscht reges Treiben, und die Bahnhofsuhr zeigt die genaue Uhrzeit an: Es ist Montag, 16 Uhr.

Senegal

Die Straße als Handelsplatz

man mit teilweise langen Wartezeiten rechnen, da über diese Route fast der gesamte Schwerverkehr Richtung Casamance und Guinea-Bissau läuft.

Verbindungen von/nach Mauretanien

Auf guter Teerstraße bis nach **Rosso** und dann mit der Fähre auf die andere Seite des Senegal-Flusses übersetzen. Weiterfahrt auf einer teilweise schlechten Teerstraße bis zur Hauptstadt **Nouâkchott.** Der Übergang beim Staudamm Diama war zuletzt nur mit Geländefahrzeugen zu befahren.

Verbindungen von/nach Guinea

Die relativ freizügige Ausstellung von Touristenvisa ist eingeschränkt worden. Den Visum-Anträgen muss ein Empfehlungsschreiben der deutschen Botschaft beigefügt sein (7000 CFA/1 Tag). Privatfahrzeuge sind meist nur mit einem Transitausweis (certificat de transit) zugelassen (erhältlich beim Automobilclub in Dakar).

Der Grenzverkehr zwischen Guinea und dem Senegal verläuft über folgende Strecken (s.a. Westafrika Bd. 2: Küstenländer/Guinea):

- **Tambacounda – Sambailo – Koundara** (ca. 180 km)
- **Kédougou – Mali-Yambéring – Labé** (ca. 223 km)
- **Kédougou – Salémata – Youkounkoun – Koundara** (ca. 143 km)

Verbindungen von/nach Guinea-Bissau

Aufgrund der Rebellion des MFDC in der Casamance kommt es immer wieder zur Schließung des Hauptgrenzübergangs **M'Pack,** südlich von Ziguinchor. Alternativ gibt es die Übergänge von **Kolda** und bei **Pirada,** wobei letzterer nur mit Geländewagen befahren werden kann. In **Ziguinchor** (Senegal) wird das Visum für Guinea-Bissau sofort ausgestellt (Gebühr 5000 CFA).

Bestimmungen für Autoreisende

Ein Carnet de Passage ist für die Einreise in den Senegal nicht mehr vorgeschrieben. Auch ein Internationaler Führerschein ist nicht mehr nötig. Das **Passavant** (früher Laissez Passer genannt) kostet je nach Fahrzeugtyp zwischen 2500 und 5000 CFA und ist vier Tage gültig. Ebenfalls an der Grenze muss eine **Kfz-Versicherung** abgeschlossen werden, die u.a. auch für die Nachbarländer Mali und Guinea-Bissau gilt. Das Passavant muss unbedingt verlängert werden, da sonst ein saftiges Bußgeld bis hin zum Entzug des Wagens droht. Die zuständige Zollbehörde sitzt seit 2002 in Dakar am Place de l'Indépendance, Residence Cap Vert (Nähe Royal Air Maroc), 4. Stock. Die Verlängerung (zweimal 14 Tage) ist kostenlos. Wer den Antrag vor 11 Uhr abgibt, kann ihn nach der Mittagspause wieder abholen.

Botschaften und Informationsstellen

Vertretungen des Senegal

Deutschland
- **Botschaft der Republik Senegal**
Argelanderstraße 3, 53115 Bonn
Tel. (0228) 2180-08/-09
Fax (0228) 217815
- **Honorarkonsulat der Rep. Senegal**
Oeder Weg 15, 60318 Frankfurt
Tel. (069) 556504, Fax 556596

Österreich
- **Konsulat der Republik Senegal**
Postgasse 26, A-1010 Wien
Tel. (01) 5333488, Fax (01) 5335689

Schweiz
- **Consulat du Senegal**
Bahnhofquai 15, CH-8001 Zürich
Schweiz, Tel. (01) 2112814

Ein **Visum** für Senegal (für einen Aufenthalt von 3 Wochen) bekommt man auch in Banjul (Gambia), in Bamako (Mali), Niamey (Niger), Tunis und Algier. Das Visum sollte auf jeden Fall im Pass gestempelt sein und nicht auf einem losen Blatt!

Vertretungen im Senegal

- **Deutschland: Ambassade de la République Fédérale d'Allemagne**
20, Av. Pasteur, B.P. 2100, Dakar,
Tel. 8232519, Fax 8232599
   Das Büro ist nur vormittags geöffnet; mit Bus Nr. 13 vom Zentrum aus zu erreichen.
- **Österreich**
24 Bd Djily Mbaye, B.P. 3247, Dakar,
Tel. 8223886
- **Schweiz**
Rue Alpha Hachamiyou Tall,
B.P. 1772, Dakar, Tel. 8235848
- **Frankreich**
1, Rue H. A. Ndoye, Tel. 8395100
- **Cabo Verde (Kapverden)**
3, Boulevard Haji Djily Maye,
Tel. 8213936; Visum für 6600 CFA
- **Mauretanien**
Bd Général de Gaulle/Ecke Rue 41; Visum-Gebühr beträgt je nach Nationaliät 6000–10.000 CFA.
- **Mali**
46, Bd de la République, nahe Av. Lamin Gueye. Tel. 8234893. Erforderlich für ein 7-Tage-Visum sind zwei Passfotos; Bearbeitungszeit 24 Stunden, Visum-Gebühr ca. 7500 CFA.
- **Gambia**
11, Rue de Thiong, Tel. 8217230. Visum wird in der Regel innerhalb eines Tages ausgestellt; zwei Passfotos; Visum-Gebühr 15.000 CFA. Visum wird auch direkt an der Grenze ausgestellt.
- **Côte d'Ivoire**
Av. A. Sarraut, Tel. 8213473;
Visum-Gebür 33.000 CFA.
- **Guinea (Conakry)**
Rue 7, Point E, Tel. 8248606. Visum-Gebühr 20.000 CFA, zwei Passfotos, zwei Tage Bearbeitungszeit; Empfehlungsschreiben der Deutschen Botschaft ist erforderlich; außerdem darauf achten, dass das Visum vollständig und ohne Schreibfehler ausgefüllt ist.
- **Guinea-Bissau**
Rue 6 Point E, Tel. 8245922. Zwei Passbilder, 5000 CFA.
- **Burkina Faso**
c/o Französische Botschaft. 1, Rue El H.A. Ndoye , Tel. 239181. Visum in 24 Std. erhältlich; drei Passfotos, Visum-Gebühr 3500 CFA.

Sonstige Informationsstellen

- **Deutsch-senegalesische Wirtschaftsgesellschaft**
Berliner Freiheit 36, 53111 Bonn,
Tel. (0228) 6047716

Informationen im Internet

Internet ist sehr beliebt im Senegal. In jeder größeren Stadt gibt es inzwischen Cyber-Cafés. Bei der Anbindung ans

World Wide Web hat Senegal eine führende Rolle in Westafrika. 1996 wurde in Dakar das erste Internet-Café in Westafrika eröffnet.

Aus dem Internet lässt sich eine Menge über das Land erfahren. Nachfolgend eine **Auswahl nützlicher Websites:**

- www.gouv.sn
  Webseite der Regierung
- www.primature.sen
  Website des Präsidialamtes
- www.ambassade-allemagne.sn
  Umfangreich und informativ
- www.seneweb.com
  Portal für Senegal-Infos
- www.ausenegal.com
  Beste Website für Tourist-Infos
- www.ausenegal.com/ciclo
  Veranstaltungshinweise für Dakar
- www.casamance.net
  Website rund um die Casamance
- www.senegal.online
  Website mit vielen touristischen Infos
- www.homeviewsenegal.com
  Website für Auslands-Senegalesen
- www.senegal-info.de
  Deutsche Projekte, viele Links
- www.afrika-erleben.de
  Radtouren, Links und Hintergrundinfos.

Einreise/Visum

EU-Bürger benötigen bei einem Aufenthalt von bis zu drei Monaten für Senegal **kein Visum,** vorausgesetzt sie nehmen keine Arbeit auf; Schweizer dagegen benötigen ein Visum. Senegal gewährt ein Visum bei der Einreise nur in begründeten Ausnahmefällen. Wer aus anderen westafrikanischen Ländern einreist, sollte über eine Gelbfieberimpfung verfügen. Ansonsten ist eine Gelbfieberimpfung für Senegal nicht mehr vorgeschrieben, aber dringend zu empfehlen, ebenso eine Malariaprophylaxe bei längerem Aufenthalt im Landesinneren.

Zoll: Dinge des persönlichen Bedarfs sowie Alkohol und Tabak in den üblichen Mengen können in den Senegal abgabenfrei eingeführt werden.

Offiziell verlangt Senegal ab einer Million CFA (ca. 1500 Euro) eine **Deviseneinfuhrerklärung.** Bei Touristen wird dies aber kaum praktiziert. Auch die Ausfuhr von CFA ist auf eine Million beschränkt. Der Zoll zögert nicht, bei Verdacht auf Devisenschmuggel undeklarierte CFA zu beschlagnahmen.

Feiertage und Feste

Feste Feiertage

Der **senegalesische Unabhängigkeitstag** findet immer am **4. April** mit einer großen Militärparade in Dakar statt. Außerdem werden im Senegal Weihnachten und Neujahr, ebenso der Karfreitag und Pfingstmontag gefeiert, oder besser gesagt, frei gemacht, sowie der 1. Mai als Tag der Arbeit.

Bewegliche Feiertage

- **Neujahr (Ashura):**
  5. März 2003, 22. Febr. 2004,
  12. Febr. 2005, 1. Febr. 2006
- **Ramadan-Beginn:**
  27. Okt. 2003, 15. Okt. 2004,
  4. Okt. 2005, 23. Sept. 2006
- **Ramadan-Ende (Aid al-Fitr):**
  25. Nov. 2003, 13. Nov. 2004,
  2. Nov. 2005, 22. Okt. 2006

- **Tabaski (Aid al-Adha, Fete de Mouton):**
  2. Febr. 2003, 21. Jan. 2004,
  10. Jan. 2005, 30. Dez. 2006
- Hinzu kommen die – vor allem in der Region Casamance und im Bassari-Land – zahlreichen, jährlich wiederkehrenden, traditionellen Feste, die meist mit dem Bestellen der Felder und der Ernte in Verbindung stehen.

Geld/Währung/Banken

Währungseinheit ist der **Franc CFA** (unterteilt in 100 Centimes), der in einem festen Wechselkursverhältnis zum Euro steht: 1 Euro = 665 CFA, 1000 CFA = 1,50 Euro.

In der Regel gibt es in jedem größeren Ort wie St. Louis, Ziguinchor, Tambacounda eine Bank, die **Travellerschecks** gegen Gebühr wechselt, in den kleineren Orten kann man damit jedoch nicht rechnen. Am schnellsten geht es bei der BICIS-Bank. Allgemein sind beim Wechseln von Reiseschecks **hohe Wechselgebühren** zu bezahlen; besser eignet sich Bargeld.

Bei internationalen Autovermietungen, in guten Hotels, Reisebüros oder für Notfälle ist auch eine **Kreditkarte** (VISA oder American Express, Vertretung bei Senegal Tours, 5, Pl. de l'Indépendance, Dakar, Tel. 9214040) sehr praktisch. Eurocard/Mastercard ist dagegen noch wenig verbreitet.

Öffnungszeiten

Banken

Mo bis Fr 8–12 und 14.30–16.30 Uhr; die Zeiten sind von Bank zu Bank etwas unterschiedlich.

Geschäfte und Büros

Mo bis Sa 9–12 bzw. 12.30 Uhr und 15–18 bzw. 19 Uhr.

Post/Telefon/Internet

Ein Poste-Restante-Schalter ist in der **Hauptpost in Dakar,** Bd Pinet Laprade beim Kermel Markt; weitere Schalter für postlagernde Sendungen gibt es in den Postämtern von St. Louis und Ziguinchor. Pro Brief werden 250 CFA verlangt; 30 Tage Aufbewahrung.

Telefonieren kann man praktisch von jedem größeren senegalesischen Dorf aus in die ganze Welt. Nur in der Casamance sind die Telecenter noch spärlich gesät. Das Mobilfunknetz – größter Betreiber ist Alizé – funktioniert nur im Umfeld der größeren Städte, soll aber zügig ausgebaut werden. Seit 2001 sind auch Handygespräche von und nach Senegal möglich. Die **internationale Vorwahl** des Senegal ist **00221.**

Zugang zum **Internet** gibt es mittlerweile in jeder größeren Stadt. Speziell in Dakar findet man überall Internet-Cafés mit teilweise modernstem Equipment. Die Gebühren beginnen bei 1000 CFA für 30 Minuten.

Reise-Gesundheits-Information: Senegal

Stand: 24.02.2003
© Centrum für Reisemedizin 2001

Die nachstehenden Angaben dienen der Orientierung, was für eine geplante Reise in das Land an Gesundheitsvorsorgemaßnahmen zu berücksichtigen ist. Die Informationen wurden uns freundlicherweise vom Centrum für Reisemedizin zur Verfügung gestellt. Auf der Homepage **www.Travelmed.de** werden diese Informationen stetig aktualisiert. Es lohnt sich, dort noch einmal nachzuschauen.

- **Klima:** tropisches Klima, im Norden überwiegend trocken (kurze, wenig ergiebige Regenzeit von Ende Juli bis Oktober), im Süden wechselfeucht mit Regenzeit von April bis November; durchschn. Temp. im Landesinneren 27°C (Januar 23°C, Juli 31°C), an der Küste etwas niedrigere und ausgeglichenere Temperaturen.

- **Einreise-Impfvorschriften**
Bei Direktflug aus Europa: keine Impfungen vorgeschrieben
Bei einem vorherigen Zwischenaufenthalt (innerhalb der letzten 6 Tage vor Einreise) in einem der unten aufgeführten Länder (Gelbfieber-Endemiegebiete) wird bei Einreise eine gültige Gelbfieber-Impfbescheinigung verlangt (Angola, Äquatorialguinea, Äthiopien, Benin, Bolivien, Brasilien, Burkina Faso, Burundi, Ecuador, Elfenbeinküste, Franz. Guayana, Gabun, Gambia, Ghana, Guinea, Guinea-Bissau, Guyana, Kamerun, Kenia, Kolumbien, Kongo (Rep.), Kongo (Dem. Rep.), Liberia, Mali, Niger, Nigeria, Panama, Peru, Ruanda, Sambia, Sao Tomé & Principe, Sierra Leone, Somalia, Sudan, Suriname, Tansania, Togo, Tschad, Uganda, Venezuela, Zentralafr. Republik.

- **Empfohlener Impfschutz**
Generell: Tetanus, Diphtherie, Hepatitis A, Polio

Je nach Reisestil und Aufenthaltsbedingungen im Lande sind außerdem zu erwägen:

Impfschutz	Reisebedingung 1	Reisebedingung 2	Reisebedingung 3
Gelbfieber [a]	x	x	
Typhus	x		
Hepatitis B [c]	x		
Tollwut [d]	x		
Meningitis [e]	x		

[a] bei Reisen in das Landesinnere empfohlen
[c] bei Langzeitaufenthalten und engerem Kontakt mit der einheimischen Bevölkerung
[d] bei vorhersehbarem Umgang mit Tieren
[e] nur bei engerem Kontakt zur einheimischen Bevölkerung, vorwiegend in der Trockenzeit

Reisebedingung 1: Reise durch das Landesinnere unter einfachen Bedingungen (Rucksack-/Trekking-/Individualreise) mit einfachen Quartieren/Hotels; Camping-Reisen, Langzeitaufenthalte, praktische Tätigkeit im Gesundheits- oder Sozialwesen, enger Kontakt zur einheimischen Bevölkerung wahrscheinlich
Reisebedingung 2: Aufenthalt in Städten oder touristischen Zentren mit (organisierten) Ausflügen ins Landesinnere (Pauschalreise, Unterkunft und Verpflegung in Hotels bzw. Restaurants mittleren bis gehobenen Standards)
Reisebedingung 3: Aufenthalt ausschließlich in Großstädten oder Touristikzentren (Unterkunft und Verpflegung in Hotels bzw. Restaurants gehobenen bzw. europäischen Standards)

Wichtiger Hinweis: Welche Impfungen letztendlich vorzunehmen sind, ist abhängig vom aktuellen Infektionsrisiko vor Ort, von der Art und Dauer der geplanten Reise, vom Gesundheitszustand sowie dem eventuell noch vorhandenen Impfschutz des Reisenden.
Da im Einzelfall unterschiedlichste Aspekte zu berücksichtigen sind, empfiehlt es sich immer, rechtzeitig (etwa 4–6 Wochen) vor der Reise eine persönliche Reise-Gesundheits-Beratung bei einem reisemedizinisch erfahrenen Arzt oder Apotheker in Anspruch zu nehmen (Anschriften qualifizierter Beratungsstellen s.u.).

●Malaria
Risiko: ganzjährig hohes Risiko landesweit
Vorbeugung: Ein konsequenter Mückenschutz in den Abend- und Nachtstunden verringert das Malariarisiko erheblich (**Expositionsprophylaxe**).
Ergänzend ist die Einnahme von Anti-Malaria-Medikamenten (**Chemoprophylaxe**) dringend zu empfehlen. Zu Art und Dauer der Chemoprophylaxe fragen Sie Ihren Arzt oder Apotheker, bzw. informieren Sie sich in einer qualifizierten reisemedizinischen Beratungsstelle (s.u.).
Malariamittel sind verschreibungspflichtig.

●Aktuelle Meldungen
Darminfektionen: Hohes Risiko für Durchfallerkrankungen landesweit. Nahrungs- und Trinkwasserhygiene beachten.
Gelbfieber: Einzel- und Gruppenerkrankungen bei Einheimischen gab es in den letzten Monaten vor allem in küstennahen Regionen, die meisten in der Provinz Diourbel, vereinzelt auch in Dakar. Obwohl die Impfung bei direkter Ankunft aus Europa für die Einreise nicht verlangt wird, ist sie zum persönlichen Schutz dringend empfohlen, auch bei Reisen an die Küste und in die Städte.

Unter www.travelmed.de finden Sie Adressen von
●Apotheken mit qualifizierter Reise-Gesundheits-Beratung
(nach Postleitzahlgebieten)
●Impfstellen und Ärzte mit Spezialsprechstunde Reisemedizin
(nach Postleitzahlgebieten)
●Abruf eines persönlichen Gesundheitsvorsorge-Briefes für die geplante Reise

Zu den einzelnen Krankheiten vgl. auch im Anhang das Kapitel Gesundheit.

Reisen im Senegal

Eisenbahn

Das Streckennetz der staatlichen Eisenbahngesellschaft Régie des Chemins de Fer du Sénégal umfasst aufgrund technischer Probleme nur noch die Hauptverbindungslinie **Dakar – Tambacounda – Bamako/Mali (1230 km)**. Mit Ausnahme der Verbindung Dakar – Rufisque (Train Bleu) wurden alle Nebenstrecken für den Personenverkehr stillgelegt, ebenso der Betrieb auf der Strecke Dakar – St. Louis.

Zwischen Dakar und Bamako (Mali) verkehren wöchentlich zwei Züge in beide Richtungen, auf denen auch **Kraftfahrzeuge verladen** werden können. Platzreservierungen sind mehrere Tage im Voraus zu empfehlen, für eine freie Plattform müssen lange Wartezeiten (häufig 8–14 Tage) einkalkuliert werden. Die Formalitäten dauern etwa 1 Tag, der Preis beträgt ca. 1000 Euro pro Fahrzeug. In Kayes (Grenze Mali) dauern die Formalitäten angeblich nur etwa 3 Stunden.

- **Zug ab Dakar**
Abfahrt mittwochs 10 Uhr; Ankunft in Bamako am folgenden Tag gegen 15 Uhr. Preis ab 51 000 CFA für Schlafwagen, ab 35 000 CFA für 1. Klasse, ab 26 000 CFA für 2. Klasse.
www.ausenegal.com/transport/rail.htm
- **Zug ab Bamako**
Abfahrt samstags um 9.30 Uhr,
Infos: Tel. 8233140 (Bahnhof Dakar)

Der Unterschied zwischen diesen beiden Zügen in Bezug auf Komfort ist sehr groß; der senegalesische Zug (Mistral International) entspricht eher westeuropäischen Vorstellungen; bei dem malischen Zug (Express International) ist hingegen meist auch die 1. Klasse überfüllt und schmutzig (Fahrkarten mindestens zwei Tage vorher besorgen).

Taxi brousse

Der **Busbahnhof in Dakar** (Gare routière) befindet sich in der Nähe der Kreuzung von Stadtautobahn und Av. el Hady Malik Sky, auch pompier genannt, neben der Feuerwehr. Vorsicht: Es handelt sich um einen der ungemütlichsten Plätze von Dakar! Auf jeden Weißen stürzen sich in der Regel Dutzende Schlepper, die für jede Menge Hektik sorgen.

- **Dakar – Ziguinchor:**
7000 CFA; Fahrzeit ca. 10 Std.
via Trans-Gambian-Highway
- **Dakar – St. Louis:**
3000 CFA; Fahrzeit rund 4 Std.

Schnell- bzw. Mini-Busse

Für Langstrecken gibt es außer den Taxi brousse auch die **Car rapide,** meist alte, eng bestuhlte Mercedes-Kleinbusse vom Typ 508; der Preisunterschied beträgt rund 20%. Diese Art des Reisens ist nur für hart gesottene Traveller zu empfehlen.

Preisbeispiele

- **Dakar – Ziguinchor** mit Bus oder Minibus ca. 5000 CFA; Fahrzeit 10–14 Std. In der Regel ist bei der Fähre von Barra nach Banjul (Gambia) mit einer Wartezeit von 2–3 Std. zu rechnen; Fahrzeit ca. 20 Min.; Preis 3 Dalasi p.P.

Car rapide in Wartestellung

●**Dakar – M'Bour** mit Minibus etwa 1000 CFA, Fahrzeit etwa 2½ Std.

Schiffsverkehr

Der Hafen von Dakar gehört zu den größten und am besten ausgestatteten Häfen Westafrikas; u.a. Frachtverkehr von/nach Europa (s.a. Anreise mit dem Schiff).

Flussschifffahrt auf dem Saloum und Casamance ist ebenfalls von gewisser Bedeutung.

Verbindung Dakar – Ziguinchor

Seit dem tragischen Untergang der auf einer deutschen Werft gebauten Fähre M/S Le Joola, bei dem im September 2002 über 1100 Passagiere ertranken (siehe Exkurs „Die Joola – Senegals Titanic"), ruht der Schiffs- und Fährverkehr zwischen Dakar und der Casamance. Bei Redaktionsschluss war nicht klar, ob die staatliche Reederei SENTRAM oder eine private Gesellschaft wieder ein Schiff in Betrieb nimmt. Nach letzten Informationen sollte im Dezember 2002 ein Ersatzschiff in Dienst gestellt werden. Nähere Infos in Dakar (Tel. 8237190).

Inlandsflüge

Nach der Übernahme von Air Senegal durch Royal Air Maroc wurden viele Inlandsflüge gestrichen, dafür sind **moderne Maschinen** angeschafft worden, die auch noch **pünktlich** starten. Angeflogen werden nur noch Tambacounda, Cap Skirring und Ziguinchor.

Die Joola – „Senegals Titanic"

Ursprünglich war an dieser Stelle ein Reisebericht über den Südsenegal vorgesehen. Titel: „Mit der Joola in die Casamance". Von der Autorin lobend erwähnt wurden u.a. Komfort und Sicherheit des Schiffes. Das galt bis zum 26. September 2002, als die M/S Le Joola von Ziguinchor aus zu ihrer letzten Fahrt nach Dakar auslief. Etwa zehn Stunden später, gegen 23 Uhr, kenterte die Fähre in weniger als drei Minuten in einem schweren Tropensturm. Das Unglück geschah 22 Seemeilen vor der Küste Gambias und riss nach offiziellen Angaben mehr als 1600 Menschen in den Tod. Lediglich 64 Passagiere konnten sich retten. Das schlimmste Schiffsunglück in der Geschichte Afrikas traf den Senegal bis ins Mark. Praktisch jedes Dorf in der Casamance hatte Opfer zu beklagen. Besonders tragisch: Weil an der Universität von Dakar die Einschreibefrist ablief, befanden sich ungewöhnlich viele angehende Studenten an Bord.

Wie konnte das geschehen, fragten sich die Menschen. Erst 1990 war die 80 Meter lange Joola im deutschen Germersheim vom Stapel gelaufen, ein modernes, seetüchtiges Schiff, keiner dieser rostigen Seelenverkäufer, wie sie auf dem Niger oder Kongo verkehren. Doch offenbar hätte die Joola an jenem Donnerstag so nicht in See stechen dürfen. Fakt ist: Nur eine der beiden Maschinen war in betriebsfähigem Zustand, die Funkanlage war defekt, und dazu hatte die Besatzung alle Wetterwarnungen ignoriert. Fakt ist auch, dass sich statt der offiziell zugelassenen 550 Passagiere mehr als doppelt so viele Men-

schen an Bord befanden. Doch das reicht als alleinige Unglücksursache nicht aus. Ein verwackeltes Amateuervideo zeigt das Schiff beim Zwischenstopp vor der Insel Karabane. Die See ist noch ruhig, Pirogen bringen letzte Fahrgäste zur Joola. Auffällig: Bereits zu diesem Zeitpunkt hatte das Schiff deutliche Schlagseite. Hatte man die Fähre, die auch schwere Lastwagen transportieren konnte, schlicht und einfach falsch beladen? Vieles spricht für diese These.

Erst am 10. September 2002 war die Joola wieder in Betrieb gegangen, nach mehr als einem Jahr Generalüberholung. Vor der Reparatur des zweiten Motors sei der Regierung allerdings das Geld ausgegangen, aber Präsident *Abdoulaye Wade* habe unbedingt ein Zeichen für den entlegenen Südteil seines Landes setzen wollen, heißt es aus gut informierten Kreisen. Die staatseigene Joola war mehr als nur ein Symbol für Senegals territoriale Einheit. Für Ziguinchor, Hauptstadt der südsenegalesischen Region Casamance, war sie – wenn sie funktionierte – das einzige sichere und bezahlbare Verkehrsmittel in den Rest des Landes. Die Casamance ist vom Rest Senegals durch den Ministaat Gambia getrennt, dessen Bewohner vom Abzocken des Transitverkehrs leben. Der mehrere hundert Kilometer lange Umweg um Gambia herum ist für Reisende nicht ungefährlich, denn die Casamance ist Schauplatz einer Rebellion bewaffneter Separatisten, die sich im Laufe der Zeit in eine Vielzahl von Banden aufgesplittert haben und Überlandstraßen unsicher machen. Kein Wunder, dass nun viele im Senegal meinen, das Schiff sei aus politischen Gründen zu früh wieder in Betrieb genommen worden. „Kriminelles Versagen", titelte die regierungsfreundliche Tageszeitung Sud Quotidien; das oppositionelle Blatt Wal Fadjri sprach von „kriminellem Populismus". Dass umgehend zwei Minister und später auch noch die Ministerpräsidentin ihren Hut nehmen mussten, reichte weder der Presse noch der Öffentlichkeit. Unisono forderte man „uneingeschränkte Aufklärung". Im Vordergrund der öffentlichen Diskussion aber stand rasch ein anderer Aspekt: „le Cultur de Masla" – gemeint ist, dass im Zweifelsfall niemand für nichts verantwortlich ist. Zusammen mit der den Senegalesen eigenen Art, ihren Alltag zu bewältigen, nämlich mit einer Mischung aus Leichtsinn, Selbstüberschätzung und einer guten Portion Ignoranz, eine tödliche Sache. Im Alltagsleben mag dieses Laisser-faire ja durchaus seinen Charme haben, doch moderne Massenverkehrsmittel verlangen eben einen anderen Zugang.

Die erste Konsequenz aus dem Unglück hat Gambia gezogen. Auf den maladen und notorisch überladenen Fähren, die zwischen Banjul und Barra verkehren, soll künftig die vorgeschriebene Zahl von 400 Passagieren nicht überschritten werden. Und geht es nach Senegals Präsident Wade, sollen in Zukunft gleich zwei Fähren den Verkehr zwischen Dakar und der Casamance gewährleisten. Ob dies dann wieder unter staatlicher Regie geschieht, scheint mehr als fraglich. Die nach dem Untergang der gegründete Privatgesellschaft Casamance Express SA wird sich wohl der Sache annehmen.

Der vorläufige amtliche Untersuchungsbericht der Regierung findet sich im Internet unter www.gouv.sn/joola/.

Die Joola – einst der Stolz des Senegal

- **Air Senegal International**
Dakar, 45 Av. Albert Sarraut,
Tel. 8424100, 8236229, 8234970

Verbindungen von/nach Dakar

- **Dakar – Ziguinchor**
Tägl.; 44.000 CFA (einfach), 81.000 CFA (hin und zurück)
- **Dakar – Cap Skirring**
Mo und Fr; 47.000 CFA (einfach), 88.000 CFA (hin und zurück).
- **Dakar – Tambacounda**
Sa; 49.000 CFA (einfach), 95.000 CFA (hin und zurück).

Auto

Unterwegs als Selbstfahrer

Wenn man mit dem eigenen Auto unterwegs ist, werden einem die **vielen Polizeikontrollen** entlang der Ausfallstraßen, vor allem an Ortsenden/-anfängen, auffallen. Diese kontrollieren in der Regel die Autopapiere, Internationale Zulassung *(carte grise)*, Versicherung etc. Besonders Fahrer mit ausländischen Kennzeichen können ein Lied davon singen. Man wird sogar nach dem Feuerlöscher oder der „Inspection technique", einer Art TÜV, gefragt (auf TÜV-Plakette und Datum verweisen). Sie sollten zudem unbedingt angeschnallt sein und genau auf die vorgeschriebene Geschwindigkeit achten, sonst sind Geldstrafen zwischen 3000 und 10.000 CFA zu zahlen. Es kommt vor, dass Polizisten behaupten, man habe die zulässige Geschwindigkeit überschritten (obwohl nicht zutreffend), und einen festhalten, bis man das verlangte „Bußgeld" bezahlt hat. Was tun? Ein Leser schrieb: „Selbstbewusst und bestimmt auftreten, wenn man sich nichts zu Schulden hat kommen lassen. Mit guten Sprachkenntnissen und etwas Humor kann man viel ausrichten". Gefragt sind in jedem Fall Geduld, Fingerspitzengefühl und Respekt.

Straßen und Orientierung

Das Straßennetz im Senegal ist das bestausgebaute in ganz Westafrika. Etwa ein Drittel sind Allwetterstraßen, die übrigen Verbindungsstraßen Pisten, die meist ein geländegängiges Fahrzeug erfordern. Während die Straßendichte in der Region Kap Verde am größten ist, sind der Norden und Osten nur dünn erschlossen.

Die **Hauptstrecke** geht von der mauretanischen Grenze im Norden über St. Louis, Dakar, Kaolack, den Gambia-Fluss nach Ziguinchor. Die zweite wichtige Straße führt von Dakar im Westen über Tambacounda nach Kidira (Grenze Mali) im Osten. Die Strecke von Tambacounda zum Niokolo-Koba-Nationalpark und weiter nach Kédougou ist inzwischen durchgehend asphaltiert.

Das **Tankstellennetz** ist dicht, der Preis für Superbenzin ist mit dem in Europa vergleichbar, Diesel ist dagegen deutlich billiger. **Reparaturwerkstätten** gibt es praktisch in jedem größeren Ort. Niederlassungen der Automobilfirmen oder Vertragswerkstätten findet man allerdings nur in Dakar.

Mietwagen

Für Selbstfahrer sind Mietwagen ab ca. 16.000 CFA/Tag zzgl. einem saftigen Kilometergeld erhältlich, weshalb sich diese Form der Fortbewegung eigentlich nur für mehrere Personen zusammen lohnt; außerdem ist es in der Regel verboten, mit einem Leihwagen auf Pisten zu fahren. Oftmals ist es günstiger, ein Busch-Taxi tageweise zu mieten: Preis inkl. Sprit und Fahrer ab 25.000 CFA/Tag.

Mietwagenagenturen (in Dakar):
● **AVIS**
34, Avenue Lamine Gueye,
Tel. 8233300, Fax 8212183
● **HERTZ**
64, Rue Felix Faure und im Novotel u. Teranga, Tel. 8215623 und 8222016, Fax 8211721
● **Europcar**
1, Boulevard de la Libération,
Tel. 8220691, Fax 8223477

Le Meridien – das große Hotel Dakars

Strom

220 Volt Wechselstrom. Die in Deutschland verwendeten Stecker sind kompatibel. **Stromausfälle** sind aber selbst in Dakar an der Tagesordnung.

Übernachtung und Versorgung

Übernachtung

Im Senegal ist eine **breite touristische Infrastruktur** anzutreffen, von 4-Sterne-Hotels bis zu einfachen Unterkünften in Campements. Während der Hauptreisezeiten (Weihnachten, Ostern) und der Rallye Paris – Dakar empfiehlt sich eine schriftliche bzw. telefonische Reservierung.

Küche

Zu den senegalesischen Spezialitäten zählen **Tié-bou-dienne** (Reis mit Fisch und Gemüsesoße), **Maffé** (Reis mit Rindfleisch und Erdnusssoße) und **Poulet Yassa** (Hühnchen in Zitrone).

Chawarma heißt eine libanesische Spezialität, die in den Snack-Bars von Dakar und St. Louis häufig zu bekommen ist. Es handelt sich um eine Art Sandwich aus einem Stück Fladenbrot, gefüllt mit Lammfleisch, Tomaten, Zwiebelringen und Pommes.

Brochettes-Sandwiches mit Zwiebeln und Tomaten sind ebenfalls ein bei Senegalesen sehr beliebter, da preisgünstiger Imbiss.

Restaurants

Restaurants europäischen Standards sind vergleichsweise teuer. In Dakar und anderswo bekommt man ein Tagesgericht *(plate de jour)* selten unter 3000 CFA.

Einheimische **Garküchen** bieten in der Regel ab 500 CFA eine nahrhafte Mahlzeit.

Einkaufen

Alle größeren Orte verfügen über **Supermärkte** mit entsprechendem Angebot. Die Lebensmittelpreise auf den **Märkten** für Obst und Gemüse sind ähnlich wie in Europa; lediglich Fleisch ist billig (ca. 800–1400 CFA/kg). Nur in kleineren Orten im Süden sind einheimische Früchte wie Bananen, Orangen, Mangos und Papayas günstig.

Campinggas-Flaschen (5 kg) und auch kleine Gas-Kartuschen gibt es im Senegal überall zu kaufen (5 kg ca. 6500 CFA mit Flaschenpfand).

Trinkwasser

In Dakar und anderen größeren Städten ist das Trinkwasser stark mit Chlor versetzt. Andernorts sollte das Wasser grundsätzlich abgekocht bzw. entkeimt werden. Ab 500 CFA bekommt man überall Mineralwasser in Flaschen.

Uhrzeit

MEZ minus 1 Std. (Winter), MEZ minus 2 Std. (Sommer).

Unterwegs im Senegal

Dakar

In keiner anderen Hauptstadt Westafrikas prallen die Gegensätze von afrikanischer Tradition und europäischer Moderne so hart aufeinander wie in Dakar. Denn nirgendwo sonst hat die Kolonialmacht Frankreich solch tiefe Spuren hinterlassen wie auf der felsigen **Halbinsel Cap Vert,** wo heute mehr als 2,5 Millionen Menschen wohnen – ein **soziokultureller Schmelztiegel** par excellence, Lebensraum für 25% der Senegalesen, nationales Aushängeschild in Sachen Fortschritt und Wachstum.

Futuristische Bankenpaläste und Luxushotels in Sichtweite trostloser Armenviertel, dazu farbenprächtige Märkte, schicke Galerien und pulsierende Clubs – Dakar ist Magnet und Moloch zugleich, Umschlagplatz für Waren und Dienstleistungen, Luftkreuz für eine ganze Region. **Dakar schläft nie.** Hier wird Mode gemacht, Musik produziert, Theater gespielt, Kunst ausgestellt. Hier werden Web-Seiten kreiert und die Blaupausen eines modernen Afrika diskutiert. Keine andere Stadt Westafrikas bietet eine so facettenreiche und kosmopolitische Kulturszene. Aber schon der normale Alltag verspricht ein knallbuntes Abenteuer für die Sinne. Dakar ist alles – nur nicht langweilig. Und was ebenfalls für Dakar spricht, ist sein vergleichsweise frisches Seeklima.

Geschichte

Vermutlich waren es **Fischer** vom Stamm der Lebou, die als erste das Cap

Vert bevölkerten. Die erste amtliche Erwähnung bezieht sich auf eine kleine Ansiedlung beim heutigen Hafen und stammt aus dem Jahr 1750. Der **Name Dakar** könnte von den Wolof-Worten *daxaar* (Tamarindenbaum) oder *dekraw* (Zuflucht) abgeleitet sein. Erst ab 1845, nach der Errichtung einer französischen Missionsstation, begann die eigentliche Stadtentwicklung. Ein Fort wurde angelegt, der Hafen gebaut, Handelshäuser und Faktoreien siedelten sich im Plateau-Viertel an, dem heutigen Stadtzentrum. Der Bau der Eisenbahnline nach St. Louis 1885 und der Ausbau des geschützten Hafens zu einem Flottenstützpunkt 1898 verhalfen der Stadt zu einem rasanten Aufschwung. 1907 verlegte Frankreich schließlich den Sitz seiner **Kolonialverwaltung** für ganz Westafrika von St. Louis nach Dakar, was der Stadt den größten Entwicklungsschub brachte. Zahlreiche Repräsentationsgebäude entstanden in dieser Epoche. Die Fertigstellung der **Bahnlinie nach Bamako** 1923, der Hauptstadt des heutigen Mali, und der bald darauf einsetzende Trans-Atlantik-Flugverkehr, machten Dakar zu einer wichtigen Drehscheibe des internationalen Verkehrs. Nach der Unabhängigkeit 1960 und der bis heute ungebremsten Landflucht

dehnte sich die Stadt rasch Richtung Norden aus. Heute kann man von einem weitgehend geschlossenen Siedlungsraum zwischen Dakar und Rufisque sprechen.

Dakar heute

Anders als viele bis zur Unkenntlichkeit zersiedelte Metropolen Afrikas kann Dakar mit einem echten **urbanen Zentrum** aufwarten. Das ist kein Verdienst der Städteplaner, sondern beruht auf geografischen Gegebenheiten. Die **felsige Landzunge** erlaubt weitere Besiedlung nur in einer Richtung: nach Norden. Wie Perlen auf einer Schnur reihen sich die neueren Wohnviertel aneinander, von Colobane, Grand Dakar, Dieupeul, Ouakam, Grand Yoff, Grand Medina bis hinauf nach Pikine und Tiaroye. Je weiter man nach Norden gelangt, desto ärmlicher werden die Quartiere. Um die Ausbreitung von Slums zu verhindern, geht die Stadtverwaltung oft nicht zimperlich vor. Doch ob allein der Einsatz von Bulldozern reicht, den sozialen Sprengstoff in den illegalen Siedlungen einzudämmen, darf bezweifelt werden.

Auf der anderen Seite hat sich die Stadt als Sitz von Niederlassungen zahlreicher internationaler Konzerne und Organisationen etabliert. Die in Dakar lebenden Europäer, man spricht von etwa 40.000, schätzen **Weltoffenheit** und die im afrikanischen Vergleich **hohe Lebensqualität.** Ihr bevorzugtes Wohnquartier ist nicht mehr das innerstädtische Plateau, sondern der Küstenstreifen zwischen dem Pointe des Almadies und Yoff, wo seit einigen Jahren ein Bauboom sondergleichen die Wirtschaft ankurbelt. Seit dem Niedergang der Elfenbeinküste erlangte Senegal zunehmend politisches Gewicht auf der Weltbühne, wobei Dakar als regionales Konferenz- und Tagungszentrum an Bedeutung gewann. Gleiches gilt für die Universität, wo zahlreiche Studenten aus anderen afrikanischen Ländern eingeschrieben sind.

Und nach wie vor ist die ehemalige Kolonialmacht Frankreich mit einem größeren Militärkontigent präsent. Seit 2002 nutzen auch die USA Dakar als strategischen Brückenkopf für ihre Operationen in Westafrika.

Sicherheit und Kriminalität

Dakar ist nicht Lagos, Abidjan oder Johannesburg. Es gibt keine „No-go-areas" für Weiße. Und **Gewaltkriminalität** kommt nur **höchst selten** vor. Aber wie in jeder anderen Millionenstadt sollte man auch in Dakar dem Aspekt Sicherheit oberste Priorität beimessen. Erste Maßnahme: Geben Sie potenziellen Langfingern keine Gelegenheit, Sie zu berauben. **Geld und Wertsachen** sollten **im Hotel** deponiert bleiben. Verzichten Sie beim Stadtbummel auf Schmuck, teure Uhren oder die wertvolle Videokamera. Größtes Misstrauen ist bei „spontanen" Begegnungen angebracht. Einen wildfremden Weißen anzusprechen, das käme einem „normalen" Dakarois nämlich nie in den Sinn. Dabei will nicht jeder, der Sie auf der Straße anspricht, Sie automatisch um Ihre Habseligkeiten erleichtern. Doch derartige Gespräche dienen nicht selten zum Auskundschaften günstiger Gelegenheiten. Viele Kleinkriminelle, die oft in Gruppen arbeiten, verfügen über ein ausgeklügeltes Informationssystem. Wer z.B. versucht, mit einem einzelnen Schmuckstück in der Hand ins Geschäft zu kommen, hat mit

ziemlicher Sicherheit unlautere Absichten. In den meisten Fällen wird die Cleverness der Ganoven nur noch von der Naivität oder schieren Dummheit ihrer Opfer übertroffen.

Bevorzugtes Aktionsfeld für **Trick- und Taschendiebe** ist die Gegend rund um den Place de la Indépendance, die Avenue George Pompidou, die Avenue Albert Sarraut, die beiden Märkte Kermel und Sandaga sowie die Hafengegend, und da vor allem die Anlegestelle der Fähre nach Gorée. Auch von den westlichen Corniche-, bevorzugtes Terrain für Jogger und Freizeitsportler, wurden immer wieder Überfälle gemeldet. Aber ein wirklich unangenehmer Ort ist die Gare routière, "pompier" genannt. Wegen des extremen Gedränges und Geschiebes sind selbst Einheimische auf der Hut. Speziell hier ist äußerste Vorsicht angebracht.

Zwar ist es der Polizei in letzter Zeit gelungen, die innerstädtische Kriminalität spürbar einzudämmen, dafür ist jetzt die **Peripherie** zunehmend gefährlicher geworden. Das gilt auch für die Zeit nach Mitternacht – also dann, wenn sich Clubs und Discos erst richtig füllen. Wer sich dann zu Fuß und möglicherweise auch noch allein ins "Africa Star" oder ins "Sahel" aufmacht, darf sich nicht über gefährliche Begegnungen wundern. Da wird man schnell in einen finsteren Hauseingang gedrückt und ist im Handumdrehen seine Barschaft los. Wer richtig Pech hat, kann den Rückweg in sein Domizil barfuß und in Unterhosen antreten. Nächtliche Vergnügungstouren, auch bei kurzen Strecken, sollten deshalb nur mit dem Taxi und möglichst in Begleitung angegangen werden.

Über die ständig wechselnde Sicherheitslage wissen Einheimische naturgemäß am besten Bescheid. Und wenn man erst mal ein paar Tage in Dakar verbracht hat, stellt sich auch das Gespür für die "Hotspots" ein.

Sehenswürdigkeiten

Rund um den **Place de l'Indépendance** schlägt das Herz von Dakar. An diesem rechteckigen Platz zweigen die wichtigsten Straßen ab, wuchtige Hochhäuser aus den 1950er Jahren bestimmen das Bild, die Atmosphäre ist alles andere als afrikanisch. Dafür fällt die Orientierung sehr leicht. Den besten Überblick von der Stadt und dem gewaltigen Hafen verschafft man sich vom 16. Stock der Dachterrasse des Hotel de l'Indépendance.

Plateau-Viertel

Das Plateau-Viertel, rund um den **Place Soweto,** ist einer der ältesten Stadtteile Dakars. Ganze Straßenzüge stammen noch aus der Gründerzeit, das Ambiente erinnert an Südfrankreich. Hier befindet sich das IFAN-Museum, das einen umfassenden Einblick in die Kultur Westafrikas bietet; außerdem das Parlamentsgebäude und der Präsidentenpalast. Anders als in der hektischen City kann man hier ungestört bummeln.

IFAN-Museum

Das IFAN-Museum nimmt sich im Gegensatz zum Kolonialmuseum von Paris bescheiden aus. Doch in Westafrika wird man ein vergleichbares Museum vergeblich suchen. Das **Institut Fondamental d'Afrique Noire (IFAN)** beherbergt u.a. zehn naturalistisch nachempfundene Szenen, die Rituale und Zeremonien wichtiger Ethnien Westafrikas zeigen, so etwa der Dogon, Bijagos oder Bassari, sowie eine umfassende Sammlung von Masken und Kultgegenständen.

Das Museum ist täglich außer Mo von 8–12 und 15–18 Uhr geöffnet, der Eintritt beträgt 2000 CFA.

Medina

Wer nachts die angesagten Clubs besuchen will, kommt an Medina nicht vorbei. Dazu sollte man aber gewisse Vorsichtsregeln beachten (s.o.). Tagsüber herrscht im **„Bauch der Stadt"** geschäftiges Treiben, und man kann, ist man nicht mit Kameras behängt, unbehelligt eine Entdeckungstour machen oder seinen Einkäufen nachgehen. Touristen verirren sich selten hierher. Den besten Eindruck von diesem lebendigen Viertel erhält man rechts und links der Av. Blais Diagne, wo sich auch der **Marché Tilène** befindet. Auf dem mit Abstand ursprünglichsten Markt Dakars findet sich alles, von Gebrauchttextilien bis zu Wahrsagern, und dazu noch viel preiswerter als in der City.

Marché de la Gare

Der kleine Markt liegt direkt **beim Bahnhof.** Hier werden vornehmlich Nahrungsmittel, Gewürze und Waren aus Mali verkauft, die mit dem Zug ins Land geschafft werden. Wer sich etwas auskennt, kann hier u.a. preisgünstig dekorative Decken aus Mali erwerben. Nur ein Paar Gehminuten entfernt, etwas oberhalb des Hafens, liegt ein weiterer Krämermarkt, wo es vom Angelhaken bis zum Wagenheber allerlei Nützliches und Skurriles zu kaufen gibt.

Kermel-Markt

Der Kermel-Markt befindet sich in der **Nähe der Hauptpost,** nur wenige

Dakar (im Hintergrund die Île de Gorée)

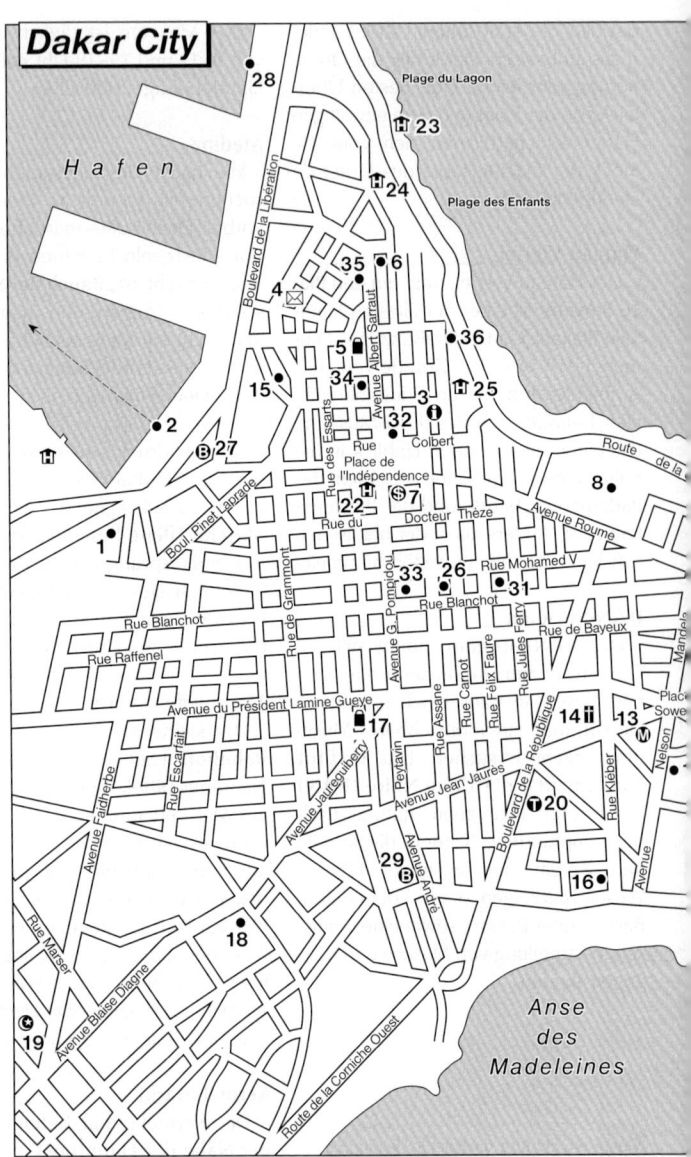

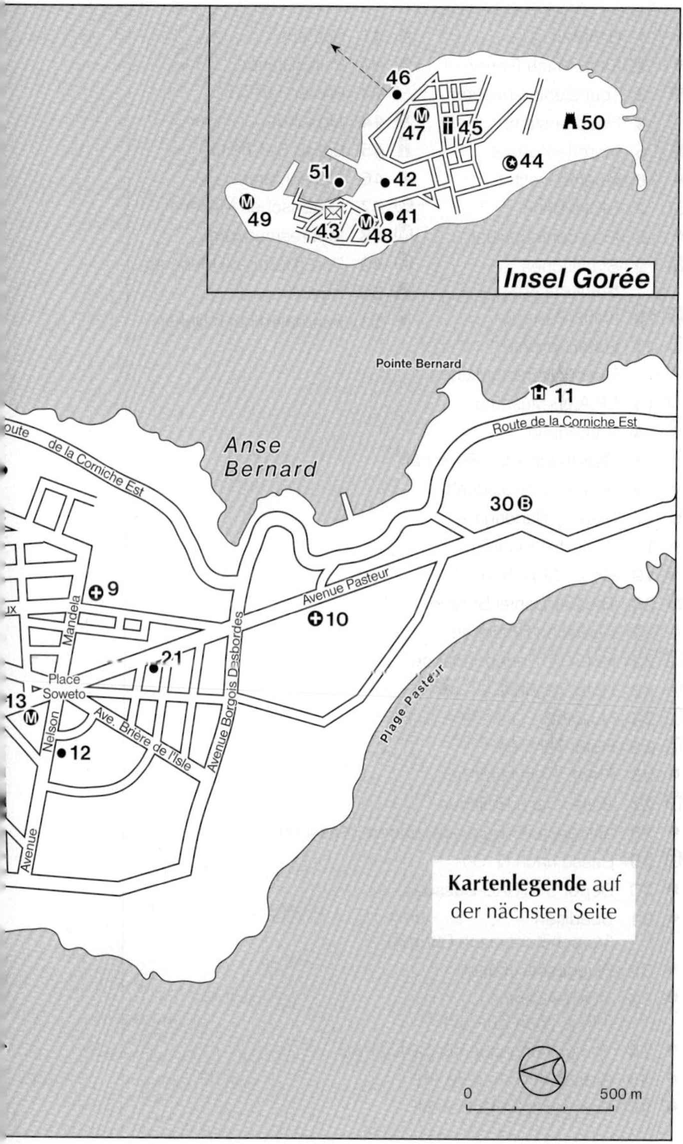

Karten S. 580 und 622   Unterwegs im Senegal
                                                        DAKAR 617

Insel Gorée

Pointe Bernard

Anse Bernard

Route de la Corniche Est

🏠 11

Route de la Corniche Est

30 Ⓑ

Avenue Pasteur

✚ 9

✚ 10

Plage Pasteur

Place Soweto

● 21

13 Ⓜ

● 12

Ave. Brière de l'Isle

Avenue Nelson Mandela

Avenue Borgois-Desbordes

Avenue

Kartenlegende auf der nächsten Seite

0   500 m

Senegal

DAKAR (LEGENDE ZUR KARTE DAKAR CITY)

- 1 Bahnhof
- 2 Fähre nach Gorée
- 3 Touristeninformation
- 4 Hauptpostamt
- 5 Marché Kermel
- 6 Goethe Institut
- 7 BICIS-Bank
- 8 Präsidentenpalast
- 9 Städtisches Krankenhaus
- 10 Klinik Pasteur
- 11 Hotel Savana
- 12 Nationalversammlung
- 13 I.F.A.N.-Museum
- 14 Kathedrale
- 15 Österreichische Botschaft
- 16 Schweizer Botschaft
- 17 Marché Sandaga
- 18 Cour des Maures
- 19 Große Moschee
- 20 Theater Daniel Sorane
- 21 Deutsche Botschaft
- 22 Hotel de l'Indépendance
- 23 Hotel Lagon II
- 24 Novotel
- 25 Hotel Teranga
- 26 Franz. Kulturzentrum
- 27 Busse nach Rufisque
- 28 Anlegestelle Tragflächenboote (Kassoumay)
- 29 Busse nach N´Gor
- 30 Depot SOTRAC-Busse
- 31 Spedition (Verschiffung nach Europa)
- 32 Fluggesellschaften
- 33 Ticket-Agentur (Flüge nach Europa)
- 34 Verschiffungsagentur SOCOPAO
- 35 Botschaft Côte d´Ivoire
- 36 Französische Botschaft
- 41 Rathaus
- 42 Polizeistation
- 43 Postamt (P.T.T.)
- 44 Moschee
- 45 Eglise St-Charles
- 46 Sklavenhaus
- 47 Historisches Museum
- 48 Meeresmuseum
- 49 Fort d'Estrées/Museum
- 50 Kastell
- 51 Fährhafen nach Dakar

Gehminuten östlich vom Place de l'Indépendance. 1993 vollständig abgebrannt, wurde die **Jugendstilhalle** mit ihrem maurischen Dekor in alter Form wieder rekonstruiert. Allein schon die Farbenpracht des **Vogel- und Blumenmarktes** ist einen Besuch wert. Fisch, Fleisch, Obst und Gemüse sind etwas teurer als anderswo. Aber nirgends bekommt man so guten Käse oder so gute Wurst wie hier. Rund um den Markt haben sich zahllose Souvenirläden niedergelassen.

Sandaga-Markt

Der Sandaga-Markt an der Av. Lamine Guèye ist nicht nur wegen seiner **neosudanesischen Architektur** das genaue Gegenstück zum touristisch herausgeputzten Kermel-Markt. Hier decken sich vor allem die Einheimischen mit den Dingen des täglichen Bedarfs ein. Interessant ist vor allem das **Umfeld des Marktes** wegen des schier unüberschaubaren Angebots an afrikanischen Stoffen und Musikkassetten. Das hinter dem Markt neu entstandene **Einkaufszentrum Touba** zeugt von der Prosperität und Finanzkraft der islamischen Bruderschaft der Mouriden.

Hafen

Der Hafen zählt mit seiner zehn Kilometer langen Kaianlage zu den **größten Westafrikas**. Mit Ausnahme des militärischen Teils ist er für jedermann frei zugänglich und durchaus sehenswert. Wer das rege Treiben allerdings aus dem Wagen heraus besichtigen will, muss sich bei der Hafenbehörde eine Tagesgenehmigung einholen (Informationen bei der Direction du Port Autonome de Dakar, Tel. 8234545).

Sehenswert ist auch der **Bauernmarkt** an der Anlegestelle der Fähre nach Gorée. Zum Feierabend treffen sich die Hafenarbeiter bei „Alex", einer urigen Bierbar.

Corniche

Die Corniche zeigt dem Besucher das **landschaftliche Zuckerstück** von Dakar. Ausgehend vom Hafen windet sich die enge Küstenstraße zuerst Richtung Süden, vorbei an prächtigen Villen, mondänen Restaurants, verschwiegenen Badebuchten und dem alles überragenden Palast des Präsidenten. Nach dem **Cap Manuel** und seinem Leuchtturm geht es dann wieder in die entgegengesetzte Richtung. Die Corniche endet im schicken **Mermoz-Viertel.** Die Straße verläuft dann von der Küste weg Richtung Ouakam und von dort zum **Leuchtturm Les Mamelles.**

Soumbédioune

Soumbédioune bezeichnet eine kleine **Bucht** und ein **Stadtviertel an der westlichen Corniche.** Bekannt geworden ist der Ort durch sein **Village Artisanal,** das größte seiner Art im Senegal, wo es reichlich Kunsthandwerk zu bestaunen gibt. Vor hier aus startet auch die kleine Bahn, die Touristen durch die Innenstadt von Dakar kutschiert. Ein kleiner **Fischerhafen** vermittelt einen Eindruck von der harten Arbeit der Fischer. Doch am schönsten ist dieser Ort am frühen Abend, wenn die Sonne hinter den vorgelagerten Inseln im Meer versinkt.

Point des Almadies

Der Point des Almadies ist der **westlichste Punkt Afrikas**. Der felsige Landzipfel avancierte in den letzten Jahren zur besten Wohnadresse von Dakar und heißt im Volksmund „Beverly Hills". Am Wochenende ist er außerdem ein beliebtes Ausflugsziel. Werktags kann man hier in aller Ruhe bummeln, einen Souvenirmarkt besichtigen und sich an den Strandbuden mit frischem Fisch, Muscheln, Austern oder gegrillten Langusten versorgen. Nähere Infos zu Unterkünften s.u. unter Hotels in Ngor, Yoff und des Almadies.

Touristeninformation

- Rue du Docteur Calmette, Tel. 8211126. Kaum Infomaterial, wenig Auskünfte, dürftiger Service. Das gilt auch für die Webseite der Stadt: www.dakarville.sn.

Hotels

Dakar verfügt über ein großes Bettenangebot der Mittel- bis Luxus-Klasse. Dagegen ist das Angebot an preiswerten Unterkünften sehr beschränkt. Ein passables Doppelzimmer unter 15.000 CFA zu finden, ist fast unmöglich. Vor allem während der Hauptreisezeit, zu Weihnachten, Ostern oder während der Rallye Paris-Dakar, sollte man frühzeitig reservieren. Auch während internationaler Konferenzen ist es oftmals schwierig, ein Zimmer zu finden. Wem die City von Dakar zu teuer und/oder zu hektisch ist, der findet in den nördlich gelegenen Küstenorten Ngor oder Yoff genügend Alternativen. Dort werden auch Privatzimmer, Ferienhäuser und Appartements vermietet. Alle genannten Preise beziehen sich auf eine Übernachtung; wer länger bleibt, kann bei einfacheren Unterkünften Preisnachlässe aushandeln.

- **Infos zu Ferienwohnungen:**
www.gites-senegal.com/site/home

- **Infos zu Hotels:**
www.ausenegal.com/hotel/dakar.htm

Hotels der Luxusklasse

- **Hotel Teranga (Sofitel)**
Pl. de l'Indépendance, Tel. 8231044, Fax 8235051. Zentrale Lage, Pool, Sauna, Tennisplatz, Night-Club etc., 260 klimatisierte Zimmer und Suiten ab 55.000 CFA.

- **Novotel Dakar**
Av. du Barachois, Tel. 8238849, Fax 8238929. Steriles Hotel mit 290 Zimmern von der Stange mit Pool, Tennis etc. DZ ab 56.000 CFA.

- **Hotel Lagon II**
Route de la Petit Corniche, Tel. 8237442, Fax 8237727. Klein, aber fein und direkt am Meer gelegen, ausgezeichnetes Restaurant, 55 geschmackvolle Zimmer ab 47.000 CFA. Der benachbarte Yachtclub Lagon I ist Treffpunkt der High-Society.
www.le-senegal.com/lagon

- **Hotel Savana**
Pointe Bernard, etwa 3 km südlich vom Zentrum, Tel. 8236023, Fax 8237306. Ein Haus mit Stil und 100 Zimmern, direkt am Meer in schöner Lage, großer Pool, Tennisplätze, DZ ab 60.000 CFA; www.savana.sn

- **Hotel l'Indépendance**
Pl. de l'Indépendance, Tel. 8231019, Fax 8221117. 130 klimatisierte Zimmer, Night-Club, Restaurant mit Panoramablick im 15. Stock, größtes Highlight ist der Pool im 16. Stock; DZ ab 51.000 CFA.

Hotels der Mittelklasse

- **La Croix du Sud**
20, Av. Albert Sarraut, Tel. 8232947, Fax 8232655. Französisches Traditionshotel mit Stil und ausgezeichnetem Restaurant, 63 klimatisierte Zimmer ab 36.000 CFA.
www.le-senegal.com/croixdusud

- **Hotel Ganalé**
38, Rue Assane Ndaye, Tel. 8215570. 40 klimatisierte Zimmer mit Bad, Telefon und TV ab 30.000 CFA, wegen des guten Preis-/Leis-

Dakar – Place de l'Indépendance

tungsverhältnisses oft ausgebucht; www.senegal-online.com/hotelganale

●**Hotel Nina**
Rue du Dokteur Thèze, Nähe Place de l'Indépendance, Tel. 8212230. Bar ist beliebter Treffpunkt, 40 klimatisierte Zimmer mit TV ab 25.000 CFA;
e-Mail: ninahotel@metissacana.sn

●**Hotel Le Farid**
51, Rue Vincens, Tel. 8236123. 17 klimatisierte Zimmer, gutes libanesisches Restaurant, Bar, privater Parkplatz, DZ mit Bad ab 17.000 CFA; e-Mail: marco@metissacana.sn

●**Hotel Océanic**
9, Rue de Thann, Tel. 8222044, Fax 8215228. Beliebtes Hotel im Kolonialstil, Bar, gutes Restaurant, DZ von 17.000–26.000 CFA;
e-Mail: hotel-oceanic@sentoo.sn

●**Hotel Saint-Louis Sun**
68, Rue Félix Faure, Tel. 8222570. Bar, gutes senegalesisches Restaurant, Tagesteller 2500, Frühstück 1000 CFA, DZ ab 21.000 CFA.

●**La Voile d'Or**
Plage de Bel-Air, Tel. 8328648. Ferienanlage mit Bungalows und schönem Privatstrand, Tauchen und Wassersport ist möglich; auf Wunsch Vollpension; DZ ab 17.000 CFA;
e-Mail: voiledor@sentoo.sn

●**Hotel du Plateau**
62, Rue Jules Ferry, Tel. 8234420. Zentral gelegen, DZ ab 18.000 CFA.

Einfachere Hotels

●**Le Provençal**
19, Rue Malenfant, direkt am Place de l'Indépendance, Tel./Fax 221069; freundliches und hilfsbereites Personal, sehr beliebt bei Rucksackreisenden, DZ ab 12.800 CFA.

●**Hotel Continental**
10, Rue Galandou Diof, Tel. 8221083, Fax: 822131. Gut geführtes Haus mit 22 Zimmern, z.T. klimatisiert, DZ ab 11.500 CFA.

●**Le Central**
16, Av. G. Pompidou, Tel. 8217217. Zentral gelegen in der Nähe Pl. de l'Indépendance; saubere DZ mit Dusche ab 13.000 CFA.

●**Hotel Du Marché**
3, Rue Parent, Tel. 8215771. Neben dem Marché Kermel; einfach und günstig, DZ mit Dusche 9000 CFA.

DAKAR

Karten S. 580 und 616

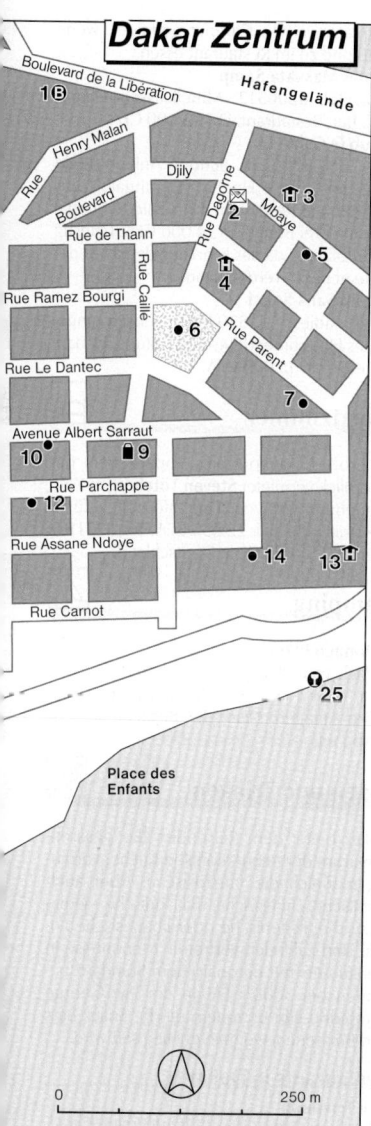

🚌	1	Busstation
✉	2	Hauptpost
🏨	3	Hotel/Bar Massalia
🏨	4	Hotel Oceanic
●	5	Botschaft Kapverden
●	6	Kermel-Markt
●	7	Goethe Institut
🏨	8	Hotel Croix du Sud
🛒	9	Kaufhaus Score
●	10	Air Senegal
●	11	Air France
●	12	SN Brussels
🏨	13	Novotel
●	14	Französische Botschaft
●	15	Rathaus/Hotel de Ville
🏨		Hotel de Ville
🏨	16	Hotel Provençal
●	17	Bücherei Clairafrique
🏨	18	Hotel de l'Indépendance
$	19	CBAO Bank
●		Air Mauretanie
●	20	Senegal Tours
●	21	Air Afrique/Cinema Paris
🏨	22	Hotel Teranga
$	23	BICIS Bank/Citibank
🏨	24	Hotel Nina
🍸	25	Bar/Restaurant Lagon 1
✉	26	Post
🍴	27	Restaurant Chez Loutcha
🍴	28	Ali Baba Snack Bar
🏨	29	Hotel Continental
🏨	30	Hotel Mon Logis
🍸	31	Night Club Jet Set
🏨	32	Hotel du Princes
🍴	33	La Pizzeria
●	34	Sandaga-Markt
●	35	Air Guinée
🏨	36	Hotel Ganalé
●	37	Franz. Kulturzentrum
●	38	Botschaft von Mali
●	39	Botschaft der USA
★	40	Präsidentenpalast
🏨	41	Hotel Saint-Louis Sun
🍴	42	Rest. Gargotto Diarama
●	43	Nouvelles Frontières

Senegal

- **Chez Antonio Vieira**
90, Rue Moussé Diop, Tel. 8217348. Das Hotel wird von einem Kapverdianer geführt und von Rucksackreisenden gut bewertet; sehr einfache Zimmer mit Balkon; DZ kosten ab 9000 CFA.
- **L'Auberge Rouge**
16, Rue Moussé Diop/Ecke Rue Jules Ferry; Tel. 8217256. Gutes und preiswertes Restaurant, Stundenhotel, DZ 8000 CFA.
- **Hotel Mon Logis**
67, Av. Pres. Lamine Guéye, Tel. 8218525, DZ 7000 CFA, lautes Stundenhotel, nur für hart gesottene Traveller zu empfehlen.
- **Hotel Les Princes**
49, Rue Raffenal, Tel. 8211855. Unsauber, DZ ohne Dusche 8000 CFA.

Hotels in Ngor, Yoff und des Almadies

- **Le Meridien-President**
Pointe des Almadies, Tel. 8201515, Fax 8203030. Großhotel direkt am Meer, Konferenz-Zentrum, diverse Restaurants und Bars, eigener Golfplatz, Mietwagen etc., 80 Suiten und 280 Zimmer ab 75.000 CFA; www.lemeridien-dakar.com
- **Les Almadies (Club Méditerranée)**
Pointe des Almadies, Tel. 8200951, Fax 8203941. Frisch renoviertes Feriendorf, alle Arten von Wassersport möglich, Privatstrand, ab 50.000 CFA p.P., Wochenend-Arrangements möglich.
- **Hotel N'Gor Diarama (ex Meridien)**
Ngor, Tel. 8202724. Schon etwas in die Jahre gekommener Betonklotz, eigener Strand; hier steigt der Tross der Rallye Dakar ab. DZ ab 40.000 CFA.
- **Hotel Hacienda**
Yoff-Camberène, Tel. 8324103. Bungalowanlage in schönem Garten, DZ ab 28.000 CFA; www.hotel-hacienda.com
- **Tahiti Hotel**
Yoff-Tanghor. Tel. 8209666, Fax 8209670. Neues Hotel, nur wenige Minuten vom Airport; e-Mail: tahitihotel@arc.sn
- **SU.NU.GAL**
Route de Ngor, Tel. 8200331, Fax 8200162. Privatstrand, 24 Bungalows und 16 Zimmer, alle klimatisiert, DZ 25.000 CFA. Auf dem Parkplatz werden Camper geduldet, wenn sie ab und zu im Restaurant essen.
- **Hotel Massata Samp**
Ngor, Tel. 8200512. Mittelklassehotel mit Pool, Bar, Restaurant, DZ 25.000 CFA.
- **Club le Calao**
Ngor, Tel. 8200540. Schöne Anlage direkt am Strand, Nähe Flughafen, Bungalowdorf mit Pool und Restaurant, klimatisierte Bungalows mit drei Betten ab 24.000 CFA. Günstig für Autofahrer, da das Fahrzeug direkt vor der Hütte geparkt werden kann.
- **Hotel Sans Souci**
Les Almadies, Tel. 8204787. Hübsch eingerichtetes Haus unter deutscher Leitung, klimatisierte DZ ab 15.000 CFA.

Privatzimmer

Ein großes, komfortables Appartement mit Meerblick vermietet **Steven Töteberg** in Yoff, 10 Gehminuten vom Flughafen. Preis für 2 Pers. mit Frühstück 22.000 CFA. Tel. 8201161 oder (0511) 582208 in Deutschland.

Camping

- **Monaco Plage**
Südlich vom Plage Bel Air neben dem Hotel Voile d'Or. Bar, Restaurant und saubere sanitäre Anlagen. *Gino,* der Besitzer, ist sehr hilfsbereit.

Essen und Trinken

Dakar bietet dem Reisenden das gesamte Spektrum der internationalen Küche, vorrangig natürlich die französische. Aber auch kreolische, chinesische, thailändische, vietnamesische, italienische oder libanesische Lokale sind zahlreich vertreten. Menüpreise in Restaurants mit europäischem Standard beginnen bei 3000 CFA. In der Av. George Pompidou gibt es zudem etliche Snack-Bars und Brasserien, wo man günstig satt wird.

Restaurants in Dakar

- **Le Terrou-Bi**
Bd. Martin Luther King. Tel. 8224247. Gilt als bestes Lokal der Stadt. Menü ab 12.000 CFA;

schöne Lage mit Blick auf die Inseln. Außerdem Pool, Nightclub und Spielcasino, So geschlossen.
- **Lagon 1**
Corniche Est. Tel. 8215322. Sehr chic und sehr teuer, aber einmalige Einrichtung und dann die Lage am Meer.
- **Brasserie Le Sarraut**
14, Av. A.Sarraut, Tel. 8225523. Traditionsreiches Terrassenrestaurant in zentraler Lage.
- **La Casa Creole**
Nähe Kermel-Markt. Gutes Restaurant auf drei Stockwerken mit kreolischer Küche, am besten sitzt man auf der Terrasse, Menü ab 4000 CFA.

- **Keur N'Deye**
68, Rue Vincens/Sandinièri. Tel. 8214973. Traditionelle senegalesische Küche, gemütliche Atmosphäre.
- **Chez Loutcha**
114, Rue Moussé Diop; Tel. 8210302. Kapverdianische Küche, günstige Preise und die definitiv größten Portionen in Westafrika – entsprechend gut besucht, familiäres Ambiente.
- **Ali Baba Snack Bar**
23, Av. Pompidou. Preiswert und sauber. Von den vielen Schnellrestaurants in der Straße ist dieses libanesische Lokal mit das beste. Bis 2 Uhr nachts geöffnet.

„Le Dakar" – die Rallye Paris – Dakar

Für die einen ist es ein fragwürdiges Vollgas-Spektakel, für die anderen eine der letzten großen Herausforderungen: An der Rallye Paris – Dakar, kurz „le Dakar" genannt, scheiden sich die Geister. Zwei Wochen lang, meist Anfang Januar, wälzt sich ein gewaltiger Tross von Geländewagen, Motorrädern und LKW Richtung Süden, begleitet von Transportflugzeugen und Hubschraubern mit TV-Kameras. Ziel ist seit der Premiere 1979 Dakar. Lediglich 1992 und 2000 gab es mit Kapstadt und Kairo andere Zielankünfte. Bis 2001 war „die Dakar" eine Domäne der Männerwelt und Rennfahrerinnen allenfalls schmückendes Beiwerk. Dann gewann mit *Jutta Kleinschmidt* zum ersten Mal eine Frau das härteste Rennen der Welt. Und weltweit war das Erstaunen groß.

Die Rallye ist – natürlich – die Erfindung eines Franzosen: *Thierry Sabine*. Die Idee kam dem Rennfahrer 1977, als er sich beinahe hoffnungslos in der libyschen Wüste verirrt hatte. Bereits zwei Jahre später startete er seine erste Dakar. *Sabine* endete dort, wo es ihn immer wieder hinzog: 1991 verunglückte er bei einem Erkundungsflug für eine neue Route in der mauretanischen Wüste. Dabei war und ist *Sabine* beileibe kein Einzelfall. Praktisch jedes Jahr kommt es zu tragischen Unfällen mit Toten und Verletzten, egal ob Rennfahrer oder unbeteiligte Zuschauer. Doch anders als in Europa erheben sich vor Ort kaum kritische Stimmen. Im Gegenteil: Als etwa 2001 nach langer Abstinenz wieder einmal Mali durchfahren wurde, stand das ganze Land vor Begeisterung Kopf. Die weltweite Fernseh-Übertragung des Rennens erfüllt die Leute mit sichtlichem Stolz. Tatsächlich flimmern allabendlich beeindruckende Impressionen von Land und Leuten über die Mattscheibe – mit kolossalem Werbeeffekt. So verwundert es nicht, dass sich jedes Jahr aufs Neue Männer mit Geländewagen auf die Spuren der Dakar machen. Was die TV-Bilder selten zeigen, ist die Rücksichtslosigkeit, mit der die Akteure bei der Jagd nach Sekunden zu Werke gehen. So manches Dorf im Sahel wird von der rasenden Kolonne förmlich überrollt. Ganz zu schweigen vom Flurschaden, den die Fahrer dabei anrichten. Dann heißt die Devise für Mensch und Tier nur noch: Rette sich, wer kann.

- **Info:** www.dakar.com

Neue Moschee an der Corniche Ouest

- **Keur Samba**
13, Rue Jules Ferry, Tel. 8216045. Ausgezeichnete senegalesische und afrikanische Küche, aber nicht ganz billig.
- **L'Oasis**
8, Rue des Escarts, in der Nähe des Marché Kermel. Europäische Gerichte in hübschem Innenhof.
- **Restaurant Point d'Interrogation „?"**
Rue Assane Ndoye/Ecke Rue Mohammed V, Tel. 8225072. Restaurant sowohl mit afrikanischer als auch europäischer Küche; Gerichte ab 1800 CFA. Beliebter Treffpunkt von Einheimischen wie Europäern.
- **Le Farid**
Im gleichnamigen Hotel, 51, Rue Mohammed V. Libanesische Gerichte zu günstigen Preisen, angenehme Atmosphäre.
- **Le Guyguy**
17, Rue Jules Ferry, Tel. 8221292. Gute einheimische Küche und Grillspezialitäten.
- **La Pizzeria**
47, Rue Abdou Karim Bourgi, Tel. 8210926. Bekannt für gute Pizzas; von 18–5 Uhr früh (!) geöffnet, Mo geschlossen.
- **Le Metissacana**
Rue de Tiong, Tel. 8222043. Internetcafé, Restaurant, Bar, Freiluftkino, rund um die Uhr geöffnet und deshalb interessantes Publikum.
- **Le Hanoi**
Ecke Rue Carnot/Rue Josef Gomis. Tel. 8213269. Asiatisch-vietnamesische Küche ab 3000 CFA.
- **Angkor**
Rue Dagorne, nahe Marché Kermel, Tel. 8221260. Chinesische Gerichte ab 2500 CFA, So geschlossen.
- **Le Dagorne**
Rue Dagorne, Tel. 8222080. Französisches Restaurant, etwas teuer, seit Jahren bekannt für gute Fischgerichte, Mo geschlossen.
- **L'Imperial**
Pl. de l'Indépendance. Hier hat Jean-Claude, ehemals Betreiber des Café Ponty, sein neues Domizil gefunden. Günstige Tagesgerichte, Bier vom Fass, hübsche Terrasse.

Restaurants in der Region Ngor

- **La Pointe des Almadies**
Tel. 8200140. Exzellente Fischgerichte und Meeresfrüchte ab 5000 CFA.
- **São Brasil**
Ngor, hinter der Shell-Station, Tel. 8200941. Bar mit Pizzeria und Grill, abends beliebter Treffpunkt der weißen Experts; Gerichte ab 1800 CFA.
- **La Brazzerade**
Ngor-Plage, beim Taxistand, Tel. 8200364. Seefrüchte und Fisch vom Holzkohlegrill ab 5000 CFA.
- **Le Ramatou**
Das Lokal befindet sich rechter Hand der Straße zum Flughafen, Route de Corniche, und bietet gutes Essen ab 3000 CFA.
- **Chez Carla**
Restaurant/Pension einer italienischen Mama auf der Insel Ngor; ausgezeichnete Küche mit Fischspezialitäten.

Salons de Thé, Cafés, Pâtisseries

Sowohl in der Av. Georges Pompidou als auch in der Av. Lamine Gueye gibt es mehrere „europäische" Cafés mit entsprechenden Preisen. Die meisten haben nur bis 20 Uhr geöffnet; in der Regel servieren sie außer Kuchen auch ein gutes Frühstück, Sandwiches und Crêpes.

● **Pâtisserie Gentina**
22, Av. Albert Sarraut, unweit vom Pl. de l'Indépendance; ausgezeichnete Kuchen und gutes franz. Frühstück.

● **Pâtisserie Galette**
16, Av. George Pompidou; bekannt für gutes Brot und andere Backwaren.

● **Pâtisserie Laeticia**
Ecke Bd. de la République/Av. Lamine Gueye, Tel. 8225527. Gutes Gebäck und frischer Kuchen.

● **Le Bruxelles**
27, Av. George Pompidou, bis 22 Uhr geöffnet, Salon de Thé, viele Zeitschriften.

● **La Glacier Moderne (L.G.M.)**
66, Av. George Pompidou. Gutes Eis, Fruchtsäfte etc. in klimatisierten Räumen, der Betrieb unterhält noch weitere Filialen in Dakar.

Nachtleben

Wer in Dakar nach Sonnenuntergang etwas erleben will, muss sich gedulden, denn vor Mitternacht ist in den wenigsten Cubs oder Discos etwas los. Und davon gibt es in Dakar jede Menge. Auch Konzerte beginnen selten vor 23 Uhr. Aktuelle **Konzertinfos** unter:
**www.ausenegal.com/ciclo/
concerts/index.shtml**

● **Club Thiossane**
Rue Coulibaly, nahe der großen Moschee im Medina-Viertel. Club von Senegals Superstar *Youssou N'Dour*, der dort gelegentlich auch auftritt. Eintritt bei Konzerten ab 2500 CFA.

● **Le Sahel**
Bd. de la Gueule Tapée, Tel. 8212118. Dakars Club-Legende im Medina-Viertel, praktisch täglich Live-Konzerte. Eintritt ab 1000 CFA. Gleich um die Ecke der Club Sunrise des Musikers *Thione Seck*, ebenfalls ein guter Tipp.

● **Kili** (ex Kilimandjaro)
Corniche Ouest, nahe Village Artisanal, Tel. 8216255. Mit der beste Live-Club in Dakar, Eintritt ab 3000 CFA.

● **Alexandra**
42, Rue Wagane Diouf, Tel. 8421089. Schicker Treffpunkt der Capverdianer, Salsamusik live. www.alexandra.sn

● **Africa Star**
Rue Raffenal. Ab 24 Uhr die mit Abstand heißeste Adresse von Dakar, kein Eintritt, immer brechend voll, moderate Preise, leider zu viele professionelle Damen und laute Konservenmusik.

● **Jet Set**
Disco; unter gleicher Leitung wie Africa Star, aber nicht ganz so hektisch.

● **Le Keur Samba**
13, Rue Jules Ferry/Ecke Mohammed V. Jazzclub und Treffpunkt der schwarzen Schickeria, mit Restaurant.

● **King's Club**
32, Rue Victor Hugo, Disco.

● **Harry's Club**
Bd. de la République, Disco.

● **Le Mandingo**
Im Ternaga Hotel, teure Disco.

● **Pacifique**
Rue Joseph Gomis, Nightclub.

● **Weitere beliebte Discos** im Zentrum sind Titan, Les Tropiques, Le Nil und der sehr schicke Play-Club beim Hotel Afifa.

● **Tropic**
Disco in Yoff mit gelegentlichen Live-Konzerten und guter Atmosphäre – noch ein „Geheimtipp". Eintritt ab 1500 CFA.

● **Casino du Cap Vert**
N'Gor, Tel. 8200974. Glücksspiel mit allen Schikanen; Eintritt bei Discos ab 3000 CFA, in der Regel ab 23 Uhr geöffnet.

● **Casino du Port**
Bd. de la Liberation, Tel. 8490649, Essen, Trinken, Spielen – seit 2001 der neue Treff der Schönen und Reichen.

Notfall

Dakar verfügt wegen der vielen hier lebenden Europäer über eine gut funktionierende medizinische Infrastruktur. Wer bei akuten Notfällen sicher gehen will, sollte wegen langer Wartezeiten die öffentlichen Krankenhäuser meiden und sich in die Hände einer Privatklink begeben. Die Deutsche Botschaft in Dakar bietet im Internet eine umfassende

Liste von Fachärzten und Kliniken:
www.ambassade-allemagne.sn/de/
informationen/service
Gute Adressen sind u. a.:
- **Clinique Casahous**
5, Rue Thiong, Tel. 8215436/8222465.
- **Clinique International**
33, Bd Dial Diop, Tel. 8217799.
- **Clinique Pasteur**
50, Rue Carnot, Tel. 8212548/8221313.
- **Clinique de la Madeleine**
18, Av des Jambars, Tel. 8219470/8219476. Geburtshilfe.
- **Dr. Robert Rahmi**
123, Rue Josef Gomis, Tel. 8210409. Allgemeinmedizin.
- **Dr. Alain Vautier**
15, Rue de Maréchal Foch, Tel. 8213416. Zahnarzt.
- **Bio 24**
13, Rue Dr. Théze, Tel. 8225151, 24 Stunden geöffnet. Malaria-Schnelltest.
- **Pharmacie Résidence**
Point E, Bd Cheikh Anta Diop, 24 Stunden geöffnet.

Transport innerhalb der Stadt

Busverbindungen

Mit den stadteigenen **SOTRAC-Bussen** kommt man in Dakar relativ gut und billig fast überall hin. Preis für eine Fahrt: 150 CFA. Großer Nachteil der Busse: Praktisch kein Fahrzeug ist nummeriert, und nur die Einheimischen wissen, welcher Bus wohin fährt.

Buslinien innerhalb Dakar-Stadt
- **Bus No 2** vom Place Leclerc über Große Moschee zum Place de l'ONU.
- **Bus No 3** vom Place Leclerc ins Quartier Castors.
- **Bus No 4** vom Bahnhof nach Medina.
- **Bus No 5** vom Place Lat Dior über Marché Sandaga und weiter bis zum Gare routière (pompiers).
- **Bus No 6** vom Place Lat Dior über Place de l'Indépendance und weiter zum Gare routière (pompiers), Plage Bel Air und Richtung Yoff.

Buslinien vom/zum Flughafen
- **Bus No 7** vom Palais de Justice über den Pl. de l'Indépendance, Av. George Pompidou, Marché Sandaga, Av. Blaise Diagne zum Pointe des Almadies, dem Dorf Ngor, zum Flughafen Yoff und dem Dorf Yoff.
- **Bus No 8** vom Pl. de l'Indépendance über Av. George Pompidou nach Yoff und zum Flughafen.
- **Bus No 10** vom Zentrum entlang der Corniche Est zum Village Artisanal Soumbédioune, Fann und zur Universität Dakar.
- **Bus No 15** vom Pl. de l'Indépendance Richtung Osten, nach Rufisque und weiter nach Barny.
- **Bus No 21** vom Palais de Justice über Av. Pasteur/Av. Lamine Gueye, am Marché Sandaga vorbei und weiter nach Tiaroye-sur-Mer und Keur Massar.

Kleinbusse/Car rapide

Die weißen **Mercedes-Kleinbusse** kosten je nach Fahrstrecke zwischen 100 (Ngor) und 150 CFA (Yoff). Sie fahren erst bei voller Besetzung ab. Wichtige Abfahrtsstellen sind in der Avenue Peytavin (über Medina und Ouakam Richtung Ngor und Yoff) und in der Nähe der Anlegestelle nach Gorée (Richtung Rufisque).

Es geht auch noch enger, und zwar in den blau-gelben Saviem-Bussen, die als **Car rapide** bezeichnet werden.

Taxis

Viele der schwarz-gelben Taxis von Dakar haben zwar einen Zähler, dieser wird jedoch höchst selten benutzt. Bestehen Sie nur in der Nacht und am verkehrsamen Wochenende darauf, sonst zahlen sie auch für die endlosen Wartezeiten im Stau. Tarif I gilt für den Tag, Tarif II (22–7 Uhr) für die Nacht (etwa doppelt soviel wie Tarif I). Alles andere ist zähe Verhandlungssache. So zahlen Einheimische in der Regel 1500 CFA für die Fahrt vom Bahnhof nach Ngor; für die etwas kürzere Strecke zum Flughafen bezahlt man als Tourist aber selten unter 3000 CFA. Bestes Mittel, um die Taxifahrer zum Einlenken zu bewegen: Winken Sie ein anderes Taxi heran!
- **Funktaxis rund um die Uhr** bietet die Firma Allo Taxi, Tel. 8234404.

Taxi brousse

Die Busch-Taxis, meist Peugeot 504 Kombis, fahren vom zentralen Gare routière etwa 1 km nördlich des Bahnhofs in der Nähe der Feuerwehrstation ab. Deshalb wird der Ort auch „pompiers" genannt. Lassen Sie sich nicht von der Hektik und dem Heer der Schlepper verunsichern: Trotz des Chaos ist alles organisiert, die Preise sind genau festgelegt. Sitzt man erst mal im Wagen, ist das Schlimmste überstanden. Größere Städte wie Thiès, St. Louis oder Kaolak werden praktisch rund um die Uhr angefahren. Man kann ein ganzes Fahrzeug mieten – das geht am schnellsten –, oder warten bis die sieben Plätze mit Fahrgästen belegt sind, was morgens zügig geht.

Wem die Zustände am Dakarer Gare routière zu gefährlich erscheinen, kann alternativ auch mit dem Bus nach Thiès fahren. Dort gibt es weder Stress noch Schlepper.

Autovermietungen

Dakar verfügt über mehr als fünfzig nationale und internationale Autovermietungen, die sich preislich kaum voneinander unterscheiden. Viele verfügen über Filalen am Flughafen. Eine **Übersicht** bietet:
www.ausenegal.com/
transport/location.htm

Ein breites Angebot bis hin zu Bussen hat beispielsweise:
- **Evasion Location**
6, Rue Carnot, Ecke Rue Salva,
BP 23240 Dakar, Tel. 8423430, Fax 8423440
e-Mail: elv@sentoo.sn
www.au-senegal.com/pages/
evasion-location.html

Flugverbindungen

Flughafen

Der Flughafen **Léopold Sédar Senghor** liegt **bei Yoff**, etwa 17 km nordwestlich von Zentrum Dakars, und ist den Anforderungen des zunehmenden Flugverkehrs längst nicht mehr gewachsen. Der Bau eines neuen Flughafens wird seit langem diskutiert, allein es fehlt an Geld.

Die Tarife für die **Taxis** sind im Flughafengebäude angeschrieben. Zur Haltestelle der Minibusse, die bis gegen Mitternacht über Ngor ins Zentrum fahren, sind es nur etwa 150 m.

Hinweis: Ankommende Reisende, die nicht vom Reiseveranstalter abgeholt werden, sehen sich mit einem **Großaufgebot von nervigen Schleppern, Gepäckträgern und Taxifahrern** konfrontiert. Das beste Mittel: Ruhe bewahren und dubiose Angebote einfach ignorieren.
- Tel. der Flughafenverwaltung: 8200303.

Fluggesellschaften (Auswahl)
- **Air Senegal International**
45, Av. Albert Sarraut, Tel. 8424110
- **Air France**
47, Av. Albert Sarraut, Tel. 8397777
- **Air Afrique**
Pl. de l'Indépendance, Tel. 8231045
- **Alitalia**
5, Av. George Pompidou, Tel. 8233874
- **Aeroflot**
Bd. République, Tel. 8224815
- **Iberia**
Pl. de l'Indépendance, Tel. 8233477
- **Royal Air Maroc**
Pl. de l'Indépendance, Tel. 8494747
- **Senegalair (Bedarfsflüge)**
Aéroport L.S. Senghor, Tel. 8258011
www.metissacana.sn/senegalair
- **SN Brussels (ex Sabena)**
Immeuble Fayçal, Tel. 8230460
- **ACV – Cabo Verde Airlines**
Rue Moussé Diop, Tel. 8213968
- **TAP (Air Portugal)**
Rue Assane Ndoye, Tel. 8215460
- **Aéroclub Iba Gueye de Dakar**
Flugschule, Carter von Kleinflugzeugen
Aéroport L.S. Senghor, Tel. 8200412
- **Weitere Airlines** unter:
www.ausenegal.com/transport/
compagnie.htm
- Die ehemalige Lufthansa-Tochter Condor unterhält in Dakar keinen Ticket-Service. Einfachtickets können im Senegambia-Beachhotel (Gambia) gebucht werden, Tel. (00220) 92717, Frau *Darthe* verlangen.

Schiffsverkehr

Der Hafen von Dakar gehört zu den größten und am besten ausgestatteten Häfen Westafrikas mit regelmäßigem Frachtverkehr von und nach Europa.

●**Verbindung Dakar – Ziguinchor**
Die 1990 auf einer deutschen Werft gebaute Fähre Le Joola der staatlichen Gesellschaft SENTRAM ist im Herbst 2002 gesunken (s.a. entsprechenden Exkurs). Nähere Infos zur Inbetriebnahme eines neuen Schiffes unter Tel. 8225443; Infos auch unter:
www.casamance.net/joola/
www.ausenegal.com/transport/mer.htm
●Die Verbindung Dakar – Ziguinchor mit Zwischenstopp in Banjul durch den Katamaran „Kassoumay" wurde 2001 aus wirtschaftlichen Gründen eingestellt.
●Gute Erfahrungen beim Rücktransport ihrer Fahrzeuge haben Reisende mit nachfolgender Agentur gemacht:
Smith & Krafft, DAL Agentur
17, Rue Huart, B.P. 113 Dakar
Tel. (00221) 8390268, -70
Fax (00221) 8233519

Zugverbindungen

Das Streckennetz der staatlichen Eisenbahngesellschaft ist in bedauernswertem Zustand. Entsprechend lang dauern die Fahrten. Praktisch wird nur noch die **Fernverbindung Dakar – Bamako** unterhalten. Sie ist nicht nur für die Personenbeförderung, sondern auch für den Autotransport von großer Bedeutung, da die Pisten in Mali allenfalls in der Trockenzeit befahrbar sind. Ob Pläne, die Strecke Dakar – St. Louis wieder zu reaktivieren, realistisch sind, wird sich zeigen.

Nach Mali fahren derzeit zwei Züge wöchentlich. Der senegalesische Zug heißt „Mistral International", ist klimatisiert und deutlich komfortabler als das Gegenstück aus Mali, „Express International" genannt.
●Der **Mistral** startet in Dakar immer Mi um 10 Uhr. Planmäßige Ankunft in Bamako ist am folgenden Tag gegen 15 Uhr. Der Fahrpreis beträgt im Schlafwagen 58.000, 1. Klasse 38.000 und 2. Klasse 29.000 CFA.

●Der **Express** fährt immer Sa in Dakar ab und ist etwas billiger. Bei beiden Zügen ist eine frühzeitige Platzreservierung nötig.
●**Infos:** Tel. 8233140
www.ausenegal.com/transport/rail.htm

Kultur

Kulturzentren

●**Centre Culturel Allemand (Goethe-Institut)**
2, Av. A. Sarraut, Tel. 8225004. Geöffnet Mo, Di, Do, Fr 9.30–11.30, Mi 15.30–17.30 Uhr. Unterschiedliches Programm, es gibt einen Lesesaal mit deutschen Zeitungen, geöffnet Mo bis Do, 15–18 Uhr.
●**Centre Culturel Français (CCF)**
89, Rue Joseph Gomis, Tel. 8230320. Verschiedene Veranstaltungen wie Theater, Kino, Konzerte, Ausstellungen etc.; Café/Snackbar in schönem, begrünten Innenhof. Bibliothek geöffnet: Di bis Sa 10–12.30 und 15–18.30 Uhr.
●**Centre Culturel Blaise Senghor**
6, Bd. Dial Diop, Tel. 8246600. Regelmäßig Tanz-, Ballet- und Musikabende.

Theater

●**Théâtre Daniel Sorano**
Bd. de la République, Tel. 8214327. Dieses Theater zählt zu den wichtigsten des afrikanischen Kontinents; hier gastieren nicht nur senegalesische, sondern auch andere afrikanische Theater-, Musik- und Folkloregruppen. Das aktuelle Programm hängt meistens am Eingang aus. Siehe auch Tagespresse.

Kinos

●**Le Paris**
Place de l'Indépendance. Hier werden die neuesten Filme aus Frankreich und den USA gezeigt.

DAK'ART – Kunstbiennale

Seit ihrer Gründung Anfang der 1990er Jahre hat sich die Kunstbiennale DAK'ART zum veritablen Schaufenster für zeitgenössische westafrikanische Kunst entwickelt. Waren anfangs vorwiegend einheimische Kunstschaffende präsent, so hat sich die Auswahl inzwischen stark internationalisiert. Künstler u.a. aus Mali, Benin, der Elfenbeinküste oder Burkina Faso stellen ihre Werke einem kritischen Publikum vor. Die wichtigsten Schauplätze sind das Messegelände CICEC, das IFAN-Museum, die Anlegestelle der Fähre und die Galerie Nationale in der Avenue Albert Sarraut. Bei der fünften Auflage 2002 konnten die Veranstalter nicht weniger als 100 Ausstellungsorte präsentieren. Gerade mit der DAK'ART unterstreicht die Stadt ihre kulturelle Vorreiterrolle im frankophonen Teil Afrikas. Kein Wunder, dass Galeristen aus ganz Europa und den USA diesen Event in ihrem Terminkalender vermerkt haben. Der internationalen Zugkraft der DAK'ART ist es auch zu verdanken, dass sich in Dakar und Umgebung immer mehr Galerien etabliert haben.

Die DAK'Art findet alle zwei Jahre im Frühjahr, meist im Mai, statt und dauert rund vier Wochen; Info: www.biennaledededakar.sn.

Galerien (Auswahl):

- **Galerie Nationale**
19, Av Albert Sarraut, Tel. 8212511
- **Galerie Arte**
5, Rue Victor Hugo, Tel. 8239556,
www.arte.sn
- **Galerie Agora**
Point E – Rue D, Dakar, Tel. 8641448,
e-Mail: agora.senegal@voila.fr
- **Galerie ATISS**
12, Av. Albert Sarraut, Tel. 8231877
- **Maison de la Culture Douta Seck**
Av. Blaise Diagne, Tel. 823659,
e-Mail: mcds@syfed.refer.sn
- **Espace Faguère**
3, Route de Casino, N'Gor-Diarama,
Tel. 8205909
- **Weitere Adressen** von Galerien und Kunstschaffenden findet man unter:
www.senegal-tourism.com/todo-htm

Karneval

Anders als auf den Kapverden oder in Guinea-Bissau ist der Karneval in Dakar noch ein ziemlich junges Phänomen. Es war die rührige Modeszene, und dabei vor allem die international bekannte Designerin *Oumou Sy*, die Mitte der 1990er Jahre einen ersten Anlauf wagte. Seit 1997 findet alljährlich ein farbenprächtiger Straßenkarneval mit hunderten Kostümierten statt – zu Fuß oder auf Umzugswagen und mit allem, was sonst noch so dazugehört. Was die Stimmung angeht, sollte man aber keine allzugroßen Erwartungen haben: Sie ist eher verhalten. Der Termin ist immer am Faschingssonntag. Der Umzug endet nachmittags am Place de l'Indépendance vor der Ehrentribüne, wo die Frau des Präsidenten die schönsten Gruppen prämiiert. Parallel dazu finden in den Discos und Clubs von Dakar so genannte „brasilianische Nächte" statt, was auch immer das bedeuten mag.

Reisebüros

Zahlreiche Reiseveranstalter in Dakar bieten Tagesausflüge und mehrtägige Rundreisen durch den Senegal an, auf Wunsch auch individuell zusammengestellte Routen, z.B.:

- **Senegal Tours**
5, Place de l'Indépendance, Tel. 8233181.
Größtes Reisebüro und Agentur von American Express.
- **Senegalair-Voyages**
31, Av. L.S. Senghor, Tel. 8213425,
Fax 8253256, u.a. Bedarfsflüge.
- **S. D. V.-Voyages**
51, Av. Albert Sarraut, Tel. 8390081. Reisebüro und Repräsentant des Diners Club.
- **Delmas-Voyages**
1, Rue Parent/Macodou Ndiaye,
Tel. 8232374 und 8237827.
- **Nouvelles Frontières**
Av. George Pompidou, Tel. 8233434. Empfehlenswert für günstige Rückflüge nach Europa.

Einkaufen

In Dakar bekommt der Reisende praktisch alles, von der Kontaktlinse bis zum Luxuskoffer. Darüber hinaus haben in letzter Zeit etliche neue **Supermärkte** aufgemacht, vor allem in den westlichen Vierteln wie Fann oder Mermoz. Hier ist das Angebot mit dem in Europa vergleichbar. Das gilt auch für die Preise. Wer nach ausgesuchten Erinnerungsstücken Ausschau hält, sollte die **Kunstgeschäfte in der Rue Assane Ndoye** aufsuchen. Die Chance, dort eine der raren Antiquitäten zu ergattern ist zwar gering, aber die meist aus Mali, Kongo oder Burkina Faso stammenden Stücke können immerhin echte Patina vorweisen. Etliche Händler haben sich auch auf den Import von Masken aus Benin, Guinea und der Elfenbeinküste spezialisiert.

Weitere Adressen sind:
- **Libraire aux Quatre Vents**
Rue Félix Faure, Tel. 8218083. Größte Auswahl an Literatur, Karten, Schreibwaren und internationalen Zeitschriften, auch aus Deutschland.
- **Libraire Clarafrique**
Pl. de la Indépendance. Christliche Buchhandlung mit großer Auswahl an afrikanischer Literatur, Karten.
- **Score**
Av. A. Sarraut. Kaufhaus mit europäischem Angebot im Zentrum.
- **Bonprix**
18, Bd. de la République. Supermarkt.

Ausflüge

Île de Gorée

Bei der kleinen Insel handelt es sich um einen ehemaligen **Umschlagplatz für Sklaven** nach Südamerika und Europa. Der Besuch dieses geschichtsträchtigen Ortes gehört zu den interessantesten Unternehmungen – allerdings nicht am Wochenende, wenn die Insel hoffnungslos überlaufen ist.

Die nur etwa 1000 m lange und 300 m breite Insel befand sich jahrhundertelang abwechselnd in portugiesischem, holländischem, englischem oder französischem Besitz. Nach dem Zusammenbruch des Sklavenhandels verlor Gorée als Handelsplatz an Bedeutung. Die Einwohnerzahl verringerte sich immer mehr, da sich der Handel zunehmend auf das Festland verlagerte. Heute steht die Insel als **Weltkulturerbe** unter dem Schutz der UNESCO und wird noch von knapp tausend Menschen bewohnt. Einige wohlhabende Senegalesen und Europäer haben diesen beschaulichen Ort zu ihrem Zweitwohnsitz oder Feriendomizil gemacht.

Bei einem Rundgang über die Insel fallen die kleinen zweistöckigen Wohnhäuser auf, die – ocker oder sienarot getüncht – dem Ort eine mediterrane Atmosphäre verleihen. Vom Kastell mit seinen Befestigungen aus dem Zweiten Weltkrieg hat man einen beeindruckenden Blick auf die Insel und das nahe Dakar. Sehenswert sind u.a. das rosa getünchte Sklavenhaus, das **Maison de Esclaves** mit seinem weltberühmten Treppenaufgang und dem „Tor ohne Wiederkehr", sowie das **Meeresmuseum** und das **Historische Museum,** das einen leider nur etwas rudimentären Überblick über die Geschichte Afrikas und die Eroberung der Insel Gorée vermittelt. Sehr ansprechend präsentiert sich dagegen die Sammlung über das afrikanische Familienleben im neuen **Musée de la Femme „Henriette Bathily".**

Öffnungszeiten der Museen: täglich (außer Mo und Mi vormittags) 8.30–12.30 und 14.30–18.30 Uhr.

Rund um die Anlegestelle verwöhnen diverse **Garküchen** die Besucher. Hier ist man allerdings auch dem emsigen Werben der fliegenden Händler ausgesetzt. Wirkliche Entspannung findet man nur abseits der ausgetretenen Pfade.

Karten S. 580 und 616

Île de Gorée

Île de Gorée – Mahnmal gegen die Sklaverei

Man glaubt sich in der Toscana oder der Provence: kleine, zweistöckige Häuser in warmen Ockertönen, verwinkelte Gassen mit Kopfsteinpflaster, dazu eine üppige Blumen- und Pflanzenpracht. Nur einen Katzensprung vom hektischen Treiben Dakars entfernt, erwartet den Besucher eine geradezu paradiesische Ruhe. Hier lässt es sich aushalten, mit einem eisgekühlten Aperitif unter Schatten spendenden Platanen. Doch das mediterran anmutende Idyll hat einen bitteren Beigeschmack. In ganz Schwarzafrika gibt es wohl keinen Ort, der so eindrucksvoll die grausame Geschichte der Sklaverei dokumentiert wie die Insel Gorée. Das Trauma der millionenfachen Verschleppung in die Neue Welt wirkt bis heute nach. Von diesem Aderlass hat sich Westafrika nie mehr erholt.

Steinernes Symbol jener Tragödie ist das **„Maison des Esclaves"** aus dem Jahre 1778, das wohl meistfotografierte Motiv Senegals (siehe Bild unten). Hinter einer doppelläufigen, terrakottafarbenen Freitreppe erblickt man am Ende eines dunklen Gangs die „Tür ohne Wiederkehr". Der Gang ist eine Art Seufzerbrücke: Genau in dem Moment, als den Sklaven ihre Heimat und ihre Freiheit für immer genommen wurden, konnten sie so weit schauen, wie ihr Auge reichte. Von hier aus wurden die Unglücklichen in finstere Schiffsbäuche getrieben, um dort über viele Wochen angekettet dahinzuvegetieren. Die Sterberate war immens. Der seit Jahren schwelende Historikerstreit, ob von der Île de Gorée nun zehntausende, hunderttausende oder gar Millionen Menschen verschifft wurden, ist letztlich müßig. Tatsache ist, derartige Sammelstellen für die Handelsware Mensch gab

„Maison des Esclaves"

ÎLE DE GORÉE

an der westafrikanischen Küste zuhauf. St. Louis, Podor, Matam und Bakel am Senegal, außerdem Rufisque, Saly Portudal und Joal-Fadiout. Fort James, Albreda, Sanchaba und Juffure in der Mündung des Gambia River, die Île de Karabane in der Mündung des Casamance, Cacheu in Guinea-Bissau und die Ilha das Galinhas im Bijagos-Archipel – 14 so genannte Handelsstationen, um nur die wichtigsten zu nennen, allein im nördlichen Bereich der Guinea-Küste. An der Elfenbeinküste, der Goldküste oder der Sklavenküste herrschten ähnliche Verhältnisse. Doch die meisten dieser Stätten sind entweder zerstört, umgenutzt oder schlicht in Vergessenheit geraten. Gorée und sein Maison des Esclaves aber blieben erhalten und sind seit 1978 Unesco-Weltkulturerbe.

Der Ort der Barbarei ist heute ein Publikumsmagnet. Der frühere US-Präsident *Bill Clinton* war hier und viele andere Prominente. Schon morgens bilden sich an der Pforte des Maison des Esclaves lange Schlangen (geöffnet Di. bis So. von 10–12 und von 14.30–18 Uhr). Manch einer absolviert den Rundgang durch die fensterlosen Verliese und hinauf zu den ehemaligen Gemächern der Sklavenhalter in fünf Minuten – und ist anschließend enttäuscht. Jegliche Hinweise oder Schautafeln fehlen. Ohne fundierte Informationen aber bleibt die historische Dimension des Menschenhandels seltsam unverbindlich. Wer waren die Opfer, woher kamen die Täter?

Blick auf die Promenade von Gorée

ÎLE DE GORÉE

Die ersten Europäer, die sich dem lukrativen Geschäft mit dem „schwarzen Elfenbein" Westafrikas widmeten, waren Mitte des 15. Jahrhunderts die Portugiesen. Bald darauf folgten Engländer, Niederländer, Franzosen, Schweden, und selbst die Deutschen waren für einige Jahrzehnte beteiligt. Jeder wollte einen Teil vom großen Kuchen. Allein Fort James im heutigen Gambia wechselte zehnmal den Besitzer. Der Sklavenhandel von Afrika in die Karibik und nach Südamerika lief nach dem immer gleichen Muster ab, war Teil eines Dreieckhandels, bei dem Branntwein, Glasperlen oder sonstiger billiger Tand aus Europa gegen afrikanische Sklaven getauscht wurden, die wiederum wie Vieh an Plantagenbesitzer in der Neuen Welt verschachert wurden, deren Produkte – Zucker, Rum, Tabak oder Gewürze – schließlich in Europa auf den Markt kamen.

Zuverlässige Zahlen über das wahre Ausmaß der **Verschleppung** durch die Europäer existieren nicht. Schätzungen sprechen **von 10 bis 60 Millionen Afrikanern.** Die Wahrheit dürfte wohl in der Mitte liegen. Dabei ist die Sklaverei, die offiziell erst Mitte des 19. Jahrhunderts endete, beileibe keine Erfindung der Kolonialmächte. Sklavenhaltung zieht sich wie ein roter Faden durch die Menschheitsgeschichte. Unter afrikanischen Stammesfürsten war es üblich, Kriegsgefangene als Haussklaven zu halten. Sie wurden oft Teil der Lebensgemeinschaft und konnten selbst eine Familie gründen. Es gibt verbürgte Berichte, wonach Sklaven es bis zum Stellvertreter eines Königs brachten. Im Kongo kannte man sogar Sklaven, die selbst Sklaven besaßen.

Nachdem die Europäer im 15. Jahrhundert in Afrika Fuß gefasst hatten, nahm die Sklaverei jedoch einen ganz anderen Verlauf. Zum ersten Mal in der Geschichte wurde der Mensch zur reinen Ware degradiert, mit dem Argument, Schwarze seien ja „nur barbarische Wilde". Nicht verschwiegen werden darf, dass die Sklaverei ohne tätige Mithilfe lokaler Stammesfürsten niemals solche Dimensionen hätte annehmen können. Denn oft genug waren die Handlanger der Menschenhändler selbst Schwarze – ein Aspekt, der in Afrika gerne ausgeblendet wird, die Schuld der Weißen deshalb aber nicht schmälert.

Gegen das Vergessen stellen Unesco, Vereinigte Nationen, die Gemeinschaft Afrikanischer Staaten und der Senegal das **„Gorée Memorial".** Das architektonisch ambitionierte Projekt, konzipiert vom Italiener *Ottavio di Blas*, beinhaltet u.a. ein Museum, ein Forschungszentrum sowie ein Mahnmal in Form eines überdimensionalen (Spinnacker-) Segels. Letzteres wird auf der Insel aufgestellt und soll „Geist, Stimme und die Symbole Afrikas" manifestieren, so der Architekt. Das eigentliche Museum wird an der Corniche, am Ende des Boulevard de la Republic, errichtet. Geplant ist die Einweihung des Gorée Memorial für 2004.

Erahnen kann den „Mythos Gorée" noch am ehesten, wer sich eines dieser spartanisch eingerichteten Zimmer nimmt und die Abfahrt der letzten Fähre abwartet. Wenn dann das Heer der Touristen, Souvenirhändler und Schlepper in Richtung Dakar entschwunden ist, kehrt Ruhe ein, und die Insel gehört wieder den knapp tausend Bewohnern Gorées, von denen sich nicht wenige in den Häusern der Sklavenhändler eingerichtet haben. In den spärlich beleuchteten Gassen vernimmt man Stimmengemurmel, das Weinen eines Kindes, verwehte Musikfetzen und von Ferne das Rauschen des Ozeans. Und manchmal das Klappern von Töpfen, das an klirrende Ketten erinnert.

●**Info:** www.goreememorial.com/chronology.htm

DAKAR (AUSFLÜGE)

Anreise:
Von Dakar aus ist die Insel Gorée mit dem Schiff (Chaloupe) in etwa 20 Minuten zu erreichen. Abfahrt der **Fähren** an Wochentagen: 6.15, 7.30, 10.00, 11.00, 12.30, 14.30, 16.00, 17.00, 18.30, 20.00 und 22.30 Uhr; Rückfahrt von Gorée jeweils eine halbe Stunde später. Abfahrt der Fähren an Sonn- und Feiertagen: 7.00, 9.00, 10.00, 12.00, 14.00, 16.00, 17.00, 18.30, 19.30, 20.30 und 22.30 Uhr. Hin- und Rückfahrt kosten für Touristen 5000 CFA.
Hinweis: Die Anlegestelle ist rund um die Uhr ein bevorzugtes Revier für **Taschendiebe!**

Unterkunft:
● **Hostellerie des Chevaliers de Boufflers**
Tel. 8225364. Nähe Anlageplatz, geschmackvoll renoviertes Haus mit fünf Zimmern und hervorragender (Fisch-) Küche; Reservierung ist zu empfehlen; DZ ab 18.000 CFA.
● **Auberge Keur Beer**
Tel./Fax 8213801, Rue du Port. Saubere DZ mit Frühstück ab 18.000 CFA.
● Außerdem werden unter Tel. 8229703 einfache **Privatzimmer** ab 9000 CFA vermittelt. Oder man erkundigt sich direkt bei den Restaurants an der Anlegestelle nach einer Unterkunft.

Ngor

Das kleine Fischerdorf liegt am nördlichen Ende der Halbinsel Cap Vert und vermittelt mit seinen engen, verwinkelten Gassen noch einen authentischen Eindruck vom Leben der „kleinen" Leute. Sehenswert ist die alte Moschee im Dorfkern. In der Bucht von Ngor kann man relativ gefahrlos baden, was den Wellengang betrifft, jedoch liegen im westlichen Teil jede Menge Müll und Strandgut an den Stränden. Einige kleine Hotels, Restaurants, Bars und urige Strandbuden machen diesen Ort zu einem beliebten Wochenend-Ausflugsziel der Bewohner Dakars. Reisende, die keinen großen Wert auf Komfort legen, finden in Privatunterkünften verhältnismäßig preiswerte Übernachtungsmöglichkeiten. Bei der Shell-Tankstelle befindet sich eine Bank mit Bankautomat sowie einige Supermärkte.

Unterkunft im Ortskern:
● **Walys Herbergement**
Tel. 8261770, im alten Ortskern. Saubere Zimmer mit Gemeinschaftsküche und Bad ab 18.000 CFA. Wer länger bleibt, kann den Preis drücken.
● **Surf Camp**
Tel. 8202939, im alten Ortskern. Etwas schäbige Zimmer ab 9000 CFA, eine tolle Aussicht hat man allerdings von der Dachterrasse des Studios im 4. Stock für 30.000 CFA

Unterkunft am Strand:
● **La Madrague Warung**
Tel. 8200223. Das 2001 eröffnete Hotel direkt am Strand bietet zahlreiche Sportmöglichkeiten, DZ mit Klimaanlage ab 30.000 CFA; e-Mail: warung@sentoo.sn.
● **Brazzerade**
Tel. 8200364. Eingeführtes Hotel mit Bar und Restaurant, DZ ab 20.000 CFA.
www.la brazzerade.com

Insel Ngor

Die dem Dorf Ngor vorgelagerte Insel mit zwei hübschen sauberen Stränden ist ausschließlich mit Pirogen zu erreichen. Die etwa fünfminütige Überfahrt kostet 500 CFA. Die winzige Insel ist besonders bei Tauchern, Windsurfern und Wellenreitern sehr beliebt, eignet sich aber auch bestens, um sich vom hektischen Treiben der Hauptstadt zu erholen. Man kann Matratzen, Umkleidekabinen und Sonnenschirme mieten. Gut und preiswert wird man bei diversen Strandbuden verköstigt. Wem das alles zu spartanisch ist, der geht ins Restaurant Sunumakan oder in ein

zweites Lokal nahe der Pension Carla. Am Wochenende kann es auf der Insel eng werden, wenn Sonnenhungrige in Massen einfallen.

Unterkunft:
● **Chez Carla**
Nähe Anlegestelle. Tel. 8201586. Gemütliche Pension mit großen Zimmern, DZ ab 15.000 CFA mit Frühstück.
● Außerdem existiert noch eine **namenlose Pension** ohne Telefon mit zehn sauberen Zimmern, einige mit Meerblick, direkt hinter dem Restaurant Sunumakan; ab 12.000 CFA.

Lac Rose

Der Lac Rose erlangte vor allem wegen der jährlich stattfinden **Zielankunft der Rallye Dakar** eine gewisse Berühmtheit. Keine Wunder, dass sich der rosarote, besonders bei Sonnenuntergang eindrucksvoll schimmernde Salzsee inzwischen völlig in der Hand von Schleppern und Souvenirhändlern befindet. In diesem Fall ist es besser, man schließt sich einer organisierten Tour an, die in jedem Reisebüro angeboten wird. Von Dakar bis zum Lac Rose braucht man mit dem Wagen eine gute halbe Stunde.

Kayar

Ähnlich touristisch ist die Situation in Kayar, wo täglich Scharen von Fotografen auf die Rückkehr der Fischer warten. Der Ort liegt ca. 60 km nordöstlich von Dakar und ist ein bedeutendes **Zentrum des Fischfangs.** Täglich fahren hunderte von schlanken Pirogen

Strandvillen auf der Insel Ngor

hinaus aufs Meer. Bei der Rückkehr am Nachmittag werden die Fische von Frauen an Ort und Stelle verarbeitet – ein Spektakel sondersgleichen. Am einfachsten zu erreichen ist Kayar mit dem Bus oder Busch-Taxi bis Rufisque und dann weiter mit dem Minivan.

Rufisque

Das geschichtsträchtige Rufisque liegt knapp 30 km vom Zentrum Dakars entfernt an der Nationalstraße Richtung Thiès. Sehenswert sind der historische Stadtkern südlich der Durchgangsstraße, mit zahlreichen Kolonialgebäuden aus dem 19. Jh., und die Gegend um den kleinen Fischerhafen. Durch den immer stärker werdenden Verkehr hat der Ort aber viel von seinem früheren Charme eingebüßt. Interessant ist das **„Village des Tortues"**, 6 km nördlich vom Ortskern an der Straße zum Lac Rose, wo seltene Schildkröten gehalten werden. Das Projekt ist täglich außer So geöffnet. Eintritt 3000 CFA, Infos unter Tel. 8368831.

Keur Moussa

Das **Benediktinerkloster,** ca. 25 km nordöstlich von Rufisque gelegen, ist jeden Sonntag beliebtes Ausflugsziel für Touristen. Hauptanziehungspunkt ist die Heilige Messe, die ab 10 Uhr eine außergewöhnliche Mischung aus gregorianischen Gesängen und afrikanischen Trommelrhythmen bietet. Außer ihren eigenen Musikkassetten verkaufen die Mönche auch kunstvoll gearbeitete Koras sowie selbst gemachten Käse. Fahrten werden u.a. von Senegal-Tours in Dakar organisiert.

Das Zentrum

Wirtschaftlich und politisch ist Dakar das Zentrum des Senegal. Doch nach Ansicht vieler Senegalesen schlägt das **Herz des Landes in Touba** – oder in **Tivaouane,** je nachdem, zu welcher der beiden großen islamischen Bruderschaften, den Mouriden oder den Tidjanen, man sich bekennt. Beide Ortschaften liegen östlich von Dakar und sind touristisches Niemandsland. Denn der gewöhnliche Pilger braucht weder Fünf-Gänge-Menüs noch klimatisierte Zimmer. Zum **Magal,** dem alljährlich stattfindenden Großen Treffen, werden für die Unterbringung hunderttausender Moslems riesige Zeltstädte errichtet. Dann steht das ganze Land still. Bester Ausgangspunkt für Reisen nach Touba oder Tivaouane ist Thiès, zweitgrößte Stadt Senegals und wichtiger Verkehrsknotenpunkt.

Anreise

Von Dakar nach Thiès braucht man bei normalen Verhältnissen, das heißt zähflüssigem Verkehr bis Rufisque, rund 90 Minuten. Am Wochenende geht es entsprechend schneller. Das hohe Verkehrsaufkommen garantiert aber auch kürzeste Wartezeiten, sei es mit dem Taxi oder mit dem Bus. Die Gare routière von Thiès liegt an der Ausfallstraße nach Dakar, etwa 2 km vom Zentrum. Von dort gibt es regelmäßige Verbindungen u.a. nach

Kathedrale von Thiès

Touba bzw. Diourbel über die Nationalstraße 3 und nach Tivaouane über die Nationalstraße 2. Aber auch andere Zielorte wie St. Louis oder Kaolack lassen sich von Thiès aus schnell erreichen.

Thiès

Mit rund **200.000 Einwohnern** ist Thiès heute die **zweitgrößte Stadt des Senegal** und wichtiger Industrie und Wirtschaftsstandort. Neben der Casamance zählt die Region um Thiès auch landwirtschaftlich zu den ertragreichsten in ganz Senegambia. Aufgrund ihrer zentralen Lage, rund 70 km östlich von Dakar, ist Thiès bedeutender Verkehrsknotenpunkt, da sich neben der Bahn auch alle großen Straßenverbindungen hier kreuzen.

Trotzdem ist Thiès insgesamt sehr beschaulich. Besonders im alten Stadtzentrum, das parallel zur Bahnlinie verläuft, scheint die Zeit stehen geblieben zu sein. Ins Auge fallen die großzügig dimensionierten **Alleen** mit dem alten Baumbestand. Vergleichbares gibt es in keiner anderen Stadt des Senegal. Sehenswert ist die **Kathedrale** mit ihrer eigenwilligen Architektur, das kleine **Museum** im Fort und die große Zahl **gut erhaltener Kolonialbauten** aus der Zeit, als die Stadt wichtiges Verwaltungszentrum der Franzosen war.

Seine Wirtschaftskraft verdankt Thiès den Düngemittel- und Zementfabriken, Baumwollspinnereien und -webereien sowie den Färbereien. Daneben gibt es auch eine Fabrik, in der künstlerisch hochwertige Wandteppiche gefertigt werden. Ein Besuch dieser 1966 gegründeten **Manufacture des Arts Décoratifs** lohnt sich. Man kann dort nicht nur Wandteppiche kaufen, sondern auch Keramikprodukte, Mosaike und Seidendrucke. Die Ausstellung ist werktags von 8–12 und 15–18 Uhr geöffnet. Nähere Infos unter Tel. 9511131. Bekannt ist Thiès auch für seine fein gearbeiteten Korbwaren, die am preiswertesten am Ortsausgang Richtung St. Louis feilgeboten werden.

Thiès ist durch eine Städtepartnerschaft mit Solingen verbunden.

Unterkunft

● **Hotel Man-Gan (ex Hotel Thiès)**
Tel. 9511526. Rue Amadou Gnagna, Nähe Bahnhof. Bestes Haus am Platz, gutes Restaurant, klimatisierte DZ ab 16.500 CFA.
● **Hotel du Rail**
Tel. 9512313. Hotel aus den 1950er Jahren in der Cite Ballabey; große, saubere Zimmer im Kolonialstil in sehr ruhiger Lage. DZ für 10.000 CFA.
● **Hotel-Bar Rex**
Tel. 9511081, Rue Douaumont. Preisgünstiges Hotel, sauber und gepflegt, schöner Innenhof, DZ 8000 CFA.

Tivaouane

Tivaouane liegt 22 km nordöstlich von Thiès an der Straße nach St. Louis. Die lebhafte Kleinstadt ist Zentrum der Bruderschaft der **Tidjanen,** die im 19. Jh. von *Cheik Ahmed al Tidjani* begründet wurde und die der legendäre *Marabout El Hadj Malik Sy* zu großer Blüte führte. Ihm zu Ehren wurde neben der alten Moschee im marokkanischen Stil ein kolossaler Neubau errichtet, der nur noch von der Moschee in Touba übertroffen wird. Wichtigster Feiertag der Stadt ist das Moulod-Fest, der Geburtstag des Propheten. Dann pilgern hunderttausende Moslems in die Stadt.

Im Zentrum von Tivaouane zweigt eine schmale Teerstraße nach Mboro und weiter Richtung Côte Sauvage ab. Nach gut 30 km erreicht man das Fischerdorf **Mboro sur Mer,** das in einigen Karten auch Mboro Ndeundekat genannt wird.

Unterkunft

● **Gite de la Licorne**
Tel. 9557788. Kleines Campement südlich vom Dorf in absoluter Strandlage, gutes Restaurant mit Freiluft-Bar und komfortablen Bungalows, DZ 20.000 CFA.

Diourbel

Diourbel liegt 76 km östlich von Thiès auf dem Weg in die heilige Stadt Touba. Nach dem ersten Eindruck möchte man nicht glauben, dass Diourbel 60.000 Einwohner hat. Die Stadt wirkt leer und trostlos. Die einzige Sehenswürdigkeit ist die etwas abgelegene Moschee, eine der größten des Senegals, deren Grundstein noch von *Amadou Bamba* selbst gelegt worden sein soll.

Diourbel ist ein wichtiges **Zentrum des Erdnussanbaus.** Bei der Ortsausfahrt Richtung Kaolack steht linker Hand ein bizarres Gebäude mit Carport: Es ist die Residenz eines bedeutenden Marabout.

Unterkunft

● **Hotel du tourisme le Baobab**
Tel. 9711407, Av d'Avignon. Bar/Restaurant, Übernachtung ab 15.000 CFA in Zimmern oder Bungalows.

Touba

Die heilige Stadt der Mouriden beherbergt das Grabmal des legendären Begründers der Bruderschaft, *Cheik Amadou Bamba Mbacke*. Touba ist de facto exterritoriales Gebiet, der senegalesische Staat hat hier keinerlei Verfügungsgewalt. Dafür gelten die **strengen Gesetze der Mouriden:** kein Alkohol, keine Zigaretten, züchtige Bekleidung und respektvolles Benehmen. Also keine Shorts, Frauen sollten besser auf Hosen verzichten und lange Röcke tragen. Ein Kopftuch ist zwar nicht vorgeschrieben, macht aber einen guten Eindruck. Über die Einhaltung der Regeln wachen die Baay-fall, die ommipräsenten Sittenwächter der Mouriden. Im Unterschied zu anderen heiligen Stätten des Islam sind auch Nichtmoslems in Touba ausdrücklich willkommen.

Hauptsehenswürdigkeit ist die alles überragende **Moschee mit dem Grab von Amadou Bamba,** die von Nichtmoslems nur außerhalb der Gebetsstunden besichtigt werden kann. Schon um die Gepflogenheiten nicht zu verletzen, empfiehlt es sich, einen Führer zu nehmen. Üblich sind 1000 CFA pro Stunde.

Theoretisch ist es natürlich auch für einen Nichtmoslem möglich, am **Magal** teilzunehmen. Doch das **„Große Treffen"** wird mit jedem Jahr größer. 2002 wurden über 1,5 Mio. Pilger geschätzt. Das bedeutet qualvolle Enge, einfachste sanitäre Anlagen mit wenig Wasser und karge Kost – dazu ein unbeschreibliches Verkehrschaos. Ein so armes Land wie der Senegal ist logistisch einfach nicht in der Lage, in kurzer Zeit solche Menschenmassen zu bewegen. Ohne seriöse Begleitung sind diese drei Tage nur schwerlich zu bewältigen. Doch wer es erlebt hat, zeigt sich von der kollektiven Spiritualität der Gläubigen tief beeindruckt.

Welches Ausmaß der Magal angenommen hat, verdeutlicht folgende Zahl: Zusätzlich zu den bereits vorhandenen sanitären Anlagen will die Stadt bis 2003 650 öffentliche Toiletten installieren lassen.

Unterkunft

• Touba selbst bietet keinerlei Übernachtungsmöglichkeiten. Im 10 km entfernten **Mbacké** existiert das spartanische **Campement touristique de Baol,** Tel. 9755505.

St. Louis

Das nahe der Mündung des Senegal gelegene St. Louis ist 265 km von Dakar entfernt und über eine gut ausgebaute Straße zu erreichen. Es lohnt sich, die gut vierstündige Fahrt auf sich zu nehmen, auch wenn es durch eine relativ eintönige Savannenlandschaft geht. Wer gar mit dem Wagen aus dem Norden anreist, nach mehr als 2000 km Wüste, wird die **ehemalige Hauptstadt von Französisch-Westafrika** als veritable Oase empfinden. Die einstige „Perle Westafrikas", oft auch das **„Venedig Afrikas"** genannt, schlummerte lange Zeit in einem touristischen Dornröschenschlaf. Noch vor wenigen Jahren gab es wenig mehr als eine Hand voll Hotels, die touristische Infrastruktur war bescheiden. Heute hat man die Qual der Wahl.

Touba – „Senegals Mekka"

Touba ist keine „normale" Stadt: Touba ist das heimliche Herz Senegals und die **Hochburg der islamischen Bruderschaft der Mouriden.** Für seine Anhänger ist Touba „die Glückliche", ein „blühender Baum im Garten des Paradieses". Andere sehen in der Stadt ein „islamisches Utopia" oder schlicht einen „Staat im Staate". Tatsächlich endet die Herrschaft der senegalesischen Regierung vor den Toren Toubas. Es gibt keine Polizei, niemand zahlt Steuern. Der Kalif ist der Souverän im Reich der senegalesischen Mystiker. Keine Regierung in Dakar hat eine Chance, länger an der Macht zu bleiben, wenn ihr die Marabouts, wie die Sufi-Scheiche in Afrika genannt werden, Segen und Anerkennung verweigern. Der erste Gang eines neu gewählten Präsidenten führt nach Touba.

Gegründet wurde Touba Ende des vergangenen Jahrhunderts vom Sufi-Heiligen **Amadou Bamba Mbacke** (1850–1927). Nach seinem Willen sollte das staubige Kaff im Busch ein zweites Mekka werden. Als der fromme Mann, von dem allerlei Wundertaten erzählt werden, immer mehr Zulauf erhielt, fürchtete die französische Kolonialregierung, er könne zum Heiligen Krieg ausrufen. Also schickten sie ihn für sieben Jahre nach Gabun. Doch erst die Verbannung machte den „Meister aus Touba" zum eigentlichen Volkshelden. Bei seiner Rückkehr wurde er wie ein Mahdi, wie der leibhaftige Messias, empfangen.

Für seine Anhänger ist *Amadou Bamba* „heiliger als der Prophet selbst", sagt *Kadim Mbacke,* Islamwissenschaftler und mit dem Ordensgründer verwandt. Viele Hunderttausende pilgern einmal im Jahr zum **Magal**, dem „Großen Treffen", das immer 48 Tage nach dem islamischen Neujahrsfest zu Ehren von *Amadou Bamba* gefeiert wird. Dann versetzt tagelanges Beten und Singen die frommen Volksmassen in rauschhafte Verzückung. Davor und danach sorgt der Magal landesweit für den Zusammenbruch des Verkehrs.

Hauptsehenswürdigkeit im Mekka Senegals ist die **bombastische Grabmoschee** mit ihren fünf Minaretten und der pistaziengrünen Kuppel, 1963 von einer koreanischen Baufirma errichtet und bis heute nicht wirklich fertig gestellt. Fortlaufend werden Gebäudeteile vergrößert und verschönert. Anders als in Mekka können die „Ka'aba der Mouriden" auch Nichtmoslems besichtigen. Von einem „Ungläubigen" wird allerdings erwartet, dass er dem Marabout eine Geldspende zukommen lässt. Außerdem sollte beachtet werden, dass in Touba jeglicher Alkohol- und Tabakgenuss strengstens verboten ist. Frauen dürfen keine Hosen tragen. Darüber wachen die omnipräsenten **Baay-fall,** eine Art Sittenwächter, erkennbar an ihren Rastafrisuren und den bunten Flickengewändern. Wer die Gesetze von Touba missachtet, muss mit ihrem heiligen Zorn rechnen.

Touba ist zudem ein **wirtschaftlich bedeutender Faktor für ganz Senegal.** So wird etwa der lukrative Erdnusshandel vorwiegend von den Mouriden kontrolliert. „Für Touba" fahren unzählige Busse und Taxis. Viele Handwerksbetriebe, Telecenter, Lebensmittelgeschäfte, praktisch jede Branche und natürlich auch große Teile des informellen Sektors firmieren unter dem Portrait von *Amadou Bamba*. Er selbst war es, der die Arbeit heilig gesprochen hatte. „Sei wie der kleine, mit Hirse beladene Esel, der seine eigene Last nicht frisst", hatte er einst gepredigt. Heute wird selbst das Heer der bettelnden Straßenkinder zumindest teilweise von Touba aus dirigiert.

●Infos: www.touba-internet.com

Karten S. 580 und 646

DAS ZENTRUM

Was die alte Hauptstadt des Senegal von der neuen unterscheidet: Es fehlen Lärm und Hektik und die manchmal als brutal empfundene Aufdringlichkeit der Bettler und Straßenhändler. Dafür bietet St. Louis mit seinen rund **150.000 Einwohnern** eine geradezu beschauliche Ruhe, kilometerlange, einsame Sandstrände mit intakter Natur in Stadtnähe und vor allem **Kolonialgeschichte pur.** Man möchte meinen, im historischen Stadtzentrum, der Île St. Louis, sei die Zeit stehen geblieben. Trotz bröckelndem Putz und abblätternder Farbe: Die Faktoreien und Handelshäuser aus dem 19. Jh. strahlen mit ihrer Patina eine Menge Charme aus. Das eigentliche Leben spielt sich im **Quartier Sor** auf dem Festland ab sowie in den beiden Fischervierteln Nadar Tout und Guet Nadar, angelegt auf der schmalen Landzunge **Langue de Barbarie,** die den Senegal-Fluss auf seinen letzten Kilometern vom Meer trennt. Dort haben sich in den letzten Jahren auch etliche neue Hotelanlagen mit landestypischen Rundhütten etabliert.

Anreise

- Die 265 km lange **Verbindung zwischen Dakar und St. Louis** ist durchgängig in gutem bis sehr gutem Zustand. Wegen des hohen Verkehrsaufkommens zwischen Dakar und Thiès ist die Strecke aber kaum unter vier Stunden zu bewältigen. Entsprechend länger brauchen die weißen Kleinbusse, die meist hoffnungslos überladen sind. Schon aus diesem Grund ist das Busch-Taxi für 3500 CFA pro Person die bessere Wahl. Der Gare routière befindet sich in St. Louis in der Nähe der Großen Moschee. Die Weiterfahrt auf die Insel kostet mit dem Taxi 300 CFA.
- Als Alternative käme der **Zug** in Betracht, der Ende 2002 wieder in Betrieb genommen werden sollte. Da aber bis Redaktionsschluss nichts über den Zustand der Bahnlinie zu erfahren war, sollte man sich am Bahnhof Dakar kundig machen. In früheren Zeiten brauchte der Zug wegen des schlechten Zustands der Gleise sieben Stunden.
- Die **Flugverbindung** von Dakar mit Air Senegal wurde 2001 eingestellt. In den Wintermonaten aber wird St. Louis via Paris direkt von Chartergesellschaften angeflogen.

Hinweis: Im Herbst, nach Ende der Regenzeit, kann es in St. Louis zu längeren, oft wochenlangen **Überschwemmungen** kommen. Betroffen sind vor allem die tiefer gelegenen Vietel auf dem Festland. Im Extremfall, wie im Jahr 2000, kann auch die Straßenverbindung unterbrochen sein.

Geschichte

St. Louis geht auf ein 1638 von Normannen errichtetes Fort zurück, die eigentliche Stadtgründung erfolgte 1659 durch die **Franzosen.** Es ist damit die älteste französische Stadt in Schwarzafrika. 1693 erfolgte die erste von insgesamt drei längeren Besetzungen durch England. Endgültig setzt sich Frankreich 1817 durch. 1854 wird *Louis Léon César Faidherbe* zum Generalgouverneur von Senegal ernannt. Seine Amtszeit dauerte nur zehn Jahre, doch in dieser Periode legte der schneidige Militär die Grundlagen für das, was man den „französischen Senegal" nennt. Sein Wirken reichte von der Etablierung des französischen Schulsystems bis zur blutigen Niederschlagung der aufständischen Stämme des Nordens, von der Einführung der Erdnuss-Monokultur bis zur Zwangsrekrutierung schwarzer Soldaten. *Faidherbes* Kolonialpolitik war beseelt von der Idee der bedingungslosen Assimilierung, von der Bildung eines französischen Staates in Westafrika –

mit St. Louis als Hauptstadt. Nach dem Weggang von *Faidherbe* sank allmählich der Stern von St. Louis. Der Umzug der Kolonialregierung nach Dakar Anfang des vorigen Jahrhunderts besiegelte den Niedergang.

1885 wurde die Bahnlinie Dakar – St. Louis eingeweiht. Seit 1897 verbindet die von *Eiffel* konstruierte 500 Meter lange **Pont Faidherbe,** heute das eigentliche Wahrzeichen der Stadt, das Festland mit der Île St. Louis. Der Mittelteil der Brücke kann geschwenkt werden, um größeren Schiffen die Durchfahrt zu ermöglichen.

Die **Universität** von St. Louis, gegründet 1984, liegt etwa 7 km außerhalb der Stadt, an der Straße nach Richard Toll. Außerdem besitzt St. Louis das älteste Gymnasium Schwarzafikas.

Sehenswürdigkeiten

Die mit Abstand größte Attraktion der Stadt ist die **Île St. Louis,** auch wenn die vielfach zu hörende Behauptung, die Flussinsel sei von der UNESCO zum Weltkulturerbe ernannt worden, nicht zutrifft. Dem Antrag der Stadtverwaltung wurde bis heute nicht entsprochen (dafür gehört der Nationalpark von Djoudij zum UNESCO-Projekt „Biosphäre"). Aber auch ohne das Prädikat „Weltkulturerbe" bildet die Insel ein bemerkenswert gut erhaltenes **Stadtensemble aus der Kolonialzeit.** Wer dies nicht alles zu Fuß besichtigen will, kann auch eine Tour mit der Pferdekutsche, *caleche* genannt, machen. Bester Ausgangspunkt für eine Besichtigung ist das Hotel de la Poste. Von dort gelangt man zum nur wenige Schritte entfernten Gouverneurspalast aus dem 18. Jh., der am zentralen Place Faidherbe liegt. Die kleine Grünanlage mit dem Denkmal von *Faidherbe* ist von uralten Bäumen umgeben – ein guter Ort, um eine Weile im Schatten das bunte Treiben zu beobachten. In Sichtweite steht die katholische Kathedrale, die 1827 eingeweiht wurde. Wer von hier in südliche Richtung geht, kommt automatisch zum **IFAN-Museum.**

Mauretanischer Silberschmied in St. Louis

St. Louis – das „Venedig Afrikas"

Das erst vor einigen Jahren komplett renovierte Museum liegt im äußersten Süden der Insel. Es beherbergt eine kleine, aber interessante archäologische, ethnografische und historische Ausstellung über St. Louis und den Senegal-Fluss. Geöffnet Mo bis Fr von 8–12 und 15–18, Sa von 8–12 Uhr.

Der nördliche Teil der Île St. Louis wirkt insgesamt etwas lebendiger. Wohl auch, weil hier etliche Handwerksbetriebe, wie etwa Silberschmiede, angesiedelt sind. Vor allem sind hier noch die am **besten erhaltenen Faktoreien** aus dem 17. und 18. Jh. zu besichtigen.

Zum Quartier **Guet Nadar,** auch Village des Pécheurs genannt, gelangt man von der Île St. Louis über den Pont Servatius. Guet Nadar ist ein ausgesprochen lebendiges und ursprüngliches Viertel. Aber Vorsicht: Die Leute hier haben wohl schon öfter schlechte Erfahrungen mit neugierigen Touristen gemacht und haben es nicht gerne, wenn man sie fotografiert. Und da sich hier alles um den Fisch dreht, sollten Leute mit empfindlicher Nase lieber fernbleiben. Am südlichen Ende des Viertels befindet sich der moslemische Fischerfriedhof. Die über die Gräber gespannten Netze verleihen diesem Ort eine ganz eigene, unwirkliche Atmosphäre. Auch hier ist es nicht ratsam, die Kamera zu zeigen, auch wenn es kein offizielles Fotografierverbot gibt.

Etwa 3 km südlich von St. Louis, in Höhe der Hydrobase, befindet sich ein sauberer und schöner **Sandstrand,** der

St. Louis

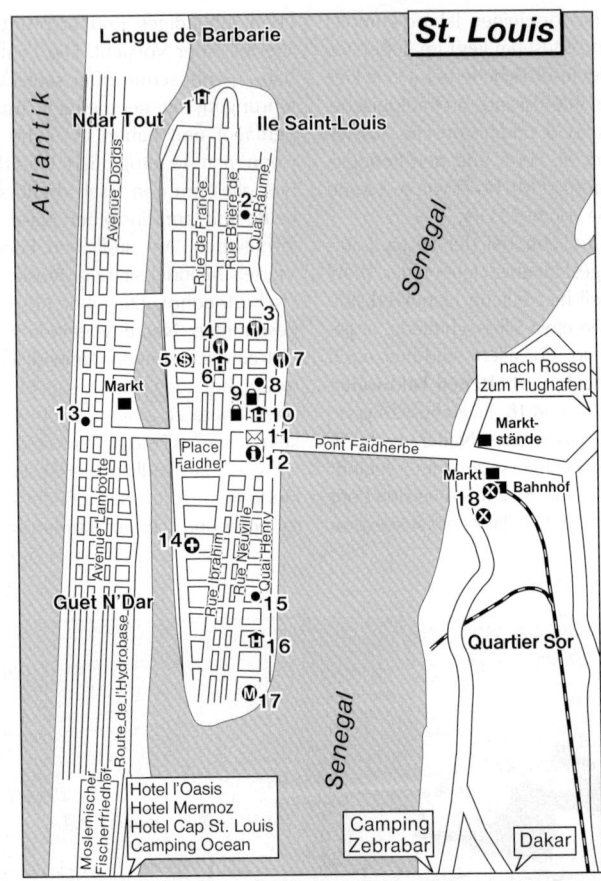

🛏	1	Auberge La St. Loisienne	🛏	10	Hotel de la Poste
●	2	Franz. Kulturzentrum	✉	11	Post
🍴	3	Rest. La Signara	ℹ	12	Tourist Information
🍴	4	Rest. Linguere	●	13	La Chaumière
$	5	Bank	✚	14	Hospital
🛏	6	Hotel de la Resistance	●	15	Disco Ponty Village
🍴	7	Rest. Flamingo	🛏	16	Hotel Sidone
●	8	Patisserie	Ⓜ	17	I.F.A.N.-Museum
🛒	9	Supermärkte	✖	18	Taxistände

DAS ZENTRUM

sich kilometerlang Richtung Süden hinzieht und vor allem von Europäern besucht wird.

Nördlich von Guet Nadar liegt das Quartier **Ndar Tout,** das längst nicht so viel Atmosphäre aufweist wie Guet Nadar. Bei großen islamischen Festen, wie dem Ende des Ramadan oder dem Tabaski-Fest (Fête de Mouton), werden am Ufer des Senegal-Flusses die Opfertiere verkauft. Rund 2 km nach den letzten Häusern erreicht man die mauretanische Grenze.

Das moderne Quartier **Sor** liegt auf dem Festland und ist vor allem wegen seines Markttreibens interessant. Direkt hinter den Marktständen steht das architektonisch bemerkenswerte Bahnhofsgebäude im New Orleans-Stil. Wer am Kreisverkehr auf der Route de la Couriche nach Norden geht, gelangt nach einigen hundert Metern zum Village Artisanal, das aber nicht die Vielfalt und Qualität anderer Villages Artisanals im Senegal erreicht.

Touristeninformation

- **Syndicat d'Initiative et de Tourisme**
Tel. 9612455, gegenüber dem Hotel de la Poste, umfassende Informationen, freundlicher Service, geöffnet werktags 9–13 und 15–19 Uhr.
www.saintlouisdusenegal.com
www.ausenegal.com/hotel/stlouis.htm

Unterkunft

- **Hotel de la Poste**
Tel. 9612313, auf der Île St. Louis, direkt an der Pont Faidherbe. 1850 gegründet, heute das Traditionshotel der Stadt und das älteste bestehende Hotel des Senegal. Terrassencafé, Bar, Restaurant mit guter französischer Küche. DZ mit Klimaanlage ab 25.000 CFA; im Original-Zimmer des Flugpioniers Jean Mermoz 90.000 CFA. Das Hotel unterhält auf der Langue de Barbarie ein einfaches, aber stilvolles Campement direkt am Fluss;
e-Mail: htlposte@telecomplus.sn

- **Hotel de la Résidence**
Tel. 9611259, Rue Blaise Diagne. DZ ab 20.500 CFA; Bar mit Billiard-Tisch, Restaurant mit französischer Küche, DZ ab 20.500 CFA; das Hotel unterhält auf der Langue de Barbarie ein einfaches Campement; es werden auch Ausflüge organisiert;
e-Mail: hotresid@sentoo.sn

- **Hotel Sindone**
Tel. 9614245, direkt am Fluss, Nähe IFAN-Museum; die schickste Adresse auf der Insel. Ausgezeichnete Küche, schöne Dachterrasse, DZ mit TV ab 36.000 CFA.

- **Hotel Mama Coumba Bang**
Tel. 9611850, ca. 6 km an der Straße nach Dakar, an der Abzweigung zum Nationalpark Langue de Barbarie. Pool, Restaurant, Nightclub und schöne Parkanlage; DZ kosten ab 22.000 CFA.

- **Le Ranch Bango**
Tel. 9611981, ca. 8 km vom Stadtzentrum, Richtung Flughafen. Pool, Reiten, Jagen, Fischen in idyllischer Lage, 30 Zimmer ab 25.000 CFA.

- **Hotel Cap St. Louis**
Tel. 9613939, Route de l'Hydrobase, 5 km vom Zentrum auf der Langue de Barbarie, Restaurant, Bar, Pool, Tennis, Veloverleih, 35 Bungalows, klimatisierte DZ ab 27.000 CFA;
www.hotelcapsaintlouis.com

- **Hotel l'Oasis**
Tel. 9614234, Route de l'Hydrobase, 5 km vom Zentrum am Strand, Restaurant, Pool, großes Angebot an Aktivitäten, u.a. Flüge mit UL-Flugzeugen möglich, zwei Sorten Bungalows, DZ zwischen 14.000 und 23.000 CFA;
www.hoteloasis.free.fr

- **Hotel Mermoz**
Tel. 9613668, Route de l'Hydrobase, 4 km vom Zentrum am Strand. Bar, Restaurant, Pool, Bungalows unterschiedlicher Ausstattung ab 10.000 CFA;
www.mermoz.interweb.be

- **La Louisisane**
Tel. 9612409, Pointe Nord. Familiäres Gästehaus mit elf Zimmern, DZ mit Frühstück ab 14.000 CFA.

- **Auberge l'Harmattan**
Tel. 9618253, Rue Guillabert. Zentral gelegen und gepflegt, südfranzösische Küche, DZ ab 15.000 CFA.
- **Hotel du Palais**
Tel. 9611772, Ecke Rue Khalifa A. Sy/Rue Blanchot. Restaurant und Pâtisserie, DZ mit 15.000 CFA überteuert.
- **Auberge de la Valle**
Tel. 9614722, Rue Blaise Diagne. Gästehaus im Kolonialstil, Übernachtung mit Frühstück 5000 CFA pro Person.
- **Auberge Maison d'Afrique**
Tel. 9614500, Route de la Corniche, nördlich Village Artisanal. Pension mit schattigem Garten und Restaurant, die bei Rucksackreisenden beliebt ist; DZ ab 9000 CFA.
- **Auberge la Fraternité**
Tel. 9616290, Route de Khor, 5 Min. zur Insel. Familiäre Atmosphäre, warme Duschen, Übernachtung 5000 CFA pro Person.
- **Auberge de Jeunesse**
Tel. 9612409, gegenüber dem französischen Konsulat. Sauber, freundlich, gut; die Übernachtung mit Frühstück kostet 5000 CFA pro Person.
- **Hotel Battling Siki**
Tel. 9611772, Rue Abdoulaye Seck. Geburtshaus des berühmten Boxers (siehe Exkurs); düstere Absteige und Stundenhotel, Bar, DZ 6000 CFA.

Camping

- **Camping de l'Ocean/Hotel Dior**
Tel. 9613118, Route de l'Hydrobase, 3 km vom Zentrum, direkt am Strand. Sehr schöner, gepflegter Campingplatz mit Bar, gutem Restaurant, Camping 2500 CFA pro Person, geräumige Bungalows ab 15.000 CFA; E-mail: hoteldior@sentoo.sn
- **Zebra Bar**
Tel. 6381862. Das Campement mit dem alles überragenden Aussichtsturm liegt 24 km südlich von St. Louis Richtung Gandiol, Nähe Büro Nationalpark Langue du Barbarie (GPS N 15°51,85, W 16°30,71'), und ist seit 1997 Treffpunkt der Afrika-Fahrer; *Ursula Bürki* und *Martin Dürig* bürgen für Schweizer Qualität und gute Küche. Bootsservice, Windsurfen, Kajak (gratis); Bungalows ab 12.000 CFA, Camping 2500 CFA pro Person.

Restaurants

- **Restaurant Galaxie**
Rue Abdoulaye Seck. Einfaches, sauberes Restaurant mit guter senegalesischer Küche, Gerichte ab 2000 CFA. Unser Tipp.
- **La Signare**
Rue Blaise Diagne. Von Franzosen geführtes Lokal mit ausgezeichneter Küche; Öffnungszeiten von 11–13 und 18–23 Uhr, Gerichte ab 3500 CFA.
- **Le Flamengo**
Tel. 9611118, Quai Roume. Französisch-senegalesische Küche, schöne Lage am Fluss. Live-Konzerte.
- **Imbisse:** Neben den teuren Hotel-Restaurants gibt es auch einfache Chawarma-Buden im Zentrum der Flussinsel. Gut sind **Le Snack** und **Taf Taf** in der Rue Blaise Diagne. Gut marokkanisch speist man im **Le Fes.**

Bars und Nightclubs

- **La Chaumière**
Beim Leuchtturm, Quartier Nadar Tout. Supermoderner Tanztempel, 1500 CFA Eintritt.
- **Casino Night Club**
Am nördlichen Ende der Flussinsel. Gutes Restaurant mit Blick auf den Fluss, Live-Konzerte am Wochenende.
- **Le Monte Charge**
Jazzclub und Restaurant – der neue Treffpunkt der Szene.
- **L'Iguane**
Bar/Nightclub im cubanischen Stil, sehr gepflegtes Ambiente.
- **Le Ponty Village**
Am östlichen Kai der Flussinsel, beim Hotel Sindone. Treffpunkt der jungen Leute, etwas zwielichtig.

Krankenhaus

- Tel. 9811058, Rue Ibrahim Sarr; oder beim Tropenmediziner *Dr. Serge Roche*.

Bank

- **BICIS**
Rue Blanchot, einzige Bank mit Wechselstube auf der Insel, geöffnet Mo bis Do 8–12.15 und 14.45–16 Uhr, Fr 14–15 Uhr, Geldautomat für VISA-Kreditkarten. Im Stadtteil Sor hat die BICIS-Bank eine Filiale.

Ein tragischer Held aus St. Louis

Ob St. Louis größter Sohn 1897 unter dem Namen *Amadou Louis Fall, M'Barick Fall* oder *Baye Phal* geboren wurde, weiß heute keiner mehr so genau. Berühmtheit erlangte er unter seinem Kampfnamen **„Battling Siki":** der erste schwarze und Afrikas bislang einziger Boxchampion im Schwergewicht. Der skandalumwitterte Weltmeisterschaftskampf fand am 24. September 1922 vor 40.000 Zuschauern im Paris Velodrome statt. Wettspekulanten hatten den Ringrichter bestochen, um *Battling Sikis* Gegner, dem hoch favorisierten Franzosen *Georges Carpentier,* den Sieg zu sichern. Und prompt wurde *Battling Siki* in der sechsten Runde disqualifiziert. Erst die Auswertung der Filmaufnahmen, ein Novum in der Sportgeschichte, verhalf dem jungen Wolof schließlich zum Titel.

Sein kurzes, wildes Leben steht exemplarisch für die Ausbeutung eines schwarzen Sportlers. Als Minderjähriger wird er von einer reichen Französin „pour plaisir" mit dem Dampfschiff nach Europa mitgenommen. Aber schon bei der Ankunft in Marseille ist der Dame das lebende Souvenir, das sie in Anbetracht seiner sexuellen Präferenzen „Louis Phal" nennt, lästig. So schlägt sich *Battling Siki* als Laufbursche, Tellerwäscher und Rausschmeißer einer berüchtigten Hafenkneipe durch. Im Alter von 15 beginnt seine Karriere als Preisboxer, bei der französischen Armee wird er für seine Tapferkeit hoch dekoriert. Nach Ende des Ersten Weltkriegs beginnt ein geradezu kometenhafter Aufstieg. Doch trotz Siegen in Serie – 66, davon 35 durch K.o. – bleibt ihm die gesellschaftliche Anerkennung versagt. Geringschätzig nennt ihn die Presse ein „Kind des Dschungels", selbst der eigene Manager vergleicht ihn mit einem Gorilla. *Battling Siki* kompensiert die Demütigungen durch exzentrische Kleidung, reichlich Absinth und unzählige Affären mit weißen Frauen. Öffentliches Aufsehen erregen seine Spaziergänge mit einem Löwen durch die Parks von Paris. Auch seine zweite Heirat mit *Lillian,* einer Holländerin aus bestem Haus, bringt nicht das erhoffte Glück. 1923, nach einer Niederlage und dem Verlust des Titels, versucht *Battling Siki* ein Comeback in den Vereinigten Staaten – vergeblich.

Die letzten Monate seines Lebens verbringt der Boxer in einem Viertel, das die New Yorker „Hell's Kitchen" nennen. Am 15. Dezember 1925 wird *M'Barick Fall,* genannt *Battling Siki,* in der 41. Straße hinterrücks erschossen aufgefunden. Der Täter wird nie ermittelt, die Hintergründe bleiben im Dunkeln. Gerüchte besagen, es habe sich um die späte Rache der Verlierer beim Titelkampf von Paris gehandelt.

Lange Zeit erinnerte lediglich eine schlichte Bronzetafel am Place de la Post an den tragischen Champion, der in New York begraben wurde. Doch 2001 überführte man seine sterblichen Überreste nach St. Louis, und nach einem gewaltigen Triumphzug durch die Stadt wurde Battling Siki auf dem Fischerfriedhof zur letzten Ruhe gebettet.

Sein Geburtshaus auf der Ile St. Louis ist eine düstere, nach ihm benannte Absteige. Allabendlich trifft sich in der Bar mit dem billigsten Bier der Stadt die Unterwelt nebst weiblichem Anhang zum Zechen. Bei Kerzenlicht wird gelacht und gefeiert. Und manchmal fliegen auch die Fäuste.

Kultur

- St. Louis gilt seit langem als der Kristallisationspunkt des westafrikanischen Jazz. Alljährlicher Höhepunkt ist das **St. Louis Jazz Festival**, das immer im Mai Musiker aus vielen Ländern in der Stadt versammelt und inzwischen auch international Beachtung findet. Zum zehnjährigen Bestehen 2002 gaben sich vor 50.000 Zuschauern Jazzgrößen wie *Archie Shepp, McCoy Tyner* oder *Herbie Hancock* die Ehre.
www.saintlouisjazz.com
- **Centre Culturel Français (CCF)**
Tel. 9611578, Av. Jean Mermoz. Bibliothek, Cafeteria, regelmäßig Filmvorführungen und Konzertveranstaltungen, Internetzugang ist möglich.

Ausflüge

Nationalpark von Djoudji

Nicht nur für Ornithologen ist der 60 km nordöstlich von St. Louis gelegene Nationalpark Djoudji, Weltnaturerbe der UNESCO, ein interessantes Ziel. Die besten Monate für einen Besuch sind Januar und Februar, geöffnet ist der Park von November bis April. In diesem rund 16.000 ha großen **Vogelschutzgebiet** findet man hunderte verschiedener, zum Teil seltener Vogelarten wie Flamingos, Pelikane, Störche, Kormorane, Kronenkraniche, Fischadler etc. Außerdem viele Zugvögel aus Europa, die hier überwintern. Mit etwas Glück trifft man auf Warzenschweine, Gazellen, Schakale, gelegentlich lässt sich auch ein Krokodil im Wasser ausmachen.

Gute Übernachtungsplätze für Autofahrer bestehen in der Nähe der Zufahrtspisten in Richtung Park; dort kann man ebenfalls viele Vögel beobachten. Exkursionen mit mehrstündiger Pirogenfahrt werden von allen größeren Hotels in St. Louis angeboten. Der Preis liegt bei 15.000 CFA pro Person in der einfachsten Variante. Meist werden die Exkusionen noch mit einem Essen verknüpft. Der Besuch des Parks mit dem eigenen Fahrzeug ist möglich.

Von den Beobachtungspunkten aus bieten sich vor allem kurz vor Sonnenuntergang fantastische Aussichten über die weitläufige **Wasserlandschaft**. Mit der Piroge (am besten die erste morgens gegen 9 Uhr) folgt man den zahlreichen Flusswindungen des Djoudji; hierbei kann man die Vögel aus nächster Nähe betrachten und fotografieren, z.B. die erstaunlich galanten Flugformationen der zu Lande sehr unbeholfen wirkenden Pelikane.

Preise:

Der Eintritt beträgt 2000 CFA/ Pers. und 5000 CFA/Auto; eine Pirogen-Rundfahrt kostet 3000 CFA/Pers.

Anfahrt:

Die bequemste Anfahrt führt von St. Louis bzw. von Rosso auf der gut ausgebauten Nationalstraße 2 bis zur Abzweigung Richtung Staudamm Diama. Von dort sind es noch etwa 33 km passable Piste zum Eingang des Nationalparks bzw. Campements von Djoudji.

Unterkunft:
- **Hostellerie du Djoudji**
Tel. 9638700. Großes, komfortables Hotel am Parkeingang, nach längerer Schließung seit 1999 wieder geöffnet; Pool, hübscher Garten, Restaurant; Bootsausflüge sind möglich. DZ 20.000 CFA.
- **Campement du Djoudji**
Bei der Parkverwaltung. 5000 CFA pro Person, Camping möglich.
- **Campement Maka Diama**
Tel. 9611233. Beim gleichnamigen Staudamm, Restaurant, Pool, sehr schöne Bungalows zwischen 7000 und 40.000 CFA.

Nationalpark Langue de Barbarie

Etwa 18 km südlich von St. Louis liegt auf der gleichnamigen Landzunge dieser 2000 ha große, ganzjährig geöffnete Nationalpark, wo Vögel von der Piroge aus nächster Nähe zu beobachten sind. Die Zufahrt führt über die N2, Abzweigung etwa 5 km südlich von St. Louis beim Hotel Coumba Bang, und weiter zum Dorf Gandiol, wo mit der Piroge übergesetzt werden muss. Auf der Landzunge gibt es zwei einfache Campements (s.o.). Übersetzen kann man beim Leuchtturm. Für Hin- und Rückfahrt sollte man nicht mehr als 3000 CFA bezahlen.

Gandiol

Südlich von St. Louis, nahe der Senegal-Mündung, liegen die Fischerdörfer Gandiol und **Ndiébène.** Speziell das geschichtsträchtige Gandiol ist ein idyllischer Ort, wegen der Ruhe ideal zum Entspannen oder Ausgangspunkt für Ausflüge zum Nationalpark Langue de Barbarie. Östlich von Gandiol befinden sich die alten **Salinen** der Könige von Kayor. In früheren Zeiten war das Salz die Haupteinnahmequelle der Herrscher. Alte Befestigungsanlagen aus der französischen Kolonialzeit stehen in der Nähe von **Mouit,** südlich von Ndiébène. Eine interessante Sammlung von Kulturgegenständen findet sich im Petit Musée von Gandiol, Ortsteil Tassinere.

Anfahrt und Unterkunft:
Von St. Louis fahren regelmäßig Sammeltaxis nach Gandiol, wo es auch zwei Übernachtungsmöglichkeiten gibt: entweder im äußerst bescheidenen Campement von *Arouna Ka* nahe der Moschee oder bei *Heidi Simons,* die seit dreißig Jahren im Senegal lebt und in Gandiol mehrere Privatzimmer direkt am Fluss vermietet. Die Zimmer reichen von einfach bis luxuriös, teilweise mit Küche, ab 5000 CFA p.P. Auf Wunsch wird vom freundlichen Personal auch Essen zubereitet. Kontakt über Tel./Fax (0761) 5562002 in Deutschland, Tel. 9641108 in St. Louis oder direkt beim Verwalter *Dam Thiam*.

Reservat von Guembeul

An der Straße nach Gandiol befindet sich ein weiteres Schutzgebiet, das 720 ha große Réserve de Guembeul, wo mehrere in Westafrika heimische, aber in freier Wildbahn nicht mehr vorzufindende Tierarten wie z.B. bestimmte Antilopen-Gazellen und Schildkröten angesiedelt wurden; heimische Affenarten sind ebenfalls zu sehen. Der Eintritt beträgt 1000 CFA.

Louga

Als Tagesexkursion lohnt sich ein Besuch der 60 km südlich von St. Louis gelegenen Stadt Louga, vor allem wegen ihres großen **Marktes,** einem der größten im Norden Senegals, und der neuen **Moschee,** deren smaragdgrüne Kuppel bereits von weitem sichtbar ist. Der Ortseingang mit seinen leeren Boulevards vermittelt den Eindruck einer Stadt vom Reißbrett. Tatsächlich beginnt der eigentliche Ortskern einige Kilometer weiter östlich.

Der Senegal-Fluss

Leider sind die Zeiten vorbei, als man den 1700 km langen Senegal, von den Einheimischen oft nur *le fleuve* genannt, mit dem Schiff bereisen konnte. Zu Kolonialzeiten war der Senegal eine wichtige Wasserstraße und bis hinauf nach Bakel an der Grenze zu Mali schiffbar. Praktisch ist er heute nur noch **bis Podor ganzjährig schiffbar.** Doch den Transport landwirtschaftlicher Produkte haben weitgehend LKW übernommen. So bleibt zur Erkundung nur die Fahrt auf der Nationalstraße. Motto dieser Tour: Der Weg ist das Ziel.

Bereits hinter Richard Toll erreicht man den Sahel und bekommt einen Vorgeschmack auf die Wüste. Die Landschaft ist eher flach und monoton, jedoch typisch afrikanisch. Diese **Kargheit** hat ihren ganz speziellen Reiz. Nomaden mit ihren Herden bestimmen das Bild. Doch von den landschaftlichen Kontrasten gewinnt man am Boden nur einen vagen Eindruck. Ganz anders vom Flugzeug: Der Senegal teilt sich in mehrere Hauptarme, deren Verlauf sich nach jeder Regenzeit ändert. Sattes Grün findet sich nur auf diesen Inseln und im unmittelbaren Einzugsgebiet des Flusses. Anders in der **Regenzeit,** wenn der Fluss an manchen Stellen auf eine Breite von bis zu 20 km anschwillt und das Umland mit fruchtbarem, aus dem Oberlauf des Flusses stammendem Schlamm bedeckt. Dieser Umstand ermöglicht den Anbau von Mais, der Getreideart Sorghum und vor allem Zuckerrohr im so genannten Überschwemmungsfeldbau. Mit entsprechenden Bewässerungsanlagen versucht man diese Region noch mehr für den Reisanbau zu erschließen – die Auswirkungen auf das ökologische Gleichgewicht sind bislang noch nicht absehbar. Das gleiche gilt für den Staudamm Diama. Umweltschützer fürchten u.a. eine zunehmende Versalzung im Unterlauf des Senegal mit gravierenden Folgen für das Ökosystem.

Anreise

●Die **Straße von St. Louis nach Kidira** führt meist entlang des Flusses und ist auf den insgesamt 680 km in gutem bis ausreichendem Zustand. Inzwischen ist auch der 180 km lange Abschnitt von Kidira nach Tambacounda geteert.

●Wer mit **öffentlichen Verkehrsmitteln** reist, sollte viel Zeit mitbringen, da speziell Busch-Taxis ab Podor bzw. Richard Toll nur noch sporadisch fahren. Häufiger verkehren die weißen Mercedes-Kleinbusse, doch eine Fahrt kann wegen Hitze und langer Fahrtdauer zur echten „Tortour" werden. Am schlechtesten ist die Situation zwischen Bakel, Kidira und Tambacounda. Nur wer sich ganz früh auf den Weg zur „garage" macht, hat Aussicht auf einen Platz im Busch-Taxi.

●In Kidira besteht die Möglichkeit, den **Zug nach Dakar** zu nehmen, der Sa und Mi verkehrt. In der Praxis aber sind die guten Sitzplätze meist schon belegt. Wer diese Möglichkeit des Reisens in Betracht zieht, tut besser daran, die Reise entgegen dem Uhrzeigersinn zu starten, da sich Sitzplätze für den Zug nur in Dakar reservieren lassen. Das bequemste Transportmittel zur Erkundung des nördlichen Senegal bleibt also in jedem Fall der eigene oder gemietete Wagen.

Markt in Richard Toll

Ausreise nach Mauretanien

Die rund 700 km lange Grenze zwischen Senegal und Mauretanien verzeichnet nur zwei Grenzübergänge, die mit Fahrzeugen überquert werden können: Die **Fähre bei Rosso** und der **Staudamm Diama.** Letzterer kann offiziell nur von Fahrzeugen bis 7,5 t passiert werden, in der Praxis drückt man gegen etwas Handgeld schon mal ein Auge zu. Vor der Fahrt Richtung Diama sollte man sich unbedingt über den Zustand der Piste auf mauretanischer Seite erkundigen, die nach der Regenzeit oft in schlechtem Zustand ist. Der Grenzübertritt mit der Fähre bei Rosso kann wegen dem Großaufgebot an Schleppern, Schmugglern und Geldwechslern sehr stressig sein. Das gilt übrigens für beide Seiten der Grenze.

Rosso

Die eigentliche Ortschaft liegt auf mauretanischem Gebiet. Auf senegalesischer Seite befinden sich nur einige Geschäfte und einfache Restaurants sowie Büros für Zoll und Versicherung.

Einzige **Unterkunft** bietet die wenig vertrauenswürdige Auberge du Waalo am Ortsausgang Richtung St. Louis, DZ 8000 CFA.

Die **Fähre** nach Mauretanien verkehrt von 8–12 und 15–18 Uhr. Je nach Verkehrslage muss bei Fahrzeugen mit längeren Wartezeiten gerechnet werden. Reisende ohne Fahrzeug werden zügig mit Pirogen auf die andere Uferseite gebracht. Von Rosso nach Nouakchott, der Hauptstadt Mauretaniens, sind es 250 km auf z.T. schlechter Teerstraße mit unzähligen Polizeikontrollen.

Richard Toll

Richard Toll, 20 km von Rosso entfernt, ist **Zentrum der senegalesischen Zuckerproduktion.** Die geschäftige Kleinstadt bietet dem Reisenden alle Versorgungsmöglichkeiten inklusive Bank mit Geldwechsel sowie ein Büro für die in Westafrika gültige Kfz-Versicherung. Entlang der Hauptdurchgangsstraße gibt es etliche kleine Bars und einfache Garküchen, die Märkte bieten ein großes Angebot an Früchten und Gemüse zu günstigen Preisen.

Der Name dieses Ortes am Zusammenfluss von Senegal und Taouey erinnert an den französischen Pflanzer *Richard,* der hier Anfang des 19. Jh. ein Agrarprojekt für den Erdnussanbau aufgezogen hatte. Die heute völlig heruntergekommene Villa von *Baron Roger,* der dieses Projekt initiiert hatte, liegt östlich der Stadt auf einer Insel, umgeben von einem verwilderten Park.

Unterkunft

- **Gite d'Etappe du Fleuve**
Tel. 9633240. Restaurant, Pool, schöner Garten mit Terrasse und imposanter Aussicht auf den Fluss, klimatisierte DZ 19.000 CFA.
- **Hotel la Taouey**
Tel. 9633431, direkt am Fluß. Restaurant, Disco, mit 17.500 CFA für das DZ zu teuer.

Dagana

Dagana liegt 44 km östlich von Richard Toll. Alte Kolonialgebäude weisen darauf hin, dass dieser Ort früher ein wichtiges Handelszentrum, u.a. Umschlagplatz für Gummi arabicum war. Sehenswert sind hier der Markt, eine ehemalige Faktorei, das 1821 erbaute Fort und Überreste einer Befestigungsanlage. Um den Ort zu erreichen, muss man von der Nationalstraße 2 abbiegen. Dagana bildet die Grenze der Wolof-Besiedlung. Ab hier beginnt das Land der Fulbe und Toucouleur.

Podor

Gut 200 km von St. Louis entfernt, liegt dieser stille, geschichtsträchtige Ort, umgeben von wüstenhafter Landschaft. Ursprünglich Hauptstadt des alten Tekur-Reiches (siehe Geschichte) und lange Umschlagplatz für Sklaven, Elfenbein und Gold aus dem Hinterland, bietet es heute noch einige Sehenswürdigkeiten: den Markt, die zum Hochwasserschutz errichtete Uferbefestigung mit ihren alten Faktoreien und Kapokbäumen sowie das im Jahr 1854 von den Franzosen errichtete Fort Faidherbe. Offiziell ist das Fort geschlossen, aber für ein paar CFA zeigen Kinder, wie man hinein gelangt. Insgesamt lohnt sich der knapp 20 km lange Abstecher von der Hauptstraße, denn weit jenseits vom Massentourismus bietet Podor noch ein halbwegs authentisches Bild vom alten Senegal. Podor ist Geburtsort des bekannten Sängers *Baaba Maal,* der hier ein kleines Campement betreibt.

Unterkunft

- **Gite des Etappes le Douwaya**
Tel. 9651700, beim Gare routière. Die Pension gehört *Baaba Mal* und wird von seinem

englischsprachigen Cousin geführt. DZ für 7000 CFA.
- **Centre d'Acceuil du Progrena**
Tel. 9651216, gegenüber Sonatel-Büro. DZ 7000 CFA.
- **Relais Nianga de la SAED**
Tel. 9651246, Village de Nianga, zwischen Fort und Hafen. 4 saubere, klimatisierte Zimmer, DZ 7000 CFA.

Schiffsverbindungen

Die **Überfahrt nach Mauretanien** ist mehrmals täglich mit kleinen Pirogen möglich. Das Zollbüro befindet sich direkt an der Anlegestelle.

Matam

Will man die 237 km lange Strecke von Podor nach Matam mit dem Busch-Taxi zurücklegen, sollte man dafür einen Tag einrechnen, da die Fahrt in mehreren Etappen verläuft.

Matam liegt direkt am Fluss am Rande eines spektakulären Steilabbruchs. Der Ort hat etwa **10.000 Einwohner**, die hauptsächlich von der Landwirtschaft leben. Durchaus sehenswert ist der bunte, lebhafte **Markt,** wo auch Silberschmuck und Töpferwaren angeboten werden. Eine Pirogenfahrt auf dem Senegal bietet sich ebenfalls an.

Unterkunft

Außer Privatzimmern gibt es in Matam keine Übernachtungsmoglichkeiten. Zwei bessere Hotels befinden sich aber nur 10 km entfernt an der N2 in Ourossogui:
- **Auberge Sogui**
Tel. 9661198. Gute Übernachtungsmöglichkeit; DZ zwischen 6000 und 15.000 CFA.
- **Hotel Oasis du Fouta**
Tel. 9661294. Neues Hotel mit zehn klimatisierten Zimmern ab 15.000 CFA.
e-Mail: seftop@hotmail.com
www.hotel-oasis-du-fouta.ifrance.com

Bakel

Aufgrund seiner exponierten Lage ist Bakel die vielleicht interessanteste Siedlung am Oberlauf des Senegal. Dominiert wird der Ort im Dreiländereck von Senegal, Mali und Mauretanien vom alten französischen Fort. Bei einem Spaziergang durch das **5000 Einwohner** zählende Städtchen trifft man noch ab und zu auf Männer an ihren Trittwebstühlen, die Moderne hält aber auch hier mehr und mehr Einzug. Vom Palais René Caillé, benannt nach dem berühmten französischen Afrikaforscher, der 1828 als erster Weißer Timbuktu besuchte, hat man einen weiten Blick über Bakel und die Flusslandschaft.

Unterkunft
- **Hotel l'Islam**
Tel. 9835275. Gutes Essen, schlechte Zimmer und eine sehr eigenwillige Wirtin, berichteten Reisende; DZ 6000 CFA.
- **Hotel Ma Coumba**, Tel. 9835280
- **Campement Djike**, Tel. 9839052

Kidira

Rund 80 km von Bakel entfernt befindet sich die **Grenzstation** Kidira. Statt dem Senegal bildet hier schon der Fluss Falémé die natürliche Grenze zum Nachbarland Mali. Den Reisenden erwarten ein paar Marktbuden, Bars, zwei Tankstellen und das Zollamt. Betrieb ist hier nur, wenn sich zweimal pro Woche, immer mittwochs und samstags gegen Mitternacht, die Züge zwischen Dakar und Bamako kreuzen. Weil die Züge in der Regel hoffnungslos überfüllt sind, sollte man für die Weiterfahrt

Die Petite Côte

Richtung Tambacounda und Dakar lieber auf das schnellere und bequemere Busch-Taxi setzen. Wer bis zum Mittag kein Fahrzeug findet, sollte beim Zoll nach einer Unterkunft fragen.

Der als Petite Côte bezeichnete Küstenstreifen zieht sich laut offizieller Lesart **vom Cap Vert bis zum Mündungsgebiet des Saloum** im Süden. Um die Übersichtlichkeit zu erhöhen, haben wir dem Sine Saloum-Delta jedoch ein eigenes Kapitel gewidmet. Der hier beschriebene **Abschnitt zwischen Toubab Dialaw und Joal-Fadiouth** bildet das eigentliche **Zentrum des senegalesischen Tourismus.** Hier reiht sich ein Ferienclub an den anderen, dazwischen

Fischer am Strand von Toubab Dialaw

DIE PETITE CÔTE

schicke Wochenendhäuser und ein paar wenige, kleine Pensionen für Individualisten. Hier haben sich auch viele Europäer auf Dauer niedergelassen, vor allem Franzosen im Ruhestand. Kein Wunder, zeichnet sich doch die Petite Côte durch ein ganzjährig angenehmes Seeklima und hervorragende Sandstrände aus. Anders als an der nördlich von Dakar gelegenen Côte Sauvage ist die Brandung nur schwach, das Meer also ideal zum Baden. Landschaftlich hat die Petite Côte wenig zu bieten, sieht man einmal von sauberen Stränden und den imposanten Baobab-Wäldern im Hinterland ab.

Die **Bevölkerung** – im Norden vorwiegend Lebou, im Süden Sérèr –, lebte früher vom Fischfang und der Landwirtschaft, heute stellen der Tourismus und der große Bedarf an Hauspersonal eine wichtige Einnahmequelle dar.

Hauptorte der Petite Côte sind Mbour mit dem nahen Saly Portudal, das bevorzugte Ziel für Pauschaltouristen, rund 80 km von Dakar entfernt. Die Petite Côte ist ein noch relativ junges Urlaubsziel. So erfolgte der Beginn der Erschließung von Saly Portudal erst Mitte der 1980er Jahre.

Anreise

Die meisten der nachfolgend beschriebenen Orte werden nicht vom öffentlichen Nahverkehr angesteuert, weil es keine eigentliche Küstenstraße gibt. Praktisch alle Campements bieten deshalb Gästen einen **Abholservice vom Flughafen Dakar,** der mit rund 20.000 CFA zu Buche schlägt. Mit dem Taxi bezahlt man etwa 12.000 CFA.

Wer partout für 700 CFA mit dem **Car rapide** Richtung Thiès fahren will, sollte an der Abzweigung Diamniadio (Total-Tankstelle) aussteigen und von dort auf eine Sammeltaxi warten, was morgens recht flott geht. Das kostet beispielsweise nach Toubab Dialaw ab 300 CFA, nach Popenguine 500 CFA. Oder man fährt gleich bis Mbour und von dort weiter mit dem Busch-Taxi.

Toubab Dialaw

50 km von Dakar entfernt, geht es im kleinen Fischerdorf Toubab Dialaw noch recht beschaulich und wenig touristisch zu – jedenfalls im Vergleich zu den Orten weiter südlich. Die hauptsächlich von Toucouleur bewohnte Ortschaft liegt hübsch zwischen steilen, roten Felsklippen an einem sehr sauberen Stand. Immer im Juni feiert das Dorf ein großes Fest zu Ehren eines bedeutenden Marabout. Es gibt einige Bars und Restaurants sowie fünf Herbergen, davon zwei im Nachbarort Yène.

Unterkunft

● **Espace Sobo Badè**
Tel. 8360356. Ein echter Tipp ist das mit viel Liebe und surrealem Kunstsinn im Gaudí-Stil errichtete Strandhotel in traumhafter Lage von *Sylvaine* und *Gérard Chenet*. Gute Küche u.a. mit vegetarischen Gerichten zu annehmbaren Preisen. Diverse Workshops wie Tanz oder senegalesisches Kunsthandwerk, Freilichtbühne, Fahrradverleih, Reiten; DZ mit Ventilator ab 12.000 CFA, am Wochenende vorbestellen.
e-Mail: sobobade@metissacana.sn
● **La Mimosa**
Tel. 8267326. Senegalesische Pension mit Pizzeria in Strandnähe, freundlicher Service, fünf einfache Zimmer ab 10.000 CFA.
● **La Source Ndambalane**
Tel. 8361703. Architektonisch etwas schräge Kopie des benachbarten Sobo Badè-Hotels. Auch Küche und Service können sich nicht mit dem Original messen.

Popenguine

Das Fischerdorf ist 55 km von Dakar entfernt und bequem über eine Stichstraße von Sindia zu erreichen. Popenguine, am Wochenende beliebtes Ausflugsziel für die Dakarois, ist vor allem durch seine alljährliche **Pfingst-Wallfahrt** bekannt. Dann strömen hunderttausende Katholiken in den Ort, nicht nur aus Senegal, sondern auch aus den Nachbarländern.

Übernachtung ist in sehr einfachen Unterkünften möglich. Für Leute, denen Dakar zu teuer oder zu stressig ist, eine gute Gelegenheit, preiswert zu wohnen. Verschiedene kleine Garküchen und einheimische Restaurants befinden sich in der Nähe des Marktes. Außerdem gibt es im Ort zwei Kinos und mehrere Bars.

Unterkunft

● **La Pierre de Lisse**
Tel. 9577148. Das beste der vier Campements liegt bei Ndayane auf halber Strecke zwischen Toubab Dialaw und Popenguine. Schöner Strand, aber wenig Schatten, Halbpension 20.000 CFA.
● Gelobt wird auch das Campement **Keur Cupaam**, benannt nach einer Frauenkooperative, die sich in Popenguine für den Naturschutz einsetzt.

La Somone

Für viele ist La Somone nur das nördlich gelegene Anhängsel von Saly Portudal. Dabei existiert dieser Ort schon viel länger als das am Reißbrett entstandene Saly. Das Ambiente wirkt lange nicht so steril und aufgesetzt wie in Saly. Einen Ortskern sucht man vergebens.

Unterkunft

● **Le Bassari**
Tel. 9577464. Hübsches Campement mit traditionellen Rundhütten, eine gute Adresse für ausgefallene Ausflugsziele, u.a. werden im Frühjahr die Initiationsfeste der Bassari besucht, außerdem Expeditionen nach Mauretanien organisiert. DZ ab 15.000 CFA; e-Mail: camplebassari@sentoo.sn
● **Tata Village**
Tel. 9585074. Kleines, englischsprachiges Campement, das u.a. Ausflüge ins Fouta Djalon-Gebirge in Guinea-Conakry anbietet, wo das Camp ein Hotel besitzt. Pool, DZ kosten 20.000 CFA; e-Mail: tatavillage@arc.sen

Reserve de Bandia

1991 ließ der deutsche Forstwirt *Christian Dehring* 1500 ha Land an der Straße nach Mbour einzäunen. So konnte sich über viele Jahre die Natur in dem bislang ausgeräumten und überweideten Gelände entfalten. Ziel war die Wiederherstellung einer ursprünglichen **Buschlandschaft** mit der früher für den Senegal typischen Tierwelt. Eröffnet wurde der 65 km von Dakar entfernte Park schließlich 1997.

Der Besuch ist besonders für diejenigen Reisenden interessant, die sich aus Zeit- oder Kostengründen die lange Anfahrt zum Nationalpark Niokolo-Koba nicht leisten können. Zu sehen sind u.a. Giraffen, Zebras (geplant), Gazellen, Affen, Krokodile, Wasserbüffel und unzählige Vogelarten. Sehenswert sind auch der **Baobab-Wald** in und um den Park sowie das „Tombeau des Griots", ein uralter Baobab, in dessen Inneren 200 Skelette gefunden wurden. Münzfunde deuten darauf hin, dass dort noch bis in die 1940er Jahre Bestattungen stattgefunden haben.

Petite Côte
0
20 km
Ngor
Yoff
Pikine
Dakar
Niaga
Rufisque
Bayakh
Kayar
Noto
Gouye
Diama
Mboro-sur-Mer
Fas Boye
Darou
Khoudos
Mont
Rolland
Pambal
St. Louis
Pout
Petite Côte
Yène
Toubab Dialaw
Thies
Tivaouane
Fas
Popenguine
Sindia
Somone
Ngaparou
Nguékokh
Saly Portudal
Tasset
Ouolof
Mbodokhane
Touba Toul
Kbombole
Mbéwane
Mbour
Naining
Ndiaganiao
Bambey
Fissel
Diourbel
Pointe-Sarène
Ndiamane
Tiadiaye
Diohine
Nguéniène
Joal-Fadiouth
Niakhar
Samba Dia
Fimla
Diakhao
Ndangane
Fatick
Palmarin
Mar Lodj
SENEGAL
Djifèr
Foundiougne
Parc national du Delta du Saloum
Djilor
Diourbel
Kaolack
Sokone
Passi
Kahone
Toubakouta
Missira
Kawil
Tambacounda
Barra
K. Madiabel
Ziguinchor
GAMBIA
Koular

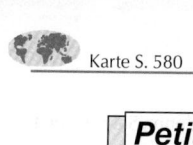

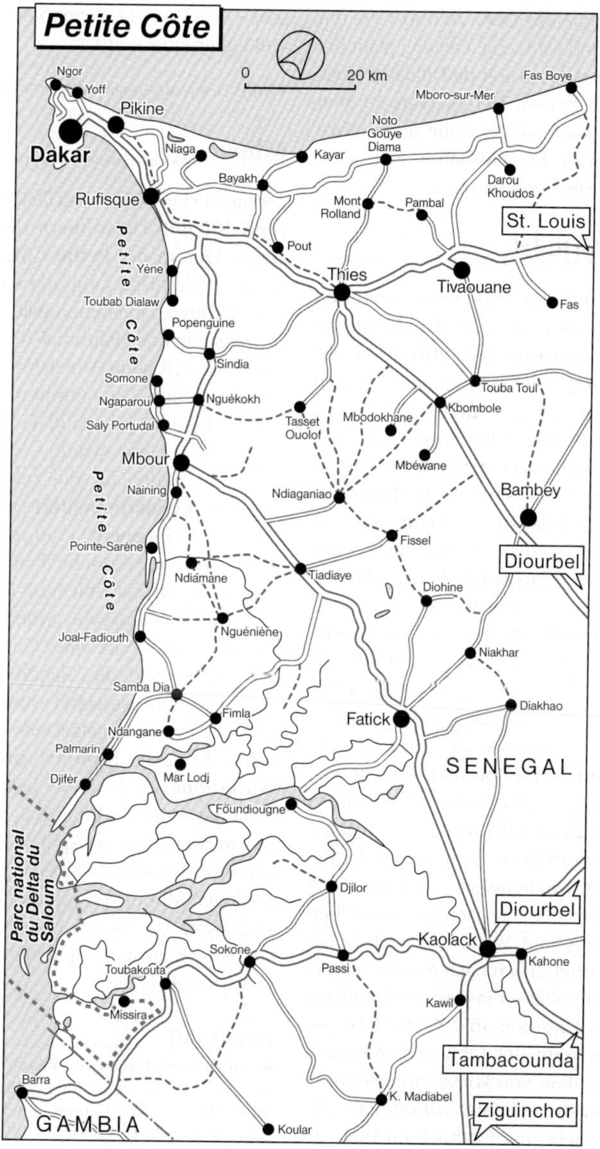

Eintritt: 7500 CFA, 20.000 CFA mit Führer und Fahrzeug. *Dehring* plant die Eröffnung des „Forêt de Fatalah", eines 8000 ha großen Tierreservats im Sine Saloum-Nationalpark nahe der Grenze zu Gambia. Das Vorhaben war 2002 bereits weit vorgeschritten.

Saly Portudal

Bei dem 75 km von Dakar entfernten Ort handelt es sich um das eigentliche **Urlaubszentrum der Petite Côte**, vor allem wegen der geschützten Lage und dem ganzjährig angenehmen Klima. Bereits ab dem 7 km nördlich gelegenen La Somone ist der gesamte Küstenabschnitt mit Villen, kleinen Hotels und Bungalowanlagen zugebaut. Alles ist auf die Ansprüche der Fremden – vornehmlich französische Pauschaltouristen – abgestimmt, und entsprechend umfangreich ist das Angebot: Golfplätze, Schönheitssalons, Wellness, Hubschrauberrundflüge, Kart-Bahn, Jetski- und Bootsverleih, Fischen, Reiten, Tontaubenschießen etc. Auch sonst ist die **Infrastruktur perfekt.** Die gut dreißig Clubanlagen und noch einmal so viel Residenzen der mittleren und gehobenen Preisklasse vermieten in der Regel nur wochenweise und dann mit Halbpension. Wer nach nur einer Übernachtung fragt, wird meist nach La Somone oder gleich nach Mbour verwiesen. Ferienhäuser in direkter Strandlage mit Pool werden ab 200.000 CFA pro Woche vermietet. Obwohl konsequent auf den Bau von konventionellen Bettenburgen verzichtet wurde, hat man kaum mehr den Eindruck in Afrika zu sein – kein Wunder, denn „Saly" ist erst 1984 gegründet worden.

● **Infos:** www.ausenegal.com/hotel/saly.htm

Mbour

Mbour, 85 km südlich von Dakar, ist mit rund **100.000 Einwohnern** der **wichtigste Ort an der Petite Côte.** Noch immer bilden Fischfang und Kleinhandel wichtige Einnahmequellen, doch der ansteigende (Pauschal-)Tourismus hat zusätzlich neue Arbeitsmöglichkeiten geschaffen. Die enormen sozialen Unterschiede – hier feudale Residenzen, dort schiere Armut – sind aber auch der Grund für die zuletzt ausufernde **Kleinkriminalität** und das Heer von **Schleppern** (1999 verglich eine große senegalesische Tageszeitung Mbour bereits mit Chicago). Reisende berichten aber auch von „wundervollen Wochen" im Schutz einer Gastfamilie. Inzwischen sind die Sicherheitsmaßnahmen enorm verstärkt worden. Abseits der großen Hotelanlagen erfreuen sich individuelle **Trommel- und Tanz-Workshops** zunehmender Beliebtheit.

Hauptsaison im Mbour/Saly Portudal ist von November bis April, in den übrigen Monaten sind die Preise um einiges niedriger. Mbour verfügt über alle Versorgungsmöglichkeiten. Die BICIS-Bank hat einen Bankautomaten, der auch Visa-Karten akzeptiert.

Unterkunft

● **Centre Touristique Coco Beach**
Tel. 9571004. Einziges Mittelklassehotel in Mbour mit 100 klimatisierten Zimmern, viele Aktivitäten, DZ ab 15.000 CFA.

Der Baobab – Afrikas „Wunderbaum"

„Mein Gott, so viele tote Bäume", meinte bestürzt eine ahnungslose Touristin bei der Fahrt durch den Baobab-Wald an der Petite Côte. Tatsächlich sieht man in Senegambia schon bald nach der Regenzeit kaum noch einen Baobab mit Blättern. Der Grund: Die Bäume werden regelrecht abgeerntet. Die Blätter dienen frisch oder getrocknet dem Verzehr. Zu Pulver zerstoßen werden sie unter der Bezeichnung „Alo" zur Linderung rheumatischer Beschwerden und Entzündungen eingesetzt. Die säuerlich schmeckenden Früchte werden zu einem brauseartigen Getränk verarbeitet, das erfrischt und belebt. Außerdem gilt das Fleisch aus den großen gelben Früchten seit alters her als Heilmittel gegen allerlei Gebrechen, vor allem Kreislaufbeschwerden. Der Rinde schreibt man chininähnliche Eigenschaften zu, die gegen die Malaria helfen. Und der nährstoffreiche Samen wird zur Herstellung von Dünger und Seife verwendet.

Doch der **Affenbrotbaum,** wie er wegen seiner Früchte bei uns genannt wird, ist viel mehr als nur Lieferant nützlicher Dinge: Der Baobab ist der mystische Baum Afrikas, der die Landschaft südlich der Sahara prägt. Unter seinem Schatten treffen sich die Ältesten zum Palaver, in seinen hohlen Stämmen werden die Griots, die Gaukler und Straßenmusikanten begraben, der Baobab ist Gegenstand unzähliger Mythen, Märchen und Legenden. Tausend Jahre und mehr kann er alt werden, doch im Gegensatz zu anderen Bäumen schrumpft er im Alter. Deshalb werden Baobabs selten höher als 20 m, dafür aber unglaublich dick. Der bizarre, tonnenförmige Baumstamm erreicht oft mehr als 10 m Umfang.

Wie Baobabs aussehen, die dem Zugriff des Menschen entzogen sind, zeigt sich im Naturreservat von Bandia. 1991 wurde das Reservat in der Nähe von Saly Portudal vollständig eingezäunt und gesperrt. Die Bäume tragen seither praktisch das ganze Jahr über Blätter und haben auch eine ganz andere Form entwickelt.

- **Villa Amitié-Bounty**
Tel. 9572951. Ca. 300 m südlich vom Hotel Coco Beach von kanadischem Ex-Diplomaten geführte Privatunterkunft, sehr freundlich, DZ ab 15.000 CFA.
- **La Ferme de Saly**
Tel. 6384790. Von Franzosen in Saly-M'Bour geführte Pension mit tropischem Garten in den Dünen, gutem Restaurant, DZ mit Halbpension ab 15.000 CFA. Leider sehr abgelegen. Möglichkeit zum Campen.
- **Centre d'Accueil**
Tel. 9572457, Nähe Markt, nur 100 m vom Strand. Einfaches Hotel, Campingmöglichkeit in schönem Garten, DZ ab 12.000 CFA.
- **Chez Zeyna**
Tel. 9521909, südlich des Stadtzentrums in Strandnähe. Familiäre Pension, 5000 CFA pro Person.
- **Mbegeel**
Tel./Fax 9575177, in Warang, 5 km südlich von Mbour gelegenes, sehr stilvolles Campement in Strandnähe. Zahlreiche Exkursionen, Übernachtung mit Frühstück 17.000 CFA p.P.

Unterhaltung

- **Malibu (Djembe-Café)**
Disco im Ortszentrum. Angenehme Atmosphäre bei guter Musik und gemischtem Publikum.

Das Beschneidungsfest von Mbour
erlebt von Christine Mutter-Sène

Alljährlich **im September** kennt man in Mbour nur ein Thema: das Fest der Beschneidung der fünf- bis siebenjährigen Jungs vom **Volk der Mandinga.** Jeden Sonntag, morgens um 5 Uhr, ziehen aus jedem Quartier von Mbour Percussion-Gruppen zusammen mit dem Konkoran, so heißt der Medizinmann mit den zwei mächtigen Säbeln, trommelnd und tanzend durch die Straßen und spielen die Sowruba. Das sind schlanke Trommeln, die mit einer Hand und einem Stock geschlagen werden, dazu gibt ein „Dirigent" mit einer Trillerpfeife den Takt vor. Das schweißtreibende Spektakel geht den ganzen Vormittag lang, bis sich die Gruppen gegen Mittag zu einer mehrstündigen Pause zurückziehen. Anschließend beginnt das Ganze von neuem. Schnell zeigt sich, der Vormittag war nur die Ouvertüre. Wieder sind die Trommler in kürzester Zeit von einer tanzenden Menschenmenge eingeschlossen, die sich mit ihnen zusammen wie eine wogende Welle fortbewegt. Nur der Konkoran ist tabu: In seiner Nähe dürfen sich nur beschnittene Jungen und Männer vom Volk der Mandinga aufhalten. Dafür sorgen junge Aufpasser mit langen Ruten, die jeden, der sich dem Konkoran nähert, mit Schlägen verjagen.

Aus der ganzen Region sind die Menschen herbeigeströmt, und spätestens am Nachmittag sind alle Straßen der Stadt völlig verstopft von Feiernden, die sich wie in Trance zur Musik bewegen – die Stimmung wird immer wilder und ausgelassener. Bei Sonnenuntergang enden die Festivitäten – bis zum nächsten Sonntag.

Das Beschneidungsfest ist ein außergewöhnliches Erlebnis. Als Besucher wird man von Umstehenden spontan zum Mittanzen animiert, und wenn der Konkoran in die Nähe kommt, sucht man natürlich auch das Weite. Den ganzen Tag mitzumachen, ist allerdings sehr anstrengend. Im September ist im Senegal noch Regenzeit, und die schwüle Hitze macht das Ganze natürlich noch schweißtreibender. Die eigentliche Beschneidung findet bereits Ende August statt; die Kinder verbringen diese für sie so wichtige Zeit in einem speziellen Haus zusammen mit dem Konkoran, der sie betreut und pflegt. Man merkt den Buben an, dass diese Zeit für sie eine spezielle Erfahrung war. Sie werden von der Musik und der Atmosphäre richtig mitgerissen.

Nianing

Der Ort liegt 95 km südlich von Dakar und ist sehr viel ruhiger als etwa Mbour oder Saly. Ins Auge fällt die abwechslungsreiche Vegetation. Bekannt wurde das Dorf durch den hermetisch abgeschotteten **Club Aldiana** (Tel. 9571084, www.aldiana.de), wo man deutschen Reisegruppen Afrika mit fünf Sternen bietet. Buchung ist nur von Deutschland aus möglich. Das französische Gegenstück zum Aldiana ist die nahe Domaine de Nianing (Tel. 9571420).

Unterkunft

- **Hotel Le Ben Tenier**
Tel. 9571420. Ruhige Bungalowanlage mit gutem Restaurant, DZ ab 17.000 CFA.
- **Auberge Bougainvillees**
Tel. 9564711. Kleines, preisgünstiges Campement am Strand, Hütten ab 10.000 CFA.

Mbodiene

Kleines, verschlafenes Fischerdorf und beliebtes Wochenendziel der reichen Dakarois zwischen Nianing und Joal-Fadiouth.

Unterkunft

- **Club Laguna Beach**
Tel. 9578802. Die 1999 eröffnete Clubanlage ist in Sachen Komfort und Preis die neue Nummer 1 an der Petit Côte; ein Golfplatz ist geplant. DZ ab 130.000 CFA.
e-Mail: laguna@telecomplus.sn
- **Auberge Gîte de Fasna**
Tel. 9576130. Preisgünstige Alternative mit hübscher Gartenanlage, DZ ab 9000 CFA.

Joal-Fadiouth

Joal ist ein wichtiges Zentrum der senegalesischen Fischereiwirtschaft und wurde bereits im 15. Jh. von den Portugiesen gegründet. Es ist die Geburtsstadt des Staatsgründers *Léopold Sédar Senghor*. Das Ortszentrum bildet der Markt. Eine Wanderung am Strand entlang lohnt sich, wo sich viele bunt bemalte Pirogen sowie Roste zum Trocknen der Fische befinden.

Eigentliches Ziel der Touristengruppen aber ist **Fadiouth,** das von Joal aus über eine kleine Holzbrücke zu erreichen ist. Der pittoreske Ort liegt auf einer Insel, die aus künstlich aufgeschichteten Muscheln besteht. Neben der Insel, auf der sich die Ortschaft befindet,

Strand in der Touristenhochburg Saly Portudal

gibt es noch zwei weitere, die eine mit dem christlichen Friedhof, und die Speicherinsel, auf der die Hirse- und Erdnussernte untergebracht sind. Fadiouth ist im Gegensatz zu den umliegenden Dörfern eine vorwiegend christliche Gemeinde mit einer Kirche. Große und kleine Schweine bevölkern den Ort – ein ungewohnter Anblick in einem islamischen Land. Gegenüber dem heiligen Baum, einem großen Baobab, befinden sich Muttergottesstatuen und Heiligenbilder.

Nur während der Flut ist eine **Pirogenrundfahrt** nach Fadiouth und zur Friedhofs- und Speicherinsel möglich. Bei Ebbe ist nicht genügend Wasser in der Lagune. Die Preise für die einstündige Fahrt liegen bei 5000 CFA für die Piroge plus Trinkgeld für den Bootsmann. Hinweis: Die Schlepper an der Brücke nach Fadiouth sind wegen ihrer Hartnäckigkeit berüchtigt.

Unterkunft

● **Le Relais 114 (Chez Mamadou Baldé)**
Tel. 9576114. Preiswert, sauber, freundlich, mit gutem Restaurant; einfache Zimmer in Rundhütten ab 10.000 CFA.
● **Hotel le Finio**
Joal, Tel. 9576112, nahe der Brücke nach Fadiouth, Restaurant, einfache Zimmer in Rundhütten ab 6000 CFA p.P.
● **Le Senegaulois**
Tel. 9576241. Einfache Hütten mit Ventilator.

Das Sine Saloum-Delta

Hinter Joal-Fadiouth endet die Teerstraße – und damit der Massentourismus der Petite Côte mit all seinen Begleiterscheinungen. Südlich von Joal-Fadiouth hat man, salopp gesagt, seine Ruhe. Die Gegend wird flach, die Baobab-Wälder nehmen ab, dafür werden vorwiegend Ölpalmen angebaut – eine ländliche Idylle.

Etwa auf halber Höhe zwischen Joal und Ndangane erblickt man mitten in der Landschaft eine größere Menschenansammlung: Es sind Souvenirhändler, die unter dem angeblich größten Baobab Senegals auf Kundschaft warten. Nach einer kurzen Fahrt erreicht man bei **Ndangane** das Mündungsgebiet des Sine-Saloum. Es ist von zahlreichen Inseln und Wasserarmen, den so genannten Bolongs (französisch *Marigot),* durchsetzt und verfügt über eine relativ gut ausgebaute touristische Infrastruktur.

Der **Nationalpark Delta du Saloum** umfasst etwa 40% des insgesamt 180.000 ha großen Mündungsdeltas, das gekennzeichnet ist durch Sanddünen entlang des Ozeans, Lagunen, von Mangroven gesäumte Bolongs und kleinere Wälder mit Palmen und Baobabs. **Exkursionen** in den Nationalpark sind meist nur mit dem Boot möglich und werden von örtlichen Campements organisiert. Ein Großteil dieser Campements orientiert sich übrigens an den bevorzugten Hobbys der mehrheitlich französischen Gäste: Fischen und Jagen – was nicht jedermanns Sache ist.

Anreise

Anders als an der Petite Côte sind im Sine Saloum-Delta gute Teerstraßen Mangelware. Entsprechend dünn ist der Verkehr mit Busch-Taxis. Wer etwa die Insel Mar Lodj oder die Küstenorte Palmarin oder Djifer besuchen will, erreicht diese am schnellsten über Joal-Fadiouth. Von dort geht es weiter mit dem Minibus über eine passable Allwetterpiste Richtung Süden. Die besten Chancen auf einen schnellen Platz im Busch-Taxi bestehen allerdings in Mbour.

Wer in den **nördlichen Teil des Deltas** will, nimmt am besten die Nationalstraße 1 bis zur Kleinstadt Fatick (Km 62 an der Straße Richtung Kaolack). Dort zweigt eine schmale Teerstraße Richtung Süden ab. Bevor man Foundiougne erreicht, muss man den Saloum mit einer Fähre überqueren.

Wer den **südwestlichen Teil des Deltas** besuchen will, sollte die gut ausgebaute Straße über Thiès, Diourbel und Kaolack wählen, da 2002 mit der Sanierung der Nationalstraße 1 von Mbour nach Kaolack begonnen wurde – bis zur Fertigstellung kann es Jahre dauern. Als regionaler Verkehrsknotenpunkt bietet Kaolack noch die besten Möglichkeiten für ein zügiges Weiterkommen auf der Nationalstraße 4 in den südlichen Teil des Nationalparks Delta du Saloum.

Kaolack ist auch Ausgangspunkt für eine Rundfahrt zu den **Megalithen des Sine Saloum**. Wer die Megalithen nördlich von Farafenni besichtigen will, nimmt die Nationalstraße 4, für die Megalithen bei Kongheul ist es die Nationalstraße 1 Richtung Tambacounda.

Ndangane/Mar Lodj

Das etwas verschlafene **Dorf Ndangane** liegt ganz im Norden des Deltas und kann entweder über die Piste von Joal oder über eine Teerstraße von Loul Séssène erreicht werden. Hier warten die Pirogen der Campements, um bei Voranmeldung die Gäste zur schmalen Landzunge Sangomar oder zur nahen **Insel Mar Lodj** überzusetzen. Mar Lodj ist praktisch autofrei, noch sehr ursprünglich und wegen seiner geschützten Lage ein wahres Naturparadies. Vor allem der Vogelreichtum, von Pelikanen bis Kolibris, ist beeindruckend.

Unterkunft

● **Hotel le Pelican du Saloum**
Tel. 9499310. Luxus-Clubanlage in Ndangane mit 60 Zimmern in pyramidenähnlichem Gebäude; Pool, Reiten, Tennis, Fischen; Übernachtung ab 29.000 CFA p.P.

● **Hotel Cordons Blues**
Tel. 9499312. Neue, sehr teure Hotelanlage in Ndangane mit Restaurant, Pool, Minigolf etc.; e-Mail: cordons.b@sunumail.sn

● **Campement le Comoran**
Tel. 9248217. Einfaches Campement unter französischer Leitung in Ndangane für Sportfischer, Bungalows ab 15.000 CFA. Transfer vom Flughafen Dakar möglich.

● **Auberge chez Mageleine**
Tel. 9499323. Einfache, saubere Pension mit fünf Zimmern gegenüber dem Hotel Cordons Blues.

● **Campement Mar Setal**
Tel. 6372531. Auf der Insel Mar Lodj hat sich der Österreicher *Kurt Wiesbauer* mit seinem stilvollen Campement für Sportfischer einen Traum verwirklicht; Ausflüge zur Île des Oiseux und bis zum Atlantik möglich, Vollpension 19.000 CFA. Bei Voranmeldung werden Gäste vom anderen Ufer abgeholt.

● **Camp Limboko**
Tel. 9499314. Am Rande des Naturparks auf der Insel Mar Lodj liegt das im afrikanischen Baustil errichtete Feriendorf, wo sich vor allem junge Leute treffen. Übernachtung mit Frühstück ab 6000 CFA p.P.

● **Campement Le Bazouk du Saloum**
Tel. 8204125 (Dakar). 20 Minuten mit dem Boot von Ndangane gelegene Anlage mit sieben Bungalows direkt am Strand, sehr gute Küche, Halbpension 15.000 CFA;
e-Mail: lebazoukdusaloum@sentoo.sn

- **Campement Hakuna Matata**
Tel. 9499325. Einfache Rundhütten in traumhafter Lage auf Mar Lodj. Wer mit dem Wagen anreist, kann diesen auf dem eigenen Parkplatz in Ndangane abstellen. Eine Woche Vollpension ab 214 Euro.
www.hakuna.matata.free.fr

Palmarin/Djifèr (Differ)

Die beiden kleinen Fischerdörfer auf der schmalen, nur gerade 800 m breiten **Landzunge von Sangomar** liegen 25 bzw. 35 km südlich von Joal-Fadiouth. Die Landzunge markiert das südliche Ende der Petit Côte, zu erreichen über eine Allwetterpiste, die in der Ortschaft Samba Dia nach Westen abzweigt. Die Verbindung zwischen Palmarin und Djifèr wurde 1997 bei einem verheerenden Sturm weggespült. Man muss nun mit Pirogen übersetzen. Von Djifèr aus verkehren Pirogen unter anderem nach Niodor und Dionewar, dem eigentlichen Herz des Nationalparks Delta du Saloum.

Unterkunft

- **Campement de Palmarin Sessene**
Tel. 9499605. Freundliche, preiswerte Anlage unter Palmen in Strandnähe mit landestypischen Hütten; einziges Campement villagois (d.h. die Erlöse gehen in die Infrastruktur des Dorfes) außerhalb der Casamance.
- **Campement la Mangrove**
Tel. 9363974, am Ortseingang von Djifèr an schönem Strand gelegen. Eigene Boote, saubere Bungalows ab 12.000 CFA.
- **La Pointe de Sangomar**
Tel. 8356191 (Dakar). Guter Service und freundliche Atmosphäre, Segeln möglich, Fahrradverleih. Halbpension ab 13.000 CFA.
- **Hotel Delta Niominka**
Tel. 9489935, auf der Insel Dionewar im Nationalpark gelegenes Luxushotel mit Pool. Segeln, Fischen und Bootsausflüge möglich.

Foundiougne

Einige Kolonialbauten prägen die beschauliche Atmosphäre dieses Ortes, der im Nordosten des Deltas liegt und überwiegend von Sérèr bewohnt wird. Wer den Ort über die R 61 von Fatik aus anfährt, muss den Fluss mit einer Motorfähre überqueren. Das Boot verkehrt fünfmal täglich, laut Plan ist die letzte Abfahrt Richtung Foundiougne um 18.30 Uhr. Auf diesem kürzeren Weg sind es 185 km von Dakar. Alternativ kann der Ort auch über Kaolak und weiter auf der Nationalstraße 5 angefahren werden. Bei Passi geht es dann links auf eine rund 50 km lange Piste.

Unterkunft

- **Hotel de Foundiougne** (ex Piroguiers)
Tel. 9481212. Komfortabler Treffpunkt der Segler, Jäger und Fischer direkt am Fluss, DZ mit Halbpension 50.000 CFA.
- Ebenfalls auf Jäger spezialisiert sind die **Campements L'Indiana** (Tel. 9481213), **Keur Youyou** (Tel. 9481148) und **Le Saloum Saloum** (Tel. 9481269).
- **Auberge les Bolongs**
Tel. 9481110. Gute französische Küche, DZ mit Frühstück ab 20.000 CFA.
- **Le Baobab-sur-mer**
Tel. 9481262. Schönes, direkt am Fluss gelegenes Campement mit eigenen Booten, eine Woche Halbpension ab 140 Euro pro Person.

Kaolack

Die geschäftige Stadt zählt inzwischen über **130.000 Einwohner,** ist ansonsten aber gut überschaubar und wird von vielen Reisenden als schmutzig beschrieben. Die Stadt ist **Zentrum des Erdnussanbaus,** außerdem befinden

DAS SINE SALOUM-DELTA

sich ergiebige **Salinen** in den Lagunen, die bereits unmittelbar an der Stadtgrenze beginnen.

Sehenswert ist vor allem der **Markt**, einer der größten Westafrikas, mit seinen orientalisch wirkenden Arkaden sowie seinem überaus vielfältigen Warenangebot. Ein Blickfang ist die **Moschee** mit ihrer futuristischen Architektur am Ortseingang. Ein Besuch wert ist auch das französische **Kulturzentrum** in der Rue de France, das von Stararchitekt *Patrick Dujarric* konzipiert wurde, der auch für das Kulturzentrum in Ziguinchor verantwortlich zeichnete.

Kaolack besitzt einen Flusshafen und ist zudem wichtige Durchgangsstation Richtung Sine Saloum-Delta, Gambia oder Senegals Osten. Kaolack besitzt **zwei Gare routière,** die eine liegt etwas außerhalb der Stadt im Westen und heißt im Volksmund „garage dakar", die andere ist an der Ausfallstraße Richtung Barra/Banjul gelegen. Hier gehen auch die Busch-Taxis Richtung Ziguinchor via Transgambienne und Tambacounda.

Unterkunft

- **Hotel de Paris**
Tel. 9411019. Bestes Haus am Platz, gutes Restaurant mit französischer Küche, kleiner Pool, Ausflüge möglich, DZ ab 20.000 CFA. www.multimania.com/hoteldeparis
- **Hotel Etoile du Siné**
Tel. 9414448, an der Hauptstraße Richtung Tambacounda. Bewachter Parkplatz, DZ ab 9500 CFA.
- **Hotel La Residence**
Tel. 9417610, Cité Kebe. Freundlicher Service, DZ zwischen 9500 und 16.000 CFA.
- **Hotel Adama Cire**
Av. Sénghor. Zentral gelegen, aber schmutzig, extrem laut und für das Gebotene viel zu teuer, DZ ab 9500 CFA.

- **Hotel Napoléon**
In der Nähe der Kathedrale. Spartanische Unterkunft ab 5000 CFA.
- **Mission Catholique**
Südwestlich vom Markt, Nähe Hotel de Paris. Übernachtung ab 2000 CFA p.P., sehr sauber und freundlich, leider oft belegt. Im Innenhof der Mission sind auch Campingmobile willkommen.

Essen und Trinken

- **Le Brassero**
Avenue Sénghor. Gute französische Küche und nette Atmosphäre, Fassbier.
- Etwas preiswerter speist man gleich um die Ecke im **Nightbird,** einem Restaurant unter libanesischer Leitung.
- In derselben Straße gibt es noch einige billige **Garküchen.**

Toubakouta

Der kleine Ort südlich von Kaolack liegt hübsch an einem Flussarm und bietet weitere gute Möglichkeiten zur Erkundung des Sine Saloum-Deltas. In einigen Läden kann man sich mit dem Nötigsten eindecken.

Unterkunft

- **Hotel les Palétuviers**
Tel. 9487776. 50 klimatisierte Bungalows, Restaurant, Bar, Pool, DZ mit Frühstück ab 36.000 CFA, Halbpension möglich, das etwas preiswertere Hotel Plage d'Or nahe der Grenze zu Gambia wird vom gleichen Hotelier betrieben
- **Hotel Keur Saloum**
Tel. 9487715. Bungalows in traumhafter Lage direkt am Fluss, mit Pool, Tennis, Jagen und Fischen. Alles sehr schick und entsprechend teuer; www.keursaloum.com.

Missirah

Das kleine Fischerdorf an der Grenze zu Gambia ist ebenfalls ein guter Ausgangspunkt für Ausflüge in den angren-

DAS SINE SALOUM-DELTA

zenden Nationalpark (Eintritt: 3000 CFA p.P.), für Fotosafaris und Tierbeobachtungen. Die etwas bessere Piste führt über Toubakouta.

Unterkunft

- **Campement Gite de Bandiala**
Tel. 9487735. Etwas westlich vom Ort, neu. Übernachtung mit Halbpension 12.700 CFA p.P. in angenehmer Atmosphäre. Das Camp ist ideal zum Ausruhen oder für Pirogen-Exkursionen.
www.ifrance.com/bandiala-senegal

Rundfahrt zu den Megalithen des Sine-Saloum

Das Gebiet südlich von Nioro du Rip im Landesinneren ist ein prähistorisch hoch interessantes Gebiet. Die hier gefundenen **Steinkreise, Menhire und Grabhügel** sind mit denen in Stonehenge (England) vergleichbar, wobei die Wissenschaftler bis heute keine schlüssigen Hinweise haben, wer diese alten Kultplätze errichtet hat und wofür. Die mündlichen Überlieferungen der dort ansässigen Bevölkerung sprechen von einem „fremden Volk", das in früherer Zeit hier gelebt haben soll.

Megalithen-Rundfahrt 1

Man verlässt Koungheul (141 km östlich von Kaolack, an der Straße nach Tambacounda) durch das Quartier Sossé am südlichen Ortsrand. Etwa 300 m nordwestlich des Dorfes **Keur Ali Lobé** befindet sich die eine Stelle mit 14 Steinkreisen. Die andere – 21 Steine im äußeren Kreis und 17 Steine im inneren – liegt in unmittelbarer Nähe von 13 anderen einfachen Kreisen.

Man fährt weiter auf der Piste Richtung Südwesten, vorbei an dem Dorf Sali. Etwa 800 m südlich des Dörfchens **Diam-Diam** liegt eine andere Stätte mit zwei Kreisen; der eine besteht aus 29 Monolithen und hat einen Durchmesser von etwa 8 m. Etwas weiter östlich

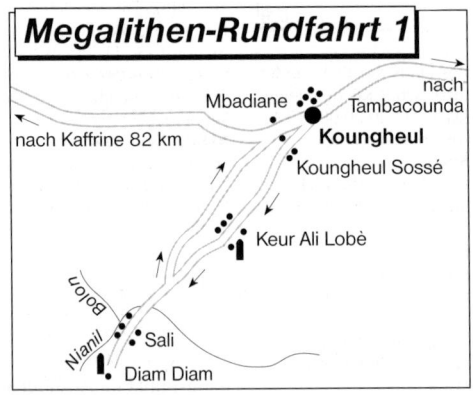

befinden sich zwei riesige Steine; der eine 1,90 m hoch mit einem Durchmesser von 0,90 m, der andere 2,40 m hoch und im Durchmesser 0,90 m; jeder dieser Monolithen wiegt über 5 t.

Der Rückweg ist über die Piste möglich, die etwa 3 km nordöstlich von Sali links abzweigt und parallel zur anderen verläuft; sie biegt bei Mbadiane auf die Straße nach Kaolack.

Für die ca 42 km lange Strecke sollte man inkl. Besichtigung etwa 2 Stunden Fahrzeit rechnen und am besten auch einen Führer nehmen, da die Plätze teilweise schwierig zu finden sind.

Megalithen-Rundfahrt 2

Man verlässt Nioro du Rip auf der Transgambienne Richtung Gambia; bei dem Ort Firgui biegt man vor dem Grand Bao Bolong links Richtung Kaymor ab. Die ersten 15 km Piste sind in gutem Zustand, dann wird sie schlechter und ist nur während der Trockenzeit für normale Fahrzeuge befahrbar; in der Regenzeit nur mit Geländewagen.

Nach etwa 10 km liegen linker Hand die Steinkreise von **Kabakoto:** ein Kreis mit zehn Steinen, der einen Erdhügel umgibt. Etwas weiter, bei Dialla Kouna, befinden sich zwei weitere Steine.

In dem Dorf **Kaymor** macht die Piste einen Knick nach Süden; zu beiden Seiten befinden sich große Menhire sowie ein Kreis, der aus zehn Steinen besteht.

Auf dem Teilstück zwischen Garan und Sine Ngayène kommt man an einem Kreis mit zerfallenen Steinen vor-

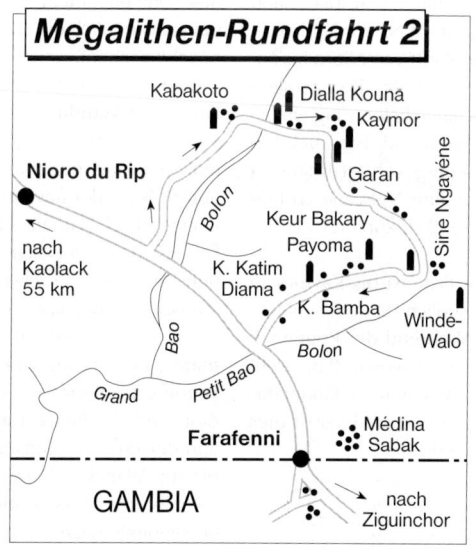

bei. Hier in **Sine Ngayène** befinden sich die wichtigsten Megalithen Senegambias, unter ihnen das „tombe du roi" (Königsgrab) und das „tombe de la mère du roi" (Grab der Königsmutter).

Macht man von Sine Ngayène etwa 2,5 km auf schlechter Piste, später über ein Feld, einen Abstecher in südöstlicher Richtung, gelangt man zu den Steinen von **Winde Walo.**

Fährt man die andere Piste weiter in Richtung Westen, so kommt man nach **Payoma,** wo weitere Steinkreise zu besichtigen sind. Das Dorf selbst wurde ebenfalls aus Megalithen erbaut; interessant ist in diesem Zusammenhang auch der Eingang der Moschee. Kurz hinter dem Dorf befinden sich die Steinkreise von **Keur Bamba.** Ein paar Kilometer weiter stoßen Sie wieder auf die Transgambienne (nach links 8 km bis zur Grenze nach Gambia, nach rechts 18 km bis nach Nioro du Rip).

Für diese Rundfahrt von Nioro bis Nioro (72 km, davon 40 km Piste) sollten Sie mindestens einen halben Tag einkalkulieren. Es besteht natürlich auch die Möglichkeit, in umgekehrter Richtung nur direkt nach Sine Ngayène zu fahren, was in wesentlich kürzerer Zeit zu bewältigen ist.

Hinweis: Die Piste ist bis Kaymor in gutem, weiter südlich dann in schlechtem Zustand. Während der Regenzeit sind der Grand Bao Bolon und der Petit Bao Bolon nur mit einem Geländefahrzeug zu durchqueren, und selbst dies ist recht beschwerlich.

Die Casamance

Die Casamance ist nach dem **320 km langen Fluss** benannt, der den fruchtbaren Landstrich im Süden Senegals durchfließt. Diese Region hat ein völlig anderes Gesicht als der eher trockene Norden. Bereits mit dem Überschreiten der Grenze Gambias wechselt die Vegetation. Während der Norden durch hohes Gras, Baobabs und Akazienbäume gekennzeichnet ist, trifft man hier auf üppige tropische Vegetation. Riesige Kapokbäume (Fromager), Mangrovendickichte und vereinzelt sogar Galeriewälder bestimmen das Bild. Dazwischen immer wieder Reisfelder. Und in der Gegend um Oussouye finden sich auch noch vereinzelt Überreste des ursprünglichen guineischen Regenwaldes. Die ungemein fruchtbare Casamance wird auch die „Kornkammer Senegals" genannt.

Auch die Menschen, vorwiegend **Diola** und **Mandingo,** sind von einem anderen Schlag. Verglichen mit den manchmal als hochmütig empfundenen Völkern der Savanne sind die Bewohner der Casamance freundlich und liebenswürdig. In Dakar allerdings werden sie gerne als rückständige „Waldmenschen" betitelt.

Man unterscheidet die **Haute Casamance** um die Region Kolda, die **Moyenne Casamance** um die Region Sédiou und die **Basse Casamance,** die von der Provinzhauptstadt Ziguinchor bis zur Atlantikküste reicht. Touristisch am interessantesten ist die von den Diola bewohnte Basse Casamance, im Ge-

DIE CASAMANCE

gensatz zu der vorwiegend von Mandingos bewohnten Haute Casamance. Allerdings ist der westliche Teil der Casamance seit vielen Jahren mit den **Unabhängigkeitsbestrebungen** dieser Volksgruppe konfrontiert. Für den Tourismus bedeuten die immer wieder aufflackernden Kämpfe eine schwere Hypothek. Zählte man Anfang der 1990er Jahre noch gut 50.000 Reisende, so schrumpfte die Zahl auf unter 20.000 in der Saison 2000/01. Man sollte sich vor einer Reise unbedingt über die aktuelle Sicherheitslage informieren (s.u.).

Geschichte

Der erste Europäer, der seinen Fuß auf den Boden der Casamance setzte, war 1450 der Venezianer *Alvise de Ca da Mosto,* der im Auftrag *Heinrichs des Seefahrers* die westafrikanische Küste erkundete. 1460 gründeten die **Portugiesen Ziguinchor,** benannt nach den Ureinwohnern, den Izguinchors; nach anderer Deutung „der Ort, an dem du weinen wirst". Trotz diverser Siedlungen und befestigter Handelsposten gelang es den Portugiesen aber nie, die vollständige Kontrolle über die Casamance zu erlangen – zu stark war der Widerstand der Diola. 1884 zwang **Frankreich** die Portugiesen zur Übergabe des Gebiets, welches dann der französischen Kolonie Senegal ange-

Das Fischerdorf Dioqué
in der Mündung des Casamance

gliedert wurde. Trotzdem hat sich in einigen Landesteilen bis heute das portugiesische Creol als Lingua franca erhalten. Die Geschichte der Casamance ist geprägt von unzähligen Aufständen, Volkserhebungen und blutigen Strafexpeditonen der Kolonialherren, die bis in die Mitte des 20. Jh. reichen.

Sicherheitshinweise

Vor Reisen in die Casamance wurde bei Redaktionsschluss nach wie vor vom Bonner Auswärtigen Amt abgeraten. Grund: die gespannte Lage auf Grund der bewaffneten **Rebellion des M.F.D.C.** Daneben wurden auch zahlreiche Überfälle gemeldet, die aber auf das Konto gewöhnlicher **Banditen** gehen. Es bestand in verschiedenen Regionen nur eingeschränkte Reisesicherheit. Viele internationale Reiseveranstalter und lokale Tour-Operator, etwa in Gambia, haben aus diesem Grund die Casamance aus ihrem Programm gestrichen.

Lag früher das Hauptkampfgebiet vor allem südlich der Verbindungsstraße Cap Skirring – Ziguinchor und weiter bis Kolda sowie im Grenzgebiet zu Guinea-Bissau, so hatten sich die immer wieder aufflackernden Kämpfe 2002 auf das Gebiet Bignona und Dioulouloulou verlagert.

Wegen **Minengefahr** sollten Fahrten auf Pisten unbedingt vermieden werden. Darüber hinaus gilt auch für geteerte Überlandstraßen in der Süd-Casamance ein nächtliches Fahrverbot. Bei akuter Gefährdungslage erfolgt die Fahrt im **Militärkonvoi.** Dringend angeraten ist auch das permanente Mitführen der Personalpapiere. Wer ohne Pass angetroffen wird, kann von der Armee bis zur Feststellung der Personalien festgehalten werden – und das kann dauern.

Am besten Bescheid über die aktuelle Sicherheitslage wissen in der Regel Busch-Taxifahrer, die diese Gegend regelmäßig befahren, oder Reisende, die die Casamance gerade besucht haben. Auch ein vorheriger Anruf beim Hotel kann nützlich sein. Praktisch alle Hotels waren im Jahr 2002 geöffnet. Zu deren Schutz hat Frankreich ein größeres Truppenkontingent bei Cap Skirring stationiert.

Anreise

Der Seeweg

Trotz des tragischen Untergangs der Fähre Joola (vgl. Exkurs „Die Joola – Senegals Titanic") markiert der Seeweg die sicherste und bequemste Art in die Casamance zu gelangen. Sollte das von der Regierung in Dakar versprochene Ersatzschiff seinen Dienst antreten – üblicherweise war die Abfahrt in Dakar jeweils Di und Fr gegen 19 Uhr. Im Morgengrauen macht(e) das Schiff Zwischenstation vor der Insel Carabane. Die Preise liegen (lagen) zwischen 3500 und 15.000 CFA, Fahrzeuge koste(te)n ab 15.000 CFA.

● **Informationen:**
Tel. (00221) 8215852 (Dakar)
Tel. (00221) 9912201 (Ziguinchor)
www.casamance.net/yaller/index.html

Der Luftweg

Am schnellsten geht es mit Air Senegal International. Das Unternehmen fliegt seit der Übernahme durch Royal Air Maroc mit modernen Turboprop-Maschinen täglich von Dakar nach Ziguinchor. Service und Pünktlichkeit wurden deutlich verbessert. Der Einfachflug kostet 44.000 CFA. Jeweils Mo fliegt Air Senegal International von Dakar nach Cap Skirring. Der Einfachflug kostet 59.500 CFA. Das Manko dieser Airline ist ihr Wartelisten-System. Offenbar wird immer ein großes Kontingent an Sitzplätzen für wichtige Persönlichkeiten freigehalten – die dann doch nicht fliegen. So bekommt man als normaler Reisender in der Regel erst kurz vor dem Abflug sein Okay. Am bequemsten ist sicherlich der Direktflug über Paris nach Cap Skirring, das in den Monaten November bis April von Chartergesellschaften dreimal wöchentlich angeflogen wird.

● **Informationen:**
www.casamance.net/yaller/index.html

Landweg

Von Dakar bzw. Kaolack aus gibt es drei Routen in den Süden Senegals. In jedem Fall muss man mindestens einen Tag Fahrzeit einkalkulieren.

Route 1

Die mit Abstand **längste Route** ist paradoxerweise die **schnellste** und wahrscheinlich auch die **sicherste**: von Kaolack nach Tambacounda und weiter über Kolda nach Ziguinchor und damit ausschließlich auf senegalesischem Staatsgebiet. Damit umgeht man nicht nur zwei Grenzübertritte, sondern vor allem die lästigen Wartezeiten an den Fähren. Die Strecke führt ab Tambacounda durch eine landschaftlich reizvolle Gegend und empfiehlt sich vor allem für Selbstfahrer. Wer dagegen mit Busch-Taxi oder Minibus reist, wird im besten Fall mindestens einmal umsteigen müssen. Westlich von Kolda muss mit verstärkten Militärkontrollen gerechnet werden.

Route 2

Die **am meisten frequentierte Route** ist die so genannte **La Transgambienne**. Sie führt über Kaolack, Farafenni (dort mit der Fähre über den Gambia-Fluss) und weiter via Bignona nach Ziguinchor. Als Ausländer muss man die Fähre in Devisen (CFA) bezahlen. Da die meisten Busch-Taxis keine Versicherung für Gambia besitzen, muss in der Regel das Fahrzeug mehrmals gewechselt werden. Vorteil: Die lange Wartezeit an der Fähre entfällt, da für Fußgänger immer ein Platz auf der Fähre frei ist. Trotzdem sollte man zwölf Stunden Fahrzeit einkalkulieren. Der Fahrpreis beträgt rund 9000 CFA. Anders bei Selbstfahrern: Je nach Verkehrsaufkommen ist mit langen Wartezeiten zu rechnen. Für Transitreisende ist auf dieser Route ein Visum obligatorisch, das an der Grenze für 1000 CFA ausgestellt wird.

Route 3

Diese Strecke führt **von Kaolack nach Barra** am Nordufer des Gambia River. Davon waren 2002 gut 50 km schlimme Piste, da die Nationalstraße 5 zwischen Sakone und Karang komplett saniert wird. Mit der Eröffnung der Straße ist frühestens 2004 zu rechnen. Das nächste Hindernis ist der Fluss: Auch wenn beide Fähren in Betrieb sind, ist für Selbstfahrer mit langen Wartezeiten zu rechnen. Bei unserer letzten Reise war nur eine Fähre betriebsbereit, die Autos standen teilweise mehr als 24 Stunden. Über Banjul geht es dann nach Serekunda und weiter mit dem Bus oder Busch-Taxi über Dioulolou und Bignona nach Ziguinchor. Für diese Route sollte man zwei Tage einkalkulieren.

Ziguinchor

Die **Provinzhauptstadt der Casamance**, im 16. Jh. von den Portugiesen als Militär- und Handelsstützpunkt gegründet, zählt heute gut **100.000 Einwohner.** Die Stadt liegt am Südufer des Flusses, über den eine Brücke führt, und stellt den wichtigsten Verkehrsknotenpunkt der Region dar.

Die zahlreichen Handelshäuser im Kolonialstil, die breiten Alleen sowie Parkanlagen verleihen der Stadt noch heute einen ausgesprochen kolonialen Charakter. Sieht man vom Quartier Escale mit seiner Flaniermeile, der Rue Javelier, ab, sucht man einen eigentlichen Ortskern aber vergebens. Von Ziguinchor bieten sich Ausflüge zu den traditionellen Diola-Dörfern in der Umgebung, zu den Badestränden des Atlantik sowie Pirogenfahrten auf dem Casamance und ans Nordufer an.

Sehenswürdigkeiten

Das älteste Viertel Ziguinchors, das **Quartièr Escale,** liegt direkt am Ufer des Casamance-Flusses, wo sich neben alten Kolonialbauten auch moderne funktionale Architektur, neben zahlreichen kleinen Läden auch Banken, Hotels und Restaurants finden. Erwähnenswert auch der Fischmarkt und die Anle-

Der M.F.D.C., die Diola und ihr Freiheitswille

Der Konflikt in der Casamance ist viel älter als der Staat Senegal. Schon die Portugiesen, die 1450 das Gebiet als erste Europäer entdeckten, sahen sich mit dem Freiheitswillen der Diola konfrontiert, von denen heute knapp eine Million an beiden Seiten des Casamance-Flusses leben, aber auch in Gambia und im Norden von Guinea-Bissau. Die Diola haben sich nie wirklich einer staatlichen Macht unterworfen, die höchste weltliche Autorität repräsentiert nach ihrem Verständnis immer noch der Dorfchef, die spirituelle der Fetischpriester. Mit ihren animistischen Kulten und der ausgeprägt kollektivistischen Gesellschaftsstruktur, quasi eine Art Urkommunismus, haben die Diola kulturell und auch sprachlich eine Sonderstellung innerhalb der senegalesischen Ethnien.

Die traditionelle **Diola-Kultur** ist eine **Zivilisation des Reises**. Damit verbunden ist ein seit Jahrhunderten fein ausbalanciertes System, das vom Anbau über das Einbringen der Ernte bis zu Vorratshaltung und Verteilung der Ressourcen reicht. Das kollektive Gedächtnis der Dorfgemeinschaften ist in heiligen Hainen verortet. Dort, unter uralten Fromager-Bäumen, suchen die Diola die Zwiesprache mit ihren Vorfahren. Dort opfern sie Tierblut, Palmwein und Reis. Vieles daran erinnert an die Voodoo-Kulte in Benin. Nur selten gelingt es Weißen, an diesen Zeremonien teilzunehmen.

Der 1943 von der legendären Fetischpriesterin *Aline Sitoe* aus Kabrousse angeführte Aufstand markiert nur eine von **unzähligen Rebellionen gegen die Kolonialmacht**. Und bis heute glauben viele Diola, die „Jeanne d'Arc der Casamance" werde eines Tages zurückkehren und ihnen die ersehnte Freiheit bringen. Eine weitgehende Autonomie hatet Frankreich der Casamance ja 1960 im Unabhängigkeitsvertrag mit Senegal zugesprochen. Doch in Dakar verschwand das Papier sang- und klanglos in der Schublade.

Der bewaffnete Aufstand gegen die Regierung beginnt laut offizieller Lesart Mitte der 1980er Jahre. Der **Kampf** richtet sich vor allem **gegen die Vorherrschaft der Wolof**, von denen man sich wirtschaftlich ausgebeutet und politisch gegängelt fühlt, und wird angeführt vom **M.F.D.C. (Mouvement des forces démocratiques de la Casamance)** und ihrem Generalsekretär, Pater *Augustin Diamacoune Senghor*. 1982 bricht die katholische Kirche mit dem rebellischen Geistlichen, der heute lediglich noch als politischer Sprecher der Separatisten fungiert. Denn der M.F.D.C. ist längst in verschiedene Fraktionen zerfallen, deren Warlords sich erbittert bekämpfen. 2001 setzt die Regierung in Dakar 140 Millionen CFA auf den Kopf von *Salif Sadjo* aus; der berüchtigte Militärchef des M.F.D.C. ist erklärter Gegner einer Kompromisslösung.

Auf beiden Seiten kommt es zu Gräueltaten. Besonders die senegalesische Armee geht mit großer Brutalität gegen tatsächliche oder vermeintliche Unterstützer des M.F.D.C. vor. Dorfbewohner werden vertrieben, ganze Landstriche veröden, hunderte Menschen verschwinden im Kerker, die Zahl der Toten geht in die Tausende. Regelmäßig klagt amnesty international über schwerste Menschenrechtsverletzungen. Diplomatisch wird der M.F.D.C. von Gambia unterstützt, finanziell von Libyen und militärisch bis 1999 von Guinea-Bissau, wo auch das Rückzugsgebiet der Rebellen liegt.

Für Senegals neuen Präsidenten *Abdoulaye Wade* steht die Lösung des Konflikts ganz oben auf der Prioritätenliste. Doch eine Autonomie oder gar eine Unabhängigkeit lehnt er ebenso entschieden ab wie die einflussreichen moslemischen Bruderschaften, weiß er doch mit Frankreich und den USA militärisch mächtige Verbündete hinter sich. Immerhin aber will *Wade* den traditionell vernachlässigten Süden wirtschaftlich stärken. Die in sich völlig zerstrittenen Separatisten stecken in einem tiefen Dilemma: Ihr Rückhalt in der Bevölkerung sinkt, die Menschen in der Casamance sind einfach kriegsmüde.

gestelle der Pirogen zur Fahrt in die benachbarten Dörfer. Hier herrscht praktisch den ganzen Tag reges Treiben.

Der **Marché St. Maur-des-Fossés** im Quartier Boucotte zählte bis zum verheerenden Brand von 1995 zu den farbenprächtigsten Märkten des Landes. Inzwischen ist der Markt mit viel Beton wieder aufgebaut. Bis sich die alte Atmosphäre wieder einstellt, wird noch viel Zeit vergehen. Vom Quartier Escale am Ront Point Jean Paul II vorbei die große Avenue in Richtung Centre Artisanal gehen.

Das Kunsthandwerksdorf **Centre Artisanal** hat ein ähnliches Angebot wie das in Dakar, es ist nur wesentlich kleiner und sehr touristisch. Bei dem Leiter des Centre, *Adama Goudiaby*, erhält man auch aktuelle Informationen über die Campements der Umgebung und über traditionelle Feste wie die Luttes sénégalaises. Normalerweise finden die Luttes von Januar bis Juni jeden So ab 16 Uhr in der Arène de Folclore, etwas nördlich vom Marché St. Maur, statt. Um dorthin zu gelangen, fragt man am besten Ortsansässige nach dem Weg. Dieses Spektakel sollte man sich nicht entgehen lassen. Auch in Cabrousse finden regelmäßig Ringkämpfe statt.

Das 1999 eröffnete **Kulturzentrum L'Alliance – Franco-Sénégalaise** ist eine wirkliche Attraktion und das mit Abstand eindrucksvollste Kulturzentrum, das Frankreich in Westafrika unterhält. Das vom Architekten *Patrick Dujarric* konzipierte Gebäude ist einem traditionellen Impluvium-Haus nachempfunden. Es beinhaltet Cafeteria, Bibliothek, Freilichtbühne für Konzerte, Tanz und vieles mehr. Es befindet sich im südlichen Teil der Stadt an der Av. Lycée Guignabo; Eintritt für Touristen 500 CFA. Am Wochenende finden regelmäßig Veranstaltungen statt.

Information

Ziguinchor besitzt keine Tourist-Information, sieht man vom Büro der Campements Villageois im Centre Artisanal ab. In Hotels liegt aber eine gute Karte der Region aus, die auch über die Unterkünfte der Casamance informiert.

●**Informationen:**
www.casamance.net
www.ausenegal.com/hotel/casamance.htm

Unterkunft

●**Hotel Kadiandoumagne**
Tel. 9388000. Sehr gepflegt und in schönster Lage direkt an der eigenen Bootsanlegestelle mit Bar/Restaurant; Studio ab 30.000, DZ ab 19.000 CFA. Die Preise in der hoteleigenen Dependance Le Bambolong II sind günstiger; e-Mail: kadiando@sentoo.sn

●**Hotel Néma Kadior**
Tel. 9911052, Route de l'Aviation. Luxushotel 2 km außerhalb des Zentrums in parkähnlicher Umgebung. Restaurant, Pool, DZ ab 33.000 CFA.

●**Hotel Aubert**
Tel. 9911379. Rue Farques, Traditionshotel mit etwas steriler Atmosphäre im Quartier Escale; Restaurant, Pool, Tennisplatz, DZ ab 15.000 CFA.

●**Hotel le Perroque**
Tel. 9912329, Quartier Escale, direkt am Ufer des Flusses. Schöne, schattige Terrasse mit herrlicher Aussicht, DZ ab 11.500 CFA, etwas teurer sind die Zimmer mit Blick auf den Fluss.

●**Hotel Le Flamboyant**
Tel. 9912223, Quartier Escale. 1997 eröffnet, gegenüber Hotel du Tourisme und unter gleicher Leitung; Pool, DZ mit Klimaanlage, Minibar, Telefon und TV für 14.000 CFA – das Haus mit dem besten Preis-Leistungsverhältnis in Ziguinchor. Einziges Manko ist die laute Lage; www.casamance.net./flamboyant/

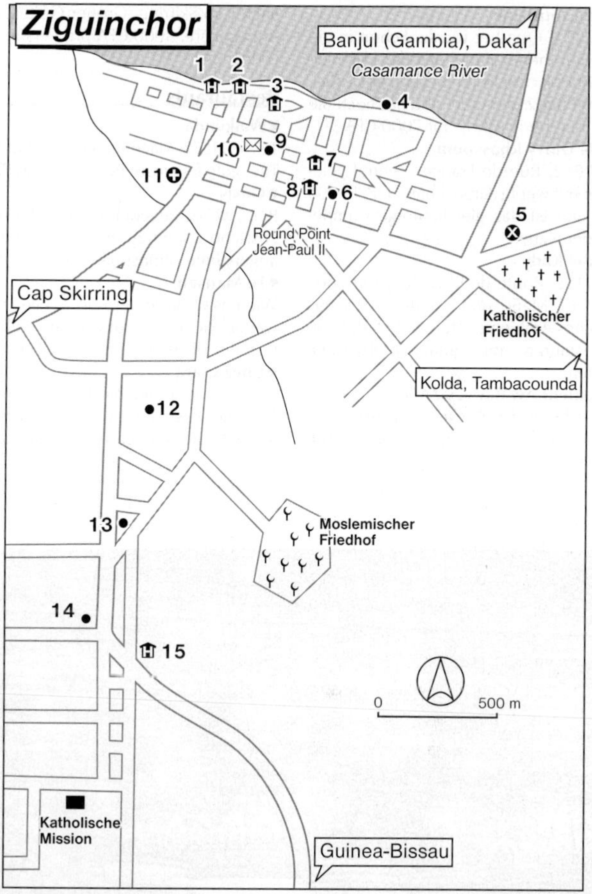

Ziguinchor

🏨	1 Hotel Kadiandoumagne	●	9 Polizei
🏨	2 Hotel Le Perroqeut	✉	10 Post
🏨	3 Hotel Aubert	⊕	11 Krankenhaus
●	4 Fähre Dakar	●	12 Markt St. Maur
⊗	5 Buschtaxis	●	13 Kunstmarkt
●	6 Konsulat Guinea-Bissau	●	14 Franz. Kulturzentrum
🏨	7 Hotel le Flamboyant	🏨	15 Hotel Nema Kadior
🏨	8 Hotel de Tourisme		

- **Hotel du Tourisme**
Tel. 9912223, Quartier Escale. Schon in die Jahre gekommenes Hotel aus der Kolonialzeit, bei Rucksacktouristen beliebt, gutes Restaurant mit Bar, akzeptabel sind nur noch die Zimmer im Obergeschoss für 7000 CFA.
- **Hotel N'Darry Khassoum**
Tel. 9911052, Rue de France. Zentral gelegen, aber mit wenig Atmosphäre, DZ 13.000 CFA. Billiger ist das gleichnamige Campement in der Nähe.
- **Hotel Bel Kady**
Tel. 9911122, Route de l'Aviation, zwischen Marché St. Maur und Centre Artisanal. Freundliches Ambiente, saubere DZ ab 8000 CFA, Restaurant mit guten, preiswerten Mahlzeiten.
- **Campement Aw Bay (ex ZAG)**
Tel. 9910273, Route du Cap, 30 Fußminuten rechter Hand in Colobane an der Straße nach Cap Skirring. Großer Garten, familiäre Atmosphäre, 3000 CFA pro Person; Fahrradverleih.

Restaurants

- **Walkunda**
Tel. 9911573, Place Jean Paul II. Bar. Salon de Thé, gute französische Küche und Pizza.
- **Oasis**
Rue Javelier, gegenüber von SONATEL. Französische Küche zu angemessenen Preisen, angenehme Atmosphäre (franz. Patron).
- **Le Mansah**
Wie das Oasis in der Rue Javelier, nur etwas weiter Richtung Fluss. Gute einheimische Gerichte ab 1800 CFA. Unser Tipp.
- **Chez Clara**
Südlich vom Rond Point, gegenüber der Kathedrale; Restaurant des gleichnamigen Hotels mit guter senegalesischer Küche.

Karten S. 580 und 672

Die Casamance

• Gute **hoteleigene Restaurants** bieten die Hotels Kadiandoumagne, Aubert, du Tourisme, Le Perroque. Eine populäre Disco betreibt u.a. das Hotel Bambolong.

Autovermietung

• **G.I.E.**
Tel. 9911038, Av du Général de Gaulle.
• **Avis** hat ein Büro im Quartier Escale.

Banken

• **CBAO,** Rue de France/Rue Javelier.
• **USB** am Rond Point.

Post

• Im Quartier Escale, Rue du Général de Gaulle. Geöffnet Mo bis Fr 8–12 und 15–18 Uhr, Sa 8–12 Uhr.

Internet

• **Cyper Cafe Sen-2Tique**
Rue Javelier, gegenüber CBAO-Bank, 30 Minuten 1500 CFA.

Krankenhaus

• **Hôpital Régional du Néma**

Sonstiges

• **Visum für Guinea-Bissau**
Ein 30-Tage-Visum erhält man im Konsulat von Guinea-Bissau, dessen Büro sich neben dem Hotel du Tourisme befindet. Bearbeitung ohne Wartezeit, werktags von 9–12 Uhr; die Gebühr beträgt 5000 CFA, zwei Passbilder.

Basse Casamance

Oussouye

Der beschauliche **Hauptort der Region** liegt 40 km von Ziguinchor auf dem Weg nach Cap Skirring. Jedes Jahr im Dezember finden hier die **Luttes sénégalaises** statt. In Oussouye sind die regionalen Ausscheidungskämpfe. Der Ort selbst ist wichtiges **Handwerkszentrum** für Töpferei und Korbwaren. Es gibt einige Bars und Restaurants sowie einen Fahrradverleih. Von hier lassen sich bequem **Ausflüge** in die Umgebung machen. Interessante Tourenvorschläge findet man im Internet unter: www.casavtt.fr/Topos_guide.html.

Unterkunft:
• **Hotel les Bolong**
Tel. 9931001, etwas außerhalb Richtung Ediongou. 1999 eröffnetes Hotel/Campement in ruhiger Lage unter französischer Leitung.
• Außerdem existiert ein **Campement Villageois.**

Mlomp

Das für seine zweistöckigen Häuser bekannte Dorf befindet sich auf halbem Weg zwischen Oussouye und Elinkine. Das Dorf steht inmitten üppiger tropischer Vegetation, riesigen Fromager-Bäumen und ist umgeben von Reisfeldern. Am Ortseingang befindet sich ein kleines, interessantes **Museum,** das über die Traditionen der Diola-Kultur informiert.

Elinkine

Dieses lebhafte Fischerdorf ist von Oussouye bzw. Ziguinchor aus bequem mit dem Busch-Taxi oder dem Minibus zu erreichen. Es wird zur einen Hälfte von Diola-Bauern bewohnt, zur anderen Hälfte von Sérèr und Wolof. Während die Sérèr in der Mehrzahl Fischer und Händler sind, die mit ihren Pirogen die Bolongs befahren und in rechteckigen Strohhütten leben, woh-

Einem Diola-Haus nachempfunden – das Kulturzentrum in Ziguinchor

nen die Diola in großen, runden Lehmhütten. Von Elinkine aus bieten sich Pirogenfahrten nach Diogué, zur Île de Karabane und durch die Bolongs sowie zu Fuß ein Ausflug nach Mlomp.

Unterkunft:
● **Campement le Fromager** und **Campement le Comassou,** beide sehr einfach.

Île de Carabane

Auf der Insel befand sich bis zum 19. Jh. das portugiesische Verwaltungszentrum und später die französische Verwaltung. Über die wechselvolle Geschichte dieses Platzes gibt der Friedhof am westlichen Ende des kleinen Ortes Aufschluss. Auch die verfallenen Gebäude der Faktoreien und die „Ecole Speciale", ein Straf- und Internierungslager, erinnern an längst vergangene Kolonialzeiten, als die Insel das kommerzielle Herz der Casamance war.

Sehenswert sind die katholische Kirche mit ihrer bretonischen Architektur und einige weitere Kolonialbauten. Carabane ist die **„Casamance en miniature":** Kirche, Moschee und das Zeremonienhaus der Animisten liegen nur wenige Schritte voneinander entfernt. Die Menschen sind zurückhaltend, freundlich und tolerant.

Es gibt zwei Krämerladen und eine von katholischen Nonnen geleitete Krankenstation. Die Insel ist abgesehen von ein paar Eselskarren absolut verkehrsberuhigt. Der Strand an der Nordseite ist sauber. Die **Ruhe und Abgeschiedenheit** der Insel mit ihren gerade einmal 400 Einwohnern lassen Carabane als tropischen Traum erscheinen – unser Tipp!

Unterkunft:
● **Hotel Carabane**
Tel. 9912781. Sehr schönes, 1998 eröffnetes Hotel mit 36 Zimmern im Gebäude der ehemaligen Missionsstation, gutes Restaurant, Bar, Strandterrasse, DZ ab 16.000 CFA.
● **Campement Barracuda (Chez Amath)**
Auf Sportfischer spezialisierte Anlage, Zimmer ab 3000 CFA pro Person, Ausflüge nach Diogué, Djembering und zu den Bolongs werden organisiert.
● Weitere Campements in Strandlage sind der **Kassoum Club** und **Badji Kunda** (der Betreiber ist ein renommierter einheimischer Künstler).

Schiffsverbindungen:
Die Insel in der Casamance-Mündung kann man entweder beim Zwischenstopp der Fähre von Dakar bzw. von Ziguinchor aus erreichen; von Ziguinchor aus direkt mit dem Boot oder mit einer Piroge von Elinkine, Fahrzeit ca. 30 Minuten.

Pointe St. Georges

Das Dorf liegt direkt am Fluss und ist von Ziguinchor aus mit der Piroge bzw. von Mlomp aus mit dem Geländewagen über eine schlechte Piste zu erreichen. Man kommt vorbei an traditionellen Diola-Gehöften inmitten üppiger Vegetation; Fromager-Wälder und Reisfelder wechseln einander ab.

Unterkunft:
● Der abgebrannte Hotelkomplex Pointe St. George wurde nicht wieder aufgebaut. Dafür gibt es jetzt das einfache **Campement de Sibaba.**

Cap Skirring

In Cap Skirring befindet sich der mit Sicherheit **schönste Küstenabschnitt Senegals** mit kilometerlangen weißen Sandstränden. Aufgrund der geringen Brandung und Wassertiefe ist das Baden relativ ungefährlich. Kein Wunder,

Sanfter Tourismus – das Projekt „Campements villageois"

Preiswerte Ferien in einem traditionellen Diola-Dorf: Auf dieses Formel lässt sich das beispielhafte Projekt „Campements villageois" bringen. Diese Form von sanftem Tourismus und interkultureller Begegnung wurde Mitte der 1970er Jahre aus der Taufe gehoben und richtet sich in erster Linie an junge Reisende mit schmalem Budget. Heute bietet gut ein Dutzend Dörfer in der Casamance die Möglichkeit, afrikanisches Dorfleben einmal hautnah mitzuerleben. Selbstredend ist die Ausstattung eher spartanisch. Strom gibt es, wenn überhaupt, nur aus Solarzellen. Dafür bezahlt der Gast aber auch nur umgerechnet rund 12 Euro pro Nacht bei Vollpension. Sämtliche Gewinne gehen direkt in die örtliche Infrastruktur, wie etwa Brunnen, Schulen oder Krankenstationen. In den besten Jahren vor Ausbruch der Kämpfe mit dem M.F.D.C. zählte man jährlich bis zu 10.000 Besucher. Zuletzt köchelte das Projekt wegen der unsicheren Lage nur auf Sparflamme.

Aktuelle Infos erhält man beim **„Office de Campements Rurals Integrées"** am Eingang des Centre Artisanal in Ziguinchor, Tel. (00221) 9911268.

Liste der Campements

(Hinweis: Einige der aufgelisteten Campements waren 2002 vom Militär belegt, namentlich die in Dioher und Thionk-Essyl)

Ziguinchor und Umgebung/Südufer:
- **Campement de Djifanghor,** 8 km von Ziguinchor
- **Campement Ghor,** 8 km von Ziguinchor
- **Campement le Mussuwam,** Cap Skirring, Tel. 9935184
- **Campement villageois Enampore,** 23 km von Ziguinchor
- **Campement villageois Dioher,** 25 km von Ziguinchor
- **Campement villageois Selcki,** 27 km von Ziguinchor
- **Campement villageois de Kachouane,** 50 Minuten mit der Piroge von Ziguinchor
- **Campement villageois Niambalang,** 35 km von Ziguinchor
- **Campement villageois d'Oussouye,** 40 km von Ziguinchor
- **Campement villageois d'Elinkine,** 55 km von Ziguinchor

Bignona und Umgebung/Nordufer:
- **Campement villageois Affinam,** 90 Minuten mit der Piroge von Ziguinchor
- **Campement villageois Baila,** 50 km von Ziguinchor
- **Campement villageois Diana,** 101 km von Ziguinchor
- **Campement villageois Eguilaye,** 60 km von Ziguinchor
- **Campement villageois Kabadio,** 94 km von Ziguinchor
- **Campement villageois Koubang,** 23 km von Ziguinchor
- **Campement villageois Sito Koto,** 108 km von Ziguinchor
- **Campement villageois Thionk Essil,** 65 km von Ziguinchor
- **Campement villageois Abéné,** 105 km von Ziguinchor

dass der Club Méditerranée an dieser Stelle eine große Anlage mit Golfplatz installiert hat. Der Ort selbst ist mit seinen vielen Hotelanlagen, Residenzen und nur wenigen preiswerten Campements **sehr touristisch** – mit allen Begleiterscheinungen. Das Ambiente ist vergleichbar mit Saly Portudal. Von Cap Skirring aus lassen sich zahlreichen Touren unternehmen. So u.a. Ausflüge mit der Piroge durch die Bolongs nach Elinkine und Carabane oder zu Fuß am Strand entlang nach Cabrousse (ca. 3 km) bzw. nach Djembering (ca. 12 km). Einige Hotels bieten auch eintägige Segeltouren nach Carabane an.

Unterkunft:
- **Hotel Savana Cap**
Tel. 9931552. Ältere Nobelherberge nördlich von Cap Skirring. Restaurant, Pool, Tennis usw. Zimmer ab 40.000 CFA/Person.
- **Hotel la Pailotte**
Tel. 9935151. Gutes französisches Restaurant, luxuriöse Bungalows in Strandnähe, Halbpension ab 30.000 CFA pro Person; Privatstrand, Wassersport, Fahrradverleih usw.
- **Kaloa les Palétuviers**
Tel. 9935210, etwa 500 m vom Flugplatz in direkter Strandlage. 16 hübsche Bungalows, Restaurant mit Nightclub, alle Arten von Wassersport möglich.
- **Hotel les Hibiscus**
Tel. 9931436, Richtung Cabrousse. Kleine, geschmackvolle Bungalowanlage, DZ ab 30.000 CFA.
- **Auberge le Palmier**
Tel. 9935109. Direkt in Cap Skirring village. Restaurant, Bar, DZ ab 12.000 CFA.
- **Campement le Paradise**
Tel. 9935129. Auf Sportfischer eingerichtete kleine Bungalowanlage südlich von Cap Skirring. Bar, Restaurant, DZ 10.000 CFA.
- **Campement M'Ballo**
Tel. 9369102. Am Cap Randoulène gelegenes einfaches Campement, freundlich und günstig, Zimmer ab 5000 CFA.

Verkehrsverbindungen:
- Regelmäßige Flugverbindungen nach Dakar, Charterflüge von Paris nach Cap Skirring, Taxi brousse oder Minibusse von Ziguinchor.
- Hinweis für **Autofahrer:** Auf der Strecke Ziguinchor – Cap Skirring sind außergewöhnlich viele Militär-und Polizeikontrollen.

- Es gibt eine **Post,** aber keine Bank.

- **Ausflug nach Djembering:** Das Dorf an der Atlantikküste war lange Zeit ziemlich isoliert von der Außenwelt, die Bevölkerung lebte noch nach alten Traditionen. Heute schnuppern hier Pauschaltouristen am „authentischen" Afrika. Vor allem aber sind sie für eine Weile fernab der Anmache in Cap Skirring. Trotzdem hat sich der Ort bis heute seine Ruhe bewahrt. Sehenswert ist die Rückkehr der Fischer.

Unterkunft im **Campement Asseb** am Ortseingang (ab 5000 CFA) oder im **Campement Aten-Elou** (Bungalowanlage unter riesigen Kapokbäumen auf dem Hügel, ab 5000 CFA).

Verkehrsverbindungen: Taxi-brousse-Verbindung (täglich von/nach Ziguinchor; ca. 18 km Piste) von Cap Skirring. Die Piste von Cap Skirring nach Djembering ist holprig und führt nicht direkt am Strand entlang, sondern schlängelt sich durch viele Dörfer und dichte Palmenwälder.

- **Ausflug nach Boukote:** Auf halber Strecke von Cap Skirring nach Djembering liegt das kleine Dörfchen Boukote; eine Stichstraße führt Richtung Westen zum Meer, wo man am Strand gut campen kann.

- **Ausflug zum Nationalpark Basse Casamance:** Dieser 1970 eingerichtete Nationalpark war seit Mitte der 1990er Jahre zeitweise von Rebellen des M.F.D.C. besetzt und wurde deshalb von den Behörden gesperrt. Sämtliche Einrichtungen wurden bei den Kämpfen zerstört. Das ca. 35 km² große Gelände, das sowohl von Feuchtsavanne als auch von dichtem Wald bedeckt und von zahlreichen Wasserarmen durchzogen wird, liegt rund 50 km südlich von Oussouye, an der Straße nach Cabrousse und weiter nach

Cap Skirring. Wegen der politisch gespannten Situation ist nicht damit zu rechnen, dass der Nationalpark in naher Zukunft wieder geöffnet wird.

Nord-Casamance

Das Gebiet nördlich des Flusses Casamance hat seit Mitte der 1990er Jahre touristisch stark an Bedeutung gewonnen. Das gilt insbesondere für den Küstenabschnitt zwischen Kafountine und Abéné. Angeblich sollen bereits alle Parzellen in Küstennähe an Investoren verkauft sein. Bislang ist die Infrastruktur aber noch ausschließlich auf **Individualreisende** ausgerichtet. Der gut 20 km lange Strand ist nicht ganz so schön wie in Cap Skirring, auch die Brandung kann um einiges gefährlicher sein. Reizvoll sind Ausflüge in einige Dörfer im Landesinnern. Die Region mit ihren verzweigten Bolongs (in der Casamance *Marigots* genannt) eignet sich ideal zur Vogelbeobachtung. Dazu zählen in erster Linie das Schutzgebiet Pointe de Kalissaye, die Île de Oiseaux und der Sanctuarie Ornithologique de Kassel.

Hinweis: Einen schweren Rückschlag erlitt der Tourismus 2002, als Kämpfer des M.F.D.C. Militärstellungen in Diouloulou und Kafountine angriffen.

Bignona

Der wichtige **Verkehrsknotenpunkt in der Nord-Casamance** verfügt über alle Versorgungsmöglichkeiten. Regelmäßiger Busch-Taxi-Verkehr nach Banjul über die Nationalstraße 5 und Kaolack/Dakar über die Nationalstraße 4.

Unterkunft:
● **Hotel Le Palmier**
Tel. 9941258. Älteres Haus im Kolonialstil am Ortsausgang Richtung Banjul, Zimmer ab 5000 CFA.

Essen und Trinken:
● Die beste Küche in Bignona bietet das **Restaurant Le Jardin** im Ortszentrum.

Diouloulou

Wer auf der Fahrt nach Banjul/Gambia abends vor verschlossener **Grenze** steht, dem bietet sich in Diouloulou, dem letzten Ort vor der Grenze, im Campement Relais Myriam (bei der Tankstelle am Ortsausgang) eine bescheidene, aber saubere Unterkunft. Von dem Marktflecken aus fahren in unregelmäßigen Abständen Busch-Ta-

Traditionelles Dorfleben

xis Richtung Abéné und Kafountine, ebenso nach Gambia und Ziguinchor.

Kafountine

Das eigentliche Dorf liegt rund 2 km vom Meer entfernt. Hier endet die geteerte Straße von Diouloulou. Busch-Taxis befahren von dort aus regelmäßig die Strecke. Auch von Gambia aus ist Kafountine relativ bequem zu erreichen. Wer vom Ortskern aus die verstreut gelegenen Campements erreichen will, ist auf ein Taxi angewiesen: Preis ab 1500 CFA. Sehenswert sind das Fischerdorf und die nördlich davon gelegene kleine Bootswerft.

Unterkunft:
- **Hotel-Village Le Karone**
Tel. 9948525. 42 klimatisierte Bungalows in großem Garten, Pool, Autovermietung, Vogelbeobachtung etc., Halbpension ab 18.000 CFA pro Person. Abholservice von Banjul möglich. www.casamance.net/karone
- **Hotel Le Fouta Djalon**
Tel. 9946904. Neun gepflegte Bungalows in Strandnähe, Bar/Restaurant mit sehr guter franco-senegalesischer Küche, Fahrradverleih, Ausflüge, Halbpension ab 15.000 CFA pro Person; auf Wunsch Abholung vom Flughafen Banjul für 30.000 CFA.
www.casamance.net/foutadjalon
- **Campement le Paradies**
Tel. 9369492, Treffpunkt der Künstler, Trommelkurse, senegalesische Küche, Übernachtung 3000 CFA pro Person.
- **Campement A la Nature**
Tel. 9948524, direkt am Strand beim Village pecheur gelegen. Wer Musik und Highlife mag, ist hier richtig: Motto „Roots, Rap, Reggae". Übernachtung für 2500 CFA, Halbpension für 6500 CFA pro Person.
www.casamance.net/alanature/
- Ebenfalls preiswerte Übernachtungsmöglichkeiten bieten u.a. die **Campements Le Kumpo, Afrika, Nady, Le Filao** oder **Sitoko**. Alle orientieren sich bei ihren Preisen an denen der Campements Villageois, d.h. 2500–3000 CFA pro Person und Nacht. Dazu werden meist Trommel-Kurse, Velo-Verleih und andere Aktivitäten angeboten. Interessant ist auch das **Café/Atelier Bateau Batik** von *Ingrid* und *Sobroco*, nur wenig Minuten vom Hotel Fouta Djalou entfernt.

Abéné

Anders als Kafountine ist Abéné weit weniger touristisch geprägt. Das Ortszentrum liegt rund 2 km vom Meer entfernt. Die Bevölkerung setzt sich zur Hälfte aus Diolas und Mandingo zusammen. Sehenswert sind der „Heilige Baum" und das jährlich Ende Dezember stattfindende Folklorefestival.

Unterkunft:
- **Hotel-Village Kalissay**
Tel. 9948600, rund 4 km nördlich von Abéné über eine gute Piste zu erreichen. Bootsausflüge, Fischen etc. 12 luxuriöse Bungalows in Strandnähe in tropischem Garten ab 30.000 CFA, teures Restaurant.
e-Mail: kalissai@sentoo.sn
- Deutlich preiswerter wohnt und isst man im freundlichen **Campement La Belle Danielle**, Tel. 9369542, im Ortszentrum. Nicht weit davon entfernt liegt das sehr einfache **Campement Bantan Woro**. Etwas teurer, dafür in Strandnähe, ist die **Bungalowanlage Casamar**, Tel. 9911865, Übernachtung pro Person 5000 CFA. Weitere Adressen sind das **Maison Sunjata** unter deutscher Leitung und das immer wieder von Reisenden gelobte **Campement Le Kossay** in Strandnähe.

Haute Casamance

Kolda

Das Verwaltungszentrum der oberen Casamance liegt auf halbem Weg zwischen Tambacounda und Ziguinchor und ist eine **Hochburg des Mandingo-Volkes.** Die geschäftig wirkende Stadt

Karten S. 580 und 672

bietet alle Versorgungsmöglichkeiten. Als Durchgangsstation von und nach Guinea-Bissau sowie als Alternativroute von der unteren Casamance nach Dakar hat Kolda zuletzt stark an Bedeutung gewonnen, nachdem der Hauptgrenzübergang bei M'Pack/Ziguinchor aufgrund der angespannten Situation immer wieder geschlossen wird. Alternativ bestehen zwei Übergänge: bei Salikéne/Cambaju und weiter östlich bei Pirada/Kounkane, letzterer ist nur mit LKW oder Geländewagen zu befahren.

Unterkunft:
● **Hotel Hobbe**
Tel. 9961170. Bestes Haus am Platz, mit Bar Restaurant, klimatisierte DZ ab 16.000 CFA.
● **Hotel Moya**
Tel. 9961175. Restaurant, Bar, saubere DZ mit Ventilator ab 8000 CFA. Am Wochenende wegen der Disco sehr laut.

Sédiou

Abseits der Hauptverbindungsstraßen liegt Sédiou, in Kolonialzeiten ein bedeutendes Verwaltungs- und Handelszentrum. Davon zeugen noch die Häuser im Zentrum. Der Ort, rund 140 km von Ziguinchor entfernt, liegt hübsch am Fluss gelegen und ist umgeben von alten Wäldern, die für ihren Wild- und Vogelreichtum bekannt sind.

Unterkunft:
● **La Palmeraie**
Tel. 9951102. Feudale Bungalowanlage unter Palmen am Fluss, spezialisiert auf Jäger und Fischer; Restaurant, Pool, klimatisierte Zimmer ab 13.000 CFA. Das Campement unterhält etliche große Jagdreviere in der nördlichen Casamance.
www.casamance.net/relaisfleuri/
● **Hotel Faradala**
Tel. 9951250.

Der Südosten

Vielen Reisenden ist der Weg in Senegals Südosten zu zeitraubend, zu beschwerlich, zu heiß oder einfach zu lang. Andererseits: Ohne die genannten Hinderungsgründe wäre das Gebiet wohl längst zum „anthropologischen Zoo" verkommen. So kommt es nicht selten vor, dass man als einziger Gast in einem Campement die traumhafte Aussicht auf eine unberührte, von grünen Hügeln umgebene Flusslandschaft genießt. Auch sonst bietet die dünn besiedelte Region an der Grenze zu Mali und Guinea **„Afrika pur"**. Hoch gewachsener tropischer Wald säumt die Oberläufe der drei Flüsse, die diese Region durchfließen: Der Falémé bildet die Grenze zur Mali, der Gambia River und der Niokolo Koba führen durch den gleichnamigen Nationalpark. Geprägt wird die Landschaft auch durch die bis zu 400 m hohen Ausläufer der **Fouta-Djalon-Berge.** In deren Tälern siedelt die winzige **Ethnie der Fulani.** Speziell hier wachsen noch Teak- und Mahagonibäume, während in den flacheren Teilen Akazien und Palmen gedeihen.

Im Nordosten, am Zusammenfluss des Falémé mit dem viel größeren Senegal-Fluss, ist das Land dagegen meist flach und fast schon wüstenartig. Nur Baobabs, Dornenbüsche und andere anspruchslose Pflanzen können hier existieren. Wie in allen Savannengebieten Senegals fühlen sich auch hier **Nomaden** vom Stamm der Peulh zuhause.

Im Zentrum des Südwestens liegt der **Nationalpark Niokolo Koba,** UNESCO-Weltnaturerbe und mit einer Fläche von rund 9000 km² eine der letzten großen Enklaven Westafrikas, wo es noch Großwild gibt. Ob darunter auch noch **Elefanten** zu finden sind, ist allerdings ungewiss. Bei der letzten größeren Wildzählung im Jahr 2000 konnten vom Hubschrauber aus gerade noch sieben Tiere ausgemacht werden. Auch der Bestand an **Löwen** ist auf weniger als 200 gesunken. Die hier lebende Löwenart zählt zu den größten des Schwarzen Kontinents. Von den kleineren Katzenarten sind die Zibetkatze, der Serval und die Ginsterkatze zu nennen. Im Grasland der Flussniederungen tummeln sich zahlreiche **Antilopenarten.** Mehrere tausend **Büffel** leben im Park, an den Wasserlöchern suhlen sich **Flusspferde** und Warzenschweine im Schlamm. Von den Reptilienarten ragt vor allem das **Nilkrokodil** heraus, das im Nationalpark eine Länge von bis zu dreieinhalb Metern erreicht.

Am südlichen Rand dieses Schutzgebiets leben die **Bassari,** eine der ursprünglichsten Ethnien Senegals, die ihren Traditionen mit farbenprächtigen Zeremonien noch weitgehend treu geblieben sind.

Anreise

Bester Ausgangspunkt für Exkursionen in Senegals Südosten ist Tambacounda. An Dakar ist die kleine Provinzhauptstadt verkehrstechnisch gut angebunden, sei es mit **Zug, Flugzeug** oder mit dem **Busch-Taxi.** Der Zug verkehrt zweimal die Woche, für einen (guten) Sitzplatz ist aber eine Reservierung in Dakar erforderlich. Air Senegal International fliegt jeden Samstag um 7.30 Uhr nach Tambacounda, der Rückflug ist um 9.15 Uhr. Und nicht nur von Dakar aus befahren Busch-Taxis regelmäßig die 470 km lange Strecke, für die man mindestens sieben Stunden Fahrzeit kalkulieren sollte, auch von Thiès oder Kaolack kommt man ohne längere Wartezeit rasch nach Tambacounda. Von einigen kurzen Abschnitten abgesehen, befand sich die Straße 2002 in ordentlichem Zustand.

Und wenn Geld keine Rolle spielt, bleiben immer noch diverse **Reiseveranstalter** in Dakar oder Saly Portudal, die den Nationalpark Niokolo Koba auf dem Programm haben, sei es mit Geländewagen, Kleinflugzeug oder – mit Abstand am teuersten – mit dem Hubschrauber.

Die bequemste Variante ist sicher der **Flug nach Simenti oder Niokolo Koba:** Beide Orte im Herzen des Nationalparks verfügen nämlich über eigene Landepisten. Die Maschinen stellt in aller Regel der Aero-Club (siehe Dakar), die Kosten richten sich nach der Anzahl der Teilnehmer. Touristikunternehmen, die von Gambia aus Touren in den Park veranstalten, fliegen wegen der Einreiseformalitäten nach Tambacounda.

Tambacounda

„Tamba", wie die Stadt im Volksmund heißt, gilt als **einer der heißesten Orte Senegals** und ist auch sonst kein Ort, der zu längerem Verweilen einlädt, jedoch idealer Ausgangspunkt für den Besuch des Niokolo-Koba-Nationalparks bzw. des Bassari-Landes. Außerdem stellt die Stadt mit ihren gut **40.000 Einwohnern** den wichtigsten Handels- und Verkehrsknotenpunkt (Haltestelle der Eisenbahnlinie Dakar –

Wasserbüffel im NP Niokolo Koba

Bamako) im südöstlichen Senegal dar. In Tambacounda besteht auch die Gelegenheit, sich vor einer Fahrt in den Nationalpark bzw. nach Guinea mit dem Notwendigsten zu versorgen. Snacks und kühle Getränke bieten die Bars beim Bahnhof.

Unterkunft

●Hotel Asta Kébé
Tel. 9811028, etwa 2 km südlich des Zentrums in Richtung Kédougou/Vélingara. Angenehme, schon etwas angejahrte Hotelanlage mit Restaurant und Pool; Exkursionen in den Nationalpark möglich. Zimmer in diversen Preisklassen (ab 16.000 CFA).

●Hotel Hotel Niji
Tel. 9811250, im Quartier Abattois, ganz in der Nähe von Hotel Asta Kébé. Mittelklassehotel mit Bar, Restaurant, Autoverleih mit Fahrer möglich; das Hotel verfügt auch über eine Dépendance mit Bungalows, DZ ab 14.000 CFA.

●Campement Keur Khoudia
Tel. 9811102. Die Anlage am Westrand der Stadt ist eine Dépendance des Hotels Simenti, DZ ab 17.000 CFA.

●Chez Dessert
Tel. 9811642, am südlichen Ortsausgang; beliebt bei Backpackern, 3000 CFA p.P.

Verkehrsverbindungen

Es gibt zwei Gares routières und eine Busstation in Tambacounda:

●Gare routière Dakar
Südlich vom Bahnhof gelegen. Hier starten die Busch-Taxis nach Dakar, Ziguinchor/Kolda und Richtung Kédougou und weiter zur Grenze von Guinea. Täglich in den frühen Morgenstunden geht auch ein Linienbus (Car Mouride) Richtung Kaolack/Dakar. Abfahrt ist unmittelbar beim Bahnhof um 6 (!) Uhr. Der Fahrpreis beträgt 4000 CFA. Das Ticket sollte man sich schon am Vortag besorgen.

●Gare routière Kidira
Die „Garage Kidira" liegt südöstlich des Stadtzentrums. Nur wer früh aufsteht, hat Chancen, eines der wenigen Busch-Taxis

nach Kidira bzw. zur Grenze zu bekommen. Die Strecke ist inzwischen geteert, bei Kidira wurde eine Brücke über den Falème-Fluss errichtet. Dort nach einem Taxi brousse Richtung Kayes/Bamako Ausschau halten. In der Regenzeit ist die Weiterfahrt wegen der schlechten Piste in Mali nicht zu empfehlen.

Nationalpark Niokolo Koba

Dieses Tier- und Pflanzenreservat im Südosten Senegals zählt mit einer Fläche von **9130 km²** zu den größten Westafrikas. Es steht seit 1981 unter dem Schutz der UNESCO. Die drei großen Flüsse Gambia, Koulountou und Niokolo Koba durchziehen den Nationalpark in zahlreichen Windungen. Von dem 311 m hohen Berg Assirik aus eröffnet sich ein reizvoller Blick auf die umliegenden Berge, die Ausläufer des Fouta Djalon. Der Nationalpark liegt im Übergangsbereich zwischen Trockensavanne und guineischem Feuchtwald und weist neben hohen Savannengräsern eine **üppige tropische Vegetation** mit bis zu 15 m hohen Bambussträuchern auf; Kapokbäume, Phoenixpalmen sowie Galeriewälder säumen die Flussufer.

Tierwelt: Im Park leben größere Huftiere wie Büffel und Antilope, aber auch Raubtiere wie Löwe, Panther, Gepard, Schakal und Hyäne; neben Krokodilen und kleineren Säuge- bzw. Nagetieren auch über zweihundert verschiedene Vogel- sowie sechzig verschiedene Fischarten.

Nur der nördliche und der westliche Teil des Parks (Richtung Medina Gounas; Übernachtung in Rundhütten möglich) werden unterhalten. Der Rest der Pisten ist zugewachsen und kaum passierbar. An den zahlreichen Aussichtspunkten entlang des Gambia-Flusses bei Badoye, Malapa, Bangaré, Wouroli etc. bieten sich relativ gute Möglichkeiten, Tiere zu beobachten; die beste Zeit ist gegen Ende der Trockenzeit (April/Mai) und dann in den frühen Morgen- bzw. Abendstunden. In jedem Fall muss man sehr viel Geduld aufbringen.

Öffnungszeiten/Eintritt

● Die **Verwaltung** befindet sich in Tambacounda, Tel. 9811097. Der Nationalpark ist **von November bis Ende Mai geöffnet,** eine Rundfahrt ist jedoch nur mit einem Geländefahrzeug möglich. Leihwagen und organisierte Safaris können sowohl in Tambacounda, etwa beim Hotel Simenti, wie auch bei zahlreichen Veranstaltern in Dakar oder Saly Portudal gebucht werden.
● Der **Eintritt** beträgt 3000 CFA p.P. und Tag, 5000 CFA für einen PKW, 6000 CFA/Tag für einen Führer; offizielle Eingänge zum Nationalpark befinden sich bei Dar Salam und Wassou Dou.
● **Informationen:**
www.whc.unesco.org/sites/153.htm

Organisierte Safaris

Eine Flussfahrt, die man direkt bei den Wildhütern des Simenti Camps bucht (Campement der Wildhüter direkt neben den Pailottes), kostet 5000 CFA pro Person und ist sehr lohnenswert. Zur richtigen Tageszeit kann man viele wilde Tiere beobachten. Der Wildhüter ist sehr angenehm und interessiert und weiß Informationen gut zu vermitteln. Auch Parksafaris kann man bei den Wildhütern buchen. Die Preise sind an der Rezeption angeschlagen.

Unterkunft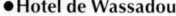

● **Hotel de Wassadou**
Tel. 9812428. Das Tamba nächstgelegene Camp (50 km) mit Blick auf den Gambia River bietet u.a. 20 Bungalows, Fahrradverleih und Bootsausflüge; www.niokolo.com.

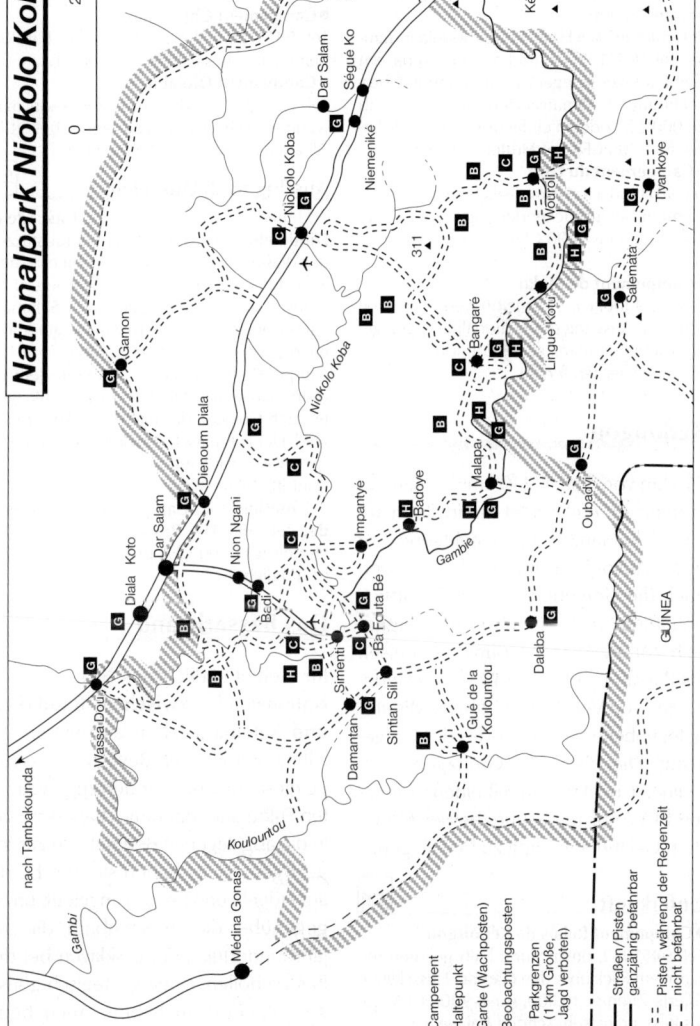

- **Campement Dar Salam**
Tel. 9811100, ca. 70 km von Tamba. Rundhütte 3000 CFA pro Person, Zelt 2500 CFA.
- **Hotel Simenti**
Reservierung bei Hotel Keur Khoudia in Tamba, Tel. 9811102, ca. 95 km von Tamba, am Gambia River gelegenes Campement. Übernachtung in klimatisierten Bungalows ab 20.000 CFA oder in einfachster Hütte (Paillotes) für 7000 CFA pro Hütte.
- **Campement du Lion**
Tel. 9811100, ca. 10 km östlich vom Hotel Simenti in beeindruckender Lage. Sehr einfache Hütten für 7000 CFA, Camping ist möglich.
- **Campement de Mako**
Tel. 9854400, ca. 35 km von Kédougou, am östlichen Ausgang des Nationalparks gelegenes Campement mit allem Komfort.
www.africa-safari-fr.com

Kédougou

710 km von Dakar, 240 km von Tambacounda entfernt, bietet der idyllisch am Ufer des Gambia River gelegene Ort gute Versorgungsmöglichkeiten, und auch die Umgebung ist landschaftlich ungemein reizvoll. Kédougou eignet sich gut als Ausgangspunkt für Reisen ins Bassari-Land. Dafür ist ein Geländewagen von Vorteil. Hier gibt es Mitfahrgelegenheiten in die Dörfer der Umgebung. Die Pisten im Grenzgebiet zu Guinea-Conakry sind mit einem normalen PKW nur mit Mühe, besser mit einem Geländefahrzeug zu bewältigen.

Unterkunft

- **Campement Relais de Kédougou**
Tel. 9851062, etwas außerhalb gelegen mit schönem Blick über den Gambia-Fluss; klimatisierte Zimmer 16.000, sonst 9000 CFA; gutes Restaurant, sehr schöne Anlage; etwas billiger ist die hoteleigene Lodge Hippo Safari, 4 km außerhalb der Stadt.
- **Campement Chez Moise**
Tel. 9851139. Bar, Restaurant, einfachste Hütten für 6000 CFA; 4x4-Verleih.
- **Campement Chez Diao**
Tel. 9851124, nähe Gare routière. Bar, Restaurant, fünf Bungalows ab 5000 CFA.
- **Campement Diolaba**
Tel. 9851278. In diesem Camp kann man, wenn es nicht gerade von Jägern belegt ist, Allradfahrzeuge mit Fahrer mieten.

Ausflug nach Dindéfelo

Unbedingt sehenswert ist die **Cascade de Dindéfelo**, ein aus 80 Metern herabstürzender Wasserfall – in der Trockenzeit eine herrliche Badegelegenheit. Von Kédougou auf guter Piste Richtung Bantafassi/Salémata, nach wenigen Kilometern Abzweigung links nach Ségou beim Schild „Campement Touristique de la Cascade". In Ségou geht die Piste rechts nach Dindéfelo (halb links geht es nach Guinea), das nach ca. 6 km erreicht wird. Der Fußmarsch zum kühlen und schattigen Wasserfall dauert etwa 15 Minuten, der „Eintritt" kostet 300 CFA.

Unterkunft im **Campement de la Cascade**, Tel. 9851117, Restaurant, spartanische Hütten für 2500 CFA pro Person, Camping ist möglich.

Das Bassari-Land

Im Gebiet südlich des Niokolo-Koba-Nationalparks **zwischen Bandafassi und Salémata** leben die Bassari. Sie zählen zur ältesten Bevölkerungsgruppe dieser Region. Vor den zugewanderten Fulbe und Mandingo haben sie sich in die abgelegenen Berggebiete zurückgezogen. Meist haben sie ihre Dörfer auf Hügeln und Bergen angelegt, um so gegenüber diesen Nachbarn, die sich jahrhundertelang ihre Sklaven bei den Bassari holten, einen strategisch günstigen Standort zu haben. Auch heute noch ist eine herablassende Haltung gegenüber den Bassari spürbar

Ihren animistischen Sitten und Bräuchen sind sie weitgehend treu geblieben, auch wenn sie inzwischen die traditionellen Fruchtbarkeitspuppen, perlenbestickte Hüftgürtel sowie Penisfutterale an Touristen verkaufen. Zahlreiche **Feste** finden zwischen Januar und Mai statt. Ahnenkult, Geisterglaube und die Beschneidung von Knaben und Mädchen spielen im Leben der Bassari eine große Rolle. Beschneidungszeremonien (Niti-Fest) finden in der Regel Mitte/Ende Mai zu Beginn der Regenzeit statt. Die Bassari bauen Hirse an und gehen auf die Jagd. Die Jäger (Kamara) sind in einer Art Geheimgesellschaft organisiert; nur ihre Mitglieder dürfen auf die Jagd nach Löwen und Panthern gehen.

Wer diese Gegend bereisen will, sollte sich sehr respektvoll den Dörfern und seinen Bewohnern nähern und sich einfühlsam und rücksichtsvoll verhalten. Wenn Sie dies befolgen, wird man Sie in der Regel überall herzlich empfangen. Bei Ankunft in einem Dorf sollten Sie unbedingt sofort den Dorfchef aufsuchen und diesem Ihr Anliegen – Bitte um Unterkunft, Dorfbesichtigung, Fotografieren etc. – vortragen.

Ohne eigenes Fahrzeug ist die Fortbewegung in dieser Gegend **schwierig,** es sei denn, man geht zu Fuß. Busch-Taxi und Busse verkehren in der Regel nur bis Kédougou, ab dort ist man dann auf andere Mitfahrgelegenheiten angewiesen. Nicht selten sitzt man zwischen Säcken und Kisten dicht gedrängt mit zahlreichen anderen Fahrgästen in größter Hitze auf der Ladefläche eines Lastwagens.

Salémata

Die ca. 80 km westlich von Kédougou gelegene Ansiedlung liegt zwar im Herzen des Bassari-Lands, wird aber vorwiegend von **Fulas** bewohnt. Jeden Dienstag ist dort Markttag, dann fahren etliche Fahrzeuge von Kédougou nach Salémata. Von Salémata sind es gut 10 km in südwestlicher Richtung bis zum Dorf **Ethiolo,** einem religiösen Zentrum der Bassari. Dort ist jeden Sonntag Markt.

Ebenfalls interessant ist ein Besuch im Dorf **Eberak,** ca. 6 km westlich von Salémata, wo die typisch zylinderförmigen Hütten aus behauenen Lateritblöcken gefertigt werden.

Unterkunft:
- **Campement de Salémata**
Tel. 9859400. Einfaches Camp in Salémata.
- **Campement Chez Balingo**
Tel. 8351570 (Dakar). Das französische Camp liegt ca. 15 km von Salémata entfernt in Ethiolo, einer reinen Bassari-Ansiedlung.
- **Campement Edale**
Einfaches Camp beim Ort Oubadji, etwa 25 km westlich von Selémata, wo ein weiterer Eingang zum Nationalpark besteht.

Gambia

von Thomas Baur

Georgetown am Gambia River

Banjul – Rushhour in der Liberation Av.

Typische Landschaft an Gambias Südküste

Landeskundliche Informationen

Geografie

Das etwa **10.500 km²** große Staatsgebiet Gambias, das wie ein „Finger" in den Senegal hineinragt, hat eine durchschnittliche Breite von 25–50 km und eine Länge von etwa 480 km. Gambia ist somit das **kleinste Land Kontinentalafrikas.** Entlang der ca. 50 km langen Atlantikküste im Westen befinden sich zahlreiche kilometerlange Sandstrände und kurze Abschnitte felsiger Meeresküste.

Landschaft und Leben in Gambia werden stark vom gleichnamigen Fluss, dem **Gambia River,** geprägt, der im Futa Djalon-Massiv in Guinea entspringt und es in zahlreichen Windungen auf eine Länge von insgesamt 1600 km bringt, um in einem knapp 5 km breiten Delta in den Atlantik zu münden. Die Ablagerung von Schlamm und Sandmassen hat im Laufe der Zeit – mehr oder weniger über den ganzen Flusslauf verteilt – kleine **Inseln** entstehen lassen, die über 400 verschiedenen **Vogelarten** als Brut- und Nistplätze dienen. Auch das ehemalige Bathurst – die heutige Hauptstadt Banjul – wurde auf einer solchen Schwemmlandinsel errichtet. Der wichtigste Nebenfluss des Gambia River ist der aus der Casamance (Senegal) kommende **Bintang-Bolong.**

Charakteristisch für Gambia sind die von **Mangrovendickichten** gesäumten Flussufer und Nebenarme *(Bolongs)* des Gambia River, die in manchen Bereichen mit **Galeriewäldern** abwechseln, und weite **Wald- und Trockensa-**

vannen im Hinterland, mit hohem Gras, riesigen Baobab- und Kapokbäumen und vereinzelten Akazien. Während die Waldsavanne mehr im südlichen Teil Gambias anzutreffen ist, erstreckt sich die Trockensavanne über den nördlichen Teil des Landes.

Klima

Das **subtropische Klima** Gambias ist genau genommen durch **drei Jahreszeiten** gekennzeichnet: eine kurze Regenzeit *(rainy season)* von Juli bis September, eine längere Trockenzeit *(dry season)* von November bis Mai und eine feuchte Periode *(wet season)* von Mai bis November.

An der Atlantikküste herrschen mehr oder weniger das ganze Jahr über angenehme Temperaturen von 23–30°C bei einer relativen Luftfeuchtigkeit von 60%. Im Landesinnern sind die Temperaturen mit bis zu 40°C um einiges höher, und die Luftfeuchtigkeit kann bis zu 70% (während der feuchten Periode bis zu 80%) betragen.

Als **beste Reisezeit** kann die Hauptsaison von **Dezember bis April** angesehen werden. Wer jedoch zur Off-season reisen möchte, weil die Hotelpreise dann niedriger und weniger Touristen anzutreffen sind, der muss von Mai bis November, in der eigentlichen Regenzeit, fahren. Dies ist auch nicht weiter dramatisch, da der Regen hauptsächlich während der Nachtstunden fällt, und

Mangroven am Gambia River

tagsüber, abgesehen von gelegentlichen Wolkenbrüchen, noch lange sonnige Abschnitte vorherrschen. Und darüber hinaus ist auch das Licht ein ganz spezielles – Profi- und Amateurfotografen können dies bestätigen.

Tier- und Pflanzenwelt

Gambia ist ein **Paradies für zoologisch und botanisch Interessierte,** insbesondere für Ornithologen. Durch die geografische Lage am 13. Breitengrad ist Gambia den Subtropen zugehörig, was durch die jährliche Regenzeit deutlich wird. Eine Besonderheit entsteht durch

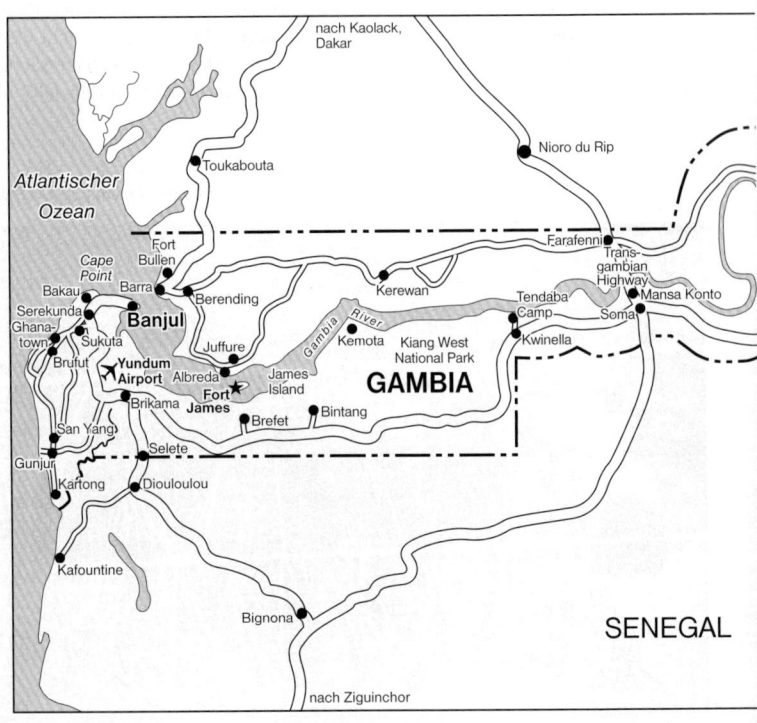

den Gambia River, der durch seine Wassermassen die angrenzende Landzone in ein Feuchtsavannengebiet verwandelt, wohingegen die vom Fluss entfernten Gebiete der Trockensavanne zuzurechnen sind. Gambia verfügt zudem über außergewöhnlich reichhaltige Mangrovengebiete. Die teilweise bis zu 20 m hohen **Mangroven,** gut zu erkennen an ihren großen Luftwurzeln, sind noch sehr weit flussaufwärts dem ständigen Wechsel der Gezeiten ausgesetzt und haben sich den schwierigen Bedingungen biologisch bestens angepasst. Besonders unterhalb der bei Ebbe frei liegenden Wurzeln herrscht reges Leben, wie die scheuen Schlammspringer beweisen. Die Mangrovenwälder – ein ökologisch höchst fragiler, durch menschliche Einwirkung leicht aus dem Gleichgewicht zu bringender Raum – weisen auch sonst einen gro-

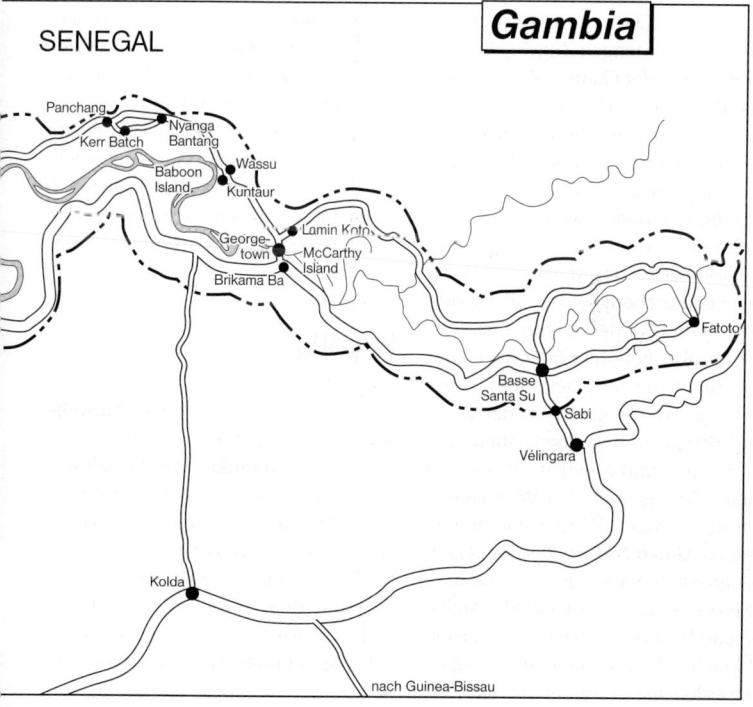

ßen Artenreichtum auf. Obwohl zu Beginn dieses Jahrhunderts der größte Teil der Großwildarten von den Kolonialherren und Wilderern ausgerottet wurde, bieten die mit Mangroven und Galeriewäldern gesäumten Flussläufe ideale Lebensbedingungen für zahlreiche Tier- und Pflanzenarten. Wegen seiner weit **über 400 Vogelarten** wird Gambia (ebenso wie Senegal und Guinea-Bissau) gerne als Eldorado für Ornithologen bezeichnet. Man kann nicht nur verschiedene Finken, Gänse, Reiher, Kraniche und Pelikane antreffen, sondern auch Adler, Geier, Raben, Seeschwalben, Möwen, Wattvögel und Strandläufer. Dazu gesellen sich im Winter große Mengen Zugvögel.

Einst zählte der Gambia River zu den krokodilreichsten Flüssen Westafrikas, heute ist nur noch selten ein **Krokodil** anzutreffen. Eine Besonderheit des hier heimischen, bis zu 4,5 m großen Nilkrokodils besteht darin, dass im Gegensatz zu den meisten anderen Krokodil- und Alligatorenarten der Mensch durchaus in sein Beuteschema passt und Angriffe daher immer wieder vorkommen. Vorsicht ist also geboten! Eher als einem Krokodil wird man bei einer Flussschifffahrt allerdings einem der wenigen Flusspferde begegnen. Affenscharen (Paviane und Meerkatzen) werden einem ständig über den Weg laufen, ebenso Schlangen, Warane und Amphibien. Im **Abuko Nature Reserve,** Gambias größtem Nationalpark, kann man außerdem – mit etwas Geduld – Antilopen und Hyänen beobachten. Auch die zahlreichen Schmetterlinge und Libellen werden immer wieder die Aufmerksamkeit des Besuchers auf sich lenken. Säugetiere wie Warzen- und Stachelschweine oder Schakale sind dagegen nur selten zu sehen.

Bekannt ist Gambia auch für seinen **Fischreichtum.** Darüber hinaus sind zahlreiche Wasser- und Meerestiere wie Krabben, Muscheln und Schnecken, die auch zur Gaumenfreude so manchen Besuchers werden, entweder an den Meeresküsten oder entlang der Flussläufe anzutreffen. In der Nähe der Meeresküste und im Mündungsbereich des Gambia River sind gelegentlich auch Delphine auszumachen.

Die **Flora** Gambias hat ebenfalls ihre Besonderheiten aufzuweisen. Neben den heimischen Gewächsen wie Hibiskus, Pagodenbaum und Oleander ist die orange-rot blühende Feuerakazie (Flammenbaum) erst durch Menschenhand von ihrer Heimat Australien nach Westafrika gekommen. Der Jacaranda-Baum mit seinen blauen, trompetenförmigen Blüten stammt ursprünglich aus Brasilien.

Bevölkerung

Rund die Hälfte der gut **1 Mio. Einwohner** Gambias gehört der ethnischen Gruppe der **Malinke oder Mandingo** an (darunter auch Staatspräsident *Jammeh),* daneben leben etwa 18% Fulbe und etwa 13% Wolof (vor allem am Nordufer des Gambia-Flusses) in Gambia, außerdem jeweils etwa 7% Diola und Sarakolle. Im Osten des Landes siedeln die **Serahuli** (Serawulli), eine kleine ethnische Gruppe, die bereits von

Sprachverwirrung in Gambia

Im Vergleich zum „Schulenglisch" eines Europäers mutet das Englisch der Gambianer häufig amüsant bis bizarr an. Dies erklärt sich nicht nur dadurch, dass die meisten Gambianer die Sprache nicht in der Schule gelernt haben, sondern sozusagen „auf der Straße", also sehr praxisbezogen und kommunikationsorientiert. Ein anderer Grund für die teilweise auch komischen Abweichungen von der oxford'schen Standardgrammatik sind sicher die Strukturen der jeweiligen Muttersprachen, also hauptsächlich des Wolof und des Mandinka. So sehr sich diese beiden Sprachen voneinander und auch von den anderen gambianischen Sprachen hinsichtlich des Wortschatzes unterscheiden, so ähnlich sind wiederum ihre Strukturen. Es existiert beispielsweise kein Genus, also kein grammatisches Geschlecht, und zwar nicht nur bei den Substantiven – das wäre ja noch wie im Englischen! –, sondern ebensowenig bei den Pronomina. Im Klartext: Für „er" und „sie" gibt es nur eine einzige Übersetzung! Das führt dazu, dass auch im Englischen zwischen „he" und „she" nicht konsequent unterschieden wird, sondern dass beide Wörter synonym gebraucht werden, weil die Sprecher erwarten, dass der Kontext diese kleine „Nebensache" schon erhellen wird. Und die Erfahrung zeigt: Das stimmt!

Das ist nur eines von vielen Beispielen für einen ungewöhnlichen Umgang mit der Sprache – man sollte also solche „Ungereimtheiten" unter keinen Umständen als Unhöflichkeiten auffassen!

dem schottischen Entdeckungsreisenden *Mungo Park* erwähnt wurde. Außerdem leben in Gambia zahlreiche Libanesen, Mauretanier, Europäer und Einwanderer aus anderen westafrikanischen Staaten, v.a. aus Sierra Leone, Liberia und Guinea-Bissau, die Gambia wegen seiner politischen Stabilität als Zufluchtsort gewählt haben. Das **Bevölkerungswachstum** liegt bei knapp **4%** pro Jahr, die Bevölkerungsdichte mit etwa 95 Einwohnern pro km² zählt zur höchsten der afrikanischen Länder.

Sprache

Das von den ehemaligen Kolonialherren eingeführte **Englisch** ist nach wie vor offizielle Amtssprache und wird von etwa der Hälfte der Bevölkerung gesprochen; daneben kommt auch Französisch häufig als Handelssprache zum Einsatz. Der Pauschaltourist wird in der Regel Menschen begegnen, die des Englischen mindestens so weit mächtig sind, dass sie eine einfache Konversation führen können. Begibt man sich ins Landesinnere, so trifft man allerdings immer wieder auf Menschen, die keinerlei Zugang zu Schulbildung hatten und deshalb natürlich auch kein Englisch sprechen.

Im **Bildungsbereich** ist neben der englischen Sprache auch das **Arabische** eingeführt worden.

Die wichtigsten **einheimischen Sprachen** sind Mande-Dialekte sowie Fula (Fulfulde), das Wolof und andere lokale Idiome.

RELIGION, GESCHICHTE UND POLITIK

Religion

Obwohl sich etwa **90% der Bevölkerung** zum **Islam** bekennen, wird in Gambia der Glaube bzw. seine Ausschließlichkeit eher lässig gehandhabt. Einerseits kann es durchaus vorkommen, dass der hungrige Reisende im Ramadan tagsüber nichts zu essen bekommt oder die Zurückhaltung der Gambianer gegenüber Alkohol spürt. Andererseits hängen die meisten Gambianer, vor allem aus den Bevölkerungsgruppen der Diola und Fulbe, ebenso ihren traditionellen **Naturreligionen** und ihrem animistischen Glauben an: Ein zusätzliches Amulett mit Muscheln könnte sich als ebenso nützlich erweisen wie das tägliche islamische Betritual. Auch die strengen Bekleidungsvorschriften des Koran werden in Westafrika nicht engstirnig ausgelegt: Besonders auf dem Land sieht man barbusige Frauen, in der Stadt haben Miniröcke und knappe T-Shirts längst Einzug gehalten.

Geschichte und Politik

Das Gebiet des heutigen Staates Gambia soll angeblich schon zur Altsteinzeit (Beginn vor etwa 2 Mio. Jahren bis etwa 8000 v.Chr) besiedelt gewesen sein. Auf größere Ansiedlungen um etwa 4000 v.Chr. weisen Muschelfunde hin; diese Muscheln dienten damals als Nahrungsmittel. Im 10./11. Jh. bildete das Gebiet des heutigen Gambia einen **Teil des Ghana-Reiches,** später im 13. Jh. war es Teil des großen **Mali-Reiches** (s.a. Kapitel Geschichte).

Die **Islamisierung** der Region begann zwar früh, zog sich jedoch über Jahrhunderte hin und kam erst im 19. Jh. zum Abschluss. In bürgerkriegsähnlichen Auseinandersetzungen versuchten islamische Fulbe mit fanatischem Eifer die mächtigen, noch tief in ihren alten religiösen Glaubenspraktiken verwurzelten Mandingo-Könige zum Islam zu bekehren. Dabei waren die religiösen Führer, so genannte Marabouts, von der Idee besessen, einen reinen Islam zu installieren. Diese blutigen Auseinandersetzungen, die nicht nur die Landwirtschaft, sondern auch den gesamten Handel der Gambia River-Region zum Erliegen brachten, fanden von **1850–1887** statt und gingen als die **Soninke-Marabout-Kriege** in die Geschichte ein. Endgültig beigelegt war dieser Glaubenskrieg trotz verschiedener Interventionen sowohl der Engländer als auch der Franzosen, bei denen zum Teil Schutzverträge abgeschlossen wurden, erst mit dem Tod einer der führenden Marabouts.

GESCHICHTE UND POLITIK

Die ersten Weißen, die in diese Region kamen, waren **Portugiesen**. Nachdem sie 1455/56 die Gambia-Flussmündung „entdeckt" hatten, interessierten sich später auch Holländer, Franzosen und Engländer für dieses Gebiet. Die **Engländer** errichteten 1661 die Inselfestung **St. James,** die im Laufe der Zeit mehrmals ihre Besitzer wechselte. Die **Franzosen** hatten sich bei ihren Expansionsbestrebungen mehr auf die Region am Senegal-Fluss konzentriert, aber auch in Albreda (in unmittelbarer Nachbarschaft von James Island) einen Handelsstützpunkt errichtet.

Die Rivalität zwischen Franzosen und Engländern stand dem ergiebigen Handel mit den einheimischen Herrschern jedoch nicht im Weg. Feuerwaffen, Glasperlen und Stoffe wurden gegen Elfenbein, Sklaven, Gummi arabicum und Häute eingetauscht. Im **Versailler Vertrag von 1783** bekam England offiziell alle Rechte über Gambia zugesprochen, die Rivalitäten bezüglich der Sklavenbeschaffung hielten jedoch an.

Nachdem die Engländer im Jahre 1807 in ihren Kolonien die Sklaverei abgeschafft hatten, duldeten sie auch den **Menschenhandel** anderer Nationen nicht länger. Sie kaperten die entsprechenden Schiffe und verwandelten das ehemalige Sklavenfort James Island in einen Zufluchtsort für entkommene Sklaven. Auf der Insel Banjul, an der Mündung des Gambia-Flusses, wurde 1816 von den Engländern die Garnison und Siedlung **Bathurst** errichtet. Sie unterstand dem britischen Gouverneur in Freetown, der auch die Goldküste verwaltete. Im Jahre 1888 wurde das Handelszentrum Bathurst zur Hauptstadt der britischen Kolonie Gambia ernannt. In den Jahren von 1932–1938 wurden zahlreiche freigelassene Sklaven aus Sierra Leone in Bathurst und auf McCarthy Island, wo sich heute die Stadt Georgetown befindet, angesiedelt. Im Jahr 1973, drei Jahre nach Erlangung der Unabhängigkeit 1970, erhielt die Hauptstadt den Namen Banjul.

Ab 1901 war Gambia offiziell britische **Kronkolonie** (Crown Colony of the Gambia) und bildete zusammen mit zahlreichen anderen Kolonien das Dependent Empire; seine Bewohner waren vom Status her Untertanen, nicht britische Staatsbürger.

Im Gegensatz zu den Franzosen verwalteten die Engländer ihre Kolonien nach dem Prinzip des **„indirect rule"**, einer Art Treuhandverwaltung durch das britische Parlament. Theorie und reale Umsetzung dieses Prinzips differierten allerdings. Wichtige Entscheidungen über Steuern, Investitionen, Bodenverteilung, Arbeitsbedingungen etc. wurden von der Kolonialverwaltung getroffen. Das traditionelle Herrschaftssystem wurde nur geringfügig verändert, so dass die heutige Verwaltungsstruktur des Landes noch stark vom überlieferten Häuptlingswesen und den alten Dorfgruppierungen geprägt ist.

Die Entlassung in die Unabhängigkeit verlief in verschiedenen Etappen, wobei die Afrikaner mehr und mehr Anteil an der Legislative und Exekutive hatten, indem zunehmend einheimische Vertreter ins britische Parlament gewählt wurden. 1948 gab es bereits drei schwarze Minister. 1959 wurde von **Dawda Kai-**

Geschichte und Politik

raba Jawara, der danach Staatspräsident von Gambia wurde, die erste Partei des Landes, die Protectorate People's Party, gegründet, welche später in People's Progressive Party umbenannt wurde. Nachdem Gambia 1963 zunächst die innere Autonomie erlangt hatte, bekam es am 18. Februar 1965 – nach 200 Jahren britischer Kolonialherrschaft – auch die politische Unabhängigkeit als **konstitutionelle Monarchie** (d.h. Staatsoberhaupt war weiterhin die britische Königin) zugesprochen: Gambia erhielt den offiziellen Namen **„The Gambia"**. *Sir Dawda Kairaba Jawara* wurde zum Premierminister und Staatsoberhaupt ernannt. Fünf Jahre später, am 24. April 1970, erfolgte mittels Volksabstimmung die **Umwandlung in eine Republik** mit *Jawara* als Staatspräsidenten, welcher alle fünf Jahre direkt gewählt wird.

Die People's Progressive Party wurde mit der Zeit zur stärksten Partei des Landes und somit zur Regierungspartei. In über zwanzig Jahren wurde *Jawara* bei Wahlen immer wieder in seinem Amt als Staatsoberhaupt bestätigt, das letzte Mal bei den Präsidentschafts- und Parlamentswahlen am 29. April 1992.

Gambia wurde nach Erlangung der Unabhängigkeit gern **als demokratisches Musterland** und „Schweiz Westafrikas" bezeichnet, denn es etablierte sich eine Mehrparteienlandschaft, die Presse wurde nicht kontrolliert, es gab keine politischen Gefangenen und anfangs keine Armee. Noch heute ist Gambia für viele Flüchtlinge aus den z.T. von (Bürger)Krieg zerrütteten anderen westafrikanischen Staaten als sicheres Ziel bekannt und somit ein **Einwanderungsland,** wo sich zudem mehr Geld verdienen lässt als in den Nachbarstaaten.

1980 verbot die Regierung zwei linksradikale Gruppierungen, was einen Putsch zur Folge hatte, bei dem die Exekutive für mehrere Tage außer Kraft gesetzt war. Mit Hilfe senegalesischer Truppen konnte der Putsch niedergeschlagen werden. 1982 wurde die bald wieder gescheiterte **Konföderation Senegambia** ins Leben gerufen (s.a. Kapitel Senegal).

Obwohl *Jawara* bereits angekündigt hatte, sein Amt bald niederzulegen, fand am 22. Juli 1994, ausgehend von Banjul, ein nahezu **unblutiger Putsch** statt, der von dem jungen Leutnant *Yaya Jammeh* angeführt wurde. Obwohl das politische System vorher ein zumindest formell demokratisches war, wurde der Putsch von der Bevölkerung größtenteils begrüßt: Die Korruption hatte überhand genommen, die gesundheitliche Versorgung großer Bevölkerungsteile war nicht mehr gewährleistet.

Der jetzige Militärführer und **„Head of State" Yaya Jammeh** bemüht sich, der Korruption Einhalt zu gebieten und das Einkommen des Kleinstaates zur Verbesserung der medizinischen und sozialen Situation der Bevölkerung zu nutzen. Er versucht die Alphabetisierung voranzutreiben und das marode Gesundheitswesen zu sanieren. Der frühere Präsident *Jawara* war derweil mit seiner Familie und staatlichen Geldern in beträchtlicher Höhe nach England geflüchtet, durfte 2002 aber nach einer Amnestie wieder ins Land zurück.

Trotz oder wegen des Militärputsches ist die **politische Lage in Gambia stabil** und für Touristen unbedenklich. Da die Militärs weitestgehend vom Volk unterstützt werden, gab es lange Zeit keine gewalttätigen Auseinandersetzungen, so wie auch der Putsch selbst im Sommer 1994 praktisch ohne Blutvergießen verlief. Dies passt im Übrigen zu dem Gesamteindruck einer friedfertigen Bevölkerung.

Bei den Präsidentschaftswahlen am 26. September 1996 ging *Yaya Jammeh* mit 55,8% der Stimmen gegenüber seinem wichtigsten Kontrahenten *Ousainou Darboe* als Sieger hervor. Der ehemalige Staatspräsident *Yawara* selbst war von der Kandidatur ausgeschlossen, die entsprechenden Parteien verboten. Auch bei der Wahl 2001 behielt *Yaya Jammeh* die Oberhand. In jüngster Vergangenheit hat die Regierung durch etliche Skandale (Schmuggel, Falschgeld, Drogen) und außenpolitische Abenteuer (u.a. Unterstützung der Separatisten im Südsenegal und der Putschisten in Guinea-Bissau 1998/99) von sich reden gemacht. Der Unterstützung breiter Schichten der Bevölkerung tat dies keinen Abbruch. Im April 2000 zeigten sich jedoch erste Risse. Der Unmut über rigide Verhaltensweisen der Sicherheitskräfte entlud sich in mehrtägigen, blutigen Unruhen, bei denen mindestens zwölf Jugendliche und Stu-

---

Internationaler Flughafen Banjul-Yundum

denten getötet und eine unbekannte Zahl verletzt wurden. Zuletzt lancierte die Regierung einen groß angelegten **Feldzug gegen die Unmoral:** Bordelle wurden geschlossen, zahlreiche Prostituierte verhaftet. Und für 2003 kündigte Yaya Jammeh eine Politik der „zero tolerance" an.

Wirtschaft

Gambia ist ein typisches **Agrarland.** Nennenswerte Bodenschätze gibt es nicht, und die unbedeutende Industrie beschränkt sich auf einige wenige Betriebe. Mehr als 80% der erwerbstätigen Bevölkerung Gambias sind in der Landwirtschaft tätig. Auf etwa zwei Dritteln der landwirtschaftlichen Nutzfläche werden **Erdnüsse** angepflanzt, deren Export aber nur etwa 15% zum Außenhandel beiträgt. Haupteinnahmequelle ist mit über 100 Mio. Euro der so genannte **Re-Export.** Gemeint sind vor allem Diamanten aus dubiosen Quellen, stellt doch Belgien (mit der Diamantenmetropole Antwerpen) den größten Außenhandelspartner Gambias. Daneben werden in großem Umfang billige Importwaren aus Südostasien importiert, die umgehend in die Nachbarländer exportiert werden.

Anders als im Senegal wird Fischfang nicht in großem Stil betrieben, sondern in alter Tradition mit Pirogen.

Nachdem in den ersten zehn Jahren der Selbstständigkeit (1965–75) die wirtschaftlichen Verhältnisse relativ stabil waren, verschlechterte sich die Situation in den darauffolgenden Jahren erheblich. Verantwortlich waren schlechte Erdnussernten und drastisch sinkende Erzeugerpreise sowie die mit der Überbewertung der Landeswährung Dalasi einhergehende Inflation.

Im Putschjahr 1994 erlitt die Wirtschaft Gambias – gekennzeichnet durch eine chronisch negative Handelsbilanz – wieder einen tiefen Einbruch, der durch die CFA-Abwertung noch verstärkt wurde, aber durch Zuwächse in den Folgejahren mittlerweile ausgeglichen werden konnte. Im Rahmen des Anfang 1997 von der Regierung veröffentlichten langfristigen Programms **„Vision 2020"** sollen Infrastruktur, Finanzdienste, Tourismus und die Privatwirtschaft gefördert werden. Dennoch ist Gambias Wirtschaft immer noch sehr leicht durch äußere Einflüsse zu erschüttern. So erlitt beispielsweise die Landeswährung im Sommer 2002 eine dramatische Abwertung.

Der **Tourismus** stellt die zweitwichtigste Deviseneinnahmequelle des Landes dar und gilt derzeit als die einzige Wachstumsbranche. Bereits jetzt erwirtschaftet das Land mehr als 15% seines Bruttoinlandsprodukts im Tourismus. Auch wenn die Region südlich von Kololi touristisch weiter aufgerüstet werden soll, gilt inzwischen der Massentourismus nicht mehr als der Weisheit letzter Schluss. Man hat nicht vergessen, dass die Reiseveranstalter Gambia 2001 die kalte Schulter gezeigt haben, als die Regierung so genannte All-inclusive-Angebote verbieten wollte. Seither versucht man mit einigem Erfolg den Öko-Tourismus zu forcieren. Schließlich schafft der Tourismus auch Arbeitsplätze, in denen Gambianer als Kellner, Hotelboys, Taxifahrer und Souvenirverkäufer ihren Lebensunterhalt verdienen und nicht selten davon eine ganze Familie ernähren. Auch die Herstellung von lokalem Kunsthandwerk stellt für viele Einheimische ein relativ gesichertes Einkommen dar.

Gesundheitswesen

Da 1987 nur ca. 66 Ärzte in Gambia praktizierten (etwa ein Arzt pro 9000 Einwohner), wurde ein fünfjähriges nationales Gesundheitsentwicklungsprogramm gestartet.

Häufigste **Erkrankungen** und Todesursachen sind Malaria, Bilharziose, Tuberkulose und zunehmend auch Aids. Laut WHO waren 1997 etwa 13.000 HIV-infizierte Personen zwischen 16 und 49 Jahren registriert (ca. 2,3%).

Die gesamte **medizinische Versorgung** liegt trotz des Entwicklungsprogramms noch immer sehr im Argen. Obwohl während der frühen 1990er Jahre der Arztbesuch offiziell kostenlos war, wurden in der Regel „Spenden" für die Behandlung erwartet. Jeder Gambianer soll jetzt offiziell für 16 Dalasi behandelt werden, zuzüglich eventueller Medikamente, die importiert werden müssen und daher teuer sind. In der Realität ist es so, dass Krankenhäuser und Ärzte weitaus höhere Sätze nehmen, die für Touristen selbstverständlich eher noch höher liegen, jedoch noch längst kein europäisches Preisniveau erreichen. Eine medizinische Versorgung außerhalb Banjuls oder Serekundas ist oft kaum gewährleistet. Durch die mangelhaften Straßenverhältnisse ist der Zugang zu medizinischer Betreuung gerade für die Landbevölkerung oft nur schwer möglich. Da das Problem der gesundheitlichen Versorgung generell eng mit anderen Feldern wie Bildung und Infrastruktur verknüpft ist, ist eine schnelle Verbesserung der Situation nicht zu erwarten.

Bildungswesen

Der Schulbesuch ist in Gambia zwar kostenlos, aber nicht obligatorisch: Die Einschulung erfolgt im 8. Lebensjahr. Die Analphabetenquote der über 15-Jährigen lag Anfang der 1990er Jahre bei ca. 73%, die Einschulungsrate bei etwa 52%. Nach einer sechsjährigen Grundschulerziehung folgt seit 1992/93 eine dreijährige Junior Secondary School oder eine ebenso lange Senior Secondary School. Zudem gibt es berufsbildende Schulen wie das Gambia College in Brikama; eine Universität hat Gambia nicht.

Medien

Presse

Pressezentrum ist die Hauptstadt Banjul. In Gambia gibt es zwei wichtige Tageszeitungen: **The Observer** und **The Independent**. The Spectator ist eine seit 1999 erscheinende Wochenzeitung. In jüngster Zeit gab es immer wieder Spannungen zwischen Regierung und Presse.

- **Infos:** www.dailyobserver.gm

Rundfunk

Der 1962 gegründete staatliche Rundfunksender der Regierung – **Radio Gambia** – sendet auf 91.4 FM und Mittelwelle rund um die Uhr ein Programm in Englisch und verschiedenen Landessprachen, etwa Mandingo.

Radio Syd, ein von Schweden gegründeter **Privatsender,** sendet auf Mittelwelle ein wechselndes Programm in Englisch, Französisch und den Landessprachen. Beliebt ist auch der junge Musiksender 1 FM (102.1 FM). Weitere Sender sind Sud FM (92.1 FM) und West Coast Radio (95.3 FM).

Fernsehen

Fernsehen spielt bisher nur eine untergeordnete Rolle; **Gambia Television** steckt noch in den Kinderschuhen. Große Hotels oder Restaurants verfügen in der Regel über Satellitenanlagen, mit denen ausländische Programme empfangen werden können.

Banjul – Schneider bei der Arbeit

Praktische Reisetipps A–Z

An- und Weiterreise

Flugverbindungen

Regelmäßige Linienflugverbindungen **von Mitteleuropa** nach Banjul bietet derzeit nur SN-Brussels (ex Sabena), die mehrmals in der Woche Gambia anfliegt. Nach dem Rückzug der deutschen Chartergesellschaft FTI und anderer Gesellschaften sind preisgünstige Flüge praktisch nur über den Zielflughafen Dakar zu realisieren.

Die Fluglinie **Dakar – Banjul** wird ein- bis zweimal täglich (außer samstags) von Air Senegal International bedient. Möglich sind von Banjul u.a. auch Flüge nach Guinea-Conakry, Freetown (Sierra Leone) und Monrovia (Liberia). Dabei handelt es sich aber in der Regel um kurzfristig angesetzte Flüge afrikanischer Airlines.

Auf dem Landweg über Senegal

Mehrere Taxi brousse sowie ein staatlicher Bus (GPTC) starten direkt **von Dakar:** Abfahrt vom Terminal Le Clerc in Dakar zwei- bis dreimal pro Woche vormittags, in umgekehrter Richtung von Barra nach Kaolack bzw. Dakar täglich um ca. 9 Uhr; Fahrtzeit Barra – Kaolack ca. 2–3 Std.; für die Strecke Barra – Dakar ist mit einer Fahrtzeit von 4–5 Std. zu rechnen. Die genauen Abfahrtszeiten sollte man vor Ort erfragen.

Westroute

Nimmt man die westliche Route über den Grenzposten **Karang** nach Banjul,

BOTSCHAFTEN

so muss man bei Barra den Gambia-Fluss mit einer Fähre überqueren, um ans Südufer zu gelangen. Das letzte Stück von Kaolack bis zur Grenze war 2002 in extrem schlechtem Zustand. Die Arbeiten an der neuen Straße sollen im Jahr 2004 abgeschlossen sein. Selbstfahrer müssen das Ticket bereits 2 km vor Barra kaufen und können nur in CFA (ca. 8000 CFA) bezahlen. Zuletzt war wegen des schlechten Zustands der Fähren mit langen Wartezeiten zu rechnen.

Ostroute

Auf dem östlichen **Trans-Gambian-Highway via Kaolack** überquert man bei **Farafenni** den Gambia-Fluss. Sollten sie mit einer kleineren Fähre übersetzen, die nicht am Pier anlegt, müssen Sie damit rechnen, ein paar Meter durchs Wasser zu waten. In der Regenzeit steht das Wasser so hoch, dass man die Fähre am Trans-Gambian-Highway nur nach einer Fahrt durchs Wasser erreichen kann. Je nach Verkehrslage ist mit langen Wartezeiten zu rechnen. Wer direkt weiter in die Casamance fährt, muss 1000 CFA für ein Transitvisum bezahlen. Man kann aber auch von Tambacounda kommend über **Velingara** (bei Basse Santa Fu) einreisen.

Südroute

Von Ziguinchor aus starten täglich Busch-Taxis (3500 CFA) oder eng bestuhlte Kleinbusse (2000 CFA) **nach Brikama.** Aufgrund der schlechten Straßenverhältnisse zwischen Bignona und der Grenze muss mit mindestens drei Stunden Fahrtzeit gerechnet werden.

Auf dem Seeweg über Senegal

Die Katamaran-Fähre „Kassoumay" hat 2001 aus wirtschaftlichen Gründen den Verkehr eingestellt.

Botschaften

Vertretungen von Gambia

Honorarkonsulate in Deutschland
- Kurfüstendamm 103, 10711 **Berlin**
Tel. (030) 8923121/22
Fax (030) 8911401
- Schönfeldstr. 14, 80502 **München**
Tel. (089) 989022
Fax (089) 9810262

Honorarkonsulate in der Schweiz
- Via al Poggio 6
CH-6932 **Lugano-Breganzano**
Tel. (091) 9663292
- Rütistr. 13, CH-8952 **Zürich-Schlieren**
Tel. (01) 73110-10, Fax -51
Geöffnet: Mo bis Fr 9–11 und 14–16 Uhr; auch für Österreich zuständig.

Botschaft in Belgien
- The Gambia Embassy
126, Av. Franklin Roosevelt, B-1050 **Brüssel**
Tel. (0032/2) 6401049
Fax (0032/2) 6463277
Die Vertretung ist auch für Deutschland und Österreich zuständig.

Vertretungen in Gambia

Bei Problemen in Gambia ist für Deutsche, Schweizer und Österreicher die jeweilige Botschaft in Dakar (Senegal) zuständig.

Großbritannien
- 48, Atlantic Road, **Fajara**
Tel. 495133, Fax 496134
Hilfe bei konsularischen Fällen von Bürgern der Europäischen Union.

Karte S. 696

EINREISE/VISA, FEIERTAGE UND FESTE

Deutschland

• **Außenstelle der Botschaft Dakar**
29, Independent Drive, **Banjul**
Tel. 227783, Fax 224545
Leiterin des Büros ist Frau *Corr*.

Einreise/Visa

Deutsche und Österreicher können für einen Aufenthalt von bis zu drei Monaten **ohne Visum** einreisen; erforderlich ist lediglich ein gültiger Reisepass.

Schweizer benötigen ein **Visum,** das auch bei der Einreise ausgestellt werden kann.

Gesundheit: Eine Gelbfieberimpfung ist nicht mehr zwingend vorgeschrieben, wird aber, ebenso wie Malariaprophylaxe, empfohlen.

Autofahrer benötigen kein Carnet de Passage.

Flugreisende landen in dem 25 km südlich von Banjul gelegenen **Yundum Airport.** Eine Shuttle-Bus-Verbindung in die Stadt besteht nicht. Für Taxifahrten in die Stadt bzw. zu den Hotels an der Küste sind die Preise festgelegt, z.B. vom Airport nach Banjul 150 Dalasi, nach Kololi 150 D oder nach Serekunda 75 D. Mit etwas Glück (fragen Sie den Reiseleiter) findet man manchmal auch einen Platz in einem der Busse, mit denen Reiseveranstalter ihre Passagiere zu den Hotels befördern.

Bei der Ausreise wird seit 2002 keine Ausreisegebühr mehr erhoben!

Visa für Nachbarländer

Guinea-Bissau

Die neue Botschaft befindet sich seit Sommer 2000 in Fajara, Atlantic Road, Tel. 494854. Das Visum (erforderlich ist ein Passfoto) wird umgehend erteilt. Gebühr 120 D für einmalige Einreise, 400 D für mehrfache Einreise. Geöffnet Mo bis Fr von 9–14, Sa von 9–13 Uhr.

Senegal

Banjul, Cameroon Street, Tel. 27469.

Mali

Banjul, 26 Grand Street, Tel. 28433.

Sierra Leone

Banjul, Hagan Street, Tel. 28206.

Feiertage und Feste

• **1. Januar**
• **18. Februar** (Unabhängigkeitstag)
• **Karfreitag**
• **1. Mai**
• **15. August**
• **25. Dezember**
• jährlich wechselnde **islamische Feiertage** (siehe Senegal/Feiertage und Feste)

Gambia

Reise-Gesundheits-Information: Gambia

Stand: 24.02.2003
© Centrum für Reisemedizin 2001

Die nachstehenden Angaben dienen der Orientierung, was für eine geplante Reise in das Land an Gesundheitsvorsorgemaßnahmen zu berücksichtigen ist. Die Informationen wurden uns freundlicherweise vom Centrum für Reisemedizin zur Verfügung gestellt. Auf der Homepage www.Travelmed.de werden diese Informationen stetig aktualisiert. Es lohnt sich, dort noch einmal nachzuschauen.

- **Klima:** tropisch-wechselfeuchtes Klima mit Regenzeit von Juni bis Oktober; Landesinnere trockener als Küstenbereiche; mittl. Monatstemp. zwischen 23°C (Jan.) und 28°C (Juli).

- **Einreise-Impfvorschriften**
Bei Direktflug aus Europa: keine Impfungen vorgeschrieben
Bei einem vorherigen Zwischenaufenthalt (innerhalb der letzten 6 Tage vor Einreise) in einem der unten aufgeführten Länder (Gelbfieber-Endemiegebiete) wird bei Einreise eine gültige Gelbfieber-Impfbescheinigung verlangt (Angola, Äquatorialguinea, Äthiopien, Benin, Bolivien, Brasilien, Burkina Faso, Burundi, Ecuador, Elfenbeinküste, Franz. Guayana, Gabun, Gambia, Ghana, Guinea, Guinea-Bissau, Guyana, Kamerun, Kenia, Kolumbien, Kongo (Rep.), Kongo (Dem. Rep.), Liberia, Mali, Niger, Nigeria, Panama, Peru, Ruanda, Sambia, Sao Tomé & Principe, Sierra Leone, Somalia, Sudan, Suriname, Tansania, Togo, Tschad, Uganda, Venezuela, Zentralafr. Republik.

- **Empfohlener Impfschutz**
Generell: Tetanus, Diphtherie, Hepatitis A, Polio

Je nach Reisestil und Aufenthaltsbedingungen im Lande sind außerdem zu erwägen:

Impfschutz	Reisebedingung 1	Reisebedingung 2	Reisebedingung 3
Gelbfieber [a]	x	x	
Typhus	x		
Hepatitis B [c]	x		
Tollwut [d]	x		
Meningitis [e]	x		

[a] bei Reisen in das Landesinnere empfohlen
[c] bei Langzeitaufenthalten und engerem Kontakt mit der einheimischen Bevölkerung
[d] bei vorhersehbarem Umgang mit Tieren
[e] nur bei engerem Kontakt zur einheimischen Bevölkerung, vorwiegend in der Trockenzeit

Reisebedingung 1: Reise durch das Landesinnere unter einfachen Bedingungen (Rucksack-/Trekking-/Individualreise) mit einfachen Quartieren/Hotels; Camping-Reisen, Langzeitaufenthalte, praktische Tätigkeit im Gesundheits- oder Sozialwesen, enger Kontakt zur einheimische Bevölkerung wahrscheinlich
Reisebedingung 2: Aufenthalt in Städten oder touristischen Zentren mit (organisierten) Ausflügen ins Landesinnere (Pauschalreise, Unterkunft und Verpflegung in Hotels bzw. Restaurants mittleren bis gehobenen Standards)
Reisebedingung 3: Aufenthalt ausschließlich in Großstädten oder Touristikzentren (Unterkunft und Verpflegung in Hotels bzw. Restaurants gehobenen bzw. europäischen Standards)

Wichtiger Hinweis: Welche Impfungen letztendlich vorzunehmen sind, ist abhängig vom aktuellen Infektionsrisiko vor Ort, von der Art und Dauer der geplanten Reise, vom Gesundheitszustand sowie dem eventuell noch vorhandenen Impfschutz des Reisenden.
Da im Einzelfall unterschiedlichste Aspekte zu berücksichtigen sind, empfiehlt es sich immer, rechtzeitig (etwa 4–6 Wochen) vor der Reise eine persönliche Reise-Gesundheits-Beratung bei einem reisemedizinisch erfahrenen Arzt oder Apotheker in Anspruch zu nehmen (Anschriften qualifizierter Beratungsstellen s.u.).

● **Malaria**
Risiko: ganzjährig hohes Risiko landesweit
Vorbeugung: Ein konsequenter Mückenschutz in den Abend- und Nachtstunden verringert das Malariarisiko erheblich **(Expositionsprophylaxe).**
Ergänzend ist die Einnahme von Anti-Malaria-Medikamenten **(Chemoprophylaxe)** dringend zu empfehlen. Zu Art und Dauer der Chemoprophylaxe fragen Sie Ihren Arzt oder Apotheker, bzw. informieren Sie sich in einer qualifizierten reisemedizinischen Beratungsstelle (s.u.).
Malariamittel sind verschreibungspflichtig.

● **Aktuelle Meldungen**
Malaria: Westafrika ist weltweit das Gebiet mit dem höchsten Übertragungsrisiko für *Malaria tropica,* ganz besonders während der Regenzeiten. Gambia und der benachbarte Senegal gehören in dieser Region zu den meistbesuchten Reiseländern. Eine fehlende oder unzureichende Vorbeugung beinhaltet ein hohes Risiko, auch wenn ggf. vor Ort abweichend beraten wird.

Unter www.travelmed.de finden Sie Adressen von
● Apotheken mit qualifizierter Reise-Gesundheits-Beratung
(nach Postleitzahlgebieten)
● Impfstellen und Ärzte mit Spezialsprechstunde Reisemedizin
(nach Postleitzahlgebieten)
● Abruf eines persönlichen Gesundheitsvorsorge-Briefes für die geplante Reise

Zu den einzelnen Krankheiten vgl. auch im Anhang das Kapitel Gesundheit.

Geld/Währung/Banken

Die Währung Gambias ist der **Dalasi** (= 100 Bututs). Es gibt Münzen zu 1, 5, 10, 25, 50 Bututs und 1 Dalasi. Banknoten gibt es zu 1, 5, 10, 25 und 50 Dalasi.

Es existiert keine Einfuhrbeschränkung für Dalasi, die Ausfuhr ist auf 85 D begrenzt. CFA werden in den meisten Fällen akzeptiert, da diese Währung in Gambia sehr begehrt ist. Das Wechseln von Travellerschecks ist in jeder Bank möglich. Visa- und American Express-Kreditkarten werden noch am ehesten akzeptiert.

Die Kurse der Geldwechsler an der Grenze und am Flughafen sind weniger günstig als bei den Banken.

Hinweis: Der **Wechselkurs** des Dalasi verzeichnet oft starke Schwankungen und fiel 2002 dramatisch um bis zu 30%. Aus diesem Grund dürften viele der genannten Preise nicht aktuell sein. Wechselkurs (Stand April 2003): 1 Euro = 27 Dalasi, 1 SFr = 18,60 Dalasi.

Bank

Standard Chartered Bank Gambia Ltd.

8, Ecowas Ave., Banjul, Tel. 228681; größte Bank in Gambia; Zweigstellen in Serekunda, Basse, Bakau und im Hotel Senegambia.

Hinweis: Wechseln Sie genügend Geld vor der Fahrt ins Landesinnere, da die nächste Bank erst in Basse ist.

Informationen

Internet

Das Internetzeitalter hat in Gambia mit Verspätung begonnen. Inzwischen gibt es aber etliche Cyper-Cafés. Der Internetzugang ist mit 1 Dalasi pro Minute noch relativ teuer.

Das Angebot an interessanten **Websites zu Gambia** ist noch dünn. Hier eine Auswahl:

- www.statehouse.gm/
  Website von Präsident Jammeh
- www.gambia.com
  Offizielle Seite der Regierung Gambias
- www.gambia.start4all.com/
  Bestes Gambia-Portal
- www.gambiagateway.tripod.com
  Gambia-Portal
- www.gksoft.com/govt/en/gm.html
  Zahlreiche Links zu Gambia
- www.gambianews.com
  Aktuelles Gambia Portal
- www.gambia.i-dss.de/
  Deutsche Infoseite zu Gambia

Tourismusbüro

- **Gambia Tourism Authority**
  Eigelstein 98, 50668 Köln
  Tel. (0221) 1607441
  info@gtadeutschland.de
  www.visitgambia.gm

Maße und Gewichte

1980 wurde das metrische System eingeführt; es verdrängt jedoch nur langsam die alten britischen Maßeinheiten.

Reisen in Gambia

Verkehrsmittel/Unterkunft

Siehe im ersten Kapitel des Buches bei den praktischen Reisetipps für ganz Westafrika und unter Banjul.

Benzin

Treibstoff ist in Gambia etwas teurer als im Senegal; die Preise unterliegen wegen Versorgungsschwierigkeiten großen Schwankungen.

Strom

220 V Wechselstrom gibt es offiziell fast überall im Land. Häufige **Stromausfälle oder -schwankungen** sind aber an der Tagesordnung.

Telefon und Fax

Es ist immer wieder erstaunlich (und steht in krassem Gegensatz zu anderen Erfahrungen, die man teilweise in diesem Land machen kann), wie **reibungslos** die Telekommunikation in Gambia funktioniert. Bald in jedem Dorf findet sich eine Telefonzelle oder ein Gamtel-Büro. Gamtel ist durchwegs mit neuester Kommunikationstechnologie ausgestattet. Es gibt **Telefonkarten** zu kaufen, mit denen man nach Europa telefonieren kann.

Die **Auskunft (Tel. 151)** ist hilfsbereit und kostenlos, es gibt zudem regionale Auskünfte, deren Nummern man ebenfalls unter 151 erfährt.

Im Jahr 1996 wurde landesweit auf sechsstellige Telefonnummern umgestellt: für Banjul zusätzlich die 2, Serekunda 3, Fajara und Bakau 4, Basse Sant Fu 6, Farfenni 7 (jeweils vor der alten Rufnummer).

Telefoniert man von Europa nach Gambia, lautet die **Vorwahl Gambias 00220** (und Teilnehmernummer).

Ein einseitiges **Fax** nach Deutschland kostet nach 18 Uhr nur ca. 15 Dalasi. Man sollte zusehen, wie es abgeschickt wird.

Trinken

Wasser muss gefiltert oder abgekocht werden. (In Banjul selbst soll dies nicht unbedingt notwendig sein.) Das an großen Bushaltestellen und auf Märkten in Plastikbeuteln angebotene Wasser ist nur für abgehärtete Reisende zu empfehlen. Ausländisches Mineralwasser in Plastikflaschen gibt es aber praktisch überall.

Das **Bier** der Brauerei Jul Brew, die unter deutscher Leitung errichtet wurde, ist süffig, aber nicht ganz billig. Jul Brew hat auch die Lizenz für die Abfüllung von diversen Softdrinks in Gambia.

Unterwegs in Gambia

Banjul

Gambias **Hauptstadt** Banjul liegt wie Dakar auf einer Halbinsel, das Klima ist ähnlich gemäßigt. Doch damit sind die Gemeinsamkeiten bereits erschöpft. In der Stadt mit ihren rund **60.000 Einwohnern** (die Zahlen schwanken stark) erscheint alles ein paar Nummern kleiner. Offensichtlich maß England dem Sitz seiner Kolonialverwaltung weit weniger Bedeutung bei als Frankreich im Falle Dakars. Auf die ehemalige Kolonialzeit verweisen noch die paar Namen von Straßen und Plätzen, die jetzt Zug um Zug geändert werden, sowie die zweistöckigen Kolonialbauten mit Veranda. Doch prachtvolle Repräsentationsbauten sucht man vergeblich. Und die früher so zahlreichen Fish-and-Chips-Restaurants sind entweder geschlossen oder verkaufen jetzt Charwarma. Banjul zehrt von seiner Substanz, ganze Straßenzüge wirken abgewirtschaftet. Die Investitionen im Land fließen längst in die prosperierenden Städte im Süden. Von dort bezieht Gambia seine wirtschaftlichen Impulse. Einzig der **Freihafen** mit seinem geschützten Ankerplatz und der damit verbundene zollfreie Warenumschlag bewahrt die Stadt vor der drohenden Bedeutungslosigkeit. Faszinierend aber ist das bunte **Völkergemisch,** das sich in Banjul niedergelassen hat: Händler aus Mauretanien, Libanon oder dem Senegal, dazu Flüchtlinge aus Liberia und Sierra Leone, die hier ihr Glück versuchen, verleihen der Stadt einen Hauch von kosmopolitischem Flair.

Karten S. 696 und 717

Unterwegs in Gambia
BANJUL

Geschichte

Die ersten Europäer, die den Gambia River erkundeten, waren im 15. Jh. die **Portugiesen**. Nach der offiziellen Abschaffung des Sklavenhandels 1807 setzten sich die **Engländer** an der strategisch wichtigen Flussmündung fest. 1816 kaufte der englische Kapitän *Alexander Grand* von einem lokalen König von Kombo die Insel Banjul, was so viel wie Bambusinsel bedeutet. Der Kaufpreis damals: umgerechnet 50 Euro. Die Engländer nannten die Insel fortan St. Marys Island, die um den Stützpunkt entstandene Siedlung erhielt den Namen des damaligen Kolonialministers **Bathurst**. Ein gewisser Aufschwung stellte sich ab 1830 ein, als befreite Sklaven aus Sierra Leone nach Bathurst umgesiedelt wurden. Das Leben zu dieser Zeit aber war alles andere als komfortabel. Bei ungünstigen Wind- und Wetterverhältnissen stand regelmäßig die halbe Stadt unter Wasser, die hygienischen Zustände müssen katastrophal gewesen sein, was immer wieder zu Seuchen führte. Gelbfieber und Malaria grassierten. Und 1869 raffte eine Cholera-Epidemie im Viertel Moka Town die Hälfte der Bevölkerung dahin. Seitdem wird das Viertel „Half Die" genannt. Grundlegende Verbesserung schaffte erst der 1949 errichtete Hochwasserdamm. 1973 wurde der englische Name der Stadt getilgt. Seither heißt sie Banjul.

Jugendliche in Banjul

Banjul heute

Zentrum der Stadt Banjul ist der **22nd July Square,** benannt nach dem Putsch von 1984, mit dem Victoria Recreation Ground, der nur gelegentlich, meist bei sportlichen Veranstaltungen, für die Öffentlichkeit zugänglich ist. Von diesem Platz führt der **Independence Drive,** die Hauptverkehrsader Banjuls, in westliche Richtung, vorbei am Arch 22, dem Triumphbogen der Putschisten, auf den Banjul-Serekunda-Highway und weiter zum Yundum Airport.

Die beiden größten Geschäftsstraßen sind die **Liberation Avenue,** eine Einbahnstraße, die vom Albert Market in südliche Richtung zum Fährhafen und der Anlegestelle der Pirogen nach Barra am Nordufer des Gambia Rivers führt, und die **OAU bzw. Ecowas Avenue,** die in entgegengesetzter Richtung wieder am 22nd July Square enden.

Sicherheit

Wer Banjul abends mit der letzten Fähre erreicht, staunt nicht schlecht: Polizei und Sicherheitskräfte ruhen nicht eher, bis der weiße Tourist in einem der vielen wartenden Taxis Platz genommen hat. Man ist rührend bemüht, dass der Reisende ja nicht in die Hände von jugendlichen Gangs oder Taschendieben fällt. Null Toleranz heißt die Strategie, mit der Gambia seit Ende der 1990er Jahre gegen **Kleinkriminalität** und das **Bumster-Unwesen** (*Bumster* oder *Beach-Boys* heißen in Gambia die jungen Männer, die sich wie Kletten an die Fersen der Touristen hängen) vorgeht. Mit einigem Erfolg, auch wenn es nachts immer noch nicht ratsam scheint, mit großem Gepäck durch Banjul zu ziehen. Auch Serekunda, Gambias größte Stadt, bleibt nach Sonnenuntergang nach wie vor ein heißes Pflaster. Markant verbessert hat sich dagegen die Sicherheitslage an den Stränden in Hotelnähe, sei es in Banjul direkt oder auch in der Kombo-St. Mary Area. Dennoch ist es ratsam, Geld, Papiere und Tickets im Hotel zu lassen und beim Ausgehen auf teuren Schmuck und goldene Uhren zu verzichten.

Sehenswürdigkeiten

Albert-Markt

Ein Besuch des Albert-Markts war früher quasi Pflichttermin für Touristen. Das ist passé. Der Markt hat, genauso wie das Zentrum von Banjul, deutlich an Attraktivität verloren. Das 1855 von den Briten erbaute Marktgebäude ist 1986 fast völlig abgebrannt, wurde aber wieder aufgebaut. Heute decken sich in dem zweigeschossigen, mit einer doppelten Arkadenreihe geschmückten Neubau die Bewohner Banjuls mit den alltäglichen Dingen des Lebens ein.

Direkt hinter dem Marktgebäude liegen der **Fischmarkt** und unmittelbar daneben das **Handicraft Center** mit allerlei Souvenirs, wie Lederwaren, gambianischen Puppen, Holzschnitzereien, Gold- und Silberschmuck usw. Im Handicraft Center treiben sich noch immer Schlepper herum, es ist aber längst nicht mehr so nervend wie früher. Außerdem treiben Taschendiebe ihr Unwesen. Holzschnitzereien bekommt man billiger und stressfreier in Brikama auf dem Craft market.

National Museum

Früher beherbergte das Gebäude am Independence Drive das British Council; heute findet man im National Museum eine umfangreiche Sammlung histo-

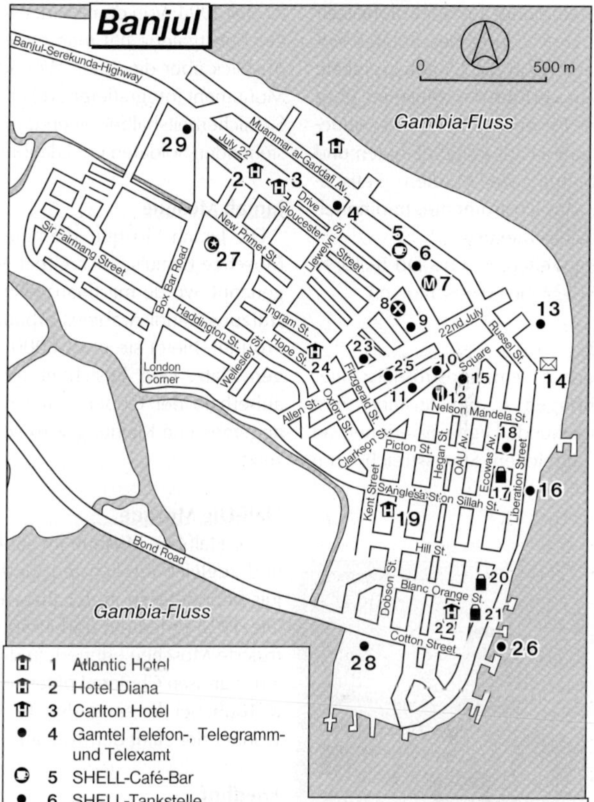

Banjul

- 🏠 1 Atlantic Hotel
- 🏠 2 Hotel Diana
- 🏠 3 Carlton Hotel
- ● 4 Gamtel Telefon-, Telegramm- und Telexamt
- ○ 5 SHELL-Café-Bar
- ● 6 SHELL-Tankstelle
- Ⓜ 7 Nationalmuseum (MRC)
- ✪ 8 Taxis nach Bakau
- ● 9 BP-Tankstelle
- ● 10 Busse und Taxis nach Serekunda
- ● 11 Busse u.Taxis nach Birkama
- 🍴 12 Restaurant, Bar und Nachtclub Soto-Koto-Club
- ● 13 Albert-Markt
- ✉ 14 Hauptpost (PTT)
- ● 15 Gambia-Airways-Büro
- ● 16 Shell-Tankstelle
- ▫ 17 CFAO-Supermarkt und African Heritage Restaurant
- ● 18 Hauptpolizeiwache und BICIS-Bank
- 🏠 19 Traveller's Lodge
- ▫ 20 Sonnar Stores-Supermarkt
- ▫ 21 Chellerams-Supermarkt
- 🏠 22 Apollo Hotel
- ● 23 Ritz Kino
- 🏠 24 Duma Guesthouse
- ● 25 Youth Centre (Jugendzentrum)
- ● 26 Barra-Fährhafen
- ☪ 27 Moschee
- ● 28 GPTC-Station
- ● 29 Arch 22

rischer Dokumente aus der Kolonialzeit und der Entwicklung des Staates seit der Entlassung in die Unabhängigkeit. Außerdem verfügt das Museum über zahlreiche Exponate zu den verschiedenen in Gambia ansässigen Ethnien und deren Kultur, wie Masken, Fetischobjekte, Musikinstrumente, traditionelle Haushaltsgeräte usw.

Öffnungszeiten: Mo bis Do 8–16, Fr und Sa 8–13 Uhr, So geschlossen.

Arch 22

Der Arch 22, ein monströs-kitschiger **Triumphbogen** an der Ausfahrt zum Banjul-Serekunda-Highway, erinnert an den erfolgreichen Staatsstreich vom 22. Juli 1994. Von dem kleinen Café mit der Kunstgalerie hat man einen guten Ausblick über die Stadt. Wenn Sie das Monument fotografieren wollen, fragen Sie sicherheitshalber einen der herumstehenden Soldaten um Erlaubnis.

Jamah Mosque

Die Jamah Mosque, die neue große Moschee Banjuls, auch Great Mosque genannt, wurde mit finanzieller Unterstützung Saudi-Arabiens erbaut. 1988 eröffnet, bietet sie etwa 6000 Gläubigen Platz. Eine Besichtigung ist nur außerhalb der Gebetszeiten möglich, angemessene Kleidung wird vorausgesetzt.

Half-Die Mosque

Die Half-Die Mosque im südlichsten und zugleich ärmlichsten Viertel Banjuls befindet sich in der Brown Street. Die 1926 errichtete und 1950 rekonstruierte Moschee erinnert an die Opfer einer großen Cholera-Epidemie im Jahre 1869, bei der ein großer Teil der Einwohner der Stadt den Tod fand.

Friedhof

Ein überaus melancholischer Ort ist der Friedhof von Banjul, direkt zwischen dem Banjul-Serekunda-Highway und dem Strand gelegen. Unter uralten Bäumen lässt sich an den Grabsteinen die wechselvolle Geschichte des ehemaligen Bathurst ablesen.

Triumphbogen Arch 22

Touristeninformation

- **The Gambia National Tourist Office**
Quadrangle Building, Banjul, Tel. 228496 und 227593, Fax 227753. Hier sind Landkarten und Informationsmaterial erhältlich.
- **Gambia Tourism Authority**
Kololi, Tel. 462490 und 462491.
- **Infomaterial ist auch in allen größeren Hotels erhältlich.**
- **Exkursionen** bucht man am bequemsten über die Hotels. Lokale Reiseagenturen und Tour-Operator sind meist außerhalb der Stadt angesiedelt.
- Die beste im Land erhältliche Karte von Gambia ist: **The Gambia. Tourist Information & Guide Map.**
- **Infos im Internet:**
www.gambia.start4all.com/
Gutes Gambia-Portal, viele Links
www.gambiagateway.tripod.com/hotels.html
Infos zu Hotels und Ferienwohnungen

Hotels

Banjuls Hotelangebot ist für eine Hauptstadt sehr beschränkt und steht damit ganz im Gegensatz zur Komba-St. Mary Area.

Hotels der Luxusklasse

- **Corinthia Atlantic Hotel**
Tel. 228199, Muammar al-Gaddafi Ave. (ex Marina Parade). Älteste Adresse am Platz (hier schrieb *Alex Haley* an seinem Roman „Roots"), fünf Minuten zum Zentrum, Bar, zwei Restaurants, zahlreiche Sportmöglichkeiten, der Strand ist leider wie an vielen Teilen der Küste teilweise weggespült. 200 Zimmer, ab 1000 D. Frühstücksbuffet für externe Gäste 70 D.
- **Wadner Beach Hotel**
Tel. 228199, Banjul Highway, etwa 4 km außerhalb Richtung Denton Bridge in schöner Strandlage. Das Hotel war 2002 wegen Renovierungsarbeiten geschlossen.
- **Palm Grove Hotel**
Tel. 201620, Banjul Highway. Gepflegte Hotelanlage für Pauschaltouristen mit 65 Zimmern direkt am Strand, DZ 1200 D;
e-Mail: palmgrove@gamtel.gm

Hotels der Mittelklasse

- **Carlton**
Tel. 227258, July 22 Drive (ex Independence Drive). Zentral gelegen und etwas laut und verwohnt, DZ 200 D.
- **Princess Diana Hotel** (ex Kantora)
Tel. 228715, July 22 Drive. Renoviert, 36 klimatisierte Zimmer, Restaurant, DZ 250 D, preiswert und gut.
- **Apollo Hotel**
Tel. 228184, Orange Street, in der Nähe des Fährterminals. Einfache Ausstattung, wenig einladend, DZ ab 280 D.

Einfachere Hotels

Viele der einfacheren Hotels in Banjul werden, wie in Westafrika allgemein üblich, vorwiegend **als Stundenhotels genutzt.**

- **Duma Guest House**
Tel. 228381, Louvell Square, DZ 120 D.
- **Abbey Guest House**
Tel. 2253373, 8, Grant Street. Freundliches Guesthouse unter nigerianischer Leitung, DZ 150 D.
- **Brikama Ba Hotel**
Tel. 222207, Ecowas Ave. Billigste Unterkunft in Banjul.

Essen und Trinken

Während es im Nachbarland Senegal üblich ist, auf der Straße an Café-au-lait-Ständen zu frühstücken, geschieht dies in Gambia in der Regel daheim. In den Hotels wird den Gästen meist ein englisches Frühstück angeboten.

- **African Heritage Restaurant**
Liberation Street. Die einstige Touristen-Oase im Herzen Banjuls ist leider geschlossen. Unter gleichem Namen haben die Betreiber eine ähnliche Lokalität in Bakau eröffnet.
- Die **Restaurants im Carlton und im Atlantic Hotel** sind durchaus zu empfehlen (s.o.).
- An zahlreichen kleinen **Straßenständen und Imbissstuben** kann man Sandwiches, Chawarma und kleine Snacks essen.

Nachtleben

- **Soto-Koto Nightclub**
Clarkson Street. Bei Einheimischen am Wochenende beliebter Treffpunkt; freitags auch Live-Musik. Ansonsten ist das Nachtleben in Banjul kaum der Rede wert.
- **Kino:** Banjul Cinema, Ecowas-Avenue

Notfall

Krankenhäuser

- **Royal Victoria Hospital**
Tel. 226152, Independence Drive.
- **Lamtoro Medical Center**
Tel. 460934, in Kololi.
- **Westfield Clinic**
Tel. 392213, in Serekunda.

Apotheke

- **Banjul Parmacy**
Tel. 227470, Independence Drive, werktags von 9–20.30 Uhr.

Anreise

Wer aus Dakar oder anderen Städten im nördlichen Senegal anreist, nimmt in aller Regel die **Fähre von Barra nach Banjul.** Wer nicht mit dem eigenen Wagen unterwegs ist, kommt so relativ schnell und mit 5 D auch preisgünstig an das Südufer des Gambia River. Anders mit dem Wagen: Von den zwei Autofähren, die Banjul mit dem Nordufer verbinden, war 2002 nur eine in Betrieb, die andere fuhr nur mit halber Kraft. Entsprechend lang waren die Wartezeiten. Bei der Einreise mit dem Wagen ist ein Laissez Passer erforderlich. Wer ohne Wagen unterwegs ist, nimmt nach Verlassen der Fähre eines der gelben Sammeltaxis, entweder zum Hotel oder zur 3 km entfernten Haltestelle der Minivans am Ende des Independence Drive.

Flugverbindungen

Der internationale **Flughafen Yundum** mit dem 1998 eingeweihten neuen Terminal befindet sich gut 25 km südlich von Banjul. Die Landebahn dient übrigens der NASA als Notlandepiste für ihre Space Shuttles.

Hinweis: Bei der Einreise sollte man nur kleine Beträge am Flughafen tauschen, der Kurs ist deutlich schlechter als in der Stadt. Außerdem wird **seit 2002 keine Flughafentaxe** mehr erhoben.

Flugreisende erreichen Banjul von der anderen Seite, entweder direkt vom Yundum-Airport oder von der Kombo-St. Mary Area, wo die meisten Hotels und Guesthouses sind. Wer sich die teuren grünen Touristentaxis sparen will, fragt am besten im Hotel nach der nächstgelegenen Haltestelle für Minivans. Vom Flughafen aus verkehren keine Busse oder Minivans. Die Taxipreise zu den einzelnen Destinationen sind am Flughafen angeschlagen

Fluggesellschaften:
- **SN-Brussels Airlines** (ex Sabena)
Kairaba Ave, Fajara, Tel. 496301/2
- **Air Senegal International**
Buckle Street, Banjul, Tel. 202117/8
- **Gambia Airways**
Hagan Street, Banjul, Tel. 227778
- **Ghana Airways**
7, Nelson Mandela Street, Tel. 228245
- **Gambia International Airlines**
78, Daniel Goddard Street, Tel. 223703

Taxis, Busch-Taxis und Busse

- Anders als etwa im Senegal erscheint Gambias Nahverkehrssystem wenig übersichtlich und für Touristen relativ teuer. Denn sie werden in aller Regel auf die **grünen Taxis** verwiesen, deren Preise sich deutlich von den gelben Sammeltaxis für die Einheimischen abheben. Einige Preisbeispiele: Banjul – Serekunda 130 D, Banjul – Brikama 250 D, Banjul – Kartung 600 D, Banjul – Kafountine (Casamance) 800 D, Banjul – Georgetown 850 D. Unter anderem werden auch Dakar, Bissau, Cap Skirring oder Ziguinchor angefahren. Diese grünen Taxis stehen vor allen größeren Hotels.
- Deutlich billiger reist man in **Minibussen,** deren Haltepunkte allerdings erfragt werden müssen, oder bei größeren Distanzen mit den **GPTC-Bussen.**
- In Banjul selbst braucht man kaum ein Taxi, da die meisten Distanzen ohne Probleme zu Fuß zurückgelegt werden können.

●Sollen längere Strecken auf der **Straße** zurückgelegt werden, ist auf alle Fälle das **Südufer** zu empfehlen. Am Nordufer weiterzukommen, ist sehr mühsam, zeitaufwendig und wegen der Schlaglöcher eine „Tortour".

●Wenn man zu einem der **Strände von Bakau** will, sollte man entweder zu mehreren ein Taxi mieten oder mit einem der zahlreichen Minibusse fahren, die ständig zwischen Banjul und Bakau hin und her pendeln; Abfahrt in der Independence Avenue gegenüber der Anglikanischen Kirche.

●**Busch-Taxis** nach Serekunda fahren von der Grant Street gegenüber vom 22nd July Square, andere nach Brikama von der Kreuzung Grant Street/Albion Place. Reisende, die per Minibus in die Casamance wollen, müssen in Brikama das Fahrzeug wechseln.

●Der **GPTC-Bus** (Gambia Public Transport Corporation) fährt ebenfalls von Banjul ins Landesinnere. Mehrmals täglich (Faustregel: morgens, mittags, abends) verkehren relativ komfortable GPTC-Busse oder Pick-ups von Banjul das Südufer entlang über Georgetown nach Basse Santa Su. Preisbeispiel: Banjul – Georgetown im „Spezial Express" 90 D. Fahrtzeit etwa 5 Stunden – wenn alles glatt geht. Der Bus verfügt nur über Sitzplätze und startet um 10 Uhr morgens beim GPTC-Depot (hinter der Jul Brew Brauerei) in Serekunda; weitere Haltepunkte sind Banjul/Hafen, Brikama und Soma. Die anderen Busse sind zwar deutlich billiger, dafür halten sie aber an „jeder Hütte" und sind meist hoffnungslos überfüllt.

Außerdem fährt GPTC die Strecke **Barra – Dakar** mit zwei Bussen täglich und einem kurzen Zwischenstopp in Kaolack. Abfahrt ist 9 bzw. 10 Uhr morgens.

Straßenverbindungen

Im Vergleich zu Senegal ist das Straßennetz nicht so dicht und oft **in mäßigem Zustand.** Eine mehr oder weniger gute Asphaltstraße führt von Banjul entlang des Südufers über Georgetown nach Basse Santa Su (kurz „Basse" genannt). Die Piste entlang des Nordufers ist nur während der Trockenzeit befahrbar. Im Jahr 2002 wurde die **neue Straße nach Kartung** an der Südgrenze zum Senegal in Betrieb genommen. Damit ist es jetzt möglich, die südlichen Küstenorte wir Ghanatown oder Gunjur schnell und bequem zu erreichen.

Schiffe, Fähren und Boote

Neben den **Fähren über den Gambia** bei Banjul/Barra, Farafenni/Mansa, Georgetown und Basse gab es lange Zeit ein Dampfschiff, das die Strecke Banjul – Basse via Albreda, Kerewan, Tendaba, Bellingho, Yelli Tenda und Georgetown bediente; es ist leider 1984 untergegangen. Bisher gibt es zwar kein neues Boot, das diese Strecke regelmäßig befährt, es ist aber möglich, einen Teil der Strecke mit dem Bus zurückzulegen und dann beispielsweise ab Georgetown **organisierte Flusstouren** zu unternehmen. Diese werden in der Regel von den Camps extra für Touristen auf campeigenen Schiffen veranstaltet und lohnen sich wegen der Tiere, die in nahezu unberührter Natur am oder im Gambia River leben. Seit 1999 verkehrt u.a. die **Gambia River Excursion** mit großen umgebauten Pirogen regelmäßig zwischen Georgetown und dem Stützpunkt der Firma, der Lamin Lodge (s.a. bei Georgetown). Die zweitägige Fahrt ist auch für Individualreisende möglich. Nähere Informationen erhält man unter folgender Adresse: Gambia River Excursion in Fajara, Tel. 497603, e-Mail: gamriv@gamtel.gm.

Post und Telefon

●Die **Hauptpost** befindet sich in der Russel Street nahe dem Albert-Markt. Öffnungszeiten: Mo bis Fr 8–12, Sa 8–13 Uhr.

Postsendungen sind etwas billiger als im Senegal, nicht aber die Telefongebühren.

●**Telefonieren** ist Tag und Nacht möglich. Das GAMTEL-Office befindet sich in der Russel Street (neben der Hauptpost). Andere GAMTEL-Büros sind u.a. in der Clarkson St. (am Kreisverkehr), gegenüber vom CFAO-Supermarket in Bakau und beim Senegambia-Beach-Hotel.

●Beim Senegambia-Beach-Hotel befindet sich auch ein **Internet-Café.** Die Gebühr beträgt 1 D pro Min.

Einkaufen

Buchhandlungen
- **Methodist Bookshop**
Ecowas Ave./Ecke Nelson Mandela Street.
- **Chaaku's**, Clarkson Street.
- **National Library**
Hier gibt es eine große Auswahl an englischen Büchern über Gambia.

Supermärkte
- **NTC-Supermarket**
Liberation Street frühere Wellington).
- **CFAO- Supermarket**
Liberation Street/Ecke Picton Street.

Reisebüro/Travel Agency

- **Banjul Travel Agency**
Tel. 228473, Ecowas Ave.

Ausflüge

Oyster Creek (Bucht)
Mangrovengebiet östlich von Banjul, bei der Denton-Bridge. Eine Pirogenfahrt durch die Bolongs (Nebenarme) ist aufgrund der unzähligen Vogelarten vor allem für Ornithologen von Interesse. Als Alternative zur Pirogenfahrt bietet sich ein Spaziergang auf der Bund Road an.

Abuko Nature Reserve
Etwa 23 km südwestlich von Banjul liegt dieses 102 ha große Tierschutzgebiet. Hier sind neben Flusspferden, Pavianen, Schimpansen und einem Gorilla auch seltene Vogelarten (über 200) und eine reichhaltige Flora anzutreffen. Die Wege sind gut beschildert. Der Rundgang dauert etwa 2 Stunden; Öffnungszeiten täglich von 8–18 Uhr. Die Eintrittspreise betragen für Erwachsene ca. 30 D, für Kinder 16 D.

Lamin Lodge
Tel. 996903. Seit 1984 eines der beliebtesten Ausflugsziele in Gambia überhaupt. Bar und Restaurant mit guter internationaler Küche. Von den deutschen Besitzern werden u.a. **Ausflugsfahrten** mit Pirogen, Segelbooten oder Kanus durch die Mangroven und das Delta des Gambia River angeboten. Durch einen tragischen Unfall ist der pittoreske, ganz aus Holz bestehende Pfahlbaukomplex im Frühjahr 2000 vollständig abgebrannt. Bereits wenige Tage später wurde mit dem Wiederaufbau begonnen. 2001 konnte die Anlage wieder vollständig in Betrieb genommen werden.

Mit dem Auto fährt man am Abuko Park vorbei bis nach Lamin.

Kachikaly Crocodile Pool
Im Zentrum von Bakau gelegener Krokodil-Park, einst heiliger Ort für die Einheimischen. Heute ist der Besuch eher zur touristischen Pflichtübung verkommen. Allerdings gibt es wohl keinen anderen Platz, wo man den – glücklicherweise gut genährten – Reptilien derart hautnah begegnen kann. Der Eintritt kostet 10 D.

Die Küstenorte von Bakau bis Kartung

Kombo-St. Mary Area

Der überwiegende Teil der Gambia-Besucher verbringt seinen Urlaub in der Kombo-St. Mary Area. Hier, zwischen Cape Point/Bakau und Kololi, stehen die allermeisten Hotel- und Self-Catering-Anlagen des Landes. Das Ambiente ist leider stark vom **Massentourismus** geprägt, der im allgemeinen Gambia-Boom der 1990er Jahre gipfelte. Vor allem in der winterlichen Hochsaison ist der rund 15 km lange Küstenabschnitt fest in der Hand der Weißen. Mit Afrika hat das herzlich wenig zu tun. Wer allerdings nur Sonne, Strand und Meer im Sinn hat, findet in der Kombo-St. Mary Area ideale Bedingungen für erholsame Urlaubstage.

Für den Tourismus erschlossen wurde das Gebiet bereits in den frühen 1970er Jahren. Hauptattraktion sind die **kilometerlangen, von Palmen gesäumten Sandstrände,** die allerdings durch wiederholte Stürme arg in Mitleidenschaft gezogen wurden. Ganze Strandabschnitte wurden dabei weggespült. Besonders fatal wirkt sich der Geländeverlust beim Senegambia-Beach-Hotel aus, wo der Strand praktisch nur noch aus Sandsackverbauungen besteht. Mit internationaler Hilfe will man nun verhindern, dass künftig weitere Strände zum Opfer der Fluten werden.

Bakau: Die Touristen-Zone beginnt am Cape Point in Bakau, mit einem der vielleicht schönsten Strände Gambias. Doch seit dem Rückzug des deutschen Reiseunternehmens FTI und der damit verbundenen Schließung des 400-Betten-Hotels Sunwing ist es in Bakau merklich ruhiger geworden. Der Ort bietet neben sehr guter Infrastruktur (Supermärkte, Banken, das bunte Viertel der Einheimischen, wo es allerlei zu entdecken gibt) vor allem einen historisch gewachsenen Ortskern. Sehenswert ist auch der kleine Hafen von Bakau. Vorteil: Alles ist praktisch zu Fuß zu erreichen.

Fajara: Auf der Atlantic Road, einer Allee aus uralten Bäumen, und vorbei am botanischen Garten geht es weiter Richtung Südwesten nach Fajara, einem relativ neuen Nobelviertel. Die Straße mündet nach einem Knick in die Kairaba Avenue, die wichtigste Geschäftsstraße Gambias, die im Zentrum Serekundas endet. Nach gut 1 km erfolgt ein abrupter Stopp. Gambias erste Verkehrsampel. Während der Rush-hour bricht hier regelmäßig der Verkehr zusammen. Links geht es auf der neuen Transversale zum Nationalstadion und weiter nach Banjul, rechts auf den Badala Park Way, die Küstenstraße nach Süden.

Kotu Beach: Die erste mögliche Abzweigung führt zu mehreren Hotelkomplexen für Pauschalurlauber (Bungalow Beach Hotel) und weiter zum Kotu Beach (für Individualreisende, die nicht in Strandnähe wohnen, durchaus empfehlenswert). Die meisten der gemütlichen Strandcafés sind 2001 aller-

KOMBO-ST. MARY AREA

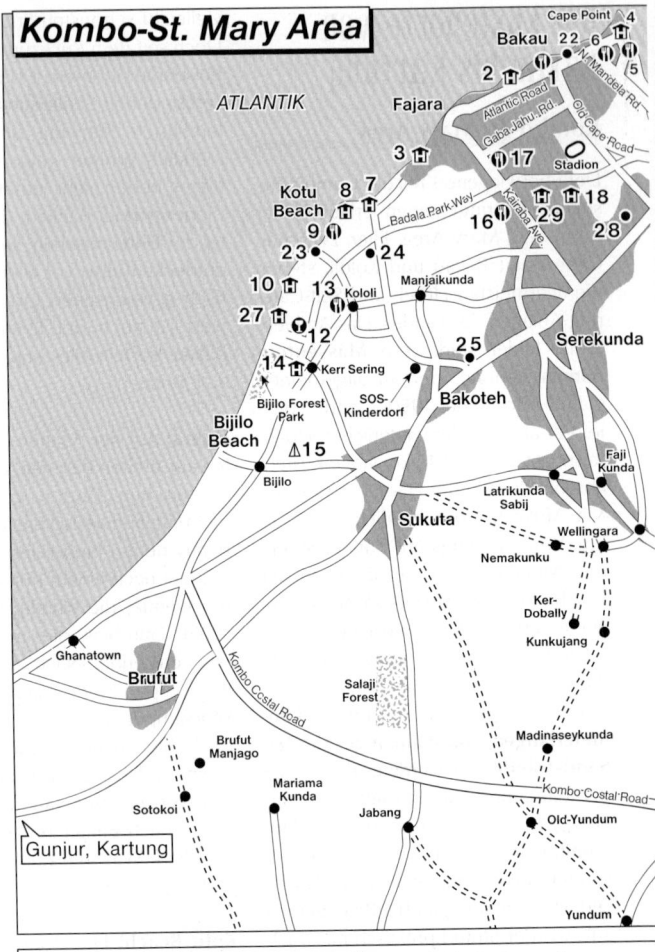

🍴 1	African Village	🍴 9	Luigi´s Restaurant
🏨 2	Hotel	🏨 10	Senegambia Beach Hotel
🏨 3	Fajara Hotel	🎭 11	Kololi Beach Club
🏨 4	Hotel	🎭 12	Tropicana Club
🍴 5	Cape Point Restaurant	🍴 13	Kololi Tavern
🍴 6	Sambous Bar & Restaurant	🏨 14	Hotel Berlin
🏨 7	Bungalow Beach Hotel	⛺ 15	Sukuta Camping
🏨 8	Novotel Kombo Beach	🍴 16	Come Inn (ex Madeleine)

KOMBO-ST. MARY AREA

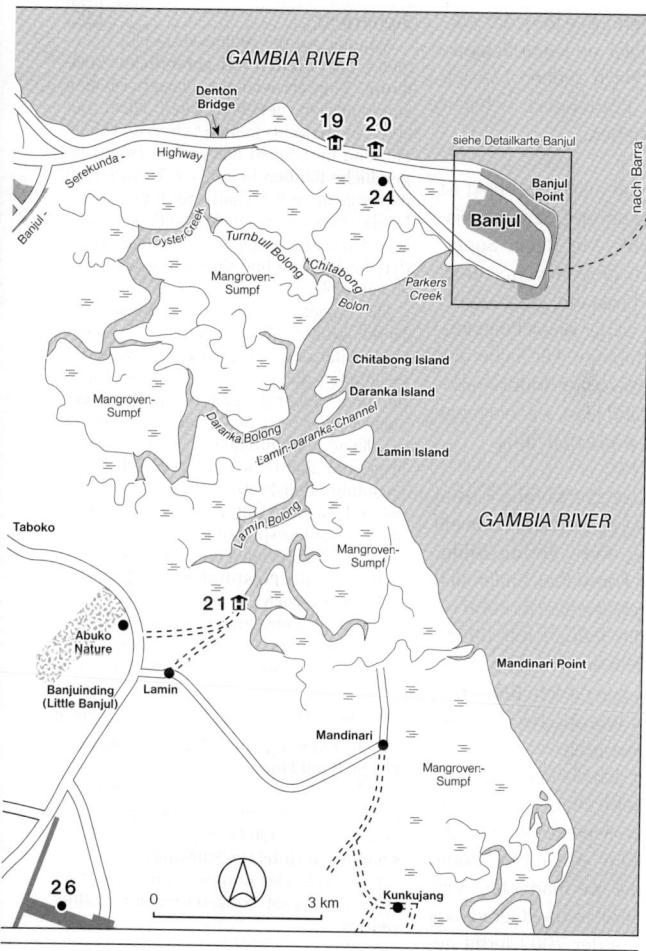

- 🍴 17 Mama Restaurant
- 🏨 18 YMCA Hostel
- 🏨 19 Wadner Beach Hotel
- 🏨 20 Palm Grove Hotel
- 🏨 21 Lamin Lodge
- ● 22 Botanischer Garten
- ● 23 Casino
- ● 24 Polizei
- ● 25 Wrestling Stadion
- ● 26 Yundum Airport
- 🏨 27 Kairaba Beach Hotel
- ● 28 GPTC-Depot
- 🏨 29 Malawi Guesthouse

DIE KÜSTENORTE VON BAKAU BIS KARTUNG

dings von den Behörden zerstört worden, angeblich weil sie keine Schanklizenzen hatten. Nach anderer Darstellung sollen am Kotu Beach schlicht neue Hotels entstehen.

Kololi: Der nächste markante Punkt ist die Abzweigung zum sog. Senegambia-Komplex in Kololi. Mit Bank, Supermärkten, Internetcafé, Autovermietung, Souvenirläden, Taxistand, Restaurants und Night-Clubs ist der Kololi-Point touristisch voll erschlossen. Für Sicherheit sorgt die allgegenwärtige Touristen-Polizei. Nur der Strand lässt, wie eingangs beschrieben, zu wünschen übrig.

Weiter geht es auf der Kombo Costal Road, der 2000 fertig gestellten Schnellstraße, Richtung **Kerr Sering/Bijilo.** Südlich des Bijilo Forest Park finden sich schöne und (noch) vergleichsweise ruhige Strände, die jedoch mit öffentlichen Verkehrsmitteln schwierig zu erreichen sind. Auch in diesem Bereich ist mit der weiteren touristischen Erschließung begonnen worden.

Bei **Brufut** teilt sich die neue Straße in einem Kreisverkehr. Links kommt man in einer großen Schleife direkt zum Flughafen Yundum. Auf dieser Route umgeht man die permanenten Verkehrsstaus in Serekunda. Geradeaus geht es weiter auf der 2002 fertig gestellten Küstenstraße Richtung Gunjur und Kartung an der senegalesischen Grenze. Lichte Palmenwälder und stille Lagunen prägen diesen dünn besiedelten Landstrich. Die Straße endet im Nirgendwo bzw. in einem stillen tropischen Paradies.

Sicherheit

Achtung: An der Atlantikküste gibt es immer wieder **Stellen mit gefährlicher Strömung.** Nur an wenigen Plätzen ist eine Strandaufsicht gegeben. Und: Nicht nur abends und nachts treiben sich an den Stränden und im Umfeld der großen Hotels **jugendliche Banden** herum, die Touristen um die mitgeführte Barschaft erleichtern wollen. Da die Strände unbeleuchtet sind, sind nächtliche Strandspaziergänge riskant und besonders für Frauen ohne Begleitung keinesfalls zu empfehlen.

Die Regierung *Jammeh* unternimmt seit Jahren größere Anstrengungen, die Kleinkriminalität und das Schlepperunwesen zu bekämpfen, doch immer noch klagen Touristen über Belästigungen durch **Bumsters,** auch *Hustler* oder *Beach-Boys* genannt (jugendliche Herumtreiber an den Stränden). Insgesamt aber haben sich die Verhältnisse gegenüber den 1990er Jahren, als sich entnervte Urlauber nicht mehr aus ihren Hotelanlagen trauten, spürbar gewandelt.

Deutlich zurückgegangen sind auch die Auswüchse der **Prostitution.** Die Regierung will offensichtlich mit allen Mitteln verhindern, dass Gambia zum Dorado des Sextourismus verkommt. Für 2003 kündigte die Regierung eine Politik der „zero tolerance" an.

Unterkunft

Hotels und Bungalowanlagen in Bakau:
● **Cape Point Hotel**
Tel. 495005. Freundliches Mittelklassehotel direkt am Strand von Cap Point mit Pool und Restaurant, DZ 400 D, Appartements 800.
● **Sunbeach Hotel (ex Sunwing)**
Tel. 495428. Der Komplex am Cape Point sollte zur Saison 2002/03 wieder eröffnet werden.

Begegnung am Strand

- **African Village Hotel**
Tel. 495307, Atlantic Road. 85 Bungalows im traditionellen Stil an der Steilküste mit Blick aufs Meer, ab 350 D. Hat nur in der Saison geöffnet.
- **Tropic Garden**
Tel. 495369, neben dem African Village. Nach Totalsanierung 2002 wieder geöffnet.
- **Bakau Guesthouse**
Tel. 497460, zentral gelegen beim Markt. Große klimatisierte Zimmer ab 180 D, Dachterrasse mit Meerblick.
- **Friendship Lodge**
Tel. 495830, Nähe Independence Stadion. Preiswerte Sportler-Absteige mit 70 Zimmern, Bar, Restaurant, DZ ab 165 D.

Hotels und Bungalowanlagen in Fajara:
- **Ngala Lodge**
Tel. 497672, Atlantic Road. Sehr klein, aber sehr fein: Zehn erlesen eingerichtete Suiten in ehemaliger Botschaftsresidenz in tropischem Garten, Meerblick und Privatstrand, ausgezeichnete Küche, DZ ab 150 US-$;
e-Mail: info@ngalalodge.com

- **Fajara Guesthouse**
Tel. 496122. Kleine, gepflegte Pension mit acht Zimmern in Strandnähe, DZ ab 360 D.
- **Leybato Guesthouse**
Tel. 497186. Bar, gutes Restaurant, hübsche Bungalows am Strand, 150–400 D.
- **Malawi Guesthouse**
Tel. 393012, nahe der US-Botschaft. Wegen der freundlichen Atmosphäre seit langem die Nr. 1 bei Rucksacktouristen; 18 Zimmer, Restaurant mit englischer Küche und günstigen Preisen, DZ ab 150 D.

Hotels und Bungalowanlagen in Kotu:
- **Kombo Beach** (ex Novotel)
Tel. 465466. Luxus-Hotelanlage mit 260 Zimmern für Pauschaltouristen, Nightclub etc. DZ ab 1250 D.
- **Bungalow Beach Hotel**
Tel. 495288. Ferienanlage mit 110 Appartements für Selbstversorger, DZ ab 650 D.
- **Bakuto-Hotel**
Tel. 495555. Große Bungalowanlage für Selbstversorger in schönem Garten, DZ ab 650 D.

Hotels und Bungalowanlagen in Kololi:

- **Kairaba Beach Hotel**
Tel. 462940, Fax 462947. Gambias einziges 5-Sterne-Hotel, schöne Zimmer/Bungalows in herrlichem Park mit Observatorium für Sterngucker. Mit 1500 D für ein DZ eine der teuersten Adressen Gambias.
- **Senegambia-Beach-Hotel**
Tel. 92717. Gambias größter Hotelkomplex in riesiger Parkanlage, DZ ab 900 D. Großes Manko: Der Strand ist an dieser Stelle praktisch komplett von der Strömung weggespült worden.
- **Coconut Residence**
Tel. 461835, Kololi-Süd. 17 luxuriöse Villen mit eigenem Pool in karibischem Ambiente nahe Bijilo Forest Park, Spitzenrestaurant, sehr teuer.
- **Hotel Berlin** (ex Bantaba)
Tel. 463767, Kololi-Süd. Wer deutsche Atmosphäre sucht, ist hier richtig. Motto der Eigenwerbung: „Futtern wie bei Muttern". 15 Min. zum Strand. 10 DZ mit Balkon ab 250 D.
- **Keneba Hotel**
Tel. 470093, 2 km zum Strand, Nähe SPY-Club. Zehn kleine, einfache Bungalows mit Bad; Bar, aber kein Restaurant, DZ ab 195 D.
- **Kololi Inn & Tavern**
Tel. 493410, nur 2 km zum Strand. Freundliches Management, beliebt bei jungen Rucksacktouristen, saubere DZ ab 175 D.
- **Hotel Balmoral**
Tel. 461079, Nähe Keneba-Hotel, acht hübsche Appartements ab 200 D.

Lodge Boucarabou

In **Kerr Sering** wurde 1987, unter großer Beteiligung der Dorfbewohner, die ökologisch konzipierte Hotelanlage Boucarabou fertig gestellt. Unter deutsch-gambischer Leitung wird hier dem Gast die Möglichkeit geboten, Land und Leute auf unkomplizierte Art und Weise kennen zu lernen. Ein Tipp vor allem für Musik-Interessierte. Die Anlage mit 14 Zimmern verfügt über eine Fotovoltaikanlage und einen eigenen Tiefbrunnen. Im Restaurant werden afrikanische und internationale Gerichte serviert, Obst und Gemüse kommen aus dem eigenen Garten. Für Vegetarier werden spezielle Speisen zusammengestellt. In entspannter Atmosphäre erlebt der Gast westafrikanische Musik-, Tanz- und Theateraufführungen. Großes Angebot an Workshops wie Trommeln, Kora, Balaphon, Tanz, traditionelle Heilkunst, Frauenprogramme. Außerdem werden Safaris und Bootstouren angeboten. 14 Tage Halbpension ca. 400 Euro inkl. Flughafentransfer.
- **Kontakt in Deutschland:**
Tel. (03320) 972800
e-Mail: Ovl.Caputh@t-online.de
www.cool-running-tours.de

Camping Sukuta

Tel. 917786. Die Anfahrt zum Campingplatz ist gut ausgeschildert. Seit 1997 Treffpunkt der Afrikafahrer. Die gepflegte Anlage des Ehepaars *Peters* befindet sich etwa 2 km vom schönen Strand entfernt in ruhiger ländlicher Lage. Diverse Rundhütten und Bungalows mit Gemeinschaftsduschen und separatem WC stehen zur Verfügung. Bungalow mit Doppelbett 145 D pro Nacht. Kleines Restaurant mit guter Küche. Für Autofahrer werden auch Langzeit-Stellplätze (240 D pro Monat) angeboten. Der Platz wird permanent bewacht. Fahrzeuge können ebenso wie Fahrräder gemietet werden. Geldwechsel ist möglich. Stromversorgung mit Solarenergie, Licht mit Kerzen oder Petroleumlampen, eigener Tiefbrunnen. *Joe Peters* ist auch bei der Vermittlung von günstigen Rückflügen und dem Flughafentransfer sowie beim Verkauf eines Fahrzeugs behilflich.
e-Mail: campingsukutagambia@yahoo.de
www.campingsukuta.de

Restaurants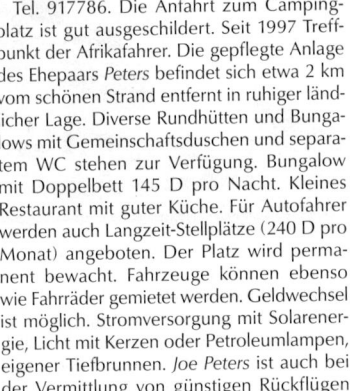

Vom Cap Point bis hinunter nach Kololi Point hat der Gast die **Qual der Wahl:** Vom schnellen Snack für ein paar Dalasi bis zu Lobster satt – das Angebot ist fast unüberschaubar. Abgedeckt wird das gesamte gastronomische Spektrum. Einige einfache einheimische Restaurants gibt es in der Nähe vom Sunwing Hotel in Bakau oder Bungalow Beach Hotel, z.B. Kumba Bar (Atlantic Road) oder Chez Awa. Die Spitzen-Restaurants sind entweder in oder im Umfeld der großen Hotels angesiedelt. Beispiel: das Kingfisher im Kairaba Beach Hotel. Zahlreiche Lokale im mittleren Preissegment finden sich an der

Kairaba Ave. Ebenso rund um das Senegambia-Hotel. Wer preisgünstige, einheimische Lokale mit entsprechendem Lokalkolorit bevorzugt, sollte sich in Serekunda in der Nähe des Marktes, beim Taxistand bzw. in der Gegend um das Green Line Hotel umsehen.

● **Mama Restaurant**
Tel. 497640, Kairaba Ave. Das gepflegte Lokal von *Erika Eberl* ist längst eine gastronomische Institution. Die Schweizerin serviert europäische und afrikanische Spezialitäten mit täglich wechselndem Buffet zwischen 35 und 65 D, Mo geschlossen.

● **Amsterdam Dolphins**
Tel. 460590, Kololi. Gute deutsche Küche zwischen 20 und 85 D. Auf Wunsch Fahrdienst zum Hotel. Die deutschen Besitzer unterhalten in Sukuta auch ein einfaches Campement in ländlicher Umgebung mit Reitschule.

● **Francisco's Grill House**
Tel. 495332, Kairaba Ave./Ecke Atlantic Road. Hotel/Restaurant mit Gartenlokal und gutem Preis-Leistungsverhältnis, Menüs ab 60 D, täglich geöffnet.

● **Come Inn** (ex Madeleine's Inn)
Tel. 391464, Kairaba Ave. Deutsche Spezialitäten wie Curry-Wurst und Fassbier, Fußball und Formel 1 über Satelliten TV. Der freundliche Pächter kann viele Tipps geben.

● **Le Lotus**
Tel. 496026, Kairaba Ave. Einfache vietnamesische Gerichte ab 50 D.

● **Bamboo**
Kairaba Ave. Chinesische Gerichte auf schöner Terrasse.

● **Weezo's Restaurant**
Tel. 496918, Kairaba Ave. Spanische und mexikanische Küche in gehobenem Ambiente.

● **Royal China**
Tel. 497168, Bakau, Atlantic Road. Gute chinesische Küche ab 50 D.

● **The Clay Oven**
Tel. 496600, Bakau, Old Cape Road. Gute indische Küche ab 50 D.

● **Al Basha**
Tel. 463300, Kololi. Nur eines von mehreren libanesischen Lokalen am Kololi Point. Leckere Vorspeisen, aber auch gute Fleisch- und Gemüsespeisen. Jeden Freitag Buffet für 100 D, sonst kostet ein Essen zwischen 60 und 90 D.

● **Sambous Bar & Restaurant**
Bakau, Old Cape Rd. Afrikanische Küche zwischen 35 und 100 D.

● **Safari Garden**
Tel. 495887, Kololi. Beliebtes Hotel/Restaurant mit gemütlichem Garten und Pool, Seefrüchte ab 40 D, Fisch und Steaks ab 65 D.

● **Michael's Grill**
Kololi, Nähe Safari Garden. Preisgünstige und gute europäische und afrikanische Küche ab 25 D.

Cocktail-Bar

Stilvoll, aber teuer: die Happy Hour im **Kairaba-Hotel,** in dem zwischen 18 und 19 Uhr Cocktails für 25 D inkl. leckerem Snack serviert werden. Man sitzt auf weißen Rattanmöbeln mit wunderschönem Blick auf das Meer und kann nach Sonnenuntergang mit den im Garten aufgestellten Teleskopen den Sternenhimmel begutachten.

Casinos, Bars und Discos

● **SPY-Bar** (ex Tropicana Club)
Kololi. Großer Vergnügungspark mit Live-Bands, bekannte Disco mit viel Reggae, sehr gemischtes Publikum.

● **Kololi Casino**
Nähe Senegambia-Hotel. Roulette, Poker, Blackjack, Slot-Machines; mit angeschlossenem italienischen Restaurant, für Spieler die beste Adresse. Weitere Casinos mit Slot-Maschines sind Jackpot Palace und 777 Jackpot, beide in der Kairaba Ave.

● **Ali Baba**
Kololi. Beliebte Bar im Zentrum der Vergnügungsmeile von Kololi. Vom 2. Stock hat man am Abend einen guten Blick auf das bunte Treiben.

● **Waaw Nightclub**
Kololi. Rustikaler Tanzschuppen für die einheimische Jugend, billiges Bier.

● **Metro Nightclub**
Bakau, Nähe Cape Point Hotel. Gemischtes Publikum, 25 D Eintritt.

● **Dominoes**
Fajara, zwischen Novotel und Bungalow Beach Hotel; schöner Blick von der Strandterrasse.

DIE KÜSTENORTE VON BAKAU BIS KARTUNG

- **La Casuarina**
Fajara. Bar neben dem Hotel Fajara; Reggae- und Funk-Musiktreff.
- Außerdem sind noch Sambou's Bar, Bobo's Bar und der Fajara Club beliebte Tanztreffs.

Kultur

- **Alliance Français-Gambienne**
Tel. 375418, Kairaba Ave. Das französische Kulturzentrum veranstaltet regelmäßig Livekonzerte, Filmabende, Kunstausstellungen und Sprachkurse in Wolof. Mo bis Fr geöffnet. Hier erhält man auch Auskunft über andere Kulturveranstaltungen.
- **Roots Coming Home Festival**
Zehntägiges Festival, das immer Ende Mai zahlreiche mehr oder weniger bekannte Bands in die Kombo-St. Mary Area bringt. Bei der sechsten Auflage 2002 war Youssou N'-Dour gefeierter Stargast. Das Rahmenprogamm reicht von der Wahl der Miss Roots bis zu Wrestling.
- Für Liebhaber afrikanischer Musik empfiehlt sich ein Besuch der **Open Air-Arena von Sukuta,** wo immer samstags, außer im Ramadan, sehr gute Bands spielen (auch Youssou N'Dour ist schon aufgetreten!). Wie überall wird während des Konzertes viel getanzt, die Stimmung ist dementsprechend angeheizt. Teilweise dauern die Konzerte bis in den frühen Morgen.

Serekunda

Die Stadt liegt nur wenige Kilometer von der Kombo-St. Mary Area entfernt. Wo die Stadtgrenze Serekundas verläuft, wissen selbst die Einheimischen nicht so genau. Tatsache ist, die **heimliche Hauptstadt Gambias** platzt aus allen Nähten. Aufgrund seiner Funktion als aufstrebender Handelsplatz hat sich Serekunda zur größten Stadt und zum eigentlichen Wirtschaftszentrum des Landes entwickelt. Hier werden auch die politischen Fäden gezogen. Moderne, wenig ansehnliche Zweckbauten prägen das Stadtbild. Auf dem zentralen Markt, dem größten des Landes, spielt sich das afrikanische Leben „pur" ab. Touristen verirren sich selten hierher. Sehr lebendig ist auch der zentrale Taxistand mit den umliegenden Buden.

Achtung: Abends und nachts gelten einige Plätze und Straßen der Stadt als unsicher.

Wrestling

Ein besonderes Ereignis ist der jeden Sonntagnachmittag in Serekunda stattfindende **afrikanische Ringkampf,** in Gambia Wrestling genannt. Er wird in einer Arena im Stadtteil Bakoteh aufgeführt. Ein riesiges Spektakel, bei dem jede Mannschaft ihre eigene Musikgruppe zum Anfeuern mitbringt und während der Kämpfe der ganze Platz in eine große Staubwolke gehüllt ist. Fast immer werden die Kämpfe zwischen zwei verschiedenen Volksgruppen, in der Regel Mandingo und Wolof, ausgetragen. Nach jeder Zwischenrunde dreht der jeweilige Sieger eine Ehrenrunde, um Jubelrufe und ein paar Dalasi zu ernten. Es empfiehlt sich daher, etwas Kleingeld in Münzen bereitzuhalten, bis der endgültige Sieger feststeht.

Unterkunft

- **Green Line Motel**
Tel. 394015, beim Kino Asia. Saubere Zimmer mit Klimaanlage ab 150 D; Bar und Restaurant.
- **YMCA Hostel**
Tel. 3926475, 5th Street. Sehr einfach, sehr billig und deshalb oft ausgebucht.

Essen und Trinken

Empfehlenswerte **Restaurants** sind z.B. Horus Restaurant, Restaurant de Guinea und Sen Fast Food. Weitere einfache Restaurants, die afrikanische Gerichte servieren, findet man an der Ausfallstraße Richtung Brikama.

Nachtleben

Serekunda verfügt über ein recht quirliges Nachtleben mit auffallend vielen Spielhöllen. Da die „In-Plätze" ständig wechseln, sollte man am besten die Einheimischen befragen. Bekannte Adressen sind u.a. die Afra Bar, Joker's Bar und Eddy's Nightclub, die beiden letzten mit Livemusik am Wochenende.

Notfall

- **Lamtoro Clinic**
Tel. 460934, Badala Highway. Privatklinik.
- **Westfield Clinic**
Tel. 392213. Privatklinik, tägl. 16–21 Uhr.

Busverbindungen

- In Serekunda befindet sich direkt hinter der Jul-Brauerei das Busdepot der staatlichen Gesellschaft **GPTC,** von dem aus alle größeren Busse ins Landesinnere starten. Die Busse Richtung Georgetown fahren mehrmals täglich. Wer im Depot einsteigt, hat die besten Chancen auf einen Sitzplatz.
- Die beste Möglichkeit, schnell und bequem ins Landesinnere zu kommen, bietet der **„Spezial Express",** der um 10 Uhr morgens in Serekunda startet und nur in Banjul (Hafen), Brikama und Soma hält.

Taxis

Anders als in den meisten Städten des Senegal gibt es in Gambia **keine einheitlichen Taxipreise** innerorts – es muss gefeilscht werden. Der Reisende sieht sich mit gesalzenen Fahrpreisen konfrontiert. So verlangen die ausschließlich den Touristen vorbehaltenen **grünen Taxis** 120 D von Bakau nach Kololi. Die gleiche Strecke im **Minibus** kostet nur 3 D! Die Haltepunkte der Minibusse sind allerdings oft nur schwer zu finden. Preislich in der Mitte bewegen sich die **gelben Taxis** – aber nur nach hartem Handeln.

Mietwagen

- **AB Rent-a-Car**
Das Büro befindet sich im Kairaba-Hotel, Tel. 460926. Der Preis für einen Fiat Uno liegt bei 350 D am Tag oder 2000 D pro Woche, ohne Kilometer; Versicherung und Steuer werden extra berechnet. Außerdem muss noch eine hohe Kaution hinterlegt werden.

Eine günstige und unbürokratische Möglichkeit, einen fahrbaren Untersatz zu mieten, bietet der Campingplatz Sukuta.

Reisebüros/Travel Agencies

- **West African Tours Ltd.**
Tel. 495258, 4, James Baker Street, Bakau New Town. Verkauft Einfach-Tickets von Chartergesellschaften nach Europa.
- **Gambia Tours**
Größter Tour-Operator des Landes; die Angebote sind ausschließlich über Hotels zu buchen. Außerdem Autoverleih.
www.gambiatours.gm/
- **Gambia River Excursion Ltd.**
Tel. 497603. Das auf Flussfahrten spezialisierte Unternehmen unter deutscher Leitung hält auch spezielle Angebote für Individualreisende bereit. So kostet etwa die Fahrt von Georgetown nach Banjul inkl. zwei bzw. drei Übernachtungen mit Vollpension ab 1500 D pro Person; E-mail: Gamriv@gamtel.gm, www.gre.gm
- **Air-Taxi Peter Pahlett**
Tel. 494232; Tel. mobil 991840; Rundflüge etc., E-mail: p.pahlett@ganet.gm

Brikama

Als Verkehrsknotenpunkt, vor allem aber als Kunsthandwerksstadt, ist Brikama von Bedeutung. Man kann ohne Probleme mit dem Minibus von Serekunda aus für 5 D innerhalb einer knappen Stunde in das geschäftige Städtchen gelangen. Der – inzwischen sehr touristisch gewordene – **Kunsthandwerksmarkt** (craft market) befindet sich etwas außerhalb der eigentlichen Marktgegend und verbirgt sich hinter einem Zaun. Hier kann man den Handwerkern bei der Arbeit zusehen, z.B. wie sie eine Djembé (Trommel) aushöhlen oder andere Instrumente herstellen. Wenn man ohne organisierte Gruppe ankommt und Zeit hat, kann man hübsche und preiswerte Holzschnitzereien, Kalebassen etc. erstehen.

Freunde von **Kora-Musik** wird interessieren, dass hier der berühmte Kora-Spieler *Malamini Jobarteh* zu Hause ist. Und wer sich traut, danach zu fragen, wird unter Umständen einen Einheimischen finden, der gegen ein kleines Entgelt Unterricht in Kora oder Balaphon gibt.

Unterkunft

● **AFET Guesthouse**
Tel. 484611. Gästehaus einer lokalen Organisation, 100 D pro Person.

Essen und Trinken

An der Bushaltestelle gibt es gutes und billiges Essen (Maiskolben, Bananen, Fleisch und Bohnen in Weißbrot etc.).

Ghanatown/Brufut Beach

Ghanatown liegt einige Kilometer westlich von Brufut, das durch seine Titanerzvorkommen bekannt geworden ist (inzwischen wurde die Förderung eingestellt). Hier haben sich in der Vergangenheit viele Menschen aus Ghana angesiedelt, die zumeist vom **Fischfang** leben. Um den Fang für den Transport haltbar zu machen, werden die Fische in den typischen, gemauerten Lehmöfen geräuchert oder in der Sonne getrocknet.

Fischer beim Entladen ihres Fangs

Unterkunft

- **Brufut Motel**
Tel. 994415. Das Camp unter holländisch-gambischer Leitung besteht aus fünf Rundhütten, die Übernachtung kostet 150 D pro Hütte und Nacht, es gibt auch Campingmöglichkeiten. Der schöne Strand mit ein paar kleinen Strandbars ist etwa 500 m entfernt.
- Auskünfte über **Privatzimmer** erhält man in der Brufut Beach Bar.

Tanji/Tanji Bird Reserve

Der Ort, 5 km südwestlich von Ghanatown gelegen, ist vor allem wegen des nahen Vogelschutzgebiets Tanji Bird Reserve von Interesse, wo über 300 Vogelarten zu finden sind. Der Eintritt kostet 30 D.

Einen Besuch wert ist auch das „**Tanji Village Museum**" (Tel. 926618), das einen guten Einblick in die unterschiedlichen Lebensgewohnheiten der in Gambia lebenden Ethnien gibt. Das Museumsdorf am Südrand von Tanji ist täglich geöffnet, der Eintritt kostet 25 D.

Unterkunft

- Eine einfache Übernachtungsmöglichkeit in Tanji bietet das **Paradise Inn,** Tel. 995584.

Gunjur Beach

19 km von Brikama entfernt bzw. 30 km südlich von Serekunda und 10 km vor der senegalesischen Grenze liegt Gunjur, 3 km westlich davon Gunjur Beach, das **größte Fischerdorf Gambias.** Hier bringen an guten Tagen 150 bunt bemalte Holzboote ihren Fang an Land. Was die Strände von Gunjur im Gegensatz zur Kombo-St. Mary Area auszeichnet, ist die traumhafte Ruhe und Abgeschiedenheit. Also genau der richtige Ort, um einmal dem Trubel der Touristenmeile zu entfliehen.

Unterkunft

- **Gunjur Beach Motel**
Tel. 486065. Gepflegte Bungalowanlage mit Restaurant in sehr ruhiger Strandlage unter Schweizer Leitung, mit WC, Dusche und Solarstrom, EZ 200 D, DZ ab 300 D mit Frühstück, gute Küche; Camping möglich. Besonderer Service: Für 300 D holt Manager *Louis Hügli* Gäste vom Flughafen oder der Kombo-St. Mary Area ab.
- **Flaconhurst Guesthouse**
Zwischen Gunjur und Gunjur Beach gelegen; einfachste Gästezimmer und Bungalows ab 75 D, Camping möglich, Küche für Selbstversorger.
- Eine weitere Übernachtungsmöglichkeit bietet das sehr einfache **Rasta Kunda Camp,** 2 km südlich von Gunjur Beach gelegen und nur zu Fuß zu erreichen. Außerdem gibt es noch das **Bo Boy Camp.** Die Camps machen einen wenig gepflegten Eindruck.

Kartung

Der kleine Ort liegt 10 km südlich von Gunjur unmittelbar am **Allakein River,** der die Grenze zum Senegal bildet. Kartung ist am besten von Brikama oder Serekunda aus mit dem Busch-Taxi zu erreichen. Trotz schöner Lage ist die touristische Infrastruktur mehr als bescheiden. Das könnte sich aber bald ändern, nachdem 2002 die neue Teerstraße in Betrieb genommen wurde. Sehenswert ist der heilige **Krokodil-Park** am südlichen Ortsende.

Unterkunft

- Übernachten kann man im sehr einfachen **Follonko Resthouse,** das über zwei Gästezimmer verfügt.

Gambia River

Das Land Gambia verläuft nördlich und südlich des gleichnamigen Flusses. Der schmale Landstreifen ist in etwa so breit wie die Reichweite einer Kanonenkugel im 18. Jh.: Auf diese, für die damalige Zeit nicht ungewöhnliche Vermessungsgrundlage einigten sich die Kolonialmächte Frankreich und England beim Streit um die Aufteilung von Senegambia. So erklärt sich die ungewöhnliche Form des Landes. Denn Wasserwege boten damals die einzige Möglichkeit, Menschen und Waren über größere Distanzen zu transportieren. Viel hat sich seit damals nicht geändert: Der weglose Busch ist vielerorts noch Normalfall, das gilt besonders für das Nordufer des Gambia River.

Trotz – oder gerade – wegen dieses Umstands markiert der Gambia River das **„touristische Schatzkästchen"** des Landes. Auf gambischem Staatsgebiet sind das ungefähr 400 km größtenteils unberührte Natur. Der „Busch" beginnt auf dem Südufer spätestens hinter Brikama, rund 50 km östlich von Banjul.

Eine **Tour auf dem Fluss** ist auf alle Fälle empfehlenswert. Man hat beeindruckende Möglichkeiten, Feuchtsavannen- und Mangroven-Biotope zu besichtigen, ebenso sieht man zahlreiche **Tierarten** am Fluss, u.a. Krokodile, Flusspferde, Affen, Schlammspringer, Wasserschlangen, Webervögel, Orioles, Reiher, Flussadler und viele andere mehr. Es ist die Mühe wert, sich vorher in der Literatur einen Überblick über den Artenreichtum zu verschaffen: Man sieht nur, was man weiß.

Auf der Reise trifft man **Afrikaner,** die einen gänzlich anderen Zugang zu Touristen haben als die Küstenbewohner. Man wird in der Regel **freundlich und höflich** behandelt. Das werden insbesondere allein reisende Frauen zu schätzen wissen, die sich im Inland viel freier und sicherer bewegen können als in den Touristenzentren.

Ob mit einer größeren Piroge oder einem kleinen Schlauchboot, eine Fahrt auf dem Gambia River mit seinen Mangroven- und Galeriewäldern ist in jedem Fall eine sehr beschauliche und gleichzeitig romantische (Zeit-)Reise. Das Angebot reicht vom 45-Minuten-Trip für 30 D durch die Bolongs bei Banjul bis zur mehrtägigen und entsprechend teuren Passage von oder nach Georgetown.

Das Südufer

Auf Grund der Straßenverhältnisse ist das Südufer eindeutig vorzuziehen. Die Asphaltstraße von Banjul nach Georgetown und weiter nach Basse ist zwar mit Schlaglöchern gepflastert, trotzdem kommt man deutlich schneller und bequemer voran als auf der Piste des Nordufers. Außerdem liegen praktisch **alle Übernachtungsmöglichkeiten am Südufer.** Die erste ist im nachfolgend beschriebenen Bintang. Wem eine komplette Bootstour von oder nach Georgetown zu lang und/oder zu teuer vorkommt, kann von solchen Lodges aus Tagestouren auf dem Gambia River unternehmen.

Verkehrsverbindungen

Anders als auf dem Nordufer verkehren regelmäßig **Busch-Taxis** und die empfehlenswerten **Busse** der staatlichen Gesellschaft GPTC auf der Südroute zwischen Banjul und Basse Santa Su. Nähere Informationen finden sich im Abschnitt zu Banjul bzw. zu Serekunda, der größten Stadt am Südufer.

Lodge „Wunderland"

Tel. 994015. Ca. 7 km östlich vom Yundum Airport gelangt man über eine Sandpiste in das kleine Dorf **Kubuneh**, wo das von einem Deutschen und einem Gambianer geleitete Camp „Wunderland" direkt am Gambia River liegt. Da der Fluss hier noch stark salzhaltig ist, kann man unbedenklich baden. Außerdem werden Katamaran- und Angeltouren angeboten. Ein Tipp für Leute, die es sehr ursprünglich mögen. Das Camp unterhält vier Rundhütten ab 100 D; reichhaltiges Abendessen ab 35 D.

Tumani Tenda Camp

Kurz vor dem Ort **Kafuta** geht es links nach Tumani Tenda. Etwa 500 m vom Dorfkern, direkt am Fluss, befindet sich das Tumani Tenda Eco-Tourism Camp, das 2001 in Berlin mit dem Preis für sozialverträglichen Tourismus ausgezeichnet wurde. Eine Dorfgemeinschaft von 300 Diolas bewirtschaftet hier gut 140 ha Land auf der Basis von Gemeinschaftseigentum. Das Camp richtet sich mit seinen diversen Aktivitäten (Kanu, Waldwanderungen, Workshops, Tanz- und Gesangsabende) vor allem an Naturinteressierte und bietet Platz für insgesamt 40 Personen.
● **Kontakt:** Tel. 462057 in Bakau oder e-Mail: tumanitenda@hotmail.com

Bintang

Das Dorf liegt 50 km flussaufwärts von Banjul (bzw. rund 85 km auf der Straße) am Südufer des Gambia-Flusses an der Straße nach Soma, die man beim Dorf Sibanor verlässt. Von Bintang lassen sich Ausflüge zu einer alten, verfallenen portugiesischen Kirche und den Orten Jufureh und Kemoto unternehmen. Eine Pirogenfahrt auf dem **Bintang-Bolong,** der weit ins Landesinnere reicht, ist von ganz besonderem Reiz.

Unterkunft:
● **Bintang Bolong Lodge**
Tel. 488054. Klimatisierte DZ für 300 D oder einfache Hütten für 75 D pro Person.
● **Kemoto Hotel**
Tel. 460606. Die Lodge bietet eine weitere gute Übernachtungsmöglichkeit stromaufwärts. Es handelt sich um eine relativ neue Anlage mit Pool, Bar und Restaurant. Die Ausstattung der fünfzig Bungalows und überhaupt des ganzen Camps ist vergleichsweise „luxuriös" und mit 200 D für ein DZ nicht überteuert. Vom Hotel aus werden u.a. Halbtages-Ausflüge und Schiffstouren nach Banjul organisiert.
● **Tendaba Camp**
Tel. 541024. Stark frequentiertes Touristen-Camp mit traditionellen Hütten in unmittelbarer Nähe des Kiang West National Park. Es verfügt über Pool, Restaurant. Ausflüge mit dem Landrover in die Dörfer oder der Piroge sind möglich. Der Übernachtungspreis beginnt bei 150 D pro Person, Hauptgerichte ab 70 D. Dank neuer Führung ist das Camp wieder gut organisiert.

Das Camp liegt etwa 5 km abseits der Südufer-Hauptstraße; die Abzweigung befindet sich in dem Dorf Kwinella. Wenn man als Individualreisender aus dem Busch-Taxi steigt, bieten einem die Bewohner von Kwinella sofort einen (übrigens sehr romantischen!) Transport in das Camp per Eselskarren an. Die Preise hierfür sind allerdings astronomisch, und man sollte auf keinen Fall mehr als 15–20 D für die Strecke bezahlen, zumal man mit dem Eselskarren zwar bequemer, aber keineswegs schneller ans Ziel kommt als zu Fuß!

Soma/Mansa Konko

In Soma kreuzt sich der Trans-Gambian-Highway (Autofähre über den Gambia River), welcher den Süden Senegals mit dem Norden verbindet, mit

Im Reich des „Ninki Nanka" – 400 km mit einer Piroge auf dem Gambia River

Sitzen Weste und Krawatte? Schaut das Schweißtuch nicht aus dem Hemdkragen hervor? *Amadou Diallo* nimmt es bei seinen Arbeitsvorbereitungen peinlich genau. Schließlich darf er den **„Spezial Express"** steuern, das Flaggschiff der GPTC. Die Gambia Public Transport Company ist ein erfolgreiches Kind deutscher Entwicklungshilfe, das inzwischen auch ohne westliche Geldspritzen überlebt. Dass die blauen MAN-Busse bereits 30 Jahre auf dem Buckel haben, tut der Sache keinen Abbruch. Nicht nur bei der Pünktlichkeit ist der „Spezial Express" für afrikanische Verhältnisse eine Klasse für sich. Unüblich ist auch die strikte Beschränkung auf Sitzplätze. Doch Komfort und Schnelligkeit haben ihren Preis: 90 Dalasi, umgerechnet 6 Euro, für die Fahrt ins 350 km entfernte Georgetown können sich nur Wohlhabende leisten. Oder ein paar Individualtouristen, die raus aus den Hotelghettos wollen.

Vorbei an den gesichtslosen Vorstädten von **Serekunda,** der heimlichen Hauptstadt Gambias, geht es praktisch ohne Zwischenstopps und in flottem Tempo landeinwärts. Trotz der obligaten Reifenpanne und eines gebrochenen Benzinschlauchs bleibt *Amadou Diallo* fast im Zeitplan. Nur 20 Minuten später als geplant wird **Georgetown** erreicht, früher ein wichtiger kolonialer Handelsplatz der Engländer, jetzt ein verschlafener Vorposten im Busch. Das Empfangskomitee beschränkt sich auf einen barfüßigen Knirps, der uns den Weg zeigt. Was für ein Unterschied zur Küstenregion, wo einem Heerscharen von „Beach-Boys" und selbst ernannte Führer auf Schritt und Tritt folgen. Hier in Georgetown wird unsere eigentliche Reise beginnen, die Fahrt flussabwärts den Gambia River. Noch bis in die 1970er Jahre bildete der Strom die einzige Verbindung vom Hafen Banjul ins unzugängliche Hinterland. Doch dann liefen Bus und LKW den altertümlichen Schaufelraddampfern den Rang ab. Schuld am völligen Niedergang der nach der Unabhängigkeit 1960 ausschließlich staatlich betriebenen Schifffahrt dürften aber einige spektakuläre Havarien gewesen sein. 1984 kam schließlich das Ende für den Personenverkehr. Heute verkehren wieder Passagierboote auf dem Fluss, wenngleich nur für Touristen.

Im malerisch unter schattigen Urwaldriesen gelegenen **Jangjang Bureh Camp** sind wir mit *Peter Losen* und *Monika Killi* verabredet. Die beiden Deutschen leiten die **Gambia River Excursion,** das im Bootstourismus wegen seiner Zuverlässigkeit seit vielen Jahren führende Unternehmen Gambias. Grundlage der Firma bildet eine eigene kleine Werft, wo fünfzig Einheimische ausgediente Frachtpirogen – ursprünglich für den Salztransport von Senegal nach Guinea-Bissau eingesetzt – für die Bedürfnisse westlicher Reisender umbauen und instand halten. Das bedeutet zusätzliche Decks, Kombüse, Toilette und was es sonst noch für einen angenehmen Aufenthalt an Bord braucht. Seine Kenntnisse hat sich Peter auf spanischen Werften erworben, zu einer Zeit, als dort noch Holzschiffe vom Stapel liefen. Vor zwanzig Jahren sind die beiden Weltenbummler Peter und Monika eher zufällig nach Gambia geraten – und geblieben. Dort, wo ihr Fischkutter im Schlick seine letzte Ruhe fand, haben sie ihre erste Lodge errichtet. Vom Rumpf des Boots sind lediglich der Kiel und das Gerippe der Spanten übrig. „Nirgends sonst sind Bohrwürmer aggressiver", erklärt Peter, Seefahrer aus Passion, das Zerstörungswerk. Auch sonst birgt der Fluss einige Tücken, wie sich bald zeigen wird.

Nach ausgiebigem Frühstück, von einer Herde Meerkatzen aufmerksam beobachtet, heißt es „Leinen los". Mit der **„Yatu",** dem **größten Boot der Gesellschaft,** geht es immer Richtung Westen. Ein gerade mal 30 PS starker Dieselmotor sorgt für entspanntes

Im Reich des „Ninki Nanka"

Fortkommen. Am Ufer wechseln immergrüne Galeriewälder mit kargen Savannen, dazwischen vereinzelt Baobabs, der mystische Baum Afrikas (vgl. Exkurs bei Senegal). Nur Spuren menschlicher Ansiedlungen sucht man während der meisten Zeit vergeblich. Einige Passagiere beschleicht bald das Gefühl der Verlassenheit. Anders als an anderen afrikanischen Strömen meidet die Bevölkerung weitgehend das Ufer des Gambia River. Das hängt in erster Linie mit den Auswirkungen der Regenzeit zusammen, die in den Sommermonaten regelmäßig für große Überschwemmungen sorgt. Zudem, so geht die Überlieferung, ist der Fluss das Reich des **„Ninki Nanka"**, eines Furcht erregendes Wesens, halb Flusspferd, halb Krokodil. Jedenfalls kennt unser Schiffsführer die Stellen, wo sich tatsächlich „Hippos" im Wasser tummeln. Mit gestoppter Maschine und deutlichem Respekt lässt er die „Yatu" an einer kleinen Herde der ebenso scheuen wie unberechenbaren Kolosse vorbeigleiten. Es sollte nicht die letzte Begegnung mit Flusspferden sein, die besonders im mittleren Abschnitt des Gambia River noch ausreichend ungestörte Lebensbedingungen vorfinden. Allerdings braucht man schon viel Geduld und einen geübten Blick, um vom Boot aus Tiere wie Schimpansen oder Krokodile in freier Wildbahn beobachten zu können.

Ein Landgang führt uns nach Kuntur. Von der alten englischen Erdnuss-Handelsstation sind es nur wenige Kilometer bis zu den **Steinkreisen von Wassu,** einer Art westafrikanischem Stonehenge. Ob geheiligter Platz zur Ahnenverehrung, Grabanlage oder astronomische Kultstätte – wie beim weltberühmten Vorbild rätseln auch hier Wissenschaftler über Sinn und Zweck der prähistorischen Megalithdenkmäler. Weil das gesamte Nordufer vom Land her nur schwer zugänglich ist, kommen Touristen eher selten vorbei. Deshalb hat man mit dem schnellen Beiboot einen Führer losgeschickt, der eines der wenigen Busch-Taxis im Ort organisieren soll. Doch kaum haben sich alle in den klapprigen Pick-up gezwängt, bereuen einige schon die Entscheidung – die Hitze ist mörderisch.

Im Reich des „Ninki Nanka"

Und auf der Rückfahrt kommt es, wie es kommen muss: Der Peugeot aus den 1960er Jahren will partout nicht mehr. So bekommt der Ratschlag, Sonnenschutz und reichlich Wasser mit auf den Ausflug zu nehmen, unversehens eine existenzielle Bedeutung. Völlig abgekämpft erreicht die Gruppe nach einem Fußmarsch in sengender Sonne die Anlegestelle. Keiner hat mehr einen Blick für die Männer an ihren archaischen Webstühlen, die zwischen verfallenen Kolonialbauten ihrem Handwerk nachgehen.

Um das Wohl der maximal 15 Passagiere kümmert sich eine **sechsköpfige Crew,** darunter *Marie,* Köchin und einzige Frau der Besatzung. Ihr gelingt das Kunststück, aus einer knapp zwei Quadratmeter großen Küche zweimal täglich ein mehrgängiges Menü zu zaubern. Dafür steht sie dann aber auch den ganzen Tag über am Herd. Trotzdem wirkt sie zufrieden. Der Job an Bord sichert ihr ein geregeltes Einkommen, das sogar für das Schulgeld der Kinder reicht. Die Verpflegung ist erste Klasse, Fisch, Früchte und andere Zutaten sind frisch. Dagegen erinnert die Unterbringung eher an eine Jugendherberge, schließlich besitzt die „Yatu" keine Kabinen. Geschlafen wird auf dem offenen Oberdeck, das in der kurzen tropischen Dämmerung zu einem Matratzenlager umfunktioniert wird. Und das erfordert eine gute Portion Teamgeist. Doch was macht das schon, wenn das Boot an einer malerischen Insel zwischen schroffen Tafelbergen ankert, vom Mond in ein unwirkliches Licht getaucht, und eine leichte Abendbrise, die vollkommene Ruhe und ein kühles Bier die Strapazen des vorangegangenen Ausflugs vergessen lassen. Der Fluss schläft, und auch „Ninki Nanka" zeigt sich wohlgesonnen.

Kurz nach Sonnenaufgang, während noch der erste Kaffee am Nachtlager serviert wird, nimmt die „Yatu" bereits wieder Fahrt auf. Der Zeitplan ist eng bemessen, denn nun geht es auch gegen die aufkommende Meeresflut, die noch 250 km flussaufwärts zu spüren ist. Gegenüber dem ersten Tag hat sich die Szenerie radikal verändert. Schilfbewuchs und Baumbestand erinnern an den Bodensee. An manchen Abschnitten ist die Landschaft fast lieblich zu nennen; jedenfalls ein wahres Paradies für Wasservögel. Von nun an ist auch der Ausguck am Bug permanent besetzt. Nicht nur Sandbänke drohen, eine Gefahr für die Schiffsschraube bilden auch die schwer zu erkennenden Netze der Fischer. Das Wrack der „Lady Chisel", von der heute nur noch Masten und der mächtige Schornstein aus dem Wasser ragen, mahnt an ein eher seltenes Wetterphänomen in diesen Breiten – Nebel. 1984 war Gambias letzter großer Passagierdampfer in einer plötzlich aufziehenden Nebelbank mit einem Erdnussfrachter kollidiert und gesunken.

Nach zwei Tagen Fahrt passieren wir bei Mansa Konto erstmals wieder ein Stück Moderne, den **Trans-Gambian-Highway,** mit seinen Fähren, hupenden Autos und überquellenden Verkaufsständen. Diese Route verbindet den Süden Senegals mit dem übrigen Teil des Landes. Entsprechend groß ist der Verkehr. Auf den wenigen Kilometern, die diese Transversale auf gambischem Staatsgebiet verläuft, bieten fliegende Händler all jene schönen Sachen an, die im Nachbarland wesentlich teurer zu erstehen sind – ein wahres **Schmugglerparadies** für nachgemachte Markenprodukte. So rasch er gekommen ist, so schnell verschwindet der Spuk hinter der nächsten Biegung des Flusses wieder. Auch wenn nochmals unberührte Uferlandschaften das Bild bestimmen, so markiert doch der lärmige Übergang das Ende des dünn besiedelten Hinterlandes. Das Wasser ist bereits stark salzhaltig, Mangroven dominieren allmählich die Vegetation, der Fluss wird nun zusehends breiter. Die zweite Nacht verbringt die Reisegruppe dann in einem Camp mit allem Komfort. Doch mancher schaut bei Sonnenuntergang etwas wehmütig auf die am Pier vertäute Piroge, die uns so sicher und bequem in die Zivilisation zurückgebracht hat.

der Fernstraße Banjul – Georgetown. Soma ist eine geschäftige Kleinstadt mit allen Versorgungsmöglichkeiten und gleichzeitig eine wichtige Umsteigestation für die GPTC-Busse und Busch-Taxis und verfügt deshalb über einen Busbahnhof. Dort haben auch die durchgehenden Busse einen längeren Aufenthalt (der „Spezial Express" hält dreißig Minuten). Den Busbahnhof sollte man dazu nutzen, sich mit Lebensmitteln und gekühlten Getränken zu versorgen. Es gibt einige sehr einfache Übernachtungsmöglichkeiten.

Georgetown

Dieser verschlafene Ort (in der Sprache der Einheimischen Jangjang-Bureh genannt) auf der mitten im Fluss gelegenen **McCarthy Island** war neben Bathurst (dem heutigen Banjul) lange Zeit der wichtigste Ort Gambias. Heute befindet sich hier das Verwaltungs- und Handelszentrum der Upper River Division. Schon relativ früh haben an diesem Platz Missionare eine Schule errichtet. Außerdem gab es hier ein Internat für die Söhne der Dorf-Chefs, die berühmte Chief-School; diese wurde später in das Internat Armitage High School umfunktioniert.

Wir empfanden Georgetown als den **lohnenswertesten Stopp entlang der Flussroute.** Zum einen lag dies an den guten Übernachtungsmöglichkeiten, zum anderen bietet sich der Ort als Ausgangspunkt für Exkursionen an.

Sehenswert ist das **Sklavenhaus,** direkt an der Fähre zum Nordufer gelegen. Es handelt sich um ein Gebäude, in dem noch die Kellerräume zu sehen sind, in denen die Sklaven eingesperrt wurden, bevor sie auf dem Fluss Richtung Banjul und dann weiter nach Amerika verschifft wurden. Ein Wasserloch im Boden ist sichtbar, aus dem die Gefangenen trinken mussten, außerdem die Waage, anhand derer die Sklaven gegen Zucker getauscht wurden (zwei Kilo Zucker gegen ein Kilo Mensch). Gerade weil das Sklavenhaus kein Museum ist, sondern ein verrottender alter Bau, vermittelt es einen erschütternden und einprägsamen Eindruck von der damaligen Situation der Verschleppten.

Außerdem in Georgetown: ein kleiner Markt mit Lebensmitteln, ein funktionstüchtiges Gamtel, eine Polizeistation, Tankstelle.

Verkehrsverbindungen:

Für Weiterfahrten am Nordufer muss man entweder mit der Fähre oder Pirogen übersetzen. Man kommt direkt am Busstopp mit der Fähre an (hier beginnt die Weiterfahrt z.B. nach Wassu). Für Weiterfahrten am Südufer muss man ca. 20 Minuten zur Südfähre laufen oder mit Glück ein Busch-Taxi erwischen. Dort wartet man dann nach dem Übersetzen auf Busch-Taxis bzw. GPTC-Busse nach Banjul oder Basse.

Unterkunft:

● Es gibt mittlerweile mehrere gute Übernachtungsmöglichkeiten in Georgetown. Falls unten genannte Camps von Reisegruppen belegt sein sollten, findet sich nahe der Fährstelle eine sehr einfache Unterkunft im **Government Resthouse** für 100 D pro Person oder in **Tida's Bar,** wo es einfache Gästezimmer gibt.
● **Janjang Bureh Camp (Lamin Koto Lodge)** Tel. 495526 (Banjul). Das Camp ist die bekannteste Unterkunft in Georgetown. Es liegt am Nordufer des Gambia River, direkt gegenüber von McCarthy Island, und ist von dort mit der Fähre plus Fußweg zu erreichen, oder man lässt sich gratis mit dem Boot des

Camps abholen. Das unter deutscher Leitung stehende Camp ist malerisch am Flussufer gelegen, die komfortablen Bungalows zeichnen sich durch extravagante Gestaltung aus. Die Übernachtung kostet 195 D pro Person, Hauptgerichte zwischen 50 und 75 D. Von diesem Camp aus starten auch die Boote der Gambia River Excursion zu ihren regelmäßigen Fahrten Richtung Tendaba bzw. Banjul. Die zweitägige Schiffsreise kostet mit Übernachtungen und Vollpension ab 1500 D.

- **Dreambird Camp**

Nahe der Hauptstraße am Nordufer der McCarthy-Insel gelegen. Es gibt eine hübsche Bar, aber kein Restaurant. Saubere kleine Hütten kosten 90 D pro Person. Das Camp ist die preiswerte Dependance des Jangjang Bureh Camps.

- **Baobolong Camp**

Tel. 676133. Am Nordufer der McCarthy-Insel. Es handelt sich um eine kleine Bungalow-Anlage mit 15 sauberen Hütten mit Moskitonetz und Dusche für 200 D pro Nacht und Hütte, Frühstück/Lunch gibt es für 40/50 D. Die Besitzer, eine afrikanische Familie, sind ausgesprochen hilfsbereit und können mit guten Tipps weiterhelfen. Außerdem ist es möglich, von Camp aus Bootsausflüge zu unternehmen: Wenn beispielsweise Touristengruppen flussabwärts abgeholt werden sollen, ist es möglich, einen 4-Stunden-Trip auf dem leeren Boot zu bekommen. Wir bezahlten für die 8-Stunden-Fahrt (hin und zurück inkl. Mittagsbuffet) 150 D. Auf Wunsch werden Trips zu Marabouts, Tam Tam-Tanzveranstaltungen etc. organisiert.

- **Bird Safari Camp**

Tel. 676108. Neues Camp unter englischer Leitung, etwas außerhalb von Georgetown, mit komfortablen Bungalows für 350 D Vollpension pro Person.

- **Alaka Bung Lodge**

Gegenüber Dreambird-Camp. Kleines Camp mit Rundhütten, die jeweils zwei Betten und eine Dusche beherbergen, außerdem kann man hier auch campen. 60 D pro Person.

Basse Santa Su

„Basse", wie der letzte größere Ort der östlichen Flussregion kurz genannt wird, lohnt die Fahrt nicht nur wegen der schönen und preiswerten **Töpferwaren,** die hier produziert werden. Sehenswert sind auch die **Märkte** (Markttag ist Do) der Stadt, deren touristische Infrastruktur sich zuletzt spürbar verbessert hat, vor allem aber die **reizvolle Umgebung** am Gambia River.

Unterkunft:
- **Jem Hotel**

Tel. 668356, 1 km südlich vom Ortszentrum. Bestes Haus am Platz, Bar und Restaurant, am Wochenende Disco, DZ 300 D.

- **Fulladu Camp**

Tel. 668743. Auf der anderen Flussseite gelegenes neues Camp für Naturliebhaber, einfache Hütten mit Bad/WC und Ventilator, Pool, gutes Essen. DZ 165 D. Es werden u.a. Bootstouren und Ausflüge zum nahen Niokola Koba-Nationalpark im Senegal organisiert.

- **Basse Guest House**

Tel. 668240, beim Markt. Einfache Zimmer für 60 D.

- Weitere Übernachtungsmöglichkeiten im Zentrum bieten das **Plaza Hotel** und, mit Abstrichen, die **Travellers Lodge** beim GPTC-Busbahnhof.
- Nicht zu empfehlen sind das Government Resthouse und das Apollo Hotel.

Essen und Trinken:
- **Traditions**

Tel. 668533. In einem alten Handelskontor direkt am Fluss mit schöner Aussicht; Ausstellung des Kunsthandwerks und lokales Kulturzentrum; Gerichte ab 30 D.

- **F & B Restaurant**

An der Hauptstraße. Afrikanische Küche zu zivilen Preisen.

Nachtleben:
- **Kassoumai Nightclub**

Abendunterhaltung am Wochenende.

Öffentliche Verkehrsmittel:

GPTC-Busse Richtung Soma/Banjul starten zwischen 7 und 11 Uhr gegenüber der

Travellers Lodge. **Busch-Taxis** stehen nördlich des Marktes. Von hier aus besteht auch ein regelmäßiger Verkehr ins 20 km entfernte Vélingara im Südsenegal mit Anschluss nach Tambacounda oder Kolda.

Das Nordufer

Grundsätzlich gilt für das Nordufer, dass die gesamte **Infrastruktur erheblich schlechter ist als am Südufer des Gambia River:** angefangen bei der Straßenqualität (während der Regenzeit ist ein Großteil des North Bank Highway unpassierbar, die Straße trägt dann den Beinamen „Tomato Road") bis hin zur touristischen Infrastruktur, die am Nordufer fast völlig fehlt. Das hat zur Folge, dass es in Gambia ein regelrechtes Süd-Nord-Gefälle bezüglich Einkommen und Sozialstatus gibt, da der Nordufer-Bevölkerung der Zugang zu jeder Art von Gütern erheblich erschwert wird.

Verkehrsverbindungen

Im Prinzip funktioniert der Transport genauso wie am Südufer mit **Busch-Taxis** und **GPTC-Bussen.** Beide verkehren aber weitaus seltener als im Süden und sind häufig in viel schlechterem Zustand. Dies mag zum einen im Geldmangel begründet sein, zum anderen ist es sicher eine Folge der katastrophalen Straßenverhältnisse, denen sich die Fahrer keineswegs immer mit ihrem Fahrstil anpassen. Fazit: außerhalb der Regenzeit und für kürzere Strecken unproblematisch und aufgrund der Offenheit und Freundlichkeit der Einheimischen interessant; für längere Strecken aber unbedingt ans Südufer ausweichen und auch Umwege in Kauf nehmen.

Barra

Wegen der Fährverbindung von Banjul ist Barra für die meisten Reisenden der erste Anlaufpunkt am Nordufer des Gambia River.

Das nahe **Fort Bullen** wurde im Jahr 1831 von Briten erbaut; die dort installierten Kanonen dienten dazu, die Flussmündung zu sichern und illegalen Sklavenschiffen die Zufahrt in den Gambia River unmöglich zu machen.

Heute ist Barra wichtiger **Fährhafen** für den Personen- und Güterverkehr am Nordufer des Gambia River. In der Budenstadt am Fährterminal wimmelt es von Geldwechslern und Schleppern. Wer die letzte Fähre (Abfahrt gegen 20 Uhr) verpasst, findet im **Hotel Barra** einen einfachen Schlafplatz. Wer nach Dakar weiterreisen will, kann statt des Busch-Taxis auch einen bequemen GPTC-Bus nehmen. Nachteil: Dieser Bus fährt bereits frühmorgens nach Ankunft der ersten Fähre in Barra ab.

Ginak Island/Niumi National Park

12 km nördlich von Barra beginnt der kleine, 1987 eingerichtete Niumi National Park auf Ginak Island an der Grenze zum Senegal, der mit öffentlichen Verkehrsmitteln kaum zu erreichen ist. Besser man mietet gleich in Barra ein Taxi für 50 D nach Ginak Niji und setzt von dort mit einer Piroge auf die Insel über. Nach einem 20-minütigen Fußmarsch erreicht man die **Madiyana Lodge** (Tel. 991994), auf der Seeseite gelegen und von Reisenden als die wohl schönste Anlage dieser Art in Gambia beschrieben; Halbpension ab 300 D pro Person.

Berending

Kleiner Ort, 10 km östlich von Barra gelegen und bekannt für seinen heiligen **Krokodil-Teich.** An diesem Platz werden gelegentlich auch Heilungs- bzw. Reinigungszeremonien abgehalten, bei denen die Kranken entweder das Wasser trinken oder sich darin baden (Besucher sollten als Gastgeschenk Kolanüsse mitbringen).

James Island

Bevor die Briten an der Gambia-Mündung Verteidigungspunkte installiert hatten, war diese Insel (24 km von Banjul stromaufwärts und 2 km südlich von Jufureh) der strategisch wichtigste Punkt und aus diesem Grund hart umkämpft. Heute sind die Befestigungen von Fort James alle verfallen. Etliche Veranstalter haben James Island auf ihrem Ausflugsprogramm.

Albreda

Von den Franzosen im Jahre 1681 errichteter Handelsstützpunkt; mit dem Versailler Vertrag von 1783 wurde dann den Briten die Kontrolle über den Gambia-Fluss überlassen. Heute erinnern noch die Ruinen alter Handelshäuser an längst vergangene Kolonialzeiten.

Jufureh

Ehemals wichtiger Handelsstützpunkt der Briten, hieß früher Jillifrey. Von Albadar (Albreda) aus direkt auf der anderen Straßenseite gelegen und in ca. fünf Minuten zu Fuß zu erreichen. Seit dem 1970 erschienen Bestsellerroman „Roots" von *Alex Haley* ist dieser Ort nicht nur weltweit bekannt, sondern auch zu einer viel besuchten und deshalb mittlerweile leider auch völlig kommerzialisierten Touristenattraktion geworden. Hier sind das **Haus von Kunta Kinte** zu besichtigen, der vor 200 Jahren als Sklave nach Amerika verschleppt worden sein soll, sowie andere Schauplätze dieser auf Tatsachen beruhenden und sehr beeindruckenden Geschichte. Ob die Historie aber tatsächlich am Gambia River stattfand, wird von einigen Historikern bezweifelt.

Jufureh ist relativ gut von Barra aus mit dem Busch-Taxi zu erreichen; von vielen Hotels wird auch eine so genannte „Roots-Tour" angeboten.

Unterkunft:
● Preisgünstige Übernachtungsmöglichkeiten bietet das **Home at last Hotel,** Tel. 710276, das letzte Hotel am Nordufer; die nächste Möglichkeit besteht erst wieder in Farafenni.

Farafenni

Der kleine Ort **am Trans-Gambian-Highway** besteht praktisch nur aus windschiefen Bretterbuden, in denen Schmuggelware verkauft wird, der Zollstation und einer Militärgarnison. Hier decken sich senegalesische Reisende von/nach der Casamance mit Zigaretten und gefälschten Markenartikeln ein.

Unterkunft:
● Falls das Taxi brousse „en panne" oder die Grenze bereits geschlossen sein sollte, kann man im Ortszentrum in **Eddie's Hotel** übernachten, Tel. 731259; neben Bar/Disco und Restaurant einfache Unterkünfte ab 125 D.
● Billiger ist nur das **Fankanta Hotel,** eine üble Absteige südlich des Ortes gegenüber vom Militärcamp.

Kerr Batch

Hier gibt es einen ganz besonderen V-förmigen Lateritstein zu sehen und einen megalithischen Doppelkreis (ortskundigen Führer mitnehmen, da schwer zu finden). Um von Farafenni kommend nach Kerr Batch zu gelangen, muss man bei Panchang die rechte Piste wählen; sie mündet hinter Nyanga Bantang wieder auf die Hauptpiste nach Georgetown.

Kuntaur/Baboon Island

Die koloniale Handelsstation Kuntaur direkt am Gambia River war früher vor allem für den Erdnussexport wichtig, wovon noch die großen Lagerhallen am Hafen zeugen, die aber mittlerweile kaum noch genutzt werden, da der Erdnusshandel erheblich an Bedeutung eingebüßt hat. Etliche verfallene Kolonialbauten verweisen auf die frühere Bedeutung des Ortes. Im Ortszentrum sieht man Männer an antiken Webstühlen arbeiten. Das alles ist sehr beschaulich. Kein Wunder, dass Kuntaur beliebter Stopp bei Bootsausflügen ist.

Bis 1998 gab es die Möglichkeit, die nahe **Baboon-Insel,** wo ein Schimpansen-Auswilderungsprojekt besteht, mit Booten zu umrunden. Aufgrund massiver Störungen durch Touristen wurden diese Ausflüge untersagt. Besuche sind jetzt nur noch mit behördlicher Genehmigung möglich.

Wassu

Der Ort, gut 2 km von Kuntaur entfernt, ist bekannt für seine **prähistorischen Steinkreise** aus rotem Lateritgestein; die Größe der einzelnen Steine variiert zwischen 100 und 250 cm Höhe bei einem Durchmesser von über einem Meter. In Wassu findet sich einer der größten dieser Steinkreise, die sich am Nordufer über weite Strecken immer wieder besichtigen lassen. Auf welche Weise diese tonnenschweren Steine hierher gekommen sind und welchem Zweck sie dienten, ist den Wissenschaftlern nach wie vor ein Rätsel. Man nimmt jedoch an, dass es sich um **Grabanlagen** handelt und diese Megalithdenkmäler in Verbindung mit Ahnenverehrung und hierarchischer Gesellschaftsordnung zu sehen sind. Mit der Ausrichtung der Steine hat es offenbar eine astronomische Bewandtnis. Es ist Brauch, dass der Besucher einen kleinen Stein auf einer der Stellen hinterlegt. Das bringt angeblich Glück ...

●**Infos:** www.home3.inet.tele.dk/ mcamara/stones.html

Anhang

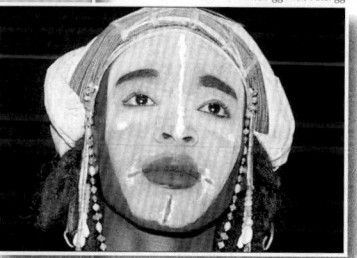

Abendstimmung am Niger

Hotel du Rail in Kayes (Mali)

Agadez (Niger) –
Wodaabe beim Gerewol-Fest

Sprache

von Herbert Braun

Sprachsituation in Westafrika

Auf dem afrikanischen Kontinent südlich der Sahara gibt es nur wenige Staaten, deren Bevölkerung eine gemeinsame Sprache spricht; das Gros der Staaten Afrikas ist **multilingual.** Diese Sprachsituation entspricht also keineswegs einer europäischen Vorstellung der Gleichsetzung von Sprache und Nation.

Nach der Unabhängigkeit übernahmen die meisten Staaten – und zu diesen zählen alle in diesem Band vorgestellten – die **Sprache ihrer früheren Kolonialmacht** als offizielles Medium und folgten somit einer sog. exoglossischen Sprachpolitik, in der die einheimischen Sprachen entweder nahezu völlig unberücksichtigt blieben oder nur in einzelnen Bereichen wie Erwachsenenbildung, Rundfunk sowie im anfänglichen Primarschulunterricht Berücksichtigung fanden, und nur wenige Staaten erklärten eine einheimische Sprache zum offiziellen Medium und bauten sie als nationales Kommunikationsmittel auf. Und diese generelle Ausrichtung ist in den meisten Staaten bis heute beibehalten worden.

Dennoch lässt sich seit Beginn der 1970er Jahre eine zunehmende **Berücksichtigung einheimischer Sprachen** feststellen. Dieser Trend, der in erster Linie die Bereiche Alphabetisierung und Erwachsenenbildung, Grundschulunterricht und selbst die Medien betrifft, ist v.a. durch die UNESCO eingeleitet und gefördert worden, trug wesentlich zum gestiegenen Bewusstsein für die Bedeutung der afrikanischen Sprachen und letzten Endes sowohl zur ökonomischen Entwicklung wie zur kulturellen Identität bei. Dies führte inzwischen dazu, dass zahlreiche afrikanische Staaten Institute für die Erforschung einheimischer Sprachen eingerichtet haben (z.B. die DNAFLA in Bamako/Mali). Generell finden heute einheimische Sprachen deutliche Berücksichtigung.

Drei der vier afrikanischen **Sprachfamilien** erstrecken sich über Westafrika und erfassen die sechs in diesem Band vorgestellten Staaten mehrfach: Niger-Kordofanisch (Mali, Burkina Faso, Niger, Mauretanien, Gambia und Senegal), Nilosaharanisch (Mali, Burkina Faso, Niger) und Afroasiatisch (Mali, Niger, Mauretanien). Erstere dominiert sowohl hinsichtlich der Anzahl der Sprachen als auch in Bezug auf die Sprecherzahlen und Größe des Verbreitungsraumes.

Zu den Sprachen mit der größten Verbreitung gehört das **Fulfulde** (auch kurz Ful oder franz. Peul genannt), das in weiten Teilen Westafrikas von Senegal über Mali, Burkina Faso, Niger, Benin und Nigeria bis nach Kamerun, außerdem in Zentralafrika, im Tschad und im Sudan von über 20 Millionen Menschen gesprochen wird. Die Ausbreitung der Sprache hat sich wohl vom senegalesisch-mauretanischen Raum her vollzogen, von wo aus die Fulbe als Nomaden und Viehzüchter nach Osten aufgebrochen sind. Entsprechend zahlreich sind auch die Dialekte, etwa das Pulaar (Gambia, West-Mali), das Liptako (Burkina Faso), das Wodaabe (Niger) und der Dialekt von Massina (Zentral-Mali).

Das **Wolof** wird von der südmauretanischen Küste entlang der senegalesischen Küste über St. Louis und Dakar bis nach Nordgambia hinein gesprochen. Als wichtigste Nationalsprache Senegals wird es in diesem Land von mehr als 80% der Bevölkerung (1,7 Millionen) gesprochen und verstanden. Eine weitere wichtige vernakuläre Sprache im Senegal ist das **Sérèr**, ebenso wie das Wolof Nationalsprache des Landes und von 600.000 Menschen als Erstsprache gesprochen.

Unter dem Gliederungsbegriff **Mande** werden ca. vierzig Sprachen zusammengefasst, die im Wesentlichen zwischen dem Gambia-Fluss im Westen und dem zentralen Burkina Faso im Osten sowie vom Grenzgebiet Mauretaniens mit Mali im Norden bis in die Regenwaldzone der Elfenbeinküste und das Küstengebiet Guineas im Süden gesprochen werden. Ihr Kerngebiet ist die heutige Republik Mali. Zu den wichtigsten Vertretern gehören das **Soninke** (Mali, Mauretanien, Senegal), das **Bozo** (Binnendelta des Niger in Zentral-Mali) sowie verschiedene Manding-Varietäten, zu dessen wichtigsten das **Dioula** (verschiedene Varietäten in Mali, Burkina Faso, Elfenbeinküste), das **Maninka** (Mali), das **Xasonga** (West-Mali), das **Mandinka** (Senegal, Gambia) und, die bedeutendste von allen, das **Bambara** (Mali, Burkina Faso, Elfenbeinküste), zu zählen sind.

Bambara ist **eine der** erklärten **Nationalsprachen Malis** und wird dort von großen Bevölkerungsteilen als Muttersprache gesprochen. Darüber hinaus ist das Bambara als Lingua franca im Land weit verbreitet und fungiert allgemein als nationales Verständigungsmittel. Der Sprachraum des Bambara erstreckt sich über den Süden Malis und endet nach Norden zu im Massina, wo das Fulfulde dominiert. Weiter nigerabwärts und auch in der Region Djenné ist das Songhay als Verständigungsmittel vorrangig, dessen Ausbreitung bis nach Niger und in den Norden Benins (dort eher als Djerma bekannt) reicht.

Burkina Faso besitzt unter allen der hier besprochenen Länder die größte sprachliche Komplexität. Bis zu siebzig Sprachen werden in diesem Land gezählt, darunter jedoch eine Vielzahl mit weniger als 10.000 Sprechern. Dominant ist in Burkina Faso das **Mooré**, die Sprache der Mossi. Weitere Sprachen, die von einer größeren Sprechergruppe als Erstsprache gesprochen werden, sind die Mande-Sprachen **Bisa** und **Dioula,** hinzu kommen die Gur-Sprachen **Dagara** und **Lobi.**

Da die Haussa mehr als 50% der Bevölkerung **Nigers** stellen, ist ihre gleichnamige Sprache, das **Haussa,** die bedeutendste des Landes. Als Nationalsprache findet es Verwendung in den Medien und im Bildungssystem und fungiert als übergreifende Lingua franca zwischen Haussa, Fulbe, Tuareg, Kanuri und anderen ethnischen Gruppen. Zu den weiteren nigrischen Nationalsprachen gehören u.a. Songhay, Fulfulde, Tamaschek, Arabisch und das

Sprache

Djerma, das von über zwei Millionen Menschen gesprochen wird und nach Haussa die zweitgrößte Sprechergruppe darstellt.

Während in Mali, Burkina Faso, Niger und Senegal jeweils Französisch als offizielle Amtssprache gilt, verfolgt **Mauretanien** ein bilinguales Konzept, in dem **Französisch und Arabisch** (Hassaniya) eine gleichrangige Bedeutung zuerkannt wird. Zu den afrikanischen Sprachen Mauretaniens zählen das Wolof, das im Osten des Landes gesprochene Soninke und das Fulfulde. Deren Bedeutung aber erreicht keineswegs den Rang, den etwa das Hassaniya-Arabisch einnimmt.

Von den hier behandelten Ländern ist einzig **Gambia** nicht der Frankophonie zuzuordnen. Im kleinsten Staat Westafrikas ist **Englisch** offizielle Amtssprache, Französisch hat allenfalls als Handelssprache eine mindere Bedeutung. Die wichtigsten afrikanischen Sprachen sind Mandinka und Wolof.

Schlussendlich bleibt zu konstatieren, dass für eine Reise ins weitgehend frankophone Westafrika also letzten Endes Grundkenntnisse in Französisch unabdingbar sind. Dagegen sind Englischkenntnisse, von Aufenthalten in Gambia, Ghana und Nigeria abgesehen, wenig nützlich. Bleiben noch die nonverbale, mit Händen und Füßen vonstatten gehende Kommunikation oder, was effektiver wäre, zeitaufwendige und arbeitsintensive Sprachkurse für afrikanische Sprachen, die an deutschen Universitäten, dort an verschiedenen Instituten für Afrikanische Philologie, angeboten werden.

Sprachführer

In der **Kauderwelsch-Reihe** des Reise Know-How Verlages Peter Rump, Bielefeld, sind verschiedene Sprachführer zu westafrikanischen Sprachen/Dialekten erschienen. Allen gemeinsam sind ihre Handlichkeit, der Alltagsbezug im Wortschatz und die einfache und praxisbezogene Didaktik.

- **Französisch für den Senegal**
- **Wolof für den Senegal**
- **Hausa**
- **Mandinka für Gambia**
- **Englisch**
- **Französisch**

Kleine Sprachhilfe Bambara

Nützliche Redewendungen

Französisch/Bambara/Deutsch
Je veux / n b'a fe / Ich möchte
Je ne veux pas / n t'a fe / Ich möchte nicht
J'ai faim. / kongo be n na. / Ich habe Hunger.
J'ai soif. / minnogo be n na. / Ich habe Durst.
Qu'est-ce que le prix de? /
　songo ye joli-joli ye? / Was kostet das?
C'est (très) cher. /
　A songo ka gelen. / Das ist teuer.
Merci / i ni ce / Danke
Vous avez qqc. à boire? /
　minfenw be i fe wa? /
　Haben Sie Getränke?
Vous êtes bien? / i be di? / Wie geht's Dir?
C'est pas bon? /
　a man nyi wa? / Ist es nicht gut?
Non, ce n'est pas bon. /
　ayi, a man nyi. / Nein, es ist nicht gut.
Salut! / ayiwa, ne tagara! / Auf Wiedersehen!
Je ne le sais pas. /
　n ma a don. / Ich weiß es nicht.
Il fait beau.
　wagati ka nyi. / Es ist schönes Wetter.
Il fait chaud. / funteni be / Es ist heiß.
Il fait froid. / nene be. / Es ist kalt.
Que Dieu t'aide! /
　Ala k'i deme! / Möge dir Gott helfen!
Si Dieu le veut. / ni Ala sonna. / So Gott will.
Quel est votre nom? /
　i togo ye di? / Wie heißt Du?

Mon nom est / n togo ye (ye) / Ich heiße
C'est á moi! / ne ta don! / Das gehört mir!
Viens ici! / na yan! / Komm her!
Je viens de l'Allemagne. /
   ne bo bo Alimani. /
   Ich bin aus Deutschland.
Je vais au marché. /
   n be taa sugu la. / Ich gehe auf den Markt.
Où est le marché? /
   sugu be min na? / Wo ist der Markt?
Je retourne de Bamako. /
   n be taa ka bo Bamako. /
   Ich komme von Bamako
Je vais à Bamako. /
   n be taa Bamako. /
   Ich gehe nach Bamako.

Nützliche Worte

Französisch/Bambara/Deutsch
pain / nburu / Brot
eau / ji / Wasser
bière / dulo / Bier, Alkohol
poisson / jege / Fisch
viande / sogo / Fleisch
boisson / minfen / Getränk
sel / kogo / Salz
lait / nono / Milch
père / fa / Vater
mère / ba / Mutter
homme, époux / ce / Mann, Ehemann
femme, épouse / muso / Frau, Ehefrau
médécin, docteur / dogotoro / Arzt
chef de village / dugutigi / Dorfchef
maison / so / Haus
pays (natal) / faso / Heimat; Vaterland
chemin, route / sira / Weg, Straße
fleuve / ba / Fluss
barque / kurun / Boot
bicyclette, vélo / negeso / Fahrrad
voiture / mobili / Auto
taxi / takisi / Taxi
argent / wari / Geld

oui / owo, onhon / Ja
non / ayi / Nein
aujourd'hui / bi / heute
demain / sinin / morgen
hier / kunun / gestern

manger / dumuni, dun / essen
cuire / tobi / kochen

être malade / bana / krank sein, werden
promener / taa yaala / spazieren gehen

un / kelen / eins
deux / fila / zwei
trois / saba / drei
quatre / naani / vier
cinq / duuru / fünf
six / wooro / sechs
sept / wolonwula / sieben
huit / segin / acht
neuf / konoton / neun
dix / tan / zehn

Die Grußformeln im Bambara

Am Vormittag, von Tagesanbruch bis 12 Uhr
i ni sogoma, Fanta!
   Guten Morgen, Fanta!
nse, i ni sogoma, Madu!
   Danke, guten Morgen, Madu!
here sira (wa)?
   Hast du gut geschlafen?
here doron!
   Ja, ich habe gut geschlafen!
somogow ka kene (wa)?
   Wie gehts der Familie?
tooro te u la!
   Ihr geht's gut!

Am Nachmittag, von 12–16 Uhr
i ni tile, Fanta!
   Guten Tag, Fanta!
nse, i ni tile, Madu!
   Danke, guten Tag! Madu!
nse; denmisenw ka kene (wa)?
   Danke, wie geht's den Kindern?
tooro te u la! I ce be di?
   Ihnen geht's gut!
   Wie geht's deinem Mann?
tooro te a la!
   Ihm geht's gut!

Am späten Nachmittag, von 16 Uhr bis Sonnenuntergang
i ni wula, Madu!
   Guten Tag, Madu!
nba, i ni wula, Fanta!
   Danke! Guten Tag, Fanta!
here tilenna wa?
   Hast du den Tag in Frieden verbracht?

here doron!
 Nur in Frieden!
somogow ka kene?
 Wie hat die Familie den Tag verbracht?
u tilenna here la!
 Sie hat den Tag in Frieden verbracht.
Ala ka tile to here caya!
 Möge Gott das Glück
 des restlichen Tages vermehren!
amiina!
 So sei es!

**Am Abend,
von 19 Uhr bis zum Schlafengehen**
i ni su, Madu!
 Guten Abend, Madu!
nba, i ni su, Ngolo!
 Danke, guten Abend, Ngolo!
here tilenna (wa)?
 Hast du den Tag in Frieden verbracht!
here doron!
 Nur in Frieden!
ayiwa, k'an si!
 Also, gute Nacht!
amiina! k'an kelen kelen wuli!
 Amen! Gute Nacht!
amiina! Ala ka su here caya!
 Amen! Möge Gott
 das Glück der Nacht vermehren!
amiina! ka nyogonye nogoya!
 Amen! Mögen wir uns bald wiedersehen!
amiina!
 Amen!

Wichtig: Das Bambara kennt keine Höflichkeitsform: i heißt Du und auch Sie.
Die Formative nba und nse haben eine geschlechtsspezifische Zuordnung: nba ist männlichen, nse ausschließlich weiblichen Personen vorbehalten. Also Vorsicht: Sagen Sie als Frau/Mann niemals nba/nse, sonst ernten Sie meist unverständliche Blicke!

Informationen zur Gesundheit
im Internet unter www.travelmed.de.

Gesundheit

© **Centrum für Reisemedizin 2003**

Kurzbeschreibung

der im Buch erwähnten **Erkrankungen/ Krankheiten:**

AIDS

AIDS, die Abkürzung für Acquired Immunodeficiency Syndrome, ist das späte Stadium mit vielfachen Infektionen durch eine nahezu zusammengebrochene Körperabwehr im Rahmen einer Infektion mit einem oder mehreren der HIV-Viren (Human Immunodeficiency Virus). Die Viren werden bei Sexualkontakten, mit Blut (Bluttransfusion, Drogenkonsum) und manchmal auch während der Geburt von der Mutter auf das Kind übertragen. Bei Erwachsenen kann eine Infektion ab etwa 4 Wochen nach Kontakt nachgewiesen werden. Da es immer wieder auch länger dauert, sollten negative Befunde allerdings mindestens ½ Jahr lang überprüft werden. So genannte „Spätkonversionen" nach mehr als einem Jahr sind extrem selten. Weltweit steigen die Erkrankungszahlen nach wie vor an, insbesondere südlich der Sahara: Jede Minute infizieren sich weltweit 11 Menschen mit dem Virus – davon 10 in Afrika südlich der Sahara! Örtlich sind 40 bis über 50% der Bevölkerung infiziert, Prostituierte bis fast 100%! Prognosen zufolge wird in diesen Ländern die Hälfte der Bevölkerung innerhalb der nächsten zehn Jahre sterben! Aus reisemedizinischer Sicht ist trotz der ungeheuren globalen und individuellen Tragödie, deren Ausmaß sich derzeit allenfalls erahnen lässt, AIDS ein nachrangiges Problem. Den Reisenden muss ein entsprechend präventiv orientiertes Sexualverhalten dringend nahegelegt werden, außerdem sollte sich jeder Reisende vor Abflug über Einrichtungen im Zielgebiet informieren, die im Falle eines schweren Zwischenfalles eine medizinische Versorgung bieten können, die hiesigem Hygienestandard entspricht, insbesondere im Hinblick auf Kanülen, Operationsbesteck und Blutkonserven.

Bilharziose

Synonym: Schistosomiasis. In tropischen Ländern vorkommende parasitäre Erkrankung durch Pärchenegel, die in den Venen des Unterleibes leben. Die mit Stuhl oder Urin ausgeschiedenen Eier entwickeln sich erst in bestimmten Süßwasserschnecken zu infektionstüchtigen Larven; eine Ansteckung von Mensch zu Mensch ist nicht möglich. Die Larven bohren sich bei Kontakt mit derart verseuchtem Wasser durch die unverletzte Haut und gelangen zunächst in die Leber, von dort nach einigen Wochen in den Unterleib. Die Zeit von der Infektion bis zum Beginn der Eiablage dauert 6–12 Wochen. Wenige Stunden nach der Infektion kann an der Eintrittstelle eine vorübergehende Hautreizung auftreten, 4–6 Wochen später eine fieberhafte Allgemeinerkrankung, einige Wochen danach Verdauungs- oder Blasenbeschwerden, wobei Blut im Stuhl oder Urin Leitsymptome sind. Diagnose durch Blutuntersuchung sowie durch mikroskopischen Ei-Nachweis.

Cholera

Die Kontamination von Nahrungsmitteln oder Trinkwasser (Brunnen) mit Cholera-Vibrionen führt meist zu endemischen Ausbrüchen, selten zu Einzelerkrankungen. Bei mangelhafter Sanitärhygiene kann sich die Krankheit explosionsartig ausbreiten. Die Inkubationszeit ist kurz (einige Stunden bis Tage). Plötzlich einsetzende, schmerzlose und wässrige Durchfälle evtl. mit Erbrechen, meist ohne Fieber, führen rasch zu lebensbedrohlichen Flüssigkeitsverlusten. Daneben gibt es auch mildere Verlaufsformen.

Gelbfieber

Durch Stechmücken übertragene tropische Viruserkrankung. Keine Ansteckung von Mensch zu Mensch. Das Hauptreservoir des Erregers sind Affen mit menschlichen Einzelerkrankungen in abgelegenen Regionen (Busch-Gelbfieber). Die Übertragung Mensch-Mücke-Mensch kann in besiedelten Gebieten zu epidemischen Ausbrüchen führen (Stadt-Gelbfieber). Die Krankheit beginnt plötzlich mit hohem Fieber und Allgemeinerscheinungen. Nach einer Woche kann eine dramatische Verschlechterung mit Gelbsucht und Blutungen eintreten, Störungen von Herz, Kreislauf, Leber, Niere und Hirn sind lebensbedrohend. Zur Sicherung der Diagnose dienen Spezialuntersuchungen. Das Gelbfieber unterliegt einer strengen internationalen Melde- und Quarantänepflicht.

Hepatitis A

Diese Virusinfektion der Leber ist weltweit verbreitet, besonders in Entwicklungsländern. Die Inkubationszeit liegt zwischen 2 und 6 Wochen. Die Erkrankung beginnt mit Grippegefühl, Fieber, Appetitlosigkeit, Übelkeit und Erbrechen. Nach einigen Tagen wird der Urin dunkel und der Stuhl hell, schließlich entwickelt sich eine Gelbsucht (zuerst im Weiß der Augen bemerkbar). Der weitere Verlauf ist unterschiedlich, meist leicht, besonders bei Kindern. Gelegentlich kommt es bei Erwachsenen zu schwereren und länger anhaltenden Krankheitsbildern (bis zu einigen Monaten). Dauerschäden treten nicht auf. Die Diagnose wird durch Blutuntersuchungen auf Leberzellfermente und spezifische Antikörper gesichert. Die Übertragung erfolgt fäkal-oral. Das Virus wird v.a. über verunreinigte Nahrung und Trinkwasser aufgenommen, besonders häufig über Muscheln, Austern und Krebstiere, aber auch über Milch, kaltes Fleisch und andere Speisen.

Hepatitis B

Diese Viruserkrankung der Leber ist weltweit verbreitet, besonders in tropischen Ländern. Die Inkubationszeit liegt zwischen 2 Wochen und 6 Monaten. Die Krankheit beginnt mit Grippegefühl, Fieber, Appetitlosigkeit, Übelkeit und Erbrechen. Nach einigen Tagen wird der Urin dunkel, der Stuhl hell, es kommt zur Gelbsucht (zuerst im Weiß der Augen bemerkbar). Der weitere Verlauf ist unterschiedlich. Die Krankheitsdauer liegt nicht unter 4 Wochen. In ca. 10 % der Fälle rechnet man mit Komplikationen, schweren oder chronischen Verläufen, vereinzelt mit Dauerschäden. Infektiös sind Blut und andere Körperflüssigkeiten von Erkrankten und Virusträgern (in einzelnen tropischen Ländern über 20 % der Bevölkerung). Die Übertragung erfolgt über entsprechende Kontakte: Bluttransfusionen, unsterile Spritzen, Nadeln und Instrumente (beispielsweise bei unqualifizierten medizinischen Eingriffen, Drogenabhängigen, Tätowierungen) sowie beim Geschlechtsverkehr.

Malaria

Malaria wird durch einzellige Parasiten (Plasmodien) verursacht und durch bestimmte Stechmücken (Anophelen) übertragen. Leitsymptom ist Fieber, begleitet von Kopf- und Gliederschmerzen mit starkem Krankheitsgefühl. Schüttelfröste und Schweißausbrüche können vorkommen. Die „bösartige" **Malaria tropica** hat eine Inkubationszeit von 7–12 Tagen. Sie kann rasch zu lebensbedrohlichen Zuständen mit Koma, Nierenversagen und Schock führen. Die „gutartige" **Malaria tertiana** kann nach 9–16 Tagen auftreten, bisweilen noch bis zu einem Jahr nach der Rückkehr. Spätere Rückfälle sowie eine dritte Art (**Malaria quartana**) sind extrem selten. Die Diagnose wird während der akuten Erkrankung durch den mikroskopischen Parasitennachweis im Blut gesichert, nachträglich kann sie noch durch spezielle Antikörperuntersuchungen geführt werden. Trotz zunehmender Resistenzprobleme ist die Malaria bei rechtzeitiger Behandlung heilbar.

> **Buchtipps:**
> Zum Thema Gesundheit/Krankheiten auf Reisen hat REISE KNOW-HOW nützliche Ratgeber im Programm:
> ● Dr. Dürfeld, Dr. Rickels
> **Selbstdiagnose und -behandlung unterwegs**
> ● David Werner
> **Wo es keinen Arzt gibt,** Gesundheitshandbuch zur Hilfe und Selbsthilfe
> ● Armin Wirth
> **Erste Hilfe unterwegs effektiv und praxisnah**
> ● Werner und Jeanette Lips
> **Schwanger reisen**

Meningokokken-Krankheit

Diese Bakterien können nach einer Inkubationszeit von 3–4 Tagen zu einer gefährlichen Hirnhautentzündung führen. Die Krankheit beginnt plötzlich mit hohem Fieber, starken Kopfschmerzen und Nackensteife. Bewusstseinstrübung, punktförmige Hautblutungen und Schock sind alarmierende Zeichen einer Allgemeininfektion und immer lebensbedrohlich. Die Krankheit tritt in gewissen Abständen endemisch auf. Die Übertragung erfolgt durch Tröpfcheninfektion über die Atemwege. Die Diagnose kann durch den Bakteriennachweis gesichert werden.

Tetanus (Wundstarrkrampf)

Tetanusbakterien können bei Wunden jeder Art, auch bei Bagatellverletzungen, in die Haut gelangen. Besonders gefährdet sind mit Straßenstaub oder Erdreich verschmutzte Wunden und Tierbisse. Die Erreger sondern ein Gift ab, das nach einer Inkubationszeit von 1–2 Wochen (die Wunde ist meist schon verheilt) zu schweren, schmerzhaften Muskelkrämpfen und Lähmungen mit Todesfolge führen kann. Die Diagnose wird aus den klinischen Symptomen gestellt.

Tollwut

Viruserkrankung von Tieren, die gelegentlich auf den Menschen übertragen wird und immer tödlich endet. Die Inkubationszeit liegt in der Regel zwischen 1 und 3 Monaten. Infektiös ist der Speichel eines tollwütigen Tieres, und zwar 3–5 Tage vor Ausbruch der Symptome bis zu seinem Verenden nach 7–10 Tagen. Der Mensch infiziert sich durch Bissverletzungen, meist von Hunden und Katzen, aber auch durch Einbringen von deren Speichel in verletzte Hautstellen oder unverletzte Schleimhäute (Augen). Die Krankheit beginnt beim Menschen mit Schmerzen und Kribbeln im Bereich der meist bereits verheilten Bissstelle und führt über Krämpfe, Erregungszustände und Lähmungen innerhalb von 2 Wochen zum Tod.

Orientierung und Navigation

von Gerhard Göttler

Kompass

Ein nahezu unverzichtbarer Ausrüstungsgegenstand für alle Fahrten abseits der Teerstraßen ist ein robuster, kompensierbarer **Autokompass**. Wer diesen nicht nur als „urigen" Dekorationsgegenstand betrachtet, sondern während der Fahrt tatsächlich im Auge behält und immer wieder dessen Anzeige mit der Karte und diese mit dem Gelände vergleicht, dem dürften kaum noch größere Verfranzer unterlaufen. Man merkt dann recht bald, wenn die Richtung nicht mehr stimmt und man offenbar irgendwelchen obskuren Spuren folgt, die es eigentlich gar nicht geben dürfte und die sich allmählich immer weiter von der Hauptrichtung entfernen. Selbst die Suche nach einer bestimmten Ortsausfahrt, die aufgrund des üblichen Pisten- und Spurengewirrs in Ortsnähe oft mühsam sein kann, wird stark erleichtert, weil man schon nach wenigen Kilometern z.B. erkennt, wenn die benutzte Piste nach Westen abknickt, obwohl sie sich laut Karte stur südlich halten müsste. Das außerordentlich wichtige frühzeitige Erkennen und Korrigieren von Fehlern wird mit solch einem Autokompass spürbar erleichtert.

Welche Marke man wählt, ist weniger wichtig als die Tatsache, dass der Kompass **robust, flüssigkeitsgedämpft** und über einen weiten Bereich **kompensierbar** ist. Kompensierbar bedeutet: Anzeigefehler, die von den im Fahrzeug und dessen elektrischen Aggregaten entstehenden elektromagnetischen Störfeldern verursacht werden, müssen sich mit Hilfe einstellbarer Magnete im Kompass auf ein Minimum reduzieren lassen.

Gänzlich ungeeignet sind die kleinen Kompasse aus Autozubehörgeschäften oder Kaufhäusern, die sich – wir haben mehrere Modelle ausprobiert – trotz hübscher Einstellschräubchen nicht oder nur völlig unzureichend kompensieren lassen. Ein ganz borniertes Modell zeigte, ganz gleich in welcher Richtung der Wagen stand, immer nach Südwest.

Zur Vermeidung großer, schwer kompensierbarer Anzeigefehler installiere man den Kompass **möglichst weit entfernt von allen elektromagnetischen Störquellen,** wie Zündanlage, Armaturen, Elektromotoren (z.B. von Scheibenwischer oder Lüfter) und – ein ganz übler Störer – Autolautsprechern. Außerdem sollte man zur Vermeidung von Parallaxenfehlern beim Ablesen den Kompass möglichst genau in Blickrichtung des Fahrers anbringen.

Sorgfältiges Kompensieren erfordert Geduld. Bei manchen Fahrzeugen mit Ganzstahlkarosserie kann es ein sehr mühsames und (allerdings selten) sogar erfolgloses Unterfangen sein. Trotz aller Sorgfalt beim Kompensieren und Verwendung einer Korrekturtabelle ist die Genauigkeit eines Autokompasses begrenzt, für viele Zwecke aber völlig ausreichend.

Orientierung und Navigation

Korrekturtabelle für den Auto-Kompass

Da trotz sorgfältigen Kompensierens Restfehler nicht zu vermeiden sind, empfiehlt sich die Anfertigung einer Korrekturtabelle. Dazu richtet man zunächst den Wagen anhand eines Handkompasses (Verwendung nur in großer Entfernung vom Fahrzeug!) genau nach Norden aus und liest die Anzeige des Autokompasses ab (z.B. 0°).Dann dreht man den Wagen auf 30° und ermittelt die Anzeige im Wagen (z.B. 28°). In gleicher Weise verfährt man, bis man wieder bei Nord angekommen ist. Die ermittelten Werte trägt man in einer kleinen Tabelle etwa folgendermaßen ein:
Für Richtung 0/360° = Nord muss man laut Auto-Kompass 0° fahren,
für Richtung 30° lt. Autokompass 28°,
für Richtung 60° lt. Autokompass 63°,
für Richtung 90° = Ost 93° usw. usf.
Je kleiner man die Stufen wählt, um so genauer wird logischerweise die Korrekturtabelle.

Wer es aber ganz genau wissen will oder muss, z.B. für Fahrten auf schwach ausgeprägten Pisten oder gar querfeldein, nur nach der Karte, braucht zusätzlich einen guten **Hand-Kompass,** der, in einiger Entfernung vom Fahrzeug abgelesen, sehr genaue Messungen ermöglicht.

Zweifellos ein schöner, wenn auch nicht billiger Luxus ist eine **Kombination aus Fernglas und integriertem Peilkompass,** da man damit das anvisierte Ziel und den zugehörigen Peilwinkel mit einem Blick erfassen kann. Da die Kompassrose in das Fernglasbild eingespiegelt wird, lassen sich genaue Handpeilungen leicht und schnell durchführen.

Satelliten-Navigation

Mit dem Aufkommen von preisgünstigen Satelliten-Navigationsgeräten als Handgeräten oder zur Verwendung in Kraftfahrzeugen hat eine ganz neue Entwicklung eingesetzt. Bekanntlich ermöglichen diese **kleinen, kompakten und automatisch arbeitenden Empfangsgeräte** die Bestimmung des eigenen Standortes mit einer bisher für unmöglich gehaltenen Genauigkeit. Ein Zuviel an Technik aber verleitet zu Leichtsinn, und allzu leicht entsteht ein riskantes Abhängigkeitsverhältnis. Technische Geräte sind – unabhängig von Hersteller und Preis – nun einmal nicht 100%ig betriebssicher. Selbst die fortschrittlichste Technik kann und darf daher kein Ersatz sein für Erfahrung, Vorsicht und für die konventionellen Mittel und Maßnahmen zur Orientierung, nämlich detaillierte Karten, Kompass, genauer Kilometerzähler, Fernglas, umsichtiges Fahren und ständigen, aufmerksamen Vergleich der Karte mit dem Gelände.

Für orientierungsmäßig schwierige Touren ist die Satelliten-Navigation das Orientierungsmittel schlechthin. Selbst bei Totalausfall des Navigationsgerätes sollte man aber immer in etwa seinen Standort wissen und dadurch in der Lage sein, wieder auf sicheren Grund zurückzufinden; die Preise der Geräte sind heute so niedrig, dass auch die Mitnahme eines Zweitgerätes in Betracht gezogen werden sollte. Immer sollte auch das Begleitfahrzeug mit einem solchen Gerät ausgerüstet sein. Selbstverständlich sollte der Umgang

Orientierung und Navigation

mit einem solchen Empfänger zu Hause geübt werden und nicht erst bei einer ersten Irrfahrt im Gelände.

GPS (Global Positioning System)

Ursprünglich für rein militärische Anwendungen konzipiert, hat sich das GPS-System heute auch für private Nutzungszwecke auf breiter Front durchgesetzt. Es ist heute weltweit voll betriebsfähig und gestattet Standortbestimmungen und alle daraus ableitbaren Informationen (Bewegungsrichtung, Bewegungsgeschwindigkeit, errechenbare Restzeiten bis Zielankunft, Abweichung von einer vorgegebenen Route usw.) mit einer Präzision, die nur mit dem Wort phänomenal gekennzeichnet werden kann: **Standortbestimmungen sind derzeit mit einer Genauigkeit von ca. 5 m möglich,** günstige Empfangsverhältnisse vorausgesetzt. Der Wermutstropfen: Die Genauigkeit kann vom Betreiber der Satelliten, dem US-amerikanischen Militär, durch Störsignale beeinflusst werden. In Krisenzeiten könnte es also passieren, dass das Verfälschungssignal bei den Geräten eingeschaltet wird (was aber selbst im Frühjahr 2003 im Golfkrieg nicht geschah). Dann verringert sich die Genauigkeit auf etwa 30–40 m, aber auch diese Werte garantieren eine ausreichende Präzision.

Ist der Umgang mit einem solchen Gerät erst einmal zur täglichen Reiseübung geworden, lässt sich die Begeisterung für die damit gewonnenen Möglichkeiten nur noch übertreffen von der Kombination der GPS-Anwendung mit einem so genannten **Moving-Map-Programm** auf dem heimischen PC oder dem mitgeführten Laptop: Wegepunkte, Routen oder Tracks in eingespeicherten Landkarten lassen sich ins Navigationsgerät übertragen und umgekehrt und erlauben so einen unmittelbaren Bezug zwischen Karte und GPS-Daten.

Drei Moving-Map-Programme konkurrieren derzeit auf dem heimischen Markt: Das australische **Ozi** lässt sich nur aus dem Internet herunterladen. Das kanadische **FUGAWI** hat den Vorteil, dass es gängige Palmtops unterstützt und für jeden Punkt auf der Karte die Höhe kennt und Streckenprofile für jede Route erstellt. Man erhält die Software, ebenso wie das deutsche **TTQV** (frühere Bezeichnung QUOVADIS), z.B. bei Expeditionsausrüstern; Webseiten: www.fugawi.de und www.ttqv.de.

TTQV und FUGAWI geben, insbesondere in Verbindung mit **GARMIN-Navigationsgeräten** (www.garmin.de) und den von QUOVADIS herausgegebenen digitalen Russischen Generalstabskarten auf CD von (West-)Afrika, für unseren Anwendungsbereich den Standard vor.

Buchtipps:
- Rainer Höh
  - GPS Outdoor-Navigation
  - Orientierung mit Kompass und GPS
  - GPS-Navigation für
  Auto, Motorrad, Wohnmobil
- Wolfram Schwieder
Richtig Kartenlesen
(alle Bände Reise Know-How Praxis)

Glossar

- **Achoura:** Mohammedanisches Neujahrsfest, am 10. Tag des ersten Monats im Jahr.
- **Ahnenkult:** Bei den Völkern (West-)Afrikas weit verbreiteter Glaube, dass die Seelen der Verstorbenen weiterhin unter den Lebenden weilen. Mit bestimmten Opfern und Ritualen gedenkt man der Vorfahren; man versucht sie auf diese Weise gnädig zu stimmen und sie um Unterstützung in allen weltlichen Angelegenheiten zu bitten.
- **Aïd (Eïd, Id):** Fest, Festtag.
- **Akkulturation:** Gegenseitige kulturelle Anpassung zweier Kulturen bzw. Übernahme kultureller Elemente einer Kultur durch eine andere.
- **Alkalo:** Bezeichnung für den Dorfältesten in Mandinka.
- **Allah:** Name für Gott; von Mohammed zu dem allein existierenden Gott ernannt.
- **Almoraviden:** Kriegerische Moslemsekte, die um 1040 von *Abdallah Ibn Jasin* gegründet wurde und den Islam in Westafrika verbreitete.
- **Altersklassen:** Zusammenschlüsse von Individuen gleichen Alters, die neben den auf Blutsverwandtschaft basierenden sozialen Gruppen bestehen und als gegenseitige Hilfsgemeinschaft dienen (z.B. bei Feldarbeit). Der Übergang von der einen zur nächsthöheren Klasse ist meist mit Initiationsriten (siehe dort) verbunden.
- **Altnigriter:** Kleine, seit langem in der Sudanzone ansässige, relativ isoliert lebende Ethnie, die ihre alte Kultur weitgehend bewahrt hat und die als Hackbauern in patrilinearen Großfamilien bzw. Clans organisiert ist; typische Vertreter: Bassari, Dogon, Somba, Senufo.
- **Amulett:** Gegenstand mit magischer Bedeutung, der den einzelnen Menschen und seine Familie, sein Haus und seinen Besitz vor bösen Einflüssen schützen bzw. seine eigenen Widerstandskräfte stärken soll, z.B. gegen den „bösen Blick".
- **Animismus:** Glaube an die Beseeltheit der Natur. Oft als Sammelbegriff für die verschiedenen traditionellen Vorstellungen verwendet, wonach nicht nur Menschen, sondern auch Tiere, Pflanzen, Feuer, Wasser, Wind und Erde bzw. Felsen „beseelt" sind und durch Opfer besänftigt werden müssen; meist in Verbindung mit Ahnen- und Fruchtbarkeitskult.
- **arbre de palabre:** Baum, der dem Ältestenrat des Dorfes als Versammlungsort dient (siehe palabre).
- **Ashanti:** Kriegerisches Königreich, welches wie das von Dahomey im 17. Jh. in Zusammenhang mit der Errichtung europäischer Handelsniederlassungen an der Küste des Golfes von Guinea entstand. Beide existierten bis zum 19. Jh.
- **autochthon:** Im Lande selbst entstanden, bodenständig.
- **Baay-fall:** Sittenwächter islamischer Bruderschaften, v.a. im Senegal anzutreffen.
- **Bâchés:** In Westafrika als öffentliche Transportmittel verkehrende Peugeot-Pick-ups, auf deren offener Ladefläche Holzbänke montiert sind.
- **Ballaphon** (Balafon): Musikinstrument, einem Xylophon ähnelnd; unter dessen Klangstäben sind verschiedene Kalebassen als Resonanzkörper befestigt.
- **Batik:** Die Technik der Wachsbatik ist nicht ursprünglich afrikanisch, sondern von den indonesischen Inseln auf einem langen Weg nach Afrika gekommen. Auch heute findet man auf den Märkten häufig bedruckte Stoffe, die mit „original english wax" oder „wax hollandais" ausgezeichnet sind; häufig in den ehemalig holländischen Kolonien in Südostasien hergestellt.
- **Banko:** Gemisch aus Lehm, Stroh, Mist und Sand, aus dem luftgetrocknete Ziegelsteine hergestellt und mit demselben Material vermörtelt werden.
- **Bella:** Ehemalige Sklaven der Tuareg.
- **Beschneidung:** Operation, die meist vor der Pubertät vom Schmied des Dorfes (bei Mädchen von der Frau des Schmiedes) durchgeführt wird. Bei Jungen wird die Vorhaut des Penis (Circumcision), bei Mädchen werden die Klitoris (Excision) und manchmal auch die Schamlippen (Labien) entfernt; bei der selten vorgenommenen Infibulation wird die Vulva bis zur Heirat zugenäht (siehe Initiation).

GLOSSAR

- **Bois sacré:** „Heiliger Hain", an dem rituelle Zeremonien und kultische Handlungen (wie z.b. Initiationen) abgehalten werden. Der Zugang zu diesem heiligen Platz ist nur Eingeweihten erlaubt.
- **Bolong:** Bezeichnung für den Seitenarm eines Flusses.
- **Boubou** (oder Bubu): Weites, ärmelloses Gewand der Moslems in fast allen Ländern der Sahel-Sudanzone.
- **Calèche** (franz. Kutsche): Zweirädrige Pferdekutsche, die in manchen Städten Westafrikas (wie z.B. im Senegal) als öffentliches Transportmittel eingesetzt wird.
- **Casuarina (Kasuarine):** An der Atlantikküste Westafrikas anzutreffender Baum, auch in Südostasien beheimatet, der an seinen schachtelhalmähnlichen Zweigen zu erkennen ist.
- **Chech (Chèche, Schech):** Feiner, bis zu 6 m langer Musselinstoff, der als Turban um den Kopf geschlungen wird.
- **Clan (Klan):** Größere Verwandtschaftsgruppe, die auf gemeinsamer patrilinearer oder matrilinearer Abstammung von einem gemeinsamen wirklichen oder mythischen Urahnen beruht. Der Clan kann entweder Hunderte von Menschen einschließen oder nur wenige, er kann die Bevölkerung eines ganzen Gebietes, einer Stadt, eines Dorfes oder nur den Teil eines Gehöftes umfassen.
- **Cram-Cram:** Sudanklette, typische Pflanze des Sahel und wichtige Futterpflanze mit klettenartigen Samenkapseln.
- **Dolo:** Einheimisches Hirsebier; je nach Region anders bezeichnet, z.B. „djiapalo" oder „pito".
- **Djembé:** In Senegal und Gambia verbreitete Trommelform, die ursprünglich aus Guinea stammt und sowohl als Solo- als auch als Begleitinstrument eingesetzt wird.
- **Djihad (Dschihad):** „Heiliger Krieg" der Moslems gegen die Ungläubigen.
- **Dum-Palme:** Fächerpalme, deren Stamm sich verzweigt; wächst wild an relativ feuchten Stellen; typische Pflanze des Sahel. Blätter liefern Rohmaterial für Flechtarbeiten.
- **Dyali (Jali):** Mandingo-Bezeichnung für Griot.

- **endemisch** (lat.): ortsgebunden; nur in bestimmter Gegend vorkommend.
- **Endogamie:** „Binnenheirat", Vorschrift zur Heirat innerhalb der eigenen Verwandtschaftsgruppe. Die Endogamie ist häufig bei Gesellschaften mit Kasten anzutreffen.
- **Erdherr (Herr des Bodens):** In westafrikanischen Kulturen der Nachkomme eines meist legendären Dorfgründers, in dessen Namen der Erdherr Grund und Boden der Ansiedlung verwaltet. Er ist auch für die Rituale des Ahnenkultes zuständig.
- **Erg:** Sandwüste mit oder ohne Dünen.
- **Erosion:** Zerstörung der Bodenoberflächen durch Verwitterungskräfte wie Wasser, Wind oder Temperaturspannungen.
- **Ethnie:** Bevölkerungsgruppe, die eine einheitliche Kultur und Sprache hat und deren Zusammengehörigkeitsgefühl auf den Glauben an eine gemeinsame Abstammung basiert; meist identisch mit dem undifferenziert gebrauchten Begriff „Stamm", der von Ethnologen kaum mehr verwendet wird.
- **Exogamie:** „Außenheirat", Gegensatz zu Endogamie; Vorschrift zur Heirat außerhalb der eigenen Verwandtschaftsgruppe.
- **Faktorei:** Koloniale Handelsniederlassung der Europäer in Übersee.
- **Fetisch:** Objekt (Holzfigur, Kalebasse, Tonkrug, Tasche), das einen magischen, kraft spendenden Stoff (Puder, getrocknete Pflanzen, Knochen) enthält. Diesen Objekten bringt man regelmäßig Opfer dar, indem man sie mit Hirsebrei oder Tierblut übergießt.
- **Fetischpriester:** siehe Magier.
- **Fromager:** siehe Kapok-Baum.
- **Fruchtbarkeitsriten:** magische Handlungen, welche die Fruchtbarkeit von Mensch, Tier und Boden fördern sollen (z.B. Aufstellen von Phalli und Geschlechtsverkehr auf frisch angelegten Feldern etc.)
- **Fulbe (Fulani, Peul):** Ethnie mit gemeinsamer Sprache, dem Fulfulde, die in unterschiedlichen Ausprägungen im gesamten Sudan anzutreffen ist, z.B. Fulbe-Bororo.

- **Galeriewald:** In afrikanischen Savannen- und Steppengebieten entlang von Flüssen anzutreffender Feuchtwald.

GLOSSAR

- **Gare routière:** Im franzspr. Afrika übliche Bezeichnung für Busbahnhof.
- **Geheimbünde:** Soziale Organisationen, welche vor allem in Westafrika die Rechte von ethnischen oder sozialen Minderheiten (Kasten, Frauen) vertreten. Geheim ist meist nicht ihre Existenz, sondern ihre Satzungen, ihre Mitglieder und Zeremonien.
- **Génies:** Franz. Bezeichnung für Geistwesen, welche als Ursache für physische und psychische Störungen angesehen werden; vergleichbar mit den Dämonen im Christentum und den „djinns" im Islam.
- **Griot (Griotte):** MusikerIn und SängerIn, die früher für die mündliche Überlieferung der wichtigsten geschichtlichen Ereignisse zuständig waren; auch Bewahrer von Tradition, Sitten und Moral.
- **Gris-Gris:** Amulett zur Abwehr negativer magischer Kräfte (aus Leder, Stoff, Metall), in dem oft ein Koranspruch steckt.
- **Großfamilie:** Wirtschaftliche und soziale Einheit, die mehr als zwei Generationen umfasst, über den Rahmen der Kleinfamilie hinausgeht und an einem Ort zusammenlebt. Die Großfamilie ist in Westafrika bei den meisten Völkern die im täglichen Leben wichtigste Verwandtschaftsgruppe.

- **Hackbau:** In Westafrika weit verbreitete traditionelle Form der Bodenkultivierung; wichtigstes Gerät ist die Hacke (im Vgl. zum Pflug beim Ackerbau).
- **Harmattan:** Trockener Wüstenwind, der Staub und Sand aus der Sahara bis weit in den Süden Westafrikas weht.
- **Haussa (Hausa):** Große westafrikanische, islamisierte Bevölkerungsgruppe. Ihre Sprache, das Haussa, ist Verkehrs- und Handelssprache in weiten Teilen Westafrikas.
- **Hedschra (Hidjra):** Auswanderung Mohammeds von Mekka nach Medina im Jahre 622; vom Kalifen *Omar I.* als Beginn der islamischen Zeitrechnung festgesetzt.
- **Henna:** Aus Blättern und Rinde des Henna-Strauches wird ein roter Farbstoff gewonnen, den v.a. in Marokko, der nördlichen Sahara, aber auch in Westafrika Frauen zum rituellen Einfärben von Händen und Füßen benützen.
- **Hexe:** In vielen afrikanischen Gesellschaften sehr gefürchtete Frau, die – oft ohne es zu wissen – die Lebenskräfte ihrer Mitmenschen beeinträchtigen kann; sie hat den „bösen Blick".
- **Hirse** (franz.: mil, engl: millet): Hauptnahrungsmittel in der Südsahara und im Sahel; es gibt verschiedene Arten; die Stängel werden zu Flechtarbeiten verwendet.

- **Indigo:** Blauer Farbstoff, aus den Blättern der Indigo-Pflanze gewonnen. Besonders bei den Tuareg und Dogon sehr beliebter Farbstoff zum Einfärben von Gewandstoffen.
- **Initiation** (lat.): Bei der Geschlechtsreife werden in vielen Gesellschaften so genannte Initiationsriten abgehalten, denen eine Vorbereitungszeit vorausgeht, in der die Initianden auf das sexuelle, religiöse und kultische Leben der Gemeinschaft vorbereitet werden. Sie müssen sich dabei Prüfungen und Mutproben unterziehen. Höhepunkt stellt häufig die Beschneidung (bei Knaben Entfernung der Vorhaut und bei Mädchen u.a. die Entfernung der Klitoris) dar. Auch bei der Aufnahme in Geheimgesellschaften und Kultgemeinschaften (Männer- und Frauenbünde) werden bestimmte Initiationsriten durchgeführt.
- **Inschallah:** „Nach dem Wunsch Gottes (Allahs)", „So Gott (Allah) es will".
- **Islam:** Name der Weltreligion, die auf Mohammed zurückgeht und heute über 900 Mio. Anhänger zählt. Strikter Glaube an den „einen" Gott (Monotheismus). Die „Fünf Säulen" des Islam sind Glaubensbekenntnis, fünfmal täglich Gebet Richtung Mekka, Almosen geben, Fasten im Ramadan, Pilgerfahrt nach Mekka; verboten sind u.a. der Genuss von Alkohol, Schweinefleisch, Glücksspiele etc.

- **Kalebassen:** Getrocknete und ausgehöhlte Kürbisse, die man als Gefäße benützt; meist mit Brandmalerei verziert.
- **Kapok-Baum** (engl. „Silk Cotton Tree"): Großwüchsiger Baum mit auffälligen, weit ausladenden Brettwurzeln und schirmförmiger Krone. Im frankophonen Afrika „Fromager" genannt, da aus seinem Holz auch Käsereiben hergestellt werden.
- **Kaste:** Streng abgegrenzte Gruppe innerhalb eines sozialen Systems, die von der Ma-

jorität diskriminiert wird, endogam ist und meist ein bestimmtes Handwerk ausübt (in Westafrika z.B. die Schmiede).

- **Kauri:** Kleine, weiße Muscheln aus dem Indischen Ozean, die lange Zeit in großen Teilen Afrikas als Zahlungsmittel dienten; heute werden sie jedoch hauptsächlich für familiäre oder religiöse Zwecke verwendet.
- **Koran:** Heilige Schrift des Islam; Sammlung der von Mohammed empfangenen göttlichen Offenbarung in Form von 114 Kapiteln (= Suren).
- **Kora:** 21-saitiges, harfenähnliches Musikinstrument; wichtigstes Begleitinstrument der Jali (Griots) in Gambia.
- **Kosmogonie:** Legende von der Entstehung des Kosmos; in Afrika handelt es sich meistens um die legendäre Geschichte der Schöpfung durch einen Gott.

- **Laterit:** Rötlicher Boden, typisch für die Tropen; entsteht durch Einlagerung von Eisenoxyden und verschiedenen Metallsalzen in den oberen Bodenschichten.
- **Layènnes:** Von *Seydina Limamou Laye* im 19. Jh. gegründete islamische Bruderschaft im Senegal mit religiösem Zentrum in dem Dorf Yoff bei Dakar.
- **Levirat:** Die Witwe heiratet zur Fortpflanzung, Sicherung der Sippe und angemessenen Altersversorgung den Bruder ihres verstorbenen Ehemannes.
- **Lineage:** Gruppe mehrerer verwandter Großfamilien, die einen gemeinsamen Vorfahren haben; entspricht etwa der „Sippe".
- **Litham:** Gesichtsschleier der Tuareg.
- **Lutte:** In Senegal und Gambia sehr beliebter, ringkampfähnlicher Nationalsport. In Gambia „wrestling" genannt.

- **Magal:** Große Wallfahrt der Mouriden nach Touba, Senegal.
- **Magie:** Anwendung und Wirkung von Kräften, mit denen man sich durch bestimmte Riten oder Beschwörungen überirdischer Kräfte bedient; die sog. „weiße" Magie dient sozial erwünschten Zwecken (Heilung, Regenzauber etc.), mit „schwarzer" Magie dagegen versucht man, anderen Schaden zuzufügen.
- **Magier:** Mensch, der mit übernatürlichem Wesen in Verbindung steht und somit über gewisse Kenntnisse und Kräfte verfügt; oft eine Art Seher oder Wahrsager, denn er erkennt die unsichtbaren Ursachen und Kraftverbindungen, die zu einem bestimmten Ereignis geführt haben oder führen werden. Er kann Regen machen, Kranke heilen, das Wachstum der Pflanzen fördern und Hexen und Zauberer bannen. Er stellt Talismane (gris-gris) her, die vor negativen Einflüssen schützen sollen.

- **Marabout:** Vom Volk aufgrund seiner besonderen Fähigkeiten (Wundertaten) als „Heiliger" verehrte Person, ein Weiser, Alter, Heilkundiger, Gelehrter o.Ä., der als Vermittler zwischen Gott und den Menschen dient.
- **matriarchalisch** (lat.): mutterrechtlich.
- **Matrilinearität:** Verwandtschaft wird über die weibliche Linie, d.h. über die Mutter, bestimmt. Ein Kind gehört demnach immer der Verwandschaftsgruppe der Mutter an. Typisch für Ethnien mit matrilinearer Abstammungsfolge ist eine besondere Wertschätzung und sozial wie wirtschaftlich bedeutende Stellung der Frau; noch bei vielen Völkern Westafrikas anzutreffen (vgl. Patrilinearität).
- **Mohammed:** Begründer des Islam und letzter Prophet Allahs, der seinen Schreibern den Koran diktierte. Geb. 570 in Mekka, gest. 632 in Medina.
- **Mouloud:** Geburtstag des Propheten Mohammed.
- **Mouriden:** Von *Amadou Bamba* in Touba (Senegal) gegründete islamische Bruderschaft mit erheblichem Einfluss.
- **Muezzin:** Gebetsrufer, der die Moslems fünfmal täglich ans Gebet erinnert.

- **Négritude:** Von dem Politiker und Dichter *Leopold Sédar Senghor* und dem schwarzen Dichter der Antillen *Aimé Césaire* initiierte und propagierte Rückbesinnung auf die eigene schwarze Kultur (= „Neger-Sein").
- **Neusudanier (Jungsudanier):** Begründer großer Staaten (wie der mittelalterlichen Großreiche Ghana, Mali, Songhay) im Sahel-Sudan, die wichtige Impulse von den „Weißafrikanern" (Arabo-Berbern) aus dem Norden erhielten. Im Gegensatz zu den Altnigritern haben sie eine feudalistische Sozialordnung (Adelige, Freie, Berufskasten, Sklaven) und ein hochentwickeltes Kunsthandwerk

bzw. Lehmarchitektur. Seit dem 10. Jh. n.Chr. sind sie islamisiert (typische Vertreter sind z.B. Bambara, Malinke, Wolof, Haussa und Songhay).
- **Ndeup:** Geistheilungsritual mit Tänzen zur Heilung Kranker bzw. Austreibung böser Geister (Region Cap Vert/Senegal).

- **Oued oder Wadi:** Den überwiegenden Teil des Jahres trocken liegendes Flußbett.

- **pagne:** Baumwollstoffbahn, welche von afrikanischen Frauen um die Hüfte gewickelt als Rock oder um den Oberkörper gebunden als Bluse getragen wird; eine dritte Stoffbahn dient den Frauen als Tragetuch für Kinder.
- **palabre:** Traditionelle afrikanische Form der Problemlösung, wobei ein Sachverhalt von den Ältesten eines Dorfes oder einer Sippe so lange diskutiert wird, bis eine für alle Beteiligten akzeptable Lösung gefunden ist. Versammlungsort ist meist ein Baum, der so genannte „arbre de palabre" (siehe ebenda).
- **patriarchalisch** (lat.): vaterrechtlich.
- **Patrilinearität:** Verwandtschaftsrechnung, bei der die Abstammungsfolge nur über den Vater bestimmt wird. Im Islam vorherrschend (Ausnahme z.B. bei den Tuareg).
- **Piroge:** Schmale Boote, welche nicht nur den einheimischen Fischern als Fortbewegungsmittel dienen; früher meist aus einem Baum geschnitzt und mit Paddel betrieben, heute häufig mit Motorantrieb und mangels großer Bäume aus verschiedenen Hölzern hergestellt.
- **Polygamie:** Oberbegriff für die Verbindung mit mehreren Partnern, im Gegensatz zur Monogamie, der in Europa üblichen Eheform eines Mannes mit einer Frau. In afrikanischen Kulturen ist dagegen die Polygynie, die eheliche Verbindung eines Mannes mit mehreren Frauen, häufig anzutreffen.

- **Ramadan:** Fastenmonat bei den Moslems (neunter Monat im islamischen Kalender); dauert von einem Neumond zum nächsten. Während des Ramadan dürfen die Moslems von Sonnenaufgang bis Sonnenuntergang weder essen und trinken noch rauchen. Das Ende des Ramadan wird mit dem Fest „Aid es Seghir" gefeiert.

- **Regen(zeit)feldbau:** Extensiver Anbau mit der Hacke in Vegetationszonen mit weniger als sechs feuchten Monaten. Wenn der Boden erschöpft ist, wird ein neues Feld durch Brandrodung erschlossen.

- **Sahel:** „Ufer", Übergangszone zwischen Wüste und Savanne.
- **Savanne:** Vegetationszone, die eine Übergangszone zwischen Wüste und Feuchtwald darstellt; es werden Feuchtsavanne, Trockensavanne, Dornbuschsavanne und Wüstensavanne unterschieden.
- **Schwirrholz:** Ovales, flaches Holzstück; wird an einem Faden so über dem Kopf geschwungen, dass ein hohler, pfeifender Ton entsteht – dies deutet man den Nicht-Eingeweihten als Stimmen der Ahnen und Geister.
- **Sororat:** Verpflichtung der Familie der Ehefrau, falls diese unfruchtbar ist oder frühzeitig stirbt, ihrem Schwiegersohn eine andere Tochter zur Frau zu geben.
- **Stamm:** siehe Ethnie.
- **Subsistenzwirtschaft:** Eine ganz oder überwiegend auf Selbstversorgung ausgerichtete Wirtschaftsform, die nicht für den Markt produziert.
- **Sudan:** Geografische Bezeichnung für das Gebiet zwischen Atlantik im Westen und Nil im Osten bzw. zwischen Wüste im Norden und tropischem Regenwald im Süden; nicht zu verwechseln mit dem Staatsbegriff für die Republik Sudan.
- **Sudanischer Baustil:** Mehrgeschossige Lehmarchitektur, die sich im Nigergebiet als Baustil für städtisch-bürgerliche Häuser aus einer Verschmelzung traditioneller Baustile der Altnigriter und Stilelementen aus Nordafrika und dem Orient entwickelt hat.
- **Sukkulenz:** Fleischige Verdickung von Pflanzen zur Wasserspeicherung in Trockengebieten, wie Sahel und Wüste.

- **Tabaski** (arab. „Aid el Kebir"): „Hammelfest", mohammedanisches Fest vierzig Tage nach Ende des Ramadan, bei dem zur Erinnerung an die Opferung Isaaks durch Abraham Hammel geschlachtet werden.
- **Taguelmost (litham):** Gesichtsschleier der Tuareg-Männer, mit dem Mund und Nase verdeckt/geschützt werden.

GLOSSAR

- **Tamaschek (Tamahag):** Sprache der Tuareg, „Berbersprache".
- **Tanganas:** Straßenstände, an denen Speisen und Getränke angeboten werden.
- **Tifinarh oder Tifinagh:** Alte Berberschrift; noch heute von den Tuareg verwendet.
- **Toubab:** Weit verbreitete Bezeichnung für „Weißer" bzw. „Europäer".
- **Tubu:** „Felsenmenschen"; Bevölkerung mit dunkler Hautfarbe (jedoch nicht negroid) aus dem südlichen Tibesti-Gebirge; es handelt sich evtl. um Nachkommen einer Urbevölkerung der Sahara.
- **Totemismus:** Vorstellung, dass die eigene Familie von einem nicht-menschlichen Ahnen abstammt (Tier, Pflanze etc.); zumeist darf dieser Ahne nicht geschädigt werden durch Jagd, Essen, Verbrennen und wird zu bestimmten Zeiten mit Opfern geehrt.
- **Tuareg:** Hellhäutige Ethnie, die in der zentralen und südlichen Sahara als Viehzüchter und Nomaden lebt.

- **„Verlorene Form":** Gusstechnik, bei der man zunächst die zukünftige Metallplastik in Wachs vorbildet, dieses dann mit einem Tonmantel umgibt, das Wachs ausschmilzt (cire perdue) und dann das geschmolzene Metall in die Hohlform gießt, die nach dem Erkalten des Metalles zerschlagen wird.
- **Verwandtschaft:** In den traditionellen afrikanischen Gesellschaften gibt es eine Verwandtschaftseinteilung, nach der alle Angehörigen der gleichen Generation als „Schwestern" oder „Brüder" bezeichnet werden, egal in welchem verwandtschaftlichen Verhältnis sie zueinander stehen. Die der ältesten Generation werden „Großvater/Großmutter", der mittleren „Mutter/Vater" und die der jüngeren „Sohn/Tochter" genannt. So kommt es, dass ein einzelner Dutzende oder Hunderte von „Vätern", „Brüdern/Schwestern" etc. hat.

- **Vollnomadismus:** Wirtschafts- und Lebensform von Viehzüchtern, die keinen Ackerbau betreiben und mit ihren Herden großräumige zyklische Wanderungen durchführen. Charakteristisch für die Nomaden des Sahel ist bzw. war eine strikt hierarchische Gesellschaftsordnung, mehr oder weniger stark islamisiert. Typische Vertreter sind Tuareg oder Fulbe-Bororo.

- **Wrestling:** siehe Lutte.

- **Zeugenberge:** Einzeln stehende Berge in Wüstenlandschaft, die von einem ehemaligen Plateau zeugen.

Niger – die Salinen von Teggida n'Tessoum bei Agadez

Literatur

Sachbücher, Bildbände und Reisebeschreibungen

- **Bertaux, P.** (Hrsg.)
  Afrika. Fischer Weltgeschichte (Bd. 32), Fischer TB-Verlag 1966
- **Barth, Heinrich**
  Reisen und Entdeckungen in Nord- und Centralafrika (1849–1855), Bd. I–V.
  J. Perthes, Gotha 1857/1858
- **Baumann, Heinrich** (Hrsg.)
  Die Völker Afrikas und ihre traditionellen Kulturen. Teil I u. II., Wiesbaden 1979
- **Bender, Wolfgang**
  Sweet Mother – Afrikanische Musik.
  Trickster Verlag, München 1985
- **Beuchelt, Eno**
  Die Afrikaner und ihre Kulturen. Berlin 1981
  Mali. Kurt Schröder Verlag. Bonn 1966
- **Beuchelt, Eno/Ziehr, W.**
  Schwarze Königreiche, Völker und Kulturen Westafrikas. Frankfurt 1979
- **Chernoff, John Miller**
  Rhythmen der Gemeinschaft. Musik und Sensibilität im afrikanischen Leben. Peter Hammer Verlag, Wuppertal
- **Chesi, Gert**
  Voodoo, Afrikas geheime Macht.
  Perlinger Verlag, Wörgl/Österreich.
  Die letzten Afrikaner. Perlinger Verlag, Wörgl/Österreich.
- **Cobbinah, Jojo**
  Ghana. Peter Meyer Verlag 1992
- **Cornevin, Robert u. Marianne**
  Geschichte Afrikas. Klett-Cotta, Ullstein TB, Frankfurt/M. 1980
- **Dammann, Ernst**
  Die Religionen Afrikas. Stuttgart 1963
- **Därr, Klaus, Erika und Astrid**
  Durch Afrika, Band 1 und 2, Streckenbeschreibungen für ganz Afrika. REISE KNOW-HOW Verlag Peter Rump, Bielefeld 2003
- **Dorn, Thomas/Mensah, Ayoko**
  Gesichter & Rhythmen Afrikas (Bildband mit beiliegender Doppel-CD). Marino Verlag, Wuppertal
- **Ehling Holger, Jbinah Jojo**
  Westafrikanisch kochen. Gerichte und ihre Geschichte. Edition dià 1995
- **Ewens, Graeme**
  Die Klänge Afrikas – Zeitgenössische Musik von Kairo bis Kapstadt. Marino Verlag.
- **Förster, Till**
  Glänzend wie Gold – Gelbguss bei den Senufo, Elfenbeinküste.
  Reimer Verlag, Berlin 1987
- **Frobenius, Leo**
  Schwarze Sonne Afrika. Mythen, Märchen und Magie. Düsseldorf/Köln 1980
  Kulturgeschichte Afrikas. Prolegomena zu einer historischen Gestaltlehre. Peter Hammer Verlag, Wuppertal 1993
- **Fuchs, Peter**
  Sudanische Landschaften. Menschen, Kulturen zwischen Niger und Nil. Anton Schroll Verlag, Wien/München 1977
- **Göttler, Gerhard**
  Sahara. Mensch und Natur in der größten Wüste der Erde. DuMont Kunst-/Kultur-Reiseführer
- **Griaule, Marcel**
  Schwarze Genesis. Ein afrikanischer Schöpfungsbericht. Suhrkamp Taschenbuch 624, Frankfurt 1980
- **Harding, Leonhard/Reinwald, Brigitte**
  Afrika – Mutter und Modell der europäischen Zivilisation? Die Rehabilitation des afrik. Kontinents durch Cheikh Anta Diop. Reimer Verlag, Berlin 1993
- **Heinrichs, Hans-Jürgen/Hoffmann, Mourad**
  Der Islam als Alternative. Eugen Diederichs Verlag, München 1993
- **Italiaander, Rolf** (Hrsg.)
  Heinrich Barth – Im Sattel durch Nord- und Zentralafrika. Wiesbaden 1967
- **Jahn, Janheinz**
  Muntu – Die neoafrikanische Kultur.
  Diederichs Gelbe Reihe/63 Afrika
- **Ki-Zerbo, Joseph**
  Die Geschichte Schwarz-Afrikas.
  rororo Taschenbuch 6417
- **Krings, Thomas**
  Sahel – Senegal, Mauretanien, Mali, Niger. Islamische und traditionelle schwarzafrikanische Kultur zwischen Atlantik und Tschad-See. DuMont-Buchverlag, Köln, 5. Aufl. 1990

- **Lötschert, Prof. Dr. W./Beese, Dr. G.**
Pflanzen der Tropen.
BLV, München, 4. Aufl. 1992
- **Morgenthaler F. / Parin-Matthey G.**
Die Weißen denken zu viel.
Psychoanalytische Untersuchung
in Westafrika. München 1974
- **Nass, Klaus Otto**
Stirbt Afrika? Europa Unions Verlag,
Bonn 1986
- **Nohlen, Dieter/Nuschler, Franz** (Hrsg.)
Handbuch der Dritten Welt, Band 4: West-
und Zentralafrika. J.H.W. Dietz Verlag –
Nachfolger, Bonn 1993
- **Panzacchi, Cornelia**
Mbala Mix – Musikszene Senegal.
Peter Hammer Verlag, Wuppertal
- **Pollok, Christine**
KulturSchock Islam. Reise Know-How Verlag
Peter Rump, Bielefeld
- **Rapp/Ziegler**
Burkina Faso – eine Hoffnung für Afrika? Gespräche mit Thomas Sankara. Rotpunkt Verlag, Zürich 1987
- **Ritter, Hans**
Salzkarawanen in der Sahara (Bildband).
Zürich/Freiburg 1980
Sahara (Bildband). Weiße Reihe,
Ellert und Richter, Hamburg 1989
- **de Rosny, Eric**
Heilkunst in Afrika – Mythen, Handwerk und
Wissenschaft. Peter Hammer Verlag
- **Simon, Karl Günter**
Islam und alles in Allahs Namen. Gruner &
Jahr, Reihe Geo-Buch, 2. Aufl. 1991
- **Troßmann, Thomas**
Motorradreisen zwischen Urlaub und Expedition. Reise Know-How Verlag Peter Rump,
Bielefeld 2002.
- **Zwernemann, Jürgen**
Die Erde in der Vorstellungswelt und
Kulturpraktiken der sudanischen Völker.
Berlin 1968

Belletristik, Dichtung und Erzählungen

- **Ackermann, Irmgard** (Hrsg.)
Frauen in Afrika. Erzählungen und Berichte,
München 1987
- **Bâ, Amadou Hampâté**
Jäger des Wortes. Geschichte einer Kindheit
in Mali. Peter Hammer Verlag 1995
Oui, mon commandant!
In kolonialen Diensten – Erinnerungen.
Peter Hammer Verlag, Wuppertal
- **Bâ, Mariama**
Der scharlachrote Gesang. S. Fischer 1996
Ein so langer Brief. Ullstein 1996
- **Bebey, Francis**
Alle Menschen sind schwarz.
Geschichten aus Afrika und Europa.
Peter Hammer Verlag, Wuppertal
- **Bowen, Elenore Smith**
Rückkehr zum Lachen. Ein ethnologischer
Roman. rororo TB 5851 1987
- **Bugul, Ken**
Die Nacht des Baobab. Zürich 1991
- **Condé, Maryse**
Segu (Roman). Kiepenheuer & Witsch
- **Darko, Amma**
Der verkaufte Traum. dtv München 1994
- **Eghbal, Afsaneh**
Als der Mond sein Gesicht verbarg.
rororo Neue Frau 5623
- **Francia, Luisa**
Der afrikanische Traum.
Stechapfel-Verlag, Zürich
- **Frommlet, Wolfram** (Hrsg.)
Die Sonnenfrau – 26 neue Geschichten
aus Schwarzafrika. Peter Hammer Verlag,
Wuppertal
- **Gallmann, Kuki**
Afrikanische Nächte. Droemer Knaur Verlag
- **Groenemeyer, Rainer**
Der faule Neger. rororo aktuell
- **Haley, Alex**
Roots – Wurzeln. Fischer TB 2448
- **Hanak, Ilse**
Frauen in Afrika ... ohne uns geht nichts.
Brandes & Apel, Südwind Verlag, Frankfurt
- **Heise, Gertrud**
Reise in die schwarze Haut.
Fischer TB 3762
- **Honke, Gudrun/Brückner, Thomas**
Habari Gani, Afrika. Lesebuch der afrikanischen Literatur. Peter Hammer Verlag, Wuppertal 1998
- **Horstmann-Neun, Regina**
Djenah – Meine schwarze Freundin erzählt.
Burckhardhaus-Laetare Verlag 1986

- **Kourouma, Ahmadou**
Die Nächte des großen Kriegers (Roman).
2000
Allah muss nicht gerecht sein (Roman).
Knaus Verlag 2002.
- **Laing, Kojo**
Die Sonnensucher (Roman). Marino Verlag, Wuppertal
- **Lang, Othmar Fritz**
Geh' nicht nach Gorom-Gorom. dtv-junior
- **Monénembo, Tierno**
Zahltag in Abidjan (Roman). Peter Hammer Verlag, Wuppertal
- **Nwankwo, Nkem**
Mein Mercedes ist größer als Deiner. Marino Verlag, Wuppertal
- **O'Hanlon, Redmond**
Kongofieber. Roman, Eichborn-Verlag 1998
- **Ritter, Hans**
Sahel – Land der Nomaden.
Trickster Verlag, München 1986
- **Sèmbene, Ousman**
Chala. Berlin 1992
Die Postanweisung. Berlin 1988
- **Thiongo, Ngugi Wa**
Verbrannnte Blüten. Peter Hammer Verlag, Wuppertal
- **Tonfeld, Michael**
Kesseltreiben – Wilde Geschichten aus Afrika
Nana Yaa Press
- **Tutuola, Amos**
Der Palmweintrinker. Heidelberg 1955
- **Vàsquez-Figuera, Alberto**
Tuareg. Bertelsmann Verlag, München 1986
- **Welsch, Renate**
Ich verstehe die Trommeln nicht mehr.
Erzählungen aus Afrika. dtv pocket

Zeitschrift

- **Afrika-Post**
Magazin für Politik und Kultur Afrikas.
Deutsche Afrika Stiftung e.V. (Hrsg.);
Ziegelstraße 30, 10117 Berlin,
Tel. 030-28094727,
www.afrika-post.de

Landkarten

- **Michelin 953 Afrika – Nord und West.**
1:4 Mio. Unentbehrlich!
- **Michelin 975 Côte d'Ivoire.**
1:1 Mio.
- **IGN Afrika**
1:1 Mio. 57 topografische Blätter von Nord- und Westafrika. Für entlegene Gebiete ohne Straßenkarte oder für GPS-Navigation.
- **IGN Benin**
1:600.000. Carte Routière et touristique.
- **IGN Burkina Faso**
1:1 Mio. Carte Routière.
- **The Gambia**
1:500.000. Tourist Information and Guide Map, Tourist Map of Ghana. Ist in Ghana allerdings nur gelegentlich erhältlich.
- **IGN Guinea**
1:1 Mio. Carte Routière et touristique.
- **IGN Guinea-Bissau**
1:500.000. Carte Routière et touristique.
- **IGN Mauretanien**
1:1 Mio. Carte Routière et touristique.
- **IGN Niger**
1:2,5 Mio. Carte Routière et touristique.
- **IGN Senegal**
1:1 Mio. Carte Routière et touristique.
- **IGN Togo**
1:500.000. Carte Routière et touristique.
- **IGN Nationalparks Westafrika**
Verschiedene Maßstäbe für Arli, Pendjari, W-Comoé, Keran etc.
- **Russische Generalstabskarten**
1:1 Mio., 1:500.000, 1:200.000, Moskau; für entlegene Gebiete und für GPS-Navigation.

Mit REISE KNOW-HOW gut orientiert nach Afrika

Wer sich in seinem Reiseland – gern auch auf eigene Faust – zurechtfinden und orientieren möchte, kann sich mit den Landkarten von REISE KNOW-HOW auf Entdeckungsreise begeben.

Wundervolle Wanderungen und die schönsten Strände ausfindig machen, auch fernab jeglicher Touristenrouten. Die Karten aus dem Hause REISE KNOW-HOW leiten Sie sicher an Ihr Ziel.

Landkarten:
In Zusammenarbeit mit dem world mapping project gibt REISE KNOW-HOW detaillierte, GPS-taugliche Landkarten mit Höhenschichten und Register heraus, so zum Beispiel:

- **Horn von Afrika** (1:2 Mio.)
- **Ägypten** (1:1,25 Mio.)
- **Marokko** (1:1 Mio.)
- **Cabo Verde** (1:150.000)
- **Namibia** (1:1,25 Mio.)
- **Südafrika** (1:1,7 Mio.)
- **Tunesien** (1:850.000)

world mapping project
REISE KNOW-HOW Verlag, Bielefeld

Alle Reiseführer von Reise

Reisehandbücher
Urlaubshandbücher
Reisesachbücher
Rad & Bike

Afrika, Bike-Abenteuer
Afrika, Durch, Bd.1
Afrika, Durch, Bd.2
Agadir, Marrak./Südmarok.
Ägypten individuell
Alaska ⁊ Canada
Algarve
Algerische Sahara
Amrum
Amsterdam
Andalusien
Äqua-Tour
Argentinien, Urug./Parag.
Äthiopien
Auf nach Asien!

Bahrain
Bali und Lombok
Bali, die Trauminsel
Bali: Ein Paradies ...
Bangkok
Barbados
Barcelona
Berlin
Borkum
Botswana
Bretagne
Budapest
Bulgarien
Burgund

Cabo Verde
Canada West, Alaska
Canada Ost, USA NO
Chile, Osterinseln
China Manual
Chinas Norden
Chinas Osten
Cornwall
Costa Blanca
Costa Brava
Costa de la Luz
Costa del Sol
Costa Dorada
Costa Rica
Cuba

Dalmatien
Dänemarks
  Nordseeküste
Dominik. Republik
Dubai, Emirat

Ecuador, Galapagos
El Hierro
England – Süden
Erste Hilfe unterwegs
Europa BikeBuch

Fahrrad-Weltführer
Fehmarn
Florida
Föhr
Fuerteventura

Gardasee
Golf v. Neapel,
  Kampanien
Gomera
Gran Canaria
Großbritannien
Guatemala

Hamburg
Hawaii
Hollands Nordsee-
  inseln
Honduras
Hongkong, Macau,
  Kanton

Ibiza, Formentera
Indien – Norden
Indien – Süden
Irland
Island
Israel, palästinens.
  Gebiete, Ostsinai
Istrien, Velebit

Jemen
Jordanien
Juist

Kairo, Luxor, Assuan
Kalabrien, Basilikata
Kalifornien, USA SW
Kambodscha
Kamerun
Kanada ⁊ Canada
Kapverdische Inseln
Kenia
Kerala
Korfu, Ionische Inseln
Krakau, Warschau
Kreta
Kreuzfahrtführer

Ladakh, Zanskar
Langeoog
Lanzarote
La Palma
Laos
Lateinamerika BikeB.
Libyen
Ligurien
Litauen
Loire, Das Tal der
London

Madagaskar
Madeira
Madrid
Malaysia, Singap., Brunei
Mallorca
Mallorca, Leben/Arbeiten
Mallorca, Wandern auf
Malta
Marokko
Mecklenb./Brandenb.:
  Wasserwandern
Mecklenburg-
  Vorp. Binnenland
Mexiko
Mongolei
Motorradreisen
München
Myanmar

Namibia
Nepal
Neuseeland BikeBuch
New Orleans
New York City
Norderney
Nordfriesische Inseln
Nordseeküste NDS
Nordseeküste SLH
Nordseeinseln,
  Deutsche
Nordspanien
Normandie

Oman
Ostfriesische Inseln
Ostseeküste MVP
Ostseeküste SLH
Outdoor-Praxis

Panama
Panamericana,
  Rad-Abenteuer
Paris
Peru, Bolivien
Phuket
Polens Norden
Prag
Provence
Pyrenäen

Qatar

Rajasthan
Rhodos
Rom
Rügen, Hiddensee

Sächsische Schweiz
Salzburg
San Francisco
Sansibar
Sardinien
Schottland
Schwarzwald – Nord
Schwarzwald – Süd
Schweiz, Liechtenstein
Senegal, Gambia
Singapur
Sizilien
Skandinavien – Norden
Slowenien, Triest
Spaniens
  Mittelmeerküste
Spiekeroog
Sporaden, Nördliche
Sri Lanka
St. Lucia, St. Vincent,
  Grenada
Südafrika
Südnorwegen, Lofoten
Sylt
Syrien

Know-How auf einen Blick

Taiwan
Tansania, Sansibar
Teneriffa
Thailand
Thailand – Tauch- und Strandführer
Thailands Süden
Thüringer Wald
Tokyo
Toscana
Transsib
Trinidad und Tobago
Tschechien
Tunesien
Tunesiens Küste

Umbrien
USA/Canada
USA, Gastschüler
USA, Nordosten
USA – der Westen
USA – der Süden
USA – Südwesten, Natur u. Wandern
USA SW, Kalifornien, Baja California
Usedom

Venedig
Venezuela
Vereinigte Arabische Emirate
Vietnam

Westafrika – Sahel
Westafrika – Küste
Wien
Wo es keinen Arzt gibt

Edition RKH

Burma – Land der Pagoden
Durchgedreht – 7 Jahre im Sattel
Finca auf Mallorca
Geschichten aus d. anderen Mallorca
Goldene Insel
Mallorquinische Reise
Please wait to be seated!
Salzkarawane, Die
Schönen Urlaub!
Südwärts Lateinamerika
Traumstr. Panamerikana
Unlimited Mileage

Praxis

Aktiv Algarve
Aktiv frz. Atlantikküste
Aktiv Gran Canaria
Aktiv Marokko
Aktiv Polen
All Inclusive?
Als Frau allein unterwegs
Bordbuch Südeuropa
Canyoning
Clever buchen/fliegen
Clever kuren
Daoismus erleben
Drogen in Reiseländern
Dschungelwandern
Essbare Früchte Asiens
Fernreisen a. eigene Faust
Fernreisen, Fahrzeug
Fliegen ohne Angst
Fun u. Sport im Schnee
GPS f. Auto, Motorrad
GPS Outdoor
Heilige Stätten Indiens

Hinduismus erleben
Höhlen erkunden
Inline-Skaten Bodensee
Inline Skating
Internet für die Reise
Islam erleben
Kanu-Handbuch
Kommunikation unterw.
Kreuzfahrt-Handbuch
Küstensegeln
Maya-Kultur erleben
Mountain Biking
Orientierung mit Kompass und GPS
Paragliding-Handbuch
Pferdetrekking
Reisefotografie
Reisefotografie digital
Reisen und Schreiben
Respektvoll reisen
Richtig Kartenlesen
Safari-Handbuch Afrika
Schutz v. Gewalt/Kriminalität
Schwanger reisen
Selbstdiagnose u. Behandlung unterwegs
Sicherheit/Bärengeb.
Sicherheit/Meer
Sonne, Wind und Reisewetter
Survival-Handbuch, Naturkatastrophen
Tauchen kalte Gewässer
Tauchen warme Gewässer
Transsib – Moskau-Peking
Trekking-Handbuch
Tropenreisen
Verreisen mit Hund
Vulkane besteigen
Wandern im Watt
Wann wohin reisen?
Was kriecht u. krabbelt in den Tropen

Wein-Reiseführer Dtschl.
Wein-Reiseführer Italien
Wildnis-Ausrüstung
Wildnis-Backpacking
Wildnis-Küche
Winterwandern
Wohnmobil-Ausrüstung
Wohnmobil/Indien
Wohnmobil-Reisen
Wracktauchen weltweit

KulturSchock

Afghanistan
Ägypten
Brasilien
China VR/Taiwan
Golf-Emirate, Oman
Indien
Iran
Islam
Japan
Jemen
KulturSchock – Mit anderen Augen sehen
Marokko
Mexiko
Pakistan
Russland
Spanien
Thailand
Türkei
Vietnam

Wo man unsere Reiseliteratur bekommt:

Jede Buchhandlung der BRD, der Schweiz, Österreichs und der Benelux-Staaten kann unsere Bücher beziehen.
Wer sie dort nicht findet, kann alle Bücher über unseren Internet-Shop unter **www.reise-know-how.de** oder **www.reisebuch.de** bestellen.

Praxis – die neuen handlichen Ratgeber

Wer seine Freizeit aktiv verbringt, in die Ferne schweift, moderne Abenteuer sucht, braucht spezielle Informationen und Wissen, das in keiner Schule gelehrt wird. REISE KNOW-HOW beantwortet mit über 60 Titeln die vielen Fragen rund um Freizeit, Urlaub und Reisen in einer neuen, praktischen Ratgeberreihe: „Praxis".

So vielfältig die Themen auch sind, gemeinsam sind allen Büchern die anschaulichen und allgemein verständlichen Texte. Praxiserfahrene Autoren schöpfen ihr Wissen aus eigenem Erleben und würzen ihre Bücher mit unterhaltsamen und teilweise kuriosen Anekdoten.

Rainer Höh: **Kanu-Handbuch**
ISBN 3-89416-752-1

Rainer Höh: **Wildnis-Ausrüstung**
ISBN 3-89416-750-5

Rainer Höh: **Wildnis-Küche**
ISBN 3-89416-751-3

Frank Littek: **Fliegen ohne Angst**
ISBN 3-89416-754-8

Rainer Höh: **Orientierung mit Kompass und GPS**
ISBN 3-89416-755-6

Woltram Schwieder: **Richtig Kartenlesen**
ISBN 3-89416-753-X

Reto Kuster: **Dschungelwandern**
ISBN 3-89416-759-9

Klaus Becker: **Tauchen in warmen Gewässern**
ISBN 3-89416-760-2

M. Faermann: **Sicherheit im und auf dem Meer**
ISBN 3-89416-758-0

M. Faermann: **Survival Naturkatastrophen**
ISBN 3-89416-753-X

M. Faermann: **Gewalt und Kriminalität unterwegs**
ISBN 3-89416-756-4

J. Edelmann: **Vulkane besteigen und erkunden**
ISBN 3-89416-764-5

Rainer Höh: **Winterwandern**
ISBN 3-89416-761-0

Hans-Jürgen Fründt: **Reisen und Schreiben**
ISBN 3-89416-763-7

Rainer Höh: **Outdoor-Navigation**
ISBN 3-89416-762-9

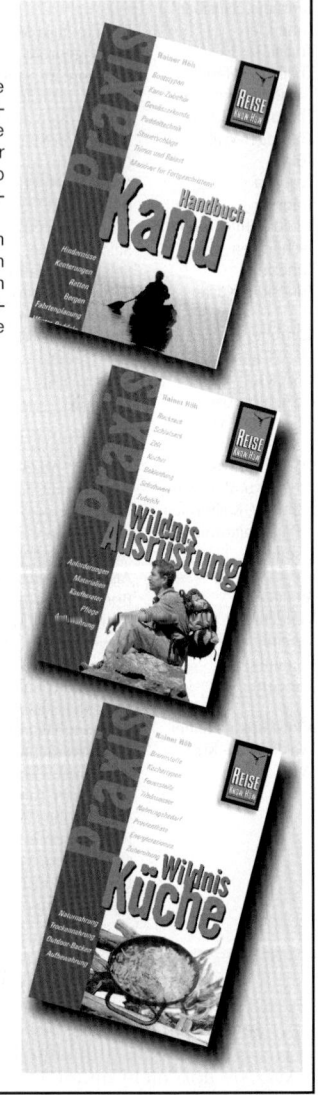

ANZEIGE

Jeder Titel: 144-160 Seiten, handliches Taschenformat 10,5 x 17 cm, robuste Fadenheftung, Glossar, Register und Griffmarken zur schnellen Orientierung

Reise Know-How Verlag, Bielefeld

Kauderwelsch? **Kauderwelsch!**

Die **Sprachführer der Reihe Kauderwelsch** helfen dem Reisenden, wirklich zu sprechen und die Leute zu verstehen. Wie wird das gemacht?

- Die **Grammatik** wird in einfacher Sprache so weit erklärt, dass es möglich wird, ohne viel Paukerei mit dem Sprechen zu beginnen, wenn auch nicht gerade druckreif.
- Alle Beispielsätze werden doppelt ins Deutsche übertragen: zum einen **Wort-für-Wort,** zum anderen in „ordentliches" Hochdeutsch. So wird das fremde Sprachsystem sehr gut durchschaubar. Ohne eine Wort-für-Wort-Übersetzung ist es so gut wie unmöglich, einzelne Wörter in einem Satz auszutauschen.
- Die **Autorinnen und Autoren** der Reihe sind Globetrotter, die die Sprache im Lande gelernt haben. Sie wissen genau, wie und was die Leute auf der Straße sprechen. Deren Ausdrucksweise ist häufig viel einfacher und direkter als z.B. die Sprache der Literatur. Neben der Sprache vermitteln die Autoren Verhaltenstipps und erklären Besonderheiten des Landes.
- **Jeder Band** hat 96 bis 160 Seiten. Zu jedem Titel ist eine begleitende **Tonband-Kassette** (60 Min.) erhältlich.
- **Kauderwelsch-Sprachführer** gibt es für über 90 Sprachen in **mehr als 160 Bänden,** z.B.:

Hausa – Wort für Wort
Band 80, 160 Seiten, ISBN 3-89416-271-6
Wolof für den Senegal
Band 89, 144 Seiten, ISBN 3-89416-280-5
Mandinka für Gambia
Band 95, 160 Seiten, ISBN 3-89416-286-4

REISE KNOW-HOW Verlag, Bielefeld

Nach Afrika?
Reise Know-How!

Die **Reisehandbücher von** REISE KNOW-HOW helfen dem Reisenden, seine Reise gründlich vorzubereiten, sich über Land und Leute eingehend zu informieren und die einzelnen Reiseziele individuell zu erleben. Wie geht das?

- **Praktische Reisetipps A–Z:** Von der Anreise bis zu den Zollvorschriften wird alles erläutert, was zur Reisevorbereitung und für die Reise unterwegs wichtig ist.
- **Land und Leute:** Geschichte und Bevölkerung, Kultur und Traditionen, Wirtschaft und Alltag, Tier- und Pflanzenwelt, Geografie und Klima – kurz: alles Wissenswerte zum Land der Reisewahl.
- **Unterwegs** im jeweiligen Reiseland: Detailliert und mit allen nötigen Hinweisen zur touristischen Infrastruktur werden Städte, Dörfer, Landschaften, Nationalparks usw. vorgestellt.
- Die **Autorinnen und Autoren** der Bücher sind Globetrotter, die „ihr" Land lieben und kennen. Ihre Informationen und Berichte stammen nicht aus zweiter Hand, sondern sind Ausdruck persönlicher Erfahrungen und selbstständigen Reisens – die beste Gewähr für Authentizität und Objektivität.
- REISE KNOW-HOW-Reisehandbücher gibt es zu **mehr als 20 afrikanischen Ländern,** z.B.:

Äthiopien, 504 Seiten
Botswana, 600 Seiten
Kamerun, 480 Seiten
Kenia, 1080 Seiten
Madagaskar, 528 Seiten
Tansania, 828 Seiten

REISE KNOW-HOW Verlag, Bielefeld

High-Tech für die Aktivitäten im Freien und auf Reisen

GPS-Satellitennavigation: www.GARMIN.de

Für Trekking und Alpinismus, für den Wassersport und die Rallye, für die Straße und den Flugsport – GARMIN hat das passende Navigationsgerät.

Telefonieren aus dem Abseits: www.THURAYA.de

Satellitenkommunikation im Handy-Format aus 99 Ländern Afrikas, Asiens und Europas, von neun Meeren in den Rest der Welt mit exzellenter Übertragungsqualität telefonieren.

Toughbook, die unverwüstlichen Notebooks für unterwegs: www.tafbuk.de

Toughbook-Notebooks sind auf Widerstandsfähigkeit optimiert, auf Stoß- und Vibrationsfestigkeit, Staubdichtigkeit, Wasser- und Erschütterungsfestigkeit.

FUGAWI Moving-Map-Software : www.FUGAWI.de

FUGAWI digitalisiert beliebige Karten, weist den Weg auf dem Notebook, zeichnet im Zusammenwirken mit GPS den Weg aus dem Notebook auf.

High-Tech auf Reisen kann heißen: Mit Digital-Kamera, GARMIN-GPS, TOUGHBOOK, FUGAWI und THURAYA Aufenthaltsort, Route sowie Ziel ermitteln, auf einer Karte im Notebook sichtbar machen, alles in Karte, Foto und Text festhalten, auf dem Notebook bearbeiten und sofort per THURAYA Satellitenkommunikation in die Heimat übermitteln.

Lochhamer Schlag 5a · D-82166 Gräfelfing · info@gps–nav.de

Register

Die Abkürzungen hinter vielen Begriffen beziehen sich auf das jeweilige Landeskapitel; dabei bedeutet BUR Burkina Faso, GAM Gambia, MA Mali, MAU Mauretanien, NIG Niger, und SEN steht für Senegal.

A

Abalak (NIG) 454
Abéné (SEN) 684
Abuko Nature Reserve (GAM) 698
Achebe, Chinua 205
Adel Bagrou (MAU) 287
Adel-Bagrou (MA) 354
Adrar des Iforhas (MA) 401
Adrar-Bergland (MAU) 272
Affenbrotbaum 91, 661
Agadez (NIG) 454
Agueloul (MAU) 278
Ahnenkult (BUR) 483
Ahnenverehrung 148
AIDS 415, 750
Aiguilles de Sindou (BUR) 561
Aïr-Gebirge (NIG) 465
Albreda (GAM) 742
Aleg (MAU) 285
Algerien (NIG) 419, 464, 475
Almohaden (MAU) 230
Almoraviden 100, 230
Altnigritische Gesellschaften 127
Amulett 159
Anreise 28
Anreise (BUR) 497
Anreise (GAM) 707
Anreise (MA) 316
Anreise (MAU) 239
Anreise (NIG) 417
Anreise (SEN) 593

Ansongo (MA) 399
Ansongo-Menaka
 (Tierschutzreservat) (MA) 399
Arbre du Ténéré (NIG) 471
Arbre Thierry Sabine (NIG) 476
Architektur 175
Aribinda (BUR) 572
Arlit (NIG) 462
Arly (Nationalpark) (BUR) 540
Ashanti 132, 144, 156
Ashanti-Reich 104
Assamaka (NIG) 463, 464
Assodé (NIG) 466, 468
Atâr (MAU) 272
Ausrüstung 37
Auto (Anreise) 30
Auto (Anreise) (BUR) 498
Auto (Anreise) (GAM) 707
Auto (Anreise) (MA) 317
Auto (Anreise) (MAU) 240
Auto (Anreise) (NIG) 417
Auto (Anreise) (SEN) 594
Auto (Ausrüstung) 40
Auto (unterwegs in Afrika) 68
Ayorou (MA) 400
Ayorou (NIG) 440
Ayoûn el'Atroûs (MAU) 287

B

Baboon Island (GAM) 743
Bafing-See (MA) 349
Bafoulabé (MA) 350
Bakau (GAM) 723
Bakel (SEN) 655
Balanzan-Baum (MA) 356
Balisen-Piste (NIG) 475
Bamako (MA) 333
Barbara 121, 307, 308
Bambara (Sprachhilfe) 748
Bambara-Maoundé (MA) 391
Bambara-Reiche 102

Banc d'Arguin
  (Nationalpark) (MAU) 266
Bancoumana (MA) 347
Bandiagara (MA) 371
Banfora (BUR) 558
Bani (BUR) 570
Bani (MA) 369
Banjul (GAM) 714
Bankass (MA) 381
Baobab 91, 658, 661
Barra (GAM) 741
Barrage de Diama (MAU) 283
Barth, Heinrich 111
Bassari-Land (SEN) 690
Basse Casamance
  (Nationalpark) (SEN) 682
Basse Casamance (SEN) 670, 679
Basse Santa Su (GAM) 740
Bathurst (GAM) 701, 715
Battling Siki (SEN) 649
Baumwolle (BUR) 492
Baustil (sudanesischer) 176
Bazoulé (BUR) 541
Begräbnis (BUR) 484
Begrüßung 20
Beidani (MAU) 227
Berending (GAM) 741
Beri-Beri (NIG) 408
Beschneidung 136, 137, 662
Bevölkerung 114
Bevölkerung (BUR) 482
Bevölkerung (GAM) 698
Bevölkerung (MA) 307
Bevölkerung (MAU) 226
Bevölkerung (NIG) 408
Bevölkerung (SEN) 582
Bignona (SEN) 683
Bijilo (GAM) 726
Bildende Kunst 209
Bildungswesen (BUR) 495
Bildungswesen (GAM) 705
Bildungswesen (MA) 314
Bildungswesen (MAU) 237
Bildungswesen (NIG) 415
Bildungswesen (SEN) 591
Bilharziose 376, 751
Bilma (NIG) 452, 470, 472
Bintang (GAM) 735
Bintang-Bolong (GAM) 694, 735
Birni-Nkonni (NIG) 445
Bobo 119, 482
Bobo-Dioulasso (BUR) 545
Bobo-Ule (BUR) 544
Bolong (GAM) 694
Boré (MA) 391
Boromo (BUR) 544
Botschaften 44
Botschaften (BUR) 502
Botschaften (GAM) 708
Botschaften (MA) 320
Botschaften (MAU) 243
Botschaften (NIG) 420
Botschaften (SEN) 599
Bou Lanouar (MAU) 270
Boubon (NIG) 439
Boucle de Baoulé
  (Nationalpark) (MA) 347
Boukote (SEN) 682
Boukouma (BUR) 572
Boutilimit (MAU) 284
Bräuche 134
Brikama (GAM) 732
Brufut (GAM) 726
Brufut Beach (GAM) 732
Bünde 153, 158
Buschtaxi 72
Busse 73

C

Caillé, René 111
Campements villageois (SEN) 681
Camping 79

Cap Blanc (MAU) 267
Cap Skirring (SEN) 680
Cap Timirist (MAU) 262
Cap Vert (SEN) 611
Carnet de Passage 68
Carte Brune (MA) 319
Casamance (SEN) 670
Cascade de Dindéfelo (SEN) 690
Cascade de la Volta Noire (BUR) 557
Cascades de Niofila (BUR) 562
CFA 58
Chaussée de Sotuba (MA) 346
Chinguetti (MAU) 274
Chirfa (NIG) 474
Cholera 751
Choum (MAU) 270
Christentum 165
Chutes de Farako (MA) 355
Chutes de Karfiguela (BUR) 558
Chutes de Léraba (BUR) 562
Clan 128
Compaoré, Blaise (BUR) 489

D

Dafora (BUR) 555
Dafra (BUR) 555
Dagomba-Reich 105
Dahomey-Reich 105
DAK'ART 209
Dakar (SEN) 611
Dalasi (GAM) 712
Dantiandou (NIG) 443
Dédougou (BUR) 557
Delta du Saloum
  (Nationalpark) (SEN) 664
Déou (BUR) 572
Desertifikation 88
Diafarabé (MA) 363
Diam-Diam (SEN) 668
Diébougou (BUR) 566
Diebstahl 61

Diffa (NIG) 451
Differ (SEN) 666
Dindéfelo (SEN) 690
Dinderesso (BUR) 555
Diola (SEN) 675
Dioro-Zeremonie (BUR) 564
Diouf, Abdou (SEN) 585
Dioula 122
Diouloulou (SEN) 683
Diourbel (SEN) 640
Dirkou (NIG) 473
Dissin (BUR) 567
Diula 122
Djaba (NIG) 475
Djado (NIG) 475
Djanet (NIG) 475
Djembé 212
Djembering (SEN) 682
Djenné (MA) 361
Djerma-Songhay (NIG) 408
Djibo (BUR) 575
Djifèr (SEN) 666
Djoudji (Nationalpark) (SEN) 650
Dodo-Carneval (BUR) 507
Dogon 119, 307, 372
Dogondoutchi (NIG) 444
Dogon-Land (MA) 376
Dohoun (BUR) 556
Dori (BUR) 570
Dornbuschsavanne 91
Dosso (NIG) 443
Doudou (BUR) 565
Douentza (MA) 391
Dourou (MA) 379
Drogen 63
Dum-Palme (NIG) 407
Dürre (MAU) 224

E

Eberak (SEN) 691
EC-Karte 59

Ehe 141
Einreise 47
Einreise (BUR) 502
Einreise (GAM) 709
Einreise (MA) 321
Einreise (MAU) 244
Einreise (NIG) 424
Einreise (SEN) 600
Eisenbahn 75, 604
Ekismane (NIG) 454
El Meki (NIG) 467
Elefant (MA) 297ff.
Elfenbeinküste (BUR) 491
Elinkine (SEN) 679
England 109
Enndé (MA) 379
Entdeckungsreisende 111, 383, 410
Erdnuss 91, 589, 704
Erzählkunst 202
Erzbahn (MAU) 267
Essen 47
Ethiolo (SEN) 691
Exzision 136, 137

F

Fachi (NIG) 472
Fada-N'Gourma (BUR) 537
Fadiouth (SEN) 663
Fafa (MA) 399
Fähren 30, 76
Faidherbe, Louis Léon César (SEN) 643
Fajara (GAM) 723
Falaise de Banfora (BUR) 558
Falaise de Boradougou (BUR) 554
Falaise de Niansoroni (BUR) 562
Fall, M'Barick (SEN) 649
Farafenni (GAM) 742
Färben 186
Fauna 86
Feiertage (BUR) 506
Feiertage (GAM) 709
Feiertage (MA) 321
Feiertage (MAU) 249
Feiertage (NIG) 424
Feiertage (SEN) 600
Ferlo-Savanne (SEN) 578
Fernsehen 65
FES.PA.C.O. 209, 532, 534
Feste (BUR) 506
Feste (GAM) 709
Feste (MA) 321
Feste (MAU) 249
Feste (NIG) 424
Feste (SEN) 600
Fetisch 154
Feuchtsavanne 86
Filingué (NIG) 439
Filmkunst 206
Flüge (BUR) 497
Flüge (GAM) 707
Flüge (international) 28
Flüge (MA) 316
Flüge (MAU) 239
Flüge (national) 75
Flüge (NIG) 417
Flüge (SEN) 593
Flüsse 84
Flusspferd (MA) 329
Forêt des Deux Balé (BUR) 544
Forêt du Kou (BUR) 555
Forêt et Ranch de Nazinga
  (Naturreservat) (BUR) 536
Fotografieren 57, 321
Foundiougne (SEN) 666
Fouta-Djalon-Berge (SEN) 685
Franc CFA 58
Frankreich 110
Frauen (allein reisende) 23
Frauen (in Afrika) 144
Frisuren 171
Fromager 86
Führer 23

Fulani (NIG) 408
Fulbe 117, 408
Fulbe-Staaten 102

G

Gall (NIG) 454
Gambia River (GAM) 694, 734
Gandafabou (BUR) 574
Gandiol (SEN) 651
Gao (MA) 394
Gaoua (BUR) 563
Gaya (NIG) 444
Geburt 134
Geheimbünde 158
Gelbfieber 751
Gelbfieber (BUR) 502
Gelbfieber (GAM) 710
Gelbfieber (NIG) 424
Gelbfieber (SEN) 602
Geld 58
Geld (BUR) 506
Geld (GAM) 712
Geld (MA) 324
Geld (MAU) 250
Geld (NIG) 424
Geld (SEN) 601
Geografie 84
Geografie (BUR) 480
Geografie (GAM) 694
Geografie (MAU) 220
Geografie (MAU) 292
Geografie (NIG) 404
Geografie (SEN) 578
Geologie 84
Georgetown (GAM) 739
Geschichte 98
Geschichte (BUR) 485
Geschichte (GAM) 700
Geschichte (MA) 309
Geschichte (MAU) 229
Geschichte (NIG) 409
Geschichte (SEN) 583
Gesundheit 750
Gesundheit (BUR) 504
Gesundheit (GAM) 710
Gesundheit (MA) 322
Gesundheit (MAU) 246
Gesundheit (NIG) 422
Gesundheit (SEN) 602
Gesundheitswesen (BUR) 494
Gesundheitswesen (GAM) 705
Gesundheitswesen (MA) 314
Gesundheitswesen (MAU) 236
Gesundheitswesen (NIG) 414
Gesundheitswesen (SEN) 590
Ghagbo, Laurent (BUR) 491
Ghan (BUR) 565
Ghana-Reich 99
Ghanatown (GAM) 732
Ghourma-Rharous (MA) 390
Ginak Island (GAM) 741
Giraffe (NIG) 443
Glasperlen 189
Glasringe 189
Gold (MA) 313
Gorom-Gorom (BUR) 572
Gossi (MA) 393
Gourounsi (BUR) 533
GPS 755
Gris-gris 161
Grottes de Missirikoro (MA) 355
Guelb er Richat (MAU) 276
Guelfa Mattata (MAU) 288
Guembeul-Reservat (SEN) 651
Guena (BUR) 557
Guide 23
Gummi arabicum (MAU) 236
Gunjur Beach (GAM) 733
Gur-Sprachen 127

H

Haley, Alex (GAM) 742

Handeln 27
Hannibal (MA) 298
Harmattan (MA) 296
Harmattan (SEN) 579
Hassaniya (MAU) 229
Haussa 124, 408, 444
Haussa-Gehöft 177
Haute Casamance (SEN) 670, 684
Hepatitis 751
Hexenglauben 160
Hirsebier 50
Hochzeit 141
Hoggar-Piste (NIG) 428
Holzplastiken 180
Holzschnitzerei 183
Hombori (MA) 393
Hombori-Tondo (MA) 393
Hotels 79
Hotels (BUR) 512
Hotels (MA) 331
Houndé (BUR) 544

I

Idoukal-en-Taghes (NIG) 466
Iférouane (NIG) 469
Île de Carabane (SEN) 680
Île de Gorée (SEN) 632
Impfpass (BUR) 502
Imragen (MAU) 228
In Guezzam (NIG) 464
Infibulation 136
Informationen (BUR) 507
Informationen (GAM) 712
Informationen (MA) 324
Informationen (NIG) 421
Informationen (SEN) 599
Informationsstellen 45
In-Gall (NIG) 461
Initiation 129, 136
Internet 66
Internet (SEN) 601

Islam 162
Islam (BUR) 484
Islam (GAM) 700
Islam (MA) 309
Islam (NIG) 409
Islam (SEN) 583
Itinéraire à marée basse (MAU) 264

J

Jago (BUR) 570
James Island (GAM) 742
Jammeh, Yaya (GAM) 703
Jawara, Dawda Kairaba (GAM) 702
Joal (SEN) 663
Joola (SEN) 606
Jufureh (GAM) 742

K

Kaarta-Reich 102
Kabakoto (SEN) 669
Kachikaly Crocodile Pool (GAM) 722
Kafountine (SEN) 684
Kalala (NIG) 473
Kalebassen-Verzierung 189
Kanem-Bornu 100
Kangaba (MA) 346
Kani-Kombolé (MA) 379
Kankalaba (BUR) 561
Kankan Moussa 101
Kankossa (MAU) 286
Kanuri (NIG) 408
Kaolack (SEN) 666
Kaouar (NIG) 472
Karawanen (MA) 386
Karfiguela (BUR) 559
Karma (NIG) 439
Kartung (GAM) 733
Kaya (BUR) 569
Kayar (SEN) 637
Kayes (MA) 351
Kaymor (SEN) 669

Kediet ej Jill (MAU) 235
Kédougou (SEN) 690
Kerr Batch (GAM) 742
Kerr Sering (GAM) 726
Keur Ali Lobé (SEN) 668
Keur Bamba (SEN) 670
Keur Moussa (SEN) 638
Kidira (MA) 352
Kidira (SEN) 655
Kiffa (MAU) 285
Kikiri (MA) 392
Kita (MA) 348
Kleidung 173
Kleinschmidt, Jutta (SEN) 625
Klima 95
Klima (BUR) 482
Klima (GAM) 695
Klima (MA) 296
Klima (MAU) 223
Klima (NIG) 406
Klima (SEN) 579
Kokologho (BUR) 541
Kolanuss 50
Kolda (SEN) 684
Kololi (GAM) 726
Kolonialmächte 109
Komadougou-Gana (NIG) 404
Kombo-St. Mary Area (GAM) 723
Kompass 753
Kongoussi (BUR) 574
Konsulate 44
Konsulate (GAM) 708
Konsulate (MA) 320
Konsulate (MAU) 243
Konsulate (NIG) 420
Konsulate (SEN) 599
Kora 212
Korbflechterei 183
Kori Timia (NIG) 468
Korientzé (MA) 389
Korioumé (MA) 390

Koro (BUR) 554
Koro (MA) 382
Körperschmuck 167
Kotu Beach (GAM) 723
Koudougou (BUR) 542
Koufey (NIG) 452
Koulikoro (MA) 347
Koumi (BUR) 555
Koundian (MA) 349
Kreditkarte 59
Kriminalität 61
Krokodil 225, 288, 371, 698
Küche (afrikanische) 48
Küche (mauretanische) 248
Küche (senegalesische) 610
Kulte 151
Kultur 167
Kunst 167
Kunsthandwerk 179
Kunta Kinte (GAM) 742
Kuntaur (GAM) 743
Kurumba 125
Küste 97
Kwa-Sprachen 127

L

Labbézanga (MA) 399
Lac de Dém (BUR) 569
Lac Rose (SEN) 637
Lac Téngréla (BUR) 561
La Guinguette (BUR) 555
Laissez Passer 68
Lamin Lodge (GAM) 722
Landkarten 764
Landweg 30
Langue de Barbarie
 (Nationalpark) (SEN) 651
Laongo (BUR) 533
La Somone (SEN) 658
La Tapoa (NIG) 441
Lederverarbeitung 187

Lehmurnenspeicher (NIG) 444
Les Baguezans (NIG) 461
Leviratsehe 143
Liberia 108
Literatur 202, 762
Lobi 120
Lobi (BUR) 564
Loropéni (BUR) 563
Louga (SEN) 651

M

Madaoua (NIG) 446
Ma el Ainine, Cheikh (MAU) 232
Magal (SEN) 638, 641, 642
Magie 159
Maïnassara, Ibrahim Baré (NIG) 411
Malaria 752
Malaria (BUR) 505
Malaria (GAM) 711
Malaria (MA) 323
Malaria (MAU) 247
Malaria (NIG) 423
Malaria (SEN) 603
Malinke (GAM) 698
Mali-Reich 101
Malou (BUR) 574
Manantali (MA) 349
Manati (MA) 358
Mande 121
Mande-Sprachen 127
Mandinga (SEN) 662
Mandingo (GAM) 698
Mandingo-Berge (MA) 346
Mangroven (GAM) 697, 722
Maniok 56
Mansa Konko (GAM) 735
Mar Lodj (SEN) 665
Marabout 116, 163, 584
Maradi (NIG) 447
Mare aux Hippopotames (BUR) 555
Marigot (SEN) 582

Markoy (BUR) 574
Märkte 26, 184
Masken 190
Maskenbünde 191
Matam (SEN) 655
Mattenflechterei 183
Mauren (MAU) 227
Mbacke, Amadou Bamba (SEN) 584, 641, 642
Mbodiene (SEN) 663
Mbour (SEN) 660, 662
Medien 64
Medien (BUR) 495
Medien (GAM) 706
Medien (MA) 315
Medien (MAU) 238
Medien (NIG) 416
Medien (SEN) 592
Medizinmänner 161
Megalith (SEN) 668
Meldepflicht 77
Menhir (SEN) 668
Meningokokken-Krankheit 752
Metallbearbeitung 187
M.F.D.C. (SEN) 675
Mietwagen (BUR) 511
Mietwagen (MA) 331
Mietwagen (NIG) 427
Mirriah (NIG) 451
Missionierung 113
Missirah (SEN) 667
Mlomp (SEN) 679
Mogho Naaba (BUR) 522
Mondkult 155
Monsun (MA) 296
Mont Greboun (NIG) 405, 466
Mopti (MA) 364
Moré (BUR) 483
Mossi 124, 482, 484, 522
Mossi-Plateau (BUR) 480
Mossi-Reich 104

Motorrad 41
Mouhoun (BUR) 543
Mouriden (SEN) 583, 584, 641, 642
Moyenne Casamance (SEN) 670
Muscheln 190
Musik 210, 315
Mutterrecht 116

N

Namensgebung 135
Nara (MA) 353
Nasso (BUR) 555
Nationalpark „W" (BUR) 541
Nationalparks (BUR) 508
Navigation 753
Nbeika (MAU) 288
Ndangane (SEN) 665
Ndiébène (SEN) 651
N'Dour, Youssou 215
Negride Völker 119
Négritude 202, 585
Negrolde Völker 117
Néguéri (BUR) 562
Nema (MAU) 287, 289
Neusudanische Völker 130
Ngor (SEN) 636
Nguigmi (NIG) 451
Niafounké (MA) 389
Niamey (NIG) 430
Nianing (SEN) 663
Niasse, Moustapha (SEN) 588
Niger (Fluss) 84, 292, 329, 404
Niger-Binnendelta (MA) 293, 369
Niger-Staudamm (NIG) 414
Ninki Nanka (GAM) 736
Niokolo Koba
  (Nationalpark) (SEN) 688
Nioro du Sahel (MA) 353
Niumi National Park (GAM) 741
Nokou (NIG) 452
Nomadismus 92

Nord-Casamance (SEN) 683
Notfall 63
Nouâdhibou (MAU) 267
Nouâkchott (MAU) 256
Nouâmghâr (MAU) 262
Noumoussoba (BUR) 561

O

Oase Terjit (MAU) 272
Oberguinea-Völker 132
Obiré (BUR) 565
Öffentliche Verkehrsmittel 71
Öffnungszeiten (BUR) 508
Öffnungszeiten (MA) 324
Öffnungszeiten (MAU) 251
Öffnungszeiten (NIG) 425
Öffnungszeiten (SEN) 601
Okra 56
Orakel 153
Orida (NIG) 475
Orientierung 753
Ouadane (MAU) 275
Ouagadougou (BUR) 515
Ouahigouya (BUR) 571
Oualata (MAU) 289
Ouanobina (BUR) 570
Oued Rachid (MAU) 280
Oued Seguelil (MAU) 272
Oued Slil (MAU) 277
Oued Tidjikja (MAU) 281
Oued Touchat (MAU) 275
Ouessa (BUR) 567
Ouguiya (MAU) 250
Oursi (BUR) 574
Oussouye (SEN) 679
Oyster Creek (GAM) 722

P

Pala (BUR) 554, 556
Palmarin (SEN) 666
Palmschnaps 51

Palmwein 51
Pama (BUR) 537
Parc National du „W" (NIG) 441
Parc National Tambi Kaboré (BUR) 533
Park, Mungo 111
Pass d'Amogjar (MAU) 273
Pays Mandinge (MA) 346
Petite Côte (SEN) 656
Peul (NIG) 408
Pflanzenwelt (GAM) 696
Pflanzenwelt (MA) 296
Pflanzenwelt (MAU) 225
Pflanzenwelt (NIG) 407
Pflanzenwelt (SEN) 578
Piroge 76, 328, 369, 398, 736
Pô (BUR) 536
Poa (BUR) 541
Podor (SEN) 654
Pointe St. Georges (SEN) 680
POLISARIO (MAU) 233
Politik (BUR) 487
Politik (GAM) 700
Politik (MA) 309
Politik (MAU) 233
Politik (NIG) 410
Politik (SEN) 583
Polizeikontrollen 77
Popenguine (SEN) 658
Portugal 110
Post 65
Post (BUR) 508
Post (MA) 325
Post (MAU) 251
Post (NIG) 425
Post (SEN) 601
Prostitution 146

R

Rachid (MAU) 280
Rallye Paris – Dakar (SEN) 625
Ramadan 165
Regenwald 86
Regenzeit 96
Reisekasse 60
Reisen 66
Reisen (im Niger) 425
Reisen (im Senegal) 604
Reisen (in Burkina Faso) 509
Reisen (in Gambia) 713
Reisen (in Mali) 325
Reisen (in Mauretanien) 251
Reisepartner 78
Reiseveranstalter 28
Reisezeit 78, 255
Religion 148
Religionen (BUR) 483
Reserve de Bandia (SEN) 658
Restaurants 47
Rezepte 53
Richard Toll (SEN) 654
Riz Sauca 53
Rosso (MAU) 282
Rosso (SEN) 653
Route de l'Espoir (MAU) 203
Route de l'Uranium (NIG) 452
Route de Pô (BUR) 533
Rufisque (SEN) 638
Ruines de Loropéni (BUR) 563
Rundfunk 65

S

Sabine, Thierry (SEN) 625
Sabou (BUR) 542
Sadiola (MA) 352
Safari (BUR) 554
Sahara-Salz (MA) 364
Sahel 97, 568
Sahelzone 292, 296, 480
Saibou, Ali (NIG) 410
Sakaby (BUR) 557
Salémata (SEN) 691
Saly Portudal (SEN) 660

San (MA) 359
Sanga (MA) 380
Sangomar (SEN) 666
Sankara, Thomas (BUR) 488
Saraféré (MA) 389
Saro-Wiwa, Ken 205
Savannenbauern 93
Savannenzone (BUR) 480
Scharia 165, 409
Scheidung 142
Schiffe 35
Schiffsverbindungen (MA) 326
Schiffsverbindungen (SEN) 594
Schwarzafrikaner 119
Sédiou (SEN) 685
Seekuh (MA) 358
Seele 148
Seen 84
Ségou (MA) 356
Segou-Reich 102
Séguedine (NIG) 474
Sélinnkegni (MA) 350
Senegal (Fluss) 85, 292, 578, 652
Senegambia (SEN) 585
Senghor, Léopold Sédar 203, 585
Senufo 120
Sept Place 72
Serahuli (GAM) 698
Serekunda (GAM) 730
Sévaré (MA) 370
Sexualität 141
Sibi (MA) 347
Sicherheit 61
Sicherheit (Casamance) (SEN) 673
Sicherheit (NIG) 428
Sidéradogou (BUR) 562
Siedlungsformen 175
Sigui-Fest (MA) 375
Sikasso (MA) 354
Sindou (BUR) 561
Sine Ngayène (SEN) 670

Sine Saloum-Delta (SEN) 664
Sirgui-Maske 199
Sirius (MA) 378
Sitten 134
Sklaven 106, 633
Sodom-Apfel (NIG) 407
Soma (GAM) 735
Songhay 123
Songhay-Reich 102
Songo (MA) 379
Soyinka, Wole 205
Sozialstruktur 127
Spinnen 186
Sprache 126, 746
St. Louis (SEN) 641
Straße der Hoffnung (MAU) 283
Straßen 69
Strom (BUR) 512
Strom (GAM) 713
Strom (MA) 331
Strom (MAU) 255
Strom (NIG) 429
Strom (SEN) 609
Sudan 97, 292, 297
Sufis (SEN) 584

T

Tabalak-Meyrou (NIG) 453
Tabaski 165
Tafadek (NIG) 461
Tahoua (NIG) 453
Tamaschek 127
Tambacounda (SEN) 686
Tandja, Mamadou (NIG) 413
Tanezrouft-Piste (MA) 400
Tanji (GAM) 733
Tanji Bird Reserve (GAM) 733
Tänze 190
Taxi brousse 72
Taya, Sid' Ahmed (MAU) 233
Tegguida-n-Tessoum (NIG) 461

REGISTER

Telefon 66
Telefon (BUR) 509
Telefon (GAM) 713
Telefon (MA) 325
Telefon (MAU) 251
Telefon (NIG) 425
Telefon (SEN) 601
Téna Kourou (BUR) 561
Ténéré-Wüste (NIG) 405, 466
Tenkodogo (BUR) 537
Teriyabougou (MA) 359
Tessalit (MA) 401
Tetanus 752
Thiebou-dienne 53
Thiès (SEN) 639
Tidjanen (SEN) 640
Tidjikja (MAU) 281, 288
Tiébélé (BUR) 536
Tierreservate (BUR) 508
Tierwelt (GAM) 696
Tierwelt (MA) 296
Tierwelt (MAU) 225
Tierwelt (SEN) 578
Tijaniden (SEN) 584
Tillabéri (NIG) 439
Timbuktu (MA) 309, 382
Timia (NIG) 468
Tirelli (MA) 379
Titao (BUR) 571
Tivaouane (SEN) 640
Tod 143
Tollwut 752
Tondini (MA) 398
Töpferei 187
Touba (SEN) 641, 642
Toubab Dialaw (SEN) 657
Toubakouta (SEN) 667
Touré, Amadou Toumani (MA) 311
Tourismusbüro (GAM) 712
Tourni (BUR) 562
Trampen 76

Transgambienne (SEN) 674
Transsahara-Route (MAU) 263
Traoré, Moussa (MA) 309
Trinken 47
Trockensavanne 91
Trockenzeit 97
Tschad-See (NIG) 404, 405
Tuareg 115
Tuareg (MAU) 229
Tuareg (NIG) 408
Tuareg (NIG) 411
Tuareg Kel Aïr (NIG) 466
Tubu (NIG) 408
Tukulor 125

U

Überfälle 61
Übernachtung (BUR) 512
Übernachtung (MA) 331
Übernachtung (NIG) 429
Übernachtung (SEN) 609
Uhrzeit (BUR) 514
Uhrzeit (MA) 332
Uhrzeit (MAU) 255
Uhrzeit (NIG) 429
Uhrzeit (SEN) 610
Unabhängigkeit 112
Unterkunft 79
Uran (NIG) 413

V

Vegetation 86
Verpflegung 47
Versicherungen 80
Versorgung (BUR) 513
Versorgung (MA) 332
Versorgung (NIG) 429
Versorgung (SEN) 609
Verwüstung 88
Visum (BUR) 502, 503
Visum (GAM) 709

Visum (MA) 321
Visum (MAU) 245
Visum (NIG) 424
Visum (SEN) 600
Volta (BUR) 480
Voodoo 157

W

Wade, Abdoulaye (SEN) 587
Wadi Tilemsi (MA) 399
Wahrsager 161
Währung(en) 58
Waldlandbauern 94
Wanké, Daouda Malam (NIG) 411
Wassu (GAM) 743
Weben 186
Weißafrikaner 115
Wendé (BUR) 483
Westsahara (MAU) 220
Wiedergeburt 143
Winde Walo (SEN) 670
Wirtschaft (BUR) 492
Wirtschaft (GAM) 704
Wirtschaft (MA) 312
Wirtschaft (MAU) 235
Wirtschaft (NIG) 413
Wirtschaft (SEN) 589
Wogo-Fischer (NIG) 440
Wolof 125, 144, 582, 583
Workcamps (BUR) 512
Wrestling (GAM) 730
Wrestling (NIG) 431

Y

Yame-Teich (MA) 371
Yams 56
Yassane (MA) 400
Yatela (MA) 352
Yoruba-Reich 105

Z

Zeitungen 64
Ziegenleder (NIG) 447
Ziguinchor (SEN) 674
Zinder (NIG) 447
Ziniaré (BUR) 569
Zitenga (BUR) 569
Zongo, Norbert (BUR) 490

HILFE!

Dieses Reisehandbuch ist gespickt mit unzähligen Adressen, Preisen, Tipps und Infos. Nur vor Ort kann überprüft werden, was noch stimmt, was sich verändert hat, ob Preise gestiegen oder gefallen sind, ob ein Hotel, ein Restaurant immer noch empfehlenswert ist oder nicht mehr, ob ein Ziel noch oder jetzt erreichbar ist, ob es eine lohnende Alternative gibt usw.

Unsere Autoren sind zwar stetig unterwegs und versuchen, alle zwei Jahre eine komplette Aktualisierung zu erstellen, aber auf die Mithilfe von Reisenden können sie nicht verzichten.

Darum: Schreiben Sie uns, was sich geändert hat, was besser sein könnte, was gestrichen bzw. ergänzt werden soll. Nur so bleibt dieses Buch immer aktuell und zuverlässig. Wenn sich die Infos direkt auf das Buch beziehen, würde die Seitenangabe uns die Arbeit sehr erleichtern. Gut verwertbare Informationen belohnt der Verlag mit einem Sprechführer Ihrer Wahl aus der über 160 Bände umfassenden Reihe „Kauderwelsch" (siehe unten).

Bitte schreiben Sie an:
REISE KNOW-HOW Verlag Peter Rump GmbH, Osnabrücker Str. 79
D-33649 Bielefeld, oder per e-Mail an: info@reise-know-how.de

Danke!

Kauderwelsch-Sprechführer –
sprechen und verstehen rund um den Globus

Afrikaans ● Albanisch ● Amerikanisch - *American Slang, More American Slang* ● Amharisch ● Arabisch - Hocharabisch, für Ägypten, Algerien, Golfstaaten, Irak, Jemen, Marokko, Palästina-Syrien, Sudan, Tunesien ● Armenisch ● *Bairisch* ● Baskisch ● Bengali ● *Berlinerisch* ● Brasilianisch ● Bulgarisch ● Balinesisch ● Burmesisch ● Cebuano ● Chinesisch ● Dänisch ● *Deutsch - Allemand, Duits, German, Nemjetzkii, Tedesco* ● *Elsässisch* ● Englisch - *British Slang, Australian Slang, Canadian Slang, Neuseeland Slang*, für Australien ● Esperanto ● Estnisch ● Finnisch ● Französisch - für Frankreich, für Restaurant & Supermarkt, für den Senegal, für Tunesien, *Französisch Slang, Franko-Kanadisch* ● Galicisch ● Georgisch ● Griechisch ● Guarani ● Hausa ● Hebräisch ● Hieroglyphisch ● Hindi ● Indonesisch ● Irisch-Gälisch ● Isländisch ● Italienisch - *Italienisch-Slang*, für Opernfans, kulinarisch ● Japanisch ● Javanisch ● Jiddisch ● Kantonesisch ● Kasachisch ● Katalanisch ● Khmer ● Kisuaheli ● Kinyarwanda ● *Kölsch* ● Koreanisch ● Kroatisch ● Kurdisch ● Laotisch ● Lettisch ● Lëtzebuergesch ● Lingala ● Litauisch ● Madagassisch ● Makedonisch ● Malaiisch ● Mallorquinisch ● Maltesisch ● Mandinka ● Mongolisch ● Nepali ● Niederländisch ● Norwegisch ● Paschto ● Patois ● Persisch ● Pidgin-English ● *Plattdüütsch* ● Polnisch ● Portugiesisch ● Quechua ● *Ruhrdeutsch* ● Rumänisch ● Russisch ● *Sächsisch* ● *Schwäbisch* ● Schwedisch ● *Schwiizertüütsch* ● *Scots* ● Serbisch ● Singhalesisch ● Sizilianisch ● Slowakisch ● Slowenisch ● Spanisch - *Spanisch Slang*, für Lateinamerika, für Argentinien, für Chile, für Costa Rica, für Cuba, für die Dominikanische Republik, für Ecuador, für Guatemala, für Honduras, für Mexiko, für Nicaragua, für Panama, für Peru, für Venezuela, kulinarisch ● Tagalog ● Tamil ● Tatarisch ● Thai ● Tibetisch ● Tschechisch ● Türkisch ● Ukrainisch ● Ungarisch ● Urdu ● Usbekisch ● Vietnamesisch ● Weißrussisch ● *Wienerisch* ● Wolof

Danksagung

Mit diesem Buch hoffen die Autoren, allen Reisenden und Afrikafreunden und denen, die es werden wollen, eine Hilfe in die Hand gegeben zu haben, diesen Kontinent und seine Leute kennen und lieben zu lernen.

Herzlichen Dank all jenen, die zur Entstehung dieses Buches beigetragen haben und ohne deren Hilfe und Unterstützung der Reiseführer nicht in dieser Form hätte erscheinen können:

Dr. Helmut und Cordula Schulz-Asche, Ouagadougou; Jürgen Wachsmuth, Cotonou; Hans-Udo Behnke, Ouidah; Rainer Nordmeyer, Benin; Wilfried und Monika Hochkeppel, Benin; Christian Vogel, Bobo-Dioulasso; Dr. Michael Strobel, Ambach; Luisa Francia, Ambach; Regina Fuchs, Wien; Thomas Keller, München; Hajo Banzhaf, München; Roman Loimeier, Bayreuth; Wolfgang Seel, München; Wolfgang Fritz, Berlin; Jean-Jaques Bancal, St. Louis; Walter Kleinebudde, Cape Coast; Gert Wilden, München; Walter Egeter, München; Rainer Lösel und Christoph Traumüller, Erlangen; Micha Wehrhan, Berlin; Rainer und Sylvia Jarosch, Langöns; Stefanie Donker, Bremen; Heiko Balzarek, Heidelberg; Anette und Klaus Scheurich, Heidelberg; Andreas Martin, Syke; Brigitte Gärtner-Coulibaly, Herford; Antje v. Dewitz, Tettnang; Dirke Köpp, Köln.

Gerhard Göttler dankt ganz besonders *Matthias Bartholdi*, Bamako, dem er eine große Zahl von Hinweisen zu Mali, insbesondere zu Bamako, verdankt; ebenso *Peter Meyer* für GPS-Daten aus dem Niger.

Vielen Dank allen Leserbriefschreibern für die nützlichen Informationen und Verbesserungen zur 6. Auflage. Außerdem sei an dieser Stelle all denjenigen gedankt, die unterwegs mit nützlichen Informationen sowie Rat und Tat zur Seite standen.

Weiterhin freuen wir uns natürlich über alle ergänzenden und konstruktiven Leserzuschriften. Alle ausführlichen Ergänzungen und Korrekturen belohnt der Verlag mit einem Gratis-Exemplar aus der Kauderwelsch-Reihe.

Fotonachweis

Alle Fotos im Buch sind gekennzeichnet; dem jeweiligen Fotografen ist ein Namenskürzel zugeordnet:

- **A. Därr:** ad
- **K. und E. Därr:** ed
- **Th. Baur:** tb
- **W. Egeter:** we
- **G. Göttler:** gg
- **M. Hochleitner:** mh
- **D. Köpp:** dk
- **Th. Kulke:** tk
- **R. Lösel,** Ivory-Tours: rl
- **A. Simader:** as
- **M. Strobel:** ms
- **A. Wodtcke:** aw

Die Autoren

Anne Wodtcke, Jahrgang 1954, unternimmt, fasziniert von fremden Ländern, Menschen und Kulturen, seit mehr als 25 Jahren Fernreisen, am liebsten alleine. Für die Erstrecherche dieses Buches war sie neun Monate in Westafrika hauptsächlich zu Fuß und mit öffentlichen Verkehrsmitteln unterwegs und lebte zwei Monate in Burkina Faso. Durch ihre Art zu reisen hatte sie intensiven Kontakt zur Bevölkerung und lernte so Westafrika besser kennen als die meisten Touristen. Mittlerweile Mutter geworden, widmet sie sich jetzt in erster Linie ihrer Tochter, so dass sie seit dieser Auflage für die Überarbeitung der Länderkapitel nicht mehr zur Verfügung steht.

Diese Aufgabe übernahmen einige kompetente Co-Autoren:

Thomas Baur, freier Journalist und Afrika-Reisender, ist für die Überarbeitung der Länderkapitel Senegal, Gambia und Burkina Faso zuständig (bei REISE KNOW-HOW liegt von ihm bereits das Urlaubshandbuch zu Senegal/Gambia vor).

Gerhard Göttler hat während seiner Dokumentationstätigkeit für verschiedenen Völkerkundemuseen mehrere Dutzend Reisen in Westafrika unternommen. Er ist zudem Autor und Herausgeber mehrerer Bücher (bei REISE KNOW-HOW zu Libyen und der Algerischen Sahara). Im vorliegenden Band hat er die Kapitel Mauretanien, Mali und Niger bearbeitet.

Erika Därr, Autorin (bekannt v.a. durch ihr Standardwerk zu Marokko, REISE KNOW-HOW) und Weltreisende, ist seit 25 Jahren immer wieder in der Sahara und Westafrika unterwegs und war bereits in den vergangenen Jahren maßgeblich an der Überarbeitung der beiden Westafrikaführer beteiligt. Sie wird für die weiteren Auflagen der Westafrika-Bände „Sahel" und „Küste" als Herausgeberin zeichnen, die Koordination der Co-Autoren für die Folgeauflagen übernehmen und auch Informationen beisteuern.

Die Autoren – von oben nach unten:
Thomas Baur, Erika Därr, Gerhard Göttler